EDSON DE RESENDE CASTRO

CURSO DE DIREITO ELEITORAL

11ª EDIÇÃO

Revista e Atualizada

EDSON DE RESENDE CASTRO
Promotor de Justiça
Coordenador Eleitoral do Ministério Público de Minas Gerais
Membro Auxiliar da Procuradoria-Geral Eleitoral junto ao TSE
Professor de Direito Eleitoral em programas de pós-graduação e
em cursos de aperfeiçoamento para Juízes e Promotores Eleitorais
Membro da Comissão de Juristas do Senado Federal, em 2010, para o Novo Código Eleitoral
Membro da Comissão Relatora da Reforma Eleitoral do MCCE, em 2013

CURSO DE DIREITO ELEITORAL

11ª EDIÇÃO
Revista e Atualizada

DE ACORDO COM A EMENDA CONSTITUCIONAL N. 111/2021, COM A LEI COMPLEMENTAR N. 184/2021, COM AS LEIS N. 14.192/2021, 14.208/2021, 14.211/2021 E 14.291/2022 E COM AS RESOLUÇÕES DO TSE PARA AS ELEIÇÕES DE 2022

editora
Del Rey
Belo Horizonte
2022

Impresso no Brasil | Printed in Brazil

EDITORA DEL REY LTDA

Editor: Arnaldo Oliveira

Editor Adjunto: Ricardo A. Malheiros Fiuza *(in memoriam)*

Coordenação Editorial: Letícia Neves

Diagramação e capa: Alfstudio

Editora:
Rua dos Goitacazes, 71 – Lojas 20 a 24
Centro – Belo Horizonte – MG
CEP 30190-050

Comercial:
Tel.: (31) 3284-3284
vendas@editoradelrey.com.br

Editorial:
Tel.: (31) 2516-3340
editorial@editoradelrey.com.br

C355c Castro, Edson de Resende
Curso de direito eleitoral / Edson Resende Castro. – 11. ed. rev. e atual – Belo Horizonte: Del Rey, 2022.
XXVIII, 876 p. – Inclui bibliografia.

ISBN: 978-65-00-43901-4

1. Direito eleitoral – Legislação – Brasil 2. Eleições - Brasil 3. Justiça Eleitoral 4. Campanha eleitoral 5. Crime eleitoral I. Título

CDU 342.8(81)

Ficha catalográfica elaborada pela bibliotecária Meire Luciane Lorena Queiroz CRB 6/2233.

À minha mãe, Maria de Lourdes (in memoriam),
e aos meus filhos Thaís, Mariana e Eduardo,
verdadeira razão para a luta cotidiana
e a quem tudo devo.

À minha esposa Fernanda, companheira
e incentivadora desse trabalho, que impõe
reclusão e ausência.

Aos meus irmãos, cúmplices incondicionais
em tudo quanto ouso fazer.

Ao Dr. Edson Baeta, que adotou esta obra desde
quando era ela mero projeto.

Aos colegas do Ministério Público, da Magistratura
e do Magistério, que me incentivaram e praticamente
exigiram de mim este trabalho.

Ao E. Min. Fernando Neves, do TSE, que tão
gentilmente se propôs a apresentar o livro aos leitores.

APRESENTAÇÃO DA 1ª EDIÇÃO

Aceitei, honrado, o distinto convite que me foi feito pelo eminente Professor Edson de Resende Castro, ilustre Promotor Eleitoral em Candeias, nas Minas Gerais, para apresentar sua obra "Teoria e Prática do Direito Eleitoral: do alistamento à diplomação".

Tive oportunidade de examinar os originais e verifiquei que esse livro tem lugar assegurado nas estantes dos que participam das lides eleitorais, de magistrados a candidatos.

Obra de leitura fácil e agradável, o Autor não se perde em formulação de teses acadêmicas. Ao contrário, explica e esclarece os passos e as etapas do processo eleitoral, que vai do momento em o cidadão se alista eleitor até o instante em que o candidato escolhido recebe o diploma que o habilita ao exercício da função pública, reproduzindo, com cuidadosas referências, a interpretação que os Tribunais especializados têm dado às diversas questões eleitorais que surgem no curso dessas fases.

Estamos às vésperas de uma eleição municipal, sempre mais acirrada que as eleições estaduais ou federais, pois a disputa que se trava é local, entre amigos, conhecidos e adversários do dia a dia.

O cuidado na obediência das regras tem que ser extremo. Todas as fases do processo são atentamente vigiadas e fiscalizadas. Excessos são prontamente identificados e denunciados, devendo ser rapidamente solucionados.

O Congresso Nacional, atento aos reclamos da sociedade civil, soube aparelhar a Justiça Eleitoral de instrumentos hábeis e rápidos para afastar da disputa ou do exercício do cargo quem abandona os caminhos corretos de uma campanha eleitoral para buscar o voto do eleitor pela troca de favores ou com o reprovável uso indevido do poder político.

As condutas vedadas pela Lei 9.504, de 1997, e pelo artigo 41-A, que foi introduzido pela Lei 9.840, de 1999, são provas inquestionáveis dessa afirmação.

A Justiça Eleitoral, mesmo conhecendo os transtornos que decorrem do afastamento de algum concorrente no curso do processo eleitoral ou da modificação do resultado das eleições, soube corresponder à missão que recebeu e não permitiu que as novas regras fossem desvirtuadas por interpretações acadêmicas que lhes retirassem eficácia.

E, consentânea com a realidade e com a preocupação ética e moral que a quase totalidade do povo brasileiro adota e quer ver respeitada, buscou forma de atribuir maior eficácia a instrumentos já existentes que, entretanto, estavam sendo subutilizados, como, por exemplo, o recurso contra a expedição do diploma, antes dependente de prova na maior parte das vezes inexistente – decisão com trânsito em julgado reconhecendo a prática da irregularidade – e agora com possibilidade de instrução, ainda que com certos limites.

Com a mesma preocupação de atribuir real eficácia aos meios processuais já existentes, o Tribunal Superior Eleitoral, recentemente, apreciando Questão de Ordem na Instrução n. 81, decidiu que, a partir das eleições de 2004, a ação de impugnação de mandato eletivo, prevista no artigo 14º, § 9º, da Constituição da República, deverá seguir o rito previsto na Lei Complementar n. 64 para o registro das candidaturas – vez que esse é o rito ordinário do processo eleitoral, na linha do que de há muito vinha sendo defendido por diversos doutrinadores – até a conclusão para a sentença, pois é evidente que não se justifica manter regras especiais de intimação por publicação em cartório e, depois, julgamento do recurso sem inclusão em pauta ou publicação do acórdão em sessão, na medida em que já transcorrido o período crítico eleitoral, que vai da realização das convenções para escolha de candidatos até a proclamação dos eleitos.

A fixação dessa interpretação, aliada à de que os recursos interpostos contra as decisões proferidas em ação de impugnação de mandato eletivo não possuem, de regra, efeito suspensivo, não se lhes aplicando o disposto no artigo 216 do Código Eleitoral, permitirá que a tramitação da ação tenha maior agilidade, evitando que as soluções só se concretizem após o término do mandato, frustrando as partes, os juízes e a sociedade em geral.

Em contrapartida, esse procedimento trará, para os juízes eleitorais, maior responsabilidade, pois suas decisões terão pronta eficácia, serão executadas imediatamente, salvo quando a instância superior, em face das peculiaridades ou circunstâncias do caso, resolver atribuir efeito suspensivo ao recurso.

A vontade pessoal das autoridades eleitorais não pode se sobrepor à vontade popular, mas à Justiça Eleitoral foi atribuída a missão constitucional de zelar pela lisura das eleições e no desempenho dessa relevante tarefa ela deve buscar formas de solucionar os conflitos e punir as transgressões o quanto antes, sem, é claro, desconsiderar os princípios, também constitucionais, da ampla defesa e do contraditório.

Muito ainda há para ser feito, seja na interpretação das normas e princípios já existentes, seja na discussão de um novo Código Eleitoral, absolutamente imprescindível para atualizar dispositivos destinados a regulamentar eleições que se realizavam em contexto absolutamente diferente e sem os recursos tecnológicos desenvolvidos e aplicados. Basta lembrar, a propósito, nossa urna eletrônica, que acabou com o voto em papel, simplificou a apuração e trouxe manifesta segurança aos resultados.

O Professor Edson de Resende Castro teve sensibilidade e conhecimento jurídico para recolher e registrar essas e outras questões em seu magnífico trabalho, digno de todos os louvores.

Os que, com responsabilidade, cuidam e participam das lides eleitorais, ainda que como espectadores interessados, saberão aproveitar suas considerações, ensinamentos e informações.

Fernando Neves da Silva
Ministro do TSE
Março de 2004

NOTA DO AUTOR À 11ª EDIÇÃO

Desde a primeira edição deste livro, o direito eleitoral vem sofrendo profundas alterações, impulsionadas, algumas, por modificações na legislação de regência e, outras, pelo próprio amadurecimento democrático, que induz à reflexão constante. A propaganda eleitoral é um exemplo típico: no texto original da Lei n. 9.504/97 o princípio da liberdade se impunha e isso permitia aos candidatos e partidos a criação de novos modelos e formas de divulgação da campanha, pois a proibição, então, era exceção à regra da permissão. Mas, depois das restrições consignadas nas Leis n. 11.300/2006, 12.034/2009 e 13.165/2015, a Lei n. 13.488/2017, ao conferir nova redação ao art. 37, enquadra a propaganda eleitoral – nos bens públicos e particulares – no modelo ali fixado, condicionando a divulgação aos meios e formas expressamente permitidos. Pode-se dizer, por conseguinte, que o princípio da liberdade de criação restou sensivelmente afetado, senão superado.

Os tribunais eleitorais também têm sido responsáveis por modificações importantes. Basta lembrar a questão relativa à execução imediata das decisões de cassação de registro ou diploma, observada com rigor a partir de 2004 e que foi perdendo força com a concessão cautelar, ao final quase que generalizada, de efeito suspensivo aos recursos, culminando com a positivação da regra.

E 2015 foi um ano especialmente marcante para o direito eleitoral, porque a reforma então empreendida pelo legislador ordinário, por meio da Lei n. 13.165, reformula em tudo o processo eleitoral, a partir de uma influência predominantemente conservadora. A redução à metade do tempo de campanha, a concentração do tempo de rádio e TV nos partidos maiores e a nova fórmula de distribuição de cadeiras no sistema proporcional são apenas alguns exemplos dessa tendência, que privilegia candidatos e partidos com densidade eleitoral, em detrimento do surgimento de novas lideranças e propostas. Por outro lado, a decisão do STF, que declarou a inconstitucionalidade do financiamento partidário e eleitoral por pessoas jurídicas, produz verdadeira hecatombe nas campanhas.

Na reforma eleitoral de 2017 (EC n. 97 e Leis n. 13.487 e 13.488), foi instituído o Fundo de Financiamento das Campanhas Eleitorais, com recursos do orçamento da União, e o teto de gastos foi reduzido. Já a reforma de 2019, além de fixar limites de gastos para as eleições municipais, introduziu profundas alterações na estrutura e no funcionamento dos partidos políticos, autorizando que eles tenham sede em qualquer parte do território nacional e que os dirigentes dos seus órgãos, permanentes ou provisórios, tenham duração de até 8 anos. No Código Eleitoral, a reforma quis fulminar o instituto da inelegibilidade superveniente, acrescentando o § 2º ao art. 262.

O conjunto das alterações aprovadas em 2021, com a EC n. 111, a LC n. 184 e as Leis n. 14.192, 14.208 e 14.211, (i) autoriza a junção de dois ou mais partidos para disputar eleições proporcionais, agora sob o instituto da "federação de partidos", com formato diferente das coligações, (ii) incrementa a política afirmativa de participação das mulheres nas campanhas eleitorais e inclui incentivo às candidaturas de pessoas negras, (iii) tipifica a violência política contra mulheres como crime eleitoral, (iv) cria "cláusula de desempenho" para que os partidos, as federações e os candidatos participem da distribuição de sobras no sistema proporcional e (v) exclui da causa de inelegibilidade do art. 1º, I, alínea G, da LC n. 64/90, as rejeições de contas em que não tenha havido imputação de débito ou que tenham sido sancionadas apenas com multa.

Esta 11ª edição, resultado da experiência que se vem acumulando, reafirma as alterações – de legislação e de interpretação – anteriores e se dedica com ênfase ao novo modelo de eleições com recursos predominantemente públicos, que contará em 2022 com algo próximo de 5 bilhões de Reais lançando-se na análise dos novos institutos e dispositivos, muitos dos quais desafiadores, como as federações partidárias. De outro lado, esta nova edição mantém seu compromisso com a convivência harmônica entre teoria e prática, mantendo e atualizando os modelos de peças processuais, como AIRC, Representação Especial por excesso de doação e AIME por candidatura fictícia.

O desafio, sempre, é a boa reflexão do direito eleitoral e o efetivo auxílio aos operadores do direito e aos políticos em geral, para a consolidação do regime democrático, que em tudo depende da lisura, da normalidade e da legitimidade das eleições.

SUMÁRIO

Capítulo III

Capítulo IV

TÍTULO II
O PROCESSO ELEITORAL

Capítulo V

Capítulo VI

Capítulo VII

Anexo
MODELOS DE FORMULÁRIOS

Título I

NOÇÕES INTRODUTÓRIAS

Capítulo I

CONCEITO E ALCANCE DAS NORMAS ELEITORAIS

Ao iniciar-se o estudo do Direito Eleitoral, necessário que se esclareça, desde logo, o que é esse ramo do direito e qual sua abrangência, seu alcance. Obediente ao propósito desta obra, como frisado na "Nota do Autor", a abordagem tem finalidade nitidamente prática, visando facilitar a compreensão da matéria a ser desenvolvida.

1. Conceito

Para o renomado eleitoralista Fávila Ribeiro,

> "o Direito Eleitoral, precisamente, dedica-se ao estudo das normas e procedimentos que organizam e disciplinam o funcionamento do poder de sufrágio popular, de modo a que se estabeleça a precisa equação entre a vontade do povo e a atividade governamental."[1]

2. Capacidade eleitoral ativa e passiva

Não há dúvida, percebe-se, que o Direito Eleitoral pertence ao direito público, daí que a todos interessa a justa solução dos conflitos surgidos por ocasião da vivência das suas regras. Basta lembrar que o Direito Eleitoral regula a **capacidade eleitoral ativa**, que se traduz no direito de votar, o mais importante exercício de cidadania, pois implica o poder que tem o alistado de influir na formação do governo. É também pela sua disciplina que se sabe quem, dentre aqueles com **capacidade eleitoral ativa**, terá o direito de ser votado, ou seja, a capacidade eleitoral passiva. Bastam tais considerações para que se perceba a importância do direito eleitoral num Estado Democrático de Direito.

De nada adiantará o enunciado constitucional, alardeando a República Federativa do Brasil como Estado Democrático de Direito, se as regras eleitorais não forem firmemente observadas e feitas observar, porque ilegítimo poderá ser o colégio eleitoral e, via de consequência, também os mandatos alcançados no sufrágio.

Então, sobressalta-se como de fundamental importância a atuação do Ministério Público Eleitoral e da Justiça Eleitoral na construção de um Direito Eleitoral que encontre respostas adequadas à demanda social pela lisura da disputa e pela probidade dos mandatários.

---

[1] RIBEIRO, Fávila. *Direito eleitoral*. 5. ed., Rio de Janeiro: Forense, 1998, p. 4.

Por conseguinte, nossos Juízes e Promotores Eleitorais não podem perder de vista, nunca, que cada cidadão, ao se inscrever eleitor irregularmente, macula o processo eleitoral e torna ilegítimos os resultados das urnas. E cada nacional que é admitido à candidatura sem que sejam preenchidas as condições de elegibilidade, ou que incorra em causa de inelegibilidade, poderá transformar-se em agente político, transgredindo, já na porta de entrada, as regras de sua investidura. Como será visto oportunamente, as causas de inelegibilidade têm como fundamento constitucional a necessidade de preservar não só a lisura e a legitimidade das eleições, como também a probidade administrativa, aqui projetando-se o pensamento para a ocasião do exercício do mandato pelos eleitos.

Se "na sociedade democrática a legitimidade governamental é baseada no consentimento do povo",[2] a Justiça Eleitoral deve cuidar para que esse consentimento seja manifestado de forma livre.

Nunca se perca de vista o papel de especial importância a ser desempenhado pelos Partidos Políticos, que devem fiscalizar-se mutuamente, a menos que sua filosofia seja vencer em meio à desordem.

3. Organização do corpo eleitoral e das circunscrições eleitorais

Como já se antecipou, as regras de Direito Eleitoral **organizam o corpo eleitoral**, ou seja, fixam condições para que o nacional se inscreva eleitor, momento em que ele passa a ter capacidade eleitoral ativa (o direito de votar). Com esse objetivo, as leis eleitorais disciplinam o alistamento eleitoral: a inscrição e a transferência. E ainda agrupam esses eleitores em **circunscrições eleitorais**, que são entendidas como a concentração ou divisão do território nacional segundo o interesse da disputa. Assim, tem-se todo o território nacional como uma só circunscrição para as eleições presidenciais. Quando as eleições forem para Governador de Estado ou do Distrito Federal, Senador e Deputados Distritais, Estaduais ou Federais, a circunscrição é o Estado ou o Distrito Federal. Finalmente, tratando-se de preenchimento dos cargos de Prefeito e Vereadores, o Município é a circunscrição. Isto porque interessa a todos os brasileiros a eleição para presidente, daí que todos são um único corpo eleitoral para esse fim; mas interessa apenas aos cidadãos de determinado município a eleição para Prefeito e Vereadores, daí que são somente eles, agora, o corpo eleitoral nessa eleição.

4. Zonas Eleitorais

Por óbvio, não se pode confundir circunscrição eleitoral com **Zonas Eleitorais**. Estas são fixadas sobre determinado território (que, geralmente, coincide com as Comarcas), visando ao exercício da jurisdição eleitoral. Interessa, portanto, à Justiça Eleitoral. Nem sempre a Zona Eleitoral tem território coincidente com o do Município ou com o da Comarca (estas são divisão territorial para exercício da jurisdição comum estadual). Há Zonas que envolvem mais de um município e mais de uma Comarca (nas hipóteses em que esta tem número de eleitores insuficiente para criação da Zona Eleitoral). E há municípios que são divididos em mais de uma Zona Eleitoral, exatamente porque consideravelmente grande o número de eleitores, justificando-se sua subdivisão.

---

2 RIBEIRO, Fávila. *Direito eleitoral*, p. 1.

5. Sistemas eleitorais majoritário e proporcional

Cabe à legislação eleitoral, ainda, *organizar e* **conceber as fórmulas dos sistemas eleitorais.** Conceitualmente, pode-se dizer que sistemas eleitorais são fórmulas que transformam votos em mandatos, ou seja, em resultados eleitorais. Vão orientar o processo de escolha. Dentre nós, são conhecidos os sistemas *majoritário* e *proporcional.*

Para o primeiro (**majoritário**), de fácil execução e compreensão, consideram-se eleitos aqueles que obtiverem o maior número de votos para o cargo em disputa. Elegem-se por este sistema os Prefeitos, os Governadores, os Senadores e o Presidente da República. Na configuração ou definição desse sistema, a legislação eleitoral brasileira ainda fixa a necessidade de obtenção da chamada maioria absoluta no primeiro turno, quando a disputa for para Presidente ou Governador, sob pena de repetir-se a votação em segundo turno com os dois candidatos mais votados, elegendo-se o que obtiver a maioria dos votos válidos, não computados para esse fim os votos em branco e os nulos (arts. 28 e 77, da CF/88, e art. 2º, § 1º, da Lei n. 9.504/97). Também será realizado segundo turno entre os dois candidatos mais votados no primeiro, quando não alcançada a maioria absoluta, tratando-se de Município com mais de duzentos mil eleitores, como previsto no art. 29, II, da CF/88, e no art. 3º, § 2º, da Lei Eleitoral. Observa-se que, para Senador, embora o sistema seja majoritário, não há segundo turno, mesmo que o mais votado não reúna a maioria dos votos válidos.

De outro lado, o **sistema proporcional** caracteriza-se pela distribuição dos mandatos em disputa segundo a força obtida na votação por cada partido[3] ou federação de partidos[4]. Decorre, portanto, que a votação determinante do maior ou menor número de mandatos obtidos é aquela computada pelo partido ou federação e não a que alcançada por cada um dos seus candidatos. Já se pode dizer, então, que a eleição orientada pelo sistema proporcional coloca em disputa os mais diversos grupos ideológicos presentes na sociedade e que se organizam como partidos políticos. É competição entre partidos ou federações de partidos (que devem ser representativos de alguma corrente de pensamento) e não entre pessoas, objetivando conferir alguma – ainda que pequena – representatividade às minorias. Inviável quando as vagas disponibilizadas são poucas (como as do Executivo e do Senado), pelo sistema proporcional disputam-se os cargos de Vereadores e de Deputados Distritais, Estaduais e Federais.

6. Quociente eleitoral e quociente partidário (impactados pelas Leis n. 13.165/2015, 13.488/2017 e 14.211/2021)

A fórmula do sistema proporcional começa com a definição do "**quociente eleitoral**", que é a divisão do número de votos válidos (excluídos, portanto, os nulos e os brancos) apurados na eleição pelo número de cadeiras disponíveis no parlamento. Se

---

3 A Emenda Constitucional n. 97/2017, em seu art. 2º, veda a coligação de partidos para as eleições proporcionais, aplicável a partir das eleições de 2020.

4 A Lei n. 14.208/2021 acrescentou o art. 11-A à Lei Orgânica dos Partidos Políticos (Lei n. 9.096/95): "dois ou mais partidos políticos poderão reunir-se em federação, que após sua constituição e respectivo registro perante o Tribunal Superior Eleitoral, atuará como se fosse uma única agremiação partidária"

num determinado município forem apurados 100.000 votos e a Câmara Municipal for composta por 10 cadeiras, o quociente eleitoral (100.000 votos divididos por 10 cadeiras) será 10.000 (dez mil). Este é o valor, em votos, de cada uma das vagas. Significa dizer que o partido ou a federação para conquistar um mandato de vereador terá que somar 10.000 votos ou mais. E a cada 10.000 votos o partido ou a federação conquista mais um mandato.

Como a disputa é, num primeiro momento, entre partidos e/ou federações, necessário apurar todos os votos dados a cada um dos partidos/federações, tanto os nominais (votos dados a candidatos indicados pelo eleitor) quanto os de legenda (votos dados a partido apenas), para se chegar ao "**quociente partidário**", entendido este como sendo o número de mandatos conquistados pela agremiação ou federação. E, como dito, o partido/federação conquista mais um mandato a cada vez que ele alcança o quociente eleitoral (10.000 votos no exemplo aqui construído). Se o partido/federação obteve 33.000 votos, v.gr., seu "quociente partidário" naquela eleição é 3,3, daí que ele conquistou 3 vagas.

Essa operação, relativamente complexa, envolvendo os quocientes eleitoral (mero divisor para a fase seguinte da fórmula) e partidário, está prevista nos arts. 106 e seguintes, do Código Eleitoral, e tem por finalidade transpor para a casa legislativa as mais variadas correntes de pensamento existentes na sociedade, na proporção dos votos dados.

A partir desta operação, ou seja, da definição do número de cadeiras que o partido conquistou (quociente partidário), passa-se à identificação dos candidatos do partido/federação que vão efetivamente exercer os mandatos. Neste ponto, a regra é semelhante à do sistema majoritário, pois estarão eleitos, para as tais vagas conquistadas, os candidatos que obtiveram mais votos, dentro do limite de vagas obtidas (art. 109, § 1º, do Código Eleitoral).

A reforma eleitoral de 2015, viabilizada pela Lei n. 13.165/2015, alterou a redação do art. 108, do Código Eleitoral, criando um "sub-quociente" partidário, uma espécie de "cláusula de barreira", pela qual as cadeiras conquistadas pelo partido serão preenchidas pelos candidatos mais votados, *desde que tenham tido votação nominal de pelo menos 10% (dez por cento) do quociente eleitoral.* E a Lei n. 14.211/2021, alterando o dispositivo apenas para excluir a previsão de coligação, manteve o instituto:

> Art. 108. Estarão eleitos, entre os candidatos registrados por um partido que tenham obtido votos em número igual ou superior a 10% (dez por cento) do quociente eleitoral, tantos quantos o respectivo quociente partidário indicar, na ordem da votação nominal que cada um tenha recebido. (Redação dada pela Lei nº14.211, de 2021)
>
> Parágrafo único. Os lugares não preenchidos em razão da exigência de votação nominal mínima a que se refere o **caput** serão distribuídos de acordo com as regras do art. 109. (Incluído pela Lei nº 13.165, de 2015)

Com a nova redação dada ao art. 108, para o efetivo preenchimento dessas 3 cadeiras (no exemplo que construímos), há mais uma exigência: que cada um desses candidatos tenha obtido pelo menos 1.000 votos (**10% do quociente eleitoral**, que no nosso exemplo foi de 10.000). A exigência de votação nominal mínima tem endereço certo: visa a inibir os efeitos dos fenômenos de votação que ficaram conhecidos como "efeito Eneias", em que um candidato obtém uma votação expressiva (1.500.000), contribuindo para a formação de um quociente partidário elevado, ao mesmo tempo em que os demais candidatos daquele Partido têm votação muito baixa. Se um único candidato obtém 28.000 votos e os demais alcançam apenas 500, 600, 400, 200 e 300, o total será de 30.000 votos. Embora a soma de todos os votos do Partido (30.000) tenha sido suficiente para conquistar 3 vagas no parlamento (ainda no nosso exemplo, em que o quociente eleitoral é 10.000), o desempenho pessoal de dois deles foi inferior à "cláusula de barreira" agora instituída (10% do quociente eleitoral), do que decorre que esse Partido só ficará com uma cadeira. A solução, dada pela novel legislação, foi impedir o acesso desses candidatos ao mandato, remetendo-se essas vagas não preenchidas para a operação seguinte, das maiores médias, disciplinada no art. 109.

Fácil perceber que o legislador introduziu elemento estranho à *essência do sistema proporcional*, que em síntese consiste em disputa eminentemente partidária. Diferentemente do sistema majoritário (em que a disputa é pessoal e vence aquele candidato que obtiver o maior número de votos), no sistema proporcional a disputa por mandatos é batalha de grupos, de seguimentos ideológicos, daí a soma de todos os votos dados a candidatos (votos nominais) e a legendas. A ideia, portanto, é prestigiar a preferência manifestada pelo eleitor pelos projetos, pelas propostas ou pela ideologia representados pelo partido ou pela federação de partidos, transpondo para o parlamento, pela força e na medida da votação, as mais diversas correntes de pensamento presentes na sociedade. Sendo um sistema de **desempenho partidário**, a exigência de **desempenho pessoal** de cada um dos candidatos desvirtua a sua natureza e trai o seu mais legítimo e desejável objetivo, que é, como dito, a representação, na casa legislativa, da vontade popular manifestada nas urnas. No exemplo dado, 30.000 eleitores manifestaram preferência pelos projetos apresentados pelos diversos candidatos do Partido X, conferiram a esse grupo 3 mandatos, mas, ao final, por força da nova exigência, serão – os 30.000 eleitores – representados por apenas um mandatário. Sem dúvida que a regra viola a divisão proporcional de forças determinada pela Constituição Federal, quando prevê que Deputados e Vereadores serão eleitos pelo sistema proporcional. A regra, ademais, desconsidera a soberania do voto, porque retira do povo a representação parlamentar decidida nas urnas. Não obstante o fato de que a CF apenas indicou o sistema proporcional para a eleição destes cargos, deixando o seu desenho, a sua fórmula, para a legislação ordinária, certo é que o legislador infraconstitucional ficou vinculado a um modelo – como o que consagrado no Código Eleitoral – que de fato espelhe, na distribuição das cadeiras entre os partidos e as federações, a pluralidade de correntes de pensamento manifestada nas urnas. Qualquer cláusula que impeça que essa proporcionalidade seja transposta da sociedade para o parlamento estará viciada de inconstitucionalidade, por contundente ofensa à soberania do voto. O respeitado eleitoralista Marcelo Roseno, Juiz no Ceará, em estudo publicado no Empório do Direito (http://emporiododireito.com.br/eleicoes-2016-marco-regulatorio-e-alteracoes-introduzidas-pela-lei-no-13-1652015-por-marcelo-roseno-de-oliveira/), intitulado "Eleições 2016: marco regulatório e alterações introduzidas pela Lei n. 13.165/2015", assim se manifesta:

> "As vagas não preenchidas, de acordo com a nova redação do art. 108, Parágrafo Único, do Código Eleitoral, serão distribuídas entre os partidos *e coligações*[5] que obtiverem a maior média, desde que tenham candidatos que atendam à exigência de votação nominal mínima. Com efeito, as vagas poderão ser destinadas a partidos de perfil integralmente distinto daqueles que foram escolhidos pelo eleitor, ante o singelo fato de terem uma maior densidade eleitoral, reunindo candidatos com votações individuais mais expressivas. Em outras palavras, é perfeitamente possível antever que a medida tem o potencial de "engordar" as bancadas dos maiores partidos, cujos candidatos não eleitos pelas regras dos quocientes eleitoral e partidário, serão guindados aos Parlamentos pelo critério da maior média, ainda que venham a ocupar cadeiras que, originalmente, pela vontade soberana do eleitor, deveriam estar reservadas a candidatos oriundos de partidos de perfil ideológico inteiramente diverso. Isso sim conduz a uma efetiva distorção do sistema proporcional".

O STF, entretanto, julgando a ADI n. 5920 em 04.março.2020, assentou a constitucionalidade do dispositivo:

> 1. A cláusula de desempenho individual de 10% do quociente eleitoral para a eleição não viola o princípio democrático ou o sistema proporcional, consistindo, antes, em valorização da representatividade e do voto nominal, em consonância com o sistema de listas abertas e com o comportamento cultural do eleitor brasileiro.
>
> 2. O sistema proporcional impõe regras que devem observar as particularidades da realidade eleitoral do País, considerando aspectos culturais e fáticos, pois na experiência comparada não se percebem modelos perfeitos e pré-determinados.
>
> 3. O sistema eleitoral proporcional para a eleição de Deputados Federais, prescrito na Constituição Federal, submete suas minúcias ao legislador ordinário para a conformação da matéria.
>
> 4. Ação direta de inconstitucionalidade conhecida e julgados improcedentes os pedidos, para declarar a constitucionalidade do art. 4º da Lei Federal 13.165/2015, na parte em que deu nova redação ao artigo 108 da Lei Federal 4.737/1965 (Código Eleitoral).

Já o art. 109, que com a Lei n. 13.165/2015 continha vício de inconstitucionalidade no seu inciso I, reconhecido pelo STF em 04.março.2020, na ADI n. 5420, relatada pelo Min. Dias Toffoli[6], voltou à sua redação original com a Lei n. 14.211/2021, pelo que o cálculo das sobras, que é feito para cada uma das cadeiras não preenchidas com o quociente partidário, leva em consideração o número de cadeiras conquistadas pelo partido ou federação de partidos - que se altera a cada rodada de cálculos - e não mais aquele divisor único imaginado pela Lei n. 13.165/2015. A alteração consistiu, basicamente, na substituição da expressão "***pelo número de lugares definido para o partido pelo cálculo do quociente partidário do art. 107***" pelo trecho em destaque na nova redação ("***número de lugares por ele obtido***").

---

[5] Como já mencionado, a expressão não foi recepcionada pela EC n. 97/2017.

[6] O assunto foi amplamente explorado na 10ª desta obra, quando ainda em discussão o mencionado dispositivo.

Art. 109. Os lugares não preenchidos com a aplicação dos quocientes partidários e em razão da exigência de votação nominal mínima a que se refere o art. 108 serão distribuídos de acordo com as seguintes regras: (Redação dada pela Lei nº 13.165, de 2015)

I - dividir-se-á o número de votos válidos atribuídos a cada partido pelo ***número de lugares por ele obtido*** mais 1 (um), cabendo ao partido que apresentar a maior média um dos lugares a preencher, desde que tenha candidato que atenda à exigência de votação nominal mínima; (Redação dada pela Lei nº14.211, de 2021)

II - repetir-se-á a operação para cada um dos lugares a preencher; (Redação dada pela Lei nº 13.165, de 2015)

III - quando não houver mais partidos com candidatos que atendam às duas exigências do inciso I deste caput, as cadeiras serão distribuídas aos partidos que apresentarem as maiores médias. (Redação dada pela Lei nº14.211, de 2021)

§ 1º O preenchimento dos lugares com que cada partido for contemplado far-se-á segundo a ordem de votação recebida por seus candidatos. (Redação dada pela Lei nº14.211, de 2021)

§ 2º Poderão concorrer à distribuição dos lugares todos os partidos que participaram do pleito, desde que tenham obtido pelo menos 80% (oitenta por cento) do quociente eleitoral, e os candidatos que tenham obtido votos em número igual ou superior a 20% (vinte por cento) desse quociente. (Redação dada pela Lei nº14.211, de 2021)

A reforma eleitoral de 2021 (Lei n. 14.211/2021) fez nova modificação no art. 109, § 2º, do Código Eleitoral, desta vez para determinar que os partidos e as federações que não atingiram o quociente eleitoral na primeira rodada de distribuição das cadeiras participem da disputa pelas vagas remanescentes, ou seja, do cálculo das sobras, impondo como condição o desempenho mínimo de 80% (oitenta por cento) do quociente eleitoral. Sempre há sobras porque as frações no cálculo do quociente partidário são arredondadas para baixo e muitos partidos e federações sequer alcançam o quociente eleitoral. Então, no exemplo de uma eleição com 100.000 votos e dez cadeiras a preencher (em que, portanto, o quociente eleitoral é 10.000), aquele partido/federação que conquistou apenas 9.000 votos, e que por isso não obteve nenhuma cadeira na primeira rodada, agora tem uma nova chance de fazer-se presente no parlamento, já que ele participa da distribuição das sobras, por ter tido votos que representam 80% ou mais do quociente eleitoral (no caso do exemplo, obteve 90%). Quando os votos obtidos por cada partido/federação forem divididos pelo número de cadeiras conquistadas, mais um, aquele que nada conquistou no primeiro cálculo (no quociente partidário) terá como divisor o número 1, do que resulta elevada chance de ser contemplado. Ainda no exemplo dado, um partido/federação obteve 32.000 votos e outro 9.000 votos. Na primeira rodada, o primeiro conquistou 3 cadeiras (32.000 divididos por 10.000 = 3,2) e o segundo nenhuma. Quando forem distribuídas as sobras, um terá os 32.000 votos divididos por 4 (3 cadeiras + 1), alcançando o resultado 8.000. E o outro terá os 9.000 votos divididos por 1 (zero cadeira + 1), alcançando o resultado 9.000, conquistando a cadeira em disputa, já que terá a maior média. Percebe-se facilmente que a alteração no art. 109, § 2º, do Código Eleitoral, é positiva no sentido de uma maior participação das minorias nas casas legislativas, que é o objetivo do sistema proporcional[7]. Mas a reforma de 2021 ainda impôs outra condição: **desempenho pessoal** mínimo de 20% do quociente eleitoral pelo candidato que vai assumir esta vaga. No exemplo aqui construído (quociente eleitoral de 10.000), o partido/federação só ficará com a vaga no cálculo das sobras se tiver candidato com pelo menos 2.000 (dois mil) votos.

> Art. 109
>
> § 2º Poderão concorrer à distribuição dos lugares todos os ***partidos*** que participaram do pleito, ***desde que tenham obtido pelo menos 80%*** (oitenta por cento) do quociente eleitoral, e os ***candidatos*** que tenham obtido votos em número ***igual ou superior a 20%*** (vinte por cento) desse quociente. (Redação dada pela Lei nº14.211, de 2021)

Conhecidos os quocientes partidários de todos os partidos/federações que disputaram a eleição, serão considerados eleitos – ou exercerão os mandatos conquistados – aqueles candidatos que, pelos respectivos partidos/federações, forem os mais votados internamente

7. Processo eleitoral

Organizados o corpo eleitoral (assim definidos os que têm o direito de votar e em que circunscrição exercerão esse direito) e o sistema eleitoral segundo o qual cada cargo eletivo será preenchido, cabe à legislação eleitoral disciplinar o **processo eleitoral**, nesse contexto envolvendo-se regras próprias de eleições, de plebiscito e de referendo. Nesse particular, a lei prevê a prática de atos administrativos preparatórios da eleição, a cargo da Justiça Eleitoral, como a designação de locais de votação, a nomeação de mesários, a regulamentação de transporte e alimentação de eleitores, a participação dos partidos, federações e coligações na fiscalização das eleições, etc. E, principalmente, fixa as condições de elegibilidade e as causas de inelegibilidade, o processo de registro de candidaturas, as regras para a campanha eleitoral, os meios lícitos e ilícitos de propaganda e do seu financiamento, o processo e o julgamento das irregularidades e as respectivas sanções aos infratores. O processo eleitoral, por ser um dos assuntos de maior relevância no estudo do Direito Eleitoral, será ampla e detalhadamente debatido oportunamente.

8. Competência da Justiça Eleitoral

Quando se fala em alcance das normas eleitorais, ou seja, até onde vai o Direito Eleitoral, quais as normas legais são entendidas como de seu estudo, ao mesmo tempo aproxima-se muito da definição da **competência da Justiça Eleitoral**, seja para atos de mera administração do processo eleitoral, seja mesmo para dirimir conflitos. E já se pode antecipar (o assunto será melhor tratado no título "Da Competência da Justiça Eleitoral") que não são entendidas como normas de Direito Eleitoral aquelas que dizem respeito à criação, organização, fusão e extinção de partidos políticos, porque já se reconhece a autonomia do Direito Partidário.

---

7 Antes da alteração da Lei n. 14.211/2021, a reforma eleitoral de 2017 (Lei n. 13.488/2017) havia permitido a participação de todos os partidos no cálculo das sobras, sem a condicionante de atingimento de 80% do quociente eleitoral, alteração que foi tratada com pormenor na 10ª edição deste livro.

Themístocles Cavalcanti, citado por Fávila Ribeiro,[8] adverte que "o Direito Eleitoral restringe-se ao mecanismo ativo e passivo da representação, como instrumento do sistema democrático". Daí que tudo aquilo que diz respeito aos partidos políticos, que não interfiram de alguma forma no processo eleitoral, é matéria estranha ao Direito Eleitoral, não obstante tenha a Justiça Eleitoral competência para a fiscalização dos partidos e também para o controle das filiações.

[8] RIBEIRO, Fávila. *Direito eleitoral*, p. 20.

Capítulo II

FONTES DO DIREITO ELEITORAL

1. Constituição Federal

O Direito Eleitoral busca sustentação, primeiramente, na **Constituição Federal**, onde se encontram suas principais regras e estão albergados seus princípios norteadores.

No art. 12, a CF/88 diz quem são os brasileiros natos e naturalizados e fixa as hipóteses de perdimento da nacionalidade brasileira. Estas disposições são de singular relevância, já que "não podem alistar-se como eleitores os estrangeiros" (art. 14, § 2º), como também não pode ser candidato aquele que não tiver nacionalidade brasileira (art. 14, § 3º, I). Aí, o ordenamento constitucional já sinaliza para a capacidade eleitoral ativa (quem pode alistar-se eleitor) e para a capacidade eleitoral passiva (quem preenche as condições de elegibilidade).

Ainda na Constituição Federal, são fixadas outras condições de elegibilidade e algumas causas de inelegibilidade (art. 14, §§ 3º, 4º, 6º, 7º e 8º). E o § 9º do mencionado art. 14 abriu à lei complementar a possibilidade de estabelecerem-se outras hipóteses de inelegibilidade, o que veio com a Lei Complementar n. 64/90, alterada e acrescentada pela LC n. 135/2010, a "lei da ficha limpa"[9] e, mais recentemente, pela LC n. 184/2021.

No seu art. 15, a Carta da República enumera as hipóteses de perda ou suspensão dos direitos políticos, o que produz reflexos diretos no Direito Eleitoral, pois aquele que não está no exercício dos seus direitos políticos não tem capacidade eleitoral ativa e nem passiva, daí que não pode votar e nem ser votado.[10]

Finalmente, foi nos §§ 10 e 11 do art. 14 da CF/88 que a Ação de Impugnação de Mandato Eletivo (AIME) foi acolhida definitivamente no nosso ordenamento jurídico eleitoral, já que as experiências anteriores vieram em leis de caráter temporário.[11]

Talvez o mais importante princípio norteador do Direito Eleitoral, o da *isonomia de oportunidades*, está consagrado exatamente no texto constitucional, já que o § 9º do art. 14 estabelece que as inelegibilidades orientam-se pela necessidade de preservar a normalidade e a legitimidade das eleições contra a influência do poder econômico

---

[9] As condições de elegibilidade e as causas de inelegibilidade, tanto as constitucionais quanto as infraconstitucionais, serão tratadas com minúcia no capítulo próprio.

[10] Ver, adiante, "condições de elegibilidade".

[11] Também esse assunto será adequadamente desenvolvido no momento oportuno.

ou o abuso do exercício de função, cargo ou emprego na administração direta ou indireta.[12] Sabe-se que o abuso de poder nas eleições é o mais eficiente instrumento de desequilíbrio de forças na disputa eleitoral, daí ter merecido da Constituição Federal expressa referência.

Ainda na Constituição Federal, agora por força da Reforma do Judiciário (EC 45, de 08.12.2004, que acrescentou o inciso LXXVIII ao art. 5º), encontra-se o *princípio da celeridade*, que deve orientar toda a prestação jurisdicional, não apenas a eleitoral. Interessante observar que esse princípio já vinha sendo desenvolvido havia tempos no processo eleitoral, à consideração de que este tem particularidades que recomendam soluções urgentes – como o fato de que a eleição ocorre em data certa, pré-fixada, antes da qual os incidentes devem estar resolvidos, e, também, a temporariedade dos mandatos eletivos – sob pena de frustrarem-se os envolvidos na lide e, o que é pior, restar esvaziado o objetivo do próprio Direito Eleitoral.

Com a Emenda Constitucional n. 111/2021, o art. 14, § 12, da CF, passou a prever a realização de consultas populares sobre questões locais por ocasião das eleições municipais.

2. Código Eleitoral (atualizado até a Lei n. 14.211/2021)

Outra importante fonte do Direito Eleitoral é o **Código Eleitoral**, instituído pela Lei n. 4.737, de 15/7/65. Não se pode esquecer que foi ele concebido logo no início do regime militar, sendo, portanto, resultado da imposição das forças políticas que acabavam de chegar ao poder pela luta armada, daí que carrega ele a marca do autoritarismo, às vezes com regras incompatíveis com o Estado Democrático de Direito hoje vivido entre nós.

De qualquer forma, é no Código Eleitoral que estão fixadas as regras básicas de todo o "processo eleitoral", desde o *alistamento*[13] (qualificação e inscrição: arts. 42 e seguintes; transferência: arts. 55 e seguintes; atribuições dos partidos: art. 66; encerramento: arts. 67 e seguintes; e cancelamento/exclusão: arts. 71 e seguintes), os *sistemas eleitorais* (arts. 82 e seguintes), o *registro das candidaturas* (arts. 87 e seguintes, nesse ponto sendo profundamente alterado pela Lei Complementar n. 64/90), a garantia do *voto secreto* (art. 103), o modelo da *cédula oficial* (art. 104, hoje quase superado em razão da informatização), a *representação proporcional* (arts. 105 e seguintes), os *atos preparatórios da votação* (seções eleitorais: arts. 117 e 118; mesas receptoras de votos: arts. 119 e seguintes; fiscalização das mesas: arts. 131 e 132), o *material para votação* (arts. 133 e 134), a *votação* (lugares da votação: arts. 135 e seguintes; polícia dos trabalhos: arts. 139 a 141; início da votação: arts. 142 a 145; ato de votar: arts. 146 a 152; encerramento da votação: arts. 153 a 157), a *apuração* (órgãos apuradores, impugnações e contagem dos votos: arts. 158 a 214, hoje profundamente alterada pelo sistema informatizado de totalização; diplomas: arts. 215 a 218; nulidades da votação: arts. 219 a 224; voto no exterior: arts. 225 a 233), as *garantias eleitorais* (arts. 234 a 239), a *propaganda eleitoral*

---

12 Como será desenvolvido oportunamente, quando do estudo da "propaganda eleitoral".

13 A Res. TSE n. 23.659, de 26.10.2021, é o atual regulamento do Cadastro de Eleitores, no qual são tratados os procedimentos do alistamento eleitoral.

(arts. 240 a 256, com importantes inovações contidas na Lei das Eleições), os *recursos eleitorais* perante Juntas, Juízes e Tribunais (arts. 257 a 282, também com as novidades da Lei Eleitoral e da LC n. 64/90), os *crimes eleitorais e o respectivo processo* (disposições preliminares: arts. 283 a 288; crimes: arts. 289 a 354-A, com outros tipos penais sendo encontrados na Lei das Eleições, na LC n. 64/90, na Lei n. 6.091/74, dentre outras; processo: arts. 355 a 364) e *disposições gerais e transitórias* (arts. 365 a 383).

E não se esqueceu o Código Eleitoral de organizar nossa *Justiça Eleitoral* (seus órgãos: arts. 12 a 15; o Tribunal Superior Eleitoral: arts. 16 a 24; os Tribunais Regionais: arts. 25 a 31; os Juízes Eleitorais: arts. 32 a 35; as Juntas Eleitorais: arts. 36 a 41), como órgão do Poder Judiciário, incumbido de administrar as eleições e dirimir os conflitos de interesses surgidos durante todo o processo.

Como já se adiantou, muito do que está disciplinado no Código Eleitoral é hoje matéria de leis especiais, que o modificaram profundamente, como a Lei Complementar n. 64/90 (no que diz respeito principalmente ao registro de candidaturas) e a Lei Eleitoral n. 9.504/97 (no que se refere à propaganda eleitoral e ao procedimento da Reclamação/Representação, com sistema recursal próprio).

Então, é preciso olhar para o Código Eleitoral com acentuado cuidado, principalmente porque o Direito Eleitoral, muitas das vezes, é moldado pelo casuísmo.

3. Lei das Eleições (Lei n. 9.504/97, atualizada até a Lei n. 14.211/2021: princípio da anualidade

A chamada **Lei das Eleições (Lei n. 9.504/97)** é, sem dúvida, a mais recente conquista do Direito Eleitoral brasileiro e talvez o mais importante instrumento legislativo de que dispomos para enfrentar os novos desafios da disputa eleitoral.

A tradição legislativa, no Direito Eleitoral brasileiro, sempre foi de edição de leis eleitorais para disciplina do processo eleitoral em curso, ou seja, de vigência temporária. Passadas as eleições para as quais foi aquela lei editada, cessava a sua vigência e outra tinha de ser elaborada para o próximo pleito. Tal prática sempre foi criticada pelos operadores do Direito Eleitoral, seja porque condenável o casuísmo que tomava conta das referidas leis, moldadas segundo os interesses dos que se encontravam no poder, seja porque tornava difícil, quase impossível, a formação de um pensamento perene em torno da matéria. A jurisprudência formada em um processo eleitoral, naquele contexto, praticamente não era utilizada no próximo pleito, porque outras eram as regras ditadas pela nova lei. A preocupação com esse estado de coisas foi primeiramente manifestada no art. 16, da CF/88, quando se fixou a regra de que uma lei eleitoral, para ser aplicada ao processo eleitoral, deverá estar aprovada e em vigor pelo menos um ano antes da data da eleição. Já foi um significativo avanço, pois antes disso tínhamos leis alterando as regras eleitorais dois meses antes das eleições, o que era verdadeiro absurdo, sob todos os ângulos de observação.

Rompendo com essa tradição, a *Lei Eleitoral n. 9.504, de 30 de setembro de 1997*, foi aprovada com o enunciado "Estabelece normas para as eleições", e não mais "estabelece normas para as eleições de ...". No seu art. 1º, refere-se às eleições para Presidente,

Governadores, Senadores, Deputados, Prefeitos e Vereadores, embora as eleições que se avizinhavam (em 1998) fossem apenas para Presidente, Governadores, Senadores e Deputados. Então, a novel lei eleitoral tinha como destino regular os processos eleitorais vindouros, o de 1998 (eleições gerais), o de 2000 (eleições municipais), etc. Só por isso, terá mencionada lei contribuído em muito para o aprimoramento do nosso Direito Eleitoral, possibilitando a consolidação do pensamento, a fixação de jurisprudência e até mesmo o encorajamento da doutrina, antes desestimulada pela temporariedade das regras.

A Lei n. 9.504/97 reafirma que as eleições se realizam no primeiro e no último domingo de outubro, e que considera-se eleito, para os cargos do Executivo, aquele dos candidatos que obtiver a maioria dos votos, não computados os votos em branco e os nulos. Fixa regras para as *coligações* (art. 6º)[14], para as *convenções partidárias* (arts. 7º e seguintes), para o *registro de candidatos* (arts. 10 e seguintes), para a *arrecadação e aplicação de recursos nas campanhas* (arts. 17 e seguintes), para a *prestação de contas* (arts. 28 e seguintes), para as *pesquisas e testes pré-eleitorais* (arts. 33 e seguintes), para a *propaganda eleitoral* (em geral: arts. 36 a 41-A; na imprensa: art. 43; no rádio e na TV: arts. 44 e seguintes; e na Internet: art. 57-A e seguintes), para o *direito de resposta* (art. 58), para o *sistema eletrônico de votação e totalização* (arts. 59 e seguintes), para o funcionamento das *mesas receptoras* (arts. 63 e 64), para a *fiscalização das eleições* (arts. 65 e seguintes), para caracterização de *condutas vedadas aos agentes públicos* (arts. 73 e seguintes) e para o procedimento das *reclamações/representações* (art. 96).

Disciplinando praticamente todo o processo eleitoral (concorrentemente com outras leis, é verdade), a Lei n. 9.504/97 é fonte obrigatória de consulta permanente do operador do Direito Eleitoral. Seus dispositivos serão exaustivamente discutidos ao longo desta obra.

Em 2013, duas leis foram sancionadas, nela introduzindo modificações: Lei n. 12.875, de 30/10/2013, e Lei n. 12.891, de 11/12/13. Como ambas entraram em vigor já dentro do ano que antecedeu as eleições, ou seja, posteriormente a 05 de outubro de 2013, necessário discorrer sobre a sua aplicabilidade às eleições de 2014, face ao **princípio da anualidade eleitoral, abrigado no art. 16, da CF/88**. De fato, dispõe mencionado art. 16 que *"A lei que alterar o processo eleitoral entrará em vigor na data de sua publicação, não se aplicando à eleição que ocorra até um ano da data de sua vigência."*

A partir deste contingenciamento temporal, dois desafios se apresentam: é saber se as novas leis encerram normas de processo eleitoral e se os novos regramentos alteram as condições da disputa.

Em torno da expressão "processo eleitoral" há acentuada controvérsia. De um lado, os que pensam que ela se refere a normas processuais, não alcançando, portanto, as de natureza eleitoral material. Foi o pensamento que levou o TSE[15], em 2010, a

---

[14] Com a observação de que a partir da eleição de 2020, por força da EC 97/2017, não mais se admite coligação em eleição proporcional.

[15] Ac.-TSE, de 10.06.2010, na Consulta n. 112.026. Depois, o STF entendeu não aplicável a Lei da Ficha Limpa às eleições de 2010

decidir reiteradamente pela aplicação, às eleições daquele ano, da Lei da Ficha Limpa (LC n. 135), que entrou em vigor quatro meses antes do pleito, alterando e acrescendo inelegibilidades. Entretanto, parece inevitável ver o *processo eleitoral* como o conjunto de atos, providências, procedimentos e decisões, desencadeados sob regras que fixam as condições essenciais da disputa e garantem a prevalência dos valores constitucionais da normalidade e legitimidade das eleições. É exatamente a estabilidade das regras do jogo eleitoral, que com essa reserva da anualidade fica imune a alterações casuísticas e destinadas a surpreender os protagonistas da disputa - partidos e candidatos - que deve orientar o intérprete. Se uma lei, tendo natureza material ou processual, não importa, impõe sacrifícios a uns e benefícios a outros, ao ponto de afetar a igualdade de oportunidades no pleito que se aproxima, não deve ser aplicável quando sancionada e em vigor a menos de um ano. No julgamento da ADI n. 3741-2, DF, o Supremo Tribunal Federal, então apreciando a aplicabilidade da Lei n. 11.300 às eleições de 2006, reafirmou o entendimento de que "só se pode cogitar de comprometimento do princípio da anterioridade, quando ocorrer: 1) o rompimento da igualdade de participação dos partidos políticos e dos respectivos candidatos no processo eleitoral; 2) a criação de deformação que afete a normalidade das eleições; 3) a introdução de fator de perturbação do pleito; ou 4) a promoção de alteração motivada por propósito casuístico." Sob tais coordenadas, o Tribunal afastou a incidência da anualidade sobre a Lei n. 11.300, que trouxe modificações diversas, principalmente sobre propaganda eleitoral.

Igualmente necessário fixar que a função inibitória do postulado albergado pelo art. 16, da CF, só se justifica quando a novel alteração for à substância do processo eleitoral. Ou seja, quando atingir a essência das condições da disputa. Modificações cosméticas, superficiais e que atuam no mero aperfeiçoamento dos procedimentos eleitorais, ou, nas palavras do sempre festejado Ministro Carlos Ayres Britto (ADI n. 3741/DF), "muito mais *a latere* do processo eleitoral do que no âmago dele", não vulneram a reserva de anualidade.

De qualquer forma, é bom consignar que o art. 16, da CF, ao consagrar o princípio da anualidade, institui verdadeira garantia constitucional fundamental ao cidadão-eleitor, na medida em que torna conhecidas e estáveis as regras da competição. Assim se manifestou o STF, na ADI n. 3685:

> 3. Todavia, a utilização da nova regra às eleições gerais que se realizarão a menos de sete meses colide com o princípio da anterioridade eleitoral, disposto no art. 16 da CF, que busca evitar a utilização abusiva ou casuística do processo legislativo como instrumento de manipulação e de deformação do processo eleitoral (ADI 354, rel. Min. Octavio Gallotti, DJ 12.02.93).
>
> 4. Enquanto o art. 150, III, b, da CF encerra garantia individual do contribuinte (ADI 939, rel. Min. Sydney Sanches, DJ 18.03.94), o art. 16 representa **garantia individual do cidadão-eleitor**, detentor originário do poder exercido pelos representantes eleitos e "a quem assiste o direito de receber, do Estado, o necessário grau de segurança e de certeza jurídicas contra alterações abruptas das regras inerentes à disputa eleitoral" (ADI 3.345, rel. Min. Celso de Mello).

> 5. Além de o referido princípio conter, em si mesmo, elementos que o caracterizam como uma garantia fundamental oponível até mesmo à atividade do legislador constituinte derivado, nos termos dos arts. 5º, § 2º, e 60, § 4º, IV, a burla ao que contido no art. 16 ainda afronta os direitos individuais da segurança jurídica (CF, art. 5º, caput) e do devido processo legal (CF, art. 5º, LIV).
>
> 6. A modificação no texto do art. 16 pela EC 4/93 em nada alterou seu conteúdo principiológico fundamental. Tratou-se de mero aperfeiçoamento técnico levado a efeito para facilitar a regulamentação do processo eleitoral.
>
> [...] (ADI n. 3.685, Relatora a Ministra Ellen Gracie, Tribunal Pleno, DJ 10.8.2006).

A partir de tais premissas, é possível ver que a Lei n. 12.875, de 30-outubro-2013, alterando a forma de distribuição dos recursos do Fundo Partidário e do tempo de rádio e televisão na propaganda eleitoral, vai à substância do processo eleitoral, pois afeta de forma contundente as condições de disputa de algumas agremiações partidárias, proporcionando desequilíbrio. A então nova redação dada ao Art. 41-A, da Lei n. 9.096/95 (Lei Orgânica dos Partidos Políticos), mantém os percentuais de participação dos partidos no bolo do Fundo (5% igualitariamente[16] e 95% na proporção dos votos obtidos na última eleição para a Câmara dos Deputados), mas acrescenta (parágrafo único) que nesta divisão proporcional - 95% - "serão desconsideradas as mudanças de filiação partidária, em quaisquer hipóteses". Na verdade, o acrescido parágrafo único – mantido com a Lei n. 13.107/2015 – apenas repete o que já era possível extrair – pelo menos literalmente – do próprio inciso II, que é explícito ao fixar que a proporção leva em conta o resultado das urnas ("votos obtidos na última eleição geral"), daí concluindo-se que as desfiliações e novas filiações de Deputados Federais não afetam a distribuição. Ocorre que o Supremo Tribunal Federal entendeu, na ADI n. 4430 que discutiu a hipótese de tempo de antena, que a representatividade obtida nas urnas deve seguir com os Deputados que deixam a legenda pela qual foram eleitos para ingressarem em novas agremiações, no interregno de até trinta dias de sua criação, já que esta situação foi posta – na Resolução TSE n. 22.610/2007 – como imune aos efeitos da infidelidade partidária. E o raciocínio foi de que, se a Constituição consagra a liberdade de criação de partidos (art. 17) e se o Deputado pode filiar-se ao partido recém-criado e carregar consigo o mandato, nada mais natural que também carregue a representatividade para a divisão proporcional. E, no que respeita à divisão dos recursos do Fundo Partidário, o TSE tem igual raciocínio, manifestado já no precedente PSD, em 2012, quando o Tribunal incluiu o partido então criado na divisão proporcional dos 95%, considerados os votos obtidos nas eleições de 2010 pelos candidatos a Deputado Federal, eleitos ou não, que migraram para a nova legenda nos trinta dias posteriores à sua criação[17]. Sem dúvida, então, que a Lei n. 12.875/2013, ao acrescentar o dito parágrafo único ao art. 41-A, teve o propósito de não admitir essa "portabilidade" e, portanto, alterar não o texto da lei, mas, sim, a interpretação conforme dele extraída pelo STF e pelo TSE. O

---

[16] Dessa divisão participando apenas os partidos/federações que preencham os requisitos constitucionais de acesso ao Fundo Partidário, conforme redação dada pela Lei n. 13.165/2015)

[17] Petição n. 1747-93/DF (PSD) e Petição n. 30-75/2013 (PEN)

fato é que essa mudança, pretendida pela Lei n. 12.875/2013, na fórmula de cálculo da distribuição dos recursos do Fundo aumenta a fatia de uns e diminui a de outros, o que afeta direta e imediatamente a capacidade de desempenho do partido no pleito. Fazendo-o a menos de um ano, a novel disciplina não pôde se aplicar às eleições de 2014. E o STF, depois se debruçando sobre o mérito dessa alteração, reafirmou – na ADI n. 5105, sessão de 01-outubro-2015, por apertada maioria – seu entendimento de que a mudança do Deputado Federal para partido novo, quando feita com observância do permissivo legal, ou seja, dentro dos 30 dias seguintes à criação do Partido, tem o condão de arrastar consigo o mandato, para efeito de proporcionalidade no cálculo dos recursos do **Fundo Partidário e do tempo de antena**. Por conseguinte, o partido criado após a última eleição para a Câmara dos Deputados e que, portanto, nela não obteve votos, participava ainda assim da distribuição dos **95% dos recursos do Fundo e dos 90% do tempo de rádio e TV**, se para ele tivessem sido migrados Deputados Federais nos 30 dias após a sua aprovação pelo TSE. Necessário consignar, desde já, que a EC n. 111/2021 levou o tema para a Constituição (art. 17, § 6º), prevendo que serão desconsideradas – para efeito de distribuição dos recursos dos fundos e do tempo de antena – todas as migrações, ficando cada partido/federação com a proporcionalidade conquistada nas urnas.

A mesma Lei n. 12.875/2013 promoveu semelhante alteração, agora nas regras de distribuição do tempo de propaganda eleitoral no rádio e na televisão. Além de também não permitir a "portabilidade" da representação (o § 7º, acrescido ao art. 47, da Lei n. 9.504/97, também determina sejam "desconsideradas as mudanças de filiação partidária, em quaisquer hipóteses", no que contraria frontalmente o que decidido pelo STF na ADI n. 4430, quando fixado o entendimento de que os Deputados Federais que se filiam a partidos novos levam para estes o tempo de antena), a lei ainda estabelece um novo modelo de repartição do tempo. Se antes os partidos com candidatos, mas sem representação na Câmara dos Deputados, participavam da distribuição igualitária de 1/3 do tempo total, com os incisos I e II, do § 2º, do art. 47 (na redação que lhes dera a Lei n. 12.875/2013), concorreriam a apenas 1/9 (1/3 de 1/3) desse tempo total dedicado à propaganda, ou seja, os partidos pequenos teriam uma redução de 2/3 (ou cerca de 68%) do seu tempo de propaganda, naquele que era considerado – especialmente em eleições gerais e presidenciais – como o principal instrumento de divulgação da campanha eleitoral: o tempo de antena. De outro lado, os partidos maiores teriam seu tempo aumentado em cerca de 34%.[18] Se antes participavam da distribuição proporcional de 2/3, com a mudança disputariam 8/9 do tempo total. Fácil perceber, que esta alteração introduz fator de elevada perturbação no processo eleitoral, indo à essência da capacidade de exposição das propostas dos protagonistas maiores da disputa, que são partidos e candidatos. Lançando profunda alteração na capacidade de disputa dos Partidos e candidatos, a modificação não pôde ser aplicada ao pleito de 2014, porque se realizou a menos de um ano da sua vigência. Mas mesmo para as eleições seguintes, em que

[18] No Título II, Capitulo III (Propaganda Eleitoral), Seção III (Propaganda Lícita), n. 8 (Rádio e TV), o tema será mais detalhado.

observada a anualidade, essa nova disposição é de admissão questionável. Como dito, a lei pretendeu concentrar nos Partidos com representação na Câmara dos Deputados nada menos que 8/9 (oito nonos) do tempo total de propaganda no rádio e TV, restando aos Partidos sem representação apenas 1/9 (um nono). Com tanto para os grandes e tão pouco para os pequenos, inevitável concluir que a fórmula de divisão do tempo de antena está eivada de inconstitucionalidade, por violar os princípios da proporcionalidade e da razoabilidade no tratamento dos diversos Partidos habilitados a concorrer. Se é fato que a lei pode tratar desigualmente os desiguais, sem ofensa ao postulado da isonomia de oportunidades, também o é que esse tratamento desigual não pode ultrapassar os limites da razoabilidade e da proporcionalidade. Com a Lei n. 13.165/2015, o legislador pretendeu acentuar ainda mais a concentração de tempo de antena nos Partidos maiores, ou seja, nos que elegeram Deputados Federais na última eleição geral. Via de consequência, diminuiu, mais uma vez, a parcela de tempo que é destinada à distribuição igualitária entre todos os Partidos. Se antes (com a Lei n. 12.875/2013), eram 8/9 para os grandes – o que correspondia a 88,88% – e 1/9 para os pequenos (fórmula de distribuição, repita-se, anti-isonômica), agora a redação dada ao art. 47, § 2º, da Lei n. 9.504/97, quer destinar aos Partidos grandes 90% do tempo, restando aos pequenos apenas 10%. A dita reforma eleitoral, ao contrário de corrigir a inconstitucionalidade que já viciava o texto, acabou impondo mais iniquidade à disputa. Vista – esta concentração de tempo de rádio e TV – no contexto da reforma de 2015 como um todo, percebe-se que os Partidos menores, e especialmente os candidatos desconhecidos do eleitorado, teriam enormes dificuldades, senão impossibilidade mesmo, para fazer chegar aos eleitores a sua mensagem, os seus projetos e as suas propostas, sendo improvável o sucesso eleitoral das novas lideranças, especialmente pelo fato de que, à época, o tempo de antena era o principal meio de divulgação das propostas. Tudo porque, além da diminuição da sua participação, a nova lei diminuiu o próprio período de propaganda nesse veículo, antes de 45 dias e agora 35. Fácil concluir que violado um dos princípios mais caros à República: a alternância no exercício dos mandatos eletivos, com espaço para a salutar renovação dos quadros políticos. Inconstitucional também a redação dada pela Lei n. 13.165/2015 e repetida pela Lei n. 14.211/2021, a distribuição do tempo de antena deve continuar observando a fórmula original da Lei n. 9.504/97: 1/3 do total entre todos os Partidos, igualitariamente, e os restantes 2/3 entre os Partidos com representação na Câmara dos Deputados, proporcionalmente.

Já a Lei n. 12.891, de 11 de dezembro de 2013, modificando dispositivos do Código Eleitoral, da Lei Orgânica dos Partidos Políticos (Lei n. 9.096/97) e da Lei das Eleições (Lei n. 9.504/97), não introduziu alterações profundas no processo eleitoral, capazes de afetar aquela igualdade nas condições da disputa e instalar o já falado fator de perturbação. Ao contrário, o legislador limitou-se a estabelecer novos procedimentos, novas datas para a prática de atos e a esclarecer conceitos, atuando na superfície do processo eleitoral. Assim foi com:

1) A solidariedade entre candidatos e partidos (art. 241, do Cód. Eleitoral);

2) As matérias a serem discutidas no recurso contra a expedição do diploma (art. 262, do Cód. Eleitoral);
3) A autonomia dos partidos para definição dos seus cronogramas de atividades (art. 3º, da Lei n. 9.096/95);
4) O foro para discussão de questões que envolvam o diretório nacional do partido (art. 15-A);
5) A desfiliação partidária como consequência de nova filiação (art. 22). Neste ponto, importante lembrar que o regime modificado (art. 22) previa a nulidade de ambas as filiações, sempre que o filiado se filiasse a novo partido, sem observar a formalidade essencial de comunicação dessa nova filiação ao partido anterior e à Justiça Eleitoral. E, como consequência da duplicidade, a nulidade de ambas as filiações, daí que o envolvido restava sem filiação. A regra, embora seja, a rigor, de direito partidário (e não de direito eleitoral propriamente), projeta reflexos diretos no processo eleitoral, na medida em que a filiação partidária é uma das condições de elegibilidade previstas no art. 14, § 3º, da Constituição Federal: a mudança de partido importa e, mais ainda, a nulidade de ambas as filiações, porque, neste caso, o envolvido pode até não disputar as eleições. Não obstante esta nítida vocação para alterar as condições da disputa, percebe-se que a nova lei, que só entrou em vigor em 11-dezembro-2013, não alteraria o processo eleitoral de 2014, pois a dita condição de elegibilidade, filiação partidária, levava em conta a situação do pretenso candidato em 05-outubro-2013, um ano antes da eleição. Se um determinado cidadão, filiado ao partido A, fez outra filiação ao partido B em 04-outubro-2013 sem proceder à dupla comunicação (ao partido A e à Justiça Eleitoral) no dia imediatamente seguinte, incorreu em duplicidade e atraiu, de pleno direito, a nulidade prevista na regra então vigente. Como a hipótese era, repita-se, de nulidade (e não de anulabilidade), sabe-se que os seus vínculos com os partidos A e B restaram fulminados, bastando advir – após o devido processo legal – o provimento meramente declaratório da Justiça Eleitoral, reconhecendo a incidência da nulidade de ambas as filiações. Implica dizer que o envolvido está sem filiação desde então – 04 de outubro – e a nova lei, que só entrou em vigor dois meses depois, em 11-dezembro-2013, já apanhou sua situação jurídica consolidada. Percebe-se, facilmente, que essa nova lei não trouxe qualquer potencial de alteração do processo eleitoral de 2014, exatamente porque – repita-se – não poderia reverter as nulidades ocorridas até 05-outubro-2013 e, muito menos, reestabelecer a condição de elegibilidade do envolvido. Aplicação retroativa da nova sistemática do art. 22 – que prevê não mais a nulidade de ambas as filiações, mas a prevalência da última filiação – isto sim implicaria em profunda alteração no processo eleitoral de 2014, exatamente por – como dito – restabelecer a elegibilidade do envolvido na duplicidade, recolocando na disputa alguém que dela não podia participar. A retroatividade do novel instituto, pronunciada sob o argumento de que mais benéfica ao filiado, desconsiderava essa introdução de fator de perturbação

no processo eleitoral próximo (ofendendo o princípio da anualidade) e, mais, ignorava a circunstância de que o benefício ao filiado – a quem se restabelecia a condição de elegibilidade para as eleições de 2014 – implicava em prejuízo de todos os demais candidatos e partidos políticos que compunham a disputa, que agora teriam como concorrente alguém que já estava fora do páreo eleitoral. Também por esta razão, o novo art. 22, da Lei n. 9.096/95, só pode valer a partir de sua vigência, ou seja, a partir de 11-dezembro-2013;

6) A atividade de fiscalização da Justiça Eleitoral sobre as contas partidárias (art. 34, agora novamente alterada pela Lei n. 13.165/2015);
7) A não aplicação da lei de licitações aos partidos (art. 44);
8) A antecedência mínima para entrega do material de áudio e vídeo às emissoras de rádio e TV para a propaganda partidária (art. 46, § 5º);
9) A responsabilidade pelo pagamento das multas (art. 6º, da Lei n. 9.504/97);
10) A data de realização das convenções partidárias e a formalização e publicação da respectiva ata (art. 8º, novamente alterada pela Lei n. 13.165/2015);
11) O parcelamento das multas eleitorais (art. 11, § 8º, III);
12) A dispensa de apresentação de alguns documentos ao registro (art. 11, § 13);
13) A data limite para a substituição de candidatos nas eleições majoritárias e proporcionais (art. 13);
14) O direito de participar da campanha, na pendência do julgamento do pedido de registro (art. 16-B);
15) A abertura de contas para a campanha e a identificação do doador nos extratos bancários (art. 22);
16) A formalização de recibo eleitoral nas doações estimáveis em dinheiro (art. 23);
17) O limite de gastos na campanha (art. 26), que com a Lei n. 13.165/2015 foi fixado pelo TSE, a partir dos valores movimentados nas eleições municipais (2012) e gerais (2014)[19];
18) As datas de divulgação das contas parciais de campanha e a comprovação dos gastos (art. 28, com redação modificada pela Lei n. 13.165/2015);
19) A sobra de recursos financeiros de campanha (art. 31);
20) As novas exigências para a pesquisa e a vedação de enquetes (art. 33);
21) O novo conceito de propaganda extemporânea (art. 36-A, fenômeno que, com a Lei n. 13.165/2015, restou reduzido a poucas hipóteses);
22) A tipificação dos pronunciamentos em rede como propaganda antecipada (art. 36-B);

[19] Com a Lei n. 13.488/2017, o limite de gasto passou a ser fixado em lei e apenas divulgado pelo TSE

23) A vedação de cavaletes na propaganda (art. 37, que com a Lei n. 13.165/2015 também proíbe os bonecos);

24) A disciplina do uso de adesivos, inclusive em veículos (art. 38);

25) O novo horário para o comício de encerramento da campanha (art. 39, § 4º);

26) O outdoor eletrônico (art. 39, § 8º);

27) A definição de carros de som[20] (§ 9º-A, acrescido pela Lei n. 13.165/2015), minitrio e trio elétrico e limite de volume (art. 39, § 11 e 12);

28) A antecedência para entrega das mídias com a propaganda eleitoral às emissoras (art. 47, § 8º);

29) A veiculação de inserções no rádio e na TV (art. 51, com tempo ampliado pela Lei n. 13.165/2015);

30) O conteúdo da propaganda no horário gratuito (art. 53-A), a vedação de efeitos especiais, computação gráfica e desenhos animados e os limites à participação de apoiadores de campanha (art. 54, na redação dada pela Lei n. 13.165/2015);

31) A perda do tempo no rádio e TV e sua destinação (art. 55 e 56);

32) A retirada de mensagens agressivas de sítios da internet (art. 57-D);

33) A tipificação, como crime, da contratação de pessoal para a emissão de mensagens ofensivas na internet (art. 57-H);

34) A designação de Juiz Auxiliar sempre que a decisão no direito de resposta não for proferida no prazo legal (art. 58, § 9º);

35) O limite de fiscais nas seções eleitorais (art. 65);

36) A possibilidade de o TSE desenvolver campanhas em favor da igualdade de gênero e a participação feminina na política (art. 93-A), e

37) Os limites para contratação de pessoal para a militância nas campanhas (art. 100-A);

Percebe-se que todas estas modificações passavam ao largo do cerne, do âmago da disputa eleitoral, chegando a ser irrelevante que as convenções partidárias passassem a ser realizadas entre 12 e 30 de junho (agora, com a Lei n. 13.165/2015, serão entre 20-julho e 05-agosto), ou que as contas parciais de campanha fossem divulgadas na internet nos dias 08 de agosto e 08 de setembro (com a Lei n. 13.165/2015, as doações em dinheiro devem ser publicadas em até 72 horas e um relatório em 15-setembro com receitas e despesas). Até mesmo o termo final para substituição de candidatos, que foi dilatado para as eleições proporcionais e antecipado para as majoritárias, não afeta a essência da disputa, atuando, sim, na linha da transparência das eleições, como, em boa medida, a determinação de publicação da ata da convenção em 24 horas. Todas estas alterações, portanto, aplicáveis às eleições de 2014, porque não ofendiam o princípio da anualidade eleitoral.

---

[20] Com utilização limitada às carreatas, caminhadas, passeatas e comícios, conforme Lei n. 13.488/2017, que acrescentou o § 11 ao art. 39, da Lei n. 9.504/97.

O TSE, publicadas em 05-março as resoluções para as eleições de 2014, não se pronunciou formalmente pela aplicação, ou não, destas inovações, deixando para fazê-lo quando do enfrentamento da Consulta apresentada à Corte, já no mês de junho, quando preferiu não as adotar, porque em curso o calendário eleitoral. Mas a vedação de enquetes (Res. n. 23.400/2013) e o novo prazo para substituição de candidatos (art. 61, § 2º, da Res. n. 23.405/2014), p.ex., já foram contemplados naquelas resoluções.

E, como já antecipado, novas alterações foram introduzidas na Lei das Eleições, desta vez pela Lei n. 13.165/2015, de 29-setembro-2015, respeitando-se a anualidade constitucional e, portanto, aplicáveis inteiramente – como foram – às eleições de 2016, ressalvadas as inconstitucionalidades que serão realçadas oportunamente.

Em 2017, nova reforma eleitoral, desta vez por meio das Leis n. 13.487 e 13.488 e da EC n. 97, inovando no respeitante a:

1) Condições de elegibilidade
2) Coligações
3) Financiamento público de campanha
4) Gastos na campanha
5) Propaganda eleitoral, com disciplina para o impulsionamento de postagens e buscas na Internet:

Em 2019, mais uma reforma eleitoral e partidária, através das Leis n. 13.831, 13.877 e 13.878, alterando as regras de criação[21], funcionamento e finanças dos partidos, de composição e distribuição dos recursos do Fundo de Campanha e de arrecadação e gastos de campanha.

Em 2021, foram sancionadas as Leis n. 14.192, 14.208 e 14.211, todas aplicáveis às eleições de 2022.

O resultado de tantas e seguidas alterações é uma disputa agora completamente diferente, com tempo de campanha reduzido à metade, propaganda eleitoral com ainda mais restrições e uma nítida tendência conservadora, beneficiando candidatos e partidos já conhecidos dos eleitores.

4. Lei Complementar 64/90 (com a Lei da Ficha Limpa e com a LC 184/2021)

As inelegibilidades, que não foram fixadas diretamente no texto constitucional, estão previstas na **Lei Complementar n. 64/90**, daí chamada de Lei das Inelegibilidades.

Além de estabelecer os casos de *inelegibilidade e os prazos de sua cessação* (art. 1º), a Lei Complementar n. 64/90 ainda reafirma a *competência da Justiça Eleitoral* para conhecer e decidir as arguições de inelegibilidade, indicando os Órgãos Jurisdicionais aos quais deve ela ser dirigida (art. 2º), regula o procedimento da *Ação de Impugnação do Registro de Candidatura* (arts. 3º e seguintes, aplicável também à AIME, por força da Res.

[21] Por seu turno, o TSE passa a autorizar a coleta de assinaturas, para criação de partido político, também em meio eletrônico.

21.634/04-TSE), consagra a regra de que os prazos na AIRC são peremptórios e contínuos (art. 16), institui a *Investigação Judicial Eleitoral* como ação, com carga decisória (arts. 19 e seguintes) e tipifica como *crime eleitoral* a arguição de inelegibilidade deduzida de forma temerária ou de manifesta má-fé (art. 25).

Essa lei, de especial importância no contexto eleitoral brasileiro, mormente após as modificações da "lei da ficha limpa" e da LC n. 184/2021, será examinada com pormenores quando do estudo do registro de candidatura.

5. Lei 6.091/74: transporte e a alimentação dos eleitores

Algumas leis especiais podem ser destacadas por sua importância para o processo eleitoral. Dentre elas, a **Lei n. 6.091/74**, que disciplina o *transporte e a alimentação dos eleitores.*

Sabe-se que o transporte e a alimentação de eleitores é prática ainda comum em alguns lugares, principalmente no interior do País, onde os "coronéis" da política se incumbem de levar seus "comandados" até o local de votação, dirigindo-lhes a vontade e influenciando decisivamente o seu voto.

Mais importante que impor a observância das regras contidas na mencionada lei, é cuidar para que as condições propícias ao fornecimento de transporte e alimentação aos eleitores sejam eliminadas. O eleitor só necessita de transporte e alimentação se o local onde ele votar for distante de sua residência. Resguardadas algumas situações especiais (como na região amazônica e pantaneira, p. ex.), a Justiça Eleitoral deve dedicar-se à tarefa de colocar seções eleitorais próximas aos povoados, vilas, etc., levando a urna ao eleitor e invertendo a realidade, que impõe ao eleitor ir até a urna. Então, quando do alistamento eleitoral ou quando da transferência, o eleitor deve ser orientado da existência de locais de votação próximos ao seu domicílio. Mais que isso, a Justiça Eleitoral deve instalar, sempre que verificar o surgimento de novos povoados, nova seção eleitoral ou o deslocamento de outra já existente. Nada justifica que o eleitor residente na zona rural venha votar na cidade, ou vice-versa, tumultuando o dia da eleição.

Se o transporte se tornar mesmo necessário, deverá ele ser feito pela Justiça Eleitoral, nunca por particulares, e muito menos por candidatos ou partidos políticos. Para que a Justiça Eleitoral possa organizar o transporte dos eleitores, deverá utilizar-se de veículos dos órgãos da administração direta ou indireta da União, dos Estados, do Distrito Federal e dos Municípios, com os respectivos motoristas. Diz o art. 1º, § 2º, da mencionada lei, que os veículos e servidores deverão ser requisitados à Administração Pública até 15 dias antes da eleição. Quando os veículos públicos forem insuficientes, particulares, preferencialmente de aluguel, serão também requisitados (art. 2º).

Dentro daquele mesmo prazo, ou seja, até 15 dias antes da eleição, a Justiça Eleitoral fará divulgar o quadro geral de percursos e horários programados para o transporte dos eleitores, fornecendo cópia aos partidos políticos, que podem reclamar contra ele em três dias. Também podem dirigir reclamação à Justiça Eleitoral, contra a fixação do percurso e dos horários do transporte, os candidatos e os eleitores, estes reunidos em número mínimo de vinte (art. 4º). Expediente de ordem prática que produz ótimos resultados é a elaboração do quadro geral de percursos e horários do transporte em reunião com o Ministério Público e com os Presidentes de Partidos, obtendo-se quase sempre o consenso ou, quando menos, colhendo-se as reivindicações mais frequentes, com isso evitando o inconformismo, portanto menos uma reclamação a ser decidida.

De qualquer forma, o transporte só será fornecido ao eleitor da zona rural e houver mais de 2 quilômetros entre sua residência e a seção eleitoral.

Segundo o seu art. 5º, nenhum veículo ou embarcação poderá fazer transporte de eleitores desde o dia anterior até o posterior à eleição, salvo se a serviço da Justiça Eleitoral, se coletivos de linhas regulares e não fretados, se de uso individual do proprietário, para o exercício do próprio voto e dos membros da sua família, e se a serviço, mediante aluguel e sem finalidade eleitoral.

Proíbe o fornecimento de refeição aos eleitores e deixa à Justiça Eleitoral a possibilidade de fazê-lo, se verificada a absoluta carência de recursos daqueles que residem na zona rural. Nessa hipótese, os gastos correm à conta do Fundo Partidário.

A inobservância destas proibições é tipificada como crime eleitoral, punido com reclusão de 4 a 6 anos e multa (art. 11).[22]

6. Resoluções do TSE

Ainda constituem fonte do Direito Eleitoral as **Resoluções do TSE**, que têm força de lei ordinária, conforme decidido por aquela Corte (Recurso n. 1.943-RS, BE-TSE 13/16).

São de grande importância, principalmente prática, para o operador do Direito Eleitoral, para os partidos políticos e candidatos, porque essas resoluções consolidam a legislação em vigor, agrupando-a por assunto. Ao editar uma resolução para regular o registro de candidatos, por exemplo, o TSE não repete as normas contidas no Código Eleitoral que já estão superadas diante do que dispõem a Lei Eleitoral (Lei n. 9.504/97) e a Lei Complementar n. 64/90.

Além disso, o TSE transforma em dispositivo de resolução a sua jurisprudência dominante, mesmo que sobre o assunto não haja texto expresso de lei.

As resoluções do TSE, portanto, traduzem a legislação em vigor e o pensamento da mais alta Corte da Justiça Eleitoral, constituindo-se em importante instrumento de orientação a todos quantos lidam com a matéria.

Também os TRE's editam resoluções, no mais das vezes de interesse da organização da Justiça Eleitoral no Estado.

[22] Esta questão será novamente enfrentada quando se tratar do "dia das eleições".

Capítulo III

O DIREITO PARTIDÁRIO

"Os partidos têm decisivo e imprescindível papel nas organizações políticas contemporâneas, na difusão de ideias que alimentam o debate político e cumprem sempre a arregimentação coletiva, seja para plebiscitos, referendo ou eleição, para os quais funciona como elemento constante o sufrágio popular."[23]

1. Autonomia do direito partidário

Já é possível dizer que o Direito Partidário tem **autonomia legislativa e científica** perante o Direito Eleitoral, embora se reconheça a acentuada proximidade desses dois ramos do direito.

Porque não há eleição sem partidos políticos (exatamente porque não há candidaturas isoladas[24] – embora a candidatura sem partido, aos cargos disputados pelo sistema majoritário {presidente, governador, senador e prefeito}, já tenha sido admitida na nossa legislação, conforme art. 88, parágrafo único, c/c 94, § 1º, IV e 99, todos do Código Eleitoral, não recepcionados pela CF, que impõe a filiação partidária como condição de elegibilidade[25]), o Direito Eleitoral convive diretamente com normas de Direito Partidário.

Entretanto, com ele não se confunde, principalmente porque diversos os Órgãos Jurisdicionais com competência para conhecer e decidir matérias de um e outro. Deságuam na Justiça Eleitoral questões afetas diretamente ao pleito, sejam de ordem administrativa, sejam de ordem jurisdicional. E dizem respeito à Justiça Comum as questões internas dos partidos políticos, que não exercem influência nos pleitos.

Se compete à Justiça Comum, em regra, o conhecimento e o julgamento das questões meramente partidárias, ficando à Justiça Eleitoral os conflitos que dizem diretamente com o pleito, a distinção entre um e outro é importante também pelo aspecto prático.

---

[23] RIBEIRO, Fávila. *Direito eleitoral*, p. 12.

[24] A Lei n. 13.488/2017 acrescentou o § 14 ao art. 11, da Lei n. 9.504/97, dispondo expressamente que é vedada a candidatura avulsa, ainda que o candidato tenha filiação partidária, reforçando a conclusão de que a escolha em convenção é condição de elegibilidade, em complemento à filiação partidária. De outro lado, há Recurso Extraordinário no STF (de n. 1054490), com repercussão geral reconhecida, questionando a necessidade de filiação partidária e de escolha em convenção, condições que contrariariam o direito fundamental à elegibilidade. No TSE, decisão proferida em 20.11.2018, no AgR-Pet n. 060061420, reafirmou que somente os filiados escolhidos em convenção partidária podem concorrer a cargos eletivos.

[25] Exceção reservada aos Militares, que têm expressa vedação constitucional à filiação partidária, art. 142, ao mesmo tempo em que lhes é garantida a elegibilidade, art. 14, § 8º, daí que se candidatam por um partido político, mas sem prévia filiação.

2. O Partido Político

De acordo com a antiga Lei Orgânica dos Partidos Políticos (LOPP – art. 2º, da Lei n. 5.682/71), os **partidos políticos** eram pessoas jurídicas de direito público interno, o que revelava a nítida intenção de controle estatal na atividade partidária:

> "Os partidos políticos, pessoas jurídicas de Direito Público interno, destinam-se a assegurar, no interesse do regime democrático, a autenticidade do sistema representativo e a defender os direitos humanos fundamentais, definidos na Constituição."

Já com a Constituição Federal de 1988 (art. 17, § 2º), passaram os partidos políticos a adquirir personalidade jurídica na forma da lei civil, ficando, a partir de então, assegurada sua natureza privada.

A atual LOPP (Lei n. 9.096/95), no seu art. 1º, define o partido político como pessoa jurídica de direito privado e mantém a conceituação anteriormente fixada:

> "O partido político, pessoa jurídica de direito privado, destina-se a assegurar, no interesse do regime democrático, a autenticidade do sistema representativo e a defender os direitos fundamentais definidos na Constituição Federal."

3. Criação e autonomia

Os Partidos Políticos, que com a constituição federal de 1988, art. 17, ganharam **autonomia** para a definição de sua estrutura interna, organização e funcionamento, são pessoas jurídicas de direito privado, com *caráter nacional*. Sua **criação** é complexa e está prevista na Lei n. 9.096/95, chamada lei orgânica dos partidos políticos.

Primeiramente, é preciso apresentar seus estatutos a registro no Cartório de Registro Civil das Pessoas Jurídicas do local de sua sede (que, a partir da Lei n. 13.877/2019, no que deu nova redação ao art. 8º, da Lei n. 9.096/95, não mais precisa ser na Capital Federal), subscritos por pelo menos 101 fundadores, com domicílio eleitoral em nove estados diferentes (1/3 dos estados da federação)[26]. Obtido o registro e a personalidade jurídica, o partido em formação vai à busca do apoiamento de eleitores a que se refere o art. 7º, § 1º, da Lei n. 9.096/95, colhendo assinaturas – durante no máximo dois anos, conforme nova redação dada pela Lei n. 13.165/2015, contados a partir da aquisição da personalidade jurídica, ou seja, do registro dos estatutos no Cartório de Registro Civil das Pessoas Jurídicas: art. 7º, § 3º, da Res. TSE n. 23.571/2018 – de eleitores não filiados a partido político em número que corresponda a pelo menos 0,5% (meio por cento) dos votos válidos dados na última eleição para a Câmara dos Deputados, distribuídos por 1/3 ou mais dos Estados, com um mínimo de 0,1% (um décimo por cento) em cada um deles:

> Art. 7º...
>
> **§ 1º** Só é admitido o registro do estatuto de partido político que tenha caráter nacional, considerando-se como tal aquele que comprove, *no período de dois anos*, o apoiamento de eleitores *não filiados a partido político*, correspondente a, pelo menos, 0,5% (cinco décimos por cento) dos votos dados na última eleição geral para a

[26] Art. 8º, da Lei n. 9.096/95, com nova redação dada pela Lei n. 13.877/2019.

Câmara dos Deputados, não computados os votos em branco e os nulos, distribuídos por um terço, ou mais, dos Estados, com um mínimo de 0,1% (um décimo por cento) do eleitorado que haja votado em cada um deles. (destacam-se as expressões: "não filiados a partido político" [acrescentada pela Lei n. 13.107/2015] e "no período de dois anos" [inserida pela Lei n. 13.165/2015])

Essas assinaturas de eleitores, lançadas nas listas de apoiamento, são levadas à conferência e certificação nos Cartórios Eleitorais respectivos, para posteriormente serem somadas no TRE, a fim de se verificar o atingimento do mínimo de 0,1% naquele Estado. Repetido esse procedimento em nove Estados, o apoiamento popular já pode ser levado ao TSE, com requerimento de registro dos estatutos perante a Justiça Eleitoral, a partir de quando a agremiação estará autorizada a participar do processo eleitoral e receber recursos do Fundo Partidário. Esse procedimento de coleta de assinaturas foi substancialmente alterado pelas Res. TSE n. 23.647 e 23.654, ambas de 2021, que, alterando a Res. TSE n. 23.571/2018, instituíram sistema próprio "para gerenciar o apoiamento mínimo de eleitoras e eleitores e submetê-los para validação nos cartórios eleitorais" e a assinatura eletrônica. Registre-se, de pronto, que as assinaturas de apoiamento à criação de partido político não implicam em filiação dos eleitores apoiadores, até porque a filiação partidária só é possível após atendidas todas as etapas de criação, o que se completa com o registro dos estatutos no TSE. A Resolução TSE n. 23.571/2018 (que revogou a Res. TSE n. 23.465/2015) prevê minuciosamente todas essas etapas de criação, inclusive o procedimento posterior de constituição e anotação dos órgãos de direção nacional, estaduais e municipais do novo partido no TSE e nos TRE's e o credenciamento dos seus delegados. Frise-se que o partido político tem seus estatutos registrados no TSE (até porque tem caráter nacional) e seus *órgãos de direção*, com os nomes dos respectivos integrantes, são *apenas comunicados à Justiça Eleitoral*, para efeito de anotação. Se essa comunicação disser respeito aos órgãos da direção nacional, será dirigida ao TSE. Se relativa aos órgãos de âmbito estadual, municipal ou zonal, é encaminhada ao TRE (art. 20, da Res. TSE n. 23.571/2018, e art. 10, § 1º, incisos I e II, da Lei n. 9.096/95, acrescidos pela Lei n. 13.877/2019). De qualquer forma, a criação de diretórios municipais, por exemplo, é ato que compete exclusivamente ao partido político, cabendo o controle jurisdicional apenas na hipótese de inobservância do estatuto. Criado o diretório municipal na forma prevista no estatuto, está ele apto a participar do processo eleitoral, nas eleições municipais, dirigindo à Justiça Eleitoral o pedido de registro das candidaturas.

O TSE, no REsp. Eleitoral n. 13.060-AL, relatado pelo Min. Eduardo Ribeiro (*DJU* I 19/11/96, p. 45.088), teve oportunidade de decidir que "a comissão existe desde que constituída na forma estabelecida no estatuto do partido. A comunicação ao Tribunal Regional Eleitoral não condiciona sua existência. A falta dessa não impede o registro de candidatura pelo partido". Esse entendimento foi reafirmado nos Ac.-TSE n. 17.081/2000 e 21.798/2004.

Questão relevante é a criação, pelo partido político, de **comissões provisórias estaduais e municipais** no lugar de diretórios. Considerando que aquelas são constituídas e destituídas a qualquer momento, porque os seus integrantes não têm um mandato certo (a comissão é PROVISÓRIA), é comum a sua dissolução toda vez que adotada posição (especialmente por ocasião da convenção que escolhe candidato e decide sobre coligações) que não seja do agrado das instâncias superiores do partido. Cronologicamente muito próximos da eleição, os atos de dissolução da comissão provisória e de constituição de outra são elementos perturbadores do processo eleitoral e não raro a Justiça Eleitoral recebe dois pedidos de candidatura de um mesmo partido, um da comissão provisória destituída e outro da nova comissão. Como as comissões provisórias normalmente são constituídas ao critério do dirigente partidário, sem qualquer processo de disputa interna, o TSE entendeu ser necessário – para atender ao postulado da democracia interna dos partidos políticos, consagrado no art. 17, da CF – e razoável que elas – as comissões provisórias – tenham existência também provisória, com tempo de duração de no máximo 180[27] dias. Assim dispõem os art. 35, 36, 38 e 39, da Res. TSE n. 23.571/2018:

> Art. 35. O órgão de direção nacional ou estadual deve comunicar ao respectivo tribunal eleitoral, no prazo de 30 (trinta) dias contados da deliberação, por meio de sistema específico da Justiça Eleitoral, a constituição de seus órgãos de direção partidária estadual e municipais, seu **início e fim de vigência**, os nomes, números de inscrição no Cadastro de Pessoas Físicas (CPF) e do título de eleitor dos respectivos integrantes, bem como as alterações que forem promovidas, para anotação (Res. TSE n. 23.093/2009).
>
> § 1º A data de início da vigência do novo órgão partidário não pode ser anterior à data de deliberação.
>
> § 2º Devem ser informados, além dos dados exigidos no caput, os números de telefone, fac-símile, endereço residencial e email atualizados dos membros da comissão provisória, comissão executiva ou órgão equivalente (Res. TSE n. 23.093/2009).
>
> § 3º Apenas no Distrito Federal é autorizada a anotação de órgãos de direção zonais, que corresponderão aos órgãos de direção municipais para fins de aplicação das normas estabelecidas nesta resolução (Lei n. 9.096/95, art. 54, c/c o art. 1º, da Lei n. 9.259/96).
>
> § 4º Nos demais tribunais regionais eleitorais, as anotações restringem-se exclusivamente aos órgãos de direção estaduais e municipais.
>
> § 5º Os pedidos de anotação referentes a órgão partidário estadual/regional cujo presidente tenha sido eleito pela primeira vez ou para suceder a presidente de órgão diretivo não vigente devem ser encaminhados pelo responsável legal do partido em nível nacional.
>
> § 6º Encaminhado o pedido de anotação à Justiça Eleitoral e não havendo necessidade de diligências, o Presidente do Tribunal Regional Eleitoral determinará à unidade competente que proceda à validação dos dados no sistema especifico.
>
> § 7º O Presidente do Tribunal Regional Eleitoral poderá delegar aos servidores do setor competente o recebimento dos pedidos de anotação e a imediata validação, se preenchidos os requisitos da legislação vigente.

[27] O art. 39, da Res. TSE n. 23.465/2015, limitava a 120 dias a duração da Comissão Provisória.

§ 8º Os pedidos de anotação apresentados extemporaneamente devem ser acompanhados de justificativa, sob pena de indeferimento.

§ 9º Na hipótese de erro no pedido de anotação, o procedimento será devolvido, por meio do sistema, para que o partido, querendo, providencie a retificação.

§ 10. No prazo de 30 (trinta) dias da anotação a que se refere o caput, o partido político deve informar ao Tribunal Regional Eleitoral os números de inscrição no Cadastro Nacional da Pessoa Jurídica (CNPJ) dos órgãos de direção estaduais e municipais que houver constituído (SRF, IN n. 1634/2016, art. 4º, § 7º), sob pena de suspensão da anotação, impedindo-se novas anotações até a regularização.

§ 11. Compete ao Presidente do respectivo tribunal determinar a suspensão prevista no parágrafo anterior.

Art. 36. Ocorre a **caducidade do órgão de direção partidári**a sempre que se der o encerramento dos mandatos de seus dirigentes e não houver pedido de anotação destes para o período subsequente.[28]

Parágrafo único. Os órgãos estaduais e municipais dos partidos políticos não podem receber recursos do Fundo Partidário ou do Fundo Especial de Financiamento de Campanha até que a situação de sua direção esteja regularizada.

Art. 38. Em caso de intervenção ou dissolução dos órgãos partidários pelas instâncias hierarquicamente superiores nas hipóteses previstas nos estatutos do partido político, o órgão interventor deve comunicar ao Tribunal Regional Eleitoral competente, por meio de sistema específico da Justiça Eleitoral, a relação dos nomes das pessoas designadas para compor o órgão ou a comissão provisória e o **prazo designado para a constituição do novo órgão definitivo** do partido político.

Art. 39. As anotações relativas aos **órgãos provisórios têm validade de 180 (cento e oitenta) dias**, salvo se o estatuto partidário estabelecer prazo inferior diverso.

§ 1º Em situações excepcionais e devidamente justificadas, o partido político pode requerer ao Presidente do Tribunal Eleitoral competente a prorrogação do prazo de validade previsto neste artigo, pelo período necessário à realização da convenção para escolha dos novos dirigentes.

§ 2º A critério do relator, o membro do Ministério Público Eleitoral oficiante perante o órgão judicial será ouvido a respeito do pedido, no prazo de 5 (cinco) dias.

§ 3º A prorrogação do prazo de validade dos órgãos provisórios não desobriga o partido de adotar, com a urgência necessária, as medidas cabíveis para a observância do regime democrático a que está obrigado nos termos dos arts. 1º, 2º e 48, parágrafo único, desta resolução.

No pacote de alterações legislativas promovidas pela reforma eleitoral de 2017, a EC n. 97 deu nova redação ao art. 17, § 1º, da Constituição Federal, destacando que os partidos têm autonomia para definir sua estrutura interna e estabelecer prazos de duração de seus órgãos, inclusive os provisórios.

---

[28] O § 4º, do art. 3º, da Lei n. 9.096/95, acrescentado pela Lei n. 13.831/2019, veda a extinção automática do órgão: " Exaurido o prazo de vigência de um órgão partidário, ficam vedados a extinção automática do órgão e o cancelamento de sua inscrição no Cadastro Nacional da Pessoa Jurídica (CNPJ)"

> Art. 17 (...)
>
> § 1º É assegurada aos partidos políticos autonomia para definir sua estrutura interna e **estabelecer regras sobre escolha, formação e duração de seus órgãos permanentes e provisórios** e sobre sua organização e funcionamento e para adotar os critérios de escolha e o regime de suas coligações nas eleições majoritárias, vedada a sua celebração nas eleições proporcionais, sem obrigatoriedade de vinculação entre as candidaturas em âmbito nacional, estadual, distrital ou municipal, devendo seus estatutos estabelecer normas de disciplina e fidelidade partidária.

Com o nítido propósito de regular diversamente a matéria e, com isso, não mais submeter suas comissões provisórias ao prazo fixado na disciplina de então (a Res. TSE n. 23.465/2015, cujo art. 39 limitava a comissão provisória a 120 dias), a redação dada ao § 1º, do art. 17, da CF, não autoriza a criação e manutenção e comissões provisórias ao arbítrio do dirigente partidário, porque o dispositivo, como não poderia deixar de ser, exige o estabelecimento, nos estatutos partidários, de **regras sobre escolha, formação e duração** de seus órgãos, inclusive os provisórios. E não é demais frisar que as regras para a escolha dos filiados que vão compor as comissões provisórias ou os diretórios não poderão concentrar na pessoa do presidente o poder da nomeação e da destituição. Ao contrário, para resguardar o regime democrático (art. 17, caput, da CF) já no ambiente interno, o estatuto deve prever a eleição, dentre os filiados do partido, como critério de preenchimento dos cargos de direção da agremiação. Deve fixar, também, o prazo de duração dos mandatos dos dirigentes. Por conseguinte, é razoável concluir que o prazo de 180 dias, previsto no art. 39, da Res. TSE n. 23.571/2018 (que já representou ganho para os partidos, em comparação com os 120 dias previstos na revogada Res. TSE. 23.465/2015), se aplicará até que a agremiação adapte os seus estatutos ao mandamento constitucional. O que não pode, por ser atentatório à democracia, é o partido descumprir a norma agora constitucional e eternizar as suas comissões provisórias.

A Lei n. 13.831, de 17.maio.2019, entretanto, ao dar nova redação ao art. 3º, § 3º, da Lei n. 9.096/95, diz que o órgão provisório pode ter duração de até 8 anos.

> Art. 3º É assegurada, ao partido político, autonomia para definir sua estrutura interna, organização e funcionamento.
>
> § 1º. É assegurada aos candidatos, partidos políticos e coligações autonomia para definir o cronograma das atividades eleitorais de campanha e executá-lo em qualquer dia e horário, observados os limites estabelecidos em lei. (Renumerado do parágrafo único pela Lei n. 13.831/2019)
>
> § 2º É assegurada aos partidos políticos autonomia para definir o prazo de duração dos mandatos dos membros dos seus órgãos partidários permanentes ou provisórios. (Incluído pela Lei n. 13.831/2019)
>
> § 3º O prazo de vigência dos órgãos provisórios dos partidos políticos poderá ser de **até 8 (oito) anos.** (Incluído pela Lei n. 13.831/2019)
>
> § 4º Exaurido o prazo de vigência de um órgão partidário, ficam vedados a extinção automática do órgão e o cancelamento de sua inscrição no Cadastro Nacional da Pessoa Jurídica (CNPJ). (Incluído pela Lei n. 13.831/2019)

Restou claro que o legislador elegeu prazo de duração da comissão provisória (8 anos) incompatível com a exigência constitucional de democracia interna dos partidos. Sabendo-se que as comissões provisórias têm dirigentes escolhidos e substituídos livremente, a qualquer tempo, pelos órgãos de direção superior, os tais 8 anos são prazo por demais longo, dentro do qual as decisões do órgão municipal, p.ex., deverão se sujeitar à vontade dos dirigentes estadual e nacional, sem liberdade para tomar as decisões que melhor atenderem os interesses e as estratégias locais, como aliás quis a Constituição Federal (no já mencionado art. 17), quando assegurou autonomia ao partido, nas suas diferentes instâncias de decisão, e desvinculação entre as candidaturas em âmbito nacional, estadual, distrital e municipal:

> § 1º É assegurada aos partidos políticos autonomia para definir sua estrutura interna e estabelecer regras sobre escolha, formação e duração de seus órgãos permanentes e provisórios e sobre sua organização e funcionamento e para adotar os **critérios de escolha e o regime de suas coligações** nas eleições majoritárias, vedada a sua celebração nas eleições proporcionais, **sem obrigatoriedade de vinculação entre as candidaturas em âmbito nacional, estadual, distrital ou municipal**, devendo seus estatutos estabelecer normas de disciplina e fidelidade partidária. (Redação dada pela EC n. 97/2017) (texto original sem destaques)

Ora, é impossível à comissão provisória compor coligações e escolher candidatos com um mínimo de autonomia, segundo os critérios e interesses da respectiva circunscrição, sem vinculação substancial às instâncias superiores do partido, pois os seus dirigentes terão sido escolhidos sem um processo de disputa interna (terão sido, ao contrário, nomeados livremente pelos dirigentes superiores) e sem que tenham a garantia de um mandato fixo, podendo, na verdade, ser substituídos a qualquer tempo.

A opção do legislador pelos 8 (oito) anos de duração das comissões provisórias não se ampara em parâmetro razoável. Nem mesmo se pode invocar a coincidência com o período de duração do mandato de Senador, pois este – além de ser excepcional, pois a regra é de mandatos eletivos de quatro (4) anos – só é acessível mediante processo democrático de escolha, a partir do sufrágio universal. Estabelecer duração de comissão provisória, sem que seus dirigentes sejam escolhidos livremente pelos filiados e sem mandato fixo, por até 8 (oito) anos, é o mesmo que criar espaço para o arbítrio e, pois, para a ditadura interna nos partidos políticos, contrariando frontalmente a Constituição.

O TSE, já na vigência da Lei n. 13.831, que é de 17.maio.2019, assim decidiu:

> PETIÇÃO Nº 152 (1681-41.1996.6.00.0000)
>
> Relator: Ministro Edson Fachin
>
> (...)
>
> A alteração estatutária da agremiação deve ser deferida quando preenchidos os requisitos exigidos pelo art. 49 da Resolução-TSE nº 23.571/2018 e em concordância com a legislação de regência.

> A previsão de prorrogações sucessivas dos órgãos partidários provisórios não se coaduna com o princípio democrático a ser perseguido pelas legendas partidárias na consecução dos seus fins, conforme previsto no art. 17, caput, da Constituição Federal.
>
> A determinação de contribuição obrigatória por detentores de mandatos ou ocupantes de cargos em comissão filiados à legenda não se harmoniza com a legislação eleitoral vigente. Precedentes: PET n° 96/DF, Rei. Mm. Jorge Mussi, DJe 26.6.2018; CTA n° 356-64/DF, Rei. Mm. Henrique Neves, DJe de 2.12.2015; PET n° 167/DF, Rei. Mm. Napoleão Nunes Maia Filho, DJe de 10.8.2017.
>
> Necessidade de alteração de dispositivo do estatuto partidário para excluir as hipóteses de prorrogações sucessivas dos órgãos provisórios e de contribuição compulsória, por se tratar de ato de liberalidade do filiado.
>
> Pedido parcialmente deferido, com determinação de alteração dos arts. 16, parágrafo único, e 73, alíneas b e c, do estatuto partidário.
>
> Acordam os ministros do Tribunal Superior Eleitoral, por unanimidade, em deferir parcialmente o pedido de registro de anotação de alterações estatutárias formulado pelo Partido Democrático Trabalhista (PDT) - Nacional, com determinação de modificação dos artigos 16, parágrafo único, e 73, alíneas b e c, do estatuto partidário no prazo de 90 dias, nos termos do voto do relator.
>
> Brasília, 26 de setembro de 2019.

Igual posicionamento foi adotado pela Corte no Ac.-TSE de 5.9.2019, na Pet nº 18, no qual foi afastada a literalidade do § 3º do art. 3º da LPP – prazo de vigência de até 8 anos dos órgãos provisórios –, na medida em que também se determinou a adequação do estatuto do partido ao disposto no art. 39, *caput,* da Res.-TSE nº 23571/2018, que determina prazo de validade de 180 dias para tais órgãos. E o Ac.-TSE de 20.2.2018, no RPP nº 141796, já tinha ressaltado o caráter não absoluto da autonomia dos partidos para estabelecer a duração dos seus órgãos provisórios, devendo, antes e sobretudo, resguardar o regime democrático previsto no *caput* deste artigo.

O Min. Henrique Neves, quando o TSE discutia a aprovação da Res. 23.465/2015, assim se manifestou:

> "Como já pontuado no voto ora aditado, os partidos políticos são, sem dúvida, órgãos de importância fundamental para o modelo democrático brasileiro. Vivemos uma democracia de partidos, na qual a representação popular é exercida, na grande maioria das vezes, pelos representantes partidários que são escolhidos em eleições livres.
>
> Não há como se conceber que em uma democracia os principais atores da representação popular não sejam, igualmente, democráticos.
>
> Este, inclusive, é o comando constitucional expresso no art. 17 da Constituição da República que, ao assegurar a autonomia partidária, determina expressamente que sejam "resguardados a soberania nacional, o regime democrático, o pluripartidarismo, os direitos fundamentais da pessoa humana" (TSE, PA nº 750-72, rel. Min. Henrique Neves, DJe 22.12.15)

Na mesma ocasião, a Min. Rosa Weber arremata: "*Na mesma toada, embora os partidos tenham autonomia para fixarem a duração dos seus órgãos de direção partidária, por força do regime democrático, esta não pode exceder o razoável. E tenho que o limite máximo admissível há de ter como parâmetro a duração estabelecida na Constituição para os mandatos executivos, a saber, quatro anos*" (trecho de voto proferido no pedido de reconsideração na Petição 100, j. 19.2.2019).

A Procuradoria-Geral da República ingressou no STF com a ADI n. 6230, sustentando a inconstitucionalidade do art. 3º, § 3º, da Lei n. 9.096/95 (na redação dada pela Lei n. 13.831/2019), ao entendimento de que os mandatos de dirigentes partidários, gestores de recursos públicos advindos dos Fundos Partidário e de Campanha, não podem ser superiores aos dos demais gestores públicos (Presidente, Governadores e Prefeitos), sob pena de ofensa ao princípio republicano.

O art. 11-A, da Lei n. 9.096/97, acrescentado pela Lei n. 14.208/2021, autoriza a formação de federação de partidos, que se caracteriza pela junção de dois ou mais partidos com a finalidade de disputar eleições e permanecer em unidade por pelo menos 4 (quatro) anos.

> Art. 11-A. Dois ou mais partidos políticos poderão reunir-se em federação, a qual, após sua constituição e respectivo **registro perante o Tribunal Superior Eleitoral**, atuará como se fosse uma única agremiação partidária
>
> § 1º Aplicam-se à federação de partidos todas as normas que regem o funcionamento parlamentar e a fidelidade partidária.
>
> § 2º Assegura-se a preservação da identidade e da autonomia dos partidos integrantes de federação.
>
> § 3º A criação de federação obedecerá às seguintes regras:
>
> I – a federação somente poderá ser integrada por partidos com registro definitivo no Tribunal Superior Eleitoral;
>
> II – os partidos reunidos em federação deverão permanecer a ela filiados por, no **mínimo, 4 (quatro) anos**;
>
> III – a federação poderá ser constituída até a **data final do período de realização das convenções partidárias**;
>
> IV – a federação terá **abrangência nacional** e seu registro será encaminhado ao Tribunal Superior Eleitoral.
>
> § 4º O descumprimento do disposto no inciso II do § 3º deste artigo acarretará ao partido vedação de ingressar em federação, de celebrar coligação nas 2 (duas) eleições seguintes e, até completar o prazo mínimo remanescente, de utilizar o fundo partidário.
>
> § 5º Na hipótese de desligamento de 1 (um) ou mais partidos, a federação continuará em funcionamento, até a eleição seguinte, desde que nela permaneçam 2 (dois) ou mais partidos.
>
> § 6º O pedido de registro de federação de partidos encaminhado ao Tribunal Superior Eleitoral será acompanhado dos seguintes documentos:
>
> I – cópia da resolução tomada pela maioria absoluta dos votos dos órgãos de deliberação nacional de cada um dos partidos integrantes da federação;
>
> II – cópia do **programa e do estatuto comuns da federação constituída**;
>
> III – ata de eleição do órgão de direção nacional da federação.

> § 7º O estatuto de que trata o inciso II do § 6º deste artigo definirá as regras para a composição da lista da federação para as eleições proporcionais.
>
> § 8º Aplicam-se à federação de partidos todas as normas que regem as atividades dos partidos políticos no que diz respeito às eleições, inclusive no que se refere à escolha e registro de candidatos para as eleições majoritárias e proporcionais, à arrecadação e aplicação de recursos em campanhas eleitorais, à propaganda eleitoral, à contagem de votos, à obtenção de cadeiras, à prestação de contas e à convocação de suplentes.
>
> § 9º Perderá o mandato o detentor de cargo eletivo que se desfiliar, sem justa causa, de partido que integra federação.

Embora mantendo pontos em comum, a federação partidária não se confunde com a coligação. Enquanto esta é a junção de dois ou mais partidos para tão somente disputar a eleição, aquela vincula os partidos por pelo menos 4 anos (§ 3º, II), inclusive no seu funcionamento parlamentar. A diferença se acentua quando se observa que a formação da federação exige a elaboração de programa e estatuto comuns (§ 6º, II), a ser levado a registro no TSE, o que certamente exigirá alguma proximidade ideológica entre os partidos. Não é como a coligação, para a qual bastam as deliberações convergentes dos partidos, cada qual na sua convenção. E, mais, a federação envolve o partido como um todo, em todos os seus níveis de organização (nacional, regional e municipal), pois é deliberada pela direção nacional com abrangência nacional (§ 3º, IV), passando a atuar no processo eleitoral "como se fosse uma única agremiação partidária" (art. 11-A, caput). Em razão disso, não será possível aos partidos federados atuarem em separado e à margem da federação em diferentes circunscrições. O mesmo conjunto de partidos que, unidos em federação, disputar a eleição presidencial, também disputará os cargos de deputados, senadores e governadores, como também os de prefeitos e vereadores no pleito imediatamente seguinte, pois ainda dentro do período mínimo de sua existência (4 anos). Por todas estas diferenças, o novel instituto poderá ser utilizado também nas eleições proporcionais, sem que isso implique em violação à proibição constitucional de formação de coligações para a disputa dos cargos de deputados e vereadores. Foi esta a avaliação feita pelo Min. Roberto Barroso, em sede cautelar na ADI n. 7021, afastando a alegação de inconstitucionalidade. A mesma decisão cautelar entendeu, entretanto, que a possibilidade de as federações serem formadas até a data limite para as convenções partidárias (§ 3º, III: 05.agosto) ofende o princípio isonômico, na medida em que os partidos que disputarão as eleições isoladamente deverão estar registrados até 6 meses antes da eleição, ou seja, nos primeiros dias de abril.

> "...
>
> III. QUEBRA DA ISONOMIA ENTRE A FEDERAÇÃO E OS DEMAIS PARTIDOS
>
> 7. Existe, porém, um problema de quebra de isonomia no tratamento diferenciado dado à federação partidária no que diz respeito ao seu registro perante o Tribunal Superior Eleitoral (TSE). Partidos políticos têm de fazê-lo até 6 (seis) meses antes das eleições (Lei nº 9.504/1997, art. 4º), sendo que, em relação à federação, a lei ora impugnada estende esse prazo até a data final do período de realização das convenções partidárias. Trata-se de uma desequiparação que não se justifica e que pode dar à federação indevida vantagem competitiva.

> IV. DISPOSITIVO
>
> 8. Deferimento parcial da cautelar, apenas quanto ao prazo para constituição e registro da federação partidária perante o TSE, e, como consequência: (i) suspender o inciso III do § 3º do art. 11-A da Lei nº 9.096/1995 e o parágrafo único do art. 6º-A da Lei nº 9.504/1997, com a redação dada pela Lei nº 14.208/2021; bem como (ii) conferir interpretação conforme à Constituição ao *caput* do art. 11-A da Lei nº 9.096/1995, de modo a exigir que *"para participar das eleições, as federações estejam constituídas como pessoa jurídica e obtenham o registro de seu estatuto perante o Tribunal Superior Eleitoral no mesmo prazo aplicável aos partidos políticos"*. (ADI n. 7021, Rel. Min. Luiz Roberto Barroso, em 08.dezembro.2021)

Ao apreciar o mérito, o Pleno do STF também entendeu inconstitucional a possibilidade de definição das federações até a data das convenções, devendo-se observar, como data limite, os mesmos 6 meses anteriores à eleição que têm os partidos para a regularidade dos seus atos constitutivos. Modulando os efeitos da decisão e considerado o curto prazo restante, a Corte fixou o dia 31 de maio como sendo a data final para a formação das federações visando às eleições de 2022.

4. Filiações e Desfiliações Partidárias

Regularmente registrado na Justiça Eleitoral, o partido pode receber **filiações de eleitores** que estejam no gozo dos seus direitos políticos e que atendam às suas disposições estatutárias. A Lei n. 9.096/95, art. 17, diz que se considera deferida a filiação, para todos os efeitos, com o preenchimento das condições fixadas para tanto no estatuto, o que impede a discriminação dos dirigentes partidários à filiação de pessoas ou segmentos. Enquanto a afetação dos direitos políticos, por alguma das hipóteses de perda ou suspensão mencionadas no art. 15, da CF (v.gr., incapacidade civil absoluta[29], condenação criminal transitada em julgado e enquanto durarem seus efeitos e improbidade administrativa), impede a filiação partidária (art. 16) e até mesmo a participação em atos de campanha eleitoral (art. 337, do Código Eleitoral), a inelegibilidade - que não afeta os direitos políticos, mas tão somente a capacidade eleitoral passiva, o direito de ser votado - não constitui qualquer embaraço à filiação (art. 1º, da Res. TSE n. 23.596, de 20.agosto.2019, no mesmo sentido da Res. TSE n. 23.117/2009 e dos Ac. TSE n. 23.351/2004, n. 22.014/2004 e n. 12.371/1992). Aprovada em 09.dezembro.2021, a Res. TSE n. 23.668 altera e acrescenta dispositivos à Res. TSE n. 23.596/2019, que regulamenta o sistema de filiação partidária (FILIA), prevendo - no art. 21-A - que a filiação é "I - nula, se realizada durante o período de suspensão dos direitos políticos" e "II - suspensa, se for preexistente à suspensão de direitos políticos". Não podem se filiar, entretanto, os *Magistrados*[30] (CF, art. 95), os *Membros do Ministério*

---

[29] O estatuto da pessoa com deficiência não mais se utiliza da expressão "incapacidade civil absoluta", mas o texto constitucional continua com a mesma redação. O tema será tratado com mais profundidade quando do registro de candidatura e condições de elegibilidade.

[30] O CNJ, por meio do Provimento n. 71/2018, realça que os Magistrados, para preservação da necessária imparcialidade e credibilidade das decisões do Poder Judiciário, têm a sua liberdade de manifestação do pensamento limitada, inclusive nas redes social. E o STF, apreciando cautelar no MS n. 35.793,

Público (CF, art. 128), os *Conselheiros de Tribunais de Contas* (CF, art. 73), os *Militares* (CF, art. 142), os *servidores da Justiça Eleitoral* (CE, art. 366) e os *Defensores Públicos* (LC 80, art. 46, 91 e 130), estes enquanto atuarem junto à Justiça Eleitoral. Os diretórios municipais dos partidos políticos, a quem compete, em princípio, receber as filiações partidárias no formato/instrumento que sua organização interna indicar[31], devem lançá-las no FILIA – sistema de filiação partidária desenvolvido pelo TSE e disciplinado pela Res. TSE n. 23.596, de 20 de agosto de 2019 – na medida em que forem sendo deferidas internamente. A redação atual do art. 19, da Lei n. 9.096/95, dada pela Lei n. 13.877, de 27.setembro.2019, não mais se referindo à remessa à Justiça Eleitoral das listas de filiados na segunda semana dos meses de abril e outubro, para efeito, inclusive, de verificação do preenchimento da condição de elegibilidade, acaba por criar, para o partido, a obrigação de inserção dos dados do filiado no FILIA, concomitantemente ao deferimento interno do pedido de filiação.

> Art. 19. Deferido internamente o pedido de filiação, o partido político, por seus órgãos de direção municipais, regionais ou nacional, deverá inserir os dados do filiado no sistema eletrônico da Justiça Eleitoral, que automaticamente enviará aos juízes eleitorais, para arquivamento, publicação e cumprimento dos prazos de filiação partidária para efeito de candidatura a cargos eletivos, a relação dos nomes de todos os seus filiados, da qual constará a data de filiação, o número dos títulos eleitorais e das seções em que estão inscritos. (Redação dada pela Lei n. 13.877, de 27.setembro.2019)

A redação atual da Res. TSE n. 23.596, dada pela Res. TSE n. 23.668, editada em 09.dezembro.2021 não mais se refere às listas de abril e outubro, dispondo especialmente para efetivo controle do preenchimento da condição de elegibilidade prevista no art. 9º, da Lei n. 9.504/97: 6 meses de filiação partidária, considerada a data da eleição, que:

> Art. 11. Deferido internamente o pedido de filiação, o partido político, por seus órgãos de direção municipais, regionais ou nacional, deverá inserir os dados do filiado no sistema eletrônico da Justiça Eleitoral, que automaticamente enviará aos juízes eleitorais, para arquivamento, publicação e cumprimento dos prazos de filiação

---

assim decidiu: "4. A vedação ao exercício de atividade político-partidária por membros da magistratura (CF/1988, art. 95, parágrafo único, III) é, precisamente, uma das exceções constitucionais à liberdade de expressão plena. O fundamento dessa previsão repousa no imperativo de imparcialidade e distanciamento crítico do Judiciário em relação à política partidária. 5. Manifestações públicas em redes sociais com conteúdo político-partidário geram fundado receio de abalo à independência e imparcialidade do Judiciário. Magistrados não se despem da autoridade do cargo que ocupam, ainda que fora do exercício da função. 6. A nova realidade da era digital faz com que as manifestações de magistrados favoráveis ou contrárias a candidatos e partidos possam ser entendidas como exercício de atividade político-partidária. Tais declarações em redes sociais, com a possibilidade de reprodução indeterminada de seu conteúdo e a formação de algoritmos de preferências, contribuem para se alcançar um resultado eleitoral específico, o que é expressamente vedado pela Constituição. 7. O Provimento nº 71/2018 interpretou de maneira razoável e adequada o sentido da Constituição na matéria e é relevante para balizar a conduta dos seus destinatários. 8. Liminar indeferida." (STF, MS n. 35.793, Rel. Min. Luis Roberto Barroso)

[31] Nada impede que a filiação seja feita nos diretórios nacional e/ou regionais (art. 3º, da Res. TSE n. 23.596, de 20.agosto.2019).

partidária para efeito de candidatura a cargos eletivos, a relação dos nomes de todos os seus filiados, da qual constará a data de filiação, o número dos títulos eleitorais e das seções em que estão inscritos (Lei nº 9.096/1995, art. 19, caput).

§ 1º A inserção de dados a que se refere o caput deste artigo, pelos partidos políticos, deverá ocorrer no prazo de 10 (dez) dias corridos, contados da data da filiação constante da ficha respectiva.

O filiado que não tiver seu nome lançado no sistema, por desídia ou má-fé do partido, pode requerer diretamente à Justiça Eleitoral a sua inclusão (art. 19, § 2º), fazendo prova do vínculo, o que normalmente se instrumentaliza por meio de fichas de filiação, segundo modelo adotado livremente por cada agremiação, ou por registros em ata, etc. A Res. TSE n. 23.596/2019, no art. 11, §§ 3º e 4º, prevê o procedimento para o filiado preterido, que deverá fazer prova do vínculo com o partido, não se admitindo documentos unilaterais (Súmula –TSE n. 20[32]).

Já para a desfiliação partidária, diz a lei (art. 21) que o filiado deverá comunicar essa sua vontade ao diretório municipal do partido e ao Juiz Eleitoral da Zona em que inscrito como eleitor, considerando-se desfeito o vínculo após dois dias.

5. Duplicidade e Coexistência de Filiações

A par dessa desfiliação "pura", o filiado pode mudar de partido, abrindo-se a ele duas possibilidades de procedimento: (i) pode se desfiliar, para em seguida proceder a nova filiação ou (ii) pode se filiar ao novo partido, mesmo sem se desfiliar do anterior. Antes da Lei n. 12.891/2013, que trouxe modificações ao art. 22, da Lei n. 9.096/95, esta nova filiação tinha que ser comunicada, no dia imediatamente seguinte, ao partido do qual o filiado estava saindo e à Justiça Eleitoral. Assim procedendo, ele passava a integrar apenas os quadros do novo partido, rompendo seu vínculo com o anterior. Se, todavia, essas comunicações não eram feitas, o filiado passava a figurar em duas listas concomitantemente, ocorrendo a **duplicidade de filiações**, atraindo a nulidade de ambas (art. 22, parágrafo único, da Lei n. 9.096/95, na redação anterior)[33]. Era grave isso porque, se a declaração de nulidade da Justiça Eleitoral ocorresse dentro do período de um ano que antecedia a eleição (por exemplo, em dezembro/2011), o eleitor já não teria como preencher a condição de elegibilidade aqui estudada para as eleições de 2012, posto que, ainda que novamente se filiasse ao partido de sua preferência, não teria filiação por, pelo menos, um ano[34] antes do pleito.[35] A regra, embora seja, a rigor, de direito

---

[32] SÚMULA Nº 20/TSE: A prova de filiação partidária daquele cujo nome não constou da lista de filiados de que trata o art. 19 da Lei nº 9.096/95, pode ser realizada por outros elementos de convicção, salvo quando se tratar de documentos produzidos unilateralmente, destituídos de fé pública.

[33] Art. 22... **Parágrafo único (redação original).** Quem se filia a outro partido deve fazer comunicação ao partido e ao Juiz de sua respectiva Zona Eleitoral, para cancelar sua filiação; se não o fizer no dia imediato ao da nova filiação, *fica configurada dupla filiação, sendo ambas consideradas nulas para todos os efeitos.*

[34] A condição de elegibilidade do art. 9º, da Lei n. 9.504/97, com a Lei n. 13.165/2015, passou a ser de 6 meses.

[35] Ver modelo de parecer em duplicidade de filiação no Anexo C.

partidário (e não de direito eleitoral propriamente), projeta reflexos diretos no processo eleitoral, na medida em que a filiação partidária é uma das condições de elegibilidade previstas no art. 14, § 3º, da Constituição Federal: a mudança de partido importa e, mais ainda, a nulidade de ambas as filiações, porque, neste caso, o envolvido pode até não disputar as eleições. Não obstante esta nítida vocação para alterar as condições da disputa, percebe-se que a nova lei, que só entrou em vigor em 11-dezembro-2013, não alterava o processo eleitoral de 2014, pois a dita condição de elegibilidade, filiação partidária, levou em conta a situação do pretenso candidato em 05-outubro-2013, um ano antes da eleição. Se um determinado cidadão, filiado ao partido A, fez outra filiação ao partido B em 04-outubro-2013 sem proceder à dupla comunicação (ao partido A e à Justiça Eleitoral) no dia imediatamente seguinte, incorreu em duplicidade e atraiu, de pleno direito, a nulidade prevista na regra então vigente. Como a hipótese era, repita-se, de nulidade (e não de anulabilidade), sabe-se que os seus vínculos com os partidos A e B restaram fulminados, bastando advir – após o devido processo legal – o provimento meramente declaratório da Justiça Eleitoral, reconhecendo a incidência da nulidade de ambas as filiações. Implica dizer que o envolvido está sem filiação desde então – 04 de outubro – e a nova lei, que só entrou em vigor dois meses depois, em 11-dezembro-2013, já apanhou sua situação jurídica consolidada. Percebe-se, facilmente, que aquela lei não trouxe qualquer potencial de alteração do processo eleitoral de 2014, exatamente porque – repita-se – não poderia reverter as nulidades ocorridas até 05-outubro-2013 e, muito menos, reestabelecer a condição de elegibilidade do envolvido. Aplicação retroativa da nova sistemática do art. 22 – que prevê **não mais a nulidade de ambas as filiações, mas a prevalência da última filiação** – isto sim implicaria em profunda alteração no processo eleitoral de 2014, exatamente por – como dito – restabelecer a elegibilidade do envolvido na duplicidade, recolocando na disputa alguém que dela não podia participar. A retroatividade do novel instituto, pronunciada à época sob o argumento de que mais benéfica ao filiado, desconsideraria essa introdução de fator de perturbação no processo eleitoral próximo (ofendendo o princípio da anualidade) e, mais, ignoraria a circunstância de que o benefício ao filiado – a quem se restabeleceria a condição de elegibilidade para as eleições de 2014 – implicaria em prejuízo de todos os demais candidatos e partidos políticos que compusessem a disputa, que passariam a ter como concorrente alguém que já estava fora do páreo eleitoral. Também por esta razão, o novo art. 22, da Lei n. 9.096/95, só pode valer a partir de sua vigência, ou seja, a partir de 11-dezembro-2013.

"Recurso Eleitoral. Filiação partidária. Duplicidade. Ausência de comunicação ao Juiz Eleitoral e ao Partido anterior no prazo legal. Nulidade de ambas as filiações. Art. 22, parágrafo único, Lei n. 9.096/95." (TRE-MG, Rec. Eleitoral 1.941/00 – Campo Belo, Decisão unânime, Sessão de 21/11/2001, *MG* 12/12/2001)

> "Recurso especial. Registro. Candidato. Vereador. Indeferimento. Duplicidade. Filiação partidária. Art. 22, parágrafo único, da Lei n. 9.096/95. Não conhecimento. I – O Tribunal Regional Eleitoral manteve o indeferimento do registro de candidatura com base no entendimento de que não há nos autos prova de que o recorrente, ao filiar-se ao Partido Social Cristão, tenha, imediatamente, comunicado à Justiça Eleitoral o seu desligamento do Partido Democrático Trabalhista. II – Sobre o tema,

o TSE já se manifestou no seguinte sentido: '(...) quem não comprovar a filiação a novo partido nos estritos termos do parágrafo único do art. 22 da Lei n. 9.096, de 19 de setembro de 1995 - Lei dos Partidos Políticos –, incide em dupla filiação, com a consequente nulidade de ambas' (Cta n. 927/DF)."(TSE, Ac. n. 22.009, de 2/10/2004, rel. Min. Peçanha Martins.)

"(...) Eleições 2004. Registro de candidatura. Indeferimento. Dupla filiação. (...) Oportuna comunicação da desfiliação à agremiação partidária e ao juiz da respectiva zona eleitoral é providência indispensável, que, se não cumprida no dia imediato ao da nova filiação, enseja a nulidade de ambas as filiações (precedentes/TSE). Agravo regimental a que se nega provimento."(TSE, Ac. n. 23.894, de 28/9/2004, rel. Min. Carlos Velloso.)

O assunto assumia singular importância porque vinha ocorrendo com muita frequência, sendo de se espantar que os partidos políticos ainda não tinham acordado para a necessidade de eles mesmos tomarem a providência de fazer a comunicação ao partido anterior e ao Juiz Eleitoral, toda vez que admitissem novo filiado.

Logo após a entrega das listas semestrais[36], a Justiça Eleitoral cruzava as informações nelas contidas e, encontrando um mesmo eleitor em mais de uma relação, instaurava um procedimento de apuração de duplicidade de filiação, notificando o eleitor e os partidos envolvidos, colhendo-lhes os esclarecimentos e decidindo pela nulidade de ambas as filiações, sempre que o eleitor se filiava a novo partido sem fazer a dupla comunicação no prazo indicado. Ocorre, com alguma frequência, a dissolução da direção municipal do partido ou a não localização de seus membros, dificultando para o filiado a comunicação de sua desfiliação ou mudança de partido. Nestas circunstâncias, se cabalmente demonstradas, considerava-se bastante a comunicação feita à Justiça Eleitoral, na forma do art. 13, § 5º, da Resolução TSE n. 23.117/2009. A Justiça Eleitoral, de outro lado, vinha flexibilizando a exigência legal de comunicação da nova filiação *no dia imediato*, assentando em inúmeros julgados que não se caracterizava a duplicidade (e a consequente nulidade de ambas) se a comunicação, embora feita fora desse exíguo prazo, fosse feita antes do envio das listas partidárias semestrais[37].

Com a nova redação do art. 22, da Lei n. 9.096/95 (dada pela Lei n. 12.891/2013), desaparece o instituto da duplicidade de filiações e a nulidade dela consequente, porque mencionado dispositivo diz que **a nova filiação, comunicada à Justiça Eleitoral, é causa de cancelamento imediato da filiação anterior** (inciso V). E o parágrafo único agora diz que:

> "Havendo coexistência de filiações partidárias, prevalecerá a mais recente, devendo a Justiça Eleitoral determinar o cancelamento das demais." (NR)

---

[36] O regulamento do FILIA (sistema de filiações partidárias da Justiça Eleitoral), constante da Res. TSE n. 23.596/2019, alterada pela Res. TSE n. 23.668, de 09.dezembro.2021, não mais prevê o envio das listas de abril e outubro. Ao contrário, os partidos devem lançar as filiações no sistema em até 10 dias, contados do ato (art. 11, § 1º).

[37] Ac.-TSE, de 26.5.2009, no AI nº 10.745; de 5.2.2009, no REspe nº 32.726; de 17.10.2006, no RO nº 1.195 e Ac.-TSE nºs 22.375/2004 e 22.132/2004

O mesmo art. 22 prevê o cancelamento imediato da filiação em situações como morte, expulsão do filiado e perda dos direitos políticos. A respeito desta última hipótese, percebe-se que o dispositivo remete ao art. 15, da Constituição Federal, onde previstas as causas de perda ou suspensão dos direitos políticos, dentre as quais a condenação criminal e por improbidade administrativa[38]. Como a CF não diz quais causas são de perda e quais são de suspensão (a doutrina é que oferece critérios de distinção), impõe-se concluir que em todas elas os direitos políticos estarão afetados. A solução deste dispositivo – cancelamento imediato da filiação – só se deve aplicar quando a hipótese for de **perda** dos direitos políticos, dado o seu caráter definitivo. Se a causa for de **suspensão**, como nas condenações criminais e por improbidade, a melhor solução é a suspensão da filiação partidária, que voltará a prevalecer após a recuperação dos direitos políticos. É o que agora dispõe a Res. TSE n. 23.596/2019, na redação dada pela Res. TSE n. 23.668, de 09.dezembro.21, cujo art. 21-A diz que "*em caso de suspensão de direitos políticos, a filiação partidária será: ... II – suspensa, se for preexistente à suspensão de direitos políticos. Parágrafo único. Na hipótese do inciso II deste artigo, a filiação voltará a produzir todos os seus efeitos, inclusive para fins de aferição da condição de elegibilidade prevista no inciso V do § 3º do art. 14 da Constituição, na data em que forem restabelecidos os direitos políticos, ainda que a respectiva comunicação à Justiça Eleitoral ocorra em momento posterior*".

6. Infidelidade Partidária e Perda de Mandato

Oportuno lembrar que o TSE, respondendo a consultas em 2007, entendeu que os mandatos obtidos nas urnas, pelos sistemas majoritário[39] e proporcional, pertencem aos partidos políticos pelos quais os eleitos disputaram a eleição, daí que a desfiliação partidária daquele que está no exercício de mandato abre caminho para que o partido político – e, na omissão deste, o suplente e até o Ministério Público Eleitoral – requeira à Justiça Eleitoral a "perda do cargo eletivo".[40] Esse entendimento, de resto ratificado pelo STF, rompe com a jurisprudência, então consolidada na Suprema Corte, que desde 1989 entendia que os mandatos pertenciam aos eleitos e que a desfiliação partidária não se alinhava entre as causas de perda de mandato. A respeito do assunto, confira artigo deste autor publicado pela *Revista da AMMP*, de novembro de 2007:

> AS CONSEQUÊNCIAS DA INFIDELIDADE PARTIDÁRIA
>
> Proclamada por tantos como absolutamente necessária ao fortalecimento dos Partidos Políticos, a fidelidade partidária não encontra consenso no Congresso Nacional e, por isso, o projeto de lei versando sobre a matéria não é sequer votado, senão recentemente no Senado Federal. A verdade é que o dissenso não é propriamente sobre a adoção

[38] No Ac.-TSE, de 17.12.2015, no RO nº 181952, o Tribunal teve a oportunidade de fixar o entendimento de que a condenação à suspensão dos direitos políticos, em decorrência de improbidade administrativa, opera a partir do trânsito em julgado da decisão e acarreta a perda da filiação partidária e do cargo eletivo, bem como o impedimento de o candidato ser diplomado.

[39] Na ADI n. 5081, julgada em 27-maio-2015, o STF esclareceu que a "perda de mandato", por desfiliação sem justa causa, só se aplica aos eleitos pelo sistema proporcional – vereadores e deputados.

[40] É essa a expressão da Resolução TSE n. 22.610/2007, a nosso ver equivocada, tendo em vista que não se discute a perda do cargo, ou do mandato – porque o eleito não os tem – e sim a perda do direito de representar o partido no parlamento, na vaga que este conquistou na eleição.

do instituto, porque parece que sobre isso todos concordam. As consequências de eventual infidelidade partidária, ou mesmo da mudança de partido pelo detentor de mandato, é que aquece o debate.

Levada às últimas consequências, a fidelidade partidária impõe ao filiado a observância de todas as orientações do partido. E se esse filiado é detentor de mandato, a fidelidade significa votar ou decidir de acordo com as diretrizes fixadas no estatuto da agremiação ou emanadas de seus órgãos internos de deliberação. Se ele, ao contrário, desafia essas orientações pode sofrer as sanções estatutárias, inclusive a expulsão (LOPP, art. 23).

A partir dessa expulsão, entretanto, nenhuma outra penalidade está prevista expressamente na legislação pátria, do que resulta que os mandatários infiéis continuam no exercício do mandato depois de terem perdido a filiação ao partido pelo qual se elegeram ou mesmo quando permanecem sem partido.

Mas será mesmo necessária uma expressa disposição de lei prevendo a perda do mandato para aqueles que deixarem, por qualquer razão, o partido que os conduziu ao cargo eletivo?

Principalmente para os que se elegem pelo sistema proporcional – vereadores, deputados estaduais e deputados federais – a resposta é seguramente negativa.

A legislação eleitoral brasileira adota dois sistemas eleitorais. De um lado, o sistema majoritário, pelo qual são disputadas as eleições de prefeitos, governadores, senadores e presidente da República, que considera eleito aquele que obtiver o maior número de votos dentro da circunscrição. Nesse sistema, os votos são dados nominalmente ao candidato.

As eleições para vereador e deputados estadual e federal, todavia, são disputadas pelo dito sistema proporcional, cuja finalidade é distribuir proporcionalmente as cadeiras do parlamento entre os diversos partidos políticos que se apresentarem à disputa e, com isso, tornar mais equilibradas as forças na casa legislativa. Percebe-se, então, que esse sistema consagra a disputa partidária e não mais a disputa entre candidatos – como no majoritário. É dizer que o sistema proporcional busca o desempenho partidário – e não o desempenho pessoal –, pois todos os votos são dados primeiramente no partido e, às vezes, apenas no partido. Não é sem razão que os dois primeiros números com os quais o candidato se apresenta são identificadores do partido político da sua filiação, condutor da candidatura. Quando o eleitor escolhe certo candidato e digita seu número na urna eletrônica está manifestando, a um só tempo, duas vontades distintas: primeiramente, a escolha do partido e, só então, a opção por aquele candidato dentre os vários apresentados pela agremiação política. A totalização de votos que o sistema proporcional faz é exatamente desses dois números do partido – quando são considerados também os chamados votos unicamente de legenda, manifestados apenas ao partido – chegando-se ao desempenho partidário e, portanto, ao quociente atingido pela agremiação, que corresponde ao número de vagas a serem ocupadas no parlamento.

Fácil concluir, por conseguinte, que é o partido político que conquista as vagas, ou seja, os mandatos de vereador e deputados estadual e federal. Os candidatos registrados por esse partido, então, são chamados, na ordem decrescente dos votos nominais que obtiveram, ao exercício desses mandatos. Não é demais dizer, então, que os eleitos têm apenas o exercício dos mandatos, como representantes do partido que os conquistou, já que a ele filiados e por ele candidatos.

Agora de volta à infidelidade partidária sancionada pelo partido com a expulsão do filiado, ou mesmo à desfiliação espontânea ou troca de partido, outra não pode ser a consequência senão a cessação imediata e automática do exercício do mandato pelo infiel, exatamente por não mais representar o partido titular do mandato. Se o mandato é de titularidade do partido, que o conquistou nas urnas por força do sistema proporcional, o candidato eleito terá apenas o seu exercício, ainda assim condicionado à manutenção do status de filiado. Equivale dizer que o exercício do mandato, pelo eleito, pressupõe a permanência da filiação, como qualificação para a representação partidária.

Percebe-se, portanto, que o sistema proporcional fornece elementos conceituais e estruturantes suficientes à "perda de mandato"[41] do parlamentar, sempre que ocorrer desfiliação ou troca de partido, mantendo-se a vaga com o partido que o conquistou na eleição e, com isso, abrindo-se oportunidade à convocação do suplente à posse.

Então, a reforma eleitoral, nesse particular, não reclama reforma na legislação. Pede apenas um olhar mais atento à pureza do sistema proporcional. E foi exatamente isso que fez o TSE, ao responder à consulta de março.

Mas o fato é que a troca de partido e a desfiliação levam o eleito à desqualificação para a permanência no exercício do mandato não só em razão da substância do sistema proporcional, como examinado. Há que se considerar, também, que o sistema constitucional brasileiro eleva a filiação partidária a condição de elegibilidade – art. 14, § 3º, da CF/88 –, afastando as chamadas candidaturas avulsas, aquelas que se apresentavam independentemente de vinculação a um partido político. Assim, entregou-se aos partidos políticos o monopólio das candidaturas, daí surgindo a necessidade de responder a uma outra indagação que naturalmente se apresenta: a filiação partidária é condição à admissão da candidatura e à eleição, tão somente? Ou é condição que deve perpassar o momento da disputa e se manter inalterada durante o mandato conquistado?

Não faria qualquer sentido – e foi essa a percepção que prevaleceu no recente pronunciamento do STF[42] – a exigência de filiação partidária apenas para a disputa da eleição, como que empréstimo de legenda, dispensando-a logo depois de fechadas as urnas, principalmente porque a CF permitiu, e a Lei Orgânica dos Partidos Políticos o implementou, que se falasse em estabilidade temporal do vínculo do candidato ao partido.[43] É, o partido político só pode apresentar candidaturas daqueles filiados que o estejam há pelo menos um ano[44] antes da eleição, parecendo claro que o ordenamento jurídico não quer o partido como mero endossatário de candidaturas, ou como mera sigla que possibilita o registro da candidatura.

[41] Não se trata propriamente de perda de mandato – porque o parlamentar não é seu titular – e sim de perda do direito de exercê-lo, já que desatendido o pressuposto básico e fundamental a tal exercício, que é a filiação ao partido que o conquistou.

[42] Em 27-maio-2015, o STF se reposicionou sobre o tema. Julgando a ADI 5081, a Corte entendeu que a perda de mandato por desfiliação partidária só se aplica aos eleitos pelo sistema proporcional: vereadores e deputados.

[43] A Lei n. 9.096/95 (LOPP) prevê filiação partidária por, no mínimo, um ano antes da eleição. O art. 18, entretanto, foi revogado pela Lei n. 13.165/2015 e o assunto passou a ser tratado apenas no art. 9º, da Lei n. 9.504/97.

[44] A Lei n. 13.165/2015, alterando o art. 9º, da Lei n. 9.504/97, diminuiu este prazo para 6 meses.

> Neste contexto, a filiação partidária não será apenas uma condição de elegibilidade, mas também uma condição para o exercício do mandato. Neste diapasão, natural a afirmação de que o mandato pertence ao partido político e não ao eleito, seja qual for o sistema pelo qual se disputa a eleição: majoritário (para Prefeitos, Governadores, Presidente e Senadores) ou proporcional (para Vereadores e Deputados Estaduais e Federais).
>
> E, mais uma vez, se o eleito deixa o partido – para ficar desfiliado ou para migrar para outra legenda – perde a condição de representante do partido político titular do mandato e, portanto, o assento no Executivo ou no Legislativo.
>
> A fidelidade partidária, que tanto se vem alardeando como dependente de alteração na legislação, parece ter sido descortinada.

O art. 22-A, da Lei n. 9.096/95, acrescido pela Lei n. 13.165/2015, disciplinou a matéria, repetiu algumas das hipóteses de justa causa consignadas na Resolução TSE n. 22.610/2007 e acrescentou que o mandato será preservado se a desfiliação ou mudança de partido ocorrer nos trinta (30) dias anteriores ao fim do prazo para o preenchimento desta condição de elegibilidade. Como a filiação partidária, como condição de elegibilidade, passou a ser de seis (6) antes da eleição (art. 9º, da Lei n. 9.504/97), conclui-se que vereadores e deputados poderão mudar de partido dentro do sétimo mês anterior ao pleito.

> Art. 22-A. Perderá o mandato o detentor de cargo eletivo que se desfiliar, sem justa causa, do partido pelo qual foi eleito.
>
> Parágrafo único. Consideram-se justa causa para a desfiliação partidária somente as seguintes hipóteses:
>
> I - mudança substancial ou desvio reiterado do programa partidário;
>
> II - grave discriminação política pessoal; e
>
> III - mudança de partido efetuada durante o período de trinta dias que antecede o prazo de filiação exigido em lei para concorrer à eleição, majoritária ou proporcional, ao término do mandato vigente.

A respeito da janela de mudança de partido, autorizada pelo inciso III, assim orientou o TSE:

> "Consulta. Fidelidade partidária. Justa causa. Art. 22-A, III, da Lei 9.096/95. Consulta conhecida e respondida negativamente. 1. A justa causa, que consubstancia mitigação da regra da fidelidade partidária, deve ser interpretada estritamente, de modo a preservar a vinculação eleitoral e partidária decorrente da eleição do parlamentar e a evitar que as agremiações partidárias sejam desfalcadas de suas representações 2. A indagação formulada pelo consulente deve ser conhecida e respondida da seguinte forma: Pergunta: 'A hipótese da justa causa definida pelo art. 22-A, III, da Lei 9.096/95 garante a migração para partidos diversos, com a preservação do mandato eletivo, dos vereadores eleitos, tanto para: i) concorrerem a cargos eletivos municipais nas eleições seguintes à sua posse - quando poderiam pleitear a renovação do mandato ou o cargo de prefeito; como para ii) concorrerem aos cargos de Deputado Estadual, Deputado Federal, Deputado Distrital, Governador de Estado, Governador Distrital, Senador ou Presidente da República, nas eleições gerais seguintes à sua posse no mesmo mandato de vereador?' Resposta: Não, pois a hipótese de justa causa de que

trata o art. 22-A, III, da Lei 9.096/95 somente se aplica ao eleito que esteja ao término do mandato vigente, o que não se verifica em relação a vereador que se desfilie para concorrer nas eleições gerais subsequentes à respectiva posse no mandato municipal. Consulta conhecida e respondida negativamente, nos termos do voto do relator. " *(Ac. de 13.3.2018 na CTA 60015955, rel. Min. Admar Gonzaga)*

Observa-se, contudo, que a lei não contemplou a filiação a partido novo (entendido como tal aquele com até 30 dias após a sua aprovação pelo TSE) como justa causa. E, como o "caput" do art. 22-A, ao valer-se da expressão "somente as seguintes hipóteses", enumerou taxativamente as situações autorizadoras da desfiliação, inevitável concluir que perderá o mandato aquele que deixar o partido pelo qual foi eleito, ainda que para ingressar em legenda recém-criada, ainda mais pelo fato de que as situações de justa causa são exceção à regra da perda do mandato, atraindo interpretação restritiva. O TSE, entretanto, mantém seu entendimento de que o ingresso do deputado ou vereador em partido novo não implica em perda do mandato[45].

De outro lado, a jurisprudência do TSE também reconhece como justa causa para manutenção do mandato quando o filiado é expulso do partido, por não ver infidelidade partidária na hipótese (Ac.-TSE de 12.12.2019, no AgR-AI n. 060054541).

Com a EC n. 97/2017, que alterou o art. 17, da CF, e instituiu a "cláusula de desempenho", tornou-se legítima a desfiliação dos eleitos por aqueles partidos que não atingiram a votação mínima, necessária para acessar os recursos do Fundo Partidário, sem perda do mandato, portanto.

> Art. 17
>
> § 5º. Ao eleito por partido que não preencher os requisitos previstos no § 3º deste artigo é assegurado o mandato e facultada a filiação, sem perda do mandato, a outro partido que os tenha atingido, não sendo essa filiação considerada para fins de distribuição dos recursos do fundo partidário e de acesso gratuito ao tempo de rádio e de televisão."(NR)

E a Emenda Constitucional n. 111/2021 acrescentou mais uma hipótese de mudança de partido sem perda do mandato: a anuência do partido pelo qual foi eleito, positivando entendimento que o TSE já vinha aplicando[46]. Dispõe o art. 17, § 6º, da CF:

> "Os Deputados Federais, os Deputados Estaduais, os Deputados Distritais e os Vereadores que se desligarem do partido pelo qual tenham sido eleitos perderão o mandato, salvo nos casos de **anuência do partido ou de outras hipóteses de justa causa** estabelecidas em lei, não computada, em qualquer caso, a migração de partido para fins de distribuição de recursos do fundo partidário ou de outros fundos públicos e de acesso gratuito ao rádio e à televisão".

[45] Ac.-TSE, de 11.11.2021, nos ED-Pet nº 060064336: os votos nominais conferidos ao parlamentar desfiliado por justa causa serão mantidos com o partido pelo qual foi eleito para fins de distribuição do Fundo Partidário e do tempo de propaganda eleitoral, **salvo quanto à migração para partido novo**.

[46] TSE, Acórdão de 3.9.2020, no REspe nº 060013127.

Ao dispor sobre o procedimento de "perda de cargo eletivo", a Res. TSE n. 22.610/2007 cometeu alguns equívocos, como, principalmente, dispor sobre competência dos órgãos jurisdicionais eleitorais, matéria reservada a lei complementar (art. 121, da CF). Poderia o Tribunal, na sua atividade normativa, *regulamentar* a dita ação de perdimento, como recomendado pelo Supremo, utilizando, então, regras já postas na legislação eleitoral. Nesse caso, manteria a competência dos juízes eleitorais na 1ª instância para o processo e julgamento dos pedidos de perda de mandato de vereadores e prefeitos[47]; a competência dos TRE para quando questionados os mandatos de deputados estaduais, deputados federais, governadores e senadores, reservando ao TSE apenas os casos envolvendo presidente e vice-presidente da República. Da forma como dispôs na Resolução n. 22.610, o TSE inovou em matéria de competência, produzindo norma inconstitucional.

Para tornar efetiva a oportunidade de questionamento da desfiliação partidária como causa de "perda do mandato", a Lei n. 13.877/2019 deu nova redação ao § 1º, do art. 19, da Lei n. 9.096/95, prevendo que a Justiça Eleitoral intimará pessoalmente o representante do partido titular do mandato, sempre que se tratar de mudança de partido de filiado eleito, para a partir daí contar-se o prazo para ajuizamento da ação. E a Res. TSE n. 23.596/2019, com redação dada pela Res. TSE n. 23.668, de 09.dezembro.21, assim dispõe:

> Art. 25-B. Nos casos de mudança de partido de filiado eleito, a Justiça Eleitoral deverá intimar pessoalmente a agremiação partidária e dar-lhe ciência da saída do seu filiado, **a partir do que passarão a ser contados os prazos para ajuizamento das ações cabíveis** (Lei nº 9.096/1995, § 1º do art. 19). (Incluído pela Resolução nº 23.668/2021)
>
> § 1º A intimação a que se refere o caput deste artigo será **dirigida ao Presidente Nacional do partido** e será realizada por meio de **mensagem disponível quando do login ao FILIA**. (Incluído pela Resolução nº 23.668/2021)
>
> § 2º O FILIA somente deve viabilizar a realização de operações pelos respectivos Presidentes após a anotação da ciência pelo intimado. (Incluído pela Resolução nº 23.668/2021)
>
> § 3º A ciência referida no caput deste artigo deverá ser registrada em **até 5 (cinco) dias corridos contados da data da disponibilização da intimação**, sob pena de considerar-se realizada automaticamente na data do término desse prazo. (Incluído pela Resolução nº 23.668/2021)
>
> § 4º O FILIA disponibilizará, no Módulo Interno, relatório semanal fazendo constar: nome e título eleitoral dos filiados eleitos que tenham se desfiliado; data da disponibilização da intimação; e data da ciência pelo intimado. (Incluído pela Resolução nº 23.668/2021)
>
> § 5º O FILIA deve, no momento da disponibilização da mensagem a que se refere o § 1º deste artigo, encaminhar **e-mail para o Presidente Nacional**, no endereço cadastrado no SGIP, para avisar da existência de intimação pendente de aceite. (Incluído pela Resolução nº 23.668/2021)

---

[47] Conforme ADI n. 5081 o STF reposicionou-se quanto ao tema e fixou o entendimento de que a mudança de partido só leva à perda de mandato os que eleitos pelo sistema proporcional: vereadores e deputados. A Res. TSE n. 22.610/2007, portanto, deve ser interpretada a partir desta baliza, revogada a expressão "vice", encontrada no seu art. 10, e todas as referências aos cargos de Prefeito, Governador, Senador e Presidente da República.

7. Finanças Partidárias e Prestação de Contas

A Lei n. 9.096/95 também trata das **finanças partidárias** e da correspondente **prestação de contas** à Justiça Eleitoral. Observadas as vedações do art. 31[48], os partidos recebem recursos públicos e privados para as suas atividades[49].

As **pessoas físicas** podem doar, salvo aquelas que "exerçam função ou cargo público de livre nomeação e exoneração, ou cargo ou emprego público temporário, ..." (art. 31, V, na redação dada pela Lei n. 13.488/2017). Antes da alteração no dispositivo, a vedação alcançava as pessoas físicas servidoras públicas e ocupantes de cargo de direção e chefia na administração, porque envolvidas na expressão "autoridade". De fato, o TSE, na Resolução n. 22.585/2007, entendeu que são autoridades, para efeito do inciso II, do art. 31 (na redação original), os servidores nomeados para funções de confiança ou comissão, com atribuições de chefia ou direção, pelo que só se excluíam os que exercessem assessoramento puro, sem qualquer poder de decisão. Mais que isso, entendeu imoral a doação que se procede mediante desconto em folha do servidor, não só de recrutamento amplo, mas também os efetivos. O inciso V, acrescido ao art. 31 pela Lei n. 13.488/2017, positiva a vedação das doações de servidores que exerçam função ou cargo público de livre nomeação e exoneração ou cargo/emprego temporário na administração, mas consigna uma ressalva no mínimo indecorosa. Diz a parte final do dito inciso V, que a doação do servidor público comissionado ou de confiança e do temporário será legítima se ele estiver filiado ao partido político beneficiário da doação. A lei, portanto, põe à disposição dos gestores públicos e dos dirigentes partidários um instrumental de coerção atentatório à moralidade, porque a solução, para legalizar a doação do servidor público, é fazê-lo filiado ao partido, sob pena de exoneração. Ao mesmo tempo, a lei "sugere" ao administrar público empregar, nos cargos de livre nomeação e exoneração e nos temporários, os filiados ao seu partido, garantindo a "legalidade" da doação. Ou seja, o dispositivo torna o aparelhamento partidário da administração pública uma prática "regular" e "legal". A toda evidência, a inovação legislativa é inconstitucional, na medida em que fere o princípio da moralidade dos atos da administração (a nomeação do filiado será feita no interesse do partido e não da administração, orientado, portando,

---

[48] Art. 31. É vedado ao partido receber, direta ou indiretamente, sob qualquer forma ou pretexto, contribuição ou auxílio pecuniário ou estimável em dinheiro, inclusive através de publicidade de qualquer espécie, procedente de:
I - entidade ou governo estrangeiros;
II - entes públicos e pessoas jurídicas de qualquer natureza, ressalvadas as dotações referidas no art. 38 desta Lei e as proveniente do Fundo Especial de Financiamento de Campanha; (Redação dada pela Lei n. 13.488/2017)
III - (revogado); (Redação dada pela Lei n. 13.488/2017)
IV - entidade de classe ou sindical.
V - pessoas físicas que exerçam função ou cargo público de livre nomeação e exoneração, ou cargo ou emprego público temporário, ressalvados os filiados a partido político. (incluído pela Lei n. 13.488/2017)

[49] **Art. 39.** Ressalvado o disposto no art. 31, o partido político pode receber doações de pessoas físicas e jurídicas para constituição de seus fundos. Na ADI n. 4650, o STF fixou o entendimento de que pessoas jurídicas não podem doar para partidos e candidatos. Em razão disso, a Lei n. 13.488/2017 deu nova redação ao art. 31, II, positivando a vedação.

por desvio de finalidade) e também o princípio da livre associação, já que a filiação partidária não se dará por identidade ideológica, mas sim pela necessidade de manter o cargo ou função de confiança ou o emprego temporário.

O TSE, em procedimento de alteração de estatuto, assim decidiu:

> PETIÇÃO N° 152 (1681-41.1996.6.00.0000)
>
> Relator: Ministro Edson Fachin
>
> Brasília, 26 de setembro de 2019.
>
> (...)
>
> A alteração estatutária da agremiação deve ser deferida quando preenchidos os requisitos exigidos pelo art. 49 da Resolução-TSE n° 23.571/2018 e em concordância com a legislação de regência.
>
> (...)
>
> A determinação de **contribuição obrigatória** por detentores de mandatos ou ocupantes de cargos em comissão filiados à legenda não se harmoniza com a legislação eleitoral vigente. Precedentes: PET n° 96/DF, Rei. Mm. Jorge Mussi, DJe 26.6.2018; CTA n° 356-64/DF, Rei. Mm. Henrique Neves, DJe de 2.12.2015; PET n° 167/DF, Rei. Mm. Napoleão Nunes Maia Filho, DJe de 10.8.2017.
>
> (...)
>
> Pedido parcialmente deferido, com determinação de alteração dos arts. 16, parágrafo único, e 73, alíneas b e c, do estatuto partidário.
>
> Acordam os ministros do Tribunal Superior Eleitoral, por unanimidade, em deferir parcialmente o pedido de registro de anotação de alterações estatutárias formulado pelo Partido Democrático Trabalhista (PDT) - Nacional, com determinação de modificação dos artigos 16, parágrafo único, e 73, alíneas b e c, do estatuto partidário no prazo de 90 dias, nos termos do voto do relator.

E dentre as **pessoas jurídicas** de direito privado, encontravam vedação os concessionários de serviços públicos e os sindicatos, no que a lei partidária fazia coro com a lei eleitoral. Esta autorização legal, a *contrario sensu*, para as doações das demais pessoas jurídicas, foi reconhecida como inconstitucional pelo STF, no julgamento da ADI n 4650, que alcançou os arts. 24 e seu parágrafo único; e 81, "caput" e § 1º, estes da Lei n. 9.504/97, e os arts. 31, 38, III, e 39, "caput" e § 5º, da Lei n. 9.096/95. E, como dito, a nova redação dada ao art. 31, pela Lei n. 13.488/2017, já faz referência expressa à vedação de doações de pessoas jurídicas[50].

O financiamento partidário público vem do Fundo Partidário – recursos da União e de multas eleitorais – e também vinha da franquia de tempo no rádio e na TV para a sua propaganda.

A **propaganda partidária** (partidária, ou seja, aquela destinada à divulgação da ideologia do partido, com a finalidade de atrair novos filiados, e não a eleitoral, que visa à formação da vontade do eleitor quanto ao voto), até então disciplinada nos arts. 45 a 49

---

[50] Ac.-TSE, de 18.11.2021, na PC nº 060041158: configura doação por fonte vedada a contratação de pessoa jurídica para intermediar o recebimento de valores supostamente doados por filiados ao partido, sendo impossível identificar os doadores destes recursos.

e 52, da Lei n. 9.096/95, deixou de existir a partir de 01.janeiro.2018, tendo em vista que a Lei n. 13.487/2017 revogou tais dispositivos. Questionável a constitucionalidade dessa extinção, tendo em vista que o art. 17, da CF, assegura, contrário sensu, o acesso ao rádio e à televisão pelos partidos que alcançarem o desempenho mínimo ali fixado, ou seja, a "cláusula de desempenho". Se os partidos que tiverem desempenho eleitoral aquém do mínimo, ou seja, que não superarem a cláusula de barreira, não terão acesso ao rádio e à TV, natural concluir que haverá horário partidário gratuito para os demais partidos, isto é, para aqueles que tiverem votação igual ou superior ao mínimo previsto. O projeto de lei que se converteu na Lei n. 13.877/2019 tentou reintroduzir a propaganda partidária na Lei n. 9.096/95, mas os arts. 45-A a 48-A foram vetados pela Presidência da República e o veto mantido pelo Congresso Nacional. A Lei n. 14.291/2022, entretanto, recriou a propaganda partidária no rádio e na TV (arts. 50-A a 50-D, da Lei n. 9.096/95), tendo a presidência da República desta vez vetado apenas a compensação fiscal para as emissoras. O Congresso Nacional, entretanto, rejeitou o veto, pelo que as emissoras terão a compensação fiscal.

Os recursos do **Fundo Partidário** são administrados pelo TSE e distribuídos aos partidos segundo a regra contida no art. 41-A:

a) 5% em partes iguais a todos os partidos "que atendam aos requisitos constitucionais de acesso aos recursos do Fundo Partidário" (inciso I), ou seja, que tenham alcançado a "cláusula de desempenho" prevista no art. 17, da CF, segundo a qual:

> § 3º Somente terão direito a recursos do fundo partidário e acesso gratuito ao rádio e à televisão, na forma da lei, os partidos políticos que alternativamente: (Redação dada pela EC n. 97/2017)
>
> I - obtiverem, nas eleições para a Câmara dos Deputados, no mínimo, 3% (três por cento)[51] dos votos válidos, distribuídos em pelo menos um terço das unidades da

---

[51] Esse percentual, como também o número mínimo previsto no inciso II, só serão exigidos a partir da eleição de 2030. Conforme regra de transição do parágrafo único, do art. 3º, da EC n. 97/2017, "terão acesso aos recursos do fundo partidário (...) os partidos políticos que:

I - **na legislatura seguinte às eleições de 2018**:

a) obtiverem, nas eleições para a Câmara dos Deputados, no mínimo, 1,5% (um e meio por cento) dos votos válidos, distribuídos em pelo menos um terço das unidades da Federação, com um mínimo de 1% (um por cento) dos votos válidos em cada uma delas; ou

b) tiverem elegido pelo menos nove Deputados Federais distribuídos em pelo menos um terço das unidades da Federação;

II - **na legislatura seguinte às eleições de 2022**:

a) obtiverem, nas eleições para a Câmara dos Deputados, no mínimo, 2% (dois por cento) dos votos válidos, distribuídos em pelo menos um terço das unidades da Federação, com um mínimo de 1% (um por cento) dos votos válidos em cada uma delas; ou

b) tiverem elegido pelo menos onze Deputados Federais distribuídos em pelo menos um terço das unidades da Federação;

III - **na legislatura seguinte às eleições de 2026**:

a) obtiverem, nas eleições para a Câmara dos Deputados, no mínimo, 2,5% (dois e meio por cento) dos votos válidos, distribuídos em pelo menos um terço das unidades da Federação, com um mínimo de 1,5% (um e meio por cento) dos votos válidos em cada uma delas; ou

b) tiverem elegido pelo menos treze Deputados Federais distribuídos em pelo menos um terço das unidades da Federação.

> Federação, com um mínimo de 2% (dois por cento) dos votos válidos em cada uma delas; ou (Incluído pela EC n. 97/2017)
>
> II - tiverem elegido pelo menos quinze Deputados Federais distribuídos em pelo menos um terço das unidades da Federação. (Incluído pela EC n. 97/2017)

Já a partir de 2019, quando se iniciou a "legislatura seguinte às eleições de 2018" (primeira regra de transição), os partidos que não elegeram pelo menos 9 (nove) Deputados Federais ou não obtiveram um mínimo de 1,5% dos votos válidos, distribuídos em pelo menos 9 Estados, já não foram contemplados com a distribuição dos recursos do Fundo Partidário. E, como se percebe das regras de transição, a exigência de desempenho mínimo vai aumentando a cada eleição, até atingir, em 2030, os 3% dos votos válidos ou os 15 mandatos na Câmara dos Deputados. Os partidos políticos com desempenho aquém do mínimo ficam, portanto, sem este financiamento público. No regime anterior à Lei n. 13.165/2015, o art. 41-A, inciso I, na redação até então conferida pela Lei n. 12.875, de 2013, garantia a distribuição destes 5% do Fundo Partidário a todos os partidos com registro no TSE.

b) 95% proporcionalmente ao número de votos recebidos por cada um deles nas últimas eleições gerais para a Câmara dos Deputados. A Lei n. 12.875/2013, que deu nova redação ao mencionado art. 41-A, acentua a regra de que a divisão proporcional dos recursos deve levar em conta o resultado das eleições, desconsideradas as mudanças de filiação partidária. E fez bem o legislador, porque a força do partido político, capaz de assegurar-lhe recursos públicos, deve ser aquela obtida nas urnas e não a que resulta de ajustes posteriores entre os seus filiados. Mas, como estudado no Capítulo II, item 3, acima, o acrescido parágrafo único apenas repete o que já era possível extrair - pelo menos literalmente - do próprio inciso II, que é explícito ao fixar que a proporção leva em conta o resultado das urnas ("votos obtidos na última eleição geral"), daí concluindo-se que as desfiliações e novas filiações de Deputados Federais não afetam a distribuição. Ocorre que o Supremo Tribunal Federal entendeu, na ADI n. 4430 (que discutiu a hipótese de tempo de antena), que a representatividade obtida nas urnas deve seguir com os Deputados que deixam a legenda pela qual foram eleitos para ingressarem em novas agremiações, no interregno de até trinta dias de sua criação, já que esta situação foi posta - na Resolução TSE n. 22.610/2007 - como imune aos efeitos da infidelidade partidária. E o raciocínio foi de que, se a Constituição consagra a liberdade de criação de partidos (art. 17) e se o Deputado pode filiar-se ao partido recém-criado e carregar consigo o mandato, nada mais natural que também carregue a representatividade para a divisão proporcional. E, no que respeita à divisão dos recursos do Fundo Partidário, o TSE tem igual raciocínio, manifestado já no precedente PSD, em 2012, quando o Tribunal incluiu o partido então criado na divisão proporcional dos 95%, considerados os votos obtidos nas eleições de 2010 pelos candidatos a Deputado Federal, eleitos ou não, que migraram para a nova legenda nos trinta dias posteriores à sua criação[52]. Sem dúvida, então, que a Lei n. 12.875/2013, ao acrescentar o dito parágrafo único ao art.

---

[52] Petição n. 1747-93/DF (PSD) e Petição n. 30-75/2013 (PEN).

41-A, teve o propósito de não admitir essa "portabilidade" e, portanto, alterar não o texto da lei, mas, sim, a interpretação conforme dele extraída pelo STF e pelo TSE. E o STF, depois se debruçando sobre o mérito dessa alteração, reafirmou – na ADI n. 5105, sessão de 01-outubro-2015, por apertada maioria – seu entendimento de que a mudança do Deputado Federal para partido novo, quando feita com observância do permissivo então vigente, ou seja, dentro dos 30 dias seguintes à criação do Partido, tem o condão de arrastar consigo o mandato, para efeito de proporcionalidade no cálculo dos recursos do **Fundo Partidário e do tempo de antena** (observando-se que, a partir de 01-janeiro-2018, por força da Lei n. 13.487/2017, não havia mais propaganda partidária no rádio e na TV, pois os dispositivos da Lei n. 9.096/95 – arts. 45 a 49 e 52 – que a disciplinavam foram revogados, até ser reintroduzida pela Lei n. 14.291/2022: arts. 50-A a 50-D). Por conseguinte, o partido criado após a última eleição para a Câmara dos Deputados e que, portanto, nela não obteve votos, continuou participando ainda assim da distribuição dos **95% dos recursos do Fundo e participou, até 31-dezembro-2017, dos 2/3 do tempo de rádio e TV**, se para ele tiverem sido migrados Deputados Federais nos 30 dias após a sua aprovação pelo TSE. Como dito, a EC n. 111/2021 levou o tema para a Constituição (art. 17, § 6º), prevendo que serão desconsideradas – para efeito de distribuição dos recursos dos fundos e do tempo de antena – todas as migrações, ficando cada partido/federação com a proporcionalidade conquistada nas urnas. A Res. TSE n. 23.679, de 08.fevereiro.2022, que contém o regulamento da propaganda partidária no rádio e na televisão, nos termos da Lei n. 14.291, de 03.janeiro.2022, prevê que "o percentual de votos e a bancada de cada partido na Câmara dos Deputados serão calculados com base no resultado válido da última eleição geral, desconsiderando-se, nos termos dos §§ 5º e 6º do art. 17 da Constituição, quaisquer migrações partidárias efetuadas no curso da legislatura." (art. 2º, § 3º).

Inovação positiva foi instituída pela EC n. 111/2021, cujo art. 2º estabelece que "*Para fins de distribuição entre os partidos políticos dos recursos do fundo partidário e do Fundo Especial de Financiamento de Campanha (FEFC), os votos dados a* ***candidatas mulheres*** *ou a* ***candidatos negros*** *para a Câmara dos Deputados nas eleições realizadas de 2022 a 2030 serão* ***contados em dobro****. Parágrafo único. A contagem em dobro de votos a que se refere o caput somente se aplica uma única vez.*". Contando-se em dobro os referidos votos para efeito de divisão proporcional dos recursos do fundo, acredita-se que a política afirmativa proporcionará maior investimento – principalmente político – nas candidaturas de mulheres e de negros, pois agora interessa às finanças do partido não só lançar as candidaturas, mas de fato trabalhar para que tenham votação expressiva. No que toca às candidaturas femininas, a medida deve diminuir a ocorrência de candidaturas fictícias no preenchimento da cota do art. 10, § 3º, da Lei n. 9.504/97.

A Lei n. 9.096/95 também disciplina os **gastos do partido**, ou seja, qual destinação o partido poderá dar às suas receitas. E o art. 17, da Res. TSE n. 23.604, de 17.dezembro.2019, diz que o partido poderá realizar os gastos que forem necessários à sua manutenção e à consecução de seus objetivos e programas. Neste sentido, são lícitos os gastos realizados na manutenção dos bens pertencentes à agremiação, como sedes e veículos, assim também com os serviços necessários ao seu funcionamento e ao atingimento dos seus fins.

A utilização dos recursos do Fundo Partidário, por seu turno, tem regras mais rigorosas e detalhadas, por serem – em grande parte – provenientes do orçamento geral da União e das multas eleitorais. Para possibilitar o efetivo controle da Justiça Eleitoral, esses recursos devem transitar por conta corrente específica, não podendo ser depositados em conta única, onde se confundirão com receitas diversas (art. 44, § 1º, da Lei n. 9.096/95). O mesmo art. 44, I, não obstante autorize gastos com pessoal, limita-os a 50% das cotas do diretório nacional e a 60% das dos diretórios estaduais e municipais, nesse percentual não se incluindo os encargos e tributos incidentes sobre a folha de pagamento (art. 44, § 4º). Lícito, também, utilizar tais recursos para pagamento de consultoria contábil e jurídica, inclusive para a defesa dos interesses de candidatos do partido, eleitos ou não, relacionados exclusivamente ao processo eleitoral[53] (art. 44, VIII), para campanhas eleitorais (art. 44, III)[54], para realizar a propaganda partidária (art. 44, II), para criação e manutenção de instituto ou fundação de pesquisa e doutrinação política (art. 44, IV: gasto obrigatório de no mínimo 20% da cota do Fundo), para a criação e manutenção de programas de promoção e difusão da participação política das mulheres (art. 44, V: aplicação mínima de 5% do total)[55] [56] [57], para locação, compra, edificação ou reforma de bens móveis e imóveis (art. 44, X) e para impulsionamento de conteúdos nas redes sociais e nas aplicações de busca, desde que fora dos 180 (cento e oitenta) dias anteriores à eleição (art. 44, XI, que autoriza o pagamento por meio de boleto bancário). Todos estes gastos, outrossim, devem se destinar à consecução de atividades do interesse do partido. O art. 37, § 10, chama a atenção para os gastos com passagens aéreas e autoriza a sua aquisição em favor de não filiados ao partido, desde que para participação em congressos, reuniões, convenções e palestras.

A política afirmativa de participação feminina nas atividades partidárias e nas disputas eleitorais assume tal dimensão que o STF, na ADI n. 5617, julgada em 15.março.2018, entendeu inconstitucional os §§ 5º e 7º, do art. 44, dispositivos que autorizavam a agremiação a acumular os recursos do inciso V (mínimo de 5% do Fundo Partidário), em diferentes exercícios, para utilização futura em campanhas de

---

[53] Ac.-TSE, de 25.4.2019, na PC nº 29106: o pagamento de defesa judicial de filiado que responde a demandas pela prática de atos eleitorais ilícitos é incompatível com as hipóteses de uso dos recursos do fundo partidário previstas neste artigo.

[54] Ac.-TSE, de 3.9.2019, no REspe nº 060119381: doação de recursos do Fundo Partidário a candidato registrado por agremiação que não formou coligação com o partido doador configura irregularidade grave e caracteriza o recebimento de recursos oriundos de fonte vedada, no caso, de pessoa jurídica.

[55] Ac.-TSE, de 30.4.2019, no AgR-AgR-PC nº 29458: as despesas com o programa de incentivo à participação feminina devem ser diretas, por meio de seminários, cursos, palestras ou quaisquer atos direcionados à doutrinação e à educação política da mulher.

[56] § 5ª O partido político que não cumprir o disposto no inciso V do caput deverá transferir o saldo para **conta específica**, sendo vedada sua aplicação para finalidade diversa, de modo que o **saldo remanescente deverá ser aplicado dentro do exercício financeiro subsequente, sob pena de acréscimo de 12,5%** (doze inteiros e cinco décimos por cento) do valor previsto no inciso V do **caput**, a ser aplicado na mesma finalidade. (Redação dada pela Lei n. 13.165/2015)

[57] Ac.-TSE, de 1º.7.2021, na PC nº 060185818: a multa estipulada neste parágrafo, cominada em caso de **descumprimento do art. 44, V**, desta lei, tem como parâmetro o Fundo Partidário recebido pela agremiação no respectivo ano financeiro.

candidatas, pois essa faculdade representava burla às determinações legais de aplicação mínima, permitindo que gastos em atividades partidárias e em campanhas eleitorais se confundissem e se esvaziassem reciprocamente. Ao fim e ao cabo, os partidos devem investir pelo menos 5% do Fundo Partidário em ações para incentivar a participação das mulheres nas **atividades partidárias** e pelo menos 30% do mesmo Fundo, como também do Fundo de Campanha, na **propaganda eleitoral das candidatas**.

Vedada, entretanto, a utilização de recursos do Fundo para o "pagamento de juros, multas, débitos eleitorais e demais sanções aplicadas por infração à legislação eleitoral ou partidária, incluídos os respectivos encargos e obrigações acessórias", pois o dispositivo que autorizaria tal despesa (art. 44, IX, incluído pela Lei n. 13.877/2019) foi vetado pela Presidência (veto mantido pelo Congresso na sessão de 04.12.2019)[58]. E o art. 17, § 2º, da Res. TSE n. 23.604, de 17.dezembro.2019, que contém a atual disciplina das finanças partidárias, atenta ao veto, consignou a vedação. Vedadas, também, despesas com IPVA (TSE, PC n. 19095, Acórdão de 11.02.21) e com bebidas alcoólicas (TSE, PC-PP n. 19265, Acórdão de 15.04.21).

Embora se trate de recursos públicos, a lei desobriga os dirigentes partidários de prévia licitação para a aquisição de bens e contratação de serviços (art. 44, § 3º).

Via de regra, os pagamentos devem ser feitos via cheque nominal e cruzado ou transferência bancária. Entretanto, a Res. TSE n. 23.604, de 17.dezembro.2019 (que revogou a Res. TSE n. 23.546/2017) autoriza a manutenção de "Fundo de Caixa" até o limite de R$ 5.000,00 (desde que não ultrapasse o limite de 2% dos gastos do ano anterior), para as despesas de pequeno vulto, assim entendidas aquelas que, individualmente, não ultrapassem R$ 400,00.

> Art. 19. Para efetuar pagamento de gastos de pequeno vulto, poderá ser constituída reserva em dinheiro (Fundo de Caixa) com o saldo máximo de R$5.000,00 (cinco mil reais), desde que os recursos destinados à respectiva reserva transitem previamente por conta bancária específica e, no ano, não ultrapasse 2% (dois por cento) dos gastos lançados no exercício anterior.
>
> § 1º O saldo do Fundo de Caixa pode ser recomposto mensalmente, com a complementação de seu limite, de acordo com os valores despendidos no mês anterior.
>
> § 2º O saque dos valores destinados ao Fundo de Caixa deve ser realizado da conta bancária específica do partido, mediante a emissão de cheque nominativo ou cartão de débito em favor do titular da conta bancária.
>
> § 3º Consideram-se de pequeno vulto os gastos cujos valores individuais não ultrapassem o limite de R$400,00 (quatrocentos reais), vedado, em qualquer caso, o fracionamento desses gastos.
>
> § 4º A utilização dos recursos do Fundo de Caixa não dispensa a comprovação dos gastos nos termos do art. 18.
>
> § 5º O percentual e os valores previstos neste artigo podem ser revistos, anualmente, mediante portaria do Presidente do TSE.

---

58 Ac.-TSE, de 18.11.2021, na PC nº 060041158 e, de 4.4.2019, na PC nº 29895: impossibilidade de pagamento de juros, multas e encargos com recursos do Fundo Partidário.

Toda essa movimentação financeira deve ser submetida à apreciação da Justiça Eleitoral, mediante **prestação de contas anuais**, até 30-junho[59] do ano seguinte. O órgão de direção nacional presta contas ao TSE, os órgãos estaduais aos respectivos TRE e os órgãos municipais aos Juízes Eleitorais (art. 32, § 1º). A obrigação, dantes imposta pelo art. 32, § 3º, de, em ano de eleições, enviar à Justiça Eleitoral os seus balancetes mensais, nos quatro meses anteriores e nos dois posteriores ao pleito, foi revogada pela Lei n. 13.165/2015. Os gastos com campanhas eleitorais, que podem ser sustentados com recursos financeiros dos partidos, devem ser destacados e especialmente discriminados na contabilidade (art. 33, III), inclusive porque as vedações ao financiamento privado das candidaturas (art. 24, da Lei das Eleições) são mais extensas, alcançando algumas pessoas que podem doar a partidos. Dispõe o art. 39, § 5º, da Lei n. 9.096/95, que "em ano eleitoral, os partidos políticos poderão aplicar ou distribuir pelas diversas eleições os recursos financeiros recebidos de pessoas físicas e jurídicas[60], observando-se o disposto no § 1º do art. 23, no art. 24 e no § 1º do art. 81[61] da Lei nº 9.504, de 30 de setembro de 1997, e os critérios definidos pelos respectivos órgãos de direção e pelas normas estatutárias." Ou seja, se o recurso arrecadado pelo partido, embora lícito perante a legislação partidária (art. 31, da Lei n. 9.096/95), for de fonte vedada pela legislação eleitoral (arts. 23 e 24, da Lei n. 9.504/97), ele poderá ser utilizado pelo partido para as suas atividades normais, tipicamente partidárias, mas não para as campanhas eleitorais. Para possibilitar o conhecimento da real fonte dos recursos aplicados nas campanhas eleitorais, o TSE determinou, para as eleições de 2014, que a contabilidade do candidato, ao receber doações do partido, identificasse a sua verdadeira origem, ou seja, aquele que doou ao partido, inibindo assim as chamadas "doações ocultas", que ocorriam sempre que o titular do recurso doava ao candidato, mas por intermédio do partido (ex.: a empresa X doava ao partido e este repassava o recurso ao candidato. Na contabilidade do candidato aparecia doação recebida do partido, omitindo que o recurso veio, em verdade, da empresa X). Porque alicerçada na indispensável transparência da movimentação financeira das campanhas eleitorais, a medida foi mantida pelo STF, que na ADI n. 5394, por votação unânime, em 12-novembro-2015, suspendeu os efeitos da expressão "sem individualização dos doadores", contida na parte final do § 12, do art. 28, da Lei n. 9.504/97, acrescido pela Lei n. 13.165/2015. E a Lei n. 13.877/2019, ao dar nova redação ao mencionado § 12, mantém a possibilidade de repasse de recursos do partido ao candidato, mas não mais contempla aquela inconstitucionalidade, ou seja, a desnecessidade de "individualização dos doadores".

---

[59] Art. 32, da Lei n. 9.096/95, na redação dada pela Lei n. 13.877/2019. Anteriormente, o prazo para prestação de contas ordinárias, anuais, era até 30 de abril.

[60] Pessoas jurídicas não mais podem doar a partidos e candidatos, conforme ADI 4650 e Inciso II, do art. 31, da Lei n. 9.096/95, na redação dada pela Lei n. 13.488/2017.

[61] Este art. 81, no que autorizava a doação de pessoas jurídicas para as campanhas eleitorais, foi alcançado pela declaração de inconstitucionalidade da ADI 4650 e posteriormente revogado pela Lei n. 13.165/2015.

As contas são prestadas através de sistema informático próprio, desenvolvido pela Justiça Eleitoral e disponibilizado aos partidos. O projeto de lei que se converteu na Lei n. 13.877/2019 acrescentava a possibilidade de utilização de sistemas encontrados no mercado, mas o dispositivo (art. 34, § 3º) foi vetado pela Presidência e o veto mantido pelo Congresso Nacional.

Na análise das contas, a área técnica elabora um parecer fundamentado estritamente na legislação eleitoral e nas normas de contabilidade, não podendo opinar sobre sanções aplicáveis ao partido, cabendo ao julgador esse juízo de valor (art. 34, § 5º, da Lei n. 9.096/97, acrescido pela Lei n. 13.877/2019).

De outro lado, documentos necessários à apreciação das contas, que sejam acessíveis à Justiça Eleitoral, como os emitidos por órgãos da administração e por instituição bancária com a qual haja convênio ou integração de sistemas, serão juntados à prestação de contas pela própria unidade que as examina. Exemplo interessante é a integração do banco de dados das NFe (notas fiscais eletrônicas), gerido pela Secretaria de Fazenda, no qual é possível selecionar todas as notas fiscais emitidas a partidos e candidatos, sabendo-se, assim, como e onde foram realizados os gastos. Também, o extrato bancário do partido (que não é coberto por sigilo bancário, pois as agremiações devem contas à Justiça Eleitoral e a toda a coletividade), que deve ser remetido pelo banco à Justiça Eleitoral e juntado aos autos (art. 34, § 6º, incluído pela Lei n. 13.877/2019).

É fato que os diretórios municipais, especialmente os de pequenas cidades, não movimentam recursos financeiros nos anos ímpares, ou seja, naqueles em que não há eleição. Diante disso, a prestação de contas, no modelo convencional, com vários demonstrativos a preencher e livros a escriturar, acabava sendo um ônus desarrazoado que se impunha a uma unidade partidária cuja estrutura, no mais das vezes, se resume à pessoa do presidente. Em boa hora, então, a previsão do § 4º, do art. 32, da Lei n. 9.096/95, acrescido pela Lei n. 13.165/2015. Na sua literalidade, o dispositivo dispensa o partido da prestação de contas quando não há movimentação financeira ou estimada, bastando uma declaração de ausência de recursos. Essa declaração, entretanto, deve ser entendida como **prestação simplificada de contas**, sob pena de o novel modelo ser tido como inconstitucional, já que a obrigação de prestar contas à Justiça Eleitoral tem assento constitucional (art. 17, da CF). Na reforma eleitoral de 2019, o dispositivo ganhou nova redação, desta vez para dispensar os diretórios municipais sem movimentação da obrigação de enviar declarações de isenção, de débitos e créditos tributários federais ou demonstrativos contábeis à Receita Federal e de apresentação de certificado digital:

> § 4º Os órgãos partidários municipais que não hajam movimentado recursos financeiros ou arrecadado bens estimáveis em dinheiro ficam desobrigados de prestar contas à Justiça Eleitoral e de enviar declarações de isenção, declarações de débitos e créditos tributários federais ou demonstrativos contábeis à Receita Federal do Brasil, bem como ficam dispensados da certificação digital, exigindo-se do responsável partidário, no prazo estipulado no caput deste artigo, a apresentação de declaração da ausência de movimentação de recursos nesse período. (Redação dada pela Lei n. 13.831/2019)

A **não apresentação das contas acarreta** para a unidade partidária correspondente a suspensão das cotas do Fundo Partidário, enquanto perdurar a inadimplência (art. 37-A, acrescido pela Lei n. 13.165/2015). A Resolução TSE n. 23.604, de 17.dezembro.2019, que disciplina a prestação de contas partidárias e revogou as Res. n. 23.546/2017, n. 23.464/2015 (a matéria foi antes regulada pela Res. TSE n. 21.841/2004 e depois pela Res. TSE n. 23.432/2014), prevê, ainda, como consequência da não apresentação das contas, "a suspensão do registro ou da anotação do órgão partidário, após decisão, com trânsito em julgado, precedida de processo regular que assegure ampla defesa (STF, ADI nº 6.032, julgada em 5.12.2019)" (art. 47, II). Esta consequência, entretanto, não tem respaldo na lei, que se limita a punir a direção partidária inadimplente com a suspensão do Fundo Partidário. Então, o TSE editou norma de natureza primária, inovou no campo legislativo e, por conseguinte, extrapolou os limites de sua competência normativa, tão somente regulamentadora, como expressamente fixado no art. 105, da Lei n. 9.504/97. O art. 28, III, da Lei n. 9.096/95, quando prevê o cancelamento do registro civil e do estatuto do partido no TSE, se dirige claramente à ausência de prestação de contas do diretório nacional, pois somente esta omissão pode levar à extinção do partido. Nada dispõe sobre as consequências de igual conduta por parte dos diretórios estaduais e municipais. O STF, entretanto, na ADI n. 6032, julgada em 05.dezembro.2019, considerou constitucional a suspensão do diretório estadual ou municipal que não presta as contas, desde que a sanção seja fixada em decisão transitada em julgado, proferida em ação própria. Não pode a suspensão do diretório, portanto, ser determinada pelo Juiz na decisão que julga não prestadas as contas. Ao contrário, os autos, ou cópia eles, devem ser remetidos ao MPE, para propositura de Representação, com pedido específico de suspensão da anotação do órgão partidário omisso. E a Res. TSE n. 23.604, de 17.dezembro.2019, que contém a atual disciplina das finanças partidárias, prevê, no seu art. 73, que "o procedimento de suspensão da anotação do órgão partidário decorrente de não prestação de contas, nos termos do art. 47, II, desta resolução, será disciplinado pelo Tribunal Superior Eleitoral, em até 180 (cento e oitenta) dias, vedada, até a edição dessa norma, a instauração de processo com o mesmo fim pelos tribunais regionais eleitorais e pelos juízes eleitorais". O regulamento veio com a Res. TSE n. 23.662/2021, que alterou e acrescentou dispositivos à Res. TSE n. 23.571/2018, prevendo que a **Ação de Cancelamento de Registro de Partido Político** (CRPP) será proposta junto ao TSE quando presente alguma das hipóteses do art. 28, da Lei n. 9.096/95, pois neste caso o cancelamento envolve o partido como um todo (art. 54-C da Resolução). Se a omissão da prestação de contas for de diretório estadual ou municipal, a **Ação de Suspensão de Órgão Partidário** (SOP) será proposta, respectivamente, no TRE ou na Zona Eleitoral competente (art. 54-N, § 1º, da Resolução), sendo a inicial instruída com a decisão que julgou não prestadas as contas e com a certidão de seu trânsito em julgado. São naturalmente legitimados os partidos políticos e o Ministério Público Eleitoral, sendo que a ação proposta pelos primeiros não impede que este também o faça (arts. 54-D, § 2º, e 54-N, § 3º, da Resolução). Percebe-se que o regulamento optou pelo procedimento dos arts. 3º e seguintes, da LC n. 64/90, da Ação de Impugnação de Registro de Candidatura (AIRC), ampliando, todavia, o prazo de defesa para 15 dias (arts. 54-G e 54-P). A ação fundada em omissão de prestação de contas pode ser proposta enquanto perdurar a situação de inadimplência. Mas a sua efetividade é no mínimo questionável, pois a qualquer tempo o órgão partidário omisso pode apresentar as contas e pedir a regularização de sua situação, o que será suficiente para restaurar a anotação do diretório, inclusive liminarmente, ainda quando a providência for adotada após o trânsito em julgado da decisão de suspensão do órgão, já que o fundamento da ação é a omissão, que terá sido resolvida com a regularização (art. 54-S).

De outro lado, a **desaprovação das contas**, quando constatada, p.ex., a movimentação de recursos de origem não identificada ou esclarecida ou das fontes vedadas do art. 31 implica na devolução da importância apontada como ilícita, acrescida de multa de até 20% (vinte por cento), conforme art. 37, na redação dada pela Lei n. 13.165/2015. A nova redação deste dispositivo, não obstante tenha se utilizado da expressão "*exclusivamente*", não foi suficiente para revogar o art. 36, da mesma Lei, que prevê a suspensão das cotas do Fundo Partidário até a identificação da fonte dos recursos ou suspensão por um ano, quando se tratar de recursos de origem ilícita. É que a Lei n. 13.165/2015 – e depois a Lei n. 13.877/2019 – no lugar de ter revogado o dito art. 36, acabou por reafirmá-lo implicitamente, ao consignar no § 3º, do dito art. 37, que a sanção será "aplicada de forma proporcional e razoável, *pelo período de 1 (um) a 12 (doze) meses*", fazendo clara alusão à suspensão das cotas do fundo partidário, pois a multa de até 20% se aplica de uma única vez. O TSE, nesta linha, manteve, na Res. n. 23.546/2017 (art. 47), já considerada a Lei n. 13.165/2015, a previsão de suspensão o Fundo Partidário. E a atual disciplina das finanças partidárias, Res. TSE n. 23.604, de 17.dezembro.2019, continua consignando tal consequência:

> Art. 46. Constatada a violação de normas legais ou estatutárias, o órgão partidário fica sujeito às seguintes sanções:
>
> I - no caso de recebimento de recursos das fontes vedadas de que trata o art. 12, sem que tenham sido adotadas as providências de devolução à origem ou recolhimento ao Tesouro Nacional na forma do art. 14, o órgão partidário fica sujeito à suspensão da distribuição ou do repasse dos recursos provenientes do Fundo Partidário pelo período de 1 (um) ano (art. 36, inciso II, da Lei nº 9.096/95); e
>
> II - no caso de não recolhimento ao Tesouro Nacional dos recursos de origem não identificada de que trata o art. 13, deve ser suspensa a distribuição ou o repasse dos recursos provenientes do Fundo Partidário até que o esclarecimento da origem do recurso seja aceito pela Justiça Eleitoral (art. 36, inciso I, da Lei nº 9.096/95).

A multa aplicada deverá ser descontada das futuras cotas do Fundo Partidário, desde que o desconto não vá além de 50% de cada parcela mensal (art. 37, § 3º). Esse desconto será suspenso durante o segundo semestre do ano em que se realizarem as eleições (art. 37, § 9º). E, conforme art. 15-A, da Lei n. 9.096/95, a responsabilidade é unicamente da unidade partidária gestora das contas.

> RESPE – AgrR-RESPE n. 3921976 - OSASCO – SP, Ac. de 08/04/2014, Rel. Min. Laurita Vaz. EXECUÇÃO FISCAL. MULTA ELEITORAL. EXCEÇÃO DE PRÉ-EXECUTIVIDADE. ART. 15-A DA LEI Nº 9.096/95. RESPONSABILIDADE POR DÍVIDAS E DANOS A TERCEIROS. SOLIDARIEDADE ENTRE OS ÓRGÃOS PARTIDÁRIOS MUNICIPAL, ESTADUAL OU NACIONAL. INEXISTENTE.

AGRAVO REGIMENTAL DESPROVIDO.1. Mesmo antes do início da vigência da Lei nº 11.694/2008 - que acrescentou o art. 15-A à Lei nº 9.096/95, dispositivo esse posteriormente alterado pela Lei nº 12.034/2009 -, não há solidariedade entre os **órgãos partidários municipal, estadual ou nacional** e, portanto, cada esfera da agremiação responderá, exclusivamente, por seus atos, inclusive eventuais dívidas e lesões a terceiros. Precedentes desta Corte e do STJ.

STF, ADC n. 31, decisão de 22.09.2021: Decisão: O Tribunal, por maioria, julgou procedente o pedido formulado na petição inicial para declarar a **plena validade constitucional do art. 15-A, caput, da Lei nº 9.096/95**, com redação dada pela Lei nº 12.034/2009, nos termos do voto do Relator, vencidos, parcialmente, o Ministro Nunes Marques e, integralmente, os Ministros Alexandre de Moraes, Rosa Weber e Ricardo Lewandowski. Presidência do Ministro Luiz Fux. Plenário, 22.9.2021 (Sessão realizada por videoconferência - Resolução 672/2020/STF).

A Lei n. 13.831/2019 acrescentou à Lei n. 9.096/95 os art. 55-A, 55-B, 55-C e 55-D, os quais, no seu conjunto, visam a perdoar os partidos que não observaram até então as regras de arrecadação e aplicação mínima antes comentadas.

De fato, o art. 55-A diz que "os partidos que não tenham observado a aplicação de recursos prevista no inciso V [*mínimo 5% do Fundo Partidário em programas de promoção e difusão da participação política das mulheres*] do *caput* do art. 44 desta lei nos exercícios anteriores a 2019, e que tenham utilizado esses recursos no financiamento das candidaturas femininas até as eleições de 2018, não poderão ter suas contas rejeitadas ou sofrer qualquer outra penalidade".

De outro lado, o art. 55-B estabelece que "os partidos que, nos termos da legislação anterior, ainda possuam saldo em conta bancária específica conforme o disposto no § 5º-A [*possibilidade de acumulação, em diferentes exercícios, dos recursos destinados aos programas de promoção e difusão da participação política das mulheres, para aplicação em campanhas eleitorais de candidatas*] do art. 44 desta lei poderão utilizá-lo na criação e na manutenção de programas de promoção e difusão da participação política das mulheres até o exercício de 2020, como forma de compensação".

O art. 55-C vai ainda mais longe e prevê que "a não observância do disposto no inciso V [*aplicação mínima de 5% do Fundo Partidário em programas de promoção e difusão da participação política das mulheres*] do *caput* do art. 44 desta lei até o exercício de 2018 não ensejará a desaprovação das contas".

E o art. 55-D, agora de forma explícita, assegura que "ficam anistiadas as devoluções, as cobranças ou as transferências ao Tesouro Nacional que tenham como causa as doações ou contribuições feitas em anos anteriores por servidores públicos que exerçam função ou cargo público de livre nomeação e exoneração, desde que filiados a partido político".

Fácil perceber a inconstitucionalidade destes dispositivos, na medida em que todos eles modificariam situações jurídicas já consolidadas e retirariam as consequências, as sanções, de infrações consumadas. Além da sempre odiável retroatividade da lei, a anistia neles prevista ofende o princípio constitucional da isonomia, pois privilegia os partidos políticos que infringiram a lei em exercícios anteriores e "pune" os que a cumpriram. Na especial questão da aplicação mínima de recursos do Fundo Partidário em programas de participação política das mulheres, a situação é ainda mais grave, pois os partidos que descumpriram a regra – e que agora seriam anistiados – tiveram tais recursos acumulados para aplicação nas campanhas eleitorais, ferindo ainda a igualdade de oportunidades dos candidatos de diferentes partidos políticos.

A nova Lei de Improbidade (Lei n. 8.429/92, com redação dada pela Lei n. 14.230, de 25.outubro.2021), embora estabeleça que "*Estão sujeitos às sanções desta Lei os atos de improbidade praticados contra o patrimônio de entidade privada que receba subvenção, benefício ou incentivo, fiscal ou creditício, de entes públicos ou governamentais, previstos no § 5º deste artigo (art. 1º, § 6º)*", o que certamente incluiria os partidos políticos, pois destinatários de recursos públicos dos fundos partidário e de campanha, termina por prever expressamente que "Atos que ensejem enriquecimento ilícito, perda patrimonial, desvio, apropriação, malbaratamento ou dilapidação de recursos públicos dos partidos políticos, ou de suas fundações, serão responsabilizados nos termos da Lei n. 9.096, de 19 de setembro de 1995" (art. 23-C). Acontece que a "responsabilização" da referida lei orgânica dos partidos políticos consiste apenas na devolução dos recursos desviados e à sanção de multa de até 20%, o que é aplicável, via de regra, ao órgão partidário, pessoa jurídica prestadora das contas. A responsabilização chega ao dirigente partidário apenas "se verificada irregularidade grave e insanável resultante de conduta dolosa que importe enriquecimento ilícito e lesão ao patrimônio do partido":

> **Lei n. 9.096**
>
> **Art. 37.** A desaprovação das contas do partido implicará exclusivamente a sanção de devolução da importância apontada como irregular, acrescida de multa de até 20% (vinte por cento).
>
> **§ 13.** A responsabilização pessoal civil e criminal dos dirigentes partidários decorrente da desaprovação das contas partidárias e de atos ilícitos atribuídos ao partido político somente ocorrerá se verificada irregularidade grave e insanável resultante de conduta dolosa que importe enriquecimento ilícito e lesão ao patrimônio do partido.

Se a responsabilidade dos dirigentes partidários for apenas a da Lei n. 9.096, com exclusão da improbidade administrativa, boa parte dos seus atos ilícitos ficará sem qualquer punição, pois exigidos, além da conduta dolosa, também a *irregularidade grave e insanável.*

8. Competência da Justiça Eleitoral

Já se falou que as questões meramente partidárias devem ser discutidas junto à Justiça Comum. E assim o é, efetivamente. Todavia, a Justiça Eleitoral tem **competência** (atividade jurisdicional) e até mesmo atribuição (atividade administrativa) em matérias tipicamente partidárias, pois que a Lei Orgânica dos Partidos Políticos, por exemplo, *a)* impõe às agremiações a obrigação de prestar contas periodicamente à Justiça Eleitoral da sua movimentação financeira; *b)* determina a informação à Justiça Eleitoral, pelos partidos políticos, das filiações partidárias, através do FILIA; *c)* fixa para os filiados que trocarem de partido a obrigação de comunicarem à Justiça Eleitoral o desligamento de um e adesão a outro, sob pena de caracterizar a coexistência de filiações, cancelando-se automaticamente a anterior, e *d)* confere ao TSE a gestão do Fundo Partidário e do Fundo de Campanha.

Até mesmo no que diz respeito aos conflitos surgidos entre o filiado e a direção do partido, quando este pretende cancelar a filiação daquele, *e.g.*, matéria que em princípio poderia ser entendida como estritamente partidária, será da Justiça Eleitoral a competência para a apreciação, posto que a legislação partidária, como já assinalado, confere a essa Justiça Especializada o controle sobre as filiações. E há uma forte razão de ser: é que apenas o filiado pode pleitear candidatura, daí que as filiações influenciam diretamente no processo eleitoral.[62]

Então, não obstante seja o direito partidário cientificamente autônomo, há que reconhecer-se que caminha ele entrelaçado ao Direito Eleitoral, mormente porque seus conflitos de interesse se submetem, no mais das vezes, à Justiça Eleitoral.

9. Mandado de Segurança

Coerentemente com o sistema revogado (ou seja, com a Lei n. 5.682/71, que definia o partido político como pessoa jurídica de direito público interno), a **Lei do Mandado de Segurança** então vigente (Lei n. 1.533/51)[63] considerava "autoridades, para os efeitos desta lei, os representantes ou órgãos dos partidos políticos" (art. 1º, § 1º), daí que o prejudicado pelos seus atos tinha contra eles o remédio heroico. Porque a novel LOPP (Lei n. 9.096/95) deu nova definição ao partido político, agora pessoa jurídica de direito privado, restou também alterado aquele § 1º do art. 1º da LMS, por força da Lei n. 9.259/96, excluindo-se o representante partidário como autoridade para efeito da ação mandamental.

> "Intervenção de Diretório Regional em órgão municipal – Mandado de segurança – Com o advento da Lei n. 9.259/96, que deu nova redação ao art. 1º, § 1º, da Lei n. 1.533/51, os representantes e órgãos dos partidos políticos não mais podem ser considerados autoridades, para o efeito de impetração de mandado de segurança. Precedentes do TSE." (TSE, AI 708, Classe 2ª – BA, Rel. Min. Costa Leite, *DJU* I 14/11/97, p. 58.852).

Nova alteração legislativa, todavia, volta a considerar os dirigentes partidários como autoridades, para efeito de mandado de segurança. De fato, a Lei nº 12.016/2009, atual disciplina do mandado de segurança individual e coletivo, dispõe que "equiparam-se às autoridades, para os efeitos desta lei, os representantes ou órgãos de partidos políticos..." (art. 1º, § 1º).

---

[62] Cf. o Acórdão n. 471/2003, no Rec. n. 2.169/2002, TRE-MG, Santa Bárbara, Rel. Juiz Luiz Antônio Sérvulo dos Santos, Sessão de 18/2/2003.

[63] Esta lei foi integralmente revogada pela Lei n. 12.016/2009, disciplina vigente do Mandado de Segurança.

Capítulo IV

A JUSTIÇA ELEITORAL

No Brasil, a Justiça Eleitoral, como órgão do Poder Judiciário, foi criada pelo Código Eleitoral de 1932 (Decreto n. 21.076, de 24/2/32) e assim confirmada pela Constituição Federal de 1934. Extinta pela Constituição de 1937, foi recriada em 1945, pelo Decreto-Lei n. 7.586, sendo mantida pelos textos legais que lhe seguiram (Constituições de 1946, 1967, 1969 e 1988, e Códigos de 1950 e 1965 – atual).

Seção I

1. Competência

1.1. Lei complementar, Juízes auxiliares: instauração de processo de ofício

A Constituição Federal de 1988, a par de reservar à União a competência privativa para legislar sobre Direito Eleitoral, exige **lei complementar** para regular a distribuição de competência entre os vários órgãos jurisdicionais eleitorais. Então, a fixação da competência do Juiz Eleitoral, das Juntas Eleitorais, dos Tribunais Regionais e do Tribunal Superior é matéria reservada à legislação complementar, não cabendo à legislação ordinária regulá-la. Dispõe o art. 96[64], da Lei n. 9.504/97, que as Reclamações e Representações devem ser dirigidas ao Juiz Eleitoral, nas eleições municipais; ao Tribunal Regional, nas eleições gerais, e ao Tribunal Superior, nas eleições presidenciais.

A interpretação literal daquele texto leva à conclusão de que, em eleições para governador, deputados e senadores, por exemplo, todas as irregularidades praticadas durante a campanha eleitoral, nos quatro cantos do Estado, teriam de ser levadas ao conhecimento do Tribunal Regional (ou da Comissão de Fiscalização da Propaganda), nada restando de atribuição ao Juiz Eleitoral, que muito melhor condição tem de enfrentar a questão, até porque está perto do fato. Entretanto, como o Código Eleitoral – que em matéria de fixação de competência dos órgãos jurisdicionais eleitorais ganhou *status* de lei complementar a partir da Constituição de 1988, exatamente porque apenas lei complementar poderá modificá-lo – confere ao Juiz Eleitoral poder de polícia para adotar as providências que forem necessárias para impedir ou fazer cessar imediatamente as

[64] Como melhor será examinado quando falarmos do procedimento das Reclamações e Representações.

práticas que atentem contra a boa ordem eleitoral (art. 35), não distinguindo se em eleições municipais, gerais ou presidenciais, necessário entender que a competência fixada no dito art. 96, da Lei das Eleições, não prejudica o poder de polícia dos Juízes Eleitorais, de resto reafirmado no art. 41, § 1º, da Lei n. 9.504/97, na redação dada pela Lei n. 12.034/2009. Por isso, o TSE fixou, por resolução, que o Juiz Eleitoral, não obstante o disposto no mencionado art. 96 da Lei Eleitoral, deve exercer seu poder de polícia mesmo nas eleições gerais e presidenciais, adotando as medidas que forem necessárias para fazer impedir ou cessar as irregularidades, principalmente no que diz respeito à propaganda eleitoral. Conserva-se como de competência originária do TRE ou do TSE, nas eleições gerais e presidenciais, respectivamente, o processo para aplicação das sanções decorrentes da prática eleitoral ilícita, como a imposição de multa, a cassação do registro ou do diploma, etc.

> "O art. 96, em seu inciso II, da Lei n. 9.504/97, dispõe que as *representações* relativas ao seu descumprimento deverão ser dirimidas nos *Tribunais Regionais Eleitorais, nas eleições federais, estaduais e distritais*. Não tendo ainda este Tribunal designado *Juízes auxiliares* para as eleições a serem realizadas no ano de 2002, tem-se que a competência para o julgamento da representação por propaganda eleitoral extemporânea recai sobre esta *Corte Eleitoral*. Desta forma, cabe ao Ministério Público Eleitoral, nesta Instância, a propositura da representação, se entender ser o caso de propaganda eleitoral extemporânea. Com estas considerações, dê-se nova vista dos autos ao douto Procurador Regional Eleitoral para que S. Exa, querendo, possa tomar as providência que entender de direito." (TRE-MG, Belo Horizonte, Rel. Juiz Dídimo Inocêncio, *MG* de 6/11/2001 – Destaquei)

> "Nos termos da Lei n. 9.504/97, art. 96, § 3º, *compete ao Juiz Auxiliar* julgar as representações ou reclamações que tenham por objeto o não-cumprimento desse diploma legal. Todavia, não lhe é permitido *instaurar o processo de ofício*." (TSE, Ag. Instrumento n. 1.812, São Paulo-SP, Rel. Min. Edson Vidigal, *JTSE*, v. 11, n. 3, p. 74 – Destaquei)

> "Os *Juízes auxiliares* exercem *competência* que é da Corte Regional. Se ainda não designados, a matéria não passaria ao primeiro grau, mas ao Colegiado." (TSE, Rec. Especial Eleitoral 15.325, Caçador-SC, Rel. Min. Costa Porto, *JTSE*, v. 11, n. 1, p. 248 – Destaquei)

1.2. Resolução n. 22.610/2007

Também com a **Resolução n. 22.610/2007**, regulando o procedimento de "perda de cargo eletivo", o TSE alterou a sistemática de distribuição de competências do Código Eleitoral, editando norma inconstitucional (ver Capítulo III).

1.3. Lei n. 14.211/2021

Igualmente inconstitucional é a inovação que a Lei n. 14.211/2021 quis introduzir na competência do TSE, ao acrescentar ao Código Eleitoral o art. 23-A, segundo o qual "*A competência normativa regulamentar prevista no parágrafo único do art. 1º e no inciso IX do caput do art. 23 deste Código restringe-se a matérias especificamente autorizadas em lei, sendo vedado ao Tribunal Superior Eleitoral tratar de matéria relativa à organização dos partidos políticos*". Como dito, a CF (art. 121) exige lei complementar para estabelecer a organização e a competência da Justiça Eleitoral. Tendo o art. 23-A sido incluído no Código Eleitoral por lei ordinária, inevitável reconhecer sua inconstitucionalidade formal, pois pretende o dispositivo retirar do âmbito de incidência do poder normativo do TSE o regulamento da organização dos partidos políticos.

Seção II

2. Atividades Administrativas e Jurisdicionais

À Justiça Eleitoral compete não apenas dirimir conflitos de interesse (**atividade tipicamente jurisdicional**), mas também, e principalmente, administrar o processo eleitoral (**atividade meramente administrativa**), o que lhe impõe uma atuação bastante diferenciada da atuação dos demais órgãos do Poder Judiciário, até porque o administrador não é, e não pode ser, inerte. Essa atividade de administração do pleito faz com que o Juiz Eleitoral atue independentemente de qualquer provocação, bastando que perceba a necessidade de sua intervenção. É o exercício do poder de polícia.

> "À Justiça Eleitoral brasileira foi confiada não apenas a *resolução dos conflitos* de interesses exsurgidos no prélio eleitoral, mas também a competência para *organizar e administrar* o processo eleitoral, além da função de *editar regulamentos* normativos para as eleições. Assim, a Justiça Eleitoral exerce uma atividade *administrativo-fiscalizadora* das eleições, *compositiva de conflitos* e *legislativa*."[65] (Destaquei)
>
> "...se a regra jurídica for dirigida a ele (juiz), de modo a lhe outorgar o poder-dever de agir para a consecução da finalidade normativa, estará ele agindo na qualidade de administrador do processo eleitoral; se, ao revés, a atuação judicial for provocada por um interessado, com o escopo de aplicar o direito objetivo, para fazer valer o seu direito subjetivo, estaremos diante de uma atividade jurisdicional, pela qual o Juiz agirá autoritativa e imparcialmente."[66]

"O processo eleitoral é um processo administrativo, e o que o singulariza é a unicidade do órgão administrativo executor e do órgão judiciário incumbido do seu controle judicial."[67]

2.1. Organização e administração do processo eleitoral

Se o Juiz Eleitoral exerce, a todo momento, atividades de administração do processo eleitoral, o que exige que ele muitas das vezes se antecipe ao surgimento do conflito e até mesmo diligencie para que não haja o conflito, a experiência mostra que, quanto mais atento, diligente e eficiente for o Juiz Eleitoral nas atividades de administração do pleito, menores serão os conflitos a ser enfrentados.

---

[65] BITENCOURT, Antônio Carlos dos Santos. *Apud* COSTA, Adriano Soares da. *Teoria da inelegibilidade e o direito processual eleitoral*. Belo Horizonte; Del Rey, p. 182.

[66] COSTA, Adriano Soares da. *Teoria da inelegibilidade e o direito processual eleitoral*, p. 186.

[67] JARDIM, Torquato. *Apud* COSTA, Adriano Soares da. *Teoria da inelegibilidade e o direito processual eleitoral*, p. 185.

Cabe ao Juiz Eleitoral, por exemplo, designar os lugares de funcionamento das diversas Seções Eleitorais da sua Zona, observadas as disposições dos arts. 135 a 138 do Código Eleitoral, devendo fazê-lo, no máximo, até 60 dias antes da eleição. A escolha desses locais não pode ser negligenciada, ou entendida como sem importância, pois daí podem advir facilidades ou complicações futuras. Imagine se o Juiz Eleitoral designa, na zona rural, um lugar de instalação da Mesa Receptora de Votos que seja distante do povoado em que residem os respectivos eleitores! No dia das eleições, esses eleitores dependerão de transporte e alimentação que, se não fornecidos pela Justiça Eleitoral, certamente o serão, clandestinamente e com afronta à Lei n. 6.091/74, pelos candidatos ou Partidos Políticos, que se aproveitarão da situação para "comprar" (entenda-se como quiser) o eleitor. Essa circunstância então exigirá do Juiz Eleitoral e do Promotor Eleitoral atuação tendente a coibir a prática do crime ou até mesmo a instauração de procedimento para sua apuração e punição. De outro lado, se o Juiz se antecipa e toma o cuidado de fazer localizar a Seção Eleitoral o mais próximo possível do aglomerado de eleitores (como também de modo a facilitar o acesso do eleitor com deficiência ou com mobilidade reduzida[68], como recomendado pela Lei n. 13.146/2015 (Estatuto da Pessoa com Deficiência), que acrescentou o § 6º-A ao art. 135 do CE), não haverá lugar para aquelas práticas, porque o eleitor se deslocará facilmente até a Mesa Receptora. Com essa atenção especial, o Juiz também evita, ou reduz, as reclamações que podem ser oferecidas pelos Partidos Políticos, na forma do art. 135, § 7º, do CE. O diálogo franco, aberto e democrático com os dirigentes partidários, visando encontrar com eles a melhor localização para a instalação das Seções Eleitorais, sem abdicar o Juiz do seu poder de decisão, é medida que sempre apresenta bons resultados.

Também é do Juiz Eleitoral a atribuição de *nomear os componentes da Mesa Receptora* (presidente, mesários, secretários e suplente). Se bem observados os impedimentos do art. 120 do CE (que foram ampliados pelo art. 64 da Lei n. 9.504/97), evitam-se expedientes de reclamação dos Partidos ou mesmo do Ministério Público Eleitoral (art. 121 do CE e art. 63 da LE: observe-se que o prazo para esta reclamação não é mais de dois dias, mas sim de cinco dias). A nomeação, principalmente do presidente da Mesa, deve acercar-se de cautela, já que o Código Eleitoral deposita nas mãos dele o poder de polícia dos trabalhos da Seção (arts. 139 a 141). Um presidente despreparado pode gerar tumultos desnecessários (quando afoito) ou omitir-se (quando sem pulso suficiente), o que, de qualquer forma, trará complicações e mais trabalho para a Justiça Eleitoral.

---

[68] A Res. TSE n. 23.659, de 26.outubro.21, novo regulamento do Cadastro de Eleitores, assegura à pessoa com deficiência, no art. 14, § 2º, "escolher, no ato de alistamento, transferência ou revisão, local de votação que permita sua vinculação a seção eleitoral com acessibilidade, dentro da zona eleitoral" (inciso I); "indicar, no prazo estipulado pela Justiça Eleitoral para cada pleito, local de votação, diverso daquele em que está sua seção de origem, no qual prefere exercer o voto, desde que dentro dos limites da circunscrição do pleito" (inciso II); e "ser auxiliada, no ato de votar, por pessoa de sua escolha, ainda que não o tenha requerido antecipadamente ao juízo eleitoral" (inciso III). E o § 3º do mesmo art. 14 ainda veda "a criação de seções eleitorais exclusivas para pessoas com deficiência".

2.2. Resolução dos conflitos

Toda vez, entretanto, que o Juiz Eleitoral (TRE ou TSE) é provocado pelo interessado a dirimir um conflito de interesses, como nas impugnações em geral, nos recursos, na investigação judicial eleitoral, na AIME, sua atividade será jurisdicional, porque aí há uma lide a ser composta, há um direito material a ser pronunciado[69] que coloca, *v.g.*, de um lado o requerente da inscrição eleitoral, e de outro o partido político que o impugnou[70]. Nesta linha de ideias, as decisões a serem proferidas nas *reclamações* contra atos administrativos do Juiz - arts. 121 e 135, § 7º, por exemplo, quando da nomeação de mesários ou designação de lugar para instalação da mesa receptora de votos –, porque questionam o exercício do poder-dever do Juiz e não o direito material de eventual interessado, continuam a ser tratadas como função administrativa e não jurisdicional.

Quando algum legitimado (partido, candidato, Ministério Público Eleitoral) oferece impugnação a alguma pretensão dirigida ao Juiz Eleitoral, a atividade, até então administrativa, assume feição jurisdicional, pelo surgimento do conflito de interesse. Enquanto o procedimento limita-se ao requerimento do brasileiro para inscrever-se eleitor, por exemplo, a atividade é meramente administrativa. Se alguém oferece impugnação a esse requerimento, dizendo hipoteticamente que o requerente não tem domicílio eleitoral naquela circunscrição, surge a necessidade de o Juiz aplicar o direito material à espécie, para deferir o alistamento ou, vendo razão na impugnação, indeferi-lo. Percebe-se, com facilidade, que a atividade do Juiz passa a ser compositiva de conflito, daí que jurisdicional.

2.3. Capacidade postulatória

A identificação da natureza da atividade do Juiz, se jurisdicional ou administrativa, torna-se importante porque a primeira exigirá do postulante a **capacidade postulatória**, ou seja, a qualificação como Advogado regularmente inscrito na OAB.

Na verdade, compete à Justiça Eleitoral a prática de todos os atos que compreendem o chamado "macroprocesso eleitoral" (na dicção de Joel José Cândido), ou seja, do alistamento à diplomação: desde o momento em que o cidadão se dirige a um Cartório Eleitoral para a sua inscrição no corpo eleitoral, passando pelos registros de candidatura, pelas campanhas eleitorais, pela nomeação de mesários, pela fixação dos locais de votação, pela nomeação de apuradores, pela organização do transporte e alimentação de eleitores no dia da eleição, pela apuração e totalização de votos, pela proclamação dos resultados e diplomação dos eleitos, até a investigação e punição dos responsáveis pelos ilícitos civis e criminais eleitorais.

---

[69] COSTA, Adriano Soares da. Teoria da inelegibilidade e o direito processual eleitoral, p. 182.

[70] A Res. TSE n. 23.659, de 26.outubro.21, novo regulamento do Cadastro de Eleitores, dispensa a representação por advogado para o eleitor que recorre da decisão de indeferimento do seu alistamento ou da sua transferência, enquanto nas instâncias ordinárias (art. 60), e confere capacidade para estar em juízo ao eleitor menor de 18 anos, como recorrente ou recorrido em tais procedimentos.

Seção III

3. Questões Partidárias e Questões Eleitorais

Quando se fala em competência da Justiça Eleitoral, torna-se necessário frisar que a ela cabe a apreciação e o julgamento de *questões eleitorais* e, por exceção, *questões partidárias* que tenham poder de influência no pleito ou que, por lei, tenham sido a ela reservadas.

3.1. Do alistamento à diplomação

Compete-lhe, portanto, apreciar as matérias envolvidas no "macroprocesso eleitoral", **do alistamento à diplomação**, remanescendo a possibilidade de também apreciar pedidos que dizem respeito a fatos eleitorais, mas que só lhe são submetidos após a diplomação (v.gr., o RCED, a AIME, a Representação Especial pelos arts. 30-A, e 23[71], da Lei n. 9.504/97). Escapam à sua competência, *v.g.*, questões relativas ao exercício do mandato, hipóteses de perda deste em razão da conduta do mandatário (improbidade administrativa, falta de decoro, etc.).

> *Consulta. Matéria estranha ao campo eleitoral. Cassação de mandato por Câmara de Vereadores. Não conhecimento. A perda de mandato é tema pertinente ao Direito Constitucional, que ultrapassa os limites do Direito Eleitoral. Nesse entendimento, o Tribunal não conheceu da consulta. Unânime.* (TSE, Consulta no 712/DF, Rel. Min. Marco Aurélio, em 9/8/2005.)

3.2. Composição numérica das Câmaras Municipais

E até mesmo a discussão que se travou há pouco, em torno da **composição numérica das Câmaras de Vereadores.**[72]

3.3. EC n. 58/2009

Com a **EC nº 58, de 23 de setembro de 2009**, nova redação foi dada ao art. 29, IV, da CF, fixando limites para a composição das Câmaras Municipais, que poderão ter de 9 a 55 vereadores, segundo a faixa populacional do município. Mas a dita emenda constitucional não estabeleceu o número de vereadores nas Câmaras Municipais, ao contrário reservando a matéria à respectiva lei orgânica municipal, que deverá, isto sim, observar o número máximo correspondente à sua população. É que o caput do art. 29 diz que "O Município reger-se-á por lei orgânica, votada em dois turnos, com o interstício mínimo de dez dias, e aprovada por dois terços dos membros da Câmara Municipal, que a

[71] Como dito, o STF, na ADI 4650, julgou inconstitucional as doações de pessoas jurídicas previstas no art. 81, que depois foi revogado pela Lei n. 13.165/2015.

[72] Ver, nas edições anteriores desta obra, as discussões que se travaram em torno do regime anterior à atual redação do art. 29, da CF.

promulgará, atendidos os princípios estabelecidos nesta Constituição, na Constituição do respectivo Estado e os seguintes preceitos: ...” Então, o legislador constitucional apenas fixou os princípios, os preceitos e os limites a serem observados pelo legislador municipal, dentre os quais o número de vereadores. Se o município de 20.000 habitantes, v.gr., tem 9 vereadores e quer ter as 11 cadeiras previstas como teto na EC 58, terá que aprovar emenda à sua lei orgânica, alterando sua composição, para só então eleger, a partir da próxima eleição, igual número de parlamentares. Como essa matéria não tem natureza eleitoral, e sim constitucional, porque trata da composição da casa legislativa e não de regras para o processo eleitoral, eventual alteração – por meio de emenda à lei orgânica do município – pode ser feita até o período de convenções partidárias, porque nestas o número de cadeiras a disputar orienta o cálculo dos candidatos que cada partido pode levar a registro[73].

> *Número de vereadores. Fixação. Lei Orgânica.*
>
> *-O TSE já decidiu que a fixação do número de vereadores é da competência da* ***Lei Orgânica de cada Município****, devendo essa providência ocorrer* ***até o termo final do período das convenções partidárias****. Precedentes: Agravo Regimental no Recurso Especial n° 30.521 e Res.-TSE n° 22.82312008. Agravo regimental a que se nega provimento. Acordam os ministros do Tribunal Superior Eleitoral, por unanimidade, em desprover o agravo regimental, nos termos das notas de julgamento. (Ag. Reg. no Ag. Instrumento n° 11.248 (38286-29.2009.6.00.0000) - BETIM - MINAS GERAIS, Relator: Ministro Arnaldo Versiani, Brasília, 17 de maio de 2011).*

3.4. Conflitos partidários

Também passa ao largo da Justiça Eleitoral os **conflitos de interesses** decorrentes da prática de atos ordinários dos dirigentes partidários, que devem ser questionados junto à Justiça Comum. As condutas de agentes públicos em período não eleitoral e que não visem influenciar no processo eleitoral podem caracterizar improbidade administrativa e, como tal, devem ser objeto da ação prevista na Lei n. 8.429/92, a ser dirigida também à Justiça Comum, Estadual ou Federal.

> “*Propaganda institucional.* Agente político não concorrente a cargo eletivo. Possibilidade. A propaganda institucional realizada pelos agentes políticos, cujos cargos não estejam em disputa na eleição, é procedimento autorizado pelo art. 37, § 1°, da Constituição Federal. Se, todavia, *houver quebra do princípio da impessoalidade, a infração que daí decorre é de caráter necessariamente administrativo*, devendo ser apurada e julgada por meio de ação própria, prevista na *Lei n. 8.429/92*, não encontrando foro adequado no âmbito da Justiça Eleitoral.” (TSE, Rec. Especial n. 15.807, Fortaleza-CE, *JTSE*, v. 11, n. 4, p. 221 – Destaquei)

[73] Ver modelo de Recomendação no Anexo N

3.5. Propagandas institucional e partidária

É preciso tomar cuidado, porém, porque, quando se aproxima o período eleitoral, surgem as ações de governo, que escondem verdadeira propaganda eleitoral, principalmente com utilização da **propaganda partidária** da Lei n. 9.096/95[74] e da **propaganda institucional**, que nada têm de caráter educativo, informativo e de orientação social (art. 37, § 1º, da CF/88). Ao contrário, visam beneficiar o administrador público que pretende a reeleição, ou um futuro candidato a ser por ele apoiado. Dentro desta realidade, a par de caracterizada a improbidade administrativa a ser questionada junto à Justiça Comum, para aplicação das sanções previstas no art. 12 da Lei de Improbidades, também é o caso de dirigir-se à Justiça Eleitoral a Representação prevista no art. 96 da Lei Eleitoral, ou a Investigação Judicial Eleitoral do art. 22 da Lei Complementar n. 64/90, sempre objetivando a apuração da conduta e a aplicação das sanções eleitorais pertinentes: multa, cassação do registro, do diploma ou do mandato.

3.6. Expulsão de filiado

Entre os atos ordinários de dirigentes partidários, há um que especialmente cabe ser apreciado pela Justiça Eleitoral: é aquele em que se impõe a **expulsão do filiado**. Ora, como a filiação partidária é condição de elegibilidade, porque o nosso sistema não admite a candidatura isolada,[75] o ato da direção do partido que expulsa o filiado ou lhe cancela a filiação tem poder direto de influência no pleito, pois poderá retirar da disputa eleitoral alguém que teria tal interesse. Além disso, a LOPP (Lei n. 9.096/95) confere à Justiça Eleitoral a atribuição de fiscalizar e controlar as filiações partidárias, inclusive cancelando imediatamente a filiação partidária, quando o eleitor se filia a um novo partido (art. 22, parágrafo único, com a nova redação da Lei n. 12.891/2013). Na verdade, só são filiados a partidos políticos aqueles cujos nomes forem tempestivamente informados à Justiça Eleitoral, como previsto no art. 19. Se compete à Justiça Eleitoral fazer o controle administrativo das filiações partidárias, até para atestar o preenchimento da condição de elegibilidade daqueles para quem se pleiteia o registro de candidatura, é mesmo mais razoável entender que é da mesma Justiça Especializada a competência para dirimir os conflitos de interesse surgidos nesta relação.[76]

3.7. Disputa de pré-candidatos nas convenções, interferência arbitrária de dirigentes partidários

Outra questão em princípio pertinente ao Direito Partidário (e, portanto, questionável junto à Justiça Comum), mas que revela interesse eleitoral capaz de atrair

[74] Que deixa de existir no rádio e na TV a partir de 01-janeiro-2018, por força da Lei n. 13.487/2017, que revogou os art. 45 a 49 e 52, da Lei n. 9.096/95. A Lei n. 14.291/2022, entretanto, recriou a propaganda partidária no rádio e na TV (arts. 50-A a 50-D, da Lei n. 9.096/95), tendo a presidência da República vetado a compensação fiscal para as emissoras. O Congresso Nacional, entretanto, rejeitou o veto, pelo que as emissoras terão a compensação fiscal.

[75] Mais detalhes no Capítulo III, Direito Partidário.

[76] Ver decisão do TRE-MG, no Acórdão 471/2003, Recurso Eleitoral n. 2.169/2002, de Santa Bárbara, Rel. Juiz Luiz Antônio Sérvulo dos Santos, Sessão de 18/2/2003.

a competência da Justiça Especializada, é a **disputa de pré-candidatos nas convenções** partidárias. A inobservância de preceitos estatutários, quando das convenções oficiais (como conferir direito de voto a quem não o tem), pode gerar prejuízo eleitoral ao pretendente da candidatura e ao próprio processo eleitoral, porque retira do eleitor a possibilidade de votar naquele que teria direito à disputa. Com essa particularidade, as irregularidades praticadas pelos dirigentes partidários durante as convenções que escolhem os candidatos do partido às eleições (aquelas realizadas no período de 20 de julho a 05 de agosto[77] do ano das eleições) devem ser levadas a julgamento pelo Juiz Eleitoral nas eleições municipais, ou ao Tribunal Regional nas eleições gerais, ou ao Tribunal Superior Eleitoral nas eleições presidenciais.

Ocorre com alguma frequência a *interferência arbitrária de dirigentes partidários* nacionais ou estaduais nos órgãos estaduais ou municipais do partido, destituindo a Comissão Executiva e nomeando outra, ainda que provisória, às vezes simplesmente porque a unidade inferior sinaliza para o apoiamento, nas convenções, de candidatos que não agradam à executiva superior. Com essa manobra, a Comissão Provisória empossada acaba aprovando os nomes pretendidos por esta última, ferindo os legítimos interesses de outros filiados e, mormente, preceitos estatutários do Partido Político, que não pode admitir a arbitrariedade revelada quando da destituição dos dirigentes sem o devido procedimento administrativo. A discussão judicial acerca da legitimidade, ou não, do ato de interferência, como também da validade ou invalidade da convenção realizada pela Comissão Provisória, compete à Justiça Eleitoral, porque tem pertinência direta com o processo eleitoral (ver Capítulo III, item 3, acima, onde comentados os dispositivos da CF (art. 17) e da Resolução TSE n. 23.571/2018, que tratam da existência provisória de unidades partidárias).

3.8. Gestão do "Fundo Partidário"

Ainda compete à Justiça Eleitoral, mais particularmente ao TSE, a **gestão do "Fundo Partidário"** – Fundo Especial de Assistência Financeira aos Partidos Políticos. Segundo o art. 40 da Lei n. 9.096/95, é no Anexo do Orçamento Poder Judiciário, ao Tribunal Superior Eleitoral, que deve ser consignada a previsão orçamentária da União para o Fundo Partidário. E cabe àquele Tribunal a distribuição desses recursos aos Partidos Políticos, segundo os critérios fixados no art. 41-A, valendo lembrar que, quando a receita do Fundo é oriunda da aplicação de multa por infração à lei eleitoral, os partidos beneficiados pelo ilícito não participam da distribuição (art. 73, § 9º, da Lei n. 9.504/97).

3.9. Gestão do "Fundo de Campanha"

De resto, compete ao TSE, ainda, a gestão do **Fundo Especial de Financiamento de Campanha**, criado pela Lei n. 13.487/2017, que incluiu na Lei n. 9.504/97 os arts. 16-C e 16-D, que definem a constituição do Fundo (recursos do orçamento da União) e os critérios de sua distribuição aos partidos.

---

[77] Conforme nova redação conferida pela Lei n. 13.165/2015 ao art. 8º, da Lei n. 9.504/97.

Seção IV

4. Função Consultiva

4.1. Atribuição dos Tribunais Eleitorais

Particulariza-se a Justiça Eleitoral, ainda, pela função *consultiva* reservada aos seus **Tribunais Regionais e Superior.** Exatamente porque exerce a administração do processo de captação do sufrágio, o Código Eleitoral prevê que ao Tribunal Superior compete:

> "Art. 23. [...]
>
> XII – responder, sobre matéria eleitoral, às consultas que lhe forem feitas em tese por autoridade com jurisdição federal ou órgão nacional de partido político."

Igual atribuição é dada aos Tribunais Regionais, como estabelecido no art. 30, VIII, do mesmo Código Eleitoral. Neste caso, a consulta pode ser formulada "por autoridade pública", ainda que municipal. Já os partidos políticos, quando formularem consultas ao TRE, devem fazê-lo pelos seus diretórios nacional e estadual, pois a Lei n. 9.096/95, em seu art. 11, confere representação aos dirigentes municipais apenas perante o Juiz Eleitoral da respectiva jurisdição.

Logo se percebe que o **Juiz Eleitoral não tem competência para responder consultas**, pois que essa atividade é reservada tão somente aos TREs e ao TSE.

Importante frisar que a consulta, a ser formulada por autoridade pública ou partido político, não pode versar sobre caso concreto, sob pena de o Tribunal antecipar-se à solução do conflito já instalado. Por meio desse instrumento, o jurisdicionado toma conhecimento da posição do Tribunal a respeito da situação em tese submetida à sua apreciação, o que possibilita que os candidatos e Partidos evitem práticas que contrariem o entendimento da Justiça Eleitoral. E é ela importante principalmente porque os Tribunais mudam sua composição a cada dois anos, podendo mudar (e não raro muda) a sua jurisprudência.

A consulta, em última análise, pode contribuir para a segurança jurídica, desde que o Tribunal assuma o compromisso ético e institucional de manter o entendimento nela manifestado, pelo menos durante o processo eleitoral a que se refere. Inaceitável, o mesmo Tribunal dar solução jurídica diversa ao tema, quando em sede de solução de conflitos concretos, frustrando a boa-fé do consulente e censurando a conduta dantes indicada como lícita. Em situações tais, a resposta à consulta impõe, isto sim, insegurança jurídica.

Ao examinar o AgR-REspEl n. 0600292-18.2020.6.19.0059, procedente de São Pedro Da Aldeia-RJ, relatado pelo Min. Luís Felipe Salomão, em 07.dezembro.2020, o TSE afirmou que "as Consultas respondidas por esta Corte possuem caráter vinculante, nos termos do art. 30 da LINDB", o que representa importante evolução.

Seção V

5. Função Normativa

Outra competência que também singulariza a Justiça Eleitoral é aquela prevista nos arts. 1º, parágrafo único, e 23, IX, do Código Eleitoral, que autorizam o TSE a expedir resoluções para normatizar o processo eleitoral.

> "Art. 1º Este Código contém normas destinadas a assegurar a organização e o exercício de direitos políticos precipuamente os de votar e ser votado.
>
> Parágrafo único. O Tribunal Superior Eleitoral expedirá Instruções para sua fiel execução."
>
> "Art. 23. Compete, ainda, privativamente, ao Tribunal Superior:
>
> [...]
>
> IX – expedir as instruções que julgar convenientes à execução deste Código;".

Essa função normativa foi objeto de exame pelo próprio TSE, que decidiu que suas resoluções têm força de lei ordinária.[78]

Como já se disse (Capítulo II, item 6), as resoluções facilitam sobremodo o trabalho dos operadores do Direito Eleitoral, porque o TSE acaba consolidando nelas não só toda a legislação eleitoral em vigor, como também sua jurisprudência mais recente e o resultado das consultas a ele dirigidas. São elas, por conseguinte, fonte segura para Juízes, Promotores, Advogados, candidatos e Partidos Políticos.

Mas é importante frisar que o poder normativo conferido à Justiça Eleitoral tem natureza apenas regulamentar. Partindo da legislação posta, a resolução estabelece a forma de sua execução e, neste ponto, muito se assemelha ao decreto. A resolução, por óbvio, não é fonte normativa primária, não pode inovar no campo legislativo. É o que dispõe, de forma mais contundente, o art. 105, da Lei n. 9.504/97:

> **Art. 105.** Até o dia 5 de março do ano da eleição, o Tribunal Superior Eleitoral, atendendo ao caráter regulamentar e sem restringir direitos ou estabelecer sanções distintas das previstas nesta Lei, poderá expedir todas as instruções necessárias para sua fiel execução, ouvidos, previamente, em audiência pública, os delegados ou representantes dos partidos políticos.
>
> **§ 1º** O Tribunal Superior Eleitoral publicará o código orçamentário para o recolhimento das multas eleitorais ao Fundo Partidário, mediante documento de arrecadação correspondente.
>
> **§ 2º** Havendo substituição da *UFIR* por outro índice oficial, o Tribunal Superior Eleitoral procederá à alteração dos valores estabelecidos nesta Lei pelo novo índice.
>
> **§ 3º** Serão aplicáveis ao pleito eleitoral imediatamente seguinte apenas as resoluções publicadas até a data referida no *caput*.

[78] Recurso Eleitoral n. 1.943, do Rio Grande do Sul, *Boletim* n. 13, p. 16.

O STF, quando julgando a ADI n. 5028, que questionou a constitucionalidade da Res. TSE n. 23.389/2013, fixadora do número de deputados federais por Estado, assim se posicionou:

> 1. Segundo a jurisprudência desta Suprema Corte, viável o controle abstrato da constitucionalidade de ato do Tribunal Superior Eleitoral de conteúdo jurídico-normativo essencialmente primário. A Resolução nº 23.389/2013 do TSE, ao inaugurar conteúdo normativo primário com abstração, generalidade e autonomia não veiculado na Lei Complementarb nº 78/1993 nem passível de ser dela deduzido, em afronta ao texto constitucional a que remete – o art. 45, caput e § 1º, da Constituição Federal –, expõe-se ao controle de constitucionalidade concentrado. Precedentes.
>
> 2. Embora apto a produzir atos abstratos com força de lei, o poder de editar normas do Tribunal Superior Eleitoral, no âmbito administrativo, tem os seus limites materiais condicionados aos parâmetros do legislador complementar, no caso a Lei Complementar nº 78/1993 e, de modo mais amplo, o Código Eleitoral, recepcionado como lei complementar. Poder normativo não é poder legislativo. A norma de caráter regulatório preserva a sua legitimidade quando cumpre o conteúdo material da legislação eleitoral. Pode conter regras novas, desde que preservada a ordem vigente de direitos e obrigações, limite do agir administrativo. Regras novas, e não direito novo.
>
> [...]
>
> (STF, ADI n. 5.028, Rel. Min. Gilmar Mendes, Redatora para acórdão Min. Rosa Weber, Tribunal Pleno, DJ 30.10.2014).

Seção VI

6. Composição dos Órgãos Jurisdicionais Eleitorais

6.1. TSE: recorribilidade

O **Tribunal Superior Eleitoral** (TSE), órgão máximo da jurisdição eleitoral, tem sua composição fixada no art. 119 da CF/88, que, praticamente, repetiu a redação do art. 16 do Código Eleitoral. Aquela Corte compõe-se de sete membros, sendo escolhidos 3 dentre os Ministros do Supremo Tribunal Federal – STF, 2 dentre os Ministros do Superior Tribunal de Justiça – STJ e 2 dentre seis advogados de notável saber jurídico e idoneidade moral, estes nomeados pelo Presidente da República, a partir de indicação do STF.

Segundo dispõe o art. 121, § 3º, da Constituição Federal, "são irrecorríveis as decisões do Tribunal Superior Eleitoral, salvo as que contrariarem esta Constituição e as denegatórias de *habeas corpus* ou mandado de segurança".

6.2. Ação Rescisória Eleitoral

Por força da LC 86/96, acrescentou-se ao rol de competências do TSE (art. 22, "j", do Código Eleitoral) a **Ação Rescisória**, para os casos de inelegibilidade tão somente, a ser ajuizada em até 120 dias da decisão irrecorrível. Essa ação visa rescindir julgado do próprio do TSE, não se prestando para enfrentar inelegibilidade fixada em julgamento de outras instâncias.

AÇÃO RESCISÓRIA ELEITORAL. CONSTITUCIONALIDADE DE SUA INSTITUIÇÃO MEDIANTE LEI (LC Nº 86/96). VALIDADE CONSTITUCIONAL DESSE DIPLOMA LEGISLATIVO (ART. 1º) CONFIRMADA PELO SUPREMO TRIBUNAL FEDERAL (ADIN 1.459/DF). ENTENDIMENTO DO TRIBUNAL SUPERIOR ELEITORAL NO SENTIDO DE QUE A **ADMISSIBILIDADE DA AÇÃO RESCISÓRIA ELEITORAL SOMENTE OCORRE NOS CASOS EM QUE A DECISÃO DESSA ALTA CORTE JUDICIÁRIA** (TSE), DESDE QUE TRANSITADA EM JULGADO, HAJA DECRETADO A INELEGIBILIDADE DE CANDIDATO. OPÇÃO HERMENÊUTICA DO TRIBUNAL SUPERIOR ELEITORAL POR **INTERPRETAÇÃO RESTRITIVA DA REGRA LEGAL QUE INSTITUIU A AÇÃO RESCISÓRIA ELEITORAL** (CE, ART. 22, I, "J"). POSSIBILIDADE. INEXISTÊNCIA DE OFENSA À AUTORIDADE DO JULGAMENTO VINCULANTE QUE O SUPREMO TRIBUNAL FEDERAL PROFERIU NA ADIN 1.459/DF. RECLAMAÇÃO DE QUE NÃO SE CONHECE. - A orientação firmada pelo Tribunal Superior Eleitoral - no sentido de que a ação rescisória eleitoral somente se revela admissível quando ajuizada para desconstituir decisões por ele próprio proferidas (quer em sede originária, quer em âmbito recursal) e que, além de transitadas em julgado, hajam declarado a inelegibilidade de qualquer candidato - não desrespeita nem transgride a autoridade do julgamento que o Supremo Tribunal Federal proferiu, com efeito vinculante, no exame da ADIN 1.459/DF. - Solução hermenêutica adotada pelo TSE que traduz opção por determinada corrente de interpretação da norma inscrita no art. 22, I, "j", do Código Eleitoral, na redação dada pela Lei Complementar nº 86/96 e que exclui a possibilidade de utilização da ação rescisória eleitoral como instrumento de imposição, a qualquer candidato, da sanção jurídica da inelegibilidade. - Existência de controvérsia doutrinária em torno da exegese desse preceito normativo constante do Código Eleitoral. Inocorrência de transgressão à autoridade da decisão emanada do STF no julgamento da ADIN 1.459/DF. Consequente inadmissibilidade de utilização, no caso, do instrumento constitucional da Reclamação. DECISÃO: Trata-se de reclamação, com pedido de medida liminar, na qual se sustenta que o ato judicial ora questionado - emanado do E. Tribunal Superior Eleitoral - teria desrespeitado a autoridade da decisão que o Supremo Tribunal Federal proferiu na ADI 1.459/DF, em julgamento que restou consubstanciado em acórdão assim ementado: "DIREITO CONSTITUCIONAL E ELEITORAL. AÇÃO DIRETA DE INCONSTITUCIONALIDADE. AÇÃO RESCISÓRIA ELEITORAL (LEI COMPLEMENTAR Nº 86, DE 14.05.1996, QUE ACRESCENTOU A ALÍNEA 'J' AO INC. I DO ART. 22 DO CÓDIGO ELEITORAL). SUSPENSÃO DA EFICÁCIA DA COISA JULGADA SOBRE INELEGIBILIDADE. EFICÁCIA RETROATIVA DA LEI: INADMISSIBILIDADE. **1.** Não ofende a Constituição Federal a instituição de uma Ação Rescisória Eleitoral, como prevista na alínea 'j' do inc. I do art. 22 do Código Eleitoral (Lei nº 4.737, de 15.07.1965), acrescentada pelo art. 1º da Lei Complementar nº 86, de 14.05.1996. (...)." (grifei) Eis o teor da decisão de que ora se reclama (fls. 15): "ELEIÇÕES 2008. AÇÃO RESCISÓRIA. AGRAVO REGIMENTAL. COMPETÊNCIA DO TSE PARA PROCESSAMENTO E JULGAMENTO DE RESCISÓRIAS DE SEUS PRÓPRIOS JULGADOS EM CASOS DE DECLARAÇÃO DE INELEGIBILIDADE. I – É competente o Tribunal Superior Eleitoral para o processamento e julgamento de ação rescisória de seus próprios julgados que tenham declarado inelegibilidade (art. 22, I, 'j', do Código Eleitoral). II – Provimento negado." (grifei) O reclamante, para justificar o suposto desrespeito ao julgamento proferido nos autos da **ADI** 1.459/DF, alega, em síntese, que o fato de o Supremo Tribunal Federal haver confirmado "(...) a constitucionalidade da ação rescisória na Justiça Eleitoral" impediria o Tribunal Superior Eleitoral de considerar admissível mencionada ação autônoma de impugnação tão somente na hipótese de declaração de inelegibilidade de candidato, não sendo lícito, por isso mesmo, ao TSE - consoante sustentado nesta sede reclamatória -, excluir, do juízo de revisão, os julgados confirmatórios da elegibilidade dos candidatos em geral (fls. 09). Sendo esse o contexto, cabe assinalar, preliminarmente, que o exame dos fundamentos subjacentes à presente causa leva-me a reconhecer a inexistência, na espécie, de situação caracterizadora de desrespeito à autoridade da decisão proferida pelo Supremo Tribunal Federal nos autos da **ADI** 1.459/DF, Rel. Min. SYDNEY SANCHES. É que o Tribunal Superior Eleitoral, ao não conhecer da ação rescisória ajuizada pela parte reclamante, destacou, na decisão ora impugnada, que, "(...) nos termos da iterativa jurisprudência desta Corte, a previsão do art. 22, I, 'j', do Código Eleitoral tem por finalidade permitir a propositura de ação rescisória de acórdão que tenha declarado a inelegibilidade de candidato a cargo eletivo" (fls. 24 - grifei). Vê-se, daí, que a decisão ora reclamada não infringiu a autoridade do julgamento emanado desta Suprema Corte, proferido no exame da **ADI** 1.459/DF, pois, no caso em análise, o Tribunal Superior Eleitoral não recusou validade constitucional à regra legal que instituiu a ação rescisória eleitoral. Se tal houvesse ocorrido, e o Tribunal Superior Eleitoral tivesse declarado, "incidenter tantum", a inconstitucionalidade da alínea "j" do inciso I do art. 22 do Código Eleitoral, introduzida pela Lei Complementar nº 86/96, aí, sim, ter-se-ia registrado claro desrespeito à autoridade da decisão emanada do Supremo Tribunal Federal no julgamento da **ADI** 1.459/DF. Na realidade, o E. Tribunal Superior Eleitoral, em **interpretação restritiva do alcance processual da ação rescisória eleitoral**, limitou-se – fundado no reconhecimento da legitimidade constitucional desse meio autônomo de impugnação (em plena harmonia, portanto, com o julgamento do Supremo Tribunal Federal na **ADI** 1.459/DF) – a proclamar a inadmissibilidade de mencionada ação rescisória, quando ajuizada contra decisões que hajam confirmado a elegibilidade (e não a inelegibilidade) do candidato. Essa orientação jurisprudencial firmada pelo Tribunal Superior Eleitoral representou solução hermenêutica adotada por essa Alta Corte judiciária, que optou - presente dissídio doutrinário a respeito do tema - por exegese restritiva quanto à pertinência da mencionada ação rescisória eleitoral, limitando-lhe o cabimento à hipótese única de reconhecimento, pelo julgado rescindendo, de inelegibilidade do candidato. Em uma palavra: o Tribunal Superior Eleitoral, ao assim interpretar a regra legal, enfatizou que a rescindibilidade do julgado dar-se-á, unicamente, "secundum eventum litis", consoante resulta claro de sucessivas decisões emanadas do órgão de cúpula da Justiça Eleitoral: "Ação Rescisória. Eleições 2004. Inelegibilidade. Cabimento. **Não cabe rescisória de acórdão que proclamou a elegibilidade de candidato**." (AR 207/PA, Rel. Min. HUMBERTO GOMES DE BARROS - grifei) "AÇÃO RESCISÓRIA. HIPÓTESE DE CABIMENTO. INEXISTÊNCIA. No âmbito da Justiça Eleitoral, a ação rescisória somente é cabível para desconstituir decisão do Tribunal Superior Eleitoral e que, ademais, contenha declaração de inelegibilidade (art. 22, I, 'j', CE), o que não ocorre na espécie. Agravo improvido." (AR 225-AgR/MG, Rel. Min. CESAR ASFOR ROCHA - grifei) ... Como anteriormente ressaltado, registra-se, no plano doutrinário, divergência quanto ao alcance da ação rescisória eleitoral, pois há autores que a admitem tanto nos casos de proclamação de elegibilidade quanto nos de inelegibilidade de candidatos (VERA MARIA NUNES MICHELS, "Direito Eleitoral", p. 129, item n. 7.5, 5ª ed., 2006, Livraria do Advogado; PEDRO HENRIQUE TÁVORA NIESS, "Ação Rescisória Eleitoral", p. 24, item n. 6, e p. 27, item n. 7, 1997, Del Rey; ROGÉRIO CARLOS BORN, "Ação Rescisória no Direito Eleitoral - Limites", p. 30 e p. 39, 1ª ed./2ª tir., 2003, Juruá; RODRIGO NÓBREGA FARIAS, "Ação de Impugnação de Mandato Eletivo", p. 205, item n. 7.4.1, 2005, Juruá), enquanto que outros doutrinadores - como EMERSON GARCIA ("Abuso de Poder nas Eleições - Meios de Coibição", p. 232, item 65, 3ª ed., 2006, Lumen Juris), PEDRO ROBERTO DECOMAIN ("Elegibilidade e Inelegibilidades", p. 386, 2ª ed., 2004, Dialética), LEONEL TOZZI ("Ações, Impugnações e Procedimentos Recursais no Direito Eleitoral", p. 121, item n. 5.4, 2ª ed., 2008, Verbo Jurídico) e JOSÉ JAIRO GOMES ("Direito Eleitoral", p. 412, item n. 2.2.23, 3ª ed., 2008, Del Rey) - somente a reputam cabível na hipótese única em que o acórdão rescindendo haja declarado a inelegibilidade do candidato. Esse dissídio registrado no magistério da doutrina - que oscila entre uma interpretação de índole extensiva e outra de caráter restritivo - foi bem apreendido por PEDRO ROBERTO DECOMAIN ("Elegibilidade e Inelegibilidades", p. 386/387, 2ª ed., 2004, Dialética), que, perfilhando a orientação restritiva, assim expõe a controvérsia existente sobre a matéria: "A ação rescisória prevista pelo dispositivo do Código em referência tem cabimento apenas das decisões que hajam decidido pela inelegibilidade de algum candidato, ou poderá ser intentada também nos casos em que a decisão transitada em julgado haja decidido pela elegibilidade, rechaçando a presença de causa de inelegibilidade? Em tese, o dispositivo da letra 'j', do inciso I, do art. 22 do Código poderia receber duas interpretações: uma extensiva e outra restritiva. Pela interpretação extensiva, a expressão 'nos casos de inelegibilidade', nele contida, seria interpretada como abrangente de quaisquer decisões proferidas acerca de elegibilidade, quer tenham reconhecido, quer não, a presença de causa de inelegibilidade. Já a interpretação restritiva importaria em entender o dispositivo literalmente, para fazê-lo abranger apenas aquelas decisões que efetivamente houvessem proclamado a inelegibilidade de algum candidato. Aparentemente, ao decidir pela inconstitucionalidade da parte final do inciso (aquela que assegurava o exercício do mandato até o trânsito em julgado da decisão proferida na ação rescisória), o próprio Supremo Tribunal Federal optou pela interpretação restritiva do dispositivo. Sim, pois que só tem cabimento dizer da inconstitucionalidade da ressalva, quando se conclui que a ação rescisória se acha voltada contra decisão que reconheceu a presença de causa de inelegibilidade. Se a hipótese fosse de afirmação da elegibilidade, claro que o exercício do mandato não poderia ser tolhido pela propositura da ação rescisória, pois, então sim, nesse caso, tolhendo-se-o, é que se estaria a violar a coisa julgada indevidamente. Aliás, talvez esse houvesse sido mesmo o pensamento do legislador, ao instituir essa ação rescisória eleitoral. Permitir que fosse manejada em todos os casos em que se tivesse proferido decisão definitiva sobre elegibilidade, quer reconhecendo, quer não, a presença de causa de inelegibilidade. Nesse caso, inclusive, a parte final do dispositivo não seria inconstitucional, como se disse, eis que estaria resguardando o exercício do mandato, mesmo proposta a ação rescisória, quando esta tivesse por objeto decisão que não reconheceu inelegibilidade de candidato que acabou eleito. Todavia, como restou dito, a interpretação dada ao dispositivo pelo

STF, até por força do reconhecimento da inconstitucionalidade da parte final do dispositivo, parece haver sido a restritiva. Desta sorte, a ação rescisória terá cabimento apenas em face de decisão transitada em julgado que tenha reconhecido a presença de causa de inelegibilidade, a tanto equivalendo também o reconhecimento de ausência de condição de elegibilidade. **Apenas quando a inelegibilidade haja sido proclamada é que a ação rescisória terá cabimento. Não assim, portanto, quando a decisão transitada em julgado haja reconhecido a elegibilidade do candidato**." (grifei) O fato é que o Tribunal Superior Eleitoral, ao proferir a decisão de que ora se reclama, nela veiculou julgamento que não dissentiu daquele emanado do Supremo Tribunal Federal no exame da **ADI** 1.459/DF, pois, no acórdão objeto da presente reclamação, o TSE, ao optar por determinada solução hermenêutica, não desconsiderou nem desrespeitou o juízo de constitucionalidade da norma inscrita na alínea "j" do inciso I do art. 22 do Código Eleitoral, introduzida pela Lei Complementar nº 86/96. Conclui-se, desse modo, que o acórdão de que ora se reclama cuidou de matéria de todo estranha à controvérsia examinada no julgamento da **ADI** 1.459/DF, Rel. Min. SYDNEY SANCHES, eis que – insista-se – o Tribunal Superior Eleitoral, ao proceder à interpretação da regra legal mencionada, não dissentiu do juízo afirmativo de validade constitucional que esta Suprema Corte formulou a propósito de referida norma legal. Daí inexistir qualquer situação de conflito entre o acórdão emanado do TSE, objeto da presente reclamação, e o julgamento do Supremo Tribunal Federal, ora invocado como paradigma de confronto, circunstância essa que desautoriza, por completo, a utilização do instrumento constitucional da reclamação. É importante rememorar, bem por isso, quando se tratar de alegação de desrespeito à autoridade de decisão do Supremo Tribunal Federal, que os atos questionados em processo de reclamação, quaisquer que sejam, considerado o respectivo contexto, hão de se ajustar, com exatidão e pertinência, aos julgamentos desta Suprema Corte invocados como paradigmas de confronto, em ordem a permitir, pela análise comparativa, a verificação da conformidade, ou não, da deliberação estatal impugnada em relação aos parâmetros de controle emanados deste Tribunal (**ADI** 1.459/DF, no caso), como reiteradamente tem advertido a jurisprudência desta Corte: (...)

Em conclusão, não se acham presentes, na espécie, as situações legitimadoras da utilização do instrumento reclamatório. Sendo assim, pelas razões expostas, não conheço, por incabível, da presente reclamação, restando prejudicada, em conseqüência, a apreciação do pedido de medida liminar. Arquivem-se os presentes autos. Publique-se. Brasília, 06 de outubro de 2009. Ministro CELSO DE MELLO Relator * decisão publicada no DJE de 13.10.2009

Agravo regimental. Ação rescisória. Art. 22, I, j, do Código Eleitoral. Incompetência do TSE para rescindir julgados que não os seus. Na decisão agravada, o autor não deixa claro qual decisão pretende ver rescindida – se a sentença de primeiro grau, ou se o acórdão do TSE que resultou no indeferimento de seu registro. Consignado que se o objeto da rescisória for o acórdão do TSE, a ação é intempestiva, conforme o art. 22, I, j, do Código Eleitoral. O termo inicial do prazo para a propositura de ação rescisória é a data do trânsito em julgado do acórdão rescindendo. No caso, o trânsito em julgado do acórdão do TSE se deu em 10.10.2004, ou seja, há muito mais de 120 dias. Na hipótese de a ação pretender rescindir a sentença de primeiro grau, também não há como prosperar. O TSE tem competência para apreciar somente a ação rescisória ajuizada contra os seus julgados. Nesse entendimento, o Tribunal negou provimento ao agravo regimental. Unânime. Agravo Regimental na Ação Rescisória no 229/GO, rel. Min. Gilmar Mendes, em 19/12/2005.

"Propaganda eleitoral extemporânea. Ação Rescisória. Art. 22, inciso I, alínea "j", do Código Eleitoral. Impossibilidade. A legislação eleitoral contempla a possibilidade de juízo rescisório somente quando a matéria versar sobre inelegibilidade, determinando a competência do Tribunal Superior Eleitoral para o julgamento. Extinção do processo, sem julgamento do mérito. Art. 267, VI, do CPC." (TREMG, Feitos Diversos 1475/2004, Ac. 52/2005, Rel. Juiz Oscar Dias Corrêa Júnior, Sessão de 17/2/2005)

SÚMULA nº 33/TSE

Somente é cabível ação rescisória de decisões do Tribunal Superior Eleitoral que versem sobre a incidência de **causa de inelegibilidade**.

6.3. TRE: recorribilidade

Os **Tribunais Regionais Eleitorais** (TRE), órgãos da jurisdição eleitoral em cada estado, têm sua composição fixada no art. 120, § 1º, da CF/88, que também repete o disposto no art. 25 do Código Eleitoral. Essas Cortes Regionais compõem-se de sete membros, sendo escolhidos 2 dentre os Desembargadores do Tribunal de Justiça, 2 dentre os Juízes de Direito (escolhidos pelo TJ), 1 Juiz Federal escolhido pelo respectivo Tribunal Regional Federal e, por nomeação do Presidente da República, 2 dentre seis advogados de notável saber jurídico e idoneidade moral, indicados pelo Tribunal de Justiça.

Das decisões do TRE, ao que prevê o art. 121, § 4º, da CF, somente caberá recurso quando: I - forem proferidas contra disposição expressa da Constituição ou de lei; II - ocorrer divergência na interpretação de lei entre dois ou mais tribunais eleitorais; III - versarem sobre inelegibilidade ou expedição de diplomas nas eleições federais ou estaduais; IV - anularem diplomas ou decretarem a perda de mandatos eletivos federais ou estaduais; e, V - denegarem *habeas corpus*, mandado de segurança, *habeas data* ou mandado de injunção.

Os recursos em face de decisões dos TRE's ora terão natureza ordinária, ora extraordinária. É que, na sua competência recursal, revendo decisões dos Juízes Eleitorais, o Regional esgota a via ordinária e, por isso, o recurso ao TSE é o especial, de natureza extraordinária, portanto. São as hipóteses dos incisos I e II, do mencionado art. 121. Já das decisões proferidas pelo TRE como órgão jurisdicional de 1ª instância, instância originária quando se trata de eleições gerais (pois o território da disputa é o Estado), o recurso tem natureza ordinária (incisos III e IV).

Com a Lei n. 13.165/2015, os §§ 4º e 5º, do art. 28, do Código Eleitoral, passaram a exigir quorum completo nos Tribunais Regionais para as sessões de julgamento de ações eleitorais que importem em cassação de registro ou diploma ou desconstituição de mandato, ou seja, de AIJE, Representação Especial (arts. 41-A, 73, 74, 75, 77 e 30-A), RCED e AIME.

Art. 28. ...

§ 4º As decisões dos Tribunais Regionais sobre quaisquer ações que importem cassação de registro, anulação geral de eleições ou perda de diplomas somente poderão ser tomadas com a presença de todos os seus membros.

§ 5º No caso do § 4º, se ocorrer impedimento de algum juiz, será convocado o suplente da mesma classe.

Na 1ª Instância[79] da jurisdição eleitoral funcionam dois órgãos:

6.4. Juízes Eleitorais

Os **Juízes Eleitorais** exercem suas funções no território da Zona Eleitoral e têm sua competência fixada no art. 35 do Código Eleitoral. Quando das eleições municipais, o Juiz Eleitoral preside o processo eleitoral, como administrador que é. A ele serão dirigidos os requerimentos de registro de candidatura, a Ação de Impugnação ao Registro de Candidatura, as Representações pela prática de irregularidades na propaganda eleitoral, os pedidos de Direito de Resposta, etc. Das suas decisões cabe recurso para o TRE.

> Por força do que dispõe o art. 121, § 2º, da CF/88,
>
> "os juízes dos tribunais eleitorais, salvo motivo justificado, servirão por dois anos, no mínimo, e nunca por mais de dois biênios consecutivos, sendo os substitutos escolhidos na mesma ocasião e pelo mesmo processo, em número igual para cada categoria".

6.5. Magistrados "emprestados": mandato

Já se percebe que a Justiça Eleitoral não tem **quadros próprios de magistrados**, pois que os integrantes dos Tribunais Regionais e Superior são trazidos de outros Tribunais (STF, STJ, TJ e TRF) e até mesmo recrutados dentre advogados. Agora, com este último dispositivo constitucional, se nota que aqueles juízes que são escolhidos para as funções nos tribunais eleitorais não permanecem nele indefinidamente, **não são vitalícios nas funções eleitorais**. Ao contrário, exercem as tais funções por um *mandato de dois anos* e, no máximo, por dois biênios consecutivos. Este sistema impõe a rotatividade de juízes nos tribunais e, com isso, a instabilidade da jurisprudência eleitoral: muda a composição do Tribunal, muda não raro o seu posicionamento sobre os mais diversos assuntos.

Não obstante o fato de que a lei não tenha previsto o mesmo mandato de dois anos para os Juízes nas Zonas Eleitorais, o TSE adotou o sistema de rodízio no exercício dessas funções, aplicável nos lugares em que haja mais de um Juiz de Direito em condições de exercer as funções eleitorais.

6.6. Impedimentos. Novo CPC

Os juízes eleitorais, de todas as instâncias, se submetem às mesmas hipóteses de **impedimento e suspeição** previstas no CPC (aplicável subsidiariamente ao processo eleitoral[80]), de forma que o interessado poderá opor-lhe a exceção[81], no prazo de 15 dias[82], exatamente como estabelecido na lei processual civil. O Código Eleitoral, nos arts.

[79] Define-se a instância originária eleitoral, ou 1ª instância, conforme o território da disputa. Em eleições municipais, a competência originária é do Juiz Eleitoral, porque a Zona Eleitoral envolve o município. Em eleições gerais (deputados estadual e federal, senadores e governadores), como o território da disputa é o Estado, a competência originária é do respectivo Estado. E nas eleições presidenciais, a instância originária é o TSE (1ª e única instância), já que o território da disputa é o nacional.

[80] O Novo CPC o prevê expressamente: art. 15

[81] No Novo CPC, a Exceção está prevista no art. 146.

[82] Que no processo eleitoral continua sendo corrido, não se aplicando o Novo CPC, em particular o art. 219, que prevê contagem apenas dos dias úteis, porque vai de encontro aos princípios da celeridade e da razoável duração do processo, especialmente caríssimos à Justiça Eleitoral. Um prazo de 15 dias,

20 e 28, § 2º, remete ao CPC as hipóteses de impedimento e suspeição dos membros do TSE e dos TRE's, respectivamente. Cumpre salientar que o impedimento e a suspeição tornam-se matérias preclusas quando o interessado não oferece a exceção na forma e no prazo recomendados.

> "Agravo regimental. Recurso especial eleitoral. Eleições 2012. Exceção de suspeição. AIJE. Intempestividade. Desprovimento. 1. Considera-se intempestiva a exceção de suspeição quando a motivação para o seu oferecimento já existia antes do ajuizamento da AIJE e não foi arguida no prazo de 15 dias previsto no art. 305 do CPC. Precedentes. 2. Na espécie, para afastar a conclusão da Corte Regional de que os fatos que ensejariam a parcialidade do magistrado eram preexistentes ao ajuizamento da AIJE seria necessário o reexame de fatos e provas, vedado pela Súmula 7/STJ [...]". (Ac. de 14.4.2015 no AgR-REspe n. 3618, Rel. Min. João Otávio de Noronha)

> "Exceção de suspeição. Decisão. Tribunal de origem. Improcedência. Recurso especial. Violação. Inocorrência. 1. Nos termos do art. 22, VI e VII, da Lei Complementar nº 64/90, cabe ao juiz eleitoral determinar, de ofício ou a pedido das partes, as diligências que entender necessárias para elucidar os fatos. 2. A adoção de providências legais pelo magistrado não configura, por si só, hipótese de suspeição. (Ac. de 18.9.2014 no AgR-AI n. 2272, Rel. Min. Henrique Neves)

> "Mandado de segurança. Agravo regimental. 1. Questão de Ordem. A alegação de impedimento do relator deve ser arguida por meio da exceção de suspeição. Hipótese de impedimento do relator deste mandado de segurança não configurada. 2. Não se admite inovação de tese em sede de agravo regimental. Precedentes. 3. Não é teratológica ou manifestamente ilegal a decisão judicial devidamente fundamentada e calcada em precedentes da Corte que concede *inaudita altera pars* medida liminar em ação cautelar. Não se admite mandado de segurança contra decisão judicial passível de recurso [...]". (Ac. de 21.8.2014 no AgR-MS n. 67481, Rel. Min. Henrique Neves)

> "Exceção de impedimento. Presidente do tribunal. Decisão de admissibilidade do recurso extraordinário interposto contra acórdão que fora por ele relatado. Impedimento não caracterizado. 1. Presidente deste Tribunal Superior Eleitoral que nega seguimento a recurso extraordinário interposto contra acórdão do qual fora anteriormente relator. 2. Inexistência de lei que preveja impedimento nesse caso, que não configura a hipótese prevista no art. 134, III, do CPC. Precedentes. 3. Exceção rejeitada". (Ac. de 18.8.2015 no Exc n. 47122, Rel. Min. Maria Thereza Rocha de Assis Moura)

---

como o aqui lembrado, passaria a ser de no mínimo 19 dias, pela só existência, no seu curso, de dois finais de semana, sem contar eventuais feriados. Mas é importante registrar que esta mudança não impacta a contagem dos prazos no chamado "período crítico" do processo eleitoral, ou "micro processo eleitoral", que se inicia, conforme art. 16, da LC n. 64/90, com o registro das candidaturas (15-agosto) e perdura até 18-dezembro (Calendário Eleitoral 2020), pois nesta fase todos os dias – inclusive sábados, domingos e feriados – são úteis, com regular expediente nos Cartórios Eleitorais. Por meio da Res. n. 23.478/2016, o TSE regulou a matéria e afastou a incidência do art. 219, do NCPC.

Outro impedimento que alcança os juízes (como também os membros do MP) é o parentesco, casamento ou união com candidato. Diz o Código Eleitoral, em seu art. 14, § 3º[83], que os Juízes, na 1ª Instância ou nos Tribunais Eleitorais, não poderão servir às funções eleitorais, se o seu cônjuge (ou companheiro) ou parente consanguíneo ou afim, até o 2º grau, tiver sido escolhido candidato em convenção partidária, para a disputa na circunscrição em que serve o Magistrado. E esse impedimento perdura até a diplomação dos eleitos, ou seja, até o encerramento do processo eleitoral, e se impõe durante toda a tramitação das ações a ele referentes, ainda que sua instrução e seu julgamento se prolonguem para além daquele marco. Uma AIME, por exemplo, proposta exatamente nos 15 dias depois da diplomação, não poderá ser processada e julgada pelo Juiz Eleitoral cônjuge ou parente de candidato. Então, bom frisar que o impedimento só se aplica se a candidatura for na mesma circunscrição. Se o cônjuge ou parente do Juiz candidata-se a qualquer cargo em município que não integra a Zona Eleitoral de atuação deste, não há, por razões óbvias, que se falar no impedimento aqui tratado, pois o Juiz não terá qualquer poder de decisão que possa prejudicar ou beneficiar o candidato. Se se trata de eleição para deputados, senadores ou governador, a atenção deve voltar-se para os Juízes que compõem o TRE. E se a eleição for presidencial, o impedimento envolverá os Ministros do TSE. Por simetria de tratamento, o impedimento aplica-se aos Promotores Eleitorais e Procuradores Regionais e Geral. Assim que o cônjuge ou parente for escolhido em convenção partidária (de 20 de julho a 05 de agosto do ano da eleição), o membro do Ministério Público ou o Magistrado deve afastar-se das funções eleitorais.

De outro lado, o art. 95, da Lei n. 9.504/97, ainda prevê o impedimento do Magistrado quando litigando com algum candidato.

> **Art. 95.** Ao Juiz Eleitoral que seja parte em ações judiciais que envolvam determinado candidato é defeso exercer suas funções em processo eleitoral no qual o mesmo candidato seja interessado.

De qualquer forma, o Juiz fica impedido de exercer as funções eleitorais em todo o processo, tanto nas atividades administrativas e organizacionais, quanto no controle judicial das eleições (nas ações eleitorais), ainda que o candidato parente ou demandante não seja parte processual na ação eleitoral, posto que o interesse de fundo é sempre a preservação da lisura das eleições, do que decorre o interesse, ainda que indiretamente, de todos os que participam da disputa.

Bom destacar que o CNJ, por meio do Provimento n. 71/2018, realça que os Magistrados, para preservação da necessária imparcialidade e credibilidade das decisões do Poder Judiciário, têm a sua liberdade de manifestação do pensamento limitada, inclusive nas redes sociais. E o STF, apreciando cautelar no MS n. 35.793, assim decidiu:

---

[83] A Lei n. 13.165/2015 deu nova redação a este art. 14, § 3º, do Código Eleitoral

"4. A vedação ao exercício de atividade político-partidária por membros da magistratura (CF/1988, art. 95, parágrafo único, III) é, precisamente, uma das exceções constitucionais à liberdade de expressão plena. O fundamento dessa previsão repousa no imperativo de imparcialidade e distanciamento crítico do Judiciário em relação à política partidária. 5. Manifestações públicas em redes sociais com conteúdo político-partidário geram fundado receio de abalo à independência e imparcialidade do Judiciário. Magistrados não se despem da autoridade do cargo que ocupam, ainda que fora do exercício da função. 6. A nova realidade da era digital faz com que as manifestações de magistrados favoráveis ou contrárias a candidatos e partidos possam ser entendidas como exercício de atividade político-partidária. Tais declarações em redes sociais, com a possibilidade de reprodução indeterminada de seu conteúdo e a formação de algoritmos de preferências, contribuem para se alcançar um resultado eleitoral específico, o que é expressamente vedado pela Constituição. 7. O Provimento nº 71/2018 interpretou de maneira razoável e adequada o sentido da Constituição na matéria e é relevante para balizar a conduta dos seus destinatários. 8. Liminar indeferida." (STF, MS n. 35.793, Rel. Min. Luis Roberto Barroso)

6.7. Juntas Eleitorais

A ***Junta Eleitoral***, órgão colegiado com atuação também na 1ª Instância, compõe-se de um Juiz (o Juiz Eleitoral), que será o seu presidente, e de 2 ou 4 cidadãos de notória idoneidade, nomeados pelo TRE, com observância dos impedimentos previstos no art. 36, § 3º, do Código Eleitoral, até 60 dias antes da data da eleição. Os nomes são indicados pelo Juiz ao TRE e publicados antes mesmo da nomeação do Tribunal, correndo dessa publicação o prazo de 3 dias para a impugnação prevista no § 2º do referido art. 36. A Junta ainda pode contar com escrutinadores e auxiliares em número capaz de atender à boa marcha dos trabalhos de apuração (art. 38) e a nomeação, comunicada ao TRE, também se submete à possibilidade de impugnação (art. 39).

Conforme se vê do disposto no art. 40 do Código Eleitoral, a competência da Junta Eleitoral, chamada às vezes pelo próprio código de "junta apuradora" (art. 196), é basicamente apurar as eleições. A partir da adoção do "voto informatizado", como a urna eletrônica já entrega o resultado de cada seção eleitoral, não há mais os trabalhos de apuração, da forma como tradicionalmente se conhecia. Então, a apuração por intermédio dos escrutinadores e auxiliares, o preenchimento dos BU's (boletins de urna) e a solução de todos aqueles incidentes que naturalmente surgiam ficaram agora apenas para a história do nosso Direito Eleitoral. Até mesmo na hipótese de não funcionamento da urna eletrônica, em que se adota a votação manual, ainda assim o trabalho da Junta fica sensivelmente reduzido, já que o TSE tem recomendado o chamado "voto cantado", procedimento que consiste na leitura da cédula de votação, pelo apurador, e sua digitação numa urna eletrônica substituta.

Permanece sem qualquer alteração a competência fixada no CE, art. 40, V, que consiste em diplomar os eleitos. Ao contrário do que parece, a diplomação é ato da Junta Eleitoral e não do Juiz Eleitoral. Este atua como presidente daquela e, nesta condição, assina os diplomas.

Em resumo, à Junta Eleitoral compete apurar as eleições e, nos pleitos municipais, diplomar os eleitos.

Seção VII

7. O Poder de Polícia

7.1. Conceito

Segundo Maria Sylvia Zanella Di Pietro, poder de polícia é a faculdade que tem a administração de limitar o exercício de direitos individuais em prol do bem comum.

Como a Justiça Eleitoral administra o processo eleitoral, seus Juízes têm poder de polícia. No exercício desse poder-dever, eles atuam independentemente de provocação, sempre que isso for necessário para a boa ordem dos trabalhos.

Dispõem os arts. 23, incisos XIV e XVIII, 30, incisos XII e XVII, e 35, incisos I, IV, V, XVI e XVII, do Código Eleitoral, que ao TSE, aos TRE e aos Juízes Eleitorais, em síntese, compete:

- fazer as diligências que julgar necessárias à ordem e presteza do serviço eleitoral
- tomar conhecimento das reclamações que lhe forem feitas verbalmente ou por escrito, reduzindo-as a termo, e determinando as providências que cada caso exigir;
- providenciar para a solução das ocorrências que se verificarem nas mesas receptoras; e
- tomar todas as providências ao seu alcance para evitar os atos viciosos das eleições

7.2. Atuação de ofício

É preciso, já se disse, que os Juízes Eleitorais não se esqueçam de que podem e devem agir mesmo sem provocação do Ministério Público ou dos Partidos Políticos. E é preciso que exerçam o seu poder-dever de polícia com firmeza, vigor e tempestivamente, pois que dessa atuação depende a lisura de todo o processo eleitoral. Se o Juiz está atento e proíbe a prática de propaganda eleitoral irregular, por exemplo, estará cuidando para que não haja desequilíbrio de forças na campanha, fazendo observar o princípio constitucional da isonomia de oportunidades. Quanto mais demorada é a atuação da Justiça Eleitoral, menos resultados produz a medida adotada, principalmente quando o ilícito disser respeito à propaganda eleitoral. Esta, uma vez exercitada, atua no inconsciente do eleitor, contribuindo para formar-lhe a opinião em relação a determinado candidato. Se com abuso de poder, torna-se muitas das vezes de consequências irreversíveis.

7.3. Instauração de ação eleitoral de ofício

O poder de polícia será exercido, sempre, pelos Juízes Eleitorais, ainda que as eleições não sejam municipais (art. 41, § 1º, da Lei n. 9.504/97). O que foge à competência dos Juízes perante as Zonas Eleitorais é a **instauração de procedimento para aplicação das sanções** correspondentes aos ilícitos praticados em campanhas estaduais, federais e presidenciais.

> Art. 41. A propaganda exercida nos termos da legislação eleitoral não poderá ser objeto de multa nem cerceada sob alegação do exercício do poder de polícia ou de *violação de postura municipal*, casos em que se deve proceder na forma prevista no art. 40.

§ **1º** O poder de polícia sobre a propaganda eleitoral será exercido pelos juízes eleitorais e pelos juízes designados pelos Tribunais Regionais Eleitorais.

§ **2º** O poder de polícia se restringe às **providências necessárias para inibir práticas ilegais**, vedada a censura prévia sobre o teor dos programas a serem exibidos na televisão, no rádio ou na Internet.

É fácil compreender: se um determinado candidato a prefeito veicula sua propaganda em bem público, caracteriza-se infração ao art. 37 da Lei n. 9.504/97, e todas as providências, desde a retirada da propaganda (exercício do poder de polícia) até a imposição da multa, são da competência do Juiz Eleitoral. Entretanto, se esta propaganda se refere a um candidato a Governador, o Juiz limita-se a determinar sua retirada e isso significa exercer seu poder de polícia. A partir daí, o auto de constatação da propaganda ilícita e o auto de retirada devem ser remetidos ao TRE, para que se instaure junto aos seus Juízes Auxiliares (se ainda não designados, o procedimento competirá ao Pleno do TRE) o procedimento de aplicação da multa, mediante Representação do Ministério Público Eleitoral ou de qualquer um dos demais legitimados. É que as sanções só podem ser aplicadas pelo órgão jurisdicional que tem competência para o registro da candidatura.

O poder de polícia, que (repita-se) não depende de provocação de quem quer que seja, não autoriza o Juiz a aplicar a sanção de multa prevista na lei. Esta só poderá decorrer de Representação (art. 96 da LE e art. 22 da LC n. 64/90, este procedimento para as hipóteses dos arts. 41-A e 73), com observância da amplitude de defesa.

A matéria, já pacificada no TSE, é objeto da Súmula n. 18:
Conquanto investido de poder de polícia, não tem legitimidade o juiz eleitoral para, de ofício, instaurar procedimento com a finalidade de impor multa pela veiculação de propaganda eleitoral em desacordo com a Lei nº 9.504/97.

7.4. Posturas municipais

Com a Lei n. 12.034/2009, os Juízes Eleitorais não mais poderão inibir a propaganda eleitoral que, exercida nos limites da legislação eleitoral, estiver, entretanto, em confronto com as **posturas municipais**. É o que dispõe a nova redação dada ao art. 41, da Lei n. 9.504/97, que de resto impõe alteração também no art. 243, VIII, do Código Eleitoral. Este último dispositivo condicionava a propaganda eleitoral à observância das posturas municipais - não apenas da lei eleitoral. Vale dizer que, no regime anterior, as posturas municipais se sobrepunham à legislação eleitoral, porque o próprio Código Eleitoral assim dispunha. Agora, prevalecendo a lei eleitoral sobre a local, ainda que a legislação municipal não tolere, p.ex., adesivos afixados em residências, a propaganda eleitoral poderá valer-se dessa espécie, porque expressamente autorizada pelo art. 37, § 2º, da Lei n. 9.504/97[84].

[84] Na redação que lhe deu a Lei n. 13.488/2017

Capítulo V

O MINISTÉRIO PÚBLICO ELEITORAL

Seção I

1. Suas Atribuições

Segundo dispõe o art. 72 da Lei Complementar n. 75/93 (LOMPU), o Ministério Público Eleitoral atua "em todas as fases e instâncias do processo eleitoral", na tutela de interesses extrapartidários ou suprapartidários, ou seja, distante da restrita esfera ideológica de interesses dos partidos políticos, coligações e candidatos.[85]

1.1. Defesa da ordem jurídica, do regime democrático e dos interesses sociais

Na verdade, a partir do art. 127 da CF/88, quando o Ministério Público foi identificado como "instituição permanente, essencial à função jurisdicional do Estado, incumbindo-lhe a **defesa da ordem jurídica, do regime democrático e dos interesses sociais** e individuais indisponíveis", tornou-se evidente que sua atuação é indispensável em toda e qualquer fase do processo eleitoral, desde as atividades meramente administrativas (alistamento eleitoral, nomeação de mesários, designação de local de votação, diplomação, etc.) até as jurisdicionais propriamente (ação de impugnação ao registro de candidatura, representação, investigação judicial, ação de impugnação de mandato eletivo, etc.). É que o ordenamento constitucional exige seja garantida a lisura do processo eleitoral como pressuposto da observância da ordem jurídica e da manutenção do regime democrático de direito. E o Ministério Público aparece nesse contexto como defensor natural do interesse público, consistente em garantir que cada cidadão possa votar livremente, e o resultado das urnas coincida com a vontade popular.

Foi nessa linha de pensamento que o legislador da Lei Complementar n. 75/93 (Lei Orgânica do Ministério Público da União) preferiu definir a atribuição do *Parquet* no processo eleitoral com a fórmula aberta de seu art. 72, abandonando a disposição analítica imaginada pelo art. 24 do Código Eleitoral, porque sempre lacunosa e incompleta.

---

[85] CÂNDIDO, Joel José. *Direito eleitoral brasileiro.* 10. ed., São Paulo: Edipro, p. 65.

> "Eleições 2012. Agravo regimental. Recurso especial. Prestação de contas. Prefeito e vice-prefeito. Desaprovação. Comprometimento da confiabilidade das contas. Princípios da proporcionalidade e da razoabilidade. Inaplicabilidade. Irregularidades graves [...] 2. Não há falar em violação ao devido processo legal quando o Ministério Público Eleitoral, atuando como fiscal da lei, oferece parecer após o prazo de 48 horas e junta novos documentos que comprovariam a omissão de despesa e receita, pois, além de cuidar-se de prazo impróprio, o candidato manifestou-se sobre aqueles documentos (contraditório) e apresentou contraprova (ampla defesa). Não pode ser declarada a nulidade do ato processual sem a efetiva demonstração de prejuízo material, nos termos do art. 219 do código eleitoral. Precedentes do STJ e do TSE [...]". (Ac. de 1.10.2015 no AgR-REspe n. 25641, Rel. Min. Gilmar Mendes)
>
> "[...] Cabimento de recurso contra decisão de juiz eleitoral. Arts. 29, II, a, e 80 do Código Eleitoral. Recurso provido. I - Ao delegado de partido é facultado recorrer não só da sentença de exclusão, mas ainda da que mantém a inscrição eleitoral (art. 80 c.c. o art. 29, II, a, do Código Eleitoral). II - O Ministério Público Eleitoral é parte legítima para interpor o recurso de que trata o art. 80 do Código Eleitoral (TSE, Ag nº 4.459/SP, rel. Min. Luiz Carlos Madeira, DJ de 21.6.2004). [...]"
>
> "Eleições 2004. Representação. Propaganda Eleitoral Irregular. Preliminar de nulidade da sentença por falta de intervenção do Ministério Público Eleitoral no feito e por ausência de fundamentação. Acolhida. Sentença anulada." (TRE-MG, Rec. Eleitoral 3669/2004, Rel. Juiz Welliton Militão, Sessão de 24/11/2004)
>
> "Recurso Eleitoral. AIJE. Art. 22, da LC 64/90. ... Preliminares: 1 – Ilegitimidade ativa do Ministério Público Eleitoral. Arguição da Tribuna. Rejeitada. Intervenção como custus legis. Possibilidade de o Parquet recorrer da sentença proferida no processo eleitoral em que atuou como fiscal da lei. ..." (TREMG, Rec. Eleitoral 3096/2004, Ac. 1503/2005, Rel. Juiz Marcelo Guimarães Rodrigues, sessão de 11/10/2005)

Como destacado, o MPE tem participação assegurada nos feitos eleitorais, ora como parte, ora como fiscal da ordem jurídica. Seja como for, sua atuação é sempre no interesse público de lisura do processo eleitoral, não se identificando com os interesses de partidos, candidatos (interesse supra ou apartidário) ou eleitores em particular. Daí não se lhe aplicar a Súmula n. 11, do TSE, segundo a qual "*no processo de registro de candidatos, o partido que não o impugnou não tem legitimidade para recorrer da sentença que o deferiu, salvo se se cuidar de matéria constitucional.*" A dita súmula, como visto, só impõe a restrição recursal ao partido político, porque este, por óbvio, só atua como parte e, não tendo impugnado, sequer comporá a relação processual. E o MPE, que sempre estará nos autos, poderá recorrer da decisão quando for o autor da impugnação ou quando fiscal da lei. Vedar o recurso para o custos legis, como o fez o TSE nas eleições de 2012, implica, em verdade, negar uma das suas consagradas formas de atuação processual. O entendimento, se prevalecesse, imporia a irracional necessidade – para assegurar futuro interesse recursal – de o MPE impugnar todos os pedidos de registro de candidatura, mesmo que, naquele momento, não houvesse motivos para tanto, o que o aproximaria da arguição temerária. O Supremo Tribunal Federal, entretanto, apreciando o Recurso Extraordinário com Agravo n. 728188, ao qual foi reconhecida repercussão geral, restabeleceu a legitimidade recursal do Ministério Público no processo eleitoral, mesmo quando não houver impugnado o registro, ou seja, quando atuando como fiscal da lei. E o Novo CPC dispõe:

> Art. 179. Nos casos de intervenção como fiscal da ordem jurídica, o Ministério Público:
>
> I - terá vista dos autos depois das partes, sendo intimado de todos os atos do processo;
>
> II - poderá produzir provas, requerer as medidas processuais pertinentes e recorrer.
>
> Fávila Ribeiro adverte que o Ministério Público
>
> "deve *espontaneamente* verificar nos serviços cartorários o andamento dos processos, examinando as condições em que se encontram, requerendo o que legalmente lhe parecer cabível. Acompanhará, por igual, o modo de organização e funcionamento dos serviços judiciários, formulando representações sempre que não se encontrarem em consonância com as estipulações legais ou regimentais".[86] (Destaquei)

O membro do Ministério Público Eleitoral, na verdade, é personagem de singular importância no processo eleitoral. Para o sucesso das eleições, para a manutenção da ordem eleitoral, para a garantia da lisura do pleito e para a observância da isonomia de oportunidades entre os candidatos e partidos que disputam as eleições, não basta a atuação do Juiz Eleitoral nos moldes já recomendados. É necessário que também o Promotor Eleitoral tenha uma postura ativa, somando forças para combater o abuso de poder nas suas mais variadas facetas, como também a propaganda irregular. Não é possível imaginar um Promotor Eleitoral de atuação limitada aos procedimentos eleitorais que lhe chegam ao gabinete. Ao contrário, deve ele traçar estratégia de ação que envolva a antecipação das irregularidades, ficando sempre atento ao que acontece no dia a dia dos candidatos e partidos em campanha eleitoral. Isto porque, depois que se consuma o abuso de poder, muito pouco há para fazer que possa restaurar o equilíbrio do processo eleitoral. E o Ministério Público Eleitoral não pode contentar-se com a punição dos culpados. Deve, isto sim, priorizar ações que evitem a desordem eleitoral, porque aí, sim, estará em defesa do Estado Democrático e da ordem jurídica.

A experiência de longos anos na atividade eleitoral, com várias eleições municipais (que são as que realmente demandam uma atenção especial), mostra que o Promotor Eleitoral deve dar início à sua atuação muito antes da deflagração oficial da campanha. Sabe-se que os candidatos (na verdade "pretensos candidatos" ou pré-candidatos, porque nem foram escolhidos em convenção) dão início à sua campanha muito antes do período permitido pela Lei Eleitoral (que é após 15 de agosto). São adesivos, faixas, cartazes, *outdoors*, aparições em programas de rádio e TV, exposição na imprensa escrita, etc., que já sinalizam para a sua candidatura e podem caracterizar a irregularidade do art. 36, § 3º, da Lei n. 9.504/97, a chamada "propaganda extemporânea", se não estiverem dentro dos contornos do art. 36-A.

Uma providência que a experiência mostrou produzir excelentes resultados é a reunião do Promotor Eleitoral com os dirigentes partidários logo no início do ano eleitoral (fevereiro), advertindo-os da necessidade de orientar seus filiados no sentido de não iniciarem a propaganda antes do tempo legalmente fixado. Mais adiante, quando se sabe, ainda que não oficialmente, quais são os candidatos (pré-candidatos), principalmente

[86] RIBEIRO, Fávila. *Direito eleitoral*, p. 224.

a prefeito, devem eles ser chamados para também serem orientados e advertidos, inclusive das consequências dos ilícitos eleitorais na sua futura candidatura. Durante a campanha, reuniões periódicas podem e devem ser realizadas. Às vésperas das eleições, uma reunião com todos os candidatos, dirigentes partidários e *cabos eleitorais* (aí o local deve ser atentamente escolhido, uma vez que envolverá um grande número de pessoas) é importante para evitar a "boca de urna" e o transporte e a alimentação de eleitores, como também para orientar a respeito da fiscalização consciente que deve ser exercida pelos Partidos Políticos. A par disso, a orientação ao eleitorado também se mostra útil. A *recomendação* e os avisos do Promotor Eleitoral, tanto aos candidatos e partidos, quanto ao eleitorado, são instrumentos que podem ser utilizados, normalmente alcançando-se o objetivo. Encontram-se, no anexo, modelos de recomendação, aviso, etc.

A soma de todas essas providências, com o Promotor Eleitoral assumindo postura firme e demonstrando disposição para promover a aplicação das regras eleitorais a quem quer que seja, certamente levará a um resultado de eleições tranquilas, com observância da igualdade de oportunidades, restando inquestionáveis os resultados das urnas, evitando-se recursos e ações posteriores para cassar registros, diplomas e mandatos.

Principalmente em razão desse perfil (uma espécie de coadministrador das eleições, ao lado do Juiz Eleitoral - porque a ambos interessa unicamente garantir a lisura do pleito), o prazo recursal para o Ministério Público não se pode contar a partir da entrega da sentença em Cartório, mas sim da sua intimação pessoal, com isso preservando-se o interesse público. E essa providência (intimação pessoal do Promotor Eleitoral) em nada prejudica a tão desejada e necessária celeridade do processo eleitoral, porque os autos poderão ser facilmente levados ao seu gabinete (normalmente dentro do próprio Fórum) diariamente.

> "[...]. Ministério Público. Intimação pessoal. Desprovimento. 1. O Ministério Público Eleitoral será intimado pessoalmente das decisões monocráticas publicadas em sessão, em observância ao disposto no art. 18, II, *h*, da LC nº 75/93. [...]. 3. Agravo regimental a que se nega provimento." *(Ac. de 25.4.2013 no AgR-REspe nº 9806, rel. Min. Luciana Lóssio.*
>
> "O prazo recursal para o M.P. flui a partir de sua intimação pessoal. Art. 236 do CPC[87]." (TRE-MG, Rec. Eleitoral 591/2003, ZE Betim, Ac. 030/2004, Rel. Juiz Marcelo Guimarães Rodrigues. No mesmo sentido: *Ac. de 4.8.2009 no RO nº 1.679, rel. Min. Felix Fischer.)*

Com o PJe, a intimação pessoal do MPE é feita por expediente no referido sistema, conforme dispõem as resoluções do TSE sobre Representações e Registro de Candidatura, dentre outras.

Não é demais lembrar que a lisura do processo eleitoral interessa a todos, até mesmo aos candidatos eleitos, que não terão de responder a ações que se arrastam por longo tempo na Justiça Eleitoral, sempre com a possibilidade de perderem o mandato.

---

[87] No Novo CPC: art. 180. Ver também Nota 45

1.2. Acesso às informações da Justiça Eleitoral

Sabe-se que o Ministério Público tem, até por previsão constitucional, a prerrogativa de **requisição de informações e documentos** necessários à instrução dos procedimentos de sua competência, visando possibilitar a formação de sua convicção e propositura das medidas pertinentes.

Não raro, o cadastro de eleitores do TSE apresenta-se como importante banco de dados, que pode contribuir para a qualificação e a localização de pessoas. Por força da Resolução n. 20.132/98, o TSE limitou aos Juízes Criminais a consulta a esse cadastro, tornando-o inacessível aos Promotores em geral, como também aos Juízes não criminais. Entretanto, a melhor jurisprudência desse mesmo Tribunal tem entendido que essa restrição não pode ser oposta ao Ministério Público, que tem o dever de investigar fatos de várias ordens, visando à proteção de bens jurídicos diversos, muitos dos quais sem repercussão criminal (patrimônio público, meio ambiente, etc.). No curso do inquérito civil ou do procedimento administrativo, *pode o Ministério Público ter acesso às informações da Justiça Eleitoral*, diretamente, mediante solicitação ao Juiz Eleitoral.

O Procurador Regional Eleitoral de Minas Gerais, Dr. Eugênio Paccelli de Oliveira, teve oportunidade de assentar que "a intimidade, a honra, a imagem, bem como os demais bens e valores assinalados no rol de garantias individuais previstos no art. 5º da Constituição da República, não constituem direitos absolutos. Aliás, nem mesmo a vida configura direito absoluto, autorizando o legislador a sua supressão em estados justificados como é o caso da legítima defesa e do estado da necessidade" (TRE-MG, Rec. Eleitoral n. 581/01). Na linha de raciocínio do E. PRE, a Corte Eleitoral Mineira deu provimento ao mencionado recurso, por unanimidade, e conferiu ao Ministério Público legitimidade para requisitar informações do eleitor, constantes de seu alistamento eleitoral, sempre que forem elas necessárias para instruir suas investigações, sejam elas de qualquer natureza.

Aquela orientação da Resolução n. 20.132-TSE mudou o tratamento que a matéria merecia na Corte. Com a Resolução n. 13.582, de 6/3/87, o TSE já se preocupava com o sigilo dos dados constantes da qualificação do eleitor, determinando que "no interesse do resguardo da privacidade do cidadão, não se fornecerão informações constantes dos cadastros eleitorais, de caráter personalizado". E o Tribunal considerava "como informações personalizadas, relações de eleitores, desde que acompanhadas de dados de sua qualificação pessoal, inclusive endereço, salvo quando se tratar de procedimento previsto na legislação eleitoral". Até aí, tal como foi posteriormente repetido na Resolução n. 20.132. Entretanto, a "quebra" desse sigilo dos dados era facultada não somente aos Juízes Criminais, mas a qualquer "autoridade judiciária", dizia o art. 2º, § 1º, da Resolução n. 13.582/87.

Com a Resolução n. 21.538, de 14/10/2003, o TSE revogou a Resolução n. 20.132/98 e, no que respeita ao "acesso às informações constantes do cadastro", prevê:

> Art. 29. As informações constantes do cadastro eleitoral serão acessíveis às instituições públicas e privadas e às pessoas físicas, nos termos desta resolução (Lei nº 7.444/1985, art. 9º, I).

§ 1º O tratamento das informações pessoais assegurará a preservação da intimidade, da vida privada, da honra e da imagem do cidadão, restringindo-se o acesso a seu conteúdo na forma deste artigo. (redação dada pelo art. 1º da Res.-TSE nº 23490/2016)

§ 2º Excluem-se da restrição de que cuida o § 1º os pedidos relativos a procedimento previsto na legislação eleitoral, a ele relacionado ou de cujo atendimento resultem subsídios a sua análise, e o acesso: (Parágrafo 2º e alíneas A, B e C com redação dada pelo art. 1º da Res.-TSE nº 23490/2016)

a) do eleitor a seus dados pessoais;

b) de autoridade judicial, de órgão do Ministério Público e, desde que haja expressa autorização legal para acesso aos dados mantidos pela Justiça Eleitoral, de órgãos e agentes públicos ou outras entidades, vinculada a utilização das informações obtidas às respectivas atividades funcionais, exclusivamente;

c) de órgãos públicos, desde que signatários de convênios com o Tribunal Superior Eleitoral – TSE, cujos objetos estejam alinhados às respectivas missões institucionais, e de Termo de Compromisso e Manutenção de Sigilo – TCMS, na forma prevista pelo art. 18, parágrafo único, do Decreto nº 7.845/2012;

d) Os órgãos de direção nacional dos partidos políticos terão pleno acesso às informações de seus filiados constantes do cadastro eleitoral, inclusive àquelas que não sejam de informação obrigatória pelo eleitor (art. 19, § 3º, da Lei nº 9.096/1995). (Alínea *d* acrescida pelo art. 39 da Res.-TSE nº 23596/2019)

§ 3º O acesso de outros órgãos ou agentes públicos não indicados nas alíneas *b* e *c* do § 2º não incluirá informações pessoais relativas à intimidade, à vida privada, à honra e à imagem, aí considerados ocupação, estado civil, escolaridade, telefone, impressões digitais, fotografia, assinatura digitalizada, endereço e nome civil dissonante da identidade de gênero declarada. (Parágrafo 3º com redação dada pelo art. 2º da Res.-TSE nº 23562/2018)

§ 4º A restrição de que cuida o § 3º incidirá sobre outras informações cuja obtenção possa comprometer, mesmo que indiretamente, as regras de proteção estabelecidas nesta resolução, sem prejuízo da confirmação da autenticidade e da unicidade do registro de titular de inscrição eleitoral, desde que provido por ferramenta eletrônica ou serviço automatizado, na forma regulamentada por ato normativo próprio. (Parágrafo 4º acrescido pelo art. 1º da Res.-TSE nº 23490/2016)

§ 5º Aos profissionais contratados referidos no art. 12 da Resolução-TSE nº 23.440/2015 será concedido, para acesso ao Sistema ELO, o perfil apoio administrativo, cujas funcionalidades serão definidas por provimento da Corregedoria-Geral da Justiça Eleitoral. (Parágrafo 5º acrescido pelo art. 1º da Res.-TSE nº 23518/2017)

Art. 29-A. Para fins de cumprimento do disposto na alínea *d* do § 2º do art. 29 desta resolução, o requerimento do órgão nacional partidário deverá ser apresentado diretamente ao Tribunal Superior Eleitoral.

§ 1º Verificadas eventuais falhas de sistema na emissão do relatório para fins de atendimento ao disposto neste artigo, caberá ao requerente pleitear nova emissão.

§ 2º Aos partidos políticos em formação não se aplica o disposto neste artigo, subsistindo a estes o direito de obter a lista de eleitores com informações sobre o nome, o número do título e a eventual filiação a partido político, vedada a divulgação de outros dados (Resolução-TSE nº 23.571/2018, art. 19). (Art. 29-A e §§ 1º e 2º acrescidos pelo art. 39 da Res.-TSE nº 23596/2019)

Na Res. TSE n. 23.659, de 26.outubro.2021, atual regulamento do Cadastro de Eleitores, o art. 10 estabelece que "O acesso a informações constantes do Cadastro Eleitoral por instituições públicas e privadas e por pessoas físicas se dará conforme a Lei Geral de Proteção de Dados e a resolução do Tribunal Superior Eleitoral que tratar do acesso a dados constantes dos sistemas informatizados da Justiça Eleitoral."...

O SIEL – Sistema de Informações Eleitorais – gerido pelo TSE permite o acesso direto e *on line* dos usuários (Magistrados, Membros do MP e servidores por eles indicados) previamente cadastrados, desde que informado, no formulário eletrônico de acesso, o número do processo ou procedimento a que se destina a informação pesquisada. A elogiável ferramenta torna dinâmica a busca, elimina a burocracia de ofícios e despachos e, ao mesmo tempo, se preocupa com a seletividade dos usuários habilitados e com a destinação da informação, vinculada ao exercício das funções.

1.3. Execução das multas

Quanto à **execução das multas** aplicadas pela Justiça Eleitoral, seja ao eleitor que falta injustificadamente à eleição, seja aos candidatos, partidos políticos ou terceiros que cometem infrações eleitorais, não há dúvida de que constituem elas dívida de valor, tendo o Código Eleitoral, no seu art. 367, III, sinalizado para o executivo fiscal como o procedimento da sua cobrança. Aquele mesmo artigo, no seu inciso V, atribui ao Promotor Eleitoral a iniciativa da cobrança. Não obstante a referência feita no inciso IV à Fazenda Pública (quando o Código Eleitoral diz que a execução será feita na forma prevista para a cobrança da dívida ativa da Fazenda Pública), é certo que essas multas, conforme estabelece o art. 38, I, da Lei n. 9.096/95, alimentam o Fundo Partidário (Fundo Especial de Assistência Financeira aos Partidos Políticos), que é gerido pelo TSE e, portanto, nada tem a ver com a Fazenda Pública propriamente dita.

A par dessas considerações, a jurisprudência eleitoral tem entendido que o disposto no inciso V do mencionado art. 367, entretanto, não mais se aplica, posto que ao Promotor Eleitoral não remanesce atribuição para representar a Fazenda Pública, nem mesmo nos executivos fiscais. Esta tem quadro próprio de Procuradores e a eles cabe promover a execução. Então, e nessa linha de raciocínio, o Ministério Público Eleitoral é parte ilegítima para a cobrança judicial das multas eleitorais. O Tribunal Regional Eleitoral de Minas Gerais já teve oportunidade de assim se manifestar:

> "Embargos à execução. **Cobrança de multa**. Preliminar de **ilegitimidade ativa 'ad causam' do Ministério Público**. Acolhida. Art. 129, inciso IX, da Constituição Federal. Compete à Procuradoria Geral da Fazenda representar privativamente a União na execução de dívida ativa. Lei Complementar n. 73/93 e Portaria 94/99-TSE. Extinção do processo sem julgamento do mérito. Art. 267, inciso VI, do CPC." (TRE-MG, Rec. 712/01, Elói Mendes, Sessão de 23/9/2002, *MG* 19/11/2002)

> "Recurso. Execução de multa eleitoral. Preliminar de ilegitimidade ativa do Ministério Público Eleitoral acolhida. Falece legitimidade ao Ministério Público Eleitoral para promover execução de multa eleitoral. Processo extinto. Remessa dos autos à zona de origem. Portarias n. 94/99/TSE e 150/99/TRE/MG. Sessão de 12/8/2003." (TRE-MG, Rec. Eleitoral n. 268/03, Nova Era, Rel. Juiz Marcelo Guimarães Rodrigues)

Uma vez transitada em julgado a decisão que aplicou a multa, o devedor será intimado para recolhê-la em trinta dias, em guia própria fornecida pelo Cartório Eleitoral. Não raro, o devedor formula requerimento de parcelamento do débito, matéria regulada pelo art. 11, § 8º, III, da Lei n. 9.504/97, na redação dada pela Lei n. 13.488/2017. Dois parâmetros são oferecidos: o máximo de 60 (sessenta) parcelas e o comprometimento, em cada uma delas, de até 5% da renda do devedor pessoa física e 2% do faturamento da devedora pessoa jurídica. Não sendo possível, no caso concreto, a presença cumulativa dos dois parâmetros, prevalece o limite máximo de comprometimento do rendimento (5%) ou da receita (2%), ainda que o número de parcelas tenha que ser superior às 60 sugeridas. Não sendo satisfeita a obrigação, o Chefe do Cartório Eleitoral (se a multa tiver sido aplicada pelo Juiz Eleitoral) ou o Secretário Judiciário (se a multa tiver sido aplicada originariamente pelo Tribunal) certificará nos autos o inadimplemento e lançará a multa no Livro de Inscrição de Multas Eleitorais, porque considerada dívida líquida e certa, para efeito de cobrança, mediante execução fiscal. No prazo de 5 dias, o Juiz Eleitoral remeterá os autos e o Termo de Inscrição da Multa ao Tribunal Regional Eleitoral que, por sua vez, os encaminhará à Procuradoria-Geral da Fazenda Nacional no Estado ou Distrito Federal, visando possibilitar a esta o ajuizamento da execução fiscal.

> Art. 11, § 8º:
>
> III – o parcelamento das multas eleitorais é direito dos cidadãos e das pessoas jurídicas e pode ser feito em até sessenta meses, salvo quando o valor da parcela ultrapassar 5% (cinco por cento) da renda mensal, no caso de cidadão, ou 2% (dois por cento) do faturamento, no caso de pessoa jurídica, hipótese em que poderá estender-se por prazo superior, de modo que as parcelas não ultrapassem os referidos limites

Tudo isso porque, a partir da Lei Complementar n. 73/93 (Lei Orgânica da Advocacia-Geral da União), a cobrança de dívidas de valor em favor da Fazenda Nacional passou a ser privativa da sua Procuradoria. Por isso, o TSE editou a Resolução n. 21.975, de 16-12-2004 (revogando expressamente a Resolução n. 20.405, de 01-12-98 – que continha semelhante disciplina), estabelecendo o procedimento para arrecadação e cobrança das multas eleitorais.

> RESOLUÇÃO N. 21.975, Rel. Min. Francisco Peçanha Martins.
>
> Disciplina o recolhimento e a cobrança das multas previstas no Código Eleitoral e leis conexas e a distribuição do Fundo Especial de Assistência Financeira aos Partidos Políticos (Fundo Partidário).
>
> O TRIBUNAL SUPERIOR ELEITORAL, usando das competências que lhe conferem o parágrafo único do art. 1º da Lei n. 4.737, de 15 de julho de 1965, e o art. 61 da Lei n. 9.096, de 19 de setembro de 1995, e tendo em vista o disposto no art. 98 da Lei n. 10.707, de 30 de julho de 2003, regulamentado pelo Decreto n. 4.950, de 9 de janeiro de 2004,
>
> RESOLVE:
>
> Art. 1º As multas previstas nas leis eleitorais, impostas por decisão de que não caiba recurso, serão inscritas nos termos dos incisos III e IV do art. 367 do Código Eleitoral, recolhidas na forma estabelecida nesta Resolução e destinadas ao Fundo Especial de

> Assistência Financeira aos Partidos Políticos (Fundo Partidário), previsto pela Lei n. 9.096/95.
>
> § 1º A inscrição das multas eleitorais para efeito de cobrança mediante o executivo fiscal será feita em livro próprio no juízo ou Secretaria do Tribunal Eleitoral competente.
>
> [...]
>
> § 4º A receita proveniente de multas eleitorais será recolhida à conta do Fundo Partidário, passando a integrar a composição deste (Lei n. 9.096/95, art. 38, inciso I).
>
> Art. 2º Caso a multa seja decorrente da aplicação do § 4º do art. 73 da Lei n. 9.504, de 30 de setembro de 1997, o juízo ou Tribunal Eleitoral, no prazo de cinco dias a contar da data da apresentação do comprovante de recolhimento, deverá comunicar à Secretaria de Administração do Tribunal Superior Eleitoral o valor e a data da multa recolhida, bem assim o nome completo do partido político que se houver beneficiado da conduta legalmente vedada.
>
> Parágrafo único. Caberá à Secretaria de Administração do Tribunal Superior Eleitoral, após o recebimento dos dados referidos no *caput*, cumprir, no prazo de cinco dias, o disposto no § 9º do art. 73 da Lei n. 9.504/97.
>
> Art. 3º As multas não satisfeitas no prazo de trinta dias do trânsito em julgado da decisão serão consideradas dívida líquida e certa, para efeito de cobrança, mediante executivo fiscal.
>
> § 1º Caberá aos juízes eleitorais enviar os respectivos autos ao Tribunal Eleitoral competente, em cinco dias, após o decurso do prazo estabelecido no *caput*.
>
> § 2º Para fins de inscrição de multas eleitorais na Dívida Ativa da União, os Tribunais Eleitorais reportar-se-ão **diretamente às procuradorias da Fazenda Nacional**, nos estados ou no Distrito Federal, em relação às multas impostas nos processos de sua competência originária, bem como quanto aos autos recebidos dos juízes eleitorais.
>
> § 3º A inscrição de débitos decorrentes de multas eleitorais na Dívida Ativa da União, prevista no § 2º deste artigo, deverá ser comunicada ao Tribunal Superior Eleitoral, por intermédio da Diretoria-Geral, com vistas ao acompanhamento e controle de ingresso de receitas pela Secretaria de Orçamento e Finanças (SOF), responsável pelo planejamento, coordenação e supervisão das atividades de administração orçamentária e financeira da Justiça Eleitoral.
>
> § 4º A Diretoria-Geral da Secretaria do TSE, por intermédio da Secretaria de Administração, adotará providências para a inscrição na Dívida Ativa da União das multas a que se refere o art. 1º desta Resolução, impostas nos processos de competência originária do Tribunal Superior Eleitoral.

Parece haver um equívoco nessa orientação, posto que as multas eleitorais são destinadas ao Fundo Partidário, que não pode ser considerado como Fazenda Pública Nacional, pelo menos estritamente. O Fundo é gerido pelo TSE e não está vinculado diretamente à Fazenda Nacional, daí que não há razão para conferir legitimidade apenas aos Procuradores desta. Apesar de os recursos provenientes de multas eleitorais circularem pela conta do Tesouro Nacional, vão eles imediatamente para a conta do Fundo Partidário para a distribuição entre os partidos. Sem qualquer razão, ainda, afastar a legitimidade do Ministério Público, ao argumento de que este não mais representa a Fazenda, porque, como já frisado, não se trata de crédito desta, mas do Fundo Partidário, decorrente de multa aplicada muitas das vezes em ações eleitorais desencadeadas pelo Promotor Eleitoral.

Por outro lado, parece ilógico que o Ministério Público Eleitoral tenha legitimidade para promover a apuração da conduta e buscar a condenação do agente à multa eleitoral e não tenha legitimidade para a execução do julgado. Fazendo-se um paralelo com as condenações criminais (as demais condenações à multa eleitoral, embora de natureza cível, são uma sanção à infração cometida pelo agente), seria o mesmo que retirar do Ministério Público legitimidade para requerer a prisão do sentenciado, tão logo transitada em julgado a condenação criminal. Outrossim, sendo a multa resultado de uma condenação judicial em ação eleitoral, a sua cobrança é mero CUMPRIMENTO DA SENTENÇA[88], cuja legitimidade ativa se confere naturalmente ao autor da ação de conhecimento. E as ações eleitorais cíveis têm natureza nitidamente coletiva, em que o Ministério Público Eleitoral recebe legitimação extraordinária para a defesa do interesse difuso de proteção à lisura das eleições. Com o título condenatório, o cumprimento da sentença torna realidade a tutela jurisdicional invocada.

Ademais, a LC 75/93, em seu art. 72, diz expressamente que o Ministério Público atua em todas as fases e instâncias do processo eleitoral. Então, a Resolução do TSE é flagrantemente inconstitucional, porque afasta a atuação do Ministério Público em uma das fases do processo eleitoral, exatamente aquela que visa tornar realidade o comando contido na decisão judicial.

Além desse expediente de cobrança, torna-se necessário lançar no cadastro de eleitores, à margem da inscrição do devedor, a nota da inadimplência, porque está ele impedido de obter a certidão de quitação eleitoral enquanto não a liquidar. A esse respeito, o TSE pronunciou-se através das Resoluções 21.823/04 e 21.848/04:

> RESOLUÇÃO N. 21.823, DE 15.6.2004 – TSE – Relator: Ministro Francisco Peçanha Martins.
>
> Quitação Eleitoral. Abrangência. Pleno Gozo dos Direitos Políticos. Exercício do Voto. Atendimento à Convocação para Trabalhos Eleitorais. Inexistência de Multas pendentes. Prestação de Contas de Campanha. Registro de Sanções Pecuniárias de Natureza Administrativa previstas no Código Eleitoral e na Lei n. 9.504/97. Pagamento de Multas em Qualquer Juízo Eleitoral. Aplicação Analógica do Art. 11 do Código Eleitoral...
>
> O conceito de quitação eleitoral reúne a plenitude do gozo dos direitos políticos, o regular exercício do voto, salvo quando facultativo, o atendimento a convocações da Justiça Eleitoral para auxiliar os trabalhos relativos ao pleito, a inexistência de multas aplicadas, em caráter definitivo, pela Justiça Eleitoral e não remitidas, excetuadas as anistias legais, e a regular prestação de contas de campanha eleitoral, quando se tratar de candidatos.
>
> O controle da imposição de multas de natureza administrativa e da satisfação dos débitos correspondentes deve ser viabilizado em meio eletrônico, *no próprio cadastro eleitoral, mediante registro vinculado ao histórico da inscrição do infrator.*

---

[88] Disciplinado, no Novo CPC, nos arts. 513 e SS.

É admissível, por aplicação analógica do art. 11 do Código Eleitoral, o pagamento, perante qualquer juízo eleitoral, dos débitos decorrentes de sanções pecuniárias de natureza administrativa impostas com base no Código Eleitoral e na Lei n. 9.504/97, ao qual deve preceder consulta ao juízo de origem sobre o quantum a ser exigido do devedor.

RESOLUÇÃO 21.848, de 24.6.2004 - TSE - Rel. Min. Francisco Peçanha Martins

Eleições 2004. Provimento do Corregedor-Geral da Justiça Eleitoral. Quitação Eleitoral. Aplicação de Novas Regras. Mecanismo de Registro no Cadastro Eleitoral. Criação. Prestação de Contas. Pendências Relativas a Multas. Reflexos a partir do pleito deste ano. Referendo pelo Plenário.

A falta de prestação de contas de campanha pelo candidato impedirá a obtenção de certidão de quitação eleitoral, com relação às omissões verificadas a partir das eleições de 2004, aplicando-se a mesma regra aos débitos não satisfeitos dos quais não haja registro no cadastro eleitoral vigente para as eleições deste ano.

1.4. Propaganda partidária irregular

Não obstante a expressa previsão constitucional de que o Ministério Público Eleitoral deve agir para a salvaguarda dos interesses difusos – dentre os quais inquestionavelmente os dos eleitores –, a Lei n. 12.034/2009 alterou o § 3º, do art. 45, da Lei n. 9.096/95, prevendo legitimidade apenas aos partidos políticos para questionarem, junto aos tribunais eleitorais, os **desvios na propaganda partidária no rádio e na TV**[89]. Sem qualquer esforço, percebe-se que a norma era inconstitucional, por excluir a legitimidade ativa do Ministério Público para a representação que visava resgatar a regularidade da atividade partidária de divulgação dos seus programas, ideologias, mensagens e posições políticas. Ademais, essa propaganda, que se dirigia não só aos filiados, mas também a todos os cidadãos, na medida em que se utilizava do rádio e da TV (concessões públicas), era custeada pela União, já que as emissoras faziam jus a compensação fiscal pelo tempo cedido. Também por essa razão, a lei não poderia excluir o controle exercido pelo Ministério Público. No TSE, onde o tema foi debatido, a legitimidade do MPE foi reconhecida reiteradamente, mesmo após a alteração legislativa: Acórdão de 19.06.12, na Representação n. 154105; Acórdãos de 25.04.12, nos Recursos Especiais n. 125198 e 189348. E o STF, na ADI n. 4617, fixou, como interpretação conforme a Constituição, a legitimidade concorrente do Ministério Público e dos Partidos Políticos para as Representações que visavam a questionar os desvios da propaganda partidária. Com a Lei n. 13.487/2017, o art. 45 foi revogado, extinguindo a propaganda partidária no rádio e na TV, recriada pela Lei n. 14.291/2022 (arts. 50-A a 50-D, da Lei n. 9.096/95).

[89] Que deixa de existir a partir de 01-janeiro-2018, por força da Lei n. 13.487/2017, que revogou os art. 45 a 49 e 52, da Lei n. 9.096/95. A Lei n. 14.291/2022, entretanto, recriou a propaganda partidária no rádio e na TV (arts. 50-A a 50-D, da Lei n. 9.096/95), tendo a presidência da República vetado a compensação fiscal para as emissoras. O Congresso Nacional, entretanto, rejeitou o veto, pelo que as emissoras terão a compensação fiscal.

Seção II

2. Seus Órgãos

2.1. Procurador Geral Eleitoral

No TSE, atua o **Procurador-Geral Eleitoral**, que será o Procurador-Geral da República (arts. 73 e 74 da LC n. 75/93), Chefe do Ministério Público Federal, a quem cabe coordenar as atividades do Ministério Público Eleitoral em todo o território nacional.

2.2. Procurador Regional Eleitoral

Junto ao TRE, atua o **Procurador Regional Eleitoral**, que será um dos Procuradores Regionais da República (ou Procuradores da República no Estado, onde não houver Regional), nomeado pelo Procurador-Geral Eleitoral. A ele cabe a coordenação das atividades do Ministério Público Eleitoral no respectivo Estado (arts. 75, I, 76 e 77 da LC n. 75/93).

2.3. Promotor Eleitoral

Na Zona Eleitoral funcionará o **Promotor Eleitoral**, que será o Promotor de Justiça (membro do Ministério Público Estadual), com atribuições junto ao Juízo incumbido da função eleitoral. Quando houver mais de um Promotor de Justiça na circunscrição da Zona Eleitoral, caberá ao Procurador Regional Eleitoral, mediante indicação do Procurador-Geral de Justiça (Chefe do Ministério Público Estadual), designar aquele que exercerá as funções eleitorais (arts. 78 e 79 da referida LC). A ADI n. 3802, proposta pela CONAMP, questionou essa opção do legislador por um ato complexo, que, como dito, envolve a indicação do PGJ e a designação do PRE. O STF concluiu que não há qualquer inconstitucionalidade no modelo adotado pelo legislador. E a Resolução 030/2008, do CNMP, fixa os critérios a serem observados na escolha do Promotor de Justiça que exercerá as funções eleitorais pelo período, agora unificado em todo o país[90], de 2 anos. Essa mesma resolução, em nome da desejada continuidade da atuação Ministerial, impede a alternância e os afastamentos voluntários (férias, compensações, etc.) no período crítico do processo eleitoral[91], exatamente para que o Membro que se incumbiu dos registros e da campanha eleitoral siga atuando até o ajuizamento das ações eleitorais eventualmente cabíveis, ou seja, até os 15 dias posteriores à diplomação dos eleitos. Também nesta direção, da continuidade da atuação, alguns PREs, em atos conjuntos com os respectivos PGJs, têm editado resoluções que instituem o que se convencionou chamar de "biênios fixos", a exemplo do que a PGE fez em relação aos PREs. Os biênios de todos os Promotores Eleitorais daqueles estados terão início e fim numa mesma data, sempre nos anos impares, exatamente para que o Promotor Eleitoral

[90] Antes desse regramento, alguns Estados previam o mandato nas funções eleitorais como sendo de 6 meses, outros de 01 ano e outros de 2 anos .

[91] Não obstante o pedido de providência, formulado por este Autor, para que o CNMP adequasse a resolução ao calendário eleitoral, que agora prevê um período crítico menor, iniciando-se em 15-agosto (não mais em 05-julho), o Conselho manteve inalterado o período de vedação.

tenha um ano de exercício antes de enfrentar o processo eleitoral e outro um ano para concluir as investigações e as ações relativas àquele processo eleitoral. O instituto – biênio fixo – é recomendado pela Portaria PGR n. 001/2019[92], que regulamenta a função eleitoral do Ministério Público.

É importante lembrar que o Promotor Eleitoral, apesar de ser membro do Ministério Público Estadual, exerce funções do Ministério Público Federal, por delegação legal, daí que suas atribuições são aquelas definidas na Lei Complementar n. 75/93 (Lei Orgânica do MP da União). Por conseguinte, deverá utilizar os "instrumentos de atuação" e as prerrogativas previstos nos seus arts. 6º e 7º.

2.4. Mandato/rodízio

Também os Procuradores Regionais e os Promotores Eleitorais se submetem ao **mandato de dois anos**, tal como acontece com os Magistrados.

2.5. Impedimentos. Novo CPC

Na designação de Procuradores e Promotores Eleitorais, é necessária a observância do **impedimento** previsto no art. 80 da Lei Complementar n. 75/93, pois que as funções eleitorais são mesmo incompatíveis com a filiação partidária. O membro do Ministério Público que já foi filiado a Partido Político, deverá cumprir a "quarentena" ali prevista (2 anos após o seu cancelamento), para só então poder exercer as funções eleitorais. Esse prazo, dentro do qual o membro do Ministério Público fica impedido de exercer as funções eleitorais, foi previsto, primeiramente, como de 4 anos, na Lei Complementar n. 64/90 (Lei das Inelegibilidades). Como a Lei Complementar n. 75/93 lhe é posterior e fixou o prazo em 2 anos, prevalece este último, como, aliás, reconhecido pelo TSE:

> "O membro do Ministério Público que mantiver o direito a filiação partidária não poderá exercer funções eleitorais enquanto não decorridos 2 anos do cancelamento da aludida filiação (Lei Complementar n. 75/93, art. 80)." (Resolução TSE n. 23.367/2011, art. 41.)

Esse impedimento tende a tornar-se letra morta na LC, pois a Emenda Constitucional 45 ("reforma do Judiciário") impôs aos membros do Ministério Público a vedação de exercício de atividades partidárias. Disso decorre que Promotores e Procuradores não podem mais filiarem-se a partidos políticos. E aqueles que já eram filiados devem providenciar a desfiliação. O TSE já teve a oportunidade de responder a consultas sobre o tema.

---

92 Art. 41. Na designação para exercício da função eleitoral, deve-se observar o biênio fixo a ser definido por ato conjunto da Procuradoria Regional Eleitoral e da Procuradoria-Geral de Justiça, com estipulação de data idêntica de início e fim de mandato para todos os membros do Ministério Público no Estado.
§1º. Regramento conjunto da Procuradoria Regional Eleitoral e da Procuradoria-Geral de Justiça respectivas estabelecerá, também, se necessário, regras de transição para implementação do biênio fixo nos Estados que ainda não o adotam, bem como regras de designação para casos de afastamento temporário do Promotor Eleitoral ou de vacância da função antes do término natural do biênio fixo.

RESOLUÇÃO TSE 22095, de 4/10/2005 (Consulta n. 1154)

CONSULTA. MATÉRIA ELEITORAL. DISCIPLINA. CONSTITUIÇÃO FEDERAL. MEMBRO DO MINISTÉRIO PÚBLICO. FILIAÇÃO PARTIDÁRIA. CANDIDATURA. DESINCOMPATIBILIZAÇÃO. ADVENTO. EMENDA CONSTITUCIONAL n. 45/2004. VEDAÇÃO.

I – Compete ao TSE responder às consultas que lhe forem feitas em tese, por autoridade federal ou entidade representativa de âmbito nacional, acerca de tema eleitoral "(...) do próprio Código, de legislação esparsa ou da Constituição Federal" (Precedente: Cta n. 1.153/DF, rel. Min. Marco Aurélio, DJ de 26.8.2005). II – Os membros do Ministério Público da União se submetem à vedação constitucional de filiação partidária, dispensados, porém, de cumprir o prazo de filiação fixado em lei ordinária, a exemplo dos magistrados, devendo satisfazer tal condição de elegibilidade até seis meses antes das eleições, de acordo com o art. 1º, inciso II, alínea j, da LC n. 64/90, sendo certo que o prazo de desincompatibilização dependerá do cargo para o qual o candidato concorrer. (...) IV – A aplicação da EC n. 45/2004 é imediata e sem ressalvas, abrangendo tanto aqueles que adentraram nos quadros do Ministério Público antes, como depois da referida emenda à Constituição.

(DJ – Diário de Justiça, Volume 1, Data 24/10/2005, Página 89)

RESOLUÇÃO 22045 (Consulta 1153) – 02/08/2005

COMPETÊNCIA – CONSULTA – REGÊNCIA E NATUREZA DA MATÉRIA. A teor do disposto no inciso XII do artigo 23 do Código Eleitoral, a competência do Tribunal Superior Eleitoral para responder consulta está ligada ao envolvimento de tema eleitoral, sendo desinfluente a regência, ou seja, se do próprio Código, de legislação esparsa ou da Constituição Federal. MINISTÉRIO PÚBLICO – ATIVIDADE POLÍTICO-PARTIDÁRIA – ALÍNEA "e" DO INCISO II DO ARTIGO 128 DA CONSTITUIÇÃO FEDERAL – EMENDA CONSTITUCIONAL n. 45/2004 – APLICAÇÃO NO TEMPO. A proibição do exercício de atividade político-partidária ao membro do Ministério Público tem aplicação imediata e linear, apanhando todos aqueles que o integram, pouco importando a data de ingresso. (DJ – Diário de Justiça, Volume 1, Data 26/08/2005, Página 176)

Ac.-TSE, de 13.10.2011, na Cta nº 150889: membro do Ministério Público Estadual que tenha ingressado na instituição depois da CF/1988 e antes da EC nº 45/2004 deve se afastar definitivamente de seu cargo público para concorrer a eleições.

Ac.-TSE, de 12.12.2006, no RO nº 1070: possibilidade de formalizar a opção de que trata o § 3º do art. 29 do ADCT a qualquer tempo, para os membros do Ministério Público dos estados.

2.6. Limites à manifestação do pensamento político

A par desse impedimento, que é objetivo, a Corregedoria Nacional do Ministério Público editou a Recomendação CN-CNMP n. 001/2016, que trabalha o conceito e o alcance da liberdade de expressão, da vedação ao exercício da atividade político-partidária, da impessoalidade e isenção que se impõem ao membro do MP e dos **limites à manifestação do pensamento político**, ainda que informalmente e pelas redes sociais. Conclui a recomendação, p.ex., que:

II - A liberdade de expressão, na condição de direito fundamental, não pode ser utilizada pelos Membros do Ministério Público para violar a proibição constitucional de exercício de atividade político-partidária, prevista no art. 128, § 5º, inciso II, alínea "e", da Constituição da República do Brasil de 1988, e nos arts. 237, inciso V, da Lei Complementar n. 75/93, e 44, inciso V, da Lei Orgânica Nacional do Ministério Público (Lei n. 8.625/93);

III – A vedação de atividade político-partidária aos membros do Ministério Público, salvo a exceção prevista constitucionalmente (§ 3º do art. 29 do Ato das Disposições Constitucionais Transitórias), não se restringe apenas à prática de atos de filiação partidária, abrangendo, também, a participação de membro do Ministério Público em situações que possam ensejar claramente a demonstração de apoio público a candidato ou que deixe evidenciado, mesmo que de maneira informal, a vinculação a determinado partido político.

Outro impedimento que alcança o Representante do Ministério Público (Promotor Eleitoral ou Procurador Regional ou Geral) é o parentesco, casamento ou união com candidato. Diz o Código Eleitoral, em seu art. 14, § 3º[93], que os Juízes (e por simetria os Membros do MPE, na 1ª Instância ou nos Tribunais Eleitorais) não poderão servir às funções eleitorais, se o seu cônjuge (ou companheiro) ou parente consanguíneo ou afim, até o 2º grau, tiver sido escolhido candidato em convenção partidária, para a disputa na respectiva circunscrição. E esse impedimento perdura até a diplomação dos eleitos, ou seja, até o encerramento do processo eleitoral, e se impõe durante toda a tramitação das ações a ele referentes, ainda que sua instrução e seu julgamento se prolonguem para além daquele marco. Uma AIME, por exemplo, proposta exatamente nos 15 dias depois da diplomação, não poderá ter a participação, como agente ou interveniente, de Promotor ou Procurador cônjuge ou parente de candidato. Então, bom frisar que o impedimento só se aplica se a candidatura for na mesma circunscrição. Se o cônjuge ou parente se candidata a vereador ou prefeito em município que não integra a Zona Eleitoral de atuação do Promotor, não há, por razões óbvias, que se falar no impedimento aqui tratado, pois ele não terá qualquer poder de influência que possa prejudicar ou beneficiar o candidato. Se se trata de eleição para deputados, senadores ou governador, a atenção deve voltar-se para os Procuradores que atuam no TRE. E se a eleição for presidencial, o impedimento envolverá o PGE. Assim que o cônjuge ou parente for escolhido em convenção partidária (de 20 de julho a 05 de agosto do ano da eleição), o membro do Ministério Público deve afastar-se das funções eleitorais.

De outro lado, o art. 95, da Lei n. 9.504/97, ainda prevê o impedimento do Magistrado – aplicável também ao Membro do MP – quando litigando com algum candidato.

Art. 95. Ao Juiz Eleitoral que seja parte em ações judiciais que envolvam determinado candidato é defeso exercer suas funções em processo eleitoral no qual o mesmo candidato seja interessado.

---

[93] A Lei n. 13.165/2015 deu nova redação a este art. 14, § 3º, do Código Eleitoral

De qualquer forma, o Promotor ou Procurador fica impedido de exercer as funções eleitorais em todo o processo, tanto nas atividades administrativas e organizacionais, quanto no controle judicial das eleições (nas ações eleitorais), ainda que o candidato parente ou demandante não seja parte processual na ação eleitoral, posto que o interesse de fundo é sempre a preservação da lisura das eleições, do que decorre o interesse, ainda que indiretamente, de todos os que participam da disputa.

Na verdade, os Membros do Ministério Público, de todas as instâncias, se submetem às mesmas hipóteses de impedimento e suspeição previstas no CPC (aplicável subsidiariamente ao processo eleitoral[94]), de forma que o interessado poderá opor-lhes a exceção[95], no prazo de 15 dias[96], exatamente como estabelecido na lei processual civil. O Código Eleitoral, nos arts. 20 e 28, § 2º, remete ao CPC as hipóteses de impedimento e suspeição dos Procuradores Geral e Regionais, respectivamente. Cumpre salientar que o impedimento e a suspeição tornam-se matérias preclusas quando o interessado não oferece a exceção na forma e no prazo recomendados.

> "Exceção de Suspeição. Preclusão. Art. 20, parágrafo único do Código Eleitoral. A suspeição atribuída a Juiz deve ser arguida antes de qualquer ato que implique aceitação da jurisdição por ele exercida. Recurso não provido." (Ac. 12.840, de 25.03.1997, Rec. Especial Eleitoral 12.840, Rel. Min. Ilmar Galvão)
>
> "Eleitoral. Agravo Regimental em MS. Impedimento dos membros do Regional. Alegação posterior ao julgamento, pelo TRE, desfavorável ao impetrante. Preclusão. ... (Ac. 3.167, de 20.04.2004, Ag. Regimental em MS, Rel. Min. Carlos Velloso)

---

[94] O Novo CPC o prevê expressamente: art. 15

[95] No Novo CPC, a Exceção está prevista no art. 146.

[96] Que no processo eleitoral continua sendo corrido, não se aplicando o Novo CPC, em particular o art. 219, que prevê contagem apenas dos dias úteis, porque vai de encontro aos princípios da celeridade e da razoável duração do processo, especialmente caríssimos à Justiça Eleitoral. Um prazo de 15 dias, como o aqui lembrado, passaria a ser de no mínimo 19 dias, pela só existência, no seu curso, de dois finais de semana, sem contar eventuais feriados. Mas é importante registrar que esta mudança não impacta a contagem dos prazos no chamado "período crítico" do processo eleitoral, ou "micro processo eleitoral", que se inicia, conforme art. 16, da LC n. 64/90, com o registro das candidatura (15-agosto) e perdura até a data fixada no calendário eleitoral do ano da eleição, normalmente 16 ou 17 de dezembro), pois nesta fase todos os dias – inclusive sábados, domingos e feriados – são úteis, com regular expediente nos Cartórios Eleitorais. Por meio da Res. n. 23.478/2016, o TSE regulou a matéria e afastou a incidência do art. 219, do NCPC.

Título II

O PROCESSO ELEITORAL

Capítulo I

Alistamento Eleitoral

Como se sabe, a soberania popular é princípio estruturante do Estado Democrático de Direito, pois a Constituição Federal reconhece que todo poder pertence ao povo. Esse poder será exercitado, ou manifestado, segundo o modelo de democracia adotado, conhecendo-se as democracias direta e indireta. A primeira, que consiste no exercício do poder diretamente pelo cidadão, exige sua deliberação a cada ato a ser praticado pelo Estado. É evidentemente impraticável quando esse Estado assume proporções maiores. A segunda, a democracia indireta, aquela em que o povo exerce o seu poder por meio de representantes por ele escolhidos previamente, apresenta-se como o modelo mais viável. É a chamada "democracia representativa".

Para o exercício dessa representação popular, o voto do cidadão, escolhendo seus parlamentares e seus administradores, é fundamental para a legitimidade do poder.

O primeiro desafio da democracia representativa, portanto, é organizar seu corpo eleitoral, definindo regras pertinentes à capacidade eleitoral ativa. Ou seja: quem, dentre os que vivem numa determinada circunscrição, terá o poder de manifestar sua vontade no momento em que se escolhem os governantes. Quem terá o direito de votar. Isso porque, se é verdade que o poder pertence ao povo, não menos verdade é que nem todos do povo podem votar. Exclui-se, por necessidade mesmo de um melhor exercício do poder de escolha, uma parcela da população que, por suas condições pessoais, não se apresenta apta ao voto. São os chamados inalistáveis[97]; os que não têm acesso ao alistamento.

---

[97] Aos índios, que não saibam se expressar na língua nacional, o Código Eleitoral, art. 5º, II, vedava o alistamento eleitoral, norma que não foi recepcionada pela CF/88: "Alistamento eleitoral. Exigências. São aplicáveis aos indígenas integrados, reconhecidos no pleno exercício dos direitos civis, nos termos da legislação especial (Estatuto do Índio), as exigências impostas para o alistamento eleitoral, inclusive de comprovação de quitação do serviço militar ou de cumprimento de prestação alternativa." *(Res. nº 20.806, de 15.5.2001, rel. Garcia Vieira.). A Res. TSE n. 23.659, de 26.outubro.2021, novo regulamento do Cadastro de Eleitores, consigna a garantia de acesso das pessoas indígenas ao alistamento eleitoral, sem distinções entre "integradas" e "não integradas", "aldeadas" e "não aldeadas", etc., como também sem exigência de fluência na língua portuguesa, "assegurando-se a cidadãos e cidadãs indígenas o uso de suas línguas maternas e processos próprios de aprendizagem" (art. 13, §§ 2º e 3º).*

1. Pressuposto objetivo do exercício do voto

O alistamento eleitoral, por conseguinte, é o procedimento administrativo eleitoral em que se verifica se o requerente tem capacidade eleitoral ativa e se pode exercê-la nas urnas. Sem o alistamento regularmente deferido, não há como exercer o direito de voto, até porque o nome do pretendente ao voto não constará do "caderno de votações" (e nem da urna eletrônica). Então, "o alistamento eleitoral é o **pressuposto objetivo do exercício do voto** e a viabilização do exercício efetivo da soberania popular"[98] (destaque).

Para a mencionada Procuradora Regional Eleitoral gaúcha, "o alistamento eleitoral consiste no reconhecimento da condição de eleitor, que, por sua vez, corresponde à aquisição da cidadania e integra o indivíduo no universo de eleitores".[99]

A Res. TSE n. 23.659, de 26.outubro.2021, atual regulamento do Cadastro de Eleitores e que revogou a Res. TSE n. 21.538/2003, estabelece que "os direitos políticos são adquiridos mediante o alistamento eleitoral" (art. 11, caput), que é assegurado a todas as pessoas brasileiras que tenham atingido a idade mínima (16 anos), salvo os conscritos (inciso I) e às pessoas portuguesas que tenham adquirido o gozo dos direitos políticos no Brasil (inciso II).

Tal resolução inova ao permitir o alistamento até mesmo das pessoas que estejam com suspensão dos direitos políticos. Neste caso, o referido impedimento ao exercício dos direitos de votar e ser votado deve ser lançado logo na sequência (art. 11, § 2º).

2. Nome e Identidade de Gênero

Esse procedimento administrativo eleitoral (alistamento) pressupõe o preenchimento do RAE (requerimento de alistamento eleitoral) e a apresentação dos documentos enumerados no art. 44 do Código Eleitoral e nos arts. 34 e 42 da Resolução, basicamente prova da identidade e do domicílio eleitoral do alistando e o Juiz Eleitoral defere ou indefere o pedido do alistando (atividade administrativa do Juiz). A partir do deferimento, o cidadão está inscrito no corpo eleitoral daquela circunscrição (municipal, para os efeitos das eleições municipais; estadual, para as eleições gerais; e nacional, para as eleições presidenciais), alcançando o *status* de eleitor. Adquiriu, via de consequência, meios para o exercício de sua *capacidade eleitoral ativa*, ou seja, do direito de votar.

Questão atual e importante diz respeito à identidade de gênero e seu reflexo imediato no alistamento eleitoral. Não obstante o fato de o art. 10, § 3º, da Lei n. 9.504/97, utilizar-se da expressão "cada sexo" para fixação dos percentuais mínimo e máximo de candidatos às eleições proporcionais, o TSE, em 1º.3.2018, respondendo à Consulta n. 060405458, consignou que a dita expressão refere-se ao gênero, e não ao sexo biológico da pessoa. E na Res. TSE n. 23.562, de 22.março.2018, o Tribunal entende ser necessário levar em conta, já no alistamento eleitoral, a forma como a pessoa se relaciona

---

98 MICHELS, Vera Maria Nunes. *Direito eleitoral* – Análise panorâmica de acordo com a Lei n. 9.504/97. Porto Alegre: Livraria do Advogado, p. 14.

99 MICHELS, Vera Maria Nunes. *Direito eleitoral* – Análise panorâmica de acordo com a Lei n. 9.504/97, p. 13.

com as representações de masculinidade e feminilidade e como isso se traduz em sua prática social, mesmo sem guardar necessária relação com o sexo biológico atribuído no nascimento. Por isso, acrescentou à Res. TSE n. 21.538/2003 os arts. 9-A, 9-B, 9-C e 9-D e deu nova redação ao seu art. 29, § 3º, garantindo à pessoa travesti ou transexual levar para o seu cadastro eleitoral o seu nome social (que não pode se confundir com apelido) e a sua identidade de gênero. Essas regras foram mantidas na Res. TSE n. 23.659/2021:

> Art. 16. É direito fundamental da pessoa transgênera, preservados os dados do registro civil, fazer constar do Cadastro Eleitoral seu **nome social e sua identidade de gênero**.
>
> § 1º Considera-se **nome social** a designação pela qual a pessoa transgênera se identifica e é **socialmente reconhecida**.
>
> § 2º Considera-se **identidade de gênero** a atitude individual que diz respeito à forma como cada pessoa se percebe e se relaciona com as representações sociais de masculinidade e feminilidade e **como isso se traduz em sua prática social**, sem guardar necessária relação com o sexo biológico atribuído no nascimento.
>
> § 3º É vedada a inclusão de **alcunhas ou apelidos** no campo destinado ao nome social no Cadastro Eleitoral.
>
> § 4º A Justiça Eleitoral não divulgará o nome civil da pessoa quando for ela identificada por nome social constante do Cadastro Eleitoral, salvo:
>
> I - as hipóteses em que for legalmente exigido o compartilhamento do dado; ou
>
> II - para atendimento de solicitação formulada pelo(a) titular dos dados.
>
> § 5º O disposto no § 4º deste artigo não impede a inclusão do nome civil em batimentos, relatórios e documentos utilizados pela Justiça Eleitoral, quando justificada a necessidade

3. Res. TSE n. 21.538/2003, atualizada até a Res. TSE n. 23.596/2019: nome social e identidade de gênero

Os dados que o cidadão leva para o seu alistamento eleitoral, ficam protegidos em face de quem quer que seja (ressalvado acesso para efeito de recurso), e só podiam, na vigência da Resolução n. 20.132/98, ser obtidos por meio de requisição do Juiz Criminal, exatamente para instruir investigações ou processos criminais. Era o que dispunha o seu art. 26:

> "Art. 26. As informações constantes dos cadastros eleitorais, em meio magnético, serão acessíveis às instituições públicas e privadas e às pessoas físicas, nos termos desta Resolução.
>
> § 1º No interesse do resguardo da privacidade do cidadão, não se fornecerão informações constantes dos cadastros eleitorais, de caráter personalizado.
>
> § 2º Consideram-se, para os efeitos deste artigo, como informações personalizadas, relações de eleitores acompanhadas de dados pessoais (filiação, data de nascimento, profissão, estado civil, escolaridade, endereço, outros).
>
> § 3º Excluem-se da proibição de que cuida o artigo os pedidos relativos a procedimento previsto na legislação eleitoral e os formulados: a) pelo eleitor sobre seus dados pessoais; e b) por autoridade judiciária criminal."

O entendimento da mencionada Resolução terminava por impossibilitar o acesso às informações da qualificação, quando necessárias em ações de investigação de paternidade, ou de desvio de dinheiro público, por exemplo, que tanto mal causam à sociedade, tal como a prática delitiva. A liberação das informações somente para fins criminais, além de ilegal, era inconstitucional, operava distorções drásticas e odiosas como as que se mencionou. É curioso, porque a CF (art. 129) e a Lei Federal n. 8.625/93 (art. 26) conferem ao Ministério Público poder de requisição de informações existentes em instituições públicas ou privadas, não guardando qualquer restrição (ao contrário, alcançando até mesmo as hipóteses de sigilo legal). Em face disso, a resolução apresentava-se mesmo contrária aos textos constitucional e legal acima mencionados, pois permitia que apenas o Promotor Criminal tivesse acesso às informações constantes do alistamento, mas não o Promotor de Defesa do Patrimônio Público (para ter acesso à qualificação de um agente público ímprobo, por exemplo), ou o Promotor da Infância e Juventude (para ter acesso à qualificação do pai que deixa desassistido o filho menor), ou o Promotor Cível (para ter acesso à qualificação do suposto pai em investigação de paternidade), etc. Como resolução que era, por óbvio que não resistiu à ilegalidade e não pode se sobrepor ao texto de lei federal e, muito menos, à previsão constitucional. O festejado Hely Lopes Meirelles deixa claro que, dar mais importância a uma resolução de tribunal, seja qual for, do que à lei, é uma temeridade, visto que na hierarquia das normas não há o que discutir. A resolução é um ato administrativo, não legislativo. Não pode jamais cassar um direito líquido e certo conferido pela lei. O então Procurador Regional Eleitoral de Minas Gerais, Dr. Eugênio Paccelli de Oliveira, teve oportunidade de assentar que "a intimidade, a honra, a imagem, bem como os demais bens e valores assinalados no rol de garantias individuais previstos no art. 5º da Constituição da República, não constituem direitos absolutos. Aliás, nem mesmo a vida configura direito absoluto, autorizando o legislador a sua supressão em estados justificados como é o caso da legítima defesa e do estado da necessidade". (TRE-MG, Rec. Eleitoral 581/2001). Na linha de raciocínio do E. PRE, o Tribunal Eleitoral de Minas deu provimento ao mencionado recurso, por unanimidade, e conferiu ao Ministério Público legitimidade para requisitar informações do eleitor, constantes de seu alistamento eleitoral, sempre que forem elas necessárias para instruir suas investigações, sejam elas de qualquer natureza.

Aquela orientação da Resolução n. 20.132-TSE mudou o tratamento que a matéria merecia na Corte. Com a Resolução n. 13.582, de 6/3/87, o TSE já se preocupava com o sigilo dos dados constantes da qualificação do eleitor, determinando que "no interesse do resguardo da privacidade do cidadão, não se fornecerão informações constantes dos cadastros eleitorais, de caráter personalizado". E o Tribunal considerava "como informações personalizadas, relações de eleitores, desde que acompanhadas de dados de sua qualificação pessoal, inclusive endereço, salvo quando se tratar de procedimento previsto na legislação eleitoral". Até aí, tal como foi posteriormente repetido na Resolução n. 20.132. Entretanto, a "quebra" desse sigilo dos dados era facultada não somente aos Juízes Criminais (como na Resolução n. 20.132/98), mas a qualquer "autoridade judiciária", dizia o art. 2º, § 1º, da Resolução n. 13.582/87.

Com a **Resolução n. 21.538, de 14/10/2003**, o TSE revogou a Resolução n. 20.132/98 e, no que respeita ao "acesso às informações constantes do cadastro", prevê:

Art. 29. As informações constantes do cadastro eleitoral serão acessíveis às instituições públicas e privadas e às pessoas físicas, nos termos desta resolução (Lei nº 7.444/1985, art. 9º, I).

§ 1º O tratamento das informações pessoais assegurará a preservação da intimidade, da vida privada, da honra e da imagem do cidadão, restringindo-se o acesso a seu conteúdo na forma deste artigo. (redação dada pelo art. 1º da Res.-TSE nº 23490/2016)

§ 2º Excluem-se da restrição de que cuida o § 1º os pedidos relativos a procedimento previsto na legislação eleitoral, a ele relacionado ou de cujo atendimento resultem subsídios a sua análise, e o acesso: (Parágrafo 2º e alíneas A, B e C com redação dada pelo art. 1º da Res.-TSE nº 23490/2016)

a) do eleitor a seus dados pessoais;

b) de autoridade judicial, de órgão do Ministério Público e, desde que haja expressa autorização legal para acesso aos dados mantidos pela Justiça Eleitoral, de órgãos e agentes públicos ou outras entidades, vinculada a utilização das informações obtidas às respectivas atividades funcionais, exclusivamente;

c) de órgãos públicos, desde que signatários de convênios com o Tribunal Superior Eleitoral - TSE, cujos objetos estejam alinhados às respectivas missões institucionais, e de Termo de Compromisso e Manutenção de Sigilo - TCMS, na forma prevista pelo art. 18, parágrafo único, do Decreto nº 7.845/2012;

d) Os órgãos de direção nacional dos partidos políticos terão pleno acesso às informações de seus filiados constantes do cadastro eleitoral, inclusive àquelas que não sejam de informação obrigatória pelo eleitor (art. 19, § 3º, da Lei nº 9.096/1995). (Alínea *d* acrescida pelo art. 39 da Res.-TSE nº 23596/2019)

§ 3º O acesso de outros órgãos ou agentes públicos não indicados nas alíneas *b* e *c* do § 2º não incluirá informações pessoais relativas à intimidade, à vida privada, à honra e à imagem, aí considerados ocupação, estado civil, escolaridade, telefone, impressões digitais, fotografia, assinatura digitalizada, endereço e nome civil dissonante da identidade de gênero declarada. (Parágrafo 3º com redação dada pelo art. 2º da Res.-TSE nº 23562/2018)

§ 4º A restrição de que cuida o § 3º incidirá sobre outras informações cuja obtenção possa comprometer, mesmo que indiretamente, as regras de proteção estabelecidas nesta resolução, sem prejuízo da confirmação da autenticidade e da unicidade do registro de titular de inscrição eleitoral, desde que provido por ferramenta eletrônica ou serviço automatizado, na forma regulamentada por ato normativo próprio. (Parágrafo 4º acrescido pelo art. 1º da Res.-TSE nº 23490/2016)

§ 5º Aos profissionais contratados referidos no art. 12 da Resolução-TSE nº 23.440/2015 será concedido, para acesso ao Sistema ELO, o perfil apoio administrativo, cujas funcionalidades serão definidas por provimento da Corregedoria-Geral da Justiça Eleitoral. (Parágrafo 5º acrescido pelo art. 1º da Res.-TSE nº 23518/2017)

Art. 29-A. Para fins de cumprimento do disposto na alínea *d* do § 2º do art. 29 desta resolução, o requerimento do órgão nacional partidário deverá ser apresentado diretamente ao Tribunal Superior Eleitoral.

> § 1º Verificadas eventuais falhas de sistema na emissão do relatório para fins de atendimento ao disposto neste artigo, caberá ao requerente pleitear nova emissão.
>
> § 2º Aos partidos políticos em formação não se aplica o disposto neste artigo, subsistindo a estes o direito de obter a lista de eleitores com informações sobre o nome, o número do título e a eventual filiação a partido político, vedada a divulgação de outros dados (Resolução-TSE nº 23.571/2018, art. 19). (Art. 29-A e §§ 1º e 2º acrescidos pelo art. 39 da Res.-TSE nº 23596/2019)

Na Res. TSE n. 23.659, de 26.outubro.2021, atual regulamento do Cadastro de Eleitores, o art. 10 estabelece que "O acesso a informações constantes do Cadastro Eleitoral por instituições públicas e privadas e por pessoas físicas se dará conforme a Lei Geral de Proteção de Dados e a resolução do Tribunal Superior Eleitoral que tratar do acesso a dados constantes dos sistemas informatizados da Justiça Eleitoral."

O SIEL – Sistema de Informações Eleitorais – gerido pelo TSE permite o acesso direto e *on line* dos usuários (Magistrados, Membros do MP e servidores por eles indicados) previamente cadastrados, desde que informado, no formulário eletrônico de acesso, o número do processo ou procedimento a que se destina a informação pesquisada. A elogiável ferramenta torna dinâmica a busca, elimina a burocracia de ofícios e despachos e, ao mesmo tempo, se preocupa com a seletividade dos usuários habilitados e com a destinação da informação, vinculada ao exercício das funções.

Seção I

4. Alistamento obrigatório e facultativo

Segundo o ordenamento constitucional vigente (art. 14, § 1º), o alistamento é:

4.1. Obrigatório

Obrigatório para os maiores de 18 anos, e de ambos os sexos, frise-se, porque as mulheres não mais sofrem com o impedimento ao exercício da cidadania de outrora. Seu direito ao alistamento e ao voto foi garantido, pela primeira vez, com o Código Eleitoral de 1932. Agora, com o texto constitucional, são obrigatórios o alistamento e o comparecimento às urnas ou, pelo menos, a justificação.

Essa obrigatoriedade do alistamento envolve tanto os brasileiros natos quanto os naturalizados. O art. 8º do Código Eleitoral fixa o prazo de um ano para que o brasileiro se aliste eleitor, contado esse prazo do dia em que tornou-se obrigatório o alistamento. Então, o jovem terá até o dia em que completar 19 anos para alistar-se, e o estrangeiro que se naturalizar brasileiro terá até um ano após adquirida a nacionalidade brasileira para também tornar-se eleitor. A inobservância desse prazo acarreta ao brasileiro a multa prevista naquele art. 8º, além de ficar impedido de praticar os atos enumerados no § 1º do art. 7º, por força do seu § 2º. Essa multa não se aplica, todavia, se a inscrição for providenciada antes do encerramento do alistamento para as eleições seguintes, que ocorre 150 dias antes do pleito. Assim, p. ex., se o jovem completou 18 anos em agosto de 2004, tinha até agosto de 2005 (quando fez 19 anos) para alistar-se. A partir de então, já aplicável a multa. Mas se ele requereu o alistamento até o 151º dia anterior à eleição de 2006 (ou seja, até 03 de maio de 2006), a pena não foi cobrada, exatamente porque não terá ficado inapto ao voto na eleição imediatamente seguinte ao fim do seu prazo de inscrição (art. 8º, parágrafo único, do Código Eleitoral, e art. 33, § 1º, alínea "a", da Res. TSE n. 23.659/2021).

Como os portugueses, face ao "Estatuto da Igualdade", podem exercer direitos políticos no Brasil, o seu alistamento eleitoral será regularmente processado, bastando que faça prova da aquisição da igualdade. A hipótese constitui exceção à regra de que apenas os brasileiros, natos ou naturalizados, têm acesso ao alistamento e ao voto, pois o português continua ostentando sua condição de estrangeiro, distinguido, entretanto, pelo "tratado da amizade" entre Brasil e Portugal. A Res. TSE n. 23.659/2021 contempla o alistamento da pessoa portuguesa nos arts. 11, inciso II, e 34, inciso VI.

> "RECURSO ORDINÁRIO. ELEIÇÕES 2006. AÇÃO DE IMPUGNAÇÃO DE REGISTRO DE CANDIDATURA. DEPUTADO ESTADUAL. PORTUGUÊS COM IGUALDADE DE DIREITOS. REGISTRO DEFERIDO PELA CORTE REGIONAL. CONDIÇÃO DE ELEGIBILIDADE. FUNGIBILIDADE PROCESSUAL. RECURSO ORDINÁRIO RECEBIDO COMO RESPE. NEGADO PROVIMENTO.
>
> - No momento do alistamento eleitoral, o português deve comprovar a condição de igualdade;
>
> - Possibilidade de questionamento, a qualquer tempo, se verificado vício ou irregularidade na condição de igualdade de português [...]." *(Ac. de 29.9.2006 no RO nº 1.122, rel. Min. Carlos Ayres Britto.)*

4.2. Facultativo para:

– **Os analfabetos**. Os que não sabem ler e nem escrever, ou seja, que não se comunicam através da linguagem escrita, tiveram garantido o direito de alistamento e voto pela primeira vez em 1881, com a Lei Imperial n. 3.029. Em 1891, com a Constituição Republicana, foi suprimido aquele direito, que só voltou a ser cogitado com a EC 25, de 1985, ainda no regime autoritário. Então, ainda se vê no Código Eleitoral (que é de 1965), art. 5º, I, a proibição do alistamento do analfabeto, o que, evidentemente, já está superado, porque referido preceito não foi recepcionado pelo ordenamento constitucional vigente.[100] [101]

> "1. Os **indígenas** têm assegurado o direito de se alistar como eleitores e de votar, **independentemente de categorização** prevista em legislação especial infraconstitucional, a partir dos dezesseis anos, desde que atendidos os preceitos legais regulamentadores da matéria, conforme orientação firmada por esta corte

[100] Também não foi recepcionado pela nova ordem constitucional o art. 5º, II, do Código Eleitoral, que vedava o alistamento dos "que não saibam exprimir-se na língua nacional" (Resolução TSE n. 23.274/2010, de 01-06-2010, Rel. Min. Fernando Gonçalves)

[101] "Alistamento eleitoral. Exigências. São aplicáveis aos indígenas integrados, reconhecidos no pleno exercício dos direitos civis, nos termos da legislação especial (Estatuto do Índio), as exigências impostas para o alistamento eleitoral, inclusive de comprovação de quitação do serviço militar ou de cumprimento de prestação alternativa." *(Res. nº 20.806, de 15.5.2001, rel. Garcia Vieira.)*

superior. 2. Todo cidadão do sexo masculino, maior de dezoito anos, que comparece a unidade eleitoral - cartório, posto ou central de atendimento - com a finalidade de se alistar eleitor, deve apresentar, entre outros documentos, comprovante de quitação das obrigações militares, nos exatos termos do art. 44, II, do Código Eleitoral. 3. Tendo em conta a desinfluência da classificação conferida ao indígena para esta justiça especializada e a garantia constitucional relativamente a sua organização social, costumes, línguas, crenças e tradições (Constituição, art. 231), será solicitado, na hipótese de requerer alistamento eleitoral, documento hábil obtido na unidade do serviço militar do qual se infira sua regularidade com as obrigações correspondentes, seja pela prestação, dispensa, isenção ou quaisquer outros motivos admitidos pela legislação de regência da matéria, em conjunto ou não com o do órgão competente de assistência que comprove a condição de indígena, ambos estranhos à órbita de atuação da justiça eleitoral". (Ac. de 10.2.2015 no PA n. 191930, Rel. Min. João Otávio de Noronha)

"[...] Alistamento. Voto. Indígena. Categorização estabelecida em lei especial. 'Isolado'. 'Em vias de integração'. Inexistência. Óbice legal. Caráter facultativo. Possibilidade. Exibição. Documento. Registro Civil de Nascimento ou administrativo da FUNAI.1. A atual ordem constitucional, ao ampliar o direito à participação política dos cidadãos, restringindo o alistamento somente aos estrangeiros e aos conscritos, enquanto no serviço militar obrigatório, e o exercício do voto àqueles que tenham suspensos seus direitos políticos, assegurou-os, em caráter facultativo, a todos os indígenas, independentemente da categorização estabelecida na legislação especial infraconstitucional anterior, observadas as exigências de natureza constitucional e eleitoral pertinentes à matéria, como a nacionalidade brasileira e a idade mínima. 2. Os índios que venham a se alfabetizar, devem se inscrever como eleitores, não estando sujeitos ao pagamento de multa pelo alistamento extemporâneo, de acordo com a orientação prevista no art. 16, parágrafo único, da Res.-TSE 21.538, de 2003. 3. Para o ato de alistamento, faculta-se aos indígenas que não disponham do documento de registro civil de nascimento a apresentação do congênere administrativo expedido pela Fundação Nacional do Índio (FUNAI)." (Ac. de 6.12.2011 no PA n. 180681, Rel. Min. Nancy Andrighi)

Pode ser que o analfabeto, que não se tenha alistado, venha a alfabetizar-se, atraindo para si a obrigatoriedade do alistamento, já que não mais estará dentro da previsão constitucional de exceção à obrigatoriedade. E em que prazo deverá ocorrer seu alistamento? Como não há norma a respeito, parece razoável aplicar-se-lhe o mesmo prazo previsto para os que são obrigados ao alistamento, que é de um ano. Observa-se que o maior de 18 deve alistar-se obrigatoriamente até a data em que completa 19 anos, daí que tem um ano para fazê-lo. O estrangeiro que se naturaliza também tem um ano após a aquisição da nacionalidade brasileira para alistar-se. Tudo isso está previsto no art. 8º do Código Eleitoral e repetido no art. 33 da Res. TSE n. 23.659/2021. O mesmo art. 33, desta vez no § 1º, alínea "b", diz que "não se aplicará a sanção prevista no caput deste artigo [multa]: ... b) à pessoa que se alfabetizar após a idade prevista no art. 32 desta Resolução".

– **Os maiores de 70 anos**. Aqueles que chegaram aos setenta anos de idade sem alistamento, têm agora a faculdade de alistar-se. Por conseguinte, não haverá qualquer sanção para aquele idoso que preferir continuar sem o alistamento. Curioso lembrar que aquele que já se havia alistado antes desta idade, ou mesmo aquele que se alistou depois dela, tem ainda a faculdade de votar ou não votar no dia das eleições, porque o mencionado art. 14, § 1º, II, *b*, da CF/88, diz ser facultativo não só o alistamento, mas também o voto para as pessoas que menciona, dentre as quais os maiores de setenta anos.

– **Os maiores de 16 e menores de 18 anos**. Os jovens, nessa faixa etária, têm a opção dada pela Constituição Federal de se alistarem ou não. E também de votarem ou não. Mesmo que tenham optado pelo alistamento, ainda assim estão dispensados do voto, caso não queiram exercê-lo. Completados os 18 anos, entretanto, o voto deles já passa a ser obrigatório.

Ocorre, entretanto, que a Justiça Eleitoral não pode receber requerimentos de alistamento eleitoral até as vésperas das eleições, pela simples razão de que não teria tempo para o processamento do pedido, a expedição do título ao eleitor e, principalmente, o lançamento do nome do novo eleitor no caderno de votações e na urna eletrônica. Por isso, a Lei Eleitoral (Lei n. 9.504/97) assim dispôs em seu art. 91 (modificando o prazo do Código Eleitoral):

> "Nenhum requerimento de inscrição eleitoral ou de transferência será recebido dentro dos 150 (cento e cinquenta) dias anteriores à data da eleição."

Ora, se o jovem tem direito de votar aos 16 anos de idade, e se nos 150 dias anteriores à data da eleição a Justiça Eleitoral não mais acolhe requerimentos de alistamento, esse direito de votar ficaria prejudicado para o eleitor que viesse a completar aquela idade no período de 150 dias anteriores à eleição, (p. ex., para aquele que completasse 16 anos em agosto do ano da eleição) pela simples razão de não ter o alistamento, não ter o seu nome no caderno de votações e na urna eletrônica. Para garantir o direito de voto aos 16 anos, o que se exerce no dia da eleição, tornou-se necessário permitir que o alistamento se desse antes mesmo desta idade, para aqueles que, **com 15 anos de idade**, venham a completar os 16 anos até o dia da eleição, inclusive. Essa abertura para alistamento com idade a atingir até o dia da eleição já constava do art. 147 da CF/69, com a redação que lhe deu a EC 25/85, à época referindo-se ao alistando com 17 anos que viesse completar 18 até a data da eleição. Entretanto, nunca foi ele aplicado, à falta de legislação regulamentadora, entendida como necessária pelo TSE. Com a Resolução n. 20.132/98, esse alistamento restou previsto expressamente (art. 12), repetido na Resolução 21.538/2003 e agora ampliado na Res. TSE n. 23.659/2021:

> Art. 30. A partir da data em que a pessoa completar 15 anos, é facultado o seu alistamento eleitoral.
>
> § 1º Nos anos em que se realizarem eleições ordinárias, o alistamento de que trata o caput deste artigo deverá ser solicitado até o encerramento do prazo fixado para requerimento de operações do cadastro.
>
> § 2º O alistamento será requerido **diretamente pela pessoa menor de idade e independe de autorização ou assistência de seu/sua representante legal**.
>
> § 3º O título eleitoral emitido nas condições deste artigo **somente surtirá o efeito** previsto no art. 11 desta Resolução **quando a pessoa completar 16 anos**.

4.3. Os "Inválidos" e os que se encontram fora do país

Para o Código Eleitoral, segundo seu art. 6º, I, o alistamento ainda era facultativo para:

- **Os inválidos.** O art. 6º, I, *a*, do Código Eleitoral, diz não ser obrigatório o alistamento do inválido, daí que facultativo. Necessário, antes de mais nada, entender que a expressão "inválidos" dizia respeito às pessoas portadoras de deficiência física, porquanto o deficiente mental, que seja portador de incapacidade civil absoluta[102], não tem o exercício dos seus direitos políticos (art. 15, II, da CF/88), portanto inalistável (art. 5º, III, do CE). Como a Constituição prevê o alistamento facultativo como exceção e nela não inclui os "inválidos", entende o TSE que a regra da obrigatoriedade se impõe também às pessoas portadoras de necessidades especiais. A Res. TSE n. 23.659/2021 dispõe que "a obrigatoriedade e a facultatividade do alistamento eleitoral e do exercício do voto são determinadas pelas regras constitucionais, não se aplicando eventuais disposições legais em contrário" (art. 12). E acrescenta que "a Justiça Eleitoral não processará solicitação de suspensão de direitos políticos amparada em deficiência, em decisão judicial que declare incapacidade civil ou em documento que ateste afastamento laboral por invalidez ou fato semelhante" (art. 14, § 4º). Mas, reconhecendo que o alistamento e o voto podem impor sacrifícios desarrazoados à pessoa com deficiência, prevê: [103]

> Art. 15. Não estará sujeita às sanções legais decorrentes da ausência de alistamento e do não exercício do voto a pessoa com deficiência para quem seja **impossível ou demasiadamente oneroso** o cumprimento daquelas obrigações eleitorais.
>
> § 1º A pessoa nas condições do caput deste artigo poderá, pessoalmente ou por meio de curador/curadora, apoiador/apoiadora ou procurador/procuradora devidamente constituído(a) por instrumento público ou particular, requerer:
>
> a) a expedição da certidão prevista no inciso VII do art. 3º desta Resolução, com prazo de validade indeterminado, se ainda não houver se alistado eleitora; ou
>
> b) caso já possua inscrição eleitoral, o **lançamento da informação no Cadastro Eleitoral**, mediante comando próprio que a **isentará da sanção por ausência às urnas ou aos trabalhos eleitorais**.
>
> § 2º O requerimento a que se refere o parágrafo precedente deverá ser dirigido ao juízo eleitoral, acompanhado de autodeclaração da deficiência ou documentação comprobatória.
>
> § 3º Na avaliação da impossibilidade ou da onerosidade para o exercício das obrigações eleitorais, serão consideradas, também, a **situação socioeconômica** da pessoa requerente e as **barreiras de qualquer natureza** que dificultam ou impedem o seu alistamento ou direito ao voto.
>
> § 4º A providência a que se refere a alínea b do § 1º deste artigo inativará a situação de eventual registro por ausência às urnas ou aos trabalhos eleitorais, desde que esta decorra da situação descrita no caput.

---

[102] O Estatuto da Pessoa com Deficiência não mais permite a utilização da expressão "incapacidade civil absoluta" e consigna não haver pessoa absolutamente incapaz, senão os menores de 16 anos. O assunto será retomado mais adiante, quando do estudo dos direitos políticos e das hipóteses de sua suspensão.

[103] Já era neste sentido a Resolução TSE n. 21.920/2004, arts. 1º, 2º e 3º

> § 5º O disposto neste artigo **não constitui exceção ao alistamento eleitoral obrigatório** e não exclui o gozo de direitos políticos que dele decorram, cabendo ao tribunal regional eleitoral, sempre que possível, viabilizar o atendimento em domicílio para fins de alistamento, nos termos do art. 46 desta Resolução.
>
> § 6º A Justiça Eleitoral empreenderá esforços para garantir a acessibilidade nos cartórios eleitorais e postos de atendimento, ainda que por meio de acordo ou convênio com o Município ou Estado

E para o eleitor que se apresenta, no dia da eleição, com dificuldade intransponível ao exercício do voto, porque, v.gr., não consegue enxergar o teclado da urna (por déficit visual, exceto os que têm domínio do Braille – art. 59, da Res. 21.633/04) ou não consegue digitá-lo (por falta de mobilidade nos dedos ou na mão), passou a ser possível, a partir da Resolução TSE n. 21.819/04, o auxílio de terceira pessoa no ato de votar, ou seja, diante da urna eletrônica. A faculdade foi reafirmada na Res. TSE n. 23.659/2021:

> Art. 14. É direito fundamental da pessoa com deficiência, inclusive a que for declarada relativamente incapaz para a prática de atos da vida civil, estiver excepcionalmente sob curatela ou tiver optado pela tomada de decisão apoiada, a implementação de medidas destinadas a promover seu alistamento e o exercício de seus direitos políticos em igualdade de condições com as demais pessoas.
>
> § 1º A implementação de medidas a que se refere o caput deste artigo será realizada de forma gradativa, a partir de estudos e projetos conduzidos pela Justiça Eleitoral, que poderão decorrer de convênios com entidades especializadas ou outras formas de colaboração da sociedade civil.
>
> § 2º **É assegurado à pessoa com deficiência**:
>
> I - **escolher**, no ato de alistamento, transferência ou revisão, **local de votação** que permita sua vinculação a seção eleitoral com acessibilidade, dentro da zona eleitoral;
>
> II - **indicar**, no prazo estipulado pela Justiça Eleitoral **para cada pleito, local de votação, diverso daquele em que está sua seção de origem**, no qual prefere exercer o voto, desde que dentro dos limites da circunscrição do pleito; e
>
> III - **ser auxiliada, no ato de votar, por pessoa de sua escolha**, ainda que não o tenha requerido antecipadamente ao juízo eleitoral.
>
> § 3º É vedada a criação de seções eleitorais exclusivas para pessoas com deficiência.
>
> § 4º A Justiça Eleitoral não processará solicitação de suspensão de direitos políticos amparada em deficiência, em decisão judicial que declare incapacidade civil ou em documento que ateste afastamento laboral por invalidez ou fato semelhante.
>
> § 5º Na comunicação das informações relativas aos serviços e procedimentos de que trata esta Resolução, será assegurada a acessibilidade, na forma da Lei Brasileira de Inclusão da Pessoa com Deficiência e dos protocolos técnicos aplicáveis.

A referida faculdade exige alguns cuidados, principalmente dos mesários, porque o procedimento implica em quebra do sigilo do voto. Então, será necessário, primeiramente, assegurar-se de que se trata mesmo de pessoa com necessidades especiais, ou seja, daquela que é portadora de algum déficit que a impede de, sozinha, exercer o direito de voto. Além disso, é imprescindível que o mesário indague do eleitor se ele quer o auxílio de terceira pessoa, da sua absoluta confiança, no ato de votar. Essa é uma decisão que cabe apenas ao eleitor. Se ele, apesar de ser portador de necessidade especial, não quer o auxílio de terceiro, deverá se dirigir sozinho à urna eletrônica e votar como quiser.

Esse auxílio no ato de votar não se aplica àqueles eleitores que têm apenas dificuldade de locomoção, porque poderão ser levados até a cabina e, tão logo acomodados diante da urna eletrônica, lá deixados para o exercício do voto sigiloso.

Não procede qualquer preocupação com a constitucionalidade dessa Resolução, face à garantia constitucional do sigilo do voto (art. 14, caput). Na verdade, o voto secreto é um direito do brasileiro e não um dever que se lhe impõe, daí que pode o eleitor revelar o seu voto a quem quiser e, portanto, optar por fazer-se acompanhar no ato de votar, delegando a esse terceiro inclusive a digitação na urna.

– **Os que se encontram fora do País**. O art. 6º, I, *c*, do CE, diz ser facultativo o alistamento daqueles que se encontram fora do País. Tendo em vista que esta hipótese não foi contemplada no rol de exceções da Constituição Federal, forçoso concluir que o alistamento dos brasileiros que se encontram fora do país também é obrigatório.

Seção II

5. Direitos Políticos

5.1. Conceito

Os direitos políticos são um conjunto de prerrogativas que conferem ao seu titular a possibilidade – e em dadas situações a obrigatoriedade – de participar dos processos de escolha de representantes e de tomada de decisões estatais. O ordenamento jurídico disciplina a forma de manifestação dessa capacidade, que é direito subjetivo público do brasileiro, consagrada como "forma de atuação da soberania popular" pelo *caput* do art. 14 da CF/88.

Na conhecida definição de Pimenta Bueno, direitos políticos são

> "prerrogativas, atributos, faculdades, ou poder de intervenção dos cidadãos ativos no governo de seu país, intervenção direta ou indireta, mais ou menos ampla, segundo a intensidade do gozo desses direitos. São o *Jus Civitatis*, os direitos cívicos, que se referem ao Poder Público, que autorizam o cidadão ativo a participar na formação ou exercício da autoridade nacional, a exercer o direito de vontade ou eleitor, o direito de deputado ou senador, a ocupar cargos políticos e a manifestar suas opiniões sobre o governo do Estado."[104]

Ao adquirir os direitos políticos, o que se dá – segundo o TSE – com o alistamento eleitoral (art. 11, da Res. TSE n. 23.659/2021), o brasileiro está apto a exercer o poder, que é seu por previsão constitucional, já que terá adquirido a capacidade eleitoral ativa, ou

[104] PIMENTA BUENO. *Direito público brasileiro e análise da Constituição do Império*. Rio de Janeiro: Nova Edição, 1958, p. 459. *Apud* MORAES, Alexandre de. *Direito constitucional*. 10. ed., São Paulo: Atlas, p. 228.

seja, o direito de escolher pelo voto os seus representantes no governo e no parlamento. Fácil perceber, então, que o exercício dos direitos políticos viabiliza a realização do princípio democrático.

Esses direitos políticos, uma vez adquiridos, não se submetem à cassação, como no regime anterior à Constituição Federal de 1988. É o que dispõe o art. 15, da CF/88: "É vedada a cassação de direitos políticos...".

5.2. Perda ou suspensão

O mesmo art. 15 prevê, todavia, hipóteses de **perda ou suspensão** dos direitos políticos, em enumeração aparentemente taxativa, já que o dispositivo diz que a "perda ou suspensão *só* se dará nos casos de".

5.3. Cancelamento da naturalização por sentença transitada em julgado

"**Cancelamento da naturalização por sentença transitada em julgado**" - Trata-se de hipótese de perda dos direitos políticos, pois a pessoa volta à condição de estrangeiro, porque perdida a nacionalidade brasileira que adquirira por ocasião da naturalização, na forma do art. 12, II, da CF.

A nacionalidade brasileira, nata ou por naturalização, só será perdida nos casos previstos no § 4º do mencionado art. 12 da CF/88, dentre os quais o cancelamento da naturalização, em virtude de prática de atividade nociva ao interesse nacional.

A ação, para o cancelamento da naturalização, será ajuizada perante a Justiça Federal (art. 109, X, da CF) pelo Ministério Público Federal (art. 6º, IX, da LC 75/93).

Como ressaltado por Alexandre de Moraes, "uma vez perdida a nacionalidade somente será possível readquiri-la por meio de ação rescisória e nunca por novo procedimento de naturalização, pois estar-se-ia burlando a previsão constitucional".[105]

5.4. Incapacidade civil absoluta

"**Incapacidade civil absoluta**" – Se o brasileiro tem declarada, por sentença judicial transitada em julgado, em procedimento regular de interdição, a sua incapacidade civil absoluta, automaticamente estão suspensos os seus direitos políticos. A hipótese é de suspensão, à consideração de que a interdição poderá ser levantada a qualquer momento, bastando que cesse a incapacidade. Então, o brasileiro recupera, também automaticamente, os seus direitos políticos, como consequência da decisão prevista no art. 756, do NCPC.[106].

A afirmação de que a suspensão dos direitos políticos decorrente de incapacidade civil absoluta dá-se com a sentença judicial *transitada em julgado* merece alguma explicação, principalmente porque o art. 15, II, da CF, não impõe expressamente essa condicionante. Necessário lembrar, antes de prosseguir, que os direitos políticos são um atributo do brasileiro, inerentes ao princípio da soberania da vontade popular. Daí que qualquer hipótese de perda ou suspensão deve afirmar-se com segurança, com observância de

---

[105] MORAES, Alexandre de. *Direito constitucional*, p. 226.

[106] No CPC de 1973, o levantamento da interdição estava disciplinado no art. 1.186, § 2º.

procedimento contraditório. Por conseguinte, parece atentatório às garantias asseguradas ao cidadão retirar-lhe o exercício dos direitos políticos a partir da sentença de interdição ainda recorrível, mesmo que a lei civil seja expressa (CC, art. 1773) em afirmar que a sentença que declara a interdição produz efeitos desde logo, embora sujeita a recurso. Não parece ter sido intenção do legislador civil ir tão longe e atingir os direitos políticos antes do trânsito em julgado da decisão. Ao contrário, a imposição dos efeitos da decisão de interdição, ainda recorrível, se explica pela necessidade de proteger o interdito o quanto antes, com a nomeação de curador que cuide dos seus interesses pessoais e patrimoniais. A suspensão dos direitos políticos não se encontra nessa preocupação.

Esta hipótese de suspensão de direitos políticos tornou-se assunto tormentoso a partir da entrada em vigor do Estatuto da Pessoa com Deficiência, Lei n. 13.146/2015, principalmente porque alterado o art. 3º, Código Civil, que passa a dispor que absolutamente incapazes são apenas os menores de 16 anos.

Art. 3º. São absolutamente incapazes de exercer pessoalmente os atos da vida civil os menores de 16 (dezesseis) anos.

I - (Revogado);

II - (Revogado);

III - (Revogado)." (NR, dada pela Lei n. 13.146/2015)

Mais que isso, o Estatuto dispõe que à pessoa com deficiência serão assegurados os direitos de votar e ser votado, mesmo considerando "pessoa com deficiência aquela que tem impedimento de longo prazo de natureza física, mental, intelectual ou sensorial, o qual, em interação com uma ou mais barreiras, pode obstruir sua participação plena e efetiva na sociedade em igualdade de condições com as demais pessoas" (Art. 2ª).

Com efeito, assim dispõe o art. 76, § 1ª, do mencionado Estatuto, abrindo o Capítulo IV, reservado às disposições relativas ao direito à participação na vida pública e política:

> Art. 76. O poder público deve garantir à pessoa com deficiência todos os direitos políticos e a oportunidade de exercê-los em igualdade de condições com as demais pessoas.
>
> § 1ª À pessoa com deficiência será assegurado o direito de votar e de ser votada, inclusive por meio das seguintes ações:
>
> I - garantia de que os procedimentos, as instalações, os materiais e os equipamentos para votação sejam apropriados, acessíveis a todas as pessoas e ***de fácil compreensão*** e uso, sendo vedada a instalação de seções eleitorais exclusivas para a pessoa com deficiência;
>
> II - incentivo à pessoa com deficiência a candidatar-se e a desempenhar quaisquer funções públicas em todos os níveis de governo, inclusive por meio do uso de novas tecnologias assistivas, quando apropriado;
>
> III - garantia de que os pronunciamentos oficiais, a ***propaganda eleitoral obrigatória e os debates*** transmitidos pelas emissoras de televisão possuam, pelo menos, os ***recursos elencados no art. 67 desta Lei***;

> IV - garantia do livre exercício do direito ao voto e, para tanto, sempre que necessário e a seu pedido, permissão para que a pessoa com deficiência seja ***auxiliada na votação por pessoa de sua escolha***.

A um primeiro exame, parece mesmo que o Estatuto da Pessoa com Deficiência devolveu àquelas pessoas, qualquer que seja o impedimento, os direitos políticos que a Constituição Federal - art. 15, II - diz estarem suspensos. O TSE, inclusive, passou a orientar os Juízes e Cartórios Eleitorais a não inscreverem no cadastro nacional de eleitores eventuais decisões proferidas em sede de processos de Interdição.

Mas é necessário interpretar o Estatuto da Pessoa com Deficiência a partir da Constituição Federal. Se a lei maior tornou sem direitos políticos, ou seja, sem direito ao voto e à candidatura, as pessoas absolutamente incapazes, forçoso identificar a que incapacidade o constituinte de 1988 se referiu, para compreender por que razão lhes foi negado o pleno exercício dos direitos políticos. Nunca houve dúvida de que os absolutamente incapazes, para a CF, são os portadores de doença mental ou de desenvolvimento mental incompleto que, em razão disso, não têm discernimento suficiente para escolher seu representante (para exercício do direito ao voto) e, muito menos, para tornar-se representante do povo, antes disso sendo candidato e participando de uma campanha eleitoral.

O Estatuto da Pessoa com Deficiência terá se referido à pessoa com doença mental, sem discernimento, para dizê-la capaz de exercer os direitos de votar e ser votado? A legislação infraconstitucional (como o é o Estatuto da Pessoa com Deficiência) poderia esvaziar o conteúdo normativo do art. 15, II, da Constituição Federal? Mais que isso, a partir da vigência do referido Estatuto terá desaparecido do tecido social a pessoa com doença mental incapacitante, que de um momento para outro adquiriu discernimento e capacidade para fazer escolhas e assumir funções públicas eletivas? A resposta é evidentemente não!

As pessoas a que o constituinte se referiu - com doença mental incapacitante - continuam existindo e a elas não se pode conferir direito de votar e ser votado, porque não têm discernimento suficiente para tanto. Os direitos de votar e ser votado exigem, como se sabe, capacidade de avaliação das mais diversas opções postas. O próprio Estatuto da Pessoa com Deficiência prevê que a curatela não alcançará o direito ao voto, porque este é personalíssimo e não poderia ser exercitado pelo curador, sob pena de a este serem dadas duas oportunidades de ir às urnas e, portanto, votar duas vezes segundo a sua preferência, já que o curatelado não reúne condições para a escolha. De fato, o Estatuto assim dispõe:

> Art. 85. A curatela afetará tão somente os atos relacionados aos direitos de natureza ***patrimonial e negocial***.
>
> § 1º A definição da curatela não alcança o direito ao próprio corpo, à sexualidade, ao matrimônio, à privacidade, à educação, à saúde, ao trabalho e ao ***voto***.
>
> (...)

De outro lado, o Código Civil, com redação dada pelo mesmo Estatuto, dispõe que (art. 4º) "são incapazes, relativamente a certos atos ou à maneira de os exercer: ... III – aqueles que, por causa transitória ou permanente, não puderem exprimir sua vontade". Daí a nomeação de curador para a prática de atos negociais e de administração do patrimônio do curatelado, mas, nunca, para exercício da capacidade eleitoral ativa e, com mais razão, da capacidade eleitoral passiva.

Como não poderia ser, o Estatuto não vai ao ponto de assegurar direito ao voto para as pessoas com incapacidade mental, que "não puderem exprimir sua vontade". Se o fizesse, seria flagrantemente inconstitucional, pois estaria devolvendo às pessoas alcançadas pelo art. 15, II, da CF/88, os direitos políticos que a Constituição suspendeu. A interpretação literal do conjunto de dispositivos do Estatuto da Pessoa com Deficiência conduziria ao absurdo de permitir a candidatura e até mesmo a eleição da pessoa absolutamente incapaz, tomada a expressão no seu sentido comum, não jurídico, já que a lei não mais a permite.

De outro lado, interpretação conforme a Constituição sugere extrair dos diversos dispositivos do Estatuto a conclusão de que os direitos ao voto e à candidatura a que ele se refere são para as pessoas portadoras das demais formas de deficiência, que não a que retira da pessoa a capacidade de discernimento. É dizer que todo esforço deve ser empregado, especialmente pela Justiça Eleitoral, para proporcionar às pessoas com deficiência o acesso à propaganda eleitoral, aos debates, especialmente os televisivos, à urna eletrônica, dentre outros, eliminando-se os obstáculos, as barreiras, em cada uma das situações.

De volta ao art. 76 do Estatuto, acima transcrito, percebe-se que a garantia de exercício do direito de votar e ser votado não dispensa a capacidade de "compreensão" (art. 76, §1º, I) do eleitor – para avaliar as diversas propostas – e do candidato – para elaborar e transmitir seus projetos. E a lei, como já o faziam as resoluções do TSE, determina seja garantido o direito de voto à pessoa com deficiência física, que pode escolher pessoa da sua confiança para digitar na urna eletrônica os números dos candidatos da sua preferência. Quando o inciso IV se utiliza da expressão "auxiliada na votação por pessoa de sua escolha", fica clara a necessidade de o eleitor ter capacidade para escolher, não só os candidatos que terão o seu voto, mas também a pessoa que o auxiliará diante da urna.

De resto, se até a incapacidade civil relativa (art. 4º, do CC, com redação dada pelo Estatuto da Pessoa com Deficiência) pode limitar os atos da pessoa que não puder exprimir sua vontade, com muito mais razão deve o Juiz, na Interdição, reconhecer que o interdito não reúne as condições minimamente necessárias ao exercício dos direitos de votar e ser votado.

O TREMG já teve a oportunidade de se manifestar sobre o tema e assim decidiu:

> REGISTRO DE CANDIDATURA. AUSÊNCIA DE CONDIÇÃO DE ELEGIBILIDADE. CAPACIDADE CIVIL ABSOLUTA.

Deve-se fazer uma interpretação de forma a não retirar a eficácia do enunciado no inciso II, art. 15 da Constituição Federal. A incapacidade civil absoluta aqui diz respeito a condição da pessoa de discernir em quem está votando.

(...)

RECURSO A QUE SE NEGA PROVIMENTO, PARA MANTER A SENTENÇA QUE INDEFERIU O REGISTRO DE CANDIDATURA.

(RECURSO ELEITORAL n 41941, ACÓRDÃO de 25/10/2016, TRE-MG, Relator(a) RICARDO TORRES OLIVEIRA - CAND, Relator(a) designado(a) CARLOS ROBERTO DE CARVALHO - CAND, Publicação: PSESS - Publicado em Sessão, Data 25/10/2016)

Adotando solução diversa, a Res. TSE n. 23.659/2021 diz expressamente que "a Justiça Eleitoral não processará solicitação de suspensão de direitos políticos amparada em deficiência, em decisão judicial que declare incapacidade civil ou em documento que ateste afastamento laboral por invalidez ou fato semelhante" (art. 14, § 4º).

5.5. Condenação criminal: autoaplicabilidade, penas privativas de liberdade, restritiva de direitos e pecuniária, suspensão condicional da pena, livramento condicional, crime doloso ou culposo e contravenção penal. Entendimento do STF em repercussão geral

"Condenação criminal transitada em julgado, enquanto durarem seus efeitos" – Trata-se de hipótese também de suspensão dos direitos políticos, posto que o condenado criminalmente ficará impedido de exercer a cidadania plena apenas e tão somente enquanto durarem os efeitos da condenação.

Muito se discutiu a respeito da **autoaplicabilidade** da regra contida no art. 15, III, da CF. O Pleno do Supremo Tribunal Federal entendeu que a suspensão dos direitos políticos, nesta hipótese, não está a depender de regulamentação em norma complementar, já que é consequência direta e imediata da decisão condenatória transitada em julgado.[107]

E a jurisprudência eleitoral firmou-se no sentido de que nem mesmo será necessário que o Juiz Criminal, ao proferir o decreto condenatório, se manifeste a respeito da suspensão dos direitos políticos do condenado, posto que esse efeito é dela direto e imediato, e não efeito específico, como aqueles do art. 92[108] do Código Penal, que o Juiz Criminal pode ou não aplicar. Basta, portanto, a sentença criminal condenatória transitada em julgado para que os direitos políticos do condenado estejam suspensos, devendo o Juiz Criminal comunicar a condenação ao Juiz Eleitoral, para o simples efeito de anotar a suspensão no cadastro geral de eleitores, materializando-se o impedimento dos direitos de votar e ser votado. A comunicação ao Cartório Eleitoral é providência meramente cartorária.

---

[107] Rec. Extraordinário n. 179.502/SP, Rel. Min. Moreira Alves, dentre outros.

[108] Esse dispositivo prevê a perda do cargo público em razão de condenação criminal, nos casos ali mencionados, o que é diverso da suspensão de direitos políticos, sanção que decorre do texto constitucional.

Também pacificado o entendimento de que, **qualquer que seja a pena** aplicada pelo Juiz Criminal, os direitos políticos estão automaticamente suspensos até que a pena seja cumprida ou que seja extinta a punibilidade por quaisquer das razões previstas na legislação penal. Então, não importa que o Juiz Criminal tenha substituído a pena privativa de liberdade (prisão simples, detenção ou reclusão) por uma ou mais *restritivas de direitos* (prestação pecuniária, prestação de serviços à comunidade, interdição temporária de direitos, limitação de fim de semana – art. 43 do CP), ou mesmo pela *pena pecuniária* (multa – art. 60, § 2º, do CP), ou que tenha concedido ao condenado o benefício da *suspensão condicional da pena* (*sursis* – art. 77 do CP), ou que tenha o Sentenciado, durante a execução da pena, se beneficiado do *livramento condicional* (art. 83 do CP). Em resumo, basta que se tenha uma condenação criminal transitada em julgado, e o condenado ainda não tenha cumprido integralmente a pena, para que seus direitos políticos permaneçam suspensos.

Tudo isso porque o comando constitucional em análise prevê a suspensão dos direitos políticos enquanto durarem os efeitos da condenação. E a condenação criminal continua a produzir seus efeitos, ou seja, vinculando o condenado ao Juízo da Execução, até a extinção da pena, seja pelo cumprimento, seja por indulto, seja por prescrição da pretensão executória.

> "Eleições 2016. Agravo regimental. Agravo de instrumento. Recurso contra expedição de diploma. Vereador. Cassação. Condenação criminal transitada em julgado antes da diplomação. Suspensão dos direitos políticos. Art. 15 da constituição federal. Autoaplicabilidade. [...] 4. É autoaplicável o art. 15, III, da Constituição Federal, que impõe a suspensão dos direitos políticos aos condenados em ação criminal transitada em julgado enquanto durarem seus efeitos. [...] 7. A suspensão dos direitos políticos é **consequência automática** da condenação criminal transitada em julgado, ainda que a pena privativa de liberdade tenha sido substituída por **restritiva de direitos**.[...]." (Ac. de 21.2.2019 no AI n. 70447, Rel. Min. Admar Gonzaga)

> "Processo administrativo. Consulta. Art. 15, III, da Constituição Federal. Condenação criminal. Extinção da punibilidade. Multa não satisfeita. Suspensão. Direitos políticos. Permanência. Inelegibilidade. Art. 1º, I, e, da LC nº 64/90. Anotação. 1. A pendência de pagamento da **pena de multa**, ou sua cominação isolada nas sentenças criminais transitadas em julgado, tem o condão de manter/ensejar a **suspensão dos direitos políticos** prevista pelo art. 15, III, da Constituição Federal. 2. O registro inserido na base de perda e suspensão de direitos políticos somente será desativado quando cessados os motivos da suspensão, o que deverá ser comprovado pelo interessado ou comunicado pelo órgão competente. 3. Nos termos do art. 1º, I, e, da LC nº 64/90, o prazo de inelegibilidade, hipótese que abrange somente os condenados pelos crimes previstos no mencionado dispositivo, projeta-se por oito anos após o cumprimento da pena imposta, seja ela privativa de liberdade, restritiva de direito ou multa. 4. Necessidade de reiteração às corregedorias regionais eleitorais da orientação adotada por esta corte superior em relação ao tema". (Ac. de 23.4.2015 no PA n. 93631, Rel. Design. Min. Dias Toffoli)

> "[...]. Condenação criminal. Suspensão dos direitos políticos. Execução da multa. Caráter penal. [...] 2. A **pena de multa** imposta na sentença penal condenatória **é**

suficiente para a aplicação do disposto no art. 15, III, da Constituição Federal. Precedentes: [...]" (Ac. de 3.4.2014 no AgR-RO n. 1000638, Rel. Min. Dias Toffoli; no mesmo sentido, o Ac. de 6.6.2002 no REspe n. 19633, Rel. Min. Fernando Neves e o Ac. de 2.6.2011 no HC n. 51058, Rel. Min. Gilson Dipp)

"Eleições 2012. Registro. Vereador. Indeferimento. Condenação criminal. ... Art. 15, III, da Constituição Federal. Suspensão dos direitos políticos. ... Incidência. 1. Na linha da jurisprudência deste Tribunal e até que o Supremo Tribunal Federal reexamine a questão já admitida sob o ângulo da repercussão geral, a condenação criminal transitada em julgado é suficiente para atrair a incidência da suspensão dos direitos políticos, independentemente do fato de a pena privativa de liberdade ter sido posteriormente substituída pela **restritiva de direitos**. [...]" (Ac. de 7.5.2013 no REspe n. 39822, Rel. Min. Henrique Neves)

"Registro. Candidato. Vereador. Condenação. **Contravenção penal**. Direitos políticos. Suspensão. 1. A jurisprudência do Tribunal Superior Eleitoral é pacífica no sentido de que as condições de elegibilidade e as causas de inelegibilidade são aferidas no momento do pedido de registro de candidatura. 2. Se, nesse momento, o candidato não se encontra na plenitude de seus direitos políticos, não há como ser deferido o pedido de registro de candidatura. 3. Não se pode acolher o argumento de que, no momento da eleição, o candidato estará com os seus direitos políticos restabelecidos, uma vez que fatos supervenientes e imprevisíveis podem impedir o cumprimento da pena imposta. [...]" (Ac. de 9.10.2008 no AgR-REspe n. 30.218, Rel. Min. Arnaldo Versiani)

Resolução TSE n. 22.193, de 11.abril.2006

Medida de Segurança. Suspensão de direitos políticos. Natureza Condenatória. Possibilidade.

Não obstante tratar-se de sentença absolutória imprópria, a decisão que impõe medida de segurança ostenta natureza condenatória, atribuindo sanção penal, razão por que enseja suspensão de direitos políticos nos termos do art. 15, III, da Constituição Federal.

"O art. 15, III, da Constituição, é autoaplicável, prescindindo de processo autônomo, e não se confunde com inelegibilidade. Permanece a suspensão dos direitos políticos ainda quando esteja em curso o período de suspensão condicional da pena." (TSE, REsp. Eleitoral n. 14.119/SP, Rel. Min. Francisco Rezek)

"No que diz respeito à suspensão dos direitos políticos, nos termos do art. 15, III, da CF/88, entendo que, por não se tratar de efeito específico (art. 92 do CP), mas automático da condenação, não depende de menção expressa na sentença ou acórdão condenatório, para a sua incidência, não estando também adstrito à aplicação das penas privativas de liberdade e ao encarceramento do condenado. Assim, os institutos jurídicos de política criminal como o *sursis*, a substituição da pena privativa de liberdade por restritiva de direitos e o livramento condicional, não impedem a aplicação da regra constitucional em discussão." (TJMG, Ag. 276.294-6/00, Candeias, Rel. Des. Kelsen Carneiro, em 12/11/02. Neste mesmo sentido: STF Pleno, RExt. 179.502 e RExt. 577.012; TRE/SP, Pleno, Ac. n. 125.688, Proc. n. 10.572 e Ac. n. 112.985, Proc. n. 9.477)

"De acordo com a jurisprudência majoritária, a suspensão dos direitos políticos, prevista no art. 15, III, da CF/88, abrange toda e qualquer condenação criminal definitiva, não importando a quantidade da pena nem a eventual concessão dos benefícios do *sursis* ou do livramento condicional. O citado dispositivo constitucional é autoaplicável, prescindindo de sua menção na sentença condenatória..." (TJMG, Rec. Agravo n. 328.335-5/00, São João Evangelista, Rel. Des. Zulman Galdino, em 27/5/03)

"Os que sofreram condenação criminal têm suspensos os seus direitos políticos, restrita a suspensão à duração dos efeitos da sentença condenatória transitada em julgado, da qual decorre independentemente de qualquer formalidade, inclusive da menção no título sentencial. Não é uma pena que pode não ser aplicada, mas uma consequência ética, inafastável, da condenação, posta na Constituição Federal diretamente."[109]

"A suspensão dos direitos políticos do condenado, de que trata o art. 15, III, da CF, não sendo pena, e sim mero efeito secundário da condenação, tem aplicação automática, dispensando declaração expressa na sentença, ou mesmo formulação de pedido específico. De acordo com o referido dispositivo constitucional, todos os que sofrerem condenação criminal têm os direitos políticos suspensos, atingindo toda e qualquer condenação definitiva. Trata-se de regra autoaplicável, após o trânsito em julgado da decisão, prescindindo, pois, de ser mencionada na sentença ou em processo autônomo..." (TJMG, Ag. n. 233.733-5/00, Coromandel, Rel. Des. Odilon Ferreira, em 9/10/2001)

"Direitos políticos - Suspensão - Art. 15, III, da Constituição Federal/88 - Autoaplicabilidade - Declaração - Desnecessidade - Recurso - Prazo - Interrupção - Inocorrência - Não Conhecimento - A suspensão dos direitos políticos do acusado com fincas no art. 15, III, da Constituição Federal, é regra constitucional autoaplicável em qualquer caso de condenação criminal com trânsito em julgado, sendo desnecessário explicitá-lo na sentença, já que resulta da própria condenação." (TJMG, Ap. Criminal n. 167.467-0/00, Rel. Des. Odilon Ferreira)

"Em face do disposto no art. 15, III, da Constituição Federal, a suspensão dos direitos políticos se dá ainda quando, com referência ao condenado por sentença criminal transitada em julgado, esteja em curso o período da suspensão condicional da pena." (STF, Pleno, Rec. Ext. n. 179.502/SP, Rel. Min. Moreira Alves)

"Condenação criminal. O *sursis* não afasta a consequência da condenação, consistente na suspensão dos direitos políticos. Jurisprudência do Supremo Tribunal Federal e do Tribunal Superior Eleitoral." (TSE, Ac. n. 250, de 2/9/98, rel. Min. Eduardo Ribeiro.)

"Registro de candidatura. Condenação criminal com trânsito em julgado. Concessão de *sursis*. Suspensão dos direitos políticos. Estando em curso o período de suspensão condicional da pena, continuam suspensos os direitos políticos, a inviabilizar o registro da candidatura. (...)" (TSE, Ac. n. 16.432, de 22/8/2000, rel. Min. Garcia Vieira.)

Res.-TSE nº 23241/2010: impossibilidade de expedição de certidão de quitação eleitoral para que sentenciados que cumprem penas nos regimes semiaberto e aberto obtenham emprego; possibilidade de fornecimento, pela Justiça Eleitoral, de certidões que reflitam a suspensão de direitos políticos, das quais constem a natureza da restrição e o impedimento, durante a sua vigência, do exercício do voto e da regularização da situação eleitoral.

---

[109] NIESS, Pedro Henrique Távora. *Direitos políticos, condições de elegibilidade e inelegibilidade*. São Paulo: Saraiva, 1994, p. 18.

O STF voltou a apreciar o assunto no RExt. n. 601182, com repercussão geral reconhecida, com efeito vinculante, portanto, quando reafirmou sua jurisprudência no sentido da autoaplicabilidade do art. 15, III, da CF, e da suspensão dos direitos políticos mesmo quando a pena privativa de liberdade é substituída.

PENAL E PROCESSO PENAL. SUSPENSÃO DOS DIREITOS POLÍTICOS. AUTOAPLICAÇÃO. CONSEQUÊNCIA IMEDIATA DA SENTENÇA PENAL CONDENATÓRIA TRANSITADA EM JULGADO. NATUREZA DA PENA IMPOSTA QUE NÃO INTERFERE NA APLICAÇÃO DA SUSPENSÃO. OPÇÃO DO LEGISLADOR CONSTITUINTE. RECURSO CONHECIDO E PROVIDO.

> 1. A regra de suspensão dos direitos políticos prevista no art. 15, III, é **autoaplicável**, pois trata-se de **consequência imediata** da sentença penal condenatória transitada em julgado.
>
> 2. A autoaplicação **independe da natureza da pena imposta**.
>
> 3. A opção do legislador constituinte foi no sentido de que os condenados criminalmente, com trânsito em julgado, enquanto durar os efeitos da sentença condenatória, não exerçam os seus direitos políticos.
>
> 4. No caso concreto, recurso extraordinário conhecido e provido. (STF, RExt. N. 601182/MG, com repercussão geral)
>
> **Tema 370 da repercussão geral**:
>
> "A suspensão de direitos políticos prevista no art. 15, inc. III, da Constituição Federal aplica-se no caso de substituição da pena privativa de liberdade pela **restritiva de direitos**".

Percebe-se que o texto constitucional não faz qualquer referência à espécie de condenação criminal, exigindo apenas que o decreto condenatório tenha transitado em julgado. Em razão disso, não importa que o condenado o tenha sido por **crime doloso ou culposo**, ou mesmo por **contravenção penal**. O Tribunal Superior Eleitoral já teve oportunidade de afirmar a suspensão dos direitos políticos de pessoa condenada pela prática de lesões corporais culposas (TSE Pleno, Recurso n. 9.900/RS, Ac. 12.731, Rel. Min. Sepúlveda Pertence) e também de contravenção penal (TSE Pleno, REsp. n. 13.293/MG, Rel. Min. Eduardo Andrade Ribeiro de Oliveira).

> "Recurso especial. Candidato condenado pela prática de contravenção penal. Constituição Federal, art. 15, inciso III. A disposição constitucional, prevendo a suspensão dos direitos políticos, ao referir-se à condenação criminal transitada em julgado, abrange não só aquela decorrente da prática de crime, mas também a de contravenção penal." (TSE, REsp Eleitoral n. 13.293/MG, Rel. Min. Eduardo Ribeiro)
>
> Ac.-TSE, de 9.9.2021, no AgR-AREspE nº 060040185 e, de 13.10.2010, no AgR-REspe nº 409850: para incidência do inciso III, do art. 15, da CF, é irrelevante a espécie de crime, a natureza da pena e a suspensão condicional do processo.

Nem mesmo a **revisão criminal** intentada pelo condenado poderá obstar a suspensão dos direitos políticos. Foi essa a posição do TSE Pleno, no Rec. Esp. 13.924/PB, Rel. Min. Eduardo Andrade Ribeiro de Oliveira, em outubro de 1996 (no mesmo sentido, Ac. de 27.10.2004, no respe n. 22.154, Rel. Min. Caputo Bastos, Rel. designado

Min. Carlos Velloso, e Ac. de 19.11.2008, no AgR-Respe n. 31.330, Rel. Min. Felix Fischer). É que, como se sabe, a revisão criminal proposta pelo condenado não suspende os efeitos da condenação e nem interrompe o cumprimento da pena. Daí que, por razões óbvias, permanecem suspensos os direitos políticos do condenado.

5.6. Recuperação assim que cumprida a pena

Como a suspensão dos direitos políticos opera "enquanto durarem" os efeitos da condenação, o **condenado os recupera assim que cumprida a pena** ou extinta a punibilidade por qualquer outra razão, como a prescrição da pretensão executória. Se a suspensão se dá como efeito automático da condenação (art. 15, III, da CF), natural que a recuperação dos direitos políticos também decorra do fato que leva à extinção da pena (cumprimento ou prescrição), bastando ao condenado apresentar à Justiça Eleitoral certidão do Juízo da Execução que a assegure. A Súmula 9, do TSE, é esclarecedora:

> "A suspensão de direitos políticos decorrente de condenação criminal transitada em julgado cessa com o cumprimento ou a extinção da pena, independendo de reabilitação ou de prova de reparação dos danos."

5.7. Perda do mandato eletivo

A condenação criminal transitada em julgado, a par de suspender os direitos políticos do condenado, ainda poderá levá-lo à **perda do mandato eletivo** que estiver em curso. O Supremo Tribunal Federal decidiu:

> "Vereador, condenado criminalmente, perde o mandato, **independentemente de deliberação da Câmara**, como consequência da suspensão de seus direitos políticos. Não há possibilidade alguma de se estender os Vereadores o tratamento dos Parlamentares Federais e Estaduais. A perda do mandato não depende de deliberação da Casa. É consequência da suspensão dos direitos políticos que, por sua vez, é decorrência da condenação criminal transitada em julgado (STF, RExt. n. 225019, Rel. Min. Nelson Jobin)

Igualmente, em relação aos Prefeitos Municipais, expôs o Min. Nelson Jobim:

> "o ato declaratório é obrigatório. Constitui-se em mera formalização da extinção do mandato e da vacância do cargo. Não cabe ao Presidente da Câmara de Vereadores outra conduta senão a declaração da extinção do mandato." (STF Pleno, Rec. Ext. 225.019/GO, Rel. Min. Nelson Jobim, 8/8/99, *Informativo STF* 162)

O Supremo Tribunal Federal, apreciando caso de prefeito condenado pela prática de homicídio em 1983, salientou que o gozo dos direitos políticos é condição indispensável ao exercício da função dos agentes políticos, titulares de cargos eletivos ou não,[110] daí que a perda do cargo é consequência lógica e natural da suspensão de direitos políticos que se opera por força do trânsito em julgado da condenação criminal. O art. 55, §§ 2º e 3º, da CF, prevê a perda do mandato do parlamentar que sofrer condenação criminal ou, por qualquer razão, tiver suspensos seus direitos políticos. Também o Decreto Lei n. 201/67 prevê, art. 6º, I, e art. 8º, I, a extinção do mandato de prefeito e vereador, a ser declarada

---

[110] STF, RE 418876/MT, rel. Min. Sepúlveda Pertence, 30/3/2004

pelo presidente da Câmara, quando ocorrer perda ou suspensão de direitos políticos. A controvérsia, na jurisprudência do STF, fica limitada à hipótese de condenação de Deputados Federais e Senadores, para os quais há disposição constitucional específica e, em alguma medida, contraditória.

> "No caso específico dos parlamentares, essa relação natural entre suspensão dos direitos políticos e perda do cargo público (...) não se estabelece como consequência natural. E a Constituição, no art. 55, parágrafo 2º, diz claramente que, nesses casos, a perda do mandato será decidida pela Câmara dos Deputados ou pelo Senado Federal por (...) maioria absoluta, mediante provocação da respectiva Mesa ou de partido político representado no Congresso Nacional, assegurada ampla defesa." (**AP 565**, rel. Min. *Cármen Lúcia*, voto do Min. *Teori Zavascki*, julgamento em 8-8-2013, Plenário, *DJE* de 23-5-2014.) ***Em sentido contrário***: **AP 396-QO**, rel. Min. *Cármen Lúcia*, julgamento em 26-6-2013, Plenário, *DJE* de 4-10-2013; **AP 470**, rel. Min. *Joaquim Barbosa*, julgamento em 17-12-2012, Plenário, *DJE* de 22-4-2013.

> "A regra da cassação imediata dos mandatos, no entanto, aplica-se, por inteiro e de imediato, aos vereadores, bem como aos prefeitos, governadores e ao próprio presidente da República. (...). Nessa perspectiva, inexiste a alegada lesão hábil a alijar os efeitos da decisão proferida, uma vez que, no ordenamento vigente, as normas são explícitas ao dispor que somente a grave lesão à ordem, à saúde, à segurança e à economia pública autoriza a suspensão da liminar". (STF, Suspensão de Liminar n. 864, ministro Ricardo Lewandowsk, em 22-maio-2015)

De outro lado, uma vez perdido o mandato, como decorrência da suspensão dos direitos políticos, não há falar na sua recuperação, ou seja, na volta do condenado ao cargo eletivo, ao fim do cumprimento da pena, pois a hipótese é de perda do mandato e não de mera suspensão do seu exercício.

> "[...] Mandato - Suspensão dos direitos políticos. Uma vez configurada a suspensão dos direitos políticos, não é possível, cumprida a pena, pretender o retorno ao exercício do mandato, tendo em vista haver sido fulminado." (STF, Ac. de 15.12.2011, no HC n. 28.574, Rel. Min. Marco Aurélio)

5.8. Suspensão de Direitos Políticos X Inelegibilidade

Interessante frisar a **diferença entre a suspensão dos direitos políticos**, como consequência de toda condenação criminal transitada em julgado e que cessa quando do cumprimento ou extinção da pena, e a **inelegibilidade** decorrente de certas condenações criminais, que incide exatamente a partir do cumprimento da pena. Explica-se melhor: condenado por qualquer crime ou contravenção penal, o brasileiro tem seus direitos políticos suspensos por força do art. 15, III, da CF, e os recupera quando do cumprimento ou extinção da pena. Exatamente o que estudamos até aqui. Entretanto, se a condenação foi pela prática de crimes contra a economia popular, a fé pública, a administração pública, o patrimônio público ou privado, o sistema financeiro, pelo tráfico de entorpecentes, contra o meio ambiente, a saúde pública, a vida e a dignidade sexual, por crimes eleitorais, dentre outros, o brasileiro fica com seus direitos políticos suspensos enquanto durarem os efeitos da condenação e os recupera quando do cumprimento ou extinção da pena, tudo por força, ainda, do mencionado art. 15, III, da CF. Todavia, assim que cumprida a pena, inicia-se novo período de repercussão desse fato na vida política do condenado, que é chamado de inelegibilidade. Veja-se que agora não mais está ele com seus direitos políticos suspensos, até porque acabou de recuperá-los pela extinção da pena. Essa inelegibilidade, que será vista com maior cuidado quando do estudo do registro da candidatura, impede o brasileiro de candidatar-se a cargos públicos eletivos, ou seja, retira da pessoa a capacidade eleitoral passiva, a elegibilidade, o direito de ser votado. Segundo o disposto no art. 1º, I, *e*, da Lei Complementar n. 64/90, com a redação da LC n. 135/2010 (lei da ficha limpa), essa inelegibilidade tem início com a decisão condenatória de órgão judicial colegiado – antes de transitada em julgado, portanto – e se estende até oito anos após o cumprimento da pena. Em conclusão, se a pessoa é condenada pelo tráfico de entorpecentes, por exemplo, a 10 anos de reclusão, ficará durante esse período com seus direitos políticos suspensos (sem direito de votar e ser votado, por força do art. 15, III, da CF/88) e inelegível (sem direito de candidatar-se, por força do art. 1º, I, *e*, da LC n. 64/90) desde a decisão colegiada (Tribunal), mesmo que não transitada, até oito anos após a extinção daquela pena. Durante os efeitos da condenação transitada em julgado, é suspensão dos direitos políticos. Entre a condenação colegiada e o trânsito em julgado e após cumprida a pena, é inelegibilidade, que só se aplica quando a condenação teve como fundamento qualquer daqueles crimes mencionados na Lei Complementar n. 64/90.

5.9. Recusa de cumprir obrigação a todos imposta ou prestação alternativa

"Recusa de cumprir obrigação a todos imposta ou prestação alternativa, nos termos do art. 5º, VIII" – O art. 143, *caput*, da CF/88, fixa como obrigatório o serviço militar perante o Exército, a Marinha ou a Aeronáutica. Nos §§ 1º e 2º, fala-se em "atribuir serviço alternativo aos que, em tempo de paz, após alistados, alegarem imperativo de consciência, entendendo-se como tal o decorrente de crença religiosa e de convicção filosófica ou política, para se eximirem de atividades de caráter essencialmente militar", como também em isenção desse serviço militar às mulheres e aos eclesiásticos, em tempo de paz, os quais ficam sujeitos a outros encargos que a lei lhes atribuir.

A Lei n. 8.239/91 é a disciplina dessa prestação alternativa para os que não cumprirem o serviço militar, a ser fixada pela Autoridade Militar. Se o brasileiro não presta o serviço militar e nem cumpre a obrigação alternativa que lhe foi atribuída, terá seus direitos políticos suspensos por decisão administrativa da Autoridade Militar.

> MANDADO DE SEGURANÇA - PERDA DOS DIREITOS POLÍTICOS - CANCELAMENTO DE INSCRIÇÃO ELEITORAL - DECADÊNCIA - ART. 54 DA LEI 9.784/99.
>
> A recusa de cumprimento de obrigação a todos imposta ou prestação alternativa acarreta a perda dos direitos políticos, nos termos do art. 15, inc. IV, da Constituição Federal.
>
> O prazo decadencial para a Administração Pública cancelar a inscrição eleitoral, em decorrência da perda de direitos políticos, em razão do não cumprimento de obrigação é de cinco anos, ex vi do disposto no art. 54 da Lei 9.784/99.

(MANDADO DE SEGURANCA n 77, ACÓRDÃO n 26.957 de 06/02/2003, TRE-PR, Relator(a) GUILHERME LUIZ GOMES, Publicação: DJ - Diário da Justiça, Data 14/02/2003)

[...] DIREITOS POLÍTICOS. OBRIGAÇÃO DO SERVIÇO MILITAR OU DA PRESTAÇÃO ALTERNATIVA. REVOGAÇÃO DA LEI 818/49. VAZIO NORMATIVO. OMISSÃO EM RELAÇÃO AO ART. 3º DO PACTO DE SÃO JOSÉ DA COSTA RICA. INOCORRÊNCIA. TRATADOS DE DIREITOS HUMANOS. SUPRALEGALIDADE. CONTROLE DE CONVENCIONALIDADE DIFUSO E CONCENTRADO PELO PODER JUDICIÁRIO. DECISÃO DEVIDAMENTE FUNDAMENTADA. PEDIDO INDEFERIDO.

[...]

2. A Corte Interamericana de Direitos Humanos, no julgamento do caso *Almonacid Arellano y otros v. Chile*, passou a exigir que o Poder Judiciário de cada Estado signatário do Pacto de São José da Costa Rica exerça o controle de convencionalidade das normas jurídicas internas que aplica aos casos concretos (STJ REsp nº 1.640.084/SP, Rel. Min. Ribeiro Dantas, Quinta Turma, DJe de 1º/2/2017).

3. Conquanto ainda não consolidada a jurisprudência brasileira, revela-se prudente que o controle de convencionalidade dos tratados de direitos humanos, com *status* de supralegalidade, deva ser exercido pela via jurisdicional e em controle difuso.

4. Objetivando conferir plenitude ao exercício dos direitos políticos daqueles que **não cumpriram a obrigação do Serviço Militar ou da prestação alternativa e que tenham ultrapassado a idade prevista no art. 5º da Lei 4.375/64**, esta Corte decidiu favoravelmente aos cidadãos, porquanto foi autorizado que a Secretaria da Corregedoria-Geral Eleitoral adotasse providências relativas à inativação dos referidos registros nas suas bases de dados, nos termos do *decisum* ora impugnado.

5. Por outro lado, presume-se a constitucionalidade da matéria, vez que não houve decisão definitiva do Colendo Supremo Tribunal Federal para afastá-la.

[...] (PA - Pedido de Reconsideração em Processo Administrativo nº 060030766 - BRASÍLIA – DF, Acórdão de 21/02/2019, Rel. Min. Jorge Mussi, DJE, Tomo 62, Data 01/04/2019)

[...]

3. De acordo com a legislação de regência, **a obrigação do serviço militar ou da prestação alternativa cessa em 31 de dezembro do ano em que a pessoa completar 45 anos** - art. 5º da Lei 4.375/64. É forçosa, apesar de bastante conservadora, a aplicação analógica de tal marco temporal à hipótese dos sancionados pela negativa do cumprimento do serviço militar obrigatório.

[...]

5. A plenitude do exercício dos direitos políticos daqueles que não cumpriram a obrigação do serviço militar ou da prestação alternativa, e que tenham ultrapassado a idade prevista no citado artigo, deverá ser garantida por esta Justiça Especializada, uma vez que provocada a fazê-lo.

(PA - Processo Administrativo nº 060030766 - BRASÍLIA – DF, Acórdão de 24/04/2018, Rel. Min. Napoleão Nunes Maia Filho, DJE, Tomo 84, Data 27/04/2018)

Essa suspensão cessa tão logo cumprida a obrigação alternativa, devendo o eleitor apresentar à Justiça Eleitoral a certidão do seu cumprimento.[111]

[111] Conforme art. 20, II, "b", da Res. TSE n. 23.659/2021

5.10. Improbidade administrativa

"**Improbidade administrativa, nos termos do art. 37, § 4º**" – Diz este dispositivo constitucional que "os atos de improbidade administrativa importarão a suspensão dos direitos políticos, a perda da função pública, a indisponibilidade dos bens e o ressarcimento ao erário, na forma e gradação previstas em lei, sem prejuízo da ação penal cabível".

Os atos que importam improbidade administrativa estão tipificados na Lei n. 8.429/92, com redação dada pela Lei 14.230/2021, e também no art. 73 da Lei n. 9.504/97[112] (a Lei Eleitoral). Uma vez apurada a conduta, a procedência da ação de improbidade[113] tem como consequência, dentre outras, a suspensão dos direitos políticos, por força do art. 15, V, da CF, bastando que o Juiz que a tenha decidido comunique a condenação ao Juiz Eleitoral, para as devidas anotações. A anotação da suspensão, no cadastro eleitoral do condenado por improbidade, só poderá ser feita após o trânsito em julgado da decisão, pois que não se impõe referida limitação sem aquele pressuposto.

> [...] 2. A suspensão dos direitos políticos, no caso de condenação por ato doloso de improbidade administrativa, que importe lesão ao Erário e enriquecimento ilícito, opera-se a partir do trânsito em julgado da sentença condenatória (art. 20 da Lei nº 8.429/92 e do art. 15, V, da CF), perdurando seus efeitos até o cumprimento da pena, sendo, portanto, uma consequência dessa sentença. Já a inelegibilidade prevista na alínea *l* do inciso I do art. 1º da LC nº 64/90, por sua vez, é um efeito secundário dessa condenação. (TSE, RESPE n. 13021 - VOTORANTIM – SP, Acórdão de 20/04/2017, Rel. Min. Luciana Lóssio, DJE, Tomo 92, Data 12/05/2017)

Suspensos os direitos políticos do condenado por improbidade administrativa, a perda do mandato eletivo eventualmente exercido é, como visto na hipótese de condenação criminal, consequência natural, porque a representação popular pressupõe o pleno gozo dos direitos políticos. Até mesmo em relação a Deputados Federais e Senadores, a suspensão de direitos políticos decorrente de improbidade administrativa leva – automática e imediatamente – à perda do mandato, cabendo à Mesa Diretora da respectiva Casa Legislativa a edição de ato meramente declaratório. Não se observa, neste caso, a controvérsia que se instalou a respeito da perda de mandato decorrente de condenações criminais (ver item 7, acima), tendo em vista o disposto no art. 55, § 3º, da CF/88, que prevê:

> Art. 55. ...
>
> § 3º - Nos casos previstos nos incisos III a V, a perda será declarada pela Mesa da Casa respectiva, de ofício ou mediante provocação de qualquer de seus membros, ou de partido político representado no Congresso Nacional, assegurada ampla defesa.
>
> Na jurisprudência do STF, colhe-se o seguinte julgado:
>
> "Extinção de mandato parlamentar em decorrência de sentença proferida em ação de improbidade administrativa, que suspendeu, por seis anos, os direitos políticos do titular do mandato. Ato da Mesa da Câmara dos Deputados que sobrestou o procedimento de declaração de perda do mandato, sob alegação de inocorrência do trânsito em julgado da decisão judicial. Em hipótese de extinção de mandado

[112] Conforme seu parágrafo 7º.

[113] De competência da Justiça Comum.

parlamentar, a sua declaração pela Mesa é ato vinculado à existência do fato objetivo que a determina, cuja realidade ou não o interessado pode induvidosamente submeter ao controle jurisdicional. No caso, comunicada a suspensão dos direitos políticos do litisconsorte passivo por decisão judicial e solicitada a adoção de providências para a execução do julgado, de acordo com determinação do STJ, não cabia outra conduta à autoridade coatora senão declarar a perda do mandato do parlamentar." (MS 25.461, Rel. Min. Sepúlveda Pertence, julgamento em 29-6-2006, Plenário, DJ de 22-9-2006.)

De outro lado, com a lei da ficha limpa (LC n. 135/2010), a improbidade administrativa foi elevada também a causa de inelegibilidade, que se impõe a partir da decisão condenatória colegiada, antes do trânsito em julgado, portanto, projetando-se para até oito anos após cumpridas as penas fixadas na decisão, v.gr., a suspensão dos direitos políticos, a multa e o ressarcimento ao erário [114]. Aqui, como nas condenações criminais, há dois períodos distintos: um de inelegibilidade (por força da lei da ficha limpa) e outro de suspensão de direitos políticos (por força da Constituição Federal e da Lei n. 8.429/92). A incidência da inelegibilidade, decorrente da condenação por improbidade, será tratada com mais vagar no Capítulo II (Pedido de Registro de Candidatura), Seção III (Causas de Inelegibilidade), item 9.5.

5.11. Direitos políticos em Portugal

Já se disse que os brasileiros, natos ou naturalizados, têm direitos políticos, podendo exercê-los plenamente se não estiverem em quaisquer das situações dantes analisadas. As edições anteriores desta obra consignaram que "os brasileiros que estiverem no pleno exercício de seus direitos políticos, mas que vierem a adquirir **direitos políticos em Portugal**, por força do "Estatuto da Igualdade entre Brasileiros e Portugueses" ficarão com seus direitos políticos suspensos no Brasil (art. 51, § 4º, da Resolução n. 21.538/2003-TSE)". O Dec. nº 3.927/2001, que "Promulga o Tratado de Amizade, Cooperação e Consulta", entre a República Federativa do Brasil e a República Portuguesa, celebrado em Porto Seguro em 22 de abril de 2000[115], dispõe em seu art. 17:

> 1. O gozo de direitos políticos por brasileiros em Portugal e por portugueses no Brasil só será reconhecido aos que tiverem três anos de residência habitual e depende de requerimento à autoridade competente.
>
> 2. A igualdade quanto aos direitos políticos não abrange as pessoas que, no Estado da nacionalidade, houverem sido privadas de direitos equivalentes.
>
> 3. O gozo de direitos políticos no Estado de residência importa na suspensão do exercício dos mesmos direitos no Estado da nacionalidade".[116]

---

[114] Há importante discussão sobre se os 8 anos da inelegibilidade contam-se já a partir do cumprimento da suspensão dos direitos políticos ou se apenas após cumpridas todas as sanções fixadas na sentença, p.ex., a multa civil e o ressarcimento ao erário.

[115] Cujo art. 78 revoga a Convenção sobre Igualdade aprovada pelo Dec. nº 70.436/72 e regulamentada pelo Dec. nº 70.391/72.

[116] Ac.-TSE, de 29.9.2006, no RO nº 1.122: inexigência de apresentação de portaria do Ministério da Justiça no momento do registro de candidato, pois a posse do título de eleitor gera presunção de que tal documento tenha sido apresentado no alistamento eleitoral.

A Res. TSE n. 23.659/2021, que contém o atual regulamento do Cadastro de Eleitores, consigna expressamente que:

Art. 11. Os direitos políticos são adquiridos mediante o alistamento eleitoral, que é assegurado:

> I - a todas as pessoas brasileiras que tenham atingido a idade mínima constitucionalmente prevista, salvo os que, pertencendo à classe dos conscritos, estejam no período de serviço militar obrigatório e dele não tenham se desincumbido; e
>
> II - às pessoas portuguesas que tenham adquirido o gozo dos direitos políticos no Brasil, observada a legislação específica.
>
> § 1º A **suspensão dos direitos políticos** não obsta a realização das operações do Cadastro Eleitoral, inclusive o alistamento, logo após o qual deverá ser registrado o código ASE que indique o impedimento ao exercício daqueles direitos.
>
> § 2º A **perda dos direitos políticos**, decorrente da perda da nacionalidade brasileira, impede o alistamento eleitoral e as demais operações do Cadastro Eleitoral, acarretando, se for o caso, o cancelamento da inscrição já existente.
>
> § 3º **A aquisição do gozo de direitos políticos por pessoa brasileira em Portugal não acarreta a suspensão de direitos políticos** ou o cancelamento da inscrição eleitoral e não impede o alistamento eleitoral ou as demais operações do Cadastro Eleitoral.
>
> § 4º Será cancelada a inscrição eleitoral quando declarado extinto o gozo dos direitos políticos por pessoa portuguesa no Brasil.
>
> [...]

Seção III

6. Os Inalistáveis

Aqueles que não podem alistar-se eleitores, ou seja, os que não têm a capacidade eleitoral, são os chamados inalistáveis.

O art. 14, § 2º, da CF/88 diz serem inalistáveis os estrangeiros e, durante o período do serviço militar obrigatório, os conscritos.

6.1. Os estrangeiros

Os estrangeiros – Essa regra constitucional completa-se com as já estudadas, relativamente aos direitos políticos e à nacionalidade brasileira. Já tínhamos visto que apenas os brasileiros, natos ou naturalizados, podem ter o exercício dos direitos políticos, os quais são perdidos quando do cancelamento da naturalização (art. 15, I). Ora, se os direitos políticos (os direitos de votar e ser votado) são garantidos apenas aos brasileiros, natural concluir que os estrangeiros não têm acesso ao alistamento eleitoral. Exceção feita, como já dito, aos portugueses residentes no Brasil, aos quais tenha sido deferida a igualdade de direitos, porque são alistáveis (art. 11, II, da Res. TSE n. 23.659/2021).

6.2. Os conscritos

Os conscritos – São conscritos aqueles que prestam o serviço militar obrigatório, e apenas durante esse período[117]. Então, se o jovem está engajado no serviço militar obrigatório, não poderá ele alistar-se. Ocorre que o nosso jovem, ao ingressar no serviço militar obrigatório, com 17 ou 18 anos, já poderá estar alistado desde os 16, pois para ele o alistamento é facultativo a partir daquela idade. Por conseguinte, a regra constitucional que impede o seu alistamento enquanto conscrito não terá para ele qualquer implicação, posto que não perderá, *ipso facto*, o alistamento, que, ao contrário, se mantém. O que não poderá é exercer o direito de voto enquanto conscrito, conforme decisão do TSE (Resolução n. 15.072/89, e Consulta n. 9.881/90).

> "Alistamento eleitoral. Impossibilidade de ser efetuado por aqueles que prestam o serviço militar obrigatório. Manutenção do impedimento ao exercício do voto pelos conscritos anteriormente alistados perante a Justiça Eleitoral, durante o período da conscrição." *(Res. nº 20.165, de 7.4.98, rel. Min. Nilson Naves.)*

Para observância desse impedimento ao voto, os comandantes militares devem enviar à Justiça Eleitoral a relação de seus conscritos, para as devidas anotações.

A respeito dos conscritos, a Res. TSE n. 23.659/2021, atual regulamento do Cadastro de Eleitores, assim dispõe:

> Art. 35. A apresentação de certificado de quitação militar somente é obrigatória para alistandos do gênero masculino que pertençam à classe dos conscritos.
>
> § 1º Para os fins do caput, apenas se consideram conscritos, nos termos da legislação militar, os **brasileiros nascidos entre 1º de janeiro e 31 de dezembro do ano em que completarem 19 anos de idade**, os quais compõem a classe chamada para a seleção, tendo em vista a prestação do Serviço Militar inicial (Lei nº 4.375/1964, art. 3º ; e Decreto nº 57.654/1966, art. 3º, 5) .
>
> § 2º **Pode se alistar eleitor**, independentemente da apresentação do certificado de quitação correspondente, o brasileiro para o qual:
>
> a) **ainda não tenha se iniciado o período de conscrição, ainda que, completados 18 anos**, esteja em curso o prazo de apresentação ao órgão de alistamento militar; e
>
> b) **após 31 de dezembro do ano que completar 45 anos**, tenha findado o período de conscrição, mesmo que permaneça sujeito ao serviço militar obrigatório, nos termos da legislação militar.
>
> § 3º Em caso de eleitor **alistado antes do início do período de conscrição**, a inscrição eleitoral terá seus **efeitos suspensos** uma vez comunicado pela autoridade competente o início da prestação do serviço militar inicial obrigatório.
>
> § 4º Se tiverem cumprido suas obrigações militares no país de sua nacionalidade anterior, o brasileiro nato que tenha optado pela nacionalidade brasileira e o brasileiro naturalizado são obrigados, enquanto pertencerem às classes conscritas, a apresentar

[117] Res.-TSE nº 15.850/89: a palavra "conscritos" constante deste dispositivo alcança também aqueles matriculados nos órgãos de formação de reserva e os médicos, dentistas, farmacêuticos e veterinários que prestam serviço militar inicial obrigatório.

no alistamento o Certificado de Dispensa de Incorporação previsto na legislação militar (Decreto nº 9.199/2017, art. 229) .

§ 5º O certificado de quitação militar poderá ser exigido para fins de inativação do ASE correspondente à suspensão dos direitos políticos, quando a comunicação não houver ocorrido por meio próprio.

§ 6º **Não se exigirá certificado de quitação militar da mulher transgênera** ainda que, até 31 de dezembro do ano que completou 19 anos, seu registro civil indique o gênero masculino.

§ 7º **Será exigido o certificado de quitação militar do homem transgênero** que tenha retificado o gênero em seu registro civil até 31 de dezembro do ano que completou 19 anos.

§ 8º O documento de que trata o caput deste artigo poderá ser utilizado para fins de complementação dos documentos de identificação previstos no art. 34 desta Resolução.

6.3. Os militares de carreira

Os militares de carreira eram inalistáveis no regime da CF/69 (art. 147), salvo os oficiais ou sargentos e alunos das escolas militares de ensino superior para formação de oficiais. Como a CF/88 não lhes impôs qualquer restrição à capacidade eleitoral, são todos os militares alistáveis, independentemente da patente, e, consequentemente, têm direito ao voto (TSE, Consulta n. 9.923/90, Resolução n. 15.099/89).

6.4. O preso provisório

Com a Res. TSE n. 23.659/2021, restou positivado o entendimento do TSE de que a suspensão de direitos políticos não é óbice ao alistamento eleitoral e à transferência (art. 11, § 1º), sendo necessário, todavia, inscrever o fato – eventuais condenações criminais ou por improbidade, transitadas em julgado – no cadastro de eleitores para que tornar realidade o impedimento ao voto e à candidatura. É necessário apenas acrescentar que o **preso provisório** (preso em flagrante, ou por preventiva, ou por sentença recorrível) tem conservados os seus direitos políticos, uma vez que contra ele não há o título condenatório transitado em julgado. Portanto, não tem impedimento legal para o exercício do direito de voto. Tem, entretanto, impossibilidade material de comparecer ao Cartório Eleitoral para o alistamento e à sua seção eleitoral para o voto, o que pode ser resolvido pela administração do presídio, ou mesmo pelo Juiz Eleitoral.

Da mesma forma, não se pode falar em impedimento ao alistamento e ao voto para aqueles que estão no gozo de suspensão condicional do processo (art. 89 da Lei n. 9.099/95) ou que foram beneficiados por transação penal ou acordo de não persecução penal e estejam cumprindo a pena alternativa ajustada com o Ministério Público. Em qualquer uma das situações, não se tem sentença condenatória, daí que não se pode falar em suspensão de direitos políticos nem em inelegibilidade.

6.5. Hipóteses não recepcionadas pela CF/88

As demais hipóteses do art. 5º, do Código Eleitoral (os analfabetos, os que privados temporariamente dos direitos políticos e os que não sabem exprimir-se na língua nacional), não mais se sustentam, tendo em vista que a matéria passou a ser regulada inteiramente pela Constituição Federal de 1988, cujo art. 14, § 2º, só impõe a restrição aos estrangeiros e aos conscritos. Aos analfabetos, ademais, passou a ser expressamente autorizado o alistamento (art. 14, § 1º, II, "a").

> "[...] Recepção. Constituição Federal. Artigo 5º, inciso II, do código eleitoral. - Consoante o § 2º do artigo 14 da CF, a não alistabilidade como eleitores somente é imputada aos estrangeiros e, durante o período do serviço militar obrigatório, aos conscritos, observada, naturalmente, a vedação que se impõe em face da incapacidade absoluta nos termos da lei civil. - Sendo o voto obrigatório para os brasileiros maiores de 18 anos, ressalvada a facultatividade de que cuida o inciso II do § 1º do artigo 14 da CF, não há como entender recepcionado preceito de lei, mesmo de índole complementar à Carta Magna, que imponha restrição ao que a norma superior hierárquica não estabelece. - Vedado impor qualquer empecilho ao alistamento eleitoral que não esteja previsto na Lei Maior, por caracterizar restrição indevida a direito político, há que afirmar a inexigibilidade de fluência da língua pátria para que o indígena ainda sob tutela e o brasileiro possam alistar-se eleitores. - Declarada a não recepção do art. 5º, inciso II, do Código Eleitoral pela Constituição Federal de 1988." (Res. n. 23.274, de 01.06.2010, rel. Min. Fernando Gonçalves)

Seção IV

---

7. Domicílio Eleitoral

Já deixamos claro que o alistamento eleitoral se faz com o preenchimento do RAE (Requerimento de Alistamento Eleitoral) perante o Cartório Eleitoral.

Dentre os inúmeros dados que devem ser fornecidos à Justiça Eleitoral, está o endereço de residência do alistando. Tal informação é de fundamental importância, pois a partir dela é possível organizar as seções eleitorais, principalmente porque o Código Eleitoral quer que o local de votação seja o mais perto possível da residência do eleitor.

A verdade, no entanto, é que o interesse pelo domicílio eleitoral surge até mesmo antes de se falar em seção eleitoral, porque vai ele influenciar também na fixação do eleitor nesta ou naquela circunscrição eleitoral. Se pensarmos nas eleições presidenciais, o local escolhido para a inscrição torna-se irrelevante, sob o ponto de vista prático, já que, de qualquer forma, todos os brasileiros têm as mesmas opções de candidatos, independentemente de seu local de residência.

Entretanto, a circunscrição eleitoral,[118] ou seja, o local em que o brasileiro inscreveu-se eleitor, começa a ganhar importância quando se está diante de eleições gerais (para governador, deputados e senadores) e notadamente municipais (para prefeito e

---

[118] Território dentro do qual se realiza a eleição: Município, Estado ou País.

vereadores). Isso porque só podem votar nos candidatos de determinado município os eleitores ali inscritos.

Por isso, é muito comum que pessoas residentes em um município acabem se alistando eleitores em outro município, com o fim único e específico de exercerem neste o seu direito de voto, normalmente com candidato previamente escolhido.

Há, nesse procedimento, como se pode imaginar, uma irregularidade eleitoral, a ser duramente combatida pelo Ministério Público Eleitoral e pela Justiça Eleitoral.

Mas o que é domicílio eleitoral?

7.1. Conceito: vínculos políticos, sociais e afetivos

No direito civil, "o domicílio da pessoa natural é o lugar onde ela estabelece a sua residência com ânimo definitivo" (art. 70 do Código Civil). Ainda no Direito Civil, sabe-se que, se a pessoa tiver mais de um lugar de residência, seu domicílio será em qualquer deles. E, para os efeitos profissionais, seu domicílio é o lugar em que exerce suas atividades, podendo, também, não ser apenas um. O resumo de tudo isso é que é considerado domicílio civil o lugar onde a pessoa reside ou o lugar em que ela exerce suas atividades profissionais, ainda que tenha mais de um.

No Direito Eleitoral, o conceito de domicílio não é muito diferente. Pode-se dizer que é mais abrangente, porque acaba envolvendo situações não imaginadas pelo Direito Civil.

De fato, o brasileiro terá domicílio eleitoral no município X se nele tiver sua residência, ou se nele tiver sua atividade profissional. E poderá escolher entre este ou aquele município, se tiver num e noutro sua residência ou trabalho. Até aqui, nada de diferente das regras do Direito Civil.

Todavia, o domicílio eleitoral vai além e alcança também os lugares em que o alistando tenha interesse patrimonial. Então, se a pessoa tem bens em determinado município, embora ali não resida e nem trabalhe, poderá invocar aquele lugar como seu domicílio eleitoral. Faz sentido essa possibilidade, à consideração de que aquele que tem patrimônio em determinado lugar acaba tendo interesse no seu desenvolvimento, daí surgindo o seu interesse na formação do respectivo governo.

E a jurisprudência eleitoral tem admitido até mesmo os *vínculos políticos, sociais e afetivos* para justificar a fixação do domicílio eleitoral.

> "[...] 1. A jurisprudência desta Corte se fixou no sentido de que a demonstração do vínculo político é suficiente, por si só, para atrair o domicílio eleitoral, cujo conceito é mais elástico que o domicílio no Direito Civil [...] (Ac. de 8.4.2014 no REspe n. 8551, Rel. Min. Luciana Lóssio)

> "[...] Domicílio eleitoral. Abrangência. Comprovação. Conceito elástico. Desnecessidade de residência para se configurar o vínculo com o município. Provimento. 1) Na linha da jurisprudência do TSE, o conceito de domicílio eleitoral é mais elástico do que no Direito Civil e se satisfaz com a demonstração de vínculos políticos, econômicos, sociais ou familiares [...]" (Ac. de 18.2.2014, no REspe n. 37481, Rel. Min. Marco Aurélio, Red. Designado Min. Dias Toffoli)

A Res. TSE n. 23.659/2021, assim dispõe sobre o domicílio eleitoral:

> Art. 23. Para fins de fixação do domicílio eleitoral no alistamento e na transferência, deverá ser comprovada a existência de vínculo residencial, afetivo, familiar, profissional, comunitário ou de outra natureza que justifique a escolha do município.
>
> Art. 53. O juízo eleitoral decidirá, cabendo-lhe, na apreciação da prova do domicílio eleitoral, conferir **primazia à escolha da pessoa eleitora**, salvo se dos documentos apresentados não se puder concluir pela existência de vínculo com a localidade.

Esse elastério, porém, parece perigoso e deve constituir-se em exceção, sob pena de possibilitar franca infração às regras do alistamento eleitoral, cujo resultado é a ilegitimidade dos que, ao final, são eleitos para o governo do lugar. É evidente que aquele que tem parentes próximos num determinado município e mantém com eles relação de dependência, ainda que social e afetiva, poderá fixar ali o seu domicílio eleitoral, embora não tenha lá sua residência ou trabalho. Essa flexibilidade do conceito de domicílio eleitoral permite que o filho que saiu de casa, mora, estuda e trabalha em outro centro possa exercer seus direitos políticos na mesma localidade de seus pais, por exemplo. Aquela pessoa, porém, que visita com frequência determinado município, criando com isso vínculos sociais, poderá ser admitida ao alistamento em tal circunscrição? Parece que essa permissividade atrai a possibilidade de formação de corpo eleitoral ilegítimo, assim entendido aquele que é formado por pessoas (eleitores) que nada têm de real interesse no desenvolvimento do lugar e que acabam decidindo por este ou aquele candidato a partir de valores que não são exatamente os desejados pela democracia. Para adotar uma linguagem mais direta (e porque a experiência assim permite), esses "eleitores paraquedistas" só se inscrevem em lugar diverso do de sua residência ou trabalho porque já corrompidos, porque já comprometidos com determinados candidatos, invariavelmente em troca de alguma vantagem. O TSE, todavia, admite qualquer tipo de vínculo da pessoa com a localidade indicada como domicílio eleitoral.

Essa constatação exige que se tenha redobrada atenção ao procedimento de alistamento eleitoral, principalmente pensando-se nas eleições municipais, pois, em cidades pequenas, 50 eleitores que são trazidos de municípios vizinhos podem mudar o resultado do pleito. No dia a dia do alistamento, os funcionários do Cartório Eleitoral devem ficar atentos para os endereços fornecidos pelos alistandos, conferindo-os na medida do possível. Em cidades de menor população, que é exatamente onde tal fraude ocorre com frequência, o Cartório Eleitoral pode questionar do alistando dados relativos à localidade por este informada como de sua residência, pedindo-lhe informações sobre vizinhos, sobre serviços públicos lá existentes, etc., e conferindo suas respostas com os arquivos do próprio Cartório, como também com os Oficiais de Justiça, que normalmente conhecem bem os lugares e as pessoas.

Com esses cuidados preliminares, aborta-se boa parte das inscrições eleitorais irregulares. Se o Cartório percebe a possibilidade de o alistando ter fornecido endereço que não é seu ou vínculos que não tem, deverá levar o fato ao conhecimento do Juiz Eleitoral, evitando o deferimento do alistamento. Isso porque o procedimento administrativo, que se inicia com o requerimento de alistamento eleitoral (RAE) preenchido pelo requerente perante o Cartório Eleitoral, é submetido a despacho do Juiz Eleitoral, que o defere ou não. Antes disso, porém, o Juiz Eleitoral, "se tiver dúvida quanto à identidade do requerente ou sobre qualquer outro requisito para o alistamento", poderá "converter o julgamento em diligência para que o alistando esclareça ou complete a prova ou, se for necessário, compareça pessoalmente à sua presença" (art. 45, § 2º, do Código Eleitoral).

Ora, o Cartório percebe que o eleitor não reside de fato no endereço fornecido, ou não trabalha no município, ou não tem neste qualquer vínculo (ou seja, não tem domicílio eleitoral naquela circunscrição), leva esse fato ao conhecimento do Juiz, por meio de promoção, e então o julgamento é convertido em diligência. Costuma-se determinar a verificação *in loco*, por meio de Oficial de Justiça, e o resultado é satisfatório. Na Zona Eleitoral de Candeias, essa experiência levou à constatação de inúmeros casos de fraude, levando os fraudadores a responderem pelo crime do art. 289 do Código Eleitoral.

O Ministério Público Eleitoral, que deve estar atento e participando de todas as fases e instâncias do processo eleitoral, desde este aparentemente singelo e inofensivo procedimento administrativo de alistamento, pode e deve provocar o Juiz Eleitoral a assim proceder, levando ao seu conhecimento a suspeita de irregularidade na inscrição e requerendo a realização de diligências de constatação, visando ao indeferimento do pedido.

Na verdade, até mesmo "qualquer eleitor ou eleitora, partido político ou Ministério Público poderá peticionar ao juízo eleitoral, às corregedorias regionais eleitorais ou à Corregedoria-Geral Eleitoral, no âmbito de suas respectivas competências, para requerer a apuração de irregularidades no alistamento, na transferência e na revisão" (art. 63, da Res. TSE n. 23.659/2021).

Medidas preventivas, repita-se, devem ser a tônica da atuação de Promotor e de Juiz na atividade eleitoral, pois a eficiência nesta fase evita a ocorrência de grandes fraudes, que comprometem o resultado legítimo das eleições.

Não é demais repetir que os requerimentos de alistamento e transferência, em ano de eleição, não são recebidos pelo Cartório Eleitoral dentro dos 150 dias anteriores à data do pleito, conforme dispõe o art. 91 da Lei n. 9.504/97 (esse prazo, no Código Eleitoral, é de 100 dias: arts. 55 e 67, não mais aplicável).

7.2. Deferimento da inscrição e recurso: capacidade postulatória

Superada essa fase de diligências, o Juiz Eleitoral deve se pronunciar sobre o requerimento de alistamento, deferindo-o ou não. Qualquer que seja a decisão, será ela publicada pela imprensa, onde houver, ou por editais afixados no Cartório Eleitoral, daí iniciando-se o prazo para *recurso*.

> Código Eleitoral, art. 45. [...]
>
> **§ 6º** Quinzenalmente o Juiz Eleitoral fará publicar pela imprensa, onde houver, ou por editais, a lista dos pedidos de inscrição, mencionando os deferidos, os indeferidos e os convertidos em diligência, contando-se dessa publicação o prazo para os recursos a que se refere o parágrafo seguinte.

> § 7º Do despacho que indeferir o requerimento de inscrição caberá recurso interposto pelo alistando e do que o deferir poderá recorrer qualquer delegado de partido.
>
> Res. TSE n. 23.659/2021:
>
> Art. 54. Será disponibilizada aos partidos políticos, **em sistema específico**, e ao Ministério Público Eleitoral, mediante ofício, nos **dias 1º e 15 de cada mês** ou no primeiro dia útil que lhes seguir, listagem contendo as inscrições eleitorais paras as quais houve requerimento de **alistamento ou transferência deferido ou indeferido**.

O prazo para recorrer, previsto no art. 258 do Código Eleitoral, como regra geral, ou seja, *três dias*, não mais se aplica ao alistamento, pois a Res. TSE n. 23.659/2021, nos arts. 57 e 58 (repetindo disposição do art. 17, da Res. TSE n. 21.538/2003 e da Lei nº 6.996/1982, art. 7º, § 1º), estabelece prazo de 05 dias para o alistando e 10 dias para os partidos e o Ministério Público, contados da disponibilização da lista de requerimentos deferidos e indeferidos.

Questão interessante é saber se o partido político pode recorrer da decisão que indeferiu o requerimento de inscrição, ou seja, recorrer em nome do requerente. Isto porque o Código Eleitoral (art. 45, § 7º), como também a Resolução 21.538 (art. 17, § 1º), só prevê legitimidade, em tal hipótese, para o alistando. Mas o art. 27, II, da Resolução 21.538, na linha do que também dispõe o art. 80, do Código Eleitoral, confere legitimidade ao partido político para assumir a defesa do eleitor nos processos de exclusão. Então, parece necessário lembrar, desde já, que inscrição e exclusão são procedimentos diversos (o primeiro possibilita o alistamento e a transferência e o segundo impõe o cancelamento da inscrição), daí que parece equívoco adotar para um a solução legal prevista para o outro. Ora, se o legislador prevê a possibilidade de o partido político assumir a defesa do eleitor em processo de exclusão, não se pode daí concluir que o partido também tem legitimidade para a defesa do alistando no procedimento da inscrição. Quisesse o legislador a legitimidade do partido nesta última hipótese, teria repetido a mesma disposição legal.

> "Transferência eleitoral. Indeferimento. Recurso. Partido Político. Ilegitimidade. Indeferido o pedido de transferência do eleitor, somente este possui legitimidade para interpor recurso, não a tendo o partido político. Art. 57, § 2º, do Código Eleitoral. Recurso não conhecido. Sessão de 20/5/02." (TRE/MG, Rec. Eleitoral n. 778/00, Araxá, Rel. Juíza Maria das Graças Albergaria Costa)

A Res. TSE n. 23.659/2021 segue esta orientação e prevê legitimidade recursal – na hipótese de indeferimento – apenas para o eleitor e para o Ministério Público (art. 58).

Porque a interposição de recurso contra o deferimento da inscrição revela o *conflito de interesses* entre o recorrente e o recorrido, questionando-se o direito material deste de inscrever-se eleitor em uma determinada circunscrição eleitoral, a atividade da Justiça Eleitoral (dantes administrativa) assume agora feição jurisdicional, posto que um conflito terá de ser dirimido. Não obstante isso, a Res. TSE n. 23.659/2021 dispensa a representação do recorrente por advogado enquanto nas instâncias ordinárias, ou seja, no recurso dirigido ao TRE (art. 60), como também dispensa o alistando ou eleitor menor de 18 anos da assistência por seu representante legal (art. 59).

7.3. Revisão do eleitorado

Uma vez alistado, o eleitor passa a compor o corpo eleitoral daquela circunscrição e fica vinculado à seção eleitoral indicada no seu título. As mudanças posteriores de domicílio eleitoral podem ensejar o pedido de transferência para outra circunscrição ou simplesmente seu deslocamento de uma seção para outra. Quando for esta a hipótese, ou seja, mudança de residência dentro de uma mesma circunscrição municipal, o procedimento administrativo é o da **revisão**, que visa apenas retificar dados pessoais do eleitor, como nome, data e local de nascimento, filiação, endereço, etc. (art. 39, da Res. TSE n. 23.659/2021).

Seção V

8. Transferência de Domicílio

Como já se adiantou, toda vez que o eleitor, já alistado numa determinada circunscrição eleitoral, transferir sua residência para o território de outro município, poderá ele requerer ao Juiz Eleitoral de seu novo domicílio a transferência prevista nos arts. 55 e seguintes do Código Eleitoral.

> Art. 55. Em caso de mudança de domicílio, cabe ao eleitor requerer ao juiz do novo domicílio sua transferência, juntando o título anterior.
>
> § 1º A transferência só será admitida satisfeitas as seguintes exigências:
>
> I – entrada do requerimento no cartório eleitoral do novo domicílio até 100 (cem) dias antes da data da eleição (esse prazo foi alterado para 150 dias: art. 91 da LE);
>
> II – transcorrência de pelo menos 1 (um) ano da inscrição primitiva;
>
> III – residência mínima de 3 (três) meses no novo domicílio, atestada pela autoridade policial ou provada por outros meios convincentes.
>
> § 2º O disposto nos incisos II e III do parágrafo anterior não se aplica quando se tratar de transferência de título eleitoral de servidor público civil, militar, autárquico, ou de membro de sua família, por motivo de remoção ou transferência.

8.1. Domicílio eleitoral histórico/afetivo

Percebe-se que o eleitor, ao mudar de endereço, ainda que para município diverso, não está obrigado a transferir para este a sua inscrição eleitoral. Ao contrário, pode conservar a inscrição primitiva, porque tem direito ao que se denomina de *domicílio eleitoral histórico/afetivo*.

Para Vera Michels,

> "o pedido de transferência de inscrição eleitoral é um direito público subjetivo do eleitor, que uma vez alterado o domicílio eleitoral pode o eleitor buscar a nova adequação. Deve ser enfatizado que não há transferência de domicílio eleitoral *ex officio*, ainda que a administração eleitoral tome conhecimento da mudança de domicílio. Isto significa que a transferência do Título de Eleitor é facultativa, já que é ao eleitor que compete analisar e ponderar da conveniência, ou não, da transferência. Daí que a manutenção da zona de alistamento, mesmo que com alteração da residência ou moradia, termina por instituir o denominado domicílio histórico, sentimental ou afetivo".[119]

[119] MICHELS, Vera Maria Nunes. *Direito eleitoral* – Análise panorâmica de acordo com a Lei n. 9.504/97, p. 18.

Como muito bem lembrado pelo Des. Tupinambá M. C. do Nascimento,[120] o domicílio afetivo é aquele que se formou regularmente e pode ser mantido, mesmo depois de o eleitor mudar o local de sua residência. Se o alistamento primitivo foi feito com infração ao art. 42 do Código Eleitoral, ou seja, com declaração falsa de domicílio, não terá o eleitor direito a mantê-lo, ou seja, não poderá invocar o tal domicílio histórico, afetivo, sentimental. Ao contrário, sua inscrição, porque contém irregularidade, pode ser cancelada a qualquer momento, bastando o desencadeamento do procedimento pertinente.[121]

Optando o eleitor pela transferência, exatamente porque mudou de endereço de um município para outro, deverá dirigir-se ao Cartório Eleitoral do seu novo domicílio e preencher o RAE (requerimento de alistamento eleitoral), informando ser eleitor regularmente inscrito na zona tal e entregando o título eleitoral e a prova de quitação com a Justiça Eleitoral, sob pena de multa (art. 37, da Res. TSE n. 23.659/2021).

8.2. Domicílio na nova circunscrição

Dentre as informações que vai prestar, novamente consigna-se como de elevada importância o domicílio eleitoral, agora o novo domicílio eleitoral. Na verdade, agora a lei faz expressa referência a *residência* mínima de três meses. Não parece que a opção pelo vocábulo *residência* tenha sido por mera opção terminológica. Inequívoco, isso sim, que para a transferência exige-se mais que domicílio eleitoral: necessário que o eleitor tenha residência na circunscrição para onde pretende transferir-se, não bastando aqueles vínculos profissionais ou afetivos admitidos por ocasião do alistamento. Não é esta, entretanto, a atual orientação do TSE, que na Res. n. 23.659/2021, art. 38, inciso III, quando enumera as exigências para a transferência, fala em "tempo mínimo de três meses de **vínculo com o município**, **dentre aqueles aptos a configurar o domicílio eleitoral, nos termos do art. 23** desta Resolução, pelo tempo mínimo de três meses, declarado, sob as penas da lei, pela própria pessoa (Lei nº 6.996/1982, art. 8º) ".

Mais uma vez, necessário que a Justiça Eleitoral se acautele para evitar que eleitores sem domicílio naquela circunscrição para lá sejam transferidos. O Cartório Eleitoral, por ocasião dos requerimentos de transferência, deve proceder de forma semelhante àquela recomendada para quando dos pedidos de alistamento, indagando do requerente dados relativos à sua vizinhança, que possam fornecer elementos de convicção quanto à veracidade ou falsidade da declaração de endereço ou dos vínculos. E o Juiz, à semelhança do que faz quando dos alistamentos, deve converter o pedido de transferência em diligência, inclusive com verificação *in loco* por Oficial de Justiça, para indeferir o pedido que contiver irregularidade.

A par dessa iniciativa *ex officio* do Juiz, podem o Ministério Público Eleitoral e os Partidos Políticos provocarem esse poder de polícia da Justiça Eleitoral, noticiando-lhe a irregularidade e requerendo-lhe a adoção das diligências capazes de constatá-las.

---

[120] NASCIMENTO, Tupinambá M. C. do. Lineamentos de Direito Eleitoral, Síntese, 1ª edição, maio/96, p. 49/50, cit. p/ MICHELS, Vera Maria Nunes, *Direito Eleitoral*. Porto Alegre: Livraria do Advogado, 1998, p. 19.

[121] Conforme Seção seguinte: Exclusão e Cancelamento.

8.3. Recurso

Com a Res. TSE n. 23.659/2021, arts. 41/47 (RAE), 51/56 (apreciação do RAE) e 57/62 (recursos) (que repete as disposições do art. 18, § 5º, da Res. TSE n. 21.538/2003, e da Lei n. 6.996/82, art. 7º), o procedimento da transferência foi alterado, porque não há mais a fase de impugnação logo após o requerimento, já que o Juiz Eleitoral decidirá logo pelo deferimento ou indeferimento da transferência. Se o pedido for indeferido, caberá recurso a ser interposto pelo eleitor ou pelo Ministério Público no prazo de cinco dias (art. 58). Se a transferência for deferida, caberá recurso por parte de qualquer partido político ou do Ministério Público, no prazo de dez dias (art. 57). Esses prazos correm a partir da disponibilização, em sistema específico do TSE (para os partidos) e mediante ofício (para o MP), da respectiva listagem de requerimentos deferidos ou indeferidos, o que deve ocorrer nos dias 1º e 15 de cada mês ou no primeiro dia útil que lhes seguir (art. 54). Na transferência, como no alistamento, o recurso de natureza ordinária (dirigido ao TRE) não exige subscrição por advogado (art. 60).

Seção VI

9. Exclusão e Cancelamento

O brasileiro passa a integrar determinado corpo eleitoral a partir de seu alistamento como eleitor ou da transferência. Esses procedimentos comportam recurso, além do requerimento de diligência de confirmação dos dados declarados pelo requerente, sempre que houver notícia de irregularidade.

9.1. Noção

Pode ocorrer, entretanto, que a irregularidade só se revele após findo o prazo para recurso contra o deferimento do alistamento ou transferência. Como o ordenamento eleitoral não admite que o brasileiro se mantenha eleitor com infração à lei, surge a oportunidade de acionamento da Justiça Eleitoral para a exclusão e o cancelamento.

E nem se pode falar em trânsito em julgado da decisão de deferimento do alistamento ou da transferência, para efeito de garantir ao eleitor tal *status*, à consideração de que, tratando-se de ato meramente administrativo, cabe à Justiça Eleitoral revê-lo a qualquer momento, bastando que constate a irregularidade. Aplica-se, aqui, a regra de que a administração pode rever seus próprios atos, ao ser constatada a ilegalidade. E não se pode esquecer que a Justiça Eleitoral administra o processo eleitoral. Nesse contexto, o Juiz Eleitoral pode e deve, até mesmo *ex officio*, proceder à exclusão do eleitor. Também o Ministério Público, os Partidos Políticos e qualquer eleitor podem provocar a deflagração do procedimento (art. 71, § 1º, e 74 do CE; art. 63, da Res. TSE n. 23.659/2021).

9.2. Legitimidade do eleitor

Curiosamente, o Código Eleitoral confere **legitimidade a qualquer eleitor** para requerer a exclusão ao mesmo tempo que não confere legitimidade ao eleitor para recorrer das decisões sobre alistamento e transferência. Aliás, é a tônica do CE não conferir legitimidade ao eleitor para a provocação da jurisdição eleitoral. Essa legitimidade aparece em algumas exceções, como as do art. 71, § 1º (para requerer a exclusão de eleitores) e 237 (para denunciar e promover a responsabilidade dos que se utilizarem do abuso do poder econômico ou de autoridade em desfavor da liberdade do voto).

9.3. Hipóteses

Segundo o art. 71 do Código Eleitoral, são causas de cancelamento:

- a infração às regras do domicílio eleitoral;
- a suspensão ou perda dos direitos políticos;
- a pluralidade de inscrição;
- falecimento do eleitor; e
- a falta injustificada em três eleições consecutivas, sem pagamento da multa.

O que acaba gerando maior interesse é a infração ao domicílio eleitoral. É comum que o brasileiro se aliste eleitor em determinada circunscrição, ou para lá se transfira, sem que tenha naquele local o seu domicílio eleitoral. E mais comum ainda é que tal irregularidade não seja arguida quando do alistamento ou da transferência, vindo a ser descoberta posteriormente. Quando isso ocorre, outro caminho não há senão a instauração do procedimento do cancelamento, para exclusão do eleitor. Esse procedimento envolve o requerimento (ou a portaria do Juiz Eleitoral, quando de ofício), a intimação - preferencialmente por meio eletrônico - do titular da inscrição questionada para se manifestar em 10 dias (art. 64, parágrafo único, da Res. TSE n. 23.659/2021), dilação probatória por 5 a 10 dias, alegações finais em 5 dias (art. 65, § 1º), parecer do MP em 2 dias (se não for ele o autor: art. 65, § 2º) e decisão em cinco dias (art. 77, do CE), dela cabendo recurso em três dias (art. 80, do CE, não sendo o caso de adotarem-se os prazos de 10 dias - para partidos - e 5 dias - para o eleitor excluído - pois há expressa fixação de 3 dias pelo Código Eleitoral), sem efeito suspensivo, como de regra. Percebe-se que agora surge o conflito de interesses, atraindo a atividade jurisdicional da Justiça Eleitoral, daí que seria necessária a representação por advogado. A Res. TSE n. 23.659/2021, todavia, dispensa tal representação na via recursal ordinária, ou seja, no recurso eleitoral dirigido ao TRE.

O partido político, que pode desencadear o procedimento de exclusão, também pode assumir a defesa do eleitor cuja exclusão esteja em discussão (Código Eleitoral, arts. 73 e 80).

Não há fixação de prazo no Código Eleitoral para o manejo do pedido de Exclusão/Cancelamento. A qualquer momento, mesmo que a notícia de irregularidade tenha chegado ao conhecimento da Justiça Eleitoral anos e anos após, instaura-se o procedimento.

> "Inscrição/transferência eleitoral. Impugnação considerada intempestiva, em razão de sua interposição fora do prazo estabelecido no art. 57 do Código Eleitoral. Exordial fundamentada no art. 71, inciso I, c/c o art. 76 do Código Eleitoral. O pedido de cancelamento de transferência eleitoral pode ser manejado a qualquer tempo, desde

que ocorra uma das causas enumeradas no art. 71, incisos I a V, do Código Eleitoral. O procedimento a ser obedecido é aquele previsto no art. 77 do referido diploma legal. Recurso provido. Sessão de 1/7/2002." (TRE-MG, Rec. Eleitoral n. 2.269/2000, Piumhi, Rel. Juíza Sônia Diniz Viana)

Importante consignar que este procedimento não se aplica na hipótese de suspensão de direitos políticos (por condenação criminal ou por improbidade, p.ex.), pois este impedimento ao exercício do voto e da elegibilidade é apenas inscrito no cadastro de eleitores, mantendo-se o alistamento.

9.4. Correição e Revisão por notícia de fraude

Não raro acontece que a fraude no alistamento compromete toda uma Zona Eleitoral ou todo um Município. Neste caso, o Tribunal Regional poderá determinar a **correição** e, comprovada a fraude, ordenará a **revisão do eleitorado**, segundo as instruções baixadas especificamente para tal.[122] Denominamos esta hipótese de "revisão provocada", porque decorre de "denúncia fundamentada de fraude". Se o eleitor não comparece ao Cartório Eleitoral para confirmar sua inscrição, será ela cancelada.

> [...]
>
> 7. O recadastramento biométrico ostenta natureza jurídica de revisão/depuração do cadastro eleitoral, a partir do qual se obtém, com o respaldo dos meios tecnológicos atuais, uma identificação mais ágil e segura do eleitor no momento da votação, quando é habilitado a registrar voto por meio da leitura de sua digital, complementando-se os dados coletados no alistamento primevo.
>
> 8. O não comparecimento do eleitor acarreta o cancelamento do título eleitoral correspondente, o qual, porém, não interdita, mediante o seu posterior comparecimento quando da reabertura do cadastro, seja deferido, uma vez satisfeitas as condicionantes normativas, o restabelecimento do mesmo número de inscrição no cadastro primitivo, a indicar, substancialmente, não se cuidar de um novo alistamento - inapto, por natureza, a produzir efeitos *ex tunc* -, mas de um revigoramento daquele anteriormente obtido, com a devida chancela da serventia eleitoral, a amoldar-se, por isso mesmo, na ressalva do art. 11, § 10, da Lei das Eleições.
>
> RESPE - Recurso Especial Eleitoral nº 060124848 - FORTALEZA – CE, Acórdão de 11/12/2018, Rel. Min. Tarcisio Vieira De Carvalho Neto, PSESS - Publicado em Sessão, Data 11/12/2018.

9.5. Retificação de dados do eleitor

Essa revisão do eleitorado não se confunde com a **revisão/retificação** de dados do eleitor no seu alistamento (como a mudança de endereço no mesmo município, por exemplo), que se processa a requerimento dele.[123]

Importante lembrar que não existe, no ordenamento eleitoral, o procedimento de "recadastramento". Havendo notícia de fraude no alistamento, poderá o Tribunal Regional, por meio de Provimento, determinar o procedimento da "Correição". Este

---

[122] Conforme arts. 102 e ss (correição) e arts. 104 e ss (revisão) da Res. TSE n. 23.659/2021.

[123] Conforme arts 39 e ss, da Res. TSE n. 23.659/2021.

implica verificação, por amostragem e em percentual de eleitores determinado pelas instruções específicas do Tribunal (além dos eleitores indicados como suspeitos pelos Partidos Políticos e pelo Ministério Público), da veracidade das informações prestadas pelo eleitor. Oficial de Justiça ou funcionários do Cartório Eleitoral farão diligências *in loco*, à busca do eleitor no endereço por ele fornecido quando do alistamento. Não o encontrando, outras informações serão buscadas, como a propriedade de bens no município, a existência de laços familiares, profissionais ou comunitários que sejam aceitos pela jurisprudência como caracterizadores de domicílio eleitoral. Ao final do procedimento da "correição", o Juiz Eleitoral elaborará um relatório e o remeterá ao Tribunal Regional. Se as irregularidades forem de ordem a comprometer a presunção de legitimidade do corpo eleitoral daquela circunscrição, o TRE poderá determinar a "revisão" do eleitorado. Se o Tribunal considerar que os casos de fraude constatados não comprometem toda a circunscrição eleitoral, a correição será arquivada. Neste caso, os Partidos Políticos e o Ministério Público poderão, repita-se, requerer ao Juiz Eleitoral a "exclusão" dos eleitores cuja fraude foi apontada nas verificações *in loco*, quando será instaurado, em relação a eles, o procedimento previsto no art. 74 do CE: exclusão individual. A "exclusão", portanto, exige a indicação de eleitor determinado, que tenha se inscrito ou transferido fraudulentamente. A "revisão do eleitorado", por outro lado, é procedimento que se instaura por determinação do TRE quando há notícia de fraude abstrata e coletivamente cogitada, sem a necessidade de apontar os eleitores eventualmente envolvidos.

9.6. Revisão de ofício

A segunda hipótese de revisão, a "revisão de ofício", é determinada pelo TSE sempre que se estiver diante das situações previstas no art. 92, da Lei 9.504/97, repetidas no art. 105, da mencionada resolução. O art. 92 da Lei das Eleições (Lei n. 9.504/97) prevê:

> "O Tribunal Superior Eleitoral, ao conduzir o processamento dos títulos eleitorais, determinará de ofício a revisão ou correição das Zonas Eleitorais sempre que:
>
> I – o total de transferências de eleitores ocorridas no ano em curso seja 10% (dez por cento) superior ao do ano anterior;
>
> II – o eleitorado for superior ao dobro da população entre 10 (dez) e 15 (quinze) anos, somada à de idade superior a 70 (setenta) anos do território daquele Município;
>
> III – o eleitorado for superior a 65% (sessenta e cinco por cento) da população projetada para aquele ano pelo Instituto Brasileiro de Geografia e Estatística – IBGE."
>
> "Revisão de eleitorado. Art. 92 da Lei nº 9.504/97. Requisitos. Não preenchidos. Indeferimento. I – Nega-se a revisão de eleitorado em município, deferida pelo TRE, com fundamento no art. 92 da Lei das Eleições, quando não preenchidos, cumulativamente, os requisitos exigidos para tal providência, em conformidade ao disposto na Res.-TSE nº 21.538/2003. II – Indeferimento." NE: "A revisão de eleitorado foi deferida pelo TRE, com fundamento no art. 92 da Lei das Eleições. Todavia, nos termos desse dispositivo, compete a este Tribunal Superior, de ofício, a determinação de correição ou revisão, nas hipóteses nele elencadas". (Res. nº 22.162, de 7.3.2006, rel. Min. Cesar Asfor Rocha.)

Tudo isso evidencia que é importante prestigiar o pedido de diligência de confirmação de domicílio eleitoral, o recurso contra o deferimento do alistamento, o recurso contra a transferência, ou mesmo a provocação da exclusão/cancelamento, principalmente à consideração de que o TSE entende não ser possível questionar a ausência da condição de elegibilidade do domicílio eleitoral dentro do procedimento do registro de candidatura (AIRC). Por conseguinte, se o brasileiro se alista eleitor em determinado Município, ou para lá se transfere, e ninguém questiona tal ato (nem por recurso e nem por cancelamento/exclusão), poderá ele candidatar-se regularmente, pois que na impugnação ao registro de candidatura não será possível o questionamento, uma vez que o TSE entende que a inscrição faz prova do domicílio.

> RO - Recurso Ordinário n. 060238825 - BELO HORIZONTE – MG, Ac. de 04/10/2018, Rel. Min. Luís Roberto Barroso. ELEIÇÕES 2018. REGISTRO DE CANDIDATURA. [...] 11. Hipótese em que preenchida a condição de elegibilidade do art. 14, § 3º, IV, da CF/1988, uma vez que a candidata constituiu domicílio eleitoral na circunscrição dentro do prazo exigido pela Lei nº 9.504/1997, sendo notório o vínculo familiar da candidata com a localidade. O conceito de domicílio eleitoral pode ser demonstrado não só pela residência no local com ânimo definitivo, mas também pela constituição de vínculos políticos, econômicos, sociais ou familiares. Precedentes. Ademais, eventual irregularidade na transferência de domicílio eleitoral deveria ter sido suscitada em procedimento próprio, estando preclusa (arts. 57, 2º, e 71, I e III, do Código Eleitoral). Precedentes. [...]
>
> RESPE – AgR-RESPE n. 26340 - CARIACICA – ES, Ac. de 11/10/2016, Rel. Min. Henrique Neves Da Silva. [...] 3. Não é possível analisar outras provas colacionadas no processo de registro de candidatura para verificar a eventual existência de vínculos com a respectiva circunscrição anteriormente a essa data, pois o reconhecimento dos laços com o município sempre tem como termo inicial o dia em que o eleitor requereu a transferência de domicílio, nos termos do art. 23, § 2º, da Res.-TSE nº 21.538.

A exclusão resultante da perda dos direitos políticos (art. 11, § 2º, da Res. TSE n. 23.659/2021), da pluralidade de inscrições (art. 86, da Resolução), do falecimento do eleitor e sua ausência a três eleições consecutivas (art. 130, da Resolução) obedece a um procedimento administrativo mais simplificado, posto que já existirá prova pré-constituída do motivo da exclusão. A suspensão dos direitos políticos será comunicada ao Juiz Eleitoral pelo Órgão Jurisdicional que a decretar (como na condenação criminal transitada em julgado), para simples anotação, ficando o eleitor impedido de votar e ser votado durante aquele período. A pluralidade de inscrições será verificada através de conferência que o próprio sistema faz (art. 75 do CE). O falecimento será comunicado à Justiça Eleitoral pelo Cartório de Registro Civil (art. 71, § 3º, do CE). O Cartório Eleitoral preenche o FASE (Formulário de Alteração da Situação do Eleitor) e alimenta o sistema com a informação pertinente.

Uma vez cessada a causa do cancelamento, o interessado poderá requerer novamente a sua inscrição.[124]

---

[124] Veja no Anexo B, Modelo de exclusão e cancelamento.

Capítulo II

PEDIDO DE REGISTRO DE CANDIDATURA

O pedido de registro de candidatura é formulado pelo Partido Político, pela Federação ou pela Coligação[125] e é dirigido ao Juiz Eleitoral (nas eleições municipais), ao Tribunal Regional (nas eleições gerais: Deputados, Senadores e Governador) e ao Tribunal Superior (nas eleições presidenciais). Mas só pode lançar candidatos às eleições, conforme art. 4º, da Lei n. 9.504/97 (com redação dada pela Lei n. 13.488/2017), o partido que tiver seus estatutos devidamente registrados no TSE até pelo menos seis meses antes do pleito e tenha, até a data da convenção, órgão de direção devidamente constituído na circunscrição da disputa[126].

E a federação de partidos, prevista no art. 11-A, da Lei n. 9.096/97, acrescentado pela Lei n. 14.208/2021, que se caracteriza pela junção de dois ou mais partidos com a finalidade de disputar eleições e permanecer em unidade por pelo menos 4 (quatro) anos[127], se pretender disputar a eleição, deve estar formada e registrada no TSE até pelo menos 6 meses antes do pleito. Embora o prazo previsto no art. 11-A, § 3º, inciso III, tenha sido o fim do período das convenções partidárias (05 de agosto), liminar do Min. Roberto Barroso, na ADI n. 7021, conferiu a este dispositivo interpretação conforme, em obediência ao princípio da isonomia, para aplicar às federações a mesma regra dos partidos (6 meses antes da eleição). E o TSE, na Res. n. 23.670, de 14.dezembro.2021, assim dispõe:

> Art. 4º
>
> § 4º A fim de assegurar a isonomia com os partidos políticos, a participação da federação nas eleições somente será possível se o deferimento de seu registro no TSE ocorrer até 6 (seis) meses antes das eleições, observadas as demais disposições aplicáveis da resolução que tratar do registro de candidatura.

---

[125] A partir da eleição de 2020, por força da EC n. 97/2017, que deu nova redação ao art. 17, da CF, restou vedada a formação de coligações para as eleições proporcionais.

[126] Ver Título I, Capítulo III, item 3, sobre a criação e duração de diretórios regionais e municipais e de comissões provisórias.

[127] Tema também desenvolvido no Título I, Capítulo III, item 3.

A exigência legal de regular constituição de órgão de direção (diretório ou comissão provisória) na circunscrição da disputa, até pelo menos a data da convenção (art. 4º, da Lei n. 9.504/97), deve ser atendida por pelo menos um dos partidos integrantes da federação (art. 2º, inciso II, da Res. TSE n. 23.609/2019, incluído pela Res. TSE n. 23.675, de 16.dezembro.2021).

Embora mantendo pontos em comum, a federação partidária não se confunde com a coligação. Enquanto esta é a junção de dois ou mais partidos para tão somente disputar a eleição, aquela vincula os partidos por pelo menos 4 anos (§ 3º, II), inclusive no seu funcionamento parlamentar. A diferença se acentua quando se observa que a formação da federação exige a elaboração de programa e estatuto comuns (§ 6º, II), a ser levado a registro no TSE, o que certamente exigirá alguma proximidade ideológica entre os partidos. Não é como a coligação, para a qual bastam as deliberações convergentes dos partidos, cada qual na sua convenção. E, mais, a federação envolve o partido como um todo, em todos os seus níveis de organização (nacional, regional e municipal), pois é deliberada pela direção nacional com abrangência nacional (§ 3º, IV), passando a atuar no processo eleitoral "como se fosse uma única agremiação partidária" (art. 11-A, caput). Em razão disso, não será possível aos partidos federados atuarem em separado e à margem da federação em diferentes circunscrições. O mesmo conjunto de partidos que, unidos em federação, disputar a eleição presidencial, também disputará os cargos de deputados, senadores e governadores, como também os de prefeitos e vereadores no pleito imediatamente seguinte, pois ainda dentro do período mínimo de sua existência (4 anos). Por todas estas diferenças, o novel instituto poderá ser utilizado também nas eleições proporcionais, sem que isso implique em violação à proibição constitucional de formação de coligações para a disputa dos cargos de deputados e vereadores. Foi esta a avaliação feita pelo Min. Roberto Barroso, em sede cautelar na referida ADI n. 7021, afastando a alegação de inconstitucionalidade.

> "...
>
> III. QUEBRA DA ISONOMIA ENTRE A FEDERAÇÃO E OS DEMAIS PARTIDOS
>
> 7. Existe, porém, um problema de quebra de isonomia no tratamento diferenciado dado à federação partidária no que diz respeito ao seu registro perante o Tribunal Superior Eleitoral (TSE). Partidos políticos têm de fazê-lo até 6 (seis) meses antes das eleições (Lei nº 9.504/1997, art. 4º), sendo que, em relação à federação, a lei ora impugnada estende esse prazo até a data final do período de realização das convenções partidárias. Trata-se de uma desequiparação que não se justifica e que pode dar à federação indevida vantagem competitiva.
>
> IV. DISPOSITIVO
>
> 8. Deferimento parcial da cautelar, apenas quanto ao prazo para constituição e registro da federação partidária perante o TSE, e, como consequência: (i) suspender o inciso III do § 3º do art. 11-A da Lei nº 9.096/1995 e o parágrafo único do art. 6º-A da Lei nº 9.504/1997, com a redação dada pela Lei nº 14.208/2021; bem como (ii) conferir interpretação conforme à Constituição ao *caput* do art. 11-A da Lei nº 9.096/1995, de modo a exigir que "*para participar das eleições, as federações estejam constituídas como pessoa jurídica e obtenham o registro de seu estatuto perante o Tribunal Superior*

Eleitoral no mesmo prazo aplicável aos partidos políticos". (ADI n. 7021, Rel. Min. Luiz Roberto Barroso, em 08.dezembro.2021)

Antes do pedido de registro, entretanto, é necessário lembrar que há atos a serem praticados na esfera interna dos partidos ou das federações, mas que interessam sobremaneira ao processo eleitoral. São as **convenções partidárias**.

1. Convenções partidárias

A **convenção** nada mais é que uma espécie de assembleia do partido político ou da federação, a que comparecem aqueles a quem os respectivos estatutos conferem direito de voto (os convencionais). E será ela regulada pelos estatutos do partido ou da federação, conforme determina o art. 15, inciso VI, da Lei n. 9.096/95 (LOPP), que modificou substancialmente o regime da revogada lei orgânica (Lei n. 5.682/71), cujos arts. 28 e seguintes regulavam minuciosamente a forma de escolha dos candidatos aos cargos eletivos. Agora, não há qualquer interferência da Justiça Eleitoral na realização das convenções partidárias, desaparecendo a figura do "observador" designado pelo Juiz Eleitoral (art. 49 da antiga lei orgânica). Na omissão dos estatutos, o órgão de direção nacional estabelece as normas, publicando-as até 180 dias antes das eleições (art. 7º, § 1º, da Lei n. 9.504/97). De qualquer forma, a convenção é ato *interna corporis* e eventuais irregularidades despertam o interesse dos seus filiados apenas. Não se quer dizer, todavia, que os atos praticados no interior dos partidos estão imunes ao controle e ao pronunciamento do Judiciário, especialmente pela posição de centralidade conferida às agremiações no sistema eleitoral brasileiro (e.g., filiação partidária como condição de elegibilidade, exclusivo acesso aos Fundos Partidário e de Campanha e ao tempo de antena), pelo que "podem ser qualificadas juridicamente como entidades integrantes do denominado **espaço público**, ainda que não estatal" (Ac. de 29.8.2017, no RESPE n. 10380, Rel. Min. Luiz Fux).

> "Eleições 2008. Partido político. Diretório regional e municipal. Colidência de interesses. Comissão provisória municipal. Destituição. Ausência de direito de defesa. Matéria com reflexos no pleito. Análise pela justiça eleitoral. TRE. Demonstração de violação a princípios constitucionais. Aferição pelas provas e pelo estatuto. Súmulas 5 e 7 do STJ. Súmula 279 do STF. 1. Havendo colidência de interesses entre diretório regional e diretório municipal de um mesmo partido político, com reflexos na eleição, notadamente o registro de coligação e seu respectivo candidato a prefeito, não está a justiça eleitoral impedida de analisar eventuais ilegalidades e nulidades. 2. **Destituição sumária de comissão provisória municipal, sem direito de defesa, com violações ao princípio do contraditório e do devido processo legal merece reparo**. 3. Questão aferida com análise do estatuto do partido e do conjunto fático-probatório e, por isso mesmo indene ao crivo do recurso especial eleitoral, *ut* súmulas 5 e 7 do STJ e súmula 279 do STF. 4. Agravo regimental desprovido." (Ac. de 12.11.2008, no AgR-REspe n. 31.913, Rel. Min. Fernando Gonçalves)
>
> "A arguição de irregularidade em convenção partidária, via impugnação, quando sujeita à análise da Justiça Eleitoral, **há de partir do interior da própria agremiação** partidária e não de um candidato a cargo diferente, por outro partido." (TSE, Rec. Esp. n. 14.193-SP, Rel. Min. Francisco Rezek, *DJU* 12/12/96)

> "Autonomia partidária – Descabimento de discussão judicial de matéria da agremiação por sujeitos a ela estranhos." (TSE, Rec. Esp. 14.017-CE, Rel. Min. Diniz de Andrada, *DJU* 16/12/96)

> "Candidatura. Registro. Normas internas dos partidos. Inexistindo violação de direito individual e não estando em jogo interesse público, a Justiça Eleitoral não haverá de negar registro à candidatura, a pretexto de que não observada norma interna do partido que só a ele interessa." (TSE, Rec. Esp. 14.055-RO, Rel. Min. Eduardo Ribeiro, *DJU* 17/12/96)

Quando se tratar de eleição municipal, hipótese em que serão escolhidos os candidatos a Vereador, Prefeito e Vice-Prefeito, a convenção será realizada pelo Diretório Municipal; para as eleições gerais, indicando candidatos a Deputado Estadual; Deputado Federal, Senador e Governador, a convenção é feita pelo Diretório Estadual e, para candidatos a Presidente e Vice-Presidente, pelo Diretório Nacional.

O partido ou da federação tem liberdade para fixar, nos seus estatutos, a forma de proceder a convenção, e a Justiça Eleitoral só tomará conhecimento dela quando provocada, em razão de notícia de irregularidades que produzam reflexos no processo eleitoral.[128] A partir do quadro pandêmico que se instalou em 2020, o TSE entendeu possível a realização de convenções virtuais, regra que passou a integrar a Res. TSE n. 23.609/2019, com redação dada pela Res. TSE n. 23.675, de 16.dezembro.21 (art. 6º, que acrescentou a modalidade híbrida).

A par de toda essa liberdade, a Lei Eleitoral (Lei n. 9.504/97) fixou regras gerais a serem observadas (arts. 7º e seguintes, na redação dada pelas Leis n. 13.165/2015 e n. 13.488/2017), como o período em que devem ser realizadas (de 20 de julho a 05 de agosto[129] do ano em que se realizarem as eleições, diferentemente do que dispunha o § 2º do art. 93 do CE) e a obrigatoriedade de lavrar-se ata em livro aberto e rubricado pela Justiça Eleitoral. Com a mencionada Lei n. 12.891/13[130], esta ata deve ser publicada em 24 horas, em qualquer meio de comunicação (exigência mantida pela Lei n. 13.165/2015), inovação que deve por fim ao velho expediente de alguns diretórios, que realizavam a convenção após o prazo legal, mas lançando na ata a data prevista na lei. E a Resolução TSE n. 23.609/2019, a par de manter a regra de que a ata deve ser digitada no Módulo Externo do Sistema de Candidaturas (CANDex), para ser disponibilizada no sítio do TSE até o dia seguinte ao da realização da convenção (art. 6º, § 4º), acrescenta que "*independentemente da modalidade da convenção, o livro-ata físico poderá ser substituído pelo Módulo Externo do Sistema de Candidaturas (CANDex), registrando-se diretamente no sistema as informações relativas à ata e à lista das pessoas presentes*" (art. 6º, § 3º-A, incluído pela Res. TSE n. 23.675, de 16.dezembro.21).

---

[128] A respeito da competência da Justiça Eleitoral para apreciar arguição de irregularidades na convenção partidária, remete-se o leitor ao capítulo da Justiça Eleitoral.

[129] Na redação original da Lei n. 9.504/97, as convenções ocorriam entre 10 e 30 de junho.

[130] Ver, no Título I (Noções Introdutórias), Capítulo II (Fontes do Direito Eleitoral), n. 3 (Lei das Eleições), os fundamentos para aplicação, já em 2014, da Lei n. 12.891/2013. O TSE, entretanto, acabou decidindo pela sua não aplicação às eleições daquele ano.

A Lei n. 9.504/97 ainda prevê que os partidos poderão utilizar-se gratuitamente de prédios públicos para realizar suas convenções (art. 8º, § 2º), responsabilizando-se pelos danos que vierem a ser causados ao patrimônio público. É direito líquido e certo do partido, protegido por Mandado de Segurança.

Se o filiado deseja candidatar-se a um cargo eletivo, deverá formular requerimento à direção do partido ou da federação, para que seu nome seja submetido à convenção, que poderá indicá-lo ou não, porque não há, no sistema eleitoral brasileiro, candidaturas isoladas, ou seja, aquelas em que o candidato se apresenta sem indicação do partido. Como já consignado, a candidatura avulsa está em discussão no STF, em sede de repercussão geral, e a Lei n. 13.488/2017 – cujo projeto tramitou no Congresso com o tema já em discussão no Supremo – também cuidou do assunto, acrescentando ao art. 11 o § 14, que diz expressamente ser vedada a candidatura sem prévia escolha em convenção, ainda que o pretendente tenha filiação partidária.

2. Candidatura nata

Ainda orientando as convenções partidárias, diz o art. 8º, § 1º, da Lei n. 9.504/97 que, "aos detentores de mandato de Deputado Federal, Estadual ou Distrital, ou de Vereador, e aos que tenham exercido esses cargos em qualquer período da legislatura que estiver em curso, é assegurado o registro de candidatura para o mesmo cargo pelo partido a que estejam filiados", independentemente, portanto, de indicação da convenção. É a chamada **candidatura nata**, como garantia da lei para a recondução ao mesmo cargo para aquele que já exerce mandato eletivo de Deputado Federal/Estadual e Vereador, ou o tenha exercido em algum período durante a legislatura que está em andamento. Basta que o detentor de algum daqueles cargos se manifeste interessado na reeleição e o partido terá de incluí-lo no pedido de registro a ser dirigido à Justiça Eleitoral, sem necessariamente ter de submetê-lo à convenção. Bom frisar que "não existe para os partidos a obrigação de incluí-los como candidatos, senão quando manifestarem eles próprios o seu desejo nesse sentido",[131] em requerimento dirigido à convenção. Se o Vereador ou o Deputado troca de partido durante o mandato, terá de atentar-se para a condição de elegibilidade concernente ao período mínimo de seis meses (conforme nova redação dada ao art. 9º, da Lei das Eleições) de filiação no partido pelo qual pretende concorrer à reeleição. Essa candidatura nata teve sua constitucionalidade questionada junto ao STF (ADI n. 2530), por ferir o princípio democrático e a isonomia de oportunidades no processo eleitoral, tendo o relator, Min. Sidney Sanches, concedido a liminar em 24.04.2002 (Acórdão publicado em 21.11.2003), suspendendo a eficácia do mencionado § 1º do art. 8º. E em 18 de agosto de 2021 o STF julgou o mérito e reconheceu a inconstitucionalidade do dispositivo. Daí que os detentores de mandato de Deputado Federal, Estadual ou Distrital e de Vereador têm de submeter sua pretensão de reeleição à convenção partidária.

[131] DECOMAIN, Pedro Roberto. *Eleições* – Comentários à Lei n. 9.504/97, p. 31.

3. Eleições majoritárias (chapas) e proporcionais (listas abertas)

Na convenção, o partido ou a federação indicará seus **candidatos às eleições majoritárias**, *formando as chapas*, que incluem o titular (Presidente, Governador, Senador e Prefeito) e os vices ou suplentes (vice-presidente, vice-governador e vice-prefeito e 2 suplentes de senador). "É interessante observar que noutros tempos o País já viveu a experiência de candidaturas isoladas aos cargos de Presidente e de Vice-Presidente da República. O eleitor podia escolher isoladamente o candidato a Presidente, e o candidato a Vice, inexistindo vinculação necessária entre ambos, em forma de chapa".[132] O partido ou a federação indicará, também, seus candidatos às **eleições proporcionais** (deputados federal e estadual, ou distrital, e vereadores, para as quais não há mais coligação, por força da EC n. 97/2017, que deu nova redação ao art. 17, da CF), formando lista aberta e obedecendo-se ao *limite de 100% mais um dos lugares* a preencher (art. 10, "caput", da Lei n. 9.504/97, com redação dada pela Lei n. 14.211/2021). Revogados – pela referida lei – os incisos do art. 10, não mais se aplica o percentual de 200% quando se tratar de candidaturas a Deputados Federal e Estadual ou Distrital em unidades da Federação com até doze[133] cadeiras na Câmara Federal (art. 10, inciso I, da Lei n. 9.504/97, na redação revogada) (14 Estados e o Distrito Federal se incluíam naquela exceção[134]).

O fenômeno sócio eleitoral denominado "candidatura coletiva", em que um grupo de pessoas ou coletivo social organizado em torno de um tema ou de uma pauta pretende disputar a eleição e exercer o mandato legislativo, que se vem apresentando a registro ultimamente e desafiando a lógica das candidaturas individuais, foi objeto de regulamentação pelo TSE em 2021. De fato, a Res. n. 23.675, de 16.dezembro.21, que alterou e acrescentou dispositivos à Res. n. 23.609/2019, passa a admitir que o candidato ou a candidata inclua no seu nome de campanha e de urna referência ao grupo ou coletivo representado (art. 25, § 2º), vedado o nome de urna que contenha apenas aquela referência (§ 3º). Percebe-se que a referida regulamentação não é a admissão da candidatura coletiva propriamente dita, pois limita-se a autorizar que ao nome seja acrescentada a menção ao projeto, grupo ou coletivo, o que de alguma forma já era possível, pois o art. 12, da Lei n. 9.504/97, sempre permitiu a indicação de "apelido ou nome pelo qual é mais conhecido" ("Fulano da Pastoral Carcerária", p.ex.). O que grupos ou coletivos sociais pretendem é algo mais que isso: que o registro não seja apenas de uma pessoa, mas sim de alguns ou de todos os integrantes daquele movimento, inclusive para efeito de campanha e exercício do mandato que vier a ser conquistado, em conjunto ou em sucessão.

---

132 DECOMAIN, Pedro Roberto. *Eleições* – Comentários à Lei n. 9.504/97, p. 10.

133 Anteriormente, a lei previa o limite de 200% para os Partidos em unidades da Federação com até 20 Deputados Federais, o que incluía na exceção 18 Estados e o Distrito Federal. Quando formada Coligação, até então permitida, acrescia-se mais 50%.

134 No site da Câmara dos Deputados > A Câmara > Conheça a Câmara > Quantos são e de que forma é definido o número de Deputados (http://www2.camara.leg.br/a-camara/conheca/quantos-sao-e-de-que-forma-e-definido-o-numero-de-deputados), o quadro com o número de Deputados Federais de cada unidade da Federação, resultado da proporcionalidade determinada pelo Art. 45, da CF, e regulamentada pela LC n. 78/93.

4. Reserva de gênero: limite percentual para homens e mulheres. Candidaturas fictas

Ambos os gêneros têm sua participação mínima de 30% e máxima de 70% garantida pela lei (art. 10, § 3º). Na Lei n. 9.100/95, que regulou as eleições municipais de 1996, o percentual era de 20% em favor de candidatas do sexo feminino. Em 1998, pela Lei n. 9.504/97 (disposições transitórias), esse percentual foi a 25%. A partir da adoção de tal regra, surgiram indagações a respeito da possibilidade de esse percentual ser preenchido com candidaturas do outro sexo, se o partido não tivesse o número mínimo ali indicado. O TSE, enfrentando a questão em consulta que lhe foi dirigida, assim decidiu:

> "Não se pode preencher o número de vagas destinadas às mulheres com candidaturas de homens, ainda que inexistentes candidatas femininas, em número suficiente, sob pena de esvaziamento da norma legal. ..." (TSE, Ac. n. 19.587, Consulta n. 194-DF, Rel. Min. Ilmar Galvão, *DJU* 1/7/96)[135]

Com a Lei n. 12.034/2009, a exigência de percentual mínimo de candidaturas de ambos os sexos (reserva de gênero) passou a ser ainda mais incisiva. De fato, o § 3º, do art. 10, da Lei n. 9.504/97, que dantes impunha aos partidos e coligações a **reserva das vagas**, agora diz que estes **preencherão o mínimo de 30%** com candidaturas do sexo minoritário. Daí que o partido terá que incluir na sua lista o mínimo de 30% de mulheres, p.ex., não bastando que não ultrapasse os 70% de candidaturas masculinas. A substituição da expressão "deverá reservar" pelo vocábulo "preencherá", aliada à imposição de aplicação financeira mínima nas campanhas das mulheres, à reserva de tempo no rádio e TV (Lei n. 9.096/95, alterada pela dita Lei n. 12.034/2009), à garantia de participação proporcional em debates (art. 46, inciso II, da Lei n. 9.504/97, com redação dada pela Lei n. 14.211/2021) e ao peso em dobro conferido aos votos para efeito de distribuição proporcional das verbas dos fundos partidário e de campanha (EC n. 111/2021), revela nitidamente a vontade do legislador de incluir as mulheres na disputa eleitoral. Esse percentual mínimo (30%) será calculado sempre sobre o número de candidaturas que o partido efetivamente lançar e não sobre o total que a lei indica como possível (100% mais um do número de vagas a preencher). Para uma Câmara Municipal com 20 Vereadores, p.ex., em que o partido ou a federação pode lançar até 21 candidatos, se a sua lista, levada a registro, contiver apenas 20 nomes, pelo menos seis devem ser de candidaturas de um sexo e no máximo quatorze do outro. Se a lista de candidatos às eleições proporcionais for apresentada por federação de partidos, os percentuais mínimo e máximo para cada gênero devem ser observados tanto na lista final (a da federação), quanto nas indicações feitas por cada um dos partidos que a integram[136]. Chegando a lista à Justiça Eleitoral sem observância desse mínimo, ela deve ser devolvida ao partido, para adequação, o que

---

[135] DECOMAIN, Pedro Roberto. *Eleições* – Comentários à Lei n. 9.504/97, p. 47.

[136] Art. 17, § 4º-A, da Res. TSE n. 23.609/2019, incluído pela Res. TSE n. 23.675, de 16.dezembro.21: "No caso de federações, o disposto nos §§ 2º a 4º deste artigo se aplica tanto à lista de candidaturas proporcionais globalmente considerada quanto às indicações feitas por cada partido para compor a lista."

imporá o acréscimo de candidaturas do sexo minoritário ou a exclusão de candidatos do sexo majoritário, assim alcançando-se os limites mínimo e máximo.

> "Candidatos para as eleições proporcionais. Preenchimento de vagas de acordo com os percentuais mínimo e máximo de cada sexo. 1. O § 3º do art. 10 da Lei nº 9.504/97, na redação dada pela Lei nº 12.034/2009, passou a dispor que, "do número de vagas resultante das regras previstas neste artigo, cada partido [...] preencherá o mínimo de 30% (trinta por cento) e o máximo de 70% (setenta por cento) para candidaturas de cada sexo", substituindo, portanto, a locução anterior "deverá reservar" por "preencherá", a demonstrar o atual caráter imperativo do preceito quanto à observância obrigatória dos percentuais mínimo e máximo de cada sexo. 2. O cálculo dos percentuais deverá considerar o número de candidatos efetivamente lançados pelo partido [...], não se levando em conta os limites estabelecidos no art. 10, caput e § 1º, da Lei nº 9.504/97. 3. Não atendidos os respectivos percentuais, cumpre determinar o retorno dos autos ao Tribunal Regional Eleitoral, a fim de que, após a devida intimação do partido, se proceda ao ajuste e regularização na forma da lei. [...]" (*Ac. de 12.8.2010 no REspe nº 78432, rel. Min. Arnaldo Versiani.)*
>
> Ac.-TSE, de 6.11.2012, no REspe nº 2939: na impossibilidade de registro de candidaturas femininas no percentual mínimo de 30%, o partido deve reduzir o número de candidatos do sexo masculino para adequar-se os respectivos percentuais.
>
> Ac.-TSE, de 11.11.2014, no AgR-REspe nº 160892: "os percentuais de gênero devem ser observados no momento do registro de candidatura, em eventual preenchimento de vagas remanescentes ou na substituição de candidatos."

Com a obrigatoriedade de observância do percentual mínimo e com a dificuldade – resultado da histórica falta de espaço concedido às mulheres na vida partidária – que os partidos têm para o lançamento de candidaturas femininas, surgiu o fenômeno das "candidaturas fictas", pelo qual os dirigentes partidários incluem na lista alguns nomes apenas para preencher a exigência legal. No exame da documentação para registro, percebe-se ausência da autorização da "candidata" e até mesmo autorização com assinatura falsa, revelando – num e noutro caso – a prática do crime de falsidade ideológica eleitoral (art. 350, do CE), pois afirma-se à Justiça Eleitoral uma candidatura que efetivamente não existe. E a campanha eleitoral acaba por confirmar essa falsidade, quando se constata a inexistência de propaganda eleitoral dessas "candidatas" e votação pífia, quando não zerada. Além do crime, necessário considerar a possibilidade de caracterização de fraude praticada pelo Partido, para possibilitar sua participação na disputa, ensejando, portanto, a propositura da AIME do art. 14, § 9º, da CF, em face de todos os que beneficiados pela manobra, ou seja, todos os candidatos eleitos por aquela legenda. A questão será melhor debatida mais adiante, no Capítulo IX, reservado à AIME.

Acontece com frequência que o resultado do cálculo da reserva mínima de 30% para o sexo minoritário termina em fração, que não se poderá ser ignorada, ainda que inferior a meio, sob pena de o percentual cair para 29%. Se o partido ou a federação forma a sua lista com 24 nomes, terá que observar o mínimo de 8 mulheres e o máximo de 16 homens. Embora 30% de 24 seja igual a 7,2, o arredondamento terá que ser sempre para cima, , como única forma de garantir a observância do mínimo ditado pela lei. Por via de consequência, o resultado do cálculo do percentual máximo (70%) é arredondado sempre para baixo. Essa regra foi prevista na Resolução-TSE n. 21.608/2004, art. 21, §§ 3º e 4º, e mantida nas resoluções posteriores que tratam do registro de candidatos (Res. TSE n. 23.609/2019, art. 17, § 3º).

Questão atual e importante diz respeito à **identidade de gênero** e seu reflexo imediato na política afirmativa aqui tratada. Não obstante o fato de o art. 10, § 3º, utilizar-se da expressão "cada sexo" para fixação dos percentuais mínimo e máximo, o TSE, em 1º.3.2018, respondendo à Consulta n. 060405458, consignou que a dita expressão refere-se ao gênero, e não ao sexo biológico da pessoa. E na Res. TSE n. 23.562, de 22.março.2018, o Tribunal entendeu ser necessário levar em conta, já no alistamento eleitoral, a forma como a pessoa se relaciona com as representações de masculinidade e feminilidade e como isso se traduz em sua prática social, mesmo sem guardar necessária relação com o sexo biológico atribuído no nascimento. Por isso, acrescentou à Res. TSE n. 21.538/2003 os arts. 9-A, 9-B, 9-C e 9-D e deu nova redação ao seu art. 29, § 3º, garantindo à pessoa travesti ou transexual (expressões daquele ato normativo) levar para o seu cadastro eleitoral o seu nome social (que não pode se confundir com apelido) e a sua identidade de gênero. Na Res. TSE n. 23.659/2021, que revoga a Res. n. 21.538/2003 e contém o regulamento atual do Cadastro de Eleitores, o tema é assim tratado:

> Art. 16. É direito fundamental da pessoa transgênera, preservados os dados do registro civil, fazer constar do Cadastro Eleitoral seu **nome social e sua identidade de gênero**.
>
> § 1º Considera-se nome social a designação pela qual a pessoa transgênera se identifica e é socialmente reconhecida.
>
> § 2º Considera-se identidade de gênero a atitude individual que diz respeito à forma como cada pessoa se percebe e se relaciona com as representações sociais de masculinidade e feminilidade e como isso se traduz em sua prática social, sem guardar necessária relação com o sexo biológico atribuído no nascimento.
>
> § 3º É vedada a inclusão de **alcunhas ou apelidos** no campo destinado ao nome social no Cadastro Eleitoral.
>
> § 4º A Justiça Eleitoral não divulgará o nome civil da pessoa quando for ela identificada por nome social constante do Cadastro Eleitoral, salvo:
>
> I - as hipóteses em que for legalmente exigido o compartilhamento do dado; ou
>
> II - para atendimento de solicitação formulada pelo(a) titular dos dados.
>
> § 5º O disposto no § 4º deste artigo não impede a inclusão do nome civil em batimentos, relatórios e documentos utilizados pela Justiça Eleitoral, quando justificada a necessidade.
>
> Art. 35. A apresentação de **certificado de quitação militar** somente é obrigatória para alistandos do gênero masculino que pertençam à classe dos conscritos.
>
> [...]
>
> § 6º Não se exigirá certificado de quitação militar da **mulher transgênera** ainda que, até 31 de dezembro do ano que completou 19 anos, seu registro civil indique o gênero masculino.

> § 7º Será exigido o certificado de quitação militar do **homem transgênero** que tenha retificado o gênero em seu registro civil até 31 de dezembro do ano que completou 19 anos.
>
> Art. 42. Os campos do formulário RAE serão detalhados em ato da Corregedoria-Geral Eleitoral e serão orientados à concretização do princípio da dignidade da pessoa humana, do direito à autodeclaração e das finalidades de adequada identificação da pessoa eleitora e de coleta de informações necessárias para o aperfeiçoamento e a especialização dos serviços eleitorais, devendo ser previstos, necessariamente:
>
> I - nome civil;
>
> II - **nome social, para uso exclusivo por pessoa transgênera** que não fez retificação do registro civil;
>
> III - gênero, com as opções "masculino" e "feminino";
>
> IV - **identidade de gênero**, com as opções mínimas "cisgênero", "transgênero" e "prefere não informar";
>
> [...]

Com isso, aquele que for do sexo biológico masculino, como tal identificado no registro de nascimento, mas que se identifica e é socialmente reconhecido como do gênero feminino, comporá a relação de candidatas do sexo feminino, para efeito de atingimento do percentual mínimo:

> Res. TSE n. 23.609/2019 (Registro de Candidatura)
>
> Art. 17
>
> [...]
>
> § 5º Para fins dos cálculos a que se referem os §§ 2º a 4º deste artigo, será considerado o **gênero declarado no registro de candidatura**[137], ainda que dissonante do Cadastro Eleitoral. (Redação dada pela Resolução nº 23.675/2021)

Da convenção surge, então, a lista dos candidatos do partido ou da federação, que será levada à Justiça Eleitoral, com pedido de registro.

5. Coligações: representação, verticalização

As convenções, além de se ocuparem da escolha dos seus candidatos às eleições, ainda poderão deliberar a respeito de **coligações**[138], que são a junção de dois ou mais partidos políticos ou federações, com o fim de disputar aquela eleição as quais ganham *status* de partido, seja qual for o número de partidos que a integram.

A *coligação será representada* junto à Justiça Eleitoral pela pessoa que assim for designada pelos dirigentes partidários que a compõem (art. 6º, § 3º, III, da LE). Desaparece, via de consequência, a legitimidade dos partidos ou federações para, isoladamente, se dirigirem à Justiça Eleitoral.

---

137 A redação original, que se aplicou às eleições de 2020, determinava considerar o gênero declarado no cadastro de eleitores.

138 Como dito, o art. 17, da CF (na redação dada pela EC n. 97/2017), não permite a formação de coligações para as eleições proporcionais a partir de 2020.

> "[...] A coligação aperfeiçoa-se com o acordo de vontade das agremiações políticas envolvidas e com a homologação deste pela Justiça Eleitoral. A partir de tal acordo, considera-se que os partidos estão coligados. O partido coligado não possui legitimidade para, isoladamente, propor investigação judicial." *NE:* "[...] embora a inicial tenha sido protocolada antes da apresentação à Justiça Eleitoral das atas nas quais se deliberou pela formação da coligação, tal fato não afasta o impedimento de o partido coligado agir isoladamente." *(Ac. nº 25.015, de 9.8.2005, rel. Min. Humberto Gomes de Barros.)*

Esse entendimento jurisprudencial consolidado foi consagrado na Lei n. 12.034/2009 (art. 6º, § 4º, da Lei n. 9.504/97). O partido político só tem legitimidade para atuar isoladamente quando for questionar a validade da própria coligação, o que deve ser feito no período compreendido entre a data da convenção e o termo final para impugnação das candidaturas. A partir da vedação constitucional de formação de coligação para a eleição proporcional, necessário salientar que o partido ou a federação tem legitimidade para atuar isoladamente quando propuser ações em face de candidatos a vereador e a deputado estadual, distrital ou federal, como a impugnação ao registro de candidatura, a AIJE, a Representação, etc., exatamente por não estar coligado em tal disputa (art. 4º, § 5º, da Res. TSE n. 23.609/2019, incluído pela Res. TSE n. 23.675, de 16.dezembro.21).

Tendo em vista, entretanto, que as Coligações têm existência limitada no tempo, ressurge após a eleição a legitimidade dos partidos que a integram para, isoladamente, se dirigirem à Justiça Eleitoral. Seria natural, então, concluir pela ilegitimidade ativa da coligação para quaisquer das ações eleitorais que forem manejadas após o pleito e até depois da diplomação (RCED ou AIME). Não obstante, a verdade é que entre a eleição e a diplomação situa-se verdadeira zona cinzenta, na qual, de fato, ainda persistem alguns interesses da coligação. Por essa razão, a jurisprudência tem admitido a legitimidade concorrente – do partido isoladamente e da coligação – nesse mencionado período.

> "Investigação judicial. Legitimidade ativa. Coligação. 1. A coligação é parte legítima para propor as ações previstas na legislação eleitoral, mesmo após a realização da eleição, porquanto os atos praticados durante o processo eleitoral podem ter repercussão até após a diplomação. 2. Com o advento das eleições, há **legitimidade concorrente** entre a coligação e os partidos que a compõem, para fins de ajuizamento dos meios de impugnação na Justiça Eleitoral, em face da eventual possibilidade de desfazimento dos interesses das agremiações que acordaram concorrer conjuntamente. 3. Essa interpretação é a que melhor preserva o interesse público de apuração dos ilícitos eleitorais, já que permite a ambos os legitimados - partidos isolados ou coligações - proporem, caso assim entendam, as demandas cabíveis após a votação. Agravo regimental a que se nega provimento." (Ac. de 4.5.2010, no AgR-RESPE n. 36.398, Rel. Min. Arnaldo Versiani)

> [...] Representação judicial eleitoral. Art. 41-A da Lei n. 9.504/97. Partido político que disputou a eleição em coligação. Legitimação para as ações pertinentes, após as eleições. Violação ao art. 41-A da Lei n. 9.504/97. [...]. *NE: Com o resultado das eleições, tanto os partidos políticos* que as disputaram em coligação *como as próprias coligações têm legitimação* ativa para as ações correspondentes – recurso contra

> a expedição de diploma, ação de impugnação de mandato eletivo e representação com fundamento no art. 41-A da Lei n. 9.504/97 (Ac. n. 19.759, de 10/12/2002, rel. Min. Luiz Carlos Madeira.)

As coligações, a partir da interpretação dada pelo TSE aos preceitos constitucional e legal pertinentes à matéria, deviam obedecer à identidade partidária. Pela chamada **verticalização**, não poderiam os partidos coligados para a eleição presidencial formar coligações com outros partidos que também tivessem candidatos próprios ou coligados à presidência, isto visando às eleições de Governador, Senador e Deputados. O entendimento que prevaleceu no TSE levou em conta que o partido político tem, por força da Constituição Federal, âmbito nacional, daí não se admitir que os diretórios estaduais de partido que esteja concorrendo à presidência façam coligações com partidos que tenham lançado candidatos próprios ou coligados àquele mesmo cargo.

> "Os partidos políticos que ajustarem coligação para eleição de Presidente da República não poderão formar coligações para eleição de Governador/a de Estado ou do Distrito Federal, Senador/a, deputado/a federal e deputado/a estadual ou distrital com outros partidos políticos que tenham, isoladamente ou em aliança diversa, lançado candidato à eleição presidencial." (TSE,[139] 26/2/2002, vencidos os Min. Sepúlveda Pertence e Sálvio de Figueiredo, que entenderam que as coligações devem atender à identidade apenas na circunscrição eleitoral e que a eleição presidencial tem circunscrição diversa das demais)

A regra podia ser assim resumida: os partidos que divergiam nas eleições presidenciais (cada qual lançando seus candidatos) não podiam coligar-se nas eleições estaduais e federais. Parecia lógico que, se não houvesse consenso no âmbito nacional, também não poderá havê-lo no âmbito estadual.

Em março de 2006, o Congresso Nacional promulgou a Emenda Constitucional 52, conferindo aos partidos liberdade para estabelecerem, nas diversas circunscrições eleitorais, as alianças que quiserem, independentemente da coligação que a direção nacional houver feito. E acrescentou que essa novel disposição já se aplicaria às eleições de 2006, revelando, então, flagrante inconstitucionalidade, pois não se atendeu ao princípio da anualidade, aquele que não admite a alteração das regras eleitorais a menos de um ano do pleito. Ora, para derrubar-se a verticalização, como pretendeu a dita EC, era necessário que ela fosse promulgada até 30 de setembro de 2005. Essa inconstitucionalidade acabou sendo reconhecida pelo STF, restando confirmada a verticalização para as eleições de 2006, tal como está na Resolução TSE n. 22.156/2006 (art. 3º, § 1º).

Em ano de eleição municipal, entretanto, não há incidência do princípio, pois as eleições só se dão no âmbito da circunscrição municipal, daí que não se fala em formação de coligação estadual ou nacional.

> "*Coligações – Eleições proporcionais.* Nas eleições municipais serão permitidas coligações diferenciadas em municípios diversos do mesmo estado, ou não, não

[139] Resolução TSE 21.002, de 2002.

incidindo o princípio da coerência na formação de coligação." (Resolução n. 21.500, de 16/9/2003 - TSE - Consulta n. 930, DF, Rel. Min. Carlos Velloso)

A verdade é que foi tímido o TSE ao pronunciar-se sobre o assunto, pois se é certo que correta a orientação relativamente às eleições gerais e presidenciais (a verticalização atende ao caráter nacional dos partidos, como fixado na Constituição Federal), não menos certo que a regra deveria aplicar-se também nas eleições municipais. E o fato de só haver eleição na esfera municipal não impede que todos os diretórios municipais sejam obrigados a seguir a orientação da executiva nacional, de onde seria legítimo emanarem-se as orientações ideológicas do partido, que, repita-se, tem caráter nacional por força de mandamento constitucional. Mesmo que se considere que nas eleições municipais cada município é uma circunscrição, o fato é que a diversidade de orientação (num município disputa-se em coligação e em outro disputa-se como adversários ferrenhos) revela a inexistência de ideologia partidária nacional, fazendo com que o eleitor não identifique o partido, mas, ao contrário, o candidato. Isto, evidentemente, enfraquece o partido e desautoriza a iniciativa do Congresso Nacional de implantar entre nós o sistema proporcional por listas fechadas, aquele em que o eleitor deixaria de votar em candidatos para vereador, deputado estadual e deputado federal, passando a votar no partido. Ora, se o eleitor não conhece a ideologia e o programa do partido, porque este não os tem (ou se os tem não os obedece em nome dos interesses locais), como fazê-lo escolher partidos e não candidatos?

Com o fim da verticalização, que se deu com a mencionada EC n. 52/2006, cabe ao partido político fixar, em seus estatutos ou mediante diretrizes do órgão de direção nacional, as normas a serem observadas por suas instâncias inferiores quando da formação de coligações. E, se os diretórios estaduais e municipais contrariarem tais normas e diretrizes, poderá o diretório nacional anular as deliberações e tornar sem efeito a coligação, decidindo sobre a necessidade de escolha de novos candidatos (art. 7º, §§ 2º, 3º e 4º, da Lei n. 9.504/97, na redação dada pela Lei n. 12.034/2009).

As coligações, até as eleições de 2018, puderam ser feitas para as eleições majoritárias, proporcionais ou para ambas. Com a EC n. 97/2017, entretanto, estão vedadas as coligações para as eleições proporcionais (vereadores e deputados, estaduais, distritais e federais).

Os partidos coligados para as eleições majoritárias (Prefeito, Governador, Senador e Presidente) puderam, até a dita EC 97/2017, formar outros blocos de coligação entre si para as eleições proporcionais (Vereadores e Deputados), ou mesmo disputar essa eleição isoladamente. O que não era permitido pelo citado art. 6º (na sua redação original) era a inclusão, na coligação para as eleições proporcionais, de partidos políticos que não compuseram a coligação para a majoritária.

"... 6. O que não se tem por admissível, em face do art. 6º da Lei n. 9.504/97, existente coligação majoritária, é a inclusão de partido a ela estranho, para formar com integrantes do referido bloco partidário aliança diversa destinada a disputar eleição proporcional. 7. O art. 6º da Lei n. 9.504/97, embora estabelecendo ampla abertura às composições partidárias ao pleito proporcional, adotou, todavia, parâmetro inafastável, qual seja, manter-se fechada a aliança partidária que ampara a eleição majoritária, admitindo que, na sua intimidade, os partidos dela integrantes se componham, para a eleição proporcional, como for da conveniência de cada um, dentro da circunscrição..." (TSE, Resolução 20.121, Consulta n. 358-DF, Rel. Min. Néri da Silveira, *DJU* 16/4/98)[140]

CONSULTA. COLIGAÇÃO PARTIDÁRIA. ELEIÇÃO MAJORITÁRIA. CANDIDATO. GOVERNADOR. SENADOR DA REPÚBLICA.

1. Partidos coligados para o cargo de governador podem lançar, isoladamente, candidatos ao Senado (Res.-TSE nº 20.126/1998).

2. Não é possível a formação de coligação majoritária para o cargo de senador distinta da formada para o de governador, mesmo entre partidos que a integrem. Precedentes. (Res.-TSE nº 23.289, de 29.6.2010)

Com o instituto da federação de partidos (junção de dois ou mais partidos com estabilidade mínima de 4 anos, programa e estatuto comuns registrados no TSE e caráter nacional), passa a ser possível a formação de **coligação majoritária** entre partidos, ou entre partidos e federações ou entre federações. Como a federação tem abrangência nacional (art. 11-A, § 3º, IV, da Lei n. 9.096/95), os partidos que a integram terão atuação unificada em todas as circunscrições nas quais possuam órgão partidário e queiram lançar candidatos (art. 3º, § 2º, da Res. TSE n. 23.609/2019, incluído pela Res. TSE n. 23.675, de 16.dezembro.21).

6. Pedido de registro das candidaturas: data limite e resumo do procedimento

Realizadas regularmente as convenções, os partidos, as federações ou as coligações dirigem-se à Justiça Eleitoral com o **pedido de registro das candidaturas**.

O Código Eleitoral, nos arts. 87 a 102 (alterados pela Lei n. 13.165/2015 e pela Lei n. 14.211/2021), regulava toda essa matéria. A partir da Lei Complementar n. 64/90, a chamada lei das inelegibilidades, o assunto passou a ser ali tratado, com algumas modificações importantes, principalmente no que diz respeito aos prazos a serem observados nesse procedimento. Também a Lei Eleitoral (Lei n. 9.504/97) trata do registro de candidatos (arts. 10 a 16, com as impactantes alterações da Lei n. 13.165/2015, da Lei n. 13.488/2017, da Lei n. 13.877/2019 e da Lei n. 14.211/2021).

Da conciliação de todas essas normas legais, extrai-se que:

a). Cada partido poderá registrar candidatos para a Câmara dos Deputados, Câmara Legislativa, Assembleias Legislativas e Câmaras Municipais **até 100% mais um do número de lugares a preencher.**[141].

b). O pedido de registro deverá ser protocolado na Justiça Eleitoral **até as 8 horas** (se transmitido pela Internet) **ou até as 19 horas** (se a mídia for entregue ao Cartório ou Secretaria) **do dia 15 de agosto** (do ano em que se realizarem as eleições (art. 11,

[140] DECOMAIN, Pedro Roberto. *Eleições* – Comentários à Lei n. 9.504/97, p. 26.

[141] Ver, acima, item 3.

da Lei n. 9.504/97 e art. 93, do Código Eleitoral, ambos com redação dada pela Lei n. 13.165/2015, e art. 19, § 2º, da Res. TSE n. 23.609/2019, com redação dada pela Res. TSE n. 23.675/2021)[142]. Findo o prazo para as convenções, em 05 de agosto (e entregue a respectiva ata à Justiça Eleitoral em 24 horas), os partidos, as federações e coligações têm até o dia 15 de agosto para reunir a documentação e protocolar o pedido de registro.

c). Imediatamente após o protocolo do pedido, o Juiz Eleitoral (ou o Tribunal) fará publicar o **edital para ciência dos interessados**, daí correndo o prazo de *cinco dias para a Ação de Impugnação ao Registro de Candidatura* (AIRC), a ser manejada por qualquer candidato, partido político, federação, coligação ou Ministério Público Eleitoral. Esse é o prazo do art. 3º da Lei Complementar n. 64/90, que se impõe também ao MPE, sem intimação pessoal, não mais se aplicando aquele previsto no art. 97, § 2º, do CE, que falava em dois dias. A referida Lei Complementar também não repete a regra do CE, relativamente à legitimidade de "qualquer eleitor" para a impugnação fundada em inelegibilidade ou incompatibilidade (§ 3º do art. 97). O TSE, entretanto, admite a apresentação, por qualquer cidadão, no mesmo prazo de 5 dias, de notícia de inelegibilidade (art. 34, § 1º, III, da Res. TSE n. 23.609/2019). Também será processada como Notícia de Inelegibilidade eventual impugnação apresentada sem regular representação por advogado, hipótese em que o impugnante assumirá a condição de "mero noticiante" (art. 40, § 1º-B, da Res. TSE n. 23.609/2019, com redação dada pela Res. TSE n. 23.675/2021).

d). Corre também deste edital o prazo de 2 dias para que a pessoa, regularmente escolhida em convenção, requeira diretamente à Justiça Eleitoral a inclusão do seu nome na lista de candidatos levados a registro pelo partido ou pela federação, quando este a houver omitido (art. 11, § 4º, da Lei n. 9.504/97, na redação dada pela Lei n. 12.034/2009, e art. 29, da Res. TSE n. 23.609/2019, com redação dada pela Res. TSE n. 23.675/2021).

e). "Terminado o prazo para impugnação, a candidata, o candidato, o partido político, a federação ou a coligação devem ser citadas ou citados, na forma do art. 38 desta Resolução, para, no prazo de 7 (sete) dias, contestá-la ou se manifestar sobre a notícia de inelegibilidade, juntar documentos, indicar rol de testemunhas e requerer a produção de outras provas, inclusive documentais, que se encontrarem em poder de terceiras ou de terceiros ou de repartições públicas ou em procedimentos judiciais ou administrativos, salvo os processos que estiverem tramitando em segredo de justiça (LC nº 64/1990, art. 4º)". (Art. 41, da Res. TSE n. 23.609/2019, com redação dada pela Res. TSE n. 23.675/2021), não mais prevalecendo o prazo de dois dias fixado no § 4º do art. 97 do CE.

f). Produzidas as **provas** e realizadas as **diligências** necessárias, as partes, inclusive o Ministério Público, poderão apresentar **alegações finais** no prazo comum (comum também para o MPE apenas quando for parte e sucessivo quando atuando como custos legis) de cinco dias (art. 6º da LC n. 64/90).

---

142 Antes da alteração, o registro era até 5 de julho.

g). Quando não for parte, o Ministério Público terá vista dos autos por 2 (dois) dias, após as alegações finais das partes, para parecer final (art. 43, § 2º, da Res. TSE n. 23.609/2019).

h) Nas eleições municipais, o Juiz apresentará a **sentença** em Cartório em três dias após a conclusão dos autos, daí passando a correr[143] o prazo de três dias para o **recurso** ao TRE (art. 8º).

i). Nas eleições estaduais e federais, em que o pedido de registro é dirigido ao TRE, terá este também o prazo de três dias para decidir o pedido, com ou sem impugnação, independentemente de publicação de pauta (art. 13 da LC n. 64/90).

j). Da decisão do TRE, no exercício da sua **competência recursal** (eleições municipais), cabe **recurso especial** ao TSE; se no exercício da sua **competência originária** (eleições gerais), cabe **recurso ordinário** (quando versar sobre inelegibilidades) ou **recurso especial** (quando versar sobre condições de elegibilidade), no prazo também de três dias (art. 11, § 2º, da LC n. 64/90, e 121, § 4º, III, e 121, § 4º, I e II, respectivamente, da CF/88).

k). O prazo para as **contrarrazões** do recorrido será sempre de três dias (art. 8º, § 1º, e art. 12, ambos da LC n. 64/90).

l). O recurso ao TSE subirá imediatamente após a apresentação das contrarrazões do recorrido, independentemente do **juízo de admissibilidade**, posto que em discussão matéria relativa à inelegibilidade do candidato (art. 8º, § 2º, c/c art. 12, parágrafo único, da LC n. 64/90; art. 121, § 4º, III, da CF/88).[144] E a Res. TSE n. 23.609/2019, que contém o regulamento do registro de candidatura para as eleições de 2020 e seguintes, dispõe sobre os recursos ordinário e especial, tanto quando o TRE é instância originária (art. 63), como quando é instância recursal (art. 67).

Este procedimento, por ser o mais dilatado dentre os previstos na legislação eleitoral, é chamado de **ordinário eleitoral**.

Mister lembrar que o pedido de registro da candidatura deve ser subscrito pelo Presidente do Partido Político ou por Delegado autorizado em documento autêntico (art. 21, da Res. TSE n. 23.609/2019 , e art. 94, do Código Eleitoral). Quando a candidatura decorrer de Federação ou Coligação, será o pedido subscrito pelos presidentes dos partidos coligados, ou por seus delegados ou pelo representante da federação ou coligação, (art. 6º, § 3º, II, da Lei n. 9.504/97; art. 21, da Res. TSE n. 23.609/2019).

---

[143] Sumula n. 10, do TSE, publicada no DJ de 28, 29 e 30-10-92: "No processo de registro de candidatos, quando a sentença for entregue em Cartório antes de três dias contados da conclusão ao Juiz, o prazo para o recurso ordinário, salvo intimação pessoal anterior, só se conta do termo final daquele tríduo." Res TSE n. 23.609/2019, art. 58, § 3º: "Se a publicação e a comunicação referidas no § 1º ocorrerem antes de três dias contados da conclusão dos autos ao juiz eleitoral, o prazo para o recurso eleitoral passará a correr, para as partes e para o Ministério Público, do termo final daquele tríduo".

[144] O procedimento da Ação de Impugnação ao Registro de Candidatura será melhor e mais detalhadamente explorado adiante, ainda neste capítulo.

7. Quitação Eleitoral

Com o pedido de registro, devem ser levados à Justiça Eleitoral os documentos enumerados no art. 11, da Lei n. 9.504/97, dentre os quais destaca-se a **certidão de quitação eleitoral.** Esse documento objetiva assegurar a ausência de anotação, no cadastro eleitoral do candidato, de hipóteses de descumprimento de obrigações tipicamente eleitorais a todos impostas, como o exercício do voto, o atendimento às convocações da Justiça Eleitoral para trabalhos eleitorais (mesários, escrutinadores, etc.), a apresentação de prestação de contas, o regular cumprimento da legislação pertinente à arrecadação e gastos de campanha e a adimplência de multas. É que aquele que não cumpre suas obrigações eleitorais não está quite com a Justiça Eleitoral e não está apto à candidatura, por não reunir a plenitude dos direitos políticos. Mas essa certidão de quitação eleitoral, cujo conteúdo foi definido pela Resolução-TSE n. 21.823/2004, terá que *omitir* a informação quanto à regularidade, ou não, da prestação de contas de campanha daquele que já disputou eleições, porque o § 7º, do art. 11, da Lei n. 9.504/97 (acrescentado pela Lei n. 12.034/2009), diz que ela abrangerá, dentre outras informações, apenas a *apresentação* de contas de campanha eleitoral e não o resultado da análise e julgamento dessas contas. Este comando normativo impõe ao servidor da Justiça Eleitoral" ou ao sistema, quando expedida eletronicamente" incumbido da expedição da certidão a prática de omissão relevante, porque eventual rejeição de contas não poderá ser noticiada nesta certidão de quitação, afirmando-se uma quitação que substancialmente não existirá. Ora, se o candidato tem contas de campanha rejeitadas é porque praticou irregularidades comprometedoras da sua movimentação de recursos de campanha, única hipótese que autoriza a desaprovação, segundo o art. 30, Inciso III, da LE. Vale dizer, p.ex., que ele movimentou dinheiro ao largo da conta corrente obrigatória; que não emitiu os necessários recibos eleitorais, documento que permite o ingresso do recurso na contabilidade da campanha; que recebeu doações ou efetuou pagamentos com recursos não contabilizados, praticando o "caixa 2"; que recebeu recursos de fontes vedadas; que utilizou recursos para despesas proibidas, etc. E diante de tais graves e comprometedoras irregularidades, que apontam para a inobservância de obrigação cogente imposta a todos os candidatos, expressa na legislação eleitoral pertinente à arrecadação e gastos, como afirmar que o candidato está quite com a Justiça Eleitoral, ao mesmo tempo que se nega a quitação para o eleitor que deixa de votar? Uma certidão que o afirme quite contém grave omissão e falta com a verdade da real situação do candidato. Daí que o referido dispositivo (art. 11, § 7º) contém incontornável inconstitucionalidade ao afrontar os princípios da transparência e da publicidade, porque esconde nos arquivos da Justiça Eleitoral informações relevantes sobre o candidato, afirma sob fé pública que ele tem quitação eleitoral e contraria a própria natureza pública do processo eleitoral, impedindo não só o exercício da arguição de impedimentos ao registro pelos legitimados à ação de impugnação[145], como também o conhecimento dos eleitores sobre o histórico do candidato em outros pleitos. No TSE, abriu-se divergência quanto ao tema, entendendo

[145] Segundo o Ac.-TSE, de 15.9.2010, no REspe nº 190.323, a quitação eleitoral é condição de elegibilidade. No mesmo sentido, o Acórdão-TSE de 21.10.2014, nos ED-REspe n. 38.875.

(TSE, PA n. 59.459, de 03-08-2010) ser insuficiente" para a quitação eleitoral" a mera apresentação das contas de campanha, porque mais importante que a formalidade de sua apresentação é a sua aprovação pela Justiça Eleitoral, a demonstrar que o candidato não incorreu nas graves irregularidades que autorizam a sua rejeição. Em sentido contrário, entretanto, Ac. TSE, de 28.09.2010, no RESPE n. 442.363. Na noite do dia 01-março-2012, o TSE, discutindo a Resolução que disciplinou a arrecadação e gastos de campanha e a correspondente prestação de contas para as eleições de 2012 (Resolução n. 23.376/2012, art. 52), adotou o entendimento que firmamos desde a 5ª edição desta obra, prevendo a suspensão da quitação eleitoral não só para os que não apresentam a prestação de contas, mas também para aquele que tem contas rejeitadas pela Justiça Eleitoral. Mas em junho daquele mesmo ano, o TSE acolheu pedido de reconsideração e revogou o § 2º, do art. 52, da mencionada resolução, restando como hipótese de suspensão da quitação eleitoral apenas a não apresentação da prestação de contas.

Curioso é que, em sentido diverso, o § 6º, do mesmo art. 11 (também acrescentado pela Lei n. 12.034/2009), determina que todos os documentos que instruem o pedido de candidatura devem ser disponibilizados pela Justiça Eleitoral, no seu sítio eletrônico, para consulta de todos os interessados, aí sim caminhando ao encontro da ampla informação a que tem direito o eleitor. A disponibilização dos documentos proporciona acesso ao conteúdo das certidões de antecedentes, onde podem estar lançadas eventuais condenações criminais ou por improbidade, o que constitui importante contribuição para a formação da opinião do eleitor, até porque a "lei da ficha limpa" (LC n. 135/2010) só impede a candidatura dos que têm condenação de órgão colegiado. O TRE mineiro já se havia antecipado e disponibilizado essas informações em seu site nas diversas eleições municipais extemporâneas realizadas em 2009.

De outro lado, a Lei n. 12.034/2009 consagra o entendimento jurisprudencial de que está quite com a Justiça Eleitoral aquele que obtém parcelamento – que, com a Lei n. 12.891/2013, pode ser feito em até sessenta vezes – do valor da sua multa eleitoral, desde que se encontre em dia com os pagamentos das parcelas até então vencidas (art. 11, § 8º, da Lei n. 9.504/97). Em nova redação, agora conferida pela Lei n. 13.488/2017, o dito art. 11, § 8º, prevê o parcelamento como direito do devedor e diz que cada parcela não pode ser superior a 5% dos rendimentos da pessoa física e 2% da receita da pessoa jurídica, ainda que o débito tenha que ser dividido em mais de 60 meses.

8. Omissão do partido: pedido feito pelo próprio candidato

Se o Partido/Federação/Coligação omitir no pedido algum candidato regularmente indicado na convenção, poderá este dirigir-se diretamente à Justiça Eleitoral, pleiteando o registro, desde que o faça dentro das 48 horas (na linha da jurisprudência do TSE, que converteu em dias os prazos previstos da lei em horas, a Res. n. 23.609/2019, no art. 29, fixa este prazo em 2 dias) seguintes à publicação da lista de candidatos pela Justiça Eleitoral (art. 11, § 4º, da Lei n. 9.504/97, alterado pela Lei n. 12.034/2009). Percebe-se que, agora, o prazo de 2 dias para o candidato preterido pedir diretamente o seu registro só começa a correr após a publicação da lista, que é quando toma conhecimento da omissão do seu nome. A regra não contraria a afirmação de que não há candidaturas isoladas, posto que, nesta hipótese, admite-se o requerimento subscrito diretamente pelo candidato, desde que tenha ele sido submetido regularmente à convenção. Visa-se, com isso, evitar que a omissão do partido/federação/coligação prejudique candidato indicado pela convenção.

9. Substituição de candidato: primeiro e segundo turnos

Findos estes prazos, não mais será possível o pedido de registro de candidatos, ressalvada a possibilidade de **substituição** daqueles que forem considerados inelegíveis ou dos que renunciarem ou falecerem durante a campanha, ou mesmo dos que tiverem o registro indeferido ou cancelado. Em qualquer dessas hipóteses, o pedido de registro do substituto deverá ser protocolado **até dez dias contados do fato**[146] **ou da notificação do partido da decisão** que deu origem à substituição. Mas a substituição só se efetivará se o novo pedido for apresentado à Justiça Eleitoral **até vinte dias antes do pleito**, prazo que se aplica tanto às eleições proporcionais quanto às majoritárias, pois o art. 13, § 3º, da Lei n. 9.504/97, com a redação dada pela Lei n. 12.891/2013, não mais faz a distinção (a redação anterior fixava o prazo 60 dias antes das eleições para as substituições nas eleições proporcionais e nenhum para as eleições majoritárias). Essa inovação inibirá os pedidos de registro de candidatos reconhecidamente inelegíveis, cujas campanhas eram asseguradas até a véspera da eleição por meio de recursos (art. 16-A), quando, então, vinha o pedido de substituição. Não havendo tempo para esclarecer o eleitorado, na maioria das vezes o voto era dado ao substituto ainda pensando no substituído, inclusive porque era deste o nome e a foto que apareciam na urna eletrônica. A distinção, agora, diz respeito apenas ao fato motivador da substituição, pois a limitação de tempo (20 dias antes da eleição) só não se aplica em caso de morte do candidato. De outro lado, se a renúncia ou o falecimento do candidato ao cargo majoritário ocorrer **após o primeiro turno e antes do segundo**, não haverá sua substituição pelo partido ou coligação, mas a convocação do mais votado dentre os remanescentes do primeiro turno, ou seja, do que ficou em terceiro lugar naquela eleição (art. 2º, § 2º, da LE; Resolução 22.236, de 8/6/2006. Consulta 1.204, DF). Com a nova disposição do art. 224, § 3º, do Código Eleitoral, que determina sejam realizadas novas eleições em caso de indeferimento ou cassação de registro, independentemente do percentual de votos envolvidos, necessário distinguir as seguintes situações: 1) de indeferimento do registro do candidato com maior votação, hipótese em que novas eleições devem ser convocadas, por força exatamente desta inovação do § 3º; 2) de indeferimento do registro do segundo colocado, que não produzirá qualquer alteração no resultado; e 3) de indeferimento dos registros de dois ou mais candidatos não eleitos, cuja soma dos votos alcance mais de 50% do total de votos válidos, hipótese em que novas eleições devem ser convocadas, desta vez por aplicação do "caput" do

---

[146] Na hipótese de renúncia, o prazo conta-se da homologação do ato pela Justiça Eleitoral, conforme dispõe a Resolução TSE n. 23.609/2019, art. 72, § 4º.

art. 224. A Res. TSE n. 23.611/2019 prevê esta hipótese no art. 217. E a substituição ainda observará as seguintes regras:

> 1) Se o evento **morte ocorrer após a convenção partidária** e até o dia do primeiro turno da eleição, a substituição dar-se-á por decisão da maioria absoluta dos órgãos executivos de direção dos partidos políticos coligados, podendo o substituto ser filiado a qualquer partido integrante da coligação, desde que o partido ao qual pertencia o substituído renuncie ao direito de preferência. Nessa hipótese, de morte do candidato, a substituição poderá ser requerida inclusive dentro dos 20 dias que antecedem a eleição, desde que observado o prazo de dez dias, contados do fato (o art. 61, da Resolução TSE n. 23.405/2014, que disciplinou o registro de candidatura para as eleições de 2014, permitiu a substituição até 24 horas antes da eleição. Já Resolução TSE n. 23.548/2017, tratou dos prazos de substituição no art. 68, mas se silenciou quanto à data limite para a apresentação do pedido. Também a Res. TSE n. 23.609/2019, no art. 72, nada dispõe);
>
> 2) Se a **sucessão ocorrer entre o primeiro e o segundo turnos** da eleição, convocar-se-á, dentre os remanescentes, o de maior votação; se, na hipótese dos parágrafos anteriores, remanescer, em segundo lugar, mais de um candidato com a mesma votação, qualificar-se-á o mais idoso (art. 28 c.c o art. 77, §§ 4º e 5º, da Constituição Federal);
>
> 3) Na hipótese de **falecimento após a realização do segundo turno** e antes da diplomação dos eleitos, por aplicação da jurisprudência do TSE, será diplomado como titular o vice eleito, visto que 'os efeitos da diplomação do candidato pela Justiça Eleitoral são meramente declaratórios, já que os constitutivos evidenciam-se com o resultado favorável das urnas';
>
> 4) Em ocorrendo o evento **morte entre a diplomação e a posse dos eleitos**, nenhuma providência competirá à Justiça Eleitoral, pois incidirão, por aplicação do princípio da simetria, as regras constantes dos arts. 80 e 81 da Constituição Federal.

O pedido de registro ainda pode ser protocolado após 15 de agosto, quando as **convenções não indicarem, às eleições proporcionais, o número máximo** de candidatos a que tem direito o partido[147] ou a federação, hipótese em que o órgão de direção do respectivo partido/federação poderá preencher as vagas remanescentes **até trinta dias antes do pleito**, como previsto no art. 10, § 5º, da Lei Eleitoral (na redação dada pela Lei n. 13.165/2015. A disposição original previa 60 dias para o preenchimento das vagas remanescentes). Esse dispositivo só se aplica, naturalmente, às eleições proporcionais.

Nas eleições municipais, o pedido de registro é dirigido ao Juiz Eleitoral; nas eleições gerais (estaduais e federais), ao TRE e, nas eleições presidenciais, ao TSE (art. 89 do CE), tendo em vista que a competência dos órgãos jurisdicionais eleitorais leva em conta o território da disputa.

---

[147] Lembrando que a nova redação dada ao art. 17, da CF (EC n. 97/2017), aplicável a partir das eleições de 2020, não mais permite coligações para eleições proporcionais.

10. Documentos e informações para o registro

O pedido, além de instruído com os **documentos elencados no art. 11 da LE**, e no art. 27, da Resolução-TSE n. 23.609/2019 (dentre os quais o *comprovante de escolaridade* - que a mesma Resolução, ainda no art. 27, § 5º, diz poder ser substituída por declaração de próprio punho, desde que feita na presença de servidor da Justiça Eleitoral - *e a certidão criminal de objeto e pé*), deverá também:

a). indicar a pessoa que irá **representar** o partido político, a federação ou a coligação junto à Justiça Eleitoral (art. 6º da LE);

b). fornecer o número de telefone móvel que disponha de aplicativo de mensagens instantâneas e endereço eletrônico nos quais o partido/federação e seus delegados, a coligação e os candidatos receberão intimações e comunicados da Justiça Eleitoral (arts. 23 e 24, da Res. TSE n. 23.609/2019, observando-se que os incisos XI e VII, respectivamente, dizem incumbir aos partidos, federações e coligações e aos candidatos acessarem o mural eletrônico e os meios de comunicação informados e mantê-los atualizados). E o art. 96-A, da Lei n. 9.504/97, acrescentado pela Lei n. 12.034/2009, segundo o qual o candidato deve informar, no requerimento de registro, o número do fac símile pelo qual receberá notificações e intimações da Justiça Eleitoral, está totalmente superado pelos novos meios de comunicação adotados pela Justiça Eleitoral;

c). até as eleições de 2014, cabia ao partido indicar os **valores máximos que seriam gastos** pelos seus candidatos, em cada eleição. Em caso de coligação, esse valor era a ela indicado por parte de cada partido e cabia à coligação comunicá-lo à Justiça Eleitoral juntamente com o pedido de registro (art. 18 da LE, redação anterior). Essa informação era útil quando da apuração de abuso de poder econômico durante a campanha, porque *gastar além dos valores* previstos constitui abuso do poder econômico e o candidato incorria na multa de cinco a dez vezes a quantia gasta em excesso (art. 18, § 2º, da LE, na sua redação anterior, revogado expressamente pela Lei n. 13.165/2015. O art. 18-B, acrescido pela referida Lei n. 13.165/2015, prevê multa de 100% da quantia que ultrapassar o limite fixado). Com a Lei n. 13.165/2015, o art. 18 previu que "os limites de gastos de campanha, em cada eleição, são os definidos pelo Tribunal Superior Eleitoral com base nos parâmetros definidos em lei". E os ditos parâmetros estavam fixados nos arts. 5º a 8º, da Lei n. 13.165/2015. De seu turno, o TSE publicou tabela com os valores máximos a serem observados, em cada um dos municípios brasileiros, na eleição de 2016. Via de consequência, não há mais aquela fixação de valores e a correspondente informação dos partidos/coligações à Justiça Eleitoral. A fórmula de cálculo dos valores máximos para as campanhas (arts. 5º a 8º, da Lei n. 13.165/2015) não se aplicou às eleições de 2018, tendo em vista que a Lei n. 13.488/2017, nos arts. 4º a 8º, fixou o teto de gastos para cada um dos cargos em disputa nas eleições gerais daquele ano. E o art. 18-C, acrescentado pela Lei n. 13.878/2019, diz que "o limite de gastos nas campanhas dos candidatos às eleições para prefeito e vereador, na respectiva circunscrição, será equivalente ao limite para os respectivos cargos nas eleições de 2016, atualizado pelo Índice Nacional de Preços ao Consumidor Amplo (IPCA)". O assunto será melhor e mais detalhadamente desenvolvido no capítulo VII (Arrecadação e Gastos de Campanha), item 4;

d). indicar as **variações nominais**, até o máximo de três, com que seus candidatos às eleições proporcionais desejam ser registrados. No caso de mais de um candidato apresentar variação igual, resolve-se a **homonímia** segundo as regras do art. 12 da LE (art. 39, da Res. TSE n. 23.609/2019), como também pelo que foi fixado pelo TSE na Súmula 4 ("*Não havendo preferência entre candidatos que pretendam o registro da mesma variação nominal, defere-se o do que primeiro o tenha requerido*"). A Lei n. 9.504/97 ainda impede que o candidato às eleições proporcionais (vereador e deputado) concorra com *nome idêntico ao de candidato à eleição majoritária* (prefeito, governador, senador e presidente), salvo se titular de mandato eletivo nos últimos quatro anos ou tiver concorrido com tal nome, no mesmo prazo de 4 anos, com o nome coincidente (art. 39, § 2º, da Res. TSE n. 23.609/2019). Nas eleições de 2002, por exemplo, não seria possível alguém concorrer a deputado com a variação "Lula", exatamente porque havia um candidato ao cargo de presidente com esse mesmo nome. Também será indeferida variação com *nome ridículo ou irreverente* (art. 12, *caput*, da LE; art. 25, da Res. TSE n. 23.609/2019) e, ainda, os nomes compostos por siglas ou expressões alusivas a órgãos públicos, como "Zé do INSS", "Maria do Posto de Saúde", etc (art. 25, parágrafo único, da mesma Resolução). As questões referentes à homonímia serão levantadas e decididas nos próprios autos dos processos individuais de registro de candidatura. A título de variação nominal, é possível acrescentar ao nome a referência ao grupo ou coletivo social a que o candidato pertence, como forma de indicar ao eleitorado a sua vinculação àquela pauta. Não é, a rigor, a "candidatura coletiva" que se vem reivindicando, pois esta implicaria na candidatura de duas ou mais pessoas ao mesmo cargo (em oposição à candidatura individual preconizada na legislação eleitoral), como também no exercício conjunto ou sucessivo do mandato. E o TSE, quando dispõe sobre o tema no art. 25, § 2º, da Res. 21.609/2019, incluído pela Res. n. 21.675/2021, o faz na disciplina da composição do nome a ser inserido na urna eletrônica e se refere a "candidaturas promovidas coletivamente", ou seja, candidaturas apoiadas e/ou sustentadas por um coletivo.

11. Diligências

Se o pedido não estiver acompanhado de toda a documentação exigida para o registro, ou se faltar informações a ele necessárias, o partido, a federação, a coligação ou o candidato será intimado, de ofício, para que o **vício seja sanado, em 3 dias** Res. TSE n. 23.609/2019, art. 36, com redação dada pela Res. TSE n. 23.675/2021, que adota a conversão de prazos em horas para dias, contado da intimação pelo mural eletrônico ou outro meio eletrônico que garanta a entrega ao destinatário (art. 11, § 3º, da LE; art. 38, da Res. TSE n. 23.609/2019, com redação dada pela Res. TSE n. 23.675/2021). O pedido de registro de candidatura que estiver desacompanhado dos documentos legalmente exigidos, mesmo após a oportunidade de saneamento, será *indeferido*, não por ausência de condições de elegibilidade ou por causa de inelegibilidade, mas simplesmente por falta de documentação (TRE-SP, Ac. 131.184, Rel. Juiz Eduardo Tess). Admite a jurisprudência, entretanto, que essa documentação seja complementada após o indeferimento, inclusive em sede de Embargos Declaratórios. São neste sentido os

Acórdãos 130.667 e 131.234, Relatados pelo Juiz Vitor Guglielmi, e 131.219, Relatado pelo Des. Viseu Júnior, todos do TRE-SP. E Ac. TSE de 01.02.2011, no AgR, no Respe n. 213859, Rel. Min. Hamilton Carvalhido. Mas isso só é possível quando o Juiz não tiver dado ao interessado a oportunidade de complementação da documentação, ou seja, quando o Juiz não abrir o prazo de 3 dias. Ao contrário, se o candidato (ou partido/federação/coligação), intimado da falta de documentos, não providencia a sua juntada no prazo legal, não se admite venham eles com o recurso, porque preclusa a oportunidade. É nesse sentido a Súmula 03, do TSE:

> "No processo de registro de candidatos, não tendo o juiz aberto prazo para o suprimento de defeito da instrução do pedido, pode o documento, cuja falta houver motivado o indeferimento, ser juntado com o recurso ordinário." (publicada no DJ de 28, 29 e 30/10/1992).
>
> "[...]. Registro de candidatura. Ausência de certidões de objeto e pé. Justificativa inacolhível. Reexame. Desprovimento. [...]. 2. Compete aos interessados apresentar toda a documentação necessária, nos termos do que dispõe o art. 26 da Res.-TSE nº 23.221/2010, desde a formalização do pedido de registro de candidatura, de modo que a justificativa apresentada pelo agravante, de que a certidão faltante já havia sido requerida junto ao órgão competente, mas não estaria pronta por ocasião da concessão do prazo para a diligência, não pode ser acolhida. [...]." (Ac. de 28.10.2010 no AgR-REspe nº 317791, rel. Min. Marcelo Ribeiro.)
>
> "1. Não é permitida, na fase recursal, a juntada de documentos ao pedido de registro de candidatura, **se houve a regular - e desatendida - intimação** do candidato para cumprir diligência nesse sentido, sendo inaplicável, nessa hipótese, a Súmula 3 do TSE. [...] (RESPE - Agravo Regimental em Recurso Especial Eleitoral nº 21495 - MAGÉ – RJ", Acórdão de 28/02/2013, Relator(a) Min. Laurita Vaz)

Esse mesmo prazo de 3 dias será aberto ao partido para adequação da sua lista de candidatos à eleição proporcional, quando não observados os percentuais mínimo e máximo para as candidaturas de ambos os gêneros (art. 36 da Res. TSE n. 23.609/2019, com redação dada pela Res. TSE n. 23.675/2021). Neste caso, devem ser acrescidas candidaturas do gênero minoritário (se o limite total o permitir) ou excluídas do outro. Se não houver adequação, o **DRAP (demonstrativo de regularidade dos atos partidários)**, que materializa o pedido de registro de todos os candidatos do partido ou federação, será indeferido, do que resulta o indeferimento de todas as suas candidaturas às eleições proporcionais (art. 48, da Res. TSE n. 23.609/2019). Necessário lembrar que as eleições majoritárias (prefeito, governador, senador e presidente) são independentes das proporcionais, daí que o indeferimento do DRAP daquele partido que não observou a cota de gênero não projeta qualquer reflexo na participação do partido na eleição majoritária. Equivale dizer que o partido que tem seu DRAP das eleições proporcionais indeferido, participará normalmente da eleição majoritária, se preenchidos os requisitos desta, inclusive por que é preenchido um DRAP para cargo disputado (art. 22, da Res. TSE n. 23.609/2019, com redação dada pela Res. TSE n. 21.675/2021).

12. Candidato sub judice

Os candidatos estão autorizados a **promover a propaganda** eleitoral após 15 de agosto, o que equivale dizer: de 16 de agosto em diante. Pode acontecer, entretanto, que o pedido de registro seja indeferido, o que ocorrerá em meio à sua campanha. Como os recursos eleitorais não têm, em regra, efeito suspensivo (art. 257, do Código Eleitoral), essa decisão de indeferimento deveria ser cumprida imediatamente, impondo-se ao candidato suspender seus atos de propaganda. A Justiça Eleitoral, entretanto, já vinha admitindo que o candidato, independentemente de provimento cautelar, continuasse a fazer sua propaganda eleitoral, "à sua conta e risco", à espera do julgamento do recurso. Isto porque se reconhece que a interrupção da propaganda, ainda que por poucos dias, acarreta prejuízo irreparável para a campanha do candidato que venha a ter seu recurso provido pela instância revisora. A Lei n. 12.034/2009, ao acrescentar o art. 16-A à Lei n. 9.504/97[148], positivou essa possibilidade e acaba por conferir efeito suspensivo ao recurso do candidato. Justifica-se a permissão também porque o sistema informatizado de apuração e totalização de votos está preparado para separar os votos dados ao candidato que no dia da eleição esteja com registro indeferido e recurso em tramitação. Até a eleição de 2018, esses **votos só eram revelados** quando o candidato, provido o seu recurso, obtinha decisão de deferimento do registro. Na Res. TSE n. 23.611/2019, que disciplinou os "atos gerais" para as eleições de 2020, o art. 195, § 3º, prevê a sua divulgação, "informada a situação 'sub judice' dos votos e o condicionamento de sua validade à reversão da decisão desfavorável à chapa por tribunal eleitoral", disposição que foi repetida pelo art. 232, § 2º, da Res. TSE n. 23.669/2021, e art. 22, § 4º, da Res. TSE n. 23.677/2021, aplicáveis às eleições de 2022. Na eleição proporcional, a votação do candidato "sub judice" também será informada, mas naturalmente não considerada para os cálculos de quociente eleitoral e partidário (art. 22, § 3º, da Res. TSE n. 23.677/2021). Mencionada Resolução também lembra, muito oportunamente, que a situação dos votos passará de "sub judice" para **nulos ou anulados em definitivo a partir do esgotamento da via recursal ordinária** – que em eleição municipal se dá no TRE – se se tratar de cassação em ação autônoma (por abuso de poder, por captação ilícita de sufrágio, etc.), pois o art. 257, § 2º, do Código Eleitoral, só confere efeito suspensivo automático ao recurso ordinário. E esse status de nulo ou anulado em definitivo também será alcançado com a **decisão colegiada do TSE**, quando se tratar de indeferimento, cancelamento ou não conhecimento do registro, pois neste caso impõe-se o efeito suspensivo do art. 16-A, da Lei n. 9.504/97. O **indeferimento do DRAP** também leva à nulidade de todos os votos dados aos candidatos – independentemente do (in)deferimento dos

[148] **Art. 16-A.** O candidato cujo registro esteja *sub judice* poderá efetuar todos os atos relativos à campanha eleitoral, inclusive utilizar o horário eleitoral gratuito no rádio e na televisão e ter seu nome mantido na urna eletrônica enquanto estiver sob essa condição, ficando a validade dos votos a ele atribuídos condicionada ao deferimento de seu registro por instância superior. **Parágrafo único.** O cômputo, para o respectivo partido ou coligação, dos votos atribuídos ao candidato cujo registro esteja *sub judice* no dia da eleição fica condicionado ao deferimento do registro do candidato.

pedidos individuais de cada um – e à legenda, pois a validade dos votos pressupõe seja demonstrada a regularidade dos atos partidários, ou seja, o deferimento do DRAP (art. 17, § 1º e art. 20, § 1º, da Res. TSE n. 23.677/2021). E se o indeferimento da candidatura for finalmente confirmado, os votos dados a tal candidato são computados à conta dos nulos, não se aproveitando sequer para a legenda (na eleição proporcional), face à regra contida no art. 175, do Código Eleitoral. De fato, o art. 175, § 3º, diz que os votos dados a candidatos inelegíveis ou não registrados serão considerados nulos, *para todos os efeitos*, o que impõe desconsiderá-los inclusive para a legenda (a nulidade do voto atinge não só o candidato, mas também o partido), ou seja, para a obtenção de quociente partidário. Mas o § 4º, do mesmo art. 175, ressalva a validade desse voto para o partido quando a decisão de indeferimento do registro for proferida após a eleição. Por conseguinte, faz toda diferença saber se o candidato disputou a eleição com registro deferido ou indeferido. Em resumo, se o candidato às eleições proporcionais *disputa a eleição com registro indeferido* e a decisão final confirma esse indeferimento, os votos a ele atribuídos são nulos para todos os efeitos, não se prestando nem mesmo para o partido (§ 3º), porque, no dia da eleição, a recepção de votos para ele era resultado apenas do efeito suspensivo do seu recurso; mas se o candidato, ao contrário, *disputa a eleição com registro deferido*, com recurso de outro candidato, de partido, de federação ou do MPE pendente de julgamento, e a decisão final é de indeferimento da candidatura, os votos são nulos para ele (à evidência), mas computados para o partido, para efeito de quociente partidário (§ 4º), pois no momento da votação havia uma candidatura admitida pela Justiça Eleitoral. Para o art. 175, do Código Eleitoral, prevalece a situação jurídica do candidato, no dia da eleição, para definição do destino dos votos a ele atribuídos.

> "[...] Candidato com registro deferido no momento da eleição. Posterior indeferimento. Art. 175, § 4º, do código eleitoral. Aplicação. Não provimento. 1. Na linha dos precedentes desta c. Corte, prevalece a situação jurídica do candidato no momento da eleição. Assim, os votos atribuídos a candidato com o registro deferido na data do pleito, que, posteriormente tem o registro indeferido, devem ser contados para a legenda pela qual disputou o pleito, conforme dispõe o art. 175, § 4º, do Código Eleitoral. Precedentes: AAG nº 6.588/MG, Rel. Min. Gerardo Grossi, [...] 2. No caso, o indeferimento do registro do candidato ocorreu após as eleições, razão pela qual os votos devem ser computados ao partido pelo qual concorreu no pleito. [...]" *(Ac. de 15.9.2009 no AgR-AC nº 3.291, rel. Min. Felix Fischer.)*
>
> Ac.-TSE, de 28.10.2021, nos ED-RCED nº 060406339: os votos atribuídos ao candidato que perdeu o diploma, não decorrente de ilícito eleitoral e que na data do pleito estava com o registro deferido, devem ser contados a favor do partido político.

A jurisprudência já se havia consolidado neste sentido, quando a Lei n. 12.034/2009 acrescentou o art. 16-A à Lei n. 9.504/97, cujo "caput" teve o nítido propósito de apenas positivar o efeito suspensivo com que o recurso ofertado pelo candidato indeferido deve ser recebido, para possibilitar a ele continuar com a campanha e ter seu nome e foto na urna eletrônica. Mas como o art. 16-A diz mais do que esse efeito suspensivo, tratando também – no seu parágrafo único – do destino a ser dado aos votos, a questão é saber se esta última regra, a do parágrafo único, confirma ou altera aquela sistemática de destinação dos votos nulos fixada pelo Código Eleitoral, art. 175.

Como o legislador agora se utiliza da expressão "registro sub judice" - para dizer que o cômputo dos votos para o partido fica condicionado ao deferimento do pedido - uma interpretação isolada e literal desse parágrafo único pode levar à conclusão de que, qualquer que seja a situação jurídica da candidatura no dia da eleição (deferida ou indeferida, mas sub judice pela pendência de recurso), a contagem dos votos para o partido fica condicionada à final decisão de deferimento. Entretanto, percebe-se que a expressão "sub judice", no contexto desse conjunto normativo (caput e parágrafo), está alcançando tão somente os candidatos que têm seu registro indeferido e recorrem dessa decisão, chegando ao dia da eleição nesta condição. Não está se dirigindo àquele que tem registro admitido, mas que aguarda decisão final em recurso ofertado por qualquer legitimado, porque não faria qualquer sentido a lei garantir o óbvio, ou seja, a continuidade da campanha daquele que tem registro deferido, pois o recurso em face dessa decisão não tem efeito suspensivo e por isso não paralisa a campanha. O caput do art. 16-A, como inúmeros outros dispositivos acrescentados à Lei n. 9.504/97 na minirreforma de 2009, apenas positivou o entendimento jurisprudencial consolidado no TSE, de que a candidatura indeferida, mas pendente de recurso, não ficava com sua campanha inviabilizada, ao contrário podendo-se utilizar de todos os meios de propaganda e ser lançada na urna eletrônica para receber votos no dia da eleição. Sendo esse o principal objeto da nova disciplina legal, fica fácil compreender que todo o dispositivo gravita em torno apenas do candidato indeferido (que o art. 16-A resolveu chamar de "sub judice"), cuja campanha era ameaçada pela inexistência de previsão de efeito suspensivo ao seu recurso, porque, ao contrário, o Código Eleitoral confere efeito meramente devolutivo aos recursos em geral. E além de garantir o tal efeito suspensivo nesta situação, o art. 16-A também cuidou de positivar o entendimento - igualmente consolidado na Justiça Eleitoral - de que os votos dados ao candidato indeferido, que esteja no dia da eleição nesta condição, só serão computados, inclusive para o partido, se houver provimento do recurso. É exatamente esta a dicção do parágrafo único, bastando dar à expressão "sub judice", pela via da interpretação sistêmica e subordinada ao caput, o sentido de "indeferido": *o cômputo, para o respectivo partido ou coligação, dos votos atribuídos ao candidato cujo registro esteja* ***indeferido*** *no dia da eleição fica condicionado ao deferimento do registro do candidato.*

Por conseguinte, o art. 16-A, da Lei n. 9.504/97, não altera o art. 175, §§ 3º e 4º, do Código Eleitoral, e com ele não conflita. Ao contrário apenas positiva doutrina e jurisprudência que se haviam construído em torno dele. Esse raciocínio foi contemplado nas Resoluções do TSE que, a cada ano de eleição, regulamentam os "atos preparatórios", a exemplo das Res. TSE n. 23.399/2013 (art. 181 e 182), n. 23.456/2015 (art. 145 e 146), n. 23.554/2017 (arts. 218 e 219) e 23.611/2019 ("atos gerais", art. 196, 197 e 198) e reafirmado em julgados do TSE:

Ac.-TSE, de 29.4.2014, no AgR-REspe nº 74918: a norma deste parágrafo não afastou a aplicação do § 4º do art. 175 do CE; são contados para a legenda os votos obtidos por candidato, cujo registro encontrava-se deferido na data do pleito eleitoral.

Ac.-TSE, de 22.5.2012, no AgR-RMS nº 273427, de 21.8.2012, e no MS nº 430827: votos atribuídos a candidato com registro indeferido não são computados para o partido ou para a coligação.

13. Expulsão do candidato do partido: cancelamento do registro

Além das hipóteses de indeferimento do registro de candidatura, por falta de documentos necessários ou pelo reconhecimento de inelegibilidade, os candidatos ainda estão sujeitos ao **cancelamento do registro** se, até a data da eleição, forem *expulsos do partido*, em processo no qual seja assegurada ampla defesa e se observadas as normas estatutárias (art. 14 da LE). Esse cancelamento será efetivado pela Justiça Eleitoral, a pedido do partido.

Toda a documentação que deve acompanhar o pedido de registro da candidatura, relativamente a cada um dos candidatos indicados pelo partido/federação/coligação, tem como objetivo primordial permitir à Justiça Eleitoral verificar se o brasileiro reúne as condições de elegibilidade e, ao mesmo tempo, não incorre em causas de inelegibilidade, porque o Juiz deve pronunciar-se sobre tais matérias até mesmo de ofício.

Seção I

14. CONDIÇÕES DE ELEGIBILIDADE

O alistamento confere ao brasileiro a capacidade eleitoral ativa, ou seja, o "jus sufragii" ou o direito de votar na circunscrição eleitoral em que se inscreveu.

Se pretende esse mesmo brasileiro alcançar também a elegibilidade, a capacidade eleitoral passiva, ou seja, o "jus honorum" ou o direito de ser votado, o direito de lançar-se candidato a cargos públicos eletivos, deverá, num primeiro momento, preencher alguns requisitos, aqueles elencados pelo art. 14, § 3º, da CF/88, e pelo art. 9º da Lei n. 9.504/97. São as chamadas condições de elegibilidade.

14.1. Conceito

Então, **elegibilidade é a capacidade eleitoral passiva**, é a aptidão jurídica para receber votos validamente. Consistente na possibilidade de o cidadão pleitear determinados mandatos políticos, mediante eleição popular, desde que preenchidos outros requisitos, uma vez que a elegibilidade adquire-se por etapas, principalmente quando se tem em conta a idade mínima para os cargos públicos eletivos (18 anos para vereador; 21 para prefeito e vice, deputados federal, estadual ou distrital e juiz de paz; 30 anos para governador e vice; 35 para presidente e vice e senador – art. 14, § 3º, VI, da CF/88).

14.2. Elegibilidades próprias e impróprias

Adriano Soares da Costa divide as *condições de elegibilidade em* **próprias e impróprias**. As primeiras compreendem as condições de elegibilidade propriamente ditas, requisitos positivos a serem reunidos pelo nacional que pretende candidatar-se (nacionalidade brasileira, exercício dos direitos políticos, alistamento eleitoral, domicílio eleitoral na circunscrição, filiação partidária e idade mínima exigível). As impróprias são a ausência das inelegibilidades fixadas no ordenamento jurídico, ou seja, reúne as condições de elegibilidade impróprias o nacional que não tem em seu desfavor causas de inelegibilidade. Nessa linha de raciocínio, se o brasileiro é analfabeto (hipótese em que incorre na causa de inelegibilidade prevista no art. 14, § 4º, da CF/88), na verdade não preencheria ele a condição de elegibilidade imprópria que o mencionado autor entende como a alfabetização. Também os militares conscritos, inelegíveis porque inalistáveis (art. 14, §§ 2º e 4º), não preencheriam a condição de elegibilidade imprópria.[149]

Esse entendimento pode levar ao equívoco de exigir alfabetização do candidato (porque seria condição de elegibilidade, ainda que imprópria), enquanto que a CF/88 fixa a causa de inelegibilidade sobre o analfabeto tão somente. E, sabe-se, há diferença conceitual entre analfabeto e semianalfabeto ou analfabeto funcional. Como analfabeto deve ser entendido aquele que não sabe ler nem escrever, aliás, como se referia o art. 108, § 1º, da CF/34. O semianalfabeto, entretanto, embora tenha dificuldades, sabe ler e escrever, ou seja, comunica-se com a utilização das letras, embora com dificuldades. E o analfabeto funcional, lê e escreve, mas não compreende o sentido do texto. Se a elegibilidade é a regra, não se pode transformar uma causa de inelegibilidade (que excepciona o direito do brasileiro de ser votado) em condição de elegibilidade, para exigir dele a alfabetização, porque tal requisito não lhe é exigido pelo ordenamento jurídico. Então, se há suspeitas de que o candidato é analfabeto, a ele deve ser aplicado teste, pelo Juiz Eleitoral, capaz de verificar se sabe ler e escrever apenas, não se lhe exigindo alfabetização completa.

Na verdade, o que aparece como gênero na linguagem eleitoral, mormente no processo eleitoral, é a expressão "inelegibilidade". Está inelegível, lato senso, aquele que tem contra si uma causa de inelegibilidade ou não reúne as condições de elegibilidade, porque em ambas as situações não poderá receber votos válidos no dia da eleição, não tem aptidão jurídica para receber votos. Daí que as ações eleitorais que têm como objeto a arguição de inelegibilidade, para obstar o registro (AIRC) ou para desconstituir o diploma (RCED), admitem a discussão de causas de inelegibilidade e também de condições de elegibilidade[150].

---

[149] COSTA, Adriano Soares da. Teoria da inelegibilidade e o direito processual eleitoral, p. 60-116.

[150] No TSE, a matéria era controvertida:

"[...] Inviável o cabimento de recurso contra expedição de diploma (art. 262, I, do Código Eleitoral) quando fundado em alegada ausência de filiação regular do candidato, por versar sobre condição de elegibilidade. [...]" (Ac. de 23.2.2006 no AgRgREspe nº 25.472, rel. Min. Gilmar Mendes.)

"Recurso contra expedição de diploma. Art. 262, I, do Código Eleitoral. Vereador. Filiação partidária. Duplicidade. Matéria infraconstitucional. Preclusão. Condição de elegibilidade. Não-cabimento do apelo. Precedentes. [...] 1. A matéria relativa à duplicidade de filiação partidária é infraconstitucional e deve ser arguida em impugnação ao registro de candidatura, sob pena de preclusão, não podendo posteriormente ser suscitada em recurso contra expedição de diploma. 2. A jurisprudência da Casa tem interpretado restritivamente o art. 262, I, do Código Eleitoral, admitindo o recurso contra expedição

Recurso contra Expedição de Diploma. Art. 262, I, do CE. Vereadores. Eleições 2004. [...] 2. [...] O fundamento da ação é a inexistência de filiação partidária, matéria de ordem constitucional, não incidindo, portanto, o fenômeno da preclusão. **A falta de condição de elegibilidade é uma forma de inelegibilidade**, *conformando-se no fundamento do inciso I do art. 262 do Código Eleitoral.* Arguição da inexistência de prova do trânsito em julgado da sentença que declarou nulas as filiações partidárias. Não há que eleger a sentença, na ação que visa a declaração de nulidade das filiações, como o requisito prévio, essencial do ajuizamento do recurso contra a expedição do diploma, consistindo a argumentação em mérito da questão. [...]. (TREMG, RCD n. 175/2005, Pedralva, rel. Juiz Tiago Pinto, Ac. 1248/2007, **Sessão de 11/12/2007**.)

Com a Lei n. 12.891/2013, que deu nova redação ao art. 262, do Código Eleitoral, o controvertido cabimento do RCED fica resolvido, porque o dispositivo agora é expresso: "o recurso contra expedição de diploma caberá somente nos casos de inelegibilidade superveniente ou de natureza constitucional e de falta de condição de elegibilidade".

Irrefutável, todavia, que as condições de elegibilidade são requisitos positivos a serem preenchidos por aquele que pretende concorrer a cargos públicos eletivos.

14.3. Hipóteses

São condições de elegibilidade, na forma do art. 14, § 3º, da CF/88, c/c art. 9º da Lei n. 9.504/97:

14.3.1. Nacionalidade Brasileira e cargos privativos de brasileiro nato

Nacionalidade brasileira, ou seja, ser **brasileiro nato ou naturalizado**. Em princípio, portanto, todo brasileiro tem elegibilidade, capacidade eleitoral passiva e pode, por isso, concorrer a cargos públicos eletivos. Já falamos da naturalização, como

---

de diploma tão somente nas hipóteses de inelegibilidade. [...]" (Ac. de 4.4.2006 no AgRgREspe nº 25.394, rel. Min. Caputo Bastos.)

"Recurso contra expedição de diploma. Suspensão de direitos políticos. [...]. 3. Se o candidato, na data da diplomação, está com seus direitos políticos suspensos - em decorrência do trânsito em julgado de decisão penal posterior ao pedido de registro -, é cabível a interposição de recurso contra expedição de diploma com base no art. 262, I, do Código Eleitoral. 4. A superveniente suspensão de direitos políticos configura situação de incompatibilidade, a que se refere o art. 262, I, do Código Eleitoral, visto que não há como alguém que não esteja na plenitude desses direitos exercer mandato eletivo. 5. Conforme ocorre com as causas de inelegibilidade e as condições de elegibilidade - que são aferidas no momento do pedido de registro de candidatura -, no ato de diplomação o candidato não pode igualmente ostentar restrição à plenitude dos seus direitos políticos (Art. 14, § 3º, II, da Constituição Federal). [...]." (Ac. de 29.4.2010 no AgR-Respe n. 35.709, Rel. Min. Arnaldo Versiani)

"[...] 1. Não há omissões no aresto recorrido quanto à possibilidade de recurso contra expedição de diploma fundamentado na suspensão de direitos políticos, pois é condição de elegibilidade. O aresto embargado é claro ao asseverar que existem duas correntes na Corte sobre o tema: a) a primeira, mais restritiva, entende que não cabe RCED fundamentado na suspensão de direitos políticos, pois interpreta literalmente a expressão inelegibilidadei ; b) a segunda, entende que as condições de elegibilidade constitucionais podem ensejar o ajuizamento de RCED. 2. O acórdão embargado, acolhendo o parecer do Ministério Público, filiou-se à segunda corrente. Destacou-se, ainda, precedentes da Corte (Ag nº 1.118/SP, rel. Min. Eduardo Ribeiro, DJ de 16.10.1998, REspe nº 14.992/MA, rel. Min. Nilson Naves, DJ de 21.11.1997) que admitiram RCED fundamentado em suspensão de direitos políticos. [...]" (Ac. de 22.11.2007 nos EDclRCEd nº 759, rel. Min. José Delgado.)

também do seu cancelamento por sentença transitada em julgado, para onde remetemos o leitor (Título II, Capítulo I, Seção II – Direitos Políticos). Aqui, não se pode deixar de frisar que os estrangeiros naturalizados brasileiros, como nacionais que passam a ser, reúnem esta condição de elegibilidade para disputarem os cargos de Vereador, Prefeito, Deputados Estadual, Distrital e Federal, Governador e Senador. Não a reúne, entretanto, para os cargos de Presidente e Vice-Presidente da República, pois a CF/88, no art. 12, § 3º, prevê como *privativo de brasileiro nato* os cargos que menciona, entre eles os de Presidente e Vice-Presidente da República.

Interessante a situação dos filhos de brasileiros que nascem no exterior. Previa o art. 12, I, *c*, da CF/88, na sua redação original, que os filhos de brasileiros, nascidos no exterior, poderiam ser registrados no Consulado respectivo, com isso adquirindo a nacionalidade brasileira, entendendo-se que aí, neste ato, fez-se a opção por ser brasileiro. Para o exercício dos direitos políticos no Brasil, fazia-se necessário apenas o traslado daquele registro para o Cartório do 1º Ofício da cidade brasileira em que o eleitor fixou residência. A partir da redação que foi dada à mencionada alínea pela Emenda Constitucional de Revisão n. 3, de 7/6/94, "os nascidos no estrangeiro, de pai brasileiro ou mãe brasileira, desde que venham a residir na República Federativa do Brasil e optem, em qualquer tempo, pela nacionalidade brasileira" não mais se submetiam ao tal registro no Consulado do país em que nasceram, porque a nacionalidade brasileira passou a ser adquirida no momento em que esse estrangeiro, filho de brasileiro ou brasileira, vinha residir no Brasil, declarando opção pela nacionalidade brasileira. Com a Emenda Constitucional n. 54, de 20 de setembro de 2007, o registro desse filho de brasileiro, ou brasileira, nascido no exterior, na repartição brasileira competente, passa a ser mais uma forma de aquisição da nacionalidade brasileira. Então, tem nacionalidade brasileira aquele que é registrado em repartição brasileira no estrangeiro *ou* vem residir no Brasil e faz essa opção, a qualquer tempo, depois de atingida a maioridade. A partir daí, já pode inscrever-se eleitor e, consequentemente, exercer sua capacidade eleitoral ativa e passiva.

> Os nascidos no estrangeiro de pai brasileiro ou de mãe brasileira, desde que sejam registrados em repartição brasileira competente ou venham a residir na República Federativa do Brasil e optem, em qualquer tempo, depois de atingida a maioridade, pela nacionalidade brasileira; [...]. (Art. 12, I, *c*, da CF, na redação dada pela EC 54/2007.)
>
> A sentença judicial homologatória da opção pela nacionalidade brasileira possui efeitos ex tunc e, ainda que prolatada em momento posterior ao pedido de registro de candidatura, permite o deferimento superveniente deste. (Ac. TSE, de 12.11.2008, no Respe n. 29.200)

Os portugueses residentes no Brasil e no gozo da igualdade de direitos prevista no Art. 12, § 1º, da CF, e garantida pelo Estatuto da Amizade (Dec. nº 3.927/2001) celebrado entre Brasil e Portugal (ver Título II, Capítulo I, Seção II – Direitos Políticos), embora estrangeiros, ou "quase-nacionais"[151], são excepcionalmente admitidos ao exercício da

---

[151] Expressão de José Celso de Melo Filho, citado por Rodrigo Lopez Zílio, Direito Eleitoral, Ed. Verbo Jurídico, 2ª edição, pág. 117.

capacidade eleitoral passiva, como se naturalizados fossem. A hipótese é de estrangeiro, por exceção, exercendo direitos políticos no Brasil.

> Res. TSE n. 23.659, de 26.outubro.2021
>
> Art. 11. Os direitos políticos são adquiridos mediante o alistamento eleitoral, que é assegurado:
>
> I - a todas as pessoas brasileiras que tenham atingido a idade mínima constitucionalmente prevista, salvo os que, pertencendo à classe dos conscritos, estejam no período de serviço militar obrigatório e dele não tenham se desincumbido; e
>
> II - às pessoas **portuguesas que tenham adquirido o gozo dos direitos políticos no Brasil**, observada a legislação específica.
>
> [...]

Já os demais estrangeiros originários de países de língua portuguesa devem passar pelo procedimento regular de naturalização (com a especial condição fixada no art. 12, II, "a", da CF: apenas 01 ano de residência ininterrupta no Brasil e idoneidade moral), para então adquirirem a nacionalidade brasileira e, via de consequência, a condição de elegibilidade.

14.3.2. Pleno exercício dos direitos políticos

Pleno exercício dos direitos políticos. Sem os direitos políticos não se tem capacidade eleitoral, nem mesmo a ativa, não podendo o brasileiro votar e nem ser votado. Como já se adiantou, os direitos políticos são um conjunto de prerrogativas que conferem ao brasileiro, no campo do direito eleitoral (sem se desconhecer importantes repercussões também no direito constitucional, no direito administrativo, dentre outros), a possibilidade de participar na formação dos governos (ver Título II, Capítulo I, Seção II – Direitos Políticos, onde o tema é estudado com pormenor). Uma vez alistado, o brasileiro torna-se eleitor e passa a exercer os direitos políticos, que só podem ser perdidos ou suspensos nas hipóteses do art. 15 da CF/88. Se o brasileiro não tiver o exercício pleno dos direitos políticos, por qualquer das razões analisadas (cancelamento da sua naturalização, incapacidade civil absoluta[152], condenação criminal transitada em julgada e ainda produzindo efeitos, recusa de cumprir obrigação a todos imposta ou prestação alternativa e improbidade administrativa), não preenche essa condição de elegibilidade, não podendo apresentar-se como candidato.

> "A suspensão dos direitos políticos prevista no art. 15, III, da Constituição Federal é **efeito automático da condenação** criminal transitada em julgado e não exige qualquer outro procedimento à sua aplicação". Ac.-TSE, de 15.10.2009, no REspe nº 35.803
>
> "Os que sofreram condenação criminal têm suspensos os seus direitos políticos, restrita a suspensão à duração dos efeitos da sentença condenatória transitada em julgado, da qual decorre independentemente de qualquer formalidade, inclusive da menção no título sentencial. Não é uma pena que pode não ser aplicada, mas uma

---

[152] O tema também foi tratado no Título II, Capítulo I, Seção II – Direitos Políticos, em confronto com o Estatuto da Pessoa com Deficiência.

consequência ética, inafastável, da condenação, posta na Constituição Federal diretamente."[153]

"Eleições 2016. Agravo regimental. Agravo de instrumento. Recurso contra expedição de diploma. Vereador. Cassação. Condenação criminal transitada em julgado antes da diplomação. Suspensão dos direitos políticos. Art. 15 da constituição federal. Autoaplicabilidade. [...] 4. É autoaplicável o art. 15, III, da Constituição Federal, que impõe a suspensão dos direitos políticos aos condenados em ação criminal transitada em julgado enquanto durarem seus efeitos. [...] 7. A suspensão dos direitos políticos é **consequência automática** da condenação criminal transitada em julgado, ainda que a pena privativa de liberdade tenha sido substituída por **restritiva de direitos**. [...]." (TSE, Ac. de 21.2.2019 no AI n. 70447, Rel. Min. Admar Gonzaga)

"Processo administrativo. Consulta. Art. 15, III, da Constituição Federal. Condenação criminal. Extinção da punibilidade. Multa não satisfeita. Suspensão. Direitos políticos. Permanência. Inelegibilidade. Art. 1º, I, e, da LC nº 64/90. Anotação. 1. A pendência de pagamento da **pena de multa**, ou sua cominação isolada nas sentenças criminais transitadas em julgado, tem o condão de manter/ensejar a **suspensão dos direitos políticos** prevista pelo art. 15, III, da Constituição Federal. 2. O registro inserido na base de perda e suspensão de direitos políticos somente será desativado quando cessados os motivos da suspensão, o que deverá ser comprovado pelo interessado ou comunicado pelo órgão competente. 3. Nos termos do art. 1º, I, e, da LC nº 64/90, o prazo de inelegibilidade, hipótese que abrange somente os condenados pelos crimes previstos no mencionado dispositivo, projeta-se por oito anos após o cumprimento da pena imposta, seja ela privativa de liberdade, restritiva de direito ou multa. 4. Necessidade de reiteração às corregedorias regionais eleitorais da orientação adotada por esta corte superior em relação ao tema". (TSE, Ac. de 23.4.2015 no PA n. 93631, Rel. Design. Min. Dias Toffoli)

"[...]. Condenação criminal. Suspensão dos direitos políticos. Execução da multa. Caráter penal. [...] 2. A **pena de multa** imposta na sentença penal condenatória **é suficiente para a aplicação do disposto no art. 15, III**, da Constituição Federal. Precedentes: [...]" (TSE, Ac. de 3.4.2014 no AgR-RO n. 1000638, Rel. Min. Dias Toffoli; no mesmo sentido, o Ac. de 6.6.2002 no REspe n. 19633, Rel. Min. Fernando Neves e o Ac. de 2.6.2011 no HC n. 51058, Rel. Min. Gilson Dipp)

"Eleições 2012. Registro. Vereador. Indeferimento. Condenação criminal. ... Art. 15, III, da Constituição Federal. Suspensão dos direitos políticos. ... Incidência. 1. Na linha da jurisprudência deste Tribunal e até que o Supremo Tribunal Federal reexamine a questão já admitida sob o ângulo da repercussão geral, a condenação criminal transitada em julgado é suficiente para atrair a incidência da suspensão dos direitos políticos, independentemente do fato de a pena privativa de liberdade ter sido posteriormente substituída pela **restritiva de direitos**. [...]" (TSE, Ac. de 7.5.2013 no REspe n. 39822, Rel. Min. Henrique Neves)

"Registro. Candidato. Vereador. Condenação. **Contravenção penal.** Direitos políticos. Suspensão. 1. A jurisprudência do Tribunal Superior Eleitoral é pacífica no sentido

[153] NIESS, Pedro Henrique Távora. *Direitos políticos, condições de elegibilidade e inelegibilidade*, p. 18.

de que as condições de elegibilidade e as causas de inelegibilidade são aferidas no momento do pedido de registro de candidatura. 2. Se, nesse momento, o candidato não se encontra na plenitude de seus direitos políticos, não há como ser deferido o pedido de registro de candidatura. 3. Não se pode acolher o argumento de que, no momento da eleição, o candidato estará com os seus direitos políticos restabelecidos, uma vez que fatos supervenientes e imprevisíveis podem impedir o cumprimento da pena imposta. [...]" (TSE, Ac. de 9.10.2008 no AgR-REspe n. 30.218, Rel. Min. Arnaldo Versiani)

Resolução TSE n. 22.193, de 11.abril.2006

Medida de Segurança. Suspensão de direitos políticos. Natureza Condenatória. Possibilidade.

Não obstante tratar-se de sentença absolutória imprópria, a decisão que impõe medida de segurança ostenta natureza condenatória, atribuindo sanção penal, razão por que enseja suspensão de direitos políticos nos termos do art. 15, III, da Constituição Federal.

O STF voltou a apreciar o assunto no RExt. n. 601182, com **repercussão geral reconhecida, com efeito vinculante, portanto**, quando reafirmou sua jurisprudência no sentido da autoaplicabilidade do art. 15, III, da CF, e da suspensão dos direitos políticos mesmo quando a pena privativa de liberdade é substituída.

PENAL E PROCESSO PENAL. SUSPENSÃO DOS DIREITOS POLÍTICOS. AUTOAPLICAÇÃO. CONSEQUÊNCIA IMEDIATA DA SENTENÇA PENAL CONDENATÓRIA TRANSITADA EM JULGADO. NATUREZA DA PENA IMPOSTA QUE NÃO INTERFERE NA APLICAÇÃO DA SUSPENSÃO. OPÇÃO DO LEGISLADOR CONSTITUINTE. RECURSO CONHECIDO E PROVIDO.

1. A regra de suspensão dos direitos políticos prevista no art. 15, III, é **autoaplicável**, pois trata-se de **consequência imediata** da sentença penal condenatória transitada em julgado.

2. A autoaplicação **independe da natureza da pena imposta**.

3. A opção do legislador constituinte foi no sentido de que os condenados criminalmente, com trânsito em julgado, enquanto durar os efeitos da sentença condenatória, não exerçam os seus direitos políticos.

4. No caso concreto, recurso extraordinário conhecido e provido. (STF, RExt. N. 601182/MG, com repercussão geral)

Tema 370 da repercussão geral:

"A suspensão de direitos políticos prevista no art. 15, inc. III, da Constituição Federal aplica-se no caso de substituição da pena privativa de liberdade pela **restritiva de direitos**".

Já consignado, também, que o restabelecimento dos direitos políticos se dá automaticamente, tanto que extinta a pena pelo juízo da execução. Não obstante ser a recuperação dos direitos políticos efeito automático e imediato do integral cumprimento da pena, não é dado à Justiça Eleitoral declarar a extinção da pena.

SÚMULA Nº 58/TSE

Não compete à Justiça Eleitoral, em processo de registro de candidatura, verificar a prescrição da pretensão punitiva ou executória do candidato e declarar a extinção da pena imposta pela Justiça Comum.

14.3.3. Alistamento eleitoral

Alistamento eleitoral. A Constituição Federal refere-se ao alistamento eleitoral como uma das condições de elegibilidade, sem, entretanto, fixar prazo mínimo, relativamente à data da eleição, e nem exigir seja ele na circunscrição do pleito. A Lei n. 9.504/97, no art. 9º, reporta-se ao domicílio eleitoral e à filiação partidária e diz que, "para concorrer às eleições, o candidato deverá possuir domicílio eleitoral na respectiva circunscrição pelo prazo de seis meses e estar com a filiação deferida pelo partido no mesmo prazo" (redação dada pela Lei n. 13.488/2017. A redação anterior exigia um ano para a filiação partidária e para o domicílio eleitoral). Então, se o brasileiro pretende ser candidato a Vereador, Prefeito ou Vice de determinado município, deverá nele alistar-se eleitor pelo menos seis meses antes das eleições nas quais pretende concorrer, até porque, quem não tem alistamento eleitoral, não tem, para a lei eleitoral, domicílio eleitoral naquela circunscrição e nem acesso à filiação partidária, restrita aos alistados. Se pretende ser candidato a Deputado, Senador ou Governador, deverá estar alistado, com a mesma antecedência, no respectivo Estado ou Distrito Federal. Regularmente alistado, o brasileiro preenche mais essa condição de elegibilidade. A prova do alistamento eleitoral é feita com a exibição do título eleitoral, ou com certidão do Cartório de que está regularmente inscrito e em dia com suas obrigações perante a Justiça Eleitoral. Como o alistamento eleitoral só pode ser feito na circunscrição em que o brasileiro tem seu domicílio eleitoral, a exibição do título prova também o domicílio na circunscrição do pleito, que é a próxima condição de elegibilidade. Como o alistamento coloca o brasileiro no cadastro geral de eleitores, que é administrado pelo TSE, esta condição de elegibilidade, como também a relacionada ao domicílio eleitoral, é atestada no pedido de registro de candidatura pelo próprio sistema.

14.3.4. Domicílio eleitoral na circunscrição

Domicílio eleitoral na circunscrição do pleito. A CF/88 fixa essa condição de elegibilidade partindo do pressuposto de que é fundamental um vínculo temporal mínimo do candidato com a circunscrição em que pretende concorrer, até para que ele conheça os problemas e os anseios da população local e possa bem representá-los. Mas a CF, tal como o fez em relação à filiação partidária, não estabelece esse prazo mínimo. A mencionada Lei Eleitoral, no já referido art. 9º (com redação dada pela Lei n. 13.488/2017), diz que, "para concorrer às eleições, o candidato deverá possuir domicílio eleitoral na respectiva circunscrição pelo prazo de seis meses e estar com a filiação deferida pelo partido no mesmo prazo", o que se prova com o alistamento naquela circunscrição. O candidato exibe à Justiça Eleitoral, com o pedido de registro de sua candidatura, prova de seu alistamento, com isso atendendo às duas exigências constitucionais: alistamento eleitoral e domicílio eleitoral. Como o cadastro geral de eleitores é administrado pelo

TSE (Res. TSE n. 23.659/2021), essa informação é certificada pelo Cartório Eleitoral (em eleições municipais) ou pela Secretaria Judiciária do Tribunal (em eleições gerais ou presidenciais) nos autos do registro de candidatura. Como mencionado no capítulo reservado ao alistamento eleitoral –alistamento e transferência –, no item dedicado ao domicílio eleitoral, revela-se de extrema importância o acompanhamento atento dos tais procedimentos, para abortar-se a irregularidade relacionada ao domicílio no seu nascedouro, utilizando-se do pedido de diligência, ou do recurso e até mesmo do requerimento de cancelamento/exclusão. Tudo porque a jurisprudência do TSE não admite discutir a inexistência de domicílio eleitoral em sede de Ação de Impugnação ao Registro de Candidatura (AIRC), presumindo-se regular aquele que foi declarado no alistamento/transferência deferido. Ou seja, a prova do domicílio eleitoral é pré-constituída.[154]

> [...]
>
> 11. Hipótese em que preenchida a condição de elegibilidade do art. 14, § 3º, IV, da CF/1988, uma vez que a candidata constituiu domicílio eleitoral na circunscrição dentro do prazo exigido pela Lei nº 9.504/1997, sendo notório o vínculo familiar da candidata com a localidade. O conceito de domicílio eleitoral pode ser demonstrado não só pela residência no local com ânimo definitivo, mas também pela constituição de vínculos políticos, econômicos, sociais ou familiares. Precedentes. Ademais, **eventual irregularidade na transferência de** domicílio eleitoral **deveria ter sido suscitada em procedimento próprio, estando preclusa** (arts. 57, 2º, e 71, I e III, do Código Eleitoral). Precedentes. (TSE, RO - Recurso Ordinário nº 060238825 - BELO HORIZONTE – MG, Acórdão de 04/10/2018, Rel. Min. Luís Roberto Barroso)

Importante salientar que o domicílio eleitoral, como condição de elegibilidade, é requisito de natureza objetiva notadamente quanto ao prazo. E não se confunde e nem projeta reflexos sobre outras condições, como a plenitude dos direitos políticos. E pode acontecer de o alistamento ter sido feito com observância do requisito temporal (pelo menos 6 meses antes da eleição), mas estando o alistando com direitos políticos suspensos à época, como o permite a Res. TSE n. 23.659/2021 (art. 11, § 1º: "*a suspensão dos direitos políticos não obsta a realização das operações do Cadastro Eleitoral, inclusive o alistamento* , ..."), hipótese em que deve ser considerada a data em que o domicílio eleitoral foi declarado à Justiça Eleitoral (art. 23, § 1º, da mesma Resolução: "*A fixação do domicílio eleitoral, inclusive para fins de candidatura, retroagirá à data em que requerida a operação de alistamento ou transferência que tenha sido devidamente concluída, independentemente da data em que seja processado o lote do ERA ou venham a ser consideradas satisfeitas eventuais diligências*"). Isso, por óbvio, se o alistando já tiver recuperado os seus direitos políticos por ocasião do pedido de registro de candidatura ou, no mais tardar, da data do pleito. Situação inversa acaba apanhando o servidor púbico e é um bom exemplo dessa autonomia entre as duas condições de elegibilidade (alistamento e domicílio). Sabe-se que o servidor civil, militar ou autárquico, como também os membros de sua família, podem transferir sua inscrição eleitoral para o local

---

[154] A respeito, confira-se o que foi dito na Seção VI, do Capítulo I, do Título II – Exclusão e cancelamento.

de sua nova lotação funcional, imediatamente após a remoção ou transferência, sem sequer cumprir os 3 meses de residência exigidos pelo art. 55, face à exceção prevista no § 2º. Feita a transferência eleitoral em julho do ano da eleição, p.ex., embora presente um dos requisitos, o alistamento, por ocasião do pedido de registro, não estará satisfeito o tempo mínimo do domicílio eleitoral: 6 meses antes da eleição. A franquia concedida ao servidor, para a transferência imediata, não vai ao ponto de isentá-lo do cumprimento da condição de elegibilidade aqui tratada, que tem, como dito, prazo próprio e autônomo.

> "[...] Registro. Condição de elegibilidade. Domicílio eleitoral um ano [*esse prazo foi reduzido para 6 meses, conforme art. 9º, da Lei n. 9.504/97*] antes do pleito na circunscrição. Art. 14, § 3º, IV, da CF/88. Servidor público militar. Art. 55, § 2º, do Código Eleitoral não configura exceção. 1. A condição de elegibilidade referente ao domicílio eleitoral um ano antes do pleito, na respectiva circunscrição, também **se aplica aos servidores públicos militares e não foi afastada pelo disposto no art. 55, § 2º, do CE**, que trata apenas da possibilidade de transferência do título eleitoral sem necessidade do transcurso de um ano da inscrição anterior no caso de servidores públicos civis ou militares que tenham sido transferidos ou removidos. 2. A exigência de domicílio eleitoral na circunscrição por no mínimo um ano antes do pleito configura requisito de natureza objetiva que se destina à verificação do mínimo liame político e social entre o candidato, a circunscrição eleitoral e o eleitorado que representa. Assim, considerando que a mencionada **condição de elegibilidade constitui norma de proteção ao interesse público, a sua incidência não pode ser afastada sob a ótica da realização de interesse individual**. [...]" (TSE, **Ac. de 13.9.2012,** no RESPE n. 22378, Rel. Min. Nancy Andrighi. No mesmo sentido, o Ac. de 9.10.2012, no RESPE n. 5389, Rel. Min. Marco Aurélio, Redador designado Min. Dias Toffoli)

14.3.5. Filiação partidária: lista de filiados, duplicidade e coincidência de filiações

Filiação partidária. Também ficou a cargo da Lei Eleitoral a fixação do prazo mínimo de seis meses, considerada a data da eleição, para que o pretendente à candidatura preencha a condição de elegibilidade prevista no art. 14, § 3º, V, da CF. O candidato deve estar filiado ao partido político pelo qual pretende concorrer, desde pelo menos seis meses antes das eleições (art. 9º da LE, na redação dada pela Lei n. 13.165/2015)[155]. O constituinte, embora tenha elevado o partido político à centralidade do sistema representativo, não admitindo, na sua literalidade, candidaturas independentes ou avulsas, deixou a cargo da legislação ordinária a fixação do prazo mínimo da relação do candidato com o partido pelo qual concorrerá.

Como mencionado no Título I (Noções Introdutórias), Capítulo III (Direito Partidário), item 4 (Filiações e Desfiliações), a Lei n. 9.096/95, art. 17, diz que se considera deferida a filiação, para todos os efeitos, com o preenchimento das condições fixadas para tanto no estatuto do partido, o que impede a discriminação dos dirigentes partidários à filiação de pessoas ou segmentos. Enquanto a afetação dos direitos políticos, por alguma das hipóteses de perda ou suspensão mencionadas no art. 15, da CF (v.gr., incapacidade

155 O prazo mínimo de filiação partidária, anteriormente previsto nas Leis n. 9.504/97 (art. 9º) e 9.096/95 (art. 18), era de um ano.

civil absoluta[156], condenação criminal transitada em julgado e enquanto durarem seus efeitos e improbidade administrativa), impede a filiação partidária (art. 16) e até mesmo a participação em atos de campanha eleitoral (art. 337, do Código Eleitoral), a inelegibilidade - que não afeta os direitos políticos, mas tão somente a capacidade eleitoral passiva, o direito de ser votado - não constitui qualquer embaraço à filiação (art. 1º, da Res. TSE n. 23.596, de 20.agosto.2019, no mesmo sentido da Res. TSE n. 23.117/2009 e dos Ac. TSE n. 23.351/2004, n. 22.014/2004 e n. 12.371/1992). Não podem se filiar, entretanto, os *Magistrados* (CF, art. 95), os *Membros do Ministério Público* (CF, art. 128), os *Conselheiros de Tribunais de Contas* (CF, art. 73), os *Militares* (CF, art. 142), os *servidores da Justiça Eleitoral* (CE, art. 366) e os *Defensores Públicos* (LC 80, art. 46, 91 e 130), estes enquanto atuarem junto à Justiça Eleitoral. Os diretórios municipais dos partidos políticos, a quem compete, em princípio, receber as filiações partidárias no formato/instrumento que sua organização interna indicar[157], devem lançá-las no FILIA - sistema de filiação partidária desenvolvido pelo TSE e disciplinado pela Res. TSE n. 23.596, de 20 de agosto de 2019, com as alterações da Res. TSE n. 23.668/2021 - na medida em que forem sendo deferidas internamente. A redação atual do art. 19, da Lei n. 9.096/95, dada pela Lei n. 13.877, de 27.setembro.2019, não mais se referindo à remessa à Justiça Eleitoral das listas de filiados na segunda semana dos meses de abril e outubro, para efeito, inclusive, de verificação do preenchimento da condição de elegibilidade, acaba por criar, para o partido, a obrigação de inserção dos dados do filiado no FILIA, concomitantemente ao deferimento interno do pedido de filiação.

> Art. 19. Deferido internamente o pedido de filiação, o partido político, por seus órgãos de direção municipais, regionais ou nacional, deverá inserir os dados do filiado no sistema eletrônico da Justiça Eleitoral, que automaticamente enviará aos juízes eleitorais, para arquivamento, publicação e cumprimento dos prazos de filiação partidária para efeito de candidatura a cargos eletivos, a relação dos nomes de todos os seus filiados, da qual constará a data de filiação, o número dos títulos eleitorais e das seções em que estão inscritos. (Redação dada pela Lei n. 13.877, de 27.setembro.2019)

A Res. TSE n. 23.596/2019, com as alterações da Res. TSE n. 23.668, de 09.dezembro.2021[158], já consigna no art. 11 que "*deferido internamente o pedido de filiação, o partido político, por seus órgãos de direção municipais, regionais ou nacional,* ***deverá inserir os dados do filiado no sistema eletrônico da Justiça Eleitoral****, que automaticamente enviará aos juízes eleitorais, para arquivamento, publicação e cumprimento dos prazos de filiação partidária para efeito de candidatura a cargos eletivos, a relação dos nomes de todos os seus filiados, da qual constará a data de filiação, o número dos títulos eleitorais e das seções em que estão inscritos (Lei nº 9.096/1995, art. 19, caput)*".

---

[156] O estatuto da pessoa com deficiência não mais se utiliza da expressão "incapacidade civil absoluta", mas o texto constitucional continua com a mesma redação. O tema será tratado com mais profundidade quando do registro de candidatura e condições de elegibilidade.

[157] Nada impede que a filiação seja feita nos diretórios nacional e/ou regionais (art. 3º, da Res. TSE n. 23.596, de 20.agosto.2019).

[158] A 10ª edição desta obra chamava a atenção para a necessidade de o TSE alterar a Res. n. 23.596/2019, que ainda falava nas listas de abril e outubro, o que veio com a Res. TSE n. 23.668/2021.

E o § 1º fixa o "*prazo de 10 (dez) dias corridos, contados da data da filiação constante da ficha respectiva*" para que os dados sejam inseridos no FILIA.

O filiado que não tiver seu nome lançado no sistema, por desídia ou má-fé do partido, pode requerer diretamente à Justiça Eleitoral a sua inclusão (art. 19, § 2º), fazendo prova do vínculo, o que normalmente se instrumentaliza por meio de fichas de filiação, segundo modelo adotado livremente por cada agremiação, ou por registros em ata, etc. Necessário observar, todavia, que se a inclusão tiver como objetivo o preenchimento desta condição de elegibilidade, a prova não poderá ser apenas a ficha de filiação, que é documento particular e unilateral, facilmente forjado conforme a necessidade (Súmula-TSE n. 20).

A Lei n. 9.096/95 (Lei Orgânica dos Partidos Políticos) confere a estes a possibilidade de fixarem, em seus estatutos, prazos maiores de filiação partidária como condição para a candidatura:

> Art. 10. Para concorrer às eleições, o candidato deverá possuir domicílio eleitoral na respectiva circunscrição pelo prazo de 6 (seis) meses antes do pleito e estar com a filiação deferida pelo partido político no mesmo prazo (Lei nº 9.504/1997, art. 9º).
>
> § 1º Havendo fusão ou incorporação de partidos políticos após o prazo estabelecido no caput, deve ser considerada, para efeito de filiação partidária, a data de filiação do candidato ao partido político de origem (Lei nº 9.504/1997, art. 9º, parágrafo único).
>
> § 1º-A Poderá ser lançada como candidata pela federação a pessoa que estiver filiada, no prazo indicado no caput deste artigo, a qualquer dos partidos políticos que a integram. (Incluído pela Res. n. 23.675/2021)
>
> [...]
>
> § 3º É facultado ao partido político, mesmo se integrar federação, estabelecer, em seu estatuto, prazos de filiação partidária superiores aos previstos em lei com vistas a candidaturas a cargos eletivos (Lei nº 9.096/1995, art. 20). (Redação dada pela Res. n. 23.675/2021)

Digno de registro que a jurisprudência já havia consagrado, mesmo no regime anterior - que previa a filiação partidária de um ano - o entendimento de que os magistrados e os membros do Ministério Público e dos Tribunais de Contas, que são impedidos de ter filiação partidária enquanto no exercício de suas funções, atendiam a esta condição de elegibilidade se se filiassem ao partido político pelo qual pretendiam disputar as eleições no mesmo prazo previsto na Lei Complementar n. 64/90 para a desincompatibilização, que é em regra de seis meses anteriores ao pleito. Então, se um Juiz de Direito ou Promotor de Justiça, p. ex., resolvessem se candidatar a um cargo eletivo, não teriam de ter filiação partidária desde um ano antes das eleições. Bastava que se afastassem em definitivo do cargo e se filiassem imediatamente ao partido, obedecido o prazo de desincompatibilização previsto na LC n. 64/90. O prazo para atendimento da condição de elegibilidade coincidia, por especial exceção, com o prazo de desincompatibilização. Como a Lei n. 9.504/97 (art. 9º), agora prevê o prazo de seis meses, a filiação para estas categorias (Magistrados, Membros do MP e do TC) passa a coincidir, no mais das vezes, com o prazo geral.

Prazo de filiação partidária igual ao de desincompatibilização para **magistrados, membros dos tribunais de contas e do Ministério Públic**o (Res.-TSE nºs 19.978/97, 19.988/97, 20.539/99, 22.012/2005, 22.015/2005, 22.095/2005 e Ac-TSE, de 21.9.2006, no RO nº 993).

Servidor da Justiça Eleitoral deve se exonerar para cumprir o prazo legal de filiação partidária, ainda que afastado do órgão de origem e pretenda concorrer em estado diverso de seu domicílio profissional (Res.-TSE nº 22.088/2005).

Observância do prazo mínimo de um ano[159] de filiação partidária ainda que na renovação da eleição de que trata o art. 224 do CE/65 (Ac.-TSE, de 4.3.2008, no MS nº 3.709).

"Magistrados. Filiação partidária. Desincompatibilização. **Magistrados e membros dos Tribunais de Contas**, por estarem submetidos à vedação constitucional de filiação partidária, estão dispensados de cumprir o prazo de filiação fixado em lei ordinária, devendo satisfazer tal condição de elegibilidade até seis meses antes das eleições, prazo de desincompatibilização estabelecido pela Lei Complementar n. 64/90." (TSE, Resolução 19.978, Consulta 353-DF, Rel. Min. Costa Leite, *DJU* 21/10/1997)[160]

"(...) 2) Os **membros do Ministério Público**, por estarem submetidos à vedação constitucional de filiação partidária, estão dispensados de cumprir o prazo de filiação fixado em lei ordinária, devendo satisfazer tal condição de elegibilidade até seis meses antes das eleições, de acordo com o art. 1º, inciso II, letra j, da LC 64/90, asseverando ser o prazo de filiação dos membros do Ministério Público o mesmo dos Magistrados. 3) O prazo para desincompatibilização dependerá do cargo para o qual o candidato concorrer, prazos previstos na LC 64/90." (TSE, Resolução 22.012, de 12/4/2005, Consulta 1.143, DF, Rel. Min. Luiz Carlos Madeira)

Necessário lembrar que os militares têm um regime constitucional diverso, pois o art. 142, V, da CF, estabelece que "o militar, enquanto em serviço ativo, não pode estar filiado a partidos políticos". Entretanto, o art. 14, § 8º, também da Constituição, garante a elegibilidade do militar alistável, ou seja, de todos os militares, com exceção do conscrito, aquele enquanto no serviço militar obrigatório. Diante do direito à elegibilidade (art. 14, § 8º) e da vedação à filiação partidária (art. 142, V), resta concluir que os militares estão dispensados da condição de elegibilidade do art. 14, § 3º, inciso V, bastando se submeter à convenção do partido de sua escolha e, na sequência, observar as condições fixadas no § 8º: afastamento da atividade, se contar com menos de 10 (dez) anos de serviço (inciso I), ou, agregação pela autoridade superior e, se eleito, transferência automática, no ato da diplomação, para a inatividade.

Inexigência de prévia filiação partidária do militar da ativa, bastando o pedido de registro de candidatura após escolha em convenção partidária (Ac.-TSE nº 11.314/90 e Res.-TSE nº 21.787/2004).

Militar da reserva deve se filiar em 48 horas, ao passar para a inatividade, quando esta ocorrer após o prazo limite de filiação partidária, mas antes da escolha em convenção (Res.-TSE nºs 20.614/2000 e 20.615/2000).

---

159 O precedente é anterior à alteração do art. 9º, da Lei n. 9.504/97, que fixou o prazo de seis meses.

160 DECOMAIN, Pedro Roberto. *Eleições* – Comentários à Lei n. 9.504/97, p. 42.

> "Consulta. **Militar da ativa**. Concorrência. Cargo eletivo. Filiação partidária. Inexigibilidade. Res.-TSE nº 21.608/2004, art. 14, § 1º. 1. A filiação partidária contida no art. 14, § 3º, V, Constituição Federal **não é exigível ao militar da ativa** que pretenda concorrer a cargo eletivo, bastando o pedido de registro de candidatura após **prévia escolha em convenção partidária** (Res.-TSE nº 21.608/2004, art. 14, § 1º)." (TSE, Res. n. 21.787, de 01.6.2004, Rel. Min. Humberto Gomes de Barros)
>
> *NE:* "[...] o embargante, segundo certidão de fl. 15, está em pleno exercício do cargo de vereador, tendo sido eleito em 2000. Portanto, em conformidade com a legislação constitucional, sendo ele servidor militar, passou automaticamente para a inatividade no ato da diplomação. **Estando inativo, não só pode como deve filiar-se**, se pretende concorrer a algum cargo eletivo. [...]" Ementa não transcrita por não reproduzir a decisão quanto ao tema. (TSE, Ac. n. 19.984, de 20.9.2002, Rel. Min. Ellen Gracie)
>
> "I – A transferência para a inatividade do militar que conta menos de dez anos de serviço é definitiva, mas só exigível após deferido o registro da candidatura. II – A **filiação partidária** a um ano da eleição *[o art. 9º, da Lei n. 9.504/97, exige atualmente apenas 6 meses]* **não é condição de elegibilidade do militar**, donde ser irrelevante a indagação sobre a nulidade da filiação do militar ainda na ativa, arguida com base no art. 142, § 3º, V, da Constituição." *NE*: "[...] É irrelevante que, após a convenção e antes do pedido de registro, a candidata houvesse requerido o seu afastamento temporário. É que, deferido o registro – para isso, comunicado ao comando ao qual subordinada (Resolução-TSE nº 20.993/2002, art. 62) –, a transferência para a inatividade independe de pedido. [...]" (TSE, Ac. n. 20.318, de 19.9.2002, Rel. Min. Sepúlveda Pertence)

Como dito alhures (Item 6, do Capítulo III, do Título I), a filiação partidária, aqui tratada como condição de elegibilidade, tem sido entendida pelo TSE e pelo STF[161] como também condição para o exercício do mandato obtido pelo sistema proporcional, uma vez que está fixado naquelas Cortes que tais mandatos pertencem aos partidos políticos, e, não, aos eleitos. Daí que o eleito só tem assegurado o mandato enquanto permanecer filiado ao partido que o elegeu, ou seja, enquanto representante da agremiação. Deixando o partido, poderá perder o direito de exercer o mandato, nos termos da Resolução TSE n. 22.610/2007 e do "caput" do art. 22-A, da Lei n. 9.096/95, a menos que esteja em algumas das hipóteses de justa causa previstas na mencionada resolução, nos incisos do referido art 22-A e no art. 17, § 6º, da CF, incluído pela EC n. 111/2021.

14.3.6. Escolha em convenção

Escolha em Convenção. Também é condição de elegibilidade a escolha em convenção do partido ou da federação. Não basta que o brasileiro tenha filiação partidária com a antecedência mínima de 6 meses, conforme art. 9º, da Lei n. 9.504/97. É necessário, ainda, que o pré-candidato submeta sua pretensão de concorrer ao cargo eletivo à convenção do partido/federação e seja escolhido. Quando se trata de cargo majoritário, em que cada partido/federação/coligação só pode lançar uma chapa (ou no

---

[161] Na ADI n. 5081, julgada em 27-maio-2015, o STF esclareceu que a "perda de mandato", por desfiliação sem justa causa, só se aplica aos eleitos pelo sistema proporcional – vereadores e deputados.

máximo duas, para Senador), a disputa é ainda mais acirrada. Mas, mesmo na disputa proporcional, em que cada partido/federação pode inscrever lista com até 100% mais um do número de vagas a preencher, é necessário passar pela convenção, pois a legislação eleitoral não acolhe a **candidatura avulsa** (expressamente rechaçada pelo art. 11, § 14, da Lei n. 9.504/97) e nem a **candidatura nata** (tida como inconstitucional pelo STF quando apreciando a ADI n. 2530, que questionou o art. 8º, § 1º, da mesma Lei n. 9.504/97).

14.3.7. Idade mínima para a candidatura

Idade mínima. A última condição de elegibilidade prevista no § 3º do art. 14 da CF é exatamente a idade mínima que o brasileiro deverá ter para concorrer aos cargos públicos ali mencionados. E será ela de:

- 35 anos para Presidente e Vice-Presidente da República e Senador;

- 30 anos para Governador e Vice-Governador de Estado e do Distrito Federal;

- 21 anos para Deputado Federal, Deputado Estadual ou Distrital, Prefeito, Vice-Prefeito e Juiz de Paz;

- 18 anos para Vereador.

14.3.8. Momento de Aferição

Momento de Aferição da Elegibilidade. Qual será o momento em que o pretenso candidato deve reunir essa condição de elegibilidade, ou seja, quando deverá o brasileiro ter 18 anos completos para concorrer a Vereador, ou quando deverá ter 35 anos para concorrer à Presidência da República? No último dia do prazo para o registro da candidatura (15 de agosto), ou no dia da eleição (primeiro domingo de outubro) ou no dia da posse (1º de janeiro)?

No silêncio da CF, a Lei Eleitoral (Lei n. 9.504/97) cuidou de prescrever que a idade mínima para preenchimento dessa condição de elegibilidade verifica-se tendo como referência a data da posse dos eleitos (art. 11, § 2º), salvo quando a idade mínima for de 18 anos (Vereador), hipótese em que o candidato deve preenchê-la na data do registro (ressalva introduzida pela Lei n. 13.165/2015). Então, segundo a mencionada orientação legal, o brasileiro poderá registrar-se candidato aos cargos públicos eletivos, respectivamente, com 20, 29 e 34 anos de idade, nunca com 17 anos. E poderá ainda disputá-los com aquelas mesmas idades. Bastará que ele complete os 21, ou 30, ou 35 anos até o dia da posse.

Parece que a tal disposição está em linha de colisão com o enunciado constitucional: este fixa *condições de elegibilidade* e não condições para o registro, ou para a posse, ou para o exercício do cargo. A Constituição fixa condições sem as quais o brasileiro não pode ser eleito, ou seja, não pode receber voto, porque ainda não tem, no dia da eleição, a capacidade eleitoral passiva exigida especificamente para o cargo disputado. E a eleição ocorre, por óbvio, em data muito posterior ao pedido de registro e muito anterior à posse, mais exatamente no primeiro domingo de outubro ou, no mais tardar, no último domingo daquele mesmo mês (2º turno).

A respeito do assunto, diz Pedro Henrique Távora Niess:

> "Todas essas condições deverão evidenciar-se por ocasião do registro do candidato, mas terão de ser consideradas em relação à data da eleição, quando possível, porque são condições de elegibilidade, não de registro. Assim, poderá candidatar-se aquele que completar a idade mínima para o cargo pretendido até o dia do pleito eleitoral."[162]

O TSE, antes mesmo da Lei n. 9.504/97, havia entendido que "a idade mínima há que estar atendida na data do certame eleitoral e não do alistamento ou mesmo na do registro." (Resolução n. 14.371/94, relatada pelo Min. Marco Aurélio).

Para Alexandre de Moraes, o art. 11, § 2º, da LE, por fixar a idade na data da posse e não na da eleição, acaba atraindo contra si a inconstitucionalidade:

"Entendemos ser inconstitucional a norma prevista no § 2º do art. 11 da Lei n. 9.504/97, que estabelece como prazo fatal para completar a idade mínima a data de posse, e não o momento da eleição, uma vez que as condições de elegibilidade devem ser verificadas no dia do pleito eleitoral, quando o eleitor escolherá seu candidato. A Constituição estabelece, claramente, o requisito da idade mínima como condição para que o candidato possa ser escolhido pelo eleitorado – fato que ocorre na data do pleito eleitoral –, e não como condição de posse."[163]

O assunto é realmente palpitante e acaba alimentando boa discussão na doutrina. Como se disse, não há dúvida de que a condição é de *elegibilidade*, ou seja, requisito que o brasileiro precisa preencher para dizer-se com capacidade eleitoral passiva, quando passa a ter o direito de ser votado. E os candidatos recebem votos do eleitorado no dia marcado para a eleição. Ali, naquele momento, são eleitos, ou não. Nessa linha de raciocínio, se a idade mínima é condição de elegibilidade, a data da posse dos eleitos nada tem a ver com o assunto. Inequívoco, então, que a escolha feita pelo legislador ordinário ficou no descompasso da Constituição Federal.

Percebe-se que todas as condições de elegibilidade, que podem ser preenchidas com o simples advento do termo, têm na data da eleição o seu marco. Assim, o alistamento eleitoral e o domicílio eleitoral por, pelo menos, seis meses na circunscrição da disputa, como também a filiação, por seis meses, no partido pelo qual pretende o candidato disputar a eleição, levam em conta exatamente a data de realização do pleito, porque o termo é acontecimento certo no futuro e não fica na dependência de qualquer providência do interessado. Ora, se a pessoa se filiou em determinado partido em março/2020, nas eleições daquele ano contava com mais de 6 (seis) meses de filiação partidária, sem que para isso tivesse de tomar qualquer outra providência, bastando aguardar o advento da data. Então, não haverá qualquer problema no fato de o requerente da candidatura não se apresentar, no momento do registro, sem essas condições preenchidas, quando se

---

[162] *Apud* COSTA, Adriano Soares da. *Teoria da inelegibilidade e o direito processual eleitoral*, p. 107. Neste mesmo sentido é a doutrina de Tupinambá Miguel Nascimento.

[163] MORAES, Alexandre de. *Direito constitucional*, p. 235.

verifica que, no dia da eleição, ele terá a idade mínima exigida, ou o tempo mínimo de filiação partidária e de domicílio eleitoral.

Por essa particularidade, essa certeza de ocorrência do termo no futuro, é que se pode, quando da análise do pedido de candidatura, considerar a verificação do preenchimento da condição de elegibilidade exatamente no dia em que ela deve mesmo ocorrer, ou seja, o dia da eleição[164].

Diversamente pensa Adriano Soares da Costa ao considerar que "a idade mínima exigível como condição de elegibilidade deve estar completa quando do pedido de registro de candidatura."[165] E essa sua afirmação baseia-se na "teoria do fato jurídico", por ele elaborada, segundo a qual a elegibilidade nasce com o fato jurídico do registro da candidatura e não com o preenchimento *ipso facto* das condições elencadas na lei. Explica aquele autor que a elegibilidade só nasce com o registro simplesmente porque ninguém consegue ser votado, no dia da eleição, se não tiver o registro. Para ele, de nada adianta o nacional estar no exercício dos seus direitos políticos, ter domicílio e alistamento eleitoral, como também filiação partidária, se não se tiver registrado candidato junto à Justiça Eleitoral. O que lhe dá o direito de ver computados em seu favor os votos depositados nas urnas é o registro. As condições de elegibilidade seriam, então, meras condições para o registro, e este sim conferiria a elegibilidade.

A tese do jurista alagoano é sedutora e até resolveria, de forma satisfatória, as hipóteses em que não se admite o registro na expectativa de preenchimento futuro de certas condições de elegibilidade, como aquelas que não dependem apenas do advento do termo, mas sim de verdadeiras condições (fatos futuros e incertos). Em relação a condições de elegibilidade ou causas de inelegibilidade que dependem de condições futuras, que podem ou não se implementar, a verificação quanto ao preenchimento das primeiras ou a não ocorrência das segundas deve ser feita realmente quando do registro de candidatura, sem a possibilidade de se considerar a data da eleição.

A título de exemplo, aquele que não tem, no dia do requerimento do registro, o pleno exercício dos direitos políticos, por condenação criminal transitada em julgado, *v.g.*, terá sua candidatura indeferida por ausência de uma das condições de elegibilidade. Nesse caso, não será possível argumentar com o fato de que faltam apenas dois meses de cumprimento de pena e que, por esse motivo, os direitos políticos terão sido recuperados na data da eleição. Embora seja provável que a pena seja extinta antes da data marcada para a eleição, hipótese em que o condenado realmente resgata seus direitos políticos, o fato é que não há qualquer certeza quanto a isso. Há tão somente uma possibilidade. Basta que o condenado interrompa o cumprimento da pena, por qualquer razão, e ela

---

164 O TSE, que vem divergindo sobre a possibilidade de considerar-se o fim da inelegibilidade, antes da eleição, como "alteração fática ou jurídica superveniente", na forma do art. 11, § 10, da Lei n. 9.504/97, respondeu à Consulta n. 380-63, do DF, relatada pelo Min. Marco Aurélio, em 21-11-13, no sentido do que esta obra vem defendendo desde a sua primeira edição: é possível deferir o registro do candidato cuja inelegibilidade tem termo certo antes da eleição.

165 COSTA, Adriano Soares da. Teoria da inelegibilidade e o direito processual eleitoral, p. 108.

não terminará antes da eleição. Se o registro da candidatura fosse deferido em agosto, na expectativa de que o candidato viesse a cumprir toda a sua pena antes da eleição, e se isso efetivamente não se verificasse, a Justiça Eleitoral teria de conviver com a eleição de um inelegível.

Essa falta de certeza quanto ao preenchimento futuro da condição de elegibilidade e a impossibilidade de deferir-se candidatura condicional, leva à necessidade de indeferirem-se as candidaturas daqueles que não se apresentarem, quando do registro, com todas as condições de elegibilidade, salvo aquelas que só dependem da ocorrência do termo.

> "(...) Os pedidos de registro são examinados à luz da situação fática existente no momento do julgamento. 6. Precedentes do Tribunal." NE: "Se se comprovar junto com o pedido de registro que a causa de **inelegibilidade cessará em tempo hábil, isto é, antes do pleito**, entendo que o registro há de ser deferido. (...) Hipótese diversa é aquela em que não se poderia saber, no momento do registro, que ocorreria fato que faria com que o candidato voltasse a ser elegível, como é o caso dos autos, hipótese em que se deve considerar a situação fática existente no momento do julgamento." (TSE, Ac. n. 18.847, de 24/10/2000, rel. Min. Fernando Neves.)

> "(...) O registro de candidatura não deve ser deferido sob condição, uma vez que as condições de elegibilidade e as inelegibilidades devem ser **aferidas no momento do julgamento do registro**. Se o candidato não é inelegível e preenche todas as condições de elegibilidade, o seu registro deve ser deferido. Caso questão referente a um dos requisitos da candidatura esteja sub judice, o registro deve ser deferido ou indeferido de acordo com a situação do candidato naquele momento, mesmo que tenha havido recurso, porque os apelos eleitorais, em regra, não têm efeito suspensivo." (TSE, Ac. 4.556, AI 4.556-SP, Rel. Min. Fernando Neves, DJ de 21/6/2004).

14.3.9. Elegibilidade Superveniente

A Lei n. 12.034/2009, acrescentando o § 10[166] ao art. 11, da Lei n. 9.504/97, reafirma que as condições de elegibilidade e as causas de inelegibilidade devem ser aferidas no momento da formalização do pedido de registro, mas ressalva que devem ser levadas em conta as **alterações fáticas ou jurídicas supervenientes que afastem a inelegibilidade**[167]. Equivale dizer que o candidato – com condenação criminal transitada em julgado, p.ex. – terá seu registro indeferido se quando do pedido ainda estiver sob os efeitos de condenação, por não ter cumprido integralmente a pena, já que, como dito, as condições de elegibilidade são verificadas no momento da formalização do pedido (até 15 de agosto). Mas o Juiz deve levar em conta, para então deferir o registro, posterior preenchimento dessa condição – pleno gozo dos direitos políticos – se essa elegibilidade superveniente ocorrer antes da decisão. Por exceção, a elegibilidade poderá ser aferida

---

[166] Art. 11, § 10. As condições de elegibilidade e as causas de inelegibilidade devem ser aferidas no momento da formalização do pedido de registro da candidatura, ressalvadas as alterações, fáticas ou jurídicas, supervenientes ao registro que afastem a inelegibilidade.

[167] Ver Consulta n. 380-63, do DF, relatada pelo Min. Marco Aurélio, em 21-11-13, em que o TSE considera, por unanimidade, a possibilidade de deferimento da candidatura, se a inelegibilidade tiver termo certo antes da eleição.

não no momento do protocolo do pedido de registro, mas sim no momento da sua apreciação, desde que antes da eleição, pois, repita-se, o candidato deve estar elegível no dia da votação.[168]

> Súmula-TSE n. 43
>
> As alterações fáticas ou jurídicas supervenientes ao registro que beneficiem o candidato, nos termos da parte final do art. 11, § 10, da Lei n° 9.504/97, também devem ser admitidas para as condições de elegibilidade.
>
> Súmula-TSE n. 70
>
> O encerramento do prazo de inelegibilidade antes do dia da eleição constitui fato superveniente que afasta a inelegibilidade, nos termos do art. 11, § 10, da Lei nº 9.504/97.
>
> A sentença judicial homologatória da opção pela nacionalidade brasileira possui efeitos ex tunc e, ainda que prolatada em momento posterior ao pedido de registro de candidatura, permite o deferimento superveniente deste (Ac.-TSE, de 12.11.2008, no REspe n. 29.200).
>
> Ac.-TSE, de 6.5.2014, no REspe nº 15705: decisão da Justiça Comum, posterior à interposição do REspe, mas anterior ao pleito, declarando a nulidade do decreto legislativo de rejeição de contas
>
> Ac.-TSE, de 7.2.2013, no AgR-REspe nº 16447; de 2.5.2012, no AgR-RO nº 407311 e, de 7.10.2010, no AgR-RO nº 396478 : obtenção de tutela antecipada na Justiça Comum ou de liminar posterior ao pedido de registro, no caso de inelegibilidade decorrente da rejeição de contas

Bom frisar, todavia, que não será possível o deferimento do registro se no momento da decisão o candidato ainda estiver inelegível, mesmo que na pressuposição de que a inelegibilidade poderá ser afastada até a data da eleição, posto que não se pode proferir decisão que se condicione a fato futuro e incerto, em verdadeiro exercício de futurologia. Ora, repita-se, é absolutamente incerto o momento da extinção da pena, pois basta o condenado interromper o seu cumprimento, fato de certa forma comum no juízo da execução penal. Enquanto não se verifica, de fato, o efetivo e total cumprimento da pena, impossível falar em recuperação dos direitos políticos e, por conseguinte, inevitável o indeferimento do registro de candidatura.

De igual forma, não é possível indeferir o registro de candidatura daquele que, no momento da decisão, estava na iminência de incorrer em inelegibilidade, mas efetivamente nela ainda não incidia. Se o registro não pode ser indeferido com fundamento numa inelegibilidade que se imagina iminente, também não pode ser deferido no pressuposto de que o candidato vai se livrar, num futuro ainda que próximo, de um impedimento então existente. E se o registro pode ser deferido quando a elegibilidade é superveniente ao protocolo do pedido de registro (art. 11, § 10, da Lei n. 9.504/97), também é possível o

---

[168] O projeto de lei que se converteu na Lei n. 13.877/2019, dava nova redação ao § 10 [projetando para a data da posse a verificação da elegibilidade], do art. 11, e lhe acrescentava o § 15 [definindo "fato superveniente"]. Ambos os dispositivos foram vetados pela Presidência e o veto mantido pelo Congresso.

indeferimento do registro quando o candidato contrai inelegibilidade após a formalização do pedido e antes da decisão.

> REspEl n. 060009051 - BOM DESPACHO – MG, Ac. de 11/11/2021, Rel. Min. Edson Fachin
>
> [...] CONDENAÇÃO POR ABUSO DE PODER E CONDUTA VEDADA EM ÓRGÃO COLEGIADO. SANÇÕES DE CASSAÇÃO DO MANDATO E DE MULTA. **DECLARAÇÃO DE INELEGIBILIDADE. INCIDÊNCIA IMEDIATA.** CONFIGURAÇÃO DAS CAUSAS DE INELEGIBILIDADE PREVISTAS NO ART. 1º, I, *d* E *j*, DA LC Nº 64/1990. [...] RECURSO ESPECIAL PARCIALMENTE PROVIDO PARA INDEFERIR O REGISTRO DE CANDIDATURA [...].
>
> 3. Consta dos autos que o então candidato fora condenado, pelo TRE/MG, em ação de investigação judicial eleitoral, por abuso dos meios de comunicação social, concessão de vantagens a servidores municipais e repasse de verbas públicas em período vedado, na qual restou determinada a cassação do mandato e **declarada a inelegibilidade do investigado**.
>
> 4. **Os fatos supervenientes que tenham repercussão na elegibilidade de candidato podem ser conhecidos e apreciados em sede extraordinária, desde que constituídos até a data da diplomação**. Precedentes.
>
> 5. Presentes todos os requisitos exigidos pela jurisprudência desta Corte Superior para a caracterização das causas de inelegibilidade previstas no art. 1º, I, *d* e *j*, da LC nº 64/1990, conclui-se pela reforma do acórdão regional quanto ao ponto, impondo-se o **indeferimento do registro** de candidatura do recorrido. [...]

Parece inevitável, em síntese, que o Juiz Eleitoral, ao decidir o registro de candidatura, leve em conta a elegibilidade e a inelegibilidade supervenientes ao protocolo do pedido, pois inconcebível que a decisão se distancie da situação fática e jurídica existente naquele momento. Basta imaginar um candidato com condenação criminal por homicídio ou tráfico de entorpecentes proferida por órgão colegiado ou que transite em julgado no dia 20 de agosto do ano da eleição. Se o Juiz, apreciando o pedido de registro no dia 25 de agosto, fosse levar em conta a situação fática e jurídica do momento do protocolo do pedido (15 de agosto), teria que deferir a candidatura de alguém que já está com inelegibilidade ou com direitos políticos suspensos, o que seria no mínimo absurdo e aviltante para o Judiciário. Como dito, a tentativa do legislador de fixar como referência, para os fatos que atraiam restrição à candidatura, a data limite para o pedido de registro, ou seja, 15 de agosto, restou vetada pela Presidência e o veto mantido pelo Congresso (art. 11, § 15, da Lei n. 9.504/97).

> "Eleições 2014. [...]. Registro de candidatura indeferido. Deputado federal. Art. 1º, I, l, da LC nº 64/90. Condenação por ato doloso de improbidade administrativa. Requisitos. Preenchimento. Inelegibilidade. Incidência. [...] 1. Nos termos da jurisprudência mais recente desta Corte, a **inelegibilidade que surge após o pedido de registro** de candidatura pode ser apreciada nas instâncias ordinárias, desde que garantidos o

contraditório e a ampla defesa, não havendo falar em colisão com o disposto no art. 11, § 10, da Lei nº 9.504/97, tendo em vista o disposto no art. 7°, parágrafo único, da LC nº 64/90, segundo o qual, 'o Juiz, ou Tribunal, formará sua convicção pela livre apreciação da prova, atendendo aos fatos e às circunstâncias constantes dos autos, ainda que não alegados pelas partes, mencionando, na decisão, os que motivaram seu convencimento'. (RO n° 154-29/DF, Rel. Min. Henrique Neves da Silva, PSESS de 26.8.2014). 2. No caso vertente, o candidato foi condenado em ação civil pública, por ato doloso de improbidade previsto no art. 9° da Lei n° 8.429/92, em razão de ter usado verba pública destinada ao pagamento de despesas referentes ao exercício regular do mandato, em benefício próprio, o que demonstra a ocorrência de enriquecimento ilícito de sua parte e dano ao erário, haja vista que a referida verba foi usada com finalidade diversa e para fins ilícitos, em manifesta ofensa à moralidade para o exercício do mandato. 3. O dolo, na espécie, é evidente, pois não é possível vislumbrar a prática da referida conduta que não seja dolosamente, até porque, o enquadramento realizado na forma do art. 9º da Lei n° 8.429/92, como evidenciado no caso vertente, não admite a forma culposa. [...]" (Ac. de 24.10.2014, no AgR-RO n. 38427, Rel. Min. Luciana Lóssio)

"Eleições 2018. (...) Aferição das causas de inelegibilidade a cada eleição. Inexistência de coisa julgada ou direito adquirido. Precedentes. (...) 1- A decisão proferida em ação de impugnação ao registro de candidatura, afastando a incidência de inelegibilidade, tem eficácia restrita àquele pleito e não produz os efeitos exógenos da coisa julgada para eleições posteriores. Precedentes.[...]" (Ac. de 19.12.2018, no AgR-RO n. 060076992, Rel. Min. Edson Fachin)

"Eleições 2016. (...) Acórdão condenatório por ato de improbidade administrativa que importou dano ao erário e enriquecimento ilícito. Impossibilidade de revisão das premissas assentadas na justiça comum. Publicação posterior à data da formalização do registro. Alteração fático-jurídica superveniente que atrai a inelegibilidade. Art. 11, § 10, da lei n° 9.504/97. Princípio da indivisibilidade da chapa majoritária. Mitigação. Impossibilidade. Desprovimento. [...] 3. A análise da configuração no caso concreto da prática de enriquecimento ilícito pode ser realizada pela Justiça Eleitoral, a partir do exame da fundamentação do decisum condenatório, ainda que tal reconhecimento não tenha constado expressamente do dispositivo daquele pronunciamento judicial [...] 4. O art. 11, § 10, da lei n° 9.504/97 preceitua que as condições de elegibilidade e as causas de inelegibilidade são aferidas no momento do pedido de registro de candidatura, ressalvadas as modificações de fato e de direito posteriores que afastem a inelegibilidade. Acerca da ressalva contida na parte final do aludido dispositivo, esta corte superior perfilhou entendimento jurisprudencial no sentido de que a **exegese consentânea com a axiologia e principiologia norteadora do nosso processo político** é aquela que autoriza o exame das alterações fático-jurídicas, tanto para **afastar as hipóteses de inelegibilidade**, tal como disciplina atual do art. 11, § 10, **quanto para incluí-las**, ainda que em momento ulterior à formalização do pedido de registro [...]" (TSE, Ac. de 9.11.2017, no AgR-RESPE n. 7239, Rel. Min. Luiz Fux. No mesmo sentido, o Ac. de 22.9.2015, no Agr-AI n. 189769, Rel. Min. Luciana Lóssio, e Ac. de 11.9.2014, no RO n. 38023, Rel. Min. João Otávio de Noronha)

14.3.10. Apresentadores e comentaristas de rádio e TV

Os **apresentadores e comentaristas de rádio e TV** que forem se candidatar devem se afastar das referidas atividades a partir de 30 de junho, conforme dispõe o art. 45, § 1º, na redação dada pela Lei n. 13.165/2015. A par de a vedação se dirigir, num primeiro momento, à emissora (que não pode exibir o programa apresentado ou comentado por pré-candidato, sob pena de multa de 20.000 a 100.000 UFIR, algo próximo de R$ 20.000,00 a R$ 100.000,00), o fato é que agora o dispositivo prevê a consequência fatal para o pré-candidato que permanecer apresentando ou comentando programa em emissora de rádio e TV, qual seja, o "cancelamento do registro da candidatura". Como a lei impõe ao pré-candidato o afastamento da função de apresentador ou comentarista em emissora de rádio e TV a partir de 30 de junho e o registro só é requerido à Justiça Eleitoral em 15 de agosto, percebe-se que a lei acabou criando, para estes profissionais da radiodifusão, uma condição de elegibilidade. O seu registro só é viável se ele estiver afastado de fato das referidas funções desde aquela data (30-junho), condição que deve ser demonstrada com o pedido de registro. Não se trata – pelo menos no que diz com o exercício dessas funções de 30 de junho até o requerimento do registro – exatamente de cancelamento do registro, pois neste período o pré-candidato ainda não tem registro a ser cancelado. Permanecendo apresentador ou comentarista a partir de 30 de junho, o pedido de registro sequer será deferido. Outra será a hipótese, se houver afastamento em 30-junho e o registro for deferido face a esta situação de adequação fática e legal e se o candidato, posteriormente, voltar às funções de apresentador ou comentarista, ainda durante a campanha, porque, neste caso, aí sim, será a hipótese de "cancelamento" do registro, por perda superveniente de uma das condições de elegibilidade, matéria que pode ser veiculada no RCED – Recurso contra a Expedição do Diploma, previsto no art. 262, do Código Eleitoral. A expressão "cancelamento" aparece neste contexto – perda superveniente da condição de elegibilidade – com o sentido de "desconstituição". Como se sabe, as condições de elegibilidade enumeradas na Constituição Federal não são estanques e nada impede, por isso mesmo, que a legislação ordinária fixe outras, como já se deu com a quitação eleitoral, prevista tão somente no art. 11, da Lei n. 9.504/97, e a necessária escolha em convenção partidária (art. 8º, c/c art. 11, § 14, ambos da mesma lei, este último vedando a candidatura avulsa, mesmo que de filiado). Neste sentido, o TSE já se pronunciou inúmeras vezes, valendo lembrar o Respe n. 190323.

> "Eleições 2018. Requerimento de registro de candidatura (RRCI). Cargo de presidente da república. Candidatura avulsa. Indeferimento. 1. A Lei nº 13.488/2017, ao introduzir o § 14 no artigo 11 da Lei 9.504/97, segundo o qual 'é vedado o registro de candidatura avulsa, ainda que o requerente tenha filiação partidária', disciplinou expressamente a questão da candidatura avulsa, vedando-a.[...]" (TSE, Ac. de 6.9.2018, na PET n. 060092171, Rel. Min. Og Fernandes)

> "Registro de candidatura. Eleições 2014. Presidência da república. **Escolha do candidato em convenção partidária**. Inexistência. Indeferimento. Não sendo comprovada a escolha do candidato em convenção partidária, o indeferimento do pedido de registro de candidatura é medida que se impõe". (TSE, Ac. de 5.8.2014, no RCand n. 76744, Rel. Min. João Otávio de Noronha)

O TSE, entretanto, não entende a exigência de afastamento dos apresentadores de rádio e TV como sendo condição de elegibilidade, mas tão somente infração eleitoral sancionada com cancelamento de registro, a ser apurada em ação própria:

> 1. A ação de impugnação a registro de candidatura não se revela instrumento jurídico-processual idôneo para apurar possível infração ao art. 45, § 1º, da Lei nº 9.504/97, porquanto patente a existência de procedimento próprio e específico para esse fim. [...]
>
> (RESPE - Agravo Regimental em Recurso Especial Eleitoral nº 57404 - ARTUR NOGUEIRA – SP, Acórdão de 15/08/2017, Relator(a) Min. Luiz Fux)
>
> 1. A regra contida no § 1º do art. 45 da Lei 9.504/97, que impede a transmissão de programas apresentados ou comentados por pré-candidatos a partir do dia 30 de junho, não caracteriza hipótese de inelegibilidade (ou desincompatibilização) nem significa ausência de condição de elegibilidade.
>
> 2. A ocorrência de ilícitos eleitorais, ainda que por fatos anteriores ao registro, não constitui matéria a ser analisada e decidida na impugnação do pedido de registro de candidatura. Precedentes.
>
> [...] (RESPE - Recurso Especial Eleitoral nº 10196 - CATALÃO – GO, Acórdão de 14/02/2017, Relator(a) Min. Henrique Neves Da Silva)

Seção II

15. CONDIÇÕES DE REGISTRABILIDADE

O art. 11, da Lei Eleitoral, diz que o pedido de registro de candidatura a ser dirigido à Justiça Eleitoral deve estar instruído com os documentos que menciona, alguns deles destinados a demonstrar as condições de elegibilidade (inciso III: filiação partidária; inciso V: domicílio eleitoral na circunscrição do pleito, e inciso VII: pleno exercício dos direitos políticos) ou a inocorrência de causa de inelegibilidade (inciso VII: certas condenações criminais). Outros dizem respeito ao procedimento do próprio registro, podendo ser denominados condições/requisitos de registrabilidade. Como alguns documentos são emitidos pela própria Justiça Eleitoral, como a prova da filiação partidária, do alistamento, do domicílio eleitoral, da quitação eleitoral e da plenitude dos direitos políticos, o candidato fica desobrigado da sua apresentação.

15.1. Compreensão

Como já antecipado, Adriano Soares da Costa[169] entende que todas as condições de elegibilidade são, na verdade, condições de registrabilidade, pois só se é elegível com o registro, ou seja, o direito subjetivo de fazer campanha eleitoral e de ser votado só nasce com o fato jurídico registro. Com esse entendimento, o autor contraria a Teoria

[169] COSTA, Adriano Soares da. Teoria da inelegibilidade e o direito processual eleitoral, p. 108.

Clássica, defendida pela maioria dos doutrinadores (José Afonso da Silva e Alexandre de Moraes, *v.g.*), para os quais tem elegibilidade aquele que reúne as condições fixadas na lei (aspecto positivo) e não incorre nas causas de inelegibilidade (aspecto negativo).

> "Enfim, para que alguém, entre nós, possa concorrer a uma função eletiva, é necessário que preencha certos requisitos gerais, denominados condições de elegibilidade, e não incida numa das inelegibilidades [...], que precisamente constituem impedimentos à capacidade eleitoral passiva."[170]

O pensamento de Adriano Soares também contraria a doutrina de Pedro Henrique Távora Niess. Segundo o Procurador da República em São Paulo e ex-Procurador Regional Eleitoral,

> "o registro de candidato, no nosso sistema, representa o ato da Justiça Eleitoral necessário para atestar que quem pretende certo cargo eletivo é elegível, e porque o é tem o direito de ser candidato. Esse ato, inalterado o quadro que o propiciou, transporta a elegibilidade potencial ao plano da participação concreta em determinada eleição."[171]

Forçoso conferir razão à Teoria Clássica, posto que, para ser elegível, o brasileiro deve tão somente reunir as condições fixadas na lei (condições de elegibilidade) e não incorrer nas causas obstativas do exercício da capacidade eleitoral passiva (causas de inelegibilidade). Não se pode criar mais uma condição de elegibilidade (o registro da candidatura), como quer Adriano Soares, porque não foi ele (o registro) elencado na lei como tal. Ademais, o registro de candidatura é tão somente o procedimento para averiguação, pela Justiça Eleitoral, da presença das condições de elegibilidade e ausência das causas de inelegibilidade, chegando-se ao final a um pronunciamento meramente declaratório da Justiça Eleitoral, deferindo ou indeferindo a candidatura. Nada mais que isso.

15.2. Documentos necessários ao registro

Como "condições de registrabilidade", podem-se considerar, na verdade, aquelas exigências fixadas na lei eleitoral ou nas resoluções do TSE, que nada têm a ver com a elegibilidade do candidato, mas que apenas proporcionam meios de instrumentação da candidatura. Assim, a apresentação de fotografias do candidato, nas dimensões estabelecidas em instrução, para sua aparição na urna eletrônica, e a autorização do candidato para que o partido requeira o seu registro.

Preenchidas todas as condições de elegibilidade e apresentados, junto com o pedido de registro formulado pelo Partido/Federação/Coligação, todos os documentos exigidos, a candidatura caminha a passos firmes na direção do deferimento. Necessário, entretanto, que o candidato não incorra em causas de inelegibilidade.

---

170 SILVA, José Afonso da. *Curso de direito constitucional positivo*. 9. ed., São Paulo: Malheiros, p. 324.

171 NIESS, Pedro Henrique Távora. *Direitos políticos* – Elegibilidade, inelegibilidade e ações eleitorais. 2. ed., São Paulo: Edipro, p. 27.

Seção III

16. CAUSAS DE INELEGIBILIDADE

16.1. Compreensão e conceito

Segundo Fávila Ribeiro,[172] as inelegibilidades são disciplinamentos, regras restritivas que vão implicar condições obstativas ou excludentes da participação passiva na atividade de sufrágio, reconhecidos privados de concorrer a cargos eletivos.

Para Adriano Soares da Costa, a inelegibilidade é "o estado jurídico de ausência ou perda de elegibilidade."[173]

Para Alexandre de Moraes, a inelegibilidade é

> "condição obstativa ao exercício passivo da cidadania. Sua finalidade é proteger a normalidade e legitimidade das eleições contra a influência do poder econômico ou do abuso do exercício de função, cargo ou emprego na administração direta ou indireta, conforme expressa previsão constitucional (art. 14, § 9º)".[174]

Segundo Pedro Henrique Távora Niess,

> "a inelegibilidade consiste no obstáculo posto pela Constituição Federal ou por lei complementar ao exercício da cidadania passiva, por certas pessoas, em razão de sua condição ou em face de certas circunstâncias. É a negação do direito de ser representante do povo no Poder".[175]

Por conseguinte, percebe-se que as causas de inelegibilidade são requisitos negativos de elegibilidade e, ao lado das condições de elegibilidade, constituem o regime jurídico das candidaturas, fundado em fatos, condutas, ocorrências ou circunstâncias estabelecidos diretamente na Constituição Federal ou em lei complementar, que, presentes no histórico de vida do brasileiro, impedem - por determinado tempo ou sob certas condições - o exercício da sua capacidade eleitoral passiva, o "jus honorum", com o fim de proteger (i) a normalidade e legitimidade das eleições contra o abuso do poder e (ii) a moralidade e probidade administrativas para o exercício do mandato, bens jurídicos previstos no art. 14, § 9º, da CF.

Para o deferimento do registro de candidatura, o brasileiro deve não só reunir todas as condições de elegibilidade (aquelas do art. 14, § 3º, da CF, e as que previstas na legislação ordinária), como também não incorrer em nenhuma das causas de inelegibilidade da Constituição Federal (art. 14, §§ 4º e ss) e da LC n. 64/90. Nesse passo, bom frisar que as causas de inelegibilidade infraconstitucionais só podem ser estabelecidas em lei complementar, exatamente como recomendado pelo § 9º, do art. 14, da CF. A presença das primeiras e a ausência das segundas leva à elegibilidade, ou seja, ao "jus honorum", ao direito de se submeter às urnas.

[172] RIBEIRO, Fávila. *Direito eleitoral*, p. 12.

[173] COSTA, Adriano Soares da. Teoria da inelegibilidade e o direito processual eleitoral, p. 145.

[174] MORAES, Alexandre de. *Direito constitucional*, p. 235.

[175] NIESS, Pedro Henrique Távora. *Direitos políticos, condições de elegibilidade e inelegibilidade*, p. 23.

16.2. Inelegibilidade inata e inelegibilidade cominada

Adriano Soares da Costa, com a sua Teoria do Fato Jurídico (a elegibilidade resultaria do registro da candidatura, portanto as condições de elegibilidade seriam condições de registrabilidade), fala em *inelegibilidade inata e inelegibilidade cominada* simples e potenciada.

Inata é a inelegibilidade resultante do ordenamento jurídico, que apanha o nacional em situações para as quais não tenha contribuído com um comportamento antijurídico. Então, não é sanção, mas meio de equilíbrio na disputa eleitoral. Com efeito, as leis eleitorais preveem situações em que ao nacional não se deve conferir a capacidade eleitoral passiva (e então se diz inelegível), visando à salvaguarda dos princípios do equânime tratamento aos candidatos e da moralidade administrativa. Quem é parente do prefeito, até o 2º grau, é inelegível na circunscrição, ou seja, no respectivo município, sem que tenha praticado qualquer ilícito, mas simplesmente por estar naquela situação jurídica de parentesco. Quem é funcionário público e não se afasta do serviço no prazo fixado na lei, não comete qualquer ilícito, mas é inelegível simplesmente porque a lei considera incompatíveis as duas condições (exercício das funções públicas e candidatura). Tudo em nome do equilíbrio na disputa eleitoral. O regime das incompatibilidades se encaixa na chamada inelegibilidade inata.

Essas hipóteses de inelegibilidade, chamadas inatas por Adriano Soares, são fixadas pelo ordenamento jurídico para apanhar o nacional segundo suas condições pessoais no momento em que manifesta-se interessado em concorrer ao pleito. O analfabeto também não praticou qualquer fato censurável, mas é inelegível (art. 14, § 4º, da CF) em razão de sua condição pessoal, porque não se comunica com o uso das letras.

De outro lado, a inelegibilidade cominada (denominada de ocasional por Tupinambá Miguel Castro do Nascimento) é, para o doutrinador alagoano, a inelegibilidade sanção, que parte do pressuposto do cometimento de algum ato ilícito. Assim, quem abusa do poder econômico e/ou político e é por isso condenado, torna-se inelegível. Quem comete um crime contra a economia popular, a fé pública, a administração pública, o patrimônio público ou privado, o mercado financeiro, de tráfico de entorpecentes ou eleitoral, dentre outros, e tem contra si decisão condenatória, fica inelegível (LC n. 64/90, art. 1º, I, *e*). Na inelegibilidade cominada, percebe-se que o nacional estará envolvido em determinadas condutas, fixadas previamente na lei como causas de impedimento.

O autor ainda divide a inelegibilidade cominada em *simples* e *potenciada*. A primeira seria aquela que dissesse respeito apenas ao prélio em que se verifica o cometimento do ilícito, hipótese em que o nacional voltaria a ser elegível após as eleições. Determinada conduta, uma vez praticada durante a campanha, levaria o agente à inelegibilidade apenas naquela eleição, não projetando qualquer efeito para o futuro. Adriano Soares reconhece que a inelegibilidade cominada simples não foi acolhida no nosso sistema eleitoral, ou seja, não há hipóteses com inelegibilidade apenas para as eleições em que se verifica o ilícito.

De outro lado, pode a inelegibilidade projetar-se por algum tempo no futuro, caso em que o impedimento alcançará outras eleições, além daquelas em que o ilícito foi praticado. Quando isso ocorre, a inelegibilidade é cominada potenciada. É o caso da condenação criminal pelo cometimento dos crimes elencados na Lei Complementar n. 64/90 (art. 1º, I, *e*), como de resto todas as hipóteses previstas nas alíneas do inciso I do art. 1º, exceto o caso do analfabeto, que tem inelegibilidade inata.

A classificação de Adriano Soares tem o mérito de permitir uma distinção inequívoca entre as inelegibilidades decorrentes de mera condição pessoal e aquelas que são resultado de um comportamento estabelecido na lei como suficiente à suspensão do exercício da capacidade eleitoral passiva.

16.3. Inelegibilidades amplas/absolutas ou restritas/relativas

Na visão de Pedro Henrique,[176] as inelegibilidades podem ser classificadas como *amplas/absolutas* ou *restritas/relativas*. Para ele, serão absolutas as inelegibilidades que impedem o nacional de concorrer a qualquer cargo. São as hipóteses do art. 1º, I, da Lei Complementar n. 64/90, pois o próprio dispositivo anuncia: "são inelegíveis para qualquer cargo." As relativas são aquelas que obstam a disputa por certos cargos, como no caso das incompatibilidades. O titular do Executivo (prefeito, governador e presidente) é inelegível para outros cargos, se não houver renunciado ao respectivo mandato até seis meses antes do pleito, mas não o é para o próprio cargo, quando em disputa de reeleição. O parente do titular do Executivo é igualmente inelegível para qualquer cargo, mas apenas no território de jurisdição daquele, podendo disputar livremente qualquer cargo em outra circunscrição eleitoral.

16.4. Inelegibilidades próprias e impróprias

As inelegibilidades ainda são chamadas de *próprias*, assim entendidas aquelas cujas situações ou fatos impeditivos estão previstos como tal na Constituição Federal ou na Lei Complementar. São as causas de inelegibilidade propriamente ditas, porque retiram a elegibilidade. De outro lado, denominam-se *impróprias* as situações de impedimento decorrentes da falta de uma ou algumas condições de elegibilidade. Na verdade, e a rigor, causas de inelegibilidade são apenas aquelas previstas no art. 14, §§ 4º, 6º e 7º, da CF, e as da Lei Complementar n. 64/90, ou seja, as que se convencionou chamar de inelegibilidades próprias. Entretanto, há de reconhecer-se que o próprio Código Eleitoral fala em inelegibilidades referindo-se a situações de mera ausência de condições de elegibilidade (arts. 22, I, *i*, e 262, I, na redação anterior à alteração da Lei n. 12.891/2013). É que, seja pela ausência das condições de elegibilidade, seja pela presença de causas de inelegibilidade, o certo é que o pretendente ao registro está inelegível. Por isso, a expressão inelegibilidade vem sendo utilizada genericamente, para designar uma e outra das situações.

16.5. Inelegibilidade Reflexa

Há também as *inelegibilidades reflexas*, aquelas que impedem a candidatura quando o brasileiro tem algum dos relacionamentos fixados na lei – parentesco até o 2º grau, casamento, união estável e união homoafetiva – com o Chefe do Executivo na circunscrição da disputa, ou com os que o hajam substituído nos seis meses anteriores

[176] NIESS, Pedro Henrique Távora. *Direitos políticos, condições de elegibilidade e inelegibilidade*, p. 139.

à eleição. Aqui, a lei não leva em conta uma conduta, um comportamento ou uma ocorrência da vida do próprio pretenso candidato, mas sim o exercício da chefia do Executivo pelo seu parente ou cônjuge. A função exercida por este produz reflexos negativos na capacidade eleitoral passiva daquele, impedindo a sua candidatura em nome da preservação da igualdade de oportunidades no processo eleitoral. Esta situação está prevista no art. 14, § 7º, da CF, e será vista com pormenor adiante.

16.6. Presunção de Inocência

Já a partir daí, fácil perceber que as causas de inelegibilidade não representam uma **sanção**, uma *punição* ao brasileiro que se encontrar nas hipóteses discriminadas na lei, até porque, para ser uma sanção ou uma resposta punitiva do ordenamento jurídico eleitoral, seria necessário encontrar no inelegível uma conduta no mínimo culposa, pois difícil imaginar punição sem culpa. E o cotejo do rol de causas de inelegibilidades positivadas, a começar pelas constitucionais, desautoriza por completo a afirmação de que inelegibilidade é *pena*. Basta ver que a Constituição Federal faz inelegível o analfabeto (art. 14, § 4º) e o cônjuge e parentes do Presidente da República (art. 14, § 7º) para qualquer disputa no território nacional. Se as inelegibilidades representassem uma pena para o brasileiro, porque razão os analfabetos seriam punidos? Qual seria o seu comportamento culposo, a ensejar essa "pena"?

A verdade é que o regime jurídico das inelegibilidades, ao contrário, se funda em valores e princípios do próprio direito constitucional eleitoral, que naturalmente não coincidem com aqueles que orientam um sistema sancionador. O direito eleitoral, que se justifica pela opção que o constituinte fez pelo sistema democrático representativo, orienta-se precipuamente pelos princípios maiores - ou super princípios - da preservação do regime democrático e da supremacia da soberania popular, aos quais se subordinam os da (i) normalidade e legitimidade das eleições e (ii) probidade e moralidade para o exercício das funções públicas eletivas. Não há regime democrático que se sustente sem que a representação - extraída das urnas - atenda ao interesse público de lisura, não só da disputa, como também do exercício do mandato, sob pena de desencantamento do seu soberano, o povo, e daí o seu enfraquecimento. E, para a efetivação destes princípios, impõem-se restrições e limites à capacidade eleitoral passiva - "jus honorum" - daqueles que trazem na sua vida, atual ou pregressa, registros de fatos, circunstâncias, situações ou comportamentos - não necessariamente ilícitos - tidos como suficientes pelo ordenamento jurídico para despertar a necessidade de preservação daqueles valores. Percebe-se que há, no direito eleitoral mesmo, razões suficientes para a existência de limites às candidaturas, que de resto há em qualquer regime democrático, sendo absolutamente desnecessário e impróprio importar princípios do direito penal, p.ex. Esses limites ou restrições, somando-se às condições[177], longe, repita-se, de configurar sanção ou pena ao indivíduo que pretende a candidatura - o que se pretende alcançar

[177] Condições de Elegibilidade do art. 14, § 3º, da CF.

aqui não é a punição do indivíduo e sim a proteção da coletividade –, vão desenhando o perfil de homem público fixado como minimamente necessário à representação dos interesses do soberano. E, a partir da "lei da ficha limpa", esse modelo de candidato é resultado, em grande parte, da opção manifestada diretamente em lei de iniciativa popular. Nada mais legítimo e natural que o perfil dos representantes seja fixado diretamente pelos representados.

Sendo mero impedimento temporário ao exercício da capacidade eleitoral passiva, a causa de inelegibilidade, ainda quando tome como referência uma conduta penalmente típica e em apuração num dado processo penal, permanece desprovida de qualquer caráter sancionador ou punitivo, inclusive porque essa repercussão eleitoral decorrente da prática do crime não está prevista no tipo penal e nem mesmo na legislação penal geral como pena secundária. A inelegibilidade é, isto sim, repercussão eleitoral que se impõe automaticamente ao indivíduo, a partir da decisão condenatória proferida por órgão colegiado. O Juiz Criminal, ao julgar procedente a denúncia e condenar o réu, não se pronuncia sobre a inelegibilidade do art. 1º, I, "e", da LC n. 64/90, e nem mesmo sobre a suspensão de direitos políticos do art. 15, III, da CF, porque tais consequências são estranhas ao conteúdo imediato da lide penal.

Necessário lembrar que o que constitui causa de inelegibilidade é o fato, a conduta ou o comportamento, estabelecido na lei como impedimento à candidatura, e não a decisão judicial que o afirma. Daí não haver qualquer vício de constitucionalidade na lei que fixe como suficiente à inelegibilidade o fato afirmado em decisão ainda não transitada.

E se as inelegibilidades não pressupõem a ideia de culpa - porque não são pena –, nenhum confronto há com a garantia constitucional da **presunção de inocência**, ou da não culpabilidade, inscrita no art. 5º, LVII, da CF. No julgamento das ADC n. 029 e 030, o STF afirmou - por 7 a 4 - a constitucionalidade da expressão "proferida por órgão judicial colegiado", contida em diversas hipóteses de inelegibilidade da LC n. 135/2010, que alterou e acrescentou dispositivos à LC n. 64/90, ao entendimento de que a inelegibilidade que incide antes do trânsito em julgado não representa conflito com o postulado da presunção de inocência. Na verdade, a referida LC n. 135/2010 apenas fez deslocar o momento de incidência da inelegibilidade, que na redação original da LC n. 64/90 era no trânsito em julgado, para quando proferida a decisão condenatória colegiada. E parece perfeitamente razoável impor o impedimento a partir de decisões dessa espécie, até pela especial circunstância de que, no mais das vezes, nela se esgota a discussão de fatos e provas. Ademais, as decisões tomadas por colegiados de julgadores atraem a presunção de exame mais aprofundado e debatido dos fatos constitutivos da inelegibilidade. Interessante lembrar que no regime de inelegibilidades da LC n. 05/70, o impedimento se impunha ao acusado em processo penal, ou seja, a partir do recebimento da denúncia, tendo este momento de incidência sido deslocado para o trânsito em julgado (o outro extremo do processo) na redação original da LC 64/90, até que posicionado no "meio do caminho": a condenação colegiada.

16.7. Retrospectividade da LC n. 135/2010

Tanto que vigente e aplicável (a aplicação se dá, por força do art. 16, da CF, um ano após a entrada em vigor), a nova hipótese de inelegibilidade apanha fatos, situações ou circunstâncias da vida pregressa[178] do brasileiro, não importando se anteriores à entrada em vigor da lei que a estabeleceu, o que não representa conflito com o princípio da **irretroatividade das leis**. Tratando-se – o conjunto das normas definidoras de inelegibilidades – do denominado "regime jurídico das candidaturas", o que está sob a regência da lei nova não é o fato em si mesmo, mas tão somente os efeitos jurídicos que esse fato produz no tempo. A lei, ao estabelecer uma causa de inelegibilidade nova, tomando como referência um fato ou uma conduta até então irrelevante para o direito eleitoral, não pretende protrair-se para regular esse fato ao tempo da sua ocorrência, tornando-o ilícito. Ao contrário, esse fato ou conduta, em si mesmo, continua a sofrer a incidência apenas das leis do seu tempo. Para as candidaturas que se apresentarem após a vigência e aplicabilidade da lei eleitoral nova, isto sim, eles são considerados nos seus efeitos futuros, se ainda não ultrapassado o prazo de cessação do impedimento consignado na lei. Equivale dizer que o fato, ainda que não afetasse a elegibilidade ao tempo da sua ocorrência – portanto, sem esse efeito jurídico –, é marca inapagável na vida pregressa da pessoa, produzindo sim efeitos pessoais, morais e sociais. Lei posterior pode considerá-los, quando do estabelecimento de novas hipóteses de inelegibilidade, conferindo-lhes efeitos jurídicos eleitorais na seara da capacidade eleitoral passiva. E pode a lei nova, também, desconsiderar fatos ou condutas até então relevantes para a definição do impedimento, como o fez a LC n. 184/2021, que exclui do âmbito de incidência da inelegibilidade da alínea G as rejeições de contas em que não haja imputação de débito. Percebe-se que a isso não se pode dar o nome de retroatividade da lei nova, porque esta não vai ao fato, regulando tão somente os seus efeitos ao tempo do pedido de registro de candidatura, este – registro de candidatura – sim necessariamente posterior à nova lei. Sancionada em 2010, a LC n. 135 já estava apta a regular as eleições de 2012, pois cumprido interstício ânuo. Sancionada em 29.setembro.2021, a LC n. 184 está apta a incidir nas eleições de outubro de 2022. Dito de outra forma, cada eleição é regulada pelo conjunto normativo em vigor desde pelo menos um ano antes da data da eleição e a aplicabilidade, que resulta do princípio da anualidade, é a única exigência do art. 16, da CF. Os partidos e candidatos têm, por conseguinte, que reunir as condições e não incidir em nenhum impedimento previsto nas regras aplicáveis ao dado processo eleitoral.

A alteração do art. 1º, I, "b", da LC n. 64/90, determinada pela LC n. 81/94, que à época elevou o prazo – de 03 para 08 anos – da inelegibilidade dos parlamentares que perderem seus mandatos por decisão política da própria Casa Legislativa, foi objeto de questionamento no TSE, exatamente sob o argumento de que esse novo prazo não poderia alcançar aqueles que tivessem perdido seus mandatos antes da nova regra. Mas

---

[178] O art. 14, § 9º, da CF, diz expressamente que lei complementar estabelecerá novas hipóteses de inelegibilidade, considerada a ***vida pregressa*** do candidato.

o Tribunal[179] impôs o novo prazo também nestas hipóteses. Na ADC n. 030, que buscou a declaração de constitucionalidade de todas as novas inelegibilidades estabelecidas pela Lei da Ficha Limpa (LC n. 135/2010), o Min. Luiz Fux fez pertinente distinção entre *retroatividade* - aplicação da lei nova a fato passado, para regulá-lo – e *retrospectividade* - retroatividade inautêntica: aplicação da lei nova para regular tão simplesmente os efeitos futuros do fato passado –, concluindo não haver qualquer incompatibilidade da aplicação da LC n. 135/2010 - novos prazos e novas causas de inelegibilidade - com o sistema constitucional vigente. E esse seu entendimento foi acompanhado pela maioria da Corte (Min. Joaquim Barbosa, Dias Toffoli, Rosa Weber, Cármen Lúcia, Ayres Brito e Ricardo Lewandowisk). O TSE, por sua vez, assim entendeu:

> "Registro. Inelegibilidade. Condenação criminal. [...] 2. As inelegibilidades da Lei Complementar nº 135/2010 incidem de imediato sobre todas as hipóteses nela contempladas, ainda que o respectivo fato seja anterior à sua entrada em vigor, pois as causas de inelegibilidade devem ser aferidas no momento da formalização do pedido de registro de candidatura, não havendo, portanto, falar em retroatividade da lei. 3. Tendo sido o candidato condenado, por órgão judicial colegiado, pela prática do crime capitulado no art. 1º, IV, do Decreto-Lei nº 201/67, incide, na espécie, a causa de inelegibilidade a que se refere o art. 1º, inciso I, alínea e, da Lei Complementar nº 64/90, acrescentada pela Lei Complementar nº 135/2010. [...]" (Ac. de 28.10.2010 no AgR-RO n. 417432, Rel. Min. Arnaldo Versiani)

> "Consulta. Inelegibilidades. Lei Complementar nº 135/2010. [...] 2. A LC nº 135/2010, que alterou as causas de inelegibilidade, se aplica aos processos em tramitação iniciados, ou mesmo já encerrados, antes de sua entrada em vigor, nos quais tenha sido imposta qualquer condenação a que se refere a nova lei. 3. A incidência da nova lei a casos pretéritos não diz respeito à retroatividade de norma eleitoral, mas, sim, à sua aplicação aos pedidos de registro de candidatura futuros, posteriores à entrada em vigor, não havendo que se perquirir de nenhum agravamento, pois a causa de inelegibilidade incide sobre a situação do candidato no momento de registro da candidatura. 4. Exsurge da nova lei que a incidência de causas de inelegibilidade em face de condenações por órgão colegiado, sem exigência de trânsito em julgado, resulta da necessidade de exigir dos candidatos vida pregressa compatível para o exercício de mandato. [...]" (Ac. de 17.6.2010 na Cta nº 114709, rel. Min. Arnaldo Versiani.)

Recentemente, o TSE foi chamado a decidir sobre a aplicação, ou não, do novo prazo (08 anos) de inelegibilidade na hipótese do art. 1º, I, "d", da LC n. 64/90, especialmente porque, no caso em discussão, havia uma sentença transitada em julgado aplicando 03 anos de inelegibilidade, porque este era o prazo consignado no referido dispositivo legal anteriormente à alteração. Esta situação é particularizada pelo fato de a inelegibilidade nela tratada (art. 1º, I, alínea "d": abuso de poder) ser a única em que o prazo do impedimento é fixado na parte dispositiva da decisão de procedência da AIJE. Se a decisão foi proferida antes de 2010 (quando entrou em vigor a "lei da ficha limpa"), o prazo fixado na decisão terá sido o de três (3) anos, que era a redação da época. Não obstante o prazo de 03 (três)

---

[179] Ac.-TSE nº 20.349/2002: aplicabilidade do novo prazo também àqueles cujos mandatos foram cassados anteriormente à vigência da LC nº 81/94.

anos consignado na decisão, transitada em julgado, pode a lei nova (LC n. 135/2010) ser aplicada, para elevar a oito (8) anos o prazo da inelegibilidade? O TSE decidiu pela aplicação do novo prazo de duração da inelegibilidade e o caso foi ao STF, considerada a possível ofensa à garantia constitucional da coisa julgada. O Supremo, por maioria apertadíssima (6 x 5), decidiu prevalecer o novo prazo de inelegibilidade, considerando o que consignado na legislação de regência de dada eleição, especialmente porque a inelegibilidade decorre do fato. Tendo no seu histórico de vida, na sua vida pregressa, uma condenação por abuso de poder, o candidato se sujeita às consequências do art. 1º, I, "d", da LC n. 64/90, na redação aplicável à eleição em que o condenado manifestar pedido de registro.

Como a decisão (tomada na sessão plenária de 01.março.2018) foi proferida no Recurso Extraordinário n. 929670, com **repercussão geral reconhecida**, a Corte fixou a seguinte tese:

> "A condenação por abuso do poder econômico ou político em ação de investigação judicial eleitoral, transitada em julgado, ex vi do artigo 22, inciso XIV, da Lei Complementar 64/90, em sua redação primitiva, é apta a atrair a incidência da inelegibilidade do artigo 1º, inciso I, alínea "d", na redação dada pela Lei Complementar 135/2010, aplicando-se a todos os processos de registros de candidatura em trâmite".

16.8. Razoabilidade e Proporcionalidade das novas hipóteses

De resto, todas as causas de inelegibilidade agora constantes da LC n. 64/90, acrescida e alterada pela LC n. 135/2010, inclusive o prazo uniforme de oito anos, guardam perfeita relação de subordinação e pertinência com os bens jurídicos fixados no art. 14, § 9º, da CF. Os fatos, situações e circunstâncias estabelecidos pelo legislador complementar como impedimentos ao exercício da capacidade eleitoral passiva, pelo prazo comum de oito anos, traduzem com **razoabilidade e proporcionalidade** a necessidade de proteção da (i) legitimidade e normalidade das eleições e da (ii) moralidade e probidade para o exercício das funções públicas eletivas. Com efeito, perfeitamente proporcional e razoável afastar das disputas eleitorais – daí das funções públicas eletivas –, por oito anos, p.ex., (i) aquele candidato que, durante a campanha eleitoral, substituiu a exposição de ideias e projetos pela doação, promessa ou oferta de vantagens pessoais aos eleitores, comprando-lhes a liberdade de escolha, ou (ii) aquele funcionário público que tiver sido demitido a bem do serviço público, porque já demonstrada em processo administrativo regular a prática de conduta incompatível com o interesse público. Ademais, esses novos padrões de comportamento, que agora traçam o perfil das candidaturas, estão em adequada harmonia com o sentimento de moralidade da sociedade brasileira, manifestada de forma clara e induvidosa inclusive pela subscrição do projeto de lei de iniciativa popular. Nas ADC n. 029 e 030, o STF confirmou a constitucionalidade de todas as novas hipóteses de inelegibilidade.

16.9. Hipóteses Constitucionais e Infraconstitucionais

Segundo o ordenamento jurídico eleitoral vigente (CF, art. 14, §§ 4º, 5º, 6º e 7º, e LC n. 64/90, com as alterações e acréscimos das LC n. 81/94, 135/2010 e 184/2021), são inelegíveis:

16.9.1. Os analfabetos: teste de alfabetização

Os analfabetos (art. 14, § 4º, da CF/88; art. 1º, I, *a*, LC n. 64/90) - Aqueles que não sabem ler e escrever, embora tenham capacidade eleitoral ativa (direito de voto), não podem candidatar-se. Fixou-se, no texto constitucional, a exigência de um mínimo de conhecimento da linguagem escrita como forma de garantir o exercício independente do mandato. Embora a Constituição Federal e a Lei Complementar não exijam escolaridade formal dos candidatos, a Justiça Eleitoral exige a apresentação de certificado de conclusão de curso, ainda que seja o primário, a partir de quando se pode concluir pela ausência da inelegibilidade. A Res. TSE n. 23.609/2019[180] enumerou o "comprovante de escolaridade" entre os documentos que devem acompanhar o pedido de registro de candidatura.

O Juiz Eleitoral de Poxoréo-MT baixou a seguinte portaria:

> "Considerando ser indispensável, especialmente ao legislador, conhecimento mínimo da língua portuguesa, pois que para redação de qualquer texto legislativo se faz necessário, pelo menos, conhecimento elementar de gramática, e leitura regular, sem o que dará a sociedade maior desamparo do que se encontra, em face da legislação produzida sem qualquer preocupação;
>
> Considerando ser o analfabeto, isto é, aquele que não lê e escreve regularmente, considerado, por disposição constitucional, inelegível;
>
> Considerando que apesar de distribuição por este juízo, de formulários impressos para tão só preenchimento, apresentado dificuldades e deficiência de escrito;
>
> Considerando, finalmente, o disposto no art. 14, § 4º, da Constituição Federal de 5/10/1988,
>
> Resolve:
>
> Art. 1º Além dos documentos exigidos pelo Código Eleitoral e legislação extravagante, deverá o interessado na obtenção no registro de candidatura para o pleito de 3 de outubro p.f., e os subsequentes, comprovar, documentalmente, frequência escolar e conclusão, pelo menos, dos primeiros quatro anos do primeiro grau, em curso regular, ou equivalente, no prazo de 48 horas.
>
> Parágrafo único. O interessado que não apresentar prova acima exigida, será submetido a teste elementar, consistente na escrita de texto ditado, e leitura, para ter apreciação regular de seu pedido, sob pena de indeferimento de plano."[181]

Quando o candidato não possui o comprovante de frequência escolar ou de conclusão de curso, pode redigir declaração de próprio punho, em que fique evidenciado o domínio do alfabeto. Admitida pelas resoluções do TSE que disciplinam o registro de candidatura, a declaração deve ser, a toda evidência, manuscrita e elaborada na presença do Juiz ou de servidor do Cartório Eleitoral ou Secretaria Judiciária.

Documento que também pode ser admitido para a prova da alfabetização, salvo circunstâncias do caso concreto, é a carteira de habilitação para condução de veículos automotores (CNH), posto que o procedimento de sua obtenção inclui prova escrita de legislação.

---

[180] Na linha do que vem fixando o TSE a cada eleição.

[181] PINTO, Djalma. *Direito eleitoral* - Anotações e temas polêmicos. Rio de Janeiro: Forense, 2000, p. 128.

> SÚMULA Nº 55/TSE
>
> A Carteira Nacional de Habilitação gera a presunção da escolaridade necessária ao deferimento do registro de candidatura.

Se nenhum daqueles documentos chega à Justiça Eleitoral e se surge dúvida sobre se alfabetizado ou não o candidato, deve ele ser submetido a **teste de alfabetização**, o qual buscará verificar tão somente a capacidade do candidato de ler e escrever. Se passa no teste, não é analfabeto, portanto não é inelegível. Qualquer exigência que vá além disso pode revelar constrangimento ilegal, já que não terá como objetivo a aferição da causa de inelegibilidade.

Principalmente nos pleitos municipais, o teste de alfabetização tem sido utilizado largamente, e com sucesso. A requerimento do Ministério Público, a Dra. Beatriz da Silva Takamatsu, Juíza Eleitoral em Candeias, em 1996, elaborou para os candidatos um questionário em que se lhes perguntou o nome completo, o endereço, os nomes dos pais, a profissão, etc., e, ao final, pediu-lhes que escrevessem, por extenso, alguns números. O teste consistiu em ler e responder às indagações, evidentemente sem ajuda ou orientação de quem quer que fosse. Quem sabia ler e escrever passou no teste e afastou a inelegibilidade. O procedimento não caracteriza, como dito, qualquer constrangimento, até porque só será adotado em relação àqueles que não tiverem prova de conclusão de algum curso, ou mesmo de parte dele. Mas é bom lembrar que esse teste deve ser aplicado individualmente e de forma razoável, para evitar a exposição do candidato a constrangimentos desnecessários, como na hipótese de exigir-lhe leitura de texto em voz alta e na presença de terceiros.[182]

> "Inelegibilidade. Analfabetismo. 1. A jurisprudência deste Tribunal admite a realização de teste para a aferição da condição de alfabetizado do candidato quando há dúvida quanto à idoneidade do comprovante de escolaridade ou da declaração de próprio punho apresentada no processo de registro. 2. Averiguada a dúvida quanto à declaração de próprio punho fornecida, foi designado teste de alfabetização reservado e individual, ao qual a candidata não compareceu, razão pela qual é de se concluir pela correta conclusão das instâncias ordinárias quanto à configuração da causa de inelegibilidade do art. 14, § 4º, da Constituição Federal. [...]" (Ac. de 23.10.2012, no AgR-Respe n. 19067, Rel. Min. Arnaldo Versiani)
>
> Ac-TSE, de 23.9.2014, no REspe nº 234956: no teste de alfabetização, basta que se verifique a capacidade de leitura e de expressão do pensamento por escrito
>
> "Agravo regimental. Recurso ordinário. Registro de candidatura. [...]. Deputado estadual. Alfabetização. Ausência de comprovação. Não provimento. 1. Na ausência de comprovante de escolaridade, é facultado ao candidato firmar declaração de próprio punho na presença do Juiz Eleitoral ou de servidor do Cartório Eleitoral. [...] 2. Na espécie, todavia, o agravante apresentou declaração digitada e, posteriormente,

---

[182] Ac.-TSE nºs 318/2004, 21.707/2004 e 21.920/2004, dentre outros: nas hipóteses de dúvida fundada, a aferição da alfabetização se fará individualmente, sem constrangimentos; o exame ou teste não pode ser realizado em audiência pública por afrontar a dignidade humana.
Ac.-TSE nº 24.343/2004: ilegitimidade do teste de alfabetização quando, apesar de não ser coletivo, traz constrangimento ao candidato.

anexou às razões do recurso ordinário nova declaração firmada sem a presença do Juiz Eleitoral ou de serventuário do Cartório Eleitoral. [...]." (Ac. De 29.9.2010 no AgR-RO n. 431763, rel. Min. Aldir Passarinho Junior)

"Analfabeto. Teste de verificação. Inexiste ilegalidade no fato de Juiz Eleitoral que, diante de dúvida acerca da condição de alfabetizado do alistando, aplica pessoalmente teste de escolaridade." (TSE, REsp. Eleitoral n. 13.185-TO, Rel. Min. Ilmar Galvão, *DJU* 12/11/96)

A matéria, pacificada na jurisprudência do TSE, consta das resoluções que regulamentam o procedimento de registro de candidatura, bastando mencionar a Res. TSE n. 23.609/2019:

Art. 27

§ 5º A prova de alfabetização de que trata o inciso IV pode ser suprida por declaração de próprio punho preenchida pelo interessado, em ambiente individual e reservado, na presença de servidor de qualquer Cartório Eleitoral do território da circunscrição em que o candidato disputa o cargo, ainda que se trate de eleições gerais.

Tem-se verificado com frequência os casos de candidatos, já detentores de mandato e buscando a reeleição, que não têm o documento de escolaridade e se recusam a submeter-se ao teste de alfabetização, ao argumento de que sua elegibilidade já fora reconhecida pela Justiça Eleitoral no pleito anterior. Entretanto, não será porque seu analfabetismo passou desapercebido anteriormente que terá ele direito adquirido a novas candidaturas sem que se tenha por certo que ele não incorre na causa de inelegibilidade aqui tratada. A respeito, o TSE já sumulou seu entendimento no verbete de n. 15:

SÚMULA Nº 15/TSE Atualizada com a seguinte redação:

O exercício de mandato eletivo não é circunstância capaz, por si só, de comprovar a condição de alfabetizado do candidato.

Chama-se a atenção do Ministério Público e dos Partidos Políticos para a necessidade de arguir a inelegibilidade do candidato que não fez prova de sua escolaridade, utilizando-se da *Ação de Impugnação ao Registro de Candidatura* (AIRC), que tem prazo exíguo e peremptório e que flui a partir da publicação do edital mencionado no art. 3º da Lei Complementar n. 64/90. Na verdade, tudo pode ser resolvido até mesmo de ofício pelo Juiz Eleitoral, chamando todos os candidatos (os que não fizeram prova documental da escolaridade) para o teste de alfabetização ou para o preenchimento da declaração de próprio punho, com ou sem requerimento do MPE ou dos Partidos, porque a inelegibilidade é matéria de ordem pública, que deve ser conhecida e pronunciada diretamente pelo Juiz. Se os legitimados (qualquer candidato, partido político, federação, coligação ou MPE), no entanto, deixam transcorrer o prazo para a arguição e o Juiz não age *ex officio*, não haverá medida útil a ser adotada contra a tal inelegibilidade, principalmente considerando-se que o recurso contra a expedição do diploma exige prova pré-constituída e não admite dilação probatória. Então, como fazer, por ocasião de sua interposição, o mencionado teste de alfabetização, para constatar-se o analfabetismo? A solução é o legitimado propor uma Ação Cautelar de Produção Antecipada de Prova (perante o próprio Juízo Eleitoral), visando submeter o candidato ao teste de alfabetização, para posteriormente usar essa prova no recurso contra a expedição do diploma.[183]

16.9.2. Os inalistáveis

Os inalistáveis (art. 14, § 4º, da CF/88; art. 1º, I, *a*, LC n. 64/90) – Os inalistáveis, aqueles que não podem alistar-se eleitores, não conseguem sequer o exercício da capacidade eleitoral ativa e não alcançam também o exercício dos direitos políticos. Como visto na parte referente ao alistamento eleitoral, não têm acesso a este os estrangeiros e os conscritos, durante o serviço militar obrigatório (art. 14, § 2º, da CF). Ora, se a pessoa não tem alistamento eleitoral, não preencherá uma das condições de elegibilidade previstas na Constituição Federal (art. 14, § 3º, III), daí que não pode submeter seu nome ao eleitorado. Por este ângulo, parecia desnecessário falar-se em causa de inelegibilidade para o inalistável, porque já não tem ele uma das condições de elegibilidade. Entretanto, pode ser que o jovem brasileiro, quando chega ao serviço militar obrigatório e se torna um conscrito, já tenha alistamento eleitoral, exatamente porque lhe é permitido alistar-se aos dezesseis anos. Então, terá ele a condição de elegibilidade (alistamento eleitoral), mas incorrerá na causa de inelegibilidade aqui tratada. Em razão dessa particularidade, a consagração do inalistável como inelegível mostrou-se útil.

16.9.3. Os incompatíveis por exercício de função: reeleição do titular, eleição do vice ao cargo de titular, candidatura a outros cargos, "prefeitos itinerantes", desincompatibilização por renúncia, exoneração e licença, o território da disputa

Os incompatíveis por exercício de função – A inelegibilidade pode ter como causa determinante exatamente o exercício de certas funções, as quais são entendidas pela lei como incompatíveis com a condição de candidato. É o chamado regime das incompatibilidades, que é inspirado na necessidade de salvaguardar a igualdade de forças na disputa eleitoral. Leva-se em conta que aquele que tem o exercício das funções especialmente previstas na lei apresenta-se em situação de superioridade de oportunidades diante dos demais concorrentes, podendo desequilibrar o processo.

O princípio da isonomia no processo eleitoral chegou a determinar, no texto original da Constituição de 1988, a irreelegibilidade dos titulares do Executivo (Prefeitos, Governadores e Presidente), exatamente em razão desses valores. Naquele regime (da irreelegibilidade), também o vice estava impedido de concorrer, seja novamente como vice, seja ao cargo titular, se o houvesse substituído ou sucedido nos seis meses anteriores ao pleito. A partir da EC n. 16/97, com a adoção da **possibilidade de reeleição**, rompeu-se com o sistema da desconfiança/incompatibilidade para os titulares do Executivo, optando-se pela continuidade da atividade administrativa. Nesse sistema agora em vigor, o titular e o vice podem concorrer a um mandato imediatamente subsequente, restando afastada a inelegibilidade originariamente prevista no texto constitucional.

---

[183] Confira-se no Anexo modelo de Ação Cautelar de Produção Antecipada de Prova.

Se uma chapa (titular e vice) é eleita, exerce um mandato e disputa a reeleição (mesmo titular e mesmo vice), reelegendo-se, percebe-se que ambos não mais poderão disputar tais cargos, porque o texto constitucional veda o terceiro mandato no mesmo cargo. Então, nem o vice nem o titular poderão disputar novamente esses cargos para um mandato subsequente, nada impedindo que voltem posteriormente. E nem o titular poderá disputar, para o mandato subsequente, o cargo de vice, porque também aí estaria aberta a possibilidade de um terceiro mandato consecutivo, bastando que o titular desta chapa viesse a renunciar ou falecer. No entanto, o vice, mesmo que no seu segundo mandato como tal, poderá disputar, para o mandato subsequente, o cargo de titular, exatamente porque esta não será hipótese de reeleição para um terceiro mandato, já que estará disputando cargo diverso. E se for eleito ainda poderá buscar mais um mandato de titular, aí sim disputando a reeleição. Em resumo, ele poderá ter dois mandatos como vice e outros dois como titular, todos subsequentes.

Curiosa é a situação do vice que, num primeiro ou segundo mandato como tal, venha a suceder (não é simples substituição)[184] o titular, em razão de renúncia ou morte deste. Ocorreu com o Vice-Governador de São Paulo, Geraldo Alckmin, que se encontrava no seu segundo mandato como vice, quando o Governador faleceu, tendo ele assumido, definitivamente, as funções do titular. Estando ele, a partir de então, no exercício das funções do titular, conquistadas em razão da morte do Governador, poderá disputar a reeleição ao cargo de Governador. E a hipótese é de reeleição mesmo, porque, embora tenha sido eleito a vice, acabou assumindo o cargo de titular, por sucessão. No dia da eleição, disputará ele o mesmo cargo em que se encontra então exercendo. O TSE, examinando a questão, assim decidiu:

> "Havendo o vice – reeleito ou não – sucedido o titular, poderá se candidatar à reeleição, como titular, por um único mandato subsequente. [...] A reeleição deve ser interpretada *stricto sensu*, significando eleição para o mesmo cargo. O exercício da titularidade do cargo, por sua vez, somente se dá mediante eleição ou, ainda, por sucessão, como no caso dos autos. O importante é que este seja o seu primeiro mandato como titular, como de fato o é, no caso do Sr. Geraldo Alckmin. Conforme destacado pelo Ministro Fernando Neves, 'o fato de estar em seu segundo mandato de vice é irrelevante, pois sua reeleição se deu como tal, isto é, ao cargo de vice.'" (TSE, Resolução n. 21.026, de 12/3/02)
>
> "Vice-Prefeito reeleito pode se candidatar ao cargo do titular, ainda que o tenha sucedido ou substituído no curso do mandato. Já o prefeito reeleito não pode se candidatar ao cargo de vice-prefeito, pois estaria configurado o exercício de um terceiro mandato sucessivo." (TSE, Resolução n. 21.382, de 22/4/03)

E o vice ou presidente da Câmara Municipal, Assembleia Legislativa ou Câmara Federal que assume o cargo do titular, por substituição ou sucessão nos seis meses que antecedem a eleição, não poderá disputar novamente aquele cargo – vice ou vereador e

---

[184] A Constituição Federal, quando diz – art. 79 – que o Chefe do Executivo será substituído, nas suas ausências e impedimentos, pelo Vice, fixa a ideia de que substituição é a assunção temporária da chefia, enquanto que a sucessão pressupõe a vacância do cargo.

deputado (mas apenas como titular em reeleição), porque neste caso estará buscando cargo diverso daquele em que se encontra nesse semestre véspera da eleição. E **para disputar cargo diverso** a Constituição impõe exatamente o afastamento das funções de titular do Poder Executivo (art. 14, § 6º), condição que não terá ele observado, porque, repita-se, substituiu ou sucedeu o titular naquele período.

> "Presidente da Câmara Municipal. Substituição de prefeito. Candidatura a vereador. Inelegibilidade. O presidente da Câmara Municipal que substitui ou sucede prefeito nos seis meses anteriores à eleição torna-se inelegível para o cargo de vereador. (...)" (TSE, Ac. n. 16.813, de 27/11/2001, rel. Min. Garcia Vieira.)
>
> Consulta. Poder Executivo. Cargo de vice. Reeleição. O Tribunal respondeu negativamente a consulta formulada nestes termos: "Vice-prefeito, vice-governador ou o vice-presidente da República que suceder o titular nos seis meses anteriores ao pleito poderá candidatar-se visando sua reeleição ao cargo de vice?" Nesse entendimento, o Tribunal, por maioria, respondeu negativamente a consulta, nos termos do voto do Ministro Gilmar Mendes. (TSE, Consulta no 1.179/DF, rel. Min. Marco Aurélio, em 15/12/2005).
>
> "O vice que passou a ser chefe do Poder Executivo, em qualquer esfera, somente disputa a reeleição se pleiteia o cargo de titular que ocupa por sucessão. Já decidiu o STF que a EC n. 16/97 não alterou a regra do § 6º, do art. 14 da CF. Se o vice que se tornou titular desejar ser eleito para o cargo de vice, deverá renunciar ao mandato de titular que ocupa até seis meses antes do pleito, para afastar a inelegibilidade." (TSE, Resolução 22.129, de 15/2/2006, Consulta 1.179, DF, Rel. Min. Marco Aurélio)
>
> "Consulta. Vice candidato ao cargo do titular. 1. Vice-presidente da República, vice-governador de estado ou do Distrito Federal ou vice-prefeito, reeleito ou não, pode se candidatar ao cargo do titular, mesmo tendo substituído aquele no curso do mandato. 2. Se a substituição ocorrer nos seis meses anteriores ao pleito, o vice, caso eleito para o cargo do titular, não poderá concorrer à reeleição. 3. O mesmo ocorrerá se houver sucessão, em qualquer tempo do mandato. 4. Na hipótese de o vice pretender disputar outro cargo que não o do titular, incidirá a regra do art. 1º, § 2º, da Lei Complementar n. 64, de 1990. 5. Caso o sucessor postule concorrer a cargo diverso, deverá obedecer ao disposto no art. 14, § 6º, da Constituição da República." (TSE, Res. n. 20.889, de 9/10/2001, rel. Min. Fernando Neves.)
>
> "(...) Vice-prefeito. Substituição. Decisão judicial. Caráter de definitividade. Reeleição. Art. 14, § 5º, da Constituição Federal. Aplicabilidade. 1. Configura reeleição a candidatura do vice-prefeito, que substitui o titular do cargo em decorrência de decisão judicial. (...)" (TSE, Ac. n. 18.104, de 7/12/2000, rel. Min. Maurício Corrêa; no mesmo sentido Ac. n. 18.183, de 10/10/2000, rel. Min. Waldemar Zveiter.)

Todas essas hipóteses resultam do alcance normativo dos §§ 5º e 6º do Art. 14, da CF.

Mas o sistema ainda conserva o regime das incompatibilidades para outras tantas funções públicas.

Diz o § 6º do art. 14 da CF que, "**para concorrerem a outros cargos**, o Presidente da República, os Governadores de Estado e do Distrito Federal e os Prefeitos devem renunciar aos respectivos mandatos até 6 (seis) meses antes do pleito". A par de ter permitido a reeleição, a norma continua a entender incompatíveis o exercício da função de titular do Executivo com a condição de candidato a qualquer outro cargo. Então, se o Prefeito pretende disputar a reeleição, não há como falar em incompatibilidade, pois o dispositivo aplicável à espécie não a consignou, e poderá ele continuar no exercício das suas funções até a data do pleito (art. 14, § 5º).

> "Não se tratando, no § 5º do art. 14 da Constituição, na redação da Emenda Constitucional n. 16/1997, de caso de inelegibilidade, mas, sim, de hipótese em que se garante a elegibilidade dos Chefes dos Poderes Executivos federal, estadual, distrital, municipal e dos que os hajam sucedido/substituído no curso dos mandatos, para o mesmo cargo, para um período subsequente, bem de entender é que não cabe exigir-lhe desincompatibilização para concorrer ao segundo mandato, assim constitucionalmente autorizado. Cuidando-se de caso de elegibilidade, somente a Constituição poderia, de expresso, estabelecer o afastamento no prazo por ela estipulado, como condição para concorrer à reeleição prevista no § 5º do art. 14 da Lei Magna, na redação atual." (TSE, Resolução n. 19.952, de 2/9/1997, Consulta 327/DF, Rel. Min. Néri da Silveira)

Entretanto, se aquele mesmo Prefeito pretende disputar o cargo de Vereador, Deputado, Senador, Governador ou Presidente, deverá afastar-se das suas funções na chefia do Executivo municipal, mediante renúncia do mandato até seis meses antes da data da eleição. E, também, se o Prefeito de um Município pretende disputar o cargo de Prefeito de outro Município, a hipótese é a do § 6º (concorrer a outro cargo), e não a do § 5º (reeleição), sendo então necessária a renúncia seis meses antes.

> "Detentor de mandato de prefeito municipal, que tenha ou não sido reeleito, pode ser candidato a prefeito em outro município, vizinho ou não, em período subsequente, exceto se se tratar de município desmembrado, incorporado ou que resulte de fusão. A candidatura a cargo de prefeito de outro município, vizinho ou não, caracteriza candidatura a outro cargo, devendo ser observada a regra do art. 14, § 6º, da Constituição da República, ou seja, a desincompatibilização seis meses antes do pleito." (TSE, Resolução n. 21.297, de 12/11/2002, Rel. Min. Fernando Neves)

> "Prefeito Municipal. Município diverso. Eleição. Período subsequente. Afastamento. Detentor de mandato de prefeito municipal, que tenha ou não sido reeleito, pode ser candidato a prefeito em outro município, vizinho ou não, em período subsequente, exceto se se tratar de município desmembrado, incorporado ou que resulte de fusão. A candidatura a cargo de prefeito de outro município caracteriza candidatura a outro cargo, devendo ser observada a desincompatibilização seis meses antes do pleito, domicílio eleitoral na circunscrição e transferência do título eleitoral pelo menos um ano antes da eleição." (Resolução n. 21.564, de 18/11/2003 – TSE, Consulta n. 973, Classe 5ª, DF, Rel. Min. Carlos Veloso)

Em 2008, o TSE, apreciando diversas hipóteses dos chamados "**prefeitos itinerantes**", alterou sua jurisprudência a partir do Respe n. 32.507, assentando que não é possível disputar um terceiro mandato de prefeito ou governador, ainda que em município ou estado diverso, ao argumento de que a Constituição veda a perpetuação da mesma pessoa ou mesma família na chefia do poder executivo, onde a inelegibilidade é a regra e a reelegibilidade a exceção. Assentou a Corte, inclusive, que a transferência de domicílio eleitoral que se opera para a satisfação da condição de elegibilidade no novo território de disputa se dá com evidente fraude à lei e à constituição.

> RECURSO ESPECIAL ELEITORAL. MUDANÇA DE DOMICÍLIO ELEITORAL. "PREFEITO ITINERANTE". EXERCÍCIO CONSECUTIVO DE MAIS DE DOIS MANDATOS DE CHEFIA DO EXECUTIVO EM MUNICÍPIOS DIFERENTES. IMPOSSIBILIDADE. INDEVIDA PERPETUAÇÃO NO PODER. OFENSA AOS §§ 5º E 6º DO ART. 14 DA CONSTITUIÇÃO DA REPÚBLICA. NOVA JURISPRUDÊNCIA DO TSE. Não se pode, mediante a prática de ato normalmente lícito (mudança de domicílio eleitoral), alcançar finalidades incompatíveis com a Constituição: a perpetuação no poder e o apoderamento de unidades federadas para a formação de clãs políticos ou hegemonias familiares. O princípio republicano está a inspirar a seguinte interpretação basilar dos §§ 5º e 6º do art. 14 da Carta Política: somente é possível eleger-se para o cargo de "prefeito municipal" por duas vezes consecutivas. Após isso, apenas permite-se, respeitado o prazo de desincompatibilização de 6 meses, a candidatura a "outro cargo", ou seja, a mandato legislativo, ou aos cargos de Governador de Estado ou de Presidente da República; não mais de Prefeito Municipal, portanto. Nova orientação jurisprudencial do Tribunal Superior Eleitoral, firmada no Respe 32.507. (TSE, Respe n. 32.539, Palmeira dos Índios, Alagoas, Rel. Min. Carlos Ayres Britto)
>
> "[...] Recurso contra a expedição de diploma. " Prefeito itineranteP. Exercício consecutivo de mais de dois mandatos de chefia do executivo em municípios diferentes. Impossibilidade. Desprovimento. 1. Ainda que haja desvinculação política, com a respectiva renúncia ao mandato exercido no município, antes de operar-se a transferência de domicílio eleitoral, não se admite a perpetuação no poder, somente sendo possível eleger-se para o cargo de prefeito por duas vezes consecutivas, mesmo que em localidades diversas, tendo em vista o princípio constitucional republicano. 2. Ressalva pessoal do ponto de vista do Relator. [...]" (Ac. De 25.11.2010 no AgR-AI n. 11539, rel. Min. Marcelo Ribeiro)

O STF tem igual entendimento:

> "O instituto da reeleição tem fundamento não somente no postulado da continuidade administrativa, mas também no princípio republicano, que impede a perpetuação de uma mesma pessoa ou grupo no poder. O princípio republicano condiciona a interpretação e a aplicação do próprio comando da norma constitucional, de modo que a reeleição é permitida por apenas uma única vez. Esse princípio impede a terceira eleição não apenas no mesmo Município, mas em relação a qualquer outro Município da federação. Entendimento contrário tornaria possível a figura do denominado 'prefeito itinerante' ou do 'prefeito profissional', o que claramente é incompatível com esse princípio, que também traduz um postulado de temporariedade/alternância do exercício do poder. Portanto, ambos os princípios – continuidade administrativa e republicanismo – condicionam a interpretação e a aplicação teleológicas do art. 14, § 5º, da Constituição. O cidadão que exerce dois mandatos consecutivos como prefeito de determinado Município fica inelegível para o cargo da mesma natureza em qualquer outro Município da federação. " (RE 637.485, rel. min. Gilmar Mendes, julgamento em 1º-8-2012, Plenário, DJE de 21-5-2013, **com repercussão geral**.)

Percebe-se que o que atrai a inelegibilidade é exatamente o exercício das funções do cargo ocupado pelo candidato. Para livrar-se da inelegibilidade, basta que o candidato se desincompatibilize das funções, observado o prazo recomendado pelo texto constitucional. Assim, a **desincompatibilização é forma de afastamento da inelegibilidade** resultante do exercício de certas funções. Esse afastamento, que em alguns casos se dará por simples licença (para os funcionários públicos efetivos), em outros por exoneração (para os servidores ocupantes de cargo em comissão) e em outros por renúncia (para os titulares de mandato eletivo), resolve a inelegibilidade, se observados os prazos fixados na lei.

> SÚMULA Nº 54/TSE
>
> A desincompatibilização de servidor público que possui cargo em comissão é de três meses antes do pleito e pressupõe a exoneração do cargo comissionado, e não apenas seu afastamento de fato.

Veja-se que a inelegibilidade deste § 6º refere-se tão somente ao titular do Executivo, não alcançando o vice. Este poderá candidatar-se não só ao mesmo cargo (reeleição), como também a outros cargos, sem renúncia, desde que, nos últimos 6 meses anteriores ao pleito, não tenha sucedido ou substituído o titular (art. 1º, § 2º, da LC 64/90).

Necessário que se observe que o **afastamento** terá de ser não só de direito (protocolo do pedido de licença, exoneração ou renúncia), como também **de fato**, pois o candidato não poderá, no período do afastamento, exercer as funções de seu cargo, ainda que informalmente, sob pena de caracterizada a inelegibilidade. A rigor, a inelegibilidade decorre mais do exercício da função (situação de fato), do que da titularidade do cargo. Assim, um servidor efetivo que estiver de férias na data limite para a desincompatibilização, poderá licenciar-se apenas a partir da data prevista para o seu retorno. E é preciso ter atenção para o afastamento de fato das funções, porque a experiência tem mostrado ser comum o afastamento apenas de direito. Médicos de postos de saúde, v.gr., que, afastados legalmente, continuam a atender a população, aproveitando-se para desenvolver sua campanha eleitoral.

> "[...] Desincompatibilização. Servidora Pública. [...] 2. Estando demonstrado nos autos, conforme registrado no acórdão regional, que a recorrente se distanciou do trabalho durante todo o mês de julho, fato também reconhecido na sentença, a hipótese é de afastamento de fato da função, a qual tem sido amplamente reconhecida por este Tribunal como suficiente para demonstrar a desincompatibilização. 3. A jurisprudência deste Tribunal já sedimentou que 'incumbe ao impugnante provar que a desincompatibilização não ocorreu no plano fático ou fora do prazo estabelecido pela LC 64/90'.[...]" (TSE, Ac. de 5.2.2013, no AgR-RESPE n. 9051, Rel. Min. Henrique Neves)
>
> [...] 5. A desincompatibilização prevista no art. 1º, III, *b*, item 4, da LC nº 64/1990 "[...] exige do candidato, além do afastamento formal, o afastamento de fato das funções de Secretários da Administração Municipal ou membros de órgãos congêneres" (AgR–REspe nº 59–46/PR, rel. Min. Luiz Fux, julgado em 25.5.2017, *DJe* de 8.8.2017). [...] (REspEl - Agravo Regimental no Recurso Especial Eleitoral nº 060030652 - INDEPENDÊNCIA – RS, Acórdão de 26/08/2021, Relator(a) Min. Mauro Campbell Marques)
>
> [...] 3. Não há falar em ofensa ao art. 1º, II, *l*, da Lei Complementar 64/90, visto que, não obstante haja prova de pedido formal de afastamento no dia 14.8.2020, os elementos

colhidos na instrução processual e analisados pela Corte de origem revelaram que ele permaneceu exercendo suas atividades como motorista do hospital municipal após a data limite para o afastamento.

4. "A jurisprudência do Tribunal Superior Eleitoral é pacífica no sentido de que, para fins de desincompatibilização, é exigido o afastamento de fato do candidato de suas funções" (AgR–REspe 820–74, rel. Min. Henrique Neves da Silva, DJE de 2.5.2013). [...] (REspEl - Agravo Regimental no Recurso Especial Eleitoral nº 060042082 - PALESTINA DO PARÁ – PA, Acórdão de 22/04/2021, Relator(a) Min. Sergio Silveira Banhos)

"Protocolado o afastamento no dia 8/7/2002, segunda-feira, quando o período limite para desincompatibilização encerrara-se no sábado anterior, 6/7/2002, tem-se por atendida a exigência legal, se não se controverte que a candidata não exerceu as funções desde o termo final do prazo." (TSE, REsp. 20.107, de 10/9/2002, Rel. Min. Sepúlveda Pertence)

O regime das incompatibilidades pelo exercício de função não para por aí, ou seja, não atinge apenas o titular do Executivo. Na Lei Complementar n. 64/90, art. 1º, incisos II (incompatibilidades para a disputa da Presidência da República), III (para Governador e Vice-Governador de Estado e do Distrito Federal), IV (para Prefeito e Vice-Prefeito), V (para Senador), VI (para Deputados Estadual, Distrital e Federal) e VII (para Vereador), encontram-se enumeradas diversas funções cujo exercício é incompatível com a candidatura. Desde o Ministro de Estado até o servidor público estatutário ou não, da administração direta, indireta ou fundacional da União, dos Estados, do Distrito Federal ou dos Municípios, todos se sujeitam à necessidade de afastamento das funções do cargo, porque são inelegíveis. O servidor público "comum", que não seja titular de algum dos cargos ou funções especialmente mencionados incisos II a VI, é inelegível para o cargo de Presidente da República se permanecer no exercício das suas funções nos três meses anteriores ao pleito.

Os prazos para a desincompatibilização (licença, exoneração ou renúncia) estão previstos naquela lei complementar e variam de seis a três meses, levando-se em consideração a capacidade de influência que o exercente da função teria no processo eleitoral, caso continuasse em atividade. O legislador complementar descreveu várias hipóteses de incompatibilidade para a disputa da Presidência da República e as aproveitou para os candidatos a Governador e Vice, Prefeito e Vice, Senador e Suplentes, Deputados e Vereadores, apenas alterando os prazos.

"Para concorrer ao cargo de prefeito ou vice-prefeito, o secretário de estado deverá observar o prazo de quatro meses para desincompatibilizar-se, conforme previsto no art. 1º, IV, a, c.c. o II, a, 12, da LC no 64/90." (TSE, Resolução n. 21.736, de 4/5/2004, Consulta no 1.019/DF – Rel. Min. Luiz Carlos Madeira – DJ de 21/6/2004).

No inciso VII, do art. 1º, a mencionada lei complementar faz referência às incompatibilidades para os candidatos à Câmara Municipal, aproveita as hipóteses anteriormente previstas para o Senado, para a Câmara Federal e para o Executivo Municipal, e altera o prazo de desincompatibilização para seis meses. Percebe-se que todas as inelegibilidades desse inciso têm um único prazo de desincompatibilização: seis meses. A jurisprudência, entretanto, não tem assim entendido naquilo que diz respeito ao servidor público ocupante de cargo efetivo na administração, referido no inciso II, alínea "l", cuja desincompatibilização se dá por licença remunerada. Ao contrário, tem-se orientado no sentido de aplicar-lhe o prazo de afastamento que está previsto no próprio inciso II, letra l (e não no inciso VII), que é de 3 meses, por não ser razoável e proporcional à tutela do patrimônio público a licença remunerada por seis meses, que se iniciaria muito antes da escolha do candidato em convenção. O Min. Sepúlveda Pertence, Relator da Res. TSE n. 18.091/1992, depois de ponderar que o prazo de seis meses, "que já não encontra respaldo de racionalidade no plano eleitoral -, levaria ademais a consequências catastróficas, dificilmente conciliáveis com o princípio constitucional da moralidade (CF, art. 37), quando transposta para o prisma de seus reflexos sobre a Administração Pública", concluiu "que o prazo de afastamento remunerado do servidor público candidato, compreendido no art. 1º, II, l, Lei Complementar nº 64/90, será sempre de três meses anteriores ao pleito, seja qual o pleito considerado: federal, estadual ou municipal; majoritário ou proporcional".

> [...] 1. No *decisum* monocrático, na linha do parecer ministerial, manteve-se acórdão unânime do TRE/PB no sentido do deferimento do registro de candidatura da agravada, eleita ao cargo de vereador de Bananeiras/PB nas Eleições 2020, porquanto se atendeu ao prazo de desincompatibilização de três meses para servidores públicos em geral (art. 1º, II, *l*, da LC 64/90). [...] (REspEl - Agravo Regimental no Recurso Especial Eleitoral nº 060030736 - BANANEIRAS – PB, Acórdão de 11/02/2021, Relator(a) Min. Luis Felipe Salomão)
>
> SÚMULA Nº 54/TSE
>
> A desincompatibilização de servidor público que possui cargo em comissão é de três meses antes do pleito e pressupõe a exoneração do cargo comissionado, e não apenas seu afastamento de fato.

Observação que se torna importante é que a inelegibilidade só existe se o candidato exerce as funções tidas como incompatíveis **no território da disputa**. Então, não haverá qualquer incompatibilidade para o servidor público que exerce suas funções, por exemplo, no Município de Belo Horizonte, se sua candidatura for ao cargo de Prefeito ou Vereador no Município de Betim. E a explicação é simples. Se não é ele servidor público no território da disputa, nenhuma influência poderá projetar no eleitorado, daí que não há inelegibilidade e, consequentemente, nenhuma necessidade – e nem direito – de afastamento das funções. Merece cuidado, entretanto, a situação de servidores públicos estaduais, quando candidatos em eleições municipais, devendo-se verificar se suas funções não envolvem o município da disputa.

> [...] 8. Se o servidor exerce suas atividades em outro município, não se opera a regra de incompatibilidade, de modo que a natureza da atividade desenvolvida pelo servidor público é indiferente para a determinação do afastamento. Precedentes. [...] (REspEl - Recurso Especial Eleitoral nº 060009051 - BOM DESPACHO – MG, Acórdão de 11/11/2021, Relator(a) Min. Edson Fachin)
>
> [...] 1. Considerando a abrangência do cargo exercido pela candidata, que compreende todos os municípios do Estado do Ceará, presente circunstância apta a ensejar a quebra

de isonomia na disputa eleitoral, com a possibilidade de utilização da máquina pública em prol da campanha, especialmente considerando a intensa atuação do deputado estadual por ela assessorado no município em que realizado o pleito, caracterizada a causa de inelegibilidade da alínea l do inciso II do art. 1o da Lei Complementar n. 64/90. Precedente. [...] (REspEl - Agravo Regimental no Recurso Especial Eleitoral nº 060023779 - JAGUARUANA – CE, Acórdão de 26/08/2021, Relator(a) Min. Carlos Horbach)

"Consulta. Secretário municipal. Candidato em município diverso. Desnecessidade de desincompatibilização. 1. Secretário municipal, candidato em município diverso da sua atuação pública, não necessita se desincompatibilizar do cargo. [...]" (Res. n. 22.845, de 12.6.2008, rel. Min. Eros Grau)

Seguem adiante alguns entendimentos da jurisprudência eleitoral, relativamente à inelegibilidade por incompatibilidade de função.

Comitê de Bacia Hidrográfica

"Consulta. Deputado federal. Comitê de bacia hidrográfica. Órgão integrante do sistema nacional de gerenciamento de recursos hídricos. Personalidade jurídica própria. Inexistência. Diretor. Candidatura a mandato eletivo. Desincompatibilização. Desnecessidade. 1. Dispõe o art. 21, XIX, da Constituição Federal que compete à União 'instituir sistema nacional de gerenciamento de recursos hídricos e definir critérios de outorga de direitos de seu uso'. 2. O art. 21, XIX, da CF foi regulamentado pelas leis nºs 9.433, de 8.1.97, e 9.984, de 17.7.2000. 3. À luz da legislação aplicável, os comitês de bacias hidrográficas são órgãos integrantes do sistema nacional de gerenciamento de recursos hídricos, mas desprovidos de personalidade jurídica própria. 4. Não recai causa de inelegibilidade sobre quem é detentor de cargo de diretoria em comitê de bacia hidrográfica, por se tratar de órgão meramente consultivo, deliberativo e normativo." *NE*: Membro diretor de comitê de bacia hidrográfica; candidatura a deputado federal. *(Res. n° 22238 na Cta n° 1232, de 8.6.2006, rel. Min. Cezar Peluso)*

Conselho Municipal

ELEIÇÕES 2020. AGRAVO REGIMENTAL. RECURSO ESPECIAL. MEMBRO DE CONSELHO MUNICIPAL DE HABITAÇÃO. NECESSIDADE DE DESINCOMPATIBILIZAÇÃO. REAPRECIAÇÃO DE PROVAS. INADMISSIBILIDADE. INCIDÊNCIA DAS SÚMULAS 24 E 30 DO TSE. DESPROVIMENTO.

1. É necessária a desincompatibilização de agente público integrante de Conselho Municipal de Habitação. Precedentes. [...] (REspEl - Agravo Regimental no Recurso Especial Eleitoral nº 060016315 - IRATI – SC, Acórdão de 18/12/2020, Relator(a) Min. Alexandre de Moraes)

ELEIÇÕES 2020. AGRAVO INTERNO. RECURSO ESPECIAL. CANDIDATO A VEREADOR. REGISTRO DEFERIDO. MEMBRO DE CONSELHO MUNICIPAL DE POLÍTICAS CULTURAIS. PRAZO DE DESINCOMPATIBILIZAÇÃO. ART. 1º, II, *l*, DA LC Nº 64/1990. NÃO INCIDÊNCIA. EQUIPARAÇÃO A SERVIDOR PÚBLICO. IMPOSSIBILIDADE. NATUREZA DAS ATRIBUIÇÕES. ÁREA DE ATUAÇÃO. ESPECIFICIDADES. NORMA RESTRITIVA. SENTIDO. NECESSIDADE DE CONSIDERAÇÃO. PRECEDENTES. AUSÊNCIA DE IMPUGNAÇÃO DOS FUNDAMENTOS DA DECISÃO AGRAVADA. SÚMULA Nº 26/TSE. DESPROVIMENTO.

1. A decisão impugnada sustentou-se no entendimento firmado por este Tribunal no julgamento do AgR-REspe nº 28.641/MG, Rel. Min. Tarcisio Vieira de Carvalho Neto, *DJe* de 15.8.2017, quanto ao prazo de desincompatibilização aplicável a membro de Conselho Municipal do Patrimônio Cultural, hipótese que guarda específica similitude com a ora em análise, relativa a membro de Conselho Municipal de Políticas Culturais.

[...] (REspEl - Agravo Regimental no Recurso Especial Eleitoral nº 060017723 - ESTEIO – RS, Acórdão de 25/02/2021, Relator(a) Min. Edson Fachin)

Magistrados

"*Magistrados.* Filiação partidária. Desincompatibilização. Magistrados e membros dos Tribunais de Contas, por estarem submetidos à vedação constitucional de filiação partidária, estão dispensados de cumprir o prazo de filiação fixado em lei ordinária, devendo satisfazer tal condição de elegibilidade até *seis meses* antes das eleições, prazo de desincompatibilização estabelecido pela Lei Complementar n. 64/90." (TSE, Resolução n. 19.978, Consulta n. 353-DF, Rel. Min. Costa Leite, *DJU* 21/10/1997)[185]

Ministério Público - Membros[186]

"Não há, efetivamente, direito adquirido do membro do Ministério Público a candidatar-se ao exercício de novo mandado político. O que socorre a recorrente é o direito atual – não adquirido no passado, mas atual – a concorrer a nova eleição e ser reeleita, afirmado pelo art. 14, § 5º, da CB. Não há contradição entre os preceitos contidos no § 5º do art. 14 e no art. 128, § 5º, II, e, da CB. A interpretação do direito e da Constituição não se reduz a singelo exercício de leitura dos seus textos, compreendendo processo de contínua adaptação à realidade e a seus conflitos. A ausência de regras de transição para disciplinar situações fáticas não abrangidas por emenda constitucional demanda a análise de cada caso concreto à luz do direito enquanto totalidade. A exceção é o caso que não cabe no âmbito de normalidade abrangido pela norma geral. Ela está no direito, ainda que não se encontre nos textos normativos de direito positivo. Ao Judiciário, sempre que necessário, incumbe decidir regulando também essas situações de exceção. Ao fazê-lo não se afasta do ordenamento." (RE 597.994, Rel. p/ o ac. Min. Eros Grau, julgamento em 4-6-2009, Plenário, DJE de 28-8-2009, **com repercussão geral**.)

RO-999, Min. José Gerardo Grossi, Psess em 19/9/2006

Ementa: recurso ordinário. Eleição 2006. Impugnação. *Membro do Ministério Público no exercício de mandado legislativo e candidato a deputado federal.* EC n. 45/2004. Inelegibilidade de membro de Ministério Público no exercício de mandato de deputado federal.

1. O art. 29, § 3º, do Ato das Disposições Constitucionais Transitórias, ao assegurar aos membros do Ministério Público, no tocante às vedações que a Constituição lhes

---

[185] DECOMAIN, Pedro Roberto. *Eleições* – Comentários à Lei n. 9.504/97, p. 42.

[186] No RE n. 597.994, o Pleno do STF, por maioria, reconheceu o direito à recandidatura, em 2008 (na vigência da EC 45, portanto), da Promotora de Justiça Maria do Carmo Martins Lima ao cargo de Prefeita do Município de Santarém-Pará, ao argumento de que a alteração no regime jurídico da candidatura – retirando da então prefeita uma das condições de elegibilidade: filiação partidária – traz implícita, na perspectiva da proporcionalidade, uma "transição lógica", suficiente para afastar a incidência da EC 45 sobre os Membros do Ministério Público então exercentes de mandato.

impõe, a observância da situação jurídica que detinham quando da promulgação da Carta, assegura-lhes o direito ao exercício de atividade político-partidária, e tal exercício antecedia a promulgação.

2. Membro de Ministério Público, no exercício de mandato de deputado federal, quando da Emenda Constitucional n. 45/2004, é elegível, a teor do art. 29, § 3º, do ADCT.

3. Recurso provido.

Ag. no RO 1.070, Min. Carlos Augusto Ayres de Freitas Britto, DJ de 24/4/07, agravo regimental. Recurso ordinário. Eleições 2006. Candidato a deputado estadual. *Membro do Ministério Público estadual. Opção. Regime jurídico anterior.* Registro deferido. Agravo desprovido.

1. O Supremo Tribunal Federal, por ocasião do julgamento da Ação Direta de Inconstitucionalidade n. 2.836/RJ, assentou que *a norma do parágrafo único do art. 281 da Lei Complementar n. 75/93 não se aplica aos membros do MP Estadual.* Sendo assim, a *opção* de que trata o § 3º do art. 29 do Ato das Disposições Constitucionais Transitórias, no âmbito do Ministério Público dos Estados, *é formalizável a qualquer tempo.*

2. Enquanto os magistrados estão submetidos a regime jurídico federativamente uniforme, os membros do Ministério Público da União e do Ministério Público nos Estados têm estatutos jurídicos diferenciados, aspecto constitucional que autoriza concluir que nem todas as disposições contidas na Lei Complementar n. 75/93 se aplicam aos membros do *Parquet* Estadual.

3. Agravo desprovido.

"I – Compete ao TSE responder às consultas que lhe forem feitas em tese, por autoridade federal ou entidade representativa de âmbito nacional, acerca de tema eleitoral "(...) do próprio Código, de legislação esparsa ou da Constituição Federal" (Precedente: Cta n. 1.153/DF, rel. Min. Marco Aurélio, DJ de 26.8.2005). II – Os membros do Ministério Público da União se submetem à vedação constitucional de filiação partidária, dispensados, porém, de cumprir o prazo de filiação fixado em lei ordinária, a exemplo dos magistrados, devendo satisfazer tal condição de elegibilidade até seis meses antes das eleições, de acordo com o art. 1º, inciso II, alínea j, da LC n. 64/90, sendo certo que o prazo de desincompatibilização dependerá do cargo para o qual o candidato concorrer. III – (...) IV – A aplicação da EC n. 45/2004 é imediata e sem ressalvas, abrangendo tanto aqueles que adentraram nos quadros do Ministério Público antes, como depois da referida emenda à Constituição. (TSE, Res. 22.095, de 4/10/2005, Consulta 1.154, *DJ* de 24/10/2005 – Neste mesmo sentido, Res-TSE n. 22.012, de 12/4/2005 e n. 22.045, de 2/8/2005)[187]

"Ação direta de inconstitucionalidade. Art. 80 e a expressão 'ressalvada a filiação', constante do inciso V, do art. 237, da Lei Complementar 75, de 25 de maio de 1993. Dispositivos que permitem a *filiação de membros do Ministério Público* a partido político. Alegação de incompatibilidade das normas aludidas, quanto à filiação partidária, com o art. 128, § 5º, inciso II, letra *e*, da Constituição. Ação julgada

[187] A partir da vedação de filiação partidária aos Membros do Ministério Público, não há mais a licença para concorrer às eleições e sim exoneração do cargo. Então, os entendimentos jurisprudenciais que se seguem não mais se aplicam e são mantidos nesta edição apenas como fonte de consulta da jurisprudência anterior à EC 45/2004.

procedente, em parte, para, sem redução de texto, dar a) ao art. 237, inciso V, da LC n. 75/93, de 20/5/93, interpretação conforme à Constituição, no sentido de que a filiação partidária de membro do Ministério Público da União somente pode efetivar-se nas hipóteses de afastamento de suas funções institucionais, mediante licença, nos termos da lei, e b) ao art. 80 da LC n. 75/93, interpretação conforme à Constituição, para fixar como única exegese constitucionalmente possível aquela que apenas admite a filiação partidária, se o membro do Ministério Público estiver afastado de suas funções institucionais, devendo cancelar sua filiação partidária, antes de reassumir essas funções, não podendo, ainda, desempenhar funções pertinentes ao Ministério Público Eleitoral senão dois anos após o cancelamento da filiação partidária." (STF, ADIn 1.371-8, Rel. Min. Néri da Silveira, *DJU* 22/10/2003)[188]

"*Membro do Ministério Público.* Filiação partidária. Licença de suas funções institucionais. Necessidade. Equiparação com o tratamento dado aos magistrados e membros do TCU. Impossibilidade. A filiação partidária de membro do Ministério Público da União somente pode efetivar-se nas hipóteses de afastamento de suas funções institucionais, mediante licença, nos termos da lei. Distinção entre a posição da magistratura e do Ministério Público. O magistrado, para dedicar-se à atividade político-partidária, há de desvincular-se, definitivamente, do cargo de juiz." (TSE, Resolução n. 20.886, de 4/10/2001, Consulta n. 725, Rel. Min. Ellen Gracie)[189]

Justiça Eleitoral - Servidor

"A filiação partidária com antecedência mínima de um ano das eleições é condição de elegibilidade sem a qual não poderá frutificar pedido de registro (art. 18, da Lei n. 9.096/95). O *servidor da Justiça Eleitoral* que não pode 'exercer qualquer atividade partidária, sob pena de demissão', para candidatar-se a cargo eletivo, deverá afastar-se do serviço público com tempo hábil para cumprimento da exigência de filiação partidária." (TSE, Rec. Esp. n. 19.928, Rel. Min. Sálvio de Figueiredo, em 3/9/2002)[190]

Secretário Municipal ou Diretor de Departamento

"Inelegibilidade de diretor de departamento e prazo para desincompatibilização. O Plenário do Tribunal Superior Eleitoral, por unanimidade, reafirmou a jurisprudência no sentido de que o cargo de diretor de departamento é equivalente ao de secretário municipal, o que atrai a incidência do art. 1º, inciso III, alínea b, item 4, da Lei Complementar nº 64/1990, cujo prazo de desincompatibilização é de seis meses. Asseverou que os cargos de secretário de administração municipal e aqueles que lhes são congêneres possuem natureza política, pois os dirigentes detêm poder de comando e tomam decisões com a anuência do Poder Executivo. Por essa razão, aplica-se o prazo de desincompatibilização de seis meses, e não o de três meses, válido apenas para os servidores públicos em geral que não exercem função de direção (art. 1º, inciso II, alínea l, da Lei Complementar nº 64/1990). Nesse entendimento, o Tribunal,

---

188 Entendimento superado pela EC 45/2004.

189 Entendimento superado pela EC 45/2004.

190 Respondendo a Consulta formulada pelo Senador Efraim de Araújo Morais (PFL-PB), em setembro/2005 o TSE esclareceu que o servidor da Justiça Eleitoral só pode-se candidatar se pedir demissão de seu cargo em tempo hábil para o cumprimento da exigência legal de filiação partidária, mesmo quando trabalhando em local diverso do da disputa. Não há, para tal servidor, a possibilidade de licença remunerada, porque o Código Eleitoral impõe a ele a vedação ao exercício de qualquer atividade partidária, inclusive a filiação.

por unanimidade, desproveu o agravo regimental. (Agravo Regimental no Recurso Especial Eleitoral nº 140-82/PR, rel. Min. Luciana Lóssio, em 30.10.2012)

Conselho Tutelar

"Registro de candidatura - *Conselheiro Tutelar* - Município - Eleição proporcional - Desincompatibilização - O conselheiro tutelar do município que desejar candidatar-se ao cargo de vereador deve desincompatibilizar-se no prazo estabelecido no art. 1º, II, *l*, c/c IV, *a*, da LC n. 64/90." (TSE, REsp. n. 16.878/PR, Rel. Min. Nelson Jobim, em 27/9/2000)

Hospital/Associação privado - subvenção pública

"[...] Registro. Vereador. Desincompatibilização. Art. 1º, II, a, 9, da Lei complementar 64/90. Dirigente de entidade privada. Desnecessidade. [...] 2. As causas de inelegibilidade devem ser interpretadas restritivamente, sendo vedada a interpretação extensiva para alcançar situações não contempladas pela norma. 3. Dirigente de associação privada não está sujeito à desincompatibilização prevista no art. 1º, II, a, 9, da LC 64/90, ainda que a entidade receba subvenções públicas. Referido dispositivo legal engloba apenas presidentes, diretores e superintendentes de autarquias, empresas públicas, sociedades de economia mista, fundações públicas e fundações mantidas pelo poder público, que fazem parte da administração indireta [...]" *(Ac. de 19.12.2016 no AgR-REspe nº 19983, rel. Min. Henrique Neves Da Silva)*

REspEl n. 060062698 - CAMPOS DOS GOYTACAZES - RJ, Ac. de 10/12/2020, Rel. Min. Luis Felipe Salomão

[...] REGISTRO DE CANDIDATURA. ART. 1º, II, *A*, 9 C/C IV, *A*, DA LC 64/90. DESINCOMPATIBILIZAÇÃO. DIRIGENTES. AUTARQUIAS. EMPRESAS PÚBLICAS. SOCIEDADES DE ECONOMIA MISTA. FUNDAÇÕES PÚBLICAS E AS MANTIDAS PELO PODER PÚBLICO. INTERPRETAÇÃO EXTENSIVA. IMPOSSIBILIDADE. DIRETOR. ENTIDADE FILANTRÓPICA DE DIREITO PRIVADO QUE NÃO INTEGRA A ADMINISTRAÇÃO INDIRETA. PROVIMENTO.

1. Recurso especial interposto contra aresto em que o TRE/RJ, por maioria, reformou sentença e indeferiu o registro do recorrente – eleito ao cargo de vice-prefeito de Campos dos Goytacazes/RJ em 2020 – por ausência de desincompatibilização do cargo de diretor da Associação Fluminense de Assistência à Mulher, à Criança e ao Idoso ("Hospital dos Plantadores de Cana"), entidade filantrópica, nos termos do art. 1º, II, *a*, 9, c/c IV, *a*, da LC 64/90.

2. Inexiste ofensa aos arts. 489 e 1.022 do CPC/2015. Segundo o TRE/RJ, a premissa de que o "Hospital dos Plantadores de Cana" seria mantido majoritariamente com recursos públicos – elemento considerado pela Corte para indeferir o registro – teve como suporte as provas constantes dos autos.

3. Consoante o art. 1º, II, *a*, 9, c/c IV, a, da LC 64/90, são inelegíveis, para os cargos de prefeito e vice-prefeito, "os Presidentes, Diretores e Superintendentes de autarquias, empresas públicas, sociedades de economia mista e fundações públicas e as mantidas pelo poder público" que não se afastarem de suas funções até quatro meses antes do pleito.

4. A controvérsia reside no **alcance da parte final da expressão** "autarquias, empresas públicas, sociedades de economia mista e fundações públicas **e as mantidas pelo poder público**", contida no art. 1º, II, *a*, 9, da LC 64/90, isto é, se o afastamento aplica-se somente a cargos e funções relativos a entes da Administração Pública ou

se compreende toda e qualquer entidade privada cuja principal fonte de subsistência provenha de verbas do erário.

5. As normas limitadoras da capacidade eleitoral passiva, direito fundamental que constitui um dos pilares do regime democrático, devem ser objeto de interpretação restritiva. Precedentes.

6. A Constituição Federal, ao empregar em inúmeras passagens a expressão "mantidas pelo poder público", assim o faz no contexto apenas de entes que integram a Administração Indireta, como nos arts. 71, II e III; 150, § 2º; 165, § 5º e art. 169, § 1º. Assim, "[a] expressão ¿mantidas pelo poder público' também no contexto da lei complementar qualifica fundações que integram a Administração Indireta" (voto do Ministro Eros Grau no REspe 30.539/SC, publicado em sessão em 7/10/2008).

7. A redação do item 9 da alínea *a* do inciso II do art. 1º da LC 64/90 disciplina apenas o caso das entidades da Administração Indireta, como se extrai da referência expressa, no dispositivo, a "autarquias, empresas públicas, sociedades de economia mista e fundações públicas".

8. Todos os 16 casos de afastamento do art. 1º, II, *a*, da LC 64/90 referem-se a órgãos, entes e cargos da Administração Direta e Indireta, sem liame com entidades privadas.

9. Conforme já se decidiu em caso similar, "**[n]ão é necessária a desincompatibilização de dirigente de APAE**, por ser esta uma associação civil, sem fins lucrativos, e não entidade da Administração Indireta" (AgR-REspe 257-87/RS, Rel. Min. Arnaldo Versiani, de 30/10/2012). Na mesma linha, nas Eleições 2020, decisão monocrática transitada em julgado (REspe 0600286-85/SP, Rel. Min. Tarcisio Vieira de Carvalho Neto).

10. Esta Corte, em hipóteses diversas, entende incabível estender a **cargos e funções fora da Administração Pública** a desincompatibilização quando a lei delimita de modo claro o âmbito de sua incidência: (a) dirigente de entidade privada não está sujeito à inelegibilidade da alínea *g*, que versa sobre rejeição de contas públicas (AgR-RO 0601458-82/RS, Rel. Min. Edson Fachin, de 27/11/2018); (b) membro de **comitê de auditoria de sociedade de economia mista** estadual não se equipara a servidor público para fins da alínea *l* do inciso II (RO 0600938-85/ES, Rel. Min. Admar Gonzaga, de 16/10/2018); (c) **juiz arbitral** também não se enquadra na causa de inelegibilidade acima (RO 549-80/MS, Rel. Min. Luciana Lóssio, de 12/9/2014).

11. O parâmetro para aferir a necessidade do afastamento com base no art. 1º, II, *a*, 9, da LC 64/90 é a entidade compor a Administração Indireta, sendo irrelevante a mera circunstância de se tratar de instituição privada mantida pelo poder público. [...]

"Impugnação ao registro de candidatura. Vereador. Alegação de inelegibilidade em razão da ausência de desincompatibilização do recorrido do cargo de *Presidente de Hospital que recebe subvenção pública*. Verifica-se que a norma a reger a questão é a que está insculpida na alínea *i*, do inciso II do art. 1º da LC n. 64/90 e não a da alínea *g*, como indicado pelo impugnante. O convênio mantido pelo hospital com a Secretaria de Estado da Saúde – órgão gestor do SUS – possui *cláusulas uniformes*, sendo assim *desnecessária a desincompatibilização*, conforme ressalva contida na parte final da alínea citada. Recurso a que se nega provimento. Sessão de 5/6/2002." (TRE/MG, Rec. Eleitoral n. 3.904/2000, Teófilo Otoni, Rel. Juíza Maria das Graças Albergaria Costa)

Pessoa jurídica – contrato com a administração

"Recurso contra diplomação fundado no art. 262, I, 1ª parte, do Código Eleitoral. Arguição de inelegibilidade prevista no art. 1º, II, *i*, da Lei Complementar n. 64/90. Fornecimento de bens a órgão do Poder Público. Contrato realizado mediante processo de licitação. Hipótese enquadrada na ressalva contida na parte final do dispositivo legal (contrato de cláusulas uniformes), haja vista que oriundo de condições impostas linearmente pela Administração a todos os concorrentes, em que foi declarado vencedor o que ofereceu menor preço. Não configuração da alegada inelegibilidade. Precedente da Corte Superior (Acórdão 11.400C, de 14/2/1995)." (TRE-SC, Ac. 14.734, Rel. Juiz André Mello Filho, *DJ* 16/5/1997)

"Para concorrer a cargo eletivo, impõe-se que sócio-gerente de *empresa que mantenha contratos de publicidade com órgãos públicos* se afaste de suas funções nos seis meses anteriores ao pleito. Com o afastamento de fato, encontra-se atendida a exigência legal de desincompatibilização, independentemente do registro, na Junta Comercial, da ata que deliberou pela renúncia do cargo." (TSE, REsp. n. 19.988, em 3/9/2002, Rel. Min. Sálvio de Figueiredo)

Contribuição Parafiscal

"Consulta. Consulente: Deputado Estadual. Desincompatibilização. *Superintendente ou Diretor de Serviço Social Autônomo* que obtém receita de contribuição parafiscal. Necessidade. Período de *quatro* meses anterior ao pleito. Art. 1º, inciso II, alínea *g*, da LC n. 64/90. Consulta respondida. Sessão de 19/4/2002." (TRE/MG, Consulta n. 65/02)

Economia Mista

1. O Tribunal *a quo* deferiu o registro do candidato ao cargo de deputado estadual, por entender desnecessária sua desincompatibilização do cargo de membro do comitê de auditoria do Banco do Estado do Espírito Santo (BANESTES), sociedade de economia mista, que possui em sua estrutura organizacional um Comitê de Auditoria, do qual o recorrido – que não é empregado nem diretor do banco – foi coordenador no período de 10.8.2017 a 12.8.2018,, cargo para o qual foi eleito pelo Conselho de Administração da referida instituição.

[...]

5. Nesse contexto, o cargo de membro de comitê de auditoria de sociedade de economia mista estadual não pode ser equiparado à categoria de servidor público a que faz referência o art. 1º, II, *l*, da LC 64/90, razão pela qual não se aplica ao candidato o prazo de desincompatibilização de três meses previsto no referido dispositivo legal.

(RO - Recurso Ordinário nº 060093885 - VITÓRIA – ES, Acórdão de 16/10/2018, Relator(a) Min. Admar Gonzaga)

"[...] Candidato. Deputado distrital. Funcionário. Sociedade de economia mista. Desincompatibilização. Prazo. Inocorrência. Inelegibilidade. [...]" *NE*: Funcionário do Banco do Brasil; prazo de três meses antes da eleição; LC nº64/90, art. 1º, II, *l*. (Ac. de 13.09.2006, no RO n. 1.004, Rel. Min. César Asfor Rocha)

Tribunal de Contas

"Consulta – *Membro de Tribunal de Contas – Filiação* – Desincompatibilização – *Candidatura* a cargo de Prefeito e Vice-Prefeito – Prazo – Os membros dos Tribunais de Contas, embora dispensados de filiação partidária nos termos fixados em lei ordinária, qual seja, de um ano[191], haverão de obter essa condição de elegibilidade a partir de sua desincompatibilização, ou seja, no prazo de quatro meses anteriores do pleito." (Resolução n. 21.530, de 9/10/2003 - TSE, Consulta 956, Classe 5ª, DF, Rel. Min. Francisco Peçanha Martins, *DJ* 19/11/2003)

Militares

"Diversamente do que sucede ao militar com mais de dez anos de serviço, deve afastar-se definitivamente da atividade o servidor militar que, contando menos de dez anos de serviço, pretenda candidatar-se a cargo eletivo." (RE 279.469, Rel. p/ o ac. Min. Cezar Peluso, julgamento em 16-3-2011, Plenário, DJE de 20-6-2011.)

"Recurso especial. Registro de candidato. Militar. Desincompatibilização. Art. 1º, II, l da LC Nº 64/90. Inaplicabilidade. 1. O militar elegível, que não ocupe função de comando, não se submete ao prazo de desincompatibilização previsto no art. 1º, II, l da LC nº 64/90, devendo se afastar após o deferimento do seu registro de candidatura, consoante o disposto nos arts. 14, § 8º, da CF, 98, parágrafo único, do CE e 16, § 4º, da Res.-TSE nº 22.717/2008. Precedentes. (...)" (Ac. de 29.09.2008, no AgR-Respe n. 30182, Rel. Min. Marcelo Ribeiro)

"I - A transferência para a inatividade do militar que conta menos de dez anos de serviço é definitiva, mas só exigível após deferido o registro da candidatura. [...]" *NE*: candidatura a vice-governador. (Ac. n. 20.318, de 19.09.2002, Rel. Min. Sepúlveda Pertence)

"Consulta. Militar da ativa. Concorrência. Cargo eletivo. Filiação partidária. Inexigibilidade. Res.-TSE nº 21.608/2004, art. 14, § 1º. 1. A filiação partidária contida no art. 14, § 3º, V, Constituição Federal não é exigível ao militar da ativa que pretenda concorrer a cargo eletivo, bastando o pedido de registro de candidatura após prévia escolha em convenção partidária (Res.-TSE nº 21.608/2004, art. 14, § 1º)." (Res. n. 21.787, de 01.06.2004, Rel. Min. Humberto Gomes de Barros)

"O *militar* da reserva remunerada encontra-se em situação de inatividade, motivo por que lhe é exigida a filiação partidária, não se aplicando o disposto no art. 12, § 2º, da Resolução TSE 20.993, que se refere a militar da ativa." (TSE, REsp. n. 20.052, Rel. Min. Fernando Neves, em 10/9/2002)

"*Militar* da reserva. Filiação partidária. Exigência. Inaplicabilidade dos arts. 142, § 3º, V, da CF e 12, § 2º, da Resolução TSE 20.993/2002." (TSE, Agravo Reg. REsp. n. 20.113, Rel. Min. Luiz Carlos Madeira, em 17/9/2002)

"*Militar*: elegibilidade (CF, art. 14, § 8º, e Resolução TSE 20.993/2002), independentemente da desincompatibilização reclamada pelo art. 1º, II, *i*, da LC n. 64/90, pois só com o deferimento do registro de candidatura é que se dará, conforme o caso, a transferência para a inatividade ou a agregação (cf. REsp. n. 8.963)." (TSE, REsp. n. 20.169, de 12/9/2002, Rel. Min. Sepúlveda Pertence)

"À luz do art. 14, § 8º, I, da Constituição Federal, que diz: 'o militar alistável é elegível, atendidas as seguintes condições: I. Se contar menos de dez anos de serviço, deverá afastar-se da atividade;' indaga: 'Afastar-se da atividade, o que significa?' Respondida nos seguintes termos: o afastamento do militar, de sua atividade, previsto no art. 14, § 8º, I, da Constituição, deverá se processar mediante demissão ou licenciamento ex

[191] O prazo da filiação partidária, a partir da Lei n. 13.165/2015, passou a ser de 6 meses.

> *officio, na forma da legislação que trata do serviço militar e dos regulamentos específicos de cada Força Armada.*" (Res. n. 20.598, de 13/4/2000, rel. Min. Costa Porto.)
>
> **Defensor Público**
>
> "*Defensor Público*. Desincompatibilização. Prazo. Não havendo previsão específica, incide a regra geral (LC n. 64/90, art. 1º, II, *i*, c/c V, *a*, e VI), de três meses." (TSE, Resolução n. 21.074, de 23/4/2002, Consulta n. 776, Rel. Min. Luiz Carlos Madeira)
>
> **Médico credenciado pelo SUS**
>
> [...] 2. É remansosa a jurisprudência deste Tribunal Superior no sentido de que médico credenciado ao Sistema Único de Saúde – no exercício particular da medicina – não se sujeita aos prazos de desincompatibilização previstos pela Lei Complementar no 64/90, uma vez que tais profissionais não mantêm vínculo empregatício com o Poder Público. Súmula no 30/TSE. [...] (REspEl - Agravo Regimental no Recurso Especial Eleitoral nº 060043412 - VILA VELHA – ES, Acórdão de 11/02/2021, Relator(a) Min. Tarcisio Vieira De Carvalho Neto)

16.9.4. Os incompatíveis por casamento ou parentesco: parentesco com o titular e parentesco com o vice; o território de jurisdição do titular; casamento religioso, concubinato e união estável homossexual; titular de mandato e candidato à reeleição

Os incompatíveis por casamento ou parentesco: *inelegibilidade reflexa* (art. 14, § 7º, da CF/88; art. 1º, § 3º, LC n. 64/90) – Dizem os textos constitucional e complementar que "são inelegíveis, no território de jurisdição do titular, o cônjuge e os parentes consanguíneos ou afins, até o segundo grau ou por adoção, do Presidente da República, de Governador de Estado ou Território, do Distrito Federal, de Prefeito ou de quem os haja substituído dentro dos seis meses anteriores ao pleito, salvo se já titular de mandato eletivo e candidato à reeleição".

Em torno desse dispositivo, algumas notas merecem ser destacadas:

– São inelegíveis o **cônjuge e os parentes até o segundo grau**, o que alcança pai, mãe, avós, filhos, netos e irmãos (parentes consanguíneos), como também sogro, sogra, sogro avô, sogra avó, genro, nora, genro neto, nora neta e cunhados (parentes afins).

– Esse parentesco pode ser determinado também pela **adoção**, até porque não se distinguem os filhos adotados dos filhos biológicos. A **adoção de fato**, tendo em vista que, no plano das relação sociais, em nada se distingue da adoção legalmente formalizada, implicará no mesmo impedimento. É que esta inelegibilidade visa a impedir que um mesmo grupo familiar, ainda que constituído apenas de fato (como a união estável e a união homoafetiva) se reveze no poder ou se valha da influência exercida pelo parente titular do Executivo.

> "Com efeito, o acórdão recorrido se funda em interpretação teleológica do art. 14, § 7º, da CF/1988, que, com substrato no princípio republicano, impede a formação de oligarquias políticas capazes de fragilizar o equilíbrio das eleições, diante do risco de manipulação da máquina pública em prol da perpetuação de um grupo delimitado no poder. (...) Embora a **filiação socioafetiva** não se revista dos mesmos rigores formais da adoção, a leitura do art. 14, § 7º, da CF/1988, à luz do princípio republicano, conduz a que a inelegibilidade também incida in casu. É que o chamado **filho de criação**,

da mesma forma como ocorre com a filiação formal, acaba por ter sua candidatura beneficiada pela projeção da imagem do pai socioafetivo que tenha exercido o mandato, atraindo para si os frutos da gestão anterior com sensível risco para a perpetuação de oligarquias. Parece clara, assim, a perspectiva de desequilíbrio no pleito, atraindo, por identidade de razões, a incidência da referida regra constitucional. (STF, Ac. n. 2891 MC, Rel. Min. ***Luiz Fux,*** dec. monocrática, j. 6-6-2011, *DJE 115 de* 16- 6-2011)

"Recurso contra expedição de diploma. **Adoção de fato**. Inelegibilidade. [...] O vínculo de relações socioafetivas, em razão de sua influência na realidade social, gera direitos e deveres inerentes ao parentesco, inclusive para fins da inelegibilidade prevista no § 7º do art. 14 da Constituição Federal [...]." Ac. de 15.02.2011, no Respe n. 5410103, Rel. Min. Arnaldo Versiani

REspEl - Agravo Regimental em Recurso Especial Eleitoral nº 060042361 - MÃE DO RIO - PA

Acórdão de 27/11/2020, Relator(a) Min. Alexandre de Moraes

[...]

3. É incontroverso o parentesco por afinidade, comprovada a **paternidade afetiva**, muito embora o recorrente também possua vínculos afetivos com o seu pai biológico. Para concluir em sentido diverso, haveria a necessidade de revolvimento do quadro probatório, providência vedada pela Súmula nº 24/TSE.

4. Conforme jurisprudência desta Corte, "o *vínculo de* ***relações socioafetivas****, em razão de sua influência na realidade social, gera direitos e deveres inerentes ao parentesco, inclusive para fins da inelegibilidade prevista no § 7º do art. 14 da Constituição Federal*" (REspe nº 5410103/PI, Rel. Min. Arnaldo Versiani, DJe de 15.02.2011)

Ac.-TSE, de 21.3.2017, no AgR-REspe nº 13866: o vínculo de relações socioafetivas configura a inelegibilidade prevista no art. 14, § 7º, da CF.

O STF enfrentou situação semelhante, em que confrontadas as situações de fato e de direito de pessoas casadas, optando, com fundamento na interpretação teleológica da inelegibilidade reflexa, pela prevalência da situação de fato. A hipótese era de pessoa casada, mas com separação de fato reconhecida na decisão.

"Registro de candidatura ao cargo de prefeito. Eleições de 2004. Art. 14, § 7º, da CF. Candidato separado de fato da filha do então prefeito. Sentença de divórcio proferida no curso do mandato do ex-sogro. Reconhecimento judicial da separação de fato antes do período vedado. Interpretação teleológica da regra de inelegibilidade. A regra estabelecida no art. 14, § 7º da CF, iluminada pelos mais basilares princípios republicanos, visa obstar o monopólio do poder político por grupos hegemônicos ligados por laços familiares. Precedente. Havendo a sentença reconhecido a ocorrência da separação de fato em momento anterior ao início do mandato do ex-sogro do recorrente, não há falar em perenização no poder da mesma família (...)." (RE 446.999, Rel. Min. Ellen Gracie, julgamento em 28-6-2005, Segunda Turma, DJ de 9-9-2005.)

REspEl - Recurso Especial Eleitoral nº 060012772 - LAGO DO JUNCO - MA

Acórdão de 01/07/2021, Relator(a) Min. Edson Fachin, Relator(a) designado(a) Min. Alexandre de Moraes

> [...] SEPARAÇÃO DE FATO OCORRIDA NO CURSO DO PRIMEIRO MANDATO. DESPROVIMENTO.
>
> 1. Caso concreto: candidata foi casada com o então prefeito do Município de Lago do Junco/MA, que exerceu dois mandatos consecutivos: 2013–2016 e 2017–2020. Embora o divórcio consensual tenha ocorrido em 24.1.2020, estava separada de fato desde 2016, de modo que não mantinha sociedade conjugal com o titular do mandato de prefeito no quadriênio 2017–2020, ou seja, no curso do mandado que antecedeu aquele para o qual pretendeu se eleger.
>
> 2. O TRE/MA deferiu seu registro ao cargo de Prefeito do Município de Lago de Junco/MA, afastando a inelegibilidade reflexa estabelecida no art. 14, § 7º, da Constituição Federal e na Súmula Vinculante nº 18.
>
> 3. A norma constitucional – e do mesmo modo o enunciado vinculante – devem ser interpretados de forma lógica e coerente com os demais preceitos constitucionais, com vistas à identificação dos nobres fins que a restrição busca prestigiar, quais sejam, "... obstar o monopólio do poder político por grupos hegemônicos ligados por laços familiares", nos termos do entendimento firmado pelo Supremo Tribunal Federal.
>
> 4. A **separação de fato ocorrida antes do curso do mandato** que antecedeu aquele para o qual a candidata pretendeu se eleger, devidamente comprovada e sobre a qual não há qualquer pecha de fraude, é marco bastante ao afastamento da hipótese de inelegibilidade reflexa de que trata o artigo 14, § 7º, da Constituição Federal e a Súmula Vinculante nº 18, exatamente porque suficiente a afastar, estreme de dúvidas, resquícios do desvio que a norma constitucional pretendeu extirpar.
>
> Ac.-TSE, de 12.9.2017, no AgR-REspe nº 17720 e, de 28.3.2017, no REspe nº 12162: a morte do cônjuge, no curso do mandato eletivo, rompe o vínculo familiar para fins deste parágrafo e do § 5º deste artigo, sendo inaplicável a Súv.-STF nº 18/2009 à situação, visto que fica evidenciada a dissolução do vínculo conjugal no prazo anterior aos seis meses da nova eleição.

– A relação de parentesco, que gera a inelegibilidade, **é em face do titular** do Poder Executivo (Presidente, Governador e Prefeito), como também em relação àqueles que os houverem substituído dentro dos seis meses anteriores ao pleito. Mais uma vez, o impedimento leva em conta o exercício das funções de chefia do Poder Executivo e não simplesmente o cargo. Por isso, não há, em princípio, inelegibilidade para o cônjuge e parentes do Vice, como também das demais autoridades da linha de substituição (Chefes dos Poderes Legislativo e Judiciário), a menos que estes assumam a cadeira do titular nos seis meses antes da eleição, ou seja, que estes exerçam a função de chefia do Executivo. Então, se dentro daquele período, o Presidente da Câmara dos Deputados assume a Presidência da República; se o Presidente da Assembleia assume o governo do Estado, e se o Presidente da Câmara Municipal assume o Município, ainda que durante simples ausência do titular, tal substituição atrai a inelegibilidade do seu cônjuge e de todos aqueles seus parentes, consanguíneos ou afins.

> Ac.-TSE, de 1º.8.2017, no REspe nº 15409: o exercício do mandato de prefeito, pelo presidente da Câmara, em razão da vacância dos cargos do titular e de seu vice e, sucessivamente, o período que ocupou aquele cargo em decorrência de eleição suplementar – mandato tampão – configuram um único mandato, facultando-lhe a candidatura para o mesmo cargo para mais um mandato subsequente.

Observa-se, portanto, que o cônjuge e os tais parentes têm, na classificação doutrinária, inelegibilidade reflexa, ou seja, decorrente do exercício de funções públicas por terceira pessoa, simplesmente do fato de serem ligados por laços de consanguinidade (pai, avô, filho, neto, irmão), ou de lei (adoção) ou de afinidade (sogro, genro, cunhado) com o Presidente, o Governador ou o Prefeito, bem como com aqueles que os houverem substituído ou sucedido nos últimos seis meses anteriores ao pleito.

– A inelegibilidade ocorre apenas no **território de jurisdição do titular**, daí podendo-se afirmar que não haverá qualquer impedimento à candidatura ao governo de São Paulo de alguém que seja filho do Governador de Minas Gerais, por exemplo. De outro lado, em eleições municipais, são inelegíveis aos cargos de Prefeito e Vereador todos os mencionados parentes do Governador do Estado, além de seu cônjuge, porque o Estado é seu "território de jurisdição". A posição inversa não impõe a inelegibilidade: o cônjuge e os parentes até o 2º grau do Prefeito não são inelegíveis aos cargos de Deputado, Senador e Governador, ainda que pelo mesmo Estado em que localizado o Município chefiado pelo parente, porque o território do Estado não coincide com o do Município, ao contrário, supera-o significativamente. Neste caso, o campo de influência do titular (apenas o Município), perante o território da disputa (o Estado), leva o legislador a não impor a inelegibilidade, restando a possibilidade de apurarem-se condutas caracterizadoras de abuso do poder político[192] durante a campanha, a impor sanção de multa e até mesmo de cassação do registro ou do diploma.

> SÚMULA Nº 12/TSE
>
> São inelegíveis, no município desmembrado, e ainda não instalado, o cônjuge e os parentes consanguíneos ou afins, até o segundo grau ou por adoção, do prefeito do município-mãe, ou de quem o tenha substituído, dentro dos seis meses anteriores ao pleito, salvo se já titular de mandato eletivo.
>
> Ac.-TSE, de 13.6.2019, no REspe nº 19257 e, de 8.3.2017, no AgR-REspe nº 22071: cônjuge e parentes de prefeito reeleito são elegíveis em outra circunscrição eleitoral, ainda que em município vizinho, desde que este não resulte de desmembramento, incorporação ou fusão.
>
> "[...] Registro de candidatura. Eleições 2008. Art. 14, § 7º, CR. Presidente. Filho. Candidato a prefeito. Inelegibilidade. Não-provimento. O art. 14, § 7º, CR, abarca hipótese de candidatura ao cargo de Vereador, quando o candidato é parente (cônjuge e parentes consanguíneos ou afins, até o segundo grau ou por adoção) do Presidente da República. [...]" (Ac. de 18.09.2008, no Respe n. 29.730, Rel. Min. Félix Fischer)

O **companheiro e a companheira** têm situação jurídica idêntica à do cônjuge. O TSE entendeu, inicialmente, que o companheiro/a do titular do Executivo, assim como os seus parentes até o 2º grau, também eram inelegíveis no território de jurisdição daquele, em face do fato de que a CF deu à união estável *status* de entidade familiar. E chegou a editar a Súmula 7, com o seguinte teor:

> "É inelegível para o cargo de Prefeito a irmã da concubina do atual titular do mandato."

---

[192] Ver classificação dessa obra, de abuso de poder simples e abuso de poder qualificado.

Essa orientação foi alterada – e a Súmula 7 cancelada – principalmente depois do entendimento do STF nos Recursos n. 106.043-3, (Rel. Min. Djaci Falcão) e 157.868-8 (Rel. Min. Marco Aurélio). Nas eleições de 1996, o TSE decidiu reiteradas vezes que a inelegibilidade prevista no art. 14, § 7º, da CF, não alcançava o parente da concubina do Prefeito.

> "Inelegibilidade. Concubinato. A inelegibilidade prevista para o afim não alcança o irmão da concubina. Ressalva do ponto de vista do relator." (TSE, REsp Eleitoral n. 12.972-BA, Rel. Min. Eduardo Ribeiro, *DJU* 8/11/1996)
>
> "Registro de candidato. Casamento simplesmente religioso entre o candidato e a irmã do atual Prefeito. Elegibilidade. O casamento simplesmente religioso não implica parentesco por afinidade capaz de ensejar inelegibilidade." (TSE, REsp Eleitoral 14.419-MG, Rel. Min. Ilmar Galvão, *DJU* 19/12/1996)

Mais adiante, entretanto, o TSE voltou à orientação inicial, aquela que inspirou a Súmula 7, assim decidindo:

> REspEl - AgR no REspEl n. 060020435 - JOÃO DOURADO – BA, Ac. de 18/03/2021, Rel. Min. Luis Felipe Salomão
>
> [...] ART. 14, § 7º, DA CF/88. **ÓBITO. COMPANHEIRO. UNIÃO ESTÁVEL**. SEIS MESES ANTERIORES AO PLEITO. INCIDÊNCIA. SÚMULA VINCULANTE 18/STF. AUSÊNCIA. CIRCUNSTÂNCIAS EXCEPCIONAIS. RE 758.461/PB. INDEFERIMENTO DO REGISTRO. NEGATIVA DE PROVIMENTO.
>
> 1. No *decisum* monocrático, proveu-se recurso especial para indeferir o registro de candidatura da primeira agravante, eleita ao cargo de vice-prefeito de João Dourado/BA nas Eleições 2020, reconhecendo-se inelegibilidade por parentesco (art. 14, § 7º, da CF/88).
>
> [...]
>
> 4. Extrai-se da moldura fática do aresto e das contrarrazões ao recurso que a recorrida (a) era presidente da Câmara Municipal, porquanto eleita vereadora para o quadriênio 2016-2020; (b) assumiu em 28/9/2020 – faltando menos de dois meses para o pleito – a chefia do Executivo diante de dupla vacância, pois o vice-prefeito faleceu em 2017 e o prefeito já em 2020; (c) mantinha união estável com o então titular do Executivo.
>
> REspEl - AgR no R EspEl n. 060009677 - POÇO DANTAS – PB, Ac. de 11/02/2021, Rel. Min. Alexandre de Moraes
>
> [...] (ART. 14, § 7º, da CF/1988). **UNIÃO ESTÁVEL**. INCIDÊNCIA. DESPROVIMENTO.
>
> 1. No caso dos autos, a Corte Regional concluiu pela configuração da união estável entre a candidata e o então Prefeito da municipalidade, circunstância que atrai a inelegibilidade reflexa.
>
> [...].

Essa mesma orientação se estende às **relações homoafetivas** estáveis, impondo-se a inelegibilidade ao parceiro do Chefe do Executivo, pois reconhecida, no âmbito do direito civil constitucional, a existência da entidade familiar.

> "[...] Candidata ao cargo de prefeito. Relação estável homossexual com a prefeita reeleita do município. Inelegibilidade. Art. 14, § 7º, da Constituição Federal. Os sujeitos de uma relação estável homossexual, à semelhança do que ocorre com os de

relação estável, de concubinato e de casamento, submetem-se à regra de inelegibilidade prevista no art. 14, § 7º, da Constituição Federal. [...]" (Ac. de 1º.10.2004 no REspe nº 24.564, rel. Min. Gilmar Mendes.)

– Essa inelegibilidade do cônjuge e do parente pode ser afastada se o titular do Executivo se **desincompatibilizar seis meses antes das eleições**, desde que tivesse ele direito à reeleição. A partir do momento em que o ordenamento constitucional passou a admitir a reeleição dos titulares do Executivo, para um único mandato subsequente, a regra da inelegibilidade do cônjuge e dos parentes, mantida rígida e inflexível como antes, mostrou-se um contrassenso. Ora, se o próprio titular pode disputar mais uma vez o mesmo cargo (reelegibilidade: art. 14, § 5º, da CF) e se pode também disputar outros cargos, bastando que renuncie ao mandato seis meses antes do pleito (art. 14, § 6º, da CF e art. 1º, § 1º, da LC n. 64/90), não fazia qualquer sentido impedir que o cônjuge e os parentes do titular pudessem igualmente se candidatar ao cargo do titular, se e quando este estiver no seu primeiro mandato.

Então, o TSE mudou sua primeira posição, admitindo agora que o parente e o cônjuge se candidatem, na jurisdição do titular e ao mesmo cargo, desde que este tenha direito à reeleição e se desincompatibilize nos seis meses antes do pleito. É esse o teor da Resolução TSE n. 21.354, de 27/2/2003, na mesma linha do Ac. 19.442/01 (Rel. Min. Ellen Gracie, no qual falou-se em renúncia e naquela em desincompatibilização). Da leitura sistêmica dos §§ 5º e 7º, do art. 14, da CF, se extrai a conclusão de que permitida a permanência, na chefia do Poder Executivo, de uma mesma pessoa (reeleição) ou de um mesmo grupo familiar (cônjuge e parentes até o 2º grau) por até dois mandatos consecutivos.

> "A esposa do prefeito poderá se candidatar a cargo no Executivo Municipal se ele puder ser reeleito e tiver se afastado do cargo seis meses antes da eleição." (TSE, Resolução n. 21.297, de 12/11/2002, Rel. Min. Fernando Neves, precedente Ac. 19.442, de 21/8/2001, Rel. Min. Ellen Gracie)
>
> "O parente do governador é elegível para o mesmo cargo do titular, apenas quando este puder ser reeleito para o período subsequente e tiver renunciado até seis meses antes das eleições." (TSE, Resolução n. 20.931, Rel. Min. Garcia Vieira, de 20/11/2001)
>
> "Prefeito falecido antes dos seis meses que antecederam o pleito. Candidaturas de cunhada e de irmãos aos cargos de prefeito e de vice-prefeito. Elegibilidade. Interpretação dos §§ 5º e 7º do art. 14 da Constituição Federal. Subsistindo a possibilidade da reeleição do prefeito, para o período subsequente, seus parentes podem concorrer a qualquer cargo eletivo na mesma base territorial, desde que ocorra o falecimento ou afastamento definitivo do titular até seis meses antes das eleições. Hipótese em que **o próprio titular poderia concorrer ao mesmo cargo**, no pleito seguinte, não fosse seu falecimento no segundo ano do mandato, sendo legítimas as candidaturas da cunhada e do irmão aos cargos de prefeito e de vice-prefeito." (TSE, Acórdão 3.043, Rel. Min. Garcia Vieira, de 27/11/2001. No mesmo sentido, Consulta n. 788, de 16/5/2002, Rel. Min. Ellen Gracie)
>
> "Elegibilidade. Eleição 2004. Mesma circunscrição. Nora, viúva, de prefeita reeleita. Período subsequente. Se o chefe do Poder Executivo Municipal já se encontra no exercício do **segundo mandato**, é inelegível para o mesmo cargo e para o cargo de vice-prefeito no pleito subsequente, estendendo-se esta vedação também a seus

parentes (CF, art. 14, §§ 5º e 7º). Elegibilidade a cargo diverso (vereador), desde que haja desincompatibilização do titular do Executivo Municipal até seis meses anteriores ao pleito." (TSE, Res. 21.738, de 4/5/2004, Consulta 1.035/DF, Rel. Min. Luiz Carlos Madeira, *DJ* de 21.6.2004).

O Supremo Tribunal Federal, em 7 de abril de 2003, pelo seu Plenário, concluiu o julgamento do Recurso Extraordinário RE n. 344.882, no qual se discutia o alcance da Emenda Constitucional n. 16/97, que instituiu a reeleição para chefes do Poder Executivo. E aquela Corte decidiu que o cônjuge e os parentes do titular podem concorrer nas eleições, desde que este tenha o **direito à reeleição e não concorra na disputa.** A decisão foi por maioria de votos, vencido o Ministro Moreira Alves. A tese vencedora foi a defendida pelo relator, Ministro Sepúlveda Pertence. O caso concreto em discussão era sobre as eleições para o cargo de Prefeito do Município de Uauá, na Bahia. O Prefeito havia falecido antes dos seis meses que antecederam a eleição, e a sua cunhada e atual Prefeita candidatou-se. O Ministro concluiu que a candidatura foi constitucional, tendo em vista a nova redação do § 5º do art. 14 da Constituição, após a EC n. 16/97, a qual autorizou a reeleição. O raciocínio seguido é que, se ao titular do cargo é permitido um mandato a mais, não se poderia vetar a possibilidade de os parentes concorrerem. De acordo com o Min. Sepúlveda Pertence, a interpretação buscou a harmonia do § 7º do art. 14 com a nova redação do § 5º. O julgamento, iniciado em 25/9/2002, foi interrompido após o pedido de vista do Ministro Moreira Alves, que acabou apresentando voto divergente e vencido.

Então, não mais se aplica a Súmula 6, do TSE, na sua redação original, segundo a qual "são inelegíveis, para o cargo de Prefeito, o cônjuge e os parentes indicados no § 7º do art. 14 da Constituição, do titular do mandato, ainda que este haja renunciado ao cargo há mais de seis meses do pleito". Esclarecendo aquela posição, o TSE afirmou que o cônjuge e parentes a que se refere o art. 14, § 7º, da Constituição, podiam concorrer, no território da jurisdição do titular, a cargos eletivos, salvo para o mesmo cargo ocupado pelo titular, e mesmo assim desde que esse renunciasse até seis meses antes do pleito.[193] Tudo isso porque a *mens legis* da reeleição não se havia feito compreender como agora, sistematicamente. De acordo com tais julgamentos, seria impossível a candidatura de Rosinha Garotinho ao governo do Rio de Janeiro, exatamente porque esposa de Anthony Garotinho, Governador que renunciou ao cargo seis meses antes. Mas a orientação mudou, como se viu, ficando agora em conformidade com o sistema de inelegibilidades e reelegibilidades em vigor. Com a nova orientação, o TSE reeditou a **Súmula 6**, atualmente com a seguinte redação:

> SÚMULA Nº 6/TSE
>
> São inelegíveis para o cargo de Chefe do Executivo o cônjuge e os parentes, indicados no § 7º do art. 14 da Constituição Federal, do titular do mandato, salvo se este, reelegível, tenha falecido, renunciado ou se afastado definitivamente do cargo até seis meses antes do pleito.

---

[193] Resolução n. 20.114, de 10/3/1998, Consulta 366, Classe 5ª, Distrito Federal, Rel. Min. Néri da Silveira. No mesmo sentido, era o Ac. 192, de 3/9/1998, Rec. Ordinário 192, Tocantins, Rel. Min. Edson Vidigal.

Com a emenda constitucional da reeleição, rompida a tradição republicada que fixava, desde a CF de 1891, um único mandato à frente do Executivo, a interpretação literal do § 7º - a impedir de forma absoluta a candidatura do cônjuge e dos parentes ali mencionados – não se sustenta se considerada a necessária harmonia dos dispositivos constitucionais. Ao contrário, o absolutismo da regra fixada no § 7º, mesmo após a admissão da reeleição (§ 5º), produziria uma "disparidade ilógica de tratamento" e geraria "perplexidades invencíveis" (STF, RE 344.882, Rel. Min. Sepúlveda Pertence, julgamento em 7-4-2003, Plenário, DJ de 6-8-2004).

Em resumo, pode-se dizer que o titular do Executivo atrai a inelegibilidade do seu cônjuge e dos seus parentes até o 2º grau, para qualquer cargo no território da sua jurisdição, se não se desincompatibilizar até seis meses antes do pleito. No entanto, o seu afastamento, mediante renúncia, devolve a elegibilidade ao cônjuge e aos parentes, desde que o faça naquele prazo e, ainda, tivesse direito à reeleição. Não estando em situação de reeleição, por já estar no segundo mandato (seu ou do grupo familiar), seu afastamento seis meses antes da eleição devolve a elegibilidade ao cônjuge e aos parentes apenas para a disputa por outros cargos, que não o seu.

Não devolve a elegibilidade do cônjuge aquele prefeito, governador ou presidente que se **separa ou divorcia** durante o mandato, ainda que tenha direito à reeleição. Do contrário, certamente a separação ou divórcio seriam utilizados como expedientes apenas para possibilitar a candidatura, operando-se no plano formal tão somente. O separado ou divorciado, portanto, para ser elegível no território de jurisdição do seu ex-cônjuge, deverá estar com o vínculo rompido, principalmente de fato, desde antes do início do mandato em curso. Interessante registrar que a LC n. 135/2010 acrescentou à LC n. 64/90 uma nova hipótese de inelegibilidade, alcançando a conduta daquele que simula o desfazimento da relação para afastar o impedimento aqui tratado. Se é inelegível o cônjuge na constância do casamento ou da união estável (art. 14, § 7º, da CF), agora também se torna inelegível aquele que é apanhado na tentativa de, fraudulentamente, desfazer o vínculo para livrar-se desta inelegibilidade (art. 1º, I, "n", da LC n. 64/90).

> "A dissolução da sociedade ou do vínculo conjugal, **no curso do mandato**, não afasta a inelegibilidade prevista no § 7º do artigo 14 da Constituição Federal." (STF, **Súmula Vinculante n. 18**)
>
> "Ementa: (...) I - A dissolução da sociedade conjugal, **no curso do mandato**, não afasta a inelegibilidade prevista no art. 14, § 7º, da CF. II - Se a **separação judicial** ocorrer em meio à gestão do titular do cargo que gera a vedação, o vínculo de parentesco, para os fins de inelegibilidade, persiste até o término do mandato, inviabilizando a candidatura do ex-cônjuge ao pleito subsequente, na mesma circunscrição, a não ser que aquele se desincompatibilize seis meses antes das eleições. III - Recurso extraordinário desprovido." (STF, RE 568596, Relator Ministro Ricardo Lewandowski, Tribunal Pleno, julgamento em 1º.10.2008, *DJe* de 21.11.2008)
>
> "Ementa: (...) 1. A regra estabelecida no art. 14, §7º da CF, iluminada pelos mais basilares princípios republicanos, visa obstar o monopólio do poder político por grupos hegemônicos ligados por laços familiares. Precedente. 2. Havendo a sentença reconhecido a ocorrência da **separação de fato** em momento anterior ao início do

mandato do ex-sogro do recorrente, não há falar em perenização no poder da mesma família (Consulta nº 964/DF - Res./TSE nº 21.775, de minha relatoria). 3. Recurso extraordinário provido para restabelecer o registro de candidatura." (RE 446999, Relatora Ministra Ellen Gracie, Segunda Turma, julgamento em 28.6.2005, *DJ* de 9.9.2005)

"Consulta. Candidatura de ex-cônjuge. Separação de fato ocorrida há mais de dez anos reconhecida na sentença da separação judicial. Possibilidade. Quando a separação judicial ocorre durante o exercício do segundo mandato do titular do cargo eletivo, o ex-cônjuge não poderá eleger-se, no mesmo município, na eleição imediatamente subsequente, sob pena de se infringir o dispositivo constitucional do art. 14, § 7º, que busca impedir a **permanência indefinida de uma mesma família** no poder. Porém, quando a **separação de fato ocorreu há mais de dez anos**, havendo sido reconhecida na sentença da separação judicial, o ex-cônjuge pode candidatar-se na eleição subsequente, pois a ruptura do vínculo conjugal se deu antes mesmo do primeiro mandato, sem haver, portanto, violação ao preceito constitucional." (TSE, Res. 21.775, de 27/5/2004, Consulta 964/DF, Rel. Min. Ellen Gracie, *DJ* de 21/6/2004)

Posteriormente à edição da Súmula Vinculante n. 18, o Tribunal voltou ao tema.

"Constato, ao contrário, que a decisão recorrida encontra-se em estrita conformidade com o enunciado da Súmula Vinculante 18 e com a reiterada jurisprudência desta Casa que ensejou a sua edição. Com efeito, a requerente, no pleito de 2012, teve seu registro de candidatura para o exercício da Chefia do Executivo de São João do Paraíso/MG indeferido, uma vez que era casada com o então Prefeito daquela municipalidade, que exerceu o cargo nos períodos consecutivos de 2005-2008 e 2009-2010. Colho dos autos que a separação judicial da requerente foi decretada em 7/1/2010, ou seja, já no curso do segundo mandato do ex-cônjuge. O divórcio do casal, por sua vez, somente veio a ser decretado em 4/4/2011, ou seja, após a cassação, em 2010, desse mesmo segundo mandato exercido por seu ex-cônjuge. Ao contrário do que foi expressamente afirmado pela agravante em sua peça recursal, a separação de fato alegadamente ocorrida no último ano do primeiro mandato de seu ex-marido (6/10/2008) não tem o condão de dissolver a sociedade conjugal, efeito que só veio a ocorrer com a efetiva decretação da separação judicial por sentença proferida em 7/1/2010. A pretensão, portanto, esbarra no enunciado da Súmula Vinculante 18, que possui o seguinte teor: (...) Como se observa, a inelegibilidade preconizada no enunciado da referida Súmula é objetiva, isto é, se a dissolução da sociedade ou do vínculo conjugal ocorrer apenas no transcorrer do segundo mandato do então Prefeito, o cônjuge, tal como o ex-mandatário com quem mantinha o vínculo matrimonial, mantém-se inelegível para disputar o cargo de Chefe do Executivo municipal para o pleito subsequente. **Pouco importa, portanto, se houve ou não anterior separação de fato** deflagrada no primeiro mandato exercido por seu ex-marido." (AC 3311, AgR, Relator Ministro Ricardo Lewandowski, Segunda Turma, julgamento em 19.3.2013, DJe de 8.4.2013)

"Como frisado pelo voto do relator do acórdão recorrido, após o precedente citado pelo requerente, de 1997, a orientação jurisprudencial do TSE já havia se inclinado a interpretar teleologicamente a regra do art. 14, § 7º, da Constituição Federal em casos substancialmente equiparáveis ao presente, incluindo sob o âmbito de sua incidência, por exemplo, as **uniões estáveis homoafetivas**, apesar de a referida disposição aludir expressamente apenas à figura do cônjuge, que também pressuporia, em tese, a satisfação dos requisitos formais do casamento civil (RESPE nº 24.564, Rel. Min. Gilmar Mendes, de 01.01.2004)." (AC 2891, Relator Ministro Luiz Fux, Decisão Monocrática, julgamento em 6.6.2011, DJe de 16.6.2011)

"(...) as hipóteses de inelegibilidade previstas no art. 14, §7º, da Constituição Federal, inclusive quanto ao prazo de seis meses, são aplicáveis às **eleições suplementares**." (STF, RE 843455, Relator Ministro Teoria Zavaski, Tribunal Pleno, julgamento em 7.10.2015, DJe de 1.2.2016, com **repercussão geral** - tema 781)

"O recurso extraordinário a que se refere o presente agravo foi interposto contra acórdão que, confirmado em sede de embargos de declaração pelo E. Tribunal Superior Eleitoral, está assim ementado (fls. 454): '(...) 1. O cônjuge e os parentes de prefeito em segundo mandato são elegíveis em **outra circunscrição** eleitoral, ainda que em município vizinho, desde que este não resulte de **desmembramento, incorporação ou fusão** realizada na legislatura imediatamente anterior ao pleito. (...)'. A parte recorrente sustenta que o acórdão ora impugnado teria transgredido preceitos inscritos no art. 14, §§ 5º e 7º, da Constituição da República (fls. 475/476): (...). O acórdão emanado do E. Tribunal Superior Eleitoral, objeto do recurso extraordinário a que se refere o presente agravo, examinou, de maneira adequada, a controvérsia em referência, entendendo inexistir qualquer obstáculo à candidatura de Cláudia Silva Santos Oliveira, ora agravada (reeleita, em outubro de 2016, para novo mandato como Prefeita Municipal), pelo fato de o Município de Porto Seguro/BA haver sido desmembrado de Eunápolis/BA há mais de vinte anos, 'o que evidencia sua autonomia administrativa'." (RE 768043, Relator Ministro Celso de Mello, Decisão Monocrática, julgamento em 2.12.2016, DJe de 1.12.2016)

Não é razoável, como o fez o STF no AC 3311, desconsiderar a separação de fato para efeito de afastamento da inelegibilidade, se e quando reconhecida na decisão que decreta a separação judicial ou o divórcio. É que a inelegibilidade reflexa justifica-se pela necessidade de preservação do regime republicano (que pressupõe eleições periódicas e alternância de mandatários, evitando-se a perenização de grupos familiares no poder) e do equilíbrio das disputas (violado pela influência que o chefe do Poder Executivo – cônjuge ou parente – projeta sobre o eleitorado), valores constitucionais que não são ameaçados quando o candidato já não tem com a autoridade o vínculo de fato. A verdade é que o vínculo de fato é a principal circunstância de definição da incidência da inelegibilidade, admitido sem dissenso quando se trata de união estável, inclusive homoafetiva, e paternidade socioafetiva. Em tais situações, a exigência do vínculo formal do casamento civil ou da adoção cede diante da incontroversa relação de fato, esta sim capaz de ferir a mens legis do art. 14, § 7º, da CF. Ademais, como já se assentou, o que constitui as causas de inelegibilidade são os fatos, as circunstâncias ou as condutas que marcam a vida pregressa do candidato. V.gr., a decisão – judicial ou administrativa exigida em algumas hipóteses de inelegibilidade – apenas afirma, com o grau de certeza que a lei entende razoável e suficiente, a ocorrência desse fato. A condenação criminal torna o condenado inelegível apenas porque afirma a prática da conduta reprovável. A prática do crime, esta, sim, a causa de inelegibilidade. O companheiro ou concubino é inelegível, por força deste mesmo § 7º, em razão da situação de fato mantida com o titular do Executivo, até porque, no mais das vezes, não há formalização da união estável.

Se a situação de fato é suficiente para a imposição da inelegibilidade (como na união estável e na adoção informal), não há razão para não tê-la como igualmente suficiente para afastar o impedimento, quando afirmada na decisão que impõe a separação ou o divórcio. A matéria, entretanto, ainda enfrenta divergência nos tribunais.

Diversa é a solução, quando a dissolução do vínculo se dá pela **morte de um dos cônjuges**, porque neste caso não há falar nas razões que inspiraram a edição da Súmula Vinculante n. 18, ou seja, a preocupação com a dissolução fraudulenta da sociedade conjugal. Dissolvido o vínculo pela morte, afasta-se a inelegibilidade do cônjuge sobrevivente, como também dos seus parentes.

> "Ementa: Constitucional e eleitoral. Morte de prefeito no curso do mandato, mais de um ano antes do término. Inelegibilidade do cônjuge supérstite. CF, art. 14, § 7º. Inocorrência.1. O que orientou a edição da Súmula Vinculante 18 e os recentes precedentes do STF foi a preocupação de inibir que a dissolução fraudulenta ou simulada de sociedade conjugal seja utilizada como mecanismo de burla à norma da inelegibilidade reflexa prevista no § 7º do art. 14 da Constituição. Portanto, não atrai a aplicação do entendimento constante da referida súmula a extinção do vínculo conjugal pela morte de um dos cônjuges. " (RE 758461, Relator Ministro Teori Zavascki, Tribunal Pleno, julgamento em 22.5.2014, *DJe* de 30.10.2014)
>
> ***"A Súmula Vinculante 18 do STF ("A dissolução da sociedade ou do vínculo conjugal, no curso do mandato, não afasta a inelegibilidade prevista no § 7º do art. 14 da Constituição Federal") não se aplica aos casos de* extinção do vínculo conjugal pela morte *de um dos cônjuges."*** *(Tese definida no RE n. 758.461, Rel. Min.* ***Teori Zavascki,*** *P, j. 22-5-2014, DJE 213 de 30-10-2014, Tema de* **Repercussão Geral n. 678***)*
>
> "Ementa: (...) 2. Há plausibilidade na alegação de que a morte de Prefeito, no curso do mandato (que passou a ser exercido pelo Vice-Prefeito), não acarreta a inelegibilidade do cônjuge, prevista no art. 14, § 7º, da Constituição Federal. Trata-se de situação diferente da que ocorre nos casos de dissolução da sociedade conjugal no curso do mandato, de que trata a Súmula Vinculante 18. 3. Agravo regimental improvido." (AC 3298 MC-AgR, Relator Ministro Teori Zavascki, Segunda Turma, julgamento em 24.4.2013, DJe de 29.11.2013)

Tudo quanto se falou a título de inelegibilidade do cônjuge e dos parentes não se aplica, conforme a exceção prevista na parte final do art. 14, § 7º, se o candidato já for **titular de mandato e estiver concorrendo à reeleição**. Essa hipótese alcança, por exemplo, o irmão do Governador, que já é Deputado Estadual e quer concorrer novamente a Deputado Estadual. Embora parente do titular do Executivo e concorrendo na jurisdição dele, a inelegibilidade não se impõe, por força da exceção legalmente prevista. Mas se quiser disputar a eleição para Deputado Federal (ou para qualquer outro cargo), será inelegível, porque neste caso não está buscando a reeleição, compreendida esta como a disputa pelo mesmo cargo em que se encontra o candidato quando da eleição e na mesma base territorial, ou seja, na mesma circunscrição eleitoral.

> REspEl - AgR no AgR no REspEl n. 060044191 - NAZARÉ – BA, Ac. de 10/08/2021
> Rel. Min. Sergio Silveira Banhos, Rel. designado Min. Alexandre de Moraes

[...] INELEGIBILIDADE REFLEXA. VEREADOR. SUPLENTE. PARENTESCO COM PREFEITO. INCIDÊNCIA DA RESSALVA CONSTANTE DO ART. 14, § 7º, DA CF. EXCEPCIONALIDADE. PROVIMENTO.

[...]

2. Com o compromisso e posse no cargo parlamentar, – ainda que temporariamente –, os suplentes passarão a ostentar todas as garantias e prerrogativas parlamentares, em virtude de estarem substituindo o titular do cargo, inclusive estarão sujeitos a *norma excepcional e permissiva do §7º,* do artigo 14 da Constituição Federal, que afasta o impedimento do exercente de mandato parlamentar de pleitear a *reeleição ao mesmo cargo*, dentro da circunscrição de atuação do chefe do Poder Executivo, ressalvada situação fática a apontar mecanismo fraudulento, com desvio de finalidade na assunção do suplente.

3. A Corte Regional afastou a inelegibilidade reflexa porque entendeu que a candidata – cunhada da Prefeita de Nazaré/BA, inicialmente suplente, mas **no pleno exercício do mandato de vereadora quase desde o início da legislatura e no momento de registro de sua candidatura**, inclusive – enquadrava-se na norma excepcional e permissiva prevista na parte final do § 7º do art. 14 da CF.

4. Tem-se no caso específico dos autos um claro *distinguishing* em relação às hipóteses analisadas pelo TRIBUNAL SUPERIOR ELEITORAL em relação à inaplicabilidade da ressalva contida na referida norma constitucional aos suplentes, pois a candidata, embora eleita nessa condição, quando do pedido de registro de candidatura já ocupava o cargo de vereadora do município de Nazaré/BA há 3 anos e 2 meses.

[...]

RESPE - AgR em REspEl n. 21594 - IBIÚNA – SP, Ac. de 20/04/2017, Rel. Min. Luiz Fux

[...] INELEGIBILIDADE REFLEXA. CANDIDATO SUPLENTE DE VEREADOR E IRMÃO DE PREFEITO CANDIDATO À REELEIÇÃO. SUPLENTE NÃO TITULAR DE MANDATO ELETIVO. INAPLICABILIDADE DA EXCEÇÃO PREVISTA NO DISPOSITIVO CONSTITUCIONAL. [...]

[...]

2. A inelegibilidade inserta no art. 14, § 7º, da Constituição da República não se patenteia se o cônjuge ou parente já for **titular** de mandato eletivo e candidato à reeleição.

3. *In casu*, o fato de o Agravante ser (ao tempo da demanda) suplente **de vereador** e irmão do então prefeito candidato à reeleição do Município de Ibiúna/SP **não subsume a hipótese à exceção preconizada na parte final do** art. 14, § 7º, da Lei Fundamental.

[...]

"[...] Pedido de registro de candidatura. Impugnação. [...]. Inelegibilidade reflexa. Ressalva. Art. 14, § 7º, da Constituição Federal. Suplente. Titular de mandato eletivo. Distinção. [...]. 2. No que se refere ao agravo regimental interposto pela Coligação A Volta do Progresso, registro que os **suplentes**, enquanto ostentarem esta condição, não são titulares de mandato eletivo e, por essa razão, não se lhes aplica a exceção prevista no § 7º do art. 14 da Constituição Federal [...]. 3. In casu, o suplente ora agravado assumiu o cargo apenas temporariamente, razão pela qual a ressalva final do § 7º do art. 14 da Carta Magna não lhe é aplicável, estando ele, pois, inelegível para o pleito de 2008. [...]." (Ac. de 18.12.2008 no AgR-REspe nº 35.154, rel. Min. Felix Fischer; no mesmo sentido o Ac. de 23.8.2001 no REspe nº 19.422, rel. Min. Fernando Neves, red. designado Min. Sepúlveda Pertence.)

"Inelegibilidade. Constituição, art. 14, § 7º. (...) 3. Exclusão da inelegibilidade: pressupostos, em face da parte final do § 7º do art. 14 da Constituição. 4. Em se tratando de eleição para deputado federal ou senador, cada estado e o Distrito Federal constituem 'uma circunscrição eleitoral'. 5. O **conceito de reeleição** de deputado federal ou de senador implica renovação do mandato para o mesmo cargo, por mais um período subsequente, no mesmo 'estado' ou no 'Distrito Federal', por onde se elegeu. 6. Se o parlamentar federal transferir o domicílio eleitoral para outra unidade da Federação e, aí, concorrer, não cabe falar em reeleição, que pressupõe pronunciamento do corpo de eleitores da mesma circunscrição, na qual, no pleito imediatamente anterior, se elegeu. 7. Se o parlamentar federal, detentor de mandato por uma unidade federativa, transferir o domicílio eleitoral para estado diverso ou para o Distrito Federal, onde cônjuge ou parente, consanguíneo ou afim, até o segundo grau, ou por adoção, seja governador, torna-se inelegível, 'no território da respectiva jurisdição', por não se encontrar, nessas circunstâncias, em situação jurídica de reeleição, embora titular de mandato. 8. Consulta a que se responde 'negativamente', considerado o disposto no § 7º do art. 14 da Constituição Federal." (Res. n. 19.970, de 18/9/97, rel. Min. Costa Porto.)

Questão muito interessante é saber se a dita exceção, contida na parte final do § 7º do art. 14 da CF – que garante a elegibilidade do cônjuge e dos parentes do chefe do executivo –, alcança apenas aqueles cujos cargos eram reelegíveis ao tempo da redação original da Constituição (leia-se: vereadores, deputados e senadores) ou, também, os agora reelegíveis prefeitos, governadores e presidente da República. Não há dúvida de que a *mens legis* contida na exceção dirigiu-se aos titulares dos cargos de vereador, deputado e senador, quando em disputa pela reeleição, até porque à época (antes da EC 16/97, que instituiu a reeleição para o Executivo) só aqueles eram reelegíveis. Equivale dizer que a ressalva visou garantir a reelegibilidade dos vereadores, deputados e senadores, mesmo quando cônjuges ou parentes do titular do Executivo, não sendo possível alterar o elenco dos envolvidos na exceção pela tão só modificação do § 5º.

"[...] Reeleição. Parentesco em primeiro grau. Sucessão no cargo. Inelegibilidade. Constituição Federal, art. 14, §§ 5º e 7º e sua ressalva final. [...] 3. A ressalva constante do § 7º do art. 14 da CF "salvo se já titular de mandato eletivo e candidato à reeleição", considerada a data em que foi posta na Constituição, 5 de outubro de 1988, **só pode se referir à reeleição de senadores, deputados federais e estaduais e vereadores**, dado que naquela data não havia reeleição para cargos do Poder Executivo, instituída que foi esta em 4 de junho de 1997, pela EC no 16. [...]" (Ac. de 6.6.2006 no REspe n. 25.336, rel. Min. Caputo Bastos, red. designado Min. Gerardo Grossi.)

16.9.5. Inelegíveis por Desvio de Conduta: LC n. 64, art. 1º, I

A própria Constituição Federal, nos §§ 4º, 6º e 7º do art. 14, consagra a inelegibilidade dos inalistáveis, dos analfabetos, dos titulares do Executivo para concorrer a outros cargos e do cônjuge e parentes desse mesmo titular para concorrer a qualquer cargo no seu território de jurisdição.

Não se contentando com essas poucas hipóteses e preocupado com a probidade administrativa, a moralidade para o exercício do mandato, a vida pregressa do candidato e a normalidade e legitimidade das eleições contra a influência do poder econômico ou o abuso do exercício de função, cargo ou emprego na administração direta ou indireta, o legislador constitucional recomendou à lei complementar estabelecer outros casos de inelegibilidade (§ 9º do mencionado art. 14). A partir daí, o art. 1º, I, da Lei Complementar n. 64/90, a chamada "lei das inelegibilidades", tipificou condutas que levam à inelegibilidade do agente, pelo prazo agora fixado em oito anos para todas as hipóteses, conforme nova redação dada pela LC n. 135/2010 (Lei da Ficha Limpa).

Em todos os casos das alíneas *b* a *q*, do citado inciso I do art. 1º da Lei Complementar n. 64/90, revela-se a nítida finalidade de proteger os mencionados bens jurídicos, anunciados no § 9º do art. 14 da CF/88.

Alínea B: perdimento de mandato no Legislativo

> Art. 1º, I, b: "*os membros do Congresso Nacional, das Assembleias Legislativas, da Câmara Legislativa e das Câmaras Municipais que hajam perdido os respectivos mandatos por infringência do disposto nos incisos I e II do art. 55 da Constituição Federal, dos dispositivos equivalentes sobre perda de mandato das Constituições Estaduais e Leis Orgânicas dos Municípios e do Distrito Federal, para as eleições que se realizarem durante o período remanescente do mandato para o qual foram eleitos e nos oito anos subsequentes ao término da legislatura*" (alínea com redação dada pelo art. 1º da LC nº 81/94).[194]

Os Membros do Congresso Nacional (Deputados Federais e Senadores), das Assembleias Legislativas (Deputados Estaduais), da Câmara Legislativa (Deputados Distritais) e das Câmaras Municipais (Vereadores) que perderem seus mandatos por infringência do disposto nos incisos I e II do art. 55 da CF, e dos dispositivos equivalentes das Constituições Estaduais e Leis Orgânicas Municipais sobre perda de mandato, são inelegíveis para as eleições que se realizarem no período remanescente do mandato perdido e nos oito anos subsequentes ao término da legislatura.

O parlamentar que firmar ou mantiver contrato com o poder público, aceitar ou exercer cargo na Administração Pública, for proprietário, controlador ou diretor de empresa que goze de favor decorrente de contrato com a Administração Pública, patrocinar causa em que seja interessada a pessoa jurídica de direito público, for titular de mais de um cargo ou mandato público eletivo e faltar com o decoro parlamentar, fica sujeito ao procedimento de cassação de mandato, a cargo da própria Instituição (Senado, Câmara dos Deputados, Assembleia Legislativa, Câmara Legislativa e Câmara Municipal),

---

[194] Ac.-TSE nº 20.349/2002: aplicabilidade do novo prazo também àqueles cujos mandatos foram cassados anteriormente à vigência da LC nº 81/94.

cujo julgamento é político e não se confunde com a cassação de registro, diploma ou mandato decretada pela Justiça Eleitoral. Se vier a perdê-lo, incorre na inelegibilidade aqui tratada. O Decreto Legislativo n. 16, de 24/3/1994, estabelece que, uma vez iniciado o processo de cassação na Câmara dos Deputados ou no Senado Federal, a renúncia[195] apresentada pelo parlamentar investigado não impede a sua conclusão e decisão. Ao contrário, impõe-se ao pedido de renúncia uma condição suspensiva, por força da qual só produzirá ela (a renúncia) os seus efeitos se o renunciante for absolvido no processo de cassação. Se, ao revés, houver a perda do mandato, o pedido de renúncia será arquivado, prevalecendo a cassação, com a consequente inelegibilidade por oito anos.

Esse prazo de 8 anos foi fixado pela Lei Complementar n. 81/94, que alterou a Lei Complementar n. 64/90, em cujo texto original era de apenas 3 anos.

A verdade é que a inelegibilidade vai alcançar período superior aos oito anos, uma vez que o impedimento começa com a decisão de cassação – no curso do mandato, portanto – e se projeta por oito anos após o fim da legislatura em que se deu a perda de mandato. Se um senador é cassado logo no primeiro ano do seu mandato, acaba ficando inelegível por 15 anos, já que a inelegibilidade aqui tratada envolve o período remanescente do mandato perdido (sete anos) e mais oito anos a partir do término da legislatura.

> "(...) 2. Inelegibilidade prevista no art. 1º, I, letra b, da Lei Complementar n. 64/90. 3. O candidato é ex-deputado federal, cujo mandato foi cassado pela Câmara dos Deputados, nos termos do art. 55, II, da Constituição Federal, por falta de decoro parlamentar. (...) Na hipótese da letra b, o só ajuizamento de medida judicial contra a resolução do Poder Legislativo de perda do mandato não basta a suspender a inelegibilidade no dispositivo prevista, (...)" (Ac. n. 202, de 2/9/98, rel. Min. Néri da Silveira; no mesmo sentido os acórdãos n._18.030, de 28/9/2000, rel. Min. Fernando Neves e 16.496, de 21/9/2000, rel. Min. Garcia Vieira.)

Alínea C: perdimento de mandato no Executivo

> Art. 1º, I, c: "*o Governador e o Vice-Governador de Estado e do Distrito Federal e o Prefeito e o Vice-Prefeito que perderem seus cargos eletivos por infringência a dispositivo da Constituição Estadual, da Lei Orgânica do Distrito Federal ou da Lei Orgânica do Município, para as eleições que se realizarem durante o período remanescente e nos 8 (oito) anos subsequentes ao término do mandato para o qual tenham sido eleitos*" (alínea *c* com redação dada pelo art. 2º da LC nº 135/2010).

Os Governadores, os Prefeitos e seus vices, que perderem seus cargos eletivos por infringência a dispositivos da Constituição Estadual ou da Lei Orgânica, também são inelegíveis para as eleições que se realizarem no período remanescente do mandato perdido e nos 8 anos subsequentes ao seu término. O processo de cassação é de competência da Assembleia Legislativa (no caso de Governador de Estado), ou da Câmara Legislativa (no caso de Governador do Distrito Federal), ou da Câmara Municipal (no caso de Prefeito). De qualquer forma, o julgamento é político, não jurisdicional, não se confundindo com a cassação de registro, diploma ou mandato resultante de julgamento

[195] Com a LC n. 135/2010, a renúncia, após oferecida representação capaz de autorizar a abertura de processo de cassação, é nova hipótese de inelegibilidade (alínea "k").

da Justiça Eleitoral. Aqui, como na alínea B, o período de impedimento pode chegar a 11 anos, bastando que a cassação tenha ocorrido no primeiro ano do mandato, pois o impedimento se impõe a partir da cassação - que ocorrerá em meio ao mandato - e vai até o 8º ano seguinte ao seu final.

O prefeito, quando cassado pela respectiva Câmara Municipal por crime de responsabilidade previsto no DL n. 201/67, também se torna inelegível com fundamento nesta alínea (Ac.-TSE, de 3.10.2018, no RO nº 060051954).

Art. 52, da CF: perdimento de mandato do Presidente da República

> ***Art. 52.*** *Compete privativamente ao Senado Federal:*
>
> ***I*** *- processar e julgar o Presidente e o Vice-Presidente da República nos crimes de responsabilidade, bem como os Ministros de Estado e os Comandantes da Marinha, do Exército e da Aeronáutica nos crimes da mesma natureza conexos com aqueles;*
>
> ***II*** *- processar e julgar os Ministros do Supremo Tribunal Federal, os membros do Conselho Nacional de Justiça e do Conselho Nacional do Ministério Público, o Procurador-Geral da República e o Advogado-Geral da União nos crimes de responsabilidade;*
>
> *[...]*
>
> ***Parágrafo único.*** *Nos casos previstos nos incisos I e II, funcionará como Presidente o do Supremo Tribunal Federal, limitando-se a condenação, que somente será proferida por dois terços dos votos do Senado Federal, à perda do cargo, com* ***inabilitação, por oito anos, para o exercício de função pública****, sem prejuízo das demais sanções judiciais cabíveis.*

Percebe-se que o Presidente da República e seu vice não têm inelegibilidade prevista na Lei Complementar n. 64/90, quando envolvidos em situação análoga à dos demais representantes do Executivo, ou seja, de perdimento do cargo. Entretanto, o art. 52, parágrafo único, da CF/88, diz que o Presidente da República, uma vez perdendo o cargo por decisão do Senado Federal, em processo presidido pelo Presidente do STF, ficará inabilitado para o exercício de função pública por oito anos. Percebe-se que a hipótese não é de inelegibilidade. O que se impõe ao presidente e ao vice, cassados por impeachment, é a inabilitação ao exercício de qualquer cargo público, não apenas os eletivos. Mas a inabilitação produz para o brasileiro, no plano eleitoral, o mesmo efeito da inelegibilidade, pois durante aquele período de tempo não poderá concorrer - pois não poderá assumir - a qualquer cargo público, por eleição, por concurso público ou por recrutamento amplo. Foi o que se deu com o ex-presidente Fernando Collor de Melo.

> "(...) Registro de candidatura. Inabilitação. Direitos políticos. Restrição. Art. 14, § 3º, II, CF. 1. Uma das consequências da inabilitação é que se impõe a restrição ao pleno exercício dos direitos políticos. 2. Entre os requisitos necessários à elegibilidade, encontra-se o pleno exercício dos direitos políticos; assim, restringidos estes, não há como se dar guarida a pedido de registro. (...)" NE: Candidato, ex-presidente da República, condenado pelo Senado por crime de responsabilidade à inabilitação para o exercício de funções públicas, por oito anos. O fato desse prazo vencer antes da posse não favorece o candidato, uma vez que as condições de elegibilidade devem ser comprovadas até a data fixada pela lei, como limite para a protocolização do pedido de registro. Até o último dia é possível comprovar esses requisitos. (Ac. n. 16.684, de 26/9/2000, rel. Min. Waldemar Zveiter.)

> "Impeachment. Inabilitação para o exercício de função pública. Pedido de registro de candidatura. Impugnação. Litispendência. A pendência de recurso, dirigido ao Tribunal Superior Eleitoral, relativo a decisão proferida em processo, onde se pretende a declaração de elegibilidade, não impede que esse Tribunal, no exercício de sua competência originária, examine, desde logo, impugnação a pedido de registro de candidato. A inabilitação para exercer função pública, imposta com base no art. 52, parágrafo único, da Constituição, incapacita também para o desempenho de mandato eletivo. O impedimento para o exercício do cargo envolve a impossibilidade de a ele candidatar-se. Inadmissível possa concorrer a Presidência da República aquele que não pode exercer as funções próprias do cargo. Sendo a inabilitação prevista diretamente na Constituição, não se faz mister a edição de lei, cominando essa sanção." (Res. n. 20.297, de 12/8/98, rel. Min. Eduardo Ribeiro.)

Alínea D: abuso do poder econômico ou político

> *Art. 1º, I, "d": "os que tenham contra sua pessoa representação julgada procedente pela Justiça Eleitoral, em decisão transitada em julgado ou proferida por órgão colegiado, em processo de apuração de abuso do poder econômico ou político, para a eleição na qual concorrem ou tenham sido diplomados, bem como para as que se realizarem nos 8 (oito) anos seguintes"* (redação dada pelo art. 2º, da LC n. 135/2010)

Um dos maiores desafios do Direito Eleitoral é acercar-se de instrumentos de combate ao abuso de poder nas eleições. E a Justiça Eleitoral só pode dar por cumprida a sua missão de administrar o processo eleitoral se for eficaz na frenação desse abuso. Durante a campanha eleitoral, as velhas práticas ignoram o princípio da isonomia de oportunidades e, não raro, colocam o poder econômico e o poder político à frente do debate de ideias. Os partidos e os candidatos que não têm planos de governo ou de atuação parlamentar consistentes oferecem e dão aos eleitores cestas básicas, calçados, remédios, materiais de construção, etc., pequenos agrados que, entretanto, são capazes de alienar suas consciências e vincularem-lhes os votos, iludidos com a "bondade" do doador que lhes socorreu as necessidades mais prementes. Não faltam também os "coronéis da política", administradores públicos que se aproveitam da máquina estatal para canalizarem a ação governamental no sentido de suas candidaturas, criando na mente dos eleitores a imagem do político eficiente e realizador. São obras e inaugurações de última hora, empregos públicos prometidos e distribuídos e uma campanha publicitária toda voltada para a continuidade dos que se encontram no poder.

Quando há notícia de prática de abuso de poder econômico ou político durante a campanha eleitoral, alguns instrumentos processuais podem ser utilizados para a apuração da conduta e aplicação das sanções previstas na lei: Investigação Judicial Eleitoral (art. 22, da LC n. 64/90) e Ação de Impugnação de Mandato Eletivo (art. 14, § 10, da CF/88). Seja qual for a via processual adotada, a provocação para que a Justiça Eleitoral tome conhecimento do abuso e aplique as sanções pertinentes, ou seja, o pedido formulado pelo legitimado ativo e dirigido à Justiça Eleitoral recebe, genericamente, o nome de representação. Representação, por conseguinte, é entendida como todo e qualquer pedido dirigido à Justiça Eleitoral para apuração e punição do abuso de poder nas eleições.

É com esse sentido amplo que a mencionada alínea *d* fixa a inelegibilidade dos que tenham contra sua pessoa representação julgada procedente pela Justiça Eleitoral, em decisão transitada em julgado ou proferida por órgão colegiado, em processo de apuração de abuso do poder econômico ou político, para a eleição na qual concorrem ou tenham sido diplomados, bem como para as que se realizarem nos oito anos seguintes.

Se determinado candidato é representado à Justiça Eleitoral pela prática de abuso de poder, contra ele será instaurado o respectivo processo de apuração da conduta, que pode ser a Investigação Judicial Eleitoral do art. 22 da Lei Complementar n. 64/90, ou mesmo a Ação de Impugnação de Mandato Eletivo do art. 14, § 10, da CF[196], tudo dependendo do momento em que se tem conhecimento da irregularidade. Se ao final a sentença reconhece a procedência da notícia de abuso, a representação é acolhida e ao agente do ilícito se impõe a inelegibilidade aqui tratada (que será fixada no dispositivo da decisão, quando se tratar de AIJE, em atenção ao disposto no art. 22, XIV, da LC n. 64/90, ou resultará do efeito automático e imediato da decisão, se proferida na AIME), que o impede de receber validamente os votos naquela eleição em que se verificou o abuso, como também nas eleições que se realizarem nos oito anos seguintes.

> REspEl – AgR-REspEl n. 060010374 - PIMENTEIRAS – PI, Ac. de 06/05/2021, Rel. Min. Tarcisio Vieira De Carvalho Neto
>
> ELEIÇÕES 2020. [...] REGISTRO DE CANDIDATURA. VEREADOR. ART. 1º, I, D E J, DA LC Nº 64/90. [...] CONDENAÇÃO. AIME. ABUSO DE PODER. FRAUDE À COTA DE GÊNERO. PARTICIPAÇÃO. ANUÊNCIA. INELEGIBILIDADE CARACTERIZADA. SÚMULA Nº 30/TSE. DESPROVIMENTO.[...]
>
> 5. Como explanado na decisão atacada, a partir dos fragmentos da **decisão judicial prolatada na AIME**, citados no acórdão regional, verifica-se que o agravante, ao participar, em 11.8.2016, na condição de presidente do Partido Social Brasileiro, juntamente com os demais representantes das agremiações integrantes da coligação cassada, da reunião em que foram indicadas, para supostas vagas remanescentes, candidaturas femininas, somente para, de forma ilícita, viabilizar as candidaturas masculinas previamente escolhidas, praticou ou, no mínimo, anuiu à fraude à cota de gênero, o que, segundo a jurisprudência deste Tribunal, **desperta a inelegibilidade prevista no** art. 1º, I, d, **da LC nº 64/90**. Precedentes. [...]
>
> RESPE n. 24213 - CAMAMU – BA, Ac. de 04/06/2019, Rel. Min. Admar Gonzaga, Rel. designado Min. Tarcisio Vieira De Carvalho Neto. ELEIÇÕES 2016. [...] 2. A causa de inelegibilidade prevista na alínea d do inciso I do art. 1º da Lei Complementar nº 64/90 incide sobre os condenados por abuso do poder econômico tanto em ação de investigação judicial eleitoral quanto em ação de impugnação de mandato eletivo. Precedentes.

[196] No TSE, entretanto, prevalecia o entendimento de que a inelegibilidade por abuso de poder só se impunha ao agente quando reconhecida em AIJE. Veiculado o abuso em AIME, a procedência desta levava à desconstituição do mandato eletivo, mas não à inelegibilidade. Depois de bem fundamentados votos vencidos na Corte, para os quais o reconhecimento da prática do abuso sempre deve resultar na inelegibilidade, não importando a ação em que arguido, o Ac.-TSE, de 3.3.2016, no RO nº 29659, adotou o entendimento e assentou que: são enquadráveis nesta alínea os condenados por abuso tanto em ação de investigação judicial eleitoral quanto em ação de impugnação de mandato eletivo.

> [...] 8. A distinção entre inelegibilidade como sanção (por constar do título judicial proferido em AIJE) e **inelegibilidade como efeitos secundários (por não constar do título judicial proferido em AIME)** acarreta uma incongruência sistêmica na interpretação da natureza jurídica da inelegibilidade, por criar duas naturezas jurídicas quando existem dois instrumentos processuais (i.e., AIME e AIJE) aptos a veicular a mesma causa petendi (i.e., abuso do poder econômico) e cuja condenação atrai as mesmas consequências jurídicas (i.e., inelegibilidade pelo mesmo fundamento - art. 1º, I, d). [...] (Recurso Especial Eleitoral nº 28341, Acórdão, Relator(a) Min. Luciana Christina Guimarães Lóssio, Publicação: PSESS - Publicado em Sessão, Data 19/12/2016)
>
> "**Ação de impugnação de mandato**. De sua procedência poderá resultar, além da perda do mandato, a inelegibilidade, por três anos [são 8 anos, a partir da LC 135]. (...)." (Ac. n. 379, de 05.06.2000, Rel. Min. Eduardo Andrade)
>
> "**Ação de impugnação de mandato eletivo**. Abuso de poder. [...] Recurso ordinário provido para: (1) cassar os mandatos do governador e do vice-governador (art. 14, § 10, da CF); (2) declarar a **inelegibilidade** do governador para as eleições que se realizarem nos três anos [*a LC 135 elevou esse prazo para 8 anos*] seguintes ao pleito (LC nº 64/90, art. 1º, I, *d* e *h*)." (Ac. n. 510, de 06.11.2001, Rel. Min. Nelson Jobim)
>
> "Recurso especial eleitoral. **Ação de impugnação de mandato eletivo** proposta pelo Ministério Público. Abuso de poder político e econômico. Cassação de mandato, **inelegibilidade** e multa mantidas. [...]. (...)" (Ac. de 05.10.2006 no Respe n. 25.986, rel. Min. José Delgado)

Necessário salientar que esta inelegibilidade é repercussão eleitoral do comportamento ilícito do agente, daí que **só se aplica àquele que praticou a conduta abusiva**. Integrando o polo passivo da AIJE ou da AIME apenas por ter sido beneficiado pelo abuso, inclusive por força do litisconsórcio passivo necessário da chapa majoritária – não por tê-lo praticado – o candidato até será afetado pela cassação do registro ou do diploma ou pela desconstituição do mandato (o que se dá em nome da preservação da normalidade e legitimidade do pleito), mas não será alcançado pela inelegibilidade, que é personalíssima. Pela mesma razão, ao agente do abuso se impõe o decreto de inelegibilidade na AIJE, **independentemente de ter disputado a eleição** ou de ter participado do pleito como mero apoiador.

> REspEl - AgR no REspEl n. 060035957 - SOMBRIO – SC, Ac. de 15/04/2021, Rel. Min. Sergio Silveira Banhos
>
> [...]
>
> 4. De acordo com a moldura constante do acórdão regional, o agravado foi condenado nos autos da AIME 3–19.2017.6.24.0054 em virtude de ter sido beneficiado pela conduta fraudulenta praticada na formação da coligação.
>
> 5. Na linha do entendimento jurisprudencial desta Corte Superior, a condenação do beneficiário à perda do mandato não implica a automática incidência da mencionada causa de inelegibilidade, dependendo da constatação, no caso concreto, de que ele praticou, participou ou consentiu com a prática ilícita.
>
> [...]

Ac.-TSE, de 22.5.2018, no REspe n. 14589: as inelegibilidades previstas nas alíneas D e H incidem sobre aqueles que não tenham concorrido ou tenham sido diplomados na eleição em que ocorra o abuso.

Ac.-TSE, de 19.12.2016, no REspe n. 28341: as causas de inelegibilidade dispostas nas alíneas D e H não se aplicam somente a quem praticou o abuso de poder na eleição à qual concorreu, mas também a quem cometeu o ilícito na eleição na qual não se lançou candidato, no afã de favorecer a candidatura de terceiro.

ELEIÇÕES 2016. (...). CONDENAÇÃO POR ABUSO DE PODER COMETIDO NA CONDIÇÃO DE DETENTOR DE CARGO ELETIVO. DECLARAÇÃO DE INELEGIBILIDADE POR TRÊS ANOS. ELEIÇÃO DE 2008. APLICABILIDADE DOS PRAZOS PREVISTOS NA LC Nº 135/2010. ART. 22, XIV, QUE REPRODUZ NO RITO PROCEDIMENTAL DA AIJE A HIPÓTESE VERSADA NO ART. 1º, INCISO I, ALÍNEA D, DA LC Nº 64/90. INCIDÊNCIA DO ENTENDIMENTO DO STF NAS ADCs Nº 29 E 30. EFEITOS VINCULANTES E ERGA OMNES. EXAURIMENTO DO PRAZO DA INELEGIBILIDADE APÓS A ELEIÇÃO. RESSALVA CONTIDA NO ART. 11, § 10, DA LEI DAS ELEIÇÕES. INAPLICABILIDADE. DESPROVIMENTO DO RECURSO ESPECIAL ELEITORAL.

1. A elegibilidade é a adequação do indivíduo ao regime jurídico - constitucional e legal complementar - do processo eleitoral, razão pela qual a aplicação do aumento de prazo das causas restritivas ao ius honorum (de 3 para 8 anos), constantes do art. 1º, inciso I, alíneas d e h, da LC nº 64/90, na redação da LC nº 135/2010, com a consideração de fatos anteriores, não pode ser capitulada na retroatividade vedada pelo art. 5º, XXXVI, da CRFB/88, e, em consequência, não fulmina a coisa julgada (que opera sob o pálio da cláusula rebus sic stantibus) anteriormente ao pleito em oposição ao diploma legal retromencionado; subjaz, por isso, a mera adequação ao sistema normativo pretérito (expectativa de direito).

2. A condenação por abuso do poder econômico ou político em ação de investigação judicial eleitoral transitada em julgado, ex vi do art. 22, XIV, da LC nº 64/90, em sua redação primeva, é apta a atrair a incidência da inelegibilidade prevista no art. 1º, inciso I, alíneas d e h, da LC nº 64/90, ainda que já tenha ocorrido o transcurso do prazo de 3 (três) anos imposto no título condenatório.

3. As causas de inelegibilidade dispostas nas alíneas d e h não se aplicam somente a quem praticou o abuso de poder na eleição para a qual concorreu (visando a beneficiar a própria candidatura), mas também a **quem cometeu o ilícito na eleição na qual não se lançou candidato**, no afã de favorecer a candidatura de terceiro.

(...).

5. O art. 22, XIV, da LC nº 64/90 reproduz no rito procedimental da Ação de Investigação Judicial Eleitoral (AIJE) a inelegibilidade da alínea d, especificamente indicando os comandos impostos ao juiz nas hipóteses de condenação por abuso do poder econômico, abuso do poder de autoridade e pelo uso indevido dos meios de comunicação (i.e., cassação do diploma e declaração de inelegibilidade).

6. O nomem iuris atribuído ao instituto legal é irrelevante para subsidiar o intérprete na definição de sua natureza jurídica, máxime porque, independentemente do rótulo legal, é examinada a partir dos efeitos jurídicos que efetivamente dele advêm.

7. A decisão condenatória, nos termos do art. 22, XIV, que declara ou constitui a inelegibilidade, se assemelha, quanto aos efeitos jurídico-eleitorais, às demais hipóteses das alíneas do art. 1º, I, na medida em que produzirá seus efeitos na esfera jurídica do condenado, se, e somente se, este vier a formalizar registro de candidatura em eleições vindouras, ou em recurso contra a expedição do diploma, em se tratando de inelegibilidades infraconstitucionais supervenientes.

Inexiste fundamento, portanto, do ponto de vista lógico-jurídico, para pugnar pela distinção de regime jurídico (FUX, Luiz; FRAZÃO, Carlos Eduardo. Novos Paradigmas do Direito Eleitoral. Belo Horizonte: Fórum, 2016, p. 186).

8. A distinção entre inelegibilidade como sanção (por constar do título judicial proferido em AIJE) e **inelegibilidade como efeitos secundários (por não constar do título judicial proferido em AIME**) acarreta uma incongruência sistêmica na interpretação da natureza jurídica da inelegibilidade, por criar duas naturezas jurídicas quando existem dois instrumentos processuais (i.e., AIME e AIJE) aptos a veicular a mesma causa petendi (i.e., abuso do poder econômico) e cuja condenação atrai as mesmas consequências jurídicas (i.e., inelegibilidade pelo mesmo fundamento - art. 1º, I, d).

9. O art. 11, § 10, da Lei das Eleições, em sua exegese mais adequada, não alberga a hipótese de decurso do prazo de inelegibilidade ocorrido após a eleição e antes da diplomação como alteração fático-jurídica que afaste a inelegibilidade.

10. O art. 11, § 10, da Lei nº 9.504/97, em sua primeira parte, estabelece que as condições de elegibilidade e as causas de inelegibilidade devem ser aferidas no momento da formalização do pedido de registro da candidatura, por serem requisitos imprescindíveis ao exercício do ius honorum, i.e., ao direito de concorrer a cargos eletivos e eleger-se, não se confundindo com os requisitos essenciais à diplomação ou à investidura no cargo eletivo (posse).

11. A análise sistêmica do processo eleitoral demonstra que a data do pleito é o marco em torno do qual orbitam os demais institutos eleitorais, e.g., o prazo de domicílio eleitoral para concorrer; o prazo de filiação partidária; o prazo para o partido registrado no TSE participar da eleição; os prazos de desincompatibilização; o prazo de substituição de candidatos; o prazo de preenchimento das vagas remanescentes; os prazos de publicação das relações dos candidatos/partidos; os prazos de impedimentos; os prazos de condutas vedadas; os prazos da propaganda eleitoral; os prazos de organização e administração do processo eleitoral; e os prazos de publicação de atos partidários, além do marco de incidência do princípio constitucional da anualidade.

12. O **candidato deve preencher as condições de elegibilidade e não incidir nas causas de inelegibilidade** no momento em que se realiza o ato para o qual tais pressupostos são exigidos, qual seja, **no dia da própria eleição**, raciocínio que vem orientando as decisões desta Corte Eleitoral há mais de uma década (Precedente: REspe nº 18847/MG, Rel. Min. Fernando Neves, PSESS de 24.10.2000).

13. A ressalva contida na parte final do art. 11, § 10, da Lei das Eleições alberga essas hipóteses de suspensão ou anulação da causa constitutiva (substrato fático-jurídico) da inelegibilidade, revelando-se inidônea a proteger o candidato que passa o dia da eleição inelegível com base em suporte íntegro e perfeito, cujo conteúdo eficacial encontra-se acobertado pela coisa julgada. O **mero exaurimento do prazo após a**

eleição não desconstitui e nem suspende o obstáculo ao ius honorum que aquele substrato atraía no dia da eleição, ocorrendo, após essa data, apenas o exaurimento de seus efeitos (Súmula nº 70 TSE: "O encerramento do prazo de inelegibilidade antes do dia da eleição constitui fato superveniente que afasta a inelegibilidade, nos termos do art. 11, § 10, da Lei nº 9.504/97"). (...)

16 Recurso especial desprovido.

(Recurso Especial Eleitoral nº 28341, Acórdão, Relator(a) Min. Luciana Christina Guimarães Lóssio, Publicação: PSESS - Publicado em Sessão, Data 19/12/2016)

ELEIÇÕES 2014. (...) INCIDÊNCIA NAS INELEGIBILIDADES REFERIDAS NO ART. 1º, INCISO I, ALÍNEAS d E g, DA LEI COMPLEMENTAR Nº 64/1990. (...)

3. Recurso do candidato. Na causa de inelegibilidade do art. 1º, inciso I, alínea d, da LC nº 64/90 incidem os **condenados por abuso em ação de investigação judicial eleitoral e em ação de impugnação de mandato eletivo**. Com base na compreensão do princípio da isonomia, não há fator razoável de diferenciação para concluir que está inelegível o cidadão condenado por abuso de poder econômico nas eleições de 2008 em AIJE, enquanto está elegível aquele condenado também por abuso de poder no mesmo pleito, porém em AIME, pois ambas as ações têm o abuso como causa de pedir, tramitam sob o mesmo procedimento (art. 22 da LC nº 64/90) e acarretam idêntica consequência jurídica - cassação de registro e de diploma -, desde que o abuso seja grave o suficiente para ensejar a severa sanção.

4. Não se trata de interpretar extensivamente norma restritiva de direito, como são as causas de inelegibilidades, mas buscar a interpretação lógica da norma, visando à harmonia do sistema de inelegibilidades e evitando eventuais contradições jurídicas, com base nos valores previstos no art. 14, § 9º, da CF/88.

5. Tanto a ação de investigação judicial eleitoral quanto a ação de impugnação de mandato eletivo buscam tutelar justamente a normalidade e legitimidade do pleito contra o abuso de poder econômico assim reconhecido pela Justiça Eleitoral, razão pela qual as condenações por abuso nessas ações podem acarretar a causa de inelegibilidade referida no art. 1º, inciso I, alínea d, da LC nº 64/90.

6. Com base na compreensão da reserva legal proporcional, nem toda condenação por abuso de poder econômico em ação de impugnação de mandato eletivo gerará a automática inelegibilidade referida na alínea d, mas somente aquelas que imputem ao cidadão a prática do ato ilícito ou a sua anuência a ele, pois, como se sabe, **não se admite a responsabilidade objetiva em matéria de inelegibilidades**. Circunstância ausente no caso concreto.

7. Conquanto o mero benefício seja suficiente para cassar o registro ou o diploma do candidato beneficiário do abuso de poder econômico, nos termos do art. 22, inciso XIV, da LC nº 64/90, segundo o qual, "além da cassação do registro ou diploma do candidato diretamente beneficiado pela interferência do poder econômico ou pelo desvio ou abuso do poder de autoridade ou dos meios de comunicação", a parte inicial do citado inciso esclarece que a declaração de inelegibilidade se restringe apenas ao "representado e **de quantos hajam contribuído para a prática do ato**, cominando-lhes sanção de inelegibilidade para as eleições a se realizarem nos 8 (oito) anos subsequentes à eleição em que se verificou".

8. Conclusão jurídica que se reforça com o art. 18 da LC nº 64/90, que consagra o **caráter pessoal das causas de inelegibilidade**, afastando, consequentemente, qualquer interpretação que almeje a responsabilização de forma objetiva, pois "a declaração de inelegibilidade do candidato à Presidência da República, Governador de Estado e do Distrito Federal e Prefeito Municipal não atingirá o candidato a Vice-Presidente, Vice-Governador ou Vice-Prefeito, assim como a destes não atingirá aqueles".

9. Recurso do candidato provido.

(Recurso Ordinário nº29659, Acórdão, Relator(a) Min. Gilmar Ferreira Mendes, Publicação: DJE - Diário de justiça eletrônico, Volume , Tomo 188, Data 29/09/2016, Página 63/64)

No mesmo sentido: RCED nº 495, Rel. Min. Tarcisio Vieira de Carvalho Neto, DJE, Tomo 156, Data 14/08/2017, Página 232-233)

Não incidência da inelegibilidade prevista nas alíneas *d* e *j* se o candidato teve o mandato cassado apenas por força da **unicidade e da indivisibilidade da chapa** (Ac.-TSE, de 30.5.2017, no REspe nº 18627)

Não obstante a ausência, na alínea "d", de expressa referência ao **uso indevido dos veículos e meios de comunicação**, o fato é que a mesma LC n. 64/90, nos arts. 19 e 22, quando disciplina a Investigação Judicial como ação cível eleitoral para a sua apuração, alcança tais espécies do gênero abuso de poder. Daí que inevitável a incidência da inelegibilidade também nestes casos.

RESPE - AgR em REspEl n. 88386 - IRECÊ – BA, Ac. de 26/09/2019, Rel. Min. Luís Roberto Barroso

[...] AÇÃO DE INVESTIGAÇÃO JUDICIAL ELEITORAL. USO INDEVIDO DOS MEIOS DE COMUNICAÇÃO SOCIAL. DECISÃO EM CONFORMIDADE COM A JURISPRUDÊNCIA DO TSE. [...]

7. No caso, o TRE/BA, com base em provas robustas, constatou que houve a prática repetitiva de atos abusivos por meio de veículos de imprensa de alcance social significativo e de credibilidade pública, em razão das seguintes condutas: (i) supressão de inserções e alteração de cronograma de mídia para favorecer determinada candidatura; (ii) divulgação de matérias favoráveis a uma chapa em percentual significativamente superior à chapa adversária em sítio eletrônico no período de 05.07.2012 a 07.10.2012; e (iii) tratamento privilegiado por meio de emissora de rádio com a divulgação de comentários favoráveis à campanha dos recorrentes e desfavoráveis à coligação recorrida. O acórdão concluiu que tais circunstâncias tiveram gravidade suficiente para desequilibrar o pleito. [...]

9. O Tribunal Regional concluiu que os agravantes não foram meros beneficiários da conduta ilícita, mas responsáveis pela prática abusiva, sendo devida a declaração de inelegibilidade, nos termos do art. 22, XIV, da LC nº 64/1990. Não se conhece de alegação de dissídio jurisprudencial nos casos em que inexiste similitude fática entre as hipóteses tratadas nos acórdãos confrontados (Súmula nº 28/TSE).[..]

A condenação por abuso ou uso indevido dos **veículos ou meios de comunicação** atrai a incidência da inelegibilidade prevista nesta alínea (Ac.-TSE, de 2.10.2014, no RO nº 97150).

As modificações introduzidas pela Lei da Ficha Limpa, elevando o prazo de inelegibilidade para oito anos e impondo-a ao agente do abuso já a partir de decisão colegiada (dispensado, portanto, o trânsito em julgado), dão novo fôlego no combate ao abuso do poder nas eleições, porque agora é possível sentir os seus efeitos[197]. Cometido abuso de poder visando às eleições de 2012, p.ex., a inelegibilidade se impõe até 2020[198] [199] e já impede a candidatura a partir da decisão colegiada da Justiça Eleitoral, mesmo que de 1ª instância, como é o caso da AIJE ou da AIME apreciada e julgada originariamente pelo TRE nas eleições gerais ou pelo TSE em eleições presidenciais.[200] A menos que o candidato se valha da possibilidade contemplada no **art. 26-C, da LC n. 64/90**, acrescido pela LC n. 135/2010[201]. Esta disposição prevê que

---

197 Nas edições anteriores à lei da ficha limpa, afirmava que "O dispositivo em comento merece revisão legislativa, a menos que o legislador complementar não faça questão de dar ao abuso de poder o tratamento que o constituinte recomendou. Da forma como está, escancara-se a quase inutilidade prática dessa previsão legal de inelegibilidade. É que a tradição entre nós já revelada mostra que os políticos que disputam uma eleição municipal normalmente não disputam as eleições gerais (estadual e federal) e presidenciais. E vice-versa. Então, se o candidato a Prefeito tem contra si julgada procedente uma representação por abuso de poder praticado na campanha de 2000, ficará inelegível naquele ano e em 2002, voltando livremente ao cenário eleitoral em 2004. Ora, se não se interessa ele pelas eleições de 2002 (gerais e presidenciais) e se não foi eleito em 2000, nenhuma consequência terá sofrido na sua elegibilidade. Elevar o tempo de inelegibilidade para quatro anos resolveria bem o dispositivo e acarretaria ao agente do abuso de poder pelo menos o impedimento de voltar à disputa nas próximas eleições aos mesmos cargos. Melhoraria ainda mais o sistema se o período da inelegibilidade se iniciasse a partir do trânsito em julgado da decisão de procedência da representação, e não da eleição em que se verificou o abuso."

198 Nas eleições de 2012, o TSE assentou em diversos julgados, por apertada maioria, que os oito anos de inelegibilidade desta alínea eram os anos "cheios" seguintes ao ano da eleição, daí concluindo que o impedimento iria até 31 de dezembro do ano final. O Tribunal, com isso, abandonou o critério de contagem do prazo até então adotado, que levava em consideração a data da eleição em que praticado o abuso, para fazer cessar a inelegibilidade no mesmo dia e mês do oitavo ano seguinte:
AgR-REspe nº 8197 - Santa Maria da Boa Vista/PE - Acórdão de 29/11/2012
[...] 2. Na contagem do prazo de inelegibilidade de oito anos, previsto no art. 1º, inciso I, alíneas d, h e j da LC 64/90, deve ser considerado o **término do último ano** e não a data específica da eleição que nele se realizar. (REspe 165-12, Relator Ministro Arnaldo Versiani, publicado em sessão de 25.6.2012; AgR-REspe n. 23-61/RS, Rel. Min. Dias Toffoli, publicado na sessão de 20.11.2012; REspe n. 50-88/PE, Relatora Min. Nancy Andrighi, publicado na sessão de 20.11.2012; AgR-REspe n. 348-11.2012.6.05.0079/BA, Rel. Min. Laurita Vaz e REspe 116-61, Redatora para o Acórdão Ministra Nancy Andrighi, PSESS de 21.11.2012).

199 Nova viragem na jurisprudência do TSE voltou a contar o prazo de inelegibilidade a partir da data da eleição em que cometido o abuso, para terminar no dia correspondente do oitavo ano seguinte. Após inúmeros julgados, o **TSE editou a Súmula 19**: "O prazo de inelegibilidade decorrente da condenação por abuso do poder econômico ou político tem início no dia da eleição em que este se verificou e finda no dia de igual número no oitavo ano seguinte (art. 22, XIV, da LC no 64/90)".

200 A competência dos órgãos da Justiça Eleitoral para as ações cíveis eleitorais (Representação, AIJE e AIME) leva em conta a eleição que se realiza e o território da disputa. Como nas eleições gerais (para deputados, senadores e governadores) o território da disputa é o Estado, a eleição é administrada pelo TRE, a quem compete a apreciação dos pedidos de registro de candidatura e das ações cíveis.

201 O TSE, enfrentando questão de ordem no AgR-RO n. 0608809-63.2018.6.19.0000-RJ, entendeu que o efeito suspensivo para o recurso ordinário, previsto no art. 257, § 2º, do CE, limita-se à cassação do

o Tribunal, ao qual dirigido o recurso em face da decisão colegiada que o condenou pelo abuso de poder, poderá, em caráter cautelar, "suspender a inelegibilidade sempre que existir plausibilidade da pretensão recursal e desde que a providência tenha sido expressamente requerida, sob pena de preclusão, por ocasião da interposição do recurso". Então, aquele que, p.ex., for condenado pelo Tribunal Regional – decisão colegiada, portanto – e oferecer recurso (ordinário, nas eleições gerais, ou especial, nas eleições municipais) ao TSE, poderá pleitear, **nas razões de recurso e sob pena de preclusão**, que o Tribunal "ad quem" suspenda a inelegibilidade. Neste caso, com a inelegibilidade suspensa, o candidato obtém registro, que, entretanto, só se sustenta enquanto vigente a cautelar (concessiva do efeito suspensivo) ou se o recurso em face daquela condenação for provido no seu mérito, pois, neste caso, desconstituídas a um só tempo a condenação e a inelegibilidade. É que o § 2º, do dito art. 26-C, estabelece que: "mantida a condenação de que derivou a inelegibilidade ou revogada a suspensão liminar mencionada no caput, serão desconstituídos o registro ou o diploma eventualmente concedidos ao recorrente". É que o registro, possível em decorrência apenas de uma cautelar, que é decisão por natureza precária, se submete a esta condição e se desconstitui na ausência dela. Outra não poderia mesmo ser a solução da lei, tendo em vista que o registro – obtido, repita-se, apenas pela suspensão cautelar e provisória da inelegibilidade – não poderia tornar-se definitivo, para garantir ao inelegível direito ao diploma e ao exercício do mandato na sua inteireza, como se tivesse disputado a eleição com todos os requisitos, positivos e negativos, preenchidos. Ou seja, nas mesmas condições dos candidatos plenamente elegíveis. A mera suspensão cautelar da inelegibilidade não poderia equivaler à sua anulação. Ademais, a suspensão cautelar da inelegibilidade, prevista em caráter excepcional no "caput", na medida em que possibilita a disputa daquele que já tem contra si a decisão colegiada a que se refere a lei (e, portanto, caracterizada objetivamente a hipótese legal de impedimento), contraria frontalmente o texto constitucional, que exige da lei complementar a imposição de impedimentos às candidaturas para proteger a normalidade e legitimidade das eleições e a probidade e moralidade para o exercício das funções eletivas. Então, a suspensão da inelegibilidade, do "caput" do art. 26-C, só pode ser admitida e compreendida como permissão precária para o registro. Do contrário, violaria a constituição, notadamente o seu art. 14, § 9º, desprotegendo os bens jurídicos ali consagrados. Tão logo perdida a condição (revogação da cautelar ou improvimento do recurso), o registro, ou o diploma, deve ser desconstituído, providência que deve ser adotada nos próprios autos do registro de candidatura, com prévia oportunidade de manifestação do interessado.

registro, diploma ou mandato, não afetando a imediata incidência da inelegibilidade da LC n. 64/90 a partir da decisão colegiada, fixando a ***orientação plenária no sentido de que o efeito suspensivo automático referido no art. 257, § 2o do Código Eleitoral limita-se à cassação de registro, afastamento do titular ou perda de mandato eletivo não alcançando, portanto, a inelegibilidade"***. Na ADPF n. 776, todavia, o Min. Gilmar Mendes concedeu liminar em 18.dezembro.2020 e suspendeu os efeitos da referida decisão do TSE, ao entendimento – equivocado – de que ela configuraria viragem jurisprudencial ocorrida em 10.novembro.2020.

"Registro. Condenação. Investigação judicial eleitoral. Abuso do poder econômico. Captação ilícita de sufrágio. [...]. 4. O § 2º do art. 26-C da LC nº 64/90 expressamente estabelece que o deferimento do registro, na hipótese de concessão de cautelar sustando os efeitos da condenação, fica **condicionado ao deslinde do recurso** interposto contra a decisão colegiada ou à manutenção da liminar concedida, razão pela qual, nessas hipóteses, deve o pedido de registro ser deferido sob condição. [...]." (Ac. de 28.10.2010, no AgR-RO n. 125963, Rel. Min. Arnaldo Versiani)

"[...] 4. O § 2º do art. 26-C da LC nº 64/90 expressamente estabelece que o deferimento do registro, na hipótese de concessão de cautelar a que se refere o *caput* do referido artigo, fica condicionado ao deslinde do recurso interposto contra a decisão colegiada ou à manutenção da liminar concedida, razão pela qual, nessas hipóteses, deve o pedido de registro ser deferido sob condição. 5. Mantida a condenação colegiada ou **revogada a liminar** que suspendeu os efeitos dela, torna-se **automaticamente insubsistente o registro** concedido ou mesmo o diploma, caso o candidato condenado tenha sido eleito. [...]" (Ac. de 28.09.2010, no AgR-RO n. 91145, Rel. Min. Arnaldo Versiani)

"[...]. 2. O disposto no art. 26-C da LC nº 64/90, inserido pela LC nº 135/2010, não afasta o poder geral de cautela conferido ao juiz pelo art. 798 do CPC, nem transfere ao Plenário a competência para examinar, inicialmente, pedido de concessão de medida liminar, ainda que a questão envolva inelegibilidade. [...]. 3. Reconhecida a suspensão dos efeitos da decisão condenatória, o pedido de registro deve ser **deferido sob condição**, já que a sua manutenção fica vinculada ao julgamento do respectivo recurso ordinário ou mesmo da revogação da medida cautelar, nos termos do art. 26-C, § 2º, da LC nº 64/90. [...]." (Ac. de 30.10.2012, no AgR-Respe n. 68767, Rel. Min. Arnaldo Versiani. No mesmo sentido, o Ac. de 22.06.2010, na QO-AC n. 142085, Rel. Min. Marcelo Ribeiro; o Ac. de 28.09.2010, no AgR-AC n. 238393, Rel. Min. Arnaldo Versiani; e o Ac. de 08.11.2012, no AgR-Respe n. 29723, Rel. Min. Nancy Andrighi)

O TSE sumulou seu entendimento sobre a hipótese e assim concluiu:

"A incidência do § 2º do art. 26-C, da LC nº 64/90 não acarreta o imediato indeferimento do registro ou o cancelamento do diploma, sendo necessário o exame da presença de todos os requisitos essenciais à configuração da inelegibilidade, observados os princípios do contraditório e da ampla defesa." (Súmula n. 66)

Decisão controversa foi proferida pelo TSE no Ac. de 28.11.2016, no AgR-RO nº 288787, no sentido de que a revogação dos efeitos da liminar, que eventualmente tenha dado suporte à decisão de deferimento do registro de candidato eleito, somente produz efeitos, na seara eleitoral, se ocorrida no prazo das ações eleitorais. A prevalecer esta solução, a tutela provisória, concedida ao candidato inelegível nos autos da condenação, produziria efeito de "tutela definitiva", pelo menos no âmbito eleitoral, já que as ações cíveis eleitorais a que se refere o dito acórdão (na verdade, uma só ação eleitoral que pode rediscutir inelegibilidade: o RCED) decai 3 (três) dias após a diplomação, ou seja, ainda em dezembro do ano da eleição. O candidato que, condenado por órgão colegiado por homicídio doloso, p.ex., e obtém tutela provisória de suspensão da inelegibilidade e com ela concorra, cumprirá todo o mandato se o mérito da condenação criminal for julgado em fevereiro do ano seguinte ao da eleição, porque então já operada a decadência do RCED.

Já no Acórdão de 5.12.2018, no RO nº 060097244[202], o TSE entendeu que a revogação da liminar concedia nos termos deste art. 26-C – para conferir efeito suspensivo ao recurso – ou mesmo o desprovimento deste, voltando o candidato a incidir na inelegibilidade, é matéria que pode ser conhecida no procedimento de registro de candidatura, enquanto na instância recursal ordinária.

Considerando que o registro do candidato inelegível só é deferido em face do recebimento do seu recurso com efeito suspensivo e que o § 2º, do art. 26-C, diz expressamente que "mantida a *condenação de que derivou a inelegibilidade* ou revogada a suspensão liminar mencionada no caput, serão desconstituídos o registro ou o diploma eventualmente concedidos ao recorrente", a melhor solução para a espécie é o deferimento do registro sob condição – como já entendeu o TSE –, para ser revisto e tornado insubsistente se e quando for a liminar revogada ou a condenação confirmada.

> "[...] 4. O § 2º do art. 26-C da LC nº 64/90 expressamente estabelece que o deferimento do registro, na hipótese de concessão de cautelar a que se refere o *caput* do referido artigo, fica **condicionado ao deslinde do recurso** interposto contra a decisão colegiada ou à manutenção da liminar concedida, razão pela qual, nessas hipóteses, deve o pedido de registro ser deferido sob condição. 5. **Mantida a condenação** colegiada ou **revogada a liminar** que suspendeu os efeitos dela, **torna-se automaticamente insubsistente o registro** concedido ou mesmo o diploma, caso o candidato condenado tenha sido eleito. [...]" (TSE, Ac. de 28.9.2010, no AgR-RO n. 91145, Rel. Min. Arnaldo Versiani).

O mencionado art. 26-C prevê esta possibilidade de suspensão cautelar das inelegibilidades decorrentes de condenações judiciais e impõe que tal efeito suspensivo será concedido pelo "**órgão colegiado** do tribunal ao qual couber a apreciação do recurso". Pela literalidade do dispositivo, o recebimento do recurso com efeito suspensivo, proferido monocraticamente, não tem o condão de suspender a inelegibilidade, já que tal efeito foi reservado à competência do "órgão colegiado do tribunal ao qual couber a apreciação do recurso". O TSE, entretanto, firmou entendimento, principalmente por terem os primeiros pedidos de suspensão cautelar da inelegibilidade chegado aos Tribunais durante o recesso de julho de 2010, de que tal disposição não transfere a competência monocrática do Magistrado para o Plenário.

> "[...] 1. Este Tribunal firmou a compreensão de que o disposto no art. 26-C da LC nº 64/90, inserido pela LC nº 135/2010, não afasta o poder geral de cautela conferido ao juiz pelo art. 798 do CPC **nem transfere ao Plenário a competência para examinar, inicialmente, pedido de concessão de medida liminar**, ainda que a questão envolva inelegibilidade. Precedente. 2. Reconhecida a suspensão dos efeitos da decisão condenatória, o pedido de registro deve ser deferido sob condição, pois sua manutenção fica vinculada ao julgamento do respectivo recurso ou mesmo da revogação da medida cautelar, nos termos dos art. 26-C, § 2º, da LC nº 64/90. 3. Recurso especial provido. (Ac. de 27.6.2013, no RESPE n. 43886, Rel. Min. Laurita Vaz)

---

[202] No mesmo sentido, o RO - AgrR em Recurso Ordinário n. 060105362 - FLORIANÓPOLIS – SC, Ac. de 13/03/2019, Rel. Min. Admar Gonzaga, e o RO n. 060097244 - SALVADOR – BA, Ac. de 05/12/2018, Rel. Min. Admar Gonzaga.

> [o disposto neste artigo não] "[...] transfere ao Plenário a **competência para examinar, inicialmente, pedido de concessão de medida liminar**, ainda que a questão envolva inelegibilidade". (TSE, Acórdãos, de 23.9.2014, no RO nº 119158; de 13.12.2012, no RESPE nº 52771; de 30.10.2012, no AgR-RESPE nº 68767 e, de 22.6.2010, na QO-AC nº 142085)

Essa inelegibilidade por abuso de poder deve ser arguida em sede de Ação de Impugnação ao Registro de Candidatura (AIRC), naqueles cinco dias subsequentes à publicação do edital previsto no art. 3º da Lei Complementar n. 64/90, isto se já houver nessa ocasião o trânsito em julgado da sentença que julgou procedente a representação ou, pelo menos, decisão de procedência proferida por órgão colegiado, ou seja, por TRE ou pelo TSE, mesmo quando instância originária.

Pode acontecer, no entanto, que naquele momento (até o 5º dia posterior à publicação do edital contendo os nomes dos candidatos registrandos) haja apenas decisão monocrática de procedência da representação por abuso de poder que ainda não tenha transitado em julgado. A candidatura não poderá então ser impugnada sob esse argumento, porque essa inelegibilidade, como dito, pressupõe o trânsito em julgado ou a decisão de Tribunal. Se isto ocorre durante a campanha, a inelegibilidade deve ser arguida no Recurso contra a Expedição do Diploma, previsto no art. 262, do Código Eleitoral, cujo prazo é de três dias após a diplomação, baseando-se em inelegibilidade superveniente ao registro. Essa hipótese será novamente desenvolvida quando do estudo do recurso contra a expedição do diploma.

E se na ocasião do registro da candidatura não houver sequer investigação judicial instaurada? Poderão os legitimados à impugnação ao registro de candidatura (AIRC - art. 3º da LC n. 64/90) alegar o abuso de poder na própria impugnação, propondo-se a produzir prova do fato e alcançar ao final a tal sentença de reconhecimento do abuso, para o efeito de indeferimento da candidatura, exatamente porque inelegível o candidato?

Não há dúvida de que a inicial da AIRC pode ser entendida, dentro daquela conceituação já trabalhada, como a representação mencionada pelo legislador complementar. Ora, se o candidato, ou mesmo o pré-candidato, comete abuso de poder antes do registro de sua candidatura, como não raro acontece (os pré-candidatos iniciam sua campanha eleitoral muito antes do registro da candidatura), parece razoável admitir que o abuso seja representado à Justiça Eleitoral por ocasião da Impugnação à candidatura, utilizando-se exatamente a AIRC, cujo procedimento prevê amplitude de defesa e dilação probatória suficiente para que a Justiça Eleitoral se posicione a respeito do abuso. Se ao final o Juiz Eleitoral julga procedente a impugnação e reconhece a prática do abuso, tem-se uma "*representação julgada procedente pela Justiça Eleitoral, em decisão transitada em julgado ou proferida por órgão colegiado, em processo de apuração de abuso do poder econômico ou político*", tal como previsto no art. 1º, I, alínea "d", da Lei Complementar n. 64/90. Com isso, os candidatos, agentes do abuso, estão inelegíveis "*para a eleição na qual concorrem ou tenham sido diplomados, bem como para as que se realizarem nos 8 (oito) anos seguintes*".

Foi esse o entendimento acolhido em vários julgados de Tribunais Regionais e do TSE, chegando-se a afirmar que a não utilização da AIRC atrairia a decadência, não se podendo lançar mão da AIJE posteriormente.

> "Recurso Especial. Arguição de abuso de poder político ou econômico. Impugnação ao registro. Prazo decadencial. Extinção do processo. Art. 3º da LC n. 64/90. Em se tratando de alegação de abuso do poder político ou econômico, que teria ocorrido em praça pública, à vista de todos, antes do registro, e mesmo da escolha dos candidatos a Senador, a Governador e a Vice-Governador, é fora de dúvida que, **não tendo ela sido veiculada por meio de impugnação ao registro das respectivas candidaturas, verificou-se a decadência**, razão pela qual outro não poderia ter sido o desfecho da representação serodiamente manifestada, senão a extinção do processo." (TSE, REsp. Eleitoral n. 12.676-GO, Rel. Min. Diniz de Andrada, *DJU* 16/8/1996)

Nas eleições de 2000, entretanto, tal entendimento foi refeito e adotou-se a orientação de que somente a sentença transitada em julgado[203], reconhecendo o abuso de poder, poderia instruir a AIRC, já que a dilação probatória desta não se prestaria à finalidade de declarar a inelegibilidade. É curioso, porque a AIRC se presta à produção de prova, *e.g.*, do analfabetismo do candidato, e nesse ponto não há dissenso. Se há suspeita quanto a ser analfabeto o candidato, portanto inelegível, utiliza-se a AIRC, e o Juiz abre a fase probatória do art. 5º da Lei Complementar n. 64/90, ouvindo testemunhas e submetendo o impugnado ao teste de alfabetização para ao final declará-lo analfabeto, ou não, consequentemente, inelegível ou não. Se a AIRC é a via adequada para a arguição da inelegibilidade por analfabetismo sem prova pré-constituída, por que não poderá ser utilizada também para a inelegibilidade decorrente do abuso de poder? Na hipótese da alínea *a*, o que leva o brasileiro à inelegibilidade é o analfabetismo: é este o fato. Na alínea *d*, o fato que atrai a inelegibilidade é o abuso de poder econômico ou político. Ambos os fatos podem, por identidade de razões, ser arguidos e declarados na AIRC.

> "Recurso especial. Eleição 2004. Registro de candidatura indeferido. (...) Além disso, **em sede de registro de candidatura, não se apura abuso nem se declara inelegibilidade** (RO nº 593/AC, rel. Min. Sálvio de Figueiredo, sessão de 3.9.2002, e REspe nº 20.134/SP, rel. Min. Sepúlveda Pertence, sessão de 11.9.2002). (...) (TSE, Ac. n. 21.709, de 12.8.2004, Rel. Min. Peçanha Martins)

> "Hipótese na qual o TRE entendeu que a via adequada para a declaração de inelegibilidade de candidatos é a ação de impugnação de registro de candidatura. Decidiu pela preclusão, uma vez que esgotado o prazo para a impugnação de registro de candidatura. – O abuso de poder econômico deve ser apurado em sede de ação de investigação judicial a ser proposta até a data da diplomação do candidato eleito. – **O processo de registro de candidatura não é meio para se verificar a prática de abuso de poder.**" (TSE, REsp 19.212/AL, Rel. Min. Nelson Jobim, em 10/5/01)

[203] Naquela época, antes da Lei da Ficha Limpa, só a decisão transitada em julgado constituía a inelegibilidade.

Importante ressaltar que o abuso de poder[204], como causa de inelegibilidade, é conduta que visa afetar a normalidade e legitimidade das eleições, bem jurídico acolhido pelo art. 14, § 9º, da CF. A par da evolução da jurisprudência - que dantes exigia prova de que a conduta alterava o resultado do pleito, para consolidar-se posteriormente no sentido de que bastava a potencialidade de afetação da normalidade e legitimidade da disputa - o fato é que a LC n. 135/2010, acrescentando o inciso XVI ao art. 22, da LC n. 64/90, diz que "para a configuração do ato abusivo, *não será considerada a potencialidade de o fato alterar o resultado da eleição, mas apenas a gravidade das circunstâncias que o caracterizam*".

Alínea E: condenação criminal transitada em julgado ou de órgão colegiado

> *Art. 1º, I, "e": os que forem condenados, em decisão transitada em julgado ou proferida por órgão judicial colegiado, desde a condenação até o transcurso do prazo de 8 (oito) anos após o cumprimento da pena, pelos crimes:*
>
> *1. contra a economia popular, a fé pública, a administração pública e o patrimônio público;*
>
> *2. contra o patrimônio privado, o sistema financeiro, o mercado de capitais e os previstos na lei que regula a falência;*
>
> *3. contra o meio ambiente e a saúde pública;*
>
> *4. eleitorais, para os quais a lei comine pena privativa de liberdade;*
>
> *5. de abuso de autoridade, nos casos em que houver condenação à perda do cargo ou à inabilitação para o exercício de função pública;*
>
> *6. de lavagem ou ocultação de bens, direitos e valores;*
>
> *7. de tráfico de entorpecentes e drogas afins, racismo, tortura, terrorismo e hediondos;*
>
> *8. de redução à condição análoga à de escravo;*
>
> *9. contra a vida e a dignidade sexual; e*
>
> *10. praticados por organização criminosa, quadrilha ou bando; (Alínea e com redação dada pelo art. 2º da LC nº 135/2010)*

Já foi dito que a condenação criminal, a partir do trânsito em julgado, leva à suspensão dos direitos políticos do condenado, por expressa previsão do art. 15, III, da CF, com o que fica suspensa a capacidade eleitoral ativa e passiva, enquanto durarem os efeitos da condenação, ou seja, até o cumprimento da pena (qualquer que seja ela: privativa de liberdade, restritiva de direitos ou pecuniária), ou até o término do período de prova do *sursis* ou do livramento condicional. Quando isso ocorre, o brasileiro fica sem o exercício dos seus direitos políticos, daí que não preenche uma das condições de elegibilidade previstas no § 3º do art. 14 da CF/88. Tal fenômeno ocorre em relação a qualquer condenação criminal, independentemente do crime ou da contravenção que tenha o condenado praticado. Mas, cumprida ou extinta a pena por qualquer razão, o condenado recupera seus direitos políticos e, portanto, volta a preencher a respectiva condição de elegibilidade. Tudo isso foi visto e exaustivamente examinado no capítulo reservado ao estudo dos "direitos políticos".

---

[204] Que será mais detalhadamente desenvolvido quando tratarmos da propaganda eleitoral e seus ilícitos.

A questão agora é outra. A Lei Complementar n. 64/90, com a mencionada alínea *e*, entendeu de projetar, por mais 8 anos após o cumprimento da pena, o impedimento à candidatura daqueles que tiverem contra si condenação criminal transitada em julgado, ou proferida por órgão judicial colegiado, pela prática de algum dos crimes ali especialmente considerados. Se o brasileiro comete o crime contra a economia popular (Lei n. 1.521/51), a fé pública (arts. 289 a 311 do CP), a Administração Pública (arts. 312 a 359-H do CP; DL 201/67 e Lei de Licitações), o patrimônio público ou privado (arts. 155 a 180 do CP), o mercado financeiro (Lei n. 4.728/65 – mercado de capitais), a vida, o meio ambiente, a saúde pública, pelo tráfico de entorpecentes e os eleitorais (Código Eleitoral e leis eleitorais), dentre outros, e é condenado, terá ele dois impedimentos distintos, operando em momentos também diferentes, mas ambos inviabilizando a candidatura: primeiramente, a partir da decisão colegiada recorrível e até o trânsito em julgado, estará inelegível por aplicação desta alínea; ocorrendo o trânsito em julgado da condenação e durante o cumprimento da pena, ou seja, durante os efeitos da condenação, estará com seus direitos políticos suspensos, por aplicação do art. 15, III, da CF, daí que sem condição de elegibilidade; finalmente, terminada a pena e recuperados os direitos políticos, volta a incidir a inelegibilidade da alínea aqui tratada, por oito anos. Nas ADC n. 029 e 030, embora tenha o Min. Luis Fux proposto, como interpretação razoável, uma espécie de detração – para descontar-se nos oito anos o tempo de inelegibilidade verificado entre a decisão colegiada e o trânsito em julgado da condenação – prevaleceu a manutenção do texto como está, ou seja, cumprindo-se os dois períodos de inelegibilidade (o primeiro, entre a decisão colegiada e o trânsito em julgado, e, o segundo, de oito anos a partir do término da pena). Decorre daí que uma pessoa condenada a 20 anos de reclusão por homicídio doloso no Tribunal do Júri (órgão judicial colegiado) e a tramitação dos seus recursos tenha levado 5 anos, o período total de impedimento alcançará 33 (trinta e três) anos, sendo inelegibilidade propriamente dita nos 5 anos entre a condenação e o trânsito em julgado e nos 8 anos após o cumprimento da pena e suspensão de direitos políticos nos 20 anos de cumprimento da pena.

> SÚMULA Nº 61/TSE
>
> O prazo concernente à hipótese de inelegibilidade prevista no art. 1º, I, e, da LC nº 64/90 projeta-se por oito anos **após o cumprimento da pena, seja ela privativa de liberdade, restritiva de direito ou multa**.

O STF esteve de volta ao tema na ADI n. 6630, tendo o Min. Nunes Marques (relator) deferido liminar em 19.dezembro.2020, para suspender a expressão "após o cumprimento da pena", pelo que a inelegibilidade passou a se impor pelo período máximo de 8 anos. Iniciado o julgamento, o voto do Relator propôs que dos 8 anos sejam deduzidos os períodos de tempo transcorridos (i) entre a decisão colegiada e o trânsito em julgado e (ii) durante o cumprimento da pena. O voto, como se percebe, confunde inelegibilidade com suspensão de direitos políticos, fazendo com que aquela incida durante o período desta. Ou seja, a inelegibilidade seria "cumprida" pelo condenado ao mesmo tempo em que suspensos os seus direitos políticos (pelo trânsito em julgado da condenação), o que equivale a "perdoar" parte do tempo da inelegibilidade, ou até mesmo todo ele, a depender da duração da pena. O voto divergente do Min. Luiz Roberto Barroso (Sessão Virtual de 3.9.2021 a 14.9.2021) propôs que a detração incidisse apenas sobre o período de inelegibilidade, aquele que transcorre entre a decisão colegiada e o trânsito em julgado, garantindo-se a autonomia dos institutos. Com isso, após o cumprimento da pena o condenado teria a inelegibilidade pelo período de tempo que faltasse para completar os oito anos, deduzido o tempo transcorrido entre a decisão colegiada e o trânsito em julgado. No exemplo aqui construído, em que o réu é condenado no Júri a 20 anos de reclusão e os seus recursos tramitaram por 5 anos, ele ficaria inelegível nesse período (5 anos entre a decisão colegiada/Júri e o trânsito em julgado) e por apenas 3 anos, estes contados após o cumprimento dos 20 anos de reclusão. Na sessão de 09.março.2022, o Min. Alexandre de Moraes votou pelo não conhecimento da Ação Direta de Inconstitucionalidade, ao argumento de que a constitucionalidade do dispositivo já havia sido declarada nas ADC 29 e 30, daí que a ADI, agora, funcionaria como incabível "ação rescisória". Acompanharam tal entendimento as Ministras Carmen Lúcia e Rosa Weber e os Ministros Edson Fachin, Ricardo Lewandowski e Luiz Fux. Com isso, a inelegibilidade da alínea E continua se impondo da decisão colegiada até o trânsito em julgado e por mais 8 anos após o cumprimento da pena.

Essa inelegibilidade, decorrente de condenação criminal, encontra perfeita adequação constitucional, por proteger bens jurídicos caros à república, expressamente consagrados no art. 14, § 9º, da CF (além de previstos também no art. 37, da mesma Carta), quais sejam, a moralidade e a probidade para o exercício das funções públicas. De fato, o brasileiro que tem na sua vida pregressa um histórico de condenação por algum dos crimes mencionados nesta alínea "e", tem contra si a presunção de nocividade ao interesse público, justificando-se seja a ele obstado o acesso a mandatos eletivos.

> "[...] Recurso Especial. Registro de Candidatura. Deputado Federal. Causa de inelegibilidade. [...] Condenação criminal. Peculato e formação de quadrilha (artigo 1º, I, e, 1 e 10, da Lei Complementar nº 64/90). Fundamento suficiente. [...] 2. É imperativo o reconhecimento da inelegibilidade e o consequente indeferimento do pedido de registro de candidatura de quem foi condenado por crime de **peculato e formação de quadrilha**, confirmado por acórdão de Tribunal de Justiça, nos termos do artigo 1º, I, e, 1 e 10, da Lei Complementar nº 64/90, com redação dada pela Lei Complementar nº 135/2010. [...]" (Ac. de 9.11.2010 no REspe nº 113143, rel. Min. Hamilton Carvalhido).

> "Agravo regimental. Registro. Inelegibilidade. Condenação criminal. (...) 2. As inelegibilidades da Lei Complementar nº 135/2010 incidem de imediato sobre todas as hipóteses nela contempladas, ainda que o respectivo fato seja anterior à sua entrada em vigor, pois as causas de inelegibilidade devem ser aferidas no momento da formalização do pedido de registro da candidatura, não havendo, portanto, que se falar em retroatividade da lei. 3. Tendo sido o candidato condenado, por órgão judicial colegiado, pela prática de crime contra o **patrimônio privado**, incide, na espécie, a causa de inelegibilidade a que se refere o art. 1º, inciso I, alínea e, 2, da Lei Complementar nº 64/90, acrescentada pela Lei Complementar nº 135/2010. Agravo regimental não provido." (Ac. de 30.9.2010 no AgR-RO nº 60998, rel. Min. Arnaldo Versiani.)

Como se observa, a redação dada ao dispositivo pela LC n. 135/2010 (lei da ficha limpa) faz incidir a inelegibilidade não só do trânsito em julgado da condenação, mas também a partir da decisão condenatória proferida por **órgão colegiado**. E a decisão colegiada nem sempre coincidirá com o julgamento em segunda instância, bastando lembrar que os crimes dolosos contra a vida são julgados por um colegiado de primeira instância – o Tribunal do Júri – e que os agentes públicos detentores de prerrogativa de foro também são julgados originariamente por Tribunais. Como estudado no item 6, acima, a constitucionalidade dessa expressão "*ou proferida por órgão judicial colegiado*" foi afirmada nas mencionadas ADC n. 29 e 30, quando o STF entendeu que, sendo a inelegibilidade apenas um impedimento ao exercício da capacidade eleitoral passiva, sem caráter de pena, não há qualquer conflito com a garantia constitucional da não culpabilidade.

> "Eleições 2018. Registro de candidatura. Deputado estadual. Decisão regional. Indeferimento. Condenação criminal. Inelegibilidade. 1. O Tribunal *a quo* indeferiu o registro do candidato ao cargo de deputado estadual, em razão da inelegibilidade prevista no art. 1º, I, *e*, da Lei Complementar 64/90, decorrente de condenação pela prática de crime contra a administração pública, consistente no delito de concussão previsto no art. 316 do Código Penal, feito esse de competência originária daquela Corte em razão do foro por prerrogativa de função de deputado estadual. 2. A decisão criminal condenatória proferida por órgão judicial colegiado, no exercício de sua **competência originária, atrai a incidência da causa de inelegibilidade prevista no art. 1º, I, *e*,** da Lei Complementar 64/90, não havendo falar em ofensa à ampla defesa, com os meios e os recursos a ela inerentes, pois **não há confundir colegialidade com duplo grau** de jurisdição. 3. 'A condenação do candidato, por órgão colegiado do Poder Judiciário, por crime contra a Administração Pública é apta a atrair a incidência da causa de inelegibilidade objeto do art. 1º, inciso I, alínea *e*, da Lei Complementar nº 135/2010' [...] 4. Nos termos do verbete sumular 41 do TSE, não cabe à Justiça Eleitoral avaliar o acerto ou o desacerto das condenações proferidas por outros órgãos do Poder Judiciário que possam dar ensejo ao reconhecimento a causa de inelegibilidade. 5. Conforme julgados do Tribunal Superior Eleitoral, é inviável o sobrestamento de processo de registro de candidatura, considerados os preceitos da duração razoável do processo e da celeridade. Agravo regimental a que se nega provimento." (TSE, Ac. de 12.3.2019, no AgR-RO n. 60095391, Rel. Min. Admar Gonzaga. No mesmo sentido, o Ac. de 5.2.2013, no AgR-RESPE n. 46613, Rel. Minn. Laurita Vaz)
>
> Ac.-TSE, de 11.11.2014, no RO nº 263449 e, de 21.5.2013, no REspe nº 61103: a inelegibilidade prevista neste item incide nas hipóteses de condenação criminal emanada do **Tribunal do Júri**, órgão colegiado soberano, integrante do Poder Judiciário.
>
> ELEIÇÕES 2016. (...) TRIBUNAL DO JÚRI. HIPÓTESE DE INELEGIBILIDADE. LEI COMPLEMENTAR 64/90. INCIDÊNCIA. (...).
>
> 1. São inelegíveis para qualquer cargo os que forem condenados, em decisão transitada em julgado ou proferida por órgão judicial colegiado, desde a condenação até o transcurso do prazo de 8 (oito) anos após o cumprimento da pena, pelos crimes contra a vida e a dignidade sexual (art. 1º, inc. I, alínea "e", item 9, LC nº 64/90).
>
> 2. Incorre em inelegibilidade aquele que foi condenado por crime doloso contra a vida julgado pelo **Tribunal do Júri**, que é órgão judicial colegiado. Precedentes do TSE.
>
> 3. Improvimento do recurso.

(REGISTRO DE CANDIDATURA n 1345, ACÓRDÃO n 437/2016 de 30/09/2016, Relator(a) LENORA VIANA DE ASSIS, Publicação: PSESS - Sessão Plenária, Volume 11:32, Data 30/09/2016)

"[...] Recurso ordinário. Requerimento de registro de candidatura ao cargo de deputado federal indeferido. Inelegibilidade prevista no art. 1º, inc. I, e, nº 9, da Lei Complementar nº 64/90, com alteração da Lei Complementar nº 135/2010. Condenação pela prática de crime contra a vida. **Tribunal do júri**: órgão colegiado. Soberania dos veredictos. Elemento de certeza sobre a decisão. Art. 5º, inc. XXXVIII, c, da Constituição da República. Restrição mínima ao princípio da presunção de não culpabilidade. Recurso ao qual se nega provimento." (Ac. de 2.12.2010 no RO nº 169795, rel. Min. Hamilton Carvalhido, red. designado Min. Cármen Lúcia)

Também colegiada é a decisão do Conselho Permanente da Justiça Militar, órgão de 1ª instância da Justiça Militar composto por 5 julgadores, suficiente para a imposição da inelegibilidade.

RO n. 060066541 - BELÉM – PA, Ac. de 18/10/2018, Rel. Min. Edson Fachin

ELEIÇÕES 2018. [...] CONDENAÇÃO CRIMINAL. ART. 319 DO CÓDIGO PENAL MILITAR. INAPLICABILIDADE DA LEI Nº 9.099/95 NO ÂMBITO DA JUSTIÇA MILITAR. **CONSELHO PERMANENTE DA JUSTIÇA MILITAR**. ÓRGÃO COLEGIADO. INELEGIBILIDADE PREVISTA NO ART. 1º, I, *E*, 1, DA LC Nº 64/90. [...]

2. A colegialidade contida na referida norma não está intrinsecamente ligada a um órgão de segundo grau de jurisdição, mas à garantia de independência de vários membros julgadores, em oposição à contenção da vontade do julgador individual.

3. O fato de o Conselho Permanente de Justiça integrar a primeira instância da Justiça Militar Estadual não afasta o caráter colegiado do referido órgão – composto por um Juiz–Auditor, um oficial superior e três oficiais de posto até capitão–tenente ou capitão (art. 16, b, da Lei nº 8.457/92) –, pois a inelegibilidade em comento "[...] *não inclui que a colegialidade tenha de ser órgão recursal (vide a questão dos julgados do Supremo Tribunal Federal em instância originária) nem apenas decisões recorríveis ou extraídas de recursos*" (RO 169795/MT, Rel. designada Min. Carmem Lúcia, PSESS 02.12.2010)

4. A condenação do recorrido por crime do **art. 319 do Código Penal Militar não se enquadra na exceção prevista no art. 1º, I, § 4º da LC nº 64/90** apesar de sua pena em abstrato não ultrapassar dois anos de detenção. Isso porque não se aplica à Justiça Militar as disposições da Lei nº 9.099/95, conforme disposto no seu art. 90–A.

5. No caso em apreço, verifica–se a presença dos requisitos configuradores da inelegibilidade encartada no art. 1°, I, *e*, 1 da LC n° 64/90: o recorrido foi condenado por órgão colegiado (Conselho Permanente da Justiça Militar) em razão da prática de crime contra a Administração Pública (art. 319, do CPM), razão pela qual o acórdão recorrido merece reforma, com o consequente indeferimento do registro de candidatura do recorrido. [...]

Não obstante a expressa previsão de que a inelegibilidade incide a partir da decisão colegiada, o TSE tem entendido ser necessária a publicação do acórdão.

> REspEl n. 060027279 - ARAÇATUBA – SP, Ac. de 20/05/2021, Rel. Min. Tarcisio Vieira De Carvalho Neto, Rel. designado Min. Alexandre de Moraes
>
> [...] ACÓRDÃO PUBLICADO APÓS O REGISTRO. DATA ANTERIOR À REALIZAÇÃO DO PLEITO. FATOS QUE MOTIVARAM O INDEFERIMENTO DO REGISTRO DESDE O PRIMEIRO GRAU. CONTRADITÓRIO E AMPLA DEFESA ASSEGURADOS. POSSIBILIDADE DE AFERIÇÃO PELA INSTÂNCIA ORDINÁRIA EM SEDE DE IMPUGNAÇÃO DE REGISTRO. RECURSO DESPROVIMENTO. [...]
>
> 2. A incidência da causa de inelegibilidade prevista no art. 1º, I, "l", da LC 64/90 não prescinde da **publicação do acordão** condenatório. Contudo, fundada a impugnação do registro nos fatos que ensejaram a condenação por improbidade e tendo a publicação, embora posterior ao prazo de registro, ocorrido antes do dia das eleições, nada obsta seja considerada pela Corte Regional Eleitoral, instância ordinária, especialmente porque desde o início o impugnado teve plenamente assegurada a ampla defesa e o contraditório, sem surpresas ou reviravoltas de última hora.
>
> 3. Tal interpretação se amolda às peculiaridades do período eleitoral, que reclamam celeridade e necessidade de estabilização das relações políticas e, sem afastar-se do imperativo do devido processo legal, atende a um só tempo ao imperativo constitucional da razoável duração do processo (art. 5º LXXVIII), os princípios da inafastabilidade da jurisdição e da efetividade, e preserva probidade administrativa, a moralidade para exercício de mandato, a normalidade e a legitimidade das eleições. [...]

O prazo da inelegibilidade, de 8 anos, conta-se a partir do **integral cumprimento da pena**[205], seja ela qual for: privativa de liberdade, restritiva de direitos ou pecuniária. Ou mesmo após o cumprimento de todas as condições do livramento condicional ou da suspensão condicional da pena (sursis).

Ac.-TSE, de 14.2.2013, no AgR-REspe nº 36440: a **conversão da pena privativa de liberdade** em pena restritiva de direitos não afasta a incidência da causa de inelegibilidade prevista nesta alínea.

Se e quando a pena for extinta pela concessão de **indulto ou pela prescrição da pretensão executória**, estes serão os marcos iniciais da contagem do referido prazo[206], pois tais institutos só desobrigam o condenado do cumprimento da pena, não desconstituindo a condenação em si, que continua a produzir efeitos negativos no âmbito da elegibilidade. Já a **prescrição da pretensão punitiva**, por desconstituir o título condenatório, inibe a incidência da inelegibilidade. De qualquer forma, a Justiça Eleitoral só pode considerar o indulto e a prescrição quando já pronunciados pela Justiça Comum.

> SÚMULA Nº 58/TSE
>
> **Não compete à Justiça Eleitoral**, em processo de registro de candidatura, **verificar a prescrição** da pretensão punitiva ou executória do candidato e declarar a extinção da pena imposta pela Justiça Comum.

---

[205] Vigente a liminar concedida na ADI n. 6630, está suspensa da alínea E o trecho "após o cumprimento da pena", pelo que a inelegibilidade, somados os períodos de tempo transcorridos entre a decisão colegiada e o trânsito em julgado e após o cumprimento da pena, não pode ultrapassar o prazo de 8 anos.

[206] Ou do que restar dele, se o STF acolher a detração eleitoral.

> SÚMULA Nº 59/TSE
>
> O reconhecimento da **prescrição da pretensão executória** pela Justiça Comum **não afasta a inelegibilidade** prevista no art. 1º, I, e, da LC nº 64/90, porquanto não extingue os efeitos secundários da condenação.
>
> SÚMULA Nº 60/TSE
>
> O prazo da causa de inelegibilidade prevista no art. 1º, I, e, da LC nº 64/90 deve ser contado a partir da data em que ocorrida a **prescrição da pretensão executória** e não do momento da sua declaração judicial.
>
> "Petição. Inelegibilidade. Art. 1º, i, e, da LC nº 64/90. Condenação criminal. **Prescrição da pretensão executória. Efeitos secundários e extrapenais da condenação.** Subsistência. (...) 1. A prescrição da pretensão executória do Estado não extingue os efeitos secundários da condenação, inclusive de natureza extrapenal, aí inserida a inelegibilidade, que subsiste até o exaurimento do prazo de sua duração [...]" (TSE, Ac. de 28.6.2016, na Pet n. 27751, Rel. Min. Maria Thereza de Assis Moura)
>
> "Recurso em mandado de segurança. **Indulto presidencial.** Condenação criminal. Anotação. Cadastro eleitoral. Ilegalidade. Ausência. Recurso desprovido. 1. O indulto presidencial não equivale à reabilitação para afastar a inelegibilidade decorrente de condenação criminal, o qual atinge apenas os efeitos primários da condenação a pena, sendo mantidos os efeitos secundários. 2. Havendo condenação criminal hábil, em tese, a atrair a inelegibilidade da alínea e do inciso I do art. 1º da LC nº 64/90, não há ilegalidade no lançamento da informação nos assentamentos eleitorais do cidadão (art. 51 da Res.-TSE nº 21.538/2003). 3. A teor da jurisprudência do TSE, as condições de elegibilidade e as causas de inelegibilidade são aferíveis no momento do registro de candidatura, sendo inoportuno antecipar juízo de valor sobre a matéria fora daquela sede. 4. Recurso ordinário a que se nega provimento." (TSE, Ac. de 4.11.2014, no RMS n. 15090, Rel. Min. Luciana Lóssio)
>
> "O Plenário do Tribunal Superior Eleitoral, (...) Destacou que, por ser a inelegibilidade prevista na alínea e do inciso I do art. 1º da Lei Complementar nº 64/1990 uma consequência da condenação criminal, não haveria como incidir a causa de inelegibilidade ante o reconhecimento da **prescrição da pretensão punitiva** pela Justiça Comum. O Tribunal, por unanimidade, respondeu à consulta nos termos do voto reajustado da relatora. (Consulta nº 336-73, Brasília/DF, rel. Min. Luciana Lóssio, em 3.11.2015)

Já a **revisão criminal**, como se sabe, não tem efeito suspensivo e o condenado, enquanto não decidida esta, ainda que em sede de tutela provisória, continua sob os efeitos da condenação, inclusive e principalmente os extrapenais, como a inelegibilidade desta alínea.

> "[...] Condenação criminal. Trânsito em julgado. Inelegibilidade. Art. 1º, I, e, da LC nº 64/90. Impossibilidade. Acolhimento. Fato superveniente. Revisão criminal. Precedentes. 1. A **revisão criminal** não suspende a inelegibilidade do art. 1º, I, e, da LC nº 64/90. [...]" (Ac. de 27.10.2004 no REspe nº 22.154, rel. Min. Caputo Bastos, red. designado Min. Carlos Velloso; no mesmo sentido o Ac. de 16.11.2004 nos EDclREspe nº 22.154, rel. Min. Carlos Velloso.)

> "Eleições 2018. Registro de candidatura. Deputado federal. Decisão regional. Indeferimento. Condenação criminal. Decisão colegiada. Inelegibilidade. Reconhecimento. (...) 4. Embora o agravante tenha ajuizado revisão criminal perante o Supremo Tribunal Federal (RVC 5474) – buscando a reforma da decisão condenatória transitada em julgado – e o julgamento desta ainda não tenha sido concluído, a maioria daquela Corte já proferiu voto no sentido de não conhecer da ação, refutando a corrente vencida, que concedia a medida cautelar. De qualquer sorte, reafirmo que não seria possível a sustação do trâmite do processo de registro de candidatura, a fim de aguardar o julgamento final da **revisão criminal** manejada em face do acórdão criminal condenatório ou a apreciação do pedido de tutela provisória incidental, pois tal providência é incompatível com a legislação e com a celeridade dos feitos eleitorais. [...]" (TSE, Ac. de 13.3.2019, no AgR-RO n. 60105362, Rel. Min. Admar Gonzaga. No mesmo sentido, o Ac. de 23.9.2014, no RESPE n. 38375, Rel. Min. Luciana Lóssio)
>
> "Recurso especial eleitoral. Revisão criminal. Arguida violação ao artigo 252, I, II, III e IV, do CPP. Inexistência. Descumprimento de ordem judicial em AIJE. Instauração de ação penal. Crime de desobediência. Artigo 347 do CE. Condenação transitada em julgado. (...) Pretendido afastamento da inelegibilidade. Tema estranho à **revisão criminal**. Não conhecimento. Divergência jurisprudencial indemonstrada. Parcial conhecimento e, no mais, desprovido o recurso. [...] 5- não se conhece da alegada afronta aos artigos 14, § 9º, da constituição federal e 1º, I, e, da LC nº 64/90, no que diz respeito à aplicação da inelegibilidade prevista na referida alínea, porque, mantida a condenação, tal matéria por si só não encontra respaldo nas hipóteses de revisão criminal do artigo 621 do CPP. (...)". (TSE, Ac. de 25.4.2013, no RESPE n. 826415034, Rel. Min. Laurita Vaz)

Merece solução diversa a hipótese em que o candidato, condenado em decisão colegiada, interpõe **Embargos Infringentes**[207], tendo em vista a eficácia suspensiva plena do referido recurso.

> REspEl n. 060030149 - SÃO GERALDO – MG, Ac. de 11/12/2020, Rel. Min. Tarcisio Vieira De Carvalho Neto
>
> [...] CONDENAÇÃO CRIMINAL. DECISÃO COLEGIADA. EMBARGOS INFRINGENTES E DE NULIDADE PENDENTES DE JULGAMENTO. EFEITO SUSPENSIVO. *OPE LEGIS*. INELEGIBILIDADE. ART. 1º, I, E, DA LC Nº 64/90. NÃO INCIDÊNCIA. PRECEDENTE. DESPROVIMENTO.
>
> 1. Este Tribunal Superior firmou o entendimento de que não incide a inelegibilidade do art. 1°, I, *e*, da LC n° 64/90, se pendentes de julgamento embargos infringentes **e de nulidade**, dada a sua natureza recursal dotada de **eficácia suspensiva plena**. Precedentes.
>
> 2. Os embargos infringentes e de nulidade têm natureza de retratação, o qual busca a prevalência do voto vencido favorável ao réu, o que lhes dá, ainda, um caráter ampliativo e ofensivo, pois permite a modificação do julgado caso haja alteração do entendimento daqueles magistrados que lhes foram desfavoráveis no primeiro julgamento. É nítido o intuito de aperfeiçoar e rever, sob a ótica dos vencidos, as decisões proferidas, a não resultar, assim, exaurida a fase ordinária. [...]

---

[207] Embargos de Declaração, ao contrário, por não buscar a reforma da decisão, mas simplesmente esclarecer obscuridade, omissão ou contradição, não suspende a inelegibilidade: REspe n. 122-42/CE, julgado em 09.10.2012

Merece destaque que esta alínea "e" não oferece um **rol de crimes - ou de tipos penais** - e nem se refere, de forma estanque, a capítulos do código penal. Há, isto sim, várias coincidências terminológicas, como quando a LC diz inelegíveis os que condenados por crimes contra o patrimônio, ou contra a administração pública, etc., já que o Código Penal também se utiliza de tais expressões para agrupar os tipos penais que protegem tais bens jurídicos. Ao contrário, a alínea "e" contém um rol de bens jurídicos, cuja violação justifica o estabelecimento da inelegibilidade aqui tratada. Então, não importa, para a lei das inelegibilidades, se o crime cometido pelo candidato está tipificado no Código Penal ou em legislação extravagante. Desde que tenha ofendido a administração pública, p.ex., a inelegibilidade incidirá, mesmo que o tipo penal esteja na lei de licitações ou no DL n. 201/1967. E até mesmo quando o tipo penal está no próprio Código Penal, mas em capítulo não contemplado pelo rol da alínea "e", deve-se verificar se o bem jurídico ofendido não está dentre os que são objeto da proteção constitucional. Os novos tipos penais que descrevem condutas praticadas em procedimentos de licitação e de contratos públicos, agora no Código Penal (art. 337-E a art. 337-P), têm como bem jurídico protegido também a administração pública.

> "Embora o delito de **incêndio** esteja inserido no Título VIII - Dos Crimes contra a Incolumidade Pública - do Código Penal, a circunstância de ter sido cometido no fórum da cidade, isto é, em **edifício público**, o inclui entre os crimes contra o patrimônio público a que faz referência o art. 1º, I, *e*, da Lei Complementar nº 64/1990". (TSE, Ac. de 12.11.2008, no RESPE nº 30252)
>
> "Eleições 2018. Registro de candidatura. Deputado federal. Decisão regional. Indeferimento. Condenação criminal. Decisão colegiada. Inelegibilidade. Reconhecimento. 1. O Tribunal *a quo* indeferiu o registro do candidato ao cargo de deputado federal, em razão da inelegibilidade prevista no art. 1º, I, e, da Lei Complementar 64/90, decorrente de sua condenação, por decisão colegiada, pela prática dos crimes tipificados nos **arts. 89 e 90 da Lei 8.666/93**." (TSE, Ac. de 13.3.2019, no AgR-RO n. 60105362, Rel. Min. Admar Gonzaga. **No mesmo sentido**, o Ac. de 23.9.2014, no RESPE n. 38375, Rel. Min. Luciana Lóssio)
>
> ELEIÇÕES 2016. (...) CRIME TRIBUTÁRIO. SONEGAÇÃO FISCAL. ART. 1º, II, 2ª parte, da Lei 8.137/90. CONFIGURAÇÃO.
>
> 1. Este Tribunal já assentou que, "para efeito da inelegibilidade prevista no art. 1º, I, e, da LC nº 64/90, considera-se crime contra a administração pública aquele cometido em infração ao art. 1º, I e II, da **Lei nº 8.137/90**" (RO 12-84, rel. Min. Cezar Peluso, DJ de 11.12.2006).
>
> 2. A jurisprudência do TSE tem entendido que a regra alusiva à inelegibilidade do artigo 1º, inciso I, alínea e, da Lei Complementar 64/1990 **alcança não apenas os tipos penais disciplinados no Código Penal como também os previstos na legislação esparsa** (REspe 76-79, rel. Min. Marco Aurélio, DJE de 28.11.2013).
>
> 3. Agravo regimental a que se nega provimento.
>
> (Recurso Especial Eleitoral nº 35096, Acórdão, Relator(a) Min. Henrique Neves Da Silva, Publicação: PSESS - Publicado em Sessão, Data 10/11/2016)

> "Inelegibilidade. Crime previsto no art. 1º, do **Decreto-Lei n. 201/67**. Trata-se de crime contra a administração pública, e a condenação, por tal prática, desde que haja o trânsito em julgado[208], acarreta inelegibilidade..." (TSE, REsp. n. 12.862-MT, Rel. Min. Eduardo Ribeiro, *DJU* 7/11/1996)

Mesmo antes da LC n. 135/2010, que acrescentou o **§ 4º ao art. 1º,** da LC n. 64/90, já se argumentava que determinados crimes, mesmo dentre os expressamente mencionados pelo legislador complementar, não guardavam consonância com os valores e fins do § 9º, do Art. 14, da CF, porque sua prática não atentaria contra a moralidade para o exercício do mandato e nem contra a probidade administrativa. Nessa linha de ideias, o TSE já se havia pronunciado pela inaplicabilidade da inelegibilidade dessa alínea "e" nos casos de crimes de desacato e de desobediência (arts. 330 e 331, do Código Penal), de forma que o condenado, assim que cumprida a pena e recuperados os seus direitos políticos (art. 15, III, da CF), podia voltar a concorrer a cargos eletivos. Data vênia, mostrava-se perigoso e escorregadio o caminho percorrido pelo mencionado raciocínio, posto que ficava ao critério do intérprete, diante do caso concreto,[209] escolher qual crime ofendia efetivamente os valores e fins consagrados na norma constitucional que permitiu à LC estabelecer outros casos de inelegibilidade. Se o § 9º, do Art. 14, da CF, conferiu ao legislador complementar competência para estabelecer outros casos de inelegibilidade, sinalizando-lhe com os valores a serem protegidos (dentre os quais a moralidade e a probidade, que aliás são princípios norteadores da administração pública), e se a LC 64/90 enumerou, dentre tantos, exatamente os crimes contra a administração pública, inevitável concluir que a competência constitucional para a fixação das inelegibilidades foi exercitada pelo Congresso Nacional (que legitimamente escolheu quais as condutas atentam contra aqueles valores e fins), não cabendo ao Judiciário excluir este ou aquele tipo penal, a não ser que o fizesse nos casos de vício de inconstitucionalidade. E não se vê qualquer inconstitucionalidade no estabelecimento de inelegibilidade para os que tenham praticado crimes contra a administração pública (ao contrário, o STF, nas ADC 029 e 030, proclamou a perfeita adequação constitucional de todas as hipótese de inelegibilidade da LC 64/90, com as alterações da LC 135/10), porque a Constituição Federal elegeu a moralidade e a probidade como valores a serem protegidos não apenas em relação a quem já se encontra no exercício de cargos públicos, como também em relação àqueles que buscam alcançá-los por eleição. Se o candidato tem na sua vida pregressa caso de desrespeito com a administração pública, apresenta-se como perfeitamente pertinente, razoável e proporcional fique ele inelegível pelo prazo previsto na lei. Admitir-se a candidatura do condenado por crime contra a administração pública, antes de cumprido o prazo da inelegibilidade, implica em inobservância dos valores e fins buscados pela Constituição, deixando a moralidade e a probidade ao desabrigo. Essa discussão, entretanto, perde relevância a partir da LC n. 135/2010, que, ao acrescentar o dito § 4º ao art. 1º, faz expressa referência à não incidência da inelegibilidade desta alínea "e" aos que condenados por **crimes de menor potencial ofensivo, por crimes culposos**

[208] A inelegibilidade, a partir da LC n. 135/10, se impõe também a partir da decisão colegiada.

[209] E a subjetividade não raro leva ao odioso tratamento privilegiado.

e por crimes de ação penal privada. Fixando a inelegibilidade pelo cometimento dos crimes que menciona e indicando as exceções (crimes culposos, de menor potencial ofensivo e de ação penal privada), o legislador esgotou a matéria, não sendo possível incluir outros crimes no rol das exceções, até porque, repita-se, o STF entendeu – nas ADC 029 e 030 – proporcional e razoável a inelegibilidade desta alínea.

> A incidência da exceção prevista neste parágrafo, quanto aos crimes de menor potencial ofensivo praticados isoladamente ou em concurso material, formal ou em continuidade delitiva, leva em conta a condenação penal pelo prazo máximo da pena abstratamente prevista em lei, independentemente das circunstâncias consideradas para efeito da aplicação da pena em concreto. (TSE, Ac. de 7.11.2017, no REspe nº 10554)

Necessário lembrar, todavia, que não há crime militar de menor potencial ofensivo, mesmo aqueles com pena abstrata não superior a dois anos, pois o art. 90-A, da Lei n. 9.099/95[210] (Lei dos Juizados Especiais), os afasta expressamente. Assim, se o crime militar ofender algum dos bens jurídicos enumerados na alínea "e", a decisão condenatória colegiada da Justiça Militar ou o seu trânsito em julgado faz incidir a inelegibilidade sempre.

> RO n. 060066541 - BELÉM – PA, Ac. de 18/10/2018, Rel. Min. Edson Fachin
>
> ELEIÇÕES 2018. [...] CONDENAÇÃO CRIMINAL. ART. 319 DO CÓDIGO PENAL MILITAR. INAPLICABILIDADE DA LEI Nº 9.099/95 NO ÂMBITO DA JUSTIÇA MILITAR. **CONSELHO PERMANENTE DA JUSTIÇA MILITAR**. ÓRGÃO COLEGIADO. INELEGIBILIDADE PREVISTA NO ART. 1º, I, *E*, 1, DA LC Nº 64/90. [...]
>
> 2. A colegialidade contida na referida norma não está intrinsecamente ligada a um órgão de segundo grau de jurisdição, mas à garantia de independência de vários membros julgadores, em oposição à contenção da vontade do julgador individual.
>
> 3. O fato de o Conselho Permanente de Justiça integrar a primeira instância da Justiça Militar Estadual não afasta o caráter colegiado do referido órgão – composto por um Juiz–Auditor, um oficial superior e três oficiais de posto até capitão–tenente ou capitão (art. 16, b, da Lei nº 8.457/92) –, pois a inelegibilidade em comento "[...] *não inclui que a colegialidade tenha de ser órgão recursal (vide a questão dos julgados do Supremo Tribunal Federal em instância originária) nem apenas decisões recorríveis ou extraídas de recursos*" (RO 169795/MT, Rel. designada Min. Carmem Lúcia, PSESS 02.12.2010)
>
> 4. A condenação do recorrido por crime do **art. 319 do Código Penal Militar não se enquadra na exceção prevista no art. 1º, I, § 4º da LC nº 64/90** apesar de sua pena em abstrato não ultrapassar dois anos de detenção. Isso porque não se aplica à Justiça Militar as disposições da Lei nº 9.099/95, conforme disposto no seu art. 90–A.
>
> 5. No caso em apreço, verifica–se a presença dos requisitos configuradores da inelegibilidade encartada no art. 1°, I, *e*, 1 da LC n° 64/90: o recorrido foi condenado por órgão colegiado (Conselho Permanente da Justiça Militar) em razão da prática

---

[210] Art. 90-A. As disposições desta Lei não se aplicam no âmbito da Justiça Militar. (incluído pela Lei nº 9.839, de 27.9.1999)

de crime contra a Administração Pública (art. 319, do CPM), razão pela qual o acórdão recorrido merece reforma, com o consequente indeferimento do registro de candidatura do recorrido. [...]

De resto, possível a suspensão cautelar da inelegibilidade, pelo Tribunal a que se dirige o recurso contra a decisão condenatória colegiada, na forma do art. 26-C, da LC 64/90, acrescentado pela LC 135/2010, conforme minuciosamente desenvolvido na alínea D, acima.

Alínea F: indignidade do oficialato

Art. 1º, I, "f": os que forem declarados indignos do oficialato, ou com ele incompatíveis, pelo prazo de 8 (oito) anos; (alínea f com redação dada pelo art. 2º da LC nº 135/2010)

Os oficiais das Forças Armadas e, por similitude de situação, os das Polícias Militares dos Estados, podem perder suas patentes por indignidade ou por incompatibilidade, em decisão de Tribunal Militar. O art. 142, § 3º, VI, da CF, prevê esta hipótese e, ainda, a perda da patente como resultado de condenação criminal na Justiça Comum ou Militar, a pena privativa de liberdade superior a dois anos, por sentença transitada em julgado, desde que essa decisão seja levada à apreciação do Tribunal Militar, para o fim específico de deliberação acerca da indignidade. Então, a perda da patente de Oficial não é resultado automático da condenação criminal. Ao contrário, depende de decisão do Tribunal Militar, que verificará se o Oficial, em razão da condenação criminal, tornou-se indigno do oficialato. Em razão dessa decisão de indignidade ou incompatibilidade, o militar fica inelegível por 8 anos.

(...) ELEIÇÕES 2016. (...) Declaração de indignidade para com o oficialato. **Desnecessidade de trânsito em julgado** para a incidência da inelegibilidade. Presença dos requisitos legais: declaração de indignidade para com o oficialato proferida por Tribunal competente. Artigo 1°, I, f, da Lei Complementar n° 64/90. RECURSO DESPROVIDO. (TRE-SP, RECURSO n. 29959, AC. de 28/11/2016, Rel. SILMAR FERNANDES, Publicação: PSESS - Publicado em Sessão, Data 28/11/2016)

"(...) Impugnação a registro de candidatura. Inelegibilidade da alínea f, inc. I do art. 1º, da LC n. 64/90. Indignidade do oficialato. Jurisdição militar. Incompetência da Justiça Eleitoral. (...)" NE: "A indignidade para o oficialato são penas acessórias instituídas pelo Código Penal Militar, para aplicação aos oficiais militares, cujo processo e julgamento **compete à Justiça Militar**, não cabendo, em razão da matéria, à Justiça Eleitoral." (Ac. n. 13.461, de 17/12/96, rel. Min. Francisco Rezek.)

Alínea G: Rejeição de Contas

Art. 1º, I, *g: os que tiverem suas contas relativas ao exercício de cargos ou funções públicas rejeitadas por* ***irregularidade insanável*** *que configure* ***ato doloso de improbidade*** *administrativa, e por* ***decisão irrecorrível*** *do órgão competente, salvo se esta houver sido* ***suspensa ou anulada pelo Poder Judiciário****, para as eleições que se realizarem nos* ***8 (oito) anos*** *seguintes, contados a partir da data da decisão, aplicando-se o disposto no inciso* ***II do art. 71 da Constituição Federal, a todos os ordenadores de despesa****, sem exclusão de mandatários que houverem agido nessa condição;* (LC n. 64/90, com redação dada pela LC n. 135/10)

Trata-se de uma das inelegibilidades mais cogitadas na prática, ao lado das condenações criminais.

Ainda pensando na vida pregressa do candidato e na necessidade de preservação da moralidade e probidade administrativas, valores inscritos no art. 14, § 9º, da CF/88, a LC n. 64/90, já na sua redação original, impôs a inelegibilidade daqueles "que tiverem suas contas relativas ao exercício de cargos ou funções públicas rejeitadas por irregularidade insanável e por decisão irrecorrível do órgão competente, ...".

Sabe-se que todos os agendes públicos, gestores de orçamento ou ordenadores de despesas públicas são obrigados a prestar contas de sua gestão ao respectivo Tribunal de Contas, que exerce o controle externo das contas públicas, ora julgando-as, ora oferecendo parecer prévio que auxilia a decisão da Casa Legislativa. Então, os Prefeitos, Governadores, Presidente da República, Presidentes do Senado, da Câmara dos Deputados, das Assembleias Legislativas e das Câmaras Municipais, os Presidentes de Tribunais, os Procuradores Gerais de Justiça, como também os dirigentes de Autarquias e Fundações Públicas, dentre outros, porque têm a gestão do orçamento ou a administração de bens ou valores públicos, estão obrigados a prestar contas da execução orçamentária e da realização das despesas ao Tribunal de Contas. Ordinariamente, as contas são apreciadas às inteiras, ou seja, envolvendo **todo o exercício financeiro** (contas anuais). Mas também há **contas parciais ou específicas**, como as relativas a convênios ou as resultantes de inspeções (às vezes motivadas por denúncias) ou tomadas especiais de contas. Se estas ou aquelas contas forem rejeitadas por irregularidade insanável e por decisão irrecorrível, aquele gestor e/ou administrador fica inelegível.

> RO nº 252356 - Recife/PE, Ac. de 14/06/2011 – DJE de 02/09/2011, Rel. Min. MARCO AURÉLIO MELLO
>
> INELEGIBILIDADE - ALINEA G DO INCISO I DO ARTIGO 1º DA LEI COMPLEMENTAR Nº 64/1990 - ALCANCE. A norma da alínea g do inciso I do artigo 1º da Lei Complementar nº 64/1990 não se limita à rejeição das contas anuais relativas ao exercício de cargos ou funções públicas, alcançando **também a glosa parcial**.
>
> REJEIÇÃO DE CONTAS. Uma vez rejeitadas as contas, impondo-se o ressarcimento aos cofres públicos, configura-se a inelegibilidade prevista na alínea g do inciso I do artigo 1º da Lei Complementar nº 64/1990.
>
> No mesmo sentido: Ac.-TSE, de 17.12.2015, no RO nº 100003.

Gestores Públicos

Percebe-se que o primeiro requisito de configuração da causa de inelegibilidade é serem as contas relacionadas ao exercício de cargos ou funções públicas. Assim, contas prestadas por dirigentes de entidades privadas, ainda que relativas a recursos públicos recebidos em convênios ou por meio de subvenções, não se posicionam no âmbito de alcance da inelegibilidade, pois não são "*contas relativas ao exercício de cargos ou funções públicas*".

Ac.-TSE, de 22.11.2018, no AgR-RO nº 060074857 e REspe n. 39.461/SC, julgado em 20.10.2016: rejeição de contas de gestor de entidades privadas não se subsume à hipótese de inelegibilidade prevista nesta alínea;

RO – AgR-RO n. 060090296 - FLORIANÓPOLIS – SC, Ac. de 27/11/2018, Rel. Min. Edson Fachin

[...] REGISTRO DE CANDIDATURA. DEPUTADO FEDERAL. ART. 1º, I, "G", DA LEI COMPLEMENTAR Nº 64/1990. REJEIÇÃO DE CONTAS. ENTIDADE PRIVADA. LEGALIDADE ESTRITA. AUSENTE O REQUISITO DO EXERCÍCIO DE CARGO OU FUNÇÃO PÚBLICA. HIPÓTESE DE INELEGIBILIDADE NÃO CONFIGURADA. AGRAVO DESPROVIDO .

1. O art. 1º, I, "g", da LC nº 64/90 exige, para a sua configuração, a presença dos seguintes requisitos: **exercício de cargos ou funções públicas**; rejeição das contas pelo órgão competente; insanabilidade da irregularidade verificada; ato doloso de improbidade administrativa; irrecorribilidade do pronunciamento de desaprovação das contas e inexistência de suspensão ou anulação judicial do aresto de rejeição das contas.

2. A causa de inelegibilidade prevista no art. 1º, I, "g", da LC nº 64/1990 **não alcança os gestores de entidades privadas,** ainda que sejam destinatárias de verbas públicas. Precedentes.

3. As hipóteses de inelegibilidade, porque encerram instrumento de restrição de direito fundamental, devem ser interpretadas sob a lógica da legalidade estrita, sendo vedada a sua interpretação extensiva.

Órgão Competente para a decisão

Como a inelegibilidade pressupõe decisão irrecorrível do *órgão competente*, necessário primeiramente verificar de quem é a competência para a apreciação e *julgamento* das contas dos mencionados gestores. Não há dúvida de que será sempre o Poder Legislativo o órgão julgador dos atos de **gestão do orçamento**. Assim, o Congresso Nacional julga as contas do Presidente da República, as Assembleias Legislativas julgam as contas do Governador e as Câmaras Municipais julgam as contas do Prefeito, sempre a partir de parecer prévio elaborado pelo Tribunal de Contas.

Mas como as contas anuais ordinárias do Poder Executivo envolvem, além da mencionada gestão orçamentária, também a **ordenação de despesas**, é necessário saber qual o papel desempenhado pelos Tribunais de Contas neste particular, ou seja, na apreciação dos atos de administração de recursos. São eles meros auxiliares do Congresso Nacional, das Assembleias Legislativas e das Câmaras Municipais, emitindo pareceres prévios que serão acolhidos ou não por aquelas Casas, ou efetivamente julgam essas contas?

Inquestionável que a Constituição Federal, ao tratar do Tribunal de Contas da União como órgão auxiliar do Poder Legislativo no controle das contas, confere-lhe atribuições para emitir *parecer prévio* sobre a gestão do orçamento[211] e para *julgar as*

211 Art. 71, I, da CF.

contas do ordenador das despesas públicas[212]. Percebe-se, então, que gerir o orçamento é algo diferente de ordenar despesas, até porque sobre aquela primeira atividade (gestão do orçamento) o TCU apenas emite parecer prévio para a apreciação e julgamento do Congresso Nacional, enquanto que a ordenação de despesas é julgada pelo próprio Tribunal de Contas.

O Presidente da República, o Governador de Estado ou mesmo o Prefeito Municipal têm nas mãos o orçamento público, que é aprovado por lei específica para execução no ano seguinte. Ali estão previstas verbas para desenvolvimento do ensino, para as ações da saúde, para pagamento de pessoal, para a segurança pública, etc. Durante o ano de sua execução, o gestor do orçamento está obrigado a observá-lo fielmente, até porque, como dito, trata-se de lei, não obstante seja a ele reservada a possibilidade de contingenciamentos, como a abertura de créditos especiais, mas sempre nos limites da lei orçamentária. Quando o Prefeito, ou o Governador, ou o Presidente da República distribui as verbas orçamentárias entre os diversos órgãos da Administração, dotando os Ministérios ou Secretarias das verbas necessárias ao desenvolvimento das ações esboçadas no orçamento, ele está gerindo o orçamento, cumprindo a vontade manifestada pelo Legislador na Lei Orçamentária, daí que agindo tipicamente como Agente Político. Não está, pelo menos nesse momento, realizando despesas públicas, ou seja, agindo como administrador, mas limitando-se a distribuir a receita pública para que os órgãos da Administração, estes sim, realizem as despesas, adquiram bens, paguem a folha de pessoal, contratem serviços, etc. Aquela atividade (distribuição do dinheiro público entre os Ministérios e Secretarias) constitui a gestão do orçamento, caracterizada como atividade política do governo, porque é com isso que a Administração escolhe, nos limites da lei orçamentária, suas prioridades. No que pertine a essa atividade (gestão do orçamento), como já se adiantou, o Tribunal de Contas não tem competência para julgar o Gestor, porque não se trata de realização de despesas, mas apenas de distribuição de recursos orçamentários. Por esse motivo, a CF diz que o Tribunal de Contas apenas emite um *parecer prévio* a ser submetido à apreciação do Congresso Nacional (art. 71, I). Cabe a este o *julgamento*, por exemplo, do Presidente da República, no que diz respeito à gestão do orçamento da União.

Em resumo, pode-se dizer que, toda vez que o Tribunal de Contas aprecia a gestão do orçamento, ele se limita a emitir parecer prévio, hipótese em que o julgamento é da Casa Legislativa propriamente dita, porque essa decisão é política. Por conseguinte, o *órgão competente* a que se refere a lei de inelegibilidades, neste particular, é o Congresso Nacional, ou a Assembleia Legislativa, ou a Câmara Municipal. É essa decisão que vai gerar a inelegibilidade de que trata a alínea em estudo.

Não é só a execução do orçamento, entretanto, que é submetida à apreciação dos Tribunais de Contas. Tão importante quanto distribuir bem o orçamento é ordenar

212 Art. 71, II, da CF.

com probidade as despesas públicas; é adquirir apenas os bens e serviços necessários à Administração; é adotar o procedimento licitatório adequado para as aquisições de bens e serviços e, a partir dele, escolher – sempre e invariavelmente – o menor preço e a melhor qualidade, mesmo nas hipóteses de dispensa e inexigibilidade de licitação, fugindo do superfaturamento; é evitar o desvio do dinheiro público nas suas mais variadas formas. Quando o Administrador Público contrata a construção de uma ponte, ordena o pagamento da folha de pessoal, autoriza o reembolso de despesas de viagem de servidores, etc., está ordenando despesas. Essa atividade é da alçada daquele a quem a lei da contabilidade pública[213] chama de *ordenador da despesa*, que é o agente público que vai efetivamente assinar a nota de empenho (após a fase de liquidação, ou seja, a fase em que se assegura que o serviço foi prestado ou a mercadoria foi entregue), autorizando o pagamento e possibilitando materialmente a concretização do gasto. Não é atribuição do Presidente da República, por exemplo, e, na maioria das vezes, de Governadores de Estado. Muitos Prefeitos Municipais, todavia, concentram em suas mãos a quase totalidade das hipóteses de ordenação de despesa, embora possam delegar legalmente essa atividade aos seus Secretários (na saúde, a lei até recomenda essa delegação).

O certo é que o Tribunal de Contas, quando examinando a execução da despesa pública, ou seja, esse ato de ordenação de despesa, profere *julgamento das contas*, aprovando-as ou rejeitando-as. O TC não vai, neste particular (ordenação de despesas, repita-se), emitir parecer prévio para apreciação da Casa Legislativa. Vai, isto sim, proferir um julgamento, porque é dele a competência para o juízo definitivo, nesta instância, a respeito das contas de tal natureza. Via de consequência, a decisão que vai tornar inelegível o ordenador das despesas públicas é aquela pronunciada pelo Tribunal de Contas, se as tiver rejeitado, perdendo relevância eventual pronunciamento da Câmara Municipal, da Assembleia Legislativa ou do Congresso Nacional, ainda que seja no mesmo sentido.

É muito comum que a Câmara Municipal, ao receber o expediente do Tribunal de Contas, em que há apreciação geral das contas anuais (envolvendo gestão orçamentária e ordenação de despesas), acabe "julgando" tudo, muitas vezes aprovando contas que o TC rejeitou. Mas, como já se disse, o pronunciamento da Câmara será efetivo julgamento do Agente Político apenas quanto à gestão do orçamento, uma vez que o julgamento do agente público ordenador de despesas, mesmo quando o seja o próprio agente político, já terá sido feito pela Corte de Contas. Essa competência foi destacada aos Tribunais de Contas pela Constituição Federal, art. 71, II.

Em conclusão, o órgão competente, de cuja decisão irrecorrível de rejeição das contas resulta a inelegibilidade aqui examinada, é a Casa Legislativa correspondente (quanto à execução orçamentária) e o Tribunal de Contas (quanto à realização das despesas). E é bom lembrar que a *execução de convênios (como também a administração de autarquias e fundações públicas)* é atividade de realização de despesas, suportadas com recursos especialmente aportados no órgão convenente, daí que o Tribunal julga as contas, e essa decisão não se submete ao Congresso Nacional, ou à Assembleia Legislativa, ou à Câmara Municipal, porque, insista-se, não se trata de parecer prévio.

---

[213] Lei n. 4.320/64.

> "Recurso Especial. Registro de candidato. Inelegibilidade. Rejeição de contas pelo Tribunal de Contas. Ausência de prestação de contas de **recursos provenientes de convênio.** O posterior reembolso do débito não tem o condão de afastar a causa de inelegibilidade prevista no art. 1º, inciso I, alínea *g*, da LC n. 64/90..." (TSE, RESPE. n. 12.976-SE, Rel. Min. Ilmar Galvão, *DJU* 12/11/1996)
>
> "Rejeição de contas. Aplicação de verbas obtidas mediante **convênio com o Estado.** Hipótese em que o Tribunal de Contas profere julgamento e não apenas parecer prévio." (TSE, RESPE. n. 13.299-ES, Rel. Min. Eduardo Ribeiro, *DJU* 27/11/1996).
>
> "Alegação de incompetência do TCU para rejeitar contas municipais: improcedência, por se tratar de **convênio** firmado entre o município e o Ministério da Ação Social." (TSE, Rec. Ord. n. 595, em 19/9/2002, Rel. Min. Sepúlveda Pertence)

Também as contas da Câmara Municipal, que tem autonomia orçamentária, administrativa e financeira, são apreciadas e efetivamente julgadas pelo Tribunal de Contas.

> "Inelegibilidade - Rejeição de **contas do Presidente da Câmara** Municipal - Parecer prévio do Tribunal de Contas do Estado - Caráter definitivo. I - Em relação às contas de Câmara Municipal, basta o parecer prévio do Tribunal de Contas do Estado (art. 71, II, da Constituição Federal), sendo despicienda a decisão da Câmara Municipal sobre a matéria." (TSE, RESPE n. 12.875-CE, Rel. Min. Eduardo Alckmin, *DJU* 5/11/1996).
>
> "Contas da Câmara Municipal - Julgamento - Tribunal de Contas - Competência - ... O Tribunal de Contas é competente para julgar as **contas da Mesa da Câmara Municipal**, bem como para fixar responsabilidades, cabendo-lhe julgar tecnicamente as contas dos administradores municipais e dos demais responsáveis por dinheiro, bens e valores da Administração Municipal e as contas daqueles que deram causa a perda, extravio ou outra irregularidade que resulte prejuízo ao erário, a teor do art. 71, II, c/c o art. 75 da CF/88 e do art. 76, II e III, c/c o art. 180, § 4º, da Constituição do Estado de Minas Gerais. ... (TJMG, Ap. Cível n. 252.500-4/00, Belo Horizonte, Rel. Des. Brandão Teixeira, em 18/3/2003 - Destaquei)

É esclarecedora a manifestação de Frederico Pardini, na sua tese de doutorado na UFMG:

> "Se, por um lado, como declara a Constituição em seu art. 71, *caput*, o controle externo está a cargo do Congresso Nacional, e será exercido com o auxílio do Tribunal de Contas, por outro lado, no mesmo *caput*, está claramente preceituado que todas as competências enumeradas nos incisos I a XI, do mesmo art. 71, são outorgadas diretamente ao Tribunal de Contas. É ao Tribunal de Contas que compete o exercício e a prática da maioria absoluta das atividades de controle externo, ou seja, o exercício da fiscalização contábil, financeira, orçamentária, operacional e patrimonial dos atos e desempenho dos órgãos e entidades da administração direta e indireta, quanto à sua legalidade, legitimidade e economicidade, fiscalização esta que, como dispõe o art. 70, será exercida mediante controle externo, e pelo controle interno de cada poder."[214]

[214] PARDINI, Frederico. *Tribunal de Contas* – Órgão de destaque constitucional. *Apud* FERRAZ, Luciano de Araújo. *Controle da administração pública* – Elementos para a compreensão dos tribunais de contas. Belo Horizonte: Mandamentos, 1999, p. 107.

O Professor Luciano Ferraz afirma:

> "O Tribunal de Contas desempenha sua função de exame mediante parecer prévio e julgamento de contas. O primeiro consiste na avaliação das contas globais e anuais dos chefes do Poder Executivo; o segundo consiste na análise dos atos de captação de receitas e ordenamentos de despesas, ou seja, atos com repercussão imediata para o erário respectivo. Noutras palavras, a Administração Pública presta contas por intermédio do Chefe do Poder Executivo, agregando as contas dos demais Poderes e entidades da Administração Indireta, que se submete a julgamento perante os representantes do povo que compõem o Parlamento. Não obstante, cada unidade da Administração Direta ou entidade da Administração Indireta presta contas da sua restrita gestão diretamente ao Tribunal de Contas, que se incumbirá de julgá-las, independentemente do pronunciamento do Legislativo. A dualidade entre o que sejam contas globais anuais, sujeitas ao sistema do parecer prévio, e contas de cada unidade administrativa, submetidas ao sistema de julgamento perante as Cortes de Contas, é tênue. Todavia, apartar o conteúdo de ambas é imprescindível, e sua repercussão prática é relevante, eis que os fatos em apuração obedecem a procedimentos diferentes e juízos diversos."

Prossegue o professor mineiro, lembrando a decisão do Supremo Tribunal Federal, na ADIN 849/MT, publicada em 23/4/1999:

> "Tribunal de Contas dos Estados: competência: observância compulsória do modelo federal: inconstitucionalidade de subtração ao Tribunal de Contas da competência do julgamento das contas da Mesa da Assembleia Legislativa – compreendidas na previsão do art. 71, II, da Constituição Federal, para submetê-las ao regime do art. 71, c/c art. 49, IX, que é exclusivo da prestação de contas do chefe do Executivo.
>
> I – O art. 75 da Constituição Federal, ao incluir as normas federais relativas à fiscalização nas que se aplicariam aos Tribunais de Contas dos Estados, entre essas compreendeu as atinentes às competências institucionais do TCU, nas quais é clara a distinção entre a do art. 71, I – de apreciar e emitir parecer prévio sobre as contas do Chefe do Poder Executivo, para serem julgadas pelo Legislativo – e a do art. 71, II – de julgar as contas dos demais administradores e responsáveis entre eles, dos órgãos do Poder Legislativo e do Poder Judiciário.
>
> II – A diversidade entre as duas competências, além de manifesta, é tradicional, sempre restrita a competência do Poder Legislativo para o julgamento às contas gerais da responsabilidade do Chefe do Poder Executivo, precedidas de parecer prévio do Tribunal de Contas: cuida-se de sistema especial adstrito às contas dos Poderes, mas como responsável geral pela execução orçamentária: tanto assim que a aprovação política das contas presidenciais não libera do julgamento de suas contas específicas os responsáveis pela gestão financeira das inúmeras unidades orçamentárias do próprio Poder Executivo, entregue à decisão definitiva do Tribunal de Contas."

A doutrina e a jurisprudência do STF não divergem quanto a essa dualidade de funções reservadas ao TCU e, por similitude, imposta pela própria Constituição Federal aos Tribunais de Contas Estaduais: há um parecer prévio sobre a execução orçamentária para que o chefe do Executivo seja julgado politicamente pelo Legislativo; e há um julgamento técnico das despesas ordenadas nas unidades administrativas de todos os órgãos da Administração.

O dissenso surge quando, no Município, se verifica que o Prefeito cumula as funções de agente político (gestor do orçamento) com as de administrador da receita, ordenando despesas e assinando pessoalmente notas de empenho e cheques. A doutrina é também não dissente no sentido de que, em hipóteses tais, o Prefeito se submete ao julgamento da Câmara Municipal como agente político (*gestor do orçamento*) e ao julgamento direto do Tribunal de Contas como mero *administrador de recursos públicos*, tal como os demais administradores e responsáveis por bens, dinheiros e valores públicos (art. 71, II, da CF). Elucidativa a lição do Min. Ayres Brito, no REspe nº 29535, Acórdão de 22/09/2008, Rel. Min. MARCELO HENRIQUES RIBEIRO DE OLIVEIRA, Publicação: PSESS - Publicado em Sessão, Data 22/9/2008:

> Com efeito, a própria utilização do vocábulo 'anualmente', no inciso I do art. 71 da Carta Magna, permite a interpretação de que, sob tal competência, serão julgadas somente as contas anuais/globais prestadas, obviamente, pelo Chefe do Poder Executivo, na qualidade de governo ou autoridade de uma determinada pessoa jurídica federada. Em outras palavras, são as contas prestadas em bloco, atuando o prestador de contas como Chefe de Governo, responsável pela administração pública em geral. Já a ausência, no inciso II do mesmo artigo, de qualquer exceção ou distinção entre "administradores e demais responsáveis por dinheiros, bens e valores públicos" leva à seguinte conclusão: todo aquele que atua como gestor de uma tópica, de uma pontual, de uma particularizada dotação orçamentária, inclusive o Prefeito Municipal, estará sujeito a julgamento pelo Tribunal de Contas. 7. Ora, quisesse o Texto Constitucional, no seu inciso II do art. 71, excepcionar da competência da Corte de Contas para o julgamento das contas de gestão do Chefe do Poder Executivo, agindo este como ordenador de despesas, bastaria uma objetiva ressalva quanto aos sujeitos mencionados no inciso I. Mas não o fez. Não o fez porque o real critério para a fixação da competência dos Tribunais de Contas nestes incisos é o conteúdo em si das contas em análise, e não o cargo ocupado pelo agente político. Portanto, quando o Prefeito Municipal desempenha a função de gestor direto de recursos públicos, praticando atos típicos de administrador em apartado, essas contas serão submetidas à apreciação da Corte de Contas, mediante o exercício de jurisdição administrativa própria, e não como órgão meramente opinativo (inciso II do art. 71, c.c. art. 75 da Constituição Federal de 1988).
>
> Em sede de Reclamação, assim se posicionou o Min. Luiz Fux:
>
> Com efeito, os Prefeitos Municipais não atuam apenas como chefes de governo, responsáveis pela consolidação e apresentação das contas públicas perante o respectivo Poder Legislativo, mas também, e em muitos casos, como os únicos ordenadores de despesas de suas municipalidades. E essa distinção repercute na atuação fiscalizatória das Cortes de Contas. Assim, quando estiver atuando como ordenador de despesas, compete ao Tribunal de Contas o julgamento das contas dos Prefeitos Municipais, apurando a regular aplicação de recursos públicos, consoante o art. 71, inciso II, da CRFB/88. Em caso de inobservância dos preceitos legais, cabe à Corte de Contas aplicar as sanções devidas pela malversação de tais verbas. Como corolário, não se atribui a competência das Câmaras Municipais para o julgamento definitivo acerca das contas públicas, seja pela sua subserviência ao Executivo Municipal, seja pelo esvaziamento da atuação das Cortes de Contas. Decerto, o pensamento oposto vulnera a função precípua da Corte de Contas – apurar eventuais irregularidades na gestão da coisa pública –, permitindo a perpetuação de fraudes e corrupções pelos Municípios ao longo do país. Se ficar configurado que o Prefeito titulariza a competência, específica

e individualizada, de administrar a aplicação dos recursos públicos em sua municipalidade, como é o que se verifica no caso dos autos, franqueia-se ao Tribunal de Contas a possibilidade de proceder ao julgamento das contas municipais, com caráter de definitividade. Destarte, afasta-se a incidência, em tais casos do art. 71, inciso I, da Constituição de 1988, na medida em que se encontra adstrito aos aspectos mais gerais relacionados à execução do orçamento (contas políticas ou de governo). (Rcl n.15902 MC, Rel. Min. LUIZ FUX, julgado em 05/07/2010, publicado em PROCESSO ELETRÔNICO DJe-121 DIVULG 24/06/2013 PUBLIC 25/06/2013).

Mas com a Lei Complementar n. 135/2010, que conferiu a redação atual à inelegibilidade aqui tratada, desnecessária a discussão – para efeitos eleitorais – que se desenvolveu no STF[215] e no TSE[216], sobre ser ou não o Tribunal de Contas o órgão julgador do agente político, quando ordenando despesas, exatamente porque agora a alínea "g" faz expressa referência à atribuição do art. 71, II, da CF, como sendo a decisão irrecorrível causadora da inelegibilidade, inclusive quando relativa a mandatários que houverem agido na condição de ordenadores de despesa. De fato, a nova disposição legal, ao determinar a aplicação do "*inciso II do art. 71 da Constituição Federal, a todos os ordenadores de despesa,* ***sem exclusão de mandatários*** *que houverem agido*

---

[215] O STF é do entendimento de que o Prefeito, como chefe do Executivo, só pode ser julgado por outro Poder, ou seja, pelo Legislativo, ainda que na condição de gestor do dinheiro e ordenador de despesas. Diz aquela Corte Suprema: "Quando, então, o Tribunal, a par dessas contas globais, particulariza atos de gestão atribuídos ao Prefeito, contratos, empenhos, licitações e outros documentos de despesas, penso que o material recolhido desses processos, sobretudo de relatórios de inspeção, está destinado a ser anexado às contas gerais do Chefe do Executivo e submetido à apreciação da Câmara dos Vereadores, porque, por autoridade e jurisdição privativa, só pode o Tribunal julgar as contas daqueles já citados ordenadores de despesa, exatores e almoxarifes, quando não foi o Prefeito que haja diretamente exercido uma dessas atribuições, o que pode até suceder, em município de pequeno porte." (STF, RExt. n. 132.747-1/DF, Rel. Min. Marco Aurélio, vencido o Min. Carlos Mário Velloso, publicado em 7/12/1995).

[216] O TSE, no julgamento dos RESPE 12.645 e 12.694, relatados pelo Min. Sepúlveda Pertence, e no de n. 13.174, relatado pelo Min. Francisco Rezek, adotou a mesma linha de raciocínio, assentando que: "Recurso Especial. Inelegibilidade (art. 1º, I, *g*, da LC n. 64/90). Órgão competente para rejeição das contas. Só com relação às contas dos Chefes do Executivo é que o pronunciamento do Tribunal de Contas constitui mero parecer prévio, sujeito à apreciação da Câmara Municipal, antes do qual não há inelegibilidade (STF, RE 132.747). As contas de todos os demais responsáveis por dinheiros e bens públicos são julgadas pelo Tribunal de Contas e suas decisões a respeito geram inelegibilidade (CF, art. 71, II). Inconstitucionalidade dos arts. 95, II, *d*, e seu § 1º, *in fine*, da Constituição do Estado da Bahia, quando estendem às contas das Mesas das Câmaras Municipais o regime do art. 31, § 2º, da Constituição Federal, que é exclusivo das contas dos Prefeitos." (no mesmo sentido, REsp. n. 13.367-PE e n. 12.936-TO).
Parece haver equívoco do STF e do TSE, porquanto o Tribunal de Contas é órgão auxiliar do Poder Legislativo, com a missão constitucional de examinar e julgar as contas dos ordenadores de despesas, dos gestores do dinheiro público, com melhor aparelhamento intelectual para o julgamento, daí que com o *status* constitucional que lhe foi reservado, com a autonomia de que é dotado e com as prerrogativas próprias de magistrados previstas para os seus membros. Ademais, quando o Prefeito ordena diretamente a despesa pública, não está agindo como Agente Político (única razão para justificar a prerrogativa especial de ser julgado politicamente), mas como mero gestor/administrador de despesas públicas, reforçando ainda mais a necessidade de um julgamento técnico, que só pode ser feito pelo Tribunal de Contas. (A respeito desse assunto, é obrigatória a leitura da obra do Prof. Luciano Ferraz: *Controle da administração pública* – Elementos para a compreensão dos tribunais de contas, já citada.)

nessa condição", impõe como órgão competente, para o efeito da inelegibilidade, o Tribunal de Contas. Por conseguinte, a partir da decisão do TC, rejeitando as contas dos administradores e demais responsáveis por dinheiros, bens e valores públicos da administração direta e indireta, ainda quando sejam eles agentes políticos, contam-se os 8 (oito) anos do impedimento ao exercício da capacidade eleitoral passiva. Agora desnecessário, para a lei de inelegibilidades, saber se o TC tem ou não competência para julgar os atos do prefeito que ordena despesas. Interessa frisar, sim, que a nova alínea "g" estabelece a inelegibilidade dos administradores públicos que tiverem decisão de rejeição na forma do art. 71, II, da CF. O legislador da LC n. 135/2010, querendo passar ao largo da discussão a respeito da competência para julgar as contas anuais do Chefe do Executivo, simplesmente prevê que a inelegibilidade tomará como referência a existência de decisão do TC (porque é ele, indiscutivelmente, o órgão indicado pelo art. 71, II, da CF). O fato, agora elevado a causa de inelegibilidade, é a decisão do TC, quando se pronunciando sobre atos de ordenação de despesas. E é bom lembrar que o STF entendeu constitucionais todas as hipóteses de inelegibilidade da LC n. 64/90, com as alterações da LC n. 135/2010 (ADC n. 029 e 030). Especialmente nesta alínea "g", os argumentos do Min. Dias Toffoli – de que a jurisprudência da Corte atribui ao Legislativo, e não ao TC, o julgamento das contas anuais do Executivo – não prevaleceram. Ao contrário, a maioria afirmou a constitucionalidade também da inelegibilidade que toma como referência a decisão irrecorrível do Tribunal de Contas, quando no exercício da competência fixada no art. 71, II, da CF, ou seja, na apreciação dos atos de ordenação de despesas, seja qual for o agente público, "sem exclusão de mandatários que houverem agido nessa condição". É significativa essa afirmação de constitucionalidade do STF, mesmo com a expressa advertência dos votos vencidos, porque tratou-se, a partir daquele momento, de questão enfrentada e resolvida pela Suprema Corte. Ainda que o Supremo mantenha o entendimento de que o julgamento das contas anuais do Chefe do Executivo é competência do Legislativo, o certo é que, **para efeitos eleitorais – mais precisamente para a inelegibilidade de que cuida esta alínea "g"** – o que importa, o que é tomado como referência, é a decisão de rejeição proferida pelo órgão jurisdicional especializado em contas. Tem-se, com esta alínea "g", algo semelhante ao que o legislador fez com as alíneas que estabelecem inelegibilidades decorrentes de condenações judiciais, que antes exigiam trânsito em julgado e agora se contentam com decisão de órgão colegiado: um deslocamento do ponto de referência para a incidência do impedimento, que antes era o julgamento do Legislativo e agora seria a decisão de rejeição proferida em definitivo pelo único órgão com jurisdição especial sobre as contas de administradores e ordenadores de despesas públicas, ou seja, o Tribunal de Contas. E de fato não se vislumbra qualquer inconstitucionalidade, como de resto afirmado pelo STF nas ADC 29 e 30, na fixação da inelegibilidade a partir desta decisão, irrecorrível no âmbito desta jurisdição.

Por força desta alteração legislativa, os tribunais eleitorais começaram a reconhecer a inelegibilidade já a partir da decisão do Tribunal de Contas:

> ELEIÇÕES 2012. RECURSO ELEITORAL. REGISTRO DE CANDIDATURA. IMPUGNAÇÃO. REJEIÇÃO DE CONTAS DE GESTÃO. PREFEITO. ÓRGÃO COMPETENTE. TCM. PRECEDENTES DO STF E DESTE REGIONAL.

> IRREGULARIDADES INSANÁVEIS. VIOLAÇÃO À LEI 8.429/92. APLICAÇÃO DA ALÍNEA "G", INCISO I, ART. 1º DA LC 64/90. PRECEDENTES DO TRIBUNAL SUPERIOR ELEITORAL E DESTE REGIONAL. DESPROVIMENTO DO APELO.
>
> 1. O recorrente, candidato ao cargo de vereador, quando responsável pela Prefeitura Municipal de Itatira, teve suas contas de gestão julgadas como irregulares pelo Tribunal de Contas dos Municípios (Processo 10552/09), referente ao período de 04 de abril a 31 de dezembro de 2008.
>
> 2. A maioria dos Ministros do STF têm negado, em decisões monocráticas, o pretendido efeito suspensivo a reclamações[217] interpostas por prefeitos que pretendem ver reconhecida a falta de competência dos Tribunais de Contas para julgar contas de gestão (STF - Precedente: Rcl 13401, Relatora Min. Carmen Lúcia, DJE-055 publicado em 16/03/2012). Este Regional tem seguido este posicionamento (TRE/CE. Precedentes: RE 2142 e RE 4481, julgados, respectivamente, em 08/08/2012 e 10/08/2012). Reconhecimento da competência do Tribunal de Contas para julgamento das contas de gestão de Prefeito.
>
> 5. Configuração de ato doloso de improbidade administrativa, nos termos do art. 10 da Lei 8.429/92, resultando na inelegibilidade prevista no art. 1º, inciso I, alínea "g" da LC 64/90. Precedente do TSE. - Apelo desprovido (RECURSO ELEITORAL nº 19589, Acórdão nº 19589 de 13/08/2012, Relator(a) MARIA IRACEMA MARTINS DO VALE, Publicação: PSESS - Publicado em Sessão, Tomo 139, Data 13/08/2012)

No TSE, a tese vinha se aplicando desde o final de 2014, destacando-se o Agravo Regimental relatado pelo Min. Luiz Fux:

> ELEIÇÕES 2014. RECURSO ORDINÁRIO. REGISTRO DE CANDIDATURA. DEPUTADO ESTADUAL. DEFERIMENTO. ART. 1º, I, G, DA LC Nº 64/1990 (REDAÇÃO DADA PELA LC Nº 135/2010). JULGAMENTO DAS CONTAS DE GESTÃO DOS PREFEITOS MUNICIPAIS. COMPETÊNCIA DOS TRIBUNAIS DE CONTAS, E NÃO DAS CÂMARAS MUNICIPAIS. REGIME JURÍDICO DA ATIVIDADE FISCALIZATÓRIA. EXAME DO CONTEÚDO DAS CONTAS. REPÚDIO A ARGUMENTOS ANCORADOS NO ASPECTO FORMAL E SUBJETIVO DE QUEM PRESTA AS CONTAS. EXEGESE LITERAL DO ART. 71, II, DA LEI MAIOR. PREFEITO. ORDENAÇÃO DE DESPESAS. FUNÇÃO MERAMENTE ADMINISTRATIVA. EQUIPARAÇÃO AOS DEMAIS ADMINISTRADORES DE RECURSOS PÚBLICOS. DESCARACTERIZAÇÃO DA FUNÇÃO DE AGENTE POLÍTICO. ARGUMENTOS CONSEQUENCIALISTAS. MAIOR EFICIÊNCIA NA REALIZAÇÃO DOS GASTOS PÚBLICOS. ADEQUAÇÃO DAS CONDUTAS ÀS DIRETRIZES NORMATIVAS BALIZADORAS DA ATUAÇÃO DOS RESPONSÁVEIS PELA GESTÃO DAS DESPESAS PÚBLICAS. INTERPRETAÇÃO INEQUÍVOCA DA CLÁUSULA FINAL DA ALÍNEA G. DECLARAÇÃO DE CONSTITUCIONALIDADE DO REFERIDO PRECEITO NAS ADCs Nº 29 E Nº 30. PRESUNÇÃO IURIS ET DE IURE. EFICÁCIA ERGA OMNES E EFEITO VINCULANTE. REJUGALMENTO DA MATÉRIA PELOS DEMAIS ÓRGÃOS JUDICIAIS. IMPOSSIBILIDADE. AGRAVO REGIMENTAL DESPROVIDO. SEGUNDO AGRAVO. PRECLUSÃO CONSUMATIVA. NÃO CONHECIMENTO.

---

[217] Ver Reclamações nº 15.902, 14101, 14374 e 11484, Relatores, respectivamente, Ministros Luiz Fux, Carmem Lúcia, Joaquim Barbosa e Ricardo Lewandowski.

1. O regime jurídico-fiscalizatório da tomada de contas dos Prefeitos reclama a leitura sob um viés material, atinente ao conteúdo das contas prestadas (i.e., se anuais ou de gestão), e não meramente formal e subjetivo (i.e., pelo simples fato de ser o chefe do Poder Executivo) (FERRAZ, Luciano. Controle da Administração Pública: elementos para a compreensão dos Tribunais de Contas. Belo Horizonte: Mandamentos, 1999, p. 143-152).

2. O Prefeito, ao atuar como ordenador de despesas, não desempenha função eminentemente política, mas, ao revés, sua atuação diz respeito diretamente ao funcionamento da máquina administrativa municipal, equiparável, bem por isso, aos demais administradores de recursos públicos. Consectariamente, não se coaduna com a leitura constitucionalmente adequada da fiscalização das suas contas que a responsabilidade específica e individualizável do Prefeito pela execução de despesas públicas recaia única e exclusivamente sobre a Câmara Municipal.

3.A exegese literal das disposições constitucionais evidencia que não cuidou o constituinte, desde logo, de excepcionar os chefes do Poder Executivo do âmbito de incidência do inciso II do art. 71, aludindo apenas e tão somente a "administradores e demais responsáveis por dinheiros, bens e valores públicos".

4. O processo de tomada de decisões por órgãos judiciais não pode prescindir de uma análise consequencialista, máxime porque a decisão mais adequada a determinado caso concreto é aquela que, dentro dos limites semânticos da norma, promove os corretos e necessários incentivos ao aperfeiçoamento das instituições democráticas, e a repercussão dos impactos da decisão na realidade social.

5. O consequencialismo como postura judicial reclama eficiência administrativa, na medida em que o julgamento das contas pontuais (i.e., de gestão) do Executivo municipal pela Corte de Contas tende a gerar os incentivos corretos, promovendo com maior eficiência a realização dos gastos públicos e adequando as condutas dos Prefeitos às diretrizes normativas balizadoras da atuação dos responsáveis pela gestão das despesas públicas.

6. A cláusula final da alínea g ("[...] aplicando-se o disposto no inciso II do art. 71 da Constituição Federal, a todos os ordenadores de despesa, sem exclusão de mandatários que houverem agido nessa condição") é inequívoca em asseverar que as Cortes de Contas são a autoridade competente para julgar as contas dos Prefeitos, nas hipóteses em que eles atuarem na qualidade de ordenadores de despesa (i.e., contas de gestão).
7. A Suprema Corte é a única instância judicial autorizada a realizar o rejulgamento da matéria, adstrita às hipóteses, "[de] mudanças no ordenamento constitucional, na situação de fato subjacente à norma ou até mesmo na própria percepção do direito que deve prevalecer em relação a determinada matéria" (BARROSO, Luís Roberto. O controle de constitucionalidade no direito brasileiro: exposição sistemática da doutrina e análise crítica da jurisprudência. 5ª ed. São Paulo: Saraiva, p. 264).

8. A causa de inelegibilidade veiculada na alínea g do inciso I do art. 1º da LC nº 64/90, na novel redação dada pela LC nº 135/2010, recebeu a chancela de sua constitucionalidade no julgamento das ADCs nº 29 e nº 30, ambas de minha relatoria.

9. O pronunciamento da Suprema Corte, nas ADCs nº 29 e nº 30, deve ser compulsoriamente observado por juízes e Tribunais, posto ser revestido de eficácia erga omnes e efeitos vinculantes, não se revelando possível proceder-se a reduções teleológicas no âmbito de incidência das disposições declaradas constitucionais.

> 10. In casu, ao afastar-se o chefe do Executivo municipal do âmbito de incidência da parte final da alínea g, o Tribunal Superior Eleitoral procede a uma redução teleológica que não se coaduna com o pronunciamento do Supremo Tribunal Federal, no julgamento das ADCs nº 29 e nº 30: o alcance subjetivo do efeito vinculante interdita a reanálise da questão constitucional decidida pelo Supremo Tribunal por juízes e Tribunais, o que, na espécie, importa a alteração da orientação que prevalecia nesta Corte Superior, de que competiria às Câmaras Municipais, e não às Cortes de Contas, o julgamento das contas de gestão dos Prefeitos.
>
> 11. Agravos protocolados na mesma data, porém em horários diferentes. Preclusão consumativa quanto ao último.
>
> 12. Primeiro Agravo Regimental desprovido e Segundo Agravo Regimental não conhecido.
>
> (Agravo Regimental em Recurso Ordinário nº 52802, Acórdão de 23/10/2014, Rel. Min. LUIZ FUX, Publicação: PSESS - Publicado em Sessão, Data 23/10/2014)

Todavia, no Recurso Extraordinário n. 848826, com **repercussão geral – e, portanto, vinculante** – o Pleno do STF voltou a enfrentar a temática e reafirmou que só a Câmara Municipal pode julgar as contas – de governo e de gestão – do Prefeito, assentando que esta decisão – a da Câmara – é que pode impor a inelegibilidade desta alínea "g".

> "É exclusivamente da Câmara Municipal a competência para julgar as contas de governo e as contas de gestão dos prefeitos, cabendo ao TC auxiliar o Poder Legislativo municipal, emitindo parecer prévio e opinativo, que somente poderá ser derrubado por decisão de 2/3 dos vereadores" (STF, **Tema 835 de Repercussão Geral**)

Este entendimento, entretanto, não se aplica às **contas de convênios** e às de **consórcios públicos**. Quando o Município recebe recursos do Estado ou da União, para empreendimentos específicos (construção de uma escola, v.gr), deve prestar – sempre ao Tribunal de Contas, do Estado ou da União, conforme for o órgão repassador – as contas respectivas no prazo e na forma previstos no instrumento. Se estas contas forem rejeitadas pelo Tribunal de Contas, já é possível incidir a inelegibilidade desta alínea "g", se presentes os demais requisitos. Neste sentido: Ac.-TSE, de 29.9.2016, no REspe nº 4682, e REspe n. 72621-MG, Rel. Min. Rosa Weber, DJe de 11/04/2017.

> "Eleições 2012. Registro de candidatura. Prefeito. [...]. Contas de convênio. Competência para julgamento: Tribunal de Contas. Rejeição de contas. (...) 2. A competência para o julgamento das contas de prefeito atinentes a **convênios** é do Tribunal de Contas, hipótese em que lhe compete decidir e não somente opinar. [...]" (Ac. de 17.12.2012, no AgR-Respe n. 48280, Rel. Min. Laurita Vaz. No mesmo sentido, o Ac. de 03.11.2010, no AgR-RO n. 323019, Rel. Min. Aldir Passarinho)
>
> "Os Tribunais de Contas possuem competência para proferir decisão meritória acerca das contas de consórcio público, não se restringindo a atuar, nesses casos, como mero órgão auxiliar" (REspe n. 17751-SP, julgado em 09.03.2017, DJe de 07.04.2017)

Insanabilidade das irregularidades

De outro lado, diz a referida alínea "*g*" que a irregularidade que levou à rejeição das contas, para gerar a inelegibilidade, deve ser *insanável, configurando ato doloso de improbidade administrativa*.

No exame das contas dos mencionados gestores públicos, encontram-se irregularidades meramente contábeis e outras das quais resultam prejuízos ao patrimônio público ou a bens jurídicos especialmente tutelados pela lei. Assim, na análise técnica a que procede o Tribunal de Contas, percebe-se, *v.g.*, que houve classificação equivocada de determinadas contas; ou que não se aplicou no desenvolvimento do ensino o percentual previsto na Constituição Federal; ou que há despesas públicas que não se fizeram acompanhar de notas fiscais e recibos; ou que não se observou o procedimento da licitação para a aquisição de bens e contratação de serviços.

Todas as irregularidades encontradas nas contas do administrador público levam à sua inelegibilidade? A toda evidência que não. Ao contrário, quis o legislador complementar que apenas aquelas tidas como irregularidades insanáveis. Mas o que é uma irregularidade insanável?

Mesmo com a redação original da LC n. 64/90, construiu-se o entendimento de que irregularidade insanável, capaz de gerar a inelegibilidade desta alínea, é aquela que traz em si a *nota da improbidade administrativa*, por causar prejuízo ao patrimônio público, possibilitar o enriquecimento sem causa ou atentar contra os princípios norteadores da Administração. Evidentemente que aquelas situações conceituadas pelo próprio TC como "meras irregularidades contábeis", não podiam – mesmo no regime da redação original da LC 64 e da LC 135 – gerar a consequência de que aqui se fala, até porque seria desproporcional à conduta. De outro lado, quando o agente ordenador do orçamento deixa de dotar o setor de educação com o percentual mínimo previsto na Constituição Federal para o seu desenvolvimento, está ele causando um prejuízo irreparável a um bem jurídico especialmente protegido pela norma maior: a educação de seu povo, o que não é passível de reparação nem mesmo com destinação de percentual de compensação no ano seguinte. Da mesma ordem são as hipóteses de liquidação de despesas sem notas fiscais ou recibos, com o que não se sabe se ao gasto público correspondeu alguma vantagem para a Administração; também a falta de licitação, nos casos em que a lei a exige, porque feridos os princípios da legalidade e da impessoalidade e frustrada a oportunidade de todos participarem do certame. Em todos esses casos, percebe-se que o agente gestor do orçamento ou o ordenador da despesa poderá ter cometido improbidade administrativa em tese, por não observar princípios básicos da Administração Pública, ou causar prejuízo ao patrimônio público, ou proporcionar enriquecimento ilícito, tudo a depender das circunstâncias do caso. Do regime de inelegibilidades aplicável até as eleições de 2020 (LC n. 64/90, com as alterações da LC n. 135/2010), colhem-se as seguintes situações:

> Ac.-TSE, de 25.11.2014, no AgR-REspe nº 43594: irregularidade no **repasse de recursos para ente privado**, sem fins lucrativos atrai para o gestor público a inelegibilidade prevista nesta alínea.

Ac.-TSE, de 22.11.2018, no AgR-RO nº 060074857: rejeição de **contas de gestor de entidades privadas** não se subsume à hipótese de inelegibilidade prevista nesta alínea.

Ac.-TSE, de 7.12.2017, no REspe nº 9365: a **contratação direta de serviços contábeis** desacompanhada de processo administrativo formal que justifique a dispensa da licitação, caracteriza o ato doloso de improbidade administrativa apto a atrair a inelegibilidade prevista nesta alínea.

Ac.-TSE, de 19.8.2014, no REspe nº 4366: o saneamento das irregularidades no TCE, em razão da **quitação do débito**, não tem o condão de assentar a boa-fé e a ausência de dolo.

"A discussão principal, então, é saber se o vicio [...] verificado, qual seja, a incorreta aplicação de **verba do FUNDEB** é de natureza grave, ou não, a configurar ato doloso de improbidade administrativa. [...] filio-me a corrente que entende que a realização de despesas com educação abaixo do limite previsto pela Constituição Federal constitui irregularidade grave e insanável. [. ..] Não socorre os recorridos a alegação de que os valores teriam sido utilizados em exercício subsequente, pois não é esse o mandamento que se extrai dos dispositivos legais que regem a matéria, tanto que a prática ilegal levou in casu a rejeição das contas pelo TCE e pela Câmara Municipal local. [...] Por fim, o requisito do dolo resta demonstrado quando observamos que, no caso em tela, os recorridos foram expressamente alertados da situação, na conclusão da sindicância realizada pela Prefeitura local, datada de 11.05.12. (TSE, AgR-AI n. 41-52.2013.6.26.0333lSP)

AGRAVO REGIMENTAL. RECURSO ESPECIAL ELEITOR.AL. ELEIÇÕES 2012. REGISTRO DE CANDIDATURA. PREFEITO. INELEGIBILIDADE. ART. 1º, I, G, DA LEI COMPLEMENTAR 64/90. NAO APLICAÇÂO. PERCENTUAL MINIMO. RECURSOS. EDUCAÇÃO. IRREGULARIDADE INSANAVEL. ATO DOLOSO DE IMPROBIDADE ADMINISTRATIVA. ART. 11, II, DA LEI 8.429/92. DESPROVIMENTO. 1. A desaprovação de contas de prefeito, por meio de decreto legislativo, em virtude da não aplicação do percentual mínimo de **60% da receita do FUNDEB** em favor da remuneração do magistério de educação básica, conforme preceitua o art. 60, XII, do ADCT, configura irregularidade insanável e ato doloso de improbidade administrativa, incidindo a inelegibilidade prevista no art. 10, I, g, da LC 64/90. 2. Com relação ao elemento subjetivo, não se exige o dolo especifico de causar prejuízo ao erário ou atentar contra os princípios administrativos. O **dolo, aqui, é o genérico**, a vontade de praticar a conduta em si que ensejou a improbidade. 4. Agravo regimental não provido. (AgR-REspe n° 438-98/SP, Rel. Mm. Nancy Andrighi, We de 19.4.2013).

RECURSO ESPECIAL ELEITORAL N° 196-62.2012.6.26.0245 - CLASSE 32 - SANTA GERTRUDES - SÃO PAULO - Relator: Ministro Marco Aurélio. REJEIÇÃO DE CONTAS - ALÍNEA G DO ARTIGO 1º DA LEI COMPLEMENTAR N° 64/90 - ATO DOLOSO DE IMPROBIDADE - INOBSERVÂNCIA DA LEI DE RESPONSABILIDADE FISCAL E DA CONSTITUIÇÃO FEDERAL. Em se tratando de descumprimento da **Lei de Responsabilidade Fiscal** e da Constituição Federal, esta última quanto à aplicação, no ensino, de valor abaixo do piso fixado, o ato surge como de improbidade, sendo ínsito o elemento subjetivo - o dolo. (Ac. unânime de 22-10-2013)

Agravo Regimental no REspe n. 35.252/MG, Rel. Min. Arnaldo Versiani

Ementa: Registro. Inelegibilidade. Rejeição de contas.

1. O Tribunal Regional Eleitoral concluiu serem diversas as irregularidades apontadas, dentre elas a atinente ao descumprimento da Lei de Licitações" consistente em **ordenação de despesa pública sem a observância do prévio procedimento licitatório" falha que esta Casa já assentou ser insanável**, afigurando-se, portanto, a inelegibilidade do art. 1º, I, g, da Lei Complementar no 64/90.

2. A Corte de origem entendeu não comprovada a aplicação de recursos provenientes do convênio firmado entre o município e órgão federal, o que configuraria dano irreparável ao erário, tratando-se, portanto, de irregularidade insanável, conforme jurisprudência deste Tribunal.

3. De acordo com reiterados precedentes, a competência para julgar as contas relativas à aplicação de recursos federais recebidos por prefeituras municipais por meio de convênios é do Tribunal de Contas da União.

(...) Agravo regimental a que se nega provimento. (TSE, DJE de 24.4.2009)

Caracterização de **irregularidade insanável**, apta a autorizar a rejeição das contas:

Ac.-TSE, de 19.11.2008, no REspe nº 31.012 (não observância dos **limites de gastos** previstos nos incisos do art. 29-A da CF/88);

Ac.-TSE, de 17.12.2008, no REspe nº 29.314 (despesa de Câmara Municipal com **folha de pagamento** em percentual superior a 70% de sua receita, conforme art. 29-A, § 1º, da CF/88);

Ac.-TSE, de 11.9.2008, no REspe nº 29.563 (não pagamento de **precatórios**, mesmo diante da comprovada existência de recursos);

Ac.-TSE, de 12.11.2008, no REspe nº 32.510 (não recolhimento de **contribuições previdenciárias**).

"Recurso Especial. Registro de candidato. Inelegibilidade. Rejeição de contas pelo Tribunal de Contas. **Ausência de prestação de contas** de recursos provenientes de convênio. O posterior reembolso do débito não tem o condão de afastar a causa de inelegibilidade prevista no art. 1º, inciso I, alínea *g*, da LC n. 64/90..." (TSE, RESPE n. 12.976-SE, Rel. Min. Ilmar Galvão, *DJU* 12/11/1996)

"(...) O descumprimento da **Lei de Licitação** importa irregularidade insanável (art. 1º, I, g, da LC n. 64/90). (...)" (Ac. n. 661, de 14/9/2000, rel. Min. Nelson Jobim; no mesmo sentido os acórdãos n. 16.549, de 19/9/2000, rel. Min. Jacy Garcia Vieira e 124, de 22/9/98, rel. Min. Eduardo Alckmin.)

O acréscimo da expressão "*ato doloso de improbidade administrativa*" (LC n. 135/2010) acabou por consolidar e positivar o dito entendimento jurisprudencial. Não é mesmo possível concluir pela causa de inelegibilidade nas hipóteses em que as irregularidades detectadas pelo TC não contem com a efetiva participação do agente, mas, ao contrário, sejam praticadas, p.ex., por delegatário. A rejeição das contas da saúde não pode levar o prefeito à inelegibilidade, quando este tiver delegado ao respectivo secretário a ordenação daquelas despesas, porque, então, a hipótese será de dolo do secretário e culpa "in eligendo" do prefeito. E a lei não quis alcançar os mandatários nestas hipóteses. Mas, ao contrário, será de responsabilidade do prefeito, sempre dolosa e geradora do impedimento, a conduta ordenadora de despesas não acompanhadas dos documentos fiscais que asseguram a prestação do serviço ou o recebimento da mercadoria, etc. O agente que assume a administração de dinheiros, bens e valores públicos (como nos convênios) ou a ordenação da despesa age dolosamente quando causa o prejuízo ao erário, proporciona desvio ou enriquecimento ilícito ou dá de ombros para os princípios de observância cogente na administração.

> "A **dispensa indevida de licitação** para locação de bens, constitui irregularidade insanável que configura, em tese, ato doloso de improbidade administrativa, acarretando a inelegibilidade prevista no art. 1º, inciso I, alínea "g", da LC 64/90. (REGISTRO DE CANDIDATO n. 16890, ACÓRDÃO n. 584/2016, de 06/10/2016, Rel. ALCEU JOSÉ CICCO, Publicação: PSESS - Publicado em Sessão, Data 06/10/2016)
>
> "[...]. Deputado estadual. Omissão no dever de prestar contas. Ato doloso de improbidade administrativa. Prejuízo ao município. Configuração. Não provimento. 1. Segundo a jurisprudência do TSE, a **omissão no dever de prestar contas**, devido à característica de ato de improbidade administrativa (art. 11, VI, da Lei nº 8.429/92) e ao fato de ser gerador de prejuízo ao município (art. 25, § 1º, IV, a, da LC nº 101/2000), configura vício de natureza insanável [...]. 2. Na espécie, ficou configurada, em tese, a prática de ato doloso de improbidade administrativa, uma vez que o agravante, mesmo depois de pessoalmente cientificado quanto ao descumprimento de suas responsabilidades, apresentou documentação inservível ao controle de gestão do patrimônio público. 3. No caso, o prejuízo aos cofres municipais se evidencia porque, nos termos do art. 25, § 1º, IV, a, da LC nº 101/2000, o município administrado pelo agravante ficou impedido de receber novos recursos oriundos de convênios. 4. Nos termos da jurisprudência desta c. Corte, o pagamento de multa não afasta a inelegibilidade de que trata o art. 1º, I, g, da LC nº 64/90 [...]." (Ac. De 15.12.2010 no AgR-RO n. 261497, Re. Min. Aldir Passarinho Júnior)
>
> "(...) Verificada a ocorrência de irregularidade insanável, esta não se afasta pelo **recolhimento ao Erário** dos valores indevidamente utilizados. (...)" (Ac. n. 19.140, de 7/12/2000, rel. Min. Waldemar Zveiter; no mesmo sentido os acórdãos n. 161, de 4/9/1998, rel. Min. Néri da Silveira e 128, de 2/9/1998, rel. Min. Eduardo Alckmin.)

O art. 1º, § 4º-A, da LC n. 64/90, incluído pela LC n. 184/2021, prevê, entretanto, que "*a inelegibilidade prevista na alínea g do inciso I do caput deste artigo* ***não se aplica*** *aos responsáveis que tenham tido suas contas julgadas irregulares* ***sem imputação de débito*** *e* ***sancionados exclusivamente com o pagamento de multa***". Aplicável às eleições de 2022, pois em vigor desde 29.setembro.2021 (atendido, portanto, o princípio da anualidade do art. 16, da CF), a novel excludente de inelegibilidade livra do impedimento da alínea G os gestores públicos que tiveram contas rejeitadas por descumprimento da legislação, em cujo julgamento não tenha sido fixada a obrigação de ressarcir, ainda que tenha sido aplicada mula. Hipóteses como (i) não aplicação dos percentuais mínimos da educação e da saúde, (ii) indevida dispensa ou inexigibilidade de licitação, (iii) aplicação de verbas de convênio em desacordo com o objeto avençado, (iv) contratação de servidores sem concurso público, (v) descumprimento da LRF ou da CF quanto à aplicação do piso fixado para o ensino, (vi) violação do limite de gastos com o Poder Legislativo municipal, dentre outras, que a jurisprudência do TSE reconhece como configuradoras, até aqui, da inelegibilidade desta alínea, não mais atrairão o impedimento. Tendo em vista que o juízo de adequação dos candidatos ao regime jurídico das candidaturas é realizado a cada eleição, segundo o arcabouço legal aplicável ao pleito (em vigor desde pelo menos um ano antes), os candidatos às eleições de 2022 e seguintes até poderão ter na sua vida pregressa ocorrências como as mencionadas, sem que incorram na inelegibilidade.

O juízo de insanabilidade

Mas essa definição – sobre ser insanável a irregularidade e caracterizadora de ato doloso de improbidade – não será encontrada na decisão de rejeição de contas, ou seja, o Tribunal de Contas, quando julga as contas dos responsáveis pela ordenação de despesas, ou quando oferece parecer prévio sobre as contas gerais anuais dos chefes do Executivo, não vai pronunciar-se sobre a natureza das irregularidades encontradas, se sanáveis ou insanáveis, se caracterizam ou não improbidade administrativa. O Tribunal de Contas rejeita contas sob o argumento de ter faltado prova da realização da despesa, ou por inobservância do procedimento de licitação, ou por aplicação de verba na educação em percentual inferior ao previsto na Constituição, etc.

Cabe à Justiça Eleitoral, quando da apreciação da candidatura, com ou sem impugnação (vale a pena relembrar que a inelegibilidade é matéria de ordem pública, que deve ser conhecida até mesmo de ofício pelo Juiz: SÚMULA TSE n.45[218]), avaliar se a irregularidade constatada quando da rejeição das contas é insanável ou não. Sendo insanável, indefere a candidatura, porque inelegível o candidato, desde que, evidentemente, ainda dentro dos 8 (oito) anos desde a decisão irrecorrível de rejeição.

> REspEl - AgR-REspEl n. 060008781 - FORTALEZA - CE, Ac. de 22/06/2021, Rel. Min. Mauro Campbell Marques
>
> [...] CONTAS DE GESTÃO JULGADAS IRREGULARES PELO TRIBUNAL DE CONTAS. INCIDÊNCIA DA CAUSA DE INELEGIBILIDADE DO ART. 1º, I, *G*, DA LC Nº 64/1990. POSSIBILIDADE DE ENQUADRAMENTO JURÍDICO DOS FATOS PELA JUSTIÇA ELEITORAL. PRECEDENTES. [...]
>
> 2. **Cabe a esta Justiça especializada** aferir a presença de elementos que indiquem má–fé, desvio de recursos públicos em benefício próprio ou de terceiros, dano ao erário, reconhecimento de nota de improbidade, grave violação a princípios, entre outros, entendidos como condutas que, de fato, lesem, dolosamente, o patrimônio público ou prejudiquem a gestão da coisa pública, conforme o entendimento desta Corte (RO nº 1067–11/DF, rel. Min. Gilmar Mendes, *PSESS* de 30.9.2014). [...]
>
> "Registro de candidatura. Rejeição de contas. Decisões do Tribunal de Contas da União. Convênios com verbas repassadas (...) pelo FNDE. (...) Acórdão que teve como fundamento a necessidade de ter sido ajuizada ação por improbidade, nos termos da Lei n. 8.429/92, calcada nos fatos objeto da decisão da Corte de Contas e, ainda, a natureza sanável das irregularidades apontadas em uma das decisões do TCU. Afastamento do primeiro fundamento. (...) Irregularidades de natureza insanável, com viso de improbidade administrativa. Inelegibilidade caracterizada. 1. A inelegibilidade da alínea g do inciso I do art. 1º da LC n. 64/90 decorre de decisão irrecorrível do órgão

---

[218] SÚMULA Nº 45/TSE
Nos processos de registro de candidatura, o Juiz Eleitoral pode conhecer de ofício da existência de causas de inelegibilidade ou da ausência de condição de elegibilidade, desde que resguardados o contraditório e a ampla defesa.

competente por **irregularidade insanável, não estando condicionada à existência de ação por improbidade.** (...)" (Ac. n. 19.027, de 26/10/2000, rel. Min. Fernando Neves.)

Ac.-TSE, de 22.10.2014, no REspe nº 25725: invade a competência da Justiça Eleitoral a decisão da Justiça Federal que mantém válido o acórdão do TCU que rejeita as contas e afasta potencial inelegibilidade da conduta.

Suspensão ou anulação judicial da decisão de rejeição

Essa inelegibilidade, decorrente da decisão que rejeitou as contas do gestor de dinheiro público por irregularidade insanável, pode ser *suspensa ou anulada pelo Poder Judiciário.* A nova redação desta alínea "g", ao valer-se da expressão: "*salvo se esta* (decisão irrecorrível) *houver sido suspensa ou anulada pelo Poder Judiciário*", revoga em definitivo o enunciado da Súmula 01 do TSE, que, com a exigência da legislação anterior de mera submissão da questão à apreciação do Judiciário, chegou a contentar-se apenas com o protocolo da petição inicial de uma ação declaratória desconstitutiva da rejeição de contas, na Justiça Comum, para entender suspensa a inelegibilidade, que quase nunca era cumprida. Era bastante simples: o candidato com contas rejeitadas - portanto inelegível - ajuizava a ação, questionando todos os pontos considerados pelo Tribunal de Contas, e, com isso, suspendia a inelegibilidade e podia concorrer livremente às eleições. Era exatamente isso que dizia a leitura fria da Súmula n. 1 do TSE:

> "Proposta a ação para desconstituir a decisão que rejeitou as contas, anteriormente à impugnação, fica suspensa a inelegibilidade" (Súmula n. 1 do TSE).

A nova redação da alínea "g", ao que se vê, veio ao encontro do novo entendimento que se firmou nos tribunais eleitorais desde o pleito de 2006[219], não mais bastando o ajuizamento da ação desconstitutiva, ou seja, o protocolo de uma inicial. Necessário, agora

---

[219] "Eleições 2006. Registro de Candidato. Deputado Estadual. Pedido indeferido. *Rejeição de contas. Ação sem eficácia suspensiva.* (...) 1. Para se aplicar a súmula 1 do TSE, é senhor que tenha sido concedida eficácia à ação proposta contra a decisão que rejeitou as contas, ainda que por meio de tutela antecipada (RO n. 912). (...)" (TSE, Age. Reg. em RO n. 1.067, Rel. Min. Antônio Cezar Peluso, *DJ* de 4/12/2006).
"Registro de candidatura. Candidato a Deputado Estadual. *Contas rejeitadas* pelo Poder Legislativo Municipal. Ex-Prefeito. Recurso provido para se indeferir o registro. 1. O dilatado tempo entre as decisões que rejeitaram as contas e a propositura das ações anulatórias evidencia o menosprezo da autoridade julgada para com os seus julgadores. 2. O ajuizamento da ação anulatória na undécima hora patenteia o propósito único de buscar o manto do enunciado sumular n. 1 deste Superior Eleitoral. Artificialização da incidência do verbete. 3. A ressalva contida na parte final da letra 'g' do inciso I do art. 1º da Lei Complementar n. 64/90 há de ser entendida como a possibilidade, sim, de suspensão de inelegibilidade mediante ingresso em juízo, porém debaixo das seguintes coordenadas mentais: a) que esse bater às portas do Judiciário traduza a **continuidade** de uma 'questão' (no sentido de controvérsia ou lide) já iniciada na instância constitucional própria para o controle externo, que é, sabidamente, a instância formada pelo Poder Legislativo e pelo Tribunal de Contas (art. 71 da Constituição); b) que a petição judicial se limite a esgrimir tema ou **temas de índole puramente processual**, sabido que os órgãos do Poder Judiciário não podem se substituir, quanto ao mérito desse tipo de demanda, a qualquer das duas instâncias de Contas; c) que tal petição de ingresso venha ao menos a obter **provimento cautelar** de explícita suspensão dos efeitos da decisão contra a qual se irresigne o autor. Provimento cautelar tanto mais necessário quanto se sabe que, em matéria de contas, 'as decisões do tribunal de que resulte imputação de débito ou multa terão eficácia de título executivo' (§ 3º do art. 71 da Lei Constitucional) 4. Recurso ordinário provido" (TSE, RO n. 963, SP, Rel. Min. Carlos Ayres Britto).

também por força da LC n. 135, que haja o pronunciamento do Judiciário, na mencionada ação desconstitutiva, anulando ou suspendendo a decisão de rejeição das contas, ainda que por força de tutela provisória ou liminar, do que resultará a suspensão da inelegibilidade.

Em boa hora a alteração legislativa, pois que a suspensão da inelegibilidade com o tão só protocolo da inicial da ação desconstitutiva consagrou o uso meramente oportunista do Poder Judiciário, com a finalidade apenas de possibilitar a candidatura, já que a discussão em torno das contas rejeitadas quase nunca importava verdadeiramente. Rejeitadas as contas, o candidato contra isso não se insurgia de imediato, deixava correr a inelegibilidade e só ajuizava a ação às vésperas do registro da candidatura, revelando, com isso, sua única pretensão: suspender a inelegibilidade.

Há importante dissenso na jurisprudência a respeito da possibilidade de, nessa ação declaratória desconstitutiva, discutir-se o **mérito da rejeição** das contas. O TJMG[220] tem precedentes em que a apreciação judicial limita-se ao aspecto formal da decisão do Legislativo, porque a apreciação do mérito seria indevida intromissão do Judiciário em atribuição exclusiva daquele. Nesse sentido:

> "Não compete ao Judiciário julgar as contas do Prefeito Municipal, pois, em sendo função exclusiva do Poder Legislativo Municipal o controle externo do Poder Executivo Municipal, circunscreve-se às Câmaras Municipais o exercício do controle sobre as contas do alcaide, observado o parecer do TC. Admitir-se o contrário importaria em violação ao princípio da independência dos Poderes, insculpido no art. 2º da Constituição Federal. Ao Judiciário cabe tão somente examinar o aspecto formal da sessão convocada para a apreciação das contas do Prefeito Municipal." (TJMG, Ap. Cível n. 96.808-1/00, Pará de Minas, Rel. Des. Isalino Lisboa, 26/10/2000)

> "Contas da Câmara Municipal - Julgamento - Tribunal de Contas - Competência - Ação de nulidade ou retificação do ato de julgamento proposta por Vereador - (...) - Decisão técnica do Tribunal de Contas - Revisão - Poder Judiciário - Incompetência - Análise restrita aos **aspectos formais** do ato - Intimação do Presidente da Câmara - Notificação dos outros Vereadores - Desnecessidade - (...) - O Poder Judiciário é incompetente para rever as decisões técnicas do Tribunal de Contas, mormente no que diz respeito à metodologia do exame de contas. O Judiciário **deve-se ater à análise da legalidade** dos aspectos formais do ato administrativo, não podendo pronunciar-se sobre o mérito, em respeito ao princípio da independência dos Poderes." (TJMG, Ap. Cível n. 252.500-4/00, Belo Horizonte, Rel. Des. Brandão Teixeira, em 18/3/2003 - Destaquei)

No STJ, todavia, o pensamento verte no sentido da possibilidade de questionamento do mérito da rejeição:

> "Prestação de contas. Prefeito. Rejeição pela Câmara de Vereadores por falta de *quorum*. Ação anulatória, prevista no art. 1º, inciso I, letra *g*, da Lei Complementar n. 64/90. Cabimento. Âmbito. A ação anulatória referida no citado preceito legal complementar é cabível contra a decisão da Câmara de Vereadores, incluindo-se, no seu âmbito, as questões relativas à regularidade do processo e à **existência dos motivos** atinentes ao ato de rejeição das contas." (STJ, RESPE n. 80.419-MG, Rel. Min. Antônio de Pádua Ribeiro, *DJU* 13/5/1996)

---

[220] Também o entendimento recente do TSE, no RO n. 963, SP, Rel. Min. Carlos Ayres Britto, conforme nota 216, supra.

Essa decisão judicial de suspensão ou anulação da rejeição de contas não produzirá o efeito de suspensão da inelegibilidade se não for juntada ao pedido de registro ou se não chegar à Justiça Eleitoral pelo menos até o julgamento deste, quando são analisadas as condições de elegibilidade e causas de inelegibilidade, inclusive as alterações fáticas e jurídicas posteriores à formalização do pedido de registro, como autorizado pelo novo § 10, do art. 11, da Lei n. 9.504/97, a chamada elegibilidade superveniente[221]. O TSE afastou a inelegibilidade em caso no qual a decisão da Justiça Comum, declarando a nulidade do decreto legislativo de rejeição de contas, foi posterior ao RESPE, mas anterior ao pleito (Ac.-TSE, de 6.5.2014, no REspe nº 15705).

Durante toda a tramitação da mencionada ação desconstitutiva, a inelegibilidade permanece suspensa (se obtido provimento neste sentido) e o prestador das contas pode candidatar-se livremente. Se o pedido for julgado improcedente (hipótese em que terá subsistido a irregularidade questionada), a inelegibilidade decorrente da rejeição das contas volta a produzir seus efeitos, ou seja, o prestador das contas está novamente inelegível, agora pelo período de tempo que faltava quando da suspensão. Explica-se: o administrador público tem suas contas rejeitadas pelo TC em decisão irrecorrível em 30 de abril de 2006. Por aplicação da regra contida no art. 1º, I, *g*, da Lei Complementar n. 64/90, na redação que lhe deu a LC n. 135/2010, e no § 4º-A, incluído pela LC n. 184/2021, está inelegível até 30 de abril de 2014 (8 anos). Já nas eleições de 2006, apresenta sua candidatura e, para não a ter indeferida, propõe a ação anulatória. Suspensa a inelegibilidade por força de antecipação de tutela na Justiça Comum, em 30 de junho de 2006, percebe-se que faltavam ainda 7 anos e dez meses de inelegibilidade a serem cumpridos. Durante a tramitação daquela ação desconstitutiva, o prestador das contas rejeitadas pode-se candidatar livremente. Quando o seu pedido for julgado improcedente, a inelegibilidade volta a produzir seus efeitos pelo referido tempo restante, ficando ele impedido de concorrer a qualquer cargo eletivo por mais 7 anos e 10 meses, a partir do trânsito em julgado da sentença de improcedência na mencionada ação. Eventual revogação da liminar ou tutela antecipada também fará incidir a inelegibilidade.

> "Inelegibilidade. Rejeição de contas. Ação anulatória. A propositura de ação, tendente a desconstituir a decisão de rejeição de contas, suspende a inelegibilidade e, em consequência, não flui o prazo de cinco anos. Transitada em julgado a sentença, não acolhendo o pedido, volta a correr aquele prazo[222], persistindo a inelegibilidade pelo tempo que faltar. Impossibilidade de admitir-se seja o interessado elegível e, ao mesmo tempo, tenha curso o prazo durante o qual será inelegível." (Ac. n. 237, de 8/9/98, rel. Min. Néri da Silveira; no mesmo sentido os acórdãos n. 459, de 10/10/2000, rel. Min. Fernando Neves, e 16.433, de 5/9/2000, rel. Min. Fernando Neves.)

Mas é bom lembrar que a inelegibilidade que decorre da decisão irrecorrível de rejeição das contas públicas só se suspende ou se anula por decisão judicial, porque essa foi a única hipótese prevista no texto. Fixada a inelegibilidade a partir da decisão

---

221 O tema está mais detalhadamente desenvolvido neste Capítulo II – Pedido de Registro de Candidatura.

222 Esse prazo de cinco anos foi alterado para oito, na LC n. 135.

de rejeição, a sua suspensão ou anulação pelo Poder Judiciário constitui exceção ao impedimento dos que cometeram irregularidades insanáveis na administração, como tal devendo ser interpretada restritivamente, não se admitindo a suspensão ou anulação provinda, p.ex., do próprio órgão julgador das contas, em procedimento de revisão muitas vezes instaurado ex officio.

> "[...] 2. O entendimento desta Corte é firme no sentido de que "rejeitadas as contas de Chefe do Poder executivo, por meio de decretos legislativos, antecedidos de pareceres da Corte de Contas, a Câmara Municipal não pode editar novo decreto, revogando os anteriores, sem ofensa ao art. 31, § 2º, in fine, da Constituição Federal" [...] Isto porque, ao contrário da coisa julgada judicial, que é absoluta, a coisa julgada administrativa é relativa, significando apenas que um determinado assunto, decidido administrativamente, não poderá ser rediscutido naquela via, mas apenas pelo Judiciário, em razão do princípio da inafastabilidade da função jurisdicional. Há mera preclusão de efeito interno, pois uma decisão jurisdicional administrativa continua a ser um ato administrativo, definitivo para a Administração, mas não para o Judiciário. [...]" *(Ac. de 13.11.2008 no AgR-REspe nº 32.534, rel. Min. Joaquim Barbosa.)*

Há situações, entretanto, que merecem especial cuidado. Se o órgão julgador, após rejeitar as contas, instaura regular procedimento para apurar hipótese de vício naquele julgamento - como ofensa ao contraditório e à ampla defesa, p.ex. - e conclui pela anulação[223] de seu ato, reiniciando a apreciação das contas, forçoso admitir que o fato constitutivo da inelegibilidade - contas irregulares - deixa de existir no mundo jurídico, pelo menos até que sobrevenha nova rejeição, desta vez com observância do devido processo legal. Tudo porque, em sede de decisão administrativa, ou política, impõe-se à administração rever seus próprios atos, para sanar-lhes as irregularidades. Nesta mesma linha, o "**recurso de revisão**", que no âmbito dos tribunais de contas assume natureza de "ação rescisória", também desconstitui, em caso de provimento/procedência, a decisão de rejeição das contas, não mais subsistindo o fato descrito na lei como causa de inelegibilidade. Mas, neste caso, apenas a decisão final - que então desconstitui a rejeição - é que traz de volta a elegibilidade, pois não há previsão legal de suspensão da inelegibilidade por decisão administrativa ou do órgão com jurisdição especial sobre as contas.

> [...] 5. Conforme assentado por este Tribunal, no julgamento do REspe nº 50-81/CE, a **concessão de medida liminar pela própria Corte de Contas**, em sede de **recurso de revisão**, possui eficácia suspensiva sobre a inelegibilidade decorrente da decisão que rejeita as contas. Com muito mais razão, o provimento desse recurso, ainda que em sede de embargos de declaração, tem o condão de afastar a inelegibilidade, sob pena de indevida supressão do poder inerente às Cortes de Contas de julgar a matéria em todas as instâncias previstas na legislação de regência. 6. Recurso provido para deferir o registro de candidatura". *(Ac de 23.11.2016 no RO nº 9671, rel. Min. Luciana Lóssio)*
>
> [...] 3. Em simetria e igualdade, se este Tribunal admite qualquer tipo de procedimento para verificar a caracterização da inelegibilidade, desde que do seu conteúdo se possa inferir a presença dos elementos caracterizadores, de igual forma deve ser admitido

[223] O que pressupõe motivação apresentada em procedimento regular e afasta a possibilidade de a autoridade apenas revogar o ato.

> que a suspensão dos efeitos do acórdão do Tribunal de Contas, pelo próprio órgão de contas, pode ser examinada a partir de qualquer tipo de procedimento. 4. Não compete à Justiça Eleitoral decidir sobre o acerto ou desacerto das decisões proferidas pela Corte de Contas que conferem ou não efeito suspensivo às suas decisões. 5. Agravo Regimental e Recurso Especial providos para, afastada a inelegibilidade, deferir o registro de candidatura. Votação por maioria". *(Ac de 19.12.2016 no AgR-REspe nº 6436, rel. Min. Herman Benjamin)*

> Recurso de Reconsideração admitido contra decisão do TC afasta a inelegibilidade (TSE – RO n. 35745-BA – julgado em 13.11.2014). Provimento de recurso de revisão pelo Tribunal de Contas, com consequente aprovação das contas também afasta a inelegibilidade (Ac.-TSE, de 17.9.2013, no REspe nº 31003).

> "Inelegibilidade. Rejeição de contas. 1. A anulação pela própria Câmara Municipal do decreto legislativo que havia rejeitado as contas do candidato afasta a incidência da inelegibilidade da alínea g do inciso I do art. 1º da Lei Complementar nº 64/90. 2. (...). Agravo regimental não provido. *NE*: Trecho do voto do relator: "A jurisprudência deste Tribunal tem feito distinção entre as hipóteses de revogação e anulação de decisões por parte das próprias Câmaras Municipais. Enquanto **não se admite a revogação pura e simples** do decreto legislativo por meio do qual a Câmara Municipal rejeita as contas do Chefe do Poder Executivo, a **anulação é tida como válida**, ainda que por motivos de ordem processual." (Ac. de 30.10.2012, no AgR-Respe n. 46450, Rel. Min. Arnaldo Versiani)

> "Recurso ordinário. Eleição 2010. Deputada federal. Registro de candidatura deferido. Rejeição de contas. LC nº 64/90, Art. 1º, I, g. **Ação de revisão. Concessão de efeito suspensivo** pelo TCE. Inelegibilidade suspensa. [...] 1. Na espécie, a ação de revisão proposta no Tribunal de Contas do Estado, recebida com efeito suspensivo, afasta a inelegibilidade prevista no art. 1º, I, g, da Lei Complementar nº 64/90. [...]" (Ac. de 03.04.2014, no RO n. 53181, Rel. Min. Dias Toffoli)

> "[...] Agravo Regimental. Recurso Ordinário. Registro de Candidatura. Artigo 1º, I, *g*, da LC nº 64/1990, com a redação dada pela LC nº 135/2010. Parecer do Tribunal de Contas do Estado desaprovando as Contas. Ratificação pela Câmara Municipal. **Novo decreto legislativo aprovando as contas desprovido de fundamentação**. Impossibilidade. [...] 1. É ineficaz no campo eleitoral o decreto legislativo de revogação de decreto legislativo anterior de desaprovação de contas de Prefeito, quando desacompanhado de qualquer motivação. [...]" (Ac. de 16.12.2010, no AgR-RO n. 173170, Rel. Min. Hamilton Carvalhido)

No TSE, há precedente que suspendeu a inelegibilidade a partir de "recurso de revisão" no TC, a que a Corte de Contas deu efeito suspensivo (Ac.-TSE, de 16.11.2016, no REspe nº 5081, e Ac.-TSE, de 23.10.2018, no AgR-RO nº 060089125). E há, também, acolhimento de decisão judicial da Justiça Comum, posterior à interposição do REspe, mas anterior ao pleito (Ac.-TSE, de 6.5.2014, no REspe nº 15705), declarando a nulidade do decreto legislativo de rejeição de contas. E, ainda, admissão da decisão do Tribunal de Contas que deu provimento ao recurso de revisão e, consequentemente, aprovou as contas do candidato (Ac.-TSE, de 17.9.2013, no REspe nº 31003). E há também precedente negando a suspensão cautelar da inelegibilidade prevista no art. 26-C, da LC n. 64/90 (Ac.-TSE, de 18.12.2012, no REspe nº 29474).

O novo prazo da inelegibilidade

A reforma da lei das inelegibilidades ainda alterou, para todas as hipóteses ali tratadas, o prazo de duração do impedimento, agora unificado em 8 (oito) anos, que no caso da rejeição de contas públicas conta-se a partir da decisão irrecorrível do órgão competente. Então, relembre-se que (1) se as contas forem rejeitadas por irregularidades na gestão do orçamento, a inelegibilidade conta-se a partir da decisão da Casa Legislativa que confirmar o parecer prévio do TC; e (2) se a rejeição basear-se em irregularidades de administradores e responsáveis pela ordenação de despesas ou nas que forem detectadas em contas de convênios a decisão irrecorrível do TC é termo inicial para a contagem dos oito anos de impedimento; (3) se a rejeição for de contas ordinárias anuais de Prefeitos, ainda que como ordenadores de despesas, a inelegibilidade só se impõe a partir da rejeição da Câmara Municipal (STF, Recurso Extraordinário n. 848826, com repercussão geral).

> Ac.-TSE, de 21.3.2013, no REspe nº 5163: o termo inicial do período de oito anos de inelegibilidade é a *data da publicação da decisão* que rejeitou as contas.
>
> Ac.-TSE, de 2.5.2017, no AgR-REspe nº 56046: para contagem desse prazo, deve ser desconsiderado o período no qual ficaram suspensos os efeitos da decisão de rejeição das contas, em eventual pedido de anulação julgado improcedente.

Alínea H: abuso de poder na administração pública

> Art. 1º, I, "h": os detentores de cargo na administração pública direta, indireta ou fundacional, que beneficiarem a si ou a terceiros, pelo abuso do poder econômico ou político, que forem condenados em decisão transitada em julgado ou proferida por órgão judicial colegiado, para a eleição na qual concorrem ou tenham sido diplomados, bem como para as que se realizarem nos 8 (oito) anos seguintes (alínea h com redação dada pelo art. 2º da LC nº 135/2010).

Trata-se de inelegibilidade decorrente de abuso do poder na administração, que também se traduz como improbidade administrativa, na medida em que a conduta do agente público está eivada de desvio de finalidade e ofende o princípio da impessoalidade. Já foi analisada, na alínea *d*, a questão relativa ao abuso de poder, quando praticado pelo candidato – ou por terceiros em seu favor – durante a campanha eleitoral. Agora, a lei considera o abuso de poder praticado por aquele que detém cargo na Administração Pública direta, indireta ou fundacional, cujo ato beneficia a si próprio ou a terceiros. Ora, toda vez que o agente público pratica atos com abuso de poder econômico ou político está, iniludivelmente, ferindo os princípios norteadores da administração pública, mormente os da legalidade, da impessoalidade e da moralidade. Então, comete improbidade administrativa e sua conduta será apurada e sancionada na forma da Lei n. 8.429/92. A decisão de procedência da ação de improbidade que se tenha fundado em abuso de poder do agente público, quando transitada em julgado ou proferida por órgão colegiado do Judiciário, faz inelegível o agente ímprobo pelo período de oito anos, contados da eleição em que se verificou.

A jurisprudência diverge sobre se o abuso de poder, aqui tipificado como causa de inelegibilidade, também haverá de ter fins eleitorais. É que a improbidade administrativa, sem tal conotação eleitoral, já acarreta para o ímprobo a suspensão de seus direitos políticos, pelo período fixado no art. 12 daquela lei, hipótese em que está impedido de concorrer não em face da inelegibilidade aqui tratada, mas da ausência de uma das condições de elegibilidade, exatamente a que está prevista no art. 14, § 3º, II, da Constituição Federal, e, se presentes as demais circunstâncias (ato doloso, prejuízo ao erário e enriquecimento ilícito) também a inelegibilidade tratada na alínea "l". Então, tratando-se de improbidade "comum", o agente tem os direitos políticos suspensos que forem fixados na sentença e, a depender das circunstâncias do caso, a inelegibilidade da alínea "l". Se a improbidade teve razões eleitorais, além da suspensão dos direitos políticos eventualmente fixada na decisão, o agente ímprobo também sofre a incidência da inelegibilidade desta alínea "h", por mais oito anos, que não contém os mesmos requisitos de configuração daquela alínea "l" (suspensão de direitos políticos, ato doloso, dano ao erário e enriquecimento ilícito). Contenta-se, esta alínea "h", com o desvio de finalidade: benefício para si ou para terceiros.

> (...) CONDENAÇÃO DO CANDIDATO NO ÂMBITO DO TJ POR ATO DE IMPROBIDADE ADMINISTRATIVA, QUANDO OCUPOU CARGO EM SECRETARIA MUNICIPAL. PRÁTICA EQUIVALENTE AO ABUSO DE PODER POLÍTICO. (...) DISPOSITIVO LEGAL QUE DEVE SER ANALISADO DIFERENTEMENTE DA ALÍNEA "D" DA MESMA LEI DAS INELEGIBILIDADES, SOB PENA DE **REDUNDÂNCIA E INOCUIDADE** DE SEU COMANDO. INTERPRETAÇÃO TELEOLÓGICA. TUTELA DA PROBIDADE E MORALIDADE PÚBLICA. (...)
>
> 1) A alínea "h", do inciso I do art. 1º da LC 64/90, com redação dada pela LC 135/2010, não traz como exigência a finalidade eleitoral da prática abusiva, dispensando ainda que a condenação seja dada por órgão colegiado eleitoral. Interpretação diversa implica em tornar letra morta o dispositivo, na medida em que a alínea "d" da lei versa sobre a mesma hipótese, e ainda é mais abrangente, não trazendo restrições quanto à qualidade do agente.
>
> 2) O objetivo dessa hipótese de inelegibilidade consiste no resguardo da moralidade e da probidade administrativa para o exercício do mandato, fazendo reverberar o texto constitucional. Aplica-se, pois, o raciocínio segundo o qual também são inelegíveis os agentes públicos condenados por **abuso de poder em sentido amplo**, ao menos em 2ª instância, no âmbito das demais esferas do Judiciário, que não a Eleitoral, independentemente da finalidade da conduta questionada.
>
> (...)
>
> (EMBARGOS DE DECLARAÇÃO EM RECURSO ELEITORAL n 26559, TRE-RJ, ACÓRDÃO de 29/04/2013, Relator(a) LEONARDO PIETRO ANTONELLI, Publicação: DJERJ - Diário da Justiça Eletrônico do TRE-RJ, Tomo 089, Data 07/05/2013,Página 07/08)

Como a inelegibilidade decorre do desvio de conduta do agente público, não haverá necessidade de ser ele praticado durante a campanha eleitoral. Basta que o agente se utilize das prerrogativas de seu cargo, do poder da administração, para obter ganhos eleitorais, ainda que futuros, para que se caracterize a hipótese. O bem jurídico protegido, neste caso, é a moralidade administrativa e a probidade no exercício da função (art. 14, § 9º, da CF), diferentemente do abuso de poder praticado pelo candidato ou seus apoiadores (alínea "d"), quando a inelegibilidade tem como suporte constitucional a necessidade de assegurar-se a normalidade e legitimidade das eleições[224]. Se a inelegibilidade desta alínea "h" (abuso de poder na administração pública) não se prende ao valor constitucional normalidade/legitimidade do pleito, não se faz necessário que a conduta abusiva tenha o potencial de desequilibrar a disputa ou que, na linguagem do art. 22, XVI, seja caracterizada como "grave", bastando que se fira a probidade e a moralidade administrativas.

No julgamento do RO n. 602-83/TO, publicado em sessão de 16.11.2010 (colacionado no REspe no 151-05.2012.6.04.0008/AM), o eminente relator, Min. Aldir Guimarães Passarinho Junior, examinando as hipóteses de incidência das alíneas "d" e "h", inciso I, art. 1º, da LC nº 64/90, em caso de condenação pela prática de abuso de poder político proferida em sede de recurso contra expedição de diploma, assim se manifestou:

> "De início, verifica-se que as causas de inelegibilidade previstas nos dois dispositivos incidem no caso de condenação por abuso de poder econômico ou político, por decisão transitada em julgado ou proferida por órgão colegiado. No entanto, há duas diferenças fundamentais entre as mencionadas alíneas: o sujeito destinatário da norma e o órgão judicial que proferiu a decisão condenatória. O sujeito da alínea d é qualquer pessoa ("os que tenham contra sua pessoa"), enquanto a alínea h refere-se apenas a detentores de cargo na administração pública direta, indireta ou fundacional ("os detentores de cargo na administração pública direta, indireta ou fundacional"). Além disso, na alínea d a condenação por abuso de poder político ou econômico deve ser julgada procedente pela Justiça Eleitoral; na alínea h, por outro lado, o legislador não estabeleceu essa condição, donde se extrai que nesse caso a inelegibilidade pode decorrer de **condenação por abuso de poder econômico ou político proferida tanto pela Justiça comum, quanto pela Justiça Eleitoral.** [Grifei] (Após amplo debate, a Corte, por maioria, vencidos os Ministros Marco Aurélio e Marcelo Ribeiro, reconheceu a incidência da alínea h às condenações tanto da Justiça comum como da Justiça Eleitoral).
>
> Ac.-TSE, de 1º.12.2016, no REspe nº 6440: incidência desta alínea em quem praticou o abuso de poder em benefício próprio ou de terceiros na hipótese de **condenação tanto pela Justiça Comum quanto pela Justiça Eleitoral.**

[224] No REspe n. 151-05.2012.6.04.0008/AM, o Min. Dias Toffoli assim assentou: Sabe-se que sob o ângulo hermenêutico uma das regras para solução do conflito aparente de normas corresponde ao princípio da especialidade, segundo a qual a regra específica prefere à regra genérica, de forma que **a alínea "d" sobrepõe-se à alínea "h" sempre que a decisão condenatória pela prática de abuso de poder provier de órgão da Justiça Eleitoral**, ao passo que a outra hipótese atingirá apenas os condenados pela Justiça Comum pelo mesmo ilícito (abuso de poder latu senso). Note-se que, na realidade, há autonomia funcional entre as alíneas d e h do inciso I do art. 1º da LC nº 64/90, uma vez que as objetividades jurídicas tuteladas em cada uma das hipótese são distintas e não se confundem. Com efeito, enquanto na alínea d o bem jurídico protegido corresponde à normalidade e a legitimidade das eleições, razão pela qual a apuração deve ocorrer em processo eleitoral, na alínea h, ao revés, o bem jurídico salvaguardado refere à moralidade e à probidade no exercício da função administrativa, de forma que o ato deve ser apurado em processo cível comum.

Esta causa de inelegibilidade (alínea H) também não se confunde com a da alínea "j" (a ser mais adiante estudada), exigindo tão só a configuração do abuso de poder.

> RECURSOS ESPECIAIS ELEITORAIS. ELEIÇÕES 2012. PREFEITO. REGISTRO DE CANDIDATURA INELEGIBILIDADES. ART. 1º, I, D, G E H, DA LC 64/90. CONFIGURAÇÃO. PROVIMENTO. (...) A inelegibilidade do art. 1º, I, h, da LC 64/90, incide nas hipóteses de condenação tanto pela Justiça Comum como pela Justiça Eleitoral. As causas de inelegibilidade dispostas nas alíneas d e h aplicam-se não somente a quem praticou o abuso de poder na eleição para a qual concorreu (visando beneficiar a própria candidatura), mas também a quem cometeu o ilícito na eleição na qual não se lançou. Ademais, as referidas alíneas, na parte em que dispõem "para a eleição na qual concorrem ou tenham sido diplomados", limitam-se a fixar o termo inicial de incidência da inelegibilidade - qual seja, a eleição na qual concorreu o candidato beneficiado pelo abuso, que pode ou não ser o autor do ilícito - e não a estabelecer as pessoas que estão sujeitas a ela. Recursos especiais eleitorais providos para indeferir o pedido de registro de candidatura. (TSE, REspe nº 151-05.2012.6.04.0008/AM, Rel. Min. João Otávio de Noronha)

Ac.-TSE, de 22.5.2018, no REspe nº 14589 e, de 19.12.2016, no REspe nº 28341: as inelegibilidades previstas nesta alínea e na *d* incidem sobre **aqueles que não tenham concorrido** ou tenham sido diplomados na eleição em que ocorra o abuso.

Na jurisprudência do TSE, colacionada por Vera Maria Nunes Michels,[225] a condenação do agente público em ação popular faz incorrer na inelegibilidade aqui tratada.

> "Inelegibilidade. Abuso de poder político. Para configurar-se a hipótese da letra *h* do item I do art. 1º da LC n. 64, o abuso deve vincular-se a finalidades eleitorais, embora não a um concreto processo eleitoral em curso, o que corresponde à previsão da letra 'd' do mesmo dispositivo. Para o cômputo do prazo de três anos, considera-se o lapso de tempo correspondente a um ano e não o ano civil. Desse modo, começa a fluir tão logo findo o mandato." (TSE, REsp Eleitoral n. 14.117-SP, Rel. Min. Eduardo Ribeiro, *DJU* 17/12/1996)[226]
>
> "Recurso Especial. Registro de candidatura. Candidato condenado em ação popular por improbidade administrativa. Não é de se ter por inelegível o candidato nos moldes do art. 1º, inciso I, alínea *h*, da LC n. 64/90, quando o ato ensejador da condenação em ação popular por improbidade administrativa não foi praticado com fins eleitorais." (TSE, REsp. Eleitoral n. 13.141-RS, Rel. Min. Ilmar Galvão, *DJU* 19/11/1996)
>
> "(...) Inelegibilidade. LC n. 64/90, art. 1º, I, alíneas e, g e h. (...) A condenação em ação popular, para configurar inelegibilidade, há de estar vinculada a atos com finalidade eleitoral. (...)" (Ac. n. 16.633, de 27/9/2000, rel. Min. Garcia Vieira.)
>
> "(...) Ação popular. Condenação. Inelegibilidade. Art. 1º, inciso I, alínea *h*, da LC n. 64/90. 1. É vedado o uso de nomes, símbolos ou imagens que caracterizem promoção pessoal de autoridades ou servidores públicos (art. 37, *caput*, e § 1º, da Constituição Federal). 2. A utilização indevida de publicação oficial para promoção pessoal, apurada em ação popular transitada em julgado, revela desvio de função no exercício do cargo público, sendo suficiente à declaração de inelegibilidade do candidato. (...)" (Ac. n. 17.653, de 21/11/2000, rel. Min. Maurício Corrêa.)

---

[225] MICHELS, Vera Maria Nunes. *Direito eleitoral* - Análise panorâmica de acordo com a Lei n. 9.504/97, p. 108.

[226] DECOMAIN, Pedro Roberto. *Eleições* - Comentários à Lei n. 9.504/97, p. 75.

A LC n. 135/2010 alterou o prazo dessa inelegibilidade, não só elevando-o de 3 para 8 anos, mas também fazendo incidir o impedimento na eleição em que praticado o abuso e nas que se realizarem nos 8 anos seguintes. Abandonou-se, por conseguinte, a sistemática de contagem do prazo a partir do término do mandato ou do período de permanência do agente no cargo público. E o TSE, como o fizera para as hipóteses das alíneas "d" e "j", fixou-se no entendimento de que os 08 anos de inelegibilidade começam no dia da eleição e terminam em igual dia do oitavo ano seguinte.

> SÚMULA Nº 69/TSE
>
> Os prazos de inelegibilidade previstos nas alíneas j e h do inciso I do art. 1º da LC nº 64/90 têm termo inicial no dia do primeiro turno da eleição e termo final no dia de igual número no oitavo ano seguinte.

De resto, possível a suspensão cautelar da inelegibilidade, pelo Tribunal a que se dirige o recurso contra a decisão condenatória colegiada, na forma do art. 26-C, da LC 64/90, acrescentado pela LC 135/2010, conforme minuciosamente desenvolvido na alínea D, acima.

Alínea I: direção, administração ou representação de estabelecimentos de crédito, financiamento ou seguro em liquidação

> Art. 1º, I, "i": os que, em estabelecimento de crédito, financiamento ou seguro, que tenham sido ou estejam sendo objeto de processo de liquidação judicial ou extrajudicial, hajam exercido, nos 12 (doze) meses anteriores à respectiva decretação, cargo ou função de direção, administração ou representação, enquanto não forem exonerados de qualquer responsabilidade;

Sabe-se que os estabelecimentos de crédito, financiamento ou seguro têm suas atividades reguladas e fiscalizadas pelo Banco Central do Brasil e se sujeitam a processo de liquidação (o correspondente da falência), que pode ser judicial ou extrajudicial. Quando tal hipótese ocorre, todos os diretores, administradores ou representantes daquele estabelecimento, que tenham exercido tais funções nos doze meses anteriores à decretação da liquidação, ficam inelegíveis até a apuração final das responsabilidades pela liquidação.

Segundo o escólio de Pedro Henrique Távora,[227]

> "quem gerencia tais estabelecimentos, nos doze meses que precedem a liquidação, captando ou mantendo clientes em razão do seu desempenho, é pessoalmente responsável pelo insucesso do empreendimento, enquanto não for exonerado de qualquer responsabilidade: cabia-lhes, para utilizar as palavras da Lei n. 1.808, de 7 de janeiro de 1953, art. 1º, empregar no exercício das funções que lhe foram cometidas a diligência de que todo homem ativo e probo usa na administração dos seus próprios negócios. Exige que assim seja a repercussão social da liquidação dessas empresas, que a ela se torna vulnerável em razão do gerenciamento, no mínimo, sofrível. Aqueles que as dirigiram em prazo recente respondem objetiva e solidariamente pelas obrigações de tais empresas."

[227] NIESS, Pedro Henrique Távora. *Direitos políticos*, p. 159.

Interessante notar que essa inelegibilidade não tem prazo certo fixado na lei. Ao contrário, a cessação do impedimento coincide com a exoneração da responsabilidade pelos atos de administração, direção ou representação que tenham conduzido a empresa à liquidação.

Ac.-TSE nº 22.739/2004: este dispositivo não é inconstitucional ao condicionar a duração da inelegibilidade à exoneração de responsabilidade, sem fixação de prazo.

"(...) Indeferimento. Art. 1º, inciso I, alínea i, da Lei Complementar n. 64/90. Candidato que era administrador de **empresas de consórcio** liquidadas extrajudicialmente. Empresa equiparada a instituições financeiras. Inelegibilidade do sócio e administrador. (...)" (Ac. n. 16.447, de 5/9/2000, rel. Min. Fernando Neves, red. designado Min. Maurício Corrêa.)

"Registro. Prefeito. Inelegibilidade. 1. A inelegibilidade do art. 1º, I, i, da LC nº 64/90, pressupõe a existência de efeitos válidos e operantes do decreto de falência em relação a atos praticados por quem exerceu cargo ou função de direção, administração ou representação. 2. Se o Judiciário, antes do pedido de registro, suspendeu os efeitos da decisão extensiva da falência em relação ao candidato, desapareceu a própria razão de ser da inelegibilidade. 3. A inelegibilidade da referida alínea i não se configura em face de eventual responsabilidade do sócio de qualquer sociedade, mas, sim, com a responsabilidade daquele que teria sido, presumidamente, o **causador do estado falimentar** do estabelecimento de crédito, financiamento ou seguro, exatamente por haver exercido cargo ou função de direção, administração ou representação. Recurso especial provido a fim de deferir o registro do recorrente." (Ac. de 17.12.2008 no REspe nº 34.115, rel. Min. Arnaldo Versiani.)

"[...] Estabelecimento de crédito. Cargo de direção. Inelegibilidade. Inconstitucionalidade. Inexistência. [...] A teor da jurisprudência o art. 1º, I, i, da LC no 64/90, não padece de inconstitucionalidade. Demonstrada a falsidade da assinatura que vinculava o recorrente ao processo de liquidação extrajudicial e à inelegibilidade, dá-se provimento ao recurso". NE: Ex-membro do conselho de administração da Caixa Geral S/A, desligado a pedido. Trecho do voto do relator: "No caso, a controvérsia restringe-se à alegação de que a LC n. 64/90 criou um caso de inelegibilidade sem fixação do prazo de duração. [...] O término da inelegibilidade ali prevista condiciona-se à exoneração de qualquer responsabilidade do detentor de cargo ou função de direção, declarada pela autoridade competente para a liquidação judicial ou extrajudicial. Uma vez afastada a responsabilidade, o cidadão se torna elegível. A teor da jurisprudência, a Lei Complementar n. 64/90 é compatível com o nosso sistema constitucional". (Ac. de 1o.10.2004 no REspe no 22.739, rel. Min. Humberto Gomes de Barros.)

Alínea J: Corrupção (art. 14, § 10, da CF), Captação de Sufrágio (art. 41-A), Condutas Vedadas (art. 73) e Movimentação Ilícita de Recursos de Campanha (art. 30-A)

Art. 1º, I, "j": os que forem condenados, em decisão transitada em julgado ou proferida por órgão colegiado da Justiça Eleitoral, por corrupção eleitoral, por captação ilícita de sufrágio, por doação, captação ou gastos ilícitos de recursos de campanha ou por conduta vedada aos agentes públicos em campanhas eleitorais que impliquem cassação do registro ou do diploma, pelo prazo de 8 (oito) anos a contar da eleição (alínea acrescida pela LC n. 135/2010)

As condutas previstas nesta alínea, tipificadas na Constituição Federal e na Lei n. 9.504/97 como infrações cíveis eleitorais, com sanções próprias de desconstituição do mandato, multa e cassação do registro ou diploma, agora também são causa de inelegibilidade. A introdução de fator de perturbação do processo eleitoral (art. 14, § 10, da CF), o dar, oferecer, prometer ou entregar vantagens pessoais ao eleitor em troca do voto (art. 41-A), o uso da máquina administrativa em favor de candidato ou partido (arts. 73, 75 e 77) e as receitas ou gastos ilícitos e a prática de "caixa 2" (art. 30-A), apurados em regular AIME ou Representação Especial (com o procedimento do art. 22, da LC n. 64/90) e com decisão de procedência transitada em julgado ou proferida por órgão colegiado da Justiça Eleitoral, acarretam o impedimento por oito anos, contados da eleição em que se praticou a conduta[228]. Tanto que julgado procedente o pedido, incide a hipótese já a partir da decisão colegiada, não necessariamente 2ª instância, já que as ações cíveis para apuração dos referidos ilícitos (Representação Especial e AIME) são propostas e julgadas originariamente pelo TRE ou pelo TSE, conforme for a eleição geral (deputados, senadores e governadores) ou presidencial.

Importante frisar que a inelegibilidade resulta da prática das condutas enumeradas nesta alínea e não da efetiva imposição da sanção de cassação do registro ou do diploma no caso concreto. A expressão "*que impliquem cassação do registro ou do diploma*", contida no texto, apenas condiciona a incidência da inelegibilidade àquelas condutas vedadas aos agentes públicos (arts. 73, 75 e 77) para as quais haja previsão, no tipo, de cassação do registro ou do diploma e não apenas de multa. É que, até a Lei n. 12.034/2009, que alterou a Lei n. 9.504/97, algumas condutas vedadas eram punidas apenas com multa. E passaram a ser censuradas abstratamente, agora todas elas, com a cassação, a partir da nova redação dada ao § 5º do art. 73 e aos arts. 75 (shows artísticos em inaugurações, pagos com dinheiro público) e 77 (comparecimento de candidato a inaugurações públicas). Pode ocorrer, no caso concreto, que a decisão de procedência do pedido reconheça a prática da captação ilícita de sufrágio e não imponha a cassação, quando o candidato não tiver sido eleito. De outro lado, a condenação pelas condutas vedadas do art. 73 pode resultar na aplicação apenas de multa, se o julgador se filiar ao entendimento de que a cassação, nas hipóteses deste artigo, só se impõe quando presente a proporcionalidade entre o fato apurado e a sanção de perdimento do registro ou diploma. De qualquer forma, o fato é que o agente foi condenado pelo cometimento de um dos ilícitos desta alínea, o que é suficiente ao reconhecimento de sua inelegibilidade.

> O comparecimento de candidato a **inauguração de obra pública** constitui conduta vedada aos agentes públicos **apta a atrair a inelegibilidade prevista nesta alínea**. (TSE, Ac. de 21.11.2012, no REspe nº 11661)
>
> "(...)
>
> 4. O fato de não ter sido reconhecida a inelegibilidade do art. 1º, inciso I, alínea d, da LC nº 64/90, considerada a peculiaridade de o candidato ter sido condenado à

[228] TSE, Súmula n. 69: Os prazos de inelegibilidade previstos nas alíneas j e h do inciso I do art. 1º da LC nº 64/90 têm termo inicial no dia do primeiro turno da eleição e termo final no dia de igual número no oitavo ano seguinte.

sanção de inelegibilidade por três anos a partir das eleições de 2006, não impede o reconhecimento da inelegibilidade da alínea j, em decorrência da condenação por captação ilícita de sufrágio, na mesma ação de investigação judicial eleitoral.

Agravo regimental não provido.

(Recurso Ordinário nº 78847, Acórdão, Relator(a) Min. Arnaldo Versiani Leite Soares, Publicação: PSESS - Publicado em Sessão, Data 28/10/2010)

Registro. Inelegibilidade. Art. 1º, inciso I, alínea j, da Lei Complementar nº 64/90. Condenação por órgão colegiado. Representação. Captação ilícita de sufrágio.

- Existindo decisão colegiada da Justiça Eleitoral, que assentou a caracterização da infração do **art. 41-A** da Lei das Eleições, **é de se reconhecer a inelegibilidade da alínea j**, mesmo em face da peculiaridade do caso concreto, em que foi **imposta apenas a sanção pecuniária**, devido ao fato de o ora candidato não ter disputado as eleições em que praticou o ilícito e, portanto, não haver registro ou diploma a ser cassado.

Agravo regimental a que se nega provimento.

(Recurso Especial Eleitoral nº 8125, Acórdão, Relator(a) Min. Henrique Neves Da Silva, Publicação: RJTSE - Revista de jurisprudência do TSE, Volume 24, Tomo 2, Data 23/04/2013, Página 454)

(...)

3. A causa de inelegibilidade disposta no art. 1º, I, j, da Lei Complementar nº 64/90, com redação conferida pela Lei Complementar nº 135/2010, incide com a **mera condenação por captação ilícita de sufrágio**, **independentemente de ter sido aplicada a sanção de cassação** do registro ou do diploma cumulativamente com a de multa. Precedente. Isto ocorre porquanto, uma vez praticada a conduta de captação ilícita de sufrágio, é inafastável a aplicação da pena de cassação do registro ou do diploma, não sendo sua imposição objeto de juízo de discricionariedade do julgador. Precedentes.

4. Agravo regimental não provido.

(Recurso Ordinário nº 97917, Acórdão, Relator(a) Min. Aldir Guimarães Passarinho Junior, Publicação: PSESS - Publicado em Sessão, Data 05/10/2010)

Mandado de segurança. Representação. Captação ilícita de sufrágio. Inelegibilidade. Execução de acórdão. Ação julgada parcialmente procedente. Liminar indeferida. Decisão proferida pela Corte Eleitoral, nos autos do RE nº 607-17, dando parcial provimento ao recurso. Exclusão da sanção de cassação do diploma ou do registro de candidatura do impetrante, já que passadas as eleições e inexistente mandato a ser cassado. Captação ilícita de sufrágio configurada. Manutenção da multa e da declaração de inelegibilidade. Embora tenha sido **excluída a cassação** do impetrante pelo fato de não ter sido eleito, a **inelegibilidade foi mantida** na decisão que fundamenta a decisão administrativa da autoridade impetrada. Inexistência de violação a direito líquido e certo do impetrante. DENEGAÇÃO DA SEGURANÇA.

(MANDADO DE SEGURANCA n 14480, ACÓRDÃO de 16/12/2015, TRE-MG, Relator(a) WLADIMIR RODRIGUES DIAS, Publicação: DJEMG - Diário de Justiça Eletrônico-TREMG, Data 22/01/2016)

(...)

14. Sobre a captação ilícita de sufrágio, a jurisprudência deste Tribunal se consolidou no sentido de que, "existindo decisão colegiada da Justiça Eleitoral, que assentou a caracterização da infração do art. 41-A da Lei das Eleições, é de se reconhecer a inelegibilidade da alínea j, mesmo em face da peculiaridade do caso concreto, em que foi **imposta apenas a sanção pecuniária**, devido ao fato de o ora candidato não ter disputado as eleições em que praticou o ilícito e, portanto, não haver registro ou diploma a ser cassado" (AgR-REspe 81-25, rel. Min. Henrique Neves, DJE de 28.5.2013). "Isto ocorre porquanto, uma vez praticada a conduta de captação ilícita de sufrágio, é inafastável a aplicação da pena de cassação do registro ou do diploma, não sendo sua imposição objeto de juízo de discricionariedade do julgador. Precedentes" (AgR-RO 979-17, PSESS em 5.10.2010, rel. Min. Aldir Passarinho Junior). No mesmo sentido: RO 1715-30, rel. Min. Arnaldo Versiani, PSESS em 2.9.2010.

(...)

(Recurso Especial Eleitoral nº 40487, Acórdão, Relator(a) Min. Henrique Neves Da Silva, Publicação: PSESS - Publicado em Sessão, Data 27/10/2016)

"Registro. Inelegibilidade. Art. 1º, inciso I, alínea j, da Lei Complementar nº 64/90. Condenação por órgão colegiado. Representação. Captação ilícita de sufrágio. - Existindo decisão colegiada da Justiça Eleitoral, que assentou a caracterização da infração do art. 41-A da Lei das Eleições, é de se reconhecer a inelegibilidade da alínea *j*, mesmo em face da peculiaridade do caso concreto, em que foi **imposta apenas a sanção pecuniária**, devido ao fato de o ora candidato não ter disputado as eleições em que praticou o ilícito e, portanto, não haver registro ou diploma a ser cassado. [...]" (Ac. de 23.04.2013, no AgR-Respe n. 8125, Rel. Min. Henrique Neves)

"Inelegibilidade. Condenação por captação ilícita de sufrágio. Transitada em julgado condenação por captação ilícita de sufrágio, é de se reconhecer a inelegibilidade da alínea j do inciso I do art. 1º da Lei Complementar nº 64/90, acrescentada pela Lei Complementar nº 135/2010, **ainda que a condenação somente tenha imposto a respectiva multa**, em virtude de a candidata não haver sido eleita. [...]" (Ac. de 2.9.2010 no RO n. 171530, Rel. Min. Arnaldo Versiani)

Quando se trata de condutas vedadas aos agentes públicos, entretanto, a jurisprudência tem considerado a incidência da inelegibilidade apenas quando a condenação impõe efetivamente a cassação do registro ou do diploma, não se limitando a aplicar a multa. É que, como o art. 73, da Lei n. 9.504/97, prevê a multa e a cassação em dispositivos distintos (§§ 4º e 5º, respectivamente), a aplicação desta última sanção fica reservada às situações concretas em que a conduta se mostra juridicamente relevante, capaz em tese de ferir o bem jurídico protegido pela norma, qual seja, a igualdade de oportunidades entre os candidatos (art. 73, "caput"), para daí a inelegibilidade guardar relação de proporcionalidade com o ilícito praticado.

A simples aplicação de **multa por conduta vedada** não gera a inelegibilidade prevista nesta alínea; no entanto, quanto à captação ilícita de sufrágio, a inelegibilidade se estabelece mesmo se foi imposta apenas sanção pecuniária. (TSE, Ac. de 27.10.2016, no REspe nº 40487)

Ac.-TSE, de 30.5.2017, no REspe nº 18627: não incidência da inelegibilidade prevista nas alíneas *d* e *j* se o candidato teve o mandato cassado apenas por força da **unicidade e da indivisibilidade da chapa**.

> REspEl n. 060008529 - BOM DESPACHO – MG, Ac. de 18/12/2020, Rel. Min. Luis Felipe Salomão. [...] REGISTRO DE CANDIDATURA. INELEGIBILIDADE. ART. 1º, I, J, DA LC 64/90. CONDENAÇÃO. CONDUTA VEDADA. MERO BENEFICIÁRIO. NEGATIVA DE PROVIMENTO. [...] 6. Nos termos da remansosa jurisprudência desta Corte, a hipótese de inelegibilidade do art. 1º, I, j, da LC 64/90 aplica-se **somente ao candidato que praticou o ato** abusivo ou com ele anuiu, e não a quem foi mero beneficiário do ilícito. Precedentes. [...]
>
> REspEl n. 060013361 - PORTEL – PA, Ac. de 07/12/2020, Rel. Min. Tarcisio Vieira De Carvalho Neto
>
> REPRESENTAÇÃO POR CONDUTA VEDADA. CASSAÇÃO NÃO DETERMINADA. APLICAÇÃO DE MULTA. ART. 1º, I, *D* E *J*, DA LC Nº 64/90. INELEGIBILIDADES AFASTADAS. [...] 8. As condenações por prática de **conduta vedada que não resultam na cassação do mandato não são suficientes para a caracterização da inelegibilidade** prevista na alínea *d* do inciso I do art. 1º da LC nº 64, de 1990. Precedentes. [...]
>
> (...)
>
> 15. Em razão dessa diferença é que se formou a jurisprudência deste Tribunal no sentido de que a **simples aplicação de multa por conduta vedada não gera a inelegibilidade** prevista no art. 1º, I, j, da Lei Complementar 64/90, consoante referido no item 2 desta ementa.
>
> 16. Tal entendimento deve ser mantido, o que equivale dizer que a inelegibilidade em tela estará caracterizada quando os fatos apurados na representação levam, em juízo de proporcionalidade, à cassação do registro ou do diploma dos candidatos beneficiados. (...)
>
> (Recurso Especial Eleitoral nº 40487, Acórdão, Relator(a) Min. Henrique Neves Da Silva, Publicação: PSESS - Publicado em Sessão, Data 27/10/2016)

A aplicação desta solução merece cuidado, para não produzir iniquidade no tratamento dos diversos agentes do ilícito. Numa Representação Especial por captação ilícita do sufrágio (art. 41-A) ou por conduta vedada aos agentes públicos (art. 73), em que a decisão impõe multa e cassação do registro ou do diploma ao candidato e aplica aos demais partícipes (o cabo eleitoral que ajudou na compra do voto ou o servidor público que permitiu o uso do bem na campanha do candidato) apenas a pena pecuniária, a inelegibilidade há que alcançar a todos eles indistintamente, sendo desimportante que a alguns representados não tenha sido aplicada concretamente a cassação, o que se deveu pela natural inexistência de registro ou diploma a cassar. Igual solução terá que ser aplicada se e quando a decisão, proferida após a eleição, não aplicar a cassação ao candidato vencido. É que, em ambas as situações, o que há de prevalecer é o juízo de censura da conduta apurada, considerada suficiente pelo julgador para a imposição da cassação, ainda que esta, por razões óbvias, só tenha atingido alguns dos sujeitos passivos da ação: os então candidatos. Do contrário, i.e., aplicando-se a inelegibilidade apenas quando a decisão tenha atingido o próprio representado, a tese acaba por oferecer consequências diversas aos que praticaram igual infração, ferindo, como antecipado, o princípio isonômico.

Também não há (e isso será estudado com mais vagar no capítulo próprio) qualquer razão para decretar a perda de objeto de uma Representação Especial, só pelo fato de o candidato demandado ter perdido a eleição e, por isso, não haver diploma a cassar. Além de persistir como possível a imposição da multa prevista nos dispositivos (arts. 41-A e 73, da Lei n. 9.504/97), ainda há interesse - público, diga-se - na solução da lide eleitoral, inclusive para incidência, ou não, da inelegibilidade aqui estudada, que é consequência direta e imediata do reconhecimento da prática das condutas.

A inelegibilidade aqui tratada, diferentemente do abuso de poder da alínea "d", não se presta à defesa da normalidade e legitimidade das eleições. Dos bens jurídicos indicados pelo art. 14, § 9º, da CF, como norteadores das hipóteses de inelegibilidade infraconstitucionais, percebe-se que a normalidade e legitimidade do pleito constitui matriz constitucional apenas para o abuso de poder. Daí que não há necessidade de demonstração de potencialidade ou gravidade da conduta[229], pois, como dito, não se trata de hipótese de afetação da normalidade e legitimidade das eleições, mas de proteção da moralidade e probidade para o exercício das funções públicas eletivas, não se aplicando à Representação Especial o disposto no art. 22, XVI, da LC n. 64/90.

De outro lado, registre-se que a inclusão destas infrações, na LC n. 64/90, como novas causas de inelegibilidade em nada altera os tipos infracionais cíveis a que se refere esta alínea J e os elementos de sua definição e caracterização. E nem projeta qualquer influência no procedimento de sua apuração (art. 22, da LC n. 64/90). Equivale dizer que o Juiz Eleitoral, diante de Representação Especial pela prática, p.ex., da captação ilícita de sufrágio, julgará procedente o pedido se restar demonstrada a compra de um único voto, porque o bem jurídico ali protegido é a liberdade de escolha do eleitor, afetado pela dação ou promessa de vantagem pessoal. Imporá, como consequência, a multa e a cassação do registro ou diploma do candidato, porque são estas as sanções previstas no tipo. E não se pronunciará sobre a inelegibilidade agora estabelecida na LC, porque esta não é objeto de apuração naquela ação eleitoral, não constitui - como nunca constituiu - conteúdo da sua decisão[230]. A inelegibilidade desta alínea "j" é consequência direta, imediata e automática da decisão condenatória – transitada em julgado ou proferida por órgão colegiado – tal como a inelegibilidade que resulta da condenação criminal ou da rejeição de contas, dentre outras. O Juiz Criminal julga procedente a ação penal, impõe a pena prevista no tipo e não se pronuncia sobre a inelegibilidade da alínea "e". O Tribunal de Contas rejeita as contas do administrador público, enumera as irregularidades que motivaram tal decisão e também nada diz sobre o seu enquadramento na lei das inelegibilidades (alínea "g"). Compete ao Juiz Eleitoral do registro de candidatura, isto sim, diante de decisão que tenha condenado o candidato pela prática de uma das condutas mencionadas, reconhecer a incidência da inelegibilidade, negando-lhe o registro. Exatamente como procede nas demais hipóteses, inclusive na rejeição de contas da alínea "g".

---

[229] O art. 22, XVI, da LC n. 64/90, com a redação dada pela LC n. 135/2010, dispensa a potencialidade de afetação do resultado das eleições, bastando a gravidade do fato abusivo.

[230] Diferentemente do abuso de poder, causa de inelegibilidade prevista no art. 1º, I, "d", para cuja apuração há uma ação própria, que é a AIJE do art. 22, da mesma LC n. 64, aí sim sendo conteúdo da decisão de procedência o decreto de inelegibilidade.

REspEl - AgR no REspEl n. 060053692 - GOIÂNIA – GO, Ac. de 22/06/2021, Rel. Min. Mauro Campbell Marques

[...] REGISTRO DE CANDIDATURA INDEFERIDO PELO TRE/GO. CONDENAÇÃO. ÓRGÃO COLEGIADO. JUSTIÇA ELEITORAL. CAPTAÇÃO E GASTOS ILÍCITOS DE RECURSOS DE CAMPANHA. **ART. 30-A DA LEI Nº 9.504/1997**. INCIDÊNCIA DA CAUSA DE INELEGIBILIDADE PREVISTA NO ART. 1º, I, j, DA LC Nº 64/1990. RECURSO ORDINÁRIO ELEITORAL. EFEITO SUSPENSIVO *OPE LEGIS*, TÃO SOMENTE EM RELAÇÃO AO EXERCÍCIO DO MANDATO. ENTENDIMENTO ATUALMENTE SUSPENSO EM ÂMBITO DE MEDIDA CAUTELAR NA ADPF Nº 776, A FIM DE QUE O EFEITO SUSPENSIVO DO ART. 257, § 2º, DO CE SEJA CONSIDERADO DE FORMA AMPLA, ALBERGANDO, INCLUSIVE, A PRÓPRIA INELEGIBILIDADE. [...]

"[...] Registro de candidatura. Deputado estadual. Recurso ordinário. Artigo 1º, I, d, da LC nº 64/90, com a redação dada pela LC nº 135/2010. Condenação. **Captação ilícita de sufrágio** (art. 41-A da Lei nº 9.504/97). Reconhecimento. Causa de **inelegibilidade**. Recurso provido." (Ac. de 6.10.2010 no RO n. 60859, Rel. Min. Hamilton Carvalhido)

De resto, possível a suspensão cautelar da inelegibilidade, pelo Tribunal a que se dirige o recurso contra a decisão condenatória colegiada, na forma do art. 26-C, da LC 64/90, acrescentado pela LC 135/2010, conforme minuciosamente desenvolvido na alínea D, acima.

Alínea K: Renúncia de Mandato

Art. 1º, I, "k": o Presidente da República, o Governador de Estado e do Distrito Federal, o Prefeito, os membros do Congresso Nacional, das Assembleias Legislativas, da Câmara Legislativa, das Câmaras Municipais, que renunciarem a seus mandatos desde o oferecimento de representação ou petição capaz de autorizar a abertura de processo por infringência a dispositivo da Constituição Federal, da Constituição Estadual, da Lei Orgânica do Distrito Federal ou da Lei Orgânica do Município, para as eleições que se realizarem durante o período remanescente do mandato para o qual foram eleitos e nos 8 (oito) anos subsequentes ao término da legislatura (alínea acrescida pela LC n. 135/2010)

A LC n. 64/90, desde a sua redação original, já previa – como continua prevendo: alíneas "b" e "c" – a inelegibilidade dos mandatários (exceto os Presidente e Vice da República) que perderem seus mandatos por infrações políticas consignadas na Constituição Federal, nas Constituições Estaduais e Leis Orgânicas. Mas o mandatário, diante de representação protocolada na Casa Legislativa competente, capaz de levá-lo à cassação do mandato e consequentemente àquela inelegibilidade, tinha a opção da renúncia, para provocar o arquivamento do procedimento, por falta de objeto, assim preservando a sua elegibilidade.

Agora, com o acréscimo desta alínea "k", o expediente da renúncia não mais produz o efeito que a experiência mostrou ser a verdadeira motivação do ato, pois também ficam inelegíveis aqueles mandatários que renunciarem a seus mandatos a partir do oferecimento de representação ou petição que noticie fatos ou condutas capazes de autorizar a abertura do correspondente processo de perda do mandato.

Mas é bom frisar que a fixação desta causa de inelegibilidade não impede a renúncia do mandato e nem impõe a continuidade do processo de apuração da infração na Casa Legislativa. De fato, se a renúncia for apresentada após o oferecimento da representação e antes da abertura do processo de perda de mandato, será ela (renúncia) acolhida e o mandato extinto, porque o art. 55, § 4º, da CF, só determina a suspensão dos efeitos da renúncia quando manifestada após a abertura do processo de perda de mandato. Em síntese, o estabelecimento desta causa de inelegibilidade não tem o condão de alterar os procedimentos internos da Casa Legislativa competente para o processo de perda. Ao contrário, reconhecida a possibilidade de renúncia no espaço de tempo que vai do oferecimento da representação até a abertura do processo, o que fez a Lei da Ficha Limpa foi perceber nesse ato de renúncia um desvio de finalidade, pois o que a motiva é a pretensão de escapar da repercussão da perda de mandato sobre a sua elegibilidade.

Manifestada a renúncia após o oferecimento da representação a que se refere esta alínea "k", o renunciante evita o processo de cassação na Casa Legislativa, mas incide na inelegibilidade, que se impõe pelo período remanescente do mandato e pelos oito anos subsequentes ao seu término. Ocorrendo a renúncia no primeiro ano de mandato do prefeito, p.ex., a sua capacidade eleitoral passiva fica afetada por 11 anos (3 anos restantes do mandato + 8 anos).

Com a procedência das ADC n. 029 e 030, o STF afirmou a constitucionalidade também desta alínea.

> REspEl - AgR no REspEl n. 060016376 - NOVA PRATA DO IGUAÇU - PR, Ac. de 11/03/2021, Rel. Min. Alexandre de Moraes
>
> [...] 1. A inelegibilidade prevista no art. 1º, I, k, da LC 64/90 possui critério objetivo para sua incidência, ou seja, basta a renúncia do cargo eletivo em momento posterior ao oferecimento de qualquer petição apta a gerar abertura de processo político-administrativo de perda de mandato. [...]
>
> (...)
>
> 3 - "(...) No julgamento de registro de candidatara impugnado com fundamento na causa de inelegibilidade prevista na alínea k do inciso I do art. 1° da LC n° 64/90, **não compete à Justiça Eleitoral examinar se o fato que deu ensejo à renúncia** do candidato constituiu crime nem se ele foi condenado ou absolvido pela Justiça Comum, cabendo-lhe tão somente verificar se houve a renúncia nos termos do referido dispositivo legal. Precedentes. (...)"(AgRegREspe 46017, Relator(a) Min. HENRIQUE NEVES DA SILVA, D J - 24/4/2013, Pag. 98)
>
> (RECURSO ELEITORAL n 14475, ACÓRDÃO n 14475 de 13/09/2016, Relator(a) REGINALDO CASTELO BRANCO ANDRADE, Publicação: PSESS - Publicado em Sessão, Data 13/09/2016)

Alínea L: Improbidade Administrativa

> *Art. 1º, I, "l": os que forem condenados à suspensão dos direitos políticos, em decisão transitada em julgado ou proferida por órgão judicial colegiado, por ato doloso de improbidade administrativa que importe lesão ao patrimônio público e enriquecimento ilícito, desde a condenação ou o trânsito em julgado até o transcurso do prazo de 8 (oito) anos após o cumprimento da pena* (alínea acrescida pela LC n. 135/2010)

Sabe-se que os atos de improbidade administrativa estão previstos especialmente na Lei n. 8.429/92 (sem prejuízo de outras disposições, como as do art. 73, § 7º, da Lei n. 9.504/97), punidos com multa civil, perda do cargo, proibição de contratar com o poder público, ressarcimento ao erário e suspensão dos direitos políticos. Esta última sanção – a suspensão dos direitos políticos, que retira do condenado a condição de elegibilidade do art. 14, § 3º, da CF: a plenitude dos direitos políticos – só se impõe após o trânsito em julgado da condenação.

Com a LC n. 135/2010, estabeleceu-se – a par da suspensão de direitos políticos pelo tempo que o Juiz aplicar – também a inelegibilidade por mais oito anos, contados do término do cumprimento da pena. Então, o condenado por improbidade administrativa que se encontrar na hipótese desta alínea "l" primeiramente cumprirá o tempo de suspensão de direitos políticos (e nesse período estará com sua capacidade eleitoral totalmente afetada, ativa e passivamente, não podendo votar e nem ser votado) e eventuais outras sanções fixadas na sentença, para só então dar início aos 8 anos de inelegibilidade (aqui afetada apenas a capacidade eleitoral passiva, ou seja, o direito de ser votado). Mas também há, a exemplo do que ficou fixado para as condenações criminais da alínea "e", o período de inelegibilidade que vai da condenação por órgão judicial colegiado até o trânsito em julgado. Então, aquele que tem contra si condenação por improbidade, confirmada por Tribunal, já está inelegível e assim permanece até oito anos após o cumprimento da pena. Tal como se dá com a condenação criminal (alínea "e"), na improbidade o período de inelegibilidade pode ser muito superior aos 8 anos mencionados na lei, pois o legislador adotou aqui a mesma fórmula daquela alínea "e". Incidindo a inelegibilidade a partir da condenação por órgão colegiado, o condenado permanece inelegível durante a tramitação dos eventuais recursos, durante todo o período em que estiver cumprindo as penas impostas e, finalmente, durante os oito (8) anos seguintes ao fim destas.

Como a improbidade administrativa pode acarretar ao condenado não apenas a suspensão de direitos políticos, mas também multa, ressarcimento ao erário, proibição de contratar com o poder público e perda do cargo, necessário avaliar o alcance da expressão "após o cumprimento da pena", que é o termo inicial dos oito (08) anos de inelegibilidade. Pode acontecer de transcorrer o período de suspensão dos direitos políticos e o condenado ainda não ter pago a multa civil ou ressarcido o prejuízo causado ao erário. Neste caso, não se pode dizer cumpridas as penas impostas na condenação, pelo que não tem início a contagem dos 8 anos da inelegibilidade. Não obstante isso, frise-se, o "jus honorum" (a capacidade eleitoral passiva) do condenado está afetado desde a decisão colegiada.

> O Plenário do Tribunal Superior Eleitoral, por unanimidade, respondendo à consulta, asseverou que o reconhecimento ou não de determinada hipótese de inelegibilidade para uma eleição não configura coisa julgada para as próximas eleições. Afirmou também que, para efeito da aferição do término da inelegibilidade prevista na parte final da alínea l do inciso I do art. 1º da Lei Complementar nº 64/1990, o cumprimento da pena deve ser compreendido **não apenas a partir do exaurimento da suspensão dos direitos políticos** e do ressarcimento ao Erário, mas a partir do instante em que

> **todas as cominações impostas** no título condenatório tenham sido completamente adimplidas, inclusive no que tange à eventual perda de bens, à perda da função pública, ao pagamento da multa civil ou à suspensão do direito de contratar com o poder público ou de receber benefícios ou incentivos fiscais ou creditícios, direta ou indiretamente. Destacou que, por ser a inelegibilidade prevista na alínea e do inciso I do art. 1º da Lei Complementar nº 64/1990 uma consequência da condenação criminal, não haveria como incidir a causa de inelegibilidade ante o reconhecimento da prescrição da pretensão punitiva pela Justiça Comum. O Tribunal, por unanimidade, respondeu à consulta nos termos do voto reajustado da relatora. (Consulta nº 336-73, Brasília/DF, rel. Min. Luciana Lóssio, em 3.11.2015. No mesmo sentido: Ac.-TSE, de 1º.2.2018, no REspe nº 23184)
>
> Para aferição do término da inelegibilidade, o cumprimento da pena é contado do momento em que **todas as cominações impostas** no título condenatório tenham sido completamente adimplidas. TSE, Ac. de 1º.2.2018, no REspe nº 23184)

Mas não é toda condenação por improbidade que foi elevada a causa de inelegibilidade. Conforme se percebe claramente do texto, o impedimento eleitoral resulta da condenação por ato doloso de improbidade, se e quando a decisão fixar a suspensão de direitos políticos e resultar do reconhecimento da prática de condutas ímprobas que tenham causado lesão ao patrimônio público e enriquecimento ilícito do agente. Se na condenação por improbidade o julgador optar por qualquer uma, ou mais de uma, das outras sanções do art. 12, da Lei n. 8.429/92, não impondo a suspensão dos direitos políticos, o condenado não incidirá nesta inelegibilidade, pela ausência do primeiro de seus requisitos. De outro lado, também não acarreta o impedimento a condenação por improbidade culposa[231] ou que resulte tão somente da inobservância dos princípios norteadores da administração pública (art. 11, da LI), sem que tenha havido lesão ou enriquecimento. Se o caso concreto, entretanto, indicar o dano ao erário e o enriquecimento ilícito, mesmo na condenação por violação aos princípios, restará configurada a inelegibilidade, já que esta alínea L não exclui nenhuma das hipóteses de improbidade (arts. 9º, 10 e 11, da Lei n. 8.429/1992).

> "Causa de inelegibilidade prevista no art. 1°, inciso I, alínea "L" da LC n° 64/1990. Condenação por ato doloso de improbidade administrativa. A condenação fundamentada na violação de princípios (art. 11 da Lei n° 8.429/1992) **não afasta, por si só, a presença de dano ao patrimônio público e de enriquecimento ilícito**. Cabe a Justiça Eleitoral examinar o título condenatório, a fim de concluir pela presença cumulativa do enriquecimento ilícito e do dano ao erário, aferindo-os pela análise dos fundamentos da condenação, ainda que tal reconhecimento não tenha constado expressamente do dispositivo da decisão da Justiça Comum. Precedentes do TSE.
>
> Penalidade de ressarcimento dos valores auferidos indevidamente, correspondentes aos pacotes de viagens usufruídas por cada vereador e de multa no valor do dano. Demonstração da presença de enriquecimento ilícito e de dano, cumulativamente. (...) Constatação de que o ato doloso de improbidade importou em enriquecimento

[231] Que deixa de existir com a Lei n. 14.230/2021, que alterou e acrescentou dispositivos à Lei n. 8.429/92.

ilícito e dano ao erário. (...) Indeferimento do pedido de registro de candidatura. Recursos a que se dá provimento.

(RECURSO ELEITORAL n 27473, ACÓRDÃO de 22/09/2016, TRE-MG, Relator(a) PEDRO BERNARDES DE OLIVEIRA, Publicação: PSESS - Publicado em Sessão,Data 22/09/2016)

Não obstante a posição firmada pelo TSE, parece mais razoável reconhecer que a inelegibilidade estará caracterizada em duas situações distintas e independentes: (i) lesão ao patrimônio público e (ii) enriquecimento ilícito. Não é necessário que concorram, a um só tempo e no mesmo caso concreto, a lesão e o enriquecimento, porque a conjunção "e", posta no texto após a previsão da inelegibilidade decorrente da condenação por lesão ao erário, pretendeu apenas adicionar mais uma hipótese de prática ímproba que também atrai a inelegibilidade. Assim, incidirá no impedimento eleitoral aquele que for condenado por causar lesão ao patrimônio público, como também aquele que o for quando do enriquecimento ilícito.

Como dito, o TSE tem afirmado reiteradamente a necessidade da presença cumulativa dos quatro requisitos: i) suspensão dos direitos políticos, ii) ato doloso, iii) prejuízo ao erário e iv) enriquecimento ilícito do agente ou de terceiros.

"Eleições 2018. (...) Art. 1º, i, *l*, da Lei Complementar 64/90. Ato doloso de improbidade administrativa. Dano ao erário e enriquecimento ilícito. **Exigência cumulativa dos requisitos**. Inocorrência. Acórdão condenatório em ação de improbidade que não evidencia o enriquecimento ilícito. [...] 2. A jurisprudência do Tribunal Superior Eleitoral, firmada nas Eleições de 2012 e reafirmada nos pleitos subsequentes (2014, 2016 e, ainda, 2018), é no sentido de que a incidência da inelegibilidade descrita no art. 1º, I, *l*, da Lei Complementar 64/90 demanda condenação judicial, transitada em julgado ou proferida por órgão colegiado, na qual se imponha a penalidade de suspensão dos direitos políticos, por ato doloso de improbidade administrativa que importe cumulativamente **dano ao erário e enriquecimento ilícito**. 3. Em face da condenação por improbidade administrativa, decorrente de contratação pelo candidato, então Chefe do Poder Executivo, de parentes, **sem concurso público** e mediante desvirtuamento da ocupação de cargos efetivos com adequação de nomenclatura de cargo em comissão, **é possível extrair o requisito alusivo ao enriquecimento ilícito de terceiros, em face das circunstâncias** alusivas à frustração da realização do concurso público e da assentada vulneração do princípio da eficiência administrativa, evidenciando-se a configuração da causa de inelegibilidade do art. 1º, I, *l*, da Lei Complementar 64/90.[...]" (TSE, Ac. de 19.12.2018, no RO n. 060417529, Rel. Min. Admar Gonzaga)

REspEl n. 060034387 - URUCUIA – MG, Ac. de 16/09/2021, Rel. Min. Edson Fachin, Rel. designado Min. Luis Felipe Salomão

[...] ART. 1º, I, L, DA LC 64/90. INELEGIBILIDADE. ATO DOLOSO DE IMPROBIDADE ADMINISTRATIVA. DOAÇÃO. TERRENO PÚBLICO. INOBSERVÂNCIA. LEI DE LICITAÇÕES. PRINCÍPIO DA PUBLICIDADE. AUSÊNCIA. DETERMINAÇÃO. RESSARCIMENTO. DANO. MULTA CIVIL. ENRIQUECIMENTO ILÍCITO. NÃO CONFIGURAÇÃO. [...] 3. Nos termos da jurisprudência desta Corte para as Eleições 2020, para fim da inelegibilidade do art. 1º, I, l, da LC 64/90 o **dano ao erário e o enriquecimento ilícito devem ser cumulativos.** [...]

"O e. Tribunal Superior Eleitoral assentou entendimento segundo o qual a inelegibilidade do art. 1°, inciso I, alínea "I", da Lei Complementar n° 64/90 incide quando verificada a **condenação cumulativa de prejuízo ao erário e de enriquecimento ilícito** decorrente de ato doloso de improbidade administrativa, **ainda que não conste expressamente na parte dispositiva da decisão condenatória**. Da detida leitura da decisão proferida pelo e. TJMG, resta claramente evidenciado o ato doloso de improbidade administrativa e a lesão ao patrimônio público. No que tange ao enriquecimento ilícito, o c. Tribunal Superior Eleitoral tem admitido que este seja **em proveito próprio ou de terceiros** beneficiados pelo ato de improbidade administrativa. No caso em tela, restou patente que o excedente dos valores pagos aos artistas destinaram-se a beneficiar a empresa que intermediou as contratações que, inclusive, foi condenada solidariamente na evolução de valores percebidos em excesso." (RECURSO ELEITORAL n 18807, ACÓRDÃO de 27/10/2016, TRE-MG, Relator(a) RICARDO TORRES OLIVEIRA - CAND, Publicação: PSESS - Publicado em Sessão, Data 27/10/2016)

"Eleições 2014. [...]. Candidato a deputado federal. Registro de candidatura indeferido. Incidência na causa de inelegibilidade prevista no art. 1º, inciso I, alínea l, da LC nº 64/1990. [...] 1. A causa de inelegibilidade referida no art. 1º, inciso I, alínea l, da LC nº 64/1990 exige a **condenação cumulativa por enriquecimento ilícito e dano ao erário** (arts. 9º e 10 da Lei nº 8.429/1992), admitindo-se que este seja **em proveito próprio ou de terceiros**. Precedentes. 2. A condenação por improbidade administrativa mediante enriquecimento ilícito cumulada com a obrigação de ressarcimento do prejuízo causado aos cofres públicos comprova a existência de dano ao erário, nos termos do art. 12, inciso I, da Lei nº 8.429/1992 e, por conseguinte, faz incidir a causa de inelegibilidade do art. 1º, inciso I, alínea l, da LC nº 64/1990. [...]" (Ac. de 27.11.2014, no AgR-RO n. 29266, Rel. Min. Gilmar Mendes)

Compete exclusivamente à Justiça Eleitoral **avaliar a presença dos requisitos** de enquadramento na hipótese de inelegibilidade cogitada, ainda que para tanto tenha que interpretar o título condenatório, se e quando os mencionados requisitos não tiverem sido expressamente mencionados pelo julgador.

A análise do *enriquecimento ilícito* e do dano ao erário pode ser realizada pela Justiça Eleitoral, com base no **exame da fundamentação** do *decisum*, ainda que não tenha constado expressamente do dispositivo. (TSE, Ac. de 13.8.2018, no AgR-REspe nº 27473 e Ac. de 18.4.2017, no AgR-REspe nº 23884)

É lícito à Justiça Eleitoral **examinar por inteiro o acórdão** da Justiça Comum em que proclamada a improbidade, não podendo incluir ou suprimir nada, requalificar fatos e provas, conceber adendos e refazer conclusões. (TSE, Ac. de 13.12.2016, no REspe nº 5039)

Indefere-se o registro de candidatura se, com base na **análise das condenações**, for possível constatar que a Justiça Comum reconheceu a presença cumulativa de prejuízo ao Erário e de enriquecimento ilícito decorrente de ato doloso de improbidade administrativa, **ainda que não conste expressamente na parte dispositiva** da decisão condenatória. (TSE, Ac. de 22.10.2014, no RO nº 140804; Ac. de 11.9.2014, no RO nº 38023; Ac.-TSE, de 13.8.2018, no AgR-REspe nº 27473 e, de 18.4.2017, no AgR-REspe nº 23884)

De resto, possível a suspensão cautelar da inelegibilidade, pelo Tribunal a que se dirige o recurso contra a decisão condenatória colegiada, na forma do art. 26-C, da LC 64/90, acrescentado pela LC 135/2010, conforme minuciosamente desenvolvido na alínea D, acima.

Alínea M: Infração ético-profissional

> *Art. 1º, I, "m": os que forem excluídos do exercício da profissão, por decisão sancionatória do órgão profissional competente, em decorrência de infração ético-profissional, pelo prazo de 8 (oito) anos, salvo se o ato houver sido anulado ou suspenso pelo Poder Judiciário;* (alínea acrescida pela LC n. 135/2010)

Algumas profissões têm o seu exercício regulado em lei de forma mais rigorosa e se submetem a registro e acompanhamento de órgãos específicos. Assim, os engenheiros, os médicos, os farmacêuticos, os advogados, etc., só podem exercer suas funções se estiverem regularmente inscritos nos respectivos Conselhos ou na OAB, respectivamente. A prática de conduta incompatível com a profissão impõe a abertura de regular procedimento de apuração, a cargo desse órgão profissional, cuja decisão pode ser de sua exclusão, a partir de quando fica vedado o exercício profissional.

Se o profissional se mostrou despreparado ou descompromissado eticamente para o exercício profissional, chegando ao ponto de ser excluído pelo próprio Conselho, razoável concluir que também o está para o exercício das funções públicas eletivas. Por conseguinte, a alínea "m", em comento, instituiu a inelegibilidade desses profissionais, também pelo prazo de 8 (oito) anos, contados da decisão sancionatória. E reserva-se a possibilidade de suspensão ou anulação dos efeitos dessa exclusão, se o Judiciário, em ação própria na Justiça Comum, reconhecer a existência de vícios no procedimento de sua imposição. A suspensão decorre de cautelar ou antecipação de tutela e a anulação de provimento definitivo.

A ADI n. 4.578, ajuizada pela Confederação Nacional das Profissões Liberais (CNPL) em face especificamente desta alínea "m", foi julgada improcedente, reconhecendo-se a adequação constitucional da inelegibilidade para os que forem excluídos do exercício profissional, em decorrência de infração ético-profissional. Não incidirá na inelegibilidade, por óbvio, aquele profissional que for excluído, v.gr., por falta de pagamento das anuidades.

> REspEl - AgR no REspEl n. 060038314 - MONGAGUÁ – SP, Ac. de 27/05/2021, Rel. Min. Edson Fachin
>
> [...] INELEGIBILIDADE. ART. 1º, I, m, LC Nº 64/90. [...] 2. Com efeito, na dicção do art. 1º, I, m, da LC nº 64/90, *são inelegíveis: [...].* A inelegibilidade referida no dispositivo legal, portanto, prescinde de juízo de valoração pela Justiça Eleitoral dos motivos que deram ensejo à exclusão. [...]
>
> REGISTRO DE CANDIDATURA. ELEIÇÕES 2014. ART. 1º, INC. I, ALÍNEA 'M', DA LC N.º 64/90. **INADIMPLÊNCIA PERANTE A TESOURARIA DA OAB/GO.** MERA VIOLAÇÃO DISCIPLINAR. NÃO CONFIGURAÇÃO DE INFRAÇÃO ÉTICO-PROFISSIONAL. INELEGIBILIDADE NÃO RECONHECIDA. IMPUGNAÇÃO IMPROCEDENTE. REQUERIMENTO DE REGISTRO DE CANDIDATURA

DEFERIDO. (REGISTRO DE CANDIDATURA n 119222, ACÓRDÃO n 14716/2014 de 04/08/2014, TRE-GO, Relator(a) MARCELO ARANTES DE MELO BORGES, Publicação: PSESS - Publicado em Sessão, Tomo 064, Data 04/08/2014)

Alínea N: Desfazimento fraudulento de vínculo conjugal

Art. 1º, I, "n": os que forem condenados, em decisão transitada em julgado ou proferida por órgão judicial colegiado, em razão de terem desfeito ou simulado desfazer vínculo conjugal ou de união estável para evitar caracterização de inelegibilidade, pelo prazo de 8 (oito) anos após a decisão que reconhecer a fraude; (alínea acrescida pela LC n. 135/2010)

Sabe-se que o cônjuge ou companheiro, em união estável, do Chefe do Poder Executivo é inelegível para qualquer cargo, especialmente para a sua sucessão, no território de sua jurisdição, conforme prescreve o art. 14, § 7º, da CF: inelegibilidade reflexa. Daí todo o interesse político no desfazimento desse vínculo, com o objetivo imediato de afastar o impedimento.

A jurisprudência eleitoral, enfrentando ao longo do tempo inúmeras situações de separações e divórcios ocorridos no curso do mandato do cônjuge ou companheiro, fixou o entendimento de que persiste a inelegibilidade nas eleições imediatamente seguintes, face à presunção de fraude à lei.[232]

Agora, com esta alínea "n", quando constatado que o processo de separação, divórcio ou extinção da união estável foi utilizado não para consolidar efetivo rompimento do vínculo, mas apenas para fraudar a letra da lei, além de persistir a inelegibilidade reflexa do art. 14, § 7º, da CF, incide o impedimento por 8 (oito) anos, contados da decisão – transitada em julgado ou proferida por órgão judicial colegiado (o que ocorrer primeiro) – que reconhecer a fraude.

Justifica-se plenamente a instituição dessa inelegibilidade, pois alcança-se neste caso o candidato que tudo faz, inclusive o rompimento fraudulento do casamento, com todas as suas implicações, para obter o mandato, mostrando-se despreparado eticamente para o exercício da representação popular.

A toda evidência que, se o casal for apanhado, na Vara de Família, tentando uma separação ou divórcio fraudado ou simulado, a decisão judicial de indeferimento do pedido também será suficiente para incidência da inelegibilidade.

De resto, possível a suspensão cautelar da inelegibilidade, pelo Tribunal a que se dirige o recurso contra a decisão condenatória colegiada, na forma do art. 26-C, da LC 64/90, acrescentado pela LC 135/2010, conforme minuciosamente desenvolvido na alínea D, acima.

Como esta inelegibilidade pressupõe uma decisão – transitada em julgado ou proferida por órgão colegiado – que tenha flagrado a pessoa no desfazimento fraudulento ou na simulação do rompimento do vínculo, exatamente para escapar da inelegibilidade

[232] Vide os comentários e julgados que lançamos acima, nesta Seção III – Causas de Inelegibilidade, nº 9.4 – Os Incompatíveis por Casamento ou Parentesco.

reflexa do art. 14, § 7º, da CF, razoável reconhecer que suficiente será a decisão da Justiça Eleitoral, proferida em AIRC (ação de impugnação de registro de candidatura) ou em RCED (recurso contra a expedição do diploma) reconhecendo a fraude e, portanto, a inelegibilidade, exatamente porque o candidato – mesmo sendo de fato cônjuge ou companheiro do Chefe do Executivo na circunscrição da disputa – buscará obter o registro de candidatura ou a diplomação, passando-se por separado ou divorciado do agente político causador do impedimento. O vínculo do candidato com o Chefe do Executivo é a arguição de inelegibilidade objeto das ditas ações (AIRC e RCED), que o candidato negará mediante simulação do rompimento do vínculo. A decisão que acolher a arguição de inelegibilidade terá como pressuposto o reconhecimento de fraude ou simulação no desfazimento do vínculo. A jurisprudência ainda é incerta quanto ao tema.

> REGISTRO DE CANDIDATURA. INELEGIBILIDADE. ART.1 º, INCISO I, ALÍNEA 'N', LEI COMPLEMENTAR N. 64/90.
>
> 1. É possível o reconhecimento de fraude em simular desfazer união estável para evitar caracterização de inelegibilidade através de recurso contra expedição de diploma.
>
> 2. A condenação em RCED é suficiente para caracterização da inelegibilidade prevista no artigo 1º, I, n, da Lei 64/90.
>
> 3. Recurso desprovido.
>
> (RECURSO ELEITORAL n 39723, ACÓRDÃO n 43036 de 13/08/2012, TRE-PR, Relator(a) JEAN CARLO LEECK, Publicação: PSESS - Publicado em Sessão, Data 13/8/2012)
>
> RESPE – AgR-REspe n. 4503 - BIQUINHAS – MG, Ac. de 03/11/2016, Rel. Min. Herman Benjamin
>
> [...] ART. 1º, I, N, DA LC 64/90. VÍNCULO AFETIVO. FRAUDE. INEXISTÊNCIA. DESPROVIMENTO.
>
> 3. Mera negativa de fato (inexistência de união estável), em defesa apresentada em processo eleitoral, não implica presumir-se ilícito - simular desfazer vínculo afetivo - para fim de inelegibilidade. Precedentes, em especial REspe 397-23/PR, Rel. Min. Gilmar Mendes, DJE de 5.9.2014. [...]

Alínea O: Demissão do serviço público

> *Art. 1º, I, "o": os que forem demitidos do serviço público em decorrência de processo administrativo ou judicial, pelo prazo de 8 (oito) anos, contado da decisão, salvo se o ato houver sido suspenso ou anulado pelo Poder Judiciário*; (alínea acrescida pela LC n. 135/2010)

Sabe-se que o servidor público só perde o seu cargo em decorrência da prática de faltas éticas ou disciplinares previstas em lei e apuradas em regular procedimento administrativo ou processo judicial, assegurada ampla defesa. E a experiência mostra que só mesmo situações graves – dentre as quais se inclui a demissão por abandono do cargo, que a Lei n. 8.112/90 fixa como falta grave: arts. 132 e 138 – têm levado o funcionário à demissão, inclusive pela exagerada condescendência dos seus superiores hierárquicos.

> "Eleições 2018. Recurso ordinário. Registro de candidatura. Deputado estadual. Demissão do serviço público. Incidência da inelegibilidade insculpida no art. 1°, i,

o, da Lei Complementar n° 64/90. Indeferimento. Negativa de provimento. 1. À luz do art. 1°, I, *o*, da LC 64/90, são inelegíveis, pelo prazo de oito anos, os candidatos demitidos do serviço público em decorrência de processo administrativo ou judicial, salvo se o ato houver sido suspenso ou anulado pelo Poder Judiciário. 2. Aludida causa de inelegibilidade incidirá sempre que o pretenso candidato for demitido do serviço público e não houver a suspensão ou anulação do ato pelo Poder Judiciário. 3. No caso em exame, Paulo César Gomes foi demitido do serviço público, em razão de **abandono do cargo**, por meio de processo administrativo disciplinar. Não há notícia suspensão ou anulação do ato pelo Poder Judiciário. Infere-se, assim, que o fato se subsume à hipótese de inelegibilidade descrita na alínea *o* da Lei de Inelegibilidades. [...]" (Ac. de 16.10.2018, no RO n. 060475996, Rel. Min. Luís Roberto Barroso, Rel. designado Min. Edson Fachin)

Se apurado e punido com demissão o desvio de conduta do servidor, que se mostra despreparado e inconveniente ao exercício das funções públicas de cargo efetivo da administração, não fazia mesmo sentido manter aberta a via de acesso às funções públicas eletivas, tão ou mais caras que aquelas, porque aqui se exerce parcela da soberania popular. Julgando caso em que o candidato era militar e foi "excluído a bem da disciplina", o TSE entendeu que a expressão "demissão", utilizada nesta alínea, não pode ser interpretada literalmente. Ao contrário, há que alcançar todas as formas de desligamento do serviço público a título de punição por falta funcional.

"Eleições 2018. Recurso ordinário. Registro de candidatura. Candidato eleito. Deputado estadual. Inelegibilidade. Art. 1°, i, *o*, da Lei Complementar 64/90. Policial militar excluído a bem da disciplina. Não provimento. [...] 2. A causa de inelegibilidade prevista no art. 1°, I, *O*, da Lei Complementar 64/90 **aplica-se aos militares a que se impuserem sanções que, a qualquer título, produzam efeitos análogos à demissão**. Isso porque: (i) a interpretação literal não é recomendável, na medida em que, nos regimes jurídicos estabelecidos pelos entes públicos para seus servidores civis ou militares, pode-se utilizar termos diferentes" como 'exclusão a bem da disciplina'" para designar institutos jurídicos que têm as mesmas características e produzem os mesmos efeitos que a demissão; (ii) caso não se atribua interpretação sistemática ao texto da alínea *o*, não haverá regime de inelegibilidade aplicável aos praças que forem excluídos dos quadros do ente público por praticarem infrações disciplinares graves, o que gerará injustificada disparidade de tratamento em relação aos oficiais, que se submetem a regime específico (art. 1°, I, *f*, da Lei Complementar 64/90); e (iii) no estatuto da Polícia Militar do Estado de Pernambuco, não é prevista nenhuma sanção com o nome 'demissão', sendo a "exclusão a bem da disciplina" a penalidade máxima prevista. 3. Razões ligadas à segurança jurídica não recomendam a oscilação da jurisprudência em curto período e a adoção de entendimentos diversos a respeito de determinada matéria nas mesmas eleições. Por essa razão, o entendimento de que o art. 1°, I, O, da Lei Complementar 64/90 se aplica aos militares a que se impuserem sanções que, a despeito da nomenclatura diversa, produzam efeitos análogos à demissão, é fixado apenas para as próximas eleições, não sendo aplicável no caso concreto.[...]". (Ac. de 19.12.2018, no RO n. 060079292, Rel. Min. Admar Gonzaga)

REspEl - AgR no REspEl n. 060031447 - SERTÃOZINHO – SP, Ac. de 06/05/2021, Rel. Min. Sergio Silveira Banhos

> [...] CONSELHEIRO TUTELAR. PERDA DE MANDATO. PROCESSO ADMINISTRATIVO DISCIPLINAR. EQUIPARAÇÃO. DEMISSÃO. SERVIDOR PÚBLICO. ART. 1º, INCISO I, ALÍNEA "O", DA LEI COMPLEMENTAR 64/90. AUSÊNCIA DE SUSPENSÃO OU ANULAÇÃO DO ATO PELO PODER JUDICIÁRIO. PROCESSO ADMINISTRATIVO. VÍCIOS. EXAME. JUSTIÇA ELEITORAL. INCOMPETÊNCIA. [...].
>
> 6. [...] a) a causa de inelegibilidade descrita no art. 1º, I, o, da Lei Complementar 64/90 incide independentemente dos motivos que ensejaram a aplicação da penalidade de perda do mandato de conselheiro tutelar, e, na espécie, a sanção foi motivada por condutas graves; b) não é possível, em processo de registro de candidatura, realizar juízo de ponderação de valores ou discutir eventuais vícios do procedimento administrativo do qual decorreu a perda do mandato de conselheiro tutelar; c) a mera propositura de ação judicial não afasta a causa de inelegibilidade da alínea *o*, e não há nos autos notícia de eventual suspensão ou anulação da decisão administrativa pelo Poder Judiciário. [...]
>
> 9. Este Tribunal Superior já manifestou, por meio de diversas decisões individuais, a compreensão de que a **destituição do mandato de conselheiro tutelar é equiparada à demissão** de servidor público para fins de incidência da causa de inelegibilidade prevista no art. 1º, I, o, da Lei Complementar 64/90. Nesse sentido: REspe 213-84, rel. Min. Luiz Fux, PSESS em 6.12.2016; REspe 180-15, rel. Min. Henrique Neves da Silva, DJE de 14.2.2013; REspe 241-56, rel. Min. Dias Toffoli, DJE de 1º.2.2013; e REspe 181-03, rel. Min. Nancy Andrighi, PSESS em 11.12.2012.
>
> 10. Na linha da jurisprudência desta Corte Superior a respeito do disposto no art. 1º, I, o, da Lei Complementar 64/90, "ainda que 'demissão' e 'destituição' sejam palavras distintas, para os efeitos legais são como sinônimos, ou seja, significam a extinção do vínculo com a Administração Pública diante da realização de falta funcional grave" (AgR-RO 837-71, rel. Min. Gilmar Mendes, PSESS em 3.10.2014).
>
> 11. A causa de inelegibilidade prevista no art. 1º, I, o, da Lei Complementar 64/90 deve ser aferida de forma objetiva e incide sempre que presentes os seguintes requisitos: i) a demissão do serviço público; e ii) a ausência de suspensão ou anulação do ato pelo Poder Judiciário. Nesse sentido: RO 0604759-96, red. para o acórdão Ministro Edson Fachin, PSESS em 16.10.2018, e AgR-REspe 214-53, rel. Min. Arnaldo Versiani, PSESS em 30.10.2012. [...]

A inelegibilidade, então, se impõe aos servidores públicos efetivos que forem demitidos mediante regular processo administrativo ou judicial, persistindo o impedimento por 8 (oito) anos a partir da decisão administrativa ou judicial de demissão. A toda evidência, também neste caso ressalva-se a possibilidade de esta decisão ser suspensa ou anulada pelo Poder Judiciário, em ação própria na Justiça Comum, quando – em sede de cautelar ou antecipação de tutela ou provimento definitivo – se reconhecer vícios no procedimento de punição. Não se ignora, ademais, que a administração pública pode e deve rever seus próprios atos, em regular procedimento administrativo que evidencie a existência de vícios no ato revisto. Se dessa revisão advém decisão de anulação do ato demissional, inevitável concluir que terá desaparecido o fundamento fático da inelegibilidade aqui tratada, pois deixará de existir no mundo jurídico a demissão do servidor.

"A circunstância superveniente que altera o quadro fático inicialmente delineado pela instância a quo decorre da publicação de **nova portaria, anulando o ato demissional**, deixando, portanto, de subsistir o substrato jurídico que deu lastro à impugnação da candidatura, motivo pelo qual esta Corte Superior não pode renunciar à sua condição de instância protetora dos direitos políticos fundamentais e do regime democrático, devendo reconhecer o afastamento da causa de inelegibilidade prevista no art. 1º, I, o, da LC nº 64/90." (Recurso Especial Eleitoral nº 10512, Acórdão, Relator(a) Min. Luiz Fux, Publicação: PSESS - Publicado em Sessão, Data 19/12/2016)

Mas é bom frisar que, se a perda do cargo resultar de decisão judicial, como numa ação de improbidade administrativa em que o Juiz imponha essa sanção, a inelegibilidade já incide a partir da decisão colegiada, não sendo necessário aguardar seu trânsito em julgado. No silencio da lei – que nesta alínea não exige o trânsito em julgado, mas também não se reporta à decisão proferida por órgão colegiado – razoável aplicar-se a solução que é o núcleo central da reforma trazida pela LC n. 135/2010, evitando-se os extremos da sentença monocrática, de um lado, e do trânsito em julgado, de outro.

2. Os vícios formais ou materiais eventualmente existentes no curso do procedimento administrativo disciplinar não são cognoscíveis em sede de registro de candidatura, devendo ser apreciados na seara própria. Precedentes TSE (AgR-REspe nº 27595/SP, Rel. Min. Nancy Andrighi, PSESS de 27.11.2012; e AgR-REspe nº 42558/SP, Rel. Min. Nancy Andrighi, PSESS de 11.10.2012, AgR-RO n.º 83771, Rel. Min. Gilmar Mendes, 03/10/2014 e AgR-RO n.º 39519, Rel. Min. Luiz Fux, de 30/09/2014). [...]. (RECURSO ELEITORAL n. 11471, ACÓRDÃO n 1096/2016 de 27/09/2016, TRE-GO, Rel. NELMA BRANCO FERREIRA PERILO, Publicação: PSESS - Publicado em Sessão, Tomo 80, Data 27/09/2016)

(...)

3. Hipótese em que ficou configurado o fato objetivo estabelecido na alínea o do inciso I do art. 1º da LC 64/90, qual seja, a demissão do serviço público em decorrência de Processo Administrativo 1/09, cuja decisão foi publicada por meio do Decreto 47/12, de 16.2.2012, atraindo, assim, a incidência da inelegibilidade. Precedente: AgR-REspe 214-53/PB, Rel. Min. ARNALDO VERSIANI, publicado em sessão de 30.10.2012.

4. Este Tribunal já assentou que a inelegibilidade prevista na alínea o do inciso I do art. 1º da LC 64/90 tem como requisitos a existência de **demissão** do Servidor Público e que tal demissão decorra de **Processo Administrativo ou Judicial**. Acumulados esses dois requisitos, tem-se a inelegibilidade pelo prazo de 8 anos, contados da decisão de demissão, cuja única exceção é a suspensão ou anulação do ato por força de decisão judicial. Precedentes: RO 293-40/MS, Rel. Min. HENRIQUE NEVES DA SILVA, publicado na sessão de 12.9.2014, e AgR-RO 395-19/MA, Rel. Min. LUIZ FUX, publicado na sessão de 30.9.2014. [...]

(Recurso Especial Eleitoral nº 7125, Acórdão, Relator(a) Min. Napoleão Nunes Maia Filho, Publicação: PSESS - Publicado em Sessão, Data 14/12/2016)

[...] INELEGIBILIDADE. ART. 1º, INCISO I, ALÍNEA O, DA LC Nº 64/1990. SERVIDOR DEMITIDO EM PROCESSO ADMINISTRATIVO. AUSENCIA DE DECISAO SUSPENSIVA OU ANULATÓRIA DO ATO DE DEMISSÃO. (...) 3. Não compete a Justiça Eleitoral analisar supostos vícios formais ou materiais no curso do procedimento administrativo disciplinar, os quais deverão ser discutidos na seara

> própria." (AgR-REspe n° 275-95/SP, rel. Min. Nancy Andrighi, julgado em 27.11.2012) [...]. (Agravo Regimental em Recurso Ordinário no 83771, Ac. de 3/10/2014, Relator Min. GILMAR FERREIRA MENDES, Publicação: PSESS - Publicado em Sessão, Data 3/10/2014)
>
> [...] Demissão do serviço público. Inelegibilidade. Alínea "o" do inciso I do art. 1º, da Lei Complementar nº 64/90. Incidência. 1. O candidato foi demitido do serviço público em processo administrativo e não obteve medida judicial suspendendo ou anulando tal decisão, razão pela qual, conforme decidido pelas instâncias ordinárias, está configurada a causa de inelegibilidade do art. 1°, inciso I, alínea O, da LC nº 64/90. 2. O fato de o recorrente ter ajuizado ação de nulidade contra o ato de demissão não afasta, por si só, os efeitos da causa de inelegibilidade, uma vez que a ressalva da parte final da alínea "O" expressamente estabelece a exigência de que o ato esteja efetivamente suspenso ou tenha sido anulado pelo Poder Judiciário. [...]" Agravo regimental a que se nega provimento. (Agravo Regimental em Recurso Especial Eleitoral nº 47745, Ac. de 20/3/2013, Relator: Min. HENRIQUE NEVES DA SILVA, DJE, Tomo 075, Data 23/4/2013, Pagina 35-36)
>
> "[...].

Alínea P: Doações ilegais para campanhas

> *Art. 1º, I, "p": a pessoa física e os dirigentes de pessoas jurídicas responsáveis por doações eleitorais tidas por ilegais por decisão transitada em julgado ou proferida por órgão colegiado da Justiça Eleitoral, pelo prazo de 8 (oito) anos após a decisão, observando-se o procedimento previsto no art. 22*; (alínea acrescida pela LC n. 135/2010)

A Lei n. 9.504/97, que estabelece normas para as eleições, admite que as campanhas eleitorais recebam o aporte de recursos privados. As pessoas físicas podem doar até 10% dos seus rendimentos brutos percebidos no ano anterior ao da eleição e as pessoas jurídicas, até o julgamento da ADI n. 4650 (em que o STF firmou o entendimento de que as doações empresariais para as atividades partidárias e para as campanhas eleitorais são incompatíveis com a Constituição Federal, especialmente pelo potencial de afetação da normalidade e legitimidade das eleições) e posterior revogação do art. 81, podiam doar até 2% do seu faturamento bruto também do ano anterior ao da eleição. Os arts. 23 e 81 (este declarado inconstitucional na dita ADI n. 4650 e depois revogado pela Lei n. 13.165/2015), da mencionada lei, a par de admitir essas doações[233], com aqueles limites, tipifica como infração cível eleitoral, punida com multa e proibição de contratar com o poder público, o excesso de doação.

A prática dessa infração (excesso de doação) revela descaso do doador para com uma das regras mais elementares da disputa eleitoral, que é a pretendida isonomia de oportunidades nas campanhas, que tem como pressuposto o afastamento do abuso do poder econômico. Razoável e proporcional, então, que o doador fique impedido de candidatar-se pelo prazo fixado nesta alínea: 8 (oito) anos, contados da decisão que

[233] O STF concluiu o julgamento da ADI n. 4650, que questiona as doações de pessoas jurídicas e a fixação de limite percentual às pessoas físicas, assentando o entendimento de que as doações empresariais para as atividades partidárias e campanhas eleitorais são incompatíveis com a Constituição Federal.

reconhecer a prática do excesso, ainda que não transitada em julgado, mas proferida por Tribunal Eleitoral.

A apuração dessa infração se dá por Representação Especial ofertada à Justiça Eleitoral no foro do domicílio civil do doador[234], com prazo decadencial (31 de dezembro do ano seguinte ao da eleição) agora fixado no art. 24-C, § 3º, da Lei n. 9.504/97, introduzido pela Lei n. 13.165/2015[235], observado o procedimento sumário do art. 22, da LC n. 64/90 (rito sumário eleitoral).

Não é suficiente, entretanto, a condenação transitada em julgado ou proferida por órgão colegiado da Justiça Eleitoral. Ao contrário, necessário avaliar a relevância jurídica do excesso praticado, já que, na ação que o apura – Representação Especial que é ajuizada no ano seguinte ao da eleição e que é movida apenas em face do doador – não há espaço para o reconhecimento de eventual insignificância ou bagatela. Conforme será visto no capítulo dedicado ao estudo da "doação irregular", o doador será punido com a multa do art. 23, da Lei n. 9.504/97 (até 2016, de 5 a 10 vezes o valor do excesso, e, com a reforma eleitoral de 2017, de até 100% do valor excedido) seja qual for o valor do excesso, já que a punição, por ser prevista em percentual e calculada sobre a parte ilícita da doação, sempre guardará relação de proporcionalidade com a infração. Se qualquer excesso é punido com a multa quando da Representação Especial, a verificação da relevância jurídica, desta vez para afetação, ou não, da elegibilidade, terá que ser feita se e quando o doador se tornar candidato, então invocando-se o princípio da proporcionalidade. Um doador com rendimentos de R$ 100.000,00, que doou R$ 10.050,00, excedendo, portanto, em 0,5% e atraindo para si uma multa de R$ 250,00 (na redação anterior do art. 23: 5 vezes o excesso) ou de R$ 50,00 (na redação atual: até 100% do excesso), certamente não terá praticado um excesso grave ou vultoso ou contribuído para o desequilíbrio da disputa em favor do candidato beneficiado.

> REspEl - ED no AgR no REspEl n. 060012479 - SÃO GONÇALO – RJ, Ac. de 06/05/2021, Rel. Min. Luis Felipe Salomão. [...] INELEGIBILIDADE. ART. 1º, I, P, DA LC 64/90. DOAÇÃO ACIMA DO LIMITE LEGAL. VALOR ABSOLUTO E PERCENTUAL EXPRESSIVOS. POTENCIAL PARA DESEQUILIBRAR O PLEITO. [...]. 3. Todavia, ao contrário do aduzido, consta do acórdão, de modo expresso e fundamentado, que esta Corte Superior reafirmou, para as Eleições 2020, o entendimento de que a condenação por doação acima do limite legal atrairá a inelegibilidade da alínea p quando se demonstrar que o **valor doado em excesso teve potencial de comprometer o equilíbrio e a disputa do pleito** (REspEl 0600087-82/RJ, redator designado Min. Alexandre de Moraes, publicado na sessão de 3/12/2020). 4. Na espécie, o TRE/RJ consignou que o embargante, candidato em 2018, efetuou naquele ano "doação de R$ 71.650,00, ultrapassando os permitidos 10% dos rendimentos brutos declarados à Receita Federal no ano anterior, que estariam limitados a R$ 22.116,71, ou seja, houve excesso de R$ 49.533,29 (mais de 200% do limite legal), em exorbitante irregularidade e desproporção ao seu poderio econômico, sendo inclusive multado

[234] Segundo entendimento atual do TSE: domicílio civil e não domicílio eleitoral.

[235] Antes da Lei n. 13.165/2015, o prazo era fixado pela jurisprudência em 180 dias após a diplomação. O assunto será melhor estudado no Capítulo III, Seção XIV - Representação.

em 100% do valor ilícito doado". 5. A Corte a quo ressaltou, ainda, que o montante da doação ilícita foi significativo também no contexto da campanha do ora embargante naquele pleito, correspondendo "ao percentual de 55,96% do total arrecadado por ele". 6. Nesse contexto, o expressivo valor absoluto e percentual do excesso na doação possui efetivamente o condão de interferir na normalidade e na legitimidade do pleito, bens jurídicos tutelados no art. 14, § 9º, da CF/88, o que acarreta a incidência da inelegibilidade em comento. [...]

Causa de inelegibilidade da alínea 'p' do inciso i do art. 1º da Lei Complementar nº 64/90. Excesso de doação para campanha eleitoral. Interpretação da expressão 'doação ilegal' a partir do art. 14, § 9º da Constituição Federal. Necessidade de demonstração de **quebra da normalidade e legitimidade das eleições**. Decisão por maioria. Doação de R$ 75.000,00 realizada por pessoa jurídica com faturamento bruto zerado no ano anterior às eleições. Candidato beneficiado que era sócio administrador da empresa. **Conduta grave e Apta a violar a normalidade das eleições**. Incidência da causa de inelegibilidade. Decisão por maioria. Agravo regimental e recurso ordinário provido. Indeferimento do registro de candidatura. [...] 2. A incidência da causa de inelegibilidade prevista no art. 1º, inciso I, alínea 'p' da Lei Complementar nº 64/90 conforma-se à norma contida no art. 14, § 9º da Constituição Federal e exige, nos termos da jurisprudência deste Tribunal, que a doação ilegal tenha a aptidão de violar a normalidade e legitimidade das eleições. Vencido o redator designado, que entende desnecessária essa aferição. 3. Há quebra da normalidade das eleições quando o candidato se vale da sua condição de sócio administrador de pessoa jurídica para, por meio dela, realizar doação para sua campanha no valor de R$ 75.000,00 (setenta e cinco mil reais), apesar da inexistência de faturamento bruto da empresa no ano anterior às eleições, atraindo assim a incidência da causa de inelegibilidade prevista no art. 1º, inciso I, alínea 'p' da Lei Complementar nº 64/90. Vencido o relator originário. [...]" (TSE, Ac. de 29.11.2018, no AgR-RO n. 060026283, Rel. Min. Edson Fachin)

(...) 3. Não menos importante é se saber quanto ao **valor em excesso - se vultoso ou se insignificante - e não o percentual face ao gasto de campanha do beneficiário**. (...)

(RECURSO ELEITORAL n 23513, ACÓRDÃO n 51645 de 28/09/2016, TRE-PR, Relator(a) JOSAFÁ ANTONIO LEMES, Publicação: PSESS - Publicado em Sessão, Data 01/10/2016)

(...) 2. O art. 1º, I, p, do Estatuto das Inelegibilidades pressupõe o exercício de um **juízo de proporcionalidade** pela Justiça Eleitoral para a sua aferição, sendo desnecessário perquirir acerca do abuso do poder econômico, tampouco em potencialidade para afetar a normalidade e a legitimidade das eleições, porquanto tal entendimento induziria ao esvaziamento do conteúdo da alínea em questão. Quanto a tais abusos, o legislador deles tratou especificamente no art. 1º, I, d, do Estatuto das Inelegibilidades. 3. (...) A conduta reprovável no dispositivo em comento é a **doação excessiva quando comparada à capacidade contributiva do próprio doador**. A lisura e a legitimidade do pleito não são bens jurídicos tutelados pela norma em questão, sendo, portanto, irrelevante para a aferição da causa de inelegibilidade saber se a doação excessiva acarretou ou não o desequilíbrio do prélio eleitoral. (Recurso Especial Eleitoral nº 8279, Acórdão, Relator(a) Min. Luiz Fux, Publicação: DJE - Diário de justiça eletrônico, Tomo 158, Data 16/08/2017, Página 134)

De resto, possível a suspensão cautelar da inelegibilidade, pelo Tribunal a que se dirige o recurso contra a decisão condenatória colegiada, na forma do art. 26-C, da LC 64/90, acrescentado pela LC 135/2010, conforme minuciosamente desenvolvido na alínea D, acima.

Alínea Q: Aposentadoria compulsória, perda do cargo ou exoneração de Magistrados e Membros do MP

> *Art. 1º, I, "q": os magistrados e os membros do Ministério Público que forem aposentados compulsoriamente por decisão sancionatória, que tenham perdido o cargo por sentença ou que tenham pedido exoneração ou aposentadoria voluntária na pendência de processo administrativo disciplinar, pelo prazo de 8 (oito) anos*; (alínea acrescida pela LC n. 135/2010)

A inelegibilidade desta alínea "q" alcança os Magistrados e Membros do Ministério Público que forem punidos com a pena funcional máxima: aposentadoria compulsória - que se impõe administrativamente - ou perda do cargo - que exige sentença judicial. Nestas hipóteses, o impedimento eleitoral, também de 8 (oito) anos, conta-se a partir da decisão administrativa ou judicial, conforme for o caso.

Percebe-se que para esta alínea - no específico caso de perda do cargo por sentença - a LC n. 135/2010 não repetiu a previsão de imposição da inelegibilidade a partir da decisão transitada em julgado ou proferida por órgão judicial colegiado, falando apenas em sentença. Não nos parece que o silêncio do legislador, neste caso, possa ser entendido como deliberada intenção de fixar uma exceção, que implicaria na incidência da inelegibilidade apenas com o trânsito em julgado da sentença, porque nada justificaria o tratamento diverso para os integrantes dessas duas carreiras, principalmente quando se sabe que o processo judicial para a perda desses cargos é suficientemente criterioso, face à garantia constitucional da vitaliciedade. De outro lado, sabe-se que a reforma da lei das inelegibilidades (LC n. 64/90), promovida pela Lei da Ficha Limpa (LC n. 135/2010), pautou-se por dois principais nortes: (i) a unificação dos prazos em oito anos e (ii) o rompimento da exigência de trânsito em julgado das decisões judiciais, fixando os impedimentos, ao contrário, a partir de decisão judicial colegiada. A interpretação histórica, que nos remete às discussões que agitaram o Congresso Nacional e o MCCE, não permite outra conclusão senão a de que esta inelegibilidade também atinge os Magistrados e Membros do Ministério Público que perderem seus cargos por sentença, já a partir da decisão judicial colegiada.

> Eleições 2014. Registro de candidatura. Magistrada aposentada compulsoriamente com base no art. 42, inciso V, da Lei Orgânica da Magistratura Nacional (LOMAN) n. 35/1979. Inelegibilidade do art. 1º, inciso I, alínea 'q' da Lei Complementar (LC) n. 64/1990. Retroatividade. Ofensa ao direito adquirido, coisa julgada e ato jurídico perfeito. Inocorrência. Controle concentrado de constitucionalidade pelo STF. Decisão de mérito. Efeito vinculante.
>
> I - Nos termos da decisão do colendo STF, por ocasião do julgamento das ADCs 29 e 30 e da ADI 4578, os prazos de inelegibilidade previstos na LC n. 135/2010 são aplicáveis a situações ocorridas antes de sua vigência, porquanto a incidência da

referida lei a fatos anteriores não viola o princípio constitucional da irretroatividade das leis.

II - Consoante decisão do c. STF, não há direito adquirido ao regime de inelegibilidade, de forma que os novos prazos previstos na LC n. 135/2010, aplicam-se mesmo quando os anteriores se encontram em curso ou já tenham se encerrado.

III - A hipótese de inelegibilidade contemplada no art. 1º, inciso I, alínea "q", da LC n. 64/1990, tem aplicabilidade imediata, pois a previsão de efeito suspensivo, contida no art. 26-C da LC n. 64/1990, não alcança os casos de aposentadoria compulsória de magistrado fundamentada no art. 42, inciso V, da LOMAN n. 35/1979, caso em que deve ser indeferido o registro de candidatura.

IV - Registro indeferido.

(REGISTRO DE CANDIDATO n 21737, ACÓRDÃO n 189/2014 de 12/08/2014, TRE-RO, Relator(a) JOSÉ ANTÔNIO ROBLES, Publicação: PSESS - Publicado em Sessão, Tomo 59ª SO, Data 12/8/2014)

De outro lado, e à semelhança dos mandatários que renunciarem a seus mandatos para evitar a cassação (alínea "k"), também ficam inelegíveis os mesmos Magistrados e Membros do Ministério Público que se aposentarem ou se exonerarem voluntariamente, mas na pendência de procedimento disciplinar capaz de levá-los à aposentadoria compulsória ou perda do cargo. Neste caso, os 8 (oito) anos contam-se da publicação do ato.

Seção IV

Ação de Impugnação ao Registro de Candidatura

A partir da publicação do edital contendo o nome de todos os candidatos cujos registros foram requeridos à Justiça Eleitoral, começa a contar o prazo de cinco dias para a impugnação prevista no art. 3º da Lei Complementar n. 64/90. Tratamos desse assunto, *an passant*, quando falamos do registro de candidatura. O procedimento é aquele já mencionado.

Cabe acrescentar que essa impugnação, que é ação cível eleitoral (AIRC) a ser proposta exclusivamente no PJe (art. 40, § 1º, da Res. TSE n. 23.609/2019), destina-se à arguição da inelegibilidade (*lato senso*) do candidato, seja por ausência de condições de elegibilidade, seja por incidência de causas de inelegibilidade. De qualquer forma, o que o impugnante busca é o indeferimento do registro da candidatura, sob o argumento de que há algum impedimento na vida do candidato.

17.1. Legitimação Ativa

Estão **legitimados ativamente** à impugnação qualquer candidato, Partido Político, federação, coligação ou o Ministério Público (art. 3º da LC n. 64/90). Embora os partidos coligados não possam propor isoladamente as ações eleitorais (art. 6º, § 4º, da Lei n. 9.504/97), necessário lembrar que o partido que estiver disputando a eleição proporcional (na qual não se admite coligações), mesmo que coligado para a eleição majoritária, poderá propor a AIRC em face de candidatos proporcionais. Mais uma vez não se conferiu legitimidade ao eleitor, ao contrário do que fazia o Código Eleitoral, no art. 97, § 3º. Sendo ele o verdadeiro titular do poder a ser delegado nas urnas, apresenta-se como naturalmente mais indicado ao questionamento da ausência de condições de elegibilidade e, principalmente, da incidência de causas de inelegibilidade, posto que a presença de candidatos inelegíveis na disputa compromete a legitimidade dos resultados. E os candidatos, Partidos Políticos, federações e coligações muitas vezes não utilizam a impugnação, mesmo sabendo do impedimento, em razão de interesses escusos, que não se identificam com os valores democráticos. O legislador, mais uma vez, deixou-se influenciar pelo argumento de que a legitimação do eleitor para a impugnação levaria ao inconveniente da proliferação de arguições infundadas e temerárias, com abuso de sua utilização.

Djalma Pinto,[236] depois de considerar injustificada essa restrição ao exercício da cidadania, lembra que a previsão legal de conduta penalmente típica para a arguição temerária ou com manifesta má-fé, com cominação de pena de 6 meses a 2 anos de detenção (art. 25 da LC n. 64/90), já era suficiente para afastar qualquer aventura irresponsável. A verdade é que a experiência não justifica o receio do legislador. A legitimidade do eleitor para pleitear a nulidade de atos da Administração Pública, através da Ação Popular, mostra que, ao contrário, sua utilização é até tímida, nada abusiva. Durante a vigência do art. 97, § 3º, do Código Eleitoral, não se teve notícia de qualquer utilização indevida da legitimação para impugnar, que justificasse a alteração.

Como o art. 3º, da LC n. 64/90, não faz qualquer restrição, reconhece-se a legitimidade ativa de todos os candidatos que estiverem disputando o pleito, não importando se pelo sistema majoritário ou proporcional. Por conseguinte, um candidato a deputado pode propor a ação de impugnação em face de um candidato a governador e vice versa.

> Qualquer candidato, independentemente do cargo por ele disputado, tem legitimidade para impugnar registro de candidatura (Ac.-TSE, de 31.8.2010, no RO nº 161660).
>
> "Eleições 2014. Candidato a vice-governador. Recursos ordinários. Registro de candidatura deferido. Incidência na inelegibilidade prevista no art. 1º, inciso i, alínea d, da Lei Complementar nº 64/1990. Decisão colegiada. Irrelevância de oposição de embargos de declaração. Provimento dos recursos. 1. Na linha da jurisprudência do TSE, **candidato a cargo proporcional pode impugnar registro de candidatura a cargo majoritário** [...]." (TSE, Ac. de 11.9.2014, no RO n. 20922, Rel. Min. Gilmar Mendes. No mesmo sentido: Ac. de 18.3.2010, no Respe n. 36150, Rel. Min. Marcelo Ribeiro, e Ac. de 20.9.2002, no Respe n. 20267, Rel. Min. Sepúlveda Pertence)
>
> "[...] o candidato, **mesmo sem registro deferido**, detém legitimidade ativa para ações e recursos." (Trecho do voto do relator. Ementa não transcrita por não reproduzir a decisão quanto ao tema). (Ac. de 16.3.2010, no AgR-AI n. 11.889, Rel. Min. Ricardo Lewandowski)

[236] PINTO, Djalma. *Direito eleitoral* – Anotações e temas polêmicos, p. 44.

17.2. Eleitor: notícia fundamentada de inelegibilidade

Apesar de não contemplada a legitimidade do eleitor para a impugnação, o certo é que não está ele definitivamente afastado da possibilidade de dar notícia fundamentada de inelegibilidade à Justiça Eleitoral. No mesmo prazo para a impugnação (cinco dias da publicação do edital), poderá qualquer eleitor levar ao Juiz Eleitoral **notícia fundamentada de inelegibilidade**, fazendo-o por peticionamento no PJe (se por meio de advogado) ou em meio físico ou, ainda, por meio da aplicação de peticionamento avulso (art. 44, da Res. TSE n. 23.609/2019, com redação dada pela Res. TSE n. 23.675/2021), hipótese em que o Juiz deverá ouvir o candidato, colher a manifestação do Ministério Público e decidir a respeito, tudo como regulado pelos arts. 34, III, e 44, da Resolução TSE n. 23.609/2019.

17.3. Conhecimento de ofício pelo Juiz Eleitoral

Na verdade, as matérias objeto da AIRC são de ordem pública, dizem respeito à legitimidade do processo eleitoral e, por isso, **devem ser conhecidas até mesmo de ofício** pelo Juiz Eleitoral.

> SÚMULA Nº 45/TSE
>
> Nos processos de registro de candidatura, o Juiz Eleitoral pode conhecer de ofício da existência de causas de inelegibilidade ou da ausência de condição de elegibilidade, desde que resguardados o contraditório e a ampla defesa.
>
> "Eleições 2016. Recurso especial. Registro de candidatura. Vereador. Deferimento. Extinção sem julgamento do mérito. Ilegitimidade de partido político coligado. Recurso ministerial. *Custus legis*. Ilegitimidade. Rejeitada. Impossibilidade de aproveitamento de documentos juntados por parte ilegítima. Rejeitada. Desprovimento. [...]"2. Nos termos da Súmula nº 45/TSE, "nos processos de registro de candidatura, o Juiz Eleitoral pode conhecer de ofício da existência de causas de inelegibilidade ou da ausência de condição de elegibilidade, desde que resguardados o contraditório e a ampla defesa". Por conseguinte, ainda que declarada a ilegitimidade ativa *ad causam* de partido político coligado para atuar isoladamente, a **impugnação pode ser conhecida como notícia de inelegibilidade**.[...]" (TSE, Ac. de 1.12.2016, no Respe n. 21767, Rel. Min. Luciana Lóssio)

Pacificada a questão no TSE, a Resolução n. 23.609, de 18.dezembro.2019, que disciplina o registro de candidaturas, assim dispõe:

> Art. 50. O pedido de registro do candidato, a impugnação, a notícia de inelegibilidade e as questões relativas à homonímia devem ser julgados em uma só decisão.
>
> § 1º Ainda que não tenha havido impugnação, o pedido de registro deve ser indeferido quando constatado pelo juízo competente a existência de impedimento à candidatura, desde que assegurada a oportunidade de manifestação prévia, nos termos do art. 36 desta Resolução. (Incluído pela Resolução nº 23.675/2021)
>
> § 2º A análise dos requisitos individuais da candidatura de cada componente da chapa não influirá na decisão das demais candidaturas que a compõem. (Incluído pela Resolução nº 23.675/2021)

O Juiz Eleitoral, na análise dos pedidos de registro de candidatura, deve conduzir-se com redobrado cuidado, pois terá de pronunciar-se até mesmo *ex officio* a respeito da ausência de condições de elegibilidade e incidência de causas de inelegibilidade. Para facilitar-lhe a análise, o pedido de registro deve estar acompanhado com os documentos elencados no art. 11 da LE, e nas resoluções do TSE, dentre os quais certidões criminais e informação dos Tribunais de Contas a respeito de contas rejeitadas.

Se o Juiz defere o pedido de registro e só posteriormente percebe a inelegibilidade, não poderá, de ofício, revogar aquela decisão. Esse candidato poderá continuar normalmente sua campanha e até ser eleito, já que o direito processual eleitoral não conhece qualquer ação para arguição de inelegibilidade que se situe entre a AIRC e o Recurso contra a Expedição do Diploma (RCED). Pode o Juiz, entretanto, negar de ofício a diplomação àquele que tenha contra si uma inelegibilidade, posto que, repita-se, a matéria é de ordem pública.[237]

Sabe-se que o Partido Político ou a Coligação que não tenha impugnado a candidatura também não pode recorrer da decisão que a defere. Nesta hipótese, apenas o Ministério Público poderá interpor o recurso, mesmo não tendo impugnado, pois que a Instituição atua na defesa de interesses suprapartidários[238].

> TSE, Súmula 11:
>
> No processo de registro de candidatos, o partido que não o impugnou não tem legitimidade para recorrer da sentença que o deferiu, salvo se se cuidar de matéria constitucional.

Ainda quanto à legitimidade para o ajuizamento da AIRC, vale lembrar que o partido político, quando integrando coligação, não tem legitimidade para, isoladamente, propor a ação. Ao contrário, a legitimidade é exclusivamente da correspondente coligação, já que é ela considerada, para efeito de relacionamento com a Justiça Eleitora, como se "um novo partido político" fosse.[239] Mas, repita-se, necessário lembrar que o partido que estiver disputando a eleição proporcional (na qual não se admite coligações), mesmo que coligado para a eleição majoritária, poderá propor a AIRC em face de candidatos proporcionais.

De outro lado, imprescindível lembrar que a impugnação a ser feita pelo Partido Político ou pela Federação deve partir de seu órgão/diretório com atribuições naquela determinada eleição, o que coincide com a legitimidade para requerer o registro. Explica-se: nas eleições municipais, o registro da candidatura é atribuição do Diretório Municipal do Partido (a quem cabe, também, decidir pelas coligações de sua conveniência, dentro das diretrizes fixadas pelas direções estadual e nacional e observadas as restrições legais), daí que a impugnação ao registro de outros candidatos compete ao Diretório Municipal, ou à Coligação que se formou no município. Para as eleições estaduais e federais, como

---

[237] Ver no Capítulo VIII - Diplomação dos Eleitos, que o Juiz pode negar de ofício a diplomação ao eleito, contra o qual haja prova de inelegibilidade.

[238] Ver Título I, Capítulo V - Ministério Público Eleitoral, Seção I - Atribuições, Item 1.

[239] Confiram-se as considerações feitas por ocasião do estudo das Coligações Partidárias.

o registro é feito perante o TRE, pelo órgão de direção estadual do Partido ou Federação, também a impugnação ao registro compete ao Partido Político/Federação/Coligação, pela sua representação estadual. E quando se tratar de eleição presidencial, como o registro da candidatura será feito pelo diretório nacional do partido/federação perante o TSE, cabe a esse órgão de direção propor, também no TSE, as impugnações que tiver. Por conseguinte, ilegítimo o Diretório Municipal de determinado Partido Político para impugnação de candidaturas nas eleições estaduais/federais e presidenciais.

> Ilegitimidade de diretório municipal, em eleições federal e estadual, para propor a AIRC (TSE, Ac. de 20.9.2006, no REspe nº 26861)
>
> "Registro de Candidato – Cargo: Deputado Federal – Eleições 2002 – Dupla impugnação, ambas fundadas em atos tendentes a configurar abuso de poder econômico – Não conhecimento das duas impugnações – Ilegitimidade do Diretório Municipal para impugnar registro de candidatura em âmbito estadual – Falta de interesse de agir, em razão da inadequação da via eleita para pleitear o reconhecimento de atos de abuso de poder – Registro deferido." (TRE-SP, Ac. n. 141.818, Rel. Juiz Álvaro Lazzarini, sessão de 8/8/2002)

17.4. Legitimação passiva

A impugnação, como instrumento de arguição de inelegibilidade, deve ser proposta em face unicamente daquele candidato a quem se atribui ausência de condição de elegibilidade ou existência de causa de inelegibilidade. Como o impedimento tem natureza pessoal (art. 18, da LC n. 64/90), a **legitimação passiva** é apenas do próprio candidato. Ao polo passivo da ação, por conseguinte, não devem ser chamados sequer os demais candidatos que compõem a chapa majoritária (vice e suplentes de Senador), pois não há – diferentemente das ações de cassação de registro, diploma ou mandato – formação de litisconsórcio passivo. Neste sentido é a jurisprudência reiterada do TSE, consolidada na Súmula n. 39.

> SÚMULA Nº 39/TSE
>
> Não há formação de litisconsórcio necessário em processos de registro de candidatura.
>
> "[...] 1. Em processo de registro de candidatura não há falar em litisconsórcio passivo necessário entre **candidatos a prefeito e vice**. Precedentes. 2. Na espécie, a extinção do processo pelo TRE/SP, por ausência de citação do candidato ao cargo de prefeito e formação de litisconsórcio, evidenciou o alegado dissídio jurisprudencial, circunstância que impõe a reforma do acórdão recorrido [...]". (TSE, Ac. de 29.8.2013, no AgR-Respe n. 56716, Rel. Min. José de Castro Meira, red. designado Min. João Otávio de Noronha).

O que ocorre com a chapa majoritária, em sendo acolhida a AIRC em face de um dos seus integrantes, é a inviabilidade do seu registro, pois este – considerada a unicidade e indivisibilidade da chapa – só pode ser concedido se completa, ou seja, quando todos os candidatos que a compõem (titular, vice ou suplentes) forem elegíveis. Dessa inviabilidade de registro da chapa surge para o partido e para os outros candidatos que a integram o interesse jurídico na solução da lide. Bem por isso, podem ingressar no feito na condição de assistentes simples.

> "[...] Registro de candidatura indeferido. Eleições 2012. Vereador. Incidência da inelegibilidade prevista no art. 1°, I , d, da LC n° 64/90. Partido político. Assistência litisconsorcial. Inexistência. Assistência simples. Deferimento. Ausência de atuação do assistido. Recurso autônomo do assistente. Inviabilidade. [...] 1. Segundo a jurisprudência consolidada desta Corte, 'nas ações de impugnação de registro de candidatura, não existe litisconsórcio necessário entre o pré-candidato e o partido político pelo qual pretende concorrer no pleito, cuja admissão deve se dar apenas na qualidade de **assistente simples, tendo em vista os reflexos eleitorais decorrentes do indeferimento do registro** de candidatura'. [...] 2. Na assistência simples, não tendo o candidato assistido se insurgido contra a decisão que lhe foi desfavorável, a interposição de recurso pelo assistente é inadmissível. [...]." (TSE, Ac. de 25.4.2013, no AgR-Respe n. 26979, Rel. Min. Luciana Lóssio. No mesmo sentido, Ac. de 3.11.2010, no AgR-RO n. 69387, Rel. Min. Marcelo Ribeiro; Ac. de 23.4.2009, nos ED-AgR-Respe n. 33498, Rel. Min. Ricardo Lewandowski, e Ac. n. 14374, de 23.10.1996, Rel. Min. Eduardo Ribeiro)

17.5. Objeto da impugnação: arguição de inelegibilidades constitucionais e infraconstitucionais: preclusão, inelegibilidade superveniente

O **objeto da impugnação** é a arguição de inelegibilidade, seja pela ausência de condição de elegibilidade, seja pela incidência de causa de inelegibilidade. A AIRC poderá ser utilizada para declarar a hipótese de inelegibilidade, quando ela não resultar de situação jurídica já definida. O analfabetismo, por exemplo, poderá ser veiculado na impugnação e o Juiz deverá dele conhecer para declarar o candidato elegível (quando reconhecê-lo alfabetizado) ou inelegível (quando reconhecê-lo analfabeto). A união estável ou a relação socioafetiva entre o candidato e o prefeito, ou governador ou presidente da República, para efeito da inelegibilidade reflexa também. A jurisprudência já divergiu quanto à possibilidade de questionamento da inelegibilidade resultante de abuso do poder econômico ou político ocorrido antes do período fixado para a campanha eleitoral, ou seja, antes de 16 de agosto do ano das eleições. Em Minas Gerais, o TRE fixou, no "caso Azeredo", que a AIRC deveria ter sido utilizada para a apuração dos abusos do poder político de que foi acusado em sede de Investigação Judicial, assentando a preclusão da matéria. Naquela ocasião, o Tribunal Regional seguia a jurisprudência do TSE. Já nas eleições de 2000, o mesmo TRE posicionou-se no sentido de que esses abusos devem ser objeto de Investigação Judicial Eleitoral e não de questionamento quando da impugnação ao registro da candidatura.

> "Agravo Regimental em recurso especial – Hipótese na qual o TRE entendeu que a via adequada para a declaração de inelegibilidade de candidatos é a ação de impugnação de registro de candidatura. Decidiu pela preclusão, uma vez que esgotado o prazo para a impugnação de registro de candidatura. – O abuso de poder econômico deve ser apurado em sede de ação de investigação judicial a ser proposta até a data da diplomação do candidato eleito. – O processo de registro de candidatura não é meio para se verificar a prática de abuso de poder." (TSE, REsp. n. 19.212/AL, Rel. Min. Nelson Jobim, em 10/5/2001)

> "(...) Registro de candidatura. Invocação dos princípios da economia processual e da instrumentalidade das formas a viabilizar o reconhecimento de prática de abuso de poder econômico, dos meios de comunicação e de captação ilegal de sufrágio em sede de impugnação de registro (precedente/TSE: Acórdão n. 12.676, de 18.6.96, redator desig. Min. Ilmar Galvão): improcedência. I – Ultrapassado o entendimento adotado no precedente invocado pelo recorrente, dado que se firmou a jurisprudência deste Tribunal no sentido de admitir-se a ação de investigação judicial até a diplomação, **não sendo a impugnação ao registro via própria para apurar eventual abuso de poder** (RO n. 593, julgado em 3.9.2002, rel. Min. Sálvio de Figueiredo). II – Recurso a que se nega provimento." (Ac. n. 20.134, de 10/9/2002, rel. Min. Sepúlveda Pertence.)

A AIRC é a via processual adequada para a arguição de **inelegibilidades constitucionais** (art. 14, §§ 3º, 4º, 6º e 7º, da CF/88) e **infraconstitucionais** (LC n. 64/90). Se os legitimados à impugnação não o fazem nesse momento, e o Juiz não toma conhecimento da inelegibilidade, o pedido de registro será deferido. Embora o candidato tenha contra si uma inelegibilidade *infraconstitucional*, ela não poderá ser arguida em outro momento do processo eleitoral, porque a matéria terá sido alcançada pela *preclusão*. Nem mesmo no Recurso contra a Expedição do Diploma, previsto no art. 262 do Código Eleitoral, será possível levantar a questão, exatamente em razão da preclusão. Por conseguinte, se na ocasião do registro determinado candidato tinha contra si, por exemplo, representação julgada procedente, com trânsito em julgado ou proferida por órgão colegiado da Justiça Eleitoral, pela prática de abuso de poder (art. 1º, I, *d*, da LC n. 64/90), e não teve sua candidatura impugnada e nem mesmo indeferida de ofício, nada poderá ser feito posteriormente, pois preclusa a matéria para os legitimados. Se for eleito, o Direito Eleitoral estará convivendo com a elebição de alguém que era materialmente inelegível, mas que não teve sua candidatura abortada por falta de iniciativa de quem de direito, ou mesmo do pronunciamento *ex officio* do Juiz Eleitoral.

A solução será bem outra, entretanto, quando a inelegibilidade for daquelas assentadas na Constituição Federal. É que a preclusão de que falamos só se opera em relação às inelegibilidades infraconstitucionais, ou seja, àquelas que estão previstas apenas na Lei Complementar n. 64/90. Se a inelegibilidade (aí incluídas as hipóteses de ausência de condição de elegibilidade) for constitucional (se o candidato não tiver a nacionalidade brasileira, se não estiver no pleno exercício de seus direitos políticos, se não tiver alistamento eleitoral, domicílio eleitoral na circunscrição, filiação partidária e a idade mínima exigida para o cargo em disputa, se for ele inalistável ou analfabeto, se for titular do Executivo em disputa por outro cargo e não houver renunciado seis meses antes do pleito e se for cônjuge ou parente do titular do Executivo), e não tiver sido ela arguida por meio da AIRC, os legitimados poderão fazê-lo por ocasião do Recurso contra a Expedição do Diploma, cujo prazo é de 3 dias, contados da diplomação dos eleitos (art. 262 do CE). É o que dispõe o art. 259 do Código Eleitoral:

> "Art. 259. São preclusivos os prazos para interposição de recurso, salvo quando neste se discutir matéria constitucional.
>
> Parágrafo único. O recurso em que se discutir matéria constitucional não poderá ser interposto fora do prazo. Perdido o prazo numa fase própria, só em outra que se apresentar poderá ser interposto."

RCED n. 1384 - SÃO PAULO – SP, Ac. de 06/03/2012, Rel. Min. Nancy Andrighi

[...] AUSÊNCIA DE DESINCOMPATIBILIZAÇÃO DE FATO. PROVAS INSUFICIENTES. NÃO PROVIMENTO.

1. Em regra, a desincompatibilização, por se tratar de inelegibilidade infraconstitucional e preexistente ao registro de candidatura, deve ser arguida na fase de impugnação do registro, sob pena de preclusão, nos termos do art. 259 do Código Eleitoral. Precedentes.

2. Todavia, a ausência de desincompatibilização de fato pode ser suscitada em RCED, porquanto o candidato pode, após a fase de impugnação do registro, praticar atos inerentes ao cargo do qual tenha se desincompatibilizado apenas formalmente. Trata-se, pois, de situação superveniente ao registro de candidatura. O provimento do recurso, entretanto, fica condicionado à comprovação de que o exercício de fato do cargo tenha se dado após a fase de impugnação do registro de candidatura. [...]

Também em relação às inelegibilidades que não existiam por ocasião do registro da candidatura, mas que incidiram sobre o candidato posteriormente, isto é, **inelegibilidades supervenientes**, não há falar-se em preclusão (art. 223 do CE). Explicando melhor: se determinado candidato, à época do pedido de registro da candidatura, não preenche certa condição de elegibilidade ou incorre em alguma causa de inelegibilidade, os legitimados deverão arguir a inelegibilidade na impugnação ao registro (AIRC). Se a AIRC não for proposta, se não houver provocação de qualquer eleitor, ou mesmo se o Juiz Eleitoral, de ofício, não indeferir o pedido, será necessário verificar se a inelegibilidade em que incorre o candidato (cujo registro foi deferido) é de ordem constitucional ou infraconstitucional, ou seja, se a inelegibilidade está prevista na Constituição Federal ou se apenas na Lei Complementar n. 64/90. Se a inelegibilidade é de assento constitucional, não ocorre a preclusão, e os legitimados ainda poderão levantá-la quando da diplomação do candidato eleito, arguindo-a por meio do Recurso Contra a Expedição do Diploma. Se a inelegibilidade não está prevista na Constituição, mas tão somente na Lei Complementar, ocorre a preclusão, e a matéria não mais poderá ser apreciada, nem mesmo no Recurso contra a Expedição do Diploma. Se, no entanto, a inelegibilidade for superveniente ao registro da candidatura, ainda que seja ela infraconstitucional, poderá ser arguida no Recurso contra a Expedição do Diploma. É o caso daquele candidato que é condenado pela prática de um dos crimes da alínea "e", do art. 1º, I, da LC n. 64/90 e a decisão de órgão colegiado ocorre depois do registro da candidatura. Ora, por ocasião do registro não havia como arguir a inelegibilidade simplesmente porque ela não existia, já que não havia sentença criminal transitada em julgado e nem decisão colegiada. Se o candidato se elege, pode a inelegibilidade ser levantada pela via do recurso previsto no art. 262 do CE.

Como visto, a ação do art. 3º, da LC n. 64/90 (AIRC), é instrumento processual para arguição tão somente de inelegibilidades "lato sensu" (condições de elegibilidade e causas de inelegibilidade). Não se presta a atacar o registro por qualquer outra razão. Se a documentação do candidato não está completa, se sua fotografia não está em conformidade com a especificação técnica ditada pelo TSE, dentre outras, tais circunstâncias devem ser objeto de peticionamento nos autos do Requerimento de Registro de Candidatura (RRC) e não de propositura de AIRC, pois não se trata de inelegibilidade. É o que ocorre, v.gr., quando o candidato requer o registro de variação nominal não admitida, como apelidos irreverentes ou ridículos ou com vinculação a órgãos da administração. Neste caso, inclusive, surge o interesse do terceiro atingido em pedir ao Juiz a exclusão da alternativa de nome. O TSE teve a oportunidade de conhecer de pedido do INSS, para não admitir o uso na campanha e na urna eletrônica do nome "Fulano do INSS", fazendo-o – com equívoco, todavia – pela via da AIRC.

> "Legitimidade - Impugnação de registro - Abrangência. A legitimidade prevista no artigo 3º da Lei Complementar nº 64/1990 não exclui a de terceiro juridicamente interessado, presente o disposto no artigo 499 do Código de Processo Civil. Legitimidade - Registro - Autarquia federal - Instituto Nacional do Seguro Social. O Instituto Nacional do Seguro Social tem interesse jurídico na impugnação de pedido de registro quando candidato utilizar nome fantasia a contemplar a respectiva sigla - INSS." (TSE, Ac. de 18.10.2012, no Respe n. 21978, Rel. Min. Marco Aurélio).

Não deve a AIRC ser admitida, outrossim, para veiculação de notícias de irregularidades que envolvam a existência e o regular funcionamento do partido, como também dos atos por ele praticados por ocasião da convenção. Tais fatos encontram espaço adequado de discussão nos autos do DRAP – Demonstrativo de Regularidade dos Atos Partidários –, cujo indeferimento prejudica as candidaturas individuais (art. 48, da Res. TSE n. 23.609/2019), já que o partido político ocupa, no direito constitucional eleitoral, posição de centralidade e proeminência do nosso regime democrático.

17.6. Negativa de diplomação do eleito

Já se falou, e quanto a isso não há qualquer dúvida, que o Juiz Eleitoral poderá (e deverá) conhecer de ofício das inelegibilidades que forem detectadas quando da análise do pedido de registro de candidatura, indeferindo-o. Mas o fato é que o Juiz poderá ficar diante de uma situação em que o pedido de registro foi deferido, porque preenchidas as condições de elegibilidade e ausente qualquer causa de inelegibilidade, mas posteriormente o candidato contrai uma inelegibilidade superveniente, como a tal condenação criminal proferida por um Tribunal depois do deferimento do registro. O Juiz não pode rever, de ofício, sua própria decisão de deferimento do registro, até porque não é caso disso, pois à época daquela decisão não havia inelegibilidade que conduzisse ao indeferimento. Então, a Junta Eleitoral ou o Tribunal terão de diplomar o candidato eleito e esperar que os legitimados ofereçam Recurso contra a Diplomação, fundado exatamente na inelegibilidade superveniente? Ou poderão aqueles órgãos colegiados (Junta ou Tribunal) deixar de diplomar o eleito, por reconhecer em seu desfavor a tal inelegibilidade superveniente? Parece pouco razoável que a Junta/Tribunal, sabendo da inelegibilidade e estando diante de matéria de ordem pública, tenha de diplomar o eleito, contrariando normas de caráter cogente, ou seja, de aplicação e observância obrigatórias. Até porque pode acontecer que o Recurso Contra a Expedição do Diploma não seja oferecido em face do diplomado, hipótese em que a matéria não seria devolvida à apreciação da Instância Superior. Como a diplomação conduziria ao absurdo de o eleito, mesmo inelegível, tornar-se apto ao exercício do mandato, a solução que se apresenta como mais adequada e consentânea com os princípios norteadores do processo eleitoral consiste em a Junta/Tribunal negar a diplomação ao eleito, ao argumento de que contraiu ele uma inelegibilidade superveniente, invertendo-se a possibilidade de recurso, já que dessa decisão poderá o eleito oferecer recurso eleitoral, buscando junto ao Tribunal a diplomação. Há precedentes nesse sentido.[240]

> "[...] Condenação criminal. Trânsito em julgado. Direitos políticos. Suspensão. Efeito automático. Inelegibilidade. Diplomação negada. [...] 1. Há de se negar a diplomação ao eleito que não possui, na data da diplomação, a plenitude de seus direitos políticos. 2. A condenação criminal transitada em julgado ocasiona a suspensão dos direitos políticos, enquanto durarem seus efeitos, independentemente da natureza do crime. 3. A suspensão dos direitos políticos prevista no art. 15, III, da Constituição Federal é efeito automático da condenação criminal transitada em julgado e não exige qualquer outro procedimento à sua aplicação. [...]" (Ac. de 15.10.2009 no AgR-REspe nº 35.803, rel. Min. Marcelo Ribeiro). No mesmo sentido: AC - Agravo Regimental em Ação Cautelar nº 3292 - MIRADOR – PR, Ac. de 22/09/2009, Rel. Min. Marcelo Ribeiro.

> "[...] Candidato eleito. Diplomação. Negada. Inelegibilidade. Condenação criminal. Art. 15, III, da CF. [...] **Há de se negar a diplomação** ao eleito que não possui, na data da diplomação, a plenitude dos seus direitos políticos. [...]" *NE*: Alegações de que após regular deferimento do registro não poderia o juiz, de ofício, não diplomar o candidato. (TSE, Ac. de 17.4.2007, no AgRgAg n. 6.024, Rel. Min. Gerardo Grossi)

17.7. Prazo para impugnação

Registramos, mais de uma vez, que o prazo para o oferecimento da AIRC é de cinco dias, contados da publicação do edital, pela Justiça Eleitoral, contendo a relação nominal de todos os candidatos registrandos. **Para o MPE o prazo também corre da publicação do edital**, não obstante a Lei Complementar n. 75/93 (que organiza o Ministério Público Eleitoral) preveja a necessidade de sua intimação pessoal, para só a partir dela fluir qualquer prazo. Sendo este diploma legal da mesma hierarquia da Lei Complementar n. 64/90 e a esta posterior, prevaleceria, para o MPE, a regra da lei de sua regência, com o que o prazo para impugnação correria de sua intimação pessoal. Esse entendimento, a par de ser tecnicamente correto, prestigia a efetiva defesa da ordem jurídica e do Estado Democrático, funções institucionais do Ministério Público, e atende ao interesse público da arguição de inelegibilidades. Entretanto, apresenta o inconveniente de, em algumas situações, levar o processo eleitoral ao inadmissível atraso, comprometendo o calendário eleitoral. A par disso, o fato é que a LC n. 64/90, ao disciplinar a AIRC e fixar o prazo de cinco dias também para o MPE, acaba criando regra de natureza especial, que deve prevalecer diante da regra geral da LC n. 75/93. Em razão desses argumentos, a jurisprudência, que inicialmente se dividia, consolidou-se[241] no sentido da contagem do prazo a partir da publicação do edital, afastando-se a intimação pessoal, com vista

---

[240] TRE-MG, Rec. c/ Exp. de Diploma n. 0076/2001, Resplendor, Rel. Juiz Oscar Dias Corrêa Júnior, Ac. n. 421/2003, Sessões de 11/12/2002 e 11/2/2003.

[241] O prazo de cinco dias, previsto no art. 3º da LC nº 64/90, para o Ministério Público impugnar o registro inicia-se com a publicação do edital, caso em que é excepcionada a regra que determina a sua intimação pessoal (Súmula n. 49, do TSE).

dos autos. É assim que dispõem o art. 34, § 1º, II, e o art. 40, da Res. TSE n. 23.609/2019, como também a Súmula TSE n. 49.

> SÚMULA Nº 49/TSE
>
> O prazo de cinco dias, previsto no art. 3º da LC nº 64/90, para o Ministério Público impugnar o registro inicia-se com a publicação do edital, caso em que é excepcionada a regra que determina a sua intimação pessoal.

Aos Promotores Eleitorais mais que se recomenda, exige-se a interposição da impugnação no prazo de cinco dias contados do edital, com isso evitando o seu não recebimento e, ao mesmo tempo, contribuindo para a celeridade do processo eleitoral. No entanto, se o Promotor Eleitoral perde o prazo para a impugnação (o que nem é criticável, já que são centenas de candidaturas a serem analisadas, uma a uma, à busca de inelegibilidades), deverá levá-la ao conhecimento do Juiz Eleitoral, por simples petição fundamentada com a notícia da inelegibilidade, a respeito da qual o Magistrado não poderá silenciar-se porque, repita-se, é matéria de ordem pública. Se o registro ainda assim for deferido, poderá o MPE recorrer dessa decisão.

Também por serem as inelegibilidades matéria de ordem pública, a serem pronunciadas até mesmo de ofício pelo Juiz, a impugnação, eventualmente oferecida antes da publicação do edital de candidaturas, pode e deve ser processada e julgada.

> "A impugnação ajuizada antes da publicação do edital alusivo ao registro é tempestiva, quando evidenciada a ciência prévia da candidatura pelo impugnante" (Ac.-TSE, de 10.10.2013, no REspe nº 26418)

A verdade é que até mesmo a impugnação oferecida a destempo, ou por parte ilegítima, há que ter os seus fundamentos conhecidos e decididos pelo Juiz, pois este não pode furtar-se aos fatos que lhe são levados à apreciação. Também a AIRC oferecida por partido, federação, coligação ou candidato, com ausência ou irregularidade na representação processual da parte impugnante, não sanada, será "conhecida como notícia de inelegibilidade", passando a parte impugnante à condição de mera noticiante (art. 40, § 1º-B, da Res. 23.609/2019, incluído pela Res. TSE n. 23.675/2021).

"Eleições 2016. Recurso especial. Registro de candidatura. Vereador. Deferimento. Extinção sem julgamento do mérito. Ilegitimidade de partido político coligado. Recurso ministerial. *Custus legis*. Ilegitimidade. Rejeitada. Impossibilidade de aproveitamento de documentos juntados por parte ilegítima. Rejeitada. Desprovimento. [...]"2. Nos termos da Súmula nº 45/TSE, "nos processos de registro de candidatura, o Juiz Eleitoral pode conhecer de ofício da existência de causas de inelegibilidade ou da ausência de condição de elegibilidade, desde que resguardados o contraditório e a ampla defesa". Por conseguinte, ainda que declarada a ilegitimidade ativa *ad causam* de partido político coligado para atuar isoladamente, a **impugnação pode ser conhecida como notícia de inelegibilidade**. [...]" (TSE, Ac. de 1.12.2016, no Respe n. 21767, Rel. Min. Luciana Lóssio)

17.8. Notificação pelo mural eletrônico, por mensagem instantânea, e-mail ou correspondência. Contestação em sete dias. Audiência

Apresentada a impugnação (diretamente no PJe, conforme art. 40, § 1º, da Res. TSE n. 23.609/2019), com indicação dos meios de prova e rol de até 6 testemunhas: art. 3º, § 3º, da LC n. 64/90, e art. 40, § 4º, da Res. TSE n. 23.609/2019 (a jurisprudência do TSE admite até 6 testemunhas para cada fato, quando houver mais de uma causa de pedir na AIJE e na Representação Especial, solução que pode ser aplicada também à AIRC), o candidato e seu partido/federação/coligação serão notificados via mural eletrônico ou, não havendo condições técnicas para tanto, sucessivamente por mensagem instantânea, por e-mail ou por correspondência, com aviso de recebimento (Resolução TSE n. 23.609/2019, art. 41 c/c art. 38), para apresentar **contestação em sete dias**, subscrita por advogado e lançada no PJe, podendo também juntar documentos e indicar testemunhas (art. 4º da LC n. 64/90). Importante salientar que o PJe foi implantado em todas as Zonas Eleitorais do Brasil no período de 20.agosto a 17.dezembro de 2019, pelo que todos os peticionamentos (inicial, contestação, parecer, alegações finais e recursos) são a partir de então feitos exclusivamente via sistema.

Se houver testemunhas arroladas, será necessário que o Juiz, no despacho que designa a **audiência** para sua oitiva, esclareça se serão elas notificadas ou se o seu comparecimento fica a cargo da parte que as arrolou. Isto porque, é inconveniente a condução das testemunhas pela própria parte, como recomendado pelo art. 5º, da LC n. 64/90, face à negativa influência que sobre elas pode ser produzida momentos antes da audiência, comprometendo a busca da verdade real. Além disso, se a lei possibilita a oitiva de testemunhas por iniciativa do Juiz, nada impede que ele chame para si a responsabilidade pela notificação, assim impedindo inclusive a dispensa daquelas que não cederam ao assédio ou coação da parte para depor conforme os seus interesses. Do contrário, impõe-se o disposto no art. 5º, da LC n. 64/90, segundo o qual as testemunhas "comparecerão por iniciativa das partes que as tiverem arrolado".

17.9. Diligências. Alegações finais. Parecer do Ministério Público

Além da oitiva das testemunhas, o Juiz poderá determinar, nos cinco dias subsequentes, a realização das **diligências** que entender úteis, inclusive a determinação de apresentação de documentos em poder de terceiros, *ex officio* ou a requerimento (art. 5º, §§ 2º, 3º, 4º e 5º). Este é o momento de o Juiz submeter os candidatos ao teste de alfabetização, quando a impugnação se fundar na inelegibilidade decorrente do analfabetismo e o candidato impugnado não trouxer, com a contestação, documentos que o afastem.

Realizada a instrução (se não for o caso de julgamento antecipado, que ocorrerá sempre que os fatos articulados na impugnação já estiverem suficientemente comprovados por documentos), abre-se o prazo de 5 dias para **alegações finais** das partes, a serem oferecidas diretamente no PJe (art. 43, da Res. TSE n. 23.609/2019). Como o art. 6º, da LC n. 64/90, diz que as partes poderão apresentar alegações finais, conclui-se que a peça é apenas uma faculdade processual e sua não apresentação não acarreta prejuízo e nem atrai nulidade. De outro lado, as alegações finais serão dispensadas quando não for aberta a fase probatória (oitiva de testemunhas, requisição de informações/documentos, perícias, etc.), pois tal peça constitui oportunidade de debate do que produzido na instrução. Neste caso, o Juiz deverá atentar-se para a eventual necessidade de abrir vista ao impugnante quando com a contestação forem juntados documentos ou suscitadas questões de direito (art. 43, § 4º, da Res. TSE n. 23.609/2019). Se o Ministério Público Eleitoral não for o autor da ação, atuando no feito como fiscal da ordem jurídica, não obstante o silêncio da lei, deverá ter oportunidade para oferecer seu parecer final após as alegações finais das partes, em dois dias contados da abertura da vista (art. 43, § 2º).

17.10. Decisão. Recurso. Prazos peremptórios, plantão da Justiça Eleitoral aos sábados, domingos e feriados

No prazo de 3 dias, contados da conclusão, o **Juiz julgará** o pedido de registro, tenha ele sido impugnado ou não (art. 8º). Nas eleições estaduais/federais, em que o pedido de registro é dirigido ao TRE, terá este também o prazo de 3 dias para decidir o pedido, com ou sem impugnação, independentemente de publicação de pauta (art. 13 da LC n. 64/90). Considerado o interesse público de lisura das eleições e por serem as inelegibilidades matéria de ordem pública, o julgador "formará sua convicção pela livre apreciação da prova, atendendo aos fatos e às circunstâncias constantes dos autos, *ainda que não alegados pelas partes*, mencionando, na decisão, os que motivaram seu convencimento" (art. 7º, parágrafo único, da LC n. 64/90). O STF teve oportunidade de se pronunciar sobre o trecho em destaque no dispositivo, assentando sua constitucionalidade (Ac.-STF, de 22.5.2014, na ADI nº 1082). Como as inelegibilidades são impedimentos de natureza personalíssima, cada candidato, ainda que integrante de chapa majoritária, terá a sua situação jurídica avaliada e decidida individualmente, conforme suas condições pessoais. Mas, por ser a chapa una e indivisível, não sendo possível seu (in)deferimento parcial, os RRC – Requerimentos de Registro de Candidatura – de todos os seus integrantes (titular e vice ou suplentes) devem ser reunidos e decididos numa mesma oportunidade. Assentada a inelegibilidade do titular da chapa, não obstante a elegibilidade do vice ou dos suplentes (e vice versa), a chapa terá o seu registro indeferido, consignando-se na decisão, de forma clara e objetiva, qual candidato obstaculiza o deferimento do pedido. De outro lado, nos autos principais, onde encartado o pedido formulado pelo partido/federação/coligação, são avaliadas as exigências legais para a sua participação no processo eleitoral, como a regularidade do registro do diretório e da realização da convenção que escolheu os candidatos e deliberou pela formação de coligação. Se é certo que a decisão no DRAP precede e condiciona o registro das candidaturas, estas serão indeferidas sempre que indeferido aquele. Mas a decisão de indeferimento da candidatura que tiver como fundamento o indeferimento do DRAP deve declarar preenchidos ou não os requisitos de elegibilidade do candidato, pois eventual recurso contra o indeferimento do DRAP refletirá diretamente nos RRC a ele vinculados, aos quais será atribuída a situação "indeferido com recurso" – ou "sub judice" –, daí sendo possível dar continuidade à campanha e levar o nome à urna eletrônica.

Ac.-TSE, de 13.6.2019, no AgR-REspe nº 9309 e, de 26.6.2018, nos ED-AgR-REspe nº 8353: excepciona o princípio da indivisibilidade da chapa majoritária mediante as seguintes circunstâncias: (a) indeferimento do registro de candidatura em segunda instância; (b) chapa com registro deferido no prazo fatal para substituição de candidatos; (c) rejeição do registro declarada às vésperas do certame; (d) registro indeferido versa sobre condição de elegibilidade do vice; e (e) livre manifestação da vontade da comunidade por meio do voto.

O **prazo para recurso** (3 dias), em face de **decisões monocráticas**, assim em eleições municipais, como também em eleições gerais e presidenciais (neste caso, o recurso será o agravo interno), conta-se da comunicação ao MPE por expediente no PJe e da publicação da decisão no mural eletrônico ou, quando tecnicamente não for possível, da intimação por mensagem instantânea, e-mail ou correspondência com aviso de recebimento (arts. 38, 58 e 62, § 2º, da Res. TSE n. 23.609/2019). Já em face de **decisões colegiadas**, o prazo flui da publicação do acórdão em sessão (arts. 61, § 2º, e 63, da mencionada Resolução). Dos acórdãos proferidos pelos tribunais regionais, no exercício de sua **competência originária** (eleições gerais: estaduais e federais), cabem os **recursos ordinário**, quando versar sobre inelegibilidade (CF, art. 121, § 4º, III, e Res. TSE n. 23.609/2019, art. 63, I), e **especial**, quando decidindo sobre condições de elegibilidade (CF, art. 121, § 4º, I e II e Res. TSE n. 23.609/2019, art. 63, II), dispensado, de qualquer forma, o juízo de admissibilidade (Res. TSE n. 23.609/2019, art. 63, § 3º).

SÚMULA Nº 36/TSE

Cabe recurso ordinário de acórdão de Tribunal Regional Eleitoral que decida sobre inelegibilidade, expedição ou anulação de diploma ou perda de mandato eletivo nas eleições federais ou estaduais (art. 121, § 4º, incisos III e IV, da Constituição Federal).

SÚMULA Nº 64/TSE

Contra acórdão que discute, simultaneamente, condições de elegibilidade e de inelegibilidade, é cabível o recurso ordinário.

SÚMULA Nº 72/TSE

É inadmissível o recurso especial eleitoral quando a questão suscitada não foi debatida na decisão recorrida e não foi objeto de embargos de declaração

Importante lembrar que, "no processo de registro de candidatos, o partido que não o impugnou não tem legitimidade para recorrer da sentença que o deferiu, salvo se se cuidar de matéria constitucional" (Súmula 11 do TSE). A preclusão, portanto, atinge apenas a matéria infraconstitucional. Como destacado, o MPE tem participação assegurada nos feitos eleitorais, inclusive nos de registro, ora como parte, ora como fiscal da ordem jurídica. Seja como for, sua atuação é sempre no interesse público de lisura do processo eleitoral, não se identificando com os interesses de partidos, candidatos ou eleitores em particular. Daí não se lhe aplicar a mencionada Súmula n. 11, do TSE. A dita súmula, como visto, só impõe a restrição recursal ao partido político, porque este, por óbvio, atua como parte e, não tendo impugnado, sequer comporá a relação processual. E o MPE, que sempre estará nos autos, poderá recorrer da decisão quando for o autor da impugnação ou quando fiscal da ordem jurídica. Vedar o recurso para o custos legis, como o fez o TSE nas eleições de 2012, implica, em verdade, negar uma das suas consagradas formas de atuação processual. O entendimento, se prevalecesse, imporia a irracional necessidade - para assegurar futuro interesse recursal - de o MPE impugnar todos os pedidos de registro de candidatura, mesmo que, naquele momento, não houvesse motivos para tanto, o que o aproximaria da arguição temerária. O Supremo Tribunal Federal, entretanto, apreciando o Recurso Extraordinário com Agravo n. 728188, ao qual foi **reconhecida repercussão geral**, com efeitos vinculantes, portanto, restabeleceu a legitimidade recursal do Ministério Público no processo eleitoral, mesmo quando não houver impugnado o registro, ou seja, quando atuando como fiscal da ordem jurídica. E a Resolução TSE n. 23.609/2019, que trata do registro de candidatura para as eleições, contempla este entendimento no art. 56.

Dos acórdãos proferidos pelos tribunais regionais no exercício da sua **competência recursal** (quando tratar-se de eleições municipais, portanto), cabe **recurso especial** ao TSE, no prazo também de 3 dias (art. 11, § 2º, da LC n. 64/90, e 121, § 4º, I e II, da CF/88, e Res. TSE n. 23.609/2019, art. 67), que sobe imediatamente após a apresentação das contrarrazões do recorrido, independentemente do juízo de admissibilidade, posto que em discussão matéria concernente à inelegibilidade do candidato, como previsto nos arts. 11, § 2º, 12, parágrafo único, e 13, parágrafo único, da Lei Complementar n. 64/90, e reafirmado nos arts. 63, § 3º, e 67, § 2º, da Resolução-TSE n. 23.609/2019.

O **prazo para as contrarrazões** do recorrido será sempre de três dias (arts. 8º, § 1º, e 12, ambos da LC n. 64/90).

Importante frisar que os prazos eleitorais, a partir de 15 de agosto do ano das eleições, **não se interrompem** aos sábados, domingos e feriados **e são peremptórios**. Assim, se a intimação ocorrer na sexta-feira, começará o prazo a fluir no sábado. Se a decisão do Juiz for publicada no mural eletrônico na quarta-feira, o prazo de 3 dias para recurso começa a contar-se na quinta e, via de consequência, o recurso deve ser protocolado até no sábado.

A decisão de **acolhimento da impugnação** do registro da candidatura (AIRC) leva ao indeferimento do registro. Com isso, o pretenso candidato não pode mais realizar atos de propaganda eleitoral e o seu nome não constará da urna eletrônica (ou da cédula eleitoral, se se recorrer à votação tradicional). O recurso que vier a ser interposto da decisão de indeferimento da candidatura agora tem efeito suspensivo, por força do art. 16-A, da Lei n. 9.504/97 (acrescentado pela Lei n. 12.034/2009), que positiva entendimento jurisprudencial que permite ao candidato com registro indeferido continuar com seus atos de campanha até a apreciação final do seu recurso. Se o candidato o for para as eleições proporcionais, e o registro for finalmente indeferido, os votos dados a ele somente serão computados para a legenda (quociente partidário) se no dia da eleição havia decisão de deferimento. Explica-se: Se o candidato a deputado tiver seu pedido de registro deferido pelo TRE e dessa decisão houver recurso por parte de partidos, federações, coligações ou MP, provido (para indeferimento da candidatura, portanto) apenas depois da eleição, conclui-se que no dia da eleição ele estava disputando com uma decisão de deferimento. Por isso, os votos dados a ele, naquele dia, são válidos para o partido, como voto de legenda, para compor o quociente partidário, posto que a nulidade - em razão do posterior indeferimento do registro - só atinge a parte nominal do voto. Ao contrário, se o candidato tem seu pedido indeferido, recorre dessa decisão e o Tribunal confirma o indeferimento, os votos dados a ele são tidos como nulos para todos os efeitos - inclusive para a legenda, exatamente porque no dia da eleição não tinha ele registro deferido. É a aplicação do art. 175, do Código Eleitoral.

> Ac.-TSE, de 29.4.2014, no AgR-REspe nº 74918: O art. 16-A não afastou a aplicação do § 4º do art. 175 do CE; são contados para a legenda os votos obtidos por candidato cujo registro se encontrava **deferido na data do pleito eleitoral**.
>
> Ac.-TSE, de 22.5.2012, no AgR-RMS nº 273427, de 21.8.2012, e no MS nº 430827: votos atribuídos a candidato com **registro indeferido** não são computados para o partido ou para a coligação.
>
> "Reclamação. Indeferimento. Eleições 2004. Contagem de votos. Votos nulos. Candidato com registro indeferido. Cômputo dos votos para a legenda. Benefício do segundo colocado. Impossibilidade. Registro de candidatura **indeferido antes da realização do pleito**. Não permissão de contagem de votos a favor da legenda. Art. 175, §§ 3º e 4º, do Código Eleitoral. Recurso a que se nega provimento." (TREMG, Rec. Eleitoral 220/2005, Bom Sucesso, Rel. Juiz Marcelo Guimarães Rodrigues, Ac. 1.406/2005, Sessão de 28/9/2005)

Se a decisão tiver sido de **improcedência da impugnação** em primeira instância (deferimento do registro, consequentemente) e dela houver recurso, a ulterior decisão de procedência da impugnação cancela o registro ou declara nulo o diploma, em face do reconhecimento da inelegibilidade (art. 15 da LC n. 64/90).

Se a decisão ocorrer antes das eleições, o candidato impedido de concorrer (por indeferimento ou cancelamento do registro) poderá ser substituído por outro, observado o prazo de 10 dias para o partido/federação/coligação apresentar o substituto, até o limite de 20 dias antes do pleito, conforme art. 13, § 3º, da Lei n. 9.504/97, na redação dada pela Lei n. 12.891/2013, que se aplica agora a candidatos de ambas as eleições: majoritária e proporcional.[242-243]

O partido/coligação tem 10 dias de prazo, a partir do evento que dá ensejo à substituição (morte, renúncia, indeferimento, etc.), para apresentar à Justiça Eleitoral o requerimento de substituição. Este requerimento, entretanto, não pode ser apresentado à Justiça Eleitoral nos 19 dias anteriores à eleição. Portanto, o prazo de 10 dias pode ser reduzido para cinco ou apenas 1, se no caso concreto uma renúncia, p.ex., for manifestada no 21º dia anterior à eleição. À substituição decorrente de morte de candidato, todavia, não se aplica o prazo de 20 dias, podendo ser feita a qualquer momento (Res. TSE n. 23.609/2019, art. 72, § 3º).

---

242 Remete-se o leitor ao início deste capítulo, quando se tratou das convenções partidárias.

243 Veja no Anexo D, Modelos de Ação de impugnação ao registro de candidatura (AIRC) – Iniciais e pareceres.

Capítulo III

PROPAGANDA ELEITORAL

A propaganda eleitoral vem regulada pelos arts. 240 e seguintes do Código Eleitoral (onde é chamada, equivocadamente, de "propaganda partidária"), e pelos arts. 36 e seguintes da Lei n. 9.504/97, com as importantes alterações das leis n. 11.300/2006, 12.034/2009, 12.891/2013, 13.165/2015, 13.488/2017 e 14.211/2021.

1. Conceito

Antes de mais nada, é preciso compreender o que é propaganda eleitoral, distinguindo-a da propaganda partidária. Até porque os partidos, não raro, se utilizam desta última para realizar a propaganda eleitoral, o que representa irregularidade.

Alberto Rollo registra que:

> "doutrinadores há que entendem haver propaganda eleitoral se, da mensagem passada pelo cidadão, político militante ou possível candidato, puder-se intuir a intenção da disputa eleitoral ao mesmo tempo que exigem deva existir, na mensagem, condições de influir na vontade do eleitor".[244]

Para o eleitoralista Fávila Ribeiro, "a propaganda é um conjunto de técnicas empregadas para sugestionar pessoas na tomada de decisão".[245]

Segundo Vera Maria Nunes Michels, "propaganda eleitoral é toda a ação destinada ao convencimento do eleitor para angariar votos".[246]

O TRE do Paraná, no Acórdão n. 20.570, fixou o entendimento de que:

> "a propaganda eleitoral ilícita há que ser aquela em que o pré-candidato atua como se candidato fosse, visando influir diretamente na vontade dos eleitores, mediante ações que traduzem um propósito de fixar sua imagem e suas linhas de ação política, em situação apta, em tese, a provocar um desequilíbrio no procedimento eleitoral relativamente a outros candidatos, que somente após as convenções poderão adotar esse tipo de propaganda".

---

[244] ROLLO, Alberto. *Propaganda eleitoral* – Teoria e prática. São Paulo: RT, 2002, p. 46.

[245] RIBEIRO, Fávila. *Direito eleitoral*, p. 379.

[246] MICHELS, Vera Maria Nunes. *Direito eleitoral* – Análise panorâmica de acordo com a Lei n. 9.504/97, p. 127.

E o TSE, enfrentando hipótese de propaganda subliminar, aquela que se disfarça em promoção pessoal, assentou que:

> "(...) 1. A fim de verificar a existência de propaganda subliminar, com propósito eleitoral, não deve ser observado tão somente o texto dessa propaganda, mas também outras circunstâncias, tais como imagens, fotografias, meios, número e alcance da divulgação. (...)" (Ac. n. 19.905, de 25/2/2003, rel. Min. Fernando Neves.)
>
> "(...) 5. Os princípios previstos no art. 5º, X e XI, da CF/88 não protegem o proprietário ou morador quando a **propaganda eleitoral situada no interior de sua residência irradia efeitos para a via pública**. 6. De acordo com a jurisprudência desta Corte, a propaganda eleitoral não exige a expressa indicação do nome do candidato, de seu partido, cargo pretendido e pedido de voto. 'De acordo com a jurisprudência desta Corte, a propaganda eleitoral caracteriza-se por levar ao conhecimento geral, ainda que de forma dissimulada, a candidatura, a ação política ou as razões que levem a inferir que o beneficiário seja o mais apto para a função pública' (Ag. Rg no Ag. n. 5120, Rel. Min. Gilmar Mendes, *DJ* de 23/9/2005). (...") (TSE, REsp. 26.171, Goiás, Rel. Min. José Delgado, Sessão de 9/11/2006).

Já é possível perceber que, na prática, não será fácil, muitas vezes, identificar a propaganda eleitoral, principalmente quando realizada antes do período permitido pela lei, exatamente porque veiculada de forma disfarçada, subliminar. Então, a Justiça Eleitoral precisa ficar atenta para coibir os abusos da propaganda extemporânea e não se deixar influenciar por argumentos que buscam mascará-la de propaganda partidária ou mera promoção pessoal e até mesmo publicidade institucional. Dissimulada e subliminar, a mensagem tipicamente eleitoral (porque a finalidade é convencer o eleitor ao voto) surge em meio à propaganda partidária e, pior, à publicidade institucional. O TSE julgou caso concreto de típica propaganda eleitoral em meio à publicidade institucional, assim assentando:

> "Propaganda institucional. Desvirtuamento. Propaganda eleitoral. Caracterização. Multa. Aplicação. O trecho da propaganda não revela, de forma concreta, ato, programa, obra ou serviço. Implica generalidade, a convocar – mediante a sinalização de crescimento na economia, na agricultura familiar, com aumento do crédito liberado para as famílias, na indústria, haja vista o desempenho nos últimos anos – a atenção do eleitor. Tanto é assim que, após as referências positivas, segue-se trecho cujo objetivo é enaltecer a direção do país. Então, afirma-se que resultados como os noticiados não acontecem por acaso, mas decorrem de trabalho sério e eficiente. A propaganda extravasa a simples publicidade de programas, obras, serviços e campanhas de órgãos públicos, aludindo-se de forma clara e direta ao governo federal, à direção hoje existente. Julgada procedente a representação, para suspender a propaganda, se ainda veiculada, e impor ao representado a multa de trinta mil Ufirs. Nesse entendimento, o Tribunal, por maioria, julgou procedente a representação." (TSE, Representação n. 752/DF, rel. Min. Marco Aurélio, em 1/12/2005)

Se propaganda é um conjunto de técnicas empregadas para sugestionar pessoas na tomada de decisão, é certo afirmar que, toda vez que um político, ou pretenso candidato, se dirige ao eleitor com suas ideias a respeito de como administrar bem o interesse público, está ele sugestionando esse eleitor na tomada de sua decisão a respeito de em quem votar quando das eleições. Está, na verdade, formulando pedido dissimulado de voto, posto que estará formando, no inconsciente do eleitor, a sensação de que é pessoa com aptidão para ocupar cargos públicos.

2. Propaganda partidária

As técnicas de *marketing*, antes utilizadas apenas para sugestionamento de produtos aos consumidores, são cada vez mais empregadas na propaganda eleitoral, exatamente para "vender" a imagem do homem público ideal para ocupar os cargos eletivos. Então, a Justiça Eleitoral não pode esperar que os Partidos Políticos e pré-candidatos, antes do período legalmente previsto, veiculem propaganda eleitoral explícita, com pedido contundente de votos, porque ninguém seria assim tão afrontoso à lei, principalmente porque há previsão de multa mínima de R$ 5.000,00 para a chamada propaganda extemporânea. Ao contrário, nesse período proibido os Partidos e pré-candidatos se valem dos artifícios subliminares de convencimento e atuam no inconsciente coletivo, criando um ambiente apropriado para a penetração da propaganda direta que virá posteriormente. Dentro dessa realidade, o pré-candidato aparecia (até 31.dezembro.2017, já que a reforma eleitoral de 2017 extinguiu o horário partidário gratuito, recentemente recriado pela Lei n. 14.291/2022 e regulamentado pela Res. TSE n. 23.679, de 8 de fevereiro de 2022) no horário gratuito da *propaganda partidária* no rádio e na TV, aquela regulamentada pela Lei Orgânica dos Partidos Políticos (Lei n. 9.096/95), e realizava verdadeira propaganda eleitoral, porque expunha ideias próprias sobre como atuar à frente dos cargos públicos, levando aos eleitores o seu perfil de homem público realizador. Essa conduta, sem qualquer sombra de dúvida, não se amolda aos fins da propaganda partidária. A Res. TSE n. 23.679, de 08.fevereiro.2022, que contém o atual regulamento da propaganda partidária, adverte que "a utilização de tempo de propaganda partidária para promoção de pretensa candidatura, ainda que sem pedido explícito de voto, constitui propaganda antecipada ilícita por infração aos arts. 44 e 47 da Lei nº 9.504/1997, passível de multa nos termos do § 3º do art. 36 da mesma lei, sem prejuízo da cassação de tempo decorrente da violação do inciso II deste artigo" (art. 4º, § 3º). E acrescenta, no § 4º, que "a apuração da propaganda antecipada ilícita, na hipótese do § 3º deste artigo, será feita em representação própria, nos termos do art. 96 da Lei nº 9.504/1997 e da Res.-TSE nº 23.608, devendo ser distribuída a um(a) dos(as) juízes(as) auxiliares, no período em que atuarem.

Na verdade, os "marqueteiros" estão convencidos de que aquela propaganda eleitoral tradicional, com pedido direto de voto, não mais produz os resultados exigidos pelas grandes campanhas eleitorais. É preciso convencer o eleitor a votar neste ou naquele candidato sem que ele (eleitor) perceba o processo de convencimento de que é alvo. É menos agressivo e muito mais persuasivo, deixando o eleitor com a sensação de que tomou a decisão de votar naquele candidato por ver no seu íntimo as qualidades essenciais à vida pública. É a propaganda eleitoral subliminar, dissimulada em promoção pessoal, em divulgação de qualidades pessoais.

A Justiça Eleitoral não pode ignorar o fenômeno e continuar pensando em propaganda eleitoral apenas na sua formatação tradicional, antiquada, quase nunca utilizada atualmente, senão nas "campanhas de pé de ouvido". Não pode fechar os olhos para o fato de que, se o pré-candidato se projeta diante do eleitorado com a exposição de um perfil típico do político ideal, está realizando propaganda eleitoral sim, ainda que não formule pedido expresso de voto e não antecipe qual cargo público pretende disputar. A experiência oferece inúmeros casos em que a chamada "promoção pessoal" é seguida da candidatura, deixando evidenciado que tudo aquilo que se fez anteriormente, de forma disfarçada, preparava os caminhos do agora candidato oficial.

Essa exposição do perfil e de ideias pessoais durante o horário gratuito no rádio e na TV, nada tem a ver com as finalidades fixadas no art. 50-B da Lei n. 9.096/95, incluído pela Lei n. 14.291/2022:

> **Art. 50-B.** O partido político com estatuto registrado no Tribunal Superior Eleitoral poderá divulgar propaganda partidária gratuita mediante transmissão no rádio e na televisão, por meio exclusivo de inserções, para:
>
> **I** – difundir os programas partidários;
>
> **II** –transmitir mensagens aos filiados sobre a execução do programa partidário, os eventos com este relacionados e as atividades congressuais do partido;
>
> **III** – divulgar a posição do partido em relação a temas políticos e ações da sociedade civil;
>
> **IV** – incentivar a filiação partidária e esclarecer o papel dos partidos na democracia brasileira;
>
> **V** – promover e difundir a participação política das mulheres, dos jovens e dos negros.
>
> **§ 1º** Os partidos políticos que tenham cumprido as condições estabelecidas no § 3º do art. 17 da Constituição Federal terão assegurado o direito de acesso gratuito ao rádio e à televisão, na proporção de sua bancada eleita em cada eleição geral, nos seguintes termos:
>
> **I** – o partido que tenha eleito acima de 20 (vinte) Deputados Federais terá assegurado o direito à utilização do tempo total de 20 (vinte) minutos por semestre para inserções de 30 (trinta) segundos nas redes nacionais, e de igual tempo nas emissoras estaduais;
>
> **II** – o partido que tenha eleito entre 10 (dez) e 20 (vinte) Deputados Federais terá assegurado o direito à utilização do tempo total de 10 (dez) minutos por semestre para inserções de 30 (trinta) segundos nas redes nacionais, e de igual tempo nas emissoras estaduais;
>
> **III** – o partido que tenha eleito até 9 (nove) Deputados Federais terá assegurado o direito à utilização do tempo total de 5 (cinco) minutos por semestre para inserções de 30 (trinta) segundos nas redes nacionais, e de igual tempo nas redes estaduais.
>
> **§ 2º** Do tempo total disponível para o partido político, no mínimo 30% (trinta por cento) deverão ser destinados à promoção e à difusão da participação política das mulheres.
>
> **§ 3º** Nos anos de eleições, as inserções somente serão veiculadas no primeiro semestre.
>
> **§ 4º** Ficam **vedadas nas inserções**:
>
> **I** – a participação de **pessoas não filiadas** ao partido responsável pelo programa;

II – a divulgação de **propaganda de candidatos** a cargos eletivos e a defesa de **interesses pessoais** ou de outros partidos, bem como toda forma de propaganda eleitoral;

III – a utilização de imagens ou de cenas incorretas ou incompletas, de efeitos ou de quaisquer outros recursos que distorçam ou falseiem os fatos ou a sua comunicação;

IV – a utilização de matérias que possam ser comprovadas como falsas (*fake news*);

V – a prática de atos que resultem em qualquer tipo de preconceito racial, de gênero ou de local de origem;

VI – a prática de atos que incitem a violência.

§ 5º Tratando-se de propaganda partidária no rádio e na televisão, o partido político que descumprir o disposto neste artigo será punido com a cassação do tempo equivalente a 2 (duas) a 5 (cinco) vezes o tempo da inserção ilícita, no semestre seguinte.

§ 6º A representação, que poderá ser oferecida por partido político ou pelo Ministério Público Eleitoral, será julgada pelo Tribunal Superior Eleitoral quando se tratar de inserções nacionais e pelos Tribunais Regionais Eleitorais quando se tratar de inserções transmitidas nos Estados correspondentes.

§ 7º O prazo para o oferecimento da representação prevista no § 6º deste artigo encerra-se no último dia do semestre em que for veiculado o programa impugnado ou, se este tiver sido transmitido nos últimos 30 (trinta) dias desse período, até o 15º (décimo quinto) dia do semestre seguinte.

§ 8º Da decisão do Tribunal Regional Eleitoral que julgar procedente a representação, cassando o direito de transmissão de propaganda partidária, caberá recurso para o Tribunal Superior Eleitoral, que será recebido com efeito suspensivo.

Ao contrário, percebe-se que a LOPP veda a divulgação de propaganda de candidatos a cargos eletivos e a defesa de interesses pessoais. O legislador já havia percebido, desde a primitiva regulamentação, que a defesa de interesses pessoais sugestiona o nome deste ao eleitorado e atua como típica propaganda eleitoral.

> "Propaganda eleitoral extemporânea. Improcedência. A utilização do tempo destinado ao programa político-partidário para simples promoção pessoal de parlamentar ou governante, com o nítido propósito de prenunciar, no semestre que antecede as eleições, candidatura iminente, dissociada das finalidades da propaganda partidária, atrai a sanção do art. 36 da Lei 9.504/97. Irrelevante o fato de ainda não haver escolha de nomes em convenção ou efetivo registro de candidatura. Recurso a que se dá provimento. Sessão de 17/3/2005." (TRE-MG, Rec. 1639/2004, Belo Horizonte, Rel. Juiz Marcelo Guimarães Rodrigues, Ac. 237/2005)
>
> AI – AgR-AI n. 21925 - SÃO PAULO – SP, Ac. de 05/09/2017, Rel. Min. Tarcisio Vieira De Carvalho Neto. [...] PROPAGANDA PARTIDÁRIA. INSERÇÕES. ART. 45[247], § 1º, II, E § 2º, II, DA LEI Nº 9.096/95. PROMOÇÃO PESSOAL. DESVIRTUAMENTO. PARTICIPAÇÃO FEMININA. INCENTIVO. ART. 45, IV, DA LEI Nº 9.096/95. DESCUMPRIMENTO. SANÇÃO. QUEBRA DE PRAÇA. INTEGRALIDADE DO TEMPO. SÚMULA Nº 30/TSE. FUNDAMENTOS NÃO INFIRMADOS. REITERAÇÃO DE TESES RECURSAIS. SÚMULA Nº 26/TSE. DESPROVIMENTO.

[247] A propaganda partidária está agora disciplinada nos arts. 50-A a 50-D, da Lei n. 9.096/95, incluídos pela Lei n. 14.291/2022.

1. A ocorrência de exclusiva promoção pessoal na propaganda partidária viola o art. 45 da Lei nº 9.096/95. Precedentes.[...]

De outro lado, a mesma lei partidária reserva tempo no rádio e na TV para que cada partido faça tão somente a sua propaganda, vedando até mesmo a participação de filiados de outros partidos. É comum ver, entretanto, alguns partidos utilizarem esse tempo para enaltecer as ações de governantes filiados a outros partidos, o que não guarda qualquer identidade com os fins da propaganda partidária, garantida pela Lei 9.096/95 e, por isso, deve a prática ser duramente combatida.

> Rp - Representação nº 28965 - BRASÍLIA – DF, Ac. de 16/02/2017, Rel. Min. Herman Benjamin. [...] PROPAGANDA PARTIDÁRIA. INSERÇÕES NACIONAIS. PRIMEIRO SEMESTRE DE 2016. [...] 1. O Ministério Público Eleitoral propôs representação em face do Partido dos Trabalhadores (PT), por promoção pessoal de filiado e inobservância do percentual de tempo destinado à promoção e difusão da participação política feminina na propaganda partidária, modalidade inserções nacionais, veiculada nos dias 4, 6, 9 e 11 de fevereiro de 2016. [...] 16. É irrelevante para efeito de caracterização de desvio de finalidade mediante promoção pessoal de filiado (Art. 45, § 1º, II, da LPP) o fato de não haver candidatos oficialmente escolhidos em convenção (Rp nº 423, rel. Min. Sálvio de Figueiredo Teixeira, *DJ* de 21.3.2003). CONCLUSÃO: 17. Representação que se julga procedente, para, presente a violação do art. 45, IV, e § 1º, II, da Lei nº 9.096/95 c.c. o art. 10 da Lei nº 13.165/2015, cassar o tempo total de 25 (vinte e cinco) minutos de propaganda partidária, na modalidade de inserções nacionais, a que faria jus o PT, no primeiro e segundo semestres de 2017, equivalente a 5 (cinco) vezes a integralidade do tempo irregularmente utilizado (1 minuto), por desvio de finalidade em razão da promoção pessoal de filiado, e 20 (vinte) minutos, equivalente a 5 (cinco) vezes a omissão ilícita (4 minutos) quanto à promoção da participação da mulher na política, devendo o tempo cassado ser revertido à Justiça Eleitoral para que promova propaganda institucional destinada a incentivar a participação feminina.

O TSE bem percebeu a propaganda eleitoral dissimulada e reservou à promoção pessoal apenas as hipóteses em que não há qualquer induzimento do eleitorado.

> "Entende-se como ato de propaganda eleitoral aquele que leva ao conhecimento geral, embora de forma dissimulada, a candidatura, mesmo apenas postulada, e a ação política que se pretende desenvolver ou razões que induzam a concluir que o beneficiário é o mais apto ao exercício de função pública. Sem tais características, poderá haver mera promoção pessoal – apta, em determinadas circunstâncias, a configurar abuso de poder econômico – mas não propaganda eleitoral. (Ac. TSE n. 15.732, Rel. Min. Eduardo Alckmin, em 15/9/1999)." (TSE, REsp. n. 18.958-SP, Rel. Min. Fernando Neves, em 8/2/2001)

> "Considera-se propaganda eleitoral subliminar a publicidade que traça paralelo entre a administração atual e a anterior, despertando a lembrança dos eleitores para as qualidades do administrador candidato à reeleição. O simples argumento de que a produção, escolha, supervisão e veiculação da publicidade estão sob a responsabilidade de agente público diverso do titular da administração não é suficiente para ilidir o prévio conhecimento deste." (TSE, REsp. n. 19.331-GO, Rel. Min. Sepúlveda Pertence, em 13/9/2001)

> "...deve ser mantida a decisão do TRE que indeferiu a segurança, ao entendimento, rigorosamente correto, de que a divulgação, como matéria paga, dos feitos do Governo, no período pré-eleitoral, não constitui informação pura e simples, mas propaganda política." (TSE, MS 1015-AL, *DJU* de 15/2/1989, p. 831)
>
> "Propaganda eleitoral negativa. Uso de bem público. Configura transgressão eleitoral o uso de bem público para reunião na qual se discorre sobre procedimento de candidato opositor apontando-o contrário aos interesses dos munícipes." (TSE, RESP n. 25.144, BA, Rel. Min. Marco Aurélio, em 15/12/2005, *DJ* de 24/3/2006)

Não é apenas no rádio, na TV e na imprensa escrita que a propaganda eleitoral se manifesta dissimuladamente. Também se utilizam, nas campanhas menores, dos *outdoors*, das placas, das inscrições a tinta em muros, etc., quase sempre só com o nome do pré-candidato e nenhuma outra referência. O eleitor, em diversos pontos da cidade, vê inscrito "Fulano de Tal". Com isso, expõe-se o nome do futuro candidato, fazendo-o conhecido do grande público e facilitando-lhe a propaganda eleitoral direta e explícita que virá no período permitido, época em que o eleitor terá a sensação de que já conhece aquela pessoa, exatamente pela atuação no seu inconsciente que aquele artifício publicitário foi capaz de produzir. A mesma técnica utilizada na propaganda comercial.

3. Promoção pessoal

Pode-se concluir que a **promoção pessoal** é uma forma de propaganda eleitoral, principalmente quando se leva em conta que o promovido tem vida ou aspiração política ou, mais tarde, vem a apresentar-se como candidato. É que toda promoção pessoal tem alguma finalidade. Ninguém gasta significativas importâncias com a veiculação de propaganda de suas qualidades pessoais, ou simplesmente com a divulgação de seu nome, sem que tenha interesse no respectivo retorno. Se esse retorno não é empresarial e se se identifica tendência eleitoral na vida do promovido, fica fácil concluir que se trata de propaganda eleitoral. Pensar diversamente é ser inadmissivelmente ingênuo diante da capacidade de criação do *marketing* político moderno.

Nota-se, entretanto, que a jurisprudência vem procurando distinguir a propaganda eleitoral da promoção pessoal, para entender esta última como conduta lícita, mesmo quando fora do período permitido pela legislação eleitoral.

O TRE de São Paulo assim entendeu, no Acórdão n. 20.577:

> "não há dúvida de que as mensagens cogitadas traduzem o intuito de promoção pessoal de um político e remotamente tendem a estar vocacionadas a um fim eleitoral, mas nem por isso os atos de promoção pessoal podem indistintamente ser qualificados como atos de propaganda eleitoral. A propaganda eleitoral antecipada que se quer punir é aquela que se traduz em uma antecipação da própria campanha eleitoral, mediante atos e instrumentos que situam induvidosamente o interessado como candidato diante do eleitorado. No caso em exame, as mensagens de Natal e fim de ano tinham uma natureza episódica e foram veiculadas através de faixas de colocação transitória. Tais circunstâncias evidenciam que as mensagens não seriam aptas a gravar imagens ou comunicações de natureza eleitoral no curso do ano de 1996".

O TRE de Minas Gerais, por seu turno, no Rec. Eleitoral n. 1.758/00 (Rel. Juiz Bady Curi Neto), assentou que a divulgação de obras, em entrevista concedida pela Prefeita, não tem conteúdo eleitoreiro, não podendo configurar propaganda eleitoral, já que não houve intenção de convencer os cidadãos a votar em determinado candidato (sessão de 22/7/2002).

A verdade é que, como dito, até mesmo a tal promoção pessoal projeta o cidadão diante do eleitorado, criando ambiente propício para a campanha a ser deflagrada de forma explícita e contundente no momento próprio. Com ela (promoção pessoal), o promovido acaba por "sair na frente" dos demais futuros candidatos, desequilibrando o jogo de forças na eleição e rompendo com o princípio da igualdade de oportunidades. Bom lembrar que a exposição ao eleitorado, antes de 16 de agosto do ano das eleições, com a tal promoção pessoal, só é feita por aqueles que detêm poder econômico ou político ou controlam os meios de comunicação social, em detrimento daqueles que pretendem disputar as eleições com ideias e propostas tão somente. De outro lado, o legislador já se havia preocupado com a "promoção pessoal", entendendo-a como forma de maléfica influência no processo eleitoral, ao proibir que a propaganda institucional da Administração Pública identifique, por qualquer meio, a pessoa do administrador. Então, percebe-se que a promoção pessoal é considerada pela Constituição Federal (art. 37) como meio ilícito de propaganda eleitoral. Não fosse essa a interpretação do texto, ficaria sem sentido a vedação ali contida.

> "Propaganda eleitoral extemporânea. Improcedência. A utilização do tempo destinado ao programa político-partidário para simples **promoção pessoal** de parlamentar ou governante, com o nítido propósito de prenunciar, no semestre que antecede as eleições, candidatura iminente, dissociada das finalidades da propaganda partidária, atrai a sanção do art. 36 da Lei 9.504/97. Irrelevante o fato de ainda **não haver escolha de nomes em convenção** ou efetivo registro de candidatura. Recurso a que se dá provimento. Sessão de 17/3/2005." (TRE-MG, Rec. 1639/2004, Belo Horizonte, Rel. Juiz Marcelo Guimarães Rodrigues, Ac. 237/2005).

4. Princípios que a orientam

De qualquer forma, a propaganda eleitoral deve ser a oportunidade para o **debate de ideias e confronto de opiniões**, sempre preservando-se a igualdade de oportunidades entre os candidatos.

Se, de um lado, é correto dizer que o candidato deve ter liberdade para fazer sua propaganda eleitoral (porque a lei proíbe algumas condutas apenas a título de exceção), de outro, é necessário lembrar que imprescindível será a observância da igualdade de oportunidades, até mesmo em respeito ao direito que tem o eleitor à ampla informação sobre todos os candidatos, para a partir daí fazer sua escolha de forma livre de influências nefastas. A verdade é que sempre entendemos ser a propaganda eleitoral muito mais um direito do eleitor à ampla informação sobre cada um dos candidatos aos cargos públicos que um direito do candidato, a ser exercitado da forma como lhe convier. Por isso, deve ela ser lícita, informativa e não opressiva. Não pode criar na opinião pública, artificialmente, estados mentais, emocionais ou passionais (art. 242 do CE). A campanha eleitoral que se vale da desinformação, do fato sabidamente inverídico ou distorcido e da ofensa à honra presta um desserviço à democracia e, por isso, merece vigoroso enfrentamento, devendo ser classificado inclusive como abuso de poder, sempre que grave, para efeito de cassação de registro ou de diploma e imposição de inelegibilidade. E, de forma imediata, o direito de resposta deve ser garantido ao ofendido ou prejudicado[248].

> REspEl – AgR-REspEl n. 060060319 - NOSSA SENHORA DO SOCORRO – SE, Ac. de 02/09/2021, Rel. Min. Alexandre de Moraes. ELEIÇÕES 2020. PROPAGANDA ELEITORAL ANTECIPADA NEGATIVA. CONTEÚDO SABIDAMENTE INVERÍDICO. MULTA. IMUNIDADE PARLAMENTAR. NÃO INCIDÊNCIA. DESPROVIMENTO. 1. A livre circulação de pensamentos, opiniões e críticas visam a fortalecer o Estado Democrático de Direito e à democratização do debate no ambiente eleitoral, de modo que a intervenção desta JUSTIÇA ESPECIALIZADA deve ser mínima em preponderância ao direito à liberdade de expressão. Ou seja, a sua atuação deve coibir práticas abusivas ou divulgação de notícias falsas, de modo a proteger a honra dos candidatos e garantir o livre exercício do voto. 2. A divulgação de propaganda sabidamente inverídica é vedada, inclusive no período de campanha, como forma de garantir a lisura do processo eleitoral. Tal publicação conduz a reflexos claros na esfera jurídica dos pré–candidatos, constituindo um pedido de não voto, na medida em que desabonadoras e depreciativas à honra dos pretensos participantes do pleito. 3. A partir da transcrição do vídeo publicado em redes sociais e grupos de aplicativo de mensagem, fica constada a divulgação de fala sabidamente inverídica a partir da declaração acerca do domicílio eleitoral de seu adversário, não havendo nos autos qualquer justificativa sobre a intenção quanto à exposição.

Chega-se, então, à ideia de liberdade individual do eleitor para a escolha consciente nas urnas (sem oportunidade efetiva de conhecer os candidatos, suas ideias e planos, não há liberdade de escolha na sua verdadeira acepção), permeando a liberdade de propaganda assegurada aos candidatos. Ou seja: o direito que têm os candidatos e Partidos Políticos à propaganda eleitoral deve ser exercido nos limites do direito que também têm os eleitores de ser adequadamente informados a respeito das ideias defendidas por parte de cada um dos candidatos. Por isso é que vamos encontrar nas leis eleitorais vedações à propaganda que contenha afirmações inverídicas, injuriosas, caluniosas ou difamatórias, ou que abusem do poder econômico, político ou nos meios de comunicação social, pois tais práticas introduzem fator de perturbação no processo de formação da vontade do eleitor.

A propaganda eleitoral é orientada pelos **princípios da legalidade** (as regras que impedem certos tipos de propaganda são de caráter cogente, de ordem pública), **da liberdade** (o candidato pode realizá-la da forma como melhor entender, desde que nos limites fixados na lei, e o eleitor tem direito à ampla informação), **da responsabilidade** (uma vez que o candidato, o Partido Político e a Coligação respondem civil e penalmente pelos excessos da propaganda, inclusive por dano moral), **da igualdade/isonomia de oportunidades** (já que a lei procura fixar regras que diminuam as diferenças de oportunidade naturalmente existentes entre os candidatos), **da disponibilidade** (entendido como a possibilidade de o candidato/Partido/Coligação não se utilizarem do direito à propaganda, mesmo quando lícita), e **do controle judicial** (já que compete à

[248] Ver Seção IV – Direito de Resposta.

Justiça Eleitoral, além do poder de polícia da propaganda, conhecer e julgar a propaganda irregular, coibindo os excessos, fazendo cessar as ilicitudes e impondo sanções).

De resto, não se pode esquecer que toda a propaganda eleitoral é feita para beneficiar os candidatos. Levada a efeito por eles diretamente, ou pelos Partidos/Coligações, ou pelos "cabos eleitorais" e adeptos em geral, caracterizada estará sua responsabilidade, como beneficiário direto dela, pelos excessos praticados. Dessa regra de **solidariedade**, encontrada no art. 241 do Código Eleitoral[249] (e na jurisprudência dos Tribunais Eleitorais, *v.g.*, no Ac. n. 524/2003, do TRE-MG, Rec. n. 1.977/2002, Tupaciguara, julgado em 17/3/2003, como também no Ac.-TSE, de 30.4.2013, no AgR-AI nº 282212 e no Ac.-TSE, de 22.2.2011, no AgR-AI nº 385447), extrai-se o dever dos candidatos de fiscalização e controle dos atos dos seus prepostos. Até porque o abuso do poder, por exemplo, capaz de levar à inelegibilidade, com cassação do registro ou diploma, tem verificação objetiva e nem mesmo exige a participação direta do candidato nos atos abusivos para impor a este a cassação.

O grande desafio que se apresenta à Justiça Eleitoral, em tema de propaganda eleitoral, é garantir a observância do princípio da isonomia de oportunidades entre os candidatos. Se alguns candidatos conseguem iniciar a propaganda antes da hora, ainda que disfarçadamente, em detrimento de outros que, cumprindo a lei, só a realizam a partir de 16 de agosto do ano das eleições; se alguns candidatos conseguem substituir o debate de ideias pelo abuso do poder (econômico, político ou nos meios de comunicação social) e a Justiça Eleitoral não faz cessar imediatamente tais condutas e não aplica as sanções previstas na lei, estará permitindo o desequilíbrio de forças e contribuindo para a ilegitimidade do resultado das eleições.

Para garantir essa igualdade de oportunidades na propaganda eleitoral, o Juiz tem o poder de polícia. Por isso, pode adotar as medidas que forem necessárias à boa ordem do processo eleitoral, agindo mesmo *ex officio*. A par disso, os candidatos, os Partidos/Federações/Coligações e o Ministério Público Eleitoral podem oferecer Representação (art. 96 da Lei n. 9.504/97) à Justiça Eleitoral para aplicação das sanções correspondentes às infrações eleitorais.

5. Art. 36-A, da Lei n. 9.504/97

Entretanto, o art. 36-A, da Lei n. 9.504/97, acrescentado pela Lei n. 12.034/2009 e alterado pelas Leis n. 12.891/2013[250], 13.165/2015 e 13.488/2017, diz:

> **Art. 36-A.** Não configuram propaganda eleitoral antecipada, desde que não envolvam pedido explícito de voto, a menção à pretensa candidatura, a exaltação das qualidades pessoais dos pré-candidatos e os seguintes atos, que poderão ter cobertura dos meios

---

[249] O parágrafo único do art. 241, do Código Eleitoral, acrescentado pela Lei n. 12.891/2013, limita a solidariedade aos candidatos e respectivos partidos, não alcançando outros partidos, mesmo que integrantes de uma mesma coligação.

[250] Ver no Título I (Noções Introdutórias), Capítulo II (Fontes do Direito Eleitoral), n. 3 (Lei das Eleições), os fundamentos para aplicação, já em 2014, da Lei n. 12.891/2013. O TSE, entretanto, decidiu não aplicá-la àquelas eleições.

de comunicação social, inclusive via Internet: (*Caput* com redação dada pelo art. 2º da Lei nº 13.165/2015)

I[251] – a participação de filiados a partidos políticos ou de pré-candidatos em entrevistas, programas, encontros ou debates no rádio, na televisão e na Internet, inclusive com a exposição de plataformas e projetos políticos, observado pelas emissoras de rádio e de televisão o dever de conferir tratamento isonômico; (Inciso I com redação dada pelo art. 3º da Lei nº 12.891/2013)

II – a realização de encontros, seminários ou congressos, em ambiente fechado e a expensas dos partidos políticos, para tratar da organização dos processos eleitorais, discussão de políticas públicas, planos de governo ou alianças partidárias visando às eleições, podendo tais atividades ser divulgadas pelos instrumentos de comunicação intrapartidária; (Inciso II com redação dada pelo art. 3º da Lei nº 12.891/2013)

III – a realização de prévias partidárias e a respectiva distribuição de material informativo, a divulgação dos nomes dos filiados que participarão da disputa e a realização de debates entre os pré-candidatos; (Inciso III com redação dada pelo art. 2º da Lei nº 13.165/2015)

IV – a divulgação de atos de parlamentares e debates legislativos, desde que não se faça pedido de votos; (Inciso IV com redação dada pelo art. 3º da Lei nº 12.891/2013)

V – a divulgação de posicionamento pessoal sobre questões políticas, inclusive nas redes sociais; (Inciso V com redação dada pelo art. 2º da Lei nº 13.165/2015)

VI – a realização, a expensas de partido político, de reuniões de iniciativa da sociedade civil, de veículo ou meio de comunicação ou do próprio partido, em qualquer localidade, para divulgar ideias, objetivos e propostas partidárias; (Inciso VI acrescido pelo art. 2º da Lei nº 13.165/2015)

VII – campanha de arrecadação prévia de recursos na modalidade prevista no inciso IV do § 4º do art. 23 desta lei. (Inciso VII acrescido pelo art. 1º da Lei nº 13.488/2017)

§ 1º É vedada a transmissão ao vivo por emissoras de rádio e de televisão das prévias partidárias, sem prejuízo da cobertura dos meios de comunicação social. (Parágrafo único numerado como § 1º com redação dada pelo art. 2º da Lei nº 13.165/2015)

§ 2º Nas hipóteses dos incisos I a VI do *caput*, são permitidos o pedido de apoio político e a divulgação da pré-candidatura, das ações políticas desenvolvidas e das que se pretende desenvolver. (Parágrafo 2º acrescido pelo art. 2º da Lei nº 13.165/2015)

§ 3º O disposto no § 2º não se aplica aos profissionais de comunicação social no exercício da profissão. (Parágrafo 3º acrescido pelo art. 2º da Lei nº 13.165/2015)

Como se vê, o dispositivo enumera alguns meios de propaganda eleitoral que poderão ser utilizados pelos pré-candidatos antes da data do início formal da campanha (16-agosto), sem que incorram na infração prevista no art. 36, § 3º, ou seja, em propaganda antecipada. A nova redação, conferida pelas Leis n. 12.891/2013 e 13.165/2015, principalmente por possibilitar a discussão de políticas públicas que se pretende desenvolver, a exaltação de qualidades pessoais, a menção à pré-candidatura e a manifestação sobre questões políticas nas redes sociais, tem o mérito de possibilitar o

[251] Ac.-TSE, de 25.3.2010, no AgR-Rp nº 20574: discurso proferido em inauguração e transmitido ao vivo por meio de rede de TV pública não se insere na exceção prevista neste inciso.

debate de ideias não só no ambiente fechado das agremiações partidárias, mas também chamando o eleitor a tomar parte no processo de construção das soluções coletivas. Essa democratização do debate, mormente pela utilização de ambiente gratuito (é bom lembrar que os gastos de campanha só são possíveis após a abertura de conta bancária, o que pressupõe o registro da candidatura e o CNPJ de campanha) e acessível a todos, afasta a preocupação com a desigualdade de oportunidades que resultava da redação anterior[252], que permitia o debate em meios de comunicação controlados pelo poder econômico e não incluía as mídias gratuitas e a participação do cidadão com a expressão do seu posicionamento pessoal sobre o perfil e as propostas dos que se apresentam como alternativas de candidatura. De fato, os tempos atuais são de efetiva participação popular na condução dos interesses da coletividade. Do cidadão não se espera apenas o exercício do direito de votar, escolhendo entre as propostas que lhe são apresentadas prontas, mas também – e talvez mais importante – a efetiva participação na formulação das políticas públicas, para melhor acompanhar sua posterior implementação. Para tanto, nada melhor que franquear o debate de ideias e estimular o engajamento popular, mesmo que na fase da pré-campanha, sob a única condição do não envolvimento do poder econômico, este sim capaz de ferir a igualdade de oportunidades. Como se sabe, a principal justificativa para a existência de delimitação temporal para a campanha

---

[252] Na 6ª edição, antes da alteração do art. 36-A, sustentei que "Fácil perceber que o dispositivo colide frontalmente com o princípio da igualdade de oportunidades no processo eleitoral, ao permitir a antecipação do discurso de campanha para alguns poucos, em flagrante prejuízo para os demais futuros candidatos. De fato, a nova lei – contraditoriamente – mantém a proibição de propaganda eleitoral antes de 06 de julho do ano da eleição e a punição para os transgressores (art. 36), mas permite a mobilização de pré-candidaturas a qualquer tempo e, de certa forma, as incentiva com a abertura de espaço no rádio, na TV e na internet para entrevistas, programas, encontros e debates para exposição de suas plataformas e projetos políticos (art. 36-A, inciso I). Ora, não há melhor forma de fazer propaganda eleitoral que a divulgação de plataformas e projetos políticos (conteúdo básico do horário eleitoral gratuito e dos debates), principalmente quando se utiliza de canais de comunicação de massa. Para aqueles que se apresentarem prematuramente como pré-candidatos estarão abertos importantes e decisivos instrumentos de propaganda. E aos que se lançarem candidatos apenas quando das convenções partidárias, em junho do ano da eleição (como continua a exigir a lei), restará o irremediável prejuízo da desigualdade de forças na disputa. De outro lado, nunca é demais lembrar que a fixação de período certo e definido para a campanha eleitoral (após 05 de julho e até a véspera da eleição para a propaganda em geral e 45 dias para o rádio e a TV) visa exatamente diminuir os altos custos financeiros de campanhas que se arrastam no tempo e as naturais diferenças de oportunidades entre os candidatos. Do contrário, possibilitando-se a cada um lançar-se pré-candidato a qualquer tempo e assim iniciar a campanha mediante exposição de plataformas e projetos políticos, prevalece a capacidade de alguns poucos de sustentarem-se na mídia, por força do poder econômico ou da influência nos meios de comunicação. O poder econômico, que a Constituição Federal quer distante do processo eleitoral, ditaria o resultado do pleito. E o tratamento isonômico que a norma exige do rádio e da TV é de impossível observância, pois uma emissora que pretende realizar entrevistas com pré-candidatos em abril do ano da eleição só convidará aqueles que então ostentarem tal condição. Mas como o processo eleitoral só se inicia com as convenções partidárias, em junho, aqueles que se lançarem candidatos nesta ocasião já estarão substancialmente prejudicados, porque ausentes dos tais programas, entrevistas e debates. Inevitável, neste contexto, será a anormalidade e ilegitimidade do pleito, face ao abuso de poder econômico e nos meios de comunicação. Se a norma em comento conduz o processo eleitoral à anormalidade/ilegitimidade, forçoso reconhecer sua inconstitucionalidade."

eleitoral – o que em alguma medida inibe a liberdade de expressão do pensamento político – é a necessidade de preservação da normalidade e legitimidade das eleições, valor, igualmente constitucional, que é ameaçado por campanhas eleitorais longas, se e quando sustentadas pelo poder econômico. Mas o acesso às redes sociais proporciona, a um só tempo, um meio gratuito de exposição de ideias e a salutar popularização do debate, chamando o eleitor a assumir sua condição de sujeito do processo eleitoral.

A possibilidade prevista no inciso IV, de "divulgação de atos de parlamentares e debates legislativos", só não caracterizará propaganda eleitoral extemporânea se comportar-se nos limites do interesse público que justifica a publicidade dos atos da administração. Essa divulgação, enquanto de caráter informativo, educativo e de orientação social dirigida aos cidadãos em geral a respeito daquilo que é objeto de debate e deliberação no Legislativo, ainda que fazendo referência nominalmente ao parlamentar autor da proposta, constitui dever do Estado Democrático, na medida em que proporciona ao cidadão condições efetivas de participação na pauta das discussões de seu interesse e, ao mesmo tempo, de acompanhamento do desempenho dos mandatários no exercício da representação popular. Nessa linha, a transmissão das sessões pelo rádio, TV e internet não pode mesmo ser tida como propaganda eleitoral, a menos que o discurso avance para a temática eleitoral e implique em sugestão de voto, ainda que pelo enaltecimento das qualidades do futuro candidato. Não se pode, portanto, entender a expressão "divulgação" como possibilidade de utilização das prerrogativas consignadas no regimento interno da Casa para confecção – com dinheiro público, inclusive – de material de verdadeira propaganda eleitoral. Essa é a única interpretação conforme a Constituição, porque, do contrário, inevitável a inconstitucionalidade da regra, que conferiria tratamento privilegiado aos atuais detentores de mandato legislativo, afetando a igualdade de oportunidades dos candidatos. Os "informativos parlamentares" impressos, que relatam com cores vivas as iniciativas de sucesso – e apenas as de sucesso, obviamente –, visam firmar no inconsciente dos eleitores a aptidão do mandatário para o cargo público, sugerindo o voto de continuidade. Não podem, por isso, ser entendidos como alcançados pela permissão da norma em comento, porque são essencialmente propaganda eleitoral.

> AI – AgR-AI n. 25011 - RIO DE JANEIRO – RJ, Ac. de 19/05/2015, Rel. Min. Gilmar Mendes[...] PROPAGANDA ELEITORAL ANTECIPADA. FOLDER. [...] DIVULGAÇÃO DE PLATAFORMA POLÍTICA. CARACTERIZAÇÃO ANTE AS PECULIARIDADES DO CASO. [...]. 1. Segundo a jurisprudência do TSE, "configura a realização de propaganda eleitoral antecipada a veiculação de informativo parlamentar no qual, além de se realçar o nome de **notória pré-candidata** à época da divulgação do periódico, faz-se, ainda, referência expressa a sua **plataforma política e aptidão para o exercício do cargo**" (R-Rp nº 2701-76/DF, rel. Min. Joelson Dias, julgado em 23.11.2010). 2. O Tribunal Regional Eleitoral, ao analisar o conjunto probatório, constatou a existência de propaganda eleitoral antecipada consubstanciada na distribuição de informativo de atividades parlamentares com **desvirtuamento do conteúdo** da publicação, mediante divulgação de plataformas

> políticas e **enaltecimento dos méritos pessoais** do candidato para o exercício da função pública. [...] No mesmo sentido: Ac.-TSE, de 23.11.2010, no R-Rp nº 270176.
>
> "Não se concebe nenhuma propaganda que não tenha um retorno. E divulgar obras públicas pelo simples fato de torná-las públicas afigura-se-me incompreensível, se nenhum retorno realmente terá essa propaganda, a não ser que tenha uma finalidade oculta. Infelizmente, no Brasil, principalmente nos casos das leis eleitorais, a primeira coisa que preocupa o legislador, quando elabora uma lei eleitoral, é o político, o particular, o verificador de propaganda, que procura sempre a forma, o meio pelo qual ele irá burlar essa lei. Para quem sabe ler um pingo é letra, é um adágio popular que serve perfeitamente para o caso sob exame. Em pleno fragor da disputa eleitoral, o Governo e o Município, que apoiam candidatos e os lançam por si mesmos, divulgam uma plêiade de propagandas que sugerem atos de boa administração, a título de informação, não importando que sejam verdadeiros ou não. E com que fim? Basta que o homem comum, do povo, alie à pessoa do administrador aquilo que se está projetando para verificar o teor da mensagem. É uma maneira reflexa, ousada e atrevida de se fazer propaganda eleitoral. (...) Propaganda de obras públicas sem ressalvas ou prestação de contas, sem nenhum caráter exclusivo e informativo, como muito bem disse S. Exa. o Procurador é uma forma de dizer que o Governador está mostrando as suas obras para mostrar também qual candidato deve ser votado nas eleições. Quem assim não entender o fato é porque não quer vê-lo, mas ele é, em realidade, uma propaganda reflexa e quase direta, vamos assim afirmar, porque outra não é a sua finalidade." (TRE-MG, Recurso nº 60/94, da 26ª Zona Eleitoral-Belo Horizonte, Acórdão TRE nº 1.109/94) (grifos nossos).

As atividades partidárias mencionadas nos incisos II e III não são mesmo propaganda eleitoral. As convenções, encontros, seminários ou congressos, para tratar de assuntos de interesse da agremiação, inclusive para se preparar para as eleições, alcançam apenas os respectivos filiados e não projetam qualquer influência sobre o eleitorado. As prévias partidárias (ainda que em forma de pré-convenções), que são um instrumento de consulta interna sobre assunto determinado, também só interessam ao partido. Nenhum inconveniente no fato de o partido consultar seus convencionais, no mês de fevereiro, v.g., sobre qual pré-candidato tem sua preferência para a indicação oportuna. E a divulgação que se dê a esses eventos, inclusive pelos meios de comunicação e com menção aos nomes dos filiados que disputarão a convenção, há que conformar-se nos limites da liberdade de imprensa.

Parece equivocada a decisão do TSE que, no REspe n. 1034, em 24.04.2014, entendeu não configurar propaganda extemporânea a realização de audiência pública em que se discutiu questões de interesse da população. De fato, o Inciso II deste art. 36-A permite – a partir da redação que lhe deu a Lei n. 12.891/2013 – a realização de encontros, seminários ou congressos, desde que **em ambiente fechado**, já que a pauta desses eventos deve ser a "organização dos processos eleitorais", a "discussão de políticas públicas", "os planos de governo" e "as alianças partidárias visando às eleições". Tudo isso, como se percebe, é assunto de debate interno, para que o partido possa alcançar algum consenso em torno das estratégias de campanha. Se pública, a audiência alcançará toda a sociedade e, portanto, extrapolará os limites dos filiados ao partido. Deixará de ser uma prévia eleitoral, para assumir contornos de comício.

O Inciso VI, que permite reuniões do partido, e às suas expensas, "para divulgar ideias, objetivos e propostas partidárias", merece cuidado na sua concretização, pois a lei se utiliza do vocábulo "reunião", pressupondo que os seus participantes - integrantes do partido, da sociedade civil, de entidades e de meios de comunicação - conversem em ambiente de discussão, ou, no máximo, em "mesa redonda" para o partido expor, ou divulgar, aos interlocutores ideias, objetivos e propostas. Não pode a reunião transbordar para eventos de natureza meramente expositiva, aproximando-se do formato de "comício antecipado". No estudo já mencionado, Marcelo Roseno[253] revela sua preocupação com esse permissivo:

> "Chama a atenção, nessa linha, o inciso VI, do art. 36-A, da LE, recém-criado, ao indicar que não configura propaganda prematura "a realização, a expensas de partido político, de reuniões de iniciativa da sociedade civil, de veículo ou meio de comunicação ou do próprio partido, em qualquer localidade, para divulgar ideias, objetivos e propostas partidárias". O dispositivo merece críticas. Ao aludir a colóquios de iniciativa da sociedade civil ou veículos de comunicação, cujas despesas sejam custeadas pelos partidos, a regra abre ensejo a associações episódicas e pouco transparentes entre as agremiações e entidades privadas. Não parece absurdo imaginar a realização de reuniões no âmbito de sindicatos, associações e ONG's, com manifesta finalidade de divulgar pré-candidaturas, inclusive de eventuais dirigentes das entidades, travestidas do propósito de difundir programas partidários, em situação que beira o abuso de poder econômico praticado antes mesmo do registro".

As alterações introduzidas pela Lei n. 13.165/2015 no art. 36-A[254], permitindo que a pré-campanha veicule a pretensa candidatura e exalte as qualidades pessoais do pré-candidato (caput) e anuncie as ações políticas desenvolvidas e a desenvolver (§ 2º), tudo desde que não haja "pedido explícito de voto" (caput), ao contrário do que sugere uma leitura mais apressada, não autoriza a conclusão de que a propaganda eleitoral extemporânea deixou de ser censurada, ou deixou de existir, ou que só existirá a infração se a mensagem contiver o tal pedido explícito de voto. Na verdade, percebe-se que o legislador, ainda com a Lei n. 13.165/2015, reafirma a necessidade de a campanha eleitoral comportar-se dentro de um período certo (que até então era de 06 de julho à véspera da eleição e, agora, passa a ser a partir de 16 de agosto, conforme nova redação dada ao "caput" do art. 36), o que, por si só, já imporia - ainda que não houvesse a expressa tipificação da conduta, no § 3º, como infração cível eleitoral - a proibição implícita de qualquer ato de propaganda antes daquela data. Como tudo isso (data inicial da propaganda e sanção à sua antecipação), repita-se, foi mantido com a reforma eleitoral de 2015, não há como, numa visão sistêmica do conjunto normativo que regula a propaganda eleitoral, interpretar a nova redação do art. 36-A como autorizativa de

[253] Eleições 2016, Marco Regulatório e Alterações Introduzidas pela Lei n. 13.165/2015, publicado no Empório do Direito.

[254] A 8ª edição desta obra, publicada em abril/2016, já defendia tal entendimento, que a jurisprudência mais adiante colacionada veio a consagrar.

qualquer propaganda eleitoral antes de 16 de agosto. Ao revés, percebe-se com clareza que o dito **art. 36-A enumera os ambientes** em que o projeto eleitoral do filiado, ou pré-candidato, pode ser tornado público (em entrevistas, programas e encontros: inciso I; em seminários, congressos e prévias partidárias: incisos II e III; e nas redes sociais: inciso V) e **aponta o conteúdo** da divulgação (menção à pretensa candidatura, exaltação de qualidades pessoais: "caput" e ações políticas desenvolvidas e a desenvolver: § 2º), para sinalizar que nestes casos "não configuram propaganda eleitoral extemporânea" ("caput" do art. 36-A), porque, em verdade, devem ser manifestações espontâneas, naturais ao momento de preparação para a corrida eleitoral e da intensa especulação nos meios de comunicação.

A realidade mostra que é impossível o pré-candidato não dizer, em meio a uma entrevista, v.gr., que disputará a eleição e que tem estes e aqueles projetos para o caso de assumir o mandato eletivo. E a exposição dessas ideias, como já dito, nada tem de inconveniente ao processo eleitoral, até porque já vai possibilitando ao eleitor conhecer as potencialidades de cada concorrente.

Mas o limite posto a essa comunicação anterior a 16 de agosto – que na letra da lei não constitui propaganda eleitoral – não é apenas o pedido explícito de voto. Além de **ater-se aos ambientes enumerados e ao conteúdo indicado**, a divulgação da pretendida candidatura não pode adotar as **formas vedadas** expressa ou implicitamente pela lei (quando regula a propaganda eleitoral em período permitido: arts. 37 e seguintes), sob pena de a pré-campanha poder mais que a própria campanha, expondo o sistema à inconsistência e à incoerência. Assim, a pré-candidatura não pode valer-se de qualquer veiculação em bens públicos ou de uso comum (art. 37, "caput" e § 4º), ou de faixas, placas, cartazes e pinturas em bens particulares (art. 37, § 2º), nem de brindes e outdoors (art. 39, §§ 6º e 8º), dentre outros.

Esta interpretação, que a 8ª edição desta obra construiu logo após a sanção da Lei n. 13.165/2015 e que condiciona a legalidade da mensagem na pré-campanha à observância das **três condicionantes** (ambiente, conteúdo e forma), foi adotada pela jurisprudência que se formou nas eleições 2016 e se repetiu nas de 2020, chegando o TSE – por meio da Res. 23.671/2021 – a incluí-la na Res. n. 23.610/2019:

> Art. 3º-A. Considera-se propaganda antecipada passível de multa aquela divulgada extemporaneamente cuja mensagem contenha pedido explícito de voto, ou que veicule conteúdo eleitoral em local vedado ou por meio, forma ou instrumento proscrito no período de campanha. (Incluído pela Resolução nº 23.671/2021)
>
> Ac.-TSE, de 9.4.2019, no REspe nº 060022731: a regra permissiva do art. 36-A da Lei das Eleições **não legitima**, em período de pré-campanha, a veiculação de propaganda por formas e meios proscritos durante o período eleitoral.
>
> REspEl – AgR-REspEl n. 060277359 - RECIFE – PE, Ac. de 24/06/2021, Rel. Min. Edson Fachin,
>
> ELEIÇÕES 2018. [...] PROPAGANDA ELEITORAL ANTECIPADA. CONFIGURAÇÃO. BEM DE USO COMUM. TEMPLO RELIGIOSO. MENÇÃO A PRETENSA CANDIDATURA. PEDIDO DE APOIAMENTO. REVALORAÇÃO

JURÍDICA. ATOS DE PRÉ-CAMPANHA QUE EXTRAPOLAM OS LIMITES DA CAMPANHA. [...]

1. Extrai-se do aresto regional que, durante a **cerimônia realizada no templo religioso**, na esteira do anúncio do "Projeto Consciência Cidadã", os pastores levaram ao conhecimento dos presentes a intenção de indicar Rebeca Lucena de Souza Santos para concorrer ao cargo de Deputado Estadual por Pernambuco, **pedindo engajamento e orações** dos fiéis tanto ao projeto como à candidatura mencionados a partir daquele momento, **sem veicularem pedido explícito de voto**.

2. Este Tribunal Superior, a partir da análise do REspe nº 0600227-31.2018, passou a compreender que, quando realizada em **circunstâncias proscritas** pelo marco normativo vigente, a **exaltação de divulgação de qualidades próprias ou de projetos políticos, ainda que sem a veiculação de pedido expresso de voto, caracteriza ilícito eleitoral**. [...]

RESPE - AgR-REspe n. 060036706 - CAMPO GRANDE - MS, Ac. de 12/12/2019, Rel. Min. Tarcisio Vieira De Carvalho Neto

[...] PROPAGANDA ELEITORAL ANTECIPADA E IRREGULAR. PRÉ-CANDIDATO AO CARGO DE GOVERNADOR. **OUTDOORS**. MEIO VEDADO. INTERPRETAÇÃO LÓGICA DO SISTEMA ELEITORAL. APLICABILIDADE DAS RESTRIÇÕES IMPOSTAS À PROPAGANDA ELEITORAL AOS ATOS DE PRÉ-CAMPANHA. ILICITUDE. [...]

9. Acerca da matéria de fundo, segundo a jurisprudência deste Tribunal, a qual tem como *leading case* o REspe nº 0600227-31/PE, de relatoria do e. Ministro Edson Fachin, fixada para o pleito de 2018, situação dos autos – inconsistente a tese de ofensa à segurança jurídica, porquanto esta Corte, ao examinar o AgR-AI nº 9-24/SP, ocasião em que foram consolidadas teses sobre os elementos identificadores da propaganda eleitoral precoce para feitos relativos às Eleições 2018 e seguintes, não realizou modulação dos efeitos da decisão –, configura ilícito eleitoral a veiculação de **atos de pré-campanha em meios proibidos** para atos de campanha eleitoral, **independentemente da existência de pedido explícito de voto**. Súmula nº 30/TSE. [...]

RDJE - nº 2975 - Taió/SC, Ac. nº 31311 de 11/07/2016, Rel. Helio David Vieira Figueira Dos Santos

PROPAGANDA ELEITORAL ANTECIPADA - ANO ELEITORAL - USO DE "**OUTDOOR**" FORA DO PERÍODO ELEITORAL PARA DIVULGAÇÃO DE ATOS PARLAMENTARES - LEI N. 9504/1997, ART. 36-A, IV, E ART. 39, § 8º - FORMA VEDADA.

As formas de propaganda vedadas durante o processo eleitoral também são vedadas no período da pré-campanha, mesmo que as mensagens veiculadas sejam permitidas pelo art. 36-A, e seus incisos, da Lei 9504/97, e submetem o pré-candidato às mesmas sanções previstas para os casos de infração às regras da propaganda eleitoral.

RE n° 7-54.2016.6.26.0242 – Várzea Paulista - SP

EMENTA: Recurso Eleitoral. Propaganda Eleitoral Extemporânea. Eleições 2016.

(...) Outdoor e placas exibidos em Várzea Paulista. Indicação de nome, cargo eletivo, número de candidato e foto característica. Propaganda eleitoral antecipada configurada. Divulgação por **meio vedado** e fora do período previsto. Razoabilidade e fundamentação na aplicação da multa.

Recurso desprovido.

RE - nº 147 - Várzea Paulista/SP, Ac. de 13/07/2016, Rel. Marli Marques Ferreira

RECURSO ELEITORAL. REPRESENTAÇÃO POR PROPAGANDA ELEITORAL ANTECIPADA. ELEIÇÕES DE 2016. SENTENÇA DE PROCEDÊNCIA. Condenação por realização de **propaganda intrapartidária irregular. Características da divulgação que configuram propaganda eleitoral antecipada**, nos termos do art. 36, "caput", da Lei das Eleições. Afastada a tese de divulgação de pré-candidatura. Recurso Desprovido. [Obs.: caso relativo ao **uso de outdoor** para propaganda intrapartidária].

RE - RECURSO nº 839 - Várzea Paulista/SP, Ac. de 07/07/2016, Rel. Carlos Eduardo Cauduro Padin

RECURSO ELEITORAL. REPRESENTAÇÃO POR PROPAGANDA ELEITORAL ANTECIPADA. PRELIMINAR DE BIS IN IDEM AFASTADA. **É possível a punição para cada ato de propaganda irregular isoladamente considerado.** MÉRITO: Afixação de placas contendo a suposta divulgação de pré-candidatura. Inocorrência. A menção à pré-candidatura e sua divulgação, instituídas pela Lei n. 13.165/2015, não autorizam a **veiculação de propaganda em si mesma vedada no período eleitoral.** Hipótese não albergada pelas normas permissivas do art. 36-A da Lei das Eleições. **Propaganda irregular configurada.** Recurso Desprovido. [Obs.: caso relativo à **afixação de placas** em comércios e residências do município].

RE – RECURSO nº 3-96 – Feira Nova/PE, Ac. de 08/04/2016, Rel. Des. Paulo Victor Vasconcelos de Almeida

RECURSO ELEITORAL EM SEDE DE REPRESENTAÇÃO POR DESCUMPRIMENTO A DISPOSITIVO DA LEI N.º 9.504/97.(...)

1. A Lei n. 13.165/2015 criou uma nova espécie do gênero "propaganda" no direito eleitoral, pois além das propagandas partidária, intrapartidária, antecipada (agora com pedido explícito de votos) e eleitoral, foi criada a figura dos "atos de pré-campanha eleitoral".

2. A **partir de uma interpretação sistemática da lei nova, não se pode admitir atos de pré-campanha por meios de publicidade vedados pela legislação no período permitido da propaganda eleitoral, ou seja, tais atos devem seguir as regras da propaganda, com a vedação adicional de pedido explícito de votos.**

3. (...).

4. Realização de ato de pré-campanha em meio proibido pela legislação eleitoral, qual seja, **outdoor**, devendo ser aplicada a multa prevista no art. 36, §3º, da Lei n. 9.504/97.

(...)

RECURSO nº 8-14 (Priscila Krause), Ac. de 19/07/2016 – TRE-PE, Rel. Des. Alberto Nogueira Virgínio

RECURSO ELEITORAL. REPRESENTAÇÃO. Propaganda Política. Propaganda Eleitoral. Internet. Propaganda Política. Propaganda Eleitoral. Extemporânea/ Antecipada. PROCEDÊNCIA. 1. Ao analisar uma conduta discutida como propaganda eleitoral extemporânea, a Corte Regional não pode analisar a publicidade de forma isolada, mas deve valer-se de todo o conjunto probatório, todas as circunstâncias, todo o contexto político do município, o alcance, meio e modo da divulgação. 2. A utilização de técnicas de marketing, como **anúncio patrocinado no Facebook**, mais do que divulgar a propaganda, agiu de forma a desenvolver certa intimidade entre a pré-candidata e o público eleitor, não pelo debate político, mas com o propósito de deixar registrado seu nome na mente do eleitor e incutir a ideia de aptidão para sufragar o voto, sobretudo quando foi utilizado em ano eleitoral. 3. A utilização de **recursos de marketing, de recursos propagandísticos, de mera estratégia de publicidade, mecanismos sub-reptícios de convencimento**, que atuam no inconsciente coletivo, tendentes a induzir o eleitor a votar, acaba por se afastar dos atos permissivos do art. 36-A da Lei 9504/97, cujos objetivos é estimular o debate político em igualdade de condições. 4. A restrição no que concerne à propaganda extemporânea não pode ser vista considerando apenas o texto da lei, mas também as **proibições implícitas que visam a coibir, por exemplo, o uso indevido dos meios de comunicação social, a arrecadação de recursos voltados à promoção do candidato fora do período eleitoral legal, abuso de poder econômico e político, dentre outras condutas abusivas mascaradas de atos despretensiosos.** 5. Na ausência de legislação específica para impedir atos como o ora debatido, a solução se encontra na ponderação entre os princípios da igualdade/paridade de armas e o princípio da liberdade de propaganda, e daí se conclui que **só há que se falar em liberdade em conjunto com a igualdade de oportunidades.** 6. Desprovimento da pretensão recursal.

RE 40-97.2016-6.22.0034, Ac. de 26.07.2016 – TRE-RO, Rel. Juacy dos Santos Loura Júnior

(...) ATOS DE PRÉ-CAMPANHA PERMITIDOS. (...) **POSTAGEM PATROCINADA NO FACEBOOK** (...).

I – Ainda que o artigo 36-A da Lei das Eleições, alterado pela minirreforma Lei 13.165/2015, tenha concebido novas formas de se colocar como pré-candidato a cargos eletivos, a veiculação e a publicidade de textos ou vídeos de pretendentes a esses cargos, devem **respeitar os mesmos parâmetros que os proíbem no período de campanha** eleitoral permitida.

II - O art. 57-C da Lei das Eleições veda a veiculação de qualquer tipo de propaganda eleitoral paga na *internet*[255], se no caso houve publicidade paga (link patrocinado) a malferir o caput do artigo 57-C, por esta transgressão deve responder o beneficiário;

III – É proibido divulgar em **site de pessoa jurídica** mesmo que gratuitamente, qualquer tipo de propaganda eleitoral, ainda que seja a propaganda permitida e atos de pré-campanha, tal qual como proscreve o § 1º, inciso I, do artigo 57-C da Lei 9.504/97;

IV - Tanto quem divulga quanto quem se beneficia deverá ser enquadrado ao pagamento da multa no valor de R$ 5.000,00 (cinco mil reais) a R$ 30.000,00 (trinta mil reais).

V - Recurso provido, para fixar a multa para cada um dos Recorridos, no valor mínimo de R$ 5.000,00 (cinco mil reais), nos termos do § 2º do art. 57-C da Lei 9.504/1997.

---

[255] Como será visto, a reforma eleitoral de 2017 permite a propaganda paga na internet, por meio de conteúdo impulsionado.

> RECURSO ELEITORAL. REPRESENTAÇÃO. PROPAGANDA ELEITORAL EXTENIPORÂNEA. FOLHETO. AÇÃO JULGADA PROCEDENTE. CONDENAÇÃO EM MULTA.
>
> A propaganda eleitoral somente é permitida a partir do dia 15 de agosto do ano em que se realizarem eleições (art. 36, da Lei no 9.504197).
>
> Na atual dicção do caput do art. 36-A, da Lei no 9.504197, dada pela Lei no 13.165/2015, não configuram propaganda eleitoral antecipada, desde que não envolvam pedido explícito de voto, a menção a pretensa candidatura e a exaltação das qualidades pessoais dos pré-candidatos.
>
> Contudo, as propagandas **têm que se coadunar com a sistemática da Lei 9.504197** que **veda propaganda paga antes do dia 15 de agosto**, além de exigir requisitos para a sua realização.
>
> **Ausência de lógica** quanto a imposição de restrições no período permitido da propaganda eleitoral e **maior liberalidade no período vedado**.
>
> O informativo distribuído, apesar de possuir conteúdo permitido, não possui amparo legal em razão da forma como foi veiculado. Propaganda eleitoral extemporânea caracterizada.
>
> Recurso a que se nega provimento. Mantença da sentença *in totum*. (TRE-MG, RE n. 247-05.2016.6.13.0016, Araguari-MG, Rel. Juiz Ricardo Torres Oliveira, Ac. de 25.agosto.2016)

Em resposta à Consulta n. 24.631 (que resultou ao final prejudicada e, portanto, não respondida, o voto da Relatora, Min. Rosa Weber, assentou que: (1) Não conhecimento; (2) Os atos de pré-campanha admitem gastos pessoais do pré-candidato e de terceiros, além dos gastos permitidos aos partidos para a realização de reuniões? **NÃO** (3) Os atos de pré-campanha estão sujeitos aos mesmos limites legais impostos aos atos de campanha, como a dimensão do papel ou adesivo, vedação ao uso de outdoor e cavaletes, etc? SI**M**

Já apreciando caso de propaganda antecipada nas eleições de 2018, o TSE reafirmou a impossibilidade de se utilizar na pré-campanha **meios e formas** de propaganda proibidos na campanha. Como aqui afirmado desde a 8ª edição (2016), seria sistemicamente incoerente admitir na pré-campanha mais do que o permitido na campanha.

> ELEIÇÕES 2018. (...)
>
> 1. A realização de propaganda, quando desacompanhada de pedido explícito e direto de votos, não enseja irregularidade *per se*.
>
> 2. A interpretação do sistema de propaganda eleitoral aponta ser incompatível a realização de atos de **pré-campanha que extrapolem os limites de forma e meio** impostos aos atos de campanha eleitoral, sob pena de se permitir desequilíbrio entre os competidores em razão do início precoce da campanha ou em virtude de majorada exposição em razão do uso desmedido de meios de comunicação vedados no período crítico.
>
> 3. A despeito da licitude da exaltação de qualidades próprias para o exercício de mandato ou a divulgação de plataformas de campanha ou planos de governo, resta

caracterizado o ilícito eleitoral quando o veículo de manifestação se dá pela **utilização de formas proscritas durante o período oficial de propaganda**.

4. As circunstâncias fáticas, do caso ora examinado, de maciço uso de *outdoors* em diversos Municípios e de expressa menção ao nome do candidato permitem concluir a sua ciência dos atos de pré-campanha, conforme exigência do art. 36, § 3º da Lei das Eleições.

5. A realização de atos de pré-campanha por meio de *outdoors* importa em ofensa ao art. 39, § 8º da Lei nº 9.504/97 e desafia a imposição da multa, independentemente da existência de pedido explícito de voto.

6. Recurso especial eleitoral provido.

(TSE, REspe n. 0600227-31.2018.6.17.0000 - RECIFE - PERNAMBUCO, Rel. Min. Edson Fachin, Sessão de 9.4.2019)

No mesmo sentido foi a decisão proferida no AgR no REspe n. 0600337-30.2018.6.17.0000, Recipe-PE, em que o nome do pré-candidato foi estampado em outdoor eletrônico.

Outro, e talvez o mais importante, limite imposto à divulgação antecipada da candidatura é a vedação de utilização de **recursos financeiros ou estimáveis**. É que o mencionado art. 36-A, ao enumerar as hipóteses de divulgação que não caracterizam propaganda antecipada, não revogou, nem alterou, o regramento da arrecadação e gastos de campanha. Ao contrário, a lei continua exigindo conta bancária específica para a registrar todo o movimento financeiro da campanha (art. 22, "caput") e condicionando sua abertura ao pedido de registro da candidatura (que se dá entre 05 e 15 de agosto) e à obtenção do correspondente CNPJ (art. 22-A, "caput"). Só a partir de então - conta bancária e CNPJ - partidos e candidatos podem arrecadar e gastar (art. 22-A, § 2º), sob pena de desaprovação das contas e configuração de abuso de poder.

Então, como veicular as mensagens da pré-campanha por meio de anúncios em jornais, faixas, placas, cartazes, impressos em geral, adesivos, pinturas, etc., se estes instrumentos de comunicação têm um custo financeiro? Na verdade, os **ambientes e os conteúdos** que compõem o rol de exceções do art. 36-A, como também a vedação implícita de utilização, na pré-campanha, de **formas vedadas na campanha**, já sinalizam para a possibilidade de divulgação da candidatura e dos correspondentes projetos políticos apenas de forma espontânea, pois nenhum deles pressupõe custos, senão para o Partido na organização de suas prévias e reuniões para preparação da campanha. Nunca é demais lembrar que os limites impostos à propaganda eleitoral, especialmente o que diz com o período de sua realização, se justificam pela necessidade de assegurar a observância do **valor constitucional de igualdade de oportunidades no processo eleitoral**, visando a garantir a normalidade e legitimidade do pleito. Esse valor constitucional impõe, como única interpretação sistêmica, teleológica e conforme a Constituição, a permissão do discurso antecipado de campanha que se atenha aos ambientes, aos conteúdos e às formas mencionadas no art. 36-A e à não utilização de recursos financeiros ou estimáveis (art. 22-A, § 2º).

Ac.-TSE, de 10.12.2019, no RO nº 060161619: a propaganda eleitoral antecipada massiva, mesmo que não implique violação explícita a este artigo, pode caracterizar ação abusiva, sob o viés econômico, a ser corrigida por meio de ação própria.

Recurso Eleitoral no 247-05.201 6.6.1 3.001 6, Araguari-MG, Rel. Juiz Ricardo Torres Oliveira

RECURSO ELEITORAL. REPRESENTAÇÃO. PROPAGANDA ELEITORAL EXTEMPORÂNEA. FOLHETO. AÇÃO JULGADA PROCEDENTE. CONDENAÇÃO EM MULTA.

A propaganda eleitoral somente é permitida a partir do dia 15 de agosto do ano em que se realizarem eleições (art. 36, da Lei n. 9.504197). Na atual dicção do caput do art. 36-A, da Lei n. 9.504197, dada pela Lei n. 13.165/2015, não configuram propaganda eleitoral antecipada, desde que não envolvam pedido explícito de voto, a menção a pretensa candidatura e a exaltação das qualidades pessoais dos pré-candidatos. Contudo, as propagandas têm que se coadunar com **a sistemática da Lei n. 9.504197, que veda propaganda paga antes do dia 15 de agosto**, além de exigir requisitos para a sua realização.

Ausência de lógica quanto a imposição de restrições no período permitido da propaganda eleitoral e maior liberalidade no período vedado. O informativo distribuído, apesar de possuir conteúdo permitido, não possui amparo legal em razão da forma como foi veiculado. Propaganda eleitoral extemporânea caracterizada. Recurso a que se nega provimento. Mantença da sentença *in totum.*

Ac.-TSE, de 13.12.2011, no AgR-AI nº 149794: constitui irregularidade insanável a arrecadação de recursos e a realização de despesas **antes da abertura de conta específica**.

Ac.-TSE, de 29.11.2011, no AgR-AI nº 126633: o movimento financeiro de campanha abrange, inclusive, os **recursos próprios do candidato,** sob pena de desaprovação das contas.

Ac.-TSE, de 14.5.2015, no AgR-AI nº 54039: a realização de despesa **após a concessão do CNPJ e antes da abertura da conta bancária** específica compromete a regularidade das contas.

Até mesmo com a Lei n. 13.488/2017, que acrescentou os §§ 3º e 4º ao art. 22-A, permitindo a arrecadação de recursos para as campanhas a partir de 15 de maio do ano da eleição na modalidade "financiamento coletivo" (art. 23, § 4º, inciso IV), também conhecido como "vaquinhas virtuais", **os gastos de campanha continuam dependendo do pedido de registro, do CNPJ e da conta bancária**, o que só é possível a partir de 15-agosto, até pela circunstância de que os recursos arrecadados pela entidade só são entregues ao candidato após o registro da candidatura.

Art. 22-A.

§ 3º Desde o dia 15 de maio do ano eleitoral, é facultada aos pré-candidatos a arrecadação prévia de recursos na modalidade prevista no inciso IV do § 4º do art. 23 desta lei, **mas a liberação de recursos por parte das entidades arrecadadoras fica condicionada ao registro da candidatura, e a realização de despesas de campanha deverá observar o calendário eleitoral.** (Parágrafo 3º acrescido pelo art. 1º da Lei nº 13.488/2017) (grifei).

§ **4º** Na hipótese prevista no § 3º deste artigo, se não for efetivado o registro da candidatura, as entidades arrecadadoras deverão devolver os valores arrecadados aos doadores. (Parágrafo 4º acrescido pelo art. 1º da Lei nº 13.488/2017).

O TSE, apreciando hipótese de suposta propaganda antecipada no REspe 4346, proveniente de Itabaiana/SE (e que versava sobre propaganda via Whatsapp) e no AgR AI 9-24, originado de Várzea Paulista/SP (versando sobre propaganda por meio de placas/cartazes), decidiu fixar diretrizes e parâmetros para a definição do que seja propaganda antecipada, oportunidade em que assentou que as mensagens com conteúdo eleitoral veiculadas na pré-campanha não podem se utilizar de "formas proscritas durante o período oficial (outdoor, brindes)", como também não podem possuir "expressão econômica minimamente relevante", consideradas as "possibilidades do pré-candidato médio". Tais balizas foram reafirmadas pelo Tribunal no AgR no REspe n. 0600337-30.2018.6.17.0000, Recife-PE, Rel. Min. Admar Gonzaga, quando em questão a divulgação do nome do pré-candidato em outdoor eletrônico.

Igual solução foi adotada pelo TRE-MT, na Representação n. 0600249-57.2018.6.11.0000, em que veiculada propaganda eleitoral antecipada por meio de adesivos e carreata. Já na Ação Cautelar n. 0600245-20.2018.6.11.0000, o mesmo Regional assentou que:

> "A rigor, sem adentrar ao mérito da caracterização de propaganda antecipada porquanto inviável definir se houve pedido explícito de votos ou abuso de poder neste juízo preliminar, entendo **vedado o impulsionamento através de link patrocinados em mídias sociais em período anterior à campanha** eleitoral. A utilização de propaganda eleitoral paga na *internet*, a meu modo de ver, somente seria permitida durante o período de campanha eleitoral (a partir de 16 de agosto do ano da eleição) e, ainda assim, condicionada à observância dos demais requisitos legais (identificação, contratação pelas pessoas legalmente autorizadas, teto de gastos, dentre outros)".

O TRE do Amapá, em decisão monocrática da lavra do Juiz Jucelio Fleury Neto, proferida em 09 de julho de 2018, nos autos da Representação n. 0600091-24.2018.6.03.0000, adotou este entendimento, afirmando com propriedade que "a conduta do representado de divulgar suas propostas de campanha eleitoral por meio de **link patrocinado caracteriza propaganda antecipada**, vez que não encontra amparo nos incisos do arts. 36-A da Lei das Eleições, que apenas contêm hipóteses de divulgação de atos de pré-candidatura nas quais não ocorra a realização de **gastos do pré-candidato**."

Na linha da vedação da pré-campanha que envolva recursos financeiros relevantes, o art. 3º-B, da Res. TSE n. 23.610/2019, incluído pela Res. TSE n. 23.671/2021, assim dispõe:

> Art. 3º-B. O impulsionamento de conteúdo político-eleitoral, nos termos como permitido na campanha também será permitido durante a pré-campanha, desde que não haja pedido explícito de votos e que seja **respeitada a moderação de gastos**.

A mesma Lei n. 13.488/2017 acrescentou ao art. 36-A o inciso VII, para deixar claro que a campanha a ser feita para a obtenção do **financiamento coletivo** (a vaquinha virtual) não configurará propaganda eleitoral extemporânea, porque se limitará a buscar doações para a futura campanha do então pré-candidato. Se o pré-candidato, no lugar de tentar convencer o cidadão a contribuir financeiramente para a sua campanha, empregar técnicas de convencimento ao voto, incorrerá na infração aqui tratada: propaganda extemporânea.

Por fim, necessário compreender o alcance da expressão "desde que não envolvam **pedido explícito de voto**", contida no "caput" do art. 36-A, na redação dada pela Lei n. 13.165/2015. Percebe-se que o mencionado dispositivo legal fala em pedido EXPLÍCITO de voto, o que permite concluir que a mensagem, para **não ser tida** como infração eleitoral (propaganda antecipada), além de **não poder extrapolar** os ambientes e os conteúdos indicados pelo art. 36-A, **não ser veiculada** por alguma das formas vedadas para a propaganda eleitoral em geral (outdoor, placas, faixas, etc.) e **não envolver recursos financeiros ou estimados** (confecção de impressos, placas, adesivos, patrocínio de anúncios, etc.), **também não pode se valer** de expressões, símbolos, imagens, etc., que tornem induvidoso – desprovido de ambiguidades, perfeitamente enunciado, claro, preciso, sem moderação ou comedimento, sem dúvida – o pedido de voto como finalidade da mensagem ou, dito de outra forma, a intenção de atuar no inconsciente do eleitorado com sugestionamento do futuro voto ao pré-candidato. Em momento algum, e isto parece claro, não quis o dispositivo exigir, para configuração da infração, a presença – na propaganda eleitoral antecipada – de expressões ou palavras sacramentais, como o "vote em mim". Ao contrário, há inúmeras outras expressões que comunicam – com tal ou mais eficácia – a intenção do pré-candidato de expor a sua candidatura e de convencer o eleitor ao voto. "Fulano 2018", "Agora é Fulano", etc., são apenas exemplos de textos que comunicam com clareza que o voto deve ser dado ao "Fulano".

Na jurisprudência já se colhem alguns julgados nesta linha.

> Ac.-TSE, de 2.9.2021, no AgR-REspEl nº 060006586; Ac.-TSE, de 14.11.2019, nos ED-AI nº 060003326 e, Ac.-TSE, de 30.10.2018, no AgR-REspe nº 2931: pedido explícito *de voto* pode ser identificado pelo uso de determinadas "**palavras mágicas**", como "**apoiem**" e "**elejam**".
>
> Ac.-TSE, de 18.11.2021, no AgR-REspe nº 060003828: configura propaganda eleitoral antecipada a realização de carreata às vésperas do período eleitoral com reprodução de ***jingle*** de campanha e presença de candidatos.
>
> Ac.-TSE, de 9.9.2021, no AgR-REspE nº 060007690: não caracteriza propaganda eleitoral antecipada a divulgação de enquete na rede social Instagram que se limita à mera exposição de projeto para possível candidatura sem pedido explícito de votos.
>
> REspEl – AgR-Ag-REspEl n. 060008166 - SEROPÉDICA – RJ, Ac. de 23/09/2021, Rel. Min. Sergio Silveira Banhos [...]
>
> 4. Esta Corte, no julgamento do AgR–AI 9–24, rel. Min. Tarcísio Vieira de Carvalho Neto, DJE de 22.8.2018, estabeleceu critérios para a interpretação do art. 36–A da Lei 9.504/97, quanto ao significado de pedido explícito de votos, afirmando que este deve ser entendido como o pedido formulado "**de maneira clara e não subentendida**", desconsiderando elementos extrínsecos à mensagem. [...]
>
> Recurso Eleitoral n. 51-24.206.6.13.0052, Betim-MG, Rel. Juiz Ricardo Torres Oliveira

Propaganda eleitoral extemporânea caracterizada, com a **imagem do pré-candidato associada tanto ao número pelo qual concorrerá as eleições** como, ainda, a um **texto que induz o eleitorado** a votar naquela legenda quando, vinculando-se o número a ser utilizado pelo pré-candidato em sua campanha e o benefício adstrito a ele para o município, tem-se conformado evidente e claro pedido de votos, quase pedido expresso mesmo, quando se não há a dizer que o advérbio compromete o adjetivo, fosse entender-se que para "quase expresso" ainda faltasse dizer "vote em mim".

Recurso Eleitoral no 73-88.2016.6.13.0147,-Janaúba-MG, Rel. Juiz Paulo Rogério Abrantes

(...)

A divulgação realizada por pré-candidato, com **indicação precisa do número com a finalidade específica de indicar ao eleitor qual o número que constará da urna eletrônica** para votar, *slogan* e intenção de concorrer demonstrando o cargo pretendido no *facebook* e por meio de impressos, antes do dia 16 de agosto, do ano em que se realizarem as eleições, caracteriza propaganda eleitoral extemporânea ou antecipada, que acarreta sanção de multa prevista no art. 36, 5 30, da Lei no 9.504, de 30/9/1997 (Lei das Eleições).

RE - RECURSO ELEITORAL nº 15-59 - Alagoinhas/BA – Ac. de 21/07/2016 – Rel. Paulo Roberto Lyrio Pimenta - 1. Julga-se procedente o pedido formulado em representação por prática de propaganda eleitoral extemporânea quando resta comprovado nos autos que algumas mensagens publicadas por pré-candidato em rede social e em adesivos afixados em automóveis, além do caráter eleitoreiro, continham pedido explícito de voto, em desacordo com o disposto nos arts.36 e 36-A, caput, da Lei nº 9.504/97;

NOTA: Nesse julgado, o TRE-BA **considerou pedido explícito de voto a frase "Fidelize Aramari"**, vez que a palavra fidelize já havia sido usada na campanha anterior do pré-candidato e que "a simples leitura da frase "Fidelize Aramari" evidencia a utilização semanticamente estratégica do verbo fidelizar (tornar-se fiel a algo) e do nome do recorrido, Fidel, de modo a transmitir ao eleitor(a) mensagem de que ele deve fidelizar-se ao recorrido ou fidelizá-lo ao município, tudo por meio obviamente, da outorga do seu voto no pleito vindouro".

O TSE, na sessão de 7.5.2019, julgou o REspe nº 13351[256], assentando que não caracteriza propaganda eleitoral extemporânea o pedido de votos realizado em ambiente restrito de aplicativo **Whatsapp**. Se de um lado é fato que diálogos privados, mantidos entre duas pessoas, não devem ser alcançados pelo tipo infracional aqui tratado, de outro não há negar que no mesmo aplicativo de mensagens instantâneas são formados **grupos com centenas de participantes**. Uma mensagem ali postada, com pedido explícito de voto, além de chegar a um só tempo a todos os integrantes do grupo, traz consigo a possibilidade de compartilhamentos, extrapolando de imediato os seus limites e atingindo um universo inimaginável de pessoas. É por meio desses aplicativos de mensagens instantâneas que notícias, propagandas, etc., "viralizam" e se tornam de conhecimento geral. Alguns candidatos nas eleições de 2018 se utilizaram dessa estratégia e os resultados se mostraram mais eficientes que os meios tradicionais de

---

[256] No mesmo sentido: Ac.-TSE, de 1º.7.2021, no AgR-AREspE nº 060004981

propaganda eleitoral, como o rádio e a TV. Então, não é possível excepcionar esse veículo de comunicação e tornar imunes os conteúdos transmitidos nos grupos nele formados.

De outro lado, percebe-se claramente que o art. 36-A institui **norma de exceção à regra geral** de vedação da propaganda antecipada. A regra continua sendo a campanha eleitoral dentro do período expressamente fixado no art. 36, "caput": após 15-agosto. Como exceção, deve ser interpretado restritivamente, não podendo o intérprete admitir a utilização de **outros ambientes, outros conteúdos e outros meios de divulgação antes de 16 de agosto**, que não aqueles expressamente fixados no elenco taxativo do novel dispositivo. Continuam vedados, porque não atingidos pela exceção, os impressos, adesivos, placas, faixas, cartazes, outdoors, pinturas, etc.

> "[...] Propaganda Eleitoral antecipada. Discurso proferido em evento comemorativo do dia do trabalhador. [...] 2. Ao interromper o encadeamento temático de sua fala, o representado atraiu a atenção dos ouvintes para a representada, incluindo seu nome dentro do raciocínio de ser necessário dar continuidade aos feitos do seu governo. Propaganda eleitoral antecipada caracterizada. Decisão por maioria, com ressalva de entendimento do relator. [...] 5. Nos discursos proferidos de forma improvisada não é possível presumir o prévio conhecimento do beneficiário por não ter ele o acesso prévio ao que será dito pelo autor da propaganda. Decisão por maioria, com ressalva do relator. (Ac. de 22.06.2010, no R-Rp n. 98696, Rel. Min. Henrique Neves)
>
> Ac.-TSE, de 25.3.2010, na Rp n° 20.574: Discurso proferido em inauguração, que tenha sido transmitido ao vivo por meio de rede de TV pública não se insere na exceção prevista neste inciso.
>
> "Também não tenho que o quadro fático, ora em análise, amolda-se a uma das exceções previstas no artigo 36-A, da Lei nº 9.504/97, mais especificamente, nos incisos I e III, do mencionado artigo.
>
> Com efeito, os autos não versam sobre a mera participação de filiado a partido político ou de pré-candidato em entrevistas, programas, encontros ou debates no rádio, na televisão e na internet, hipótese do inciso I, nem tampouco de divulgação, pelos instrumentos de comunicação intrapartidária, da realização de prévias eleitorais, hipótese do inciso III.
>
> Ainda que o caso dos autos fosse "equiparável" à divulgação de prévias, como aventado pelos representados na defesa (fl. 36), na Consulta n° 1673, o TSE já se manifestou no sentido de que a utilização da internet extrapola o limite interno do Partido, conforme já explanado na presente decisão.
>
> Não obstante o referido entendimento da Corte tenha sido proclamado pouco antes da edição da Lei n° 12.034/09, que, dentre outros, acrescentou também o art. 36-A na Lei n° 9.504/97, entendo que a **interpretação deste novo dispositivo legal deva ser feita de maneira restritiva, sistêmica e teleológica.**
>
> **Restritiva por ser uma exceção** à regra geral que proíbe a realização de propaganda eleitoral antes do dia 6 de julho do ano das eleições (arts. 36 e 57-A. da Lei n. 9.504/97[257]).

[257] Com a Lei n. 13.165/2015, a propaganda começa no dia 16-agosto.

> Sistêmica, tendo em vista a necessidade de se compatibilizar o contido no novel art. 36-A, com o disposto nos artigos 36 e seu parágrafo 1°, bem assim no também recém inserido art. 57-A da Lei n. 9.504/97.
>
> E, por fim, **teleológica**, para que não seja diminuída de sentido ou alcance a **finalidade buscada pela lei** ao proibir a realização de propaganda eleitoral antecipada, qual seja, **a lisura e igualdade de oportunidades na disputa do pleito**.
>
> Vale dizer, se o partido não pode, por exemplo, exceder os limites da propaganda partidária gratuita prevista na Lei na 9.096/95, sob pena de configurar inclusive propaganda eleitoral antecipada, também não pode, sob pena do mesmo ilícito ser caracterizado, veicular mensagem em meio eletrônico que, muito embora se alegue constituir mera exposição de notícias que retratam a intenção em lançar candidatura própria em determinada eleição, acaba por também enaltecer as qualidades pessoais de filiado seu, bem assim sua ação política e realizações, ou seja, por levar a conhecimento geral as razões que permitem inferir sua aptidão para a função pública." (TSE, Rec. Repr. N. 132118.2010.600.0000, Rel. Min. Joelson Dias)

Tormentosa, para efeito de incidência do art. 36, § 3º, da Lei n. 9.504/97, é a questão relacionada ao momento em que a propaganda extemporânea é veiculada, já que o mencionado dispositivo fixa a data a partir da qual a propaganda é permitida (16. agosto), mas não prevê desde quando ela é ilícita.

> RECURSO ELEITORAL. REPRESENTAÇÃO. PROPAGANDA ELEITORAL EXTEMPORÂNEA. REDE SOCIAL FACEBOOK. MANUTENÇÃO DA FOTO DE CAPA DO PERFIL DO REPRESENTADO COM SLOGAN E NÚMERO UTILIZADO NA CAMPANHA DE CANDIDATO A VEREADOR NAS ELEIÇÕES DE 2016. SENTENÇA. IMPROCEDÊNCIA.
>
> Alegação de propaganda eleitoral antecipada. Art. 22, da Res. TSE n. 23.551/2017. Ausência de dispositivo legal que estabeleça um lapso temporal durante o qual a propaganda eleitoral deve ser considerada extemporânea. Doutrina e jurisprudência. A manutenção da foto de capa do perfil do representado no **FACEBOOK, em 20.04.2018**, com **slogan e número** de candidato utilizado para campanha eleitoral para o cargo de vereador nas eleições de 2016, **não configura** propaganda eleitoral extemporânea em relação ao próximo pleito municipal de 2020. **Veiculação em data anterior ao ano da eleição**. Incapacidade de violar o bem jurídico protegido pela norma. Lapso temporal existente entre a verificação da suposta propaganda extemporânea e a data do pleito futuro. Falta de potencial do material para desequilibrar a disputa entre os candidatos nas eleições de 2020.
>
> RECURSO A QUE SE NEGA PROVIMENTO. (TREMG, RE n. 35-82.2018.6.13.0284, Visconde do Rio Branco, Rel. Juiz Antônio Augusto Mesquita Fonte Boa)

Seção I

6. Início da Propaganda

6.1. Disciplina do Código Eleitoral e da Lei das Eleições

Na disciplina do Código Eleitoral (art. 240, redação original), a propaganda eleitoral iniciava-se após a escolha dos candidatos pelas convenções partidárias. Então, os candidatos tinham a possibilidade de iniciar sua propaganda em momentos distintos uns dos outros, pois não havia data rígida para a realização das convenções, senão a revogada regra do art. 93, § 2º.

Com a Lei Eleitoral (Lei n. 9.504/97), fixou-se data certa para o início dos atos de campanha, só permitidos após 15 de agosto do ano das eleições, ou seja, de 16 de agosto em diante (art. 36, na redação dada pela Lei n. 13.165/2015, que também alterou o art. 240, do CE).

6.2. Propaganda extemporânea

Antes disso,[258] qualquer propaganda que seja dirigida ao eleitorado é tida como **propaganda extemporânea**[259], portanto ilícita e punida com multa de R$ 5.000,00 a R$ 25.000,00, ou com o valor equivalente ao custo da propaganda, se este for maior (art. 36, § 3º, da LE). Na aplicação dessa multa, a Justiça Eleitoral deverá levantar o custo da propaganda ilícita, para então decidir qual o valor da reprimenda. Nas candidaturas a Governador, Senador e Presidente da República, é possível que o custo da propaganda antecipada seja mesmo superior a R$ 25.000,00.

Essa multa será aplicada ao responsável pela divulgação da propaganda, ou seja, ao agente do ilícito, aquele que a promoveu. Nem sempre será o candidato o promovente da propaganda extemporânea, principalmente nas grandes campanhas, em que há a figura do "coordenador de campanha", além dos simpatizantes da candidatura e "cabos eleitorais", que às vezes realizam atos de propaganda por sua conta e risco. Embora essa propaganda eleitoral realizada pelos coordenadores de campanha, pelos simpatizantes da candidatura ou mesmo pelos "cabos eleitorais" possa produzir efeitos negativos em relação ao futuro candidato (como no caso de abuso do poder), a multa aqui prevista só lhe será aplicada se ficar demonstrado o seu *prévio conhecimento*. É que o mencionado § 3º do art. 36 diz que "a violação do disposto neste artigo sujeitará o responsável pela divulgação da propaganda e, *quando comprovado seu prévio conhecimento, o beneficiário*, à multa no valor de R$ 5.000,00 a R$ 25.000,00 ou equivalente ao custo da propaganda, se este for maior" (grifei).

---

[258] E a qualquer momento, porque o ilícito – propaganda extemporânea – caracteriza-se sempre que houver propaganda eleitoral antes de 16 de agosto do ano da eleição, não importando que a conduta tenha-se verificado em maio, ou fevereiro, ou mesmo no ano anterior: Consulta n. 559/DF, Rel. Min. Costa Porto, em 18/11/99.

[259] Esse tema foi desenvolvido linhas atrás, inclusive com análise do art. 36-A, da Lei n. 9.504/97.

6.3. Prévio conhecimento. Intimação do Juiz Eleitoral ou recomendação do MP

Em razão dessa ressalva ("quando comprovado seu **prévio conhecimento**"), muito se discutiu a respeito das hipóteses em que ficava caracterizada a responsabilidade do pré-candidato, o beneficiário da propaganda extemporânea, para efeito de se lhe aplicar a multa. Não raras são as situações em que se comprova ter sido a propaganda extemporânea veiculada pelo Partido, ou pelo coordenador da campanha, ou por simpatizantes da candidatura, e não se tem prova contundente da participação do pré-candidato, por exemplo, financiando os custos da propaganda, ou ajudando na sua formatação, ou mesmo tendo conhecimento de sua veiculação.

Porque em princípio não se imagina que o beneficiário da propaganda dela não tenha sequer conhecimento, construiu-se a ideia de que toda propaganda eleitoral presume-se realizada, no mínimo, com o conhecimento prévio do pré-candidato. Essa presunção de conhecimento atende perfeitamente à realidade das "pequenas campanhas", em que o candidato acompanha todos os atos de propaganda e participa diretamente da formulação das estratégias. É difícil imaginar que um candidato (ou pré-candidato) a Prefeito ou Vereador, principalmente em Municípios pequenos, não tenha sido ao menos informado pelo comitê de campanha a respeito da propaganda que se está veiculando. A verdade é que, em situações dessa natureza, o candidato concentra nele todas as decisões a respeito da campanha e, inclusive, tem consigo a "chave do cofre". Inimaginável mesmo que um simpatizante realize atos de propaganda em favor do pré-candidato, sem ao menos comunicá-lo disso. Nas "pequenas campanhas" a realidade é esta: há incontornável concentração de poder nas mãos do candidato. Diante disso, a presunção de seu prévio conhecimento, para efeito de aplicar-se-lhe também a multa pela propaganda extemporânea, é perfeitamente possível e não cria situações de sancionamento injusto.

Ocorre, entretanto, que nem todas as campanhas têm essas particularidades. Ao contrário, as "grandes campanhas", como as de Governador e Presidente da República, por exemplo, fogem completamente ao controle do candidato (ou pré-candidato), posto que são centenas ou milhares de comitês regionais e municipais espalhados pelo Estado ou pela Federação, cada qual realizando atos de propaganda por sua iniciativa. São inscrições em muros, placas, faixas, pronunciamentos em eventos públicos, *shows* artísticos e programas em emissoras de radiodifusão local, das quais o candidato não tem a menor condição de tomar prévio conhecimento, ou mesmo de delas participar.

Sensível a tais situações, o TSE sumulou o entendimento (Súmula 17) de que não se pode presumir o prévio conhecimento do candidato beneficiado, devendo ele (prévio conhecimento), ao contrário, ser plenamente demonstrado.

No entanto, a súmula cometeu o equívoco de nivelar a realidade de todas as campanhas, de Vereador a Presidente da República, esquecendo-se de que naquela há, como dito, participação direta do candidato em praticamente todos os atos de propaganda. Esqueceu-se a Corte de que é impossível a um candidato a Prefeito de um Município de pequeno e médio porte não tomar conhecimento prévio de propagandas de significativo impacto, como a colocação de vários *outdoors* e faixas pela cidade. Se não toma ele conhecimento da sua colocação, pelo menos fica sabendo, rapidamente, da sua existência e tem a oportunidade de fazê-la retirar, caso queira pautar-se pela observância da legalidade. Ou será que o candidato nem ao menos anda pela cidade da qual pretende ser Prefeito?

De outro lado, essa propaganda representa custo significativo no valor total empenhado para toda a campanha, o que também representa sinal inequívoco de que o candidato (ou pré-candidato) dela tem conhecimento, ou mesmo a financia.

Por todas essas considerações, a mencionada Súmula 17 não poderia mesmo resistir. Depois de questionada em vários julgamentos, em que se decidiu pela sua não aplicação ao caso concreto, exatamente porque tudo sinalizava exatamente para a presunção incontestável de prévio conhecimento do beneficiário da propaganda extemporânea, o TSE, numa questão de ordem levantada pelo Min. Sepúlveda Pertence, em abril de 2002, cancelou o entendimento sumulado, voltando a admitir que se conclua pelo prévio conhecimento do beneficiado quando as circunstâncias assim o indicarem. O acórdão chama a atenção para a necessidade de distinguir-se a **propaganda artesanal** (aquela realizada manualmente, sem qualquer sombra de elaboração, que pode ter sido veiculada por qualquer adepto da candidatura, ou mesmo pelo adversário político, neste caso para comprometer o beneficiário) da **propaganda requintada**, com características gráficas sofisticadas, verdadeiramente industrializada. Ademais, se não houver, por parte do Juiz, esforço de interpretação das provas disponibilizadas no processo, valendo-se de indícios e fatos notórios, a norma legal em comento restará, como outras da mesma natureza (arts. 37, 41-A e 73, da Lei n. 9.504/97), sem qualquer aplicação prática em desfavor dos candidatos beneficiados.

> "...é preciso ter presente o tipo de propaganda e o pleito em que se envolve. É preciso distinguir a propaganda artesanal, que pode ser promovida por qualquer um, da propaganda requintada, com características gráficas sofisticadas, verdadeiramente industrializada." (TSE, REspe n. 19.600)

Além disso, a **intimação do Juiz Eleitoral ou a recomendação do Ministério Público** para que o candidato ou partido retire a propaganda comprova o prévio conhecimento. Esse expediente é hoje previsto nas resoluções que regulamentam a propaganda eleitoral a cada eleição (art. 107, da Res. TSE n. 23.610/2019). Dita resolução também admite que a notificação para retirada da propaganda irregular seja feita por candidato, partido ou coligação e se valha dos meios de comunicação informados no Requerimento de Registro de Candidatura (RRC) e no Demonstrativo de Regularidade dos Atos Partidários (DRAP), ou seja, por aplicativo de mensagens instantâneas, e-mail e correspondência com aviso de recebimento.

> "Após notificação do candidato para retirada de propaganda eleitoral, não pode esse alegar falta de conhecimento sobre a existência da referida propaganda. A inércia do beneficiário possibilita que a ele se aplique a sanção correspondente. Não incidência, neste caso, do entendimento consolidado na Súmula TSE 17." (TSE, REsp. n. 19.340-RJ, Rel. Min. Fernando Neves, em 23/8/2001)

O art. 40-B, da Lei n. 9.504/97, incluído pela Lei n. 12.034/2009, positivou este entendimento e estabelece que o prévio conhecimento restará demonstrado em duas situações: (i) após intimação e não retirada da propaganda irregular em 48 horas, e, (ii) sempre que as circunstâncias do caso concreto indicarem a impossibilidade de o candidato beneficiário não ter tido conhecimento da propaganda, como na situação em que o outdoor está posicionado no caminho que o candidato faz diariamente de casa para o trabalho.

> Art. 40-B. A representação relativa à propaganda irregular deve ser instruída com prova da autoria ou do prévio conhecimento do beneficiário, caso este não seja por ela responsável.
>
> Parágrafo único. A responsabilidade do candidato estará demonstrada se este, **intimado** da existência da propaganda irregular, não providenciar, no prazo de quarenta e oito horas, sua retirada ou regularização e, ainda, se as **circunstâncias e as peculiaridades do caso** específico revelarem a impossibilidade de o beneficiário não ter tido conhecimento da propaganda.

6.4. Responsabilidade solidária do candidato e do Partido Político

A par de tudo isso, não se pode esquecer que o Código Eleitoral consagra a regra da **responsabilidade solidária** do candidato e do Partido Político pelos excessos praticados durante a campanha eleitoral (art. 241, disposição repetida no art. 6º, § 5º, da Lei n. 9.504/97)[260].

> RESPE – AgR-REspe n. 060340340 - GOIÂNIA – GO, Ac. de 19/05/2020, Rel. Min. Luis Felipe Salomão
>
> [...] DERRAMAMENTO DE SANTINHOS. VÉSPERA DO PLEITO. CONFIGURAÇÃO. MULTA. RESPONSABILIDADE SOLIDÁRIA. CANDIDATO. COLIGAÇÃO. ARTS. 241 DO CÓDIGO ELEITORAL E 6º, § 1º, DA LEI 9.504/97. NEGATIVA DE PROVIMENTO.
>
> 1. No *decisum* monocrático, de relatoria do e. Ministro Jorge Mussi, manteve-se acórdão unânime do TRE/GO no sentido de se aplicar multa, de forma solidária, a candidato e à coligação agravante em virtude do **derramamento de grande quantidade de santinhos em vias públicas** próximas a locais de votação na véspera do pleito de 2018 (art. 14, § 7º, da Res.-TSE 23.551/2017).
>
> 2. A Corte *a quo*, ao examinar a responsabilidade pela prática do ilícito, asseverou que as **circunstâncias fáticas não deixam dúvida** de que "os representados tiveram conhecimento do fato e se beneficiaram da conduta irregular". Concluir de modo diverso esbarraria no óbice da Súmula 24/TSE.
>
> 3. Nos termos da jurisprudência desta Corte, a regra do art. 241 **do Código Eleitoral**, que prevê de modo expresso a responsabilidade solidária das agremiações pelos excessos cometidos por seus candidatos concernentes à propaganda eleitoral, **se aplica às coligações**, pois lhes são atribuídas as prerrogativas e obrigações de partido

---

260 Ac.-TSE, de 30.4.2013, no AgR-AI nº 282212 e, de 22.2.2011, no AgR-AI nº 385447: "[...] os partidos políticos respondem solidariamente pelos excessos praticados por seus candidatos e adeptos no que tange à propaganda eleitoral".

político, no curso do processo eleitoral, conforme disposto no § 1º do art. 6º da Lei 9.504/97.

4. Entendimento idêntico – no mesmo município, nas Eleições 2018 – foi firmado no AgR-AI 0603369-65/GO, Rel. Min. Tarcisio Vieira de Carvalho Neto, DJE de 4/11/2019. Assim, também por simetria e segurança jurídica, incabível afastar a multa. [...]

Rp - Recurso em Representação nº 060125690 - BRASÍLIA – DF, Ac. de 03/10/2018, Rel. Min. Sergio Silveira Banhos. [...]

PROPAGANDA ELEITORAL. PRELIMINAR AFASTADA. INSERÇÕES. VEICULAÇÃO. RÁDIO. IRREGULARIDADE. INEXISTÊNCIA. DESPROVIMENTO.

1. Conforme disposto no **art. 241 do Código Eleitoral** e no art. 6º, § 5º, da Lei no 9.504/1997, na propaganda eleitoral há **solidariedade passiva entre coligação, partidos e candidatos**. [...]

"Apesar de o recorrente ter sustentado que não teve prévio conhecimento dessa propaganda, entendo que, a teor do art. 241 do Código Eleitoral, os partidos, candidatos e adeptos respondem solidariamente pela propaganda eleitoral veiculada, pois deveriam fiscalizar para que abusos dessa natureza não fossem praticados. Portanto, não há como acatar a alegação de ausência de prévio conhecimento do candidato ou de que a pbropaganda tenha sido feita por terceiros. Não resta dúvida de que os investigados beneficiaram-se com a veiculação da propaganda, pois esta, além de citar o nome e o cargo em que estavam registrados, ainda fez menção à sigla do partido pelo qual concorriam. Eximir os candidatos da responsabilidade seria negar vigência ao art. 241 do Código Eleitoral e, no caso dos autos, ao art. 37 da Lei n. 9.504, de 1997. Sendo os candidatos beneficiários diretos da propaganda eleitoral, cabe a eles zelar pela observância da legislação pertinente a ela, sob pena de responderem pelos excessos que venham a ocorrer durante a campanha eleitoral. Esta responsabilidade do candidato pela prática de atos de terceiros advém de uma interpretação do próprio art. 37, da Lei das Eleições, que o responsabiliza pela prática de propaganda eleitoral irregular..." (TRE-MG, Rec. n. 34/01, Ac. n. 2147/02, Rel. Juiz Marcelo Guimarães Rodrigues)

O TRE de Minas Gerais vinha adotando entendimento de que "somente diante da notificação, e não sendo retirada a propaganda, é que poder-se-ia falar em prévio conhecimento acerca do suposto ilícito" (Feitos Diversos n. 107/03, ZE de Manhuaçu, Rel. Des. Cláudio Costa, *MG* de 2/3/2003), o que era um equívoco, posto que há outras formas de se concluir pelo prévio conhecimento do beneficiário, mesmo não tendo o candidato sido intimado. É o caso de a propaganda eleitoral ser massificada (*outdoors* espalhados por toda a cidade), não artesanal e de custo considerável, em que permitida a presunção de conhecimento do candidato beneficiário, posto que nada justifica uma propaganda com tais particularidades ser feita à sua revelia, principalmente em eleições municipais, quando o candidato acompanha o dia-a-dia da propaganda e, muitas vezes, é o próprio responsável pelo *marketing*.

Como dito, a Lei n. 9.504/97 (art. 40-B, acrescentado pela Lei n. 12.034/2009) diz que a representação relativa à propaganda irregular deve ser instruída com a prova do prévio conhecimento do beneficiário e que a responsabilidade do candidato "estará demonstrada se este, intimado da existência da propaganda irregular, não providenciar, no prazo de quarenta e oito horas, sua retirada ou regularização e, ainda, *se as circunstâncias e as peculiaridades do caso específico revelarem a impossibilidade de o beneficiário não ter tido conhecimento da propaganda*."

Como síntese de tudo, pode-se dizer que a propaganda eleitoral, quando veiculada antes da data permitida pelo art. 36 da Lei n. 9.504/97, portanto extemporânea, caracteriza infração eleitoral, que desafia o poder de polícia da Justiça Eleitoral. Tão logo dela tome conhecimento, o Juiz Eleitoral deve adotar as providências necessárias para fazê-la interromper imediatamente ou desfazê-la, também imediatamente, independentemente de qualquer provocação, já que o poder de polícia é prerrogativa de natureza administrativa, não jurisdicional. Além disso, candidatos, Partidos Políticos, Federações, Coligações e o Ministério Público podem representar pela aplicação da multa prevista no art. 36, § 3º, da mencionada lei. Responderão por ela o agente responsável pela veiculação da propaganda ilícita e o candidato por ela beneficiado, se houver fatos ou circunstâncias que levem à conclusão de seu prévio conhecimento.

Seção II

7. Propaganda Intrapartidária

7.1. A quem se dirige

Antes de 16 de agosto do ano das eleições, os pré-candidatos podem realizar atos de propaganda. Não a propaganda eleitoral, que nesse período é ilícita, extemporânea e sujeita à multa do art. 36, § 3º, mas é possível a propaganda intrapartidária, permitida pela lei eleitoral, que de propaganda eleitoral nada tem, pois não se dirige ao eleitor. Dirige-se, ao revés, aos convencionais do partido/federação, ou seja, àqueles que têm, segundo os estatutos, direito a voto na convenção.

7.2. Período de permissão

O pré-candidato (candidato a candidato) formaliza seu pedido de candidatura ao seu partido/federação e poderá fazer sua propaganda perante os convencionais, visando obter-lhes o voto na convenção e ser escolhido candidato pelo partido/federação. Essa propaganda pode ser feita dentro dos quinze dias anteriores à data da convenção. Já vimos que as convenções partidárias para indicação de candidatos às eleições realizam-se no período de 20 de julho a 05 de agosto (art. 8º, da Lei n. 9.504/97, na redação dada pela Lei n. 13.165/2015). Se o partido/federação designa para o dia 20 de julho a sua convenção, por exemplo, os filiados que pretendem ser indicados candidatos podem, na quinzena anterior a ela, buscar o convencimento dos convencionais, "vedado o uso de rádio, televisão e *outdoor*" (art. 36, § 1º).

7.3. Propaganda intrapartidária x propaganda extemporânea

É preciso atenção e cuidado na realização dessa "propaganda intrapartidária", para que não se pratiquem verdadeiros atos de propaganda eleitoral, atraindo a multa do § 3º do art. 36, já que o eleitorado do pré-candidato, naquele momento do calendário eleitoral, é formado pelos convencionais do seu partido e não pelos eleitores em geral. Tratando-se de pré-candidatura a Prefeito ou Vereador, a propaganda será dirigida àqueles a quem os estatutos do partido/federação conferem direito a voto na convenção municipal. Então, o pré-candidato pode enviar-lhes correspondência pedindo o seu voto; pode afixar faixas e cartazes no local em que será realizada a convenção (uma escola pública, o plenário da Câmara, etc., cujos espaços são acessíveis aos partidos, conforme art. 8º, § 2º, da Lei n. 9.504/97), como também nas ruas que lhe dão acesso. De qualquer forma, essas mensagens publicitárias devem dirigir-se claramente aos convencionais. Nunca ao eleitorado do município em que se pretende concorrer. E nunca utilizando rádio, televisão ou *outdoor*, até porque estes instrumentos de comunicação extrapolam os limites do ambiente intrapartidário.

A jurisprudência tem entendido que faixas colocadas nos arredores do local em que será realizada a convenção, como também no percurso que os convencionais farão até aquele local, com alusão ao postulante da candidatura, são entendidas como propaganda intrapartidária, portanto lícita.

Mas todo esse material deve ser retirado imediatamente após a convenção partidária, sob pena de destinar-se, após essa data, aos eleitores em geral e não mais apenas aos convencionais (art. 2º, da Resolução TSE n. 23.610/2019).

> "[...] Propaganda eleitoral antecipada configurada. Extrapolação dos limites da propaganda intrapartidária. [...] 2. A dimensão ostensiva (outdoor) da propaganda, a localização (praça pública) e os elementos nela contidos (foto, nome, número, sigla partidária e dizeres indicando os candidatos como uma escolha do povo) são suficientes para levar ao conhecimento geral a candidatura dos agravantes ao futuro pleito, o que configura a propaganda eleitoral extemporânea e afasta a tese de que se trata de propaganda intrapartidária. [...]" (Ac. de 22.10.2013, nos ED-AI n. 63609, Rel. Min. Dias Toffoli)
>
> Ac.-TSE, de 4.2.2014, no AI nº 3815: ***outdoor* fixado em caminhão**, em via pública, em frente ao local de convenção partidária, de forma ostensiva e com potencial para atingir eleitores ultrapassa os limites da propaganda intrapartidária.
>
> Ac.-TSE, de 3.5.2011, no REspe nº 43736: propaganda intrapartidária veiculada em **período anterior ao legalmente permitido** e dirigida a toda a comunidade, e não apenas a seus filiados, configura propaganda eleitoral extemporânea e acarreta a aplicação de multa.

Como a propaganda intrapartidária é dirigida aos convencionais do partido/federação, fácil perceber que ela não pode ser veiculada pela Internet e em redes sociais, pois estes são veículos direcionados ao público em geral, não se limitando ao ambiente interno do partido/federação. Se a mensagem contiver pedido explícito de voto (que quando direcionada apenas aos convencionais é lícito), caracterizará a propaganda extemporânea do art. 36, § 3º, da Lei n. 9.504/97.

Seção III

8. Propaganda Lícita

Já houve um tempo em que a propaganda eleitoral era, em regra, admitida de forma livre. Isto porque o Direito Eleitoral consagrava o princípio da liberdade da propaganda eleitoral e também o direito que tem do eleitor de informar-se amplamente sobre os candidatos. Sem os atos de propaganda, não há como essa informação chegar ao eleitor. As sucessivas reformas eleitorais, a começar pela de 2006 (com a Lei n. 11.300/2006), foram disciplinando com cada vez mais detalhamento as formas de propaganda e proibindo outras, ao ponto de agora não ser mais possível afirmar a aplicação do princípio da liberdade na propaganda eleitoral. Tratando adiante de cada uma das formas de propaganda desde sempre utilizadas ou cogitadas nas campanhas eleitorais (a partir de 16 de agosto, portanto), serão realçadas as ditas modificações introduzidas na legislação de regência.

8.1 Bens Particulares. Adesivos plásticos. Justaposição. Autorização do proprietário

Nos **bens particulares**, mais exatamente nos **imóveis**, a propaganda podia, antes da reforma eleitoral de 2015, ser veiculada por meio de faixas, placas, cartazes e pinturas, desde que não ultrapassasse 4 m2, isso independentemente de "licença municipal ou autorização da Justiça Eleitoral", bastando a cessão do espaço pelo respectivo proprietário, sempre espontânea e gratuita, vedado qualquer tipo de pagamento pelo uso (art. 37, § 8º). A partir da nova redação dada pela Lei n. 13.165/2015, o art. 37, § 2º, diminuiu o tamanho desta propaganda eleitoral para 0,5 m2 (meio metro quadrado), algo em torno de 70cm X 70cm, desde que o material fosse papel ou adesivo, e manteve a desnecessidade de licença ou autorização da Justiça Eleitoral ou da Prefeitura. E a última reforma, levada a efeito pela Lei n. 13.488/2017, alterou novamente a redação do art. 37, da Lei das Eleições: a propaganda em bens particulares, a partir de então, só pode ser veiculada em "**adesivo plástico**" (não mais em papel), mantido o tamanho máximo de 0,5m2 (meio metro quadrado; +- 0,70 x 0,70 ou 1,00 x 0,50, etc.). E, como a alteração legislativa apenas se silenciou a respeito, inevitável concluir que continua não havendo necessidade de licença municipal ou autorização da Justiça Eleitoral.

> Art. 37.
>
> § 2º Não é permitida a veiculação de material de propaganda eleitoral em bens públicos ou particulares, exceto de: (Redação dada pela Lei nº 13.488, de 2017).
>
> I - bandeiras ao longo de vias públicas, desde que móveis e que não dificultem o bom andamento do trânsito de pessoas e veículos; (Redação dada pela Lei nº 13.488, de 2017)
>
> II - **adesivo plástico** em automóveis, caminhões, bicicletas, motocicletas e **janelas residenciais**, desde que não exceda a **0,5 m²** (meio metro quadrado). (Redação dada pela Lei nº 13.488, de 2017)

A Resolução TSE n. 23.551/2017, no art. 15, § 5º, quando regulando a propaganda eleitoral para as eleições de 2018, equivocou ao se socorrer da legislação revogada para autorizar a propaganda em bens particulares por meio de papel. Como se vê do art. 37, § 2º, da Lei n. 9.504/97, o tal meio de propaganda (papel) foi nele incluído pela Lei n. 13.165/2015. Mas a reforma eleitoral de 2017, por meio da Lei n. 13.488, deu nova redação ao dispositivo e não mais se refere aos papéis. Mais que isso, o mencionado parágrafo diz que a propaganda não é permitida em bens particulares, salvo se por meio de adesivos plásticos. Então, há uma proibição de propaganda em bens particulares, que é a regra na nova disciplina, e uma autorização do adesivo plástico, como exceção. A Res. TSE n. 23.610/2019, que contém o regulamento da propaganda eleitoral para as eleições de 2020 e seguintes, não mais se refere à possibilidade de utilização de papeis. Ao contrário, permite apenas os adesivos plásticos em veículos e residências, com tamanho máximo de 0,5 m2 (art. 20, II).

A **justaposição** (que se caracteriza pela colocação de dois ou mais adesivos juntos ou próximos, produzindo efeito visual único), como se fazia com as pinturas, constitui burla à norma, pois alcança-se um painel de divulgação da propaganda com tamanho superior ao permitido, ainda que pela somatória de dois ou mais individualmente regulares. A mencionada Res. TSE n. 23.610/2019 consigna esta advertência no art. 20, § 1º e, no art. 14, § 3º, dispondo que "a justaposição de propaganda cuja dimensão exceda a 0,5m^2 (meio metro quadrado) caracteriza publicidade irregular, em razão do efeito visual único, ainda que se tenha respeitado, individualmente, o limite previsto no inciso II deste artigo". E o art. 26, § 1º, da mesma Resolução, lembra que "a utilização de engenhos ou de equipamentos publicitários ou ainda de conjunto de peças de propaganda, justapostas ou não, que se assemelhem ou causem efeito visual de outdoor sujeita o infrator à multa prevista neste artigo", ou seja, a multa consignada em lei para a utilização de outdoor.

Embora de propriedade privada, a estrutura – física ou virtual – da **pessoa jurídica** não pode ser utilizada para veicular, viabilizar ou potencializar o alcance da propaganda eleitoral. A empresa não pode, p.ex., entregar aos seus clientes, junto às compras, o adesivo ou o "santinho" do candidato, inclusive no serviço de entrega em domicílio. Fazer da empresa o "cabo eleitoral" do candidato, configura propaganda eleitoral irregular – pois a lei conceitua como "bens de uso comum" os ambientes abertos ao público em geral, como será visto na propaganda ilícita –, atraindo no mínimo a sanção do art. 37, § 1º, da Lei n. 9.504/97, quiçá abuso do poder econômico, já que as pessoas jurídicas não podem participar e muito menos contribuir para as campanhas.

Valendo-se da expressão "não é permitida a veiculação de material de propaganda eleitoral em bens públicos ou particulares, exceto de" (art. 37, § 2º), a lei, como dito, fixa a proibição como regra e a permissão como exceção e fulmina, nesse ambiente particular, a liberdade de criação de outras formas de divulgação da propaganda eleitoral, pois condiciona a sua veiculação àquela forma (adesivo) e àquele material (plástico), diferentemente da redação que vigorou até 2015, onde a referência a placas, faixas, cartazes e pinturas podia ser entendida apenas como enumeração exemplificativa.

Como o art. 37, § 8º, diz que a veiculação de propaganda em bens particulares deve ser gratuita, vedando qualquer forma de pagamento pela cessão do espaço, recomenda-se que a autorização do proprietário seja colhida por escrito e se ajuste com ele, também por escrito, eventual reparação do bem após a retirada da propaganda, visando a evitar discussões futuras, inclusive a acusação de dano material. Ainda que se trate de bens particulares, a propaganda não poderá ser ali veiculada se já houver propaganda anteriormente colocada. Acontece, com alguma frequência, que o candidato recebe autorização do proprietário para a colocação do seu adesivo e, quando da afixação, percebe-se que já há outra propaganda. Se aquela primeira propaganda foi igualmente autorizada pelo proprietário e é substituída sem autorização do candidato por ela beneficiado, a conduta pode caracterizar o tipo penal do art. 331 do Código Eleitoral: "Inutilizar, alterar ou perturbar meio de propaganda devidamente empregado: ..."

Os **veículos** particulares também foram lembrados pela reforma eleitoral de 2017. Enquanto não disciplinados de forma particularizada – até a eleição de 2014 –, a propaganda vinha sendo admitida até a dimensão máxima de 4m2, o que possibilitava até o "envelopamento", ou "plotagem", em algumas situações. Com a Lei n. 12.891/2013[261], que acrescentou os §§ 3º e 4º ao art. 38, da Lei das Eleições, foi autorizado colar nos veículos dois tipos de adesivos: os microperfurados (até a extensão máxima do para-brisa traseiro) e, em outras posições, os comuns (com até 50 X 40 cm).

A Lei n. 13.488/2017, entretanto, deslocou a disciplina da propaganda eleitoral nos veículos para o já citado art. 37, § 2º, recebendo o mesmo tratamento das "residências". Ou seja, é possível veicular a propaganda eleitoral em "automóveis, caminhões, bicicletas, motocicletas, ...", apenas por meio de adesivo plástico, já que o dispositivo parte da proibição (que é a regra) para a permissão (exceção). Como a matéria foi toda atraída para o dito dispositivo, que cuidou de disciplinar a forma (adesivo), o material (plástico) e o tamanho (até 0,5 m2), os §§ 3º e 4º, do art. 38, da mesma lei, foram revogados tacitamente.

> Art. 37.
>
> § 2º **Não é permitida** a veiculação de material de propaganda eleitoral em bens públicos ou particulares, **exceto** de: (Redação dada pela Lei nº 13.488, de 2017).
>
> I - bandeiras ao longo de vias públicas, desde que móveis e que não dificultem o bom andamento do trânsito de pessoas e veículos; (Redação dada pela Lei nº 13.488, de 2017)
>
> II - **adesivo plástico** em **automóveis, caminhões, bicicletas, motocicletas** e janelas residenciais, desde que não exceda a **0,5 m²** (meio metro quadrado). (Redação dada pela Lei nº 13.488, de 2017)

Também aqui, o TSE parece equivocar-se. É que a Resolução n. 23.551/2017, apesar de reconhecer, no "caput" do art. 15, que a propaganda está vedada nos bens particulares,

---

[261] Ver, no Título I (Noções Introdutórias), Capítulo II (Fontes do Direito Eleitoral), n. 3 (Lei das Eleições), os fundamentos para aplicação, já em 2014, da Lei n. 12.891/2013. O TSE, entretanto, entendeu pela sua não aplicação àquele pleito.

inclusive veículos, salvo se veiculada em adesivo plástico de até 0,5 m2 (meio metro quadrado), acaba autorizando, no § 3º, os adesivos microperfurados até a extensão total do vidro traseiro, como era permitido pelo art. 38, § 4º, da Lei n. 9.540/97. Ora, se o art. 37, § 2º, da Lei das Eleições, na redação que lhe deu a Lei n. 13.488/2017, diz que a propaganda em veículos particulares está proibida, como regra, e **autorizada apenas por meio de adesivos plásticos de até 0,5m2**, como exceção, outra não é a conclusão, senão a de que tal disposição tratou inteiramente da matéria. Daí que o art. 38, § 4º, da mesma lei, que fazia referência também à propaganda em veículos (adesivos microperfurados), restou revogado. Não é, todavia, o entendimento do TSE, que na Res. n. 23.610/2019, regulamentando a propaganda eleitoral para as eleições de 2020 e seguintes, manteve a possibilidade do adesivo micro-perfurado em toda a extensão do vidro traseiro, que pode chegar a mais de 0,5m2, a depender do veículo (art. 20, § 3º).

O limite de 0,5m2 (meio metro quadrado) não pode ser ultrapassado nem mesmo pelo artifício da **justaposição**, que é a colocação de dois ou mais adesivos, que juntos ou próximos alcancem mais que aquela medida, produzindo efeito visual único (art. 20, § 1º).

8.2. Placas, pinturas em muros

As **placas**, antes inteiramente livres para veiculação em propriedades particulares, foram num primeiro momento limitadas quanto ao seu tamanho, já que o TSE passou a entender, já nas eleições de 2006, que esses painéis – como também as faixas, cartazes, pinturas em muros, etc. – não podiam ir além de $4m^2$ (entendimento acolhido pela Lei n. 12.034/2009, na redação então dada ao art. 37, § 2º, da LE). E nem adiantava, por exemplo, veicular duas ou mais placas justapostas, cuja medida total ultrapassasse os ditos $4m^2$, produzindo o impacto visual típico dos *outdoors*, porque tal artifício também caracterizava burla à norma, impondo-se ao agente e ao candidato beneficiário as sanções do § 8º, do art. 39: restauração do bem e multa. Com a redação do art. 37, § 2º, dada pela Lei n. 13.165/2015, essa forma de veiculação da propaganda eleitoral – placa – restou proibida. E, conforme desenvolvido no item acima, a reforma eleitoral de 2017, por meio da Lei n. 13.488/2017, reafirmou a proibição, na medida em que permite, por exceção, apenas a colocação, em veículos e residências particulares, de adesivos plásticos de até 0,5 m2 (meio metro quadrado). Não obstante tenha o art. 37, § 2º, na redação que vigorou até a eleição de 2016, dada pela Lei n. 13.165/2015, previsto que o descumprimento daquela regra sujeitava o infrator às sanções do seu § 1º, o fato é que o TSE já tinha entendimento de que painéis com mais de 4m2 caracterizavam *outdoors*, daí impondo-se o § 8º, do art. 39 e não o § 1º, do art. 37. E a Resolução n. 23.370/2011, do TSE, que disciplinou a propaganda eleitoral para 2012, dizia que só não caracterizava *outdoor* o painel instalado em propriedade particular que não tivesse mais que 4m2 (art. 17, parágrafo único), que era a medida permitida à época para a propaganda em geral. Faz toda a diferença, porque este último fala em multa de R$ 2.000,00 a R$ 8.000,00 se o agente não restaurar o bem afetado pela propaganda, enquanto que aquele § 8º, do art. 39, impõe a multa de 5.000 a 15.000 UFIR, cumulativamente com a obrigação de retirada da propaganda. Na Resolução TSE n. 23.404/2014, que tratou da propaganda eleitoral para 2014, o Tribunal fez a diferença entre as placas com mais de 4m2 comercializadas (que caracterizavam outdoor: art. 39, § 8º) e as não comercializadas (que caracterizavam apenas propaganda irregular: art. 37, § 1º), distinção que não foi adotada pelo TSE para as eleições de 2016, já que a Resolução n. 23.457/2015 adverte, no art. 20, § 1º, que o conjunto de peças de propaganda justapostas se assemelha ou causa efeito de outdoor, atraindo a sanção prevista para este: art. 39, § 8º. E a reforma eleitoral de 2017, por meio da Lei n. 13.488/2017, dando nova redação ao art. 37, § 2º, prevê a veiculação de propaganda em bens particulares apenas em forma de adesivos plásticos de no máximo 0,5 m2 (meio metro quadrado), reafirmando, portanto, a opção que o legislador já havia adotado para a eleição de 2016 (por meio da citada Lei n. 13.165/2015), de não permitir a propaganda eleitoral de elevado impacto visual, entendido como tal a que ultrapasse de 0,5 m2 (meio metro quadrado), inclusive como resultado de justaposição. Sem mencionar, como a redação anterior o fazia, qualquer vínculo da propaganda em bens particulares (art. 37, § 2º) com a que veiculada em bens públicos (art. 37, "caput" e § 1º), a reforma adota o entendimento jurisprudencial que se consolidou na vigência da redação anterior, ou seja: a propaganda eleitoral em bem particular com excesso de tamanho (mais de 0,5 m2, ainda que pela somatória de dois ou mais adesivos) caracteriza outdoor e atrai a incidência da multa prevista no art. 39, § 8º, da Lei das Eleições. Questionável é a aplicação da multa do § 1º, pois a redação atual do art. 37, § 2º, deixou de fazer remissão àquele dispositivo. E o § 5º, do art. 20, da Res. TSE n. 23.610/2019, incluído pela Res. TSE n. 23.671/2021, positiva o entendimento de que "não incide sanção pecuniária na hipótese de propaganda irregular em bens particulares". Resta, frise-se, avaliar a propaganda em bens particulares que tenha excedido o limite de 0,5 m2 (meio metro quadrado) como sendo de elevado impacto visual, assemelhando-se a outdoor (art. 26, § 1º, da Res. TSE n. 23.610/2019

> Ac.-TSE, de 15.4.2010, no AI nº 11.670: subsunção deste dispositivo [art. 37, § 2º] ao § 8º do art. 39 desta lei, que veda a propaganda mediante *outdoor*;

Por óbvio que esse limite de tamanho não deve aplicar-se à **sede do partido** político ou ao **comitê de campanha** do candidato. As inscrições à tinta, as placas, as faixas, etc., ali dispostas não devem sequer ser entendidas como propaganda, senão como meios de identificação da atividade ali desenvolvida. O art. 10, "caput" e § 1º, da Resolução TSE n. 23.551/2017, dispôs neste sentido. O cuidado, entretanto, ficava à conta do exagero ou do abuso dos candidatos, que abririam - desnecessário ou falsamente - diversos comitês de campanha pela cidade, apenas para ter a oportunidade de veicularem painéis com medidas mais impactantes. Por isso, o TSE fala em apenas um comitê de campanha - denominado **comitê central** - com essa permissão de colocação de propaganda acima do 0,5 m2. Nesse **comitê central de campanha**, cujo endereço deve ser informado à Justiça Eleitoral no RRC e no DRAP (art. 14, § 4º, da Res. TSE n. 23.610/2019, com redação dada pela Res. TSE n. 23.671/2021), o candidato, o partido, a federação ou a coligação poderá inscrever a sua designação, bem como o nome e o número do candidato, até o limite de 4m2. Se forem instalados **outros comitês**, além do central, a mencionada inscrição deverá obedecer à regra geral, ou seja, o máximo de 0,5m2. Já a fachada da

sede do partido, onde funcionam suas atividades ordinárias, diferentemente do comitê especialmente instalado para a campanha, este poderá inscrever o seu nome, da forma como melhor entender. Tais limites não se aplicam ao interior do comitê de campanha, onde a propaganda é livre, "desde que não haja visualização externa". É como dispõe a Res. TSE n. 23.610/2019, no art. 14:

> Art. 14. É assegurado aos **partidos políticos, às federações e às coligações** que estiverem devidamente registrados o direito de, independentemente de licença da autoridade pública e do pagamento de qualquer contribuição, fazer inscrever, na fachada de suas **sedes e dependências**, o nome que os designe, **pela forma que melhor lhes parecer** (Código Eleitoral, art. 244, I). (Redação dada pela Resolução nº 23.671/2021)
>
> § 1º As candidatas, os candidatos, os partidos políticos, as federações e as coligações poderão fazer inscrever, na sede do **comitê central de campanha**, a sua designação, o nome e o número da candidata ou candidato, em dimensões que não excedam a **4m²** (**quatro metros quadrados**). (Redação dada pela Resolução nº 23.671/2021)
>
> § 2º Nos **demais comitês de campanha**, que não o central, a divulgação dos dados da candidatura deverá observar o limite de **0,5m2** (**meio metro quadrado**) previsto no art. 37, § 2º, da Lei nº 9.504/1997.
>
> § 3º Nas hipóteses dos §§ 1º e 2º deste artigo, a justaposição de propaganda que exceda as dimensões neles estabelecidas caracteriza publicidade irregular, em razão do efeito visual único, ainda que se tenha respeitado, individualmente, os limites respectivos.
>
> § 4º Para efeito do disposto no § 1º deste artigo, as candidatas, os candidatos, os partidos políticos, as federações e as coligações deverão **informar**, no Requerimento de Registro de Candidatura (**RRC**) e no Demonstrativo de Regularidade de Atos Partidários (**DRAP**), o **endereço do seu comitê central** de campanha. (Redação dada pela Resolução nº 23.671/2021)
>
> § 5º A propaganda eleitoral realizada no interior de comitês não se submete aos limites máximos estabelecidos nos §§ 1º e 2º deste artigo, desde que não haja visualização externa. (Incluído pela Resolução nº 23.671/2021)
>
> "O TSE tem admitido o uso de painel superior a 4m2 colocado em comitês eleitorais dos candidatos. Precedentes. Entendimento jurisprudencial, 'contudo, que se revê, para aplicação futura, de modo a que não seja admitida a fixação, em comitê de candidato, de placa, com dimensão superior a quatro metros quadrados' (Respe n. 27.696/SP, Min. Marcelo Ribeiro)." (TSE, Ag. Reg. no Respe n. 27.859, RS, Rel. Min. Carlos Ayres Britto, em 18-março-2008)

Além da pena pecuniária, a conduta pode revelar descumprimento das normas de arrecadação e gastos de campanha, ou seja, "abuso do poder simples", porque realizar despesa com *outdoor* (e assim se considera o painel com dimensão superior ao meio metro permitido pelo art. 37, § 2º) é hoje vedado pela legislação eleitoral. Neste caso, poderá ser negado ou cassado o diploma do candidato eleito, na forma do art. 30-A, da Lei n. 9.504/97. A respeito, leia-se mais no Título II, Capítulo III, Seção VIII: abuso do poder econômico.

8.3. Folhetos, volantes e outros impressos

Também independe de licença a veiculação de propaganda eleitoral pela distribuição de ***folhetos, volantes e outros impressos***, os quais devem ser editados sob a responsabilidade do partido, federação, coligação ou candidato e conter CNPJ ou CPF do responsável pela confecção e do contratante, com a respectiva tiragem (art. 38 da LE). Os adesivos, que já eram permitidos pelo mencionado dispositivo porque espécie do gênero "outros impressos", mereceram especial regramento com a Lei n. 12.891/2013[262]. O § 3º, acrescentado ao art. 38, estabelece que eles "*poderão ter a dimensão máxima de 50 (cinquenta) centímetros por 40 (quarenta) centímetros*" para veiculação em bens particulares em geral, o que, até então, incluía os imóveis. Com a Lei n. 13.165/2015, que modificou o art. 37, § 2º, fixou-se regra própria e distinta para os **adesivos em imóveis**, que podem medir até 0,5 m2 (meio metro quadrado), medida que – **conforme já mencionado no item 1, acima** – foi mantida com a Lei n. 13.488/2017. **Nos veículos, todavia**, a Lei n. 12.891/2013 – que vigorou nas eleições de 2016 – deu a esta forma de propaganda tratamento apartado, autorizando-os em toda a extensão do para-brisa traseiro, se microperfurados (§ 4º). Então, a disciplina trazida com a Lei n. 12.891/2013 admitiu dois adesivos: o comum (com no máximo 50 X 40) e o microperfurado (que podia ocupar todo o para-brisa traseiro), ambos aplicáveis aos veículos. Com a Lei n. 13.488/2017, todavia, nova redação foi dada ao art. 37, § 2º, fixando – para a partir da eleição de 2018 – **regra única para os adesivos plásticos**, que podem ser colados em veículos e em residências, **com até 0,5 m2** (meio metro quadrado). Como o mencionado dispositivo, na sua redação atual, estabelece a proibição (como regra) de propaganda eleitoral em bens públicos e particulares e admite (como exceção) os adesivos plásticos nos veículos e nas residências, forçoso concluir – como desenvolvido no item 1, acima – que qualquer outro dispositivo relacionado a adesivos restou revogado tacitamente. É o caso dos §§ 3º e 4º, do art. 38, que admitiam, repita-se, adesivos microperfurados em toda a extensão do vidro traseiro e, para as demais partes do veículo, de 50 x 40 cm. Como salientado no item 1, acima, o TSE, na Resolução n. 23.551/2017, art. 15, § 3º, e na Resolução n. 23.610/2019, art. 20, § 3º, continua autorizando o adesivo microperfurado na extensão total do vidro traseiro do veículo, o que parece equivocado. Para os imóveis, agora a disciplina é a do art. 37, § 2º, segundo a qual o adesivo pode ter até meio metro quadrado. E a Res. TSE n. 23.671/2021, no que deu nova redação ao art. 21, da Res. TSE n. 23.610/2019, em boa hora prevê "a impressão em braile dos mesmos conteúdos e a inclusão de texto alternativo para audiodescrição de imagens".

De qualquer forma, e como também já lembrado no item 1, acima, em ambos os casos também não se admite a justaposição, que é a colocação de dois ou mais adesivos juntos ou próximos, artifício utilizado indevidamente para produzir efeito visual além do que permitido. Neste sentido, a Resolução TSE n. 23.610, art. 20, § 1º. Embora seja livre a confecção, esse material não poderá ser veiculado em bens públicos e particulares de uso comum (art. 37).

---

262 Ver, no Título I (Noções Introdutórias), Capítulo II (Fontes do Direito Eleitoral), n. 3 (Lei das Eleições), os fundamentos para aplicação, já em 2014, da Lei n. 12.891/2013. O TSE, entretanto, entendeu não aplicá-la àquelas eleições.

Já se chamou a atenção para o fato de que a propaganda eleitoral atrai a responsabilidade solidária de candidatos, partidos políticos e federações, porque o art. 241 do CE prevê a responsabilidade dos Partidos por toda propaganda eleitoral realizada por seus candidatos. Essa propaganda, mediante "santinhos" e boletins, é fonte constante de injúrias, calúnias, difamações e afirmações inverídicas, práticas que são vedadas pela legislação eleitoral (art. 243, IX, do CE), onde também está fixada a responsabilidade do ofensor e, solidariamente, do Partido Político, pelos danos morais daí decorrentes (art. 243, §§ 1º e 2º). Essa responsabilidade civil pelos danos morais não exclui, evidentemente, a responsabilidade penal pelas condutas tipificadas nos arts. 323, 324, 325 e 326 do Código Eleitoral.

Como se percebe, a lei foi omissa quanto às consequências para o descumprimento das exigências do art. 38. Porque não há tipificação para a conduta de quem confecciona e/ou distribui impressos sem o CNPJ ou CPF do contratante e do contratado e sem menção à tiragem do material, a circulação desses impressos desafia o poder de polícia do Juiz Eleitoral, que deverá adotar providências eficazes para fazer cessar imediatamente o ilícito, especialmente a apreensão e inutilização do material.

8.4. Alto-falantes

A propaganda mediante **alto-falantes instalados em veículos** também é livre de licença ou de autorização da Justiça Eleitoral. Entretanto, deverá observar o horário fixado na lei, que é de 8 às 22 horas (LE, art. 39, § 3º). Não mais se aplica o horário previsto no Código Eleitoral (art. 244): de 14 às 22 horas. Também deverá ser guardada a distância mínima de 200 metros (no CE, art. 244, a distância mínima era de 500 metros, não mais aplicável) dos locais mencionados no § 3º do art. 39, da Lei Eleitoral, ou seja, "das sedes dos Poderes Executivo e Legislativo da União, dos Estados, do Distrito Federal e dos Municípios, das sedes dos Tribunais Judiciais, e dos quartéis e outros estabelecimentos militares; dos hospitais e casas de saúde; das escolas, bibliotecas públicas, igrejas e teatros, quando em funcionamento". O motorista do veículo, no qual instalado o alto-falante deverá ficar atento à aproximação daqueles locais, desligando o equipamento de som enquanto dentro daquela distância mínima (200 metros).

E a Lei n. 12.891/2013[263], acrescentando ao art. 39 os §§ 11 e 12, regulamentou as três espécies distintas de sonorização em veículos, levando em conta a potência do seu equipamento de amplificação: o carro de som, o minitrio e o trio elétrico. Para a circulação, entretanto, a dita lei só autorizou a utilização dos dois primeiros (carros de som e minitrio), já que o trio elétrico ficou reservado, exclusivamente (§ 10), à sonorização dos comícios. E a lei ainda cuidou de fixar o limite máximo de produção de ruído, no que se ajusta à necessidade de preservação do conforto auditivo e do sossego. Por sua vez, o § 9º-A, do art. 39, acrescido pela Lei n. 13.165/2015, esclarece que "considera-se

[263] Ver, no Título I (Noções Introdutórias), Capítulo II (Fontes do Direito Eleitoral), n. 3 (Lei das Eleições), os fundamentos para aplicação, já em 2014, da Lei n. 12.891/2013. O TSE, entretanto, decidiu não aplicá-la àquelas eleições.

carro de som, além do previsto no § 12, qualquer veículo, motorizado ou não, ou ainda tracionado por animais, que transite divulgando jingles ou mensagens de candidatos".

Com a Lei n. 13.488/2017, nova redação foi dada ao § 11, do art. 39, reafirmando que os **alto-falantes instalados em veículos ou minitrios** devem observar os limites fixados no § 3º (horário de funcionamento de 08 às 22 horas e distância mínima de 200 metros dos locais especialmente protegidos) e reservando a circulação dessa aparelhagem de som (instalada, portanto, em veículos e minitrios) **apenas** por ocasião das carreatas, caminhadas e passeatas. Não mais possível, por conseguinte, a circulação de carros de som isoladamente (Res. TSE n. 23.610/2019, no art. 15, § 3º). E o dito § 11, ao permitir a circulação de veículos e minitrios, acabou por reafirmar, contrario sensu, a vedação de utilização de trios elétricos (mais potentes, por definição legal) nas carreatas, passeatas e caminhadas, como já o fazia o § 10 ao autorizar o seu emprego apenas em comícios. A Resolução TSE n. 23.610/2019, no art. 15, § 2º, repete estas disposições.

Com a Lei n. 11.300/2006, a disciplina dos **alto-falantes fixos**, nas sedes dos partidos ou nos comitês de campanha, inserida no § 3º do art. 39, passou para o § 4º do mesmo artigo, com o mesmo tratamento dos comícios. Podem, a partir da redação que lhe deu a Lei n. 12.891/2013, funcionar até as 24 horas, observada a distância mínima dos locais especialmente protegidos pela lei. A Resolução-TSE n. 23.404/2014, art. 10 (na mesma linha das Res. n. 22.718/2008, 23.191/2009 e 23.370/2011), que regulamentou a propaganda eleitoral para 2014, parece não ter percebido tal modificação (que tratava diferentemente alto-falantes fixos e alto-falantes instalados em veículos) e manteve o horário de 22 horas como limite para o funcionamento dos alto-falantes fixos. Na Resolução n. 23.457/2015, art. 11, § 1º, como também na Resolução TSE n. 23.551/2017, art. 11, § 1º, e, de resto, na Res. TSE n. 23.610/2019, art. 15, § 1º, esta última contendo a disciplina da propaganda eleitoral para as eleições de 2020 e seguintes, aí sim o TSE se adequou ao texto legal, prevendo o funcionamento da aparelhagem de sonorização fixa até as 24horas, tal como os comícios.

Percebe-se, por conseguinte, que a reforma eleitoral de 2017 trouxe profunda alteração para essa espécie de propaganda, destacando-se:

A) Os carros de som e minitrios – que até então podiam transitar pela cidade isoladamente, divulgando candidaturas e executando jingles – a partir da Lei n. 13.488/2017 só podem funcionar se acompanhando carreatas, caminhadas e passeatas, inclusive no sábado véspera da eleição (§ 9º), ou servindo de sonorização para reuniões ou comícios, devendo observar, como sempre, os limites de horário e distância do § 3º.

> § 11. É permitida a circulação de **carros de som e minitrios** como meio de propaganda eleitoral, desde que observado o limite de oitenta decibéis de nível de pressão sonora, medido a sete metros de distância do veículo, e respeitadas as vedações previstas no § 3º deste artigo, **apenas em** carreatas, caminhadas e passeatas ou durante reuniões e comícios. (Redação dada pela Lei n. 13.488/2017).

B) Os comícios e as reuniões públicas – que são tratados em separado pelo § 4º e autorizados a funcionar até às 24 horas e, no de encerramento da campanha, até às 02 horas da madrugada seguinte, continuam – mesmo com a Lei n. 13.488/2017 – sob a disciplina do art. 39, § 4º, já que a nova redação do § 11 só cuidou de permitir que carros de som e minitrios sejam utilizados também para a sua sonorização.

C) A sonorização fixa, que pode funcionar nos comitês de campanha e nas sedes partidárias de 8 às 24 horas, continua – mesmo com a Lei n. 13.488/2017, que deu nova redação ao § 11 – a ser disciplinada pelo § 4º, já que o mencionado § 11 só cuidou de autorizar a utilização de veículos e minitrios como sonorização de comícios e reuniões, além do acompanhamento de passeatas, carreatas, etc. (alínea A, acima).

D) Os trios elétricos, entendidos como tais os que possuem "equipamento de som com potência nominal de amplificação maior que 20.000 (vinte mil) watts" (art. 39, § 12, III), só podem ser utilizados como sonorização de comícios (art. 39, § 10).

> § 11. É permitida a circulação de **carros de som e minitrios** como meio de propaganda eleitoral, desde que observado o limite de 80 (oitenta) decibéis de nível de pressão sonora, medido a 7 (sete) metros de distância do veículo, e respeitadas as vedações previstas no § 3º deste artigo.
>
> § 12. Para efeitos desta Lei, considera-se:
>
> I - carro de som: veículo automotor que usa equipamento de som com potência nominal de amplificação de, no máximo, 10.000 (dez mil) watts;
>
> II - minitrio: veículo automotor que usa equipamento de som com potência nominal de amplificação maior que 10.000 (dez mil) watts e até 20.000 (vinte mil) watts;
>
> III - trio elétrico: veículo automotor que usa equipamento de som com potência nominal de amplificação maior que 20.000 (vinte mil) watts." (NR)

Mais uma vez, a lei foi omissa quanto às consequências para o descumprimento dos limites fixados. Porque não há tipificação para a conduta, a inobservância do *horário* de funcionamento do alto-falante, da *distância mínima* dos locais especialmente protegidos, da *potência máxima* do equipamento e do *volume* efetivamente empregado desafia o poder de polícia do Juiz Eleitoral, que deverá adotar providências eficazes para fazer cessar imediatamente o ilícito.

8.5. Comícios. Limite de horário. Crime de desobediência. Poder de polícia

Os **comícios** também são meios lícitos de propaganda e não dependem de autorização ou licença da Administração Pública, da Polícia ou da Justiça Eleitoral. Os seus organizadores apenas devem comunicar a sua realização à Polícia Militar[264], até 24 horas antes do dia e hora marcados, quando o lugar escolhido for entre aqueles já designados pela autoridade pública para esse tipo de manifestação/reunião pública, na forma da Lei n. 1.207/50 (art. 245, § 1º, do CE, e art. 39, §§ 1º e 2º, da LE). Se os organizadores do evento optarem por realizá-lo em outro local, a comunicação terá que ser feita com pelo menos 72 horas de antecedência (art. 245, § 2º, do CE). Tudo no objetivo de assegurar-se a prioridade do direito, a segurança pública e o bom funcionamento do trânsito nas suas proximidades.

---

[264] Art. 13, § 1º, da Res. TSE n. 23.610/2019, com redação dada pela Res. TSE n. 23.671/2021.

Para sonorização do evento, os seus organizadores podem lançar mão de aparelhagem de som fixa ou de trio elétrico, mas apenas como amplificador de voz (art. 39, § 10).

Acontece, com alguma frequência, que dois ou mais Partidos comunicam à Polícia um mesmo local para a realização de comício, num mesmo dia e horário. O direito à reunião pública, nestes casos, é daquele que primeiro fez a comunicação à Polícia. Eventuais conflitos ou abusos devem ser resolvidos pela Justiça Eleitoral, que deve ter bom senso quando deparar-se com situações em que um Partido comunica à Polícia a realização de comícios em diversos lugares, no objetivo apenas de garantir a prioridade, sabendo-se, de antemão, que não terá condições de realizá-los todos. Quando isso acontece, o Juiz Eleitoral deve chamar os dirigentes dos Partidos envolvidos à conciliação, se for o caso sorteando entre eles os lugares, os dias e os horários disponíveis, tudo para que haja distribuição equitativa entre todos os partidos e candidatos interessados (art. 245, § 3º, do CE; art. 24, da Res. TSE n. 23.610/2019).

Os comícios podem realizar-se a partir de 16.agosto e até a quinta-feira da semana da eleição, já que o art. 240, parágrafo único, do CE, proíbe tal meio de propaganda, como também as reuniões públicas, nas 48 horas anteriores à eleição, e o seu funcionamento será entre as 8 e as 24 horas (podendo ir até as 2hs no comício de encerramento da campanha: art. 39, § 4º, da Lei Eleitoral, com redação dada pela Lei n. 12.891/2013[265]). O § 11, do art. 39, modificado pela Lei n. 13.488/2017, faz referência aos comícios e reuniões públicas apenas para permitir que estes eventos se utilizem, para a sonorização, de carros de som e minitrios. A disciplina matriz dos comícios, entretanto, continua com o § 4º.

> § 4º A realização de comícios e a utilização de aparelhagens de sonorização fixas são permitidas no horário compreendido entre as 8 (oito) e as 24 (vinte e quatro) horas, com exceção do comício de encerramento da campanha, que poderá ser prorrogado por mais 2 (duas) horas. (Redação dada pela Lei n. 12.891/2013)
>
> § 11. É permitida a circulação de carros de som e minitrios como meio de propaganda eleitoral, desde que observado o limite de oitenta decibéis de nível de pressão sonora, medido a sete metros de distância do veículo, e respeitadas as vedações previstas no § 3º deste artigo, apenas em carreatas, caminhadas e passeatas ou durante reuniões e comícios. (Redação dada pela Lei n. 13.488/2017)

Esse horário de encerramento dos comícios é, não raro, desobedecido pelos organizadores da reunião pública, o que desafia o poder de polícia do Juiz Eleitoral, que deve determinar a imediata paralisação das atividades, que passa a ser ilícita. Se o comício prossegue, mesmo depois da ordem do Juiz, ainda que verbalmente, tipifica-se o *crime de desobediência*, previsto no art. 347 do Código Eleitoral: "Recusar alguém cumprimento ou obediência a diligências, ordens ou instruções da Justiça Eleitoral ou opor embaraços à sua execução: ..."

---

[265] Ver, no Título I (Noções Introdutórias), Capítulo II (Fontes do Direito Eleitoral), n. 3 (Lei das Eleições), os fundamentos para aplicação, já em 2014, da Lei n. 12.891/2013. O TSE, entretanto, decidiu não aplicá-la às eleições daquele ano.

É importante frisar: no exercício do poder de polícia, que é dinâmico por excelência, o Juiz Eleitoral nem sempre tem tempo hábil para fazer por escrito suas ordens e determinações. As providências que o Código Eleitoral recomenda sejam tomadas pelo Juiz, imediatamente após tomar conhecimento de qualquer irregularidade, se postergadas, não surtirão qualquer efeito, até porque a irregularidade já terá sido consumada e o prejuízo ao processo eleitoral já contabilizado de forma irreversível. É o caso de um comício que se estende para além da meia-noite (24 horas), o Juiz toma conhecimento disso e determina a imediata paralisação da atividade, ordem que pode ser dada diretamente por ele ou transmitida por meio da Autoridade Policial. Se o responsável pelo evento recusar cumprimento à ordem, estará cometendo o crime de desobediência e estará sujeito à condução em flagrante. A par disso, o Juiz deve adotar as providências que forem eficazes para não permitir a continuidade do comício.

> "Veiculação durante comício de uma gravação feita em anos anteriores acerca de imagens de candidato da coligação adversária. Imagem disponibilizada em comício e não em programa televisivo – causa de afastamento da aplicação do art. 23 da Resolução n. 21.610/2004/TSE. Inexistência de provas da trucagem, montagem ou de que houve edição das imagens. Imagens produzidas em discursos proferidos no pleito de 2000 – eventos públicos. Não caracterização de ofensa à imagem da pessoa. Não configuração de propaganda eleitoral irregular e de utilização indevida de imagem de candidato. Recurso a que se nega provimento. Sessão de 1/8/2005." (TREMG, Rec. Eleitoral 2.174/2004, Mariana, Rel. Juiz Carlos Augusto de Barros Levenhagem. Ac. 1.026/2005)

Modificação importante no regime da propaganda eleitoral mediante comícios foi introduzida pela minirreforma eleitoral (Lei n. 11.300/2006), acrescentando o § 7º ao art. 39, da Lei n. 9.504/97, que proíbe "a realização de **showmício e de evento assemelhado** para promoção de candidatos, bem como a apresentação, remunerada ou não, de artistas com a finalidade de animar comício e reunião eleitoral". Então, os comícios devem se limitar ao discurso político, às propostas de governo ou de atuação parlamentar dos que vão ocupar o palanque. Qualquer instrumento de animação desses eventos, como a apresentação de artistas, a exibição de vídeos em telões ou a execução de áudios em geral, transforma o comício em show, em entretenimento para os frequentadores, fugindo à finalidade da propaganda eleitoral. A vedação alcança, inclusive, os artistas candidatos (cantores, atores, etc.), que no respectivo comício não poderão animar o evento, ou seja, não poderão apresentar o seu show (art. 17, da Res. TSE n. 23.610/2019, com redação dada pela Res. TSE n. 23.671/2021). A toda evidência que os candidatos que forem artistas podem continuar no exercício da sua atividade profissional, cumprindo suas agendas de shows normalmente, desde que não façam propaganda eleitoral durante as apresentações, pois tal conduta caracteriza infração cível eleitoral (art. 37, "caput", considerado o local da apresentação como de uso comum) e, a depender das circunstâncias, abuso de poder. A continuidade da atividade profissional do candidato artista só não é possível para aqueles que se apresentam no rádio e na TV, face à expressa determinação de afastamento contida no art. 45, § 1º, da Lei n. 9.504/97, e art. 17, parágrafo único, inciso I, da Res. TSE n. 23.610/2019. De outro lado, nada impede que os artistas compareçam em comícios para apoiar o candidato da sua preferência, limitando-se a fazer uso da palavra para discursar. Nada impede, também, as apresentações artísticas e shows musicais em eventos de arrecadação de recursos de campanha, pois tais atividades não se confundem com propaganda eleitoral e a animação do artista não é agrado ao eleitor, mas estímulo às doações para o candidato[266].

Tal vedação se impõe igualmente, e por identidade de razão, aos showmícios transmitidos pela internet, denominados de "livemícios", pois da mesma forma levam entretenimento gratuito ao público eleitor, no lugar da exposição de propostas e projetos.

> CtaEl - Consulta nº 060124323 - BRASÍLIA – DF, Ac. de 28/08/2020, Rel. Min. Luis Felipe Salomão
>
> CONSULTA. ART. 39, § 7º, DA LEI 9.504/97. *SHOWMÍCIOS* E EVENTOS ASSEMELHADOS. HIPÓTESE DE "LIVES ELEITORAIS". IDÊNTICA VEDAÇÃO. RESPOSTA NEGATIVA.
>
> 1. Consulta formulada com o seguinte teor: "a regra do § 7º do art. 39 da Lei 9.504 permite realização de apresentação dos candidatos aos eleitores juntamente com atores, cantores e outros artistas através de *shows* (*lives* eleitorais) não remunerados e realizados em plataforma digital?".
>
> 2. Nos termos do art. 39, § 7º, da Lei 9.504/97, "é proibida a realização de *showmício* e de evento assemelhado para promoção de candidatos, bem como a apresentação, remunerada ou não, de artistas com a finalidade de animar comício e reunião eleitoral". Dispositivo introduzido pela Lei 11.300/2006 que objetiva coibir o abuso do poder econômico (art. 22 da LC 64/90) e, de igual modo, assegurar a paridade de armas entre os candidatos.
>
> 3. A realização de eventos com a presença de candidatos e de artistas em geral, transmitidos pela internet e assim denominados como "*lives* eleitorais", equivale à própria figura do showmício, ainda que em formato distinto do presencial, tratando-se, assim, de conduta expressamente vedada pelo art. 39, § 7º, da Lei 9.504/97.
>
> 4. A proibição compreende não apenas a hipótese de *showmício*, como também a de "evento assemelhado", o que, de todo modo, albergaria as denominadas "*lives* eleitorais". [...]

Essa vedação, como se vê, está desacompanhada de sanção pecuniária específica, ou seja, de uma multa, como é de praxe na lei eleitoral. Equivale dizer que o legislador não a elevou à condição de infração cível eleitoral. Entretanto, uma vez realizado o showmício (comício + animação ou entretenimento), restará caracterizado o descumprimento das normas de arrecadação e gastos de campanha, exatamente porque a Lei n. 11.300/2006 modificou o inciso IX e revogou o inciso XI, ambos do art. 26 da Lei n. 9.504/97, não mais permitindo gastos eleitorais com o patrocínio de espetáculos ou eventos promocionais de candidaturas, tampouco o pagamento de cachê de artistas ou animadores desses eventos. E o art. 30-A, da Lei das Eleições, prevê a negação ou cassação do diploma do candidato que se envolve em irregularidades na arrecadação ou gastos de campanha. Se os artistas, cantores, etc., foram remunerados, tem-se o gasto ilícito de recursos financeiros da campanha. Se a apresentação é gratuita, o candidato terá recebido doação de serviços, estimáveis em dinheiro, expressamente vedados na lei. O art. 30-A será desenvolvido com mais detalhes no Título II, Capítulo III, Seção VIII: abuso do poder econômico.

---

[266] O tema será melhor tratado no capítulo dedicado à arrecadação de recursos de campanha.

8.6. Outdoor. Proibição da Lei n. 11.300/2006. Placas justapostas

A propaganda por meio de **outdoors** era objeto de especial disciplina na lei e não podia ser livremente veiculada. O Código Eleitoral, art. 246, fazia referência à propaganda mediante cartazes, que só eram permitidos quando afixados em quadros ou painéis destinados exclusivamente a esse fim e em locais indicados pelas Prefeituras, para utilização de todos os Partidos, de forma igualitária. Era a disciplina do engenho de publicidade hoje denominado *outdoor*. A Lei n. 9.504/97, no seu art. 42, partindo do pressuposto de que o Poder Público Municipal regulamenta o uso de espaços públicos para veiculação de propaganda por meio desse engenho publicitário, repetia regra antiga de sorteio desses espaços entre os Partidos Políticos. As empresas de publicidade, que exploram aqueles espaços, relacionavam os pontos disponíveis para a veiculação de propaganda eleitoral em quantidade não inferior à metade do total dos espaços existentes no município. Significa que, para a campanha eleitoral, tinham de ser disponibilizados, no mínimo, 50% dos espaços destinados a *outdoor*. A partir dessa informação, os locais eram distribuídos segundo a regra dos §§ 2º e 3º do art. 42, e posteriormente sorteados entre os Partidos.

Certo é que não podia haver propaganda eleitoral mediante *outdoor* sem que o local da sua instalação tivesse constado do sorteio realizado pela Justiça Eleitoral. Nem mesmo o argumento de que o *outdoor* estava colocado em propriedade privada excluía a necessidade do sorteio, posto que esse tipo de propaganda somente podia ser veiculado na forma regulamentada no mencionado art. 42. Em propriedade particular ou em espaços públicos, a verdade é que o *outdoor* é utilizado por empresas prestadoras de serviços de publicidade, que só podem ser veiculados nos locais previamente autorizados pelo Poder Público Municipal e, quando contendo propaganda eleitoral, a partir do sorteio.

A grande dificuldade, porém, que sempre foi encontrada nessa questão é a distinção entre *outdoor* (que tinha regulamentação rígida na lei eleitoral) e as placas (que eram de utilização livre quando colocadas em propriedades particulares). Os Partidos e candidatos sempre argumentaram que, se não podiam instalar um *outdoor* em propriedade privada, que não era local previamente permitido para tal, poderiam colocar lá uma placa, cujo impacto visual é, na maioria das vezes, igual. Algumas regras foram criadas para conceituar o *outdoor*, fixando-lhe principalmente a dimensão mínima. Se o artifício publicitário tivesse as medidas recomendadas, era *outdoor*; se fosse menor, podia ser entendido como simples placa. Nas eleições de 2000, falava-se em engenho publicitário com, pelo menos, 20 m^2. Foi expressivo o número de placas confeccionadas com menos de 20 m^2, exatamente para fugir à conceituação de *outdoor* e, consequentemente, da necessidade de prévio sorteio pela Justiça Eleitoral.

Percebendo a manobra, já para as eleições de 2002, o art. 15, § 1º, da Resolução n. 20.988/02-TSE diz que "considera-se *outdoor*, para efeitos desta resolução, os engenhos publicitários explorados comercialmente". Não mais se falou em dimensão mínima, importando então saber se havia exploração comercial daquela espécie de propaganda. Ou seja, se a propaganda eleitoral foi feita por intermédio de empresa de publicidade que trabalha com *outdoor*, o engenho publicitário, qualquer que fosse o tamanho, era *outdoor* e tinha de submeter-se às regras deste. Se o local em que se encontrava era daqueles utilizados habitualmente por empresas do ramo, ou se havia ato da administração municipal fixando-o como tal, a propaganda era entendida como *outdoor* e era ilícita se não submetida ao sorteio previsto na lei.

Se a veiculação da propaganda mediante *outdoor* não obedecesse ao sorteio prévio, só por isso já respondiam a empresa de publicidade, o Partido Político, a Coligação e o candidato pelo pagamento da multa de 5.000 a 15.000 UFIRs, além de serem obrigados à sua imediata retirada (art. 42, § 11, da LE). Os abusos relativos ao tamanho e à quantidade de *outdoors* podiam ser questionados a título de abuso do poder econômico, como será visto mais adiante.

Mas o fato é que esse meio de propaganda restou proibido a partir da Lei n. 11.300/2006, conforme § 8º do art. 39 da Lei n. 9.504/97. Face a essa proibição, já nas eleições de 2006 o TSE voltou a se reportar às medidas do painel, para considerá-lo *outdoor* quando superior a 4m2, daí impondo-se a respectiva sanção pecuniária (art. 39, § 8º). E o art. 37, § 2º, da LE (na redação dada pela Lei n. 12.034/2009), fazia expressa referência ao tamanho máximo da placa, faixa, inscrição a tinta (exatamente os 4m2), indicando a multa do art. 37, § 1º (de R$ 2.000,00 a R$ 8.000,00) para o caso da não remoção da propaganda e reparação do bem no prazo fixado pelo Juiz. Restava saber se a divulgação de propaganda eleitoral por meio de uma placa com mais de 4m2 configurava infração própria, com disciplina que se esgotaria no art. 37, §§ 1º e 2º, ou se o impacto visual, proporcionado pela sua elevada dimensão, permitia a sua caracterização como *outdoor*, à consideração de que este instrumento de divulgação sempre mereceu tratamento legal e jurisprudencial diferenciado – mais rigoroso no passado e agora expressamente proibido – exatamente pelo seu potencial. Neste contexto, o conceito de *outdoor* alcança os painéis veiculados por empresas de publicidade – qualquer que seja o seu tamanho – e os que tiverem mais de 4m2. O TSE, seguindo a linha da sua jurisprudência, continuou entendendo que a placa, faixa ou pintura que excedesse o limite de tamanho então permitido era *outdoor*, impondo-se a disciplina deste, ou seja, do art. 39, § 8º. E a Resolução n. 23.404/2014, do TSE, que disciplinou a propaganda eleitoral para 2014, diz que caracterizava *outdoor* o painel com mais de 4m2, explorado comercialmente. E também placa ilícita, face ao excesso de tamanho, aquela que, com mais de 4m2, mesmo que não for comercializada (art. 18). Como a Lei n. 13.165/2015 deu nova redação ao art. 37, § 2º, vedando também as placas, qualquer que seja o seu tamanho, qualquer painel de propaganda eleitoral, com tais características, estará violando a lei, sujeitando o responsável às sanções do art. 39, § 8º. E mesmo os adesivos plásticos, fixados em bens particulares, que ultrapassarem a medida agora permitida (meio metro quadrado: art. 37, § 2º, na redação dada pela Lei n. 13.488/2017), ainda que como resultado da justaposição, serão compreendidos como assemelhado a outdoor, para efeito da aplicação da multa prevista para este. Nesta linha, o art. 26, da Res. TSE n. 23.610/2019.

AREspE n. 060056532 - PONTA GROSSA – PR, Ac. de 18/11/2021, Rel. Min. Alexandre de Moraes

> ELEIÇÕES 2020. [...] JUSTAPOSIÇÃO DE PLACAS. EFEITO ANÁLOGO A OUTDOOR. VEDAÇÃO. [...].
>
> 2. A divulgação de peça publicitária, mediante **sobreposição de placas**, causando efeito visual de grande proporção, encontra vedação no art. 39, § 8º da Lei 9.504/1997. [...] No mesmo sentido: Ac.-TSE, de 2.9.2021, no AgR-REspE nº 060027798
>
> Ac.-TSE, de 10.10.2017, no AgR-REspe nº 2646: placa de dimensão grandiosa com foto, nome, cargo e número de candidato configura propaganda irregular mediante engenho equiparado a *outdoor*.
>
> Ac.-TSE, de 29.8.2017, no AgR-AI nº 6067: a configuração de *outdoor* não exige que a propaganda eleitoral tenha sido explorada comercialmente.

Submete-se à mesma disciplina o outdoor eletrônico, por ser mera espécie do gênero outdoor, agora expressamente mencionado no art. 39, § 8º, da Lei n. 9.504/97, na redação dada pela Lei n. 12.891/2013[267].

8.7. Jornais e revistas: tratamento privilegiado

Nos **jornais e revistas**, a propaganda eleitoral é relativamente livre e deve ser paga pelo partido, federação ou candidato nela interessado. Não pode ultrapassar 1/8 de folha de jornal e 1/4 de folha de revista e deve limitar-se a dez anúncios, por veículo, em datas diversas, para cada candidato (art. 43, da LE, na redação dada pela Lei n. 12.034/2009). Computam-se, para esse limite de dez anúncios, todas as publicações que contenham o nome ou a imagem do candidato, mesmo não tendo sido ele o contratante da propaganda (art. 42, § 6º, da Res. TSE n. 23.610/2019). O STF, apreciando arguição de inconstitucionalidade destas restrições, julgou improcedente a ADI n. 6281 (sessão de 17.02.2022). Ao contrário do que estabelece a lei para a propaganda no rádio e na televisão, não há impedimento de que a imprensa escrita assuma posição política durante a campanha. Então, é possível que o editorial emita opinião favorável ou desfavorável a algum candidato, como também que lhe dê tratamento privilegiado, desde que não seja matéria paga, porque então será sim propaganda eleitoral (e não a opinião daquele veículo). O abuso dessa liberdade, entretanto, pode ser questionado a título de uso indevido dos meios de comunicação social, a ser apurado por meio de Investigação Judicial Eleitoral. Esse meio de propaganda, era o único que podia circular no dia das eleições. Alterado pela Lei n. 11.300/2006, o art. 43 da Lei n. 9.504/97 diz agora que "é permitida, até a antevéspera das eleições, a divulgação paga, na imprensa escrita [...]". Então, os jornais e revistas que circulam no domingo da eleição não mais podem veicular propaganda eleitoral, sob pena de multa de R$ 1.000,00 a R$ 10.000,00. A última edição que pode conter a propaganda eleitoral é a da sexta-feira anterior ao domingo da eleição. Também essa propaganda é fonte inesgotável de afirmações inverídicas, de calúnias, injúrias e difamações, o que dá ensejo a ações penais (arts. 323, 324, 325 e 326 do CE), a ações civis para reparação de dano moral (art. 243, §§ 1º e 2º, do CE) e ao direito de resposta (art. 243, § 3º, do CE, e art. 58, da Lei 9.504/97).

---

[267] Ver, no Título I (Noções Introdutórias), Capítulo II (Fontes do Direito Eleitoral), n. 3 (Lei das Eleições), os fundamentos para aplicação, já em 2014, da Lei n. 12.891/2013. O TSE, entretanto, decidiu não aplicá-la às eleições daquele ano.

Na linha da transparente movimentação dos recursos financeiros das campanhas, o art. 43, § 1º, da Lei n. 9.504/97 (com redação dada pela Lei n. 12.034/2009), impõe que a propaganda contenha, de forma visível, informação quanto ao valor pago pela publicação.

A não observância dos limites e das exigências do art. 43 constitui infração cível eleitoral, punida conforme o seu § 2º, por meio da Representação do art. 96:

> § 2º A inobservância do disposto neste artigo sujeita os responsáveis pelos veículos de divulgação e os partidos, coligações ou candidatos beneficiados a multa no valor de R$ 1.000,00 (mil reais) a R$ 10.000,00 (dez mil reais) ou equivalente ao da divulgação da propaganda paga, se este for maior.
>
> Ac.-TSE, de 6.8.2013, no REspe nº 76458: divulgação da propaganda eleitoral na imprensa escrita exige a informação, de forma visível, do valor pago pela inserção, sendo desnecessária a comprovação de dolo para a configuração da infração.
>
> Ac.-TSE, de 17.10.2013, no AgR-AI nº 2658 e, de 6.11.2012, no AgR-AI 27205: para imposição da multa prevista neste parágrafo, não se exige que os candidatos beneficiados tenham sido responsáveis pela veiculação, na imprensa escrita, da propaganda irregular.

8.8. Rádio e TV

A propaganda também é lícita **no rádio e na televisão**. Nestes veículos de comunicação, porque de massa, concessão pública e custeada a propaganda com recursos públicos, há minuciosa disciplina legal (arts. 44 e seguintes da LE), a começar pela proibição de qualquer propaganda paga. O chamado "horário eleitoral gratuito", disponibilizado aos partidos nos trinta e cinco (35)[268] dias anteriores à antevéspera da eleição[269], é uma das formas de financiamento público das campanhas eleitorais admitidas na legislação brasileira, pois o tempo cedido pelas emissoras para a veiculação da propaganda é custeado pela União, mediante compensação fiscal (art. 99, da Lei n. 9.504/97). Será ela veiculada em rede e em inserções[270].

Inovação importante, que impacta positivamente a propaganda eleitoral na televisão, é a obrigatoriedade de os conteúdos serem acessíveis às pessoas com deficiência, na forma da Lei n. 13.146/2015. Assim, tanto a propaganda eleitoral (sob responsabilidade dos partidos) quanto os debates (e neste caso a responsabilidade é da emissora) deverão dispor de legenda, de janela com intérprete de Libras[271] e audiodescrição. Assim dispõe a Resolução TSE n. 23.610/2019:

---

268 Antes da Reforma Eleitoral de 2015, o art. 47 previa 45 dias para esta propaganda.

269 Não há, portanto, propaganda no rádio e na TV na sexta-feira e no sábado anteriores ao domingo da votação

270 Com a Lei n. 12.891/2013, que deu nova redação ao art. 51, IV, as inserções seguem as mesmas regras previstas para a propaganda em rede (art. 47), com observância dos mesmos limites e formatos.

271 Que "devem atender a pelo menos um dos seguintes requisitos: I – apresentar diploma em cursos superiores de bacharelado em tradução e interpretação em Libras ...; II – apresentar certificado de exame de proficiência em Tradução e Interpretação de Libras – Língua Portuguesa; ou III – apresentar declaração de organização da sociedade civil representativa da comunidade surda que comprove a atuação como intérprete de Libras" (art. 81-A, da Res. TSE n. 23.610/2019, incluído pela Res. TSE n. 23.671/2021)

Art. 44
§ 5º Os **debates** transmitidos na televisão deverão utilizar, entre outros recursos, subtitulação por meio de legenda oculta, janela com intérprete da Língua Brasileira de Sinais (**Libras**) que ocupe, no mínimo, **metade da altura e 1/4 (um quarto) da largura da tela** e **audiodescrição**, os quais devem ser mantidos em eventuais novas veiculações de trechos do debate (Lei nº 13.146/2015, arts. 67 e 76, § 1º, III; e ABNT/NBR 15290:2016). (Redação dada pela Resolução nº 23.671/2021)

Art. 48
§ 4º A **propaganda eleitoral gratuita na televisão** deverá utilizar, entre outros recursos, subtitulação por meio de legenda aberta, janela com intérprete de **Libras e audiodescrição**, sob responsabilidade dos partidos políticos, das federações e das coligações, observado o disposto na ABNT NBR 15290:2016, e, para a janela de Libras, o **tamanho mínimo de metade da altura e 1/4 (um quarto) da largura da tela** (Lei nº 13.146/2015, arts. 67 e 76, § 1º, III). (Redação dada pela Resolução nº 23.671/2021)

8.8.1. Horário gratuito em rede

A propaganda em **REDE**, disciplinada no art. 47, § 1º, reúne todas as emissoras em operação na circunscrição da disputa (no município, para a eleição municipal; no estado, para as eleições gerais, ou seja, para deputados, governadores e senadores, e na federação, para a eleição presidencial) para transmitir ao mesmo tempo um mesmo conteúdo, com duração e sequência definidos previamente pela Justiça Eleitoral em cada pleito.

Na eleição presidencial, são dois blocos por dia, de 12,5 minutos[272] (doze minutos e meio) cada um, às terças e quintas-feiras e aos sábados (art. 47, § 1º, I, da Lei das Eleições).

Na eleição para Deputado Federal, são dois blocos por dia, também de 12,5[273] minutos (doze minutos e meio) cada um, igualmente às terças e quintas-feiras e aos sábados (art. 47, § 1º, II).

Na eleição para Senador, são dois blocos por dia, de cinco (5)[274] minutos cada um, às segundas, quartas e sextas-feiras. Nos anos em que a renovação do Senado for de dois terços, ou seja, em que elegerem-se dois Senadores por Estado, são sete (7)[275] minutos em cada bloco (art. 47, § 1º, III).

Na eleição para Deputado Estadual e Deputado Distrital, são dois blocos por dia, de dez (10)[276] minutos cada um, às segundas, quartas e sextas-feiras. Nos anos em que a renovação do Senado for de dois terços, ou seja, em que cada Estado elege dois Senadores,

272 Antes da Reforma Eleitoral de 2015, eram dois blocos de 25 minutos cada um

273 Antes da Reforma Eleitoral de 2015, eram dois blocos de 25 minutos cada um

274 Antes da Reforma Eleitoral de 2015, eram dois blocos de 10 minutos cada um

275 Antes da Reforma Eleitoral de 2015, eram dois blocos de 15 minutos cada um

276 Antes da Reforma Eleitoral de 2015, eram dois blocos de 20 minutos cada um

o tempo para a propaganda dos Deputados Estaduais se reduz para dois blocos de 9[277] (nove) minutos cada (art. 47, § 1º, IV).

Na eleição para Governador de Estado e do Distrito Federal, são dois blocos por dia, de 10[278] (dez) minutos cada um, às segundas, quartas e sextas-feiras. Nos anos em que a renovação do Senado for de dois terços, ou seja, em que cada Estado elege dois Senadores, o tempo para a propaganda dos Governadores se reduz para dois blocos de 9 (nove)[279] minutos cada (art 47, § 1º, V).

Como estas eleições são disputadas concomitantemente (eleições gerais e presidenciais), a propaganda para Presidente e Deputado Federal é feita às terças e quintas-feiras e aos sábados. E a propaganda para Senador, Deputado Estadual/Distrital e Governador é feita às segundas, quartas e sextas-feiras.

Na eleição para Prefeito, são dois blocos por dia, de 10 (dez) minutos cada, de segunda a sábado. A nova redação dada pela Lei n. 13.165/2015 ao Inciso VI, do art. 47, § 1º, alterou significativamente a propaganda no rádio/TV em eleições municipais. Diminuiu de 30 minutos para 10 minutos cada bloco, mas por outro lado aumentou para 6 dias por semana, no lugar dos 3 dias até então previstos.

Na eleição para Vereador não há mais os dois blocos de audiência anteriormente previstos no Inciso VII, que eram exibidos às terças e quintas-feiras e aos sábados, cada um com 30 minutos. A nova redação do mencionado inciso VII, dada pela Lei n. 13.165/2015, entretanto, passa a contemplar este cargo eletivo na propaganda mediante inserções, conforme será visto mais adiante.

No segundo turno, a propaganda tem início na sexta-feira (não mais a partir de 48 horas da proclamação dos resultados do primeiro turno) após a realização do primeiro turno e vai até a sexta-feira antevéspera da eleição. E as redes são formadas em dois períodos diários de dez (10) minutos para cada eleição (art. 49, da Lei n. 9.504/97, na redação dada pela Lei n. 13.488/2017), dividindo-se o tempo igualmente entre os dois candidatos. Sendo dois blocos para cada eleição, se houver, além do 2º turno para presidente, também 2º turno para governador em um determinado estado, ali serão 20 minutos diários de propaganda eleitoral em rede.

8.8.2. Horário gratuito em inserções

A propaganda mediante **INSERÇÕES**, disciplinada no art. 51, na redação dada pela Lei n. 13.488/2017, é exibida ao longo da programação diária, também nos 35 (trinta e cinco) dias anteriores à antevéspera da eleição, num total de 70 (setenta)[280] minutos diários, no primeiro turno (caput do art. 51), e de 25 (vinte e cinco) minutos

---

[277] Antes da Reforma Eleitoral de 2015, eram dois blocos de 17 minutos cada um

[278] Antes da Reforma Eleitoral de 2015, eram dois blocos de 20 minutos cada um

[279] Antes da Reforma Eleitoral de 2015, eram dois blocos de 18 minutos cada um

[280] Antes da Reforma Eleitoral de 2015, eram 30 minutos diários reservados às inserções

diários para cada cargo em disputa, no segundo turno (§ 2º do art. 51), de segunda a domingo, entre as 5 (cinco)[281] e as 24 (vinte e quatro) horas. Inserções são mídias de 30 (trinta) ou 60 (sessenta) segundos[282], no mesmo formato de propagandas comerciais e que são veiculadas nos intervalos normais da programação da emissora. Frise-se que, embora em meio à programação normal, as inserções são parte da propaganda eleitoral gratuita, não podendo partidos, federações, coligações ou candidatos contratar a sua exibição, além do tempo atribuído a cada um pela distribuição prevista na lei.

Percebe-se que, enquanto o tempo para as redes de audiência (item 8.1, acima) sofreu diminuição com a Lei n. 13.165/2015, o tempo para as inserções mais que dobrou naquela reforma eleitoral de 2015, o que auxilia na obtenção dos objetivos da propaganda eleitoral, que é chegar ao eleitor, pois a experiência mostra que a audiência durante a exibição em rede tende a diminuir, na medida do desinteresse dos eleitores e das alternativas de programação em veículos que não a compõem. Como as inserções aparecem sem aviso no meio da programação, ela acaba sendo vista.

Esse tempo total das inserções (70 minutos diários, no primeiro turno) é dividido, nas eleições presidenciais e gerais, em partes iguais entre as campanhas majoritárias e proporcionais e a parcela reservada a cada partido ou coligação obedece aos mesmos critérios de distribuição estabelecidos para a propaganda em rede blocos (art. 47, § 2º).

Com a revogação do Inciso II, do art. 51, as inserções, em eleição municipal, não mais se destinam exclusivamente à campanha de Prefeito. Ao contrário, a partir da Lei n. 13.165/2015, agora a eleição para Vereador também participa das inserções, ocupando 40% do tempo total, ficando os restantes 60% para a propaganda de candidatos a Prefeito (art. 47, VII, com redação dada pela Lei n. 13.165/2015). Então, e como já mencionado, a distribuição igualitária que o art. 51 prevê para as eleições majoritárias e proporcionais só se aplica às eleições presidenciais e gerais, pois há regra especial para a eleição municipal.

Para evitar que a emissora escolha em que horário exibir as inserções, segundo o seu interesse comercial ou político, a lei divide o dia em 3 períodos, chamados blocos de audiência (o primeiro, das 5 às 11hs; o segundo, das 11 às 18hs, e, o terceiro, das 18 às 24hs), devendo o tempo com que aquinhoado cada partido prever inserções em todos eles, com o que se alcança tratamento isonômico.

No segundo turno, as inserções também têm início a partir da sexta-feira posterior ao primeiro turno (art. 51, § 2º, c/c art. 49) e vão até a sexta-feira antevéspera da eleição. E o tempo total, de 25 (vinte e cinco) minutos diários por cada cargo em disputa (arts. 49 e 51, § 2º, da Lei n. 9.504/97, na redação dada pela Lei n. 13.488/2017), é dividido igualmente entre os dois candidatos.

[281] Até a Lei n. 13.165/2015, o art. 51 previa o início da exibição diária das inserções para as 8 horas

[282] Até a Lei n. 13.165/2015, o art. 51 falava em inserções de até 60 segundos, o que possibilitava a opção por mídia de 15 segundos, p.ex.

8.8.3. Distribuição do tempo entre partidos e coligações. Inconstitucionalidade

A **distribuição do tempo** (para a rede e para as inserções) entre os partidos, federações ou coligações que estiverem efetivamente disputando o pleito é regulada pelo art. 47, § 2º, da Lei n. 9.504/97, com as alterações da Lei n. 13.165/2015. A redação anterior deste dispositivo previa a distribuição igualitária de 1/3 do tempo total entre os partidos que tivessem representação na Câmara Federal, ou seja, pelo menos um Deputado Federal eleito. Os restantes 2/3 eram distribuídos entre os mesmos partidos, porém proporcionalmente ao número de Deputados Federais de cada um. Então, partidos políticos que ainda não tinham logrado eleger pelo menos um Deputado Federal na última eleição ficavam excluídos do horário eleitoral gratuito. Era evidente a inconstitucionalidade do dispositivo, pois não respeitava o princípio constitucional da isonomia de oportunidades no processo eleitoral, uma vez que fechava as portas do rádio e da televisão aos Partidos que não tinham representação na Câmara Federal. O princípio da isonomia autoriza o tratamento desigual aos desiguais, mas não admite a exclusão de oportunidades. Essa inconstitucionalidade já vinha sendo corrigida pelas resoluções do TSE que disciplinam ano a ano a propaganda eleitoral, determinando a distribuição de 1/3 do tempo entre todos os Partidos/Coligações com candidatos (independentemente de ter representação na Câmara), reservando os outros 2/3 para distribuição proporcional entre aqueles Partidos/Coligações que tinham a tal representação. A Lei n. 12.875/2013, dando nova redação ao art. 47, § 2º e a ele acrescentando o § 7º, alterou acentuadamente a fórmula de distribuição do tempo de rádio e TV entre os partidos. Se de um lado o § 2º corrige a inconstitucionalidade que o STF, em 2012, já havia assentado na ADI n. 4430 – porque não mais se refere a partidos com representação na Câmara, daí que todos os partidos com candidatos participarão da distribuição –, de outro, diminui sensivelmente a parcela de tempo destinada à divisão igualitária, ou seja, aquela que inclui os partidos que não elegeram Deputados Federais no último pleito. Os partidos com representação na Câmara dos Deputados, que continuaram disputando proporcionalmente 2/3 do tempo total, passaram a também receber a distribuição proporcional de 2/3 do tempo restante, totalizando participação em 8/9 (oito nonos). Daí que o tempo destinado à distribuição igualitária – que antes era 1/3 do total – passou a ser 1/3 de 1/3, ou seja, 1/9 (um nono) do total. E o § 7º, acrescentado pela mesma lei, reafirma – o § 3º já o diz – que a divisão proporcional levará em conta, sempre, o resultado das eleições, pois "serão desconsideradas as mudanças de filiação partidária, em quaisquer hipóteses".

Então, a distribuição determinada pela Lei n. 12.891/2013 previa que o tempo total passaria a ser assim dividido:

- Uma primeira parte, com 2/3 do total, proporcionalmente entre os partidos com candidatos e representação na Câmara Federal;
- Uma segunda parte, com o restante 1/3 do total, dividida novamente em duas partes:
  - A primeira, com 2/3, novamente para os partidos com candidatos e representação, mantida a divisão proporcional;
  - A segunda, com 1/3, agora igualitariamente entre todos os partidos.

Por conseguinte, os partidos pequenos teriam uma redução de 2/3 (ou cerca de 68%) do seu tempo de propaganda, naquele que era considerado - especialmente em eleições gerais e presidenciais - como o principal instrumento de divulgação da campanha eleitoral: o tempo de antena. De outro lado, os partidos maiores teriam seu tempo aumentado em cerca de 34%. Se antes participavam da distribuição proporcional de 2/3, com a mudança disputariam 8/9 do tempo total. Fácil perceber, que esta alteração introduziu fator de elevada perturbação no processo eleitoral, indo à essência da capacidade de exposição das propostas dos protagonistas maiores da disputa, que são partidos e candidatos. Lançando profunda alteração na capacidade de disputa dos Partidos e candidatos, a modificação não pôde ser aplicada ao pleito de 2014, porque se realizou a menos de um ano da sua vigência. Mas mesmo para as eleições seguintes, em que observada a anualidade, essa nova disposição não poderia ser admitida. Como dito, a lei pretendeu concentrar nos Partidos com representação na Câmara dos Deputados nada menos que 8/9 (oito nonos) do tempo total de propaganda no rádio e na TV, restando aos Partidos sem representação apenas 1/9 (um nono). Com tanto para os grandes e tão pouco para os pequenos, inevitável concluir que a fórmula de divisão do tempo de antena estava eivada de inconstitucionalidade, por violar os princípios da proporcionalidade e da razoabilidade no tratamento dos diversos Partidos habilitados a concorrer. Se é fato que a lei pode tratar desigualmente os desiguais, sem ofensa ao postulado da isonomia de oportunidades, também o é que esse tratamento desigual não pode ultrapassar os limites da razoabilidade e da proporcionalidade.

Com a Lei n. 13.165/2015, o legislador pretendeu acentuar ainda mais a concentração de tempo de antena nos Partidos maiores, ou seja, nos que elegeram Deputados Federais na última eleição geral. Via de consequência, diminuiu, mais uma vez, a parcela de tempo que é destinada à distribuição igualitária entre todos os Partidos. Se antes (com a Lei n. 12.875/2013), eram 8/9 para os grandes - o que correspondia a 88,88% - e 1/9 para os pequenos (fórmula de distribuição, repita-se, anti-isonômica), agora a redação dada pela Lei n. 13.165/2015 ao art. 47, § 2º, da Lei n. 9.504/97, destinou aos Partidos grandes 90% do tempo, restando aos pequenos apenas 10%. A dita lei de 2015, ao contrário de corrigir a inconstitucionalidade que já viciava o texto, acabou impondo mais iniquidade à disputa. Vista – esta concentração de tempo de rádio e TV – no contexto da reforma de 2015 como um todo, percebe-se que os partidos menores, e especialmente os candidatos desconhecidos do eleitorado, enfrentam enormes dificuldades, senão impossibilidade mesmo, para fazer chegar aos eleitores a sua mensagem, os seus projetos e as suas propostas, sendo improvável o sucesso eleitoral das novas lideranças. Tudo porque, além da diminuição da sua participação, a reforma eleitoral de 2015 diminuiu o próprio período de propaganda nesse veículo, antes de 45 dias e agora 35. Fácil concluir que violado um dos princípios mais caros à República: a alternância no exercício dos mandatos eletivos, com espaço para a salutar renovação dos quadros políticos. Inconstitucional também a redação dada pela Lei n. 13.165/2015, a distribuição do tempo de antena deve continuar observando a fórmula original da Lei n. 9.504/97: 1/3 do total entre todos os Partidos, igualitariamente, e os restantes 2/3 entre os Partidos com representação na Câmara dos Deputados, proporcionalmente. A Resolução TSE n. 23.457/2015, no art. 39, manteve a divisão de tempo prevista na lei: 90% e 10%, até porque o Min. Dias Toffoli, Relator da ADI n. 5423, que questionou a constitucionalidade dessa fórmula de distribuição, indeferiu a liminar em 19-dezembro-2015. E, ao enfrentar o mérito da arguição de inconstitucionalidade, o plenário do STF assentou, em 25 de agosto de 2016, que a distribuição do tempo de antena, tal como prevista na redação do art. 47, § 2º, dada pela Lei n. 13.165/2015 – 90% proporcionalmente à representatividade e 10% igualitariamente – não violou, ao tratar desigualmente os partidos concorrentes, o princípio da razoabilidade.

A mesma Lei n. 12.875/2013 promoveu outra alteração na regra de distribuição do tempo de antena. Desta vez, foi acrescido o § 7º, ao art. 47, da Lei n. 9.504/97, para insistir na proibição da "portabilidade" da representação popular, na medida em que determina sejam "desconsideradas [para o cálculo de proporcionalidade do § 2º] as mudanças de filiação partidária, em quaisquer hipóteses", contrariando frontalmente o que decidido pelo STF na ADI n. 4430, quando a Corte fixou o entendimento de que os Deputados Federais que se filiam a partidos novos levam para estes o tempo de antena. Apreciando novamente a questão, agora na ADI 5105, o STF manteve a declaração de inconstitucionalidade, razão pela qual os partidos criados no curso da legislatura – e que, portanto, não elegeram Deputados Federais na última eleição geral – participarão da distribuição proporcional dos 90%. Como dito, a EC n. 111/2021 levou o tema para a Constituição (art. 17, § 6º), prevendo que serão desconsideradas – para efeito de distribuição dos recursos dos fundos e do tempo de antena – todas as migrações, ficando cada partido/federação com a proporcionalidade conquistada nas urnas. Ressalva feita apenas às migrações autorizadas pelo art. 17, § 5º, da CF: desfiliações dos que eleitos por partidos que não alcançaram a cláusula de desempenho.

Para o cálculo da proporcionalidade, a lei permite que as coligações se apresentem com o número total de Deputados Federais dos partidos que a compõem. O art. 47, § 2º, II, na redação original, permitia a somatória de "todos os partidos" que integram a coligação, regra que foi mantida mesmo com a alteração da Lei n. 12.875/2013. Com a Lei n. 13.165/2015, entretanto, o Inciso I, do art. 47, § 2º, dispõe que apenas os seis (6) maiores partidos integrantes da coligação majoritária poderão ter seus Deputados Federais somados. Como a EC 97/2017, alterando o art. 17, da CF, proibiu as coligações para as eleições proporcionais a partir da eleição de 2020, a parte final do art. 47, § 2º, I, não foi recepcionada pela nova ordem constitucional. E a Lei n. 14.211/2021 deu nova redação ao referido inciso, retirando o trecho que mencionava a hipótese de coligação proporcional.

8.8.4. Conteúdo dos programas

Os programas para o rádio e a TV, tanto na exibição em rede quanto nas inserções, devem observar o **conteúdo** previsto no art. 54, que teve significativa alteração com a Lei n. 13.165/2015. Nas gravações, internas ou externas, **só poderão aparecer** o próprio candidato, as suas propostas (em caracteres), fotos, "jingles", clipes de campanha e indicação do número com que concorre ou do partido, como também de seus apoiadores. O uso da expressão "**só poderão**" já autoriza afirmar que os programas, especialmente para a TV, não mais podem se apresentar com a produção cinematográfica que já era comum às campanhas eleitorais. Não é demais concluir que a lei agora quer o candidato à frente das câmeras, sem os efeitos especiais que criam um aspecto visual agradável, porém ilusório e despido de qualquer conteúdo efetivo, frustrando os objetivos da propaganda eleitoral (nesta modalidade custeada com recursos públicos), que é levar ao eleitorado informações, ideias e propostas do candidato. Mas o art. 54 ainda prossegue, para impor a vedação expressa de montagens ("toda e qualquer junção de registros de áudio ou vídeo que degradar ou ridicularizar candidato, partido político ou coligação, ou que desvirtuar a realidade e beneficiar ou prejudicar qualquer candidato, partido político ou coligação", art. 45, § 5º), trucagens ("todo e qualquer efeito realizado em áudio ou vídeo que degradar ou ridicularizar candidato, partido político ou coligação, ou que desvirtuar a realidade e beneficiar ou prejudicar qualquer candidato, partido político ou coligação": art. 45, § 4º), computação gráfica, desenhos animados e efeitos especiais, o que só reforça aquela primeira conclusão.

> Art. 54. Nos programas e inserções de rádio e televisão destinados à propaganda eleitoral gratuita de cada partido ou coligação **só poderão** aparecer, em gravações internas e externas, observado o disposto no § 2º, candidatos, caracteres com propostas, fotos, jingles, clipes com música ou vinhetas, inclusive de passagem, com indicação do número do candidato ou do partido, bem como seus apoiadores, inclusive os candidatos de que trata o § 1º do art. 53-A, que poderão dispor de **até 25%** (vinte e cinco por cento) do tempo de cada programa ou inserção, sendo **vedadas montagens, trucagens, computação gráfica, desenhos animados e efeitos especiais**.

Até mesmo a participação de apoiadores não pode ocupar mais que 25% do tempo de cada programa, exatamente para que o candidato assuma e não perca o protagonismo da propaganda. O art. 74, da Res. TSE n. 23.610/2019, com redação dada pela Res. TSE n. 23.671/2021, esclarece que "o limite de 25% (vinte e cinco por cento) previsto no caput aplica-se à participação de quaisquer apoiadores no programa eleitoral, candidatos ou não" (§ 3º) e que "considera-se apoiador, para fins deste artigo, a figura potencialmente apta a propiciar benefícios eleitorais à candidata, ao candidato, ao partido, à federação ou à coligação que veicula a propaganda, não integrando tal conceito as pessoas apresentadoras ou interlocutoras, que tão somente emprestam sua voz para transmissão da mensagem eleitoral" (§ 4º).

> Rp - Recurso em Representação nº 060125690 - BRASÍLIA – DF, Ac. de 03/10/2018, Rel. Min. Sergio Silveira Banhos. [...] PROPAGANDA ELEITORAL. PRELIMINAR AFASTADA. INSERÇÕES. VEICULAÇÃO. RÁDIO. IRREGULARIDADE. INEXISTÊNCIA. DESPROVIMENTO. [...] 2. Este Tribunal Superior Eleitoral já firmou o entendimento de que o limite de 25% de aparição na propaganda eleitoral gratuita é dirigido aos apoiadores, sendo os 75% restantes destinados aos diferentes tipos de mensagens publicitárias previstos no art. 54 da Lei das Eleições. Precedente. [...]

As cenas externas também devem ser apresentadas pelo candidato, podendo pessoalmente exaltar ou criticar realizações da administração pública.

> § 2º Será permitida a veiculação de **entrevistas com o candidato** e de cenas externas nas quais **ele, pessoalmente, exponha**:

I - realizações de governo ou da administração pública;

II - falhas administrativas e deficiências verificadas em obras e serviços públicos em geral;

III - atos parlamentares e debates legislativos.

Esse conjunto normativo, resultado da reforma eleitoral de 2015, não deixa dúvida de que se impõe aos programas de rádio e TV profunda alteração de conteúdo, exigindo que o candidato tenha propostas, projetos e argumentos para convencer o eleitor. Neste passo, foi bem a alteração, pois a propaganda eleitoral não precisa ser bonita e agradável, não tem que ter efeitos especiais e malabarismos. Antes, tem que ser informativa e propositiva, tem que expor ao eleitor os projetos do candidato e os meios com que ele os transformará em realidade, caso seja eleito. Tem, em síntese, que dar ao eleitor subsídios para a importante decisão do voto. A montagem (ao juntar dois conteúdos diversos) e a trucagem (ao conferir efeito diverso ao conteúdo) só fazem enganar o eleitor, passando-lhe uma realidade que não existe. A computação gráfica e os efeitos especiais, de seu turno, também não têm conteúdo informativo e propositivo em si, servindo apenas para embelezar a propaganda e, com isso, desviar a atenção dos eleitores, que deve estar focada, repita-se, nas propostas e nos projetos do candidato ou partido. Uma consequência importante na vedação desses recursos cinematográficos é que o custo da campanha tende a diminuir consideravelmente, objetivo confessado das alterações legislativas.

> "Como se vê a Lei nº 13.165/2015 admite que candidatos às eleições majoritárias figurem no horário destinado às proporcionais, em apoio a estes, dispondo de até 25% do tempo de cada programa ou inserção. O contrário também se aplica, quanto à aparição de candidatos às eleições proporcionais no programa de postulantes a cargos majoritários. Nesta última hipótese, porém, consideradas as eleições municipais e a ausência de previsão de que candidatos a vereador possam figurar nos programas em bloco, a eventual aparição no horário destinado aos candidatos a prefeito, ainda que em apoio a estes, poderá provocar fundada alegação de quebra da igualdade entre os competidores à Câmara Municipal." (Marcelo Roseno, Eleições 2016: Marco Regulatório e Alterações da Lei n. 13.165/2015, publicado pelo Empório do Direito)

8.8.5. Restrições à programação normal: apresentadores e comentaristas

O rádio e a televisão ainda sofrem as **restrições** previstas no art. 45 da LE, seja em sua programação normal, seja nos seus noticiários. Do elenco de vedações deste artigo – que se impõem após o encerramento do prazo para as convenções, ou seja, a partir de 06 de agosto, conforme nova redação que a Lei n. 13.165/2015 deu ao "caput" do art. 45[283] – o STF[284] suspendeu a eficácia do inciso II e de parte do inciso III, de forma que as emissoras podem "*usar trucagem, montagem ou outro recurso de áudio ou vídeo que, de qualquer forma, degradem ou ridicularizem candidato, partido ou coligação, ou produzir ou veicular programa com esse efeito*" e também "*difundir opinião favorável ou*

[283] Na redação anterior, a vedação se impunha a partir de 01 de julho.

[284] Ver decisão do Pleno, em 2.9.2010, na ADI n. 4451, referendando a liminar.

contrária a candidato, partido, coligação, a seus órgãos ou representantes", tudo alcançado pela garantia constitucional da liberdade de imprensa. O que não significa, obviamente, que a emissora possa avançar para a prática do abuso de poder, porque este continua sendo um limite imposto a todos indistintamente, face à necessidade de garantia da normalidade e legitimidade das eleições.

Percebe-se que, enquanto a imprensa escrita pode assumir uma posição política e emitir opinião a respeito de candidatos, o rádio e a televisão, exatamente por serem concessões públicas e porque atingem a massa de eleitores e têm um poder de penetração e convencimento infinitamente superiores ao do jornal, estavam obrigados à isenção e à imparcialidade, principalmente quando transmitindo entrevistas jornalísticas. A liminar do STF, entretanto, não suspendeu a vedação de tratamento privilegiado constante do art. 45, IV. Então, nem mesmo ao noticiarem o dia-a-dia dos candidatos as emissoras podem dar-lhes tratamento diferenciado. Ao contrário, devem cuidar para que todos tenham espaço nos seus noticiários. As entrevistas com candidatos devem acercar-se de cuidado redobrado, para não serem entendidas como tratamento privilegiado, portanto propaganda ilícita. Na compreensão do TSE, entretanto, não caracteriza tratamento privilegiado o fato de a emissora convidar para entrevistas apenas os candidatos mais bem colocados nas pesquisas eleitorais (Res. TSE n. 23.610/2019, art. 43, § 1º). Quando as emissoras de rádio ou TV inobservam as restrições contidas nos incisos do art. 45, praticam infração cível eleitoral e incorrem na multa de 20.000 a 100.000 UFIRs, duplicada na reincidência (art. 45, § 2º).

> RESPE – AgR-REspe n. 18094 - BOA VISTA DA APARECIDA – PR, Ac. de 14/11/2017, Rel. Min. Jorge Mussi [...] PROPAGANDA ELEITORAL IRREGULAR EM RÁDIO. ART. 45, IV, DA LEI 9.504/97. TRATAMENTO DIFERENCIADO. CANDIDATO. CONFIGURAÇÃO. DESPROVIMENTO.
>
> 1. Consoante o art. 45, IV, da Lei 9.504/97, veda-se a emissoras de rádio e televisão, após as convenções, conferir tratamento diferenciado a candidatos, partidos e coligações. 2. A liberdade de imprensa não constitui direito ou garantia de caráter absoluto, punindo-se eventuais excessos em hipótese de ofensa ao princípio democrático e à isonomia entre candidatos. Precedentes. 3. Na espécie, é incontroverso que em programa da agravante Rádio Comunitária Criativa FM, no dia 1º.8.2016, após a convenção, houve propaganda política favorável a Rildo José Peloso e contrária a seu adversário, Leonir Antunes dos Santos, ambos candidatos ao cargo de prefeito de Boa Vista da Aparecida/PR em 2016. 4. Segundo o TRE/PR, configurou-se o tratamento privilegiado, "seja porque o convite ao candidato recorrido não foi comprovado, seja porque na entrevista são enaltecidas as figuras dos candidatos apoiados pelo Prefeito, a quem é dada livremente a palavra e é feita uma crítica de cunho eleitoral ao [...] recorrido" (fl. 313). [...]
>
> RESPE – AgR-REspe n. 10808 - CAMPO MAIOR – PI, Ac. de 04/02/2014, Rel. Min. Henrique Neves Da Silva
>
> 1. As emissoras de rádio e televisão são partes legítimas para responder por representação que aponta a infração do art. 45 da Lei nº 9.504/97.
>
> 2. Conforme já decidiu este Tribunal, o STF, no julgamento da ADI 4.451/DF, manteve a parcial eficácia do art. 45, III, da Lei 9.504/97 e concluiu que o direcionamento de críticas ou matérias jornalísticas que impliquem propaganda eleitoral favorável

a determinada candidatura, com a consequente quebra da isonomia no pleito, permanece sujeito ao controle a posteriori do Poder Judiciário (AgR-AI nº 8005-33, relª. Minª. Nancy Andrighi, DJE de 20.5.2013).

3. A modificação da conclusão da Corte de origem de que ficou configurada a propaganda eleitoral irregular porquanto o veículo de comunicação ultrapassou os limites da notícia jornalística ao tecer diversos comentários elogiosos a determinado candidato em detrimento do candidato adversário encontraria óbice nas Súmulas 7 do STJ e 279 do STF.

4. A difusão de opinião favorável a candidato, extrapolando o limite de informação jornalística, configura violação ao art. 45, III, da Lei nº 9.504/97. [...]

AI - AgR-AI n. 800533 - SÃO PAULO - SP,Ac. de 18/04/2013, Rel. Min. Nancy Andrighi [...]

2. O acórdão recorrido não merece reparos porquanto alinhado com a jurisprudência do TSE de que a livre manifestação do pensamento, a liberdade de imprensa e o direito de crítica não encerram direitos ou garantias de caráter absoluto, atraindo a sanção da lei eleitoral no caso de seu descumprimento (Rp 1975-05/DF, Rel. Min. Henrique Neves, PSESS de 2.8.2010).

3. O STF, no julgamento da ADI 4.451/DF, manteve a parcial eficácia do art. 45, III, da Lei 9.504/97 e concluiu que o direcionamento de críticas ou matérias jornalísticas que impliquem propaganda eleitoral favorável a determinada candidatura, com a consequente quebra da isonomia no pleito, permanece sujeito ao controle a posteriori do Poder Judiciário. [...]

Os **apresentadores e comentaristas de rádio e TV** que forem se candidatar devem se afastar das referidas atividades a partir de 30 de junho. O art. 45, § 1º, na sua redação anterior, previa esse afastamento para os que escolhidos candidatos nas convenções partidárias, disposição que se mostrava mais adequada, tendo em vista que, em 30 de junho, quando o apresentador ou comentarista deve agora se afastar, ele nem mesmo sabe se será candidato, pois a convenção partidária ocorre entre 20 de julho e 05 de agosto. Como a vedação se dirige, num primeiro momento, à emissora, que não pode exibir o programa apresentado ou comentado por pré-candidato, pode acontecer de esta não saber, com certeza, se algum de seus apresentadores ou comentaristas logrará a indicação do seu partido na convenção. A emissora deverá, por cautela, deixar de apresentar os programas daqueles que tiverem o potencial de candidatura, inclusive porque há sanção importante para o descumprimento da regra: de 20.000 a 100.000 UFIR, algo próximo de R$ 20.000,00 a R$ 100.000,00.

A nova redação do mencionado art. 45, § 1º, dada pela Lei n. 13.165/2015, agora prevê a **consequência fatal para o pré-candidato** que permanecer apresentando ou comentando programa em emissora de rádio e TV, qual seja, o "cancelamento do registro da candidatura". Como a lei impõe ao pré-candidato o afastamento da função de apresentador ou comentarista em emissora de rádio e TV a partir de 30 de junho e o registro só é requerido à Justiça Eleitoral em 15 de agosto, percebe-se que a lei acabou criando, para estes profissionais da radiodifusão, uma condição de elegibilidade. O seu registro só é viável se ele estiver afastado de fato das referidas funções desde aquela data (30-junho), condição que deve ser demonstrada com o pedido de registro. Não se trata – pelo menos no que diz com o exercício dessas funções de 30 de junho até o requerimento do registro – exatamente de cancelamento do registro, pois neste período o pré-candidato ainda não tem registro a ser cancelado. Permanecendo apresentador ou comentarista a partir de 30 de junho, o pedido de registro sequer será deferido. Outra será a hipótese, se houver afastamento em 30-junho e o registro for deferido face a esta situação de adequação fática e legal e se o candidato, posteriormente, voltar às funções de apresentador ou comentarista, ainda durante a campanha, porque, neste caso, aí sim, será a hipótese de "cancelamento" do registro, por perda superveniente de uma das condições de elegibilidade, matéria que pode ser veiculada no RCED – Recurso contra a Expedição do Diploma, previsto no art. 262, do Código Eleitoral. A expressão "cancelamento" aparece neste contexto com o sentido de "desconstituição".

O TSE, entretanto, não entende a exigência de afastamento dos apresentadores de rádio e TV como sendo condição de elegibilidade, mas tão somente infração eleitoral sancionada com cancelamento de registro, a ser apurada em ação própria:

> 1. A ação de impugnação a registro de candidatura não se revela instrumento jurídico-processual idôneo para apurar possível infração ao art. 45, § 1º, da Lei nº 9.504/97, porquanto patente a existência de procedimento próprio e específico para esse fim. [...]
>
> (RESPE - Agravo Regimental em Recurso Especial Eleitoral nº 57404 - ARTUR NOGUEIRA – SP, Acórdão de 15/08/2017, Relator(a) Min. Luiz Fux)
>
> 1. A regra contida no § 1º do art. 45 da Lei 9.504/97, que impede a transmissão de programas apresentados ou comentados por pré-candidatos a partir do dia 30 de junho, não caracteriza hipótese de inelegibilidade (ou desincompatibilização) nem significa ausência de condição de elegibilidade.
>
> 2. A ocorrência de ilícitos eleitorais, ainda que por fatos anteriores ao registro, não constitui matéria a ser analisada e decidida na impugnação do pedido de registro de candidatura. Precedentes.
>
> [...] (RESPE - Recurso Especial Eleitoral nº 10196 - CATALÃO – GO, Acórdão de 14/02/2017, Relator(a) Min. Henrique Neves Da Silva)

A partir de 05 de agosto, está proibida a divulgação de **nome de programa** que se refira a candidato já escolhido em convenção, ainda quando preexistente (por exemplo: Sílvio Santos, Faustão, se vierem a ser indicados em convenção: art. 45, VI, da LE).

Então, se o programa é apresentado ou comentado por candidato, a emissora deve afastá-lo das mencionadas funções a partir de 30 de junho. Mas o programa com o nome do pré-candidato poderá permanecer no ar até 05 de agosto, quando encerrado o prazo para a realização das convenções, porque a partir daí passa a ser vedada também a divulgação de nome de programa que se refira a candidato. A infração a essa regra também dá ensejo à multa do § 2º.

8.8.6. Debates

Podem o rádio e a TV, entretanto, realizar **debates** com os candidatos às eleições proporcionais e majoritárias, desde que convidem todos aqueles que pertencem a Partidos Políticos ou Federações que tenham representação no Congresso Nacional de pelo menos 5 (cinco) parlamentares[285], pois o art. 46, da Lei n. 9.504/97, na redação dada pela Lei n. 13.488/2017, assegura a estes partidos (com pelo menos 5 Deputados Federais e/ou Senadores, portanto) o direito de participar dos debates. E, aos partidos com bancada inferior, a lei apenas faculta a participação, ficando a critério da emissora convidá-los, ou não. Para definição dessa representação, bom lembrar que o STF considera os Deputados Federais eleitos pelo partido e os que a ele se filiaram após a eleição, desde que a mudança de partido tenha sido feita com observância das hipóteses de justa causa. A mesma solução que era aplicada para efeito de distribuição proporcional do Fundo Partidário e do tempo de antena, sendo natural que também se observasse este entendimento para efeito de participação nos debates. Neste sentido, a Res. TSE n. 23.610/2019, cujo art. 44, § 6º, determinava fossem consideradas as "mudanças de filiação partidária ocorridas até a data da convenção e que, relativamente aos deputados federais, não tenham sido contestadas ou cuja justa causa tenha sido reconhecida pela Justiça Eleitoral, observado, ainda, o previsto no § 7º deste artigo". Este § 7º lembrava que deviam ser "desconsideradas as mudanças de filiação partidária ocorridas com base na Emenda Constitucional nº 97/2017 (vide Consulta TSE nº 106-94, DJE de 09.05.2016)", pois o art. 17, § 5º, da CF, acrescido pela mencionada EC 97, é expresso ao afirmar que as mudanças de partido decorrentes do não atingimento da cláusula de desempenho não serão computadas para efeito de distribuição dos recursos do Fundo Partidário e nem para acesso ao tempo de rádio e TV. A partir da eleição de 2022, por força do art. 17, § 6º, da CF, incluído pela EC n. 111/2021, devem ser desconsideradas todas as migrações, ficando cada partido/federação com a proporcionalidade conquistada nas urnas. A Res. TSE n. 23.610/2019, com redação dada pela Res. TSE n. 23.671/2021, já reflete este entendimento no art. 44, § 6º.

---

[285] Este artigo, na redação anterior, dada pela Lei n. 13.165/2015, fixava um mínimo de **10 Deputados** Federais para assegurar a participação do partido no debate. Com a Lei n. 13.488, o art. 46 passa a falar em **05 Parlamentares**, podendo, portanto, ser **Deputados Federais e Senadores**. A ADI n. 5423 questionou a constitucionalidade daquela exigência de representação mínima de 10 Deputados Federais, tendo o Relator, Min. Dias Toffoli, indeferido a liminar em 19-dezembro-2015. Apreciando o mérito do pedido, o plenário do STF, em 25 de agosto de 2016, assentou que a exigência de então (mínimo de 10 Deputados Federais, conforme Lei n. 13.165/2015) era razoável: "1. O art. 46, caput, da Lei nº 9.504/97, assegura a participação, nos debates eleitorais, dos candidatos dos partidos políticos com mais de 9 (nove) representantes na Câmara dos Deputados. Critério razoável de aferição da representatividade do partido, pois não obsta a participação nos debates de legendas com menor representatividade, a qual ainda é facultada, a critério das emissoras de rádio e televisão. O direito de participação em debates eleitorais - diferentemente da propaganda eleitoral gratuita no rádio e na televisão -, não tem assento constitucional e pode sofrer restrição maior, em razão do formato e do objetivo desse tipo de programação". Como a redação atual do art. 46, dada pela Lei n. 13.488/2017, diminuiu a exigência mínima (de 10 para 05) e ainda permitiu serem contados não só Deputados Federais, mas também Senadores, forçoso reconhecer que o dispositivo fica ainda mais conforme a constituição.

Questão importante é saber se o candidato com **registro indeferido, mas sub judice**, e que pertença a partido com pelo menos 5 parlamentares no Congresso Nacional, deve ter sua participação assegurada no debate. Como se sabe, ao candidato sub judice é garantida a plena participação na campanha eleitoral, do que decorre que deve ele ser convidado pela emissora. Mas é necessário lembrar que referido status (sub judice) cessa com o trânsito em julgado da decisão sobre o registro e também com a decisão colegiada do TSE (art. 44, § 1º, Res. TSE n. 23.610/2019, c/c art. 51, § 1º, da Res. TSE n. 23.609/2019).

O debate deve obedecer a regras previamente fixadas em acordo celebrado entre a emissora e os partidos, com oportuna comunicação à Justiça Eleitoral. Nas eleições majoritárias, o acordo deve contar com aquiescência de pelo menos 2/3 (dois terços) dos candidatos. Já para as eleições proporcionais, o acordo se dá entre os partidos/federações[286] e deverá ser resultado da convergência de vontades também de 2/3 (dois terços)[287]. Natural que para as eleições proporcionais o acordo seja feito entre partidos/federações – e não entre candidatos – face ao elevado número destes. Se não houver acordo, ainda assim o debate pode ser realizado, desde que a emissora observe as regras mínimas fixadas no referido art. 46 e assegure a igualdade de tratamento aos participantes, especialmente o tempo para as perguntas e respostas. Visando a dar oportunidade de participação a um maior número possível de candidatos proporcionais, a lei – art. 46, § 2º – veda a participação de um mesmo candidato em mais de um debate. E, para garantir a participação de candidatas, o art. 46, II, da Lei n. 9.504/97, com redação dada pela Lei n. 14.211/2021, determina seja "respeitada a proporção de homens e mulheres estabelecida no § 3º do art. 10 desta Lei". De qualquer forma, o debate pode ser realizado sem a presença deste ou daquele candidato, desde que tenha sido ele comprovadamente convidado com, pelo menos, 72 horas de antecedência (art. 46, I, da Res. TSE n. 23.610/2019, com redação dada pela Res. TSE n. 23.671/2021). Comparecendo apenas um candidato, o debate será convertido em entrevista (Ac.-TSE nº 19.433, de 25 de junho de 2002; art. 46, III, da Res. TSE n. 23.610/2019). O descumprimento das regras do debate leva a emissora à suspensão de suas transmissões por 24 horas, duplicado em cada reiteração, na forma do art. 46, § 3º, c/c o art. 56 da LE, sanção a ser aplicada em sede de Representação, observado o procedimento do art. 96, da Lei n. 9.504/97.

Como as emissoras de rádio e TV não podem veicular propaganda eleitoral nas 48 horas anteriores ao primeiro turno da eleição (art. 47, "caput", da Lei n. 9.504/97, e art. 240, parágrafo único, do Código Eleitoral), os debates só podem ser transmitidos **até as 7 horas da sexta-feira** antevéspera da votação. Para o segundo turno, como a lei diz que a propaganda mediante radiodifusão vai "até a antevéspera da eleição" (art. 49, da Lei n. 9.504/97) os debates devem ser **encerrados às 24 horas da sexta-feira** (Res. TSE n. 23.610/2019, art.46, IV).

---

[286] A partir da eleição de 2020, por força da EC n. 97/2017, não há mais coligação para as eleições proporcionais.

[287] O acordo entre candidatos e partidos não pode, entretanto, excluir participações asseguradas pela lei, nem candidatos convidados pela emissora: art. 44, § 2º, da Res. TSE n. 23.610/2019.

Essas regras previstas em lei para o debate nas emissoras de rádio e TV não se aplicam à Internet, sendo livre a sua realização e transmissão, inclusive ao vivo, pois não se trata, esta, de radiodifusão (Ac.-TSE, de 16.6.2010, na Cta nº 79636). Excessos, entretanto, podem ser apurados a título de abuso de poder nos meios de comunicação.

9. Internet

A propaganda eleitoral ainda é possível, lícita, na **Internet**, com as regras que foram criadas pela Lei n. 12.034/2009, que acrescentou à Lei n. 9.504/97 os arts. 57-A a 57-I, posteriormente alterados pelas Leis n. 12.891/2013, 13.165/2015 e 13.488/2017. Até então, o § 3º do art. 45, determinava aplicar à internet a mesma disciplina da propaganda no rádio e na TV, o que era evidente equívoco. A reforma eleitoral de 2017 ainda acrescentou o art. 57-J e alterou algumas disposições.

Do conjunto de dispositivos que tratam da matéria, é possível sintetizar que:

9.1. Sites de Candidatos e Partidos

É lícita a propaganda nos **sítios eletrônicos dos candidatos, dos partidos e das coligações**, desde que hospedados em provedor estabelecido no Brasil, devendo o respectivo endereço ser comunicado à Justiça Eleitoral (art. 57-B, incisos I e II), "podendo ser mantidos durante todo o pleito eleitoral os mesmos endereços eletrônicos em uso antes do início da propaganda eleitoral" (§ 1º). Hospedar o site em provedor não estabelecido no Brasil e/ou não comunicar o endereço à Justiça Eleitoral constitui infração cível eleitoral.

> Art. 57-B.
>
> § 5º A violação do disposto neste artigo sujeita o usuário responsável pelo conteúdo e, quando comprovado seu prévio conhecimento, o beneficiário, à multa no valor de R$ 5.000,00 (cinco mil reais) a R$ 30.000,00 (trinta mil reais) ou em valor equivalente ao dobro da quantia despendida, se esse cálculo superar o limite máximo da multa. (Incluído pela Lei n. 13.488/2017)

9.2. Mensagens Eletrônicas

Também são lícitas as **mensagens eletrônicas** enviadas por qualquer meio (e-mails, torpedos, Messenger, WhatApp, etc), inclusive com utilização de cadastro de endereços formado pelo próprio candidato ou adquiridos gratuitamente (art. 57-B, inciso III, c/c os arts. 57-D, 57-E, § 1º, e 57-G), os quais devem ser comunicados à Justiça Eleitoral (art. 57-B, § 1º). O descumprimento destas exigências ou limites, como (i) valer-se de cadastro de endereços cedidos por pessoas jurídicas ou de anonimato (arts. 57-D e 57-E, "caput" e § 1º), ou (ii) não comunicar à Justiça Eleitoral os endereços eletrônicos das aplicações utilizadas (art. 57-B, § 1º), ou adquirir onerosamente o cadastro de endereços (art. 57-E, § 1º), constitui infração cível eleitoral (art. 31, da Res. TSE n. 23.610/2019, com redação dada pela Res. TSE n. 23.671/2021).

> Art. 57-D.
>
> § 2º. A violação do disposto neste artigo sujeitará o responsável pela divulgação da propaganda e, quando comprovado seu prévio conhecimento, o beneficiário à multa

> no valor de R$ 5.000,00 (cinco mil reais) a R$ 30.000,00 (trinta mil reais). (Incluído pela Lei n. 12.034/2009)
>
> § 3º. Sem prejuízo das sanções civis e criminais aplicáveis ao responsável, a Justiça Eleitoral poderá determinar, por solicitação do ofendido, a retirada de publicações que contenham agressões ou ataques a candidatos em sítios da internet, inclusive redes sociais. (Incluído pela Lei n. 12.891/2013)
>
> Art. 57-B.
>
> § 5º A violação do disposto neste artigo sujeita o usuário responsável pelo conteúdo e, quando comprovado seu prévio conhecimento, o beneficiário, à multa no valor de R$ 5.000,00 (cinco mil reais) a R$ 30.000,00 (trinta mil reais) ou em valor equivalente ao dobro da quantia despendida, se esse cálculo superar o limite máximo da multa. (Incluído pela Lei n. 13.488/2017)

A utilização de cadastro de endereços eletrônicos e de números de telefone para envio da propaganda eleitoral se condiciona à presença de uma das hipóteses legais que autorizam o tratamento de dados pessoais, nos termos dos arts. 7º e 11, da Lei n. 13.709/2018 (art. 28, III, e art. 31, § 4º, da Res. TSE n. 23.610/2019, com redação dada pela Res. TSE n. 23.671/2021). Basicamente, a autorização do titular do endereço ou telefone para que seus dados sejam utilizados para a propaganda eleitoral.

De outro lado, com as mensagens eletrônicas o candidato, partido, federação ou coligação remetente deve oferecer identificação completa do remetente e disponibilizar ao eleitor destinatário um **mecanismo de descadastramento**, ou seja, para o eleitor manifestar seu desejo de não mais receber mensagens daquele remetente (art. 33, da Res. TSE n. 23.610/2019, com redação dada pela Res. TSE n. 23.671/2021). A partir de 48 horas da solicitação, cada mensagem enviada ao eleitor se sujeita à multa de R$ 100,00.

> Art. 57-G. As mensagens eletrônicas enviadas por candidato, partido ou coligação, por qualquer meio, deverão dispor de mecanismo que permita seu descadastramento pelo destinatário, obrigado o remetente a providenciá-lo no prazo de quarenta e oito horas.
>
> Parágrafo único. Mensagens eletrônicas enviadas após o término do prazo previsto no caput sujeitam os responsáveis ao pagamento de multa no valor de R$ 100,00 (cem reais), por mensagem.

A lei eleitoral permite, frise-se ainda, que a propaganda se utilize de mensagens eletrônicas **enviadas por outros meios de comunicação interpessoal**, como o celular (arts. 57-B, inciso III, e 57-D), com observância das mesmas regras da internet. Como a lei fala em mensagens eletrônicas enviadas por qualquer meio, parece equivocada a vedação contida pela primeira vez no art. 25, § 2º, da Resolução TSE n. 23.404/2014, porque o telemarketing eleitoral – entendido como tal a mensagem de voz gravada e enviada ao eleitor – pode e deve ser entendido como espécie do gênero mensagens eletrônicas. A Resolução TSE n. 23.457/2015, em seu art. 27, § 2º, manteve a vedação para as eleições de 2016, e o art. 29, da Resolução TSE n. 23.551/2017, repetiu a regra para a eleição de 2018, salientando-se que a proibição vale qualquer que seja o horário do envio, invocando como justificativa o disposto no Código Eleitoral, art. 243, VI, que diz não ser tolerada a propaganda que "que perturbe o sossego público, com algazarra ou abusos de instrumentos sonoros ou sinais acústicos", o que não parece ser o caso. O dispositivo codificado alcança perfeitamente, p.ex., o volume exagerado empregado pela propaganda mediante alto falantes instalados em veículos circulando pela cidade junto a caminhadas, carreatas, passeatas, etc., ou pelos comícios. Mas não se pode dizer perturbador do sossego público a ligação telefônica dirigida ao eleitor individualmente, apenas pelo fato de valer-se de mensagem gravada. Esse mecanismo, ao contrário, deixa o eleitor bem à vontade para desligar o telefone assim que perceber que o assunto não é de seu interesse e que não há uma pessoa – e sim um robô – do outro lado da linha. A mesma ligação telefônica, se feita pessoalmente pelo candidato ou pela sua equipe – e que não foi alcançada pela vedação criada pelo TSE –, esta sim impõe algum desconforto ao eleitor, pela natural dificuldade de interromper o diálogo. A Res. TSE n. 23.610/2019, que contém o regulamento da propaganda eleitoral para as eleições de 2020 e seguintes, também veda a veiculação de propaganda eleitoral via telemarketing, em qualquer horário, e o disparo em massa de mensagens instantâneas.

> Art. 34. É vedada a realização de propaganda: (Redação dada pela Resolução nº 23.671/2021)
>
> I - via **telemarketing em qualquer horário** (STF, ADI no 5.122/DF, DJe de 20.2.2020); (Incluído pela Resolução nº 23.671/2021)
>
> II - por meio de **disparo em massa** de mensagens instantâneas sem consentimento da pessoa destinatária ou a partir da contratação expedientes, tecnologias ou serviços não fornecidos pelo provedor de aplicação e em desacordo com seus termos de uso. (Constituição Federal, art. 5º, X e XI; Código Eleitoral, art. 243, VI; Lei nº 9.504/1997, art. 57-J) (Incluído pela Resolução nº 23.671/2021)
>
> § 1º Na hipótese do inciso II deste artigo, deverá ser observada a regra do art. 33 desta Resolução. (Incluído pela Resolução nº 23.671/2021)
>
> § 2º Abusos e excessos serão apurados e punidos nos termos do art. 22 da Lei Complementar no 64/1990. (Incluído pela Resolução nº 23.671/2021)

A Resolução TSE n. 23.610/2019, no art. 33, § 2º, lembrou com propriedade das redes sociais na internet (que se utilizam de aplicativos como WhatsApp, Telegram, etc., e agrupam pessoas conectadas por um ou mais tipos de relação), ambiente em que a manifestação do pensamento político e da preferência por candidatos ou partidos não deve ser entendida como propaganda eleitoral.

> Art. 33
>
> § 2º As mensagens eletrônicas e as mensagens instantâneas enviadas consensualmente por pessoa natural, de forma privada ou em grupos restritos de participantes, **não se submetem ao caput** deste artigo e às normas sobre propaganda eleitoral previstas nesta Resolução (Lei nº 9.504/1997, art. 57-J).

9.3. Blogs, Redes Sociais e Mensagens Instantâneas

Ainda admitida a propaganda em **blogs, redes sociais, sítios de mensagens instantâneas e aplicações de internet assemelhadas**, com conteúdo gerado ou editado pelos candidatos, partidos, federações ou coligações (art. 57-B, inciso IV, alínea "a") ou mesmo por pessoas naturais, desde que estas – pessoas naturais – não contratem impulsionamento de conteúdo (art. 57-B, inciso IV, alínea "b"), já que o impulsionamento só pode ser contratado por candidatos, partidos, federações ou coligações – ou pelo administrador financeiro da campanha (art. 29, § 4º, da Resolução)[288] –, como adiante será destacado. A partir da Lei n. 13.488/2017, ainda devem ser observadas as seguintes regras:

A – Os endereços eletrônicos das aplicações de que trata o art. 57-B, § 1º, salvo aqueles de iniciativa de pessoa natural, deverão ser comunicados à Justiça Eleitoral "impreterivelmente no RRC ou no DRAP" (art. 28, § 1º, da Resolução), podendo ser mantidos durante todo o pleito eleitoral os mesmos endereços eletrônicos em uso antes do início da propaganda eleitoral;

B – Não é admitida a veiculação de conteúdos de cunho eleitoral mediante cadastro de usuário de aplicação de internet com a intenção de falsear identidade (art. 57-B, § 2º).

C – É vedada a utilização de **impulsionamento de conteúdos** e ferramentas digitais não disponibilizadas pelo provedor da aplicação de internet, ainda que gratuitas, para alterar o teor ou a repercussão de propaganda eleitoral, tanto próprios quanto de terceiros (art. 57-B, § 3º).

D – O provedor de aplicação de internet que possibilite o **impulsionamento pago** de conteúdos deverá contar com canal de comunicação com seus usuários e somente poderá ser responsabilizado por danos decorrentes do conteúdo impulsionado se, após ordem judicial específica, não tomar as providências para, no âmbito e nos limites técnicos do seu serviço e dentro do prazo assinalado, tornar indisponível o conteúdo apontado como infringente pela Justiça Eleitoral (art. 57-B, § 4º). Na Resolução TSE n. 23.610/2019, o TSE acrescenta que:

> Art. 29
>
> **§ 5º** Todo impulsionamento deverá conter, de forma clara e legível, o número de inscrição no Cadastro Nacional da Pessoa Jurídica (CNPJ) ou o número de inscrição no Cadastro de Pessoas Físicas (CPF) do responsável, além da expressão "Propaganda Eleitoral".
>
> **§ 5º-A** Considera-se cumprido o preceito normativo previsto no parágrafo 5º quando constante na propaganda impulsionada, hiperlink contendo o CNPJ da candidata, candidato, partido, federação ou coligação responsável pela respectiva postagem, entendendo-se por hiperlink o ícone integrante da propaganda eleitoral que direcione o eleitor para o CNPJ do responsável pelo conteúdo digital visualizado. (Incluído pela Resolução nº 23.671/2021)

[288] Res. TSE n. 23.610/2019, art. 3º-B. O impulsionamento de conteúdo político-eleitoral, nos termos como permitido na campanha também será **permitido durante a pré-campanha**, desde que não haja pedido explícito de votos e que seja respeitada a **moderação de gastos**. (Incluído pela Resolução nº 23.671/2021).

E a Lei n. 13.488/2017 ainda acrescentou a este art. 57-B o § 5º, prevendo, como consequência da infração cível eleitoral, que o usuário responsável pelo conteúdo e, quando comprovado seu prévio conhecimento, o beneficiário, fica sujeito à multa no valor de R$ 5.000,00 (cinco mil reais) a R$ 30.000,00 (trinta mil reais) ou em valor equivalente ao dobro da quantia despendida, se esse cálculo superar o limite máximo da multa.

9.4. Livre Manifestação do Pensamento

Também livre a **manifestação do pensamento** na rede mundial de computadores, nas redes sociais e nos aplicativos de mensagens instantâneas, onde qualquer pessoa pode emitir opiniões e revelar suas preferências, inclusive – com a nova disciplina do art. 36-A, V – antes de 16 de agosto, vedado o anonimato e garantido o direito de resposta (art. 57-D). Especialmente a partir das Leis n. 12.034/2009 e 13.165/2015, a divulgação da pré-candidatura, das propostas e ações a desenvolver, das qualidades pessoais do concorrente e da opinião do cidadão quanto a candidatos e políticos, inclusive com críticas ou elogios, tornou-se livre e imune à tipificação do art. 36, § 3º, reconhecendo-se que ela é própria e salutar ao processo político e democrático, desde que, na pré-campanha, não envolva a movimentação de recursos "imoderados", financeiros ou estimáveis, pois a arrecadação e os gastos só são autorizados a partir do registro da candidatura, da obtenção de CNPJ e da abertura de conta bancária específica.

> Res. TSE n. 23.610/2019
>
> Art. 28. A propaganda eleitoral na internet **poderá ser realizada** nas seguintes formas (Lei nº 9.504/1997, art. 57-B, I a IV): [...]
>
> § 6º A **manifestação espontânea** na internet de **pessoas naturais** em matéria político-eleitoral, mesmo que sob a forma de **elogio ou crítica** a candidata, candidato, partido político, federação ou coligação, **não será considerada propaganda eleitoral** na forma do inciso IV do caput deste artigo, desde que observados os limites estabelecidos no § 1º do art. 27 desta Resolução. (Redação dada pela Resolução nº 23.671/2021)

O descumprimento desta regra, ou seja, a publicação de conteúdos eleitorais sem revelação da autoria, constitui infração cível eleitoral, na forma do Art. 57-D, § 2º:

> Art. 57-D.
>
> § 2º A violação do disposto neste artigo sujeitará o responsável pela divulgação da propaganda e, quando comprovado seu prévio conhecimento, o beneficiário à multa no valor de R$ 5.000,00 (cinco mil reais) a R$ 30.000,00 (trinta mil reais).

A lei veda, entretanto:

9.5. Propaganda Paga e Impulsionamento

A propaganda eleitoral paga,(art. 57-C, caput). Como a Internet é ambiente de fácil acesso a todos, a lei – num primeiro momento, com a redação dada pela Lei n. 12.034/2009 – preferiu manter essa sua natureza, garantindo a não interferência do poder econômico e preservando maior igualdade de oportunidades entre os candidatos. Daí que vedado, pela redação original do art. 57-C, a propaganda eleitoral paga na internet. Esta vedação não se limita a gastos com a veiculação da propaganda na internet. Ao contrário, alcança todo e qualquer gasto com produção de conteúdo e com contratação de pessoas – notadamente influenciadores digitais e celebridades – para manifestar ou demonstrar, ainda que disfarçadamente, apoio às propostas do candidato ou mesmo para emprestar sua credibilidade ou sua capacidade de comunicação, inclusive com utilização de seus ambientes na internet, compartilhados com milhares ou milhões de seguidores . Assim dispõe o art. 29, § 8º, da Res. TSE n. 23.610/2019, incluído pela Res. TSE n. 23.671/2021:

§ 8º Incluem-se entre os tipos de propaganda eleitoral paga vedados pelo caput deste artigo a contratação de pessoas físicas ou jurídicas para que realizem publicações de cunho político-eleitoral em seus perfis, páginas, canais, ou assimilados, em redes sociais ou aplicações de internet assimiladas, bem como em seus sítios eletrônicos.

Com a Lei n. 13.488/2017, entretanto, a nova redação do art. 57-C passa a autorizar o **impulsionamento de conteúdos**, que é o mecanismo através do qual postagens, notícias, etc., ganham preferência na exibição ao internauta ou são enviadas a um número maior de usuários. O conteúdo impulsionado, além de ficar em destaque para o internauta nas aplicações de busca, como um anúncio, ainda pode ser exibido ao usuário mesmo quando este não o está procurando. Este expediente é utilizado largamente para promover produtos ou serviços no mercado. A propaganda eleitoral impulsionada na internet deixará de chegar apenas aos contatos que o candidato já tem na sua rede social, para alcançar também terceiros, cujo número dependerá dos critérios ou pacotes de impulsionamento contratados. Percebe-se, por conseguinte, que a reforma eleitoral de 2017 confere um novo perfil à propaganda na internet, que deixa de ser um espaço puramente democrático e igualitário – quanto à capacidade de repercutir suas ideias e de conquistar ou atrair "amigos" ou "seguidores" – e passa a ser um ambiente permeável ao poder econômico das campanhas.

De qualquer forma, e para que o conteúdo impulsionado não passe a impressão de que sua repercussão é natural, resultado do prestígio do candidato e que, por isso, as suas ideias têm boa aceitação, necessário que a **matéria seja identificada como propaganda impulsionada**. P.ex.: Facebook "patrocinado", "anúncio", etc. Oportuno relembrar o já mencionado art. 29, da Resolução TSE n. 23.610/2019:

> Art. 29
>
> § 5º Todo impulsionamento deverá conter, de forma clara e legível, o número de inscrição no Cadastro Nacional da Pessoa Jurídica (**CNPJ**) ou o número de inscrição no Cadastro de Pessoas Físicas (**CPF**) do responsável, além da expressão "**Propaganda Eleitoral**".
>
> **§ 5º-A** Considera-se cumprido o preceito normativo previsto no parágrafo 5º quando constante na propaganda impulsionada, **hiperlink** contendo o CNPJ da candidata, candidato, partido, federação ou coligação responsável pela respectiva postagem, entendendo-se por hiperlink o ícone integrante da propaganda eleitoral que direcione o eleitor para o CNPJ do responsável pelo conteúdo digital visualizado. (Incluído pela Resolução nº 23.671/2021)

A **contratação desse impulsionamento** foi reservada ao candidato, ao partido, à federação e à coligação e ao administrador financeiro da campanha (art. 57-C, "caput") e deve ser feita diretamente com o provedor da aplicação de internet com sede e foro no Brasil ou com sua filial, sucursal, escritório, etc. (art. 57-C, § 3º). Ou seja, não é possível um simpatizante do candidato contratar o impulsionamento.

De outro lado, esse impulso só poderá repercutir anúncios, postagens, comentários, etc, para "**promover ou beneficiar candidatos ou partidos**", federações e coligações, nunca para difundir críticas ou conteúdos que prejudiquem a imagem ou o desempenho eleitoral de adversários (§ 3º). A Res. TSE n. 23.610/2019 destaca essa proibição, lembrando não ser admitido o impulsionamento de "propaganda negativa" (art. 29, § 3º). Esta restrição não é positiva para o processo eleitoral, na medida em que não contribui para a formação da vontade livre e consciente dos eleitores, pressuposto da normalidade e legitimidade dos pleitos. Ao contrário, recebendo apenas informações positivas – e massivas, em razão do impulsionamento – o eleitor poderá ser levado ao equívoco de que o candidato só tem virtudes, só tem uma vida pregressa limpa, só tem bons projetos e boas intenções. Como se trata de disputa para o exercício da representatividade popular, tão importante quanto conhecer as virtudes, os projetos e as potencialidades do candidato é, também, lançar luzes sobre as suas experiências malsucedidas e sobre eventuais ilícitos que marcam a sua vida pregressa. Sem o impulsionamento destas últimas informações, certamente a veiculação da verdade quanto ao candidato, promovida por adversários e por qualquer pessoa, será tímida e não chegará aos mesmos – e nem a todos – os eleitores. Os limites que a legislação eleitoral já oferece para todas as formas de propaganda eleitoral (fato inverídico, calúnia, injúria e difamação, que constituem crimes eleitorais) já seriam suficientes para conter os excessos também nesta espécie de propaganda.

Além do impulsionamento de conteúdos, a Lei n. 13.488/2017, no que confere nova redação ao art. 26, § 2º, também autoriza a **priorização nos resultados oferecidos pelas aplicações de buscas** na internet. Com isso, a busca que o cidadão faz no Google, p.ex., por um determinado assunto, não necessariamente querendo conhecer plataformas de campanha, poderá levá-lo à propaganda do candidato, bastando que este tenha postado algo a respeito e tenha contratado a priorização.

Em razão da possibilidade de gastos com o impulsionamento, este mesmo dispositivo (art. 26, § 2º), reconhece como lícitas estas despesas.

O **extravasamento dos limites** postos no art. 57-C (impulsionamento contratado por quem não é candidato, partido, federação ou coligação ou administrador financeiro; ou com críticas e ataques a adversários e falta de identificação do caráter oneroso da matéria) sujeita o responsável pela divulgação ou pelo impulsionamento e o candidato beneficiário (quando demonstrado seu prévio conhecimento) à multa de R$ 5.000,00 a R$ 30.000,00 ou em valor equivalente ao dobro da quantia despendida, se esse superar o limite máximo da multa (art. 57-C, § 2º).

> Art. 57-C.
>
> § 2º A violação do disposto neste artigo sujeita o responsável pela divulgação da propaganda ou pelo impulsionamento de conteúdos e, quando comprovado seu prévio conhecimento, o beneficiário, à multa no valor de R$ 5.000,00 (cinco mil reais) a R$ 30.000,00 (trinta mil reais) ou em valor equivalente ao dobro da quantia despendida, se esse cálculo superar o limite máximo da multa.

9.6. Sites de Pessoas Jurídicas e Órgãos Públicos

A lei veda também a veiculação de propaganda eleitoral, ainda que gratuitamente, em **sítios de pessoas jurídicas** (art. 57-C, inciso I) e oficiais ou hospedados por **órgãos ou entidades da administração pública** (inciso II). Plenamente justificadas estas vedações, tendo em vista que os sítios das pessoas jurídicas de direito privado devem ser o destino dos que procuram pelos seus produtos ou serviços, não devendo ser surpreendidos com a propaganda eleitoral. Além do que a legislação já proíbe a propaganda eleitoral em bens particulares de uso comum (art. 37), sendo o sítio eletrônico apenas a extensão de sua sede física. Por outro lado, o STF, na ADI 4650, declarou a inconstitucionalidade do financiamento eleitoral e partidário por parte das pessoas jurídicas, daí que, com mais razão, não podem elas ceder ou utilizar seu sítio eletrônico em favor das candidaturas. E os **sítios dos órgãos públicos**, porque a administração pública deve manter distância da competição eleitoral, com mais razão, devem veicular apenas informações de interesse público e não a propaganda eleitoral, que é interesse do candidato ou partido.

A violação dessa proibição (art. 57-C, § 2º) sujeita o responsável pela divulgação da propaganda e, quando comprovado seu prévio conhecimento, o candidato ou partido beneficiário, à multa no valor de R$ 5.000,00 (cinco mil reais) a R$ 30.000,00 (trinta mil reais) ou em valor equivalente ao dobro da quantia despendida, se esse cálculo superar o limite máximo da multa. (art. 57-C, § 2º, na redação dada pela Lei n. 13.488/2017).

9.7. Cadastro de Endereços Eletrônicos: doação/utilização

A participação – **mediante utilização, doação ou cessão de cadastro eletrônico de seus clientes** – das pessoas mencionadas no art. 24, da Lei n. 9.504/97, que são proibidas de financiar campanhas, está vedada pelo art. 57-E. Esta vedação é mera repetição, ou reforço, do que já proibido no mencionado art. 24. Se a lei proíbe a participação daquelas pessoas no financiamento das campanhas eleitorais, não poderiam elas, ainda que não houvesse a expressa disposição do art. 57-E, ceder ou utilizar seu cadastro eletrônico em proveito de candidato ou partido, porque isso implica, em última análise, em doação.

E o descumprimento da norma também caracteriza infração cível eleitoral:

> Art. 57-E.
>
> § 2º A violação do disposto neste artigo sujeita o responsável pela divulgação da propaganda e, quando comprovado seu prévio conhecimento, o beneficiário à multa no valor de R$ 5.000,00 (cinco mil reais) a R$ 30.000,00 (trinta mil reais).
>
> "Eleições 2014. [...] Representação. Propaganda eleitoral. Utilização de cadastros eletrônicos de filiados a **conselho profissional** para manifestar opinião política contrária a candidato, partido ou coligação. Conduta que afronta o art. 24, VI, c/c

art. 57-E da Lei nº 9.504/1997. [...] 1. O **Conselho Regional de Medicina** do Estado de Goiás (Cremego), que utilizou seu cadastro de associados para, via mensagem eletrônica, manifestar posição política contrária à candidata Dilma Vana Rousseff, está sujeito às vedações da Lei nº 9.504/1997, na parte em que impede o uso ou a cessão de seus cadastros eletrônicos em favor de candidatos, partidos ou coligações. É a dicção do art. 24, VI, c/c art. 57-E da Lei nº 9.504/1997. (...) 4. Uma das mais necessárias e festejadas garantias do processo eleitoral democrático é a absoluta isenção do Estado e dos seus servidores, a eles vedado partidarizar suas relevantes funções e a estrutura estatal, colocando-as a favor de candidato ou contra candidato. 5. Os Conselhos de Classe, como autarquias que recebem 'contribuição compulsória em virtude de disposição legal', integram a Administração Pública Indireta, a eles se aplicando todas as vedações eleitorais incidentes sobre a Administração Direta. [...] *NE:* Trecho do voto do relator: "[...] rejeito o pedido de redução da multa para fixação em seu patamar mínimo, em razão da gravidade, repercussão do ato impugnado, quantitativo de médicos associados àquele Conselho, além de se tratar de parcela da sociedade integrada por notórios formadores de opinião." (Ac. de 03.10.2014, no R-Rp n. 115714, Rel. Min. Herman Benjamin)

Rp - Representação nº 355133 - BRASÍLIA – DF, Ac. de 10/04/2012, Rel. Min. Nancy Andrighi. REPRESENTAÇÃO. PROPAGANDA ELEITORAL IRREGULAR. INTERNET. ART. 57-C DA LEI 9.504/97. PARCIAL PROCEDÊNCIA. [...] 2. Na espécie, a **Central Única dos Trabalhadores** (CUT) divulgou em seu sítio eletrônico textos que faziam menção direta às eleições presidenciais, induzindo os eleitores à ideia de que a candidata representada seria a mais apta ao exercício do cargo em disputa, além de fazer propaganda negativa contra o seu principal adversário nas eleições de 2010. [...] 6. Representação julgada parcialmente procedente para aplicar **multa de R$ 15.000,00 (quinze mil reais) à Central Única dos Trabalhadores** - CUT e à Editora e Gráfica Atitude Ltda.

9.8. Cadastro de Endereços Eletrônicos: venda

Igualmente vedada é a **venda**, por quem quer que seja, de **cadastro de endereços eletrônicos** (art. 57-E, § 1º), reforçando-se a previsão de gratuidade da veiculação da propaganda eleitoral na Internet e garantindo-se a democratização deste ambiente, tal como previsto na redação original do art. 57-C. A mudança de orientação, que a Lei n. 13.488/2017 introduziu no art. 56-C e permitiu a realização de gastos com o impulsionamento de conteúdos e com a preferência em sites de buscas, não chegou a este art. 57-E, que, incoerentemente, continua vedando a aquisição onerosa de cadastros de endereços. Ora, se a lei agora permite a utilização de recursos financeiros das campanhas para impulsionar a propaganda e para colocá-la em posição de destaque nas aplicações de busca na internet (art. 26, § 2º), poderia também autorizar a compra de cadastros de endereços, que, da mesma forma, permitiria que a propaganda do candidato chegasse a um maior número de destinatários. Entretanto, não foi esta a opção do legislador, daí que os cadastros de endereços eletrônicos construídos ou mantidos por pessoas físicas ou jurídicas não podem ser vendidos a candidatos, partidos ou coligações.

Conforme o já transcrito art. 57-E, § 2º, a aquisição onerosa do cadastro de endereços eletrônicos configura infração cível eleitoral:

Art. 57-E.

§ 2º A violação do disposto neste artigo sujeita o responsável pela divulgação da propaganda e, quando comprovado seu prévio conhecimento, o beneficiário à multa no valor de R$ 5.000,00 (cinco mil reais) a R$ 30.000,00 (trinta mil reais).

9.9. Provedores de Conteúdo e de Serviços Multimídia

Os **provedores de conteúdo e de serviços multimídia** (Facebook, YouTube, etc) que hospedarem a divulgação da propaganda, tida como irregular, serão responsabilizados quando dela tiverem conhecimento prévio e não tomarem providências para a sua cessação no prazo determinado pela Justiça Eleitoral (art. 57-F).

Art. 57-F. Aplicam-se ao provedor de conteúdo e de serviços multimídia que hospeda a divulgação da propaganda eleitoral de candidato, de partido ou de coligação as penalidades previstas nesta Lei, se, no prazo determinado pela Justiça Eleitoral, contado a partir da notificação de decisão sobre a existência de propaganda irregular, não tomar providências para a cessação dessa divulgação.

Parágrafo único. O provedor de conteúdo ou de serviços multimídia só será considerado responsável pela divulgação da propaganda se a publicação do material for comprovadamente de seu prévio conhecimento.

9.10. Atribuição de Autoria a Terceiros

É vedado, ainda, fazer propaganda eleitoral na internet **atribuindo a sua autoria a terceiro**, inclusive a candidato, partido ou coligação (art. 57-H). É de fundamental importância que a propaganda eleitoral, veiculada por qualquer uma das formas admitidas em lei, inclusive pela internet, tenha a sua verdadeira autoria assumida ou informada, para que o eleitor atribua à informação mais ou menos credibilidade, conforme for o perfil do autor ou a imagem que ele passa àquele eleitor em particular ou ao conjunto dos eleitores da circunscrição. A "assinatura", ou autoria, da mensagem muitas vezes é o elemento de maior poder de convencimento. Atribuí-la falsamente a um candidato ou a terceiros contribui para a desinformação do eleitor e para a tomada equivocada da sua decisão de voto.

O descumprimento dessas vedações constitui infração cível eleitoral e sujeita o responsável pela divulgação e o beneficiário, quando comprovado o seu prévio conhecimento, à multa de R$ 5.000,00 a R$ 30.000,00 (arts. 57-C, § 2º; 57-D, § 2º; 57-E, § 2º; 57-F e 57-H). E, a partir da Lei n. 12.891/2013[289], que acrescentou ao art. 57-H os §§ 1º e 2º, passam a ser crime eleitoral a (1) "contratação direta ou indireta de grupo de pessoas com a finalidade específica de emitir mensagens ou comentários na internet para ofender a honra ou denegrir a imagem de candidato, partido ou coligação" e a (2) adesão da pessoa a esses grupos.

---

[289] Ver, no Título I (Noções Introdutórias), Capítulo II (Fontes do Direito Eleitoral), n. 3 (Lei das Eleições), os fundamentos para aplicação, já em 2014, da Lei n. 12.891/2013. O TSE, entretanto, decidiu não aplicá-la àquelas eleições.

> Art. 57-H.
>
> § 1º Constitui crime a contratação direta ou indireta de grupo de pessoas com a finalidade específica de emitir mensagens ou comentários na internet para ofender a honra ou denegrir a imagem de candidato, partido ou coligação, punível com detenção de 2 (dois) a 4 (quatro) anos e multa de R$ 15.000,00 (quinze mil reais) a R$ 50.000,00 (cinquenta mil reais).
>
> § 2º Igualmente incorrem em crime, punível com detenção de 6 (seis) meses a 1 (um) ano, com alternativa de prestação de serviços à comunidade pelo mesmo período, e multa de R$ 5.000,00 (cinco mil reais) a R$ 30.000,00 (trinta mil reais), as pessoas contratadas na forma do § 1º.

9.11. Suspensão de Acesso

E o art. 57-I ainda reforça a responsabilidade das aplicações de internet, prevendo que a Justiça Eleitoral, sob o rito sumaríssimo do art. 96 (defesa em 48 horas, sentença e recurso em 24 horas), poderá determinar a suspensão do acesso a todo o conteúdo nelas veiculado que deixar de cumprir as disposições da Lei n. 9.504/97. Trata-se, como se vê, de **norma sancionatória residual**, já que aplicável a toda e qualquer previsão legal, relacionada à propaganda eleitoral na internet ou assemelhados, que seja descumprida e para a qual não haja sanção específica.

> Art. 57-I. A requerimento de candidato, partido ou coligação, observado o rito previsto no art. 96 desta Lei, a Justiça Eleitoral poderá determinar, no âmbito e nos limites técnicos de cada aplicação de internet, a suspensão do acesso a todo conteúdo veiculado que deixar de cumprir as disposições desta Lei, devendo o número de horas de suspensão ser definida proporcionalmente à gravidade da infração cometida em cada caso, observado o limite máximo de vinte e quatro horas. (Redação dada pela Lei n. 13.488/2017)
>
> § 1º A cada reiteração de conduta, será duplicado o período de suspensão. (Incluído pela Lei n. 12.034/1009)
>
> § 2º No período de suspensão a que se refere este artigo, a empresa informará, a todos os usuários que tentarem acessar seus serviços, que se encontra temporariamente inoperante por desobediência à legislação eleitoral. (Incluído pela Lei n. 12.034/2009).

9.12. Evolução do Ambiente Tecnológico

De resto, a Lei n. 13.488/2017 acrescentou à Lei n. 9.504/97 o art. 57-J, atribuindo ao TSE a regulamentação, a cada eleição, do disposto nos arts. 57-A a 57-I, de acordo com o cenário e as ferramentas tecnológicas existentes em cada momento eleitoral, e a promoção, para os veículos, partidos e demais entidades interessadas, da formulação e da ampla divulgação de regras de boas práticas relativas a campanhas eleitorais na internet. Este dispositivo é de fundamental importância, tendo em vista que o ambiente da internet e das comunicações interpessoais é por natureza dinâmico, evoluindo a todo momento. Atribuir ao TSE a regulamentação dos novos meios e instrumentos de comunicação garante rapidez e constante atualização da matéria, evitando-se o vácuo jurídico em relação aos novos meios tecnológicos de comunicação e difusão de ideias.

Mas é bom frisar que a propaganda eleitoral na internet só é permitida, a quem quer que seja, após 15 de agosto do ano da eleição, regra contida no art. 36 e reafirmada no art. 57-A, da Lei n. 9.504/97, na redação dada pela Lei n. 13.165/2015. Antes disso, é propaganda extemporânea[290] se a mensagem veiculada na internet contiver pedido explícito de voto ou for onerosa, envolvendo, portanto, a movimentação de recursos financeiros ou estimados, se imoderados[291], já que a arrecadação e o gasto de campanha só estão autorizados a partir do registro da candidatura, da obtenção do CNPJ e da abertura da conta bancária. Caracterizando-se como propaganda antecipada, o agente e o candidato (ou pré-candidato), quando demonstrado seu prévio conhecimento, estarão sujeitos à multa de R$ 5.000,00 a R$ 25.000,00 do art. 36, § 3º. Se a mensagem, entretanto, limitar-se a divulgar a pré-candidatura, as qualidades pessoais do postulante, seus projetos, programas e ações desenvolvidas e a desenvolver em caso de sucesso eleitoral e suas críticas ou elogios a obras e serviços da administração, será tida como de mera manifestação e posicionamento pessoal sobre questões políticas nas redes sociais, que, a partir da redação dada ao do art. 36-A (pela Lei n. 13.165/2015), pode ser veiculada a qualquer tempo, sem caracterizar propaganda extemporânea.

10. Violação de propaganda lícita: crime eleitoral

Sendo lícita a propaganda, qualquer que seja a sua modalidade ou meio de veiculação, a ninguém é dado impedi-la, inutilizá-la, alterá-la ou perturbá-la sob qualquer pretexto. A conduta caracteriza crime eleitoral (arts. 248 e 331, CE).

11. Poder de Polícia na Internet

A propaganda irregular, inclusive a que veiculada pela internet, além de sujeitar o agente e o candidato beneficiado às sanções previstas no tipo infracional, ainda exige a adoção de providências para sua imediata cessação ou retirada, o que se resolve no âmbito do poder de polícia dos órgãos da Justiça Eleitoral. Como já mencionado (Título I – Noções Introdutórias; Capítulo IV – Justiça Eleitoral; Seção VII – O Poder de Polícia), o **poder de polícia** compete aos Juízes Eleitorais, nas respectivas Zonas Eleitorais, e aos Juízes designados para tal pelos TRE's (art. 41, § 1º, da Lei n. 9.504/97). Sob o argumento de que necessário assegurar a unidade e a isonomia no exercício do poder de polícia na internet, a Res. TSE n. 23.610/2019 assim dispõe:

> Art. 8º Para assegurar a unidade e a isonomia no exercício do poder de polícia na internet, este deverá ser exercido:
>
> I - **nas eleições gerais**, por um ou mais juízes designado(s) pelo tribunal eleitoral competente para o exame do registro do candidato alcançado pela propaganda;
>
> II - **nas eleições municipais**, pelo juiz que exerce a jurisdição eleitoral no município e, naqueles com mais de uma zona eleitoral, pelos juízes eleitorais designados pelos respectivos tribunais regionais eleitorais.

---

290 Sobre a propaganda extemporânea, recomenda-se a leitura do Capítulo III, item 5 e seção I, acima.

291 Art. 3º-B, da Res. TSE n. 23.610/2019, incluído pela Res. TSE n. 23.671/2021

Via de consequência, o poder de polícia nesta espécie de propaganda, em eleições para governador, senador e deputados, não será exercido no âmbito das Zonas Eleitorais, pois competirá apenas ao(s) Juiz(es) a quem competir o exame do registro de candidatura, o que se dá no Tribunal Regional Eleitoral, instância originária em eleições gerais. Questionável a constitucionalidade deste dispositivo, tendo em vista tratar de organização e competência dos órgãos da Justiça Eleitoral, matéria que é reservada à legislação complementar (art. 121, da CF). Ademais, a resolução, que não pode instituir norma de caráter primário, nega vigência ou modifica o disposto no Código Eleitoral – nesse ponto recepcionado pela CF/88 como lei complementar –, mais precisamente no art. 35, no que confere ao Juiz Eleitoral o poder-dever de adotar as providências que forem necessárias ao afastamento dos atos viciosos das eleições. De outro lado, o art. 7º, da Res. TSE n. 23.610/2019, não admite seja exercido o poder de polícia para retirada de conteúdo da internet se a irregularidade constatada se referir ao teor da propaganda, ou seja, ao seu mérito. O poder de polícia se restringirá às irregularidades de "forma e meio de veiculação".

Seção IV

12. O Direito de Resposta

12.1. Excessos. Afirmações inverídicas, injuriosas, caluniosas e difamatórias

Durante a propaganda eleitoral, pode ser que haja excessos, afirmações inverídicas, ou injuriosas, caluniosas e difamatórias. A partir daí, surge para o prejudicado o direito de resposta.

12.2. Disciplina do Código Eleitoral. Disciplina da Lei das Eleições. Ofensa a candidatos. Ofensa a terceiros. Ofensa a pessoa jurídica. Ofensa a autoridades públicas

O art. 243 do Código Eleitoral, no seu § 3º, previa "o direito de resposta a quem for injuriado, difamado ou caluniado através da imprensa, rádio, televisão, ou alto-falante, aplicando-se, no que couber, os arts. 90 e 96 da Lei n. 4.117, de 27 de agosto de 1962".

Por seu turno, a Lei n. 9.504/97, em seu art. 58, prescreve que "a partir da escolha de candidatos em convenção, é assegurado o direito de resposta a candidato, partido ou coligação atingidos, ainda que de forma indireta, por conceito, imagem ou afirmação caluniosa, difamatória, injuriosa ou sabidamente inverídica, difundidos por qualquer veículo de comunicação social".

Da combinação desses dois dispositivos, pode-se afirmar que toda **ofensa ou afirmação falsa** veiculada durante a propaganda eleitoral se sujeita à resposta do ofendido, a ser requerida à Justiça Eleitoral. O instituto tem a pretensão de tutelar os interesses do ofendido e, ao mesmo tempo, impedir que o eleitor forme equivocada impressão a respeito dos candidatos. É, na verdade, corolário do direito à correta informação, que se reconhece ao eleitor. Já se havia dito que a propaganda tem como objetivo levar ao eleitor ampla informação a respeito dos candidatos que se apresentam ao pleito. E essa informação deve ater-se ao que corresponde à verdade da vida e das ideias dos candidatos, a partir do que o eleitor pode decidir-se livremente. O TSE, no Acórdão de 19.09.2006, na Representação n. 1080, adotando esta linha de entendimento, assentou que não há direito de resposta se o fato veiculado for verdadeiro.

O "fato sabidamente inverídico" não é apenas aquele que o sabia falso o autor da sua afirmação ou veiculação. Equivale dizer que a verdade há que ser restaurada – com o direito de resposta – sempre que a narrativa contiver objetivamente ofensa ou falsidade, independentemente de demonstração de que o agente da veiculação soubesse do conteúdo ofensivo ou falso. Pouco importa a intenção do autor – ou o elemento subjetivo –, pois o instituto da resposta visa principalmente o restabelecimento da verdade, no enfrentamento à desinformação e na preservação do direito do eleitor à informação correta. No Ac. de 2.10.2014, na Rp nº 139448 e no Ac. de 23.9.2014, na Rp nº 120133, o TSE afirmou que, para fins de direito de resposta, o fato sabidamente inverídico é aquele que não demanda investigação, sendo perceptível de plano. E na Res. TSE n. 23.608/2019, que contém o regulamento da Representação para as eleições de 2020 e seguintes, o Tribunal estabelece que "se o pedido versar sobre a utilização, na propaganda eleitoral, de conteúdo reputado sabidamente inverídico, inclusive veiculado originariamente por terceiro, **caberá ao representado demonstrar que procedeu à verificação prévia** de elementos que permitam concluir, com razoável segurança, pela fidedignidade da informação" (art. 31, parágrafo único). É tal a preocupação atual com a desinformação, especialmente depois da experiência com o processo eleitoral de 2018, que o TSE, na Res. n. 23.610/2019, estabelece que "a utilização, na propaganda eleitoral, de **qualquer modalidade de conteúdo**, inclusive veiculado por terceiros, **pressupõe que** a candidata, o candidato, o partido, a federação ou a coligação **tenha verificado a presença de elementos que permitam concluir, com razoável segurança, pela fidedignidade da informação**, sujeitando-se as pessoas responsáveis ao disposto no art. 58 da Lei nº 9.504/1997, sem prejuízo de eventual responsabilidade penal" (art. 9º, com redação dada pela Res. TSE n. 23.671/2021)". O tribunal chama a atenção para a responsabilidade dos players no envio, no compartilhamento ou em qualquer forma de divulgação de conteúdos, reconhecendo que a desinformação pode de fato deslegitimar o processo eleitoral. E acrescenta, no art. 9º-A, que "'é vedada a divulgação ou compartilhamento de **fatos sabidamente inverídicos** ou **gravemente descontextualizados** que atinja a **integridade do processo eleitoral**, inclusive os processos de votação, apuração e totalização de votos, devendo o juízo eleitoral, a requerimento do Ministério Público, determinar a cessação do ilícito, sem prejuízo da apuração de responsabilidade penal, abuso de poder e uso indevido dos meios de comunicação" (também incluído pela Res. TSE n. 23.671/2021), desta vez buscando proteger a credibilidade do sistema de votação e apuração e, de resto, do próprio sistema democrático. Ao indicar a possibilidade de a desinformação configurar abuso de poder, inevitável lembrar o precedente "Fernando Francischini", Deputado Estadual do Paraná, que afirmou falsamente, em live no dia da eleição, em 2018, que "(a) já identificamos duas urnas que eu digo ou são fraudadas ou adulteradas [...], eu tô com toda a documentação aqui da própria Justiça Eleitoral"; (b) "nós estamos estourando isso aqui em primeira mão pro Brasil inteiro [...], urnas ou são adulteradas ou fraudadas"; (c) "nosso advogado acabou de confirmar [...], identificou duas urnas que eu digo adulteradas"; (d) "apreensão feita, duas urnas eletrônicas"; (e) "não vamos aceitar que uma empresa da Venezuela, que a tecnologia que a gente não tem acesso, defina a democracia no Brasil", fatos que levaram o TSE a impor a cassação do seu diploma e a sua inelegibilidade por 8 anos (Recurso Ordinário n. 0603975-98, Classe 11550, Curitiba-PR, Rel. Min. Luis Felipe Salomão).

Toda vez que a propaganda foge a tais objetivos e atinge a imagem ou o conceito de candidatos, partidos ou coligações, a resposta, nos limites do necessário a que a informação seja corrigida, torna-se um direito do ofendido.

A previsão legal dirige-se às ofensas veiculadas "**a partir da escolha de candidatos em convenção**", o que impõe concluir que a mesma conduta, realizada em período anterior à convenção, desafia o direito de resposta com fundamento na legislação comum. O TSE, desde o texto da Lei n. 9.100/95 (art. 66), vem assim decidindo.

De outro lado, confere-se o direito de resposta não somente a candidatos, partidos ou coligações (art. 58, *caput*), mas também a **terceiros** que tenham sido ofendidos, inclusive **pessoas jurídicas**. Embora o mencionado *caput* só se refira a candidato, partido ou coligação, o § 3º, III, *f*, do art. 58, faz referência expressa ao terceiro como exercente do direito de resposta, inclusive chamando a atenção para o fato de que sua réplica deve limitar-se ao esclarecimento do fato, sob pena inclusive de multa.

> RESPE n. 15535 - CAMPO GRANDE – MS, Ac. nº 15535 de 01/10/1998, Rel. Min. Edson Vidigal
>
> [...] PEDIDO DE DIREITO DE RESPOSTA POR PESSOA ALHEIA AO PROCESSO ELEITORAL. POSSIBILIDADE. LEI N. 9.504/97, ART. 58, PAR. 3, III, "F".[...]
>
> 2. Qualquer pessoa, independentemente de ser candidato ou não, pode requerer pedido de resposta, com base na Lei nº 9.504/97, Art. 58, § 3º , III, F .
>
> TREMG, RE n. 060022288 - UBERLÂNDIA – MG,Ac. de 19/10/2020, Rel. Des. Luiz Carlos Rezende e Santos
>
> ELEIÇÕES 2020 - DIREITO DE RESPOSTA - EMISSORA DE RÁDIO - TERCEIRO NÃO ENVOLVIDO NO PROCESSO ELEITORAL - SUPOSTA OFENSA PROFERIDA EM PROGRAMAÇÃO NORMAL DE RÁDIO - ILEGITIMIDADE ATIVA - SENTENÇA EXTINGUINDO O FEITO SEM RESOLUÇÃO DO MÉRITO.- Ilegitimidade ativa da recorrente. Somente é reconhecida a legitimidade de terceiros não elencados no caput do art. 58 da Lei das Eleições para o requerimento de direito de resposta na Justiça Eleitoral caso a ofensa se der no horário eleitoral gratuito. Inteligência do art. 58, § 3º, III, f, da Lei 9.504/97.

Para Pedro Roberto Decomain,[292]

> "realmente, tal direito não fica limitado unicamente a candidatos, partidos ou coligações, como parece resultar do dispositivo, à primeira vista. Outras pessoas,

[292] DECOMAIN, Pedro Roberto. *Eleições* – Comentários à Lei n. 9.504/97, p. 189.

> inclusive **autoridades públicas**, podem ser alvo de ofensas durante a campanha eleitoral, podendo também elas fazer uso do direito de resposta. Como as pessoas jurídicas também gozam de honra objetiva, e tendem a zelar sempre pelo seu bom nome, especialmente porque seu bom conceito é elemento necessário para que possam até mesmo atingir seus fins sociais, também elas podem fazer uso desse direito. O direito de resposta, por fim, deve ser assegurado também a determinadas **instituições públicas** que gozem de autonomia, como os Poderes Legislativo e Judiciário, Tribunais de Contas e o Ministério Público. Se tais instituições forem ofendidas em peças de propaganda eleitoral, também a elas deve ser assegurado o direito de resposta." (Destaquei)

12.3. Veiculação por diversos meios

Durante a campanha eleitoral, a ofensa pode ser veiculada por diversas formas e por **variados meios de comunicação.** Vimos que a propaganda pode ser feita licitamente por intermédio da imprensa escrita, do rádio, da televisão, da internet, de mensagens eletrônicas, de alto-falantes, de comícios, folhetos, boletins, etc. Se a propaganda tem todos esses instrumentos, a ofensa poderá estar presente em todos eles. No exame da lei, entretanto, verifica-se que há previsão de direito de resposta apenas para a ofensa produzida por meio de jornais, revistas, rádio, televisão, internet e alto-falantes (arts. 243, § 3º, do CE e 58 da LE, com a redação dada pela Lei n. 13.165/2015). Todavia, mesmo diante da inexistência de específica regulação legal, se a ofensa for veiculada por qualquer outro meio de propaganda, o ofendido terá assegurado o seu direito de resposta, até porque o art. 58 da Lei Eleitoral fala agora em calúnia, difamação, injúria ou afirmação inverídica "difundidos por qualquer veículo de comunicação social". Via de consequência, o Juiz Eleitoral terá de construir a forma de divulgação da resposta, quando a ofensa for produzida por meio de folhetos e boletins, adesivos, etc., valendo-se, analogicamente, do que dispõe a lei para a resposta na imprensa, na internet, no rádio e na TV. O que é inadmissível é a ofensa não merecer a resposta do ofendido, deixando o eleitor com a sensação de que a afirmação inverídica, caluniosa, injuriosa ou difamatória é verdadeira, até em razão do silêncio do prejudicado.

> "O artigo menciona o direito de resposta ao ofendido por qualquer manifestação, realizada através de qualquer meio de comunicação social. Os parágrafos disciplinam especificamente o direito de resposta em se cuidando de ofensa pela imprensa escrita, ou por rádio e televisão, em programação normal, ou em programas de propaganda eleitoral gratuita. Isso não impede a possibilidade do reconhecimento do direito de resposta, porém, se a **ofensa for produzida através de outros meios** de divulgação de propaganda eleitoral, como os *outdoors*[293], por exemplo. Nesse caso, em sobrevindo a hipótese, o disciplinamento do direito de resposta deverá ser buscado com emprego analógico das regras constantes dos parágrafos, relativas a outros meios de comunicação."[294]

---

[293] Os outdoors foram proibidos na reforma eleitoral de 2006.

[294] DECOMAIN, Pedro Roberto. *Eleições* – Comentários à Lei n. 9.504/97, p. 190.

O TSE, enfrentando caso de ofensa veiculada por carro de som, decidiu por maioria que cabe o direito de resposta, ainda que extraído o seu fundamento diretamente da Constituição Federal, que eleva a proteção à imagem e à honra a direito fundamental.

> ELEIÇÕES 2016. OFENSA. **CARRO DE SOM**. DIREITO DE RESPOSTA. POSSIBILIDADE. FUNDAMENTO CONSTITUCIONAL. PREVALÊNCIA.
>
> **SÍNTESE DO CASO**
>
> 1. Trata-se de recurso especial interposto em face de acórdão do Tribunal Regional Eleitoral que, à unanimidade, deu provimento ao recurso e reformou a decisão do Juízo Eleitoral, a fim de julgar improcedente o pedido concessivo de direito de resposta formulado por ofensa ocorrida mediante carro de som, tornando insubsistente, ainda, a multa por descumprimento de ordem judicial, aplicada em primeiro grau e consistente em R$ 5.320,50.
>
> **ANÁLISE DO RECURSO ESPECIAL - CORRENTE VENCIDA.**
>
> 2. O legislador, no âmbito da Lei das Eleições, contemplou como meios aptos à concessão de direito de resposta o horário eleitoral gratuito (inciso 1), a programação normal de emissoras de rádio e televisão (inciso II), a imprensa escrita (inciso III) e o conteúdo na internet (inciso IV), regulando exaustivamente o tema, com a adoção de prazos e procedimentos distintos em razão de cada ofensa irrogada por tais meios (art. 58, § 3º, I a IV, da Lei 9.504/97), não se abrangendo o direito de resposta em face de propaganda realizada por modalidades distintas, notadamente carros de som, alto-falantes, meios sonoros ou por formas diversas de publicidade de campanha.
>
> 3. Diante da opção legislativa de abandonar o cabimento do direito de resposta por alto-falante, preconizado no Código Eleitoral, o que sinaliza **revogação tácita do art. 243, § 3°, da Lei 4.737/65**, descabe à Justiça Eleitoral acolher a pretensão deduzida, à míngua de expressa previsão legal e com o fito de assegurar o desagravo ao ofendido no âmbito da disputa.
>
> **CORRENTE VENCEDORA. TESE PREVALECENTE.**
>
> 4. O direito de resposta tem assento constitucional (art. 5º, inciso V, da Carta da República), que assegura a todos os cidadãos da República "o direito de resposta, proporcional ao agravo, além da indenização por dano material, moral ou à imagem", razão pela qual **o Estado-Juiz deve empenhar todos os esforços possíveis para assegurar a maior efetividade aos direitos e garantias fundamentais** contidos na Carta Magna, realizando interpretação da legislação por meio de filtragem constitucional.
>
> 5. Em face da **densificação direta e imediata da Constituição sobre a matéria**, bem como reputando, ainda, a análise do caso concreto e a própria interpretação do caput do art. 58 da Lei das Eleições, é cabível a veiculação de direito de resposta por ofensa irrogada por carro de som. Ainda que se trate de meio distinto daqueles elencados no art. 58 da Lei no 9.504/97, incumbe à Justiça Eleitoral, na hipótese específica de ofensa veiculada por carro de som, assegurar o exercício da referida garantia constitucional, **sendo-lhe lícito - e encorajado** - que busque na legislação a hipótese normatizada que mais se assemelha à ofensa perpetrada e aquilate, por analogia, o procedimento de reparação do aviltamento da honra do cidadão da República.
>
> **CONCLUSÃO**
>
> Recurso especial a que se nega provimento.
>
> (REspe n. 222-74.2016.6.05.0093, CLASSE 32, CACULÉ-BAHIA, Rel. Min. Sérgio Banhos, Ac. de 24.09.2019)

12.4. Indevida utilização do direito de resposta

A sanção prevista no § 3º, III, *f*, do mencionado art. 58, deixa claro que o direito de resposta tem como objetivo o **restabelecimento da verdade** quanto ao que se afirmou na ofensa ou no falso. O tempo e o canal de comunicação abertos ao prejudicado não podem ser utilizados para outros fins, inclusive para a sua propaganda. Deve, ao contrário, ser oportunidade para a sua defesa pública. Se o prejudicado utilizar a oportunidade de resposta para outros fins que não a resposta, será punido com a perda de tempo na propaganda gratuita e se sujeitará a multa.

O TRE-MG, no Rec. Eleitoral n. 3.898/00, Piumhi, Rel. Juiz Antônio Sérvulo dos Santos, Ac. n. 1.535/02, apreciando hipótese de "veiculação de propaganda eleitoral durante o exercício do direito de resposta", aplicou 10.000 UFIRs à Coligação e ao Candidato, por infração ao art. 58, § 8º, c/c § 3º, III, *b*, da Lei Eleitoral.

Deve-se ter acentuada atenção à diferente disciplina da lei para as ofensas veiculadas no horário eleitoral gratuito, na programação normal das emissoras de rádio e televisão, na internet e nos órgãos da imprensa escrita. O procedimento é diverso, o meio de prova da ofensa é particularizado e os prazos para ajuizamento da Representação variam conforme o veículo. De qualquer forma, o autor da ofensa – Representado – será sempre ouvido em 24 horas (art. 58, § 2º, da Lei n. 9.504/97), o Ministério Público terá oportunidade de se manifestar igualmente em 24 horas e o Juiz decidirá a respeito do direito de resposta também em 24 horas. Conforme o § 2º, do art. 58, o pedido de resposta deve ser decidido em até 72 horas, contadas da data da sua formulação. Importante consignar que o TSE tem entendimento consolidado no sentido da transformação em dias dos prazos em horas. Assim, a Res. TSE n. 23.608/2019, nos arts. 31 e seguintes, prevê 1 dia para a contestação, 1 dia para o parecer do MPE, 1 dia para a decisão, 1 dia para o recurso e 3 dias entre o ajuizamento e a decisão. E o § 9º, acrescido pela Lei n. 12.891/2013, prevê que o Tribunal "providenciará a alocação de Juiz auxiliar", caso a decisão não seja prolatada no mencionado prazo. O recurso não tem efeito suspensivo, a decisão é cumprida imediatamente, reservando-se a possibilidade de restituição do tempo em caso de provimento (§ 6º).[295]

O art. 58, § 1º, Inciso IV, acrescido pela Lei n. 13.165/2015, preenche uma lacuna até então existente, regulando o direito de resposta, a ser exercido a "qualquer tempo, quando se tratar de conteúdo que esteja sendo divulgado na internet, ou em 72 (setenta e duas) horas, após a sua retirada". Antes disso, o TSE já tinha igual orientação:

> Rp - Recurso em Representação n. 187987 - BRASÍLIA – DF, Ac. de 02/08/2010, Rel. Min. Henrique Neves Da Silva. ELEIÇÕES 2010 - DIREITO DE RESPOSTA - INTERNET
>
> 1. Decadência - A transgressão perpetrada pela internet implica em **constante e permanente ofensa** ao direito, a reclamar, se for o caso, a sua pronta suspensão. Enquanto o material tido como ofensivo permanecer sendo divulgado, o interessado poderá requerer o direito de resposta. Ocorrendo a retirada espontânea da ofensa, o direito de resposta, por analogia ao art. 58, § 1º, III, deve ser requerido no prazo de 3 (três) dias. [...]

295 Veja, no Anexo E, Modelo de Parecer em Pedido de Resposta.

E a Lei n. 13.488/2017 deu nova redação ao art. 58, § 3º, inciso IV, alínea "a", para contemplar no direito à resposta na hipótese de a ofensa ter sido divulgada na internet com impulsionamento. Neste caso, e por natural razão, a resposta também deverá ser impulsionada, na tentativa de chegar ao mesmo público que teve acesso à ofensa ou à informação inverídica.

> Art. 58, § 3º, Inc. IV
>
> a) deferido o pedido, o usuário ofensor deverá divulgar a resposta do ofendido em até quarenta e oito horas após sua entrega em mídia física, e deverá empregar nessa divulgação o mesmo impulsionamento de conteúdo eventualmente contratado nos termos referidos no art. 57-C desta Lei e o mesmo veículo, espaço, local, horário, página eletrônica, tamanho, caracteres e outros elementos de realce usados na ofensa; (Redação dada pela Lei n. 13.488/2017)

Seção V

13. Propaganda não tolerada

13.1. Hipóteses e poder de polícia

Enumera o Código Eleitoral, nos arts. 242 e 243, hipóteses de intolerância com alguns meios de propaganda eleitoral. Não se admite, por exemplo, que a propaganda seja feita em língua estrangeira ou provoque, artificialmente, estados mentais ou passionais no eleitorado (art. 242); que adote o preconceito de raça ou de classes; que incite o atentado contra pessoas ou bens; que instigue a desobediência coletiva ao cumprimento da lei; que implique injúria, calúnia ou difamação, em oferecimento, promessa ou solicitação de dinheiro, dádiva, rifa, sorteio ou vantagem de qualquer natureza; que perturbe o sossego público; que prejudique a higiene e a estética urbana, etc. A Lei n. 14.192/2021 acrescentou o inciso X ao art. 243, para não admitir propaganda "que deprecie a condição de mulher ou estimule sua discriminação em razão do sexo feminino, ou em relação à sua cor, raça ou etnia".

No estudo da propaganda ilícita, do abuso do poder econômico e dos crimes eleitorais, será visto que alguns dos meios de propaganda não tolerados pelo Código Eleitoral levam a sanções especificamente cominadas na lei. É o caso do oferecimento, da promessa ou dação de vantagem ao eleitor, para obter-lhe o voto, que pode caracterizar abuso do poder econômico (art. 22 da LC n. 64/90), captação de sufrágio (art. 41-A da Lei Eleitoral) e crime eleitoral (art. 299 do CE), cujas consequências são, respectivamente, a inelegibilidade, a multa, a cassação do registro/diploma e a pena privativa de liberdade. É também o caso da calúnia, difamação ou injúria, quando dirigidas a pessoas determinadas, que caracterizam crime eleitoral e dão ao ofendido o direito de resposta.

Há no elenco do art. 243 hipóteses sem previsão de sanção, pelo menos de natureza eleitoral, para o comportamento que ali se diz não tolerado. É o caso da propaganda de instigação à desobediência coletiva ao cumprimento da lei; da distribuição de impressos ou de objeto que pessoa inexperiente ou rústica possa confundir com moeda. Também a Lei n. 9.504/97 traz hipóteses de vedação ou restrição **sem sanção específica**, como (1) a circulação de carros de som fora do horário, ou nas proximidades dos locais protegidos, ou com volume acima do permitido, ou, após a reforma de 2017, sem que esteja acompanhando passeata, carreata, etc.; (2) a continuidade de comícios além do horário final; (3) a participação de artistas e animadores nos comícios; (4) a distribuição de brindes de campanha, etc.

Para essas hipóteses, resta o exercício do poder de polícia do Juiz Eleitoral, para determinar a imediata paralisação da conduta, a busca e apreensão do que se pretendia doar - ou que chegou a ser doado - aos eleitores, ou medidas para impedir a sua realização, quando for possível agir preventivamente.

Curiosa a hipótese de oferecimento, promessa ou dação de vantagem ao eleitor. Se o candidato assim age, mas não há elementos para sua responsabilização pela captação de sufrágio ou corrupção eleitoral, exatamente porque não se provou o especial fim de agir dos arts. 41-A da Lei Eleitoral e 299 do Código Eleitoral (*para obter o voto*), restará a adoção de providências que façam cessar imediatamente a conduta, exatamente no exercício do poder de polícia, já que, para o efeito de intolerância, não se exige sequer a intenção de obter o voto do eleitor beneficiado. Neste caso, entretanto, não haverá espaço para as consequências previstas naqueles outros dispositivos, ou seja, a multa, a cassação do registro ou diploma (art. 41-A da LE) ou a aplicação de sanção penal (art. 299 do CE).

> "Propaganda eleitoral irregular. Procedência. Aplicação de multa. Distribuição de adesivos com dizeres e símbolos pejorativos à imagem do Prefeito e do candidato a Prefeito. Intuito de insultar e ofender a honra, a dignidade e o decoro dos recorridos. Comprovação da ciência dos recorrentes quanto à veiculação da propaganda. Recurso a que se nega provimento." (TRE-MG, Rec. 2816/2004-Novo Cruzeiro, Acórdão 185/2005, Rel. Juiz Antônio Romanelli, Sessão de 16/3/2005[296])

13.2. As posturas municipais

Com a nova redação dada ao art. 41, da Lei n. 9.504/97, a propaganda eleitoral não mais se sujeita aos limites postos nas posturas municipais (como impunha o art. 243, VIII, do Código Eleitoral), disciplinando-se agora exclusivamente pela legislação federal. Se a propaganda estiver em conformidade com a lei eleitoral, o Juiz não poderá obstá-la, nem mesmo no exercício do poder de polícia, ainda que sob o argumento de se encontrar em confronto com as posturas municipais. A mudança foi positiva, tendo em vista competir exclusivamente à União legislar sobre direito eleitoral, não sendo possível negar que a propaganda eleitoral é atividade inerente e indissociável do processo eleitoral. Nem mesmo a competência conferida ao Município (art. 29, da CF) para legislar sobre matéria de interesse local parece suficiente para o trato da disciplina no âmbito daquele ente federativo, tendo em vista que o interesse, na hipótese, não é local, mas, ao contrário, de toda a União federal na preservação do regime democrático. E há um aspecto prático importante, que sinaliza no sentido da unidade da legislação eleitoral, pois, diversamente, teria um candidato à Presidência da República que atentar-se para a legislação municipal em cada um dos municípios onde desenvolvida a sua campanha.

---

[296] A decisão de 1ª Instância, que condenou o candidato a multa, fez referência ao art. 243, IX, do Cód. Eleitoral; art. 41, da Lei n. 9.504/97, e art. 14, par. 7º, da Res. 21.610/04.

Seção VI

14. Propaganda Ilícita

O art. 37, da LE, com a redação modificada pelas Leis n. 13.165/2015 e 13.488/2017, fixa a regra de que "nos bens cujo uso dependa de cessão ou permissão do Poder Público, ou que a ele pertençam, e nos bens de uso comum, inclusive postes de iluminação pública, sinalização de tráfego, viadutos, passarelas, pontes, paradas de ônibus e outros equipamentos urbanos, é vedada a veiculação de propaganda de qualquer natureza, inclusive pichação, inscrição a tinta e exposição de placas, estandartes, faixas, cavaletes, bonecos e assemelhados".

14.1. Bens pertencentes ao Poder Público. Bens cujo uso dependa de cessão do Poder Público: táxis, ônibus, etc..

Se o **bem pertence à Administração Pública**, ou seja, se é de domínio da União, do Estado, do Município ou de qualquer de suas Autarquias, Empresas Públicas ou Fundações, a propaganda eleitoral está ali vedada. Então, não se pode neles fazer inscrição a tinta ou colocar faixas, ou mesmo permitir qualquer ato de propaganda no seu interior, como distribuição de panfletos, discursos e reuniões para exposição de propostas aos servidores. Se o bem é daqueles que dependem de **cessão ou permissão do Poder Público**, como o direito de exploração de determinados serviços (transporte de passageiros por ônibus e táxis, por exemplo), a propaganda está igualmente vedada. Via de consequência, o taxista não pode colar adesivos de propaganda eleitoral no veículo e nem distribuir "santinhos" aos seus passageiros. Se, por último, o **bem é de uso comum** do povo, como as praças, avenidas, ruas, rodovias, etc., a propaganda eleitoral está também ali vedada. Com isso, não pode haver inscrição no leito das vias públicas (o que é muito comum de se ver). Nas faixas de domínio, nas estradas, a propaganda está igualmente vedada, por aplicação da regra aqui estudada. E é comum os Partidos e candidatos veicularem ali suas propagandas, colando adesivos nas placas de sinalização e afixando faixas e cartazes nas árvores. Algumas dessas condutas normalmente vistas durante as campanhas caracterizavam o *crime* do art. 328 do Código Eleitoral ("Escrever, assinalar ou fazer pinturas em muros, fachadas ou qualquer logradouro público, para fins de propaganda eleitoral, empregando qualquer tipo de tinta, piche, cal ou produto semelhante: ..."), que foi revogado pelo art. 107 da Lei n. 9.504/97.

Ainda em face da proibição de veiculação de propaganda em bens públicos, não será possível, então, que um candidato realize um comício nas instalações de uma escola pública, ou faça discurso, ou mesmo a visite, pedindo votos. Parece razoável, entretanto, que a direção da escola promova, com todos os candidatos, **debates e entrevistas perante professores e alunos**. Tal iniciativa, além de gerar informação quanto às propostas dos candidatos, contribui para o aperfeiçoamento da cidadania. E, se convidados todos os candidatos, não fere o princípio da isonomia de oportunidades no processo eleitoral, que serve de inspiração para todos os limites postos às campanhas. A polêmica se instalou recentemente em torno de diligências realizadas por agentes da Justiça Eleitoral no interior de universidades públicas e particulares, quando se desenvolviam atividades entendidas como sendo de propaganda eleitoral. Não havendo dúvida de que o estabelecimento de ensino é bem público ou bem particular de uso comum, a vedação à veiculação de propaganda eleitoral naquele ambiente – afixação de faixas e cartazes, distribuição de impressos e realização de comícios – parece evidente, face ao disposto no já mencionado art. 37. Mas o STF, na ADPF n. 548, julgada em 09.06.2020, pretendendo garantir acertadamente a liberdade de cátedra, a "manifestação livre de ideias e divulgação do pensamento", acabou indo muito além e tornando o espaço universitário uma espécie de ilha imune à jurisdição da Justiça Eleitoral. E o art. 19, § 10[297], da Res. TSE n. 23.610/2019, incluído pela Res. TSE n. 23.671/2021, positivando os fundamentos daquela ADPF, de fato impede até mesmo o ingresso de agentes públicos nas universidades, que certamente vão se transformar em território de conflitos entre adeptos das diversas candidaturas, cada qual pretendendo divulgar a própria propaganda, a serem resolvidos pela lei do mais forte. Se é fato que ninguém pode interferir no conteúdo das aulas e dos debates acadêmicos, inequívoco também que a promoção de propaganda eleitoral não se inclui e não se confunde com tal garantia. E se agentes públicos não podem ingressar na universidade para recolher material de propaganda eleitoral que se apropria do espaço público ou de uso comum, restará a aplicação da multa e a determinação de sua retirada – com restauração do bem, se o caso – pelo próprio agente do ilícito.

> "Propaganda eleitoral irregular. Configuração. Veiculação em **caminhões a serviço da Prefeitura**, com menção do nome, cargo, sigla do partido e número do candidato. Abuso do poder econômico e político." (TRE-MG, Rec. n. 34/01, Ac. n. 2.147/02, Rel. Juiz Marcelo Guimarães Rodrigues)

> "Distribuição de **panfletos e faixas durante reunião em Escola Estadual**. Infringência do caput do art. 37 da Lei n. 9.504/97. Proibição de propaganda eleitoral em bens públicos de uso especial e dominical. Pedido julgado procedente para condenar as representadas." (TRE-MG, Representação 967/2004, Rel. Juiz Weliton Militão, Sessão de 17/12/2004)

Nas ruas, praças, avenidas e rodovias, o art. 247 do Código Eleitoral já proibia a veiculação da propaganda eleitoral, o que é agora ratificado pelo mencionado art. 37 da Lei Eleitoral, já que aqueles locais são de uso comum do povo.

> "Recurso eleitoral. Propaganda eleitoral irregular. Art. 37 da Lei n. 9.504/97. Bem público. **Pintura em passeio público**. Atos de serviçais que agem sob ordens. Alegação de ausência de prévio conhecimento. Improcedência. A responsabilidade

---

[297] "O art. 37 da Lei nº 9.504/1997 não autoriza a prática de atos judiciais ou administrativos pelos quais se possibilite, determine ou promova o ingresso de pessoas agentes públicas em universidades públicas e privadas, o recolhimento de documentos, a interrupção de aulas, debates ou manifestações de docentes e discentes universitários, a atividade disciplinar docente e discente e a coleta irregular de depoimentos dessas cidadãs e desses cidadãos pela prática de manifestação livre de ideias e divulgação do pensamento nos ambientes universitários ou em equipamentos sob a administração de universidades públicas e privadas e serventes a seus fins e desempenhos. (ADPF nº 548/DF, DJe de 9.6.2020)".

dos partidos políticos e dos candidatos pela propaganda eleitoral irregular está expressamente prevista no art. 241 do Código Eleitoral, possuindo estes culpa *in eligendo* e *in vigilando*. Art. 241 do CE. (...)." (TRE-MG, Rec. Eleitoral n. 3.995/00-Guaxupé, Rel. Juiz Lourival Gonçalves de Oliveira, *MG* 7/2/2002)

"**Pichação de troncos de árvores e meios-fios** com as cores da coligação. Comprovação." (TRE-MG, Rec. n. 78/02, Ac. n. 1.573/02, Inhapim, Rel. Juiz Marcelo Guimarães Rodrigues, Sessão de 28/8/2002, confirmada a multa de 5.000 UFIRs - Destaquei)

"Propaganda eleitoral irregular. Afixação de **placa sobre guarita de ônibus**. Preliminar de cerceamento de defesa rejeitada. Bem público não constante da ressalva feita no art. 37 da Lei n. 9.504/97. Demonstração do fato ilícito. Ausência de prévio conhecimento da propaganda. (...)." (TRE-MG, Rec. Eleitoral n. 3.930/00-Contagem, Rel. Des. Orlando Adão Carvalho, *MG* 4/12/2001)

"Veiculação de propaganda eleitoral por meio de inscrição a tinta em **muro de proteção da linha férrea**. Bem público. Comprovação de prévio conhecimento. (...)" (TREMG, Rec. Eleitoral 782/2005, Ac. 1.477/2005, Rel. Des. Armando Pinheiro Lago, Sessão de 21/9/2005)

"Afixação de propaganda em **alambrado existente em praça** pública. Material propagandístico colocado em local extremamente habitado e movimentado, em ponto amplamente visível, o que indica, de forma contundente, o conhecimento do beneficiário da propaganda. A retirada posterior da propaganda não elide a condenação. Configuração de propaganda eleitoral irregular." (TREMG, Rec. Eleitoral 4.501/2004, Ac. 1544/2005, Rel. Juiz Carlos Augusto de Barros Levenhagem, Sessão de 3/10/2005)

14.2. Bens de uso comum: bares, clubes, estádios de futebol, etc.

Ainda que o bem não seja de propriedade pública e nem dependa de permissão do Poder Público, ou seja, ainda que de **propriedade particular, mas que seja de *uso comum do povo*** (como bares, clubes, estádios de futebol, teatros, cinemas, igrejas, etc.), em que o acesso ao público é livre, com ou sem pagamento de bilhete de entrada, a propaganda eleitoral está igualmente vedada. Inscrição a tinta, fixação de cartazes ou adesivos, panfletagem, discursos e utilização de alto-falante nestes locais atrai a ilegalidade da conduta. Para bem compreender o sentido da proibição, basta trazer à reflexão o exemplo do Estádio do Morumbi, na capital paulista, pertencente ao São Paulo Futebol Clube. Embora seja de propriedade privada, é de uso comum dos torcedores, com acentuado potencial de influência no eleitorado, já que local de grande concentração de pessoas. Daí que a lei eleitoral não poderia deixar livre a veiculação de propaganda naquele local, posto que, do contrário, estaria concentrado nas mãos do particular um instrumental de publicidade que desequilibraria a disputa. Frise-se, não são apenas os bens públicos de uso comum que estão alcançados pela vedação legal aqui examinada. Na verdade, o mencionado art. 37 não faz referência a bens públicos de uso comum, mas aos "de uso comum" simplesmente, o que permite envolver na proibição também os bens particulares de uso comum, aqueles locais que recebem o público mediante entrada franca ou com pagamento de bilhete de ingresso.

AREspE n. 060157674 - RIO DAS OSTRAS – RJ, Ac. de 16/09/2021, Rel. Min. Sergio Silveira Banhos

ELEIÇÕES 2020. [...] PROPAGANDA ELEITORAL IRREGULAR. FEIRA LIVRE. ART. 37, *CAPUT*, E § 1º, DA LEI 9.504/97. MULTA. NÃO PROVIMENTO. [...]

3. Nos termos do art. 37 da Lei 9.504/97, é proibida a realização de propaganda eleitoral, de qualquer natureza, como a **distribuição de material gráfico** de publicidade eleitoral, nos chamados bens de uso comum, cuja definição, em matéria eleitoral, abrange todos aqueles a que a população em geral tenha livre acesso, não se limitando aos bens assim qualificados pelo Código Civil.

4. Na linha da jurisprudência desta Corte Superior, as **feiras livres, mesmo não estando no rol exemplificativo do art. 37** da Lei 9.504/97, são consideradas bem de uso comum, porquanto se trata de espaço a que a população tem livre acesso. [...]

RESPE n. 060503530 - SÃO PAULO – SP, Ac. de 20/02/2020, Rel. Min. Edson Fachin

1. Para fins eleitorais, os estabelecimentos comerciais equiparam-se a bens de uso comum, nos termos do art. 37, § 4°, da Lei n° 9.504/97, e, por determinação do *caput* do referido dispositivo legal, é proscrita, nesses ambientes, a veiculação de propaganda eleitoral de qualquer natureza, como a **distribuição de material gráfico** de publicidade eleitoral, **seja de caráter transitório ou duradouro**. Precedentes: AgR-REspe n° 060516095/SP, Rel. Min. Og Fernandes, *DJe* de 7.8.2019 e REspe n° 760572/RJ, Rel. designado Min. Dias Toffoli, *DJe* de 24.11.2015.

2. As normas insculpidas nos arts. 37 e 38 da Lei n° 9.504/97 demandam interpretação sistemática, conduzindo à compreensão de que a propaganda eleitoral realizada por meio da distribuição de material gráfico, como folhetos e santinhos, é livre, como preconiza o art. 38, mas encontra limites no óbice estabelecido no art. 37. Precedente: AgR-REspe n° 060516095/SP, Rel. Min. Og Fernandes, *DJe* de 7.8.2019. [...]

ELEIÇÕES 2014. AGRAVO REGIMENTAL. RECURSO ESPECIAL PROVIDO. REPRESENTAÇÃO. PROPAGANDA ELEITORAL IRREGULAR. ESTABELECIMENTO MISTO. COMERCIAL E RESIDENCIAL. BEM DE USO COMUM.CARACTERIZAÇÃO. DESPROVIMENTO. 1. Nos termos da jurisprudência deste Tribunal, a veiculação de propaganda em **estabelecimento misto residencial e comercial**, e a não retirada após a notificação caracterizam propaganda eleitoral irregular em bem de uso comum, nos termos do art. 37, § 1º, da Lei nº 9.504/97. 2. Agravo regimental desprovido. (AgR-Respe n. 220881, São Luís-MA, Acórdão de 03.08.2015, Rel. Min. Luciana Lóssio)

"Agravo de instrumento – Provimento – Recurso especial – Propaganda eleitoral realizada em **igreja** mediante placas – Bem de propriedade privada, que se destina à frequência pública – Art. 37 da Lei n. 9.504/97 – Caracterização de bem de uso comum. I – Bem de uso comum, no âmbito do Direito Eleitoral, tem acepção própria, ou não é totalmente coincidente com a do Direito Civil. II – Possibilidade de se impor limites à propaganda, mesmo se realizada em bens particulares, de modo a garantir a maior igualdade possível na disputa pelos cargos eletivos – Poder de Polícia da Administração Pública. Recurso não conhecido." (TSE, Ag. n. 2124, Ac. n. 2.124C, Rel. Min. Edson Vidigal, *DJ* 16/6/2000, p. 104)

"Em **escola particular** – embora bem privado –, não se permite publicidade eleitoral. Nesse entendimento, o Tribunal rejeitou os embargos de declaração. Unânime." (TSE, Embargos de Declaração no RESP n. 25.263/CE, Rel. Min. Humberto Gomes de Barros, em 24/11/2005).

> "Veiculação de propaganda por meio de **camisetas utilizadas por jogadores**, durante partida de futebol. Impossibilidade de controlar o uso de camisetas doadas a terceiros.[298] Inexistência de indício de patrocínio da partida de futebol por parte dos recorridos. Não configuração de ilícito." (TREMG, Rec. Eleitoral 4.814/2004, Ac. 1.330/2005, Rel. Juiz Antônio Romanelli, Sessão de 15/9/2005)
>
> "(...) 4. **Veículo particular que esteja prestando serviço ao município** não pode ostentar propaganda eleitoral. 5. A comprovada circulação de veículos em todo o município a fim de recolher lixo indica, no caso, o prévio conhecimento do candidato beneficiado pela propaganda eleitoral. Recurso especial improvido". (Ac. n. 21.436, de 18/5/2004, Rel. Min. Fernando Neves.)
>
> "Placa. **Estabelecimento comercial**. Bem particular de uso comum. Limites. Negado provimento. I – Na linha da jurisprudência desta Corte, impõe-se limites à propaganda eleitoral realizada em estabelecimento de uso comum, aberto ao público, para garantir a maior igualdade entre os candidatos ao pleito.(...)" (Ac. n. 21.241, de 28/8/2003, rel. Min. Peçanha Martins.)

Os §§ 4º e 5º, do art. 37, da Lei n. 9.504/97 (acrescentados pela Lei n. 12.034/2009), fazem expressa referência aos bens particulares de uso comum – cinemas, clubes, lojas, centros comerciais, templos, ginásios, estádios, dentre outros a que a população em geral tenha acesso – e às árvores e jardins localizados em áreas públicas, como sendo locais proibidos à propaganda eleitoral.

Já foi dito, mas vale insistir, que, embora de propriedade privada, a estrutura da pessoa jurídica não pode ser utilizada para viabilizar ou potencializar o alcance da propaganda eleitoral. A empresa não pode, p.ex., entregar aos seus clientes, junto às compras, o adesivo ou o "santinho" do candidato, inclusive no serviço de entrega em domicílio. Fazer da empresa o "cabo eleitoral" do candidato, configura propaganda eleitoral irregular, atraindo no mínimo a sanção do art. 37, § 1º, da Lei n. 9.504/97, quiçá abuso do poder econômico, já que as pessoas jurídicas não podem participar e muito menos contribuir para as campanhas.

14.3. Cavaletes e bonecos nas vias públicas

E o também acrescentado § 6º, que, na redação originalmente dada pela Lei n. 12.034/2009, autorizou a colocação de **cavaletes, bonecos, cartazes, mesas para distribuição de material de campanha e bandeiras** ao longo das vias públicas, desde que móveis e que não dificultassem ou impedissem o bom andamento do trânsito de pedestres e veículos, sofreu alteração com a Lei n. 12.891/2013[299], limitando a permissão apenas à colocação de mesas para distribuição[300] de material de campanha e a utilização

---

[298] A partir da Lei n. 11.300/2006, passou a ser proibida a confecção e a distribuição de brindes de campanha, como camisetas com a propaganda de partidos e candidatos.

[299] Ver, no Título I (Noções Introdutórias), Capítulo II (Fontes do Direito Eleitoral), n. 3 (Lei das Eleições), os fundamentos para aplicação, já em 2014, da Lei n. 12.891/2013. O TSE, entretanto, decidiu não aplicá-la às eleições daquele ano.

[300] A contratação de cabos eleitorais, principalmente para a distribuição de impressos em geral, está agora regulada pelo art. 100-A, da Lei n. 9.504/97, acrescido pela Lei n. 12.891/2013, estudado no Título II (Processo Eleitoral), Capítulo VII (Arrecadação, Gastos e Prestação de Contas), n. 4.

de bandeiras. Os cavaletes, bonecos e cartazes a partir de então (ou seja, a partir da Lei n. 12.891/2013) passaram a compor a vedação do caput. Reforçando a proibição de utilização desses instrumentos de propaganda nas vias públicas, a redação atual do art. 37, "caput", dada pela Lei n. 13.165/2015, se refere expressamente à "exposição de placas, estandartes, faixas, cavaletes, bonecos e assemelhados". Já a partir da Lei n. 13.165/2015, aplicada desde as eleições de 2016, restou proibida a propaganda eleitoral em bens públicos, como regra, ficando a exceção – que reclama interpretação restritiva – por conta do que expressamente permitido, ou seja, a colocação de mesas para distribuição de material de campanha e a utilização de bandeiras. Destacava-se, naquela redação conferida ao "caput" do art. 37, a substituição do vocábulo "fixação" (de placas, estandartes, etc.) pela expressão "exposição" (daqueles e outros instrumentos), do que resultou a conclusão de que a lei quis vedar também, v.gr., as faixas atravessadas na frente dos veículos enquanto vermelho o sinal de trânsito, ou os chamados "homem cavalete", em que a pessoa "veste" dois cavaletes em V e transita pelas vias públicas. A "exposição" de propaganda é claramente mais abrangente que a "fixação" anteriormente mencionada pelo texto. O caráter móvel das mesas e bandeiras até então permitidas como exceção estava atendido se a colocação e retirada ocorresse entre as 6:00 e as 22:00 horas (§ 7º). Ou seja, aqueles instrumentos de propaganda só não podiam "dormir" na via pública.

A reforma eleitoral de 2017, implementada pela Lei n. 13.488/2017, alterou novamente a disciplina da propaganda em bens públicos e particulares, desta vez dando nova redação ao § 2º do art. 37. Fixada a proibição de "veiculação de material de propaganda eleitoral em bens públicos e particulares", a exceção ficou à conta da permissão de (Inciso I) "bandeiras ao longo de vias públicas, desde que móveis e que não dificultem o bom andamento do trânsito de pessoas e veículos". Então, a vedação como regra que já existia – e continua existindo – no caput do art. 37, foi frisada pela nova redação do § 2º. E a exceção prevista no atual § 2º, inciso I, alcança tão somente as bandeiras móveis ao longo das vias públicas, não mais sendo possíveis as "mesas para distribuição de material de campanha" a que se referia o § 6º. Na verdade, porque o referido § 2º, inciso I, trata integralmente da matéria – propaganda em bens públicos – e porque em linha de colisão com parte da disciplina anterior, forçoso concluir que o § 6º foi tacitamente derrogado – ou parcialmente revogado – no que autorizava a colocação de mesas nas vias públicas. De outro lado, interpretação sistêmica dos dois dispositivos (do novo § 2º e da parte não revogada do § 6º, aquela que se refere às bandeiras, ainda permitidas) conduz à conclusão de que estas – as bandeiras – só serão possíveis se "utilizadas", empunhadas e agitadas pelos agentes da propaganda – nunca imobilizadas e deixadas na via pública – entre as 6 horas e as 22 horas (§ 7º).

O TSE, em evidente equívoco, consignou na Resolução n. 23.551/2017, art. 14, § 4º, ser possível a colocação, nas vias públicas, de mesas para distribuição de material de campanha, limitando-se a transcrever o disposto no art. 37, § 6º, da Lei n. 9.504/97, não reconhecendo que este foi revogado tacitamente pela nova redação do § 2º. E o curioso é que, na mesma Resolução, o TSE – no art. 15 – também transcreve o novel § 2º, onde consignado que a propaganda ao longo das vias públicas só pode dar-se por bandeiras. A conclusão óbvia é que o TSE – no exercício da sua função regulatória, normativa – quis tão só transcrever os dispositivos, deixando a discussão quanto à revogação do § 6º, do art. 37, da Lei n. 9.504/97, para quando exercendo sua função jurisdicional, ou seja, quando diante dos casos concretos. E a Res. TSE n. 23.610/2019, que contém o regulamento da propaganda eleitoral para as eleições de 2020 e seguintes, repete as mesmas disposições no art. 19, § 4º. Dando nova redação ao § 5º, do art. 19, da mencionada Res. TSE n. 23.610/2019, a Res. TSE n. 23.671/2021 diz que a mobilidade estará caracterizada "ainda que nesse intervalo [de 6hs às 22hs] os aparatos estejam fixados em base ou suporte", admitindo, portanto, que as bandeiras sejam deixadas nas vias públicas e recolhidas à noite. A mesma Resolução, desta vez dando nova redação ao inciso I do art. 20, salienta que as bandeiras ao longo das vias públicas não podem dificultar "o bom andamento do trânsito de pessoas, inclusive daquelas que utilizem cadeiras de rodas ou pisos direcionais e de alerta para se locomoverem", condição que precisa ser observada também pelas mesas de distribuição de material. A propósito da distribuição de impressos em geral, que é livre aos candidatos, partidos, federações e coligações, necessário compatibilizar esta liberdade com a vedação de ocupação das vias públicas com a propaganda eleitoral (salvo as bandeiras e mesas), do que resulta a conclusão de que o **derrame de "santinhos"** no leito das ruas, avenidas, praças e calçadas configura propaganda irregular, a atrair a incidência da multa do art. 37, § 1º, da Lei n. 9.504/97. Quando nos locais de votação ou nas suas proximidades, no dia da eleição ou na véspera, com a especial finalidade de fazer "boca de urna", a conduta pode configurar o crime do art. 39, § 5º, da mesma lei (art. 19, §§ 7º e 8º, da Res. TSE n. 23.610/2019).

> REspEl n. 060230142 - BELÉM – PA, Ac. de 25/03/2021, Rel. Min. Luis Felipe Salomão
>
> 4. Nos termos da jurisprudência iterativa desta Corte, é possível a responsabilização do candidato pelo derrame **de santinhos**, nas hipóteses em que as circunstâncias e as peculiaridades do caso específico revelarem a impossibilidade de o beneficiário não ter tido conhecimento da propaganda.
>
> 5. O cálculo da multa de cada representado teve por base critérios objetivos, considerando-se fatores como **volume de material** e **número de locais** em que se verificou o derrame, de modo que não há falar em ausência de parâmetros claros na aplicação das penalidades, muito menos ofensa aos princípios da proporcionalidade e da razoabilidade. Nesse sentido: AgR-AI 0603369-65/GO, Rel. Min. Tarcisio Vieira de Carvalho Neto, DJE de 4/11/2019. [...]

Em síntese, a propaganda eleitoral é vedada nos bens públicos em geral, tanto nos móveis e nos imóveis pertencentes a órgãos públicos, quanto nos públicos e privados de uso comum (art. 37, "caput" e §§ 2º e 4º), permitida apenas a utilização de bandeiras móveis ao longo das vias públicas e, como quer o TSE, também mesas para distribuição de material de propaganda.

E é bom lembrar que a autorização do Inc. II (do mesmo § 2º) para os adesivos plásticos em automóveis e janelas residenciais com até 0,5 m2 (meio metro quadrado) se aplica apenas aos bens particulares, que não sejam de uso comum.

Frise-se, porque de muita incidência prática, que se o bem não é de propriedade pública, mas sua utilização dependa de cessão ou permissão do Poder Público (como ônibus, táxis, etc.), a propaganda nele também está vedada. Adesivos e outras espécies de propaganda nesses bens caracteriza infração eleitoral.

> "[...]. Propaganda eleitoral irregular. Bem particular. Afixação de adesivos. **Ônibus**. Efeito análogo a outdoor. Retirada. Subsistência da penalidade. [...] 4. O Tribunal de origem, no caso específico, concluiu pela irregularidade da propaganda porque entendeu demonstrada a caracterização de efeito visual único assemelhado a outdoor. [...]" (Ac. de 16.06.2014, no AgR-AI n. 45420, Rel. Min. Gilmar Mendes)

> "[...]. Propaganda eleitoral. **Outbus**. Conduta vedada. É vedada a veiculação de propaganda eleitoral em ônibus, afixada interna ou externamente ao veículo." (Res. n. 23.084, de 10.06.2009, Rel. Min. Joaquim Barbosa)

> "Propaganda eleitoral – **Táxis** – Concessão do poder público – Art. 37 da Lei n. 9.504/97 – Permissão – Licença – Bem particular – Acesso público – Bem de uso comum – Restrições – Candidatos – Isonomia – Para fins de propaganda eleitoral, os táxis, ainda que bens particulares, são considerados de uso comum e, portanto, abrangidos pela vedação do art. 37 da Lei n. 9.504/97. – A permissão prevista no art. 37 inclui a licença para o serviço de táxis. – Possibilidade de se impor limites à propaganda eleitoral de modo a garantir a maior igualdade possível na disputa pelos cargos eletivos." (TSE, Ag. Inst. n. 2.890/SC, Rel. Min. Fernando Neves, em 28/6/2001)

14.4. Multa ou restauração do bem: § 1° do art. 37

A veiculação de propaganda eleitoral em desacordo com o disposto no *caput* do art. 37 sujeita o responsável à **restauração do bem e, se não providenciada, à multa** no valor de R$ 2.000,00 a R$ 8.000,00. É o que dispõe o § 1º do mencionado art. 37 da Lei n. 9.504/97, na redação dada pela Lei n. 11.300/2006. A interpretação literal desse parágrafo sugere que o Juiz Eleitoral, ao receber representação que noticie a veiculação de propaganda eleitoral em bens públicos, em bens cujo uso dependa de cessão ou permissão do Poder Público ou em bens de uso comum, deve fixar prazo para que o responsável retire a propaganda e restaure o bem afetado, reservando a aplicação da multa apenas para os que descumprirem tal comando, ou seja, apenas para quando o bem não for restaurado. E é assim que vem entendendo o TSE, salientando até mesmo que não importa tenha o responsável restaurado o bem voluntariamente ou em obediência a uma ordem judicial.

> "Eleições 2012. Representação por propaganda eleitoral irregular em bem de uso comum. Recebimento da notificação. É ônus do responsável pela propaganda a comprovação de sua retirada. Aplicação de multa. 1. Esta corte entende que cabe ao responsável pela propaganda comprovar a sua regularização e a restauração do bem público [...]" (Ac. de 1.10.2015, no AgR-Respe n. 32164, Rel. Min. Gilmar Mendes)

> "REsp. Eleições 2006. Propaganda Eleitoral. Art. 37, § 1º, da Lei n. 9.504/97 com redação dada pela Lei n. 11.300/2006. [...] Retirada a propaganda eleitoral reputada irregular ou restabelecido o *statu quo ante* do muro no prazo assinado pela autoridade competente, não há se falar em aplicação de multa. Recurso especial provido" (TSE, Ac. n. 27.775/SP, Rel. Min. Ari Pargendler, *DJ* de 4/12/2007).

Essa não é a melhor interpretação, data vênia.

Percebe-se, com muita facilidade, que o referido art. 37 veda a propaganda eleitoral nos locais que menciona e prevê sanção para o seu descumprimento. O § 1º, contendo sanção aplicável ao responsável pela propaganda irregular, reforça e confere efetividade ao conteúdo proibitivo do *caput*, podendo-se dizer que ele compõe, ou completa, sistemicamente a vedação.

E a interpretação isolada e literal do § 1º acaba por retirar aquele conteúdo proibitivo do *caput*, ruindo o próprio sistema, porque bastará o infrator restaurar o bem afetado – o que muitas vezes se resume à retirada da faixa, cartaz ou placa, sem qualquer dispêndio financeiro – para livrar-se da sanção pecuniária. A partir daí, duas conclusões são possíveis: 1) a multa prevista no § 1º deixa de sancionar o comportamento de quem pratica a propaganda eleitoral irregular prevista no *caput* para ser dirigida, isto sim, àquele que desobedece a ordem judicial de restauração do bem. O que acarreta a multa para o infrator não é a veiculação da propaganda ilícita, mas, sim, a sua desobediência à notificação; 2) o *caput* deixa de conter uma proibição e passa a expressar a permissão de propaganda em bens públicos *lato sensu*, com a condição de sua retirada tão logo notificado o agente. Uma permissão condicionada à reparação oportuna do bem. Com essa linha de pensamento, é possível afirmar que o candidato poderá inscrever sua propaganda na fachada de um prédio público – do Tribunal Eleitoral, por exemplo – desde que se disponha a retirá-la assim que notificado, sem nenhuma outra consequência. E até que essa providência seja adotada, sua propaganda fica estampada (às vezes por dias ou semanas) em local que, na dicção expressa da lei, é proibida a sua veiculação. Logo se vê que essa interpretação literal põe o § 1º em linha de colisão com o *caput* e não se atenta ao caráter moralizador das sucessivas alterações do dispositivo (inclusive pelas Leis n. 13.165/2015 e n. 13.488/2017), que ampliaram as hipóteses de vedação do artigo em comento, suprimindo as ressalvas então existentes, que permitiam a propaganda em postes de iluminação, pontes, passarelas e viadutos e até mesmo de mesas para distribuição de material de campanha nas vias públicas (como dito no capítulo reservado ao estudo da propaganda em bens particulares, o TSE manteve, na Resoluções n. 23.551/2017 e n. 23.610/2019, a possibilidade de colocação de mesas nas vias públicas, parecendo ter simplesmente transcrito o dispositivo revogado). Ora, se a deliberada intenção do legislador foi proibir toda e qualquer propaganda eleitoral nos locais já citados, agora com ressalva apenas para a utilização de bandeiras, interpretação teleológica não permite chegar à conclusão de ausência de consequência para o infrator que simplesmente retira a propaganda mediante notificação do Juiz Eleitoral.

Necessário adotar para o § 1º interpretação que busque sua conformidade com o contexto de vedação trazido pelo *caput*. Assim, a sanção pecuniária deve ser tida como instrumento de maior concreção e efetividade da norma, até porque há meios de veiculação de propaganda que não se sujeitam a reparação, por não deixarem vestígios materiais. É o caso da panfletagem ou do discurso proferido no interior de uma repartição pública ou num templo religioso (bem particular de uso comum). Nessas hipóteses, não se cogita de reparação material e os danos causados ao processo eleitoral são irreversíveis, como o são também os resultantes de uma inscrição a tinta, porque a mensagem ali contida – mesmo que apagada posteriormente – foi percebida e assimilada por inúmeros eleitores.

Razoável que a restauração do bem só se preste a afastar a multa quando o ilícito tiver causado danos materiais ao bem (como a inscrição a tinta, por exemplo) e os custos dessa reparação superarem a sanção pecuniária fixada na lei (R$ 2.000,00 a R$ 8.000,00). Isso porque, aí, sim, o infrator estará experimentando consequência patrimonial decorrente de seu ato ilícito, exatamente porque parece claro que a lei quis atribuir essa responsabilidade patrimonial com a reparação ou com a multa. E quando a veiculação da propaganda, nos bens especialmente protegidos pelo *caput* do art. 37, não lhes impuser prejuízos (faixas, placas, cartazes, panfletagem, discursos, etc.), impõe-se a aplicação da multa, como único desfavor pecuniário para o infrator.

De outro lado, sabe-se que o modelo "sancionador" previsto no referido § 1º, no que condiciona a aplicação da multa à desobediência do infrator à ordem judicial para remoção da propaganda e restauração do bem, se inspira na real possibilidade – especialmente quando a disputa se dá em circunscrições maiores – de injusta punição do candidato beneficiado pelo ilícito, já que não raro ele não tem conhecimento ou domínio do que veiculado pela sua equipe de campanha e mesmo pelos simpatizantes da sua candidatura. A solução para este § 1º, entretanto, poderia ser aquela adotada, dentre outros, pelo art. 36, § 3º, da mesma Lei das Eleições, que prevê a multa para o responsável pela divulgação (o agente do ilícito) e para o candidato beneficiado, se e quando demonstrado o seu prévio conhecimento, ou a sua participação material ou intelectual.

O que não parece possível, por fim, é o tratamento anti-isonômico adotado pelo art. 37, § 1º, muito mais porque a conduta ali prevista como infração é de ilicitude ainda mais grave. Ora, se no ilícito consistente em divulgar propaganda antecipada ou em veiculá-la por meio de outdoor em bens particulares a multa será aplicada sem prejuízo da remoção da propaganda e restauração do bem, porque na propaganda em bens públicos – com muito mais razão protegidos pela lei – haverá de ser necessário dar ao infrator a oportunidade de reparar o bem para escapar da multa? Dois infratores, que veicularem propaganda eleitoral irregular, terão tratamento diferenciado, bastando que um deles opte por fazer a inscrição à tinta, ou a colocação de faixas, placas e cartazes, ou a distribuição de "santinhos" em prédio público, para não ser destinatário da multa. A toda evidência que o resultado da interpretação literal deste § 1º fere o princípio isonômico e não resiste à razoabilidade.

E nunca se perca de vista que toda propaganda irregular acarreta prejuízos, irreparáveis diga-se, para o processo eleitoral, independentemente dos danos materiais do caso concreto.

O TSE, percebendo que algumas formas de veiculação da propaganda produzem resultado instantaneamente, não deixando vestígios a serem reparados, evoluiu na sua jurisprudência, para impor a multa independentemente da notificação prévia.

> "Eleições 2018. Agravo interno em recurso especial. Representação. Propaganda eleitoral irregular. Art. 37, *caput* e § 4º, da Lei nº 9.504/1997. **Distribuição de santinhos em estabelecimentos comerciais**. Procedência na instância ordinária. Bem particular de uso comum. Vedada propaganda de qualquer natureza, **transitória ou permanente**. Jurisprudência do TSE. Incidência de multa. Notificação prévia para regularização. Desnecessidade. Especificidades do caso concreto. Jurisprudência do TSE. [...] 4. A despeito de o § 1º do art. 37 da Lei das Eleições condicionar a incidência de multa ao prévio descumprimento da ordem judicial de restauração do bem em que veiculada a propaganda, o caso vertente revela situação excepcional. 5. A distribuição, em bens públicos ou de uso comum, de folhetos avulsos de propaganda a eleitores configura **infração de caráter instantâneo**, que afasta qualquer possibilidade de restauração do bem ou retirada da publicidade e, precisamente por isso, torna-se despicienda, para a incidência da multa do art. 37, § 1º, da Lei das Eleições, a prévia notificação do responsável. Precedente. [...]" (TSE, Ac. de 4.6.2019, no AgR-Respe n. 060516095, Rel. Min. Og Fernandes).

No mesmo sentido, o Ac.-TSE de 13.8.2019, no AgR-REspe nº 060786646, que enfrentou hipótese de **derramamento de santinhos** em vias públicas próximas a locais de votação, na véspera do pleito, entendendo configurada propaganda eleitoral irregular, dispensando-se a notificação como antecedente para o sancionamento.

14.5. Postes de iluminação, pontes, passarelas

Na **redação original do art. 37** (antes, portanto, da Lei n. 11.300/2006), seu *caput* já vedava a propaganda eleitoral nos bens públicos e nos de uso comum, mas previa exceções a essa proibição, permitindo a fixação de **placas, estandartes, faixas** e assemelhados nos **postes de iluminação pública, viadutos, passarelas e pontes**, desde que não lhes causasse dano, não dificultasse ou impedisse o seu uso e o bom andamento do tráfego. Em torno dessa norma – proibição em regra e permissão nas exceções – algumas discussões se travaram, firmando-se a jurisprudência no sentido de que: 1) se a propaganda era, por exceção, permitida nos postes, viadutos, passarelas e pontes, essas hipóteses eram taxativas, porque regra de exceção se interpreta restritivamente; 2) essa permissão se condicionava à utilização de meio de veiculação da propaganda de que não resultasse dano ao bem, ou que impedisse ou dificultasse o bom andamento do tráfego. Por isso, não se permitia a propaganda pintada ou colada nos postes, pontes, passarelas, viadutos e leitos de vias públicas, porque, nestes casos, havia danos ao bem; não se permitia, também, a colocação de faixas, placas, cartazes, etc., em postes de sustentação de semáforos, exatamente porque, desviando a atenção dos motoristas, acabava dificultando o bom andamento do tráfego; 3) nas árvores que ornamentam as vias públicas, a propaganda já era vedada, porque essa hipótese não se encontrava alcançada pela exceção permissiva.[301]

---

[301] Confira-se na 3ª edição desta obra, p.. 279 *et seq.*, a abordagem completa do art. 37 da Lei n. 9.504/97, na sua redação original.

14.6. Brindes de Campanha

Alteração importante trazida pela Lei n. 11.300/2006 foi a proibição de veiculação de propaganda eleitoral nos chamados **brindes de campanha**.

> "É vedada na campanha eleitoral a confecção, utilização, distribuição por comitê, candidato ou com sua autorização, de camisetas, chaveiros, bonés, canetas, brindes, cestas básicas ou quaisquer outros bens ou materiais que possam proporcionar vantagem ao eleitor" (art. 39, § 6º, da Lei n. 9.504/97, na redação dada pela Lei n. 11.300/2006).

A velha prática das campanhas – de distribuição principalmente de camisetas, canetas e bonés, contendo a propaganda dos candidatos – restou vedada por aquela minirreforma eleitoral, com o nítido objetivo de eliminar mais essa forma de concessão de benefício patrimonial aos eleitores, o que só é possível aos candidatos que detém poder econômico. Em boa hora, a vedação evita a corrupção do eleitor que ganha aquele brinde, com algum valor patrimonial e que lhe confere vantagem, mormente quando se tem em mente o eleitor carente de recursos financeiros, para quem a camiseta muito significa. A doação, ou promessa de doação de bens, já era conduta censurada pela lei eleitoral – até mesmo com previsão de cassação de registro ou diploma no art. 41-A da Lei n. 9.504/97 e pena privativa de liberdade no art. 299, do Código Eleitoral –, mas que encontrava exceção na antiga redação do art. 26, XIII, da Lei n. 9.504/97, sempre que esse bem doado contivesse a propaganda do candidato, porque então entendido como brinde de campanha, ou seja, como material de propaganda a ser veiculado pelo eleitor. Mas o mencionado inciso XIII, do art. 26, foi revogado pela Lei n. 11.300/2006, daí que a doação de brindes de campanha ao eleitor poderá caracterizar tanto a captação ilícita do sufrágio (art. 41-A), quanto o crime do art. 299 do Código Eleitoral. Além disso, a confecção de brindes importará sempre em gastos ilícitos, em movimentação de recursos de campanha contra expressa disposição legal, sendo possível tipificar essa conduta no art. 30-A, também com previsão de negação ou cassação do diploma.

Mas é importante salientar que a regra é dirigida aos partidos e candidatos, não impedindo, em tese, que o eleitor pinte uma camisa com a propaganda do candidato de sua preferência e a utilize durante a campanha, caso em que não estará havendo qualquer vantagem para o eleitor, que suportará as despesas da confecção. A eleição de 2018 inaugurou uma prática até então não cogitada: a confecção e venda de camisas com foto, nome e número de candidatos como atividade comercial, conduta que também não está alcançada pela proibição, já que o responsável pela confecção não é candidato ou partido e a distribuição não é gratuita. Ao contrário, o cidadão interessado paga pela aquisição. Registre-se, por oportuno, que essa camisa confeccionada pelo eleitor ou por ele comprada, lícita, portanto, não poderá ser usada no dia da votação, porque o art. 39-A, incluído na Lei n. 9.504/97 pela Lei n. 12.034/2009, permite a manifestação individual e silenciosa do eleitor *apenas* por meio de bandeiras, broches, dísticos e adesivos, desautorizando, por conseguinte, as camisetas. O TSE, todavia, entende possível esta manifestação também por meio de camisetas (Res. TSE n. 23.610/2019) a qualquer tempo (art. 18, § 1º) e no dia da eleição (art. 82).

O aparecimento, durante a campanha, de diversos eleitores com camisas iguais, sugerindo terem sido feitas e distribuídas pela mesma matriz, merece atenção e apuração, pois restará evidenciado que ou foram feitas pelo partido/candidato, ou com sua autorização ou consentimento, ou confeccionadas e vendidas comercialmente. E sabe-se que qualquer doação de campanha, mesmo quando por meio de bens ou serviços estimáveis em dinheiro, deve ser formalizada em recibo eleitoral passado pelo candidato e, posteriormente, ser lançada na prestação de contas, sob pena de descumprimento das normas de arrecadação, dando ensejo à Representação do art. 30-A.

> "Consulta. Presença de artistas ou animadores, bem como utilização de camisas e outros materiais que possam proporcionar vantagem ao eleitor, 'em eventos fechados de propriedades privadas' (*sic*). Impossibilidade." (Res. 22.274, de 29.06.2006, Rel. Min. Carlos Ayres Britto)

14.7. Outdoor e showmícios

A minirreforma de 2006 (Lei n. 11.300/06) ainda tornou ilícita a propaganda que se utilize de **outdoor** (painéis de publicidade explorados comercialmente ou com mais de 0,5 m2 - meio metro quadrado, ainda que pela somatória de duas ou mais propagandas justapostas) e a realização de **showmícios** (comícios com apresentação de artistas para entretenimento do público). Esses temas, porque muito próximos de meios de propaganda admitidos pela legislação eleitoral, foram tratados na Seção III - PROPAGANDA LÍCITA, item n. 2 (placas, pinturas em muros, etc., proibidos a partir da Lei n. 13.165/2015), item n. 5 (comícios) e item n. 6 (outdoors).

14.8. Símbolos, frases ou imagens, associadas ou semelhantes às empregadas por órgão de governo

Também encontra expressa proibição da Lei Eleitoral (art. 40) a utilização, na propaganda eleitoral, de **símbolos, frases ou imagens, associadas ou semelhantes às empregadas por órgão de governo, empresa pública ou sociedade de economia mista**. O que quer o legislador é a não associação da candidatura à Administração, ainda que o administrador seja candidato à reeleição. A título de exemplo, se o Governo Federal usa na sua propaganda institucional a frase "Avança, Brasil", esta não poderá ser utilizada por qualquer candidato. A infração a esse dispositivo constitui crime, punível com detenção (de 6 meses a 1 ano) e multa (de 10.000 a 20.000 UFIRs). É comum, de outro lado, os candidatos se utilizarem de frases e símbolos durante a campanha e depois de eleitos levá-los para a Administração, conduta que não caracteriza a infração aqui tratada, mas que pode ser questionada a título de improbidade – na Justiça Comum, portanto –, por violação ao princípio da impessoalidade. Quando candidatos à reeleição, utilizando novamente as mesmas frases e símbolos, o administrador/candidato incorrerá na infração.

> "Ação penal. Símbolos, frases ou imagens associadas à administração direta. Uso em propaganda eleitoral. Art. 40 da Lei n. 9.504/97. (...). 1. Para configurar o tipo penal do art. 40 da Lei n. 9.504/97, é imprescindível que o ato praticado seja tipicamente de

propaganda eleitoral. 2. A utilização de atos de governo, nos quais seria lícito o uso de símbolos da Prefeitura, com finalidade eleitoral, pode, em tese, configurar abuso do poder político, a ser apurado em processo específico." (Ac. n. 21.290, de 19/8/2003, rel. Min. Fernando Neves.)

Como será visto em momento oportuno, uma vez constatada a propaganda ilícita, surge a oportunidade para o exercício do *poder de polícia*, do Juiz Eleitoral, para determinar a imediata suspensão da conduta. Ainda, a necessidade de abrir vista ao Ministério Público, para que este, se o caso, ofereça Representação pela aplicação das sanções correspondentes, inclusive a *multa*.

Seção VII

15. ABUSO DE PODER E USO INDEVIDO DOS MEIOS DE COMUNICAÇÃO

15.1. Conceituação

O grande mal das campanhas políticas é, sem dúvida, o abuso do poder. Os candidatos têm, por inclinação cultural mesmo, uma tendência a abusar principalmente do poder econômico nos atos de campanha. É comum ouvir dos candidatos histórias de campanhas milionárias. E é comum também saber de pessoas que não se lançaram candidatas exatamente porque não tinham fontes de recursos financeiros para a "competição". Muitas das vezes, os eleitos o são muito mais pelo que gastam nas campanhas do que pelo que apresentam de projetos e planos de governo.

Para Marcelo Silva Moreira, o poder, de maneira geral,

> "é uma forma de controle social, capaz de direcionar a conduta de um determinado grupo de pessoas. Todos os que dispõem de meios materiais para isto são detentores do poder, e quem o exerce não costuma medir esforços para nele se manter. É, pois, autoridade aquele que possui o direito de mandar e, às vezes, a 'força' de mandar."[302]

Então, os partícipes do processo eleitoral devem dedicar a esse assunto especial atenção. Cabe principalmente à Justiça Eleitoral e ao Ministério Público Eleitoral, cujos interesses são suprapartidários e afinados com a necessidade de produzir o resultado legítimo das eleições, adotar – em especial atenção ao princípio democrático – todas as medidas necessárias para conter toda forma de abuso, desde a "simples" doação de um saco de cimento ao eleitor (que caracteriza a corrupção eleitoral do art. 299 do CE e a captação de sufrágio do art. 41-A, da LE), até o abuso nos meios de comunicação social, como a televisão, em que se atingem milhões de pessoas de uma única vez.

Não é fácil conter o abuso de poder, porém. Se não se estiver atento, diuturnamente, à atividade dos partidos e candidatos, o abuso se concretiza e o candidato colhe os frutos dessa infração, elegendo-se, restando a utilização de remédios pouco eficientes para

[302] MOREIRA, Marcelo Silva. *Eleições e abuso de poder.* Rio de Janeiro: Aide, 1998, p. 21.

apuração da conduta e punição dos culpados, que nem sempre chega a tempo e hora. E o mandato, obtido ilegitimamente, muitas das vezes acaba sendo integralmente cumprido.

Por isso, é necessária a adoção de um comportamento proativo durante a campanha, para impedir a ocorrência do abuso. Se Promotor e Juiz estão atentos ao dia-a-dia dos candidatos, podem antecipar-se ao derrame de dinheiro, à distribuição de cestas básicas, de materiais de construção, de vestuários e remédios, expedindo-se mandado de busca e apreensão desses bens. Sabendo-se que a Administração Pública lançará um programa governamental que beneficiará determinada candidatura, a Justiça Eleitoral poderá suspendê-lo antes mesmo que ele produza qualquer efeito nefasto ao processo eleitoral. Se a propaganda no rádio ou na TV mostra-se abusiva, deve ela ser suspensa imediatamente, pois a demora pode consumar a contaminação de todo o processo eleitoral.

Em resumo, impossível imaginar no Promotor e no Juiz uma postura inerte, à espera da ocorrência do fato, porque depois deste muito pouco há a fazer em prol do princípio democrático e da isonomia de oportunidades, que já terão sido feridos de morte.

> "Não há sentimento maior de frustração cívica coletiva do que o de se descobrir fraudulento, viciado ou corrupto o que só se pode admitir legítimo e válido conforme a lei."[303]

> "É muito fácil nas sociedades modernas dar às pessoas a impressão de que são insignificantes, já que a economia de massa não respeita os indivíduos, enxergando-os exclusivamente como consumidores [...] é de capital importância, pois, que nossas instituições políticas digam o contrário, que cada homem não vale apenas por suas mãos e dinheiro, mas por suas opiniões e escolhas."[304]

> "Montesquieu já advertia em seu *Espírito das Leis* que o detentor do poder tem enorme inclinação a dele abusar, sendo necessário que o poder limite o poder."[305]

> "O abuso de poder, tal como leciona Fávila Ribeiro, tem suas nascentes fincadas no Direito Privado, de onde se projetou com singulares características às linhas do Direito Público. Já o desvio de poder tem suas vestes na doutrina administrativista francesa."[306]

> "O Direito Eleitoral tem de demonstrar sua eficiência pelos resultados que possa obter na frenação de qualquer abuso de poder, seja proveniente de agentes públicos, seja cometido por instâncias privadas. É propriamente o poder, no exercício expansivo de suas dominações corrosivas, que precisa ser flagrado e contido."[307]

> "Se causa revolta o comportamento do agente que frauda na apuração, rasurando uma cédula, muito mais aquele que, através da propaganda ilegal e criminosa, vicia a vontade do eleitor, fraudando, em última análise, sua própria consciência."[308]

---

[303] JARDIM, Torquato. *Apud* MOREIRA, Marcelo Silva. *Eleições e abuso de poder*, p. 7.

[304] LUCAS, Randolph. *Apud* MOREIRA, Marcelo Silva. *Eleições e abuso de poder*, p. 11

[305] MOREIRA, Marcelo Silva. *Eleições e abuso de poder*, p. 12.

[306] MOREIRA, Marcelo Silva. *Eleições e abuso de poder*, p. 23.

[307] RIBEIRO, Fávila. *Apud* MOREIRA, Marcelo Silva. *Eleições e abuso de poder*, p. 25.

[308] SALOMÃO, Paulo César. *Apud* BARRETO, Lauro. *Investigação judicial eleitoral e ação de impugnação de mandato eletivo*. 2. ed., São Paulo: Edipro, p. 46.

O abuso de poder interfere diretamente na formação da vontade do eleitor e na sua tomada de decisão quanto ao voto, daí que se constitui em contundente afronta ao princípio democrático. Atinge o mais caro dos bens jurídicos protegidos pelo Direito Constitucional-Eleitoral, que é a normalidade e legitimidade das eleições, positivado no art. 14, § 9º, da CF. Uma campanha eleitoral marcada pelo abuso de poder e/ou pelo uso indevido dos meios de comunicação social acaba comprometendo os resultados das urnas. Mais adiante será visto que toda a eleição estará comprometida e não importará, para efeito de cassação do registro de candidatura ou do diploma, se houve participação dos eleitos no abuso constatado. O que importará, isto sim, é se houve objetivamente o abuso e se a normalidade e legitimidade das eleições foi violada.

> "O que importa é a existência objetiva dos fatos, abuso do poder econômico, corrupção ou fraude e a prova, ainda que indiciária, de sua influência no resultado eleitoral."[309]

15.2. Comprometimento da normalidade e legitimidade das eleições. Nexo de causalidade. Gravidade

No que se refere ao **nexo de causalidade** entre a conduta abusiva e o resultado das eleições, a jurisprudência do TSE passou por três estágios diferentes: no primeiro, entendia necessária a comprovação do nexo entre o abuso e o comprometimento do resultado das eleições; no segundo, cujo exemplo é a cassação do Sen. Humberto Lucena, dispensou-se tal prova, bastando a constatação do abuso, porque "essencial é, exclusivamente, a conduta contrária ao cânone constitucional"; no terceiro, volta-se a falar não necessariamente em nexo com o resultado, mas em potencialidade de desequilíbrio na disputa política[310] ou "probabilidade de comprometimento da normalidade ou da legitimidade, mas não necessariamente do resultado."[311]

Na esteira desta última orientação da jurisprudência eleitoral, o abuso de poder, quando analisado para efeito de inelegibilidade, deveria assumir proporções que comprometessem a lisura e a normalidade das eleições. Não mais se falava em nexo com o resultado, até porque essa verificação mostra-se impossível. Pouco razoável era a exigência de que, numa eleição decidida com 10 mil votos de diferença, a prova dos autos demonstrasse o comprometimento, pela prática do abuso de poder, de pelo menos 10 mil eleitores, para que se pudesse falar em comprometimento do resultado. A experiência mostrou que tal prova é praticamente impossível de ser feita. O que realmente passou a interessar foi o comprometimento da lisura do processo eleitoral, do equilíbrio que deve prevalecer entre os postulantes, porque a conduta abusiva durante a campanha atinge aquele bem jurídico especialmente relevante – porque estruturante – do Direito Eleitoral, que é, repita-se, a normalidade e legitimidade das eleições.

---

309 REVISTA DE JURISPRUDÊNCIA DO TSE 6, v. 1, p. 332.

310 Confira-se PINTO, Djalma. *Direito eleitoral* – Anotações e temas polêmicos, p. 165-173.

311 MOREIRA, Marcelo Silva. *Eleições e abuso de poder*, p. 80, citando voto do Min. Marco Aurélio.

Não se verificava, então, se houve corrupção de 10 mil eleitores. Mas, sim, se a corrupção foi em proporções comprometedoras, hipótese em que se desconstituía o mandato obtido nas urnas, porque considerado ilegítimo. Se o abuso era de pequena proporção, que não chegava a comprometer o equilíbrio da disputa, o agente poderia sofrer outras sanções, como a multa e a cassação do art. 41-A (se se tratasse de compra de votos) ou a privativa de liberdade (art. 299, do CE).

A LC n. 135/2010, chamada "lei da ficha limpa", acrescentando o inciso XVI ao art. 22, da LC n. 64/90, diz que o ato abusivo estará caracterizado quando a conduta for grave, não mais se podendo falar em potencialidade para afetar o resultado das eleições. Avalia-se a gravidade da conduta tendo em conta a imperiosa necessidade de preservar os bens jurídicos protegidos pela norma constitucional (art. 14, § 9º), ou seja, a normalidade e a legitimidade do pleito. Será grave o fato que puder – em tese, ou seja, em análise abstrata e sem estabelecer nexo com o resultado das urnas – afetar a lisura do pleito e a desejada igualdade de chances dos competidores.

> (...)
>
> 2.5. Da **gravidade do ato abusivo**
>
> 20. Na linha da jurisprudência do TSE, "*a procedência da Ação de Impugnação de Mandato Eletivo exige a demonstração da* ***gravidade dos fatos a ponto de ferir a normalidade e a legitimidade do prélio eleitoral*** *(RO nº 6213-34/MS, Rel. Min. Dias Toffoli, DJe de 24.3.2014 e REspe nº 357-74/AL, Rel. Min. Gilmar Mendes, DJe de 26.9.2014)*" (REspe nº 295, Rel. Min. Luiz Fux, *DJe* de 13.5.2016).
>
> 21. Consta do acórdão recorrido, com esteio em relatórios extraídos do sítio eletrônico do Tribunal de Contas dos Municípios do Estado da Bahia, que, em março de 2016, a Prefeitura de Pilão Arcado/BA contava com 228 (duzentos e vinte e oito) servidores temporários. Em junho do mesmo ano, esse número aumentou vertiginosamente para 728 (setecentos e vinte e oito) servidores e, em agosto, chegou a totalizar 731 (setecentos e trinta e um), entre temporários e comissionados.
>
> 22. O incremento nos recursos humanos da prefeitura implicou acréscimo financeiro de mais de **300% na folha de pagamento** dos servidores, que saltou de R$ 275.515,13 (duzentos e setenta e cinco mil, quinhentos e quinze reais e treze centavos), em março, para R$ 841.718,19 (oitocentos e quarenta e um mil, setecentos e dezoito reais e dezenove centavos), no mês de agosto.
>
> 23. Em um município de eleitorado diminuto como o de Pilão Arcado/BA, é inegável que a **contratação temporária de mais de 500 (quinhentas pessoas)**, às vésperas do período eleitoral, representou conduta tendente a comprometer a normalidade e a legitimidade do pleito, especialmente porque medidas que tais costumam cooptar não apenas os votos dos servidores diretamente favorecidos, mas também, reflexamente, das respectivas famílias financeiramente beneficiadas.
>
> 24. A moldura fática delimitada pelo acórdão regional demonstra que o abuso do poder econômico entrelaçado ao abuso do poder político, praticado pelo ex-prefeito de Pilão Arcado/BA, ostentou gravidade suficiente para afetar a normalidade e a legitimidade do pleito de 2016, no qual os recorridos lograram resultado favorável, impondo-se, portanto, a procedência da AIME, com a cassação dos diplomas do

prefeito e do vice-prefeito eleitos. (TSE, REspe n. 142 - PILÃO ARCADO – BA, Ac. de 19/11/2019, Rel. Min. Tarcisio Vieira De Carvalho Neto - DJE de 17/12/2019

"A análise das circunstâncias e eventuais ilicitudes que envolvam a **transferência de elevado número de eleitores** pode ser avaliada sob o ângulo da aferição do abuso do poder econômico e/ou político, a fim de se preservar a legitimidade e normalidade do pleito eleitoral." (TSE, Ac. de 23.6.2015, no REspe nº 115348)

"[...]. 3. Embora não fosse agente público, o recorrente foi beneficiário direto da conduta abusiva de seu irmão, servidor da FUNAI, que agindo nessa qualidade desequilibrou e comprometeu a legitimidade do pleito. É o quanto basta para a configuração do abuso de poder político com a cassação de seu registro de candidatura, tal como previsto no art. 22, XIV, da LC nº 64/90. 4. Conforme jurisprudência do e. TSE, o abuso de poder pode ser apurado tanto em relação ao beneficiário como em relação ao autor, porquanto o que se busca preservar é a lisura do pleito¿ (AAG nº 7.191/BA, Rel. Min. Joaquim Barbosa, DJe de 26.9.2008). [...]." (Ac. de 01.06.2010, no ED-Respe n. 37250, Rel. Min. Aldir Passarinho Júnior)

15.3. Prévio conhecimento. Verificação objetiva

Já comentamos que o abuso de poder tem **verificação objetiva** quando se busca a cassação do registro ou do diploma, ou a desconstituição do mandato (na AIME), o que equivale dizer que não é importante tenha o candidato participado dos atos abusivos, ou mesmo que deles tenha tido conhecimento. Basta tenha havido abuso, e que esse abuso tenha sido de proporções graves a comprometer a lisura do processo eleitoral, para que se chegue à cassação do registro ou do diploma (na AIJE) ou à desconstituição do mandato (na AIME). Com ou sem participação ou conhecimento do candidato, o certo é que o processo terá sido viciado e a sua eleição ilegítima, o que é o suficiente para a cassação/desconstituição. Esta consequência, bem se vê, não se apresenta como punição ao candidato, mas, antes, como medida de essencial proteção da lisura do pleito, face à absoluta impossibilidade ética e jurídica de se afirmar válido um resultado eleitoral ilegítimo, porque obtido pela via do abuso de poder.

(...)

1.1. Da legitimidade passiva exclusiva dos candidatos diplomados na AIME

1. Na linha da jurisprudência consolidada desta Corte Superior, "*na ação de impugnação do mandato eletivo, o polo passivo deve ser ocupado por candidatos eleitos diplomados, **pois a sanção buscada é a perda do mandato***" (AI nº 1002-22/MG, Rel. Min. Admar Gonzaga, DJe de 8.2.2019). No mesmo sentido: Recursos Especiais nº 106-65/SP, 102-28/SP e 101-43/SP, todos de relatoria do Ministro Jorge Mussi, DJe de 29.6.2017.

2. Tendo em vista que o objetivo precípuo da AIME é a desconstituição de mandato de quem eleito e devidamente diplomado, nenhum provimento judicial aproveitaria ao prefeito que antecedeu os recorrentes no Executivo municipal - apontado como o responsável pela prática das condutas em apuração -, que não mais ocupa mandato eletivo passível de anulação nesta via, não havendo, portanto, que se cogitar de sua necessária participação no polo passivo da demanda.

(...)

2.4. Da **desnecessidade de prova da ciência, participação ou anuência dos beneficiários** com o abuso do poder econômico para a aplicação da sanção de cassação de diploma

16. A partir da interpretação literal do art. 22, XIV, da LC nº 64/90, que estabelece as balizas sancionatórias empregáveis nos casos de procedência de representações por abuso, não se exige nenhuma prova do assentimento, da participação ou mesmo da ciência do candidato quanto à prática abusiva para o fim de fazer incidir a sanção de cassação de diploma, bastando que se demonstre ter sido o candidato diretamente beneficiado pela interferência do poder econômico.

17. Essa hermenêutica foi acolhida, em sede de AIME, pela jurisprudência desta Corte Superior, segundo a qual "***a lei não exige, para a configuração do abuso de poder, a anuência do candidato quanto à prática abusiva, mas simplesmente a comprovação dos benefícios por ele hauridos.*** *Precedente*" (REspe nº 1-62/RN, Rel. Min. Maria Thereza de Assis Moura, DJe de 2.12.2015 - grifei). No mesmo sentido, confira-se o julgado, também proferido no bojo da ação constitucional, relativo ao REspe nº 736-46/BA, Rel. Min. Herman Benjamin, *DJe* de 13.6.2016.

(TSE, REspe n. 142 - PILÃO ARCADO – BA, Ac. de 19/11/2019, Rel. Min. Tarcisio Vieira De Carvalho Neto - DJE de 17/12/2019)

Quando esse mesmo abuso é analisado para efeito de imposição da inelegibilidade, é necessário, aí sim, identificar a conduta do candidato ou de terceiro, para aplicar-se-lhe, ou não, aquele impedimento. Este tem natureza pessoal e depende no mínimo do conhecimento prévio do beneficiário do abuso. Do contrário, será aplicada a inelegibilidade apenas aos agentes do abuso.

Já enfocamos a questão relativa ao **prévio conhecimento** quando enfrentamos a "propaganda extemporânea" e comentamos que é possível presumi-lo em algumas situações, quando as circunstâncias em que se envolve a propaganda permitem assim concluir. No que se refere à conduta abusiva do poder econômico ou político ou do uso indevido dos meios de comunicação social, pode-se valer, com mais razão, do mesmo raciocínio. Há hipóteses em que não há prova direta da participação ou do conhecimento do candidato beneficiado pelo abuso, mas as circunstâncias em que este se dá levam à conclusão de que a prática contou, no mínimo, com o seu conhecimento. Sendo o abuso de poder uma conduta grave por definição, difícil a sua prática sem o conhecimento – e daí o assentimento, ainda que tácito – do candidato beneficiado.[312]

15.4. Inelegibilidade

Como se percebe, falamos, até aqui, do abuso de poder pensado pelo legislador no art. 14, § 9º, da CF, aquela conduta que, pela sua gravidade, projeta influência na normalidade e legitimidade das eleições e, por isso, gera inelegibilidade para o agente, já que citado dispositivo constitucional recomenda ao legislador complementar o estabelecimento de novas hipóteses de impedimento à candidatura, exatamente levando-se em consideração a necessidade de proteger a lisura do pleito contra o abuso do poder. E, sabe-se, essa inelegibilidade foi fixada no art. 1º, I, "d", da LC 64/90.

---

[312] Confira-se tudo quanto foi dito a respeito do prévio conhecimento na seção reservada à propaganda extemporânea.

Então, o abuso de poder – quando tiver gravidade para atingir a normalidade e legitimidade das eleições – gera inelegibilidade para o agente.

Mas e quando o abuso do poder não tiver essa gravidade, ou seja, quando a conduta abusiva não assumir a possibilidade de afetar a lisura da disputa? Não terá a prática, por si mesma, qualquer consequência para o agente ou para aquele que dela se beneficiou? Além da normalidade e legitimidade das eleições, não há outros bens jurídicos a serem igualmente protegidos?

Parece equivocado, como se vem fazendo, dizer que o abuso de poder está sempre atrelado à ideia de gravidade lesiva à normalidade e legitimidade das eleições. Como dito, é mesmo inevitável que a inelegibilidade só se possa impor ao agente do abuso quando o fato for grave, considerada a possibilidade de afetar aquele bem jurídico. Mas é certo também que o abuso de poder aparece no ordenamento jurídico constitucional (e também no plano infraconstitucional) com outra conotação, ou seja, exigindo uma leitura diversa daquela que impõe o § 9º, do art. 14.

15.5. Cassação do registro ou do diploma. Desconstituição do Mandato Eletivo

De fato, lançados os olhos agora para o § 10, do mesmo art. 14, da CF, percebe-se que o abuso de poder aparece como fato ensejador da Ação de Impugnação do Mandato Eletivo (AIME), quando nada se fala a respeito de inelegibilidade e nem de proteção à normalidade e legitimidade das eleições. Ou seja, "*o mandato eletivo poderá ser impugnado ante a Justiça Eleitoral no prazo de quinze dias contados da diplomação, instruída a ação com provas de abuso do poder econômico, corrupção ou fraude*". A partir desse dispositivo, parece inequívoco que o abuso de poder deverá ser observado sob dois ângulos distintos: (i) para impor a inelegibilidade do agente e para cassar o registro do beneficiado (e aí sim é necessário que a conduta tenha gravidade para afetação da normalidade e legitimidade das eleições, por que este é o bem jurídico protegido pelo § 9º); (ii) para desconstituir-se o mandato eletivo daquele que o praticou durante a campanha – ou mesmo que tenha corrompido o eleitor ou tenha fraudado o processo – e, neste caso, não se falando em potencial para influenciar a lisura da disputa, porque não se vê no § 10, do art. 14, a referência ao mencionado bem jurídico.

Não é certo, portanto e a rigor, incorporar o potencial de afetação da lisura do pleito – ou a gravidade do ato abusivo, como quer agora o art. 22, XVI, da LC n. 64/90 – ao conceito de abuso do poder, porque, como demonstrado, há situações em que o abuso de poder não dependerá dessa gravidade.

15.6. Abuso do poder simples e abuso do poder qualificado

Certo mesmo é que o abuso de poder deve ser entendido como a má utilização do dinheiro nas campanhas, ou o uso da máquina administrativa em prol de candidaturas ou o uso indevido dos meios de comunicação, sem exigência de nenhuma outra circunstância. Constatada tal prática, isto já é o suficiente para a desconstituição do mandato, na AIME, porque, repita-se, não há no texto legal-constitucional qualquer referência à proteção da normalidade e legitimidade das eleições. Mas se o autor da ação, além da desconstituição do mandato, pretende também ver o agente inelegível por mais oito (08) anos, contados da eleição em que se verificou o abuso, aí sim haverá a necessidade de demonstrar que o abuso, no caso concreto, veio qualificado pela gravidade da conduta, capaz de afetar a lisura da disputa.

Podemos dizer que temos, assim, um ABUSO DE PODER SIMPLES (que, tal como a corrupção e a fraude, leva à desconstituição do mandato tão somente – art. 14, § 10, da CF) e um ABUSO DE PODER QUALIFICADO (que gera inelegibilidade para o agente – art. 14, § 9º, da CF, c/c art. 1º, I, "d", da LC 64/90 – e a cassação do registro ou do diploma e a desconstituição do mandato).

É por causa da existência do "abuso de poder simples" que a legislação eleitoral faz referência a algumas condutas, como caracterizadoras de abuso de poder, sem incorporar a elas a exigência da gravidade. A partir do próprio § 10, do art. 14, da CF, segue-se o art. 25, da Lei 9.504/97, segundo o qual "*o partido que descumprir as normas referentes à arrecadação e aplicação de recursos fixadas nesta Lei perderá o direito ao recebimento da quota do Fundo Partidário do ano seguinte, sem prejuízo de responderem os candidatos beneficiados por abuso do poder econômico.*" Então, a não observância das regras relativas à arrecadação e aplicação de recursos de campanha, ou seja, o comportamento antijurídico, o que equivale à "má utilização do dinheiro nas campanhas" (segundo o conceito que fixamos acima para o abuso de poder), caracteriza o abuso do poder segundo a letra clara da lei, sem que seja necessário falar-se em afetação da lisura da disputa.[313] Segue-se, também, o art. 74, da mesma lei das eleições, fazendo referência à configuração de "abuso de autoridade" quando detectada a promoção pessoal em publicidade institucional (art. 37, § 1º, da CF), a ensejar o "cancelamento do registro ou do diploma" do candidato, mais uma vez nada falando sobre potencialidade lesiva desta conduta.[314]

Resumidamente, pode-se dizer que uma Investigação Judicial Eleitoral – AIJE –, cujo objeto é a apuração de abuso de poder para fixação de inelegibilidade, só poderá ser julgada procedente se houver prova da gravidade do abuso de poder para afetar a normalidade e legitimidade das eleições ("abuso do poder qualificado"), pois o ilícito previsto no art. 1º, Inc. I, "d", da LC n. 64/90, tem como matriz o art. 14, § 9º, da CF, donde tutelado o dito valor constitucional: a normalidade e a legitimidade das eleições. E o pedido formulado em uma AIME, cuja principal finalidade é a desconstituição do mandato eletivo em razão do abuso do poder, da corrupção ou da fraude, poderá ser acolhido a partir da prova do abuso, independentemente de ter havido potencial de afetação da lisura da disputa ("abuso do poder simples"). Mas se nesta AIME for

[313] Com esta compreensão de abuso do poder, pode-se dizer que as condutas descritas nos arts. 30-A e 41-A da Lei n. 9.504/97 o caracterizam, porque evidenciam a má utilização do dinheiro na campanha, posto que dar, oferecer, prometer ou entregar bens aos eleitores são gastos eleitorais ilícitos.

[314] Por identidade de razões, também as condutas vedadas aos agentes públicos – art. 73, da Lei n. 9.504/97 – aparecem neste contexto como espécie de "abuso do poder simples", independendo de potencialidade para levar à desconstituição do mandato ou à cassação do registro ou do diploma.

produzida prova de que o abuso do poder qualificou-se pela gravidade da conduta, a decisão de procedência, além de desconstituir o mandato eletivo, também servirá de fundamento para a inelegibilidade do agente.

A compreensão do "abuso do poder simples" como suficiente à desconstituição do mandato (art. 14, § 10, da CF) e à cassação do registro e do diploma (arts. 30-A, 41-A, 73, 74, 75 e 77, da Lei n. 9.504/97) apresenta-se útil ao aperfeiçoamento das instituições democráticas, já a partir da disputa dos cargos eletivos, uma vez que cria mecanismo de frenação eficiente da prática de condutas ilícitas e às vezes criminosas durante as campanhas, por parte de candidatos despreparados e nada compromissados com o interesse público, que certamente farão da corrupção e do desmando a marca de sua atuação frente ao cargo alcançado. E é preciso que, num Estado Democrático que se qualifica como de Direito, haja clara e inequívoca opção pelo comportamento ético e conforme a lei, especialmente quando o pano de fundo é a disputa eleitoral, única via de acesso aos cargos eletivos, e pela admissão tão somente de homens públicos probos, honestos e cumpridores da lei. A sociedade brasileira, surpreendida a todo momento pela descoberta de novos e mais graves desvios de conduta de agentes públicos e políticos, não pode mais tolerar ou se acostumar com o malfeito, não pode mais qualificar como de menor importância o "caixa 2" de campanha, o recebimento de recursos de origem duvidosa ou sabidamente ilícita, a utilização da estrutura do Estado para o benefício da candidatura, dentre outros, ainda que sob o argumento de que tal comportamento se apresentou isolado ou de menor repercussão no conjunto da campanha eleitoral. Ao contrário, é preciso sinalizar inequivocamente na direção de um código de conduta – já a partir da campanha eleitoral – compatível com a grandeza dos cargos de representação popular. Ou então conviva com os corruptos no poder, a sacrificar toda uma nação de maioria trabalhadora e honesta, posto que não há o "meio corrupto", ou o "só um pouquinho desonesto", ou o abuso do poder, a corrupção ou a fraude que não podem levar à desconstituição do mandato porque a conduta teve poucas proporções. Ora, ou o candidato pauta-se pela observância estrita das regras eleitorais ou então merece a cassação do registro ou diploma ou a desconstituição do seu mandato, simplesmente porque já deu sinais inequívocos de como atuará frente à coisa pública. A "lei da ficha limpa" (LC n. 135/2010) acabou positivando esse sentimento de repulsa às condutas ilícitas nas campanhas eleitorais, mesmo quando elas não afetam a normalidade e a legitimidade das eleições, até porque o art. 14, § 9º, da CF, ao recomendar que o legislador complementar estabeleça outros casos de inelegibilidade, elegeu outros bens jurídicos a serem protegidos, como a probidade e a moralidade para o exercício das funções públicas eletivas, a partir da análise da vida pregressa do candidato. E nesta linha, agora se tornam também inelegíveis os que compram votos (art. 41-A), ou usam a máquina administrativa (art. 73/77), ou movimentam recursos de campanha irregularmente (art. 30-A), ou fazem doações para as candidaturas em valores superiores aos permitidos (art. 23), em nenhum dos casos se exigindo gravidade ou potencialidade para afetar a normalidade e legitimidade do pleito, porque o bem jurídico que inspira essas novas hipóteses de inelegibilidade é a probidade e a moralidade.

Seção VIII

16. ABUSO DO PODER ECONÔMICO, MOVIMENTAÇÃO ILÍCITA DE RECURSOS (art. 30-A) E CAPTAÇÃO ILÍCITA DE SUFRÁGIO (Art. 41-A)

16.1. Conceituação

O abuso do poder econômico nada mais é do que a transformação do voto em instrumento de mercancia. É a compra, direta ou indiretamente, da liberdade de escolha dos eleitores.

Tivemos oportunidade de dizer que a propaganda eleitoral se destina ao debate de ideias entre os candidatos, visando a que os eleitores sejam amplamente informados a respeito dos futuros homens públicos em que aqueles pretendem transformar-se. E ninguém nega que uma campanha eleitoral exige gastos, exige o uso do dinheiro. Nada anormal até aí, mesmo porque a própria lei regulamenta a captação de recurso para o financiamento das campanhas.

Entretanto, quando os candidatos resolvem utilizar-se do poder econômico, não como forma de viabilizar a campanha, mas como principal meio de convencimento dos eleitores, caracteriza-se o abuso. Exatamente aí o candidato menospreza o poder do voto como instrumento de cidadania plena, como manifestação do poder do povo na formação do seu governo. E leva o eleitor – especialmente o mais carente – a iludir-se com a grandeza da campanha ou a alienar a sua liberdade de escolha e o seu poder soberano, em troca de vantagens econômicas de ocasião, uma cesta básica, uma receita médica, etc.

Não há dúvida de que essa conduta compromete a lisura e a normalidade das eleições, posto que o eleitor que recebe a benesse já não mais tem condições de decidir pelo voto baseado nos valores verdadeiramente democráticos. Ao contrário, cansado de esperar pela iniciativa do Estado em seu favor (em forma, dentre outras, de saúde, educação e emprego, que nunca vem), o eleitor sente-se grato com aquele que lhe socorreu a aflição. Daí, a alienação do seu voto, como também o de seus familiares, é consequência natural.

> "À proporção que a riqueza invade a disputa eleitoral, cada vez se torna mais avassaladora a influência do dinheiro, espantando os líderes políticos genuínos."[315]

16.2. Descumprimento das normas relativas à arrecadação dos fundos de campanha Vedação das doações de pessoas jurídicas: ADI 4650. Limite de gastos fixado pelas Leis n. 13.488/2017 e 13.878/2019

O abuso do poder econômico pode caracterizar-se pelo **descumprimento das normas relativas à arrecadação de recursos**[316] – financeiros ou estimados – para a

[315] RIBEIRO, Fávila. *Apud* MOREIRA, Marcelo Silva. *Eleições e abuso de poder*, p. 50.

[316] O tema será melhor e mais aprofundadamente enfrentado no Título II, Capítulo VII (Arrecadação, Gastos e Prestação de Contas).

campanha. A Lei das Eleições (Lei n. 9.504/97, com as alterações da Lei n. 13.165/2015, das Leis n. 13.487 e 13.488, ambas de 2017, e das Leis 13.877 e 13.878, estas de 2019) regula a arrecadação e a aplicação dos recursos nas campanhas eleitorais (arts. 17 a 27) e disciplina a prestação de contas (arts. 28 a 32).

Depois de o art. 18[317], na redação dada pela Lei n. 13.488/2017, prever que a lei fixará e o TSE divulgará os valores máximos a serem movimentados nas campanhas eleitorais, o art. 18-B (acrescentado pela reforma eleitoral de 2015) descreve como infração eleitoral "o descumprimento dos limites de gastos fixados para cada campanha", prevendo multa e caracterização de abuso de poder.

A par de ser facultada aos candidatos a administração financeira de sua campanha (art. 20) e prevista a sua responsabilidade pela veracidade das informações financeiras e contábeis (art. 21), inclusive – e então a sua responsabilidade será solidária – quando o candidato delegar a administração financeira a terceiro, a lei não mais prevê a constituição de comitês financeiros, pois revogado o art. 19. Estes eram criados exatamente para a arrecadação dos recursos de campanha, a sua distribuição entre os candidatos e a prestação de contas à Justiça Eleitoral (art. 19, na redação revogada). A partir da Lei n. 13.165/2015, que conferiu nova redação ao art. 28, §§ 1º e 2º, da Lei n. 9.504/97, a prestação de contas é apresentada à Justiça Eleitoral "pelo próprio candidato". Então, se abuso houver na arrecadação de recursos, financeiros ou estimáveis, o candidato sequer poderá valer-se do argumento de que não participou ou não teve conhecimento da doação recebida, pois a lei é expressa ao afirmar a sua responsabilidade, no mínimo solidária.

> "O Comitê Financeiro[318] tem como atribuição a arrecadação de recursos. Entretanto, tal fato não isenta o candidato da obrigação de prestar contas, sendo esta uma **responsabilidade pessoal indelegável**, cumprindo-me transcrever o art. 5º da Resolução n. 20.987/02, do C. Tribunal Superior Eleitoral, e o art. 20, da Lei n. 9.504, de 1997, que dispõem in verbis: ... Portanto, cabe ao Comitê apenas auxiliar na administração da campanha do candidato, possuindo este a obrigação legal e pessoal de prestar contas das suas despesas, bem como o dever de abrir conta bancária específica para registrar as movimentações financeiras. Ademais, a argumentação de que 'a simples omissão quanto à abertura de contas para movimentação financeira' não enseja a desaprovação de suas contas, conforme alega ser o entendimento do TSE, não lhe socorre. As jurisprudências colacionadas pelo recorrente consagram o entendimento de que havendo somente a citada irregularidade, esta não é hábil a desaprovar as contas do candidato, podendo ser demonstrada a regularidade por outros meios. É indubitável que este não é o caso dos autos, não estando provado o dissídio." (TRE-MG, Prestação de Contas n. 3.309/2002, Belo Horizonte, Rel. Juiz Marcelo Guimarães Rodrigues, Acórdão n. 749/2003 – Destaquei)

---

317 Até a eleição de 2014, o limite de gastos era fixado pelo próprio partido e apenas comunicado à Justiça Eleitoral

318 Como dito, a partir da Lei n. 13.165/2015, não há mais o Comitê Financeiro de campanha, devendo os recursos ser administrados pelo candidato e/ou pelo partido.

Os recursos financeiros destinados à campanha serão movimentados pelos candidatos em conta bancária específica (com CNPJ aberto pela Receita Federal também especificamente para a candidatura, daí que não é possível usar a conta bancária da pessoa física), cuja abertura só não é exigida em municípios onde não haja agência bancária e nem posto de atendimento bancário. O art. 22, na sua redação anterior à Lei n. 13.165/2015, dispensava a abertura de conta para os candidatos a vereador também nos municípios com menos de vinte mil eleitores e naqueles em que não havia agência bancária, mas apenas posto de atendimento bancário. A disciplina atual, repita-se, dispensa a conta corrente específica para a campanha apenas em municípios onde isso não é mesmo possível, pela inexistência de agência bancária ou posto de atendimento.

As campanhas sempre foram alimentadas com recursos próprios dos candidatos e, principalmente, com **doações**. Estas estão reguladas pelo art. 23 da Lei das Eleições[319], que prevê que as pessoas físicas poderão fazer doações em dinheiro ou estimáveis em dinheiro, observado o limite de 10% dos rendimentos brutos auferidos pelo doador no ano anterior ao da eleição. O projeto de lei que se converteu na Lei n. 13.488/2017 foi à sanção presidencial com uma nova redação ao art. 23, § 1º, prevendo como limite às doações de pessoas físicas não só os 10% dos seus rendimentos no ano anterior ao da eleição, mas também o de 10 (dez) salários mínimos "para cada cargo ou chapa majoritária em disputa, somadas todas as doações". Daí que uma pessoa, com rendimento bruto de 1 milhão, v.gr., só poderia doar, em 2018, cinquenta (50) salários mínimos (10 para cada eleição: deputados estaduais, deputados federais, governadores, senadores e presidente), pouco mais de 45 mil Reais, não os 100 mil Reais representativos dos 10% do rendimento bruno. O dispositivo, entretanto, foi vetado pela Presidência da República e o Congresso, ao apreciar o veto, manteve o texto apenas do art. 11 (aquele que revogou o § 1º-A, do art. 23), provocando a promulgação da Lei n. 13.488/2017 em 15-dezembro-2017. A reforma, neste particular, perdeu importante oportunidade de combater a desigualdade no poder de captar recursos, do que resulta potencial influência nas eleições, na medida em que o teto apenas percentual estabelece, por si só, uma infinidade de tetos nominais, conforme for o rendimento anual dos doadores. Os eleitores, que são absolutamente iguais no momento do voto, porque cada brasileiro só pode votar uma vez, têm diferentes possibilidades de influenciar no processo eleitoral e nos resultados da eleição, quando atuam fazendo doações para as campanhas.

Além desse limite de 10%, a lei também autoriza a **cessão de bens móveis e imóveis** (com "demonstração de que o doador é proprietário do bem": art. 21, da Res. TSE n. 23.607/2019) para o candidato utilizar na campanha (p.ex., uma casa, que servirá de comitê de campanha, ou um carro, para a propaganda com alto falante), e a **prestação de serviços** (com "demonstração de que o doador ... é o responsável direto pela prestação de serviços": art. 21, da Res. TSE n. 23.607/2019), cuja somatória (bens e serviços) não pode ultrapassar o limite de R$ 40.000,00 (art. 23, § 7º, na redação dada pela Lei n.

---

[319] A ADI n. 4650 foi julgada procedente pelo STF, declarando-se a inconstitucionalidade do art. 81, que autorizava as doações de pessoas jurídicas para as campanhas eleitorais e as limitava a 2% do seu faturamento bruto no ano anterior ao da eleição.

13.488/2017. A redação anterior, dada pela Lei n. 13.165/2015, previa o limite de R$ 80.000,00 e só se referia à cessão de bens).

Outra fonte de recursos agora disciplinada (art. 23, § 4º, Inciso IV, incluído pela Lei n. 13.488/2017) é a chamada "**vaquinha virtual**" ou **financiamento coletivo**, promovido por instituições autorizadas a assim funcionar (nos termos da lei e da regulamentação do Banco Central: § 8º) e cadastradas previamente na Justiça Eleitoral.

Possível, ainda, a **comercialização de bens** (camisas, canetas, botons, etc.) e/ou **serviços e a promoção de eventos** (almoços, jantares, etc.) para arrecadação de recursos (art. 23, § 4º, V, incluído pela Lei n. 13.488/2017, e art. 30, da Resolução TSE n. 23.607/2019). Quanto aos eventos, o art. 17, parágrafo único, inciso II, da Res. TSE n. 23.610/2019, com redação dada pela Res. TSE n. 23.671/2021, que contém o regulamento da propaganda eleitoral para as eleições de 2020 e seguintes, já contempla a posição firmada pelo STF na ADI n. 5970, que na decisão Plenário de 07.outubro.2021 julgou parcialmente procedente a ação, para conferir interpretação conforme à Constituição ao art. 23, § 4º, inc. V, da Lei nº 9.504/1997, visando incluir no seu escopo a possibilidade de realização de apresentações artísticas ou shows musicais em eventos de arrecadação de recursos para campanhas eleitorais, sem que isso configure o vedado showmício, e concluiu pela não aplicação do princípio da anualidade em relação ao novel entendimento.

Se o candidato utiliza **recursos próprios**, o limite é de 10% do valor fixado pela lei e divulgado pela Justiça Eleitoral como teto de gasto para aquela eleição, para o cargo em disputa e para a circunscrição a que se refere (art. 23, § 2º-A, incluído pela Lei n. 13.878/2019), observando que, de qualquer forma, a soma de recursos próprios e doações recebidas, dentre outras fontes, não pode ultrapassar aquele limite de gastos previsto na lei. Antes desse § 2º-A, vigorou até a eleição de 2018 a possibilidade de utilização de recursos próprios até o limite de gastos da candidatura, com o que candidatos com poder econômico podiam custear toda a sua campanha, sem contar com doações. Também para esta modalidade de receita, a reforma eleitoral de 2017 perdeu importante oportunidade de melhor disciplinar o tema. O projeto que se converteu na Lei n. 13.488/2017 até previa a revogação do art. 23, § 1º-A, daí que a doação que o candidato poderia fazer para a própria candidatura (bom lembrar que o recurso doado tem que sair da conta da pessoa física e ser depositado na conta específica da campanha, que com aquela não se confunde) passaria a ser regulada pela regra geral, que impõe como limite os 10% do rendimento bruto no ano anterior ao da eleição. Mas o dispositivo foi vetado pela Presidência da República e o veto derrubado pelo Congresso Nacional apenas em dezembro de 2017, não se aplicando às eleições de 2018. Apta a ser aplicada às eleições de 2020, a regra acabou sendo modificada novamente, para estabelecer-se o limite do já citado art. 23, § 2º-A: 10% do teto de gasto (e não dos rendimentos brutos do candidato).

As campanhas, a partir da eleição de 2018, passaram a receber recursos também do Tesouro Nacional, através do **Fundo Especial de Financiamento de Campanha** – FEFC – previsto nos arts. 16-C e 16-D, incluídos na Lei n. 9.504/97 pelas Leis n. 13.487/2015 e 13.488/2015 e modificados pela Lei n. 13.877/2019.

Essas regras de arrecadação, qualquer que seja a origem dos recursos, devem ser bem observadas pelos Partidos e candidatos, como também fiscalizadas pela Justiça Eleitoral, pois

> "A doação de quantia acima dos limites fixados neste artigo sujeita o infrator ao pagamento de multa no valor de até 100% (cem por cento) da quantia em excesso." (Art. 23, § 3º, com redação dada pela Lei n. 13.488/2017)
>
> "O partido que descumprir as normas referentes à arrecadação e aplicação de recursos fixadas nesta Lei perderá o direito ao recebimento da quota do Fundo Partidário do ano seguinte, sem prejuízo de responderem os candidatos beneficiados por abuso do poder econômico" (art. 25).

Então, o simples fato de receber doações ou utilizar recursos próprios fora dos limites fixados na lei já caracteriza o abuso do poder econômico.[320]

A Lei Eleitoral também veda o recebimento de algumas doações, como aquelas enumeradas no art. 24, provenientes de entidade ou governo estrangeiro; órgão da Administração Pública; concessionário ou permissionário do serviço público; entidade de direito privado que receba, na condição de beneficiária, contribuição compulsória em virtude de disposição legal; entidade de utilidade pública; entidade de classe ou sindical; pessoa jurídica sem fins lucrativos que receba recursos do exterior; entidades beneficentes e religiosas; entidades esportivas mesmo que não recebam recursos públicos; organizações não governamentais que recebam recursos públicos e organizações da sociedade civil de interesse público. Bom observar que as emissoras de rádio e TV, as empresas de transporte de passageiros, os Cartórios, dentre outros, são concessionários ou permissionários do serviço público, daí que estão impedidos de fazer doações para as campanhas eleitorais. Também as entidades de classe[321], os sindicatos, a OAB e todos os Conselhos que agregam interesses profissionais são impossibilitados de participar financeiramente das campanhas. Também não podem doar as entidades declaradas de utilidade pública, como hospitais, vilas vicentinas, associações de bairro, etc. Todas essas pessoas estão, em verdade, impedidas de participar de qualquer forma das campanhas eleitorais, até mesmo mediante doação, utilização ou cessão de cadastro de endereços eletrônicos para envio de mensagens contendo propaganda eleitoral, por e-mail ou celular, p.ex. (art. 57-E). O mencionado art. 24, ao proibir as doações das pessoas

---

320 Ver, na Seção VI, o conceito de "abuso do poder simples" e "abuso do poder qualificado", com a observação de que a jurisprudência só acolhe o abuso de poder qualificado, aquele que se apresenta com a gravidade mencionada no art. 22, XVI, da LC n. 64/90.

321 Na ADI n. 42, DF, Rel. Min. Paulo Brossard, DJ de 2.4.93, o STF assentou que para que uma associação se caracterize como entidade de classe, necessário que congregue pessoas com interesses sociais, profissionais e econômicos comuns, aptos a identificar os associados que a compõem como membros efetivamente pertencentes a uma determinada classe. Colhe-se do acórdão que a ABRACESTA tem como objetivo representar empresas produtoras e distribuidoras de cestas de alimentos e similares. Como se verifica, a atividade profissional das associadas não é idêntica, não havendo uma unidade, em caráter permanente, de interesse de pessoas que empreendam atividade profissional idêntica. Esses argumentos foram lançados no Ac. TSE n. 21.285, de 1.8.03, Rel. Min. Peçanha Martins, para afastar a vedação da doação prevista no art. 24, da Lei n. 9.504/97).

jurídicas com as características que menciona (concessionárias e permissionárias, ONG's que recebam recursos públicos, p.ex.), permitiu, a contrario sensu, as doações das demais pessoas jurídicas não enquadradas naquelas especificidades. Face a isso, o STF, na ADI n. 4650, declarou a inconstitucionalidade também deste art. 24, no que permitia a participação de qualquer pessoa jurídica no financiamento de campanhas ou de partidos. O descumprimento dessa norma também caracteriza o abuso do poder econômico, na forma do mencionado art. 25.

Interessante observar que as empresas que contratam com o poder público, como as empreiteiras, não estavam impedidas de fazer doações, porque não incluídas na vedação do art. 24, o que era mero casuísmo, especialmente porque, sabe-se, são elas que sempre aportaram os maiores volumes de recursos nas campanhas eleitorais (sempre foram as grandes "financeiras" das campanhas). Aqueles que contratam com a Administração deveriam também estar impedidos de doar para as campanhas, exatamente porque ou se tem estreito relacionamento com esta (Administração) ou se estabelece uma relação de cumplicidade com o candidato, possível futuro administrador público, que certamente terá tendência a beneficiar seu financiador. Não obstante a ausência da proibição no elenco do art. 24 da Lei Eleitoral, já era necessário observar que "o serviço de qualquer repartição, federal, estadual, municipal, autarquia, fundação do Estado, sociedade de economia mista, entidade mantida ou subvencionada pelo poder público, ou que realiza contrato com este, inclusive o respectivo prédio e suas dependências não poderá ser utilizado para beneficiar partido ou organização de caráter político" (art. 377 do CE), o que inibia a participação desses contratantes nas campanhas. Mas, como dito, a declaração de inconstitucionalidade do STF, na ADI n. 4650, deixa claro que as pessoas jurídicas, incluídas ou não no rol de vedações do art. 24, não podem doar para campanhas e partidos.

O art. 30-A, acrescentado à Lei n. 9.504/97 pela minirreforma eleitoral de 2006 (Lei n. 11.300), e modificado pela Lei n. 12.034/2009, tipifica como infração cível eleitoral a movimentação ilícita de recursos de campanha, assunto que será desenvolvido logo adiante.

16.3. Descumprimento das normas relativas aos gastos de campanha

O abuso do poder econômico pode também revelar-se pelo **descumprimento das normas relativas aos gastos de campanha**.

Gastar além do valor que foi fixado em lei e divulgado pelo TSE como limite para aquela eleição também caracteriza abuso do poder. É evidente que o valor limite para gastos, que corresponde ao valor máximo também da arrecadação, não pode ser ultrapassado. Se isso acontecer, incide a regra do art. 25 da LE e, mais precisamente, a do art. 18-B, introduzido na Lei n. 9.504/97 pela Lei n. 13.165/2015, segundo a qual "o descumprimento dos limites de gastos fixados para cada campanha acarretará o pagamento de multa em valor equivalente a 100% (cem por cento) da quantia que ultrapassar o limite estabelecido, sem prejuízo da apuração da ocorrência de abuso do poder econômico", mesmo que cada gasto, considerado em si, não seja ilícito. Neste caso, a ilicitude consiste na extrapolação do limite permitido em lei, suficiente para desequilibrar a disputa. Como se sabe, a fixação de limite nominal de gastos, inaugurada pela Lei n. 13.165/2015 e alterada pelas Leis n. 13.488/2017 e 13.878/2019, tem como objetivo estabelecer um mínimo de igualdade na movimentação dos recursos nas campanhas. A realidade das disputas, tomando em conta apenas o que declarado à Justiça Eleitoral, permite concluir que sempre houve uma inaceitável e antidemocrática diferença de valores aplicados nas campanhas, fazendo com que os candidatos com menor poder de arrecadação participem dos pleitos apenas como "figurantes", pois reconhecida a relação quase que direta entre dinheiro (poder econômico) e vitória nas urnas.

Também o destino dado aos recursos de campanha, ou seja, a **forma com que são utilizados**, inclusive pelo exagero dos meios lícitos de propaganda, pode caracterizar abuso. Fazer propaganda em bens particulares mediante adesivos plásticos de até 0,5 m2 (art. 37, § 2º, da Lei n. 9.504/97, na redação dada pela Lei n. 13.488/2017), veicular propaganda na imprensa escrita, etc., tudo isso é propaganda lícita. Entretanto, se o candidato abusa dessa propaganda, gastando soma incompatível com a realidade da campanha, estará abusando do poder econômico. A Resolução n. 20.988/02-TSE,[322] no seu art. 15, § 13, chamou a atenção para o fato de que "a colocação de placas ou cartazes em bens particulares em tamanho, características ou quantidade que possa configurar uso indevido, desvio ou abuso do poder econômico deverá ser apurado e punido nos termos do art. 22, da Lei Complementar n. 64, de 1990". Essa constatação é feita dentro de cada realidade, valendo-se da comparação entre as diversas campanhas políticas desenvolvidas em uma mesma circunscrição eleitoral, exatamente porque o que se busca com a frenação do abuso é a isonomia de oportunidades, o equilíbrio de forças nas campanhas. A contratação de cabos eleitorais em número incompatível com a necessidade de divulgação da campanha pode revelar abuso de poder econômico e, não raro, compra de votos disfarçada. O art. 100-A, estudado no Título II, Capítulo VII (Arrecadação, Gastos e Prestação de Contas), n. 4, estabelece limites numéricos para a contratação de pessoal para a militância e pode ser uma referência para a constatação do ilícito.

16.4. Art. 41-A, da LE. Multa. Cassação do registro ou do diploma. Novas eleições (art. 224, § 3º, do CE). Efeito do recurso (art. 257, § 2º, do CE)

De outro lado, a **utilização dos recursos de campanha com a propaganda ilícita**, como a doação de bens e vantagens aos eleitores (consultas médicas, materiais de construção, cestas básicas, etc.), caracteriza corrupção eleitoral e, mais que nunca, abuso do poder econômico.[323] O art. 299 do CE oferece elementos valiosos, ainda que

---

[322] Para as eleições de 2012, a matéria está na Resolução TSE n. 23.370/2011, arts. 9º, 12, 13 e 26. Já para as eleições de 2016, a Resolução TSE n. 23.457/2015 prevê a possibilidade de abuso de poder na propaganda eleitoral nos arts. 6º, § 2º, e 17. Para as eleições de 2018, a Resolução TSE n. 23.551/2017, art. 6º, § 2º; art. 16, § 1º, tem igual disposição e, para 2020, os arts. 10, § 3º e 21, § 1º, da Res. TSE n. 23.610/2019, dispõem sobre o tema.

[323] Dentro daquela visão que demos, na Seção VI, de "abuso do poder simples", para o qual não se exige afetação da normalidade e legitimidade do pleito para alcançar-se a cassação do registro/diploma ou a desconstituição do mandato eletivo.

não exaustivos, para aferição do sentido da "interferência do poder econômico" nas eleições. Também a "captação de sufrágio", tipificada no art. 41-A, da LE, incluído pela Lei n. 9.840/99 e alterado pela Lei n. 12.034/2009, conduta que já não era tolerada pelo Código Eleitoral (art. 243, V), cuja consequência é a cassação do registro ou do diploma, segundo o procedimento do art. 22 da Lei Complementar n. 64/90.

> "foi comprovado que a distribuição de dinheiro a vários eleitores e as doações de cestas básicas e tijolos influenciaram muitos eleitores a votar nos candidatos a [...], desequilibrando as eleições no município, [...] Sendo o voto secreto, não podemos afirmar com exatidão quantos eleitores votaram nos impugnados por influência do abuso de poder por eles cometidos. Todavia, há de se levar em conta a dimensão que representou o abuso praticado numa cidade do porte de..." (TRE-MG, Rec. em AIME n. 770/01, Coração de Jesus, Ac. n. 1.506/02)
>
> "Comprovação de que houve doação de camisetas, acompanhadas de dinheiro. Captação de sufrágio. Abuso de poder econômico. Configuração. Desprovimento. Cassação dos diplomas de Prefeito e Vice-Prefeito...." (TRE-MG, Pratápolis, Rec. n. 561/01, Ac. n. 1.177/02, Rel. Juiz Marcelo Guimarães Rodrigues)
>
> "O abuso poderá resultar configurado em função do modo de utilização daqueles recursos. Por exemplo, os gastos, no limite permitido, com flâmulas, bótons[324], adesivos, bandeiras, (...) não configuram abuso de poder econômico. Todavia, os mesmos valores ou montante até inferior, destinados pelo candidato para pagamentos de consultas médicas, fornecimento de bens materiais, como cestas básicas, filtros, etc., não relacionados com a sua propaganda, aos eleitores carentes, tipificam o abuso do poder econômico."[325]
>
> "**Contratação de médico para atendimento à população local**. Art. 41-A da Lei n. 9.504 de 1997. [...] Abuso do poder econômico. Configuração. O serviço médico proporcionado pelos representados rendeu-lhes, não só a simpatia do eleitorado, como também alguns votos a mais. Suficiente é a potencialidade[326] de influência no resultado do pleito. Comprometimento da lisura e da normalidade das eleições demonstrado. Inelegibilidade. Decretação a partir das eleições. Art. 22, inciso XIV, da Lei Complementar n. 64/90." (TRE-MG, Ac. n. 0625/03, Recurso Eleitoral 393/01, Alfenas, Rel. Juiz Marcelo Guimarães Rodrigues)
>
> "Captação ilegal. Curso profissionalizante gratuito. Material. Propaganda de candidato. Nexo causal. Configura captação ilícita de votos, glosada no art. 41-A da Lei n. 9.504/97, a manutenção de **curso gratuito com entrega de material contendo propaganda eleitoral**." (TSE, Rec. 882/SP, Ac. 882, de 24/5/2005, Rel. Min. Marco Aurélio, DJ de 5/8/2005)
>
> "I – A referência à observância do procedimento do art. 22 da Lei Complementar no 64/90 impõe que a representação objetivando cassação de registro ou diploma com base no art. 41-A da Lei n. 9.504/97, nas eleições estaduais e federais, seja

[324] Estes não mais permitidos pela legislação eleitoral.

[325] PINTO, Djalma. *Direito eleitoral* – Anotações e temas polêmicos, p. 158.

[326] A partir da LC n. 135/2010, que alterou e acrescentou dispositivos na LC n. 64/90, é suficiente, para a imposição da inelegibilidade, que a conduta seja grave, não mais sendo necessária a potencialidade de alteração do resultado da eleição.

> levada pelo juiz auxiliar ao Tribunal, para decisão colegiada, e não examinada por ele monocraticamente. II – Nas eleições estaduais e federais, as decisões, em sede de representação fundada no art. 41-A da Lei n. 9.504/97, proferidas após a proclamação dos vencedores, devem ser atacadas por meio de recurso ordinário, na medida em que o diploma pode ser atingido, mesmo que a decisão seja anterior à diplomação. Art. 121, § 4º, IV, da Constituição da República. III – Do exame das provas coligidas aos autos ressai clara a prática, pelos agravantes, de captação ilícita de sufrágio a que se refere o art. 41-A da Lei n. 9.504/97. Recurso ordinário a que se nega provimento." (TSE, Ag. 4.029/AP, Ac. 4.029, de 25/3/2003, Rel. Min. Barros Monteiro, DJ de 4/6/2004).

Para o TSE há, registre-se, nítida distinção entre o abuso do poder econômico e a captação ilícita do sufrágio, esta prevista no mencionado art. 41-A, da LE, principalmente a partir do entendimento ali firmado de que este dispositivo não introduziu novo modelo de inelegibilidade, mas mera infração eleitoral, sancionada com multa e com a cassação do registro ou do diploma. A verdade é que, logo que aprovada a Lei n. 9.840/99 (que acrescentou o art. 41-A à Lei das Eleições), surgiram argumentos na doutrina e na jurisprudência de que era inconstitucional o novel instituto, exatamente porque seria nova espécie de inelegibilidade, trazida para o ordenamento jurídico por meio de lei ordinária, enquanto que o texto constitucional reservou à lei complementar estabelecer "outros casos de inelegibilidade e os prazos de sua cessação" (art. 14, § 9º). Por maioria, a colenda Corte Eleitoral entendeu que nada há de inconstitucional na referida lei, porque ela visa tão só a cassação do registro da candidatura (ou do diploma, se já eleito o candidato), não impondo inelegibilidade ao cassado. Então, captação ilícita de sufrágio (art. 41-A) é conduta diversa do abuso do poder econômico da LC n. 64/90,[327] pois este leva à inelegibilidade para as eleições em que se verificou, como também para aquelas que se realizarem nos oito anos seguintes (LC n. 64/90, art. 1º, I, "d", na redação dada pela LC n. 135/2010)[328].

> "A suposta inconstitucionalidade do art. 41-A da Lei n. 9.504/97 é questão superada pela jurisprudência do TSE. A realização de nova eleição, no caso do art. 224 do Código Eleitoral, não é penalidade contra o segundo colocado no pleito anulado, mas um imperativo legal, destinado a evitar que a minoria assuma o poder. ... Nesse entendimento, o Tribunal negou provimento aos recursos. Unânime." (TSE, Recurso Especial Eleitoral no 25.402/RN, Rel. Min. Humberto Gomes de Barros, em 6/12/2005).

A partir dessa distinção, natural que também não se exija que a captação de sufrágio (art. 41-A) tenha a potencialidade de influir na legitimidade e normalidade das eleições, pois que este bem jurídico é objeto de proteção da lei das inelegibilidades, à qual a Lei 9.840/99 não se prende. Quando se está diante de abuso de poder econômico qualificado e, portanto, de causa de inelegibilidade, aí, sim, necessária a demonstração de

[327] "Abuso de poder qualificado", segundo a nossa conceituação – Seção VI.

[328] Como se sabe, a Lei da Ficha Limpa (LC n. 135/2010) estabeleceu nova hipótese de inelegibilidade, que leva em conta a condenação, transitada em julgada ou proferida por órgão colegiado da Justiça Eleitoral, pela prática de corrupção eleitoral ou captação ilícita de sufrágio (art. 41-A), dentre outras, o que não altera a natureza e os elementos desta conduta, que continua sendo infração cível eleitoral com sanção própria – cassação de registro ou diploma –, agora também causa de inelegibilidade.

que o abuso foi grave o suficiente para afetar a normalidade e legitimidade das eleições, pois que é este o bem jurídico cuja tutela inspira a lei das inelegibilidades (art. 14, § 9º, da CF/88). Como a captação de sufrágio (art. 41-A) não foi introduzida na Lei das Eleições, pela Lei n. 9.840/99, como nova espécie de inelegibilidade, mas mera infração cível eleitoral (não obstante ter a LC n. 135/10, modificando e acrescendo hipóteses à LC n. 64/90, aí sim elevado a dita conduta a causa de inelegibilidade), não se está a proteger a normalidade e legitimidade das eleições, e sim a liberdade de escolha do eleitor, que deve ser a todo custo respeitada. Repita-se que a preocupação do legislador, quando da inclusão do art. 41-A na Lei das Eleições (com a redação dada pela Lei n. 9.840/1999), foi outra: a liberdade de escolha do eleitor e não mais a lisura do pleito como um todo. Por conseguinte, para efeito de aplicação das sanções previstas no art. 41-A (multa e cassação do registro ou diploma), não será necessária a demonstração de que o agente deu, ofereceu, prometeu ou entregou a um número expressivo de eleitores bem ou vantagem pessoal de qualquer natureza. Na verdade, bastará a prova de que um único eleitor foi corrompido para que se tenha caracterizada a violação do art. 41-A (infração cível eleitoral), daí sendo perfeitamente aplicáveis as sanções de multa e cassação. Ocorre com alguma frequência que a notícia de corrupção eleitoral chega à Justiça Eleitoral e é cabalmente provada na instrução processual, sem que seja possível identificar os eleitores corrompidos, exatamente porque o candidato (ou os que para ele trabalham) distribui os benefícios (cestas básicas, etc.) "por atacado", a dezenas ou centenas de eleitores presentes em um comício ou em uma passeata, v.gr. Se a instrução processual produzir prova suficiente de que houve a doação de vantagem patrimonial e de que os vários eleitores beneficiários não puderam ser identificados, exatamente por que muitos, o pedido deduzido na Representação Especial deve ser acolhido, aplicando-se as sanções de multa e cassação, dispensada, portanto, a identificação nominal do(s) eleitor(es) corrompido(s).

> RESPE n. 47444 - CARAGUATATUBA – SP, Ac. de 14/03/2019, Rel. Min. Tarcisio Vieira De Carvalho Neto. [...] 5. A incidência do art. 41-A da Lei nº 9.504/97 exige prova inconteste da ilicitude consistente na promessa de bem ou vantagem pessoal capaz de interferir na liberdade de voto do cidadão - bem jurídico tutelado pela norma. 6. Na linha da jurisprudência desta Corte, para a configuração do ilícito previsto no art. 41-A da Lei 9.504/97, a promessa de vantagem pessoal em troca de voto deve corresponder a benefício a ser obtido concreta e individualmente por **eleitor determinado ou determinável**. [...]
>
> "Conforme a jurisprudência da Corte, a captação ilícita de sufrágio, tipificada no art. 41-A da Lei n. 9.504/97, configura-se por conduta isolada daquele que venha a doar, oferecer, prometer ou entregar ao eleitor, com o fim de obter-lhe o voto, bem ou vantagem pessoal de qualquer natureza, inclusive emprego ou função pública, e visa resguardar a vontade do eleitor (Res.-TSE n. 20.531/99, rel. Min. Maurício Corrêa, e Ac. n. 21.248/2003, rel. Min. Fernando Neves)." (Ac. n. 21.312, de 2/12/2003, rel. Min. Carlos Velloso.)
>
> "Lotes. Preços irrisórios. Captação de sufrágio. Incidência. Art. 41-A da Lei n. 9.504/97. Para a caracterização do ilícito do art. 41-A da Lei n. 9.504/97 **não se torna necessário que o ato de compra de votos tenha sido praticado diretamente pelo próprio**

candidato. É suficiente que, sendo evidente o benefício, do ato haja participado de qualquer forma o candidato ou com ele consentido. **Não é indispensável, outrossim, a identificação dos eleitores** que receberam os benefícios e vantagens. Hipótese em que as provas carreadas para os autos estão a corroborar a tese de que o recorrido efetivamente foi o responsável pela iniciativa da venda facilitada de lotes que era feita em prol de sua candidatura por intermédio de entidade cooperativa. Nesse entendimento, o Tribunal deu provimento ao recurso. Unânime." (TSE, Recurso Ordinário no 787/DF, Rel. Min. Cesar Asfor Rocha, em 13/12/2005).

Outra consequência que resultava da mencionada distinção (abuso do poder econômico e captação ilícita do sufrágio) era que a decisão que cassava o registro ou o diploma executava-se imediatamente, mesmo quando o representado interpunha recurso, aplicando-se a regra geral do Código Eleitoral, segundo a qual os recursos não têm efeito suspensivo. Nada impedia, entretanto, que o recorrente buscasse junto ao Tribunal o efeito suspensivo desejado, cabendo a ele demonstrar a necessidade da medida excepcional, se diante de situação que sinalizasse para o perigo da demora e para a presença da fumaça do bom direito. E não havia, na adoção do efeito imediato da decisão de cassação, nenhuma incompatibilidade com a disposição do art. 15, da LC n. 64/90[329], pois que a atribuição de efeito meramente devolutivo ao recurso tinha como finalidade apenas conferir maior eficácia às decisões judiciais eleitorais (do que depende a administração do processo eleitoral). Com isso, não se estava conferindo efeito definitivo à decisão, o que só viria com o trânsito em julgado. Ademais, a decisão de cassação do registro ou do diploma, tendo como suporte o art. 41-A, não declarava, e não declara, a inelegibilidade do cassado, já que não há, no mencionado tipo sancionador, mencionada consequência. Por isso é que o procedimento recomendado para a Representação Especial que apura a captação ilícita do sufrágio, que é o mesmo da investigação judicial eleitoral (art. 22, da LC n. 64/90), não chegará aos incisos XIV (que determina seja decretada a inelegibilidade do condenado) e XVI (que reserva a condenação aos casos em que a conduta puder ser classificada como grave), limitando-se à observância dos incisos I a XIII e à fixação, na decisão condenatória, das sanções de multa e cassação previstas no próprio tipo infracional. Para o recurso, que por um tempo a jurisprudência entendeu ser de 24 horas, agora o prazo é de três dias, a contar da data da publicação da decisão no DJe, por força do art. 41-A, § 4º, acrescentado pela Lei n. 12.034/2009, e do art. 51, da Res. TSE n. 23.608/2019.

---

[329] A nova redação deste art. 15, dada pela LC n. 135/2010, que dispensa o trânsito em julgado e contenta-se com decisão colegiada, continua dirigida à hipótese de inelegibilidade por abuso de poder, prevista no art. 1º, I, "d".

Art. 15.Transitada em julgado ou publicada a decisão proferida por órgão colegiado que declarar a inelegibilidade do candidato, ser-lhe-á negado registro, ou cancelado, se já tiver sido feito, ou declarado nulo o diploma, se já expedido.

Parágrafo único. A decisão a que se refere o caput, independentemente da apresentação de recurso, deverá ser comunicada, de imediato, ao Ministério Público Eleitoral e ao órgão da Justiça Eleitoral competente para o registro de candidatura e expedição de diploma do réu.

Nas primeiras edições desta obra, afirmamos que era essa (execução imediata da sentença) a mais recente orientação jurisprudencial do TSE, que foi inclusive objeto de conferência proferida pelo E. Min. Fernando Neves, na Procuradoria Geral da República, quando S.Exa. lembrou que o cassado poderia, mesmo não obtendo efeito suspensivo ao seu recurso, continuar praticando os atos de campanha, "à sua conta e risco". Nessa hipótese, se no dia das eleições seu recurso ainda estava pendente de julgamento, o sistema informatizado das eleições dava o resultado desconsiderando a sua candidatura. Os votos a ele dados, entretanto, ficavam armazenados pelo sistema (como que numa gaveta à parte) para o caso de provimento de seu recurso. Nesse caso, seus votos eram tidos como válidos e todos os cálculos eram refeitos, alterando-se o resultado final, se o caso. Esse entendimento jurisprudencial consolidado no TSE foi acolhido pelo legislador e positivado na Lei n. 12.034/2009, que acrescentou o art. 16-A à Lei das Eleições, criando um efeito suspensivo ao recurso daquele que tiver seu registro cassado antes das eleições. Mas é bom frisar que esse efeito suspensivo só se dava em relação às decisões de cassação de registro proferidas durante a campanha eleitoral, exatamente porque visava a garantir a continuidade dos atos de propaganda do cassado e a permanência do seu nome e foto na urna eletrônica. Nada mudou, naquele momento de inclusão do art. 16-A, ou seja, em 2009, em relação ao recurso contra a decisão de cassação do registro ou diploma proferida após as eleições, que continuava tendo efeito apenas devolutivo.

A reforma eleitoral de 2015, entretanto, acrescentou o § 2º ao art. 257, do Código Eleitoral, criando uma exceção à regra de efeito meramente devolutivo aos recursos eleitorais. O dispositivo prevê que "o **recurso ordinário** interposto contra decisão proferida por juiz eleitoral ou por Tribunal Regional Eleitoral que resulte em **cassação** de registro, **afastamento** do titular ou **perda de mandato** eletivo será recebido pelo Tribunal competente com efeito suspensivo". A nova regra não permite concluir, todavia, que a decisão de cassação ou desconstituição de diploma ou mandato só se executa após o trânsito em julgado. O texto é bastante claro ao conferir efeito suspensivo apenas aos **recursos de natureza ordinária**, ou seja, quando interpostos em face de decisão de primeira instância. Assim, se a cassação é proferida pelo Juiz Eleitoral (em eleição municipal, portanto), o recurso eleitoral dirigido ao TRE é recebido com efeito suspensivo. E se a cassação é decisão originária do TRE[330] (nas eleições gerais – para deputados, senadores e governadores – a competência para o processo e julgamento é do Tribunal Regional, tendo em conta ser o Estado o território da disputa), o recurso dirigido ao TSE também é recebido com efeito suspensivo, porque tem natureza ordinária e não especial. Ao contrário, o recurso especial oferecido em face do acórdão Regional que, como instância revisora, confirma ou pronuncia a cassação de prefeitos e vereadores, será recebido apenas no efeito devolutivo, aplicando, desta vez, a regra do "caput" do art. 257 e não a exceção do seu § 2º. Por conseguinte, o Tribunal Regional, ao concluir pela confirmação da decisão Zonal de cassação, já deve determinar o imediato afastamento

[330] SÚMULA Nº 36/TSE
Cabe recurso ordinário de acórdão de Tribunal Regional Eleitoral que decida sobre inelegibilidade, expedição ou anulação de diploma ou perda de mandato eletivo nas eleições federais ou estaduais (art. 121, § 4º, incisos III e IV, da Constituição Federal).

do eleito, medida que se impõe em defesa do regime democrático e da soberania do voto, considerada a inconveniente e desmoralizadora permanência no cargo eletivo e na representação popular do postulante que alcançou a vitória eleitoral à custa do ilícito apurado, cujos contornos fáticos se tornam definitivos e não mais passíveis de revolvimento na instância extraordinária.

Questão atual é a alegada repercussão desse efeito suspensivo (art. 257, § 2º) na incidência da inelegibilidade, que se impõe a partir da decisão colegiada. Como se sabe, se o TRE, como instância originária, reconhece a prática de captação ilícita de sufrágio por um candidato a Deputado Federal e julga procedente a Representação Especial, o candidato cassado já está inelegível por força do art. 1º, I, alínea J, da LC n. 64/90, pois em face dele há decisão condenatória colegiada. Não obstante isso, seu recurso ao TSE, que tem natureza ordinária e buscará reverter a condenação, tem efeito suspensivo por força do referido art. 257, § 2º, com o que poderá continuar na campanha, ser diplomado e até empossado no cargo, se até lá não advier confirmação da decisão de cassação pelo TSE. Não é difícil perceber que os dispositivos (art. 257, § 2º, do Código Eleitoral, e art. 1º, I, alínea J, da LC n. 64/90) tratam de **institutos diversos (recurso X inelegibilidade)**, sem necessária submissão ou vinculação de um ao outro, inclusive por ter a legislação complementar (LC n. 135/2010) optado, de forma expressa e eloquente, pela incidência desta última na pendência do primeiro. O fato de o recurso ordinário em face da cassação ter efeito suspensivo automático não implica em suspensão também automática da incidência da inelegibilidade. Do contrário, a alteração legislativa promovida no Código Eleitoral, levada a efeito pela lei ordinária n. 13.165/2015, teria autoridade para alterar também a lei complementar, subvertendo a hierarquia das leis. E não é demais lembrar que a LC n. 64/90, com as alterações da LC n. 135/2010, tem regime próprio de suspensão da incidência da inelegibilidade, previsto no seu art. 26-C, no qual é exigida cautelar específica, a depender da plausividade recursal. Foi nesta linha a decisão unânime do TSE na Questão de Ordem no AgR-RO n. 0608809-63.2018.6.19.0000, do Rio de Janeiro. Então, parece equivocada a liminar concedida pelo Min. Gilmar Mendes, em 18.dezembro.2020, na ADPF n. 776, inclusive quando argumenta com a "viragem jurisprudencial", pois a verdade é que no TSE ainda ***"[...] não havia um precedente específico nessa matéria e, portanto, não há uma mudança de jurisprudência nem tampouco uma reversão de expectativas [...]" (Min. Luiz Roberto Barroso).***

É certo que a lei dá solução diversa quando trata da realização de novas eleições, decorrentes da cassação. Desta vez, a Lei n. 13.165/2015, ao incluir o § 3º ao art. 224, do Código Eleitoral, condiciona a renovação do pleito majoritário ao trânsito em julgado, ficando clara a intenção do legislador de evitar novas candidaturas, nova campanha eleitoral, nova votação e até a posse dos novos eleitos, quando ainda há possibilidade jurídica de reversão da cassação:

> "A decisão da Justiça Eleitoral que importe o indeferimento do registro, a cassação do diploma ou a perda do mandato de candidato eleito em pleito majoritário acarreta, após o trânsito em julgado, a realização de novas eleições, independentemente do número de votos anulados" (art. 224, § 3º).

Por conseguinte, a chefia do Executivo ficaria – como consequência da literal aplicação do dispositivo – a cargo do seu substituto constitucional (Presidente da Câmara Municipal, da Assembleia Legislativa ou Câmara Distrital e Câmara dos Deputados) no período compreendido entre o afastamento do cassado – que se dá assim que esgotada a via recursal ordinária, conforme art. 257, § 2º – e a nova eleição – que seria possível apenas com o trânsito em julgado da cassação, nos termos do art. 224, § 3º. De pronto, percebe-se que a aplicação dessa solução – novas eleições apenas com o trânsito em julgado da cassação – acarretaria violação do princípio democrático e da soberania do voto popular, já que o Poder Executivo passaria boa parte do mandato, dada a quantidade de recursos possíveis, sob a chefia do Presidente da Câmara/Assembleia, que não foi eleito para tanto e, por razões óbvias, já que disputou eleição proporcional, nem obteve votação que numericamente o legitimasse. Inconstitucional o último dispositivo, no que prevê a necessidade de aguardar o trânsito em julgado da cassação, novas eleições devem ser marcadas pelo Tribunal assim que esgotadas as vias recursais ordinárias. O TSE já teve oportunidade de se manifestar sobre o tema e assim assentou.

> EMBARGOS DE DECLARAÇÃO NO RECURSO ESPECIAL ELEITORAL Nº 139-25.2016.6.21.0154 – CLASSE 32 – SALTO DO JACUÍ – RIO GRANDE DO SUL (...)
>
> É **inconstitucional a expressão "após o trânsito em julgado"** contida no § 3º do art. 224 do Código Eleitoral, conforme redação dada pela Lei 13.165/2015, por violar a soberania popular, a garantia fundamental da prestação jurisdicional célere, a independência dos poderes e a legitimidade exigida para o exercício da representação popular. (...) Brasília, 16 de novembro de 2016

Na Resolução TSE n. 23.611/2019, o Tribunal prevê, no art. 217, a realização de novas eleições "imediatamente". E a Res. TSE n. 23.677/2021, que dispõe, dentre outros, sobre destinação dos votos, diplomação e reprocessamento de resultados para as eleições de 2022 e seguintes, prevê no art. 30 que "serão convocadas novas eleições imediatamente, se, no pleito majoritário, passarem à situação de anulados em caráter definitivo os votos dados: I - à chapa primeira colocada (Código Eleitoral, art. 224, § 3º); II - a chapas cujos votos alcancem mais de 50% (cinquenta por cento) da votação referida no art. 26 desta Resolução (Código Eleitoral, art. 224, caput)".

Também o STF foi questionado sobre o dispositivo e, na sessão de em 08-março-2018, o plenário, na **ADI n. 5525**, proclamou a **inconstitucionalidade da expressão "após o trânsito em julgado"**, contida no § 3º, do art. 224, do Código Eleitoral, acrescentado pela Lei n. 13.165/2015, valendo-se exatamente deste argumento: a chefia do Poder Executivo não pode ficar a cargo, por longo espaço de tempo, de quem não foi eleito para tanto, sob pena de violação da soberania popular. E, quanto ao § 4º, do mesmo art. 224, o Supremo impôs interpretação conforme a Constituição, para assentar que a nova eleição para presidente, se direta ou indireta (quando a vacância ocorrer nos dois primeiros anos do mandato ou nos dois últimos, respectivamente) obedecerá ao que estabelecido na Constituição Federal (art. 81) e não no dispositivo ordinário. E a eleição para senador, também por força da Constituição (art. 56), só será necessária se, por ocasião da vacância, restarem mais de 15 (quinze) meses para o fim do mandato. O dito § 4º, do art 224, do Código Eleitoral, no que prevê eleição "indireta, se a vacância do cargo ocorrer a menos de seis meses do final do mandato" e "direta nos demais casos", só se aplica aos cargos de prefeito e governador.

> Art. 224.
>
> § 4º A eleição a que se refere o § 3º correrá a expensas da Justiça Eleitoral e será: (Incluído pela Lei n. 13.165/2015)
>
> I - indireta, se a vacância do cargo ocorrer a menos de seis meses do final do mandato; (Incluído pela Lei n. 13.165/2015)
>
> II - direta, nos demais casos. (Incluído pela Lei n. 13.165/2015)

O Plenário do STF voltou ao tema em 17.agosto.2021, julgando a ADI n. 1.057-BAHIA, sendo Relator o Ministro Dias Toffoli, quando assentou que o Estado da Bahia, legislando sobre o processo de eleição indireta para os cargos de governador e vice-governador, na hipótese de dupla vacância, tendo optado pela reprodução do modelo federal previsto no art. 81, § 1º, da CF/88, exerceu a autonomia do estado-membro para definir legislativamente o modelo e o procedimento da eleição indireta:

> "1. **A regra insculpida no art. 81, § 1º, da Constituição Federal não é de observância obrigatória pelos entes periféricos** na parte em que define o modelo e o procedimento da eleição indireta. Há certa liberdade de conformação de que gozam os entes federados periféricos, na forma do art. 25 da parte permanente da Constituição Federal e do art. 11 do ADCT. No caso, optou o Estado da Bahia por implantar, no art. 102, § 2º, de sua Constituição, modelo equivalente ao paradigma federal.
>
> 2. O ente federado, dentro de sua autonomia e respeitadas as balizas constitucionais, definiu, de forma legítima, a ocorrência de eleição indireta por intermédio da Assembleia Legislativa. Pela peculiaridade da situação de dupla vacância e diante da omissão constitucional específica, **facultou-se aos estados-membros, ao Distrito Federal e aos municípios a definição legislativa do processo de escolha**, prerrogativa que não se confunde com a competência privativa da União para legislar sobre direito eleitoral, estampada no art. 22, I, da Constituição Federal. Precedentes.
>
> 3. **A cláusula do voto secreto tem a finalidade de garantir ao cidadão eleitor** o livre direito de escolha de seus representantes políticos, protegido dos influxos de origem econômica e social. Tal cláusula constitui o patamar mínimo, inafastável, erigido pelo poder constituinte originário a regra pétrea, ao qual se acrescem outras garantias que previnem a turbação da livre manifestação de vontade do eleitor.
>
> 4. **A presunção de garantia se inverte no caso de votações promovidas no âmbito dos órgãos legislativos**, já que o dever de transparência se sobrepõe à tentativa de sigilosidade do ato deliberativo, de viés excepcional. A **publicidade é a regra**, sendo colocada como **direito e ferramenta de controle social** do Poder Público.
>
> 5. As **condições de elegibilidade e inelegibilidade** previstas no art. 14 da Constituição Federal **são de observância cogente**, a fim de se resguardar a lisura do procedimento de escolha, evitando-se o ingresso de candidatos, à socapa, nos cargos eletivos, sem observância das condições de exercício do jus honorum, em nítida fraude ao sistema de proteção fixado na Lei Fundamental.
>
> 6. Ação julgada improcedente.

> ACÓRDÃO Vistos, relatados e discutidos estes autos, acordam os Ministros do Supremo Tribunal Federal, em sessão virtual do Plenário de 6/8 a 16/8/21, na conformidade da ata do julgamento e nos termos do voto do Relator, Ministro Dias Toffoli, por unanimidade de votos, com ressalvas dos Ministros Roberto Barroso, Cármen Lúcia e Gilmar Mendes, em julgar improcedente o pedido formulado na ação direta. Brasília, 17 de agosto de 2021. Ministro Dias Toffoli, Relator

O certo é que a captação ilícita do sufrágio, prevista no art. 41-A, ganhou expressiva importância no cenário eleitoral, tendo em vista o número significativo de casos que são levados à apreciação da Justiça Eleitoral. Tornou-se um importante instrumento de moralização das campanhas eleitorais, de combate à corrupção do eleitorado e, portanto, de prevalência da liberdade de escolha do eleitor.

Vale a pena, então, frisar:

A) Configura-se a captação ilícita do sufrágio pelo doar, oferecer, prometer ou entregar qualquer espécie de vantagem pessoal ao eleitor, sendo desnecessário o pedido expresso de votos, porque a lei só exige o especial fim de agir, ou seja, a **finalidade de obter o voto** do eleitor, ou seja, de afetar a sua liberdade de escolha. E configura-se, também, pela violência ou grave ameaça exercida sobre o eleitor com a mesma finalidade de lhe corromper a liberdade de escolha (art. 41-A, §§ 1º e 2º, na redação da Lei n. 12.034/2009). Quanto ao núcleo "prometer", necessário salientar que ele não se configura com as promessas genéricas que são a substância das campanhas eleitorais. Prometer gerar empregos, asfaltar ruas, construir hospitais, etc., é exposição do plano de governo e, dada a sua generalidade, não cria expectativa de benefício pessoal.

> RO-El n. 060302456 - BRASÍLIA – DF, Ac. de 27/08/2020, Rel. Min. Og Fernandes. ELEIÇÕES 2018. GOVERNADOR E VICE–GOVERNADOR. RECURSO ORDINÁRIO. AIJE POR CAPTAÇÃO ILÍCITA DE SUFRÁGIO [...] 5. Na espécie, as promessas feitas pelos candidatos recorridos a respeito de problemas fundiários e de educação possuem caráter genérico, o que, segundo o entendimento do TSE, afasta a incidência do art. 41–A da Lei nº 9.504/1997, por não se dirigirem a eleitores individualizados ou a grupo determinado ou determinável de eleitores, mas, sim, à população em geral. Ausente o especial fim de agir exigido para a configuração do ilícito. Precedentes. [...]

> TREMG, RECURSO ELEITORAL n. 76738 - GUANHÃES – MG, Ac. de 19/02/2018, Rel. Juiz João Batista Ribeiro. RECURSO ELEITORAL. AIJE. ELEIÇÕES 2016. [...] CAPTAÇÃO ILÍCITA DE SUFRÁGIO.[...] 18. Todavia, impende registrar que não caracteriza captação ilícita de sufrágio o pedido genérico de voto, uma vez que "o que se pune no art. 41-A da Lei nº 9.504/1997 não é o pedido de voto em si, mas doar, oferecer, prometer ou entregar alguma benesse com a finalidade específica de obter o voto de eleitor determinado, razão pela qual as 'promessas genéricas, sem o objetivo de satisfazer interesses individuais e privados, não são capazes de atrair a incidência do art. 41-A da Lei nº 9.504/97' (AgRgAg nº 4.422/SP, rel. Min. Fernando Neves, julgado em 9.12.2003)." (TSE - Recurso Ordinário nº 1662/GO - Goiânia, Rel. Min. Gilmar Mendes, julgado em 15.09.2016 e publicado no DJE de 30.09.2016, pp. 23-24).

B) Só se aplica o art. 41-A à captação ilícita ocorrida **após o requerimento de registro** de candidatura apresentado à Justiça Eleitoral. Antes disso, a conduta poderá caracterizar o crime eleitoral previsto no art. 299, do CE, ou mesmo abuso do poder econômico. Não importa a data em que o requerimento de registro foi apreciado e deferido pela Justiça Eleitoral. Desde o requerimento da candidatura já se pode questionar a conduta como caracterizadora da infração cível do art. 41-A.

C) Na linha da atual jurisprudência do TSE, há **litisconsórcio passivo necessário** entre os integrantes da chapa que disputa a eleição majoritária, devendo a ação ser proposta também em face dos vices de prefeito, governador e presidente e dos suplentes de senador, já que a sentença de procedência cassará a chapa, que é uma e indivisível.

> SÚMULA Nº 38/TSE
>
> Nas ações que visem à cassação de registro, diploma ou mandato, há litisconsórcio passivo necessário entre o titular e o respectivo vice da chapa majoritária.

Esse assunto – litisconsórcio passivo nas ações eleitorais – será desenvolvido com mais detalhes adiante, quando forem abordadas as ações de Representação Especial, Investigação Judicial Eleitoral, Recurso contra a Diplomação e Impugnação de Mandato Eletivo, principalmente porque o TSE vem modificando seu entendimento.

D) A sanção de cassação do registro ou do diploma é aplicável ao candidato, mesmo quando não foi ele o agente direto da "compra de votos". Ocorre com frequência que o fato é praticado por "cabos eleitorais", assim orientados pelo candidato, ou às vezes com o **conhecimento ou anuência** dele.

> "para que ocorra a violação da norma do art. 41-A, não se torna necessário que o ato de compra de votos tenha sido praticado diretamente pelo próprio candidato. É suficiente que, sendo evidente o benefício, do ato haja participado de qualquer forma o candidato ou com ele consentido: Ag n. 4.360/PB, Min. Luiz Carlos Madeira; REspe n. 21.248/SC, Min. Fernando Neves; REspe n. 19.566/MG, Min. Sálvio de Figueiredo. VI – Recurso especial conhecido como ordinário e provido." (Ac. n. 21.264, de 27/4/2004, rel. Min. Carlos Velloso.)
>
> RO-El - Recurso Ordinário Eleitoral n. 060186731 - PORTO VELHO – RO, Ac. de 28/10/2021, Rel. Min. Luis Felipe Salomão. [...] ELEIÇÕES 2018. DEPUTADO ESTADUAL. REPRESENTAÇÃO. CAPTAÇÃO ILÍCITA DE SUFRÁGIO. ART. 41–A DA LEI 9.504/97. [...] 7. Conforme jurisprudência desta Corte Superior, para se configurar a captação ilícita de sufrágio, é necessária a presença dos seguintes elementos: (a) prática de qualquer das condutas previstas no art. 41–A; (b) o dolo específico de obter o voto do eleitor; (c) ocorrência dos fatos entre a data do registro de candidatura e a eleição; e (d) a **participação, direta ou indireta, do candidato beneficiado, concordância ou conhecimento dos fatos** que caracterizam o ilícito. 8. Na espécie, extrai–se dos autos que, em 6/10/2018, véspera das Eleições 2018, o agravante organizou uma reunião em sua casa com a presença de mototaxistas, arregimentados por Sidnei Ferreira dos Santos, circunstância confirmada tanto pelo próprio candidato quanto pelos depoimentos prestados em juízo. [...] 12. A partir dos fatos narrados, conclui–se que a captação ilícita de sufrágio restou devidamente comprovada, caracterizada tanto pela oferta de trabalho remunerado em troca de voto

> quanto pelo transporte gratuito de eleitores aos locais de votação com a finalidade de obter voto, ocorrida na véspera e no dia do primeiro turno das Eleições 2018, preenchendo-se, assim, todos os elementos necessários para sua configuração. 13. Há farto conjunto probatório que demonstra não só o conhecimento e a anuência do candidato com o ilícito praticado por terceiro, mas sua participação direta na reunião em que se organizou a forma de atuação dos referidos trabalhadores e se acertou a remuneração em troca de voto, o que, nos termos da jurisprudência deste Tribunal, atrai o art. 41-A da Lei 9.504/97. [...]

E) Não é necessário que os **eleitores corrompidos sejam identificados**, bastando seja demonstrado que o candidato, ou alguém por ele, praticou a conduta em relação a diversos eleitores.

> "Não é indispensável, outrossim, a identificação dos eleitores que receberam os benefícios e vantagens. Hipótese em que as provas carreadas para os autos estão a corroborar a tese de que o recorrido efetivamente foi o responsável pela iniciativa da venda facilitada de lotes que era feita em prol de sua candidatura por intermédio de entidade cooperativa. Recurso provido." (TSE, Rec. 787-DF, Ac. 787, de 13/12/2005, Rel. Min. César Asfor Rocha, DJ de 10/2/2006).
>
> "[...] 6. Na linha da jurisprudência desta Corte, para a configuração do ilícito previsto no art. 41-A da Lei 9.504/97, a promessa de vantagem pessoal em troca de voto deve corresponder a benefício a ser obtido concreta e individualmente por **eleitor determinado ou determinável**. [...]" (Ac. de 14.3.2019 no REspe nº 47444, rel. Min. Tarcisio Vieira de Carvalho Neto)

F) Não se fala em **potencialidade lesiva ou gravidade da conduta**, bastando a prova da captação, ainda que envolvendo apenas um eleitor, isto porque o art. 41-A não tem como objeto a proteção da normalidade das eleições, mas sim a liberdade de escolha do eleitor.

> [...] 3. Para a caracterização da captação ilícita de sufrágio, é **irrelevante aferir a potencialidade** da conduta a partir do número de votos efetivamente cooptados [...]. (Ac de 25.2.2016 no AgR-REspe nº 49956, rel Min. Henrique Neves da Silva. No mesmo sentido o Ac de 4.12.2007 no REspe nº 27737, rel. Min. José Delgado)
>
> *NE:* Trecho do voto do relator: "[...] para a condenação por captação ilícita de sufrágio, basta que haja o oferecimento, promessa ou doação de bem ou vantagem em troca do voto do eleitor, com a participação ou anuência do candidato, **não se exigindo a demonstração da potencialidade** lesiva da conduta ou da **significância ou valor da benesse** oferecida" (Ementa não transcrita por não reproduzir a decisão quanto ao tema.) (Ac. de 6.5.2010 no AgR-AC nº 76516, rel. Min. Marcelo Ribeiro)

G) O procedimento para a Representação Especial que visa a apuração da captação ilícita é o do art. 22, da LC 64/90, o mesmo da Investigação Judicial, não se aplicando, por óbvio, os incisos XIV e XVI, já que a sentença de procedência dessa Representação não declarará a inelegibilidade dos agentes. Mesmo com a LC n. 135/2010, que acrescentou à LC n. 64/90 a captação ilícita de sufrágio como nova hipótese de inelegibilidade (art. 1º, I, "j"), a conduta do art. 41-A, considerada **em si mesma**, continua sendo infração cível eleitoral punida com multa e cassação. A inelegibilidade não é consequência agregada ao mencionado tipo (percebe-se que o art. 41-A não sofreu alteração na sua redação), mas sim efeito automático da decisão que condena o agente da sua prática.

> "[...] Representação (Art. 41-A da Lei nº 9.504/97). Competência. Juiz auxiliar. [...] 1. O juiz auxiliar é competente para o julgamento das representações fundadas na Lei nº 9.504/97. [...]" *(Ac. de 10.3.2009 no RO nº 1369, rel. Min. Marcelo Ribeiro)*

> "[...] Representação. Art. 41-A da Lei nº 9.504/97. [...] I – A adoção do rito do art. 22 da LC nº 64/90 para as representações por captação ilícita de sufrágio – art. 41-A da Lei nº 9.504/97 – não implica o deslocamento da competência para o corregedor. [...] II – Hipótese em que, cessada a atuação dos juízes auxiliares, o feito deverá ser distribuído a qualquer outro membro da Corte Regional. [...]" *(Ac. de 10.4.2007 no RO nº 786, rel. Min. Cesar Asfor Rocha)*

H) A sentença que julgar procedente a Representação Especial e cassar o registro ou o diploma do candidato **executa-se imediatamente após o esgotamento da via recursal ordinária** (art. 257, § 2º, do Código Eleitoral), não se conferindo efeito suspensivo ao recurso especial ou extraordinário. Se o representado já estiver no exercício do mandato, será ele imediatamente afastado, assumindo suas funções o substituto legal (suplente de vereador ou deputado, presidente da Câmara Municipal, da Câmara Legislativa, da Assembleia ou Câmara Federal, no caso de cassação do Prefeito, Governador ou Presidente, respectivamente). A qualquer momento, a sentença de procedência levará à cassação, mesmo quando proferida após a posse do representado, não sendo necessário ajuizar AIME, exatamente porque a previsão legal é de cassação do registro ou do diploma.

> "A decisão que julgar procedente representação por captação de sufrágio vedada por lei, com base no art. 41-A da Lei n. 9.504/97, deve ter cumprimento imediato, cassando o registro ou o diploma, se já expedido, **sem que haja necessidade da interposição de recurso contra a expedição de diploma**[331] **ou de ação de impugnação de mandato eletivo.**" NE: Aplicação de multa e cassação do diploma de prefeito por captação de sufrágio, consistente na doação de uma caixa d'água e um padrão de luz a eleitor e discussão sobre o princípio da proporcionalidade. (Ac. n. 19.739, de 13/8/2002, rel. Min. Fernando Neves.)

I) O **recurso** que se interpõe em face da decisão de segunda instância (TRE, nas eleições municipais, e TSE, nas eleições gerais) não tem, por conseguinte, efeito suspensivo, como aliás é a regra do direito processual eleitoral. O efeito suspensivo se impõe, por força do art. 257, § 2º, do Código Eleitoral, incluído pela Lei n. 13.165/2015, quando o recurso questiona decisão de primeira instância (da ZE, nas eleições municipais, e do Tribunal Regional, nas eleições gerais). A menos que a cassação do registro se dê antes das eleições, hipótese em que se garante a continuidade dos atos de campanha (art. 16-A), conferindo-se efeito suspensivo em todas as instâncias. E o prazo para a sua

---

[331] A partir da Lei n. 12.891/2013, que alterou o art. 262, do Código Eleitoral, o RCED não mais se presta à arguição do art. 41-A. Ver, no Título I (noções introdutórias), Capítulo II (fontes do direito eleitoral), n. 3 (lei das eleições), os fundamentos pela aplicação da nova lei já nas eleições de 2014. O TSE, entretanto, decidiu não aplicá-la àquelas eleições.

interposição, que até as eleições de 2008 era de 24 horas por força do art. 96, da LE, agora está fixado em **3 (três) dias** no art. 41-A, § 4º.

J) Como os votos dados ao representado são tidos como nulos – art. 222, do CE –, aplica-se o disposto no **art. 224, § 3º** (incluído pela Lei n. 13.165/2015) daquele mesmo código, segundo o qual **nova eleição** será realizada sempre que a decisão da Justiça Eleitoral, importar em indeferimento do registro, cassação do diploma ou perda do mandato de candidato eleito em pleito majoritário, independentemente do número de votos anulados. A hipótese do "caput", de novas eleições apenas se os votos nulos somarem mais da metade dos votos da circunscrição, que até a reforma eleitoral de 2015 se aplicava a todas as decisões de cassação ou anulação, fica agora reservada às situações em que, somados todos os votos anulados pela Justiça Eleitoral, inclusive os de candidatos não eleitos, a nulidade alcançar metade mais um dos votos da circunscrição. Em síntese: (i) se a cassação é do candidato que venceu a eleição para prefeito, governador, senador e presidente, nova eleição será marcada, ainda que ele tenha tido menos de 50% dos votos, face ao disposto no § 3º, do art. 224, do CE; (ii) se houver duas ou mais cassações de candidatos não eleitos, os votos dados a cada um deles devem ser somados e, atingindo 50% mais 1 dos votos da circunscrição, nova eleição também deve ser realizada, desta vez por incidência do "caput" do referido art. 224. Numa eleição com três candidatos a prefeito, p.ex., cujo resultado final da apuração seja 40%, 35% e 25%, nova eleição terá que ser realizada, em duas situações hipotéticas: 1) se a cassação tiver sido do vencedor (§ 3º), ou; 2) se a cassação tiver sido dos dois outros candidatos, 2º e 3º lugares na votação, já que 60% (35 + 25) dos votos terão sido anulados (art. 224, "caput"). O TSE vem assim interpretando o mencionado art. 224 e a solução está na Res. TSE n. 23.677/2021, que dispõe, dentre outros, sobre destinação dos votos, diplomação e reprocessamento de resultados para as eleições de 2022 e seguintes, e prevê no art. 30 que "serão convocadas novas eleições imediatamente, se, no pleito majoritário, passarem à situação de anulados em caráter definitivo os votos dados: I - à chapa primeira colocada (Código Eleitoral, art. 224, § 3º); II - a chapas cujos votos alcancem mais de 50% (cinquenta por cento) da votação referida no art. 26 desta Resolução (Código Eleitoral, art. 224, caput)".

Se a cassação é de candidatos eleitos pelo sistema proporcional (vereadores e deputados), incide somente a regra do "caput" do art. 224, do CE, de difícil ocorrência, já que os eleitos normalmente o são com votação nominal muito baixa (quase sempre menos de 5%), dada a quantidade de candidatos na disputa e à própria fórmula de cálculo do mencionado sistema, que se particulariza pela disputa de grupos, partidos, e não de pessoas. Embora a cassação tenha outra motivação, serve de exemplo a desconstituição de todos os mandatos obtidos a partir da fraude na lista de candidatos, que não terá observado a exigência legal de percentual mínimo (30%) para cada um dos gêneros. Neste caso, reconhecida a fraude (em AIME ou AIJE, como já estudado), a consequência imediata é a nulidade também de todos os votos dados ao partido ou à coligação. Presente, por conseguinte, a possibilidade de a nulidade alcançar os 50% mais 1 a que se refere o "caput" do art. 224.

K) Como a lei não cuidava do **termo final** para a propositura da Representação Especial, o TSE, na questão de ordem levantada no RO 748, fixou o entendimento de que o autor perdia o "interesse de agir" se transcorridos 05 (cinco) dias da prática da conduta. Assim que percebido o equívoco da criação de prazo decadencial por meio de questão de ordem, o Tribunal passou a aplicar o entendimento de que era possível ajuizar a Representação Especial até a data da diplomação, já que, a partir daí e nos 15 dias seguintes, os legitimados poderiam valer-se da AIME para veiculação dos mesmos fatos, posto que a dita Ação de Impugnação do Mandato Eletivo admite discutir "abuso do poder econômico, CORRUPÇÃO e fraude" (art. 14, § 10, da CF). Com a Lei n. 12.034/2009, foi acrescentado ao art. 41-A o § 3º, que positivou esse entendimento:

> § 3º A representação contra as condutas vedadas no caput poderá ser ajuizada até a data da diplomação.

16.5. Art. 30-A, da LE.

Mas o **descumprimento das normas de arrecadação e gastos de campanha**, além de resultar nas multas previstas nos arts. 23 e 81[332] (doação de quantia superior à permitida em lei) e na caracterização de abuso do poder econômico, como fixado nos arts. 18-B e 25, agora tipifica também a infração do art. 30-A, acrescentado à Lei n. 9.504/97 pela Lei n. 11.300/2006 e modificado pela Lei n. 12.034/2009.

> Art. 30-A. Qualquer partido político ou coligação poderá representar à Justiça Eleitoral, *no prazo de 15 (quinze) dias da diplomação*, relatando fatos e indicando provas, e pedir a abertura de investigação judicial para apurar condutas em desacordo com as normas desta Lei, relativas à arrecadação e gastos de recursos. (Redação dada pela Lei nº 12.034, de 2009)
>
> § 1º Na apuração de que trata este artigo, aplicar-se-á o procedimento previsto no art. 22 da Lei Complementar nº 64, de 18 de maio de 1990, no que couber. (Incluído pela Lei nº 11.300, de 2006)
>
> § 2º Comprovados captação ou gastos ilícitos de recursos, para fins eleitorais, será negado diploma ao candidato, ou cassado, se já houver sido outorgado. (Incluído pela Lei nº 11.300, de 2006)
>
> § 3º O *prazo de recurso* contra decisões proferidas em representações propostas com base neste artigo será de *3 (três) dias, a contar da data da publicação do julgamento no Diário Oficial.* (Incluído pela Lei nº 12.034, de 2009)

Ao lado dos já conhecidos instrumentos de moralização das campanhas eleitorais (arts. 41-A e 73, principalmente), surge importante meio de combate aos ilícitos praticados pelos candidatos e partidos políticos na administração financeira das campanhas. Como o art. 30-A menciona apuração de condutas em desacordo com a lei, relativas à arrecadação e aos gastos de recursos, percebe-se que serão objeto desta investigação:

---

[332] A declaração de inconstitucionalidade do STF, na ADI n. 4650, incidiu apenas sobre a permissão de doação das pessoas jurídicas, permanecendo incólume a previsão de sanção para os que extrapolam o limite, que agora é zero.

A) o recebimento de doações – em dinheiro, em bens ou serviços – das fontes vedadas no art. 24, inclusive das pessoas jurídicas em geral, impedidas de participar das campanhas eleitorais e atividades partidárias pela decisão do STF na ADI n. 4650;

B) a movimentação de recursos financeiros fora da conta corrente específica da campanha: "caixa 2";

C) o recebimento de doações sem a emissão do correspondente recibo eleitoral previsto no art. 23 (caixa 2);

D) a realização de despesa não prevista no rol agora taxativo do art. 26, como (I) a produção ou patrocínio de espetáculos ou eventos promocionais da candidatura; (II) o pagamento de cachê de artistas ou animadores de eventos e showmícios; (III) a confecção, aquisição e distribuição de camisetas, bonés, chaveiros e outros brindes de campanha; (IV) a aquisição e distribuição de bens e valores aos eleitores; (V) o custeio de serviços que proporcionem vantagem aos eleitores; (VI) a doação em dinheiro, bem como de troféus, prêmios, ajudas de qualquer espécie feitas por candidato, entre o registro e a eleição, a pessoas físicas ou jurídicas – art. 23, § 5º –, como instituições filantrópicas, times de futebol, associações de bairro, etc.; (VII) a veiculação de propaganda eleitoral por meio de *outdoor*; (VIII) o impulsionamento de conteúdos na internet para desconstruir candidaturas ou divulgar fatos inverídicos ou ofensivos, dentre outros.

A infração eleitoral agora em estudo elegeu como bem jurídico a ser protegido a **transparência e a moralidade das campanhas**[333] eleitorais, uma vez que prevê sanção de cassação do diploma para o candidato que descumprir as regras de arrecadação de recursos. Foi nítido o propósito do legislador de combater a prática do "caixa 2" das campanhas eleitorais (à época, noticiado pela grande imprensa como comum entre os políticos), que não pode ser visto como ingênua contabilidade paralela àquela apresentada à Justiça Eleitoral quando da prestação de contas, como se apenas uma irregularidade formal. Por trás da justificativa de que os recursos de campanha omitidos na prestação de contas são meros "recursos não contabilizados", esconde-se o financiamento ilícito, seja porque o doador se inscreve no rol das vedações do art. 24, seja porque o recurso tem origem também ilícita – normalmente no "caixa 2" da pessoa física ou jurídica doadora, resultado de sonegação fiscal –, seja, também, porque os valores doados são parcela do superfaturamento de obras e serviços contratados pela administração, prática que a "Operação Lava-Jato" mostrou ser rotineira. Nada explica o recebimento de doação sem a emissão do correspondente recibo eleitoral e sem o indispensável trânsito na conta corrente específica da campanha (o que leva à futura omissão na prestação de

[333] Quando trata das prestações de contas, a minirreforma de 2006 institui mais um mecanismo de transparência das campanhas, impondo prestações de contas parciais, em 6 de agosto e 6 de setembro (que a Lei n. 12.891/2013 alterou para 08-agosto e 08-setembro e a Lei n. 13.165/2015, reduziu para apenas uma, em 15 de setembro, já que o início da campanha passou a ser no dia 16 de agosto), antes da eleição, portanto. E reafirma outros instrumentos, como a imposição de utilização da conta corrente específica para todo o movimento financeiro da campanha e o recebimento de doações apenas quando identificado o doador. E a reforma de 2015 avançou um pouco mais, prevendo a disponibilização do movimento financeiro da campanha na Internet, em sítio criado pela Justiça Eleitoral para este fim, onde as doações devem ser lançadas em até 72 horas do seu recebimento (art. 28, § 4º, I).

contas), senão a origem irregular desses recursos ou o propósito deliberado de arrecadar e gastar mais que o limite de gastos fixado pela lei e divulgado pela Justiça Eleitoral, de observância absolutamente cogente.

A verdade é que a Lei n. 11.300/2006 deu ainda um outro sinal inequívoco de combate ao "caixa 2", acrescentando ao art. 22 da Lei n. 9.504/97 o § 3º:

> "O uso de recursos financeiros para pagamentos de gastos eleitorais que não provenham da conta específica de que trata o *caput* deste artigo implicará a desaprovação da prestação de contas do partido ou candidato; comprovado abuso de poder econômico, será cancelado o registro da candidatura ou cassado o diploma, se já houver sido outorgado."

Entendido o art. 30-A como infração cível eleitoral, aplicável aqui boa parte das observações lançadas ao art. 41-A. Como não se estabeleceu com ele nova hipótese de inelegibilidade (a sua elevação a causa de inelegibilidade veio posteriormente, com a LC 135/10, como efeito da decisão de procedência da Representação Especial, transitada em julgado ou proferida por órgão colegiado), mas mera infração eleitoral com previsão de cassação do diploma, conclui-se:

A) não há vício de **inconstitucionalidade**, porque a cassação tem natureza sancionatória da conduta ilícita, e não de impedimento ao exercício da capacidade eleitoral passiva, daí que pode ser fixada em lei ordinária;

B) a sua apuração vale-se do **procedimento previsto no art. 22, da LC n. 64/90** – como expressamente indicado –, *no que couber*, daí que não se aplicam os incisos XIV e XVI, exatamente porque a sentença de procedência não aplicará inelegibilidade ao agente, já que esta, prevista agora na LC n. 64/90, art. 1º, I, "j", é consequência automática da condenação transitada em julgado ou proferida por órgão colegiado da Justiça Eleitoral e não uma sanção agregada ao tipo infracional, que, percebe-se, não sofreu qualquer alteração na sua redação. A inelegibilidade, insista-se, é resultado da aplicação da LC n. 64/90 e não do art. 30-A;

C) **compete** aos Juízes Eleitorais (nas eleições municipais) e aos Juízes da Corte, ou aos Juízes Auxiliares (nas eleições gerais) conhecer e julgar a Representação Especial. Como não se trata de AIJE (embora se aplique o mesmo rito desta), pois a causa de pedir não é a prática de abuso de poder, o pedido não vai diretamente ao Corregedor – Regional ou Geral –, na condição de "relator natural" (inc. I), exatamente por não se aplicar inteiramente o art. 22, da LC n. 64/90, mas somente "no que couber". Porque não se discute inelegibilidade, não se atrai a competência do Corregedor Geral ou Regional.

> "Representação. Candidato a Deputado Estadual. Eleições 2006. Supostas irregularidades na captação e gasto dos recursos arrecadados na campanha eleitoral. Matéria de competência dos Juízes-Membros do TRE, nos termos dos arts. 96, II, § 3º, da Lei 9.504/97, e 1º, § 1º, da Resolução 688/2006. Distinção entre a representação prevista no art. 30-A, da Lei 9.504/97 e a ação de investigação judicial que trata de apuração de abuso de poder econômico, político e uso indevido dos meios de comunicação, cuja competência é do Corregedor Regional Eleitoral, nos termos do art.

22 da Lei Complementar 64/90" (TREMG, Ag. Reg. na Representação n. 4811/2006, Belo Horizonte, Ac. 234/2007, Rel. Juiz Francisco de Assis Betti, Sessão de 29/3/2007).

Ac.-TSE, de 1º.2.2011, no AgR-REspe nº 28315: a adoção do rito do art. 22 da LC nº 64/1990 para a representação prevista neste artigo não implica o deslocamento da competência para o corregedor.

D) trata-se de **infração de mera conduta**, não se exigindo potencialidade lesiva, ou gravidade, para afetar a normalidade e a legitimidade das eleições – bem jurídico somente cogitado quando se busca a inelegibilidade do agente (art. 14, § 9º, da CF), o que não é o caso do art. 30-A –, bastando a constatação de que as normas de arrecadação e gastos de recursos não foram observadas. Mas é preciso verificar se a conduta se reveste de relevância jurídica que justifique a censura da lei. É que, se o bem jurídico tutelado é a transparência e a moralidade dos atos de campanha, necessário verificar se o recurso arrecadado ou gasto de forma irregular representa prejuízo para o montante da movimentação financeira, na perspectiva da transparência e da moralidade. Pode ser que a ausência de recibo eleitoral relativo à cessão gratuita de espaço para a colagem de adesivo em propriedade particular, p.ex., seja irrelevante na campanha de um candidato às eleições estaduais ou federais. A transparência de sua campanha não será substancialmente afetada por esse fato, quando isolado, daí podendo-se concluir que a conduta é irrelevante e não está alcançada pela norma, dada a gravidade da sanção fixada no tipo. É preciso reconhecer que certas práticas, pela sua pequenez, não se alinham aos objetivos da lei. É o caso, mutatis mutandis, do funcionário público que usa o telefone da repartição para uma ligação local de seu interesse privado, que não pode ser visto como de improbidade administrativa, a menos que se pretenda vulgarizar o moralizador instituto;

RESPE – AgR-REspe n. 50791 - PENDÊNCIAS – RN, Ac. de 01/10/2019, Rel. Min. Tarcisio Vieira De Carvalho Neto,

ELEIÇÕES 2016. [...] CAPTAÇÃO ILÍCITA DE RECURSOS FINANCEIROS. ABUSO DO PODER ECONÔMICO. ART. 30-A DA LEI Nº 9.504/97. [...] ORIGEM NÃO IDENTIFICADA. AUSÊNCIA DE CAPACIDADE ECONÔMICA DE DOADORES. RECURSO DE FONTE VEDADA. RELEVÂNCIA JURÍDICA. GRAVIDADE. [...]

5. Infirmar a conclusão do Tribunal Regional - de que foram comprometidas a normalidade e a legitimidade do pleito, dado o emprego irregular e em excesso de recursos financeiros "*em montante que representou cerca de 23,27% do valor total da campanha dos investigados, em município do interior do Estado, com aproximadamente 9.960 eleitores, em que a diferença de votos entre os dois primeiros colocados foi de apenas 104 votos*" (fl. 519), o que autorizou a aplicação das sanções de cassação e de inelegibilidade, previstas no art. 22 da LC nº 64/90 - demandaria o revolvimento de fatos e provas, providência inviável em sede extraordinária, nos termos da Súmula nº 24/TSE.

6. Na linha da jurisprudência desta Corte Superior, "*para a incidência do* art. 30-A, § *2º, da Lei nº 9.504/97, é necessária a aferição da relevância jurídica do ilícito, porquanto a cassação do mandato ou do diploma deve ser proporcional à gravidade da conduta e à lesão ao bem jurídico protegido pela norma*" (REspe nº 6-82/MS, Rel. Min. Dias Toffoli, *DJe* de 14.3.2014).

7. O Tribunal *a quo* assentou que a falta de capacidade patrimonial de doadores e o recebimento de recursos de origem não identificada e de fonte vedada caracterizaram captação ilícita de recursos, com gravidade suficiente para atrair as sanções do art. 30-A da Lei nº 9.504/97. Desconstituir tal premissa exigiria, uma vez mais, o reexame do caderno processual, providência vedada nesta instância extraordinária, a teor da Súmula nº 24/TSE.

E) a decisão de procedência da Representação Especial que veicula a infração prevista neste art. 30-A é executada imediatamente após o **esgotamento da via recursal ordinária** (art. 257, § 2º, do CE), não se conferindo efeito suspensivo ao recurso especial ou extraordinário, daí que o candidato cassado não deve ser diplomado ou, se já tiver recebido o diploma, deve ser afastado do cargo eletivo;

F) a sanção de cassação aplica-se ao candidato mesmo quando não tenha sido o **agente do ilícito**, porque a Lei das Eleições lhe atribui a administração financeira da campanha (art. 20) e fixa sua responsabilidade, no mínimo solidária, pela veracidade das informações financeiras e contábeis (art. 21). Então, nada razoável o argumento de que o candidato não tem conhecimento da arrecadação ilícita de recursos ou dos gastos irregulares praticados na sua campanha, pois toda a administração financeira está sob sua responsabilidade.

G) aplica-se, com redobrada razão, o art. 30-A à movimentação financeira ocorrida **antes do registro** da candidatura, da obtenção do CNPJ e da abertura da conta bancária, porque nesse período é vedado o recebimento de qualquer doação, ainda que proveniente de fonte lícita. O candidato que se antecipa aos demais e dá início à arrecadação extemporânea desequilibra a disputa, obrigatoriamente faz "caixa 2" (porque esses valores não podem ser lançados na contabilidade e na prestação de contas) e, de resto, interfere com o seu poder econômico na liberdade do voto e na igualdade de oportunidades entre os candidatos. Os candidatos que se aventuram a iniciar sua propaganda eleitoral antes do momento permitido, ou seja, antes de 16 de agosto, além de praticarem a infração eleitoral do art. 36, § 3º, da Lei n. 9.504/97, ainda fazem movimentação indevida de recursos financeiros, pois terão que arrecadar e gastar também antes da obtenção do CNPJ e da abertura da conta corrente de campanha, o que pressupõe o registro da candidatura.

H) como a movimentação ilícita de recursos de campanha beneficia a candidatura, a **sentença de procedência cassa a chapa completa** nas eleições disputadas pelo sistema majoritário, envolvendo, portanto, os vices de prefeito, governador e presidente e suplentes de senador. Daí a discussão em torno da necessidade, ou não, de formação de **litisconsórcio passivo** entre todos os que compõem as chapas, como será examinado adiante no trato das ações eleitorais (Representação Especial, Investigação Judicial, RCED e AIME). Adianta-se, todavia, que o TSE já pacificou o tema em torno da SÚMULA Nº 38: "Nas ações que visem à cassação de registro, diploma ou mandato, há litisconsórcio passivo necessário entre o titular e o respectivo vice da chapa majoritária".

I) qualquer que seja a votação da chapa majoritária cassada, impõe-se a solução ditada pelo art. 224, § 3º (incluído pela Lei n. 13.165/2015), do Código Eleitoral, ou seja, a prejudicialidade das demais votações e convocação de **nova eleição**. Como também já visto, quando do enfrentamento da infração cível eleitoral tipificada no art. 41-A (item 4 desta Seção VIII), a fórmula adotada pela Lei n. 13.165/2015, no que alterou os art. 257 e 224, do CE, impõe um tempo demasiadamente longo de chefia interina do Poder Executivo pelo Presidente da Câmara ou da Assembleia, ferindo o princípio democrático e a soberania popular. Por isso, o STF declarou a inconstitucionalidade da expressão "após o trânsito em julgado", contida no § 3º, do art. 224, do CE, convocando-se novas eleições assim que esgotada a via recursal ordinária.

J) o **prazo para a propositura da ação** (Representação Especial) é de quinze dias, contados da diplomação, conforme se expressa a atual redação do art. 30-A. Mas a solenidade de entrega dos diplomas só deve marcar o início do prazo para a ação em face dos eleitos, não, obviamente, para os que não foram diplomados. Então, parece razoável que o termo *a quo* do prazo seja a diplomação, particularmente daquele cuja movimentação financeira de campanha tenha violado as disposições da legislação eleitoral, até porque os fatos acabam se evidenciando após a apreciação da prestação de contas. Por conseguinte, diferentemente do que se imagina, os termos inicial e final do prazo para a ação do art. 30-A não se aplicam indistintamente em relação a todos os que disputaram as eleições, sendo necessário, ao contrário, atentar-se para a data em que cada um foi diplomado, se e quando o forem em datas diversas. Tal fato ocorria (antes de o CE prever novas eleições majoritárias sempre, qualquer que seja a votação do cassado), p.ex., com o segundo colocado na eleição majoritária que era diplomado posteriormente em razão da cassação do primeiro. E pode continuar ocorrendo com vereadores e deputados, que podem ser chamados ao diploma e à posse, na hipótese de vacância. Percebe-se que a Lei n. 12.034/2009, ao alterar o *caput* do art. 30-A, adotou a solução que preconizamos na 4ª edição desta obra, para ser admitida a Representação Especial até pelo menos os 15 dias posteriores à diplomação, sob pena de esvaziar-se o conteúdo sancionador da infração, que prevê não apenas a negação do diploma, como também a sua cassação, pressupondo já tenha ele sido expedido. Importante salientar, também, que a ação poderá ser proposta antes da diplomação, até porque o modelo atual de prestação de contas, quase em tempo real, possibilita a reunião de elementos para a propositura da ação. E não se perca de vista que a decisão que julga as contas dos candidatos eleitos – onde poderão surgir os indícios de descumprimento das normas de arrecadação e gastos de recursos – é proferida apenas três dias antes da diplomação (art. 30, § 1º, da Lei das Eleições, na redação dada pela Lei n. 13.165/2015), não sendo razoável, como se entendia no passado, fixar-se neste o marco final para o questionamento da conduta.

Seção IX

17. Abuso de Poder Político ou de Autoridade e Condutas Vedadas

17.1. Compreensão

O agente público, ou seja, aquele que detém o exercício de uma função pública, coloca-se em situação de vantagem perante o "cidadão comum", porque tem como atividade cotidiana o atendimento dos interesses da coletividade e porque está naturalmente em evidência. Sem qualquer esforço, pode conquistar a simpatia dos que buscam o serviço público, bastando que cumpra com presteza o seu mister. Então, sem necessidade de se falar em abuso, o exercente de função pública já tem posição de destaque no contexto social, a chamada "mais valia", principalmente nos centros menores. Não é por outra razão que a lei das inelegibilidades exige afastamento (desincompatibilização) dos agentes públicos das suas funções, como condição para a candidatura.

A verdade é que alguns desses agentes públicos, em período eleitoral, acabam se utilizando da sua posição de destaque para beneficiar candidaturas. Sempre foi prática corriqueira o uso da "máquina administrativa" em prol de candidatos que têm a simpatia do administrador. Quando o Prefeito, o Governador ou o Presidente querem se reeleger ou fazer o seu sucessor, toda a Administração se empenha em mostrar-se eficiente aos olhos dos eleitores, para convencer da necessidade da continuidade daquele governo. Para isso, as obras públicas se avolumam, não param as inaugurações e as campanhas publicitárias são intensificadas, sempre se associando os benefícios levados ao povo com o administrador de então. Esses atos de governo/administração, em outras ocasiões até entendidos lícitos, podem caracterizar abuso do poder político, porque assumem finalidade eleitoreira. Para a configuração do abuso de que trata a lei eleitoral, não é necessário que o ato administrativo, considerado em si, isoladamente, seja ilícito. Basta que a sua motivação tenha sido eleitoreira e os seus efeitos graves, na perspectiva do ideal de equilíbrio na relação de forças entre os candidatos, para que se configure o abuso. A pavimentação de ruas em uma comunidade carente, p.ex., reclamada há tempos pelos moradores, mas que deixa para ser feita no mês de setembro, às vésperas da eleição, embora a administração tivesse todas as condições de realizá-la anteriormente, inclusive os recursos financeiros e a disponibilidade do empreiteiro.

É essa a roupagem do abuso do poder político. Porque essa prática também desequilibra o jogo de forças do processo eleitoral, deve ela ser firmemente combatida.

> "Ações administrativas, realizadas com o objetivo de favorecer candidato, caracterizam desvio de finalidade a tipificar abuso do poder político."[334]
>
> "Impõe-se a punição do abuso do poder político para reporem-se os valores que devem presidir a administração da coisa pública, certo de que a sociedade quer ver afirmados e observados valores e posturas ético-morais na conduta daqueles que se apresentam postulando assunção a cargos públicos em todos os seus níveis. A sanção não viola o princípio da proporcionalidade, pois leva em consideração o desequilíbrio causado

[334] PINTO, Djalma. *Direito eleitoral* – Anotações e temas polêmicos, p. 166.

> com a prática da ação comissiva, que lesa a normalidade e legitimidade das eleições e o interesse público primário da lisura eleitoral." (TRESC, Recurso em Representação 1993 - Acórdão 20194, Capinzal - SC, Relator Paulo Roberto Camargo Costa, DJSC de 26/08/2005, página 151).

A partir do momento em que se admitiu, no plano constitucional, a reeleição dos chefes do Poder Executivo, a preocupação com o abuso do poder político se acentuou, tendo em vista que agora há o empenho pessoal do Prefeito, do Governador ou do Presidente no próprio sucesso eleitoral.

É preciso mais que nunca buscar o equilíbrio entre o tratamento equânime a ser dado aos candidatos, em obediência ao princípio da igualdade de oportunidades no processo eleitoral e a continuidade administrativa, já que, como dito, se admitiu a reeleição, independentemente de desincompatibilização.

17.2. Conceito de agente público. Improbidade administrativa

Antes de mais nada, é bom lembrar que o art. 73, *caput*, da Lei n. 9.504/97 veda algumas condutas[335] aos "agentes públicos, servidores ou não", o que equivale dizer que todos aqueles que exercem funções públicas, seja a que título for, estão na mira do dispositivo. Desfaz-se, então, a primeira impressão que se tem, de que o abuso de poder político é conduta reservada aos chefes do Poder Executivo. É certo que são eles os principais agentes desse abuso, exatamente por terem maior poder de decisão, mas todo e qualquer exercente de função pública pode descrever a conduta prevista na lei, já que o mencionado dispositivo é dirigido aos "agentes públicos" (lato sensu, portanto), e não aos agentes políticos. Deixando clara sua intenção de alcançar todos aqueles que têm o exercício de funções públicas, o legislador fala em agentes públicos, servidores ou não. Assim, do Prefeito aos contratados por tempo determinado, os ocupantes de cargos comissionados e os voluntários da Administração, ou seja, aqueles que exercem funções públicas não remuneradas. O texto tem coerência porque não é o vínculo com a Administração que coloca o agente em situação de vantagem, mas sim o fato de exercer função pública e, portanto, prestar serviços à coletividade, na maioria das vezes essenciais.

> Representação. Conduta vedada. Agente público. Litisconsórcio passivo necessário.
>
> **O agente público**, tido como responsável pela prática da conduta vedada, **é litisconsorte passivo necessário** em representação proposta contra os eventuais beneficiários, por força do que dispõe os §§ 4º e 8º do art. 73 da Lei nº 9.504/1997.
>
> No caso, nenhuma conduta foi imputada aos representados, mas somente ao radialista da Rádio Roraima, departamento da Secretaria de Comunicação do Estado, único agente da conduta tida como ilícita, razão pela qual era indispensável a sua integração à lide como litisconsorte passivo necessário. Não requerida a citação de litisconsorte passivo necessário até a data da diplomação – data final para a propositura de representação por conduta vedada –, deve o processo ser julgado extinto, em virtude

---

[335] Caracterizadoras do que denominamos "abuso de poder simples", porque a aplicação da sanção de cassação independe da gravidade capaz de afetar a normalidade do pleito. Ver Seção VI.

da decadência. Nesse entendimento, o Tribunal, por maioria, proveu os recursos de José de Anchieta Júnior e de Francisco de Assis Rodrigues e julgou prejudicado o recurso do PSDB estadual. (Recurso Ordinário nº 1696-77/RR, rel. Min. Arnaldo Versiani, em 29.11.2011).

"Ilegitimidade passiva do Prefeito. Rejeitada. Possibilidade de figurar no **polo passivo** não só os candidatos beneficiados como também **aqueles que contribuíram para a prática do ato**, a teor do inciso XIV do art. 22 da LC 64/90. Captação ilícita de sufrágio. Possibilidade de aplicação da sanção de multa também a não candidato, desde que comprovada a sua participação na conduta ilícita." (TREMG, Rec. Eleitoral 621/2005, Ac. 1.912/2005, Rel. Juiz Antônio Romanelli, Sessão de 7/12/2005)

Para Pedro Henrique Távora Niess,

> "reputa-se agente público, para os efeitos aqui cogitados, nas palavras da lei, aquele que, servidor ou não, exerce, mesmo transitoriamente, mandato, cargo, emprego ou função nos órgãos ou entidades da Administração Pública direta, indireta ou fundacional, seja qual for a forma de investidura ou vínculo e ainda que sem remuneração. Em síntese, agentes públicos são as pessoas às quais se atribui o exercício de função pública, ainda que não definitivamente. Tais pessoas hão de exercer suas funções nos órgãos da Administração Pública direta, bem como nas entidades que compõem a denominada Administração descentralizada, sejam pessoas jurídicas de Direito Público, sejam pessoas jurídicas de Direito Privado".[336]

É esse o conceito de agente público, fornecido pelo art. 73, § 1º:

> "Reputa-se agente público, para os efeitos deste artigo, quem exerce, ainda que transitoriamente ou sem remuneração, por eleição, nomeação, designação, contratação ou qualquer outra forma de investidura ou vínculo, mandato, cargo, emprego ou função nos órgãos ou entidades da administração pública direta, indireta, ou fundacional."

Esse agente público, quando descreve uma das condutas previstas no elenco exemplificativo do art. 73, acaba por inobservar princípios constitucionais norteadores da Administração Pública, principalmente o da impessoalidade, pois dirige os benefícios dos bens e serviços públicos ao interesse de determinada candidatura. Então, comete, irremediavelmente, *improbidade administrativa*, na forma da Lei n. 8.429/92. O § 7º do art. 73 lembra que "as condutas enumeradas no *caput* caracterizam, ainda, atos de improbidade administrativa, a que se refere o art. 11, inciso I, da Lei n. 8.429, de 2 de junho de 1992, e sujeitam-se às disposições daquele diploma legal, em especial às cominações do art. 12, inciso III". Via de consequência, quando o agente público descreve condutas a ele vedadas, como alguma das enumeradas pelo art. 73, a prática tem pelo menos duas repercussões diferentes: uma, perante a Justiça Eleitoral, a desafiar a aplicação das sanções previstas nos §§ 4º (suspensão imediata da conduta e multa de 5.000 a 100.000 UFIRs) e 5º (cassação do registro ou do diploma), devendo-se utilizar do procedimento da Representação Especial, com o rito do art. 22, da LC 64/90 (como determina do art. 73, § 12, na redação dada pela Lei n. 12.034/2009, não sendo mais

[336] NIESS, Pedro Henrique Távora. *Direitos políticos*, p. 49.

possível apurar as condutas vedadas com o procedimento sumaríssimo); e outra, perante a Justiça Comum, em que se decidirá pela imposição das sanções do art. 12 da Lei de Improbidades.

O abuso de poder político, que se revela no abuso do exercício de função, cargo ou emprego na Administração direta ou indireta, que também caracteriza, como visto, improbidade administrativa, uma vez apurado em AIJE julgada procedente pela Justiça Eleitoral, com trânsito em julgado ou decisão proferida por órgão colegiado, acarreta a inelegibilidade do agente, conforme previsto no art. 1º, I, *d*, da Lei Complementar n. 64/90, alterada pela LC n. 135/2010. Agora, com a alínea "j", do mesmo art. 1º, I, acrescentada pela "lei da ficha limpa", também as condutas vedadas dos arts. 73, 75 e 77, levam à inelegibilidade do agente.

> "O que se persegue no combate ao abuso de poder de autoridade ou político-administrativo é o excesso, o uso indevido, o desvio de poder praticado por determinada autoridade, como também a falta de ética no trato da Administração Pública."[337]

17.3. Art. 73 e ss., da LE: constitucionalidade

Já se sustentou que a previsão contida no § 5º do art. 73 da Lei das Eleições (cassação do registro ou do diploma do candidato beneficiado) seria é **inconstitucional**, pois que tal consequência (cassação) só poderia decorrer da imposição de inelegibilidade, tema que a Constituição Federal reservou à lei complementar. Não há dúvida de que as inelegibilidades não podem ser fixadas em lei ordinária (art. 14, § 9º, da CF/88). Entretanto, não é verdade que a Lei n. 9.504/97, com seu art. 73, enumere causas de inelegibilidade. Quando o agente público descreve uma das condutas ali tipificadas, acaba por abusar do exercício de suas funções, valendo-se da condição de agente da Administração para beneficiar candidatura própria ou de terceiros. Então, incorre na causa de inelegibilidade[338] fixada na Lei Complementar n. 64/90, art. 1º, inciso I, *d*, a ser reconhecida pela Justiça Eleitoral, em sede de Investigação Judicial Eleitoral, cuja decisão de procedência leva ao impedimento tanto para as eleições em que se verificar o abuso, quanto para aquelas que se realizarem nos 8 anos seguintes. Se e quando a causa de pedir for uma das condutas objetivamente tipificadas como vedadas pelos art. 73, 75 e 77, da Lei n. 9.504/97, apurada e reconhecida em Representação Especial, mas sem a nota de gravidade, a decisão de procedência leva à inelegibilidade do art. 1º, inciso I, alínea J, da mesma LC n. 64/90, como consequência automática e imediata. Ora, a causa de inelegibilidade (abuso de poder político ou conduta vedada) está prevista em lei complementar, e o período de sua incidência é exatamente a eleição em que se verificar o abuso e as que se realizarem nos 8 anos seguintes. Em razão da previsão do art. 22, XIV, da LC 64/90, de que o agente do abuso fica inelegível para as eleições na qual concorreu ou tenha sido diplomado, era mesmo necessário, por imperativo meramente prático, falar-se em cassação do registro ou do diploma. Mesmo que a Lei Complementar (art. 22, XIV) assim não se expressasse, a cassação do registro ou do diploma do candidato beneficiado

---

[337] MOREIRA, Marcelo Silva. *Eleições e abuso de poder*, p. 29.

[338] Se e quando a conduta for grave o suficiente para violar a normalidade do pleito.

com o abuso seria consequência natural da procedência da AIJE, exatamente porque tornou-se ele inelegível para aquelas eleições. Nunca é demais lembrar[339] que a prática da conduta vedada, o uso da máquina administrativa nas eleições, só levará à inelegibilidade do art. 1º, I, "d", quando tiver gravidade para afetação da normalidade e legitimidade das eleições – abuso de poder qualificado –, porque esse é o bem jurídico protegido pelo art. 14, § 9º, da CF. E que essa mesma conduta vedada, quando comportamento isolado, ou seja, sem aquela gravidade que comprometeria a legitimidade do pleito, tipifica-se como infração cível eleitoral – abuso de poder simples – sancionada com multa e cassação do registro ou diploma.

Pacificado na jurisprudência que as condutas vedadas dos arts. 73 e segs. (inclusive a do art. 77) não eram, antes da LC n. 135/2010, novas hipóteses de inelegibilidade, a arguição de inconstitucionalidade cai por terra. O Supremo Tribunal Federal já se pronunciou sobre a constitucionalidade dos arts. 41-A, 73 e 77, todos com previsão de cassação do registro e/ou diploma, porque esta tem natureza meramente sancionatória da conduta censurada pela lei eleitoral, não produzindo – àquela época, antes da lei da ficha limpa – qualquer reflexo na elegibilidade do agente.

> "O Tribunal julgou improcedente pedido formulado em **ação direta de inconstitucionalidade** ajuizada pelo Partido Liberal – PL contra o art. 77 e seu parágrafo único da Lei Federal n. 9.504/97, que, respectivamente, proíbe os candidatos a cargos do Poder Executivo de participar, no trimestre que antecede o pleito, de inaugurações de obras públicas, e comina, ao infrator, a pena de cassação do registro da candidatura. Sustentava-se, na espécie, ofensa ao art. 14, § 9º, da CF, por se ter estabelecido, sem lei complementar, nova hipótese de inelegibilidade, bem como a inobservância do princípio da isonomia, já que a norma alcançaria exclusivamente os candidatos a cargo do Poder Executivo. Entendeu-se que a referida vedação não afronta o disposto no art. 14, § 9º, da CF, porquanto não consubstancia nova condição de elegibilidade, destinando-se apenas a garantir igual tratamento a todos os candidatos e a impedir a existência de abusos. Além disso, concluiu-se pela inocorrência de violação ao princípio da isonomia, por se considerar haver razão adequada para a diferenciação legal, qual seja, a de exercer o Poder Executivo função diversa da do Poder Legislativo, de gerir a Administração Pública e de, consequentemente, decidir sobre a realização de obras. Precedente citado: ADI 1062 MC/DF (*DJU* de 1º/7/94)." (STF, ADI 3.305/DF, Rel. Min. Eros Grau, em 13/9/2006, *Informativo do STF* n. 440)

Mas agora, com a nova hipótese de inelegibilidade do art. 1º, I, "j", da LC n. 64/90, acrescentada pela LC n. 135/2010, também ficam inelegíveis os que forem condenados pela Justiça Eleitoral, em decisão transitada em julgado ou proferida por órgão colegiado, pela prática de quaisquer das condutas vedadas previstas nos arts. 73, 75 e 77, da Lei n. 9.504/97. Bom frisar – como já o fizemos quando abordadas as inelegibilidades que resultam da captação ilícita do sufrágio e da movimentação ilícita de recursos de campanha – que a mencionada alínea "j", ao prever inelegibilidade para o agente das condutas vedadas, não alterou a redação dos arts. 73, 75 e 77 e nem os elementos

[339] Ver a respeito o que dissemos na Seção VI – Abuso de Poder Simples e Abuso de Poder Qualificado.

de sua conceituação e caracterização. Estes continuam protegendo a igualdade de oportunidades na competição eleitoral, daí ser impertinente exigir, para a procedência da Representação Especial que a veicula, que a conduta seja grave o suficiente a afetar a normalidade e legitimidade das eleições, pois não é esse o bem jurídico protegido. Basta, para a cassação do registro ou diploma, que a conduta do agente seja relevante, em tese idônea, tendente a afetar a igualdade de oportunidade entre os candidatos. Dito de outra forma, demonstrada a prática da conduta vedada e aplicada a multa do § 4º (imposta sempre e invariavelmente, com gradação que leva em conta a gravidade do fato e o poder econômico do agente[340]), a incidência da cassação do registro ou do diploma, prevista no § 5º, se submete ao prévio juízo de proporcionalidade (relevância jurídica) entre a conduta do caso concreto e a sanção. E a decisão que julgar procedente a Representação Especial e aplicar multa e cassação não se pronunciará sobre a inelegibilidade, porque esta é efeito imediato, por anexação, da decisão transitada em julgado ou proferida por órgão colegiado da Justiça Eleitoral (art. 1º, I, "j", da LC n. 64/90).

> "Para configuração da conduta vedada pelo art. 73 da Lei das Eleições, não há necessidade de se perquirir sobre a existência ou não da possibilidade de **desequilíbrio do pleito**, o que é exigido no caso de abuso de poder. ... (TSE, Ac. 21.167, de 21/8/2003, Embargos de Declaração no RESP 21.167, Rel. Min. Fernando Neves)
>
> RESPE n. 44855 - ARINOS – MG, Ac. de 20/08/2019, Rel. Min. Tarcisio Vieira De Carvalho Neto. ELEIÇÕES 2016. [...] ART. 73, § 10, DA LEI N. 9.504/97. [...] CASSAÇÃO. PENA EXTREMA. INSUFICIÊNCIA DA MULTA. FUNDAMENTAÇÃO ESPECÍFICA. IMPRESCINDIBILIDADE. REFLEXO SOBRE A CAPACIDADE ELEITORAL PASSIVA. PROPORCIONALIDADE. RAZOABILIDADE. [...] 4. Constitui conduta vedada a entrega por prefeito - candidato à reeleição - de trator e grade aradora à associação instituída por comunidade local, nos termos do art. 73, § 10, da Lei das Eleições (LE). [...] 6. Não é exorbitante a fixação de **multa em valor um pouco superior ao mínimo legal**, porquanto fundamentado o acórdão regional nesse ponto. 7. A sanção de **cassação do registro** de candidatura, prevista no art. 73, § 5º, da LE, demanda do órgão julgador fundamentação específica sobre a **insuficiência da pena de multa** como reprimenda e fator de proteção aos bens jurídicos tutelados, sobremodo porque acarretará a incidência da inelegibilidade prevista no art. 1º, I, j, da Lei Complementar n. 64/90. 8. Os postulados da proporcionalidade **e da razoabilidade** são vetores cardeais da Constituição pós-positivista de 1988, exigindo redobrada ponderação no exame qualitativo da gravidade. [...]
>
> Ac.-TSE, de 7.4.2016, no REspe nº 53067: as hipóteses de conduta vedada previstas neste artigo têm **natureza objetiva**, cabendo ao julgador aplicar as sanções previstas nos §§ 4º e 5º de forma **proporcional**.
>
> Ac.-TSE de 25.6.2014, no AgR-REspe nº 122594, e Ac.-TSE de 21.10.2010, na Rp nº 295986: a multa deste parágrafo e a cassação do diploma do § 5º devem obedecer aos princípios da **proporcionalidade e da razoabilidade**.

---

[340] Ac.-TSE de 10.11.2016, no AgR-REspe nº 122348, e Ac.-TSE de 20.8.2015, no REspe nº 15888: multas por conduta vedada devem ser fixadas considerando-se a **capacidade econômica** do infrator, a **gravidade da conduta** e a **repercussão que o fato atingiu**.

> REspEl - AgR-REspEl n. 060030628 - TIBAU DO SUL - RN, Ac. de 12/08/2021, Rel. Min. Edson Fachin. ELEIÇÕES 2020. PREFEITO. CONDUTA VEDADA A AGENTE PÚBLICO. PUBLICIDADE INSTITUCIONAL EM PERÍODO VEDADO. ART. 73, VI, *B*, DA LEI Nº 9.504/1997. [...] POSTAGEM DE OBRAS E SERVIÇOS PÚBLICOS. REDE SOCIAL. INSTAGRAM. *OUTDOORS*. SÍMBOLOS E *SLOGAN* DA ADMINISTRAÇÃO MUNICIPAL. ILICITUDE CONFIGURADA. **ILÍCITO DE CARÁTER OBJETIVO**. VIÉS ELEITORAL. REPERCUSSÃO DA CONDUTA. DESNECESSIDADE. [...] 5. **Os efeitos decorrentes do cometimento da conduta vedada são automáticos, ante o caráter objetivo do ilícito**, o qual prescinde da análise de pormenores circunstanciais que eventualmente possam estar atrelados à prática, tais **como** potencialidade **lesiva e finalidade eleitoral**. [...]

Embora o art. 73 se refira a **candidatos** ("afetar a igualdade de oportunidades entre candidatos nos pleitos eleitorais"), não há dúvida de que a disposição se presta a punir a conduta abusiva praticada antes mesmo da deflagração oficial das candidaturas, antes mesmo da indicação feita nas convenções partidárias. Ora, se os bens e serviços públicos não podem beneficiar o candidato, durante o período oficial de campanha, é evidente, por redobrada razão, que não podem também beneficiar o pré-candidato, até porque, nessa fase, a propaganda, seja ela qual for, é ilícita (art. 36, § 3º). Se o abuso ocorrer antes mesmo da escolha dos candidatos em convenção, deve ele ser objeto de Representação Especial (quando se tratar de condutas objetivamente tipificadas) ou AIJE [341]. Nesse sentido, os Ac. do TSE de 4.6.2019, no AgR-REspe nº 060035327; de 23.4.2015, no REspe nº 26838 e, de 1º.10.2014, na Rp nº 66522.

E, como o candidato muito comumente é apenas o beneficiário da conduta praticada pelo agente público, questiona-se se a imputação da conduta vedada deve ser feita a ambos (agente público + candidato), em litisconsórcio necessário, ou se a composição do polo passivo é apenas facultativa.

> RO-El – AgrR-RO n. 060977531 - SÃO PAULO – SP, Ac. de 28/10/2021, Rel. Min. Luís Roberto Barroso. Eleições 2018. AIJE. Abuso do poder político e conduta vedada. Deputado Federal eleito. Inexistência de litisconsórcio passivo necessário. [...] 2. Na hipótese, a ação de investigação judicial eleitoral imputa aos investigados a prática de abuso do poder político e da conduta vedada prevista no **art. 73, III, da Lei nº 9.504/1997**, em razão da **utilização da mão de obra de servidores** do Poupatempo, no horário de expediente, para a campanha eleitoral do primeiro investigado, por meio da obtenção de **licença médica falsa** referente ao período de 1º.10.2018 a 06.10.2018, às vésperas do pleito. 3. Não cabe ampliar o alcance do art. 73, III, da Lei nº 9.504/1997, a fim de responsabilizar o servidor público cuja mão de obra é indevidamente cedida à campanha, porque este não se equipara ao agente público que, em desvio de poder hierárquico, direciona seu subordinado para prestar serviços à campanha. 4. Tendo em vista que o **servidor público cedido não é o agente público responsável pela prática do ato** reputado ilícito, não há que se falar na sua inclusão obrigatória no polo passivo da demanda, seja na representação por conduta vedada, seja na ação de investigação judicial eleitoral. Inexistindo litisconsórcio passivo

[341] DECOMAIN, Pedro Roberto. *Eleições* – Comentários à Lei n. 9.504/97, p. 213.

> necessário, deve ser afastada a decadência. 5. Ademais, esta Corte Superior, no REspe nº 0603030-63/DF, Rel. Min. Mauro Campbell Marques, j. em 10.06.2021, firmou tese, aplicável a partir das eleições de 2018, de **inexigência de litisconsórcio passivo necessário entre o candidato e o agente público**, responsável pelo abuso do poder político. [...]
>
> Os agentes públicos, dotados de autonomia, cujas manifestações se revelam essenciais à validade e à concretude do ato complexo são **corresponsáveis** pela conduta e devem figurar, ao lado do beneficiário, no **polo passivo**, como litisconsortes necessários. (TSE, Ac.-TSE, de 28.6.2018, no RO nº 127239)

17.4. Hipóteses

Enfrentemos, uma a uma, as hipóteses de condutas vedadas aos agentes públicos, não sem antes lembrar a significativa alteração do § 5º, do art. 73, que agora prevê cassação de registro ou do diploma para todas as hipóteses de vedação.

17.4.1. Cessão e uso de bens públicos (inciso I)

Os bens pertencentes à Administração Pública direta, indireta e fundacional só podem ser utilizados em benefício de seus fins, ou seja, o interesse da coletividade. Não podem ser cedidos a quem quer que seja, senão nas hipóteses em que se identifica interesse público nessa cessão. As atividades de campanha eleitoral, porque interessam e beneficiam particularmente os candidatos, Partidos, Federações e Coligações, não se amoldam a essa possibilidade de cessão. Por isso, é conduta vedada a qualquer agente público a cessão de bens móveis ou imóveis em benefício de candidato, Partido Político, Federação ou Coligação. Também é vedada, evidentemente, a utilização dos mesmos bens públicos pelo agente público, em benefício da própria candidatura.

Então, é preciso estar atento, porque é prática comum as Prefeituras cederem ginásios de esportes e salas de aula para atos de campanha de certos candidatos, estruturas de palanques para realização de comícios, veículos para o deslocamento de pessoal ou transporte de bens, carros de som para a propaganda volante, e, um fenômeno mais recente, o acesso ao cadastro de endereços eletrônicos de seus funcionários para o envio de mensagens ou o uso da intranet, do sítio eletrônico ou da rede social do órgão para enaltecer o candidato ou mesmo para postar a sua propaganda eleitoral, etc. O TSE, no AgR-AI n. 53553, julgado em 31.8.2017, entendeu configurada a conduta vedada deste inciso I no fato de serem pintadas as vias públicas da cidade nas cores do partido.

A manipulação do orçamento e das verbas públicas, para que o benefício naturalmente produzido pelas obras e serviços públicos chegue aos administrados no momento eleitoral de melhor proveito para o candidato, também caracteriza a conduta vedada, na medida em que o agente público se utiliza do dinheiro público para satisfazer o interesse da candidatura. Assim, quando o município recebe recursos em convênio, ainda no mês de fevereiro, p.ex., faz a licitação normalmente, mas deixa para autorizar o início da obra no mês de setembro, no auge da campanha, exatamente para que a sensação de satisfação dos eleitores, muito próxima da data da votação, se converta em voto, caracteriza a conduta aqui vedada.

Não há, no dispositivo em comento, fixação de período dentro do qual a conduta é vedada, o que implica dizer tratar-se de **vedação atemporal**, ou seja, que a cessão ou uso dos bens públicos está proibida a qualquer momento, até mesmo antes da deflagração oficial da propaganda eleitoral, quando ela é extemporânea. Se a cessão/uso tem como finalidade beneficiar alguém - pré-candidato, partido ou federação - que, mais à frente, se lança na corrida eleitoral, a conduta se amolda a este inciso e deve ser objeto de Representação Especial à Justiça Eleitoral, para ser imediatamente suspensa, para ser imposta a multa correspondente e para efeito da cassação do registro ou do diploma, conforme, respectivamente, §§ 4° e 5°, do art. 73.

> "Representação. Mensagem eletrônica com conteúdo eleitoral. Veiculação. **Intranet de Prefeitura**. Conduta vedada. Art. 73, I, da Lei 9.504/97. Caracterização. ... 2 - Para a configuração das hipóteses enumeradas no citado art. 73 não se exige a potencialidade da conduta, mas a mera prática dos atos proibidos. ... (TSE, Ac. 21.151, de 27/3/2003, RESP 21.151, Rel. Min. Fernando Neves)
>
> O ressarcimento das despesas não descaracteriza as condutas vedadas por este artigo (TSE, Ac.-TSE, de 6.3.2007, no REspe nº 25770)
>
> RO-El - AgR-RO-El n. 060370569 - GOIÂNIA - GO, Ac. de 16/09/2021, Rel. Min. Alexandre de Moraes. ELEIÇÕES 2018. [...] ART. 73, I e II, DA LEI 9.504/1997. USO DE SERVIÇOS, EQUIPAMENTOS E MATERIAL PARA PRODUÇÃO DE MATERIAL GRÁFICO DE CAMPANHA. COMPROVAÇÃO. MULTA. DESPROVIMENTO. 1. O Representado, na condição de vereador, valeu-se de **bens móveis** e de **materiais e serviços** da Câmara Municipal de Goiânia com finalidade tipicamente eleitoral, correspondente à impressão de material publicitário intitulado de "*Kajuru, diferente de todos, pré-candidato ao Senado, propostas por Goiás e pelo Brasil*". A hipótese se subsume objetivamente aos tipos previstos no art. 73, I e II, da Lei 9.504/1997. [...]
>
> Ac.-TSE, de 4.6.2019, no AgR-REspe nº 060035327; de 23.4.2015, no REspe nº 26838 e, de 1º.10.2014, na Rp nº 66522: para incidência deste inciso, a conduta vedada pode se configurar antes do período eleitoral.
>
> RESPE n. 938-87/TO, Rel. Min. Arnaldo Versiani. Representação. Conduta vedada. Uso de bens móveis. [...] 2. A cessão ou uso de bens móveis ou imóveis, ainda que dissociada de sua finalidade específica, pode configurar a conduta vedada prevista no inciso I do art. 73 da Lei nº 9.504/97, se comprovada a utilização em benefício de candidato, partido ou coligação. 3. Para a incidência do inciso I do art. 73 da Lei nº 9.504/97, **não se faz necessário que a conduta tenha ocorrido durante os três meses que antecedem o pleito**. Recurso ordinário não provido. DJE de 16.9.2011. Noticiado no informativo nº 24/2011

A proibição deste inciso (de uso ou cessão de bens) não alcança a utilização de imagens dos bens ou serviços públicos - se geradas pelo candidato - para enaltecer certas administrações ou para criticar outras. Acontece que os candidatos, na propaganda pela TV ou em comícios com utilização de telões, projetam a imagem de bens públicos (prédios, veículos, etc.), seja para dizer eficiente a Administração, seja mesmo para criticá-la (o que não se encaixa na proibição aqui tratada). Se as imagens utilizadas na propaganda, entretanto, pertencerem ao acervo fotográfico do órgão, ao qual têm acesso apenas os agentes públicos, ou só possam ser feitas por servidores - porque em locais inacessíveis a terceiros – sua utilização ou cessão configura a vedação, já que os demais candidatos não terão igual oportunidade. Também deve ser lembrado que aos Partidos Políticos é permitida a utilização de prédios públicos para a realização de suas convenções partidárias (o que não se confunde com a proibição aqui estudada).

O § 2º do art. 73 cuidou de excepcionar o uso, em campanha, do transporte oficial pelo Presidente da República, mediante ressarcimento (art. 76). E excepcionou, também, o uso, pelos candidatos à reeleição de Presidente, Governador e Prefeito (como igualmente seus vices), de suas residências oficiais para a realização de contatos, encontros e reuniões pertinentes à própria campanha, desde que não tenham caráter público.

A conduta tratada neste inciso já era preocupação do Código Eleitoral, cujo art. 377 alcançou também as pessoas jurídicas de direito privado que são subvencionadas pelo Poder Público ou que com ele contratam.

> "Abuso de poder político. Hipótese em que se tem como verificado, com a distribuição, em comitê eleitoral, de centenas de **carteiras de identidade**, emitidas em função de programa governamental e entregues ao representado, para distribuição, dada sua qualidade de funcionário público. Potencialidade de influir no resultado do pleito que se tem como presente." (TSE, REsp. n. 16.201-GO, Rel. Min. Garcia Vieira, em 5/6/2000)

17.4.2. Uso de materiais e serviços públicos (inciso II)

Os materiais e serviços, principalmente das Casas Legislativas, são de utilização no interesse do serviço e, se assim dispuser o Regimento Interno, também no interesse dos parlamentares. Vereadores, Deputados e Senadores normalmente têm uma cota de utilização do Correio, das máquinas reprográficas (xerox), do telefone, etc., para uso na sua atividade parlamentar, e não poderão excedê-la. Se a excedem sem finalidades eleitorais, a questão se resolve administrativamente. Entretanto, se o abuso da prerrogativa prevista no regimento voltar-se para a candidatura própria ou de terceiro, o agente público incorre na vedação deste inciso e está sujeito às sanções de multa e cassação. Importante registrar que o excesso na utilização da dita prerrogativa, aqui tratado como conduta vedada, alcança também o material que não contenha finalidade explicitamente eleitoral, já que o "simples" fato de o parlamentar se projetar diante do eleitorado como mandatário produtivo e eficiente já é bastante para ganhar vantagem na corrida eleitoral. Mas não é somente o excesso numérico que está vedado. Implicitamente, e por razões óbvias, o material produzido – até mesmo nos limites da cota prevista – deverá se limitar, quanto ao conteúdo, à veiculação de assuntos de interesse do mandato, ou da Casa Legislativa como um todo, já que a Constituição Federal, no art. 37, § 1º, estabelece que toda a publicidade institucional deve ater-se à informação, educação e orientação social, não sendo possível o agente público utilizar-se das prerrogativas do mandato para comunicar assuntos do seu interesse, ou da sua candidatura. Um caso emblemático envolveu o Senado da República, quando um parlamentar se utilizou de sua cota de impressos na gráfica daquela Casa, para produzir sua propaganda eleitoral. Também incidirá na vedação o parlamentar que utilizar o telefone mantido pela Casa para enviar mensagens eletrônicas aos eleitores, com a sua propaganda eleitoral. Essa prerrogativa passa a ser objeto de especial preocupação, porque a lei agora admite a "divulgação de atos dos parlamentares", mesmo antes de 16 de agosto (art. 36-A, da Lei n. 9.504/97, acrescentado pela Lei n. 12.034/2009 e modificado pela Lei n. 13.165/2015). Como dito (Título II, Capítulo III – Propaganda Eleitoral), essa divulgação só pode ser feita no interesse da publicidade dos atos da administração – informativa, orientativa e educativa – e não pode transformar-se em propaganda eleitoral, por exemplo, pelo enaltecimento das qualidades do agente político, sugestionando seu nome a cargos públicos eletivos.

> Ac.-TSE, de 1º.3.2016, na Rp nº 318846 e, de 6.9.2011, no AgR-REspe nº 35546: a incidência dos incisos II e III deste artigo independe de as condutas terem ocorrido nos três meses antecedentes ao pleito.

17.4.3. Cessão ou uso de servidores públicos (inciso III)

Por identidade de razão, também os servidores públicos, comissionados, de confiança, concursados ou contratados, só podem dedicar-se aos interesses da Administração no horário em que nela trabalham. Constitui improbidade administrativa desviar os serviços públicos ao atendimento de interesses particulares. Quando esta conduta se identifica com o interesse de candidatos, ou seja, quando o desvio se presta ao benefício de candidaturas ou agremiações partidárias, sobram razões para a censura da lei, pois além do prejuízo à administração há agora a violação da igualdade de oportunidades na disputa eleitoral, pilar de sustentação do regime democrático. As sanções de multa e cassação, além, é claro, da imediata suspensão da conduta são medidas que se impõem. Não é raro que servidores públicos dos Municípios, dos Estados e até mesmo da União sejam deslocados do serviço público para os comitês de campanha eleitoral, cumprindo ali o seu expediente, com flagrante prejuízo para o interesse público e escancarada afronta aos princípios da legalidade e impessoalidade. Nas eleições municipais, servidores das Prefeituras se prestam a montar e desmontar palanques de comícios para os candidatos da situação, o que caracteriza a proibição aqui prevista. Com o avanço da utilização da internet nas campanhas, configura-se a vedação aqui tratada quando o servidor, embora permaneça fisicamente no seu posto de trabalho, tem como missão manter atualizados os perfis do candidato nas redes sociais, enviando, postando ou respondendo a perguntas dos eleitores.

> "Recursos especiais. Eleições 2012. Prefeito. [...] Condutas vedadas a agentes públicos. Configuração. Histórico da Demanda [...] 14. É vedado ceder servidor público, em horário de expediente, para campanhas (art. 73, III, da Lei 9.504/97). 15. Extrai-se da moldura fática do acórdão que Rubens Carlos Giro **participou de reunião**, como representante partidário, na Promotoria de Justiça, durante sua jornada de trabalho, sendo incontroverso o ilícito [...] (Ac. de 23.8.2016, no Respe n. 30010, Rel. Min. Herman Benjamin)
>
> RO-El – AgR-RO-El n. 060977531 - SÃO PAULO – SP, Ac. de 28/10/2021, Rel. Min. Luís Roberto Barroso.
>
> [..] Eleições 2018. AIJE. Abuso do poder político e conduta vedada. Deputado Federal eleito. Inexistência de litisconsórcio passivo necessário. Desprovimento. [...] 2. Na hipótese, a ação de investigação judicial eleitoral imputa aos investigados a prática de abuso do poder político e da conduta vedada prevista no art. 73, III, da Lei nº 9.504/19971, em razão da **utilização da mão de obra de servidores** do Poupatempo, no horário de expediente, para a campanha eleitoral do primeiro investigado, por meio

da obtenção de **licença médica falsa** referente ao período de 1º.10.2018 a 06.10.2018, às vésperas do pleito. [...] 4. Tendo em vista que o **servidor público cedido não é o agente público responsável pela prática do ato** reputado ilícito, não há que se falar na sua inclusão obrigatória no polo passivo da demanda, seja na representação por conduta vedada, seja na ação de investigação judicial eleitoral. **Inexistindo litisconsórcio passivo necessário**, deve ser afastada a decadência. 5. Ademais, esta Corte Superior, no REspe nº 0603030-63/DF, Rel. Min. Mauro Campbell Marques, j. em 10.06.2021, firmou tese, aplicável a partir das eleições de 2018, de **inexigência de litisconsórcio passivo** necessário **entre o candidato e o agente público**, responsável pelo abuso do poder político. [...]

No entanto, o dispositivo fala em **servidores do Poder Executivo**, o que dá a impressão de que os servidores do Legislativo, do Judiciário, do Ministério Público e dos Tribunais de Contas estariam permitidos ao serviço das candidaturas. É evidente que não. Por princípio geral, nenhum servidor público pode ser colocado à disposição de particulares. A cessão de servidores daqueles outros poderes e instituições, embora não caracterize a conduta vedada deste inciso III, pois tal tipo infracional não a contempla[342] (Ac.-TSE, de 23.8.2016, no AgR-REspe nº 119653; de 1º.3.2016, no AgR-REspe nº 137472 e Ac. de 26.11.2015, no Respe n. 62630), poderá caracterizar abuso de poder (se presente a gravidade a que se refere o art. 22, XVI, da LC n. 64/90) e certamente improbidade administrativa.

Também neste inciso III não há fixação de período para a proibição, o que implica dizer que a **conduta é atemporal**, pois pode ser verificada a qualquer tempo, atraindo a censura da Lei Eleitoral[343].

Era desnecessária a ressalva quanto ao horário de expediente do servidor, como também à sua licença. É óbvio que, estando ele fora de seu horário de serviço, de férias ou em licença, poderá dedicar-se à candidatura de quem bem entender. Algumas categorias, entretanto, devem manter distância da vida partidária e das campanhas eleitorais, tendo em vista a exigência legal de absoluta imparcialidade no exercício de suas funções. Não só a proibição de filiação partidária, mas também vedada a (i) participação de Membros do Ministério Púbico em reuniões e eventos de partidos e de campanhas e a (ii) exposição pública, inclusive em redes sociais, de apoio a candidatos ou partidos e de vinculação a determinada ideologia (CNMP, Recomendação Geral da Corregedoria Nacional n. 01/2016). Igual restrição enfrentam os Magistrados (CNJ, Provimento n. 71/2018) e os servidores da Justiça Eleitoral.

Os servidores ocupantes de cargos comissionados ou de confiança, mesmo quando dispensados de registro de ponto, também não podem ser cedidos ou usados para o serviço da campanha eleitoral, pois o dispositivo veda a conduta "durante o horário de expediente normal", ou seja, enquanto a repartição de sua lotação estiver em funcionamento.

---

[342] Impõe-se, para caracterização das condutas vedadas, em razão do princípio da tipicidade, a subsunção do fato à norma.

[343] Ac. de 6.9.2011, no AgR-Respe n. 35546, Rel. Min. Arnaldo Versiani

"Medida cautelar. Agravo regimental provido por maioria. Ausência dos pressupostos ensejadores do deferimento da ação." *NE*: Alegações de que se tratava de servidor comissionado, que não se amoldaria à vedação do art. 73, III, da Lei das Eleições. Mantida a decisão do órgão regional, porquanto a utilização de tais servidores, ainda que de forma esporádica, é fundamento suficiente para a cassação do registro ou do diploma dos candidatos. (Ac. n. 1636, de 14.4.2005, Rel. Min. Peçanha Martins)

Solução diversa tem sido dada pelo TSE aos **agentes políticos**, pois exercem a representação do ente público (prefeitos, governadores, presidente, vereadores, deputados e senadores) ou assessoram diretamente estes, como os secretários municipais e estaduais e ministros de Estado. Além de não registrarem ponto, têm dedicação em tempo integral, não apenas durante o horário normal de funcionamento do órgão. Daí que impor-lhes a literalidade da vedação implicaria em impedimento ao exercício de atividades partidárias e de campanha, o que não é razoável.

"Recurso especial. Eleições 2016. [...] 5. O Tribunal Regional Eleitoral do Rio Grande do Sul manteve o reconhecimento das condutas vedadas do art. 73, I e III, da Lei 9.504/97, em face do comparecimento de **secretários em ato de campanha** no horário de expediente, bem como em razão do fornecimento de número de celular como contato por ocasião do requerimento do Demonstrativo de Regularidade de Atos Partidários (DRAP), conclusão que não se amolda à jurisprudência desta Corte e ao sistema normativo. 6. Conforme já se decidiu, '**os agentes políticos não se sujeitam a expediente fixo ou ao cumprimento de carga horária, o que afasta a incidência do inciso III** do referido dispositivo legal' [...] 7. A mera indicação de número de telefone da administração pública, no bojo de Demonstrativo de Regularidade de Atos Partidários (DRAP), não se amolda ao tipo do art. 73, I, da Lei 9.504/97, para o qual se exige a cessão ou o uso efetivo, em benefício de candidato, partido político ou coligação, de bens móveis ou imóveis pertencentes à administração direta ou indireta da União, dos Estados, do Distrito Federal, dos Territórios e dos Municípios. Afastamento das condutas vedadas descritas no art. 73, I e III, da Lei 9.504/97.[...]" (Ac. de 19.3.2019, no Respe 32372, Rel. Min. Admar Gonzaga. No mesmo sentido, o Ac. de 7.8.2014, na RP n. 14562, Rel. Min. Admar Gonzaga, e Ac. de 1º.2.2018, no AgR-REspe nº 57680)

17.4.4. Uso promocional de programas públicos de assistência social (inciso IV) e criação de programas sociais em ano de eleição (§ 10)

A ninguém é permitido utilizar-se dos serviços e programas públicos em benefício próprio ou de terceiros. Não é o Presidente da República quem dá o "bolsa escola" para os estudantes carentes de todo o Brasil, e sim a Administração Pública Federal, que, como em todas as esferas de governo, deve ser impessoal. Acontece, porém, que os administradores se valem dos programas de distribuição gratuita de bens e serviços de natureza social, custeados ou subvencionados pelo Poder Público, para se projetarem diante dos eleitores. Isso é fazer uso promocional.

O que a lei veda, por conseguinte, e num primeiro momento (**inciso IV**) não é a distribuição desses bens e serviços sociais. Não se há de falar em interrupção, em período eleitoral, de programas sociais como o "vale-gás", as "cestas básicas", o "bolsa-escola", a "bolsa-alimentação", dentre tantos outros, principalmente quando instituídos e em execução há mais tempo.

O que se veda é o uso promocional desses programas, a vinculação deles com a candidatura ou com o agente público (além, é claro, da sua instituição oportunista, em ano de eleição: § 10). Constitui uso promocional, ou seja, conduta que associa o benefício social a determinado candidato, a entrega de "santinhos" ou o pedido de voto durante a distribuição dos bens e benefícios sociais, como também forte campanha publicitária – não necessariamente com utilização dos meios formais de comunicação, mas também pela criação e compartilhamento de versões e por fake news em redes sociais – para convencer os eleitores de que determinado candidato é o "pai do programa" e que sua derrota nas urnas implicará na interrupção do benefício. Também, a entrega pessoal, pelo agente público candidato, dos bens à população beneficiada, rompendo a rotina administrativa de entrega pelos agentes da assistência social. Aí está a afetação da igualdade de oportunidades entre os candidatos, porquanto aquele que não está na Administração não tem igual artifício.

> "Eleições 2008. [...] Distribuição de cheques-reforma. Decisão regional. Procedência. 1. Ainda que fosse possível afastar os outros elementos considerados pelo acórdão regional, a existência de **propaganda eleitoral** realizada pelo irmão do candidato **no momento da distribuição** de bens custeados pelo Poder Público é motivo suficiente para o enquadramento dos fatos na hipótese do art. 73, IV, da Lei das Eleições. 2. A realização de atos de **propaganda eleitoral de forma concomitante à distribuição de bens e vantagens** custeados pelos cofres públicos, com a presença de familiares e integrantes da campanha eleitoral, configura a hipótese de uso promocional proibido pela legislação [...] Recurso especial que se julga prejudicado." (Ac. de 8.9.2015, no Respe n. 4223285, Rel. Min. Henrique Neves)

> "... Para a configuração da infração ao art. 73, IV, da Lei 9.504/97, faz-se necessária a efetiva distribuição de bens e serviços de caráter social. In casu, verifica-se, tão somente, a simples divulgação, em programa eleitoral gratuito, das atividades sociais desenvolvidas pelo recorrido à frente de instituição beneficente, da qual é presidente e fundador. A divulgação, em horário gratuito, das realizações promovidas por candidato, durante sua vida pública, é um direito que lhe assiste, não havendo ilícito eleitoral algum em se filmar trabalho desenvolvido à frente de instituição social, ainda que esta esteja sendo subvencionada por verbas públicas." (TREMG, Rec. Eleitoral 4.708/2004, Rel. Juiz Francisco de Assis Betti, Ac. 1.837/2005, Sessão de 28/11/2005)

> "A distribuição dos bens ou serviços é que não pode ser promocionalmente utilizada, dando ensejo a qualquer tipo de retribuição, já que feita gratuitamente. A entrega de uma cesta básica, vale-gás, com pedido ostensivo de voto, ou acompanhada de 'santinho' de candidato, desvirtua o propósito original do ato, sacrificando o princípio da moralidade administrativa."[344]

Quando o agente público assim procede, mesmo que em **período anterior à escolha dos candidatos** em convenção, atrai a possibilidade de aplicação da multa e da cassação do registro ou do diploma.

---

[344] NIESS, Pedro Henrique Távora. *Condutas vedadas aos agentes públicos em campanhas eleitorais.* São Paulo: Edipro, 1998, p. 41.

Ac.-TSE, de 25.8.2015, no REspe nº 71923 e, de 13.3.2014, no REspe nº 36045: conduta vedada que não se submete a limite temporal fixo ou à existência de candidaturas registradas.

Com a Lei n. 11.300/2006, que acrescentou o **§ 10 ao art. 73**, passou a ser vedada também a **distribuição gratuita, em ano de eleição**, de bens, valores ou benefícios da Administração Pública, com as exceções que menciona.

> "No ano em que se realizar eleição, fica proibida a distribuição gratuita de bens, valores ou benefícios por parte da Administração Pública, exceto nos casos de calamidade pública, de estado de emergência ou de programas sociais autorizados em lei e já em execução orçamentária no exercício anterior, casos em que o Ministério Público poderá promover o acompanhamento de sua execução financeira e administrativa."

Como se percebe, a distribuição de bens, valores e benefícios está proibida em ano de eleição, e essa é a regra fixada no dispositivo em comento, que, entretanto, comporta as três exceções: calamidade pública, estado de emergência e programas sociais em continuidade.

Registre-se que os dois dispositivos (Inc. IV e § 10), embora tratem de benefícios sociais, criam vedações distintas. O primeiro (inciso IV), não cria qualquer embaraço à execução do programa social, mirando, isso sim, na proibição de utilização do programa social para o benefício do candidato. O segundo (§ 10º), veda a criação de programas sociais em ano de eleição, como também a distribuição de bens, valores e benefícios no mencionado ano, salvo as exceções.

Quanto às situações de **calamidade pública** e **estado de emergência**, dúvida não resta de que compete à Administração Pública, nos três níveis de governo, adotar as providências que forem necessárias à assistência dos atingidos, não importando se em ano de eleições. Nesse caso, não há qualquer preocupação de natureza eleitoral com a "distribuição gratuita de bens, valores e benefícios", porque terá motivação própria, exatamente a calamidade ou emergência, bastando sua apuração por critérios objetivos e transparentes do serviço de assistência social e que haja decisão expressa da autoridade competente. A verdade é que, legitimado o socorro da administração nestas situações, a atenção se volta, isto sim, para a execução do programa, momento em que poderá haver o uso promocional a que se refere o art. 73, inciso IV, já examinado. O ano de 2020 foi exemplo da necessidade imperiosa de criação de programas sociais em ano de eleições municipais, tendo em vista a pandemia de Covid-19 que afetou drasticamente a economia e a capacidade de sobrevivência de muitos seguimentos.

A terceira exceção permissiva contida no mencionado § 10 – **programas sociais autorizados em lei** e já em execução orçamentária no exercício anterior – evidencia que a preocupação do legislador é com a criação oportunista, em ano de eleições, de benefícios à população. Se, *v.g.*, o programa social integrou o orçamento de 2013 (o que pressupõe votação e aprovação da LOA em 2012) e naquele ano foi executado, sua continuidade em 2014 foi garantida.[345] Acontece que a lei orçamentária anual pode ser objeto de

---

[345] Veja no Anexo A, Modelo de Recomendação à Administração Pública para abster-se da criação de programas sociais em ano de eleição com inobservância do art. 73, § 10.

suplementações que ocorrem durante o ano de sua execução, valendo-se de anulação de rubricas ou excesso de arrecadação. Não é difícil imaginar, por conseguinte, a manobra de criação do programa social já no final do ano anterior ao da eleição (dezembro de 2013, por exemplo), suplementando-se o orçamento pelo excesso de arrecadação ou pela anulação de outras rubricas e dando início imediato à sua execução, para que esta ocorra ainda no ano anterior. Nesse caso, inicia-se o ano da eleição dando continuidade a um programa social que integrou tecnicamente o orçamento do ano anterior e nele teve execução, ainda que por poucos dias. Sem dúvida que situações como essas devem merecer especial atenção, porque podem esconder a verdadeira motivação do administrador público: criar benefício social eleitoreiro. As circunstâncias de cada caso podem evidenciar que a administração pública tinha motivos e condições para criar o programa social antes, deixando para fazê-lo o mais próximo possível das eleições para garantir o máximo de proveito político para o administrador-candidato. Com desvio de finalidade administrativa, o ato vai caracterizar a conduta vedada, passível de suspensão imediata e de apuração em Representação Especial (com o procedimento do art. 22, da LC n. 64/90, para aplicação da multa e da cassação) ou em AIJE (para decreto de inelegibilidade, quando a sua gravidade indicar afetação da normalidade e legitimidade das eleições).

> ELEIÇÕES 2012. PREFEITO. [...] CONDUTAS VEDADAS A AGENTES PÚBLICOS. DOAÇÕES DE LOTES E USO PROMOCIONAL DE PROGRAMA HABITACIONAL. [...] 2. A Corte a quo assentou que eles, visando alavancar suas candidaturas, doaram lotes **sem que houvesse lei prévia e específica** e fizeram uso eleitoreiro do Programa Minha Casa, Minha Vida em entrevista a rádio local, no mês de setembro, exaltando-se ... (candidato à reeleição) como viabilizador das benesses e anunciando-se famílias contempladas com moradias. [...] Contrariedade ao Art. 73, IV e § 10, da Lei 9.504/97: [...] 21. O uso promocional do programa foi acompanhado de **doações de lotes mediante decreto** surgido apenas em junho de 2012, em clara ofensa ao **art. 73, § 10, da Lei 9.504/97, que exige lei prévia e específica** para entrega de bens e serviços de caráter social pelo Poder Público. 22. Os dois ilícitos não podem ser examinados de forma isolada, porquanto é o seu conjunto que demonstra nefasto uso da coisa pública para desvirtuar o pleito e comprometer a paridade de armas, inclusive com atuação direta por parentes do candidato ... que ocupam cargos de elevada importância na Prefeitura - irmão (Secretário de Obras) e esposa (Secretária de Assistência Social). [...] 25. Ainda que o programa se enquadrasse na exceção permissiva da parte final do § 10 do art. 73 da Lei 9.504/97, "**execuções orçamentárias tardias, atrasos na liquidação da despesa e eventuais atos que atentem contra a lisura eleitoral**, ainda que **realizados nos limites definidos pela lei**, podem e devem ser objeto de análise sob a perspectiva do abuso de poder" (voto do e. Ministro Gilmar Mendes no REspe 15-14/PE, redator para acórdão Min. Henrique Neves, DJe de 16.5.2016). [...] (Recurso Especial Eleitoral nº 13348, Acórdão, Relator(a) Min. Luciana Lóssio, Publicação: DJE - Diário de justiça eletrônico, Tomo 199, Data 17/10/2016, Página 37-38)
>
> Ac.-TSE, de 19.6.2018, no REspe nº 4535: a finalidade deste dispositivo é **salvaguardar a lisura do pleito e a paridade de armas** de programas assistenciais de cunho oportunista, por meio dos quais se manipulam a miséria humana e a negligência do Estado.

Em resumo, o § 10, do art. 73, **fixa como regra a proibição** de distribuição de bens, valores e benefícios a quem quer que seja, no ano da eleição, e **contempla as ditas exceções**. Então, além da calamidade e da emergência, a distribuição só será possível no ano da eleição se se tratar de programas sociais em continuidade. Percebe-se, por conseguinte, que o dispositivo só preserva – e ainda assim se for para dar continuidade – a distribuição gratuita, no ano da eleição, se ela se caracterizar como **programa social**. Como programa social deve-se entender o conjunto de medidas e iniciativas adotadas pela administração pública visando a socorrer pessoas em situação de vulnerabilidade social. Fácil concluir, portanto, (i) que as doações que a administração faz, no ano da eleição, de terrenos para instalação de empresas, e (ii) que as concessões de descontos em impostos, especialmente para os inadimplentes, nada se parecem com programas sociais e, por isso, não estão acobertadas pelas exceções permissivas do dispositivo. Na eleição de 2016, inúmeras prefeituras Brasil afora contrataram **shows de artistas**, na maioria das vezes de expressão nacional, para apresentação em eventos organizados por particulares (como exposições agropecuárias), nada cobrando dos frequentadores a título de bilhetes de entrada. Dos quatro ou cinco dias de evento, um deles era de portões abertos, à custa da Prefeitura. A iniciativa, que em muitos casos se firmava no argumento de que em todos os demais anos os shows eram igualmente patrocinados pelo Município, não se acomoda em nenhuma das exceções do mencionado § 10, pois não se tratava de calamidade, emergência e nem de programa social em continuidade. O certo é que a Prefeitura, vista a conduta pelo ângulo da objetividade, ao abrir os portões para todos os interessados acabou distribuindo, ou "entregando" um ingresso para cada frequentador do evento. Para cada um dos beneficiados, houve economia do valor correspondente ao bilhete de entrada. Para a Prefeitura, a conta, em alguns casos, passou de R$ 400.000,00. Se é verdade que nos outros anos a Prefeitura igualmente suportava um dos dias do evento, também verdade que para aqueles anos (anos sem eleição na circunscrição) não há incidência da norma – e nem interesses que a justificasse –, que se limita a proibir a distribuição gratuita no ano da eleição. Solução diversa merece a promoção de **shows em praça pública**, custeados pelo poder público, em que não se identifica um benefício individualizado para cada frequentador. Ou seja, o frequentador não fica com a sensação de que economizou o valor correspondente ao bilhete de ingresso – e daí o benefício –, exatamente por ser o evento aberto ao público em geral, parte de uma política pública de incremento da cultura e do lazer. Como as condutas são vedadas em nome da preservação da igualdade de oportunidades entre os candidatos (bem jurídico protegido pelo "caput" do art. 73), a percepção do eleitor – se está sendo ou não beneficiado e quem é o agente benfeitor – é fundamental para a produção do resultado danoso à competição. Não obstante a dificuldade de enquadramento neste tipo infracional (art. 73, § 10), a promoção de shows abertos ao público deve ser avaliada sob o ponto de vista do abuso do poder, econômico e político, especialmente quando igual iniciativa não se verifica em outras ocasiões, em anos anteriores, ou que se tenha incrementado no ano da eleição. A prefeitura, v.gr., contrata anualmente artistas locais ou regionais para o aniversário da cidade, gastando R$ 50.000,00. No ano da eleição, contrata artista conhecido nacionalmente, empregando R$ 400.000,00. Sem dúvida de que a conduta é grave e pode ferir a normalidade e a legitimidade das eleições.

Questão tormentosa é a destinação de valores do orçamento público, de qualquer um dos entes federados, a instituições privadas, inclusive as filantrópicas, a título de **subvenção**, para o cumprimento das suas finalidades estatutárias, algumas das quais prestando serviços típicos do Estado, como as ILPI's. Também o patrocínio de projetos, por fundos públicos (FIA, FUNDIF, etc). Em situações tais, parece faltar à caracterização da vedação a nota da "gratuidade", exigida pelo dispositivo. De fato, o asilo de velhos que recebe a subvenção se obriga a aplicá-la no serviço prestado aos internos, a ONG que se dedica à defesa do meio ambiente tem que executar o projeto aprovado pelo Fundo, e assim por diante. Com obrigações a cumprir em favor do interesse público que justifica a destinação dos recursos, não se pode dizer que houve distribuição "gratuita" de valores.

> "Eleições 2016. [...] Intensificação de programa de **regularização fundiária**. 12. O acórdão concluiu pela prática das condutas vedadas previstas no art. 73, IV e § 10, da Lei nº 9.504/1997, ao verificar que houve a efetiva **entrega gratuita dos títulos de direito real** de uso durante o ano eleitoral e que, embora o programa de regularização fundiária estivesse autorizado em lei, não houve comprovação de dotação orçamentária específica relativa ao programa nos exercícios anteriores. [...]". (Ac. de 23.4.2019, no AI n. 28353, Rel. Min. Luís Roberto Barroso)
>
> AI – AgR-AI n. 5747 - TRÊS PONTAS – MG, Ac. de 12/11/2019, Rel. Min. Edson Fachin. ELEIÇÕES 2016. [...] REPRESENTAÇÃO POR **CONDUTA VEDADA**. PREFEITO. INTERESSE DE AGIR. RESPONSABILIZAÇÃO QUE **NÃO REQUER A CONDIÇÃO DE CANDIDATO**. [...] **ART. 73, § 10**, DA LEI Nº 9.504/97. INEXIGÊNCIA DE POTENCIALIDADE LESIVA. AGRAVO DESPROVIDO. 1. A responsabilização pela prática das condutas descritas no art. 73, § 10, da Lei nº 9.504/97 **prescinde da condição de candidato**, bastando que o autor do ato seja agente público. 2. Diante do ajuizamento da representação em face de agente público, antes da formalização de registro de candidatura, não há decadência pela ausência de intimação do posterior candidato a Vice-Prefeito. Aplicação da teoria da asserção. [...]
>
> Ac.-TSE, de 3.11.2015, no REspe nº 152210: o **Tratamento Fora do Domicílio** (TFD), auxílio prestado pela prefeitura, com base na regulamentação expedida pelo Ministério da Saúde, não se enquadra na hipótese de *programa social* previsto neste parágrafo, fato que não impede sua apreciação sob o ângulo do abuso de poder.
>
> RO-El n. 060038425 - PALMAS – TO, Ac. de 06/05/2021, Rel. Min. Tarcisio Vieira De Carvalho Neto. ELEIÇÕES SUPLEMENTARES 2018. GOVERNADOR E VICE-GOVERNADOR. **CONDUTA VEDADA** E ABUSO DO PODER POLÍTICO. CUMULAÇÃO DE PEDIDOS. APURAÇÃO CONCOMITANTE. POSSIBILIDADE. [...] USO PROMOCIONAL DE SERVIÇOS DE CARÁTER SOCIAL. CONDUTA VEDADA CARACTERIZADA. [...] 6.1. Na linha da jurisprudência firmada nesta Corte Superior, "A assinatura de convênios e o repasse de recursos financeiros a entidades privadas para a realização de **projetos na área da cultura, do esporte e do turismo não se amoldam ao conceito de distribuição gratuita** previsto no art. 73, § 10, da Lei nº 9.504/97, sobretudo quando os instrumentos preveem a adoção de contrapartidas por parte das instituições" (RO nº 33-32/SC, Rel. Min. Marcelo Ribeiro, DJe de 5.6.2012). [...]

RESPE n. 44855 - ARINOS – MG, Ac. de 20/08/2019, Rel. Min. Tarcisio Vieira De Carvalho Neto. [...] CONDUTA VEDADA. ART. 73, § 10, DA LEI N. 9.504/97. **TRATOR. GRADE ARADORA. ASSOCIAÇÃO.** ENTREGA. PERÍODO CRÍTICO. PROCEDÊNCIA.[...] 4. Constitui conduta vedada a **entrega por prefeito - candidato à reeleição - de trator e grade aradora à associação instituída por comunidade local**, nos termos do art. 73, § 10, da Lei das Eleições (LE). [...]

"Eleições 2016. [...] **Festividades tradicionais**. Aniversário da cidade e dia do trabalhador. Primeiro semestre. Ano do pleito. Distribuição e sorteio de benesses. Cestas básicas. Ferramentas agrícolas. Eletrodomésticos. Dinheiro. Sanções de cassação e inelegibilidade. [...] Alcance da lei eleitoral a **eventos ocorridos antes da convenção partidária**. Liame com as eleições vindouras. Acervo probatório. Substrato harmônico e convergente. Convicção segura do julgador. Configuração dos ilícitos eleitorais. **Reedição de celebrações anuais**. Custeio público na aquisição dos bens. **Aumento discrepante no ano do pleito**. Distribuição gratuita. Excludentes legais. Não incidência. [...]13. Embora o resultado das eleições - sob o enfoque da diferença de votos obtidos entre os colocados - traceje, com inegável preponderância técnica, critério de potencialidade (não mais aferível por força do art. 22, XVI, da LC nº 64/90), seu descarte na vala comum dos dados inservíveis revelaria equívoco por constituir lídimo reforço na constatação da gravidade das circunstâncias verificadas no caso concreto. Da reedição de celebração tradicional no município 14. **O fato de se cuidar de reedição de festividade há muito tradicional no município não desconstitui, por si só, eventual constatação no sentido da prática de atos abusivos (gênero)**. 15. Há que ser verificado, em cada situação, se houve: a) para fins de abuso, desvirtuamento do evento comemorativo, visando à obtenção de dividendos eleitorais espúrios, mediante emprego desproporcional de recursos de conteúdo econômico e/ou utilização indevida da máquina pública; b) para fins de conduta vedada, infração objetiva ao comando legal, mediante a prática do ato no período crítico; c) em ambos, presença de circunstâncias que denotem gravidade (na quadra do abuso para a caracterização da ilegalidade e, no da conduta vedada, para ajuste da sanção). [...]" (Ac. de 19.3.2019, no Respe n. 57611, Rel. Min. Tarcísio Vieira de Carvalho Neto)

"[...] 1. Ficou configurada a prática da conduta vedada prevista no art. 73, § 10, da Lei 9.504/97 e de abuso do poder político, pois a sanção da Lei Municipal nº 2.617/2012, de iniciativa do então prefeito, em ano eleitoral, concedendo a **isenção de ITBI a 272 famílias**, sem estimativa orçamentária específica, foi suficiente, por si só, para gerar benefício aos moradores, independentemente do registro das escrituras na matrícula dos imóveis.[...]" (Ac. de 9.8.2018, no Respe 82203, Rel. Min. Herman Benjamin, Red. designado Min. Admar Gonzaga)

"[...] 3. Consignado pela Corte Regional que "no ano anterior ao da eleição de 2012, a Prefeitura de Massaranduba somente tinha autorização legal para custear o transporte de macadame, não podendo utilizar receita do orçamento para adquirir esse material com o intuito de distribuí-lo gratuitamente a produtores rurais para fins de incentivo". Consignada, também, a inobservância dos requisitos instituídos em lei para concessão do benefício. 4. Não se trata, portanto, de mera ampliação de programa social já em execução no anterior ao pleito de 2012, mas da **entrega de novo benefício, cuja autorização legislativa sobreveio apenas em dezembro de 2011**, a obstar a sua

> execução ao longo deste mesmo exercício financeiro. [...] Agravo regimental a que se nega provimento." (Ac. de 24.5.2018, no AgR-Respe n. 3611, Rel. Min. Rosa Weber)
>
> "Eleições 2010. [...] 1. A execução, em ano eleitoral, de programa social de distribuição gratuita de bens, valores ou benefícios decorrentes de convênio firmado com o governo estadual, realizado por **entidade mantida por candidato**, configura a conduta vedada prevista no § 11 do art. 73 da Lei nº 9.504/97, independentemente da existência de autorização legal ou execução orçamentária prévia. Precedente [...]". (Ac. de 10.3.2016, no RO n. 24402, Rel. Min. Henrique Neves da Silva)

A inobservância da vedação acarreta ao agente público a **multa** do § 4º, prevista para o "descumprimento do disposto neste artigo" (de 5 mil a 100 mil UFIRs) e a **cassação de registro ou diploma** do § 5º (na redação dada pela Lei n. 12.034/2009).

Com o § 11, acrescentado também pela Lei n. 12.034/2009, ficou vedada a execução, em ano de eleição, de programas sociais por entidades nominalmente vinculadas a candidatos ou por eles mantidas. Essa disposição inibe um artifício já conhecido, que consiste na transferência de recursos da administração para entidades assistenciais privadas, instituídas ou "mantidas" por políticos, a quem cabe executar o programa social, beneficiar diretamente as pessoas carentes e contabilizar os dividendos políticos e eleitorais.

> "[...] A jurisprudência do TSE consigna a orientação de que "as condutas vedadas possuem **natureza objetiva**, sendo **desnecessária a análise de potencialidade lesiva** para influenciar no pleito (AI 474-11, rel. Min. Rosa Weber, DJE de 22.8.2018)" (AgR-REspe 452-20, rel. Min. Edson Fachin, DJE de 31.10.2018). (AgR em REspe n. 56079 - ILHA DAS FLORES – SE, Ac. de 12/09/2019, Rel. Min. Sergio Silveira Banhos. No mesmo sentido: AgR-AI 515-27, rel. Min. Luciana Lóssio, DJE de 25.11.2014.)
>
> "Representação. Recurso Eleitoral. Conduta Vedada aos Agentes Públicos. Art. 73, § 10, da Lei n. 9.504/97. Materialização do ato de doação ou distribuição gratuita de **terrenos públicos**. Desnecessidade de se verificar a potencialidade da conduta vedada influenciar o pleito eleitoral em curso. Improvimento.
>
> O § 10 do art. 73, da Lei n. 9.504/97, veda a distribuição gratuita de bens, valores ou benefícios por parte da administração pública no ano eleitoral (Res. TSE n. 22.579/08). A materialização do ato de doação (ou distribuição gratuita) de lotes públicos, no caso de órgãos públicos, consubstancia com a publicação da referida lei de desafetação e autorização da doação no Diário Oficial do Município, afixação no átrio da prefeitura ou seu ato equivalente (art. 17, inciso I, alíneas b e f,, § 1º, da Lei n. 8.666/93). Nesse caso, o fim da norma eleitoral é a proibição do ato do agente público de distribuir bens, valores ou benefícios a terceiros em ano eleitoral. É **desnecessário** para caracterização do ato de doação, que se ocorra o **registro da doação dos terrenos públicos no Cartório de Registro de Imóveis**, devidamente desafetados e autorizados por Lei Municipal, pois a teor do art. 1227 do Código Civil, tal providência apenas é necessária para que o donatário adquira a propriedade do bem imóvel. Vale ressaltar, que o art. 73, § 10, da Lei n. 9.504/97 não permite a distribuição gratuita de vantagens a qualquer pessoa, sem qualquer distinção, **incluindo os órgãos públicos** nessa vedação, a fim de não interferir no equilíbrio do pleito eleitoral. A norma eleitoral em apreço faz três ressalvas à vedação: nos casos de

calamidade pública, de estado de emergência ou de programas sociais autorizados em lei e já em execução orçamentária no exercício anterior.

Doações de terrenos públicos para instalação de órgãos públicos e para implantação de programas habitacionais de interesse social não se enquadram no permissivo legal, quando for comprovado nos autos a aprovação dos diplomas legislativos, o início da efetivação dos programas sociais e a sua execução orçamentária, ambos no ano eleitoral em curso. Não se faz necessário verificar a potencialidade da conduta vedada influenciar o pleito eleitoral, quando se tratar das proibições impostas pelo art. 73 da Lei n. 9.504/97. (precedente no TRE/GO: CONREP n. 1459)

Entretanto, a conduta da recorrente em doar quatro áreas públicas em ano eleitoral, sendo duas para fins de instalação de programas habitacionais de interesse social e duas para construção de sedes para órgãos públicos, tem a força de influenciar o pleito a seu favor e desequilibrar a disputa, pois, sendo a recorrente candidata a reeleição, o ato de doação efetuado pela prefeitura capitaliza a recorrente como responsável pelas referidas doações e pela estruturação dos programas habitacionais.

Recurso conhecido e improvido" (TREGO, RE n. 3930 (2756542008), Mineiros/GO (21ª ZE), Recorrente: Neiba Maria de Moraes Barcelos; Recorrido: MPE; Relator: Des. Vítor Barboza Lenza, em 13-10-2008).

"**Dívida ativa do Município - benefícios fiscais** - ano das eleições. A norma do § 10 do artigo 73 da Lei nº 9.504/1997 é obstáculo a ter-se, no ano das eleições, o implemento de benefício fiscal referente à dívida ativa do Município bem como o encaminhamento à Câmara de Vereadores de projeto de lei, no aludido período, objetivando a previsão normativa voltada a favorecer inadimplentes." (Ac. de 20.9.2011 na Cta nº 153169, rel. Min. Marco Aurélio.)

"Doação de bens – Poder Público. A teor do § 10 do artigo 73 da Lei nº 9.504/1997, é **proibida a doação de bens** em época de eleições, **não cabendo distinção quando envolvidos perecíveis**." *NE*: Pedido de reconsideração do Instituto Brasileiro do Meio Ambiente e dos Recursos Naturais Renováveis para realização de doação de bens perecíveis apreendidos em razão do exercício do poder de polícia ambiental. (Ac. de 20.9.2011 na Pet nº 100080, rel. Min. Marco Aurélio.)

"[...]. Conduta vedada. Distribuição de benefícios sociais em período vedado. Art. 73, § 10, da Lei 9.504/97. **Programas sociais não criados por lei**. 1. A instituição de programa social **mediante decreto não atende** à ressalva prevista no art. 73, § 10, da Lei nº 9.504/97. 2. A **mera previsão na lei orçamentária** anual dos recursos destinados a esses programas não tem o condão de legitimar sua criação. [...]" (Ac. de 30.6.2011 no AgR-AI nº 116967, rel. Min. Nancy Andrighi.)

ELEIÇÕES 2012. PREFEITO. [...] CONDUTAS VEDADAS A AGENTES PÚBLICOS. DOAÇÕES DE LOTES E USO PROMOCIONAL DE PROGRAMA HABITACIONAL. [...] 2. A Corte a quo assentou que eles, visando alavancar suas candidaturas, doaram lotes **sem que houvesse lei prévia e específica** e fizeram uso eleitoreiro do Programa Minha Casa, Minha Vida em entrevista a rádio local, no mês de setembro, exaltando-se ... (candidato à reeleição) como viabilizador das benesses e anunciando-se famílias contempladas com moradias. [...] Contrariedade ao Art. 73, IV e § 10, da Lei 9.504/97: [...] 21. O uso promocional do programa foi acompanhado de **doações de lotes mediante decreto** surgido apenas em junho de 2012, em clara ofensa ao **art. 73, § 10, da Lei 9.504/97, que exige lei prévia e específica** para entrega de bens e serviços de caráter social pelo Poder Público. [...] (Recurso Especial Eleitoral nº 13348, Acórdão, Relator(a) Min. Luciana Lóssio, Publicação: DJE - Diário de justiça eletrônico, Tomo 199, Data 17/10/2016, Página 37-38)

"Representação. Conduta vedada. Art. 73, VI, b e § 10, da Lei nº 9.504/97. [...]. 3. **Ainda que a distribuição de bens não tenha caráter eleitoreiro**, incide o § 10 do art. 73 da Lei das Eleições, visto que ficou provada a distribuição gratuita de bens sem que se pudesse enquadrar tal entrega de benesses na exceção prevista no dispositivo legal. [...]." *(Ac. de 19.8.2010 no AgR-AI nº 12165, rel. Min. Arnaldo Versiani.)*

"(...) **Doação de imóvel** pelo município para **instalação de empresa**. Aprovação da lei municipal em ano anterior às eleições. Impossibilidade de prosseguimento em ano eleitoral. Vedação contida no art. 73, § 10, da Lei das Eleições. Consulta conhecida e respondida" (TREMG, Consulta n. 34-86.2012.6.13.0000, Rel. Juíza Luciana Nepomuceno, em 02-02-12)

O mencionado § 10, como se percebe da sua literalidade, não diz se a vedação se aplica apenas às **esferas administrativas** cujos cargos estejam em disputa na eleição, ou se alcança todos os entes federados, independentemente da circunscrição. Ou seja, se em eleições gerais e presidenciais a vedação de distribuição gratuita de bens, valores e benefícios alcança apenas os governos estaduais e federal, ou se também os municipais. A exemplo do que ocorre com as vedações do Inciso VI, alíneas "b" (publicidade institucional nos 3 meses anteriores à eleição) e "c" (pronunciamento em cadeia de rádio e TV), do mesmo art. 73, não faz sentido impor ao município a proibição de criação e execução de programas sociais em ano de eleição geral, porque os cargos eletivos municipais (Prefeito e Vereadores) não estão em disputa. E não parece razoável concluir que haveria sempre ganho político-eleitoral para os candidatos às eleições gerais, a partir da criação de um programa social no município, a menos que o candidato tenha especial vínculo com este, como na hipótese em que o Prefeito ou o Secretário Municipal se afasta do cargo em abril para concorrer a um dos cargos em disputa (Deputado, Senador, Governador ou Presidente), porque, aí sim, haverá evidente afetação da igualdade de oportunidades entre os candidatos, valor eleitoral objeto da proteção do art. 73. E, no caso concreto, havendo uso eleitoreiro do programa, a hipótese será de incidência do Inciso IV, do mesmo art. 73, ou seja, de uso promocional de programas sociais.

"[...] ELEIÇÕES 2014. [...] ART. 73, § 10, DA LEI 9.504/97. PROGRAMA SOCIAL. "AJUDA FINANCEIRA". CESTAS BÁSICAS. DESVIRTUAMENTO. PRINCÍPIOS. RAZOABILIDADE E PROPORCIONALIDADE. NÃO INCIDÊNCIA. CASSAÇÃO E MULTA MANTIDAS. QUEBRA DE IGUALDADE DE CHANCES. DESPROVIMENTO. [...] CIRCUNSCRIÇÃO DO PLEITO E PRÁTICA DOS ILÍCITOS:

7. É cabível apurar e punir conduta vedada, no âmbito de **esfera administrativa cujos cargos não estejam em disputa**, quando cometida em benefício de candidato a pleito em circunscrição que a abrange. Precedente: REspe 1563-88/PR, de minha relatoria, *DJE* de 17.10.2016.

8. No caso, a controvérsia envolve atos da Prefeitura de Piripiri/PI, chefiada por Odival Andrade, e que tem como Secretária Social Maria Clarinda Andrade, para beneficiar a candidatura de seu filho, Brenno Andrade, nas Eleições 2014. [...] (TSE, AgR-RO n. 122390 - TERESINA – PI, Ac. de 25/04/2017, Rel. Min. Herman Benjamin)

17.4.5. Nomeação de servidores públicos (inciso V)

Por força de comando constitucional, a nomeação ou admissão ao serviço público, para preenchimento de cargos de provimento efetivo, só se pode dar mediante concurso público, ressalvada a contratação por tempo determinado e para atender a situações emergenciais na Administração. E a demissão deve ser precedida de procedimento administrativo em que se assegura ampla defesa ao servidor. A supressão ou readaptação de vantagens somente é permitida se resultado de lei. Se o administrador público admite pessoal sem observância do certame (fora das hipóteses de preenchimento de cargos comissionados ou contratação por tempo determinado), comete improbidade administrativa e seu ato é nulo de pleno direito. Então, pode-se dizer que o administrador público não pode, a qualquer tempo, nomear, contratar, admitir, demitir sem justa causa ou suprimir ou readaptar vantagens, ficando sujeito, se assim agir, às sanções da Lei n. 8.429/92.

Outrossim, essas mesmas condutas, quando praticadas na circunscrição do pleito e no período compreendido entre os **três meses que antecedem as eleições e até a posse dos eleitos**, atraem ainda a multa, a imediata cessação dos seus efeitos (o que implica em determinação do Juiz Eleitoral a que o servidor contratado seja dispensado e o transferido volte ao setor de origem) e a cassação do registro ou diploma (esta sanção foi acrescentada pela Lei n. 12.034/2009), sem prejuízo da nulidade do ato. A verdade é que, como principalmente a nomeação e a demissão de pessoal em período eleitoral são frequentes na Administração, exatamente para punir os contrários e prestigiar os adeptos, quis o legislador eleitoral dar um maior enfoque à questão, que já era tratada como nulidade e como improbidade administrativa.

O que é bom frisar é que alguns atos, perfeitamente possíveis em outras épocas, ficam igualmente vedados naquele "período de suspeição" (três meses antes da eleição até a posse dos eleitos). É o caso da remoção e da transferência do servidor público, sem que tenha sido requerida por ele, ou seja, *ex officio*. O TSE apreciou caso em que, no período vedado, foram renovados contratos temporários, no lugar da nomeação de aprovados em concurso público, entendendo caracterizada a infração. Também, hipótese em que contratado temporário foi "demitido" sem justa causa:

> [...]4. No caso, verifica-se a ocorrência da conduta vedada do art. 73, V, da Lei das Eleições, tendo em vista que, conforme registrado nas premissas fáticas do acórdão regional, embora houvesse concurso homologado antes dos 3 meses que antecederam as eleições, a administração pública optou, sem justificativa, pela renovação dos **contratos temporários** já existentes, no lugar de nomear os candidatos aprovados. (TSE, Respe n. 29410 - BOM JESUS – RS, Ac. de 11/06/2019, Rel. Min. Og Fernandes)
>
> RO-El n. 060010891 - PALMAS – TO, Ac. de 06/05/2021, Rel. Min. Tarcisio Vieira De Carvalho Neto.

ELEIÇÕES SUPLEMENTARES 2018. [...] **EXTINÇÃO DE CONTRATOS TEMPORÁRIOS**. PERÍODO PROIBIDO. CONDUTAS VEDADAS CARACTERIZADAS. [...]

8. Da extinção de contratos temporários em período vedado.

8.1. No que concerne à alegação de que **servidores temporários foram "demitidos"** sem justa causa em período vedado, pertinente apenas o Ato Declaratório nº 139, inserido no Diário Oficial do Estado do Tocantins (DOETO) nº 5.098, de 24.4.2018, que, com fundamento no art. 6º da Lei Estadual nº 1.978/2008, a partir de 25.5.2018, extinguiu "*Termos de Compromisso de Serviço Público de Caráter Temporário firmado*" (ID nº 22309238, fl. 14) com 1.929 (mil novecentos e vinte e nove) profissionais.

8.2. A terminologia "**justa causa**" prevista no art. 73, V, da Lei das Eleições foi empregada pelo legislador eleitoral de forma **equivalente à prevista na legislação trabalhista**, ou seja, só estará caracterizada se o "empregador" comprovar que o servidor público, em sentido amplo, praticou ato grave ou gravíssimo incompatível com o serviço público.

8.3. Ainda que o conceito de justa causa fosse amplo, o argumento de que as demissões dos servidores temporários objetivaram a readequação das contas aos limites estatuídos na Lei de Responsabilidade Fiscal para as despesas com pessoal é insuficiente para comprovar o justo motivo, pois inexistem provas irrefutáveis de que as referidas demissões eram imprescindíveis para adequar as despesas de pessoal, ou melhor, devido à proximidade com a eleição excepcional, cabia aos recorridos exibir todo o plano de readequação das despesas aos limites previstos na Lei de Responsabilidade Fiscal, de forma a comprovar que não havia alternativa que não desrespeitasse a legislação eleitoral.

8.4. Tendo em vista que os recorridos não fizeram prova de nenhuma das hipóteses previstas no art. 157 da Lei Estadual nº 1.818/2007, nem de que as demissões eram imprescindíveis para a readequação das despesas com pessoal aos limites mencionados na Lei de Responsabilidade Fiscal, está caracterizado novamente o ilícito eleitoral previsto no art. 73, V, da Lei das Eleições, razão pela qual, observado o princípio da proporcionalidade, deve ser aplicada aos recorridos a sanção pecuniária prevista no art. 73, §§ 4º e 8º, da Lei nº 9.504/97, no valor de R$ 30.000,00 (trinta mil reais) e de R$ 5.320,50 (cinco mil, trezentos e vinte reais e cinquenta centavos), respectivamente. [...]

RESPE n. 38704 - BOM JESUS – PB, Ac. de 13/08/2019, Rel. Min. Edson Fachin

ELEIÇÕES 2016. [...] RENOVAÇÃO DE CONTRATOS DE SERVIDORES TEMPORÁRIOS. NOVO VÍNCULO DE DIREITO PÚBLICO. CONFIGURAÇÃO DA CONDUTA VEDADA. [...] NATUREZA OBJETIVA DA CONDUTA VEDADA. PROVIMENTO.

1. A **renovação de contratos** de servidores públicos temporários, nos três meses que antecedem as eleições, configura conduta vedada, nos termos do art. 73, inciso V, da Lei nº 9.504/1997.

2. Teleologicamente, a conduta vedada do art. 73, inciso V, da Lei das Eleições busca evitar que o agente público abuse da posição de administrador para auferir benefícios na campanha, utilizando os cargos ou empregos públicos, sob sua gestão, como moeda de troca eleitoral. Sendo assim, é **indiferente que se trate de contratação originária**

> **ou de renovação**, pois a "promessa de permanência" no cargo pode ser tão quanto ou ainda mais apelativa que a promessa de contratação.
>
> 3. A renovação contratual, ao modo de prorrogação, encontra-se contida no campo semântico do verbo "contratar", pois, na realidade, o contrato por prazo determinado é extinto e substituído por um novo; este, ainda que venha a ter o mesmo conteúdo, constitui novo vínculo entre as partes contratantes.
>
> 4. A contratação de servidores por tempo determinado pressupõe necessidade temporária de excepcional interesse público (art. 37, IX, da CF/88). Após cada período, a necessidade de contratação e o excepcional interesse público devem ser reavaliados, de forma a fundamentar a renovação dos contratos. Portanto, a renovação constitui ato administrativo diverso da contratação originária, com fundamentação nova e atualizada, não podendo ser considerada mera extensão de vínculo anterior.
>
> 5. A jurisprudência do Tribunal Superior Eleitoral não faz distinção entre a contratação originária e a renovação dos contratos temporários. Precedente. [...]
>
> 10. As condutas vedadas são cláusulas de responsabilidade objetiva, dispensando a comprovação de dolo ou culpa do agente. Dispensam, por igual razão, a análise da potencialidade lesiva para influenciar no pleito. Precedente. [...]

A alínea *a* ressalva a nomeação ou a exoneração para **cargos comissionados**, o que é natural, já que nestes casos impõe-se a liberdade do administrador. A alínea *b* também ressalva a nomeação para **cargos no Poder Judiciário**, no **Ministério Público**, nos **Tribunais ou Conselhos de Contas** e nos órgãos da **Presidência da República**, justificando-se no fato de que tais instituições (pelo menos as primeiras) vêm o processo eleitoral à distância e não se deixam interferir por ele.

A nomeação dos **aprovados em concursos públicos** homologados até o início do "período de suspeição" também foge à vedação (alínea *c*). Então, se a Administração homologa um concurso público até junho, por exemplo, pode perfeitamente nomear e dar posse e exercício aos aprovados, mesmo dentro dos três meses anteriores à eleição. A nomeação que está proibida, em resumo, é daqueles que não se submeteram a concurso (contratação direta) ou daquele cujo concurso foi homologado também dentro dos 3 meses anteriores à eleição e até a posse dos eleitos. Pode acontecer que a Administração tenha **serviços públicos essenciais**, cuja instalação ou funcionamento sejam inadiáveis, revelando-se necessária a contratação de pessoal. Se não houver candidatos aprovados em concurso homologado até antes dos três meses que antecedem as eleições, a admissão poderá ser feita, desde que o Chefe do Poder Executivo assuma pessoalmente a responsabilidade pelo ato, já que a alínea *d* exige a sua prévia e expressa autorização. Mas é preciso cuidado na avaliação dessa situação de essencialidade, porque, em sentido lato, todo serviço público é por natureza essencial, o que inclusive justifica seja assumida a sua execução pela administração. O que vai permitir a contratação dentro do período vedado é, em verdade, o caráter urgente e inadiável da instalação ou ampliação desse serviço. Embora essencial o funcionamento de escolas, p.ex., a hipótese não pode ser alcançada pela exceção, sob pena de sua banalização, tendo em vista que tal serviço pode e deve ser planejado com antecedência, sendo raríssimas as situações em que a administração é apanhada de surpresa com necessidades inadiáveis.

> RESPE n. 38704 - BOM JESUS – PB, Ac. de 13/08/2019, Rel. Min. Edson Fachin

> ELEIÇÕES 2016. [...] SERVIÇOS DE EDUCAÇÃO E ASSISTÊNCIA SOCIAL. AUSÊNCIA DE ESSENCIALIDADE. JURISPRUDÊNCIA DO TSE. OBRAS PÚBLICAS. DESNECESSIDADE DE INAUGURAÇÃO. NATUREZA OBJETIVA DA CONDUTA VEDADA. PROVIMENTO. [...]
>
> 6. O legislador excepcionou a regra apenas para os casos em que a contratação seja necessária à **instalação ou ao funcionamento inadiável de serviços públicos essenciais**, com prévia e expressa autorização do chefe do Poder Executivo (art. 73, inciso V, alínea "d", da Lei nº 9.504/1997). Nesse sentido, não está contida na ressalva legal a contratação de **temporários para o trabalho em obras** que já se estendem há mais de dois anos, ainda que venham a se destinar, posteriormente, a serviço essencial.
>
> 7. O **conceito de "serviço público essencial"** é interpretado pela jurisprudência do Tribunal Superior Eleitoral de maneira restritiva, abarcando apenas aqueles **relacionados à sobrevivência, saúde ou segurança** da população. Exclui-se, portanto, a contratação de profissionais das áreas de educação e assistência social. Precedentes.
>
> 8. Embora os serviços de educação sejam de relevante interesse público, o legislador optou por critério diverso para excepcionar a regra do art. 73, inciso V, da Lei das Eleições. Não pode o julgador, diante da opção legislativa, substituí-la por regra que, em seu juízo, lhe parece mais justa ou adequada, sob pena de ofensa ao princípio democrático (art. 2º da CF/88). [...]
>
> 10. As condutas vedadas são cláusulas de responsabilidade objetiva, dispensando a comprovação de dolo ou culpa do agente. Dispensam, por igual razão, a análise da potencialidade lesiva para influenciar no pleito. Precedente. [...]

De resto, também não estão alcançados pela vedação a transferência ou remoção *ex officio* de militares, policiais civis e de agentes penitenciários, dadas as particularidades dessas carreiras.

Percebe-se que o dispositivo não veda a realização de **concurso público**. Todos os atos do respectivo processo – edital, inscrições, provas e homologação – podem ser praticados no período mencionado. Os aprovados nesse concurso, entretanto, só poderão ser nomeados a partir de 01 de janeiro do ano seguinte, quando finda a proibição.

Bom frisar que a proibição incide apenas sobre a unidade administrativa da **circunscrição do pleito**. Ou seja, se as eleições são municipais, o Município não poderá nomear, contratar, admitir, ficando livres o Estado e a União. Do contrário, no caso de eleições gerais (estaduais e federais) e presidenciais, o Município estará livre para a prática daqueles atos, obedecidos, evidentemente, os comandos constitucional e legal pertinentes.

A vedação constante deste inciso V já vinha sendo objeto de preocupação do legislador desde a Lei n. 6.091/74 (art. 13).

É importante registrar que essa conduta também leva à **cassação** do registro ou do diploma, pois o § 5º do art. 73, na redação dada pela Lei n. 12.034/2009, passou a contemplá-la com tal sanção. Aplica-se a **multa** e a **suspensão imediata da conduta**, previstas no § 4º, e a cassação do § 5º, tudo em sede de Representação Especial, com o rito do art. 22, da LC n. 64/90, cuja decisão transitada em julgado ou proferida por órgão colegiado da Justiça Eleitoral é causa de inelegibilidade a partir da lei da ficha limpa (art. 1º, I, "j", da LC n. 64/90). Outrossim, se a conduta assumir gravidade capaz de afetar a normalidade e a legitimidade das eleições, caracterizado o abuso do poder político apurado em AIJE, o agente fica inelegível para aquelas eleições e para as que se verificarem nos oito anos seguintes (art. 1º, I, *d*, da LC n. 64/90), daí que seu registro/diploma deve, de qualquer forma, ser cassado.

> "[...] Natureza objetiva das disposições constantes no art. 73, V, da Lei 9.504/97. Irrelevância do aspecto subjetivo da conduta do agente público. A falta de comprovação da motivação política do ato não afasta a aplicabilidade da norma. O que importa é que o comando legal inscrito no referido dispositivo proíbe, como regra geral, a movimentação de servidores do quadro de pessoal da administração no período de 03 meses que antecedem o pleito, salvo nas hipóteses expressamente nele elencadas, sob 'numerus clausus'. A relotação de servidora, às vésperas da eleição, sob o argumento de que estaria em desvio de função, não se encontra entre as hipóteses ressalvadas pelo inciso V do art. 73, da Lei 9.504/97, caracterizando-se, portanto, evidente 'detournement de pouvoir' de modo, peculiarizado para o direito eleitoral está-se diante de indiscrepante conduta vedada aos agentes públicos. [...] Recurso a que se nega provimento. Sessão de 2/3/2005." (TREMG, Rec. 4.930/2004, Araçuaí, Rel. Juiz Weliton Militão, Ac. 179/2005)[346]

> "Transferência de local de atendimento de médica, servidora pública municipal, de ambulatório situado na região central para unidades básicas de saúde, localizadas em bairros periféricos, em período vedado pelo art. 73, inciso V, da Lei 9.504/97. Configuração de conduta vedada." (TREMG, Rec. Eleitoral 444/2005, Rel. Des. Armando Pinheiro Lago, Ac. 1.581/2005, Sessão de 5/10/2005)

17.4.6. Transferência voluntária de recursos públicos (inciso VI, "a")

O modelo tributário adotado entre nós concentra nas mãos da União a arrecadação de vários impostos pertencentes, na verdade, a Estados e Municípios, pelo menos em parte. E faz dos Estados órgãos arrecadadores de outros que também não são totalmente seus. Por essa razão, a União repassa a Estados e Municípios, e os Estados repassam aos Municípios, a cota de cada um, como o Imposto de Renda, o IPVA, etc. E ainda há a cota do Fundo de Participação de Estados e Municípios. Esses repasses são obrigatórios, determinados por lei e não dependem, pois, da vontade do governante.

> RO-El n. 060038425 - PALMAS – TO, Ac. de 06/05/2021, Rel. Min. Tarcisio Vieira De Carvalho Neto, ELEIÇÕES SUPLEMENTARES 2018. [...] USO PROMOCIONAL DE SERVIÇOS DE CARÁTER SOCIAL. CONDUTA VEDADA CARACTERIZADA. MULTA. APLICAÇÃO. RAZOABILIDADE. ABUSO DE PODER. AUSÊNCIA DE GRAVIDADE. BENEFÍCIO ELEITORAL NÃO PROVADO. PROVIMENTO PARCIAL. [...] 6. Compra de apoio político por meio de emendas parlamentares e convênios. 6.2. Assim como concluiu o Tribunal *a quo*, a liberação de **emendas parlamentares** não se enquadra na proibição legal, dado o seu **caráter impositivo** e ao fato de não consistir em transferência direta aos municípios, o que afasta a incidência da vedação contida no art. 73, VI, *a*, da Lei nº 9.504/97.

---

346 Aplicada apenas multa neste caso, porque, à época, a redação do art. 73, § 5º, não previa cassação para a hipótese.

No entanto, há as *transferências voluntárias*, aquelas a que a União e os Estados não estão obrigados. Resultam, ao contrário, de entendimento entre os governos Federal, estaduais e Municipais, visando à execução de obras ou serviços nestes[347]. Esses repasses voluntários, que se fazem através do instrumento do convênio, carregam uma boa margem de discricionariedade, já que o Governo Federal pode escolher os Estados e os Municípios que deles vão-se beneficiar. E também os Governadores elegem os Municípios de sua preferência para receber os recursos. Sabe-se que essa escolha nem sempre atende ao interesse exclusivamente público. Ao contrário, há aí um significativo componente político. O Governador e o Prefeito que são contemplados com tais repasses executam obras e/ou serviços que projetam sua administração perante os administrados. Ainda que se saiba que os recursos são provenientes de outras esferas de governo, o administrador fica, no mínimo, com a imagem de homem público que sabe canalizar recursos para as necessidades locais. Por conseguinte, a transferência voluntária de recursos da União aos Estados e Municípios, ou dos Estados aos Municípios, é um instrumento de desequilíbrio de forças no processo eleitoral, quando utilizado de forma abusiva. Quem não percebe, afinal de contas, o volume de obras em ano eleitoral?

Por isso, a alínea em estudo cuidou de tipificar como vedadas, **nos três meses que antecedem o pleito**, as mencionadas transferências voluntárias, seja da União a Estados e Municípios, seja dos Estados aos Municípios.

Há duas ressalvas importantes, no entanto:

1. Aquela relativa aos recursos destinados a cumprir **obrigação preexistente**, ou seja, aos convênios firmados e publicados, com despesa empenhada e **obra/serviço já iniciados** ("ressalvados os recursos destinados a cumprir obrigação formal preexistente para execução de obra ou serviço em andamento e com cronograma prefixado"). Se o Município celebra convênio com a União ou com o Estado, para receber recursos financeiros para a construção de uma escola, esse convênio, em ano eleitoral, deverá estar firmado e publicado no órgão oficial do ente repassador antes do período da proibição. E os recursos a serem repassados devem estar empenhados formalmente também antes da data limite. Finalmente, a obra, e/ou o serviço, já deve ter sido iniciada, pois a ressalva do dispositivo fala em execução de obra ou serviço em andamento e com cronograma prefixado. Não será suficiente, como normalmente se vê, a corrida para assinatura dos convênios até o último dia do prazo. Se não forem atendidas todas as condições da ressalva, a transferência voluntária é ato nulo de pleno direito, a Justiça Eleitoral deve cuidar para que os recursos voltem à sua origem (suspensão imediata da conduta) e os agentes públicos envolvidos na prática devem sofrer as sanções previstas nos §§ 4º e 5º.

> [...] ELEIÇÕES 2016. REPRESENTAÇÃO POR CONDUTA VEDADA. TRANSFERÊNCIA VOLUNTÁRIA DE RECURSOS. [...] 4. No caso, o TRE/MG entendeu que a mera existência de convênio firmado entre o Estado e o Município com

[347] LC n. 101/2000 (Lei de Responsabilidade Fiscal), art. 25, *caput*: "Para efeito desta Lei Complementar, entende-se **por transferência voluntária** a entrega de recursos correntes ou de capital a outro ente da Federação, a título de cooperação, auxílio ou assistência financeira, que não decorra de determinação constitucional, legal ou os destinados ao Sistema Único de Saúde"

cronograma prefixado de execução de obras seria suficiente para afastar a caracterização da conduta vedada, entendimento que contraria a jurisprudência do TSE.

A literalidade do art. 73, VI, a, da Lei nº 9.504/1997 indica que é necessária a existência de **obras em andamento**, e não apenas de cronograma de execução das obras, para que se configure exceção à conduta ilícita. Portanto, não há como se afastar o enquadramento da conduta ao tipo legal. (TSE, AgR-AI n. 62448 - SÃO GERALDO DA PIEDADE – MG, Ac. de 24/09/2019, Rel. Min. Luís Roberto Barroso)

"Art. 73, VI, a, da Lei n. 9.504/97. À União e aos estados é vedada a transferência voluntária de recursos, até que ocorram as eleições municipais, ainda que resultantes de convênio ou outra obrigação preexistente, quando não se destinem à execução de obras ou serviços já iniciados fisicamente. Para atrair a ressalva contida no art. 73, VI, a da Lei n. 9.504/97, não basta a mera celebração do convênio ou a formalização dos procedimentos preliminares; é indispensável a sua efetiva **execução física antes do início do período de vedação**. (...) Unânime." (TSE, REsp n. 25.324/RJ, rel. Min. Gilmar Mendes, em 7/2/2006. No mesmo sentido o REsp n. 25.325/RJ, rel. Min. Gilmar Mendes, em 7/2/2006).

2. Aquela relativa ao repasse de recursos "destinados a atender situações de **emergência e de calamidade** pública". Podem ocorrer, dentro dos três meses que antecedem as eleições, situações que exigem o concurso de União, Estado e Município no atendimento de necessidades públicas determinadas por fatos estranhos à previsão ordinária. Fatos da natureza, por exemplo, atraem a emergência da solução e impõem calamidade pública, para a qual o Estado e o Município não estejam preparados financeiramente. É evidente que nessas situações, mesmo dentro do período da proibição, a transferência pode ser feita, porque há um interesse público que justifica a exceção.

Como dito, a transferência voluntária, nos três meses anteriores ao pleito, sem a presença de alguma das exceções previstas no dispositivo, atrai a **nulidade de pleno direito do ato administrativo**. Ao agente público será aplicada a *multa* do § 4º e a *cassação do registro ou diploma* (§ 5º). Tudo isso, depois de suspensa a conduta.

Há entendimento, que precisa ser melhor examinado, de que a vedação alcança apenas a esfera de governo em disputa. Se a eleição for geral (estadual e federal) e presidencial, haverá conduta vedada, pois a transferência voluntária de recursos da União aos Estados e Municípios ou dos Estados aos Municípios terá como flagrante objetivo atrair a simpatia dos Prefeitos e, de consequência, dos eleitores, visando promover a administração estadual ou federal e, por óbvio, a pessoa do administrador ou daquele que é por ele apoiado. Não foge ao conhecimento dos administrados que aquela obra, embora venha sendo feita pelo Município, conta com recursos do Estado ou da União, até porque é obrigatória a divulgação dessa informação. De outro lado, se a eleição for municipal, a transferência de recursos que a União ou o Estado fizer ao Município também implicará na conduta vedada, pois proporcionará ao Prefeito condições de realizar obras no período eleitoral, apresentando-se sua administração como eficiente e realizadora, daí resultando dividendos eleitorais ao administrador-candidato à reeleição ou mesmo àquele que estiver sendo por ele apoiado. Esse raciocínio está em consonância com o que ficou assentado na Lei Eleitoral, pois o § 3º do art. 73 diz, *contrario sensu*, que essa vedação da alínea *a* do inciso VI aplica-se a qualquer esfera de governo, esteja o cargo ou não em disputa na eleição.

A transferência de recursos da União, do Estado e do Município para entidades privadas, para execução de programas sociais, não está alcançada por esta vedação, que se refere especificamente à transferência entre os mencionados entes federados[348]. Mas certamente caracterizará a hipótese do § 10, se o caso concreto não estiver dentro das exceções ali consignadas, porque a administração pública não pode distribuir bens, valores e benefícios diretamente e nem se valer de interposta pessoa (as entidades filantrópicas) para atingir o mesmo fim vedado.

17.4.7. Publicidade Institucional (inciso VI, alínea "b")

Sabe-se que a Administração Pública pode promover a publicidade de seus atos, programas, obras, serviços e campanhas, sempre visando à educação, à informação e à orientação social dos administrados. A experiência vem evidenciando, entretanto, que essa publicidade institucional é invariavelmente desvirtuada e acaba trazendo muito pouco de informação e orientação social. Ao contrário, presta-se a promover pessoalmente o administrador. Só isso é suficiente para que ela seja suspensa e o administrador punido por improbidade, já que não observado, no mínimo, o princípio constitucional da impessoalidade.

A preocupação com a publicidade institucional se acentua em ano eleitoral. E a Lei Eleitoral exterioriza essa preocupação em três momentos distintos: no inciso VI, *b*, e no inciso VII, do art. 73 e no art. 74. De qualquer forma, necessário esclarecer desde já que a publicidade institucional aqui mencionada é aquela que carrega traços de identidade e aparência com a propaganda – e até poderia ser assim denominada –, porque elaborada a partir de métodos e estratégias que desta se aproximam, inclusive pela finalidade, que é sempre convencer o cidadão destinatário de que os programas, as obras e os serviços empreendidos pela administração são os melhores e mais adequados às necessidades do conjunto da sociedade. A publicidade dos atos (leis, decretos, portarias, contratos, editais de licitação, nomeação, exoneração, etc.), como condição de sua existência, validade e eficácia, não é naturalmente alcançada pela restrição aqui estudada.

> Ac.-TSE de 7.11.2006, no AgRgREspe nº 25748: publicação de atos oficiais, tais como leis e decretos não caracteriza a conduta vedada.
>
> "Art. 73 da Lei n. 9.504/97. Propaganda institucional. A divulgação, em **Diário Oficial do Município**, de atos meramente administrativos, sem referência a nome nem divulgação de imagem do candidato à reeleição, não configura o ilícito previsto no art. 73, VI, b, da Lei n. 9.504/97. Observância ao princípio da proporcionalidade. Agravo regimental desprovido." (TSE, REsp. 25.086/SP, Ac. 25.086, de 3/11/2005, Rel. Min. Gilmar Mendes, DJ de 2/12/2005).

A primeira preocupação, objeto desta alínea *b*, diz respeito à publicidade institucional **nos três meses que antecedem o pleito**, que fica totalmente vedada,

---

[348] Ac.-TSE, de 9.12.2004, no AgRgRcl nº 266 e, de 11.11.1999, no REspe nº 16040: inaplicabilidade deste dispositivo à transferência de recursos para associações de direito privado.

tenha ou não caráter informativo, educativo ou de orientação social. Ou seja, ainda que a publicidade tenha o conteúdo determinado pelo comando constitucional, está ela vedada nesse período. E qualquer que seja o veículo de divulgação: rádio, TV, jornais, outdoors, impressos, sítio do órgão na Internet, redes sociais mantidas pelo órgão, etc.

Ac.-TSE de 28.10.2021, no AgR-REspEl nº 060015034: ainda que contenha conteúdo informativo, a **publicação no período vedado** caracteriza a conduta vedada.

AREspE - Agravo Regimental no Agravo em Recurso Especial Eleitoral n. 060026376 - FOZ DO IGUAÇU - PR, Ac. de 11/11/2021, Rel. Min. Edson Fachin. ELEIÇÕES 2020.[...] PUBLICIDADE INSTITUCIONAL EM PERÍODO VEDADO. ART. 73, VI, *B*, DA LEI Nº 9.504/1997. DESNECESSIDADE DE VIÉS ELEITORAL. ILÍCITO DE NATUREZA OBJETIVA. RESPONSABILIDADE DO CHEFE DO PODER EXECUTIVO. DEVER DE ZELO. ENTENDIMENTO CONSOLIDADO DO TSE. SÚMULA Nº 30/TSE. AGRAVO DESPROVIDO. 1. A teor da moldura fática delineada no acórdão regional, foi veiculada em **canal oficial de comunicação da Administração Pública**, em período proibido, **publicidade institucional de obras realizadas pelo governo municipal**, sem demonstração de situação excepcional de grave e urgente necessidade pública autorizativa de tal procedimento. 2. A caracterização de conduta vedada por divulgação de propaganda institucional em período proibido, prevista no art. 73, VI, *b*, da Lei nº 9.504/1997, é **ilícito de natureza objetiva que independe da finalidade eleitoral** do ato. Precedentes. 3. O chefe do Poder Executivo é responsável pela divulgação da publicidade institucional em site oficial da Prefeitura, por ser sua atribuição zelar pelo conteúdo nele veiculado. Precedentes. [...]

Ac.-TSE de 2.9.2021, no AgR-AREspE nº 060029731; Ac.-TSE de 19.6.2018, no REspe nº 41584 e Ac.-TSE de 9.6.2015, no AgR-REspe nº 142184: "simples" veiculação no período vedado, **independentemente do intuito eleitoral**, caracteriza a conduta vedada.

"ELEIÇÕES 2016. [...] PREFEITO E VICE. PUBLICIDADE INSTITUCIONAL EM PERÍODO VEDADO. **SITE DA PREFEITURA**. PRESCINDIBILIDADE DA AUTORIZAÇÃO DO CHEFE DO PODER EXECUTIVO. SÚMULA Nº 30/TSE. MULTA. PROPORCIONALIDADE. [...] 4. A conclusão no acórdão recorrido está em consonância com o entendimento deste Tribunal de que, "consoante a jurisprudência consolidada do TSE para as Eleições 2016, para a caracterização do ilícito previsto no art. 73, VI, b, da Lei nº 9.504/1997, não se exige prova de expressa autorização da divulgação pelo agente público, uma vez que 'o prévio conhecimento do beneficiário é suficiente a atrair a responsabilidade pela divulgação de publicidade institucional em período vedado'" (AgR-AI nº 56-42/SP, Rel. Min. Rosa Weber, j. em 24.4.2018) e de que "o chefe do Poder Executivo é responsável pela publicidade institucional em período vedado, haja vista seu dever de zelar pelo conteúdo divulgado em página eletrônica oficial do ente federado" (AgR-REspe nº 0600686-60/PR, Rel. Min. Jorge Mussi, DJe de 3.5.2019), o que atrai a Súmula nº 30/TSE, igualmente aplicável aos recursos manejados por afronta a lei. [...]" (TSE, AgR-AI n. 4746 - MACEIÓ – AL, Ac. de 20/08/2019, Rel. Min. Tarcisio Vieira De Carvalho Neto)

Ac.-TSE de 21.5.2015, no AgR-AI nº 95281: utilização das **cores da agremiação partidária**, em vez das cores oficiais da entidade federativa, em bens de uso comum, visando favorecer eventual candidatura, caracteriza a conduta vedada.

> Ac.-TSE de 31.3.2011, no AgR-REspe nº 999897881: mesmo sem a divulgação do nome e da imagem do beneficiário, caracteriza a conduta vedada.
>
> Ac.-TSE de 7.12.2011, no AgR-REspe nº 149260, e Ac.-TSE de 16.11.2006, no REspe nº 26875: divulgação de **feitos de deputado estadual em sítio de Assembleia** Legislativa na internet, não caracteriza a conduta vedada.
>
> Ac.-TSE de 7.10.2010, na Rp nº 234314: entrevista inserida dentro dos limites da **informação jornalística** não caracteriza a conduta vedada.

Nas redes sociais pessoais, do candidato ou de terceiros, a veiculação de informações relacionadas a obras e serviços públicos só vai caracterizar publicidade institucional – e, portanto, vedada – se houver emprego de recursos públicos, materiais, financeiros ou humanos. A página que o candidato mantém no Facebook, p.ex., se alimentada por servidores públicos e/ou com fotos do acervo municipal, configura publicidade institucional. Do contrário, se é o candidato ou a sua equipe campanha que cuida da página e a alimenta com notícias e imagens, mesmo que relacionadas a obras e serviços públicos, não haverá falar em publicidade institucional por faltar o principal elemento de sua configuração: o custeio com recursos públicos.

> RESPE – AgR-REspe n. 37615 - CONCEIÇÃO DA BARRA – ES, Ac. de 26/03/2020, Rel. Min. Luís Roberto Barroso. ELEIÇÕES 2016. [...] CONDUTA VEDADA. PUBLICIDADE INSTITUCIONAL. VEICULAÇÃO EM PERFIL PARTICULAR DE REDE SOCIAL. UTILIZAÇÃO DA MÁQUINA PÚBLICA NÃO DEMONSTRADA. [...] 2. O desequilíbrio gerado pelo emprego da máquina pública é a essência da vedação à publicidade institucional prevista no art. 73, VI, *b*, da Lei nº 9.504/1997, que objetiva assegurar a igualdade de oportunidades entre os candidatos. 3. A veiculação de postagens sobre atos, programas, obras, serviços e/ou campanhas de órgãos públicos federais, estaduais ou municipais em perfil privado de rede social não se confunde com publicidade institucional **autorizada por agente público e custeada com recursos públicos**, a qual é vedada nos três meses que antecedem as eleições (art. 73, VI, *b*, da Lei nº 9.504/1997). 4. **É lícito** aos cidadãos, **inclusive os servidores públicos, utilizarem-se das redes sociais tanto para criticar quanto para elogiar as realizações da Administração Pública**, sem que tal conduta caracterize, necessariamente, publicidade institucional. [...]
>
> RESPE – AgR-REspe n. 060213553 - CURITIBA – PR, Ac. de 12/12/2019, Rel. Min. Luis Felipe Salomão. ELEIÇÕES 2018. GOVERNADOR. REPRESENTAÇÃO. CONDUTA VEDADA. ART. 73, I e II e VI, *B*, DA LEI 9.504/97. [...] PUBLICIDADE INSTITUCIONAL. PERÍODO VEDADO. UTILIZAÇÃO DE BENS, SERVIDORES E MATERIAIS EM BENEFÍCIO DA CAMPANHA. [...] 2. Extrai-se da moldura fática do aresto que a primeira agravante promoveu inúmeras reuniões públicas visando em princípio debater a redução das tarifas de pedágio rodoviário, porém se adotaram de forma maciça os *slogans* "tarifa justa" e "Paraná forte", a revelar publicidade institucional em período vedado. 3. Os encontros e o material de divulgação foram **produzidos com recursos públicos financeiros e de pessoal**, e, *a posteriori*, aproveitados pela candidata em postagens em redes sociais, inclusive com os símbolos do Governo do Paraná, em inegável liame com a campanha – que, aliás, possuía cores, tipologia e termos muito semelhantes aos que se empregaram para discutir o tema do pedágio. [...] 5. Não descaracteriza a publicidade institucional a circunstância

de os atos de governo terem sido divulgados apenas nas redes sociais da candidata. Precedentes. [...]

AI - AgR-AI n. 3994 - JUIZ DE FORA - MG, Ac. de 13/08/2019, Rel. Min. Og Fernandes. ELEIÇÕES 2016. PUBLICIDADE INSTITUCIONAL. VEICULAÇÃO EM PERÍODO VEDADO. PERFIL PESSOAL. PREFEITO. FACEBOOK. ART. 73, VI, B, DA LEI N° 9.504/1997. CONDENAÇÃO PELAS INSTÂNCIAS DE ORIGEM, COM FIXAÇÃO DE MULTA ACIMA DO MÍNIMO LEGAL. DISPÊNDIO DE RECURSOS PÚBLICOS. [...] 1. O TSE possui entendimento, firmado para as eleições de 2016, no sentido de que a ausência de dispêndio de recursos públicos, por si só, não é capaz de afastar a configuração da conduta vedada prevista no art. 73, VI, b, da Lei das Eleições, uma vez que a indigitada proibição visa a evitar não apenas o gasto de recursos públicos, mas também o desequilíbrio da disputa eleitoral causado pelo benefício indevido de candidatos apoiados pela administração, tal como na hipótese dos autos. Incidência, na espécie, do Enunciado da Súmula n130 do TSE. 2. Hipótese em que o acórdão regional entendeu caracterizada a divulgação de publicidade institucional dentro do período vedado por lei, tendo em vista a divulgação de **brasão e siogans da gestão administrativa** do município em perfil pessoal (Facebook) do então prefeito de Juiz de Fora e máquina pública e a sua pessoa. A modificação dessas conclusões exigiria o reexame do conjunto fático-probatório, o que é vedado nesta instância especial (Enunciado Sumular n° 24 do TSE). [...]

As placas colocadas junto a obras e serviços da administração que se limitarem à informação que os identifica, que indica a fonte dos recursos ali empregados, a construtora responsável pela execução e o prazo para a sua conclusão, não caracterizam publicidade institucional e podem ser mantidas nos 3 meses anteriores à eleição, pois cumprem apenas o dever de transparência e informação dos atos da administração. Entretanto, indo além e identificando o agente político ou mencionando o slogan da administração (que remete diretamente ao administrador e muitas vezes à campanha eleitoral que o levou ao mandato), configuram publicidade institucional, já que a finalidade agora é a propaganda da obra ou serviço e não o mero atendimento ao dever de transparência, devendo ser retiradas antes do período vedado.

RO - Agravo Regimental em Recurso Ordinário nº 278378 - BELÉM – PA, Ac. de 20/10/2016, Rel. Min. Herman Benjamin. ELEIÇÕES 2014. GOVERNADOR. [...] ART. 73, IV, VI, B, E § 10, DA LEI 9.504/97. CONFIGURAÇÃO. MULTA. PROPORCIONALIDADE. [...] 3. Aduziu-se prática das seguintes condutas vedadas: a) em 6.9.2014, Simão Jatene participou de comício em Vigia/PA e prometeu asfaltar dez quilômetros de área urbana do Município; b) as obras começaram em 13.9.2014; c) houve **publicidade institucional em placa** com mensagem "**Asfalto na Cidade**" e valor do investimento (R$ 3.183.320,00). [...] 8. É incontroverso que, em 6.9.2014, Simão Jatene realizou comício em Vigia/PA e noticiou que dez quilômetros da área urbana do Município seriam asfaltados, fazendo, assim, uso promocional da obra (art. 73, IV). [...] 10. A afixação de placa de publicidade institucional, nos três meses que antecedem o pleito, caracteriza conduta vedada do art. 73, VI, b e alcança quem dela se beneficiou, independentemente de quem a autorizou. Precedentes. [...]

Ac.-TSE de 14.4.2009, no REspe nº 26448, Ac.-TSE de 9.11.2004, no REspe nº 24722, e Ac.-TSE de 24.5.2001, no REspe nº 19323: admissibilidade de permanência de placas de obras públicas, desde que **não contenham expressões que possam identificar autoridades, servidores ou administrações** cujos dirigentes estejam em campanha eleitoral.

A exceção fica para as hipóteses de "propaganda de **produtos e serviços que tenham concorrência no mercado**". É claro que as empresas públicas que concorrem no mercado com seus produtos ou serviços não estão impedidas de realizar sua propaganda, mesmo naquele período, até porque agem como se particulares fossem.

> Ac.-TSE de 11.9.2014, na Rp nº 82802, e Ac.-TSE de 3.9.2014, na Rp nº 77873: realização de publicidade de **produto não determinado**, sem que se permita a clara compreensão sobre sua concorrência em mercado, caracteriza a conduta vedada.

Outra hipótese importante de realização de publicidade institucional dentro do período da proibição é a que visa informar e orientar a população "em caso de **grave e urgente necessidade pública**, assim reconhecida pela Justiça Eleitoral". Se ocorrerem fatos que reclamem a publicidade, como um programa de vacinação em razão de uma epidemia imprevista (como a pandemia de COVID-19, que ocorreu em plena campanha eleitoral de 2020), poderá ela ser realizada, mediante **autorização da Justiça Eleitoral**. Frise-se: a situação de grave e urgente necessidade pública deve ser assim reconhecida pela Justiça Eleitoral, daí que o agente público que pretende promover a publicidade institucional deve buscar prévia autorização judicial.

> "É grave o que pode causar danos irremediáveis ou de difícil reparação, e urgente o que não aceita espera; é necessário o ato apto a desobstruir as vias para que o dano sinalizado não se concretize ou não se avolume."[349]

Por força do disposto no § 3º do art. 73, essa vedação só alcança a **esfera de governo em disputa** naquelas eleições. Quando de eleições estaduais, federais e presidenciais, os Municípios estão livres para a sua publicidade institucional, tendo à sua frente apenas o contorno constitucional. Se as eleições são municipais, Estados e União podem continuar com sua publicidade. É preciso, todavia, ter cuidado com essa publicidade, porque ela pode, concretamente, trazer abuso de poder político. Não é demais lembrar que o inciso em exame (VI, *b*) veda a publicidade nos três meses anteriores ao pleito, independentemente do seu conteúdo, como prevenção ao abuso de poder. Por isso a proibição dirige-se às esferas administrativas cujos cargos estejam em disputa. As outras esferas de governo, cujos cargos não estejam em disputa, não se envolvem na proibição preventiva da lei, mas devem ter sua publicidade acompanhada atentamente, exatamente porque atos, programas, obras, serviços e campanhas dos governos Federal e Estadual podem trazer alguma vinculação com o governo municipal, contribuindo para a promoção de candidatos às eleições municipais. Ocorrendo tal hipótese, a publicidade pode e deve ser suspensa, não em razão do disposto nesta alínea, mas por afronta ao art. 37, § 1º, da Constituição Federal, já que a publicidade não terá atendido à sua finalidade.

---

[349] NIESS, Pedro Henrique Távora. Condutas vedadas aos agentes públicos em campanhas eleitorais, p. 53.

Ao contrário, marcada por abuso de poder, terá beneficiado alguma candidatura, sujeitando-se este ao cancelamento do seu registro ou do seu diploma (art. 74 da Lei Eleitoral, alterado pela Lei n. 12.034/2009).

A infração a essa vedação acarreta ao agente público a **multa** do § 4º e a **cassação** do § 5º (aplicável esta ao candidato beneficiado, sendo ou não o próprio agente público), além da suspensão imediata da conduta.

17.4.8. Pronunciamento em cadeia (inciso VI, alínea "c")

Também nos **três meses que antecedem as eleições**, os agentes públicos das esferas administrativas, cujos cargos estejam em disputa, estão impedidos de fazer pronunciamento em cadeia de rádio e televisão, fora do horário eleitoral gratuito. Mais uma vez, a preocupação da Lei Eleitoral, de caráter preventivo, visando a evitar que o pronunciamento em cadeia possa conter abuso e, com isso, desequilibrar o processo eleitoral. Se houver necessidade urgente do pronunciamento, cujas características sejam próprias das funções de governo, nada tendo a ver com as eleições, a Justiça Eleitoral poderá autorizar a formação da cadeia.

A infração a essa vedação acarreta ao agente público a **multa** do § 4º e a **cassação** do § 5º, além da suspensão imediata da conduta.

Interessante inovação foi introduzida pela Lei n. 12.891/2013[350], que acrescentou o art. 36-B, à Lei n. 9.504/97, para tipificar como propaganda eleitoral extemporânea o pronunciamento em rede de radiodifusão com desvio de finalidade, ou mesmo com utilização de símbolos e imagens que não os oficiais.

> "Art. 36-B. Será considerada propaganda eleitoral antecipada a convocação, por parte do Presidente da República, dos Presidentes da Câmara dos Deputados, do Senado Federal e do Supremo Tribunal Federal, de redes de radiodifusão para divulgação de atos que denotem propaganda política ou ataques a partidos políticos e seus filiados ou instituições.

Parágrafo único. Nos casos permitidos de convocação das redes de radiodifusão, é vedada a utilização de símbolos ou imagens, exceto aqueles previstos no § 1º do art. 13 da Constituição Federal."

O dispositivo agora estudado (art. 36-B), ao contrário do art. 73, VI, "c", se preocupa com o conteúdo dos pronunciamentos em cadeia em período anterior a 16 de agosto do ano da eleição, qualquer que seja a data, não apenas nos 3 meses. Em síntese, o pronunciamento em cadeia pode ocorrer antes dos 3 meses que antecedem a eleição, mas seu conteúdo poderá, na forma do art. 36-B, caracterizar propaganda antecipada. Nos três meses anteriores à eleição, entretanto, a formação de rede está vedada pelo art. 73, VI, "c".

---

[350] Ver, no Título I (Noções Introdutórias), Capítulo II (Fontes do Direito Eleitoral), n. 3 (Lei das Eleições), os fundamentos para aplicação, já em 2014, da Lei n. 12.891/2013. O TSE, entretanto, decidiu não aplicá-la às eleições daquele ano.

17.4.9. Gastos com publicidade institucional (inciso VII)

Aqui, a segunda preocupação do legislador com a publicidade institucional. Vimos, no inciso VI, alínea *b*, que a publicidade (propaganda) institucional está proibida nos três meses que antecedem o pleito, o que equivale dizer que pode ela ser regularmente realizada em ano de eleição, fora daquele período: antes do tal trimestre, ou seja, até início de julho, a depender da data da eleição.

Não pode o governo, entretanto, intensificar a publicidade institucional em ano de eleições, comparativamente com os outros anos, a ponto de os gastos excederem a média do que se desembolsou nos primeiros semestres dos últimos três anos que antecedem ao pleito. Dito de outra forma, a lei não admite que o administrador público se comporte, no tocante à publicidade institucional, de forma diferente no ano da eleição, mais precisamente no primeiro semestre do ano do pleito, intensificando ou aumentando esse canal de diálogo com o cidadão, exatamente por reconhecer nele um potencial de desequilíbrio da desejada igualdade de oportunidades entre os candidatos. E o referencial para detecção desse aumento de publicidade institucional é o valor dos gastos suportados pela administração, no primeiro semestre do ano da eleição, comparativamente com o que gasto nos primeiros semestres dos três anos anteriores.

Então, em 2016, por exemplo, ano de eleição municipal, o total dos gastos com a publicidade institucional no primeiro semestre, ou seja, desde 1º de janeiro até 30 de junho (bom relembrar que nos 3 meses anteriores ao pleito a publicidade está vedada), não poderia ser superior à média dos gastos realizados também nos primeiros semestres dos três últimos anos (2015, 2014 e 2013). Imagine-se que o Município tenha gastado, nos respectivos primeiros semestres, R$ 100.000,00 em 2013, R$ 120.000,00 em 2014 e R$ 80.000,00 em 2015, com o que a média dos últimos três anos foi de R$ 100.000,00. Este valor passa a ser o limite de gastos com a publicidade institucional do município para o primeiro semestre de 2016. A redação anterior desse dispositivo (modificada pela Lei n. 13.165/2015) previa como limite a média do que gasto nos 3 anos anteriores inteiros ou no ano imediatamente anterior ao da eleição. Oferecia a lei, portanto, duas referências (média dos 3 anos ou o ano anterior apenas), prevalecendo o menor valor. Esse valor dizia respeito aos gastos de um ano inteiro, e a publicidade em ano eleitoral só ocorria – e só ocorre – no primeiro semestre, razão pela qual nas edições anteriores já se defendia a sua divisão à metade, exatamente para se aproximar do valor de semestre, solução que acabou sendo adotada pelo legislador.[351]

Essa verificação é meramente objetiva, pois que não se considera o teor da propaganda institucional. O abuso consiste, portanto, na massificação da publicidade, ou seja, no seu volume em ano de eleição, e não no seu conteúdo. Fere o princípio da razoabilidade gastar com a publicidade institucional, exatamente em ano de eleição, valor superior àqueles parâmetros.

---

[351] A jurisprudência do TSE, entretanto, vinha se pronunciando contrariamente a essa proporcionalidade, que buscava a metade da média anual.

A lei fala em "despesas com publicidade dos órgãos públicos federais, estaduais ou municipais", mas não diz se a observância do teto é obrigação imposta a todos eles, independentemente de tratar-se de eleições municipais, estaduais, federais ou presidenciais. Poder-se-ia dizer que, à ausência de ressalva quanto à sua aplicação apenas aos agentes públicos das esferas administrativas cujos cargos estivessem em disputa (como na hipótese do § 3º), todas as esferas de governo estariam envolvidas na proibição, qualquer que fosse a eleição. Entretanto, não parece razoável que o governo federal tenha a sua publicidade limitada em ano de eleições municipais. De outro lado, quando a lei manda observar como teto a média dos primeiros semestres dos últimos três anos, fica clara a intenção do legislador de considerar todo o período do mandato daquele governante, a partir de quando se chega ao valor que ele mesmo fixou como razoável para a publicidade. Os prefeitos que tomaram posse em 1º de janeiro de 2013 não sofreram a limitação da lei eleitoral em 2013, 2014 e 2015, mas a ela se submeteram em 2016. Os governos estaduais e federal não tiveram, em 2016, a observância do teto aqui tratado.

Essa conduta é sancionada com a **multa** prevista no § 4º e com a **cassação** do registro ou do diploma do § 5º (na redação dada pela Lei n. 12.034/2009), daí decorrendo, como efeito secundário e automático da decisão transitada em julgado ou proferida por órgão colegiado, a inelegibilidade do art. 1º, I, "j", da LC n. 64/90. E se tiver gravidade lesiva na conduta, restará caracterizado o abuso do poder político, com o que o agente fica **inelegível** para aquelas eleições e para as que se verificarem nos oito anos seguintes (art. 1º, I, *d*, da LC n. 64/90, alterada pela LC n. 135/2010), daí que seu registro/diploma deve, de qualquer forma, ser cassado.

Como o dispositivo fala em "realizar" despesas com publicidade e tendo em vista que a finalidade da norma é evitar que a propaganda de governo se avolume no primeiro semestre do ano da eleição, deve-se considerar a data da efetiva veiculação da publicidade. Assim, mesmo que a despesa tenha sido empenhada em dezembro, ela será considerada nos gastos do primeiro semestre seguinte, caso neste ocorra a efetiva publicação e liquidação da despesa. O TSE, enfrentando caso semelhante, assim assentou:

> [...] 4. No caso, ainda que a liquidação tenha ocorrido em 2015, evidencia-se verdadeira fraude à lei pelos recorrentes com o intuito de burlar o comando legal e, por conseguinte, afastar as consequências jurídicas advindas da afronta a esse dispositivo.
>
> 5. Todas as etapas para contratar e fornecer a propaganda aconteceram com celeridade incomum, realizando-se o pregão em 14/12/2015, assinando-se os inúmeros contratos em 15/12 e entregando-se o farto material - caso, por exemplo, de oitenta mil "panfletos informativos" - em 23/12, tudo de forma a evitar que a liquidação ocorresse em 2016, quando então o montante deveria ser computado para aferir a média de gastos comparativamente com os primeiros semestres de 2013, 2014 e 2015.
>
> 6. Reconhecida a fraude, frise-se que no primeiro semestre de 2013 não se realizaram despesas com publicidade, em 2014 o valor foi de R$ 7.980,00 e em 2015 o montante totalizou R$ 473,00, com média de R$ 2.817,66. Porém, em 2016 os gastos corresponderam a estratosféricos R$ 462.906,00, com expressivo acréscimo percentual de 16.428,73%, em inequívoca afronta ao art. 73, VII, da Lei 9.504/97. [...]
>
> (TSE, AgR-REspe n. 37820 - ITAREMA – CE, Ac. de 17/10/2019, Rel. Min. Jorge Mussi)

17.4.10. Revisão geral de remuneração dos servidores (inciso VIII)

A Administração deve, pelo menos uma vez por ano, promover a revisão geral da remuneração dos servidores públicos, sempre na mesma data e sem distinção de índices (art. 37, X, da CF/88, com a redação da EC n. 19/98). Essa revisão pode contemplar ganho real aos servidores, o que equivale dizer que o índice aplicado sobre os vencimentos dos servidores pode ser superior ao da perda do poder aquisitivo da moeda no período – que coincide com a inflação apurada.

Na **circunscrição do pleito**, ou seja, na esfera de governo cujos cargos estiverem em disputa, o índice a ser aplicado como revisão geral de remuneração dos servidores públicos não poderá exceder ao que corresponder à mera perda do seu poder aquisitivo, ou seja, à inflação ao longo do ano da eleição, se a administração optar por conceder o benefício – revisão geral da remuneração – **dentro dos 180 dias anteriores à eleição**. Percebe-se, por conseguinte, que a lei institui, para este ato de "revisão geral", um período de suspeição, ou de desconfiança, bem maior do que nas demais hipóteses do art. 73. Equivale dizer que o art. 73, VIII, parte do pressuposto de que o aumento real concedido pela administração, se dentro daqueles 180 dias, traz consigo desvio de finalidade, pois teria como motivação intrínseca a captação dos votos dos servidores – e dos seus familiares – e não a real necessidade de melhor valorizar os servidores. Então, se a revisão geral ocorrer naquele período só será possível aplicar o índice que reflita a inflação de 1º de janeiro até a data da concessão da revisão, porque este é o teto da recomposição.

Como dito, a vedação de aumento real só se impõe se a revisão geral de remuneração ocorrer dentro do período estabelecido no art. 7º da Lei Eleitoral (ao qual o art. 73, VIII, faz remissão), ou seja, dentro dos **180 dias anteriores à eleição**, prolongando-se **até a posse dos eleitos**. Uma revisão geral da remuneração dos servidores públicos municipais, por exemplo, concedida em maio do ano da respectiva eleição, já dentro, portanto, dos 180 dias anteriores ao dia do pleito, não pode conter ganho real, mas tão somente a perda inflacionária daquele ano.

Ao contrário, a fixação do índice de revisão fica livre se for ela feita em data anterior àquele período. Pedro Roberto Decomain tem posição mais liberal, que não nos parece possível, entendendo que "não apenas os reajustamentos meramente inflacionários para cobrir as perdas havidas durante o próprio ano da eleição, mas também aquelas havidas em anos anteriores, são autorizados".

No que concerne ao período de incidência da norma, período que chamamos de desconfiança, diz Pedro Roberto que "a referência ao art. 7º está equivocada, eis que ao menos em seu *caput* não existe previsão de qualquer prazo. A referência deve ser lida [continua o notável autor] como realizada ao art. 8º da lei, que prevê o prazo para a realização das convenções partidárias destinadas à escolha dos candidatos".[352] Parece haver equívoco nesta interpretação, já que a referência que o art. 73, VIII, faz ao art. 7º, da mesma Lei das Eleições, vai encontrar, no seu § 1º, o prazo de cautela a ser guardado, exatamente os 180 dias. O TSE, nas resoluções que estabelecem o calendário eleitoral

---

[352] DECOMAIN, Pedro Roberto. *Eleições* – Comentários à Lei n. 9.504/97, p. 218-219.

para cada eleição, desde a Resolução n. 20.106/98 (art. 31), se reporta aos 180 dias mencionados no § 1º do art. 7º. As Resoluções n. 20.890/2001, 22.124/2005, 22.579/2007, 23.089/2009, 23.341/2011, 23.404/2014, 23.457/2015, 23.555/2017 e 23.606/2019 que estabeleceram o calendário eleitoral para as respectivas eleições, seguiram a mesma orientação. O calendário para as eleições de 2022, Res. TSE n. 23.674/2021, fixou o dia 05 de abril como sendo a data a partir da qual a revisão geral da remuneração dos servidores não pode exceder o índice de mera correção do poder aquisitivo da moeda.

Como a revisão de remuneração dos servidores públicos só se faz por meio de lei, no sentido formal, conforme previsto na Constituição Federal, tem-se que a conduta vedada alcança até mesmo o encaminhamento do projeto de lei, sua apreciação e aprovação pelo Legislativo e sua sanção pelo Chefe do Executivo, ou sua promulgação pelo Chefe do Legislativo (no caso de ser o projeto vetado e o veto derrubado).

A expressão "**revisão geral** da remuneração", contida no dispositivo, não pode ser interpretada literalmente, como se referindo a todos os servidores do ente público. Ao contrário, a revisão geral se caracteriza quando concedida indistintamente, a um número expressivo dos servidores, conduta que se torna capaz de ferir a igualdade de oportunidades entre os candidatos, bem jurídico protegido pelo "caput" do art. 73.

> "[...]
>
> 3. A interpretação estritamente literal do aludido artigo - de modo a entender que revisão geral apta a caracterizar ilícito eleitoral é somente aquela que engloba todos os servidores da circunscrição do pleito - não é a que melhor se coaduna com a finalidade precípua da norma de regência, que é a de proteger a normalidade e a legitimidade do prélio eleitoral da influência do poder político. Assim, revela-se defeso ao agente público conceder reajuste remuneratório que exceda a recomposição da perda do poder aquisitivo, no período vedado, a servidores que representem **quantia significativa dos quadros geridos**.
>
> 4. A proibição quanto ao incremento do valor percebido pelos servidores a título de contraprestação do trabalho prestado alcança qualquer das parcelas pagas sob essa rubrica, de modo que, para fins do art. 73, VIII, da Lei das Eleições, não há como distinguir **vencimento-base de remuneração final**. [...] (TSE, RO - Recurso Ordinário nº 763425 - RIO DE JANEIRO – RJ, Ac. de 09/04/2019, Rel. Min. João Otávio De Noronha)
>
> RESPE – AgR-REspe n. 39272 - LINHARES – ES, Ac. de 14/03/2019, Rel. Min. Tarcisio Vieira De Carvalho Neto. ELEIÇÕES 2016. [...] ART. 73, VIII, DA LEI DAS ELEIÇÕES. REVISÃO GERAL DE REMUNERAÇÃO DE SERVIDORES PÚBLICOS ACIMA DA RECOMPOSIÇÃO DO PODER AQUISITIVO DA MOEDA. INOCORRÊNCIA. [...] 4. "A aprovação, pela via legislativa, de proposta de **reestruturação de carreira** de servidores não se confunde com revisão geral de remuneração e, portanto, não encontra obstáculo na proibição contida no art. 73, inciso VIII, da Lei nº 9.504, de 1997" (Cta nº 772/DF, Rel. Min. Fernando Neves da Silva, DJ de 12.8.2002). 5. Nessa linha, a vantagem advinda com a reestruturação da carreira, concedida exclusivamente a categorias específicas, não pode ser considerada revisão geral de remuneração, não sendo prática ilícita coibida pela legislação eleitoral. 6. "No âmbito das chamadas condutas vedadas aos agentes públicos em campanhas, cuja

disciplina encontra-se inserta na Lei nº 9.504/97, arts. 73 a 78, imperam os **princípios da tipicidade e da estrita legalidade**, devendo a conduta corresponder exatamente ao tipo previamente definido pela lei" (AgR-REspe nº 626-30/DF, Rel. Min. Maria Thereza de Assis Moura, DJe de 4.2.2016). [...]

Essa conduta é sancionada com a **multa** prevista no § 4º e com a **cassação** do registro/diploma do § 5º (alterado pela Lei n. 12.034/2009), daí decorrendo, como efeito secundário e automático da decisão transitada em julgado ou proferida por órgão colegiado, a inelegibilidade do art. 1º, I, "j", da LC n. 64/90. E, havendo gravidade lesiva na conduta, restará caracterizado o abuso do poder político, com o que o agente fica **inelegível** para aquelas eleições e para as que se verificarem nos oito anos seguintes (art. 1º, I, *d*, da LC n. 64/90, alterada pela LC n. 135/2010), daí que seu registro/diploma deve, de qualquer forma, ser cassado.

Ac.-TSE, de 8.8.2006, no REspe nº 26054: a concessão de benefícios a servidores públicos estaduais nas proximidades das eleições municipais pode caracterizar abuso do poder político, desde que evidenciada a possibilidade de haver reflexos na circunscrição do pleito municipal, diante da coincidência de eleitores.

"Consulta. Consulente: Presidente da Câmara Municipal de Juiz de Fora. Possibilidade de revisão de remuneração em período eleitoral. Art. 73, inciso VIII, da Lei n. 9.504/97. Para as eleições de 2002, que se darão no âmbito estadual e federal, o **agente público municipal encontra-se fora da vedação** contida no inciso citado, sendo-lhe possível proceder à revisão da remuneração de seus servidores. Consulta respondida. Sessão de 10/6/2002." (TRE-MG, Consulta n. 195/2002)

"O ato de revisão geral de remuneração dos servidores públicos, a que se refere o art. 73, inciso VIII, da Lei n. 9.504/97, tem natureza legislativa, em face da exigência contida no texto constitucional. O **encaminhamento de projeto de lei** de revisão geral de remuneração de servidores públicos que exceda à mera recomposição da perda do poder aquisitivo sofre expressa limitação do art. 73, inciso VIII, da Lei n. 9.504/97, na circunscrição do pleito, não podendo ocorrer a partir do dia 9 de abril de 2002 até a posse dos eleitos, conforme dispõe a Resolução/TSE n. 20.890, de 9/10/2001." (TSE, Resolução n. 21.296, de 12/11/2002, Rel. Min. Fernando Neves, Consulta 782, DF)

"O Presidente da Câmara Municipal, ora recorrente, concedeu reajuste de 20% aos servidores públicos do Município de Teófilo Otoni, por meio da promulgação da Lei n. 4.803, de 17/8/2000. A norma insculpida no art. 73, inciso VIII, da Lei n. 9.504, de 1997, é clara ao proibir a revisão de remuneração dos servidores, ressalvada a hipótese de recomposição do poder aquisitivo. ... Desta forma, induvidosa é a violação à Lei n. 9.504, de 1997, porquanto o reajuste de 20% não teve por objetivo recompor o poder aquisitivo dos servidores ao longo do ano da eleição..." (TRE-MG, Rec. n. 3.895/2000, Teófilo Otoni, Rel. Juíza Sônia Diniz Viana, Ac. n. 1153/2002)

17.4.11. Publicidade institucional desvirtuada (art. 74)

Aqui, a terceira preocupação do legislador com a publicidade institucional. Já foi visto que a propaganda está vedada nos três meses anteriores ao pleito (art. 73, inciso VI, *b*) e também limitada à média dos gastos dos primeiros semestres dos três anos anteriores, se veiculada no primeiro semestre do ano da eleição (art. 73, inciso VII).

Agora, no art. 74, a Lei Eleitoral volta-se para o conteúdo da publicidade, lembrando que ela deve obedecer ao que dispõe o art. 37, § 1º, da CF/88, ou seja, ter caráter educativo, informativo e de orientação social. Qualquer que seja o momento de sua realização, a publicidade institucional deve pautar-se pela observância do princípio da impessoalidade, daí que vedada, por meio dela, a promoção pessoal do agente público ou de quem quer que seja.

A publicidade institucional que fuja aos objetivos traçados no art. 37, § 1º, da CF, caracteriza improbidade administrativa (a ser questionada perante a Justiça Comum) e abuso do poder político, a ser representado à Justiça Eleitoral para o efeito de decretar-se a inelegibilidade do agente. E o candidato que dele se tiver beneficiado poderá perder seu registro ou diploma, seja por força do art. 74 da Lei Eleitoral (na redação dada pela Lei n. 12.034/2009), seja como consequência dos arts. 1º, I, *d*, c/c 22, XIV, ambos da Lei Complementar n. 64/90, seja mesmo como resultado da procedência da AIME do art. 14, § 10, da Constituição Federal, já que a publicidade institucional leva a marca do poder econômico da administração.

> "Uso de **símbolo da campanha** eleitoral, pelo atual prefeito municipal, nas publicidades oficiais – Inadmissibilidade – Afronta ao princípio da impessoalidade e da moralidade administrativa e da proibição expressa do uso do nome, símbolo ou imagem que caracterize promoção pessoal da autoridade – Infringência do art. 37, *caput* e § 1º, da CF." (TJSP, Ap. Cível n. 242.471.1/800, São Paulo, 8ª Câmara Civil da Seção de Direito Público, Rel. Des. Felipe Ferreira, *DO* 5/6/1996)
>
> "Abuso do poder político e de autoridade (arts. 74 da Lei n. 9.504/97 e 37, § 1º, da Constituição Federal). A ação de investigação judicial eleitoral, por abuso de poder político, não **sofre a limitação temporal** da conduta vedada. Para a configuração do abuso é irrelevante o fato de a propaganda ter ou não sido veiculada nos três meses antecedentes ao pleito. Nesse entendimento, o Tribunal conheceu do recurso e lhe negou provimento. Unânime." (TSE, REsp n. 25.101/MG, Rel. Min. Luiz Carlos Madeira, em 9/8/2005).
>
> RO n. 172365 - BRASÍLIA – DF, Ac. de 07/12/2017, Rel. Min. Admar Gonzaga. ELEIÇÕES 2014. [...] PUBLICIDADE INSTITUCIONAL. GOVERNADOR, VICE-GOVERNADOR E SECRETÁRIO DE ESTADO DE PUBLICIDADE INSTITUCIONAL. [...] ABUSO DE AUTORIDADE (ART. 74 DA LEI 9.504/97) E ABUSO DE PODER POLÍTICO (ART. 22 DA LEI COMPLEMENTAR 64/90). CONDUTA VEDADA. ART. 73, VI, B, DA LEI 9.504/97. 1. O fato narrado na ação de investigação judicial eleitoral consiste na veiculação de notícias referentes ao governo do Distrito Federal no ***site* da Agência Brasília**, canal institucional do GDF e em página do **Facebook**, nos três meses que antecederam o pleito. 2. Ainda que se alegue que as publicações questionadas veicularam meras notícias, resultado de atividades jornalísticas da administração pública, a **publicidade institucional não se restringe apenas a impressos ou peças veiculadas na mídia escrita, radiofônica e televisiva**, porquanto não é o meio de divulgação que a caracteriza, mas, sim, o seu **conteúdo e o custeio estatal** para sua produção e divulgação. [...]
>
> RO n. 138069 - BRASÍLIA – DF, Ac. de 07/02/2017, Rel. Min. Henrique Neves Da Silva. ELEIÇÕES 2014. [...] PUBLICIDADE INSTITUCIONAL. **GASTOS.**

GOVERNADOR E VICE-GOVERNADOR. CONDUTA VEDADA. ABUSO DO PODER POLÍTICO. USO INDEVIDO DOS MEIOS DE COMUNICAÇÃO SOCIAL. 1. Veiculação do vídeo alusivo ao Programa de Alimentação Escolar e da logomarca governamental no canal GDF Dia a Dia, no **YouTube**, nos três meses que antecederam o pleito. a. A condenação por prática de conduta vedada somente é possível quando há prova inconteste da veiculação de propaganda institucional, **paga com recursos públicos**, no período vedado. [...] 6. A utilização de dinheiro público para a veiculação de publicidade institucional que não cumpre os ditames do § 1º do art. 37 da Constituição Federal em período pré-eleitoral, que serve precipuamente para a autopromoção do governante, tem gravidade suficiente para atrair a sanção de inelegibilidade.

"Propaganda institucional. Desvirtuamento. Propaganda eleitoral. Caracterização. Multa. Aplicação. O trecho da propaganda **não revela, de forma concreta, ato, programa, obra ou serviço**. Implica generalidade, a convocar – mediante a sinalização de crescimento na economia, na agricultura familiar, com aumento do crédito liberado para as famílias, na indústria, haja vista o desempenho nos últimos anos – a atenção do eleitor. Tanto é assim que, após as referências positivas, segue-se trecho cujo **objetivo é enaltecer a direção do país**. Então, afirma-se que resultados como os noticiados não acontecem por acaso, mas decorrem de trabalho sério e eficiente. A propaganda extravasa a simples publicidade de programas, obras, serviços e campanhas de órgãos públicos, **aludindo-se de forma clara e direta ao governo federal**, à direção hoje existente. Julgada procedente a representação, para suspender a propaganda, se ainda veiculada, e impor ao representado a multa de trinta mil Ufirs. Nesse entendimento, o Tribunal, por maioria, julgou procedente a representação." (TSE, Representação n. 752/DF, rel. Min. Marco Aurélio, em 1/12/2005)

17.4.12. Shows artísticos em inaugurações públicas (art. 75)

As inaugurações de obras e serviços públicos são, normalmente, acompanhadas de desarrazoado alarde, quase sempre no objetivo de promover o administrador público. São, portanto, celeiro para os abusos de poder político. O ambiente fica ainda mais propício ao uso eleitoreiro da situação quando a Administração contrata *shows* artísticos para tais ocasiões, proporcionando bem-estar à população e a sensação de necessidade de continuidade daquele governo.

Por essa razão, "**nos 3 (três) meses que antecederem as eleições**, na realização de inaugurações é vedada a contratação de *shows* artísticos pagos com recursos públicos" (art. 75). Veja-se que o dispositivo não veda a inauguração e nem mesmo o *show* artístico. Só está vedada a inauguração com *show* artístico pago com recursos públicos. De outro lado, a participação do candidato na inauguração, que também é vedada, é assunto para o art. 77.

Ocorre, com alguma frequência, que obras terminadas e entregues ao serviço público, portanto inauguradas de fato, têm a sua inauguração festiva marcada para o mais próximo possível da data limite de aparição do candidato (art. 77), visando unicamente a promoção pessoal deste. Embora a conduta não esteja prevista na proibição deste artigo, é evidente o uso eleitoreiro da solenidade, o que recomenda o exercício do poder de polícia do Juiz Eleitoral, para impedir a sua realização. Em Candeias, cidade do interior de Minas Gerais onde este autor exerceu as funções eleitorais do Ministério Púbico por muitos anos, a medida foi adotada em relação à inauguração de uma Usina de Compostagem de Lixo, marcada para o dia 30 de junho do ano das eleições, quando já fazia um ano que a dita usina estava em funcionamento, tornando evidente o abuso de poder que se pretendia perpetrar. Há também o caso da "inauguração" de um aeroporto que já estava em funcionamento havia tempos. Inevitável concluir que a solenidade festiva (que não pode, a rigor, ser chamada de inauguração, porque inaugurar obra ou serviço significa dar início à sua utilização, colocá-los à disposição dos usuários) só teve como finalidade o aparecimento do governante na mídia, como homem realizador, desviando-se totalmente a natureza do ato, que deveria ser, repita-se, a entrega da obra ao serviço do administrado. O art. 75, que só vedava a contratação de shows para as tais inaugurações, sem qualquer sanção, teve acrescentado o parágrafo único (Lei n. 12.034/2009), que determina a suspensão imediata da conduta e a cassação do registro ou diploma do candidato beneficiado.

> RO-El n. 060081868 - ARACAJU – SE, Ac. de 21/09/2021, Rel. Min. Sergio Silveira Banhos. [...] 31. Quanto ao aspecto volitivo, também os recorrentes tinham ciência da prática abusiva, isso porque foi expedida, em 23.8.2018, a Recomendação 3/2018 (ID 37661738, p. 17) pelo promotor da 23ª Zona Eleitoral para que o primeiro recorrente se abstivesse, no período eleitoral, de **reinaugurar obras já realizadas**, com intuito de beneficiar candidato ligado diretamente à Administração, bem como de fazer referências a candidato em eventuais inaugurações ou de permitir a sua participação. Mas, ainda assim, a Prefeitura de Tobias Barreto/SE procedeu à reinauguração do Mercado da Carne da Vila Samambaia, no dia 24.8.2018, com a utilização ostensiva da cor azul, tanto dentro como fora do prédio. [...] 49. Analisados isoladamente, talvez algum desses fatos descritos poderia ensejar apenas um juízo de reprovação moral, ou mesmo de senso de inoportunidade da prefeitura para a sua realização em véspera de pleito eleitoral geral, mas, somados e analisados em contexto, verifica-se que o **seu objetivo fica claro, alavancar a candidatura de sua esposa e segunda recorrente ao cargo de Deputado Estadual**, com a captação ilícita de sufrágio ante o **desvio de finalidade na realização dos eventos públicos**, que, para além do cumprimento da agenda do município, visaram dividendos eleitorais para a campanha em curso. [...]
>
> RESPE – AgR-REspe n. 34087 - CASCAVEL – CE, Ac. de 13/08/2019, Rel. Min. Jorge Mussi. [...] 8. Inegável a gravidade dos fatos, haja vista a construção e entrega de 30 poços, em Município com aproximadamente 70.000 habitantes, com elevados gastos (inclusive com recursos próprios), além de **inaugurações com festejos e ampla publicidade** por meio de veículos adesivados e nas redes sociais. [...]

Pertinente a discussão a respeito da incidência da vedação em período no qual o agente ainda não ostenta formalmente a condição de candidato, o que vai ocorrer sempre que a inauguração for realizada já dentro dos 3 meses anteriores à eleição (por volta de 10.julho, p.ex.), mas antes de o candidato ser levado a registro na Justiça Eleitoral, o que só se dá após a sua escolha em convenção (entre 20.julho e 05.agosto). Não obstante a referência, no parágrafo único do art. 75, a "candidato beneficiado", não é razoável exigir que o beneficiado já tenha sido escolhido em convenção ou que já tenha o registro requerido à Justiça Eleitoral, pois tal condição negaria vigência e aplicação ao dispositivo por cerca de 45 dias em todos os processos eleitorais. Equivale dizer que a lei vedaria a contratação de shows artísticos para as inaugurações, mas uma vez ocorrendo a conduta não haveria aplicação da norma. A verdade é que a expressão "candidato" é utilizada pela legislação eleitoral como referência não só àquele que já passou pelas formalidades legais (escolha em convenção e pedido de registro), mas também àquele que ostenta materialmente tal condição, comportando-se e sendo visto como candidato.

> RESPE – AgR-REspe n. 29409 - MIGUEL LEÃO – PI, Ac. de 05/02/2019, Rel. Min. Edson Fachin. [...] 10. O art. 77 da Lei nº 9.504/1997, ao exigir a condição de candidato para a configuração da conduta vedada, deve ser interpretado de acordo com o telos subjacente à normatização, no sentido de evitar que agentes e gestores se utilizem das inaugurações de obras públicas como meio de angariar benefício eleitoral. 11. As alterações promovidas pela Lei nº 13.165/2015, ao estreitarem o processo eleitoral e postergarem a data-limite para apresentação do registro de candidatura, não alteraram a possibilidade de que gestores compareçam a eventos imbuídos da condição material de concorrentes à reeleição. Portanto, **o fato de o gestor não ostentar a qualificação formal de candidato não afasta a necessidade de proteção reconhecida pelo art. 77 da Lei nº 9.504/1997**. 12. Impor interpretação estritamente formal ao ilícito em debate enveredaria por violação ao princípio da proporcionalidade sob a ótica da **vedação da proteção deficiente**. A qualificação formal de candidato seria exigível apenas a partir do dia 16 de agosto, possibilitando que notórios candidatos participem de inaugurações de obras públicas até 45 dias antes das eleições e decotando pela metade o espectro de proteção da norma. [...]

17.4.13. Participação de candidatos em inaugurações públicas (art. 77)

Estudado, linhas atrás, que não há proibição a que obras e serviços públicos sejam inaugurados a qualquer momento, desde que a solenidade não seja incrementada com *show* artístico às custas do dinheiro público.

Agora, o que a Lei Eleitoral (com as alterações da Lei n. 12.034/2009) está a vedar é o **comparecimento de qualquer candidato** em inaugurações de obras públicas nos **três meses** que precederem ao pleito. Percebe-se que o dispositivo foi alterado em dois pontos fundamentais: 1) substituiu-se a expressão "participação" pelo mero comparecimento, daí que a infração estará caracterizada pela só presença do candidato, sem necessidade de sua efetiva participação no evento; 2) envolveram-se na vedação, expressamente, todos os candidatos ao executivo e legislativo, pois a nova redação fala agora em "qualquer candidato". É que o comparecimento em inaugurações proporciona ao político a associação de sua imagem ao benefício entregue à população. Se determinado candidato comparece à inauguração de um posto de saúde, passa a ser visto pela população como um dos responsáveis pela realização da obra e pela implantação do serviço. O dividendo político é certo. Então, não importa que esse candidato o seja para Prefeito ou para Vereador, para Governador, Deputado ou Presidente. De qualquer forma, haverá a conduta vedada, porque é evidente que o comparecimento na inauguração só será permitido aos que são correligionários do administrador. O Prefeito não permitirá que subam ao palanque da inauguração candidatos a Vereador filiados a Partidos adversários. Se permite a participação de candidatos correligionários, age com critérios pessoais e fere um dos princípios constitucionais norteadores da administração. De seu lado, o candidato a Vereador que sobe ao palanque abusa da condição de correligionário daquele que está no poder e, via de consequência, se sujeita também à cassação do registro ou do diploma prevista no parágrafo único do art. 77 (com redação da Lei n. 12.034/2009).

Pode-se argumentar, ainda, com o art. 37 da Lei Eleitoral, que proíbe a propaganda eleitoral em bens públicos, e com o art. 73, I, da mesma lei, que veda a cessão e o uso de bens públicos para a propaganda.

Enquanto a lei eleitoral fazia referência à *participação* em inaugurações, o desafio era definir o que seria essa participação. Para o candidato ser alcançado pela proibição legal (e em razão dela ter o seu registro cassado) teria ele que discursar durante a inauguração ou a sua tão só presença no local já seria suficiente? Há precedentes no TSE entendendo que não era necessária a conduta ativa do candidato durante a inauguração, bastando a sua presença, principalmente quando em posição de destaque, porque tal cena é prontamente absorvida pelos eleitores, rendendo votos para o candidato. Com a nova redação dada ao art. 77, esse entendimento restou consagrado, positivado na lei.

> RESPE n. 11661 - NOVO HAMBURGO – RS, Ac. de 21/11/2012, Rel. Min. Arnaldo Versiani, Rel. designada Min. Nancy Andrighi. ELEIÇÕES 2012. [...] **INAUGURAÇÃO** DE OBRA PÚBLICA. **COMPARECIMENTO. CONDUTA VEDADA** AOS AGENTES PÚBLICOS. ART. 77 DA LEI 9.504/97. [...] 2. O comparecimento de candidato que ocupa o cargo de deputado federal a inauguração de obra pública (art. 77 da Lei 9.504/97) constitui conduta vedada aos agentes públicos apta a atrair a inelegibilidade do art. 1º, I, j, da LC 64/90.
>
> "Art. 77 da Lei n. 9.504/97. Conduta vedada. 1. A proibição de participação de candidatos a cargos do Poder Executivo em inaugurações de obras públicas tem por fim impedir que eventos patrocinados pelos cofres públicos sejam desvirtuados e utilizados em prol das campanhas eleitorais. 2. É irrelevante, para a caracterização da conduta, se o candidato compareceu como **mero espectador** ou se teve posição de destaque na solenidade. Recurso conhecido e provido." (TSE, Ac. n. 19.404, de 18/9/2001, rel. Min. Fernando Neves.)
>
> "Participação em inauguração de obra pública. Art. 77 da Lei n. 9.504/97. 1. A **mera presença** de candidato a cargo do Poder Executivo na inauguração de escola atrai a aplicação do art. 77 da Lei n. 9.504/97, **sendo irrelevante não ter realizado explicitamente atos de campanha**. 2. Recurso conhecido e provido." (TSE, Ac. n. 19.743, de 31/10/2002, rel. Min. Fernando Neves.)

Pertinente, também aqui, a discussão a respeito da incidência da vedação em período no qual o agente ainda não ostenta formalmente a condição de candidato, o que vai ocorrer sempre que a inauguração for realizada já dentro dos 3 meses anteriores à eleição, mas antes de o candidato ser levado a registro na Justiça Eleitoral, o que só se dá próximo à data limite de 15.agosto, após a sua escolha em convenção (entre 20.julho e 05.agosto). Não obstante a referência, no art. 77, a "qualquer candidato", não é razoável exigir que o agente já tenha sido escolhido em convenção ou que já tenha o registro requerido à Justiça Eleitoral, pois tal condição negaria vigência e aplicação ao dispositivo por cerca de 45 dias em todos os processos eleitorais. Equivale dizer que a lei vedaria o comparecimento em inaugurações, mas uma vez ocorrendo a conduta não haveria aplicação da norma, deixando desprotegido o bem jurídico tutelado. A verdade é que a expressão "candidato" é utilizada pela legislação eleitoral como referência não só àquele que já passou pelas formalidades legais (escolha em convenção e pedido de registro), mas também àquele que ostenta materialmente tal condição, comportando-se e sendo visto como candidato.

> RESPE – AgR-REspe n. 29409 - MIGUEL LEÃO – PI, Ac. de 05/02/2019, Rel. Min. Edson Fachin. [...] 10. O art. 77 da Lei nº 9.504/1997, ao exigir a condição de candidato para a configuração da conduta vedada, deve ser interpretado de acordo com o telos subjacente à normatização, no sentido de evitar que agentes e gestores se utilizem das inaugurações de obras públicas como meio de angariar benefício eleitoral. 11. As alterações promovidas pela Lei nº 13.165/2015, ao estreitarem o processo eleitoral e postergarem a data-limite para apresentação do registro de candidatura, não alteraram a possibilidade de que gestores compareçam a eventos imbuídos da condição material de concorrentes à reeleição. Portanto, **o fato de o gestor não ostentar a qualificação formal de candidato não afasta a necessidade de proteção reconhecida pelo art. 77 da Lei nº 9.504/1997**. 12. Impor interpretação estritamente formal ao ilícito em debate enveredaria por violação ao princípio da proporcionalidade sob a ótica da **vedação da proteção deficiente**. A qualificação formal de candidato seria exigível apenas a partir do dia 16 de agosto, possibilitando que notórios candidatos participem de inaugurações de obras públicas até 45 dias antes das eleições e decotando pela metade o espectro de proteção da norma. [...]

Seção X

18. ABUSO (USO INDEVIDO) DOS MEIOS DE COMUNICAÇÃO SOCIAL

18.1. Compreensão

O uso indevido dos meios de comunicação social caracteriza abuso de poder, que deve ser apurado segundo o procedimento da Investigação Judicial Eleitoral, aquele previsto no art. 22 da Lei Complementar n. 64/90.

18.2. Abusos na imprensa escrita

Na Res. TSE n. 23.610/2019, alterada pela Res. TSE n. 23.671/2021, os arts. 10, § 3º (propaganda em geral), 17, "caput" (showmício), 21, § 1º (impressos em geral), 34, § 2º (Internet) e 42, § 4º (imprensa escrita), dentre outros, como já o faziam as Res. TSE n. 23.551/2017, n. 23.457/2015, e n. 23.404/2014, chamam a atenção para o fato de que os abusos e os excessos praticados na propaganda devem ser apurados por AIJE. A imprensa (jornais e revistas) pode assumir candidaturas e seu editorial pode emitir opinião favorável ou desfavorável aos candidatos, posto que deles não se exige a imparcialidade do rádio e da TV. Os excessos, também, são tratados como abuso de poder, como uso indevido dos meios de comunicação social, que levam à cassação do registro ou do diploma, exatamente porque é hipótese de inelegibilidade (art. 22, XIV, na nova redação dada pela LC n. 135/2010). A liberdade de imprensa, que levou o STF a julgar inconstitucional os incisos II e III (segunda parte), do art. 45, da Lei n. 9.504/97 (ADI n. 4.451), e garantir às emissoras de rádio e TV "difundir opinião favorável ou contrária a candidato, partido, coligação, a seus órgãos ou representantes", não vai ao ponto de poder fazer propaganda eleitoral para o candidato que tem a preferência da emissora, sob pena de cometimento de abuso de poder do meio de comunicação.

18.3. Abuso no rádio e na TV

Se o abuso for veiculado no rádio ou na TV, pelo tratamento privilegiado dado a algum candidato, ainda que dissimulado em matéria jornalística, a repercussão no processo eleitoral é ainda mais comprometedora, tendo em vista que esses meios de comunicação atingem a massa de eleitores, com significativo poder de penetração e formação de opinião.

> "Parece-me que a própria natureza da comunicação social veiculada pelo jornal, em contraposição àquela veiculada pela radiodifusão, impõe e legitima a diversidade de tratamento que, a meu ver, com absoluto respeito ao princípio da proporcionalidade e à ponderação de interesses constitucionais em causa, fez a Lei n. 9.504/97: basta frisar a voluntariedade do acesso ao veículo impresso em contraposição à invasão quase compulsória que os outros veículos representam. Não se trata – e isso, parece-me, está a merecer análise mais profunda – de subtrair o veículo impresso de medidas de prevenção ou repressão de abuso de poder econômico ou político, materializado na sua utilização numa campanha eleitoral. Está em distinguir até quando se pode considerar abusivo o uso do veículo impresso para manifestar solidariedade a uma determinada candidatura em contraposição a outras. ... Na aferição da potencialidade dos atos de propaganda eleitoral ilícita, distinguem-se os praticados na imprensa escrita daqueles realizados no rádio e na televisão. (TSE, Ac. no 19.438/2001)
>
> AIJE n. 060196965 - BRASÍLIA - DF, Ac. de 24/10/2019, Rel. Min. Jorge Mussi. AÇÃO DE INVESTIGAÇÃO JUDICIAL ELEITORAL. ELEIÇÕES 2018. PRESIDENTE E VICE-PRESIDENTE DA REPÚBLICA. [...] USO INDEVIDO DOS MEIOS DE COMUNICAÇÃO. PRINCÍPIO DA LIBERDADE DE IMPRENSA DE COMUNICAÇÃO E EXPRESSÃO. [...] 5. O legislador de 2010, com a edição da Lei Complementar 135, substituiu o critério da potencialidade lesiva pelo da gravidade, de forma que as infrações menos graves devem ser sancionadas no âmbito das representações eleitorais. 6. Apenas os **casos que extrapolem o uso normal das ferramentas virtuais** é que podem configurar o uso indevido dos meios de comunicação social, sem prejuízo da apuração de eventual propaganda irregular, que possui limites legais distintos da conduta do art. 22 da Lei Complementar 64/90. Precedentes. 7. Para se caracterizar o abuso de poder, impõe-se a comprovação, de forma segura, da gravidade dos fatos imputados, demonstrada a partir da verificação do **alto grau de reprovabilidade da conduta** (aspecto qualitativo) e de sua **significativa repercussão** a fim de influenciar o equilíbrio da disputa eleitoral (aspecto quantitativo). A mensuração dos reflexos eleitorais da conduta, não obstante deva continuar a ser ponderada pelo julgador, não mais se constitui fator determinante para a ocorrência do abuso de poder, sendo agora revelado, substancialmente, pelo **desvalor do comportamento**. 8. À luz do princípio da reserva legal proporcional, nem todo ato ilícito reconhecido por esta Justiça Especializada será necessariamente

> abusivo e, por conseguinte, apenado com inelegibilidade e cassação do registro, do mandato ou do diploma, sendo cabível impor sanções outras, a exemplo de suspenção imediata da conduta e de multa. 9. Matérias jornalísticas são de inegável interesse não somente para os eleitores, como para as emissoras de rádio e televisão, razão porque estão albergadas pelo princípio da **liberdade de imprensa e de comunicação**. 10. "Não cabe ao Poder Judiciário interferir na linha editorial das emissoras para direcionar a pauta dos meios de comunicação social, porquanto prevalece no Estado Democrático e Constitucional de Direito, à luz o art. 220 da CF, maior deferência à liberdade de expressão, alcançada pela liberdade jornalística." (Rp 0601526-17.2018.6.00.0000, Relator Ministro Sergio Silveira Banhos, PSESS de 11.10.2018). 11. "Não se caracteriza tratamento anti-isonômico a partir de notícias veiculadas em um único dia e com base em um único telejornal da programação da recorrida. Devem ser considerados referenciais mais extensos no tempo – um período considerável de eventos a serem cobertos pela mídia – e no espaço – os diversos programas jornalísticos da grade da emissora, cabendo à Justiça Eleitoral atuar em situações de gravidade manifesta, sob pena de vulnerar a liberdade de informação jornalística." (Rp 0600232-27.2018.6.00.0000, Relator Ministro Carlos Horbach, DJe de 21.8.2018). 12. Conforme decidiu o Supremo Tribunal Federal (STF), a "liberdade de expressão constitui um dos fundamentos essenciais de uma sociedade democrática e compreende não somente as informações consideradas como inofensivas, indiferentes ou favoráveis, mas também as que possam causar transtornos, resistência, inquietar pessoas, pois a Democracia somente existe baseada na consagração do pluralismo de ideias e pensamentos políticos, filosóficos, religiosos e da tolerância de opiniões e do espírito aberto ao diálogo" (ADI 4439/DF, Relator Ministro Luís Roberto Barroso, redator para o acórdão Ministro Alexandre de Moraes, Tribunal Pleno, DJe de 21.6.2018). 13. O **postulado da igualdade de chances** entre os candidatos **deve ser compreendido à luz do caso concreto**, mormente se considerarmos a natural assimetria na distribuição dos recursos econômicos aos partidos e candidatos, bem assim os seus reflexos na propaganda eleitoral ocorrente no pleito. [...]

Não se pode negar que a imprensa, principalmente a radiodifusão e a telecomunicação, é um "Poder Social" que atua no chamado inconsciente coletivo, formando opinião favorável ou desfavorável, às vezes sem que o ouvinte ou telespectador perceba. É preciso, por conseguinte, que a Justiça Eleitoral esteja atenta para coibir esses abusos, na maioria das vezes veiculados de forma subliminar, em face das modernas técnicas de *marketing*, que não mais se utilizam do pedido direto de voto.

> [...] 7. No caso, o TRE/BA, com base em provas robustas, constatou que houve a prática repetitiva de atos abusivos por meio de veículos de imprensa de alcance social significativo e de credibilidade pública, em razão das seguintes condutas: (i) **supressão de inserções** e alteração de cronograma de mídia para favorecer determinada candidatura; (ii) divulgação de **matérias favoráveis** a uma chapa em percentual significativamente superior à chapa adversária em sítio eletrônico no período de 05.07.2012 a 07.10.2012; e (iii) **tratamento privilegiado por meio de emissora de rádio** com a divulgação de comentários favoráveis à campanha dos recorrentes e desfavoráveis à coligação recorrida. O acórdão concluiu que tais circunstâncias tiveram gravidade suficiente para desequilibrar o pleito. (TSE, AgR-REspe n. 88386 - IRECÊ – BA, Ac. de 26/09/2019, Rel. Min. Luís Roberto Barroso)

> ELEIÇÕES 2016. [...] AÇÃO DE INVESTIGAÇÃO JUDICIAL ELEITORAL. CONDUTA VEDADA E ABUSO DE PODER POLÍTICO. USO INDEVIDO DOS MEIOS DE COMUNICAÇÃO. [...]
>
> 3. O Tribunal Regional Eleitoral de Minas Gerais manteve a multa aplicada ao recorrente Lúcio Sebastião dos Santos e decretou sua inelegibilidade, por entender que ele permitiu e determinou a publicação de **propaganda institucional no Facebook da Prefeitura** do Município de Lajinha/MG durante o período vedado, bem como que foi responsável pela distribuição de **5.000 informativos** a toda a comunidade de Lajinha/MG, com material de promoção pessoal, e pela manutenção de 2 placas de obras públicas, com logotipo da administração municipal, conjunto de circunstâncias que lastreou o juízo de gravidade das condutas, conclusão insuscetível de revisão em sede extraordinária. (TSE, AgR-AI n. 40267 - LAJINHA – MG, Ac. de 25/04/2019, Rel. Min. Admar Gonzaga)
>
> "Quanto menor o grau de instrução do povo, maior é a influência exercida pelos meios de comunicação. A televisão, com sua grande capacidade de prender o telespectador às suas mensagens, ocupa, sem dúvida, lugar de destaque, pois, sempre que há um conflito entre o que se vê e o que se ouve, vence o que se vê. O aperfeiçoamento técnico na elaboração dos programas políticos, aliado à atuação de profissionais especializados na área de *marketing* e propaganda, transformaram os pleitos eleitorais em verdadeiros teatros, entretenimento em grande escala, onde a única diferença é que os atores nas campanhas são reais."[353]

18.4. Outros meios de comunicação. Abuso do poder religioso

No entanto, como **veículos e meios de comunicação** social não se pode entender apenas a imprensa escrita, o rádio e a TV. Qualquer que seja a forma de comunicação que atinja um sem-número de eleitores, ou seja, que tenha como alvo o eleitor enquanto coletividade, que tenha expressiva capacidade de penetração, é meio ou veículo de comunicação social e se submete à possibilidade de abuso.

> RO-El n. 060397598 - CURITIBA – PR, Ac. de 28/10/2021, Rel. Min. Luis Felipe Salomão. [...] 13. A internet e as redes sociais enquadram-se no conceito de "veículos ou meios de comunicação social" a que alude o art. 22 da LC 64/90. Além de o dispositivo conter tipo aberto, a Justiça Eleitoral não pode ignorar a realidade: é notório que as Eleições 2018 representaram novo marco na forma de realizar campanhas, com claras vantagens no uso da internet pelos atores do processo eleitoral, que podem se comunicar e angariar votos de forma mais econômica, com amplo alcance e de modo personalizado mediante interação direta com os eleitores.

Já se decidiu que a utilização do sistema de som de parque de exposições[354], durante a realização de *shows* artísticos, em prol de alguma candidatura, caracteriza uso indevido dos meios de comunicação social. O candidato, aproveitando-se do fato de que um número expressivo de eleitores é atraído para o local pelo anúncio da presença do artista e do bem-estar que o apresentador acaba proporcionando aos presentes,

---

[353] MOREIRA, Marcelo Silva. *Eleições e abuso de poder*, p. 62.

[354] TRE-MG, RE n. 44602004 - BELMIRO BRAGA – MG, Ac. nº 3545 de 14/12/2004, Rel. Des. Marcelo Guimarães Rodrigues

associa tudo isso à sua imagem e implanta no inconsciente das pessoas a sensação de que é ele o homem público ideal ao cargo disputado. De outro lado, o **líder religioso** que durante as celebrações faz propaganda eleitoral também usa indevidamente do meio de comunicação de que dispõe, com a agravante de que o faz em local de uso comum, assim entendido o ambiente da igreja. A esse uso indevido, alguns autores – e também o TSE – vêm dando o nome de "**abuso de poder religioso**" e até se falando na necessidade de legislação que o reconheça. Na verdade, a espécie já está contemplada pelos arts. 19 e 22, da LC n. 64/90, pois, como dito, perfeitamente enquadrável no gênero "uso indevido de meios de comunicação". Também, perfeitamente possível entender que o líder religioso é a "autoridade" mencionada na lei, quando se reporta ao abuso de poder político ou de autoridade, não limitando esta à autoridade pública.

> Enquadra-se como abuso de autoridade a extrapolação da ascendência e o poder de influência e de persuasão de **líderes religiosos** (pastores, padres, diáconos, sacerdotes) sobre os fiéis de comunidades religiosas. (TSE, Ac. de 21.8.2018, no RO nº 537003)
>
> A prática de atos de propaganda por **entidade religiosa** pode ser caracterizada como abuso de poder econômico; e a difusão proposital de atos de promoção de candidaturas, como uso indevido dos meios de comunicação social. (TSE, Ac. de 7.3.2017, no RO nº 265308)
>
> "A **veiculação 'pirata' de propaganda eleitoral**, notadamente em horário nobre, é ato capaz de comprometer a lisura do pleito, gerando desigualdade entre os candidatos, o que caracteriza uso indevido dos meios de comunicação. Como têm proclamado os precedentes da Corte, para a caracterização do abuso na esfera eleitoral não se exige a relação de causa e efeito entre o ato infrator e o resultado das eleições." (TSE, Rec. Ord. n. 508/MA, Rel. Min. Sálvio de Figueiredo Teixeira, em 25/9/2001)
>
> REspEl – AgR-REspEl n. 4248 - ARACOIABA – CE, Ac. de 28/10/2021, Rel. Min. Luis Felipe Salomão. ELEIÇÕES 2016. PREFEITO. AÇÃO DE INVESTIGAÇÃO JUDICIAL ELEITORAL (AIJE). ABUSO DE PODER ECONÔMICO E POLÍTICO. [...] DOAÇÕES. AMBULÂNCIAS E VEÍCULO. AMPLITUDE. DIVULGAÇÃO. FIM ELEITOREIRO. GRAVIDADE. DESEQUILÍBRIO. LEGITIMIDADE DO PLEITO. NEGATIVA DE PROVIMENTO. 1. No decisum agravado, negou-se seguimento ao apelo nobre do Prefeito de Aracoiaba/CE reeleito em 2016 e de sua companheira de chapa (que renunciou ao cargo de vice), mantendo-se sentença e aresto unânime no sentido da perda do diploma e da inelegibilidade por abuso de poder econômico e político, diante do uso promocional de doações de ambulâncias e carro para a Guarda Municipal, explorando-se a entrega gratuita desses bens. [...] 8. As testemunhas, em uníssono, afirmam que o **convite para a entrega dos veículos foi amplamente divulgado por meio de carro de som**, no sítio da Prefeitura e nas redes sociais, sendo que, nos eventos de outorga, se anunciou, inclusive pelo Prefeito, que as benesses eram oriundas de recursos próprios da Vice-Prefeita. 9. A Corte a quo consignou que a gravidade "reside no fato das divulgações e doações terem sido perpetradas com grande proximidade de período eleitoral, o modo como as divulgações e doações foram realizadas, utilizando-se da máquina pública e alcance desse abuso em relação ao eleitorado, uma vez que ao propagarem benesses de cunho patrimonial em prol do Município, tal recurso é utilizado como fonte de convencimento do eleitor e causa um desequilíbrio das forças". [...]

Seção XI

19. DAS PESQUISAS E TESTES PRÉ-ELEITORAIS

A cada dia cresce a indústria das pesquisas de opinião durante a campanha eleitoral. Os candidatos e Partidos cada vez mais se valem das informações colhidas nesses testes de opinião para conduzirem suas campanhas e formatarem suas propagandas.

19.1. Registro prévio na Justiça Eleitoral

A Lei n. 9.504/97 disciplina a matéria nos arts. 33 a 35, deixando livre a atividade das entidades e empresas do ramo, exigindo-lhes tão somente o **registro prévio** das informações mínimas necessárias para que se conheça o contratante da pesquisa, o valor e a origem dos recursos despendidos no trabalho, a metodologia e o período da sua realização, o plano amostral e ponderação quanto a sexo, idade, grau de instrução, nível econômico e área física de realização das coletas, o intervalo de confiança e a margem de erro, o sistema interno de controle, o questionário completo aplicado ou a ser aplicado, o nome e o registro do estatístico responsável e o nome de quem pagou pela sua realização[355].

Esse registro prévio só será exigido quando a pesquisa tiver como objetivo o conhecimento público, ou seja, quando seus resultados forem divulgados. Então, se o candidato ou Partido quer realizar pesquisa apenas para orientar sua campanha ou a forma da sua propaganda, não haverá necessidade do mencionado registro.

O registro prévio, que deve ocorrer até cinco dias antes da divulgação, será realizado junto ao órgão da Justiça Eleitoral com competência para o registro dos candidatos. Se a eleição for municipal, dirige-se o pedido ao Juiz Eleitoral; se a eleição for geral (deputados, senadores e governador), o pedido é formulado ao TRE; nas eleições presidenciais, compete ao TSE o registro. De qualquer forma, esse requerimento é feito exclusivamente via internet, através do Sistema de Registro de Pesquisas Eleitoral (PesqEle), conforme disciplinado na Res. TSE n. 23.600/2019, com as alterações da Res. TSE n. 23.676/2021, que contém o regulamento das pesquisas eleitorais para as eleições de 2020 e seguintes.

Feito o requerimento de registro, o prazo de cinco dias para a divulgação passa a ser contado no dia seguinte, pois exclui-se o dia do começo (art. 224, do NCPC, cuja aplicação ao processo eleitoral está reafirmada no art. 7º, § 2º, da Res. TSE n. 23.478/2016). O art. 2º, § 2º, da Res. TSE n. 23.600/2019, também prevê a exclusão do dia da publicação, de forma que entre a data do pedido de registro e a da divulgação transcorram os cinco dias previstos na lei. E acrescenta a resolução que o PesqEle (sistema eletrônico de registro das pesquisas), assim que concluído o registro, informará a data a partir da qual será possível a divulgação (art. 2º, § 3º).

---

[355] Ver todas as exigências na Res. TSE n. 23.600/2019, com as alterações da Res. TSE n. 23.676/2021.

Mesmo que haja impugnação, a pesquisa poderá ser divulgada, salvo se o Juiz, ou Relator, entender pela necessidade de suspensão dessa divulgação (Res. TSE n. 23.600/2019 art. 16, § 1º), diante da possibilidade de dano irreparável ou de difícil reparação, ou mesmo pela necessidade de inclusão de informações esclarecedoras. Até o sétimo dia seguinte ao do registro, o pedido de registro será complementado pela entrega dos dados relativos aos municípios e bairros abrangidos pela pesquisa (art. 2º, § 7º, da Res. TSE n. 23.600/2019: "A partir do dia em que a pesquisa puder ser divulgada e até o dia seguinte, ...").

Os Partidos e Coligações terão acesso às tais informações pelo período de trinta dias, devendo o PesqEle emitir avisos eletrônicos a serem divulgados nos sites dos tribunais (art. 33, § 2º, da Lei n. 9.504/97, na redação dada pela Lei n. 12.034/2009, e art. 7º, § 2º, da Res. TSE n. 23.600/2019). A mesma Resolução mantém o Sistema de Registro de Pesquisas Eleitorais disponibilizado no site dos Tribunais Eleitorais – independentemente do horário de funcionamento do Cartório Eleitoral – e de utilização obrigatória – repita-se – pelas entidades e empresas que fizerem pesquisas para divulgação. O pedido de registro não é mais encaminhado em meio físico para a Justiça Eleitoral e sim feito diretamente no sistema, prestando-se ali as informações e encaminhando-se os documentos em meio eletrônico. A partir desse registro, as informações já se tornam disponíveis aos legitimados à eventual impugnação (partidos, coligações, candidatos, Ministério Público) e o próprio sistema já informa o dia em que poderá ser divulgado o resultado da pesquisa. Impõe-se, também aqui, a vedação de impugnação por partido isoladamente, sempre que estiver integrando federação, como também à federação, se estiver disputando a eleição majoritária em coligação. A impugnação será oferecida diretamente no PJe, na classe Representação (Rp), conforme art. 16, da Res. TSE n. 23.600/2019.

O TSE, na regulamentação atual do tema (Res. n. 23.600/2019, art. 3º), determina que "a partir das publicações dos editais de registro de candidatos, os nomes de todos os candidatos cujo registro tenha sido requerido deverão constar da lista apresentada aos entrevistados durante a realização das pesquisas". E esclarece (§ 1º) que "o candidato cujo registro foi indeferido, cancelado ou não conhecido somente poderá ser excluído da lista a que se refere o caput deste artigo quando cessada a condição sub judice, na forma estipulada pela resolução deste tribunal que dispõe sobre a escolha e o registro de candidatos", ou seja, com o trânsito em julgado ou com a decisão colegiada do TSE. Cessada a condição sub judice durante a coleta de dados, seu prosseguimento não será impedido, porém deverão ser feitas eventuais ressalvas no momento da divulgação dos resultados (§ 2º).

19.2. Divulgação sem registro: multa

A divulgação de pesquisa **sem o prévio registro** das informações exigidas pela lei constitui infração cível eleitoral e sujeita os responsáveis à multa de 50.000 a 100.000

UFIRs (R$ 53.205,00 a R$ 106.410,00, art. 33, § 3º, da Lei n. 9.504/97, e art. 17, da Res. TSE n. 23.600/2019). Serão penalizados, evidentemente, os responsáveis pela divulgação, já que a realização da pesquisa, em si mesma, não constitui qualquer irregularidade. A conduta aqui censurada, repita-se, é a mera divulgação do resultado da pesquisa, se sem o registro prévio, não se cogitando, neste momento, de eventuais fraudes.

> Divulgação de pesquisa eleitoral na rede social **Facebook** sem prévio registro insere-se na vedação prevista neste dispositivo [art. 33, § 3º] (TSE, Ac. de 8.2.2018, no AgR-AI nº 81736)
>
> Divulgação de pesquisa eleitoral em grupo da rede social **WhatsApp** sem prévio registro configura o ilícito tratado neste parágrafo [§ 3º, do art. 33]. (TSE, Ac. de 30.5.2017, no AgR-REspe nº 10880)
>
> Incidência de multa por divulgação, em **entrevista** concedida à emissora de rádio, de pesquisa sem prévio registro na Justiça Eleitoral. (TSE, Ac. de 10.11.2015, no AgR-REspe nº 13896)
>
> O candidato, como titular de página do **Facebook**, é responsável por seu conteúdo, respondendo por **material postado por terceiro** quando demonstradas a sua ciência prévia e a concordância com a divulgação, estando sujeito à multa prevista neste parágrafo. (TSE, Ac. de 19.8.2014, no REspe nº 35479)
>
> Incidência da multa também quando há **divulgação antes do prazo** do *caput* deste artigo. (TSE, Ac. de 18.5.2010, no R-Rp nº 79988)

19.3. Pesquisa fraudulenta: Crime Eleitoral

Como a lei eleitoral reconhece o potencial de influência que as pesquisas eleitorais exercem sobre o eleitorado, a conduta daquele que divulga **pesquisa fraudulenta** constitui *crime*, punível com detenção de 6 meses a 1 ano e multa de 50.000 a 100.000 UFIRs (art. 33, § 4º). Agora, sim, importa saber se o resultado da pesquisa corresponde à opinião legitimamente colhida dos eleitores entrevistados ou se houve manipulação no tratamento dos dados para produção de determinado resultado.

Também constitui crime "qualquer ato que vise a retardar, impedir ou dificultar a **ação fiscalizadora** dos partidos" (art. 34, § 2º), como também a irregularidade nos dados publicados (art. 34, § 3º).

19.4. Divulgação de pesquisa no dia da eleição

O art. 255 do Código Eleitoral proíbe a divulgação, nos quinze dias anteriores ao pleito, do resultado de pesquisas e testes de opinião. Essas disposições, entretanto, cedem diante da liberdade de informação consagrada no texto constitucional (art. 220, CF/88). Então, se a pesquisa está registrada junto à Justiça Eleitoral com a antecedência mínima de cinco dias, seus resultados poderão ser divulgados **até mesmo no dia da eleição**, conforme vem-se posicionando reiteradamente o TSE, desde o Acórdão n. 10.305, de 27/10/1988, e nas resoluções que a cada ano de eleição regulamentam o assunto. A atual Res. TSE n. 23.600/2019 repete a orientação no art. 11.

> Art. 11. As pesquisas realizadas em data anterior ao dia das eleições poderão ser divulgadas a qualquer momento, inclusive no dia das eleições, desde que respeitado o prazo de 5 (cinco) dias previsto no art. 2° e a menção às informações previstas no art. 10 desta Resolução.

O art. 35-A, da Lei n. 9.504/97, acrescentado pela Lei n. 11.300/2006, que também repete a vedação de divulgação das pesquisas a partir do 15º dia anterior à eleição, foi entendido pelo TSE como inconstitucional na sessão de 23 de maio de 2006, daí que tais resoluções continuam a prever essa divulgação até mesmo no dia da eleição. Na ADI n. 3741-2, em sessão realizada em 06.09.2006, o STF declarou inconstitucional o mencionado dispositivo.

A intenção de voto coletada junto aos eleitores, no dia da eleição (a denominada "pesquisa de boca de urna"), entretanto, só pode ser divulgada após as 17 horas e se a votação já se houver encerrado. Em eleições presidenciais, necessário observar o fim da votação em todos os Estados, face ao fuso horário. Para as eleições de 2022, o TSE determinou que todos os Estados observem, para início e encerramento da votação, o horário de Brasília (Res. TSE n. 23.669/2021, art. 254).

19.5. Enquetes e sondagens: Lei n. 12.891/2013.

As **enquetes ou sondagens**, sem controle de amostragem e que não têm caráter científico e nem estatístico, podiam ser realizadas e divulgadas livremente até as eleições de 2012, sem o registro prévio que se exige para as pesquisas. Entretanto, a divulgação do resultado devia esclarecer tratar-se de mera enquete ou sondagem, sob pena de ser entendida como pesquisa, aplicando-se ao divulgador a multa (art. 2º da Resolução n. 23.364/2011).

Com a Lei n. 12.891/2013 (que acrescentou o § 5º ao art. 33 da Lei n. 9.504/97) e com a Res. TSE n. 23.400/2013 (art. 24, que conceituou enquete como "pesquisa de opinião pública que não obedeça às disposições legais e às determinações previstas nesta resolução"), a divulgação destas sondagens restou vedada durante a campanha eleitoral, ou seja, a partir de 16.agosto, incorrendo os responsáveis nas sanções aplicáveis às pesquisas não registradas. As Res. TSE n. 23.453/2015 e n. 23.549/2017, ambas no art. 23, repetiram a disposição para as eleições de 2016 e 2018, respectivamente.

O TSE, entretanto, no Ac. de 27.11.2018, no R-Rp n. 060098836, entendeu ser impossível a aplicação de multa por descumprimento do art. 33, § 5º, da Lei n. 9.504/97, ou seja, por divulgação de enquete no período de campanha, por ausência de previsão legal, já que a infração cível eleitoral descrita no § 3º consiste em divulgar pesquisa eleitoral – não enquete – sem prévio registro. Neste mesmo sentido:

> [...] 5. O entendimento do Tribunal de origem encontra respaldo na orientação jurisprudencial desta Corte, no sentido de que a incidência da multa por divulgação de pesquisa eleitoral sem registro exige a presença de alguns elementos mínimos de formalidade para que seja considerada pesquisa de opinião, sem os quais o texto pode configurar mera enquete ou sondagem, cuja divulgação prescinde de registro e

não enseja a aplicação de sanção pecuniária. Precedentes. (TSE, AgR-AI n. 38792 - MAIRIPORÃ – SP, Ac. de 01/08/2019, Rel. Min. Sergio Silveira Banhos)

Já na Res. TSE n. 23.600/2019, o art. 23 reafirma o conceito de enquete (§ 1º) e acrescenta (§ 1º-A, incluído pela Res. TSE n. 23.676/2021) que a enquete será entendida como pesquisa se apresentada ao público como tal, não esclarecendo tratar-se de mero levantamento de opiniões, sem método científico. Neste caso, estará configurada a infração do art. 33, § 3º, da LE, pois pesquisa divulgada sem o prévio registro na Justiça Eleitoral.

Art. 23. É vedada, a partir da data prevista no caput do art. 36 da Lei nº 9.504/1997, a realização de enquetes relacionadas ao processo eleitoral.

§ 1º **Entende-se por enquete ou sondagem** o levantamento de opiniões **sem plano amostral**, que dependa da participação espontânea do interessado, e que **não utilize método científico** para sua realização, quando apresentados resultados que possibilitem ao eleitor inferir a ordem dos candidatos na disputa.

§ 1º-A A enquete que seja **apresentada ao público como pesquisa eleitoral será reconhecida como pesquisa de opinião pública sem registro** na Justiça Eleitoral, sem prejuízo do que dispõe o caput do art. 23.

E os §§ 2º, 3º, 4º e 5º, do mesmo art. 23, regulamentam o exercício do poder de polícia dos Juízes Eleitorais quando se tratar de divulgação de enquetes, cuja principal providência de ordem administrativa, adotada mesmo de ofício, é a remoção da sua publicação. A aplicação da multa, se entendida a enquete como pesquisa não registrada, é atividade jurisdicional que só se exerce em sede de Representação, a ser proposta por algum dos legitimados.

§ 2º A partir da data prevista no caput deste artigo, **cabe o exercício do poder de polícia** contra a divulgação de enquetes, com a expedição de **ordem para que seja removida**, sob pena de crime de desobediência, sem prejuízo de eventual representação cabível. (Redação dada pela Resolução nº 23.676/2021)

§ 3º O poder de polícia não autoriza a aplicação de ofício, pelo juiz eleitoral, de multa processual ou daquela prevista como sanção a ser aplicada em representação própria (Súmula-TSE nº 18).

§ 4º Será competente para o exercício do poder de polícia contra a divulgação de enquetes o juízo da fiscalização eleitoral. (Incluído pela Resolução nº 23.676/2021)

§ 5º O expediente possui **natureza administrativa** e tramitará no Sistema de Processo Judicial Eletrônico de 1º Grau (**PJe-ZE**), por meio da Classe Processual **Notícia de Irregularidade da Propaganda Eleitoral** (**NIP**). (Incluído pela Resolução nº 23.676/2021)

Seção XII

20. FIM DA PROPAGANDA

A propaganda eleitoral, que tem dia certo para começar (16 de agosto do ano das eleições), também tem data para terminar.

20.1. No rádio, na TV e em Comícios

A propaganda no **rádio e na TV**, como aquela realizada em **comícios e reuniões públicas**[356], não se pode realizar nas 48 horas[357] que antecedem o dia das eleições, em primeiro turno. No primeiro turno, então, a propaganda eleitoral com utilização desses veículos de comunicação está vedada na véspera e antevéspera, ou seja, no sábado e na sexta-feira (art. 240, parágrafo único, do CE, e art. 47, da LE), já que a eleição se realiza no primeiro domingo de outubro. Para o segundo turno, a propaganda eleitoral no rádio e na TV, que se inicia - conforme nova redação dada ao art. 49, pela Lei n. 13.488/2017 - na sexta-feira seguinte ao primeiro turno, vai até a antevéspera da votação. Portanto, tais meios de propaganda, no segundo turno, só estão vedados nas 24 horas anteriores à eleição, ou seja, no sábado.

> Art. 49. Se houver segundo turno, as emissoras de rádio e televisão reservarão, a partir da sexta-feira seguinte à realização do primeiro turno e até a antevéspera da eleição, horário destinado à divulgação da propaganda eleitoral gratuita, dividida em dois blocos diários de dez minutos para cada eleição, e os blocos terão início às sete e às doze horas, no rádio, e às treze e às vinte horas e trinta minutos, na televisão. (Redação dada pela Lei n. 13.488/2017)

Já os comícios e reuniões públicas, por aplicação do art. 240, parágrafo único, do Código Eleitoral, terminam na quinta-feira também no segundo turno.

---

[356] A jurisprudência eleitoral já era firme no sentido de que carreatas e passeatas não se caracterizam como reuniões públicas, daí que podem ser realizadas até no sábado véspera do dia da eleição, desde que o ato não se transforme em comício ambulante, pela utilização de microfones: *"(...) Possibilidade de carro de som transitar pela cidade divulgando jingles ou mensagens de candidatos* **[conforme art. 39, § 11, na redação dada pela Lei n. 13.488/2017, os carros de som só podem transitar se acompanhando passeatas, carreatas e caminhadas]**, *desde que os microfones não sejam usados para transformar o ato em comício. Caminhada ou passeata não se equiparam a reuniões públicas. O art. 39, § 5º, inciso I, da Lei no 9.504/97 tipifica como crime a realização de carreata apenas no dia da eleição." NE: O Tribunal autorizou caminhada com distribuição de panfletos.* (TSE, Ac. n. 3.107, de 25/10/2002, rel. Min. Fernando Neves.)

Até as 22 horas do dia que antecede a eleição, serão permitidos distribuição de material gráfico, caminhada, carreata, passeata ou carro de som - este somente se acompanhando aquelas, conforme art. 39, § 11, na redação dada pela Lei n. 13.488/2017 - que transite pela cidade divulgando jingles ou mensagens de candidatos (Lei nº 9.504/97, art. 39, § 9º, c/c § 11).

[357] Com a redação atual do art. 39, § 4º, da Lei n. 9.504/97 (dada pela Lei n. 12.891/2013), os comícios de encerramento da campanha podem terminar às 2 horas da madrugada de sexta - no primeiro e no segundo turnos - e não mais às 24hs. Então, a preservação das 48hs antecedentes à votação restou abrandada.

Ver no Título I (Noções Introdutórias), Capítulo II (Fontes do Direito Eleitoral), n. 3 (Lei das Eleições), os fundamentos para aplicação, já em 2014, da Lei n. 12.891/2013. O TSE, entretanto, decidiu não aplicá-la às eleições daquele ano.

20.2. Impressos, carreatas, alto-falantes

A propaganda eleitoral mediante **distribuição de volantes, santinhos, folhetos e impressos em geral**; em **veículos e carros de som** e em **caminhadas, carreatas e passeatas** pode prolongar-se até as 22 horas do sábado véspera da eleição (art. 39, § 9º, da Lei n. 9.504/97, incluído pela Lei n. 12.034/2009). No domingo da eleição, entretanto, toda a propaganda eleitoral é vedada e a sua realização caracteriza o crime de "boca de urna", previsto no art. 39, § 5º. O **derrame de impressos** nas ruas, especialmente nas proximidades das seções eleitorais, mesmo quando feito na véspera, mas visando a fazê-los chegar ao eleitor no dia da eleição, pode ser alcançado pelo tipo, pois a conduta alcançará o fim proibido pela lei, que é interferir na liberdade de escolha dos eleitores, especialmente protegida no dia da votação. A Res. TSE n. 23.610/2019 (como já o haviam feito as Res. TSE n. 23.457/2015 e n. 23.551/2017), prevê esta possibilidade no art. 19, § 7º, e no art. 87, § 2º. E a Res. TSE n. 23.671/2021, acrescentando o § 8º-A ao art. 19, prevê que a Representação por propaganda irregular, quando tendo como causa de pedir o derrame de material impresso no local de votação realizado na véspera ou no dia da eleição, poderá ser ajuizada até 48 horas após a data do pleito, não se aplicando o entendimento jurisprudencial que fixa no dia da eleição a data limite para a mencionada ação.

> § 8º-A Na hipótese de derrame de material de propaganda no local de votação realizado na véspera ou no dia da eleição, a representação por propaganda eleitoral irregular poderá ser ajuizada até 48 (quarenta e oito) horas após a data do pleito. (Incluído pela Resolução nº 23.671/2021)

Destaca-se a previsão da **boca de urna digital**, tipificada pela Lei n. 13.488/2017, que acrescentou o inciso IV ao § 5º, do art. 39, aquela que se caracteriza pela publicação de novos conteúdos no dia da eleição, como também pelo impulsionamento contratado e/ou operado no dia da votação, ainda que relacionado a conteúdos divulgados anteriormente.

> O envio de mensagens por SMS no dia das eleições é alcançado por este tipo penal. (TSE, Ac. de 4.12.2018, no REspe nº 1011)

Nunca é demais lembrar que o bem jurídico protegido pela norma é a liberdade de escolha do eleitor, a ser respeitada de forma absoluta no dia da eleição, daí que impossível falar em **insignificância** da conduta quando alcançado um único eleitor.

Inaplicabilidade do princípio da insignificância ao crime tipificado neste inciso. (TSE, Ac. de 3.9.2014, no AgR-AI n. 498122, e Ac. de 3.5.2011, no REspe n. 1188716)

20.3. Jornais e revistas

Os **jornais e revistas**, ou seja, a imprensa escrita, podem veicular a propaganda eleitoral até a sexta-feira, antevéspera do domingo da eleição (art. 43 da LE, com a redação dada pela Lei n. 11.300/2006).

20.4. Internet

Na **internet**, novos conteúdos com propaganda eleitoral podem ser disponibilizados até o sábado véspera da eleição.

A propaganda que tiver sido veiculada regularmente – na forma, no momento e com o conteúdo permitidos pela lei, inclusive por meio de **adesivos plásticos** em veículos e residências particulares – pode ser mantida no dia das eleições, ou seja, não há necessidade de ser retirada para o dia da votação. O que candidatos e partidos não podem é, no dia da eleição, distribuir ou colar novos adesivos, postar novos conteúdos, etc.

Seção XIII

21. RETIRADA DA PROPAGANDA

Durante a campanha eleitoral, toda uma "sujeira" é levada às ruas pela colagem de adesivos em bens particulares e, principalmente, pela distribuição exagerada e indiscriminada de impressos em geral, às vezes despejados nos leitos das vias públicas.

Essa verdadeira poluição visual – reduzida drasticamente a partir das Leis n. 13.165/2015 e n. 13.488/2017, que conferiram nova redação ao art. 37, § 2º, da Lei das Eleições, vedando pinturas em muros, faixas, placas e cartazes e a colagem ou afixação de papéis em imóveis – é tolerada durante aquele período em face do direito constitucionalmente garantido ao cidadão/eleitor de informar-se quanto aos candidatos que disputam o seu voto. E mesmo em razão do direito que têm os candidatos à propaganda eleitoral.

Realizada a eleição, entretanto, não mais há razão para que a propaganda eleitoral continue a compor o panorama visual das ruas, praças, avenidas e rodovias, ou seja, dos locais de circulação pública, porque é poluição visual, que altera a estética pública e muitas das vezes se contrapõe às posturas municipais.

21.1. Prazo no primeiro e segundo turnos

Sensível a isso, o TSE, na Res. n. 20.988/2002, art. 84, fixou o prazo de 30 dias após o pleito, em primeiro e segundo turnos, para os candidatos, partidos políticos e coligações removerem toda a propaganda eleitoral, com restauração do bem em que fixada, se for o caso. E ainda remete os responsáveis, no caso de descumprimento, às consequências previstas na legislação comum aplicável, ou seja, ao direito ambiental.

A regra foi repetida para as eleições seguintes e para as de 2020 e seguintes está contida no art. 121, da Res. TSE n. 23.610/2019. Se os candidatos e os partidos não a observarem, além das consequências previstas na legislação comum, deve o Ministério Público oferecer Representação à Justiça Eleitoral, para a sua retirada imediata, sob pena de multa diária a ser fixada liminarmente.

A medida é extremamente pertinente e útil, inclusive porque evita a perpetuidade de certas propagandas, notadamente as que se valem de colagem de adesivos, que passam de um processo eleitoral a outro, confundindo os eleitores quando o beneficiário da propaganda não mais é candidato, ou o é com outro número e por outro Partido.

O TSE, no REspe n. 35925, com decisão monocrática do Min. Ricardo Lewandowski, firmou a competência da Justiça Eleitoral para determinar e fazer cumprir o que disposto na Resolução, ou seja, para a efetiva retirada da propaganda. Na Representação n. 752-DF, o Ministro Marco Aurélio assim se manifestou:

> "observo que a competência, já que estamos a atuar no campo originário, precede o exame da matéria de fundo. Temos como baliza para defini-la o pleito formulado na inicial: a impugnação ao pedido constante dessa peça. No caso, representou-se a partir do disposto no art. 36 da Lei nº 9.504/97; logo, definir se procede ou não o que é articulado na inicial é julgamento de fundo, não está ligado em si à problemática da competência. Trata-se de representação que sinaliza propaganda eleitoral, portanto, de competência da Justiça Eleitoral" (grifei).

Seção XIV

22. REPRESENTAÇÃO

Quando do estudo dos meios de propaganda não tolerada, da propaganda ilícita e do abuso de poder, viu-se que há consequências para essas condutas.

Tão logo tome conhecimento da propaganda que não se amolda à lei, o Juiz Eleitoral deve adotar as providências que forem necessárias à boa ordem do processo eleitoral, fazendo suspender imediatamente a prática. Isso, independentemente de qualquer provocação, já que o Juiz detém o poder de polícia.

A par da possibilidade dessa iniciativa *ex officio* do Juiz, que visa, como dito, apenas a evitar ou a fazer cessar a prática do ilícito, é possível provocar a jurisdição eleitoral para pleitear a imposição das sanções eventualmente previstas no tipo infracional realizado pelo agente. Para tanto, o direito processual eleitoral conhece, dentre outras, a Ação de Representação, ou simplesmente Representação.

22.1. Art. 96, da Lei 9.504/97: objeto

Essa Representação está disciplinada no *art. 96 da Lei n. 9.504/97* e é a via adequada sempre que se relatar **fatos que caracterizem o descumprimento das regras fixadas na legislação eleitoral** (lei das eleições, código eleitoral, etc.) e também sempre que não for indicado, no próprio tipo infracional, procedimento diverso (como é o caso do art. 41-A, em que indicado procedimento diverso: do art. 22, da LC n. 64/90). É ela, portanto, ação residual e será necessariamente utilizada quando a conduta reclamar, além ou independentemente do *exercício do poder de polícia*, a *aplicação de sanções*. Assim, se a conduta for daquelas que a lei não tolera, mas para as quais não haja cominação de qualquer sanção, tudo se resolve com o poder de polícia, que pode ser adotado *ex officio* pelo Juiz ou mediante provocação do interessado, que pode se valer da NIP – Notícia de Irregularidade na Propaganda Eleitoral, diretamente no PJe. Entretanto, se houver previsão legal de multa ou de qualquer outra sanção, o Juiz não poderá instaurar o procedimento *ex officio*. Deverá exercer o poder de polícia, suspendendo a conduta irregular, p.ex., e, em seguida ou concomitantemente, comunicar a prática ilegal ao Ministério Público e aguardar o oferecimento da Representação por parte de algum dos legitimados, para só então – após o devido processo legal – impor a sanção cabível (art. 54, da Resolução TSE n. 23.608/2019).

> Art. 54. A competência para o processamento e julgamento das representações previstas no Capítulo II **não exclui o poder de polícia** sobre a propaganda eleitoral e as enquetes, que será exercido pelos juízes eleitorais, pelos membros dos tribunais eleitorais e pelos juízes auxiliares designados.
>
> § 1º O poder de polícia sobre a propaganda eleitoral é restrito às **providências necessárias para inibir ou fazer cessar práticas ilegais**, vedada a censura prévia sobre o teor dos programas e das matérias jornalísticas ou de caráter meramente informativo a serem exibidos na televisão, na rádio, na internet e na imprensa escrita.
>
> § 2º No exercício do poder de polícia, é **vedado ao magistrado aplicar sanções pecuniárias**, **instaurar de ofício a representação** por propaganda irregular ou adotar **medidas coercitivas tipicamente jurisdicionais**, como a imposição de astreintes (Súmula nº 18/TSE).
>
> § 3º O **mandado de segurança** é a via jurisdicional cabível contra atos comissivos e omissivos praticados pelo juiz eleitoral no exercício do poder de polícia.
>
> SÚMULA Nº 18/TSE
>
> Conquanto investido de poder de polícia, não tem legitimidade o juiz eleitoral para, de ofício, instaurar procedimento com a finalidade de impor multa pela veiculação de propaganda eleitoral em desacordo com a Lei nº 9.504/97.

A Representação (com o procedimento sumaríssimo do art. 96) se presta, então, para denunciar fatos relativos a gastos excessivos na campanha, na perspectiva da aplicação da multa (art. 18-B); à divulgação de pesquisa não registrada (art. 33, § 3º); à propaganda extemporânea (art. 36, § 3º); à propaganda ilícita (art. 37, §§ 1º e 2º); à inobservância de distância, horários e volume para funcionamento de alto-falantes (art. 39, §§ 3º, 11 e 12); à inobservância do horário e local para comícios (art. 39, § 4º); à colocação de *outdoor* (art. 39, § 8º); à inobservância dos limites de número e espaço da propaganda na imprensa (art. 43, parágrafo único); às infrações na propaganda pelo rádio e TV (art. 45, § 2º; art. 55, parágrafo único, e art. 56); ao uso indevido da internet (art. 57-A e segs.); à nomeação da Mesa Receptora (art. 63), dentre outras.

Não há dúvida de que esse instrumento processual é de singular importância na busca da normalidade e legitimidade das eleições, como no controle da legalidade no processo eleitoral, principalmente diante da celeridade que lhe impõe a lei. A partir da Lei n. 12.034/2009, no entanto, que passou a prever a cassação de registro ou de diploma também para as hipóteses dos arts. 75 e 77, da Lei das Eleições, não obstante o silêncio do legislador quanto ao rito diferenciado, como o fez nos arts. 30-A, 41-A e 73, não parece adequado apurar ditas condutas e aplicar a cassação sob procedimento que sequer prevê dilação probatória. Melhor mesmo é adotar, como vem recomendando o TSE, o procedimento sumário do art. 22, da LC n. 64/90.

Por isso, as hipóteses dos arts. 75 e 77 (condutas vedadas aos agentes públicos) serão tratadas mais adiante, como matérias que devem ser veiculadas em Representação Especial, com o procedimento sumário do art. 22, da LC n. 64/90.

22.2. Momento para ajuizamento

Pode a Representação ser oferecida a **qualquer momento**, até mesmo antes do período previsto para a propaganda eleitoral, notadamente quando noticiar a prática de propaganda extemporânea, aquela sancionada pelo art. 36, § 3º, e a divulgação de pesquisa não registrada (art. 33, § 3º). Como a lei se silencia a respeito dos termos inicial e final para o manejo da Representação, firmou-se, na jurisprudência do TSE, o entendimento de que o termo final para o seu ajuizamento é a data da eleição, a partir de quando o legitimado perderia o interesse de agir. Exceção feita, naturalmente, à ação que veicular fatos ocorridos na véspera e no dia da eleição, para a qual o art. 17-A, da Res. TSE n. 23.608/2019, incluído pela Res. TSE n. 23.672/2021, prevê prazo de 48 horas após a realização do pleito.

> [...] 1. Na esteira da jurisprudência do TSE, o prazo final para a propositura de representação, por propaganda eleitoral extemporânea ou irregular, é a data da eleição. (TSE, AgR-REspe n. 185078 - JOÃO PESSOA – PB, Ac. de 06/04/2017, Rel. Min. Rosa Weber)
>
> RESPE – AgR-REspe n. 060245017 - MANAUS – AM, Ac. de 18/08/2020, Rel. Min. Edson Fachin. ELEIÇÕES 2018. REPRESENTAÇÃO. PROPAGANDA ELEITORAL IRREGULAR. [...] 1. A jurisprudência desta Corte Superior, reafirmada para as eleições de 2018, é no sentido de que a data–limite para ajuizamento da representação por propaganda irregular é o dia do pleito. [...]

De fato, um dos objetivos da Representação, que é o afastamento imediato do ato vicioso da eleição – que se materializa com a retirada da propaganda irregular, p.ex. – já não será necessário, pois os votos, por ela influenciados ou não, já foram colhidos. Entretanto, a Representação ainda continua útil e necessária para impor ao agente do ilícito a sanção prevista no tipo infracional, normalmente a multa. Daí que a Representação oferecida até a data do pleito ou nas 48 horas seguintes deve ser processada e julgada.

22.3. Natureza de ação

Embora chamada de Representação, trata-se de **ação cível eleitoral condenatória**[358], com *procedimento* e com regras relativas à competência do órgão jurisdicional a quem se dirige, dentre outras, fixados no art. 96, da Lei n. 9.504/97. No que tiver sido omissa, deve-se atentar para as normas do Código Eleitoral e do processo civil, estas aplicáveis supletiva e subsidiariamente ao processo eleitoral. Sua inicial, por exemplo, deve atender aos requisitos do art. 319, do CPC/2015, dedicando-se especial atenção ao *pedido* de suspensão imediata da conduta irregular (quando o caso), de aplicação da multa e de outras sanções que o caso comportar. Não há pertinência – e, portanto, necessidade –, de estimar o valor da causa, tendo em vista que a matéria nela veiculada é de interesse público e sem conteúdo econômico aferível. Pelas mesmas razões, não se cogita de condenação a custas e honorários advocatícios, já que os mencionados ônus não têm

[358] Nada a ver com a "representação" do processo penal, posta à disposição da vítima para provocar a apuração do crime de ação penal pública condicionada.

previsão legal. Ao contrário, entende o TSE que aplicável às ações eleitorais o disposto na Lei n. 9.265/1996, que prevê a gratuidade dos atos necessários ao exercício da cidadania. O art. 4º, da Resolução TSE n. 23.478/2016, assim dispõe:

> Art. 4º. Os feitos eleitorais são gratuitos, não incidindo custas, preparo ou honorários (Lei n. 9.265/96, art. 1º).
>
> "Eleições 2012. [...]1. No processo eleitoral não há falar em gratuidade de justiça, porquanto não há custas processuais e tampouco condenação em honorários advocatícios em razão de sucumbência. 2. (...). (Ac. de 12.05.2015, no AgR-AI n. 148675, Rel. Min. Luciana Lóssio)

O processo eleitoral *stricto sensu* experimenta, desde antes do PJe, inovações importantes, como a possibilidade do oferecimento da Representação via fax ou por meio eletrônico, como permitido pela Res. TSE n. 20.951/2001, no seu art. 4º, dispensado o encaminhamento do original. A Res. TSE n. 23.193/2009 falava em petição eletrônica (art. 6º) como forma de ajuizamento da Representação. E a Res. TSE n. 23.462/2015 – que tratou das Representações para a eleição de 2016 – diz que as petições e recursos serão admitidos, quando possível, por meio eletrônico ou fac-símile (art. 7º). Para isso, os Tribunais divulgavam os números de fax e o manual de utilização do serviço de petição eletrônica.[359] Com a implantação do PJe em todas as ZE do Brasil, que se deu de agosto a dezembro de 2019, as ações eleitorais, inclusive a Representação, são ajuizadas obrigatoriamente no mencionado sistema.

22.4. Competência

A **competência** para conhecer e julgar os conflitos de interesse veiculados na Representação – ou seja, quando a matéria for jurisdicional – está atrelada e se define pelo território da disputa, ou seja, pela circunscrição do pleito. Assim:

4.1. Se a eleição for no município, para os cargos de Prefeito e Vereador, a competência é da Zona Eleitoral à qual pertencer aquela circunscrição;

4.2. Se a eleição for no Estado, para os cargos de Deputado, Estadual e Federal, de Senador e de Governador, a competência originária é do correspondente Tribunal Regional Eleitoral, e,

4.3. Se a eleição é nacional, para Presidente da República, a competência originária é do TSE.

A Lei n. 9.504/97, no § 3º, do art. 96, autorizou a designação, pelos Tribunais Regionais e pelo Tribunal Superior, de três *Juízes Auxiliares* dentre os seus membros substitutos, para apreciação das Representações. A **competência** desses Juízes Auxiliares é para o conhecimento e julgamento da Representação por infração à legislação eleitoral em eleições gerais e presidenciais.

---

[359] As resoluções que regulamentaram a Representação, a Propaganda Eleitoral e o Registro de Candidaturas para as eleições 2016 não fizeram referência à possibilidade de utilização do correio eletrônico - e-mail - para o envio de peças processuais à Justiça Eleitoral e para as notificações aos candidatos, partidos e coligações.

Para melhor compreensão da distribuição de competências e atribuições entre os órgãos da Justiça Eleitoral, entretanto, necessário reafirmar[360] que esta Justiça Especializada, além de cuidar do controle judicial das eleições (**função jurisdicional**), também se incumbe da organização, administração e realização dos pleitos. Estas **atividades, de cunho administrativo e organizacional** - como a nomeação de mesários, designação de locais de votação e, especialmente, o poder de polícia sobre a propaganda eleitoral, para impedir ou fazer cessar imediatamente os atos viciosos das eleições - que não são tecnicamente "competências", mas sim "atribuições", não conhecem ou não se submetem àquela distribuição de competências a pouco mencionada, até porque não dizem respeito à jurisdição, à solução de conflitos de interesse. Ao contrário, sendo providências necessárias à organização e à manutenção da higidez do pleito, reclamam a atuação do órgão da Justiça Eleitoral que mais apropriadamente ou mais proximamente estiver dos atos a serem praticados. A título de exemplo, é mais apropriado que os sistemas informáticos gestores da recepção e totalização dos votos e da divulgação dos resultados sejam de atribuição do TSE, porque as urnas eletrônicas utilizadas em todo o território nacional devem funcionar a partir de uma só orientação, de um só programa. Mas o poder de polícia, que autoriza e exige a adoção de providências para evitar ou fazer cessar imediatamente os atos viciosos da eleição e que pode ser provocado pelos interessados através da NIP (Notícia de Irregularidade na Propaganda Eleitoral), diretamente no PJe, continua a pertencer aos Juízes Eleitorais, cada qual na sua Zona Eleitoral, mesmo quando realizadas eleições gerais ou presidenciais, pois muito próximos aos fatos e naturalmente mais em condições de produzir os resultados esperados. O poder de polícia sobre os conteúdos ilícitos divulgados pela internet vem recebendo tratamento diferenciado. Na Res. TSE n. 23.610/219, dispõe o art. 8º:

> Art. 8º Para assegurar a unidade e a isonomia no exercício do poder de polícia na internet, este deverá ser exercido:
>
> I - **nas eleições gerais**, por um ou mais juízes designado(s) pelo tribunal eleitoral competente para o exame do registro do candidato alcançado pela propaganda;
>
> II - **nas eleições municipais**, pelo juiz que exerce a jurisdição eleitoral no município e, naqueles com mais de uma zona eleitoral, pelos juízes eleitorais designados pelos respectivos tribunais regionais eleitorais.

No que fixa a competência dos Órgãos Jurisdicionais Eleitorais e no que permite que Juízes Auxiliares exerçam as atribuições dos Tribunais, a Lei das Eleições (Lei n. 9.504/97, art. 96) é formalmente inconstitucional, em face do fato de que essa matéria (fixação de competência) é reservada à lei complementar prevista no art. 121 da CF/88. Os Tribunais, entretanto, têm considerado que, enquanto não vier a tal lei complementar, necessário acolher a competência fixada na Lei n. 9.504/97, visando dar concretude ao processo eleitoral. É como pensa, também, Antônio Araldo Dal Pozzo.[361] Além disso, é

---

[360] O assunto foi primeiramente estudado no Título I, Capítulo IV, Seção II, quando realçado que a Justiça Eleitoral cumula funções administrativas e jurisdicionais.

[361] DAL POZZO, Antonio Araldo Ferraz. *Lei eleitoral:* Lei n. 9.504/97 – Estrutura, análise e jurisprudência. São Paulo: Saraiva, p. 154.

certo que o Código Eleitoral de 1965, recepcionado pela Constituição Federal de 1988 com status – neste ponto: fixação de competências – de lei complementar, já continha disposições semelhantes. Embora cuidando, de forma explícita, apenas da competência dos tribunais e das zonas eleitorais para o registro de candidatura e para a sua cassação, a competência para as ações eleitorais cíveis que forem necessárias no desenrolar da disputa eleitoral, como se sabe, devem seguir o mesmo destino.

Como resumo de tudo, a competência para a Representação, quando veiculando fatos ou condutas que caracterizem descumprimento da legislação eleitoral e objetivando a condenação do representado, é do órgão jurisdicional eleitoral da circunscrição da disputa: Zona Eleitoral, TRE ou TSE, conforme for a eleição municipal, estadual ou nacional. E, de qualquer forma, o Juiz Eleitoral mantém-se com atribuição para o exercício do poder de polícia, cuja provocação, repita-se, deve se utilizar da NIP, no PJe.

> Res. TSE n. 23.608/2019
>
> Art. 2º São competentes para apreciação das representações, inclusive as do procedimento do art. 22 da Lei Complementar nº 64/1990, das reclamações e dos pedidos de direito de resposta:
>
> I - nas **eleições municipais**, o juiz que exerce a jurisdição eleitoral no município e, naqueles com mais de uma zona eleitoral, os juízes eleitorais designados pelos respectivos tribunais regionais eleitorais até 19 de dezembro do ano anterior à eleição (Lei nº 9.504/1997, art. 96, § 2º);
>
> II - **nas demais**, os juízes auxiliares, que deverão ser designados pelos tribunais eleitorais dentre seus integrantes substitutos, em número de 3 (três), até o dia 19 de dezembro do ano anterior à eleição (Lei nº 9.504/1997, art. 96, § 3º).
>
> § 1º ~~Os processos previstos nesta Resolução serão autuados nas classes Representação (Rp), Reclamação (Rcl) e Direito de Resposta (DR) e tramitarão exclusivamente no sistema Processo Judicial Eletrônico (PJe)~~. **Revogado pela Res. TSE n. 23.672/2021**
>
> § 2º Nas eleições a que se refere o inciso II deste artigo, a distribuição das representações será feita equitativamente entre os juízes auxiliares, procedendo-se à compensação nos casos de prevenção ou impedimento.
>
> § 3º A atuação dos **juízes auxiliares encerrar-se-á em 19 de dezembro** do ano em que se realizarem as eleições gerais.
>
> § 4º Caso o mandato de juiz auxiliar termine antes da diplomação dos eleitos, sem a sua recondução, o tribunal eleitoral designará novo juiz, dentre os seus substitutos, para sucedê-lo.
>
> § 5º Encerrada a atuação dos juízes auxiliares, as representações, as reclamações e os pedidos de direito de resposta pendentes de julgamento serão redistribuídos, de ofício, pela secretaria judiciária aos membros efetivos do respectivo tribunal eleitoral.

22.5. Legitimação ativa

Estão **legitimados ativamente**, conforme dispõe o *caput* do art. 96, "qualquer partido político, coligação ou candidato", além da Federação de Partidos (art. 11-A, da Lei n. 9.096/95, incluído pela Lei n. 14.208/2021) e do Ministério Público Eleitoral, que atua na defesa do Estado Democrático de Direito e tem participação obrigatória em todas as fases e instâncias do processo eleitoral (art. 72, da LC n. 75/93), seja como agente/autor, seja como interveniente, na condição de fiscal da ordem jurídica. Sendo a Representação oferecida por candidato, partido político, federação ou coligação, exige capacidade postulatória e, por isso, deve ser subscrita por *advogado*, à consideração de que, sendo ação cível eleitoral, veicula conflito de interesses a ser dirimido e busca a condenação do representado, conforme for o dispositivo legal infringido. De outro lado, é bom lembrar que os partidos políticos que integram coligações (junção de dois ou mais partidos para a disputa da eleição que se aproxima, conforme afirmado no Título I, Capítulo II, item 3) ou federações partidárias (junção de dois ou mais partidos com duração mínima de 4 anos e estatutos registrados no TSE, conforme art. 11-A, da Lei n. 9.096/95, incluído pela Lei n. 14.208/2021) perdem a legitimidade para, isoladamente, pleitearem junto à Justiça Eleitoral (art. 6º, § 4º, da Lei n. 9.504/97, incluído pela Lei n. 12.034/2009). A Representação, em tal hipótese, deve ser oferecida pela federação ou coligação. Porque o interesse público da lisura do pleito se sobrepõe aos interesses partidários, eventual desistência da Representação levará à continuidade dela sob a batuta do Ministério Público. Ou seja, a desistência da ação não conduz o processo à extinção.

> [...] 4. Em que pese a viabilidade da assunção do Ministério Público ao polo ativo de demandas eleitorais; na espécie, o TRE assevera que não houve propriamente a desistência da ação, uma vez que os atos praticados pela parte autora, desprovida de capacidade postulatória, são totalmente nulos. (REspe n. 1983 - ITAUÇU - GO, Ac. de 17/09/2015, Rel. Min. Luciana Lóssio)

22.6. Legitimação passiva

Estão **legitimados passivamente** aqueles para os quais a lei prevê sanção ou a prática de atos de reparação, o que acarreta a necessidade de examinar-se, no caso concreto, a conduta denunciada e o correspondente dispositivo legal violado. Via de regra, deve a Representação ser oferecida em face do agente do ilícito e do candidato beneficiado, quando não for ele próprio o agente e desde que tenha tido pelo menos prévio conhecimento. Por ocasião do estudo da propaganda extemporânea (art. 36, § 3º), da propaganda ilícita em bens públicos e privados (art. 37) e das condutas vedadas aos agentes públicos (art. 73), por exemplo, vimos que a aplicação da multa ao candidato beneficiado pela irregularidade pressupõe no mínimo – quando não for ele o agente – o seu prévio conhecimento, posto que essa sanção tem natureza pessoal.

Mas é bom registrar, desde já, que esta exigência de pelo menos prévio conhecimento do candidato beneficiado, não se impõe quando tratar-se de AIJE (Ação de Investigação Judicial Eleitoral, que tem objeto e procedimento diversos) – em que se apura, portanto, a prática de abuso do poder econômico ou político e uso indevido dos meios de comunicação, com pedido de cassação do registro ou do diploma – tendo em vista que a verificação neste caso é puramente objetiva, ou seja, importando investigar se o mandato foi obtido – ou pode ser, quando a AIJE é julgada antes da eleição – como resultado do abuso, violando a lisura, a normalidade e a legitimidade das eleições.

Voltando à Representação e relembrando que ela veicula condutas que importam em descumprimento da legislação eleitoral, como uma propaganda extemporânea, v.gr., deve ela ser oferecida em face do **responsável pela sua divulgação** (agente do ilícito) e do **candidato beneficiado**, propondo-se o autor a provar o prévio conhecimento deste, ainda que pela soma dos indícios e circunstâncias que envolvem aquela prática.

> Res. TSE n. 23.608/2019
>
> Art. 17. A petição inicial da representação relativa à propaganda irregular será instruída, sob pena de não conhecimento:
>
> I - com prova da **autoria** ou do **prévio conhecimento** do beneficiário, caso não seja alegada a presunção indicada no parágrafo único do art. 40-B da Lei nº 9.504/1997;
>
> [...]
>
> *[...] 2. A empresa de comunicação possui legitimidade passiva, porquanto "em se tratando de pedido de direito de resposta que se originou por meio de matéria veiculada em jornal cuja ofensa é atribuída a terceiro, é recomendável que o veículo de comunicação figure na relação processual, a fim de lhe assegurar a ampla defesa, além do que, tal providência objetiva que ele assuma sua responsabilidade quanto à veiculação de matérias que possam ter repercussão no pleito" (REspe nº 24387/RJ, rel. Min. Carlos Eduardo Caputo Bastos, DJ de 16.9.2005). [...] (TSE, Rp - Recurso em Representação n. 060104809 - BRASÍLIA – DF, Ac. de 25/09/2018, Rel. Min. Luis Felipe Salomão)*

Não é necessário, todavia, incluir no polo passivo da Representação terceiros que deverão apenas cumprir a pretendida ordem judicial de remoção da propaganda irregular, como os provedores de aplicação e de conteúdo (art. 17, § 1º-B, da Res. TSE n. 23.608/2019, incluído pela Res. TSE n. 23.672/2021).

Quando o autor desconhecer a autoria do ilícito descrito na inicial, a ação pode ser proposta genericamente, em face do "responsável pela prática", "desde que requerida liminarmente diligência para a identificação deste e fornecidos os elementos indispensáveis para a obtenção dos dados, sob pena de indeferimento da petição inicial" (art. 17, § 1º, da Res. TSE n. 23.608/2019).

22.7. Procedimento Sumaríssimo

O **procedimento sumaríssimo fixado no art. 96**, da Lei n. 9.504/97, prevê a notificação (citação) do Representado para tomar conhecimento do pedido e para, querendo, oferecer **defesa em 48 horas** (§ 5º). Embora fixados os prazos em horas, a jurisprudência do TSE inclinou-se no sentido de convertê-las em dias, o que favorece a defesa, que terá dois (2) dias para apresentá-la. Quando em dias, o momento exato da citação deixa de ser importante, porque o prazo não mais é contado minuto a minuto. A Res. TSE n. 23.547/2017 já consignou os prazos desta forma (art. 8º) e a Res. TSE n. 23.608/2019 repete a mesma disposição (art. 18, com redação dada pela Res. TSE n. 23.672/2021). No período eleitoral, de 15 de agosto do ano da eleição até a data fixada no calendário eleitoral para cada eleição, os prazos são contínuos e peremptórios, iniciando e encerrando mesmo aos sábados, domingos e feriados naqueles processos relacionados à respectiva eleição.

REspEl - AgR-REspEl n. 4248 - ARACOIABA - CE, Ac. de 28/10/2021, Rel. Min. Luis Felipe Salomão. ELEIÇÕES 2016. PREFEITO. AÇÃO DE INVESTIGAÇÃO JUDICIAL ELEITORAL (AIJE). [...] CITAÇÃO POR HORA CERTA. [...] 3. No que se refere à **citação por hora** certa da Vice-Prefeita, atendeu-se ao disposto no Código de Processo Civil, com destaque para a tentativa de ocultação (art. 252, caput), a entrega da contrafé (art. 253, § 3º) e a comunicação a posteriori do ato citatório (art. 254). Seja quanto a estas ou às demais nulidades arguidas, foi alcançado o intuito dessa modalidade citatória. 4. Inexistiu prejuízo advindo da falta de nomeação de curador especial. É indene de dúvida que em 7/9/2016 – ainda no primeiro dos cinco dias do prazo para contestar – a Vice-Prefeita foi pessoalmente comunicada da citação por hora certa (art. 254). Essa comunicação, embora não se converta em novo ato citatório, demonstrou no caso específico que ela possuía conhecimento do trâmite da AIJE ainda na fluência da defesa. [...]

Essa notificação/citação deverá ser feita diretamente ao representado. Se candidato, partido, federação ou coligação, veículos de comunicação e provedores de internet, preferencialmente por mensagem instantânea e, frustrada esta, sucessivamente por e-mail, por correspondência e pelos demais meios previstos no Código de Processo Civil. Quando dirigida a pessoa diversa, a citação deve ser feita no endereço físico indicado pelo autor, nos termos do art. 319 do CPC (arts. 11 e 18, da Res. TSE n. 23.608/2019, com redação dada pela Res. TSE n. 23.672/2021). Antes mesmo da viabilidade desses meios, já era possível o envio e o recebimento de documentos por fac-símile, p.ex., como autorizado pelas Resoluções n. 21.575/2003 (art. 6º); n. 20.951/2001 (art. 5º, § 1º); n. 22.142/2006 (art. 4º, § 1º) e art. 10, da Res. n. 23.367/2011, não mais se admitindo que recaia ela sobre o partido político ou coligação a que pertença o candidato representado, pois que revogado o § 6º do art. 96 da Lei n. 9.504/97 (Lei n. 9.840/99). Se o citando tiver advogado cadastrado junto ao Cartório Eleitoral, com procuração arquivada com poderes para receber citação, a notificação deve ser dirigida ao procurador.

22.8. Instrução e produção de prova

O art. 96, com seus onze parágrafos, não prevê **fase de instrução ou de produção de prova** do que alegado na inicial ou na defesa. Ao contrário, o § 7º diz que, transcorridas as 48 horas (2 dias, conforme mencionado no item 7, acima) reservadas à defesa, apresentada ou não a contestação, os autos são conclusos ao Juiz para decisão em 24 horas (1 dia, item 7, acima). E as resoluções do TSE, que ano a ano regulamentam o procedimento desta Representação, repetem basicamente o texto legal, quase que só acrescentando, em respeito à Constituição Federal e à Lei Complementar n. 75/93 (art. 72), a necessidade de abrir vista, por 24 horas (1 dia), para o **parecer final do Ministério Público** – quando naturalmente não for ele a parte autora –, logo após transcorrido o prazo para defesa, para só então ser proferida a sentença. Neste sentido, as Resoluções TSE n. 21.575/2003 (art. 10), 22.142/2006 (art. 4º), 22.624/2007 (art. 11); 23.193/2009 (arts. 11 e 12); 23.367/2011, 23.398/2013 (arts. 13 e 14), 23.462/2015 (art. 14) e Res. n. 23.547/2017, art. 12 e 13. A Res. TSE n. 23.608/2019, que contém o regulamento das representações para as eleições de 2020 e seguintes, além de repetir no art. 19 a previsão de vista ao MPE, ressalta que a petição inicial deve ser instruída com a prova da autoria e do prévio conhecimento do candidato beneficiado (quando este não resultar das circunstâncias do fato) e com a identificação do endereço eletrônico da postagem (URL), dentre outras provas que o caso indicar (art. 17). É certo dizer, por conseguinte, que o procedimento dito sumaríssimo da Representação não abre espaço, via de regra, para a dilação probatória. Até mesmo a transcrição de áudio - ou do trecho impugnado - contendo eventual ilícito, como a gravação de um diálogo ou de um programa de rádio ou TV, deve vir com a inicial, em duas vias, uma das quais para acompanhar a notificação (citação) do representado. Em relação a conteúdos veiculados na internet, o autor - além de indicar o endereço eletrônico da postagem questionada: URL, URI ou URN - deve fazer prova, já com a inicial, que demonstre sua efetiva disponibilização no momento em que acessada a página. Para tanto, pode se utilizar de Ata Notarial, juntada de arquivo contendo o áudio, a imagem ou o vídeo ou outros meios de prova. É importante que o autor preserve a prova da veiculação do conteúdo na internet, face à facilidade de sua remoção pelo próprio agente do ilícito, pois o Juiz deverá julgar improcedente o pedido, por falta de prova, caso o conteúdo não mais esteja na rede no momento da diligência de constatação do servidor da Justiça Eleitoral.

Forçoso reconhecer, entretanto, que o § 1º, do art. 96, permite interpretação diversa, ainda que excepcionalmente. É que o dito dispositivo diz que a Representação deve "relatar fatos, indicando provas, indícios e circunstâncias", daí podendo-se concluir que a prova, quando não for possível acompanhar a inicial ou a contestação, inclusive por não estar ao alcance da parte, como um depoimento ou uma requisição, pode sim ser produzida no curso do procedimento, logo após a contestação. Mas é preciso cuidado com esta dilação, para que a Representação não perca a sua principal característica, que é a celeridade, indispensável ao controle judicial das eleições. Se a inicial estiver acompanhada de transcrição de uma gravação - de programa eleitoral gratuito, p.ex. - e o representado sustentar que o texto escrito não corresponde ao áudio, o Juiz Eleitoral, no lugar de deferir prova pericial, naturalmente muito demorada, pode chamar as partes, com seus advogados e com o Ministério Público, executar a mídia e então conferir se fiel ou não a transcrição, tudo lançado em ata pormenorizada para juntada aos autos. Soluções assim, como outras igualmente criativas, podem ser adotadas nas ações eleitorais, dada a imperiosa necessidade de observância, repita-se, do princípio celeridade.

> "[...]. Propaganda eleitoral. Irregular. Caracterização. Auto de constatação. Desnecessidade. Precedente. [...] 1. É possível aferir a dimensão da propaganda sem o auto de constatação quando for notoriamente superior ao limite fixado em lei. Precedente. 2. Outros meios de prova admitidos em direito podem alicerçar a conclusão de que ficou comprovado, ou não, ter havido propaganda eleitoral irregular, ter sido aposta a peça publicitária em bem público ou particular, bem como ter sido ultrapassado o limite legalmente previsto, assemelhando-se a peça publicitária a outdoor. [...]" (Ac. de 11.03.2014, no AgR-Respe n. 607195, Rel. Min. Laurita Vaz). No mesmo sentido: Ac. de 05.11.2013, no AgR-AI n. 833275, Rel. Min. Laurita Vaz.

> "[...] Propaganda eleitoral antecipada. Degravação parcial. Uma via. Prejuízo. Ausência. Validade. Prova. [...] 1. A falta de demonstração de prejuízo decorrente da degravação parcial da única via da mídia apresentada afasta a possibilidade de

decretação de nulidade. [...]" (Ac. de 15.10.2013 no AgR-Respe n. 7763, Rel. Min. Dias Toffoli)

"[...] Propaganda irregular. [...] 2. O TRE/RJ decidiu pela autenticidade da prova fotográfica após regular certificação da equipe de fiscalização eleitoral. 3. Ademais, nos termos da jurisprudência do TSE, 'em face da especialidade dos feitos eleitorais, não se exige a juntada dos negativos das fotografias que instruem a ação, podendo, todavia, ser questionada a sua autenticidade' [...]" (Ac. de 09.10.2007, no AgRgAg n. 8249, Rel. Min. José Delgado)

"... Falta de apresentação da degravação contendo o texto da propaganda impugnada. **Documento indispensável à propositura da representação.** Art. 283 do CPC c/c o art. 5º, parágrafo único, da Resolução 21.575/TSE. Extinção do processo sem julgamento do mérito." (TREMG, Rec. Eleitoral 3620/2004, Ac. 1.491/2005, Rel. Juiz Francisco de Assis Betti, Sessão de 3/10/2005)

"Em princípio, o rito das representações com base na Lei 9.504, de 1997, é célere, não cabendo dilação probatória, onde, somente em casos excepcionais, seria possível. Desnecessidade de oitiva de testemunhas quando o processo contém os elementos mais do que suficientes para o julgamento. Mérito. Veiculação de propaganda eleitoral em poste de iluminação pública que é suporte de sinal de trânsito. Infração descrita no art. 37 da Lei 9.504/97. Notificação para retirada da propaganda. Comprovação do prévio conhecimento. Candidato que autoriza equipe de trabalho afixar propaganda eleitoral torna-se responsável pelo advento de qualquer irregularidade. Alegação de desconhecimento da lei não prevalece. Art. 3º da Lei de Introdução do Código Civil, de 1942. Recurso a que se nega provimento. Sessão de 31.03.2005." (TRE-MG, Rec. 2082/2004, BH, Rel. Juiz Marcelo Guimarães Rodrigues, Ac. 298/2005)

22.9. Decisão e recursos ordinário, especial, extraordinário e agravo

Conclusos os autos ao Juiz Eleitoral ou Relator, a **decisão** deverá ser proferida em 24 horas (1 dia, conforme item 7 acima e Res. TSE n. 23.608/2019, art. 20) e, quando no chamado período crítico do calendário eleitoral (de 15 de agosto a 19 de dezembro do ano da eleição), publicada no mural eletrônico. Havendo impossibilidade técnica de utilização do mural eletrônico, as partes devem ser intimadas da decisão por mensagem instantânea, e-mail ou correspondência (art. 12, da Res. TSE n. 23.608/2019). Se proferida a decisão fora daquele período crítico, ou seja, antes de 15-agosto ou após 19-dezembro do ano da eleição, a publicação é feita no Diário da Justiça Eletrônico (Res. TSE n. 23.462/2015, art. 15; Res. TSE n. 23.547/2017, art. 14, e Res. TSE n. 23.608/2019, art. 12, § 9º). Tratando-se de decisão colegiada, o respectivo acórdão será publicado em sessão.

Dessa publicação (no mural eletrônico, em sessão ou no Diário Eletrônico) ou da intimação (por mensagem instantânea, e-mail ou correspondência) corre o prazo de 24 horas (1 dia, conforme item 7 acima e art. 22, da Res. TSE n. 23.608/2019) para o **recurso eleitoral** (art. 96, § 8º, da LE), de natureza ordinária, a ser oferecido ao próprio Juiz Auxiliar prolator da decisão (isto nas eleições gerais e presidenciais, em que se designam os Juízes Auxiliares para exercer competência própria do Tribunal), a quem cabe levar os autos ao Plenário do TRE/TSE (art. 25, da Res. TSE n. 23.608/2019). Nas eleições municipais, o recurso é oferecido ao Juiz Eleitoral, que o processa e remete ao TRE.

Já para as **contrarrazões** do recorrido, que podem ser apresentadas também em 24 horas (1 dia, conforme arts. 22 e 25, da Res. TSE n. 23.608/2019), necessária a notificação da parte recorrida, conforme § 8º, do art. 96, da Lei n. 9.504/97.

O recurso é recebido no **efeito devolutivo** tão somente, aliás, como é a regra do Código Eleitoral, não se vislumbrando, para esta Representação sumaríssima, a aplicação das exceções do Código Eleitoral (art. 257) e da Lei das Eleições (art. 16-A), que se referem basicamente às decisões que negam ou cassam registro, diploma ou mandato, objetos da AIRC, da Representação Especial, da AIJE e da AIME. Portanto, a execução da decisão nesta Representação sumaríssima é imediata, mesmo tendo havido recurso.

Da decisão do TRE, por seu pleno, cabe **recurso especial** no prazo de três dias (art. 26, da Res. TSE n. 23.608/2019), salvo quando a Representação for oferecida para exercício do direito de resposta, hipótese em que o prazo é de 24 horas (1 dia: art. 41, da mencionada resolução, conforme art. 58, § 5º, da LE), a contar da publicação da decisão em sessão ou no Diário da Justiça Eletrônico, quando a lei expressamente o exigir ou assim determinar o Tribunal. Sujeito ao juízo de admissibilidade (salvo na hipótese de direito de resposta, em que os autos sobem imediatamente: art. 41, § 1º, da Res. TSE n. 23.608/2019), pode ser que a decisão do Presidente do TRE seja pela não admissão do REspe, desafiando a interposição de **agravo nos próprios autos**, em três (03) dias da publicação no mural eletrônico, subindo tudo ao TSE (Art. 1.042, do NCPC e Res. TSE n. 23.608/2019, art. 26).[362]

As **decisões interlocutórias e aquelas sem caráter definitivo**, proferidas não só na Representação, como nas demais ações cíveis eleitorais, são irrecorríveis de imediato, não se falando, portanto, de agravo de instrumento ou de petição de agravo. Como consequência da irrecorribilidade, a matéria decidida não se sujeita à preclusão, podendo a parte interessada manifestar seu inconformismo por ocasião da contestação ou das alegações finais, com pedido de reconsideração, assegurando o reexame do tema quando do julgamento. Assim dispõem os arts. 18, § 1º, e 48, da Res. TSE n. 23.608/2019.

22.10. REPRESENTAÇÃO ESPECIAL: Objeto (arts. 23, 30-A, 41-A, 73, 74, 75, 77) procedimento

Ainda são apuradas pela Representação, porém com observância do **procedimento sumário previsto no art. 22, incisos I a XIII, da LC n. 64/90**), a doação em excesso (art. 23), a movimentação irregular de recursos de campanha (arts. 24, 26 e 30-A), a captação ilícita de sufrágio (art. 41-A), a manutenção de programação vedada por emissoras de rádio e TV (art. 45, inciso VI e § 1º) e as condutas vedadas aos agentes públicos (arts. 73, 74, 75 e 77). Esta Representação, porque seu procedimento é diferenciado, mais dilatado, o mesmo da AIJE (em parte), especialmente porque as sanções previstas na lei em cada um dos tipos infracionais incluem a cassação, é chamada de **Representação Especial**. Embora sob o procedimento do art. 22, da LC n. 64/90, não será de **competência originária** do

[362] Veja no Anexo F, Modelos de Representação.

Corregedor Regional ou Geral, respectivamente em eleições gerais e presidenciais, como o é a AIJE. Ao contrário, submete-se a distribuição regular entre os membros da Corte, nas eleições gerais e presidenciais, tendo em vista que a causa de pedir nela veiculada não é o abuso de poder e o pedido não é de decreto de inelegibilidade (matérias da AIJE), mas, ao contrário, as mencionadas infrações eleitorais: movimentação ilícita de recursos de campanha (art. 30-A), captação ilícita de sufrágio (art. 41-A), programação vedada (art. 45, VI e § 1º) e condutas vedadas aos agentes públicos (art. 73, 74, 75 e 77). Face a isso, o conteúdo da decisão não será o indicado no art. 22, XIV, da LC 64/90, pelo menos no que diz respeito ao decreto de inelegibilidade, limitando-se a aplicar as sanções previstas no tipo infracional, ou seja, multa, cassação do registro ou do diploma, etc.

Em eleições municipais, em que o Juiz exerce as funções de Corregedor, a **competência** para conhecer e julgar a Representação Especial é do Juiz Eleitoral, se for o caso aquele que for para tanto designado pelo TRE, como ocorre nos municípios em que há mais de uma ZE. Também é da competência do juízo eleitoral de 1º grau, mais exatamente da Zona Eleitoral do **domicílio civil do infrator**, a Representação Especial que veicular doação em excesso (art. 23, da Lei n. 9.504/97, c/c art. 46, da Res. TSE n. 23.608/2019), não importando se a doação se destinou a campanhas municipais, estaduais ou nacional, inclusive de circunscrições diversas da do seu domicílio, pois na hipótese o processo e o julgamento não têm a ver com o candidato ou com o pleito em si, mas com o comportamento daquele que contribuiu para a campanha e o fez além do permissivo legal.

Tendo em vista que a lide se define pela descrição dos fatos contida na inicial, o Juiz ou Relator deve intimar as partes para se manifestarem a respeito de eventual **falta de correspondência entre os fatos e a capitulação legal** indicada pelo autor. Consolidada a jurisprudência neste sentido, a Res. TSE n. 23.608/2019 assim dispõe:

> Art. 44
>
> § 1º Se o juiz ou relator identificar que os **fatos narrados na petição inicial indicam ilícito com capitulação legal diversa** daquela atribuída pelo autor, intimará as partes, antes de iniciada a instrução, para que se manifestem a respeito, no prazo comum de 2 (dois) dias, **facultado o requerimento complementar de prova**.

22.11. Litisconsórcio passivo com o agente público

Necessário realçar a instabilidade da jurisprudência quanto ao **polo passivo** da Representação Especial que veicular conduta vedada aos agentes públicos. Até as eleições de 2016, o TSE tinha posição firmada no sentido do **litisconsórcio necessário** entre o candidato beneficiado e o agente público responsável pela conduta. A partir do pleito de 2018, entretanto, o Tribunal passou a considerar apenas **facultativo o litisconsórcio**, ficando o autor livre para incluir ou não o agente público no polo passivo, especialmente quando ele for mero executor do ato, cumpridor de ordens vindas de quem tem poder de decisão. Se, v.gr., a hipótese for de utilização, pelo candidato, de bens públicos na sua campanha, o agente público que houver cedido o bem ou permitido a sua utilização pode, a critério do autor, compor o polo passivo.

[...] 3. Os agentes públicos, dotados de autonomia, cujas manifestações se revelam essenciais à validade e à concretude do ato complexo são, via de regra, corresponsáveis pela essência da conduta que dele emerge (inquinada, ainda que em tese, de vedada). Nessa perspectiva, nas representações do art. 73 da Lei nº 9.504/97, devem figurar, ao lado do beneficiário, no polo passivo, como litisconsortes necessários. (TSE, RO n. 127409 - ARACAJU - SE, Ac. de 28/06/2018, Rel. Min. Luiz Fux, Rel. designado Min. Tarcisio Vieira De Carvalho Neto). No mesmo sentido: TSE, Ac. de 28.6.2018, no RO nº 127239 e TSE, Ac. de 28.06.2018, no RO n. 126984.

RO-El - Recurso Ordinário Eleitoral n. 060081868 - ARACAJU – SE, Ac. de 21/09/2021, Rel. Min. Sergio Silveira Banhos. ELEIÇÕES 2018. [...] UTILIZAÇÃO DA ADMINISTRAÇÃO PÚBLICA MUNICIPAL. IMPULSIONAMENTO ILÍCITO DA CANDIDATURA. FALSO CADASTRAMENTO DA POPULAÇÃO EM PROGRAMA HABITACIONAL. [...] CASSAÇÃO DE DEPUTADO ESTADUAL. INELEGIBILIDADE DE EX-PREFEITO. ART. 22 DA LC 64/90. ACÓRDÃO MANTIDO. [...] 26. A esse respeito, "a jurisprudência do Tribunal, no sentido da obrigatoriedade da formação do **litisconsórcio passivo necessário**, **não é de observância irrestrita e automática** no âmbito de ações de investigação judicial eleitoral, ou mesmo **em sede de representações por prática de condutas do art. 73** da Lei 9.504/97, o que revela a aparente impertinência de se pretender a aplicação uniforme – a todo e qualquer contexto fático em que se tenha a multiplicidade de agentes (responsáveis e beneficiários) – da regra de que devem ser citados, até a data da diplomação, todos os responsáveis pela conduta e o respectivo beneficiário, sob pena de extinção do feito" (AgR–AC 0600945–02, rel. Min. Admar Gonzaga, DJE de 4.12.2018).27. Não bastasse esse fundamento, **recentemente esta Corte mudou seu entendimento** sobre a natureza do litisconsórcio passivo para ações que veiculam análises de abuso de poder, **tendo considerado que a sua natureza é facultativa.** Esse entendimento foi modulado, em virtude da necessidade de preservação da segurança jurídica, **para os pleitos das Eleições de 2018 em diante**, como na espécie. Isso nos Recursos Ordinários 0603030–63 e 0603040–10, ambos de relatoria do Ministro Mauro Campbell Marques. [...]

RO-El - Recurso Ordinário Eleitoral n. 060884775 - RIO DE JANEIRO – RJ, Ac. de 23/11/2021, Rel. Min. Mauro Campbell Marques. ELEIÇÕES 2018. CONDUTA VEDADA. ART. 73, § 10, DA LEI Nº 9.504/1997. DISTRIBUIÇÃO DE CESTAS BÁSICAS. ELEIÇÃO EM CIRCUNSCRIÇÃO DIFERENTE DO CARGO OCUPADO PELO AUTOR DA CONDUTA. IRRELEVÂNCIA. LITISCONSÓRCIO PASSIVO NECESSÁRIO EM CONDUTA VEDADA. INEXISTÊNCIA. [...] 1. Preliminar de inobservância de litisconsórcio passivo necessário em conduta vedada. **Não obsta à jurisdição eleitoral eventual ausência, no polo passivo da demanda, de um dos responsáveis pela conduta vedada**, desde que o beneficiário integre o polo passivo das ações eleitorais, nos termos do que decidido no RO–El nº 0603040–10/DF. 2. É possível a apuração de conduta vedada ainda que o autor da conduta pertença a esfera administrativa diferente da do cargo em disputa, cabendo ao julgador, no caso concreto, aquilatar, cuidadosamente, o impacto dos ilícitos na disputa. [...]

TREMG, RE - RECURSO ELEITORAL n. 060150620 - PIRAPORA – MG, Ac. de 16/12/2021, Rel. Des. Guilherme Mendonca Doehler. [...] **2. Preliminar de ausência de formação de litisconsórcio passivo necessário. Rejeitada.** Conforme entendimento firmado pelo c. TSE, as ações por abuso de poder político, a partir das eleições de 2016, deveriam ser propostas em face dos candidatos beneficiados e dos agentes públicos, porventura envolvidos nos fatos abusivos narrados. Todavia, no julgamento do RO nº 0603030-63 – certidão de julgamento datada de 10/6/2021 - os Ministros da Corte Superior fixaram, por maioria de votos, a partir do pleito de 2018, a **não exigência de litisconsórcio passivo** necessário entre o candidato beneficiado e o **agente público responsável** pelo abuso de poder político. A exigência da formação do litisconsórcio passivo necessário entre o candidato beneficiado e os autores dos ilícitos, poderia comprometer a efetividade das AIJEs por abuso de poder político, podendo acarretar demora ou anulação do processo diante do surgimento de mais algum envolvido no ato dito ilícito. Precedente deste Tribunal (RE nº 0600422-54, Relator Juiz Itelmar Raydan). [...]

O **litisconsórcio passivo é necessário**, entretanto, entre os componentes da chapa majoritária beneficiada pelo ato ilícito, dada a sua unidade e indivisibilidade.

Súmula-TSE nº 38

Nas ações que visem à cassação de registro, diploma ou mandato, há litisconsórcio passivo necessário entre o titular e o respectivo vice da chapa majoritária.

22.12. Termos inicial e final para a propositura e procedimento

Se a conduta relatada na Representação Especial disser respeito à captação de sufrágio do art. 41-A, o **termo inicial** para a sua propositura é o pedido de registro de candidatura, porque essa infração eleitoral só se caracteriza se o doar, oferecer, prometer ou entregar ocorrer no período compreendido entre o registro da candidatura e o dia da eleição, inclusive. Por conseguinte, somente incorre na hipótese do art. 41-A aquele que já dirigiu pedido de candidatura à Justiça Eleitoral. Daí que não há falar nesta Representação antes desse ato.

"O termo inicial do período de incidência da regra do art. 41-A, da Lei n. 9.504/97, é a data em que o registro da candidatura é requerido, e não a do seu deferimento. Para a caracterização de conduta descrita no art. 41-A, da Lei n. 9.504/97, é imprescindível a demonstração de que ela foi praticada com o fim de obter o voto do eleitor." (TSE, REsp. n. 19.229/MG, Rel. Min. Fernando Neves, 15/2/2001)

Há várias hipóteses, entretanto, principalmente no art. 73, em que a conduta é atemporal e está vedada antes mesmo de 16 de agosto e para a qual há previsão de sanções, como a multa e a cassação. Tão logo verificada, deve ser levada ao conhecimento da Justiça Eleitoral, com pedido de aplicação da sanção, o que se faz pela via da Representação Especial aqui examinada.

"Irrelevância, nas circunstâncias, de serem os fatos abusivos anteriores à escolha e registro da candidatura, que se afirmou beneficiada por eles, assim como a circunstância do julgamento da investigação ter sido posterior ao pleito, no qual sucumbiu" (TSE – Acórdão n. 19.502).

AgR-AI n. 57-47. 2016.6.13.0273 - CLASSE **6 - TRÊS PONTAS - MINAS GERAIS, Rel.** Min. Edson Fachin. ELEIÇÕES 2016. [...] RESPONSABILIZAÇÃO QUE NÃO REQUER A CONDIÇÃO DE CANDIDATO. DECADÊNCIA. AUSÊNCIA. [...].

> ART. 73, § 10, DA LEI Nº 9.504/97. [...] 1. A responsabilização pela prática das condutas descritas no art. 73, § 10, da Lei nº 9.504/97 **prescinde da condição de candidato**, bastando que o autor do ato seja agente público. 2. Diante do ajuizamento da representação em face de agente público, antes da formalização de registro de candidatura, não há decadência pela ausência de intimação do posterior candidato a Vice-Prefeito. Aplicação da teoria da asserção. 3. Não há cerceamento de defesa quando se assegura à parte acesso aos documentos carreados aos autos em sede de alegações finais, sendo necessária a demonstração de prejuízo para que seja decretada a nulidade processual. Precedentes. [...]

Se a causa de pedir for a movimentação ilícita de recursos de campanha (art. 30-A, da Lei n. 9.504/97), a Representação Especial pode ser proposta assim que praticada a conduta, tendo em vista que a lei só prevê o termo final, deixando em aberto o termo inicial.

> [...] 2. É admitida a propositura de ação que vise a apurar os ilícitos descritos no art. 30-A da Lei nº 9.504/1997 antes mesmo do pleito, considerando que não há indicação, no texto legal, do termo inicial para seu ajuizamento. (TSE, RO n. 060161619 - CUIABÁ - MT, Ac. de 10/12/2019, Rel. Min. Og Fernandes)

A jurisprudência já se havia firmado no sentido de que a Representação Especial, em alguns casos, pode ser proposta **até a diplomação** dos eleitos, até porque com a diplomação surge a oportunidade de utilização de outro instrumento processual (a AIME). O entendimento do TSE, assentado no RO 748, que versou sobre a prática de conduta vedada, quando o Tribunal surpreendeu com uma questão de ordem e fixou que a inicial deveria ser ajuizada até cinco dias após a prática da infração, ou do conhecimento dela pelo legitimado ativo, sob pena de perdimento do interesse de agir, ficou definitivamente superado com a Lei n. 12.034/2009, que expressamente fixou o **termo final** para a propositura da Representação Especial, fundada em captação ilícita de sufrágio (art. 41-A) e nas condutas vedadas do art. 73. A ação pode ser ajuizada até a data da diplomação (arts. 41-A, § 3º, e 73, § 12), não importando se em horário posterior ao ato de diplomação, se este, por exemplo, ocorrer na parte da manhã e a ação for proposta à tarde. Isto porque, os arts. 41-A e 73 dizem expressamente que o termo final é a data da diplomação e não o ato de diplomação. Esse mesmo termo final, por identidade de razões, deve ser observado quando a Representação Especial veicular as hipóteses dos arts. 45, VI e § 1º, 74, 75 e 77, conforme expressamente consignado no art. 45, da Res. TSE n. 23.608/2019. A mesma Lei n. 9.504/97, a partir da redação dada pela Lei n. 12.034/2009, fixou em **15 dias, após a diplomação**, o prazo para a Representação Especial que objetivar a apuração da movimentação ilícita de recursos de campanha (art. 30-A, caput). E o TSE, diante do silêncio da lei até então, havia construído o entendimento de que as Representações que versassem sobre excesso de doação nas campanhas (arts. 23 e 81[363], da Lei n. 9.504/97) podiam ser ajuizadas até 180 (cento e oitenta) dias após a diplomação, perante o Juízo Eleitoral do domicílio do doador (art. 22, da Resolução TSE n. 23.398/2013). Esta Representação Especial, a partir da Lei n. 13.165/2015, que incluiu

[363] Revogado pela Lei n. 13.165/2015

na Lei n. 9.504/97 o art. 24-C, passa a ter termo final expresso: 31 de dezembro do ano seguinte ao da eleição. E, para possibilitar a atuação do Ministério Público Eleitoral, o limite de doação será apurado pela Receita Federal. O TSE consolida as informações das prestações de contas partidárias e de campanha e entrega esse resultado à Receita até 30 de maio. A Receita faz o cruzamento dos valores doados com os rendimentos da pessoa e, apurando indício de excesso, comunica o fato, até 30 de julho, ao Ministério Público Eleitoral, que poderá propor a Representação Especial até o final do exercício financeiro, ou seja, até 31 de dezembro. Essa informação da Receita, por óbvio, não inclui o valor dos rendimentos da pessoa e nem o do eventual excesso, informações que são protegidas pelo sigilo, que deverá ser levantado por ordem judicial, no curso da ação.

22.13. Procedimento e Prova

Com a petição inicial e com a contestação, as partes devem apresentar o rol de testemunhas (até 6 para cada fato articulado) e os documentos disponíveis.

O procedimento a ser observado é o **sumário eleitoral**, exatamente o mesmo da AIJE, que será tratado na sequência, pelo menos até as alegações finais das partes (art. 22, I a XIII), já que o conteúdo da sentença não será aquele indicado no inciso XIV, limitando-se o julgador a aplicar as sanções previstas no tipo infracional sob exame: multa, cassação do registro ou diploma.

Com ou sem a contestação, encerrada a fase postulatória, o Juiz ou Relator deve **decidir sobre as provas** requeridas pelas partes e pelo Ministério Público Eleitoral (quando atuando como fiscal da ordem jurídica), determinando levantamento de sigilos bancário, fiscal[364], telefônico ou telemático – este cada dia mais comum, face à intensa utilização de comunicação por e-mail e aplicativos de mensagem instantânea – e a realização de eventual perícia antes da audiência, inclusive para que nesta possam ser ouvidos os peritos e assistentes, se o caso.

> AIJE n. 060196965 - BRASÍLIA – DF, Ac. de 24/10/2019, Rel. Min. Jorge Mussi. AÇÃO DE INVESTIGAÇÃO JUDICIAL ELEITORAL. ELEIÇÕES 2018. PRESIDENTE E VICE-PRESIDENTE DA REPÚBLICA. [...] **QUEBRA DE SIGILOS CONSTITUCIONAIS. EXCEPCIONALIDADE.** [...] 2. Consoante a jurisprudência do Supremo Tribunal Federal, a ordem judicial para o **afastamento dos sigilos protegidos constitucionalmente deverá indicar, a pertinência temática e a efetiva necessidade da medida**, bem como "**que o resultado não possa advir de nenhum outro meio ou fonte lícita de prova**" e, ainda, a "existência de **limitação temporal** do objeto da medida, enquanto predeterminação formal do período" (MS 25812 MC, Relator Ministro Cezar Peluso, DJ de 23.2.2006). No mesmo sentido, a "decisão que determina a quebra de sigilo fiscal, motivo pelo qual somente deve ser proferida quando comprovado nos autos a absoluta imprescindibilidade da medida" – AI 856552 AgR/BA no AI, Rel. Min. Luís Roberto Barroso, julgado em 25.3.2014. 3. Não se considera como fundamento idôneo, para fins de justificar a requisição de documentos e/ou quebra de sigilos protegidos constitucionalmente, matérias

[364] Imprescindível na Representação Especial por excesso de doação (art. 23, da Lei n. 9.504/97), para conhecer os rendimentos brutos do doador e, daí, o excesso praticado.

> jornalísticas publicadas em veículos de comunicação eventualmente vinculados ideologicamente com determinado partido e/ou candidato, além de estarem baseadas exclusivamente no anonimato dos interlocutores, dos declarantes e dos partícipes das referidas conversas, diálogos e denúncias. Não se pode invocar o sigilo da fonte para inviabilizar o direito de defesa, lembrando que a Constituição, ao albergar a livre manifestação do pensamento, veda o anonimato. [...]

Na **audiência única**, serão ouvidas as testemunhas arroladas. É de duvidosa constitucionalidade o art. 368-A, acrescentado ao Código Eleitoral pela Lei n. 13.165/2015, segundo o qual "a prova testemunhal singular, quando exclusiva, não será aceita nos processos que possam levar à perda do mandato." É que essa tarifação da prova, assim entendida a disposição legal que diz qual prova o juiz deve ou não aceitar, indicada em lei ordinária, vai de encontro, colide frontalmente com o princípio do livre convencimento motivado, consagrado nos arts. 7º e 23, ambos da Lei Complementar n. 64/90.

> Art. 7º Encerrado o prazo para alegações, os autos serão conclusos ao juiz, ou ao relator, no dia imediato, para sentença ou julgamento pelo Tribunal.
>
> Parágrafo único. O juiz, ou o Tribunal, formará sua convicção pela livre apreciação da prova, atendendo aos fatos e às circunstâncias constantes dos autos, **ainda que não alegados pelas partes**, mencionando, na decisão, os que motivaram seu convencimento. (OBS: O STF, na ADI n. 1082, Ac. de 22.5.2014, entendeu constitucional o trecho destacado)
>
> Art. 23. O Tribunal formará sua convicção pela livre apreciação dos fatos públicos e notórios, dos indícios e presunções e prova produzida, atentando para circunstâncias ou fatos, ainda que não indicados ou alegados pelas partes, mas que preservem o interesse público de lisura eleitoral.

A par dessa inconstitucionalidade, observa-se que o dispositivo não quer que a cassação ou desconstituição de mandato seja resultado de prova testemunhal singular – que se revela quando ouvida apenas uma testemunha – e exclusiva, ou seja, quando não houver nos autos outros meios de prova, o que é bastante razoável. Não será o caso quando, embora ouvida apenas uma testemunha, suas informações forem convergentes com outros elementos de prova constantes dos autos.

> [...] 5. Não incide a regra do art. 368-A do CE quando se verifica que a prova testemunhal não é exclusiva ou singular, tendo em vista a existência de outros elementos de prova nos autos. [...] (TSE, AgR-REspe n. 20855 - BARBALHA – CE, Ac. de 05/11/2019, Rel. Min. Edson Fachin)

O TSE tem posição consolidada no sentido de que "o representado não poderá ser compelido a prestar **depoimento pessoal**, mas tem o direito de ser ouvido em juízo caso assim requeira na contestação" (art. 44, § 3º, da Res. TSE n. 23.608/2019).

> AIJE n. 060196965 - BRASÍLIA – DF, Ac. de 24/10/2019, Rel. Min. Jorge Mussi. AÇÃO DE INVESTIGAÇÃO JUDICIAL ELEITORAL. ELEIÇÕES 2018. PRESIDENTE E VICE-PRESIDENTE DA REPÚBLICA. [...] QUEBRA DE SIGILOS CONSTITUCIONAIS. EXCEPCIONALIDADE. USO INDEVIDO DOS MEIOS DE COMUNICAÇÃO. PRINCÍPIO DA LIBERDADE DE IMPRENSA DE COMUNICAÇÃO E EXPRESSÃO. [...] 1. Ante a falta de previsão na Lei Complementar

> 64/1990 e o caráter indisponível dos interesses envolvidos, **não há depoimento pessoal dos investigados em sede de AIJE**. Todavia, eles não estão impedidos de fazê-lo, caso a isso se disponham, conforme assentado na jurisprudência desta Corte Superior (AI 28918/SC, Relator Ministro Og Fernandes, DJe de 25.2.2019; AIJE 0601754-89/DF, Relator Ministro Jorge Mussi, DJe de 13.12.2018; AIJE 0601575-58/DF, Relator Ministro Jorge Mussi, DJe de 12.12.2018; AgR-RMS 2641/RN, Relator Ministro Luís Roberto Barroso, DJe de 27.9.2018; RHC 131/MG, Relator Ministro Arnaldo Versiani, DJe de 5.8.2009; e HC 85.029, Relator Ministro Sepúlveda Pertence, Tribunal Pleno, DJ de 1º.4.2005). [...]

De outro lado, tem se tornado cada dia mais comum a apresentação, com a inicial ou com a contestação ou durante a instrução, de **gravação de diálogo** com conteúdo capaz de influenciar na solução da lide, pois na atualidade qualquer pessoa tem em mãos, a todo momento, um celular com gravador de áudio ou vídeo. A jurisprudência do STF desde sempre entende ser lícita a gravação feita por um dos interlocutores, ainda que com o desconhecimento do outro[365]. Nas lides eleitorais, entretanto, surgiram gravações em que um dos interlocutores induz o outro a descrever a conduta ilícita, como quando o eleitor pede ao candidato alguma vantagem pessoal em troca do voto, obtendo resposta positiva deste último. Configurados em tese os tipos previstos nos art. 299, do CE (crime) e art. 41-A, da Lei n. 9.504/97 (infração cível), esta prova se aproxima da ilicitude, tendo em vista ser uma espécie de "flagrante preparado". Ou seja, o candidato não age espontaneamente, não oferece ou promete vantagem pessoal ao eleitor, com o objetivo de obter-lhe o voto, a partir de sua iniciativa própria. Ao contrário, é induzido a assim proceder. Diversa é a situação em que o conteúdo do diálogo gravado revela que a proposta parte do próprio agente e o interlocutor só faz registrar os fatos. O TSE, que num primeiro momento inclinou-se pela ilicitude das gravações ambientais, firmou-se no sentido da aceitação dessa prova, ressalvada a demonstração de circunstâncias, no caso concreto, que a desacreditem.

> [...] 1. A jurisprudência desta Corte, para os feitos referentes às eleições 2016 e seguintes, firmou-se no sentido de **admitir, em regra, a gravação ambiental** realizada por um dos interlocutores sem o consentimento dos demais e sem autorização judicial, em ambiente público ou privado, ficando as excepcionalidades, capazes de ensejar a invalidade do conteúdo gravado, submetidas à apreciação do julgador no caso concreto, de modo a ampliar os meios de apuração de ilícitos eleitorais que afetam a lisura e a legitimidade das eleições.
>
> 2. No caso, do contexto fático constante do acórdão regional, extrai-se que o encontro entre candidato e eleitor foi fruto de conversas e acordos prévios em que se expôs a necessidade deste em receber ajuda financeira para custeio de despesas médicas, de modo que o **benefício oferecido pelo candidato foi decorrência de induzimento do próprio beneficiário**, que obteve auxílio de adversários políticos dos agravados, os ora

---

365 RExt n. 583.937-RJ, com Repercussão Geral, decidido em 19.11.2009: "Ação Penal. Prova. **Gravação ambiental**. Realização por um dos interlocutores sem conhecimento do outro. Validade. Jurisprudência reafirmada. Repercussão geral reconhecida. Recurso extraordinário provido. Aplicação do art. 543-B, § 3º, do CPC. É lícita a prova consistente em gravação ambiental realizada por um dos interlocutores sem conhecimento do outro"

> agravantes, no planejamento dos fatos e na obtenção e instalação dos equipamentos necessários para a realização da gravação.
>
> 3. Essas circunstâncias, portanto, maculam o conteúdo da gravação ambiental e a torna inócua para a comprovação da captação ilícita de sufrágio imputada aos agravados.
>
> (TSE, AgR-AI n. 28629 - AURORA – SC, Ac. de 12/11/2019, Rel. Min. Edson Fachin)
>
> TutCautAnt – AgR-Tutela Cautelar Antecedente n. 060040024 - MONTE AZUL PAULISTA – SP, Ac. de 11/11/2021, Rel. Min. Sergio Silveira Banhos. ELEIÇÕES 2020. [...] AÇÃO DE INVESTIGAÇÃO JUDICIAL ELEITORAL. GRAVAÇÃO AMBIENTAL. LICITUDE. CASSAÇÃO. REGISTRO DE CANDIDATURA. 4. Esta Corte Superior tem reafirmado, **a partir das Eleições de 2016**, que "*é **lícita, como regra, a gravação ambiental feita por um dos interlocutores sem o consentimento dos demais** e sem chancela judicial, seja em ambiente público ou particular. Alinhou-se, assim, à jurisprudência do Pretório Excelso, firmada sob o regime de repercussão geral – QO–RG–RE 583.937, Rel. Min. Cezar Peluso, DJE de 18/12/2009 (Tema 237) –, no sentido de serem lícitos, em ações penais, áudios ou vídeos confeccionados de forma clandestina por um dos participantes do diálogo*" (AgR–REspEl 0602087–72, rel. Min. Luis Felipe Salomão, DJE de 11.2.2021). [...]

Recentemente, o TSE voltou a considerar a ilicitude da gravação ambiental em ambiente privado sem conhecimento dos demais interlocutores.

> AI – AgR-AI n. 29364 - SANTA INÊS – PR, Ac. de 07/10/2021, Rel. Min. Alexandre de Moraes. ELEIÇÕES 2016. [...] CAPTAÇÃO ILÍCITA DE SUFRÁGIO. [...] GRAVAÇÃO AMBIENTAL EM AMBIENTE PRIVADO. ILICITUDE DA PROVA. [...] 3. Num ambiente caracterizado pela disputa, como é o político, notadamente acirrado pelo período eleitoral o desestímulo a subterfúgios espúrios voltados a tumultuar o enlace eleitoral resguardando assim a privacidade e intimidade constitucionalmente asseguradas, deve ser intensificado, de modo que reuniões políticas privadas travadas em ambientes residenciais ou inequivocamente reservados não se aprazem com gravações ambientais plantadas e clandestinas, pois vocacionadas tão só ao uso espúrio em jogo político ilegítimo, recrudescendo a possibilidade de manipulações. 4. **São clandestinas e, portanto, ilícitas as gravações ambientais feitas em ambiente privado**, ainda que por um dos interlocutores ou terceiros a seu rogo ou com seu consentimento, mas sem o consentimento ou ciência inequívoca dos demais, dada inequívoca afronta ao inciso X, do art 5°, da Constituição Federal Ilícitas, do mesmo modo, as provas delas derivadas, não se prestando a fundamentar condenação em representação eleitoral. 5. A compreensão aqui firmada não se afigura incompatível com a tese firmada pelo E. STF no RE n° 583.937 (QO-RG/RJ, Rel. Min. Cezar Peluso, j. em 19.11.2009 -Tema 237), que teve como perspectiva o prisma da instrução criminal sobremodo distinto do aqui tratado por força de expressa norma constitucional (art. 5°, XII, parte final) e legal. 6. E tanto há distinção de enfoques que o próprio STF, no RE 1040515 (Rel. Ministro Dias Toffoli - Tema 979), afetou a discussão da necessidade de autorização judicial para legitimar gravação ambiental realizada por um dos interlocutores ou por terceiro presente à conversa, para fins de instrução de ação de impugnação de mandato eletivo, à luz do art. 5°, incs. II e XII da Constituição da República

22.14. Decisão

A **decisão** que julga procedente o pedido aplica as sanções previstas no tipo infracional (multa do art. 23; multa e cassação dos arts. 41-A e 73, §§ 4º e 5º; e cassação dos arts. 30-A, 45, 74, 75 e 77) e é publicada no DJe, diferentemente da Representação sumaríssima, em que as intimações são feitas pelo mural eletrônico. Embora esses ilícitos – com exceção dos que descritos no art. 45 – sejam causas de inelegibilidade na LC n. 64/90, a decisão não se pronuncia sobre a configuração ou não do impedimento no caso concreto, pois este é efeito imediato e automático da decisão colegiada ou transitada em julgado, a ser avaliado por ocasião de eventual pedido de registro de candidatura. Impondo a cassação de registro, da decisão deve ser notificado também o partido, a federação ou a coligação pelo qual o candidato concorre, para oportunizar a substituição prevista no art. 13, da Lei n. 9.504/97, se ainda houver tempo.

22.15. Recurso e efeitos da decisão: cassação e novas eleições majoritárias

O **recurso eleitoral**, de natureza ordinária, cabível no prazo de três dias contados da publicação no DJe, interposto em face de decisão do Juiz Eleitoral (nas eleições municipais) ou do TRE (em sede de competência originária, nas eleições gerais, portanto), suspende os efeitos da decisão de cassação de registro ou diploma, tendo em vista a exceção do § 2º, do art. 257, do Código Eleitoral, incluída pela Lei n. 13.165/2025. O recurso especial em face da decisão do TRE que confirma ou impõe a cassação, no exercício da sua competência recursal (eleições municipais), não tem efeito suspensivo, pelo que a decisão é executada imediatamente.

Já as decisões proferidas pelo TSE desafiam o recurso extraordinário ao STF, também no prazo de 3 (três) dias.

Outrossim, o art. 16-A, da Lei n. 9.504/97, dispõe que o candidato com registro *sub judice* pode continuar sua campanha e ter seu nome e foto mantidos na urna eletrônica, o que também implica em conferir efeito suspensivo aos recursos que se opõem às decisões de cassação proferidas antes das eleições. Se, entretanto, a decisão é proferida após a eleição, cassando o diploma do eleito, sua execução é imediata após o esgotamento das vias recursais ordinárias, o que equivale dizer que os recursos especial e extraordinário não têm efeito suspensivo automático e, por isso, o eleito não será diplomado ou, se já o foi, será imediatamente afastado do cargo. Para conferir efeito suspensivo ao recurso de natureza extraordinária (especial ou extraordinário), o recorrente terá que buscar provimento cautelar junto ao Tribunal "ad quem". Assim, tem efeito suspensivo, por força do art. 257, § 2º, do CE, o recurso oferecido em face da decisão de cassação ou perda de mandato proferida pelo Juiz Zonal (nas eleições municipais, portanto), como também pelo Tribunal Regional, quando instância originária (nas eleições gerais – para deputados, senadores e governadores – o registro é feito pelo TRE e por ele são processadas e julgadas originariamente as ações eleitorais, dentre as quais a Representação Especial, a AIJE e a AIME). Antes desta alteração legislativa (§ 2º, do art. 257, do CE com a redação da Lei n. 13.165/2015), as decisões, ainda que de primeira instância, eram executadas imediatamente, por aplicação da regra geral do art. 257, "caput".

É certo que a lei dá solução diversa quando trata da realização de novas eleições, decorrentes da cassação. Desta vez, a Lei n. 13.165/2015, ao incluir o § 3º ao art. 224, do Código Eleitoral, condiciona a renovação do pleito majoritário ao trânsito em julgado, ficando clara a intenção do legislador de evitar novas candidaturas, nova campanha eleitoral, nova votação e até a posse dos novos eleitos, quando ainda há possibilidade jurídica de reversão da cassação:

> "A decisão da Justiça Eleitoral que importe o indeferimento do registro, a cassação do diploma ou a perda do mandato de candidato eleito em pleito majoritário acarreta, após o trânsito em julgado, a realização de novas eleições, independentemente do número de votos anulados" (art. 224, § 3º).

Por conseguinte, a chefia do Executivo ficaria – como consequência da literal aplicação do dispositivo – a cargo do seu substituto constitucional (Presidente da Câmara Municipal, da Assembleia Legislativa ou Câmara Distrital e Câmara dos Deputados) no período compreendido entre o afastamento do cassado – que se dá assim que esgotada a via recursal ordinária, conforme art. 257, § 2º – e a nova eleição – que seria possível apenas com o trânsito em julgado da decisão de cassação, nos termos do art. 224, § 3º. Tornada definitiva a cassação ou a perda do mandato majoritário, aí sim novas eleições seriam realizadas, independentemente da votação obtida pelo cassado, aplicando-se o § 3º, não o "caput" do mencionado art. 224, do Código Eleitoral. De pronto, percebe-se que a aplicação dessa solução – novas eleições apenas com o trânsito em julgado da cassação – acarretaria violação do princípio democrático e da soberania do voto popular, já que o Poder Executivo passaria boa parte do mandato, dada a quantidade de recursos possíveis, sob a chefia do Presidente da Câmara/Assembleia, que não foi eleito para tanto e, por razões óbvias, nem obteve votação que numericamente o legitimasse. Inconstitucional o último dispositivo, no que prevê a necessidade de aguardar o trânsito em julgado da cassação, novas eleições devem ser marcadas pelo Tribunal assim que esgotadas as vias recursais ordinárias. O TSE já teve oportunidade de se manifestar sobre o tema e assim assentou.

> EMBARGOS DE DECLARAÇÃO NO RECURSO ESPECIAL ELEITORAL Nº 139-25.2016.6.21.0154 – CLASSE 32 – SALTO DO JACUÍ – RIO GRANDE DO SUL
>
> (...)
>
> É **inconstitucional a expressão "após o trânsito em julgado"** contida no § 3º do art. 224 do Código Eleitoral, conforme redação dada pela Lei 13.165/2015, por violar a soberania popular, a garantia fundamental da prestação jurisdicional célere, a independência dos poderes e a legitimidade exigida para o exercício da representação popular. (...)
>
> Brasília, 16 de novembro de 2016

Na Resolução TSE n. 23.554/2017, o art. 246 dizia que, indeferido o registro ou cassado o diploma ou mandato, novas eleições devem ser convocadas "imediatamente".

O plenário do STF, em 08-março-2018, decidindo a ADI n. 5525, proclamou a inconstitucionalidade da expressão "após o trânsito em julgado", contida no mencionado § 3º, do art. 224, do Código Eleitoral, valendo-se exatamente deste argumento: a chefia do Poder Executivo não pode ficar a cargo, por longo espaço de tempo, de quem não foi eleito para tanto, sob pena de violação da soberania popular. E, quanto ao § 4º, do mesmo art. 224, o Supremo impôs interpretação conforme a Constituição, para assentar que a nova eleição para presidente, se direta ou indireta (quando a vacância ocorrer nos dois primeiros anos do mandato ou nos dois últimos, respectivamente) obedecerá ao que estabelecido na Constituição Federal (art. 81) e não no dispositivo ordinário. E a eleição para senador, também por força da Constituição (art. 56), só será necessária se, por ocasião da vacância, restarem mais de 15 (quinze) meses para o fim do mandato. O dito § 4º, do art 224, do Código Eleitoral, no que prevê eleição "indireta, se a vacância do cargo ocorrer a menos de seis meses do final do mandato" e "direta nos demais casos", só se aplica aos cargos de prefeito e governador.

E a Res. TSE n. 23.611/2019, no art. 217, dispõe que:

> Art. 217. Serão convocadas novas eleições **imediatamente**, se, no pleito majoritário, passarem à situação de anulados em caráter definitivo os votos dados:
>
> I - à chapa primeira colocada (Código Eleitoral, art. 224, § 3°);
>
> II - a chapas cujos votos alcancem mais de 50% (cinquenta por cento) da votação referida no art. 214, § 1°, desta Resolução (Código Eleitoral, art. 224, *caput*).

A mesma Res. TSE n. 23.611/2019 esclarece que os votos passam à situação de nulos quando o candidato for "cassado por decisão transitada em julgado ou após esgotada a instância ordinária, salvo se atribuído, por decisão judicial, efeito suspensivo ao recurso" (art. 197, II).

E a Res. TSE n. 23.677/2021, que dispõe, dentre outros, sobre destinação dos votos, diplomação e reprocessamento de resultados para as eleições de 2022 e seguintes, prevê no art. 30 que "serão convocadas **novas eleições imediatamente**, se, no pleito majoritário, passarem à situação de anulados em caráter definitivo os votos dados: I - à chapa primeira colocada (Código Eleitoral, art. 224, § 3°); II - a chapas cujos votos alcancem mais de 50% (cinquenta por cento) da votação referida no art. 26 desta Resolução (Código Eleitoral, art. 224, caput)".

No mais, e como já dito, a Representação Especial segue o procedimento da AIJE (art. 22, da LC n. 64/90), que é o tema da seção seguinte.

Seção XV

23. AÇÃO DE INVESTIGAÇÃO JUDICIAL ELEITORAL – AIJE

23.1. Caracterização, cabimento e objeto

Com a Lei Complementar n. 64/90, a investigação judicial da "interferência do poder econômico e o desvio ou abuso do poder de autoridade, em desfavor da liberdade do voto", antes tratada no art. 237 do Código Eleitoral, ganhou novo fôlego.

Agora, diz o art. 19 da mencionada Lei Complementar que "as transgressões pertinentes a origem de valores pecuniários, abuso do poder econômico ou político, em detrimento da liberdade de voto, serão apuradas mediante investigações jurisdicionais realizadas pelo Corregedor-Geral e Corregedores Regionais Eleitorais". E acrescenta o *caput* do art. 22 que essa investigação judicial poderá versar também sobre "utilização indevida de veículos ou meios de comunicação social, em benefício de candidato ou de Partido político".

Então, havendo notícia de uso indevido, desvio ou abuso do poder econômico ou político, ou utilização indevida de veículos ou meios de comunicação social em benefício de candidato, de partido político ou de coligação, a Investigação Judicial Eleitoral (AIJE) apresenta-se como instrumento hábil à apuração da conduta e aplicação das sanções previstas na Lei Complementar n. 64/90.

Essa Investigação Judicial, portanto, é cabível quando se está diante de hipótese de abuso do poder econômico ou de abuso do poder político ou de autoridade ou de utilização indevida de veículos na campanha eleitoral (*e.g.*, para obter ou embaraçar o exercício do voto, art. 302 do CE, e art. 11 da Lei n. 6.091/74) ou uso indevido dos meios de comunicação social (rádio, TV, jornais, revistas, serviços de alto-falante, etc.), quando presente a gravidade[366] que qualifica o abuso.

Já se percebeu que algumas das condutas que caracterizam abuso de poder econômico ou político, que podem ser objeto desta Investigação Judicial, também caracterizam descumprimento das normas contidas na Lei n. 9.504/97, para cuja apuração esta lei apontou a Representação (mas com o procedimento desta AIJE, daí que chamada de Representação Especial, com procedimento sumário, tema da seção anterior). Assim, se o candidato doar, oferecer, prometer ou entregar ao eleitor, com o fim de obter-lhe o voto, bem ou vantagem pessoal de qualquer natureza, inclusive emprego ou função pública, estará descrevendo a conduta prevista no art. 41-A da Lei das Eleições, desafiando a propositura da Representação Especial. Por outro lado, se o agente público cede bens e funcionários públicos para o serviço de alguma candidatura, por exemplo, tipifica-se a vedação do seu art. 73, hipótese em que também é adequado o ajuizamento da Representação Especial. Embora a ação sinalizada pela lei das eleições seja a Representação, o rito a ser observado é o mesmo da Investigação

---

[366] O inciso XVI, do art. 22, da LC n. 64/90, acrescido pela LC n. 135/2010, não mais exige a potencialidade de afetação do resultado das eleições, dizendo bastar a demonstração de gravidade da conduta.

Judicial, ou seja, aquele traçado no art. 22, incisos I a XIII, da LC 64/90. Mas se a hipótese for de abuso do poder qualificado pela gravidade de afetação da normalidade e legitimidade do pleito (que pode decorrer da reiteração ou dimensão da captação de sufrágio ou da conduta vedada), a via adequada é a AIJE (art. 22, incisos I a XVI), cuja decisão de procedência decreta a inelegibilidade do agente e cassa o registro ou diploma do candidato beneficiado. De outro lado, se uma mesma conduta, no caso concreto, caracteriza em tese o abuso de poder e também alguma daquelas infrações (basta imaginar que o candidato compre votos de um número expressivo de eleitores, p.ex.), o legitimado ativo deve propor duas ações: uma AIJE (para o abuso de poder) e uma Representação (para o art. 41-A), porque diversos são os pedidos e os efeitos da decisão? Ou pode, na AIJE, sob uma mesma causa de pedir, formular cumulativamente os dois pedidos: 1) de aplicação da multa e cassação do registro ou do diploma, por infração ao art. 41-A, da Lei n. 9.504/97, e, 2) de decreto de inelegibilidade e cassação do registro ou do diploma, pela prática do abuso do poder econômico previsto no art. 1º, I, "d", da LC n. 64/90? Melhor atende ao princípio da economia processual e da segurança jurídica, a propositura da AIJE, com cumulação de pedidos, evitando-se o duplo processamento e eventuais decisões conflitantes. Se proposta em eleições gerais ou presidenciais, cuja competência originária é do TRE ou TSE, respectivamente, em razão da circunscrição da disputa, o pedido deve ser dirigido ao Corregedor Regional ou Geral, já que destes a competência para a AIJE. E, em eleições municipais, são propostas perante o Juiz Eleitoral, na Zona Eleitoral, a quem competem, nesta AIJE, todas as atribuições do Corregedor.

> RO-El - Recurso Ordinário Eleitoral n. 060010891 - PALMAS – TO, Ac. de 06/05/2021, Rel. Min. Tarcisio Vieira De Carvalho Neto. ELEIÇÕES SUPLEMENTARES 2018. RECURSO ORDINÁRIO. AÇÃO DE INVESTIGAÇÃO JUDICIAL ELEITORAL. GOVERNADOR E VICE–GOVERNADOR. CONDUTA VEDADA E ABUSO DO PODER POLÍTICO. **CUMULAÇÃO DE PEDIDOS. APURAÇÃO CONCOMITANTE. POSSIBILIDADE**. PRECEDENTES. [...] 5. Há muito é assente nesta Corte Superior o entendimento de que "***não há óbice a que haja cumulação de pedidos na AIJE, apurando–se concomitantemente a prática de abuso de poder e a infração ao art. 73 da Lei nº 9.504/97***, *seguindo–se o rito do art. 22 da LC nº 64/90*" (AgR–AI nº 11.359/SC, Rel. Min. Marcelo Ribeiro, *DJe* de 15.6.2011). [...]
>
> "[...] AIJE. Abuso de poder político e uso indevido dos meios de comunicação social. Bis in idem. Não configuração. [...] 1. Não há falar em violação ao princípio do *non bis in idem* se um **mesmo fato é analisado e sancionado por fundamentos distintos**. Precedente. 2. Nada impede que o mesmo fato descrito como conduta vedada, nos termos do art. 73 da Lei nº 9.504/97, seja também apurado em AIJE sob a perspectiva do abuso, hipótese em que, se provada a gravidade das circunstâncias, é de rigor a aplicação de sanção de inelegibilidade por oito anos, nos termos do art. 22, XIV, da LC nº 64/90. [...]" (TSE, Ac. de 2.4.2019, no AgR–AI n. 34838, Rel. Min. Tarcísio Vieira de Carvalho Neto)
>
> "Eleicões 2014. Recurso ordinário. AIJE e AIME julgadas conjuntamente. Abuso do poder econômico. Utilização de **grandioso evento religioso** em benefício de candidaturas às vésperas do pleito. Pedido expresso de votos. Procedência no TRE/

MG. Desprovimento [...] 10. Incontroverso que as ações ajuizadas, AIJE e AIME - a primeira em face de Franklin Roberto de Lima Sousa, Márcio José Machado de Oliveira e Valdemiro Santiago de Oliveira e a segunda em face de Márcio José Machado de Oliveira - dizem com os **mesmos fatos** no que toca à imputação de abuso de poder, decorrente de alegado desvirtuamento de evento religioso em benefício de candidaturas, verificada distinção parcial tão somente quanto às partes. 11. Nessa quadra, não há falar em nulidade decorrente do **julgamento conjunto das ações**, presente, na espécie, a identidade fática entre as causas de pedir, salutar a utilização da prática a evitar decisões conflitantes, ausente prejuízo para a regular instrução processual [...]" (TSE, Ac. de 21.8.2018, no RO n. 537003, Rel. Min. Rosa Weber)

23.2. Natureza de Ação. Petição inicial

Chamada de Investigação Judicial Eleitoral, trata-se de **ação cível eleitoral desconstitutiva e condenatória**[367], com *procedimento* e com regras relativas à competência do órgão jurisdicional a quem se dirige, dentre outras, fixados no art. 22, da Lei Complementar n. 64/90. No que tiver sido omissa, deve-se atentar para as normas do Código Eleitoral e do Código de Processo Civil, estas aplicáveis supletiva e subsidiariamente ao direito processual eleitoral. Sua inicial (que o art. 22 chama de "representação"), por exemplo, deve atender aos requisitos do art. 319, do CPC/2015, dedicando-se especial atenção ao *pedido* de cassação do registro ou do diploma dos candidatos beneficiados e de imposição da inelegibilidade aos agentes do abuso.

Com a implantação do Processo Judicial Eletrônico – PJe – em todas as Zonas Eleitorais do país e também nos Tribunais, tal sistema é de utilização obrigatória no ajuizamento de todas as ações eleitorais, inclusive a AIJE. Antes disso, o processo eleitoral *stricto sensu* já experimentava inovações importantes, como a possibilidade do oferecimento da AIJE via fax ou por meio eletrônico, como permitido pela Resolução n. 20.951/2001-TSE, no seu art. 4º, dispensado o encaminhamento do original. A Resolução n. 23.193/2009 falava em petição eletrônica (art. 6º) como forma de ajuizamento da Representação. E a Resolução TSE n. 23.462/2015 – que tratou das Representações para a eleição de 2016 – dizia que as petições e recursos seriam admitidos, quando possível, por meio eletrônico ou fac-símile (art. 7º). Para isso, os Tribunais deveriam divulgar os números de fax e o manual de utilização do serviço de petição eletrônica.

Percebe-se, então, que a AIJE da Lei Complementar n. 64/90 difere substancialmente da investigação judicial prevista no art. 237 do Código Eleitoral, posto que ali os legitimados desencadeavam verdadeira atividade administrativa da Justiça Eleitoral, sem que dela resultasse a aplicação de qualquer sanção. Obedecido o procedimento das investigações parlamentares da Lei n. 1.579/52, ao fim da apuração produzia-se prova para instruir o Recurso contra a Expedição do Diploma ou mesmo a Ação de Impugnação de Mandato Eletivo. Por esse motivo, saía do nada e ia a lugar algum, como mostrou a experiência.

[367] Nada a ver com procedimentos de típica investigação, como o inquérito policial.

É esse o entendimento de Fávila Ribeiro,[368] quando registra que desapareceu toda a funcionalidade administrativa até então observada para a investigação do abuso do poder no Direito Eleitoral brasileiro, exercendo-se, desde o início, atividade jurisdicional, em seu real sentido.[369] Também é essa a posição de Adriano Soares da Costa, que rebate veementemente a opinião contrária de Joel José Cândido, para quem este procedimento é "Investigação Judicial atípica, com carga decisória relevante, de consistência constitutiva negativa (no caso em que cassa o registro) e carga declaratória (no caso em que declara a inelegibilidade por três anos[370]), o que é invulgar no ordenamento jurídico brasileiro". O TSE já se posicionou no sentido de que a IJE é "verdadeira ação", com caráter sancionatório desconstitutivo, como expressado pelo então Min. Torquato Jardim, no Rec. n. 11.524, no famoso "Caso Ascurra", de Santa Catarina.

Não há pertinência – e, portanto, necessidade –, de estimar o valor da causa, tendo em vista que a matéria nela veiculada é de interesse público e sem conteúdo econômico aferível. Pelas mesmas razões, não se cogita de condenação a custas e honorários advocatícios, já que os mencionados ônus não têm previsão legal. Ao contrário, entende o TSE que aplicável às ações eleitorais o disposto na Lei n. 9.265/1996, que prevê a gratuidade dos atos necessários ao exercício da cidadania. O art. 4º, da Resolução TSE n. 23.478/2016, assim dispõe:

> "Os feitos eleitorais são gratuitos, não incidindo custas, preparo ou honorários."

> "Eleições 2012. Agravo regimental. Agravo. Conduta vedada. Caracterização. Processo eleitoral. Justiça. Gratuidade. Inexistência. Reexame. Fatos e provas. Impossibilidade. Desprovimento. 1. No processo eleitoral não há falar em gratuidade de justiça, porquanto não há custas processuais e tampouco condenação em honorários advocatícios em razão de sucumbência. 2. (...). (Ac. de 12.05.2015, no AgR-AI n. 148675, Rel. Min. Luciana Lóssio)

23.3. Legitimação ativa: Capacidade postulatória. Eleitor. Partido/Federação/Coligação. Desistência

Estão **legitimados ativamente**, conforme dispõe o *caput* do art. 22, da LC n. 64/90, "qualquer partido político, coligação, candidato ou Ministério Público Eleitoral". Acrescente-se a legitimidade ativa da federação de partidos, prevista no art. 11-A, da Lei n. 9.096/95, incluído pela Lei n. 14.208/2021. O MPE, como se sabe, atua como agente – podendo, portanto, propor a AIJE – ou como interveniente, na condição de fiscal da ordem jurídica, já que o art. 72, da LC n. 75/93, impõe a sua atuação em todas as fases e instâncias do processo eleitoral. Sendo a AIJE oferecida por candidato, partido político, federação ou coligação, necessária a capacidade postulatória e, por isso, deve ser subscrita por **advogado**, à consideração de que, sendo ação cível eleitoral, veicula

---

[368] RIBEIRO, Fávila. *Abuso de poder no direito eleitoral. Apud* BARRETO, Lauro. *Investigação judicial eleitoral e ação de impugnação da mandato eletivo*, p. 31.

[369] BARRETO, Lauro. Investigação judicial eleitoral e ação de impugnação de mandato eletivo, p. 31.

[370] A referência aos 3 anos é baseada na redação original do art. 1º, I, "d", da LC n. 64/90, agora modificado pela LC n. 135/90, que o elevou para 8 anos.

conflito de interesses a ser dirimido e busca a cassação do registro ou do diploma do candidato beneficiado e a condenação dos agentes do abuso à inelegibilidade, conforme dispõe o art. 22, XIV, do mencionado art. 22, da LC n. 64/90.

De outro lado, é bom lembrar que os partidos políticos que integram **coligações** (junção de dois ou mais partidos para a disputa da eleição que se aproxima, conforme afirmado no Título I, Capítulo II, item 3), como também federações, perdem a legitimidade para, isoladamente, pleitearem junto à Justiça Eleitoral (art. 6º, § 4º, da Lei n. 9.504/97, incluído pela Lei n. 12.034/2009, e art. 11-A, da Lei n. 9.096/95, incluído pela Lei n. 14.208/2021). A AIJE, em tal hipótese, deve ser oferecida pela coligação ou pela federação.

Porque o interesse público de lisura do pleito se sobrepõe aos interesses partidários, eventual **desistência** da AIJE levará à continuidade dela sob a batuta do Ministério Público Eleitoral. Ou seja, a desistência da ação não conduz o processo à extinção.

> [...] 4. Em que pese a viabilidade da assunção do Ministério Público ao polo ativo de demandas eleitorais; na espécie, o TRE assevera que não houve propriamente a desistência da ação, uma vez que os atos praticados pela parte autora, desprovida de capacidade postulatória, são totalmente nulos. (REspe n. 1983 - ITAUÇU – GO, Ac. de 17/09/2015, Rel. Min. Luciana Lóssio)
>
> ELEIÇÕES 2020. AÇÃO DE IMPUGNAÇÃO DE MANDATO ELETIVO (AIME). [...] MATÉRIA DE ORDEM PÚBLICA. Nas ações que versam sobre matéria de natureza eminentemente pública, a posterior **desistência da parte autora, bem como o abandono da ação**, não possuem o condão de extinguir o feito. O **Ministério Público Eleitoral possui legitimidade para assumir a titularidade da ação**, na condição de substituto processual, dado o interesse público envolvido na matéria. Provimento do recurso. Nulidade da sentença. [...] (TRE-RJ - Recurso Eleitoral n. 060060738, Rel; Des. Vitor Marcelo Aranha Afonso Rodrigues, Publicação: DJE - DJE, Tomo 156, Data 13/07/2021, Página 0)
>
> [...] 4. Conforme a jurisprudência desta Corte, "O **Parquet eleitoral possui legitimidade para assumir a titularidade recursal**, nas hipóteses em que houver pedido de desistência por parte do Agravante, ante o hibridismo ínsito ao processo eleitoral, que tutela não apenas as pretensões subjetivas, mas também visa salvaguardar interesses transindividuais, e.g. a higidez, a normalidade e legitimidade do prélio". (REspe 1546-66, rel. Min. Luiz Fux, DJe de 2.6.2017). 5. A ação de investigação judicial eleitoral para apurar a prática de conduta vedada foi ajuizada dentro do prazo decadencial previsto no art. 73, § 12, da Lei 9.504/97, de modo que assunção do Ministério Público como titular da ação, após esse prazo, não é apta a atrair a extinção do feito pela decadência do direito de ação, tendo em vista que ela já havia sido oportunamente proposta. (TSE, AI n. 69714, Rel. Min. Admar Gonzaga, DJE, Tomo 159, de 10/08/2018, Página 86-87)

Percebe-se, de outro lado, que, ao contrário do que prescreve o Código Eleitoral (art. 237), o **eleitor** mais uma vez ficou no esquecimento do legislador, não tendo, ao rigor da lei complementar, legitimidade para dirigir-se ao Órgão Jurisdicional Eleitoral para relatar fatos e apontar provas do abuso do poder. Aplaudida por alguns (Joel José Cândido) e criticada por outros (Fávila Ribeiro, Lauro Barreto e Torquato Jardim), a ilegitimidade do eleitor para a ação do art. 22 foi enfrentada pelo TSE, quando, respondendo a uma Representação da Procuradoria-Geral Eleitoral, aquela Corte fixou o entendimento de que o eleitor é legítimo "para dirigir-se à Justiça Eleitoral, relatando fatos e indicando provas, e pedir a abertura de investigação para apurar influência do poder econômico ou abuso de exercício de função ou cargo", porque "todo o poder emana do povo, que o exerce por meio de representantes eleitos ou diretamente" (Representação n. 14.156, Classe 10ª, de 3/3/1994). Já em 1998, o entendimento transformou-se na regra do art. 57, da Res. TSE n. 20.105/98. Dali em diante, entretanto, inúmeras têm sido as decisões daquela Corte, negando a legitimidade do eleitor. No mesmo sentido, as resoluções que tratam ano a ano das Representações não contemplam o eleitor no rol dos legitimados (Res. TSE n. 23.608/2019, art. 3º).

> "Representação. Investigação judicial. Eleitor. Ilegitimidade de parte. Indeferimento da inicial. Agravo regimental. Inexistência de afronta à Constituição. Desprovimento. Possuem legitimidade para o ajuizamento de representação visando a abertura de investigação judicial eleitoral apenas os entes arrolados no art. 22 da Lei Complementar no 64/90, entre os quais não figura o mero eleitor, conforme a reiterada jurisprudência do TSE. O direito de petição consagrado no art. 5º, XXXIV, *a*, da Constituição, embora sendo matriz do direito de ação, com ele não se confunde, encontrando este último regulação específica na legislação infraconstitucional, daí decorrendo não poder ser exercido de forma incondicionada. [...]" *(Ac. de 30.11.2006 no AgRgRp no 1.251, rel. Min. Cesar Asfor Rocha.)*

> "Representação. Investigação judicial. Eleitor. Ilegitimidade de parte. Indeferimento da inicial. [...] Conforme orientação jurisprudencial do TSE, são partes legítimas para propor representação visando a abertura de investigação judicial eleitoral apenas os entes arrolados no art. 22 da Lei Complementar no 64/90, entre os quais não figura o mero eleitor. [...]" *(Ac. de 21.9.2006 no AgRgRp no 963, rel. Min. Cesar Asfor Rocha.)*

No que diz respeito à legitimidade dos Partidos Políticos, imprescindível lembrar que a inicial a ser oferecida à Justiça Eleitoral deve partir de seu **órgão/diretório com atribuições naquela determinada eleição,** o que coincide com a legitimidade para requerer o registro e impugnar as candidaturas. Explica-se: nas eleições municipais, o registro dos seus candidatos e a impugnação de outras candidaturas é atribuição do Diretório Municipal do Partido (a quem cabe, também, decidir pelas coligações de sua conveniência, dentro das diretrizes fixadas pelas direções estadual e nacional e observadas as restrições legais). Daí que a representação para instauração da Investigação Judicial Eleitoral compete também ao Diretório Municipal. Já para as eleições estaduais e federais, como o registro é feito perante o TRE pelo órgão de Direção Estadual e a impugnação ao registro de candidatura de outros candidatos compete ao Partido na sua organização estadual, a representação para a AIJE é privativa da Direção Estadual e se dirige ao Corregedor Regional Eleitoral. Por conseguinte, ilegítimo o Diretório Municipal de determinado Partido para representar junto ao TRE pela instauração de investigação judicial eleitoral nas eleições estaduais ou federais. Por identidade de razão, apenas o órgão de Direção Nacional do Partido pode dirigir-se ao Corregedor-Geral Eleitoral, no TSE, para pedir a Investigação Judicial em face de candidatos à presidência da República.

23.4. Legitimação passiva: litisconsórcio necessário

Como o objetivo da AIJE é apurar os fatos lesivos ao processo eleitoral e aplicar sanções, decorrentes principalmente da inelegibilidade em que incorre aquele que se vale de abuso de poder, são **legitimados passivamente** o candidato diretamente beneficiado e todos aqueles, candidatos ou não, que tenham contribuído para a prática, já que é para eles que a Lei Complementar n. 64/90, em seu art. 22, XIV, prevê a declaração de inelegibilidade. A jurisprudência discutiu por muito tempo se necessário ou facultativo o **litisconsórcio passivo** do candidato a titular nas eleições majoritárias (Prefeito, Governador, Presidente e Senador) com o candidato a vice ou com os suplentes de Senador. Ou seja: se a Investigação pode ser requerida apenas em face do candidato a titular ou se deverá necessariamente incluir o vice ou os suplentes da chapa no polo passivo, sob pena de decadência. Tudo porque a chapa é una e indivisível (art. 91 do Código Eleitoral), a qual será afetada como um todo com a decisão sancionatória desconstitutiva, desde que procedente o pedido. Bom frisar que, se procedente a Investigação, qualquer que seja o momento da decisão, será cassado o registro ou o diploma do candidato, exatamente em face do reconhecimento de que a lisura e a normalidade das eleições sofrem com a influência do abuso do poder (art. 22, XIV). Nesse caso, a decisão alcança a esfera de interesses não só do candidato a titular, como também a do candidato a vice ou suplente, até porque o voto dado ao candidato a Presidente da República entender-se-á dado também ao candidato a vice-presidente, assim como o dado aos candidatos a governador, senador, prefeito entender-se-á dado ao respectivo vice ou suplente (art. 178, do Código Eleitoral). Corrompido o voto ao titular, também corrompido o voto dado ao vice ou suplente.

> SÚMULA Nº 38/TSE
>
> Nas ações que visem à cassação de registro, diploma ou mandato, há litisconsórcio passivo necessário entre o titular e o respectivo vice da chapa majoritária.

De outro lado, não há falar em litisconsórcio passivo necessário com o partido, com a federação ou com a coligação a que pertencem os candidatos investigados. Cabível, entretanto, o seu ingresso no feito na condição de assistente simples.

> SÚMULA Nº 40/TSE
>
> O partido político não é litisconsorte passivo necessário em ações que visem à cassação de diploma.
>
> [...] 3. A coligação pela qual os recorrentes concorreram possui **interesse jurídico na manutenção dos mandatos**, uma vez que eventual cassação redundaria em prejuízo a sua esfera jurídica, tendo em vista que a criação da coligação e sua participação no pleito tiveram por objetivo a eleição dos candidatos. Isso constitui causa suficiente para justificar sua atuação como **assistente simples** na demanda pendente de julgamento. Assim, defiro seu ingresso na relação processual, a fim de que figure como assistente simples dos recorrentes. (TSE, REspe n. 32503 - JACINTO – MG, Ac. de 22/10/2019, Rel. Min. Luís Roberto Barroso)

O TSE, neste mesmo caso de Jacinto/MG, entendeu pela necessidade de litisconsórcio passivo entre os candidatos beneficiados e os **agentes do abuso** de poder. A partir das eleições de 2018, entretanto, o TSE voltou a entender que o litisconsórcio com o agente público que pratica o ato não é necessário, especialmente quando ele é mero executor.

> [...] 4. Fixado, por maioria, o entendimento de que, para as Eleições 2016, exige-se a formação de litisconsórcio passivo necessário, também em caso de abuso do poder econômico, entre os candidatos beneficiados e quem, no momento da propositura da ação, seja **apontado como responsável pelo ilícito**. Para aferição da necessidade de litisconsórcio passivo, é suficiente a aplicação da teoria da asserção, devendo integrar o polo passivo da ação as pessoas às quais seja diretamente atribuída, na petição inicial, a prática de condutas ilícitas. (TSE, REspe n. 32503 - JACINTO – MG, Ac. de 22/10/2019, Rel. Min. Luís Roberto Barroso)
>
> RO-El - Recurso Ordinário Eleitoral n. 060884775 - RIO DE JANEIRO – RJ, Ac. de 23/11/2021, Rel. Min. Mauro Campbell Marques. ELEIÇÕES 2018. CONDUTA VEDADA. ART. 73, § 10, DA LEI Nº 9.504/1997. DISTRIBUIÇÃO DE CESTAS BÁSICAS. ELEIÇÃO EM CIRCUNSCRIÇÃO DIFERENTE DO CARGO OCUPADO PELO AUTOR DA CONDUTA. IRRELEVÂNCIA. LITISCONSÓRCIO PASSIVO NECESSÁRIO EM CONDUTA VEDADA. INEXISTÊNCIA. [...] 1. Preliminar de inobservância de litisconsórcio passivo necessário em conduta vedada. **Não obsta à jurisdição eleitoral eventual ausência, no polo passivo da demanda, de um dos responsáveis pela conduta vedada**, desde que o beneficiário integre o polo passivo das ações eleitorais, nos termos do que decidido no RO–El nº 0603040–10/DF. 2. É possível a apuração de conduta vedada ainda que o autor da conduta pertença a esfera administrativa diferente da do cargo em disputa, cabendo ao julgador, no caso concreto, aquilatar, cuidadosamente, o impacto dos ilícitos na disputa. [...]
>
> Ac.-TSE, de 10.6.2021, no RO-El nº 060304010: inexigibilidade de litisconsórcio passivo necessário entre o candidato beneficiado e o autor da conduta ilícita em AIJE por abuso do poder político
>
> TREMG, RE - RECURSO ELEITORAL n. 060150620 - PIRAPORA – MG, Ac. de 16/12/2021, Rel. Des. Guilherme Mendonca Doehler. [...] **2. Preliminar de ausência de formação de litisconsórcio passivo necessário. Rejeitada.** Conforme entendimento firmado pelo c. TSE, as ações por abuso de poder político, a partir das eleições de 2016, deveriam ser propostas em face dos candidatos beneficiados e dos agentes públicos, porventura envolvidos nos fatos abusivos narrados. Todavia, no julgamento do RO nº 0603030-63 – certidão de julgamento datada de 10/6/2021 - os Ministros da Corte Superior fixaram, por maioria de votos, a partir do pleito de 2018, a **não exigência de litisconsórcio passivo** necessário entre o candidato beneficiado e o **agente público responsável** pelo abuso de poder político. A exigência da formação do litisconsórcio passivo necessário entre o candidato beneficiado e os autores dos ilícitos, poderia comprometer a efetividade das AIJEs por abuso de poder político, podendo acarretar demora ou anulação do processo diante do surgimento de mais algum envolvido no ato dito ilícito. Precedente deste Tribunal (RE nº 0600422-54, Relator Juiz Itelmar Raydan). [...]

Como o assunto foi adequadamente desenvolvido no capítulo dedicado à AIME, para lá remetemos o leitor.

Até a 5ª edição desta obra, afirmamos que, entretanto, nem sempre era assim, pois a Investigação poderia terminar com uma decisão de procedência, sem cassação do registro, portanto sem carga desconstitutiva, na hipótese em que proferida após as eleições.[371] Nesse caso, a decisão apenas aplicava sanção de inelegibilidade, mantendo o registro do candidato, resguardada a possibilidade de questionamento da diplomação, ainda sob o argumento de prática de abuso de poder (art. 22, XV, inciso revogado pela LC n. 135/2010). De outro lado, pode ser que o candidato não tenha sido eleito, remanescendo como objeto da decisão apenas a declaração de inelegibilidade. Nessas situações, então, equivocado o entendimento de que o litisconsórcio passivo é necessário, pois a declaração de inelegibilidade (único objeto da decisão que vinha a ser proferida após as eleições) não podia atingir aquele que não tivesse praticado ou pelo menos participado de atos tendentes a desequilibrar o processo eleitoral, ou seja, aqueles que não tinham contribuído para o abuso de poder. Por conseguinte, se a Investigação fosse requerida apenas contra o candidato a titular e a decisão não tivesse sido proferida antes da eleição, a questão relativa ao litisconsórcio, se necessário ou facultativo, perdia relevância, à consideração de que a decisão não mais poderia alcançar a esfera de interesses do vice/suplente, já que não haveria cassação do registro, mas, tão somente, declaração de inelegibilidade, que só se aplica ao investigado que tiver efetivamente contribuído para o abuso do poder. Tudo porque a AIJE tem dois objetos distintos, alcançando pessoas também distintas na lide: 1) decreto de inelegibilidade do agente do abuso e 2) cassação do registro ou diploma do candidato beneficiado pela prática abusiva, mesmo quando não tenha ele participado da conduta. Assim, se a ação é proposta apenas em face do titular da chapa, sem formação do litisconsórcio com o vice ou suplente, restará inviabilizada a cassação da chapa – porque o litisconsórcio é entendido como necessário – mas ainda possível o reconhecimento da inelegibilidade do agente, se estiver no polo passivo, porque entre o agente do abuso e o seu beneficiário não há qualquer vínculo.

Mas é bom relembrar e frisar que a LC n. 135/2010, modificando o art. 22, inciso XIV, da LC n. 64/90, impõe agora a cassação também do diploma dos eleitos – não mais apenas a cassação do registro – e deixa expresso que esse será o conteúdo da decisão de procedência do pedido, não importando se proferida antes ou depois da eleição.

23.5. Momento para sua propositura. Prazo final. Decadência

A representação (a LC n. 64/90, art. 22, adota a expressão "representação" referindo-se à inicial da AIJE) para instauração da Investigação Judicial pode ser oferecida à Justiça Eleitoral tão logo tenha o legitimado ativo conhecimento da prática abusiva. Sabe-se que as campanhas eleitorais começam, de fato, bem antes da data para elas fixada na lei. Junto com a campanha, também o abuso do poder. Via de consequência, **mesmo antes do registro** dos candidatos, ou antes das convenções, já é possível iniciar-se a Investigação. Foi esse o entendimento que o TSE consagrou na representação oferecida pelo PT contra o então candidato Fernando Henrique Cardoso, em março de 1998. Para

[371] Ver, ainda neste capítulo, nossas considerações em torno da inconstitucionalidade do inciso XV, do art. 22.

Adriano Soares da Costa, a Investigação só pode ser desencadeada pela Justiça Eleitoral após o registro da candidatura, embora possa envolver fatos ocorridos anteriormente. Segundo tal pensamento, se ocorre abuso de poder em período antecedente ao registro, os legitimados nada podem fazer naquele momento, devendo aguardar o registro, para então representar pela abertura da Investigação. Não nos parece que esta seja a melhor solução, inclusive por negar aos legitimados o acesso à jurisdição eleitoral a tempo e modo de combater a pratica lesiva ao processo eleitoral e por negar também à Justiça Eleitoral a possibilidade de atuar pronta e eficazmente, tão logo percebida a ocorrência dos atos viciosos das eleições. Como se sabe, cumprindo à Justiça Eleitoral a organização e a administração dos pleitos, necessário colocar à sua disposição, sempre, eficientes e céleres mecanismos de frenação, de contenção, do abuso de poder ou de qualquer outra conduta capaz de violar a normalidade e a legitimidade das eleições. Não faz qualquer sentido colocar a Justiça Eleitoral como mera espectadora do abuso de poder, que pode se reiterar por meses e tornar-se incontrolável e irremediável, para tomar providências apenas após o registro da candidatura. A jurisprudência do TSE, entretanto, consolidou-se no sentido de só admitir o ajuizamento da AIJE após o registro da candidatura, não obstante reconhecer que ela pode veicular fatos ocorridos anteriormente:

> O **termo inicial para ajuizamento da AIJE** é o registro de candidatura, admitindo-se o exame de fatos ocorridos antes desse período. (TSE, Ac. de 17.9.2015, no AgR-RO nº 10787)
>
> [...] 2. O **termo inicial para ajuizamento da AIJE é o registro de candidatura**, não sendo cabível a sua propositura se não estiver em jogo a análise de eventual benefício contra quem já possui a condição de candidato, conforme interpretação do art. 22, inciso XIV, da LC nº 64/1990. No caso concreto, a AIJE foi ajuizada em março de 2014, bem antes do pedido de registro de candidatura. Entendimento que não impede o ajuizamento da referida ação após o registro de candidatura, mormente quando se sabe que a jurisprudência do TSE admite na AIJE o exame de **fatos ocorridos antes do registro de candidatura**, motivo pelo qual não há que se falar em violação ao art. 5º, inciso XXXV, da CF/1988. Tampouco impede que a parte interessada requeira a sustação cautelar daquele ato abusivo, como previsto, por exemplo, no art. 73, § 4º, da Lei nº 9.504/1997, segundo o qual "o descumprimento do disposto neste artigo acarretará a suspensão imediata da conduta vedada, quando for o caso, e sujeitará os responsáveis a multa no valor de cinco a cem mil UFIR". (TSE, AgR-RO n. 10520 - BELO HORIZONTE - MG, Ac. de 15/12/2015, Rel. Min. Gilmar Mendes)

No RO-El n. 0601236-07.2018.6.07.0000, procedente de Brasília-DF, Rel. Min. Mauro Campbell Marques, o TSE enfrentou situação interessante, em que a AIJE foi proposta antes do pedido de registro de candidatura, porém após a escolha do candidato em convenção. O tribunal, na linha da sua jurisprudência sobre a Representação Especial por conduta vedada - que pode ser proposta antes da candidatura formal (pedido de registro), mas já presente a candidatura material[372] – levou em conta a especial

---

[372] Interpretando a conduta vedada contida no art. 77 da Lei nº 9.504/1997, o TSE afirmou que a qualificação formal de candidato não pode se sobrepor à realidade das pré-campanhas, sob pena de submeter os bens jurídicos tutelados pela lei eleitoral ao formalismo exacerbado.

circunstância de que o encurtamento do período de campanha, trazido pela Lei n. 13.165/2015, fez surgir a figura do pré-candidato, a quem a lei garante espaço de atuação antes do registro e sob muitos ângulos parecido com o da campanha eleitoral. E assentou o TSE que "a qualificação formal de candidato, que dependeria única e exclusivamente da vontade de registrar sua candidatura no primeiro ou no último dia do prazo, não pode se sobrepor à realidade fática". Pela particularidade de que a AIJE foi apresentada após a escolha dos candidatos em convenção partidária, o TSE admitiu o seu processamento, fazendo o distinguishing em relação aos precedentes.

O **prazo final** é a data da diplomação dos eleitos, não se justificando seja iniciada após o encerramento do processo eleitoral, até porque há, nos quinze (15) dias após mencionado ato, um outro instrumento de veiculação do abuso, pelo menos do abuso do poder econômico, que é a AIME. Já se encontra superado no TSE o entendimento de que a Investigação só poderia ser requerida até a data da eleição, até porque o abuso de poder ocorre, com alguma frequência, exatamente naquele dia. Agora, com a nova redação do art. 22, XIV, da LC n. 64/90, que prevê cassação também do diploma – não só do registro – com mais razão a ação pode ser proposta após a eleição, desde que até a diplomação, porque a decisão de procedência cassará o registro, se proferida antes da eleição, ou o diploma, se após o pleito, a diplomação ou mesmo a posse.

> RESPE n. 71881 - GALINHOS – RN, Ac. de 26/02/2019, Rel. Min. Luís Roberto Barroso. ELEIÇÕES DE 2016. [...] 1. Recurso especial eleitoral interposto contra acórdão que, mantendo a sentença, julgou procedente a AIJE e determinou: (a) a cassação dos diplomas dos candidatos eleitos para os cargos majoritários; (b) a declaração de inelegibilidade e aplicação de sanção pecuniária ao recorrente; e (c) a imediata realização de novas eleições. Agravo interno que visava impugnar decisão que negou pedido de atribuição de efeito suspensivo ao recurso especial. 2. **A data da diplomação é o termo final para ajuizamento da ação de investigação judicial eleitoral e da representação por captação ilícita de sufrágio**. Precedentes. [...]

23.6. Competência do Corregedor

A **competência** para conhecer e julgar os fatos veiculados na AIJE – ou seja, o abuso do poder econômico, político ou nos meios de comunicação – está atrelada e se define pelo território da disputa, ou seja, pela circunscrição do pleito. Assim:

a. Se a eleição for no município, para os cargos de Prefeito e Vereador, a competência é da Zona Eleitoral à qual pertencer aquela circunscrição;

b. Se a eleição for no Estado, para os cargos de Deputado, Estadual e Federal, de Senador e de Governador, a competência originária é do correspondente Tribunal Regional Eleitoral, e,

c. Se a eleição for nacional, para Presidente da República, a competência originária é do TSE.

Nas eleições gerais e nacionais, em que, como dito, a competência para conhecer e julgar a AIJE é originária do TRE ou do TSE, respectivamente, a petição inicial não é distribuída a um dos membros da Corte. Ao contrário, a LC n. 64/90, nos arts. 19 e 22,

I, determina seja ela atribuída ao **Corregedor, Regional ou Geral**, que, atuando como relator, a processa regularmente e a submete ao Pleno para julgamento (art. 22, XIII). E como em eleições municipais o pedido é dirigido ao Juiz Eleitoral, na Zona Eleitoral a que pertencer o município, este funciona com as atribuições de Corregedor (art. 24, da LC n. 64/90).

Como consequência disso, a legitimidade do partido/federação/coligação também sofre influência, posto que perante o TSE só atua o órgão de direção nacional; perante o TRE só funcionam os órgãos de direção regional, e perante o Juiz Eleitoral só atua o diretório municipal.

Nada a ver, como se percebe, com foro especial por prerrogativa de função, inclusive porque a AIJE apura abuso de poder, infração eleitoral de natureza cível. O que importa, para a definição da competência, repita-se, é o território da disputa. Um candidato à presidência da República, que ainda não é titular de cargo ou mandato eletivo, também é processado diretamente no TSE quando do cometimento de infrações na respectiva campanha. De outro lado, um Deputado Federal que disputa a eleição municipal, para o cargo de Prefeito, p.ex. será processado e julgado pelo Juiz Eleitoral sempre que praticar qualquer ato ilícito cível durante a campanha.

23.7. Procedimento: defesa, dilação probatória, alegações finais

O **procedimento** da AIJE está fixado no art. 22 da Lei Complementar n. 64/90, pretensiosamente sumário, e deve ser compatibilizado com o CPC, tendo em vista sua aplicação supletiva e subsidiária ao processo eleitoral. Como já se disse, a representação, como peça inaugural da Ação de Investigação Judicial Eleitoral, deve atender aos requisitos de qualquer **petição inicial** (art. 319, do CPC/2015, no que aplicável), principalmente no que diz respeito à completa qualificação das partes, à narração dos fatos tidos como abusivos[373], à indicação das provas a serem produzidas (arrolando-se desde já as testemunhas, no máximo de 6 para cada fato– art. 22, V), aos indícios, presunções e circunstâncias a serem observados pelo Juiz e ao pedido, que deve envolver a declaração de inelegibilidade de todos quantos hajam contribuído para a prática, a cassação do registro ou do diploma do candidato beneficiado e a suspensão imediata da conduta, quando for o caso. Esta petição inicial, entretanto, não precisa falar em valor da causa, já que, como mencionado no item 2, acima, a matéria veiculada na AIJE é de interesse público e de valor inestimável e não há custas processuais e condenação a honorários advocatícios. Não estando a inicial conforme, deve o Juiz determinar a sua emenda, nos termos do art. 321, do CPC. Esta providência fica prejudicada, entretanto, quando já ultrapassado o prazo decadencial para propositura da ação, hipótese em que o Juiz deve, se o caso, extinguir o processo sem apreciação do mérito.

---

[373] SÚMULA Nº 62/TSE: Os limites do pedido são demarcados pelos fatos imputados na inicial, dos quais a parte se defende, e não pela capitulação legal atribuída pelo autor.

Os investigados serão notificados/citados – por correspondência ou pelos meios indicados pelo CPC (art. 22, IV, da LC n. 64/90, c/c art. 11, § 2º, da Res. TSE n. 23.608/2019) – e poderão oferecer **defesa em cinco dias**, juntando documentos e rol de testemunhas, até o máximo de 6[374] e indicando provas a serem produzidas.

Com ou sem a contestação, encerrada a fase postulatória, o Juiz ou Relator deve **decidir sobre as provas** requeridas pelas partes e pelo Ministério Público Eleitoral (quando atuando como fiscal da ordem jurídica), determinando **levantamento de sigilos** bancário, fiscal[375], telefônico ou telemático – este cada dia mais comum, face à intensa utilização de comunicação por e-mail e aplicativos de mensagem instantânea – e a realização de eventual perícia antes da audiência, inclusive para que nesta possam ser ouvidos os peritos e assistentes, se o caso.

> AIJE n. 060196965 - BRASÍLIA – DF, Ac. de 24/10/2019, Rel. Min. Jorge Mussi. AÇÃO DE INVESTIGAÇÃO JUDICIAL ELEITORAL. ELEIÇÕES 2018. PRESIDENTE E VICE-PRESIDENTE DA REPÚBLICA. [...] **QUEBRA DE SIGILOS CONSTITUCIONAIS. EXCEPCIONALIDADE.** [...] 2. Consoante a jurisprudência do Supremo Tribunal Federal, a ordem judicial para o **afastamento dos sigilos protegidos constitucionalmente deverá indicar, a pertinência temática e a efetiva necessidade da medida**, bem como "**que o resultado não possa advir de nenhum outro meio ou fonte lícita de prova**" e, ainda, a "existência de **limitação temporal** do objeto da medida, enquanto predeterminação formal do período" (MS 25812 MC, Relator Ministro Cezar Peluso, DJ de 23.2.2006). No mesmo sentido, a "decisão que determina a quebra de sigilo fiscal, motivo pelo qual somente deve ser proferida quando comprovado nos autos a absoluta imprescindibilidade da medida" – AI 856552 AgR/BA no AI, Rel. Min. Luís Roberto Barroso, julgado em 25.3.2014. 3. Não se considera como fundamento idôneo, para fins de justificar a requisição de documentos e/ou quebra de sigilos protegidos constitucionalmente, matérias jornalísticas publicadas em veículos de comunicação eventualmente vinculados ideologicamente com determinado partido e/ou candidato, além de estarem baseadas exclusivamente no anonimato dos interlocutores, dos declarantes e dos partícipes das referidas conversas, diálogos e denúncias. Não se pode invocar o sigilo da fonte para inviabilizar o direito de defesa, lembrando que a Constituição, ao albergar a livre manifestação do pensamento, veda o anonimato. [...]

---

[374] Esse número de 6 testemunhas poderá ser ultrapassado quando a inicial fizer referência a mais de um fato e o autor especificar testemunhas para cada um deles. Neste caso, vale-se subsidiariamente das disposições do processo civil, em que se admite 3 testemunhas para cada fato. Nesse sentido: *"Agravo. Pedido de efeito suspensivo. Deferimento de substituição da 9ª testemunha, em sede de AIJE. Admissibilidade da oitiva de testemunhas em número superior ao determinado, quando a representação se basear em fatos distintos a serem comprovados e a oitiva for indispensável na busca pela verdade real. Recurso a que se nega provimento."* (TRE-MG, Agravo 4588/2004, Medina, Rel. Juiz Antônio Romanelli, Sessão de 24.02.2005)

[375] Imprescindível na Representação Especial por excesso de doação (art. 23, da Lei n. 9.504/97), para conhecer os rendimentos brutos do doador e, daí, o excesso praticado.

Em **audiência única**, as *testemunhas* serão levadas pelas partes, independentemente de intimação[376/377]. Nas investigações judiciais iniciadas por representação de candidatos, partidos políticos, federações ou coligações a previsão legal de que as testemunhas comparecerão à audiência independentemente de intimação não impõe qualquer dificuldade, já que o representante dá ciência às testemunhas por ele arroladas quanto à data da audiência e, nesta, acaba levando-as consigo até o Fórum. A dificuldade se apresenta ao Ministério Público, quando for ele o autor da investigação, já que o Promotor ou Procurador não tem contato com testemunhas. Neste caso, se o Juiz indefere o requerimento de intimação, poderá ser utilizada a notificação, expedida pelo próprio Membro do "parquet", segundo prerrogativa que lhe é assegurada pela lei orgânica.

De duvidosa constitucionalidade é o **art. 368-A**, acrescentado ao Código Eleitoral pela Lei n. 13.165/2015, segundo o qual "a prova testemunhal singular, quando exclusiva, não será aceita nos processos que possam levar à perda do mandato." É que essa tarifação da prova, assim entendida a disposição legal que diz qual prova o juiz deve ou não aceitar, indicada em lei ordinária, vai de encontro, colide frontalmente com o princípio do livre convencimento motivado, consagrado nos arts. 7º e 23, ambos da Lei Complementar n. 64/90.

> Art. 7º Encerrado o prazo para alegações, os autos serão conclusos ao juiz, ou ao relator, no dia imediato, para sentença ou julgamento pelo Tribunal.
>
> Parágrafo único. O juiz, ou o Tribunal, formará sua convicção pela livre apreciação da prova, atendendo aos fatos e às circunstâncias constantes dos autos, **ainda que não alegados pelas partes**, mencionando, na decisão, os que motivaram seu convencimento. (OBS: O STF, na ADI n. 1082, Ac. de 22.5.2014, entendeu constitucional o trecho destacado)
>
> Art. 23. O Tribunal formará sua convicção pela livre apreciação dos fatos públicos e notórios, dos indícios e presunções e prova produzida, atentando para circunstâncias ou fatos, ainda que não indicados ou alegados pelas partes, mas que preservem o interesse público de lisura eleitoral.

---

376 É inconveniente a condução das testemunhas pela própria parte, como recomendado pelo art. 22, da LC n. 64/90, face à negativa influência que sobre elas pode ser produzida momentos antes da audiência, comprometendo a busca da verdade real. Além disso, se a lei possibilita a oitiva de testemunhas por iniciativa do Juiz, nada impede que ele chame para si a responsabilidade pela notificação, assim impedindo inclusive a dispensa daquelas que não cederam ao assédio ou coação da parte para depor conforme os seus interesses. A jurisprudência tem sido sensível às situações em que a parte encontra dificuldade para levar as testemunhas, ordenando o Juiz a notificação. Neste sentido: RE na IJE n. 802004, Porto Alegre, RS; Petição n. 343-11.2011.6.25.0000, Aracaju-SE; Agravo Regimental na Representação n. 8904-05.2010.6.09.0000, Goiânia-GO.

377 RO-El - Recurso Ordinário Eleitoral n. 352379 - CURITIBA – PR, Ac. de 08/10/2020, Rel. Min. Herman Benjamin, Rel. desig. Min. Luís Roberto Barroso. [...] AÇÃO DE INVESTIGAÇÃO JUDICIAL ELEITORAL. ELEIÇÕES 2014. [...] 6. O art. 22, V, da LC nº 64/1990 dispõe que **as testemunhas do representante e do representado comparecerão à audiência independentemente de intimação**. Por esse motivo, a jurisprudência deste Tribunal entende pela desnecessidade de expedição de carta precatória. Precedente. [...].

A par dessa inconstitucionalidade, observa-se que o dispositivo não quer que a cassação ou desconstituição de mandato seja resultado de prova testemunhal singular – que se revela quando ouvida apenas uma testemunha – e exclusiva, ou seja, quando não houver nos autos outros meios de prova, o que é bastante razoável. Não será o caso quando, embora ouvida apenas uma testemunha, suas informações forem convergentes com outros elementos de prova constantes dos autos.

> [...] 5. Não incide a regra do art. 368-A do CE quando se verifica que a prova testemunhal não é exclusiva ou singular, tendo em vista a existência de outros elementos de prova nos autos. [...] (TSE, AgR-REspe n. 20855 - BARBALHA – CE, Ac. de 05/11/2019, Rel. Min. Edson Fachin)

O TSE tem posição consolidada no sentido de que "o representado não poderá ser compelido a prestar **depoimento pessoal**, mas tem o direito de ser ouvido em juízo caso assim requeira na contestação" (art. 44, § 3º, da Res. TSE n. 23.608/2019).

> AIJE n. 060196965 - BRASÍLIA – DF, Ac. de 24/10/2019, Rel. Min. Jorge Mussi. AÇÃO DE INVESTIGAÇÃO JUDICIAL ELEITORAL. ELEIÇÕES 2018. PRESIDENTE E VICE–PRESIDENTE DA REPÚBLICA. [...] QUEBRA DE SIGILOS CONSTITUCIONAIS. EXCEPCIONALIDADE. USO INDEVIDO DOS MEIOS DE COMUNICAÇÃO. PRINCÍPIO DA LIBERDADE DE IMPRENSA DE COMUNICAÇÃO E EXPRESSÃO. [...] 1. Ante a falta de previsão na Lei Complementar 64/1990 e o caráter indisponível dos interesses envolvidos, **não há depoimento pessoal dos investigados em sede de AIJE**. Todavia, eles não estão impedidos de fazê–lo, caso a isso se disponham, conforme assentado na jurisprudência desta Corte Superior (AI 28918/SC, Relator Ministro Og Fernandes, DJe de 25.2.2019; AIJE 0601754–89/DF, Relator Ministro Jorge Mussi, DJe de 13.12.2018; AIJE 0601575–58/DF, Relator Ministro Jorge Mussi, DJe de 12.12.2018; AgR–RMS 2641/RN, Relator Ministro Luís Roberto Barroso, DJe de 27.9.2018; RHC 131/MG, Relator Ministro Arnaldo Versiani, DJe de 5.8.2009; e HC 85.029, Relator Ministro Sepúlveda Pertence, Tribunal Pleno, DJ de 1º.4.2005). [...]

Tem se tornado cada dia mais comum a apresentação, com a inicial ou com a contestação ou durante a instrução, de **gravação de diálogo** com conteúdo capaz de influenciar na solução da lide, pois na atualidade qualquer pessoa tem em mãos, a todo momento, um celular com gravador de áudio ou vídeo. A jurisprudência do STF desde sempre entende ser lícita a gravação feita por um dos interlocutores, ainda que com o desconhecimento do outro[378]. Nas lides eleitorais, entretanto, surgiram gravações em que um dos interlocutores induz o outro a descrever a conduta ilícita, como quando o eleitor pede ao candidato alguma vantagem pessoal em troca do voto, obtendo resposta positiva deste último. Configurados em tese os tipos previstos nos art. 299, do CE (crime) e art. 41-A, da Lei n. 9.504/97 (infração cível), esta prova se aproxima da

---

[378] RExt n. 583.937-RJ, com Repercussão Geral, decidido em 19.11.2009: "Ação Penal. Prova. **Gravação ambiental**. Realização por um dos interlocutores sem conhecimento do outro. Validade. Jurisprudência reafirmada. Repercussão geral reconhecida. Recurso extraordinário provido. Aplicação do art. 543-B, § 3º, do CPC. É lícita a prova consistente em gravação ambiental realizada por um dos interlocutores sem conhecimento do outro"

ilicitude, tendo em vista ser uma espécie de "flagrante preparado". Ou seja, o candidato não age espontaneamente, não oferece ou promete vantagem pessoal ao eleitor, com o objetivo de obter-lhe o voto, a partir de sua iniciativa própria. Ao contrário, é induzido a assim proceder. Diversa é a situação em que o conteúdo do diálogo gravado revela que a proposta parte do próprio agente e o interlocutor só faz registrar os fatos. O TSE, que num primeiro momento inclinou-se pela ilicitude das gravações ambientais, firmou-se no sentido da aceitação dessa prova, ressalvada a demonstração de circunstâncias, no caso concreto, que a desacreditem.

> [...] 1. A jurisprudência desta Corte, para os feitos referentes às eleições 2016 e seguintes, firmou-se no sentido de **admitir, em regra, a gravação ambiental** realizada por um dos interlocutores sem o consentimento dos demais e sem autorização judicial, em ambiente público ou privado, ficando as excepcionalidades, capazes de ensejar a invalidade do conteúdo gravado, submetidas à apreciação do julgador no caso concreto, de modo a ampliar os meios de apuração de ilícitos eleitorais que afetam a lisura e a legitimidade das eleições.
>
> 2. No caso, do contexto fático constante do acórdão regional, extrai-se que o encontro entre candidato e eleitor foi fruto de conversas e acordos prévios em que se expôs a necessidade deste em receber ajuda financeira para custeio de despesas médicas, de modo que o **benefício oferecido pelo candidato foi decorrência de induzimento do próprio beneficiário**, que obteve auxílio de adversários políticos dos agravados, os ora agravantes, no planejamento dos fatos e na obtenção e instalação dos equipamentos necessários para a realização da gravação.
>
> 3. Essas circunstâncias, portanto, maculam o conteúdo da gravação ambiental e a torna inócua para a comprovação da captação ilícita de sufrágio imputada aos agravados.
>
> (TSE, AgR-AI n. 28629 - AURORA – SC, Ac. de 12/11/2019, Rel. Min. Edson Fachin)
>
> TutCautAnt – AgR-Tutela Cautelar Antecedente n. 060040024 - MONTE AZUL PAULISTA – SP, Ac. de 11/11/2021, Rel. Min. Sergio Silveira Banhos. ELEIÇÕES 2020. [...] AÇÃO DE INVESTIGAÇÃO JUDICIAL ELEITORAL. GRAVAÇÃO AMBIENTAL. LICITUDE. CASSAÇÃO. REGISTRO DE CANDIDATURA. 4. Esta Corte Superior tem reafirmado, **a partir das Eleições de 2016**, que "*é **lícita, como regra, a gravação ambiental feita por um dos interlocutores sem o consentimento dos demais** e sem chancela judicial, seja em ambiente público ou particular. Alinhou-se, assim, à jurisprudência do Pretório Excelso, firmada sob o regime de repercussão geral – QO–RG–RE 583.937, Rel. Min. Cezar Peluso, DJE de 18/12/2009 (Tema 237) –, no sentido de serem lícitos, em ações penais, áudios ou vídeos confeccionados de forma clandestina por um dos participantes do diálogo*" (AgR–REspEl 0602087–72, rel. Min. Luis Felipe Salomão, DJE de 11.2.2021). [...]

Recentemente, o TSE voltou a considerar a ilicitude da gravação ambiental em ambiente privado sem conhecimento dos demais interlocutores.

> AI – AgR-AI n. 29364 - SANTA INÊS – PR, Ac. de 07/10/2021, Rel. Min. Alexandre de Moraes. ELEIÇÕES 2016. [...] CAPTAÇÃO ILÍCITA DE SUFRÁGIO. [...] GRAVAÇÃO AMBIENTAL EM AMBIENTE PRIVADO. ILICITUDE DA PROVA. [...] 3. Num ambiente caracterizado pela disputa, como é o político, notadamente acirrado pelo período eleitoral o desestímulo a subterfúgios espúrios voltados a tumultuar o enlace eleitoral

> resguardando assim a privacidade e intimidade constitucionalmente asseguradas, deve ser intensificado, de modo que reuniões políticas privadas travadas em ambientes residenciais ou inequivocamente reservados não se aprazem com gravações ambientais plantadas e clandestinas, pois vocacionadas tão só ao uso espúrio em jogo político ilegítimo, recrudescendo a possibilidade de manipulações. 4. **São clandestinas e, portanto, ilícitas as gravações ambientais feitas em ambiente privado**, ainda que por um dos interlocutores ou terceiros a seu rogo ou com seu consentimento, mas sem o consentimento ou ciência inequívoca dos demais, dada inequívoca afronta ao inciso X, do art 5°, da Constituição Federal Ilícitas, do mesmo modo, as provas delas derivadas, não se prestando a fundamentar condenação em representação eleitoral. 5. A compreensão aqui firmada não se afigura incompatível com a tese firmada pelo E. STF no RE n° 583.937 (QO-RG/RJ, Rel. Min. Cezar Peluso, j. em 19.11.2009 -Tema 237), que teve como perspectiva o prisma da instrução criminal sobremodo distinto do aqui tratado por força de expressa norma constitucional (art. 5°, XII, parte final) e legal. 6. E tanto há distinção de enfoques que o próprio STF, no RE 1040515 (Rel. Ministro Dias Toffoli - Tema 979), afetou a discussão da necessidade de autorização judicial para legitimar gravação ambiental realizada por um dos interlocutores ou por terceiro presente à conversa, para fins de instrução de ação de impugnação de mandato eletivo, à luz do art. 5°, incs. II e XII da Constituição da República

Abre-se, nos três dias subsequentes à audiência, a oportunidade para realização de *diligências*, determinadas *ex officio* ou a requerimento das partes e do MPE (inciso VI), incluindo-se a oitiva de terceiros, testemunhas referidas, etc. (inciso VII) e a requisição de documentos (inciso VIII).

Com as **alegações finais** das partes e o **parecer final** do Ministério Público Eleitoral (quando atuar no feito na condição de fiscal da ordem jurídica), no prazo de 2 dias (Art. 22, X, da LC n. 64/90, c/c art. 49, da Res. TSE n. 23.608/2019), os autos são conclusos ao Juiz (nas eleições municipais) ou ao Corregedor (nas eleições estaduais/federais ou nacionais).

Já é oportuno mencionar que as **decisões interlocutórias** e aquelas sem caráter definitivo são irrecorríveis de pronto e não precluem, devendo a parte que com elas não concordar pedir, nas alegações finais, a sua apreciação como preliminar de mérito.[379] Então, não há falar em agravo de instrumento ou petição de agravo no curso do procedimento.

> [...] 1. A rigor, decisões interlocutórias proferidas em feitos eleitorais são irrecorríveis de imediato por não estarem sujeitas à preclusão, devendo a matéria ser impugnada em recurso contra *decisum* definitivo da Corte Regional. Precedentes. (AgR-REspe n. 46528 - PIANCÓ – PB, Ac. de 22/10/2019, Rel. Min. Jorge Mussi)

---

[379] A Res. TSE n. 23.608/2019, que regulamenta as Representações para as eleições de 2020 e seguintes, diz que "as decisões interlocutórias proferidas no curso da representação de que trata este capítulo não são recorríveis de imediato, não precluem e deverão ser novamente analisadas pelo juiz eleitoral ou juiz auxiliar por ocasião do julgamento, caso assim o requeiram as partes ou o Ministério Público Eleitoral em suas alegações finais" (art. 48).

23.8. Decisão, efeitos antes e depois das eleições

A **decisão** deverá ser publicada no DJe (Res. TSE n. 23.608/2019, art. 51) em três dias (se se tratar de eleição municipal; se a eleição for geral ou presidencial, o Corregedor entregará seu relatório naquele prazo e a Investigação vai a julgamento na primeira sessão do Tribunal). Com a nova redação dada ao art. 22, XIV, da LC n. 64/90, não importa o momento em que a decisão de procedência é proferida, porque há expressa previsão de cassação do registro ou do diploma, o que implica concluir que haverá cassação mesmo quando a AIJE for julgada após as eleições e mesmo após a diplomação e posse do eleito. Além, é claro, da inelegibilidade dos agentes do abuso e de quantos hajam contribuído para a sua prática. Essa inelegibilidade perdurará por oito anos, que são contados da eleição em que se tenha verificado o abuso e não do trânsito em julgado da decisão, conforme já está disposto no art. 1º, I, *d*, da mesma Lei Complementar n. 64/90. Já foi dito que a declaração de inelegibilidade só se dá em relação àqueles dos investigados que tenham contribuído para a prática do abuso de poder, sejam eles candidatos ou não. Quanto à cassação do registro ou do diploma, entretanto, a verificação é puramente objetiva, ou seja, o que realmente importa é a ocorrência do abuso de poder. Se este restou reconhecido na decisão, o registro ou diploma dos candidatos por ele beneficiados será cassado, ainda que reste provado que eles não participaram, não anuíram ou mesmo não souberam da prática[380]. Isto se justifica pelo fato de que a AIJE tem como principal objetivo garantir a normalidade e a legitimidade das eleições, em face do interesse público de lisura do pleito. Se o candidato participou ou não dos atos de abuso, o certo é que a vitória nas urnas sofreu a interferência ilegal do poder econômico ou de autoridade ou do uso indevido dos veículos e meios de comunicação social, o que já é o suficiente para a cassação, que não tem conteúdo de sancionamento pessoal aos candidatos cassados.

Esse abuso de poder que leva à cassação do registro ou do diploma mesmo nas hipóteses em que o candidato não tenha participado da prática é, repita-se, aquele que se apresenta com gravidade de afetação da normalidade e legitimidade das eleições (por nós denominado de "abuso de poder qualificado", que gera inelegibilidade para o agente por aplicação do art. 1º, I, 'd', da LC 64/90). Pode ocorrer, entretanto, que a ação apure descumprimento das normas de arrecadação e aplicação de recursos de campanha – arts. 25 e 30-A, da Lei das Eleições, p.ex. – ou uso da máquina administrativa – art. 73, da mesma lei, sem que a conduta tenha tido gravidade frente àquele bem jurídico (e, então, deve ser Representação Especial e não AIJE). Neste caso, caracteriza-se o que chamamos de "abuso de poder simples",[381] que leva tão somente à cassação (a inelegibilidade, neste caso, não é objeto de apuração na ação e, portanto, dela não se ocupará a sentença, mas sim consequência automática da decisão transitada em julgado ou proferida por órgão colegiado da Justiça Eleitoral, como previsto no art. 1º, I, "j", da LC n. 64/90), sendo imprescindível que a conduta tenha sido praticada pelo próprio candidato, ou

[380] Ac.-TSE, de 3.11.2016, no AgR-REspe nº 958 e, de 18.9.2014, no AgR-AI nº 31540: o abuso de poder prescinde da demonstração de responsabilidade, participação ou anuência do candidato, bastando a comprovação de que se tenha beneficiado.

[381] Ver Seção VI – abuso do poder.

por alguém a seu mando ou, pelo menos, com o seu consentimento, já que não se terá o desequilíbrio da disputa. Aí, o sancionamento com a cassação tem natureza pessoal.

Como visto, o art. 22, XIV, da LC n. 64/90, prevê duas sanções distintas e autônomas, a serem aplicadas aos agentes do abuso (inelegibilidade) e aos candidatos beneficiados (cassação). Dada esta autonomia, não há **perda do objeto** da AIJE quando a ação só é julgada após encerrado o mandato, pois ainda restará – em caso de procedência – a aplicação da inelegibilidade por oito anos. Por igual razão, prossegue a ação em face de candidatos não eleitos.

> Ac.-TSE de 7.2.2017, no RO nº 138069: inexistência de impedimento para o julgamento da AIJE pelo fato de os **representados não terem sido eleitos**.
>
> Ac.-TSE de 10.11.2020, no RO-El nº 195470 e Ac.-TSE de 8.10.2020, no RO-El nº 352379: "[...] o **encerramento do mandato eletivo**, quando o ilícito eleitoral em discussão puder implicar também a aplicação de inelegibilidade, não acarreta a perda superveniente do interesse no prosseguimento da AIJE".
>
> Ac.-TSE de 19.8.2021, no REspEl nº 37275 e Ac.-TSE de 4.2.2020, no AgR-AgR-RO nº 537610: o **encerramento do mandato** não inviabiliza a sanção de inelegibilidade prevista neste inciso.
>
> RO-El - Recurso Ordinário Eleitoral n. 729906 - RIO DE JANEIRO – RJ, Ac. de 14/10/2021, Rel. Min. Luis Felipe Salomão. ELEIÇÕES 2014. GOVERNADOR. CANDIDATO À REELEIÇÃO. AÇÃO DE INVESTIGAÇÃO JUDICIAL ELEITORAL (AIJE). ABUSO DE PODER POLÍTICO E ECONÔMICO. ART. 22 DA LC 64/90. [...] 1. Recurso ordinário interposto contra aresto unânime do TRE/RJ em que o recorrente foi condenado por abuso de poder político e econômico em benefício de sua candidatura à reeleição para o cargo de Governador do Estado do Rio de Janeiro em 2014. Houve declaração de inelegibilidade, nos termos do inciso XIV do art. 22 da LC 64/90, prejudicada a cassação do mandato quando do julgamento na origem, porquanto já encerrado. 2. **Não há perda de objeto nas ações de investigação judicial eleitoral por abuso de poder após o término do mandato** relativo ao pleito a que se referem, **por ser possível declarar-se a inelegibilidade de forma autônoma** (art. 22, XIV, da LC 64/90). Nesse sentido, o AgR–AgR–RO 5376–10/MG (Rel. Min. Edson Fachin, DJE de 13/3/2020), concernente às Eleições 2014. [...]

Diz o art. 23 da Lei Complementar n. 64/90 (na mesma linha do que dispunha o art. 9º da Lei Complementar n. 05/70, porém mais contundente) que "O Tribunal formará sua convicção pela livre apreciação dos fatos públicos e notórios, dos indícios e presunções e prova produzida, atentando para circunstâncias ou fatos, ainda que não indicados ou alegados pelas partes, mas que preservem o interesse público de lisura eleitoral". A leitura atenta desse dispositivo legal, que é dirigido ao Juiz Eleitoral, revela a preocupação do legislador com a tutela da normalidade e legitimidade da disputa, que é missão entregue à Justiça Eleitoral. Esta Justiça Especializada, repita-se, não pode ficar na dependência da eficiente atuação das partes, especialmente de partidos, federações, coligações e candidatos. Ao contrário, deve adotar postura proativa, determinando a notificação ou condução das testemunhas à audiência (quando a parte ou o MPE revelar dificuldade para trazê-las), ouvindo testemunhas referidas e realizando diligências complementares ao esclarecimento dos fatos. As práticas abusivas são normalmente perpetradas às escondidas, clandestinamente, cuidando os seus agentes para que permaneçam elas a distância dos olhos da Justiça. Em decorrência dessa particularidade, o legislador complementar quer o Juiz, mais que nunca, de olhos e ouvidos abertos para perceber o abuso onde quer que ele se esconda. Então, além da prova direta produzida nos autos, os indícios e presunções também concorrem para a formação da convicção do julgador. E não é só: sabe-se que o processo eleitoral viciado pelo abuso de poder é muito mais sentido e percebido do que traduzido em provas, até porque forma-se entre corruptor e corrupto um pacto de silêncio que inviabiliza o seu reconhecimento se o julgador ficar preso às provas dos autos. Sensível a essa realidade do processo eleitoral, a Lei Complementar n. 64/90 autorizou o Juiz Eleitoral a formar sua convicção a partir de fatos públicos e notórios e de circunstâncias ou fatos que não tenham sido sequer indicados ou alegados pelas partes. Na verdade, e em síntese, o Juiz deve estar no "mundo das eleições", percebendo seus movimentos, não se admitindo fundamento de que "o que não está nos autos não está no mundo para o Juiz".

O Min. Torquato Jardim, então no TSE, assegurou:

> "O que faz a norma, ao tutelar valores fundamentais à eficácia social do regime democrático representativo, é exigir do Juiz sua imersão total no meio social e político no qual exerça seu mister; é impor-lhe vivência com a realidade sociológica e as nuances do processo político que, por intermédio do direito positivo com as peculiaridades inerentes à imparcialidade de decisão do Judiciário, deve ele, provocado na forma da lei, controlar, com o fim de assegurar a normalidade e a legitimidade das eleições e o interesse público de lisura eleitoral. *Não lhe permite a norma pretender ignorar o que dos autos não conste*; ao contrário, exige-lhe a lei, que instrumente a realidade legal e a eficácia social da Constituição, que acompanhe ele a vida social e política de sua comunidade. De distante e pretensiosamente diferente observador da cena à sua volta, torna-se o julgador, por imposição legal, um 'spectateur engagé' – na feliz expressão com que se descreveu a vida intelectual de Raimond Aron." (Min. Torquato Jardim, do TSE, no Recurso n. 9.354, Porto Alegre/RS, Acórdão n. 13.428, *Revista de Jurisprudência do TSE*, v. 6, n. 1, p. 332 – Grifei)

Tudo porque, continua o Ministro,

> "no mesmo plano de eficácia legal que a prova produzida e os fatos alegados pelas partes, estão os fatos públicos e notórios, os indícios e presunções, e as circunstâncias ou fatos mesmo que sequer alegados pelas partes".

E arremata:

> "Dir-se-á que essa interpretação confere ao juiz latitude por demais ampla no julgamento do feito, pois que muito de sutilezas não comensuráveis destilaria para a sentença. O argumento, todavia, não procede. Não procede porque o bem jurídico tutelado não é nem a vida, nem a liberdade, nem a propriedade. Fosse qualquer deles e certamente a lei não contemplaria a possibilidade do juiz decidir com base em indícios e presunções, em circunstâncias ou fatos ausentes dos autos. A presunção de inocência, o devido processo legal, o contraditório e a ampla defesa (Constituição,

art. 5º, LIV, LV, LVII, LVIII), obviamente, a tanto se oporiam. Aqui, contudo, **o bem jurídico tutelado é de natureza coletiva, indivisível, do interesse de todos, para o qual irrelevante a vontade ou o interesse individual, qual seja, o sufrágio universal** mediante voto direto e secreto, imune às manipulações e à influência do poder econômico e ao abuso do exercício de função, cargo ou emprego na administração direta ou indireta, sem o que, na presunção da Constituição e da Lei Complementar, não se protegerá a normalidade e legitimidade das eleições, nem se preservará o interesse público de lisura eleitoral."

23.9. Recursos eleitoral, especial e extraordinário. Efeito suspensivo nas instâncias ordinárias e novas eleições

O **recurso eleitoral**, de natureza ordinária, cabível no prazo de **três dias** contados da publicação no DJe, interposto em face de decisão do Juiz Eleitoral (nas eleições municipais) ou do TRE (em sede de competência originária, nas eleições gerais, portanto), suspende os efeitos da decisão de cassação de registro ou diploma, tendo em vista a exceção do § 2º, do art. 257, do Código Eleitoral, incluída pela Lei n. 13.165/2025. O recurso especial em face da decisão do TRE que confirma ou impõe a cassação, no exercício da sua competência recursal (eleições municipais), não tem efeito suspensivo, pelo que a decisão é executada imediatamente.

Já as decisões proferidas pelo TSE desafiam o recurso extraordinário ao STF, também no prazo de 3 (três) dias.

Na AIME (Ação de Impugnação de Mandato Eletivo), construiu-se o entendimento de que a decisão, de procedência ou improcedência, se submete ao reexame necessário, porque identifica-se ela como um dos remédios constitucionalmente assegurados à cidadania, para preservação do princípio democrático e garantia do interesse público da lisura das eleições. Sua proximidade com a ação popular levou ao acolhimento da necessidade de submeter a decisão ao duplo grau obrigatório. Na Investigação Judicial, que tem a possibilidade de cassar o registro ou diploma e declarar a inelegibilidade, não há, entretanto, qualquer razão para a observância do "recurso *ex officio*".

O TRE Mineiro, que durante muito tempo acolheu o "recurso de ofício" na AIME, vem se manifestando firmou entendimento pela impossibilidade do reexame necessário, até mesmo em razão da inexistência de previsão legal.

> "Recurso Eleitoral. Recurso de ofício em Ação de Investigação Judicial para reexame da matéria. Impossibilidade. Ausência de permissivo legal. Recurso voluntário intempestivo. Não conhecido. Sessão de 27/11/2002." (TRE-MG, Rec. n. 153/2001, Acórdão n. 2.043/2002, Rel. Juíza Adrianna Belli Pereira de Souza, *MG* de 19/2/2003). No mesmo sentido: TREMG, RE-AIME n. 4562003, Angelândia-MG, Ac. N. 1045, de 02.12.2003, Rel. Des. Cláudio Renato dos Santos Costa.

Da decisão da AIJE pode também resultar a imposição de multa, nas hipóteses, por exemplo, de cumulação do pedido com as infrações dos arts. 41-A e 73 da Lei das Eleições. Transitada em julgado essa decisão, o Investigado será intimado para o recolhimento. Se restar inadimplente, a execução do julgado mostra-se como única solução para fazer realidade o comando da sentença condenatória cível eleitoral. Quando abordando as atribuições do Ministério Público Eleitoral, dissemos que o TSE, por meio da Res. n. 21.975, de 16-12-2004, que revogou expressamente a Res. n. 20.405, de 1º/12/1998, disciplinou o procedimento a ser adotado pelo Juiz Eleitoral na hipótese aqui versada. E consiste ele na remessa dos autos e do Termo de Inscrição da Multa ao TRE, que por sua vez os encaminhará à Procuradoria da Fazenda Nacional no Estado ou Distrito Federal, a quem se reconhece legitimidade para a execução fiscal correspondente.[382]-[383]

Voltando ao recurso que as partes e o MPE podem oferecer em face da decisão de mérito da AIJE, necessário consignar que os efeitos, devolutivo e suspensivo, conferidos a este recurso obedecem ao que disposto no art. 257, § 2º, do Código Eleitoral, na redação dada pela Lei n. 13.165/2015, estudado com pormenor no capítulo anterior, quando tratando da Representação Especial. Também lá, a referência ao novo art. 224, § 3º, que prevê novas eleições majoritárias sempre, mesmo quando a votação do cassado não tiver alcançado 50%. Em síntese, se a decisão na AIJE cassar o registro ou o diploma do candidato, o recurso, de natureza ordinária, terá efeito suspensivo automático, do que decorre que o cassado permanecerá no cargo eletivo. Se confirmada a decisão em segunda instância, eventual recurso especial ou extraordinário só terá efeito devolutivo e o mandatário já será apeado cargo. A previsão, no art. 224, § 3º, do CE, de novas eleições apenas a partir do trânsito em julgado da decisão de cassação, foi declarada inconstitucional pelo plenário do STF, em 08-março-2018, decidindo a ADI n. 5525, por ofensa à soberania do voto. E, como já visto no capítulo anterior, dedicado ao estudo da Representação Especial, o TSE tem adotado tal entendimento.

Da decisão do TRE, proferida em sede recursal - encerrando, portanto, a via recursal ordinária - cabíveis os **recursos especial e extraordinário**, também no prazo de três (3) dias.

E, como já mencionado aqui, não é possível recorrer de imediato das **decisões interlocutórias ou sem caráter definitivo**, pois não se admite a interposição de agravo de instrumento ou de petição de agravo. Por conseguinte, não há falar em preclusão da matéria, que pode ser levantada pelo interessado quando das alegações finais.

---

[382] Remetemos o leitor para aquele capítulo, onde o assunto foi melhor desenvolvido e a solução do TSE criticada.

[383] Veja no Anexo G, páginas 597-600, Modelo de Representação para investigação judicial.

Capítulo IV

DAS GARANTIAS ELEITORAIS

Durante a campanha eleitoral, como em qualquer outra época, o cidadão, candidato ou não, pode-se envolver em fatos que levam à sua prisão, seja em razão de flagrante, preventiva ou condenação criminal.

Visando a garantir a máxima presença nas urnas, como também a liberdade de voto aos eleitores, o Código Eleitoral institui algumas garantias que não são direcionadas, na verdade, à tutela do eleitor, mas sim ao bom funcionamento da democracia.

1. Garantia contra prisões de candidatos

Diz o art. 236, § 1º, do CE, que **nenhum candidato** poderá ser preso desde 15 dias antes da data marcada para a eleição, salvo se em flagrante delito. Então, na literalidade da lei, o candidato não poderá ser preso em razão de decreto de prisão preventiva, ou temporária, ou mesmo por força de sentença condenatória criminal transitada em julgado, pois que a regra é o impedimento à prisão e a exceção é o estado de flagrância tão somente. Todavia, não é possível esta interpretação literal do dispositivo. É evidente que aquele que tem contra si sentença penal condenatória, transitada em julgado, não só poderá como deverá ser preso, inclusive naqueles 15 dias que antecedem a eleição. Argumenta-se que a prisão do candidato, com toda a repercussão negativa que a medida alcança, prejudica seu desempenho nas urnas, podendo levá-lo a perder a disputa. E é verdade. Entretanto, tratando-se de prisão por sentença condenatória transitada em julgado, não há argumento que possa superar a necessidade de executar-se imediatamente o julgado criminal, até porque acima dos interesses do candidato está a pretensão executória estatal. Ademais, com a prisão do candidato, os eleitores recebem em relação a ele mais uma informação importante, qual seja, a existência de condenação criminal definitiva, que deve ser levada em consideração no momento da escolha. De resto, é bom lembrar que a providência (prisão) não trará qualquer prejuízo concreto para a candidatura, porque o candidato estará, no dia das eleições, com seus direitos políticos suspensos (art. 15, III, da CF). De qualquer forma, então, ainda que fosse eleito, teria o seu diploma negado de ofício ou cassado, em sede de recurso contra a expedição de diploma, exatamente em razão da ausência de uma das condições constitucionais de elegibilidade, superveniente ou não ao registro.

Bom salientar, mais uma vez, que acima dos interesses do candidato devem estar os do conjunto dos eleitores e do próprio regime democrático. E não há normalidade da disputa e nem legitimidade dos resultados num cenário em que haja barreiras que dificultem ou impeçam o acesso dos eleitores à informação sobre toda e qualquer circunstância da vida dos candidatos, capaz - a informação - de contribuir para a decisão consciente do voto.

Necessário registrar que uma prisão em flagrante antes do período de proteção pode e deve ser mantida, mesmo quando o Juiz só a aprecie e a converta em preventiva nos 15 dias anteriores ao pleito, pois não haverá - na tal quinzena - qualquer alteração no direito de ir e vir do candidato, que é a razão maior para a garantia.

2. De eleitores

Já o *caput* do mesmo art. 236 diz que **nenhum eleitor** poderá ser preso desde 5 dias antes e até 48 horas depois da eleição, salvo se em flagrante delito ou em virtude de sentença criminal condenatória por crime inafiançável, ou, ainda, por desrespeito a salvo-conduto. Agora, o dispositivo ficou melhor redigido e a garantia mais adequada, porque criou a regra do impedimento à prisão do eleitor naquele período e a possibilidade da medida, por exceção, em razão de flagrante ou sentença condenatória, sempre que o Juiz Criminal entender que o réu - já preso desde o flagrante ou a preventiva - deve aguardar preso a tramitação do recurso, porque, neste caso, não está havendo a prisão, mas tão somente a sua manutenção. A privação da liberdade se deu antes do período de proteção. De outro lado, se processado e julgado em liberdade, a prisão pode ser determinada se a condenação, mesmo recorrível, reconhecer a prática de crime inafiançável. E, por razões óbvias, também não se aplica a proteção aos que tiverem contra si condenação criminal transitada em julgado e com pena - qualquer que seja - ainda não cumprida, pois neste caso o condenado perdeu a sua condição de "eleitor", dada a suspensão de direitos políticos imposta pelo art. 15, da CF.

3. De membros das mesas receptoras e fiscais partidários

Também os **membros das mesas receptoras e os fiscais de partido** não poderão ser presos enquanto no exercício de suas funções, ou seja, no dia da eleição, salvo se em flagrante delito (art. 236, § 1º, do CE).

Já se percebeu, por conseguinte, que as garantias eleitorais aqui comentadas não impedem a prisão no dia das eleições, quando ocorre com alguma frequência o crime chamado "boca de urna" (propaganda eleitoral no dia das eleições), o transporte de eleitores e também a corrupção eleitoral (doação de bens aos eleitores). De qualquer forma, questionável a constitucionalidade da proteção instituída pelo art. 236, do CE, tendo em vista que a Constituição Federal de 1988, art. 5º, inciso LXI, admite a prisão em flagrante "ou por ordem escrita e fundamentada de autoridade judiciária competente", sem excepcionar o período véspera das eleições.

Aqueles que forem presos nos períodos compreendidos pelas garantias eleitorais (15 dias para os candidatos e 5 dias para os eleitores) deverão ser apresentados imediatamente ao juiz competente para o processo e julgamento da infração cometida, que deverá examinar a legalidade da prisão especialmente sob o enfoque das garantias eleitorais, relaxando-a, se for o caso.

Não parece razoável estender a proteção da lei àqueles - candidatos, eleitores, mesários e fiscais de partido - que se encontravam presos antes do período de proteção e, foragidos, foram recapturados já nos 15 ou 5 dias anteriores à eleição, respectivamente. Neste caso, não há mudança no seu status libertatis, que é exatamente o que o Código Eleitoral quer evitar com as mencionadas garantias.

4. Garantia do exercício do voto dos trabalhadores

Também o eleitor trabalhador, escalado pelo seu empregador para trabalhar no dia da eleição, terá garantido o exercício do seu direito constitucional ao voto. O TSE, no processo administrativo n. 20.129, de São Paulo-SP, relatado pelo Min. Carlos Ayres Britto, decidiu que "muito embora seja feriado, pode o comércio abrir as suas portas. Isso, desde que: 1) sejam obedecidas todas as normas constantes de convenção coletiva ou de legislação trabalhista, ou, ainda, de legislação local, sobre remuneração e horário de trabalho em datas de feriado; 2) sejam criadas, pelo empregador, todas as condições necessárias para que seus funcionários possam, sem empecilhos, comparecer às respectivas zonas eleitorais. Tratando-se de funcionário que trabalhe em Município onde não haverá segundo turno, mas que tenha domicílio eleitoral em localidade cujo pleito ainda não se concluiu, deve o empregador criar todos os mecanismos necessários ao mais desembaraçado exercício do direito-dever de voto, pena do art. 297 do Código Eleitoral." (Resolução TSE n. 22.963, de 23-outubro-2008)

Capítulo V

O DIA DAS ELEIÇÕES

O dia das eleições é precedido de algumas providências, que o Juiz Eleitoral deve adotar, sem as quais não é possível receber os votos.

1. Seções Eleitorais. Mesa Receptora de Votos

À medida que a Justiça Eleitoral vai recebendo e deferindo os requerimentos de alistamento eleitoral, vão-se criando e organizando as **seções eleitorais**, que são agrupamentos de eleitores com até 400 votantes nas capitais e 300 no interior (art. 117 do CE).

Essas seções eleitorais devem ser localizadas o mais próximo possível dos locais de residência dos eleitores nelas agrupados, visando facilitar o deslocamento no dia das eleições. Assim, as seções eleitorais devem ser organizadas por região, bairro, etc. Se o juiz designa como local para funcionamento da seção eleitoral o centro da cidade, deve cuidar para que sejam agrupados nela apenas eleitores que residem naquele lugar. Permitir que eleitores residentes na zona rural sejam inscritos em seções localizadas na cidade contribui para a necessidade de transporte de eleitores no dia das eleições, que sempre traz transtornos e dificuldades para a Justiça Eleitoral.

A cada seção eleitoral corresponde uma **mesa receptora de votos**. Essa mesa é constituída de um presidente, dois mesários, dois secretários e um suplente[384] (a Res. TSE n. 23.669/2021, que regulamenta os atos gerais para as eleições de 2022, no art. 7º, fala em apenas um presidente, dois mesários e um secretário, podendo o TRE reduzir para apenas 2 membros as MRJ – Mesas Receptoras de Justificativas), chamados indistintamente de "mesários", que, no recinto da seção, não podem usar vestuário ou objeto que contenha qualquer propaganda de candidato, partido ou coligação (art. 39-A, § 2º, da Lei n. 9.504/97). São eles nomeados pelo Juiz Eleitoral 60 dias antes da eleição (art. 120 do CE), devendo a relação de nomeados ser publicada (§ 3º), porque daí corre o prazo de 5 dias para a Reclamação dos Partidos Políticos (art. 63 da Lei n. 9.504/97, não mais se aplicando o art. 121, que fixa o prazo em 2 dias). Essa Reclamação deve fundar-se na existência dos impedimentos previstos no art. 120, § 1º, do CE, e nos arts. 63, § 2º, e 64 da Lei das Eleições. Da decisão do Juiz cabe recurso para o TRE, em 3 dias.

---

[384] O TSE, nas resoluções que, a cada ano de eleição, tratam dos Atos Preparatórios para as Eleições, vem autorizando os Tribunais Regionais a dispensarem o suplente e o segundo secretário, face à simplificação dos trabalhos com a urna eletrônica.

2. Presidente da Mesa

O **Presidente da Mesa** tem papel de relevância na seção eleitoral. Dentre suas atribuições, destaca-se a competência para decidir imediatamente todas as dúvidas e dificuldades que ocorrerem (art. 127, II, do CE), o poder de polícia dos trabalhos da seção (arts. 127, III, e 139 do CE) e a autoridade para expedir salvo-conduto em favor do eleitor que sofrer violência, moral ou física, na sua liberdade de votar, ou pelo fato de haver votado (art. 235 do CE), cuja desobediência acarreta prisão do agente. O presidente deve, ainda, orientar a atuação da força pública, que se mantém à distância do local de votação e nele só adentra ou permanece atendendo à sua ordem (art. 141 do CE). Deve cuidar, também, para que os eleitores não levem consigo, para a cabina de votação, telefones celulares, máquinas fotográficas e filmadoras, ou seja, qualquer aparelho que documente visualmente o voto (art. 91-A, parágrafo único, da LE).

3. Os Fiscais de Partidos/Coligações

Os trabalhos de recepção de votos são **fiscalizados pelos partidos políticos, federações partidárias e coligações**, os quais podem nomear dois fiscais para cada mesa, funcionando um de cada vez (art. 131 do CE). Não poderão ser nomeados fiscais de Partidos ou Coligações menores de 18 anos de idade ou quem, por nomeação do Juiz Eleitoral, já faça parte de mesa receptora, apoio logístico ou junta eleitoral (art. 65 da Lei n. 9.504/97 e art. 149, § 4º, da Res. TSE 23.669/2021). Esses fiscais devem portar identificação, por meio de credenciais (crachás) a serem expedidas pelos próprios partidos/federações/coligações (em que constem apenas o nome e a sigla do partido ou coligação a que sirvam, vedada qualquer propaganda eleitoral e até mesmo a padronização do vestuário – art. 39-A, § 3º), sem necessidade de qualquer visto da Justiça Eleitoral. Perante o Juiz Eleitoral, apenas registra-se o nome dos representantes partidários que estão autorizados a expedir as credenciais (art. 65, §§ 2º e 3º).

Durante a votação, pode ser que alguém se apresente diante da Mesa Receptora portando um título eleitoral que não é seu. Se o fato, não obstante a obrigatória exibição de documento de identificação do eleitor, com foto (art. 91-A), não for percebido pelos mesários, os fiscais partidários poderão impugnar a identidade do eleitor, hipótese em que deverá decidir o Presidente da Mesa. Se o fiscal não concordar com a decisão do Presidente, o Juiz Eleitoral deverá ser chamado a solucionar a impugnação. Tudo isso, evidentemente, antes de o eleitor votar, posto que, depois de admitido o voto, está ele irremediavelmente computado pelo sistema eletrônico de votação, não mais sendo possível reverter a situação. A preclusão, neste caso, opera-se instantaneamente.

A fiscalização dos partidos/federações/coligações, perante as mesas receptoras, ainda alcança a conferência dos boletins de urna. Para isso, terão eles acesso antecipado aos programas informáticos a serem usados, podendo impugná-los, fundamentadamente, em cinco dias (art. 66, § 1º). Assim que expedido o boletim de urna (BU) ao final da votação, em cada mesa receptora de votos, uma via dele será afixada no próprio local da votação, para conhecimento público, devendo, ainda, ser entregue uma cópia a cada representante partidário que se fizer presente, se assim o requerer.

4. Propaganda eleitoral: boca de urna. Crime eleitoral Manifestação silenciosa: bótons, flâmulas, adesivos, etc.

No dia das eleições, desde a zero hora, não se permite a veiculação de propaganda eleitoral, inclusive pela publicação na imprensa escrita, vedada a partir da Lei n. 11.300/2006. Então, qualquer manifestação tendente a influenciar na vontade do eleitor, seja pelo rádio ou pela TV, seja por passeata ou carreata, seja pela distribuição de impressos, seja mesmo pelo pedido direto de votos (o chamado "corpo a corpo"), caracteriza a "**boca de urna**".

A Lei n. 13.488/2017, acrescentando ao art. 39, § 5º, o inciso IV, deixa claro que o crime estará configurado se houver, no dia da eleição, "a publicação de **novos conteúdos ou o impulsionamento** de conteúdos nas aplicações de internet", conduta que podemos chamar de "boca de urna digital". Como se sabe, o que a lei eleitoral veda, desde sempre, é a veiculação de propaganda eleitoral no dia da eleição. Não há vedação, e nem menção, à propaganda que, veiculada antes, inclusive no sábado véspera da eleição, permanece onde estiver no dia do pleito, porque isso não é compreendido na expressão "veicular". Assim, os adesivos plásticos que tiverem sido afixados em residências durante a campanha, podem lá permanecer. Os conteúdos postados nas redes sociais e na internet em geral podem ser mantidos. O que vedado, como se vê expressamente no inciso IV, do mencionado art. 39, § 5º, é a publicação de "novos" conteúdos e o impulsionamento contratado ou pago para operar no dia da eleição, ainda que relacionado a conteúdos divulgados anteriormente.

> O envio de mensagens por SMS no dia das eleições é alcançado por este tipo penal. (TSE, Ac. de 4.12.2018, no REspe nº 1011)

Nunca é demais lembrar que o bem jurídico protegido pelo art. 39, § 5º, é a liberdade de escolha do eleitor, a ser respeitada de forma absoluta no dia da eleição, daí que impossível falar em **insignificância** da conduta quando alcançado um único eleitor.

> Inaplicabilidade do princípio da insignificância ao crime tipificado neste inciso. (TSE, Ac. de 3.9.2014, no AgR-AI n. 498122, e Ac. de 3.5.2011, no REspe n. 1188716)

Bom esclarecer que esse apelido – boca de urna – dado ao aliciamento de eleitores e à propaganda eleitoral em geral, qualquer que seja a sua forma, no dia das eleições, nada tem a ver com o **local em que a conduta é praticada**, se próximo ou não de onde ocorre votação, ou seja, da seção eleitoral. Porque o Código Eleitoral determina que a força pública deve manter-se a 100 metros da mesa receptora de votos e nela adentrar apenas quando solicitada pelo Presidente da Seção Eleitoral, criou-se a impressão – um mito mesmo – de que a "boca de urna" só é vedada dentro daquele limite espacial. Não é verdade. A proibição de veiculação de qualquer propaganda eleitoral no dia das eleições (inclusive pela imprensa escrita e por novas postagens nas redes sociais, como será visto) obedece a um critério de tempo, de proximidade temporal do ato com a eleição. Não quer o legislador que o eleitor seja alvo de processo de convencimento no dia da eleição, ou seja, desde a zero hora e durante todo o dia. Qualquer que seja o local, ainda que a quilômetros de distância do lugar de votação, a propaganda no dia das eleições está vedada e a expressão "boca de urna", como dito, refere-se à proximidade temporal – porque o dia da eleição é reservado ao eleitor, para livre manifestação do seu voto –, e não territorial. O aliciamento de eleitores, naquele dia, caracteriza crime eleitoral, previsto no art. 39, § 5º, da Lei n. 9.504/97.

Diz Pedro Roberto Decomain:

> "Por manifestação deve-se considerar a atitude positiva, pela qual o eleitor é exortado a votar neste ou naquele candidato ou partido. É a atividade de propaganda eleitoral de última hora conhecida como 'boca de urna', através da qual, especialmente nas cidades pequenas, os candidatos costumam abordar os eleitores, inclusive quando se encaminham para os locais de votação, para fazer-lhes um último pedido de voto. [...] A manifestação compreende inclusive a abordagem do eleitor, no próprio dia do pleito, para pedir-lhe, quem lho aborda, que vote neste ou naquele partido ou candidato. Esse tipo de abordagem, por importar manifestação tendente a influir na vontade do eleitor, ficou caracterizado como crime a partir desta lei (Lei n. 9.100/95, art. 67, X) e, consequentemente, restou vedado."[385]

Positivando reiterada jurisprudência do TSE, o art. 39-A, da Lei n. 9.504/97, incluído pela Lei n. 12.034/2009, permite, no dia das eleições, a **manifestação individual e silenciosa** da preferência do eleitor por partido, coligação ou candidato, revelada *exclusivamente* pelo uso de bandeiras, broches, dísticos e adesivos. Como o dispositivo, ao se valer da expressão "exclusivamente", enumera taxativamente os instrumentos que podem ser usados pelo eleitor no dia da eleição, fácil concluir que estão proibidos (e por isso caracterizam o crime do art. 39, § 5º) quaisquer outros meios de propaganda, como a camisa, o boné, etc. Na Res. TSE n. 23.610/2019, art. 82, o Tribunal acrescenta a **camiseta** entre os instrumentos de propaganda permitidos no dia da eleição, o que revela nítido excesso de regulamentação, pois contrário a texto expresso de lei. A eleição de 2018 inaugurou uma prática até então não cogitada: a confecção e venda de camisas com foto, nome e número de candidatos como atividade comercial, conduta que não está alcançada pela proibição de distribuição de brindes, já que o responsável pela confecção não é candidato ou partido e a distribuição não é gratuita. Ao contrário, o cidadão interessado paga pela aquisição. Registre-se, por oportuno, que essa camisa confeccionada pelo eleitor ou por ele comprada, lícita, portanto, não poderia – não fosse a "autorização" do TSE – ser usada no dia da votação. Também não pode haver aglomeração de eleitores, ainda que portando os instrumentos permitidos ou usando vestuário sem propaganda, porém padronizado, porque a conduta caracteriza manifestação coletiva – e não individual – da preferência, entendida pela lei como capaz de influenciar outros eleitores. Então, no dia da eleição o eleitor poderá sair à rua e até dirigir-se à sua seção eleitoral para votar com um adesivo do candidato de sua preferência, sem que isso caracterize qualquer irregularidade. A aglomeração de vários eleitores com tais materiais de propaganda, entretanto, já não se encaixa na exceção, porque traz a potencialidade de convencimento e aliciamento do eleitorado. Na mencionada Res. TSE n. 23.610/2019, que disciplina a propaganda eleitoral para as eleições de 2020 e seguintes, o Tribunal

---

[385] DECOMAIN, Pedro Roberto. *Eleições* – Comentários à Lei n. 9.504/97, p. 150.

lembra – art. 82, § 5º – que essa manifestação coletiva, no dia da eleição, tipifica o crime do Art. 39, § 5º, III, da Lei n. 9.504/97.

Aqueles que permanecem trabalhando no recinto em que instalada a seção eleitoral, entretanto, têm tratamento diferenciado. Assim, aos **fiscais de partidos partidários**, nos trabalhos de votação, só é permitido que, em seus crachás, constem o nome e a sigla do partido político ou coligação a que sirvam, vedado o uso de vestuário padronizado (art. 39-A, § 3º, da LE). A regra se justifica porque os fiscais são agentes dos Partidos políticos/federações/coligações e não deste ou daquele candidato.

Os **servidores da Justiça Eleitoral e os mesários** estão, evidentemente, impedidos de usar vestuário ou trazer consigo qualquer objeto que contenha propaganda de partido político, federação, coligação ou candidato. Como auxiliares da Justiça, têm o dever da imparcialidade e só podem manifestar sua preferência na hora do voto, que deve ser mantido em sigilo, sob pena de colocar em dúvida a credibilidade do próprio processo de captação.

Essas regras, contidas no art. 39-A, devem ser divulgadas mediante afixação de avisos em lugares visíveis nas partes internas e externas das seções eleitorais.

5. Transporte e alimentação de eleitores. Crime eleitoral

A Lei n. 6.091/74 ainda veda no dia das eleições, como também na véspera e no dia a elas posterior, o fornecimento de **transporte e alimentação a eleitores**. A inobservância caracteriza o crime do seu art. 11, III, c/c 302 do CE, entendendo parte da jurisprudência que é necessário o especial fim de agir, ou seja, a intenção de impedir, embaraçar ou fraudar o exercício do voto. A pena ali prevista era a maior do ordenamento jurídico eleitoral: reclusão de quatro a seis anos e multa, agora superada pela cominação prevista no art. 72 da Lei das Eleições (de cinco a dez anos), para as hipóteses de fraude no sistema eletrônico de recepção e totalização de votos.

Já se havia comentado que o transporte e a alimentação de eleitores no dia das eleições, como também na véspera e no dia seguinte, podem perfeitamente ser evitados se o Juiz Eleitoral cuidar, no momento de organizar as seções eleitorais e fixar-lhes o local de instalação, de não permitir que os eleitores sejam alocados em seções distantes de sua residência. E todo o esforço deve ser empreendido neste sentido, pois que o deslocamento dos eleitores causa transtornos à Justiça Eleitoral, gera movimento exagerado e desnecessário nas ruas e, com ele, ambiente apropriado para a "boca de urna". Ao contrário, se o eleitor é colocado a votar em seção bem próxima à sua residência, não há necessidade de transporte e nem de alimentação, seu deslocamento é mínimo e as oportunidades de seu aliciamento são quase que eliminadas.

Entretanto, há situações que não podem ser resolvidas pela boa localização da seção eleitoral, mormente nos municípios de maior extensão territorial. Se a população rural não se concentra em povoados, acontece que a seção eleitoral fica distante do local de residência dos eleitores, fazendo-se necessária a organização de sistema de transporte, toda vez que essa distância for de, pelo menos, dois quilômetros. Já se disse que os partidos/federações/coligações e candidatos não podem fazê-lo, como também não o pode qualquer particular. Na verdade, o transporte de eleitores só pode ser organizado e realizado pela Justiça Eleitoral, a quem cabe requisitar veículos e embarcações em número suficiente para o serviço, divulgando 15 dias antes do pleito o **quadro geral de percursos e horários** programados (arts. 3º, § 2º, e 4º da Lei n. 6.091/74, e art. 18 e ss., da Res. TSE n. 23.669/2021), até para proporcionar a Reclamação prevista no § 2º do art. 4º. Para bem conduzir a organização do transporte de eleitores, o Juiz deve prestigiar a participação dos partidos políticos locais – que podem indicar até 3 (três) pessoas, vedada a participação de candidatos (art. 22, da Resolução) – , instalando a Comissão Especial de Transporte recomendada pelo art. 14.

Situação tormentosa é a da "famosa carona" que o eleitor ganha no dia da eleição, para deslocar-se até a sua seção eleitoral. Os candidatos e representantes partidários, no dia da eleição, principalmente nos pequenos municípios, ficam percorrendo as seções e, no seu caminho, encontram eleitores e lhes dão o transporte. Apanhados transportando eleitores, o argumento é sempre o mesmo: simples carona. É ingenuidade da Justiça Eleitoral acreditar que o candidato se encontrou casualmente com o eleitor (carona seria isto) e que este, uma vez levado por aquele até a seção eleitoral, não será aliciado ao voto. Fica difícil imaginar que o candidato não tenha no interior do seu veículo um "santinho" ou uma "cola do voto" para entregar ao eleitor e induzir-lhe o voto (hipótese em que estaria no mínimo praticando a conduta do art. 39, § 5º, II, da Lei n. 9.504/97). No dia da eleição, candidatos e partidos políticos mostram-se desesperados pelos votos dos eleitores ainda indecisos e só saem às ruas abordando e transportando eleitores aqueles que buscam o recurso de última hora. Não há dúvida de que o transporte, não se encontrando nas exceções do art. 5º da mencionada lei (a serviço da Justiça Eleitoral; realizado pelos coletivos de linhas regulares e não fretados; de uso individual do proprietário, para o exercício do próprio voto e dos membros da sua família e no serviço normal de aluguel, sem finalidade eleitoral, como o táxi e o aplicativo de transporte), deve ser coibido e punido, pois tem como objetivo influir na vontade do eleitor.

Levando-se em consideração que o art. 302 do Código Eleitoral já tipificava a conduta daquele que promove, no dia da eleição, o fornecimento gratuito de alimento e transporte coletivo, exigindo o especial fim de agir (com o fim de impedir, embaraçar ou fraudar o exercício do voto), fica fácil concluir que a Lei n. 6.091/74 dispensou esse elemento subjetivo, ou seja, o dolo específico de impedir, embaraçar ou fraudar o exercício do voto, já que o seu art. 5º repete a proibição de fornecimento de transporte e alimentação aos eleitores, por quem quer que seja, e o seu art. 11, III, tipifica como crime o mero descumprimento desta regra. A mencionada lei, posterior ao Código Eleitoral, descreve como crime o "simples" fato de, no dia da eleição, na sua véspera e no dia seguinte, alguém fornecer transporte aos eleitores, quebrando o monopólio da Justiça Eleitoral nessa atividade. Não mais se fala na finalidade desse benefício proporcionado a assistência ao eleitor como elemento constitutivo do tipo penal, certamente porque o legislador teve presente que a intenção de influenciar na vontade do eleitor é óbvia. Com isso, a Lei n. 6.091/74 construiu um tipo penal de mera conduta, que independe de qualquer resultado naturalístico material e até mesmo de intenção específica na sua obtenção.

Como assegurado por Tito Costa,[386] "a análise dos preceitos legais mencionados conduz à conclusão de que a parte final do art. 302 do Código Eleitoral está revogada (ou melhor, derrogada) pelo art. 11, III, da Lei n. 6.091, de 15 de agosto de 1974".

> "houve correção de rumo e a figura do transporte de eleitores e fornecimento gratuito de refeições no dia das eleições passou a ser definida autonomamente na Lei n. 6.091, de 15 de agosto de 1974, tornando privativa da Justiça Eleitoral essa assistência ao eleitor, quando necessário. A usurpação desse monopólio, independentemente do resultado, é punido severamente pelas suas nefastas e deletérias consequências." (TRE-SP, Acórdão n. 108.097, Rel. Alves Braga)

Neste sentido, o Ac.-TSE, de 13.4.2004, no REspe nº 21401, em que o Tribunal concluiu que a Lei nº 6.091/1974, art. 11, III, revogou a parte final do art. 302, do Código Eleitoral. A jurisprudência, entretanto, é divergente quanto ao tema.

> Ac.-TSE de 12.9.2017, no AgR-REspe n. 133; Ac.-TSE de 4.8.2015, no REspe n. 305 e, Ac.-TSE de 7.8.2008, no AgRgREspe n. 28517: o tipo previsto no inciso III, do art. 11, exige o fornecimento do transporte com o fim explícito de aliciar eleitores.

Também a alimentação dos eleitores é privativa da Justiça Eleitoral, que deve fornecê-la aos eleitores carentes da zona rural, correndo as respectivas despesas por conta do Fundo Partidário. Para lançar mão dessa possibilidade, o juiz deve consultar previamente o TRE, para não correr o risco de, após realizada a despesa, constatar-se não haver o recurso. Na prática, a Justiça Eleitoral faz convênio com o Município para que este custeie a alimentação, mas é necessário que a distribuição seja organizada e levada a efeito pela Justiça Eleitoral, visando evitar o uso político desse benefício.

---

[386] COSTA, Tito. *Crimes eleitorais e processo penal eleitoral*. São Paulo: Juarez de Oliveira, 2002, p. 184.

Capítulo VI

APURAÇÃO E TOTALIZAÇÃO DOS VOTOS

Desde que a urna eletrônica foi adotada e levada a todas as seções eleitorais do País, a apuração de votos, cédula por cédula, transformou-se em matéria de somenos importância.

Resguardada a possibilidade de realizar-se a votação por cédulas (cédulas de contingência, para quando a urna falhar e não houver possibilidade de sua substituição), nas seções eleitorais em que não for usado o sistema eletrônico, a apuração será feita na forma prevista no Código Eleitoral e nos arts. 85 e seguintes da Lei das Eleições.

1. Apuração tradicional, fiscalização dos partidos

De fundamental importância a atuação dos partidos políticos na fiscalização da apuração convencional, posto que a cada cédula apurada surge a oportunidade de impugnação, que deve ser manifestada imediatamente, sob pena de preclusão. Feita a impugnação, o Ministério Público oferece seu parecer oral, e a Junta Eleitoral (às vezes chamada de Junta Apuradora) decide também oralmente e de plano (art. 169 do CE). O procedimento é informal, totalmente oral e se resolve em minutos. Da decisão da Junta cabe recurso, a ser manifestado imediatamente, podendo as razões ser apresentadas em 48 horas (§ 2º). O inconformismo não será admitido se não tiver havido impugnação perante a Junta, no ato da apuração, contra as nulidades arguidas.

2. Apuração eletrônica

Nas seções eleitorais em que funcionarem as urnas eletrônicas, não haverá apuração de votos, pelo menos na concepção tradicional. Na verdade, à medida que os votos vão sendo depositados na urna, o próprio sistema informatizado vai procedendo à apuração, que se resume a identificar a vontade manifestada pelo eleitor através da digitação dos números no teclado da urna, se correspondente a algum candidato ou partido (legenda), ou se branco, computando os votos para os candidatos ou para as legendas, ou tomando-os à conta dos nulos. Ao final da votação, basta efetuar o comando para a totalização e emissão do Boletim de Urna (BU), sendo uma via afixada no local de votação, para conhecimento público, e disponibilizadas cópias aos fiscais partidários que se fizerem presentes e assim desejarem. Essa totalização é feita nas próprias Mesas Receptoras, que farão gravar os respectivos resultados no cartão de memória da urna, os quais, levados à central e somados aos das demais seções eleitorais da circunscrição da disputa, darão o resultado da votação.

3. Destino dos votos na eleição proporcional: art. 175, CE e art. 16-A, LE.

Mas é importante saber qual destino será dado aos votos pelo sistema informatizado de recepção e cômputo, principalmente quando se trata de eleição disputada pelo sistema proporcional (vereadores e deputados) e quando o registro de algum candidato não está, no dia da eleição, deferido definitivamente: os votos são nulos para todos os efeitos? Ou são aproveitados para a legenda? Como os recursos eleitorais não têm, em regra, efeito suspensivo, a decisão de indeferimento do registro de candidatura deveria ser cumprida imediatamente, impondo-se ao candidato suspender seus atos de propaganda e seu nome e foto sequer lançados na urna eletrônica. A Justiça Eleitoral, entretanto, já vinha admitindo que o candidato, independentemente de provimento cautelar, continuasse a fazer sua propaganda eleitoral, "à sua conta e risco", à espera do julgamento do recurso. Isto porque se reconhece que a interrupção da propaganda, ainda que por poucos dias, acarreta prejuízo irreparável para a campanha do candidato que venha a ter seu recurso provido pela instância revisora. A Lei n. 12.034/2009, ao acrescentar o art. 16-A à Lei n. 9.504/97[387], positivou aquele entendimento e acaba por conferir efeito suspensivo automático ao recurso do candidato. Justifica-se essa alternativa também porque o sistema informatizado de apuração e totalização de votos está preparado para computar os votos dados ao candidato que no dia da eleição esteja com registro indeferido e recurso em tramitação, com a observação de que sub judices. E se o indeferimento da candidatura for finalmente confirmado, os votos dados a tal candidato são computados à conta dos nulos, não se aproveitando sequer para a legenda (na eleição proporcional), face à regra contida no art. 175, do Código Eleitoral. De fato, o art. 175, § 3º, diz que os votos dados a candidatos inelegíveis ou não registrados serão considerados nulos, *para todos os efeitos*, o que impõe desconsiderá-los inclusive para a legenda (a nulidade do voto atinge não só o candidato, mas também o partido), ou seja, para a obtenção de quociente partidário. Mas o § 4º, do mesmo art. 175, ressalva a validade desse voto para o partido quando a decisão de indeferimento do registro for proferida após a eleição. Por conseguinte, faz toda diferença saber se o candidato disputou a eleição com registro deferido ou indeferido. Em resumo, se o candidato às eleições proporcionais **disputa a eleição com registro indeferido** e a decisão final confirma esse indeferimento, os votos a ele atribuídos são nulos para todos os efeitos, não se prestando nem mesmo para o partido (§ 3º), porque, no dia da eleição, a recepção de votos para ele era resultado apenas do efeito suspensivo do seu recurso; mas se o candidato, ao contrário, **disputa a eleição com registro deferido**, com recurso de outro candidato, de partido ou do MPE pendente de julgamento, e a decisão final é de indeferimento da candidatura,

---

[387] **Art. 16-A.** O candidato cujo registro esteja *sub judice* poderá efetuar todos os atos relativos à campanha eleitoral, inclusive utilizar o horário eleitoral gratuito no rádio e na televisão e ter seu nome mantido na urna eletrônica enquanto estiver sob essa condição, ficando a validade dos votos a ele atribuídos condicionada ao deferimento de seu registro por instância superior.

Parágrafo único. O cômputo, para o respectivo partido ou coligação, dos votos atribuídos ao candidato cujo registro esteja *sub judice* no dia da eleição fica condicionado ao deferimento do registro do candidato.

os votos são nulos para ele (à evidência), mas computados para o partido, para efeito de quociente partidário (§ 4º), pois no momento da votação havia uma candidatura admitida pela Justiça Eleitoral. Para o art. 175, do Código Eleitoral, portanto, prevalece a situação jurídica do candidato no dia da eleição, para definição do destino dos votos a ele atribuídos.

A jurisprudência já se havia consolidado neste sentido, quando a Lei n. 12.034/2009 acrescentou o art. 16-A à Lei n. 9.504/97, cujo "caput" teve o nítido propósito de apenas positivar o efeito suspensivo com que o recurso ofertado pelo candidato indeferido deve ser recebido, para possibilitar a ele continuar com a campanha e ter seu nome e foto na urna eletrônica. Mas como o art. 16-A diz mais do que esse efeito suspensivo, tratando também – no seu parágrafo único – do destino a ser dado aos votos, a questão é saber se esta última regra, a do parágrafo único, confirma ou altera aquela sistemática de destinação dos votos nulos fixada pelo Código Eleitoral, art. 175.

Como o legislador agora se utiliza da expressão "registro sub judice" – para dizer que o cômputo dos votos para o partido fica condicionado ao deferimento do pedido – uma interpretação isolada e literal desse parágrafo único pode levar à conclusão de que, qualquer que seja a situação jurídica da candidatura no dia da eleição (deferida ou indeferida, mas sub judice pela pendência de recurso), a contagem dos votos para o partido fica condicionada à final decisão de deferimento. Entretanto, percebe-se que a expressão "sub judice", no contexto desse conjunto normativo (caput e parágrafo), está alcançando tão somente os candidatos que têm seu registro indeferido e recorrem dessa decisão, chegando ao dia da eleição nesta condição. Não está se dirigindo àquele que tem registro admitido, mas que aguarda decisão final em recurso ofertado por qualquer legitimado, porque não faria qualquer sentido a lei garantir o óbvio, ou seja, a continuidade da campanha daquele que tem registro deferido, pois o recurso em face dessa decisão não tem efeito suspensivo e por isso não paralisa a campanha. O caput do art. 16-A, como inúmeros outros dispositivos acrescentados à Lei n. 9.504/97 na minirreforma de 2009, apenas positivou o entendimento jurisprudencial consolidado no TSE, de que a candidatura indeferida, mas pendente de recurso, não ficava com sua campanha inviabilizada, ao contrário podendo-se utilizar de todos os meios de propaganda e ser lançada na urna eletrônica para receber votos no dia da eleição. Sendo esse o principal objeto da nova disciplina legal, fica fácil compreender que todo o dispositivo gravita em torno apenas do candidato indeferido (que o art. 16-A resolveu chamar de "sub judice"), cuja campanha era ameaçada pela inexistência de previsão de efeito suspensivo ao seu recurso, porque, ao contrário, o Código Eleitoral confere efeito meramente devolutivo aos recursos em geral. E além de garantir o tal efeito suspensivo nesta situação, o art. 16-A também cuidou de positivar o entendimento – igualmente consolidado na Justiça Eleitoral – de que os votos dados ao candidato indeferido, que esteja no dia da eleição nesta condição, só serão computados, inclusive para o partido, se houver provimento do recurso. É exatamente esta a dicção do parágrafo único, bastando dar à expressão "sub judice", pela via da interpretação sistêmica e subordinada ao caput, o sentido de "indeferido": *o cômputo, para o respectivo partido ou coligação, dos votos* *atribuídos ao candidato cujo registro esteja **indeferido** no dia da eleição fica condicionado ao deferimento do registro do candidato.*

Por conseguinte, o art. 16-A, da Lei n. 9.504/97, não altera o art. 175, §§ 3º e 4º, do Código Eleitoral, e com ele não conflita, ao contrário apenas positiva doutrina e jurisprudência que se haviam construído em torno dele. Esse raciocínio foi contemplado na Res. TSE n. 23.554/2017 (art. 218 e 219) e na Res. TSE n. 23.611/2019 (arts. 198 e 199) e agora está previsto na Res. TSE n. 23. 677/2021:

> Art. 22. Serão computados como **anulados sub judice** os votos dados a candidata ou candidato cujo registro, **no dia da eleição**, se encontre indeferido, cancelado ou não conhecido por decisão ainda objeto de recurso, salvo se já proferida decisão colegiada pelo TSE.
>
> § 1º O cômputo dos votos previstos nos incisos II e III do caput do art. 20 desta Resolução passará imediatamente a anulado sub judice se, posteriormente à eleição, vier a ser indeferido, cancelado ou não conhecido, nos termos do caput deste artigo.
>
> § 2º O indeferimento do DRAP nos termos do caput deste artigo é suficiente para acarretar a anulação, em caráter sub judice, da votação de todos os candidatos e de todas as candidatas a ele vinculados(as).
>
> § 3º A divulgação dos resultados dará publicidade ao número de votos referidos neste artigo, mas não serão eles considerados no cálculo dos percentuais obtidos por cada concorrente ao pleito proporcional.
>
> § 4º Na divulgação, serão devidamente informados a situação sub judice dos votos e o **condicionamento de sua validade à reversão da decisão desfavorável à candidata ou ao candidato, assim como à legenda**.
>
> § 5º A situação sub judice dos votos anulados não impede a distribuição das vagas, na forma estabelecida nos arts. 8º ao 11 desta Resolução, considerando-se, para os cálculos, os votos válidos referidos no art. 20 desta Resolução e os votos de legenda em situação equivalente.

Com o resultado da votação na circunscrição, a Justiça Eleitoral proclama os eleitos, o que consiste em tornar públicos os nomes daqueles que foram vencedores nas eleições majoritárias e proporcionais, mencionando o número de votos alcançados por parte de cada candidato, o quociente eleitoral, o quociente partidário, como também os votos em branco e os nulos. Essa proclamação, até a eleição de 2016, era importante, porque a propaganda no rádio e na TV para o segundo turno só começava depois de transcorridas 48 horas. Com a Lei n. 13.488/2017, que conferiu nova redação ao art. 49, da Lei das Eleições, a mencionada propaganda recomeça na sexta-feira seguinte ao domingo do primeiro turno.

Capítulo VII

ARRECADAÇÃO, GASTOS E PRESTAÇÃO DE CONTAS DE CAMPANHA

1. Arrecadação: formalidades, período, doação de pessoas físicas, financiamento coletivo, limites e apuração de excesso

Como não há campanha eleitoral sem recursos financeiros, bens e serviços e como, por outro lado, é imperioso combater o abuso do poder econômico, em nome da lisura da disputa, a Lei n. 9.504/97, a partir do art. 16-C, trata da disciplina da arrecadação e da aplicação dos recursos nas campanhas eleitorais.

Atrelada à campanha eleitoral, que tem período fixado em lei para lançar-se às ruas, também a **arrecadação de recursos** se subordina a regramentos rígidos, dentre os quais o termo inicial. Embora não se refira a data, a lei impõe sejam cumpridas algumas **formalidades**, como condicionantes ao recebimento e à aplicação dos ditos recursos de campanha, o que ocorrerá de 05 a 20 de agosto, conforme for a data em que o partido levar o pedido de registro à Justiça Eleitoral. Assim, para receber doações para a campanha, o candidato deverá:

a. Ter o seu pedido de registro de candidatura apresentado à Justiça Eleitoral pelo respectivo partido, federação ou coligação. Como já estudado, as convenções partidárias que escolhem candidatos e definem eventuais coligações são realizadas no período de 20 de julho a 05 de agosto do ano da eleição. Na sequência, o partido ou a coligação tem até o dia 15 de agosto para levar à Justiça Eleitoral o pedido de registro dos seus candidatos. Antes disso, portanto, não havendo pedido de registro, não há como receber doações.

b. Ter sua inscrição, como candidato, no Cadastro Nacional da Pessoa Jurídica, CNPJ, cujo número será fornecido – em três dias, contados do pedido de registro da candidatura (art. 22-A) – pela Receita Federal, tão logo receba da Justiça Eleitoral a relação de candidatos com pedido de registro protocolado. Sem que o candidato tenha o mencionado CNPJ, o que só é possível depois de feito o pedido de registro à Justiça Eleitoral, inviável o recebimento de doações;

c. Estar com a conta bancária específica para a campanha aberta[388] – vedada a utilização de conta preexistente –, ressalvada a hipótese de candidatos a prefeito e vereador em municípios em que não haja agencia bancária ou posto de atendimento bancário e de candidatos que renunciem, desistam ou sejam substituídos ou tenham o registro indeferido. Os bancos são obrigados a acatar, em três dias, o pedido de abertura da conta, que não se condiciona a depósito mínimo e nem se submete a cobrança de taxas ou despesas de manutenção. O extrato da conta, que posteriormente instruirá a prestação de contas, deverá identificar o CPF ou CNPJ dos doadores (art. 22, na redação dada pela Lei n. 12.891/2013). Como a conta bancária específica para a campanha só pode ser aberta com o CNPJ da candidatura e como este só é emitido pela Receita Federal a partir da relação de candidatos recebida da Justiça Eleitoral, tais condições se entrelaçam e, se não cumpridas, impedem até materialmente o recebimento de doações, pelo menos as financeiras. Dada a natureza pública dos atos de campanha e a indispensável transparência na administração financeira, as contas bancárias de candidatos e partidos não estão cobertas pelo sigilo da LC n. 105/2001 (Res. TSE n. 23.607/2019, art. 13, § 2º).

d. Emitir, diretamente no SPCE – sistema de prestação de contas eleitorais – da Justiça Eleitoral, os recibos eleitorais a serem utilizados na campanha, sem os quais a doação não se legitima. Esse recibo deve estar disponível também em formulário eletrônico, para os que optarem pela doação via internet (art. 23, § 4º, III, "b"). Também estes – os recibos eleitorais – só são fornecidos pelo SPCE àqueles cujos registros foram requeridos à Justiça Eleitoral. O recibo eleitoral é condição para o recebimento de doações estimáveis em dinheiro e pela internet. Já os depósitos em espécie, com doador identificado, e as transferências bancárias dispensam o recibo eleitoral, tendo em vista que o documento comprobatório da operação bancária já trará as informações necessárias (art. 7º, da Res. TSE n. 23.607/2019). O art. 23, § 4º-A, da Lei n. 9.504/97, incluído pela Lei n. 13.488/2017, no mesmo sentido, dispensa a apresentação do recibo eleitoral na prestação de contas, pois que suficiente a menção ao CPF do doador.

Exceção é feita, a partir da eleição de 2018, à modalidade de "financiamento coletivo", regulamentado pelo art. 23, § 4º, inciso IV, da Lei n. 9.504/97, incluído pela Lei n. 13.488/2017, valendo-se de sites na internet, aplicativos eletrônicos ou outros recursos similares, conforme será visto mais adiante. Atendidas as exigências legais, como cadastro prévio na Justiça Eleitoral, autorização do Banco Central (§ 8º), dentre outras, a arrecadação coletiva de recursos para as campanhas eleitorais é autorizada a

---

[388] O art. 22, da Lei n. 9.504/97, fala em abertura de conta bancária específica, que é obrigatória para todos os candidatos, de vereador a presidente. Entretanto, o § 2º reconhece a dificuldade da abertura de conta bancária em pequenos municípios, tornando-a facultativa para candidatos a prefeito e vereador naqueles municípios em que não haja agência bancária e nem posto de atendimento bancário. A disposição anterior à Lei n. 13.165/2015, facultava a conta bancária também para candidatos a vereador em municípios com menos de 20.000 eleitores. A Res. TSE n. 23.607/2019, com redação dada pela Res. TSE n. 23.665/2021, autoriza a conta bancária também em bancos digitais (art. 8º, § 1º).

funcionar **a partir de 15 de maio do ano da eleição**, não se sujeitando, portanto, à regra geral que condiciona a arrecadação ao registro da candidatura, à obtenção de CNPJ e à abertura da conta corrente de campanha. Mas os valores arrecadados pela entidade arrecadadora só podem ser entregues ao beneficiário – futuro candidato – se este registrar a candidatura na Justiça Eleitoral. Do contrário, ou seja, se a candidatura não for registrada, os valores voltam aos doadores. É o que dispõem os §§ 3º e 4º, acrescidos ao art. 22-A pela Lei n. 13.488/2017:

> Art. 22-A. Os candidatos estão obrigados à inscrição no Cadastro Nacional da Pessoa Jurídica - CNPJ. (Redação dada pela Lei n. 13.165/2015)
>
> § 2º Cumprido o disposto no § 1º deste artigo e no § 1º do art. 22, ficam os candidatos autorizados a promover a arrecadação de recursos financeiros e a realizar as despesas necessárias à campanha eleitoral. (Redação dada pela Lei n. 13.165/2015)
>
> § 3º Desde o dia 15 de maio do ano eleitoral, é facultada aos pré-candidatos a arrecadação prévia de recursos na modalidade prevista no inciso IV do § 4º do art. 23 desta Lei, mas a liberação de recursos por parte das entidades arrecadadoras fica condicionada ao registro da candidatura, e a realização de despesas de campanha deverá observar o calendário eleitoral. (incluído pela Lei n. 13.488/2017)
>
> § 4º Na hipótese prevista no § 3º deste artigo, se não for efetivado o registro da candidatura, as entidades arrecadadoras deverão devolver os valores arrecadados aos doadores. (Incluído pela Lei n. 13.488/2017)

Neste caso, de financiamento coletivo cuja arrecadação se inicia antes do registro, o momento da arrecadação não coincide com o momento do recebimento do recurso pelo candidato, porque há, entre o doador e o candidato, uma entidade arrecadadora que reterá os recursos até que o candidato já possa recebê-los.

Tão logo cumpridas tais etapas, ficam os candidatos autorizados a arrecadar recursos – **mediante depósito em espécie, com depositante identificado, cheque ou transferência bancária** – e a realizar despesas com a campanha (art. 22-A, § 2º). Antes disso, nenhum recurso financeiro pode ser recebido, inclusive os que arrecadados por instituições de "financiamento coletivo", a partir de 15 de maio, que – repita-se – só serão repassados ao candidato após o registro, até porque as doações "somente poderão ser efetuadas na conta mencionada no art. 22", ou seja, na conta bancária específica da campanha (art. 23, § 4º), e precedidas de recibo eleitoral. Ora, se a doação financeira só pode ser feita mediante depósito na conta bancária específica da campanha, se a abertura desta depende do CNPJ e se este depende do pedido de registro de candidatura, não há mesmo como receber, pelas vias lícitas, os recursos que vão satisfazer os gastos de campanha. E também nenhuma despesa poderá ser paga com recurso que não tenha passado pela mencionada conta, sob pena de desaprovação da prestação de contas do candidato ou do partido (art. 22, § 3º). A exceção fica à conta das despesas com a preparação da campanha e com a instalação do comitê, inclusive a página na internet, que poderão ser contratadas antes disso, ou seja, antes do registro, do CNPJ e da conta bancária, mas somente após realizada a convenção partidária, para pagamento oportuno, este sim dependendo do CNPJ, da conta bancária e do recibo eleitoral (Res. TSE n. 23.607/2019, art. 36).

A legislação eleitoral permite que as campanhas sejam financiadas (i) por **doações de pessoas físicas**, (ii) por **recursos do próprio candidato**, (iii) por recursos do **Fundo Partidário**, (iv) por recursos do **Fundo Especial de Financiamento de Campanha** e (v) por recursos captados através da **comercialização de bens e serviços e promoção de eventos**.

Dirigido aos doadores – e não aos candidatos – o art. 23, da Lei n. 9.504/97, na redação dada pelas Leis n. 13.165/2015 e 13.488/2017, estabelece **limites percentuais para as doações de pessoas físicas** (10% do seu rendimento), sempre considerado, como base de cálculo, o ano anterior ao da eleição. O art. 81, da mesma lei, que permitia as doações de pessoas jurídicas, foi declarado inconstitucional pelo STF, na ADI n. 4650. O Supremo ainda se referiu expressamente à vedação de doações de todas as pessoas jurídicas alcançadas, contrario sensu, pelo art. 24, da Lei n. 9.504/97, e pelo art. 31, da Lei n. 9.096/95, seja para campanhas eleitorais, seja para a atividade ordinária dos partidos políticos. Via de consequência, estes não podem transferir às campanhas recursos recebidos de pessoas jurídicas, ainda que em período anterior àquela decisão.

> Art. 23. Pessoas físicas poderão fazer doações em dinheiro ou estimáveis em dinheiro para campanhas eleitorais, obedecido o disposto nesta Lei.
>
> § 1º As doações e contribuições de que trata este artigo ficam limitadas a 10% (dez por cento) dos rendimentos brutos auferidos pelo doador no ano anterior à eleição.
>
> § 2º-A. O candidato poderá usar recursos próprios em sua campanha até o total de 10% (dez por cento) dos limites previstos para gastos de campanha no cargo em que concorrer. (Incluído pela Lei nº 13.878, de 2019)
>
> § 3º A doação de quantia acima dos limites fixados neste artigo sujeita o infrator ao pagamento de multa no valor de até 100% (cem por cento) da quantia em excesso. (Redação dada pela Lei n. 13.488/2017)
>
> § 7º O limite previsto no § 1º deste artigo não se aplica a doações estimáveis em dinheiro relativas à utilização de bens móveis ou imóveis de propriedade do doador ou à prestação de serviços próprios, desde que o valor estimado não ultrapasse R$ 40.000,00 (quarenta mil reais) por doador. (Redação dada pela Lei n. 13.488/2017)

O projeto de lei que se converteu na Lei n. 13.488/2017, foi à sanção presidencial dando nova redação ao § 1º, do art. 23, acrescentando um novo teto para as doações de pessoas físicas, um teto nominal de 10 salários mínimos para cada cargo ou chapa majoritária em disputa. O dispositivo, entretanto, foi vetado. Era esta a redação:

> "§ 1º As doações e contribuições de que trata este artigo não poderão ultrapassar 10% (dez por cento) do rendimento bruto auferido pelo doador no ano anterior à eleição, limitado a dez salários mínimos para cada cargo ou chapa majoritária em disputa, somadas todas as doações."

Tanto que prestadas as contas de campanha e, no ano seguinte, as contas ordinárias anuais dos partidos, a Justiça Eleitoral envia a consolidação das informações sobre doações, até 30 de maio, à Receita Federal, para cruzamento com as informações de renda e eventual detecção de excesso de doação. O resultado desse cruzamento, que a Receita Federal envia ao Ministério Público Eleitoral até 30 de julho, é o elemento necessário ao oferecimento da Representação Especial – com o procedimento do art. 22, da LC n. 64/90 –, visando à imposição da multa, de cuja decisão de procedência advém a inelegibilidade do art. 1º, I, "p", da LC n. 64/90.

Esse limite percentual deve ser calculado sobre o rendimento ou faturamento apenas da pessoa doadora, que representa uma unidade fiscal que não se confunde e não se soma a outras. Assim, os rendimentos do cônjuge não podem ser somados aos do doador, para permitir um limite maior de doação, mesmo quando casados sob o regime da comunhão universal de bens, porque a lei civil diz serem incomunicáveis, dentre outros, "os proventos do trabalho pessoal de cada cônjuge" (CC, art. 1.659, VI, c/c 1.668, V). O tema, entretanto, não é pacífico na jurisprudência:

> 3. O Tribunal Superior Eleitoral firmou entendimento de que a comunicação dos rendimentos dos cônjuges, para fins de verificação do limite de doações eleitorais de que trata o art. 23, § 1º, I, da Lei nº 9.504/1997, é **inadmissível quando o regime adotado no casamento for o de comunhão parcial de bens**. (TSE, AgR-AI n. 3302 - BELO HORIZONTE – MG, Ac. de 22/10/2019, Rel. Min. Edson Fachin)
>
> 1. **São comunicáveis**, para fins da análise do percentual de doação previsto no art. 23 da Lei 9.504/97, os rendimentos auferidos pelo cônjuge do doador, casado sob o regime de **comunhão parcial de bens**, decorrentes de lucros advindos de quotas de sociedade empresarial adquiridas na constância do casamento.
>
> 2. A Corte de origem agiu com acerto ao considerar como rendimentos do casal os lucros advindos das quotas da sociedade empresarial adquiridas na constância do casamento e informados na declaração de imposto de renda do cônjuge da doadora, na qual esta figurou como sua dependente.
>
> 3. A teor do inciso V do art. 1.660 do Código Civil, no regime de comunhão parcial de bens, comunicam-se "os **frutos dos bens comuns**, ou dos particulares de cada cônjuge, percebidos na constância do casamento, ou pendentes ao tempo de cessar a comunhão". (TSE, REspe n. 2963 - SALVADOR – BA, Ac. de 13/12/2018, Rel. Min. Admar Gonzaga)
>
> 1. A **conjugação dos rendimentos do casal**, para fins de verificação do limite de doação de campanha eleitoral, apenas é admitida na hipótese de regime de **comunhão universal**. (TSE, RESPE – AgR-REspe n. 45663 - PALMITAL – PR, Ac. de 24/03/2015, Rel. Min. Luiz Fux)
>
> "Doação. Pessoa física. Rendimento bruto. - **É possível considerar o rendimento bruto dos cônjuges, cujo regime de casamento seja o da comunhão universal de bens**, para fins de aferição do limite de doação por pessoa física para campanha eleitoral. [...]" (Ac. de 20.03.2012, no Respe n. 183569, Rel. Min. Arnaldo Versiani)
>
> "[...] Ação de investigação judicial eleitoral. Cargo. Prefeito. Vice-prefeito. Doação de recursos acima do limite legal. Pessoa natural. Impossibilidade de conjugação dos rendimentos do casal. Regime de comunhão parcial de bens. Limite de 10% sobre o rendimento bruto, isoladamente considerado, auferido no ano anterior ao da eleição. Art. 23, § 1º, I, da Lei nº 9.504/97 [...] 1. **A conjugação dos rendimentos do casal, para fins de verificação do limite de doação de campanha eleitoral, apenas é admitida na hipótese de regime de comunhão universal.** 2. *In casu*, o TRE/PR consignou que os cônjuges adotaram regime de comunhão parcial de bens, nestes termos (fls. 377):

'Dilamar José Rodrigues da Silva extrapolou o limite legal, pois sua doação de R$ 51.000,00 não se encontra no limite de 10% a que se refere a legislação eleitoral, já que sua esposa teve rendimentos de R$ 17.530,00 (fls. 199), que somados aos seus rendimentos, considerando que é casado em regime de comunhão parcial (fls. 207), no montante de R$ 158.706,49 (fls. 197), totalizam a quantia de R$ 176.236,49'. 3. Ademais, a única jurisprudência do Tribunal Superior Eleitoral colacionada pelos Agravantes, a fls. 621, versa sobre a possibilidade de comunicação dos bens do casal, para servir de base de cálculo para as doações de campanha, que esteja submetido ao regime de comunhão universal de bens". (Ac. de 24.03.2015, no AgR-REspe n. 45663, Rel. Min. Luiz Fux)

"Representação. Doação. Limite legal. Pessoa física. Ascendente a descendente. **Mãe e filho. Grupo familiar. Solidariedade inexistente**. 1. A doação eleitoral não encerra obrigação legal do ascendente para o descendente e não pode ser enquadrada no conceito de prestação de alimentos ou adiantamento de herança. 2. O princípio da solidariedade familiar não se aplica às doações eleitorais. 3. As doações eleitorais entre parentes mãe e filho no caso são limitadas ao valor de 10% do rendimento bruto auferido pelo doador no exercício anterior. Recurso especial provido." (Ac. de 19.08.2014, no REspe n. 59116, Rel. Min. Henrique Neves)

Também o faturamento da pessoa jurídica, cuja doação era permitida até a eleição de 2014, antes da declaração de inconstitucionalidade do art. 81, não podia ser somado ao de outras empresas que com ela formavam um grupo econômico, sob pena de operar-se indevida desconsideração da personalidade jurídica.

Os valores que constituem base de cálculo para o limite percentual de doação são aqueles informados pelas pessoas físicas à Receita Federal, nas respectivas declarações de "ajuste anual do imposto de renda da pessoa física", conforme regulamento próprio, dados oficiais e cobertos por presunção legal de veracidade (até porque não se presume o ilícito). Não devem ser considerados eventuais outros valores, trazidos com a defesa na Representação Especial que apura o excesso da doação, que não tenham sido declarados à Receita, porque carecem de oficialidade. De outro lado, a declaração retificadora do imposto de renda, expediente posto à disposição dos contribuintes para quando perceberem a impropriedade das informações inicialmente prestadas, deve ser levada em conta, salvo quando se percebe que foi apresentada para livrar-se das sanções pelo excesso. O expediente fica muito claro quando a retificadora é apresentada à Receita Federal após o oferecimento da Representação e, mais ainda, após a notificação do representado.

2. A jurisprudência do Tribunal Superior Eleitoral admitia a apresentação da declaração retificadora após a propositura da representação por doação acima do limite legal, desde que ausente má-fé. Precedentes.

3. No entanto, no AgR-REspe nº 294-79/RR, sob a minha relatoria, este Tribunal fixou um marco temporal mais restritivo e entendeu que devem ser consideradas pela Justiça Eleitoral **apenas as declarações** de imposto de renda apresentadas à Receita Federal do Brasil **até a data do ajuizamento da representação** por doação acima do limite legal, revendo-se, assim, o atual entendimento desta Corte.

4. No caso dos autos, segundo registrou o acórdão regional, a declaração retificadora de imposto de renda foi apresentada apenas na defesa. Portanto, o documento não

> deve ser considerado para a aferição da regularidade do montante doado no âmbito de representação por doação acima do limite legal. (TSE, AgR-REspe n. 20034 - BOA VISTA – RR, Ac. de 13/09/2018, Rel. Min. Luís Roberto Barroso)

Consolidada a jurisprudência, a Res. TSE n. 23.607/2019, que contém o regulamento da arrecadação e dos gastos de campanha para as eleições de 2020 e seguintes, consigna, no art. 27, § 9º, que:

> § 9º Eventual declaração anual retificadora apresentada à Secretaria da Receita Federal do Brasil, desde que apresentada até o ajuizamento da ação de doação irregular, deve ser considerada na aferição do limite de doação do contribuinte.

Interessante a situação das pessoas físicas **não declarantes do imposto de renda**, posto que, neste caso, não há, no banco de dados da Receita Federal, informação quanto aos seus rendimentos no ano anterior ao da eleição. Como não é possível presumir o ilícito, ou seja, que a pessoa teve rendimentos superiores ao teto da isenção e não os declarou, este valor – teto da isenção, que em 2019 foi de R$ 28.559,70 – é o que deve servir de base para o cálculo do limite da doação. Neste sentido, o TSE decidiu os REsp n. 399366817 - Manaus/AM; n. 129415 - Maceió/AL; e n. 4192884 - São Paulo/SP, todos por Decisão Monocrática do Min. Arnaldo Versiani. E o projeto de lei, que se converteu na Lei n. 13.488/2017, foi à sanção presidencial incluindo o § 1º-B, positivando tal entendimento e assim prevendo:

> Art. 23.
>
> § 1º-B. Caso o doador esteja isento de declarar imposto de renda, a verificação do limite de doação terá como base de cálculo o teto de rendimentos estipulado para a isenção."

A presidência da República, entretanto, vetou o dispositivo e as razões do veto – que incluiu outros tantos trechos do projeto – não registraram qualquer fundamento em relação a este ponto. Não obstante isso, o entendimento jurisprudencial continua perfeitamente aplicável e a Resolução n. 23.553/2017, que disciplinou a arrecadação e os gastos de campanha para a eleição de 2018 manteve a orientação (art. 29, § 7º). E a Res. TSE n. 23.607/2019, que regulamenta a matéria para as eleições de 2020 e seguintes, consigna igual orientação no art. 27, § 8º.

Mas é possível que a pessoa, mesmo tendo recebido rendimentos dentro do limite de isenção, tenha feito declaração de imposto de renda à Receita Federal, inclusive, p.ex., para ter restituição do que retido na fonte. Neste caso, a Receita vai encontrar na sua base de dados informações sobre os rendimentos da pessoa e o batimento, então, será feito entre valores que correspondem à verdade, pelo menos em princípio, tanto dos rendimentos, quanto da doação de campanha. Por conseguinte, a presunção de rendimentos até o limite da isenção não se aplica. Ao contrário, a presunção cede espaço à informação precisa e concreta sobre os rendimentos efetivamente auferidos pelo doador. E é com eles (rendimentos declarados) que a doação de campanha deve se confrontar. Neste sentido:

> ARnoAI nº 32-03.2015.6.19.0079 - DUQUE DE CAXIAS RJ
>
> Relator: Ministro Tarcisio Vieira de Carvalho Neto

> 2. Inexistindo dúvida quanto à capacidade de doação para as eleições, deve incidir a multa calculada conforme o disposto no art. 23, §§ 1º e 3º, da Lei das Eleições.
>
> 3. **Não se aplica o teto de isenção** do imposto de renda para fixação do limite de doação para campanha, quando o doador, ainda que isento, **efetivamente declara os rendimentos auferidos.**
>
> 4. Agravo regimental ao qual se nega provimento.
>
> Brasília, 18 de dezembro de 2017.

A partir do mesmo raciocínio, ou seja, de prevalência – no lugar da presunção – das informações prestadas à Receita Federal pelo doador, é que se deve verificar o excesso praticado por aquela pessoa física que declarou à Receita **não ter recebido qualquer rendimento** no ano anterior ao da eleição. Isso vai se dar porque não é apenas o recebimento de rendimentos acima do teto da isenção que torna a pessoa física obrigada a declarar. A pessoa física que, p.ex., tinha, "em 31.dezembro [de 2016], a posse ou a propriedade de bens ou direitos, inclusive terra nua, de valor total superior a R$ 300.000,00 (trezentos mil reais)", estava obrigada a entregar declaração de IR em 2017, oportunidade em que poderá ter declarado rendimento zero, se esta tiver sido a sua realidade. Se isso ocorrer em relação ao ano anterior ao da eleição, a pessoa não poderá fazer doações de campanha, porque não haverá base de cálculo para a incidência dos 10%. Dito de outra forma, 10% de zero é zero.

Também por isso, as pessoas jurídicas que foram criadas no ano da eleição (até 2014, última eleição em que ainda era possível a doação empresarial) têm situação semelhante àquelas que, mesmo preexistentes, não tiveram faturamento no ano anterior, que era o ano base para o cálculo dos 2%. Ora, se a empresa não existia em 2013 ou se naquele ano teve faturamento "zero", seu limite de doação também é "zero", ou seja, não poderia fazer doações para as campanhas em 2014. Este entendimento, consolidado na jurisprudência, foi positivado nas resoluções do TSE (Resolução n. 23.406/2014, art. 25, § 1º).

Além do limite percentual para pessoas físicas (10%), o § 7º, do art. 23, estabelece um limite à parte, dedicado a uma categoria diferenciada de contribuição para a campanha. A partir da simples leitura do dispositivo, fácil perceber que o legislador instituiu ali **dois tetos diferentes** para a participação das pessoas físicas nas campanhas eleitorais. Primeiramente, tratou da **doação propriamente dita**, que pode ser feita em dinheiro pressupondo, nesta espécie, a transferência de propriedade do doador para o candidato/donatário e o proveito econômico definitivo ao candidato, sem perspectiva ou possibilidade de retornar ao doador. Esta doação, está disciplinada como regra no transcrito art. 23, "caput", cuidando o seu § 1º de estabelecer-lhe o limite percentual.

Mas o legislador, atento à realidade das campanhas eleitorais, reconheceu a existência de um fenômeno semelhante à doação, mas que com ela não se confunde. De fato, os candidatos, além de dinheiro, também recebem bens móveis e imóveis em **empréstimo**, apenas para **utilização** na campanha eleitoral, como ocorre com um imóvel que o proprietário cede ao candidato, para nele instalar seu comitê de campanha, ou um veículo emprestado para a propaganda eleitoral com alto falantes ou deslocamento de pessoal empenhado na campanha. Em um ou outro caso, não se trata de doação propriamente dita, não há transferência de propriedade, mas de **mera cessão** de bens móveis e imóveis, os quais retornarão ao patrimônio/posse do cedente no final da campanha eleitoral. Por óbvio que esta cessão não poderia ser tratada pela lei eleitoral com o mesmo critério das doações. Razoável, então, que a espécie constituísse, como de fato constituiu, **exceção à regra,** consagrada no § 7º. Mencionado dispositivo, como se percebia da sua literalidade, fazia expressa referência, desde a redação dada pela Lei n. 12.034/2009 e mesmo após a mudança de sua redação, pela Lei n. 13.165/2015, aos bens móveis e imóveis disponibilizados ao candidato para utilização na campanha e devolução oportuna. Não sendo doação, mas mera cessão, natural que o valor estimado do uso desses bens não seja somado à doação propriamente dita (dinheiro), porque deve obedecer a um limite próprio, que o legislador fixou em R$ 50.000,00, depois elevou para R$ 80.000,00 e agora, com a Lei n. 13.488/2017, reduziu para R$ 40.000,00.

Não obstante o dispositivo, na sua redação original, se referir apenas a bens móveis e imóveis, a jurisprudência se inclinou majoritariamente no sentido da inclusão da prestação de serviços no teto nominal do § 7º, o que levou o legislador da Lei n. 13.488/2017, ao conferir nova redação ao mencionado parágrafo, a positivar tal entendimento. Assim dispõe a atual redação do dispositivo:

> § 7º O limite previsto no § 1º deste artigo não se aplica a doações estimáveis em dinheiro relativas à utilização de bens móveis ou imóveis de propriedade do doador ou à **prestação de serviços próprios,** desde que o valor estimado não ultrapasse R$ 40.000,00 (quarenta mil reais) por doador. (Redação dada pela Lei n. 13.488/2017)

Por identidade de razão, esse limite diferenciado do § 7º, que – repita-se – se refere à CESSÃO de bens móveis e imóveis e à prestação de serviços gratuitos por pessoas físicas, não podia ser estendido às pessoas jurídicas, porque o legislador, quando tratando das doações de empresas – art. 81, revogado em 2015 – não repetiu a mesma regra excepcional.

Necessário frisar que são dois os tetos para as doações de pessoas físicas: (i) percentual, 10% sobre seus rendimentos brutos do ano anterior ao da eleição, se em dinheiro, e, (ii) nominal, R$ 40.000,00, se em bens e serviços. Este limite nominal, entretanto, não se aplica se a doação estimável ultrapassar o teto, hipótese em que o seu valor deverá representar no máximo 10% dos rendimentos do doador (§ 1º), inclusive somando-se a eventual doação financeira que tiver sido feita.

Não raro, o doador é apanhado, no cruzamento de informações da Receita Federal, com excesso de pequeno valor. Com rendimento anual de R$ 100.000,00, p.ex., a pessoa física poderia doar R$ 10.000,00 e acabou doando R$ 10.500,00. Não obstante o pequeno excesso, não é possível afastar a incidência da sanção. O princípio da insignificância não pode ter aplicação no direito eleitoral em geral, face à categoria dos bens jurídicos protegidos pela norma, notadamente o regime democrático, e particularmente no que diz respeito às doações para as campanhas, cujo excesso é censurado pela lei tendo em conta a necessidade de se proteger a normalidade e legitimidade das eleições contra o abuso do poder econômico, valor constitucional assegurado no art. 14, § 9º, da CF. Soa contraditório a Constituição Federal abominar o abuso do poder econômico, inclusive recomendando inelegibilidade para o agente, e o intérprete relevar a conduta ao argumento de que insignificante. De outro lado, percebe-se que a infração é punível com multa variável, que antes era de cinco a dez vezes o valor do excesso e agora é de até 100% (cem por cento), conforme nova redação do § 3º, do art. 23, conferida pela Lei n. 13.488/2017, o que a torna sempre proporcional, exatamente porque a base de cálculo é o valor doado além do limite. Se o excesso for pequeno, ou "insignificante", como no exemplo dado, a multa também o será e, portanto, sempre proporcional à infração. A mudança imposta pela Lei n. 13.488/2017, reduzindo drasticamente a multa, que agora será de no máximo 100%, ou seja, 1 vez o excesso (a redação anterior previa de 5 a 10 vezes o valor do excesso, repita-se), põe pá de cal no assunto e afasta de vez a tese da insignificância.

Esta mesma mudança, reduzindo o valor da multa, ocorreu em 06.outubro.2017 (data da sanção da Lei n. 13.488/2017), ou seja, enquanto ainda tramitavam os procedimentos de apuração dos excessos praticados em 2016. Tem-se, portanto, um ilícito praticado em 2016, sob a égide de uma lei, e a sua apuração e punição em 2018, quando já vigente uma nova e mais branda punição. A pergunta, que logo se faz, é se a multa a ser aplicada aos que praticaram excessos nas eleições de 2016 é aquela vigente à época (5 a 10 vezes o valor do excesso) ou a que resultou da alteração legislativa de 2017 (de até 100%), considerado o evidente benefício ao infrator.

A resposta, aqui, deve seguir as mesmas bases argumentativas utilizadas por ocasião da revogação do art. 81 (que se deu em 2015, apanhando em tramitação a apuração dos excessos praticados na eleição de 2014), da mesma lei, que previa a doação das pessoas jurídicas, o limite de 2% do seu faturamento bruto e a multa para o excesso.

De um lado, não é possível conferir efeitos retroativos à nova lei, para alcançar fatos praticados antes da sua entrada em vigor e, mais que isso, em processo eleitoral já findo. Como já se argumentou, o princípio da anualidade da legislação eleitoral, positivado por meio do art. 16, da Constituição Federal, prevê que a disputa eleitoral será orientada pelo conjunto da legislação (regime jurídico da eleição) vigente a pelo menos um ano antes da sua realização. Não é possível, portanto, mudar as regras do jogo mesmo antes da eleição, se não observada a dita antecedência. Com mais razão, também não é possível mudar tais regras depois de encerrada a disputa, aplicando aos fatos ocorridos na eleição uma lei sancionada posteriormente a ela.

Também o princípio da isonomia, que exige sejam todos os atores da cena eleitoral tratados igualmente – sob as mesmas regras, portanto –, não autoriza a retroatividade da lei nova, que só se prestaria a socorrer e se amoldar aos interesses dos que infringiram a lei, até para reafirmar a imperiosa necessidade do agir conforme o ordenamento jurídico. Os que doaram dentro dos limites fixados à época certamente o fizeram em obediência à lei então vigente e veriam a legislação, se aplicada retroativamente, tratando os infratores de forma diferenciada, mais branda.

E não é demais lembrar que o benefício ao infrator, que poderia ser chamado a justificar a aplicação da lei nova, tal como no direito penal, não tem espaço e nem se adéqua à matéria cível eleitoral, já que a finalidade imediata das sanções previstas para cada infração não é punir o agente e sim preservar a lisura dos pleitos e proteger a normalidade e a legitimidade das eleições, bem jurídico estruturante do direito eleitoral, positivado no art. 14, § 9º, da CF. Apenas mediata e secundariamente o preceito sancionador se dirige ao agente do ilícito.

Necessário consignar, ainda, que os fatos são regulados, são disciplinados, pela lei vigente ao tempo da ação, por aplicação da regra "tempus regit actum". Esta regra inibe a aplicação retroativa das leis, posto que é fundamental que o ordenamento jurídico se paute pela previsibilidade e pela segurança nas relações sociais e, com mais razão, nas relações do indivíduo com o Estado. O rompimento da regra, para dar lugar à exceção, só se pode admitir em situações extremadas, como no direito penal, quando em jogo o valor constitucional da liberdade, do ir e vir, que deve prevalecer. Não é o caso aqui estudado, pois, repita-se, a resposta prevista na lei para o comportamento antijurídico (multa, tão somente) não sacrifica qualquer bem jurídico de status constitucional, daí não se justificando a retroatividade – que é exceção – e com ela esse fator de perturbação e insegurança do processo eleitoral.

Como já mencionado, esse conjunto de argumentos alicerçou a jurisprudência que prevaleceu quando de semelhante movimento legislativo, à época (2015, por meio da Lei n. 13.165) revogando o art. 81, da mesma Lei n. 9.504/97, e fazendo desaparecer a disciplina da doação por pessoas jurídicas e a consequente punição.

> ED-AgR-Respe n. 157-16.2011.6.06.0000, Fortaleza-CE, Rel. Min. Gilmar Mendes
>
> 2. Mantém-se incólume a aplicabilidade às eleições de 2010 do § 2º do art. 81 da Lei nº 9.504/1997, que prevê multa por doação acima do limite legal feita por pessoa jurídica às campanhas eleitorais.
>
> 3. Revogação do art. 81 da Lei nº 9.504/1997 pela Lei nº 13.165/2013. Em regra, tem-se a impossibilidade de uma nova legislação retroagir para modificar as regras de uma disputa eleitoral finda, como a questão que envolve doação para campanha, pois, além de ocasionar uma grave violação à ideia de igualdade de chances, possibilitaria a eventual manipulação de regras em benefício de candidatos ou agremiações partidárias, verdadeiro casuísmo. (...). Brasília, 3 de maio de 2016.
>
> ELEIÇÕES 2014. (...). DOAÇÃO ACIMA DO LIMITE LEGAL REALIZADA POR PESSOA JURÍDICA. (...). REVOGAÇÃO DO ART. 81 DA LEI DAS ELEIÇÕES PELA LEI 13.165/15. INVIABILIDADE DE APLICAÇÃO RETROATIVA. NORMA VIGENTE NO MOMENTO DA DOAÇÃO. (...). PENALIDADE ÚNICA. MULTA APLICADA EM 6 VEZES O VALOR DOADO EM EXCESSO. LIMITE LEGAL 2% DO FATURAMENTO BRUTO. PERCENTUAL DOADO 15,98%. PRINCÍPIOS DA PROPORCIONALIDADE E DA RAZOABILIDADE OBSERVADOS. CONFISCO. NÃO CONFIGURAÇÃO. (...) AGRAVO REGIMENTAL DESPROVIDO. (...) (Agravo de Instrumento nº 1643, Acórdão, Relator(a) Min. Napoleão Nunes Maia Filho, Publicação: DJE - Diário de justiça eletrônico, Data 10/08/2017)
>
> 3. Não há falar em afastamento da multa por doação acima do limite legal por pessoa jurídica por ter sido revogado o art. 81 da Lei das Eleições pela Lei 13.165/2015. Conforme a jurisprudência desta Casa, a revogação da norma que impõe multa não isenta os responsáveis no que se refere às sanções vigentes no momento em que a

> irregularidade foi praticada (AgR-AI 117-60/CE, Rel. Min. HENRIQUE NEVES DA SILVA, DJe 2.8.2016).
>
> 4. A declaração de inconstitucionalidade do art. 81 da Lei 9.504/97 operou seus efeitos a partir da sessão de julgamento da ADI 4.650, alcançando as doações de campanhas a se realizarem no prélio eleitoral de 2016 e os subsequentes, não sendo essa a hipótese dos autos, que versa sobre doação realizada no pleito de 2014 (AgR-AI 82-59/MG, Rel. Min. LUIZ FUX, DJe 9.2.2017). (Agravo de Instrumento nº 12690, Acórdão, Relator(a) Min. Napoleão Nunes Maia Filho, Publicação: DJE - Diário de justiça eletrônico, Data 30/06/2017)
>
> Recurso eleitoral. Representação por doação acima do limite legal. Pessoa jurídica. Eleições de 2014. Ação proposta pelo Ministério Público Eleitoral com fundamento no art. 81, § 1º, da Lei nº 9.504/1997. Pedido julgado parcialmente procedente. Aplicação de multa no montante de cinco vezes a quantia doada em excesso. Alegação de ocorrência do fenômeno da abolitio criminis, com o advento da Lei nº 13165/2015, que revogou o art. 81 da Lei das Eleições. Instituto que não guarda relação com o caso dos autos. Revogação de sanção. Situação que não evoca a aplicação do instituto penal. As representações ajuizadas em face de doações de campanha acima do limite legal são de natureza cível, não criminal. Inaplicabilidade do princípio da retroatividade da lei mais benéfica, que rege a lei penal no tempo ao fato em apreço. Revogação de norma que sequer configura hipótese de descriminalização. Completa impossibilidade atual de doação a campanhas eleitorais por pessoas jurídicas. Previsão legal posterior mais gravosa. Abolitio criminis não caracterizada. Prova de doação pela pessoa jurídica, no pleito de 2014, sem a observância do limite legal. Cabimento da imposição de sanção. Adequada aplicação, pelo Juiz, apenas da pena de multa, prevista no art. 81, § 2º, da Lei das Eleições, em atendimento aos princípios da proporcionalidade e razoabilidade. Manutenção da condenação em multa, correspondente a cinco vezes o valor doado em excesso. Recurso a que se nega provimento. (TRE-MG - RECURSO ELEITORAL n 7378, ACÓRDÃO de 10/10/2016, Relator(a) EDGARD PENNA AMORIM, Publicação: DJEMG - Diário de Justiça Eletrônico-TREMG, Data 20/10/2016)

E para esta última alteração, que reduziu a multa – de 5 a 10 vezes o valor do excesso para até 100% deste – o TSE já tem posicionamento firmado:

> 5. "A Lei nº 13.488/2017, que alterou o montante da multa devida pela pessoa física [...] não retroage para alcançar o momento em que a irregularidade foi praticada, posto tratar-se de ato jurídico perfeito que, como tal, é regido pela norma vigente ao seu tempo (*tempus regit actum*)" (ED-AgR-AI 32-03/RJ, Rel. Min. Tarcisio Vieira, DJE de 11/4/2018). 6. Impossível reduzir a sanção estabelecida na espécie, porquanto arbitrada em seu valor mínimo. (TSE, AgR-REspe n. 5341 - SÃO PAULO – SP, Ac. de 25/06/2019, Rel. Min. Jorge Mussi)

Há ainda, neste caso em particular, situação interessante. É que o legislador da reforma eleitoral de 2017, ao dar nova redação ao art. 23, § 7º, não só reduziu a multa, como já estudado, mas também, de outro lado, diminuiu o valor nominal da doação de bens e serviços, de R$ 80.000,00 (oitenta mil Reais) para R$ 40.000,00 (quarenta mil Reais). Então, a pessoa física que cedeu móveis e imóveis e prestou serviços gratuitos para a campanha de 2016, no valor estimado de, p.ex., R$ 70.000,00, cometeu ilícito, considerada a nova redação do mencionado § 7º, que agora só admite tal liberalidade até o máximo de R$ 40.000,00? Como visto, a lei nova, de 2017, não retroagirá para apanhar as condutas praticadas na eleição de 2016, para o bem ou para o mal.

Já quanto à proibição de contratar com o poder público, sanção que aparecia no art. 81 para as pessoas jurídicas, a se juntar à multa, percebe-se que ela se amoldava perfeitamente à necessidade de afastar do relacionamento com a administração aquelas empresas que querem levar seus candidatos à vitória nas urnas, ainda que com sacrifício de regras básicas de financiamento eleitoral, tão caras à igualdade de oportunidades entre os candidatos. A tudo isso se soma o fato de que o Supremo Tribunal Federal, quando apreciando a constitucionalidade da Lei da Ficha Limpa, entendeu proporcional e razoável o estabelecimento da inelegibilidade para as pessoas físicas e para os dirigentes da pessoa jurídica que fizerem doações ilegais, juízo que se deve estender, com muito mais razão, às sanções de multa e proibição de contratar, porque de menor gravidade.

De resto, anota-se que a declaração de inconstitucionalidade do art. 81, proclamada pelo STF, e a sua "revogação", operada pela Lei n. 13.165/2015, não impacta as Representações Especiais em face de pessoas jurídicas que excederam o limite em 2014 e nem fulmina o sistema inibidor do abuso de poder, revelado pela previsão de multa e proibição de contratar com o poder público. Agora, com mais razão (porque as empresas, que antes podiam doar até 2% do seu faturamento, a partir de 2016 nada podem doar), necessário impor aos infratores as mencionadas consequências legais.

Se o candidato ou o partido político optar pela captação de recursos de pessoas físicas **através da internet**, o site a tal destinado deverá dispor de mecanismo que permita a utilização de cartão de crédito ou de débito, devendo, ainda, (a) identificar o doador e (b) emitir obrigatoriamente o recibo eleitoral a cada doação realizada (Lei n. 9.504/97, art. 23, III). E "as instituições financeiras e de pagamento não poderão recusar a utilização de cartões de débito e de crédito como meio de doações eleitorais de pessoas físicas" (art. 23, § 9º, da Lei n. 9.504/97, incluído pela Lei n. 13.488/2017).

As doações de pessoas físicas, a partir da eleição de 2018, podem ser arrecadadas por meio do chamado "**financiamento coletivo**", regulamentado pelo art. 23, § 4º, inciso IV, da Lei n. 9.504/97, incluído pela Lei n. 13.488/2017, valendo-se de sites na internet, aplicativos eletrônicos ou outros recursos similares. Necessário, entretanto, atender às seguintes exigências:

> a) cadastro prévio na Justiça Eleitoral, que estabelecerá regulamentação para prestação de contas, fiscalização instantânea das doações, contas intermediárias, se houver, e repasses aos candidatos;
>
> b) identificação obrigatória, com o nome completo e o número de inscrição no Cadastro de Pessoas Físicas (CPF) de cada um dos doadores e das quantias doadas;
>
> c) disponibilização em sítio eletrônico de lista com identificação dos doadores e das respectivas quantias doadas, a ser atualizada instantaneamente a cada nova doação;
>
> d) emissão obrigatória de recibo para o doador, relativo a cada doação realizada, sob a responsabilidade da entidade arrecadadora, com envio imediato para a Justiça Eleitoral e para o candidato de todas as informações relativas à doação;
>
> e) ampla ciência a candidatos e eleitores acerca das taxas administrativas a serem cobradas pela realização do serviço;

f) não incidência em quaisquer das hipóteses listadas no art. 24 desta Lei;

g) observância do calendário eleitoral, especialmente no que diz respeito ao início do período de arrecadação financeira, nos termos dispostos no § 2º do art. 22-A desta Lei;

h) observância dos dispositivos desta Lei relacionados à propaganda na internet;

De resto, as instituições que se prestarem à arrecadação coletiva de recursos para as campanhas eleitorais devem atender aos critérios fixados pelo Banco Central (§ 8º, do art. 23, incluído pela Lei n. 13.488/2017).

Estas doações, como as doações financeiras em geral, devem ser informadas ao SPCE (sistema de prestação de contas eleitorais), da Justiça Eleitoral, para acesso e conhecimento geral, nas 72 horas seguintes à sua efetivação (art. 28, § 4º, I, da Lei das Eleições), com nome e CPF do doador e valor da doação.

Importante observar que a arrecadação coletiva de recursos para as campanhas eleitorais é autorizada a funcionar **a partir de 15 de maio** do ano da eleição, não se sujeitando, portanto, à regra geral que autoriza o recebimento de doações apenas a partir do registro da candidatura, da obtenção de CNPJ e da abertura da conta corrente de campanha. Mas os valores arrecadados pela entidade só podem ser entregues ao beneficiário se este registrar a candidatura na Justiça Eleitoral. Do contrário, ou seja, se a candidatura não for registrada, os valores voltam aos doadores. É o que dispõem os §§ 3º e 4º, acrescidos ao art. 22-A pela Lei n. 13.488/2017:

> Art. 22-A. Os candidatos estão obrigados à inscrição no Cadastro Nacional da Pessoa Jurídica - CNPJ. (Redação dada pela Lei n. 13.165/2015)
>
> § 2º Cumprido o disposto no § 1º deste artigo e no § 1º do art. 22, ficam os candidatos autorizados a promover a arrecadação de recursos financeiros e a realizar as despesas necessárias à campanha eleitoral. (Redação dada pela Lei n. 13.165/2015)
>
> § 3º Desde o dia 15 de maio do ano eleitoral, é facultada aos pré-candidatos a arrecadação prévia de recursos na modalidade prevista no inciso IV do § 4º do art. 23 desta Lei, mas a liberação de recursos por parte das entidades arrecadadoras fica condicionada ao registro da candidatura, e a realização de despesas de campanha deverá observar o calendário eleitoral. (incluído pela Lei n. 13.488/2017)
>
> § 4º Na hipótese prevista no § 3º deste artigo, se não for efetivado o registro da candidatura, as entidades arrecadadoras deverão devolver os valores arrecadados aos doadores. (Incluído pela Lei n. 13.488/2017)

2. Recursos próprios

O limite percentual (10% dos rendimentos brutos do doador) não se aplicou – até a eleição de 2018 – ao doador-candidato, ou seja, àquele candidato que utiliza **recursos próprios** na sua campanha. É que o transcrito § 1º-A, do art. 23, da Lei n. 9.504/97, dizia, até 07-outubro-2017, um ano antes da eleição de 2018, portanto, que o limite neste caso era o valor máximo admitido para a campanha do cargo por ele disputado.

> Art. 23.
>
> § 1º-A O candidato poderá usar recursos próprios em sua campanha até o limite de gastos estabelecido nesta Lei para o cargo ao qual concorre. (Incluído pela Lei n. 13.165/2015 e Revogado pela Lei n. 13.488/2017)

O projeto de lei da reforma eleitoral de 2017, que se converteu na Lei n. 13.488, foi à sanção presidencial revogando o mencionado dispositivo, o que faria com que o uso de recursos próprios, já nas eleições de 2018, à falta de uma regra de exceção, também se limitasse aos 10% dos rendimentos do doador-candidato. O uso de recursos próprios, portanto, deixaria de ser exceção e se submeteria à regra. A Presidência, entretanto, vetou a alteração - vetou, em verdade, a revogação do dito § 1º-A –, pelo que a disciplina dos recursos próprios, pelo menos até aquela data (data da sanção da Lei n. 13.488, com o veto: 06-outubro-2017), continuou a ser aquela fixada no dito § 1º-A. Equivale dizer, insista-se, que o conjunto normativo em vigor em 06.outubro.2017 - apto a orientar as eleições de 2018 por força do princípio da anualidade positivado no art. 16 da Constituição Federal - estabelecia dois limites diferentes para as doações de campanha: 10% sobre os rendimentos brutos do doador, como regra, e o total dos gastos admitidos pela lei para o cargo disputado, quando o doador for o próprio candidato, ou seja, quando o recurso for próprio, que é a exceção.

Ocorre que o veto presidencial foi derrubado pelo Congresso Nacional e a Lei n. 13.488/2017 - apenas no que toca ao seu art. 11, exatamente aquele que revogou o § 1º-A, do art. 23, da Lei n. 9.504/97 - foi promulgada em 15-dezembro-2017. A Lei das Eleições, conclui-se, por não mais ter em seu texto o dito dispositivo, passou a conhecer apenas um teto para as doações de pessoas físicas para as campanhas eleitorais: 10% dos rendimentos brutos do doador, inclusive quando fosse ele o próprio candidato-donatário. Todavia, em respeito ao art. 16, da CF, tal alteração não foi aplicada às eleições de 2018, porque a promulgação ocorreu em 15.dezembro.2017, a menos de um ano das eleições. Acontece que, antes mesmo de a regra ser aplicada, sobreveio nova alteração legislativa, desta vez para incluir no art. 23, da Lei n. 9.504/97, o § 2º-A, que fixa como limite para o emprego de recursos próprios do candidato o percentual de **10% do teto de gastos** fixado em lei para o cargo em disputa. Agora, a base de cálculo para o limite não é mais o rendimento do candidato-doador, mas sim o teto de gastos. Via de consequência, se para Prefeito de uma determinada cidade o limite de gastos da campanha for cem mil Reais, o candidato só poderá empregar recursos próprios até dez mil Reais.

> Art. 23
>
> § 2º-A. O candidato poderá usar recursos próprios em sua campanha até o total de 10% (dez por cento) dos limites previstos para gastos de campanha no cargo em que concorrer. (Incluído pela Lei n. 13.878/2019)

Em se tratando de eleição pelo sistema majoritário, a aferição do limite de recursos próprios deve levar em conta os aportes financeiros empregados por todos que integram a chapa una e indivisível. Dito de outra forma, os recursos próprios do candidato titular (prefeito, governador, senador e presidente) devem se somar aos do vice ou suplentes (senador) e o total não pode ultrapassar o percentual de 10%, calculado sobre o teto de gastos previsto em lei para o cargo disputado, interpretação que melhor atende à finalidade da norma, que é proteger a normalidade e legitimidade do pleito em face do abuso do poder econômico. Assim dispõe o art. 27, § 1º-A, da Res. TSE n. 23.607/2019, incluído pela Res. TSE n. 23.665/2021:

> Art. 27. As doações realizadas por pessoas físicas são limitadas a 10% (dez por cento) dos rendimentos brutos auferidos pelo doador no ano-calendário anterior à eleição (Lei nº 9.504/1997, art. 23, § 1º).
>
> § 1º O candidato poderá usar **recursos próprios** em sua campanha até o total de 10% (dez por cento) dos limites previstos para gastos de campanha no cargo em que concorrer (Lei nº 9.504/1997, art. 23, § 2º-A).
>
> § 1º-A Na hipótese de utilização de **recursos próprios dos candidatos a vice ou suplente**, os **valores serão somados** aos recursos próprios do titular para aferição do limite estabelecido no § 1º deste artigo. (Inserido pela Resolução nº 23.665/2021)

Inovação importante também, relacionada ao uso de recursos próprios, foi a disciplina dos gastos que o candidato faz, diretamente e do próprio bolso, com a sua – e de eventual motorista – locomoção, hospedagem, alimentação e telefone. A Lei n. 9.504/97, no art. 26, § 3º, acrescido pela Lei n. 13.488/2017, embora se referindo a gastos de campanha, acaba por permitir que o candidato use na campanha recursos financeiros e materiais para as mencionadas despesas, sem que seja necessário inclusive prestar contas.

> Art. 26.
>
> § 3º Não são consideradas gastos eleitorais nem se sujeitam a prestação de contas as seguintes despesas de natureza pessoal do candidato:
>
> a) combustível e manutenção de veículo automotor usado pelo candidato na campanha;
>
> b) remuneração, alimentação e hospedagem do condutor do veículo a que se refere a alínea *a* deste parágrafo;
>
> c) alimentação e hospedagem própria;
>
> d) uso de linhas telefônicas registradas em seu nome como pessoa física, até o limite de três linhas." (NR)
>
> Art. 28.
>
> § 6º
>
> III - a cessão de automóvel de propriedade do candidato, do cônjuge e de seus parentes até o terceiro grau para seu uso pessoal durante a campanha.

Também é possível utilizar na campanha, como recursos próprios, os valores que o candidato obtiver por **empréstimo**, desde que (i) contratado com instituição financeira regularmente autorizada a funcionar pelo Banco Central, (ii) caucionado com bens de propriedade do candidato, (iii) não ultrapasse a sua capacidade de pagamento, segundo os rendimentos de sua atividade econômica e (iv) comprovada a sua quitação até a prestação de contas.

3. Fundo Partidário

Além das doações de pessoas físicas e dos recursos próprios do candidato, as campanhas ainda podem receber repasses, via partido político, do **FUNDO PARTIDÁRIO**, como permitido pelo art. 20, da Lei n. 9.504/97, e pelo art. 19, da Res. TSE n. 23.607/2019, com as alterações da Res. TSE n. 23.665/2021, que trata da arrecadação e dos gastos de campanha para as eleições de 2020 e seguintes. Tal fundo, como se sabe, tem previsão nos arts. 38 e seguintes, da Lei n. 9.096/95 (lei orgânica dos partidos políticos), é composto por recursos da União, consignados no orçamento anual, e se presta a sustentar financeiramente o funcionamento das agremiações partidárias. Embora, como dito, os recursos do Fundo sejam para o funcionamento ordinário dos partidos, estes podem direcioná-los às campanhas eleitorais.

Utilizando tais recursos, o partido deve se atentar para a reserva de valores às candidaturas femininas e de pessoas negras, como dispõe a Res. TSE n. 23.607/2019, com as alterações da Res. TSE n. 23.665/2021:

> Art. 19. Os partidos políticos podem aplicar nas campanhas eleitorais os recursos do **Fundo Partidário**, inclusive aqueles recebidos em exercícios anteriores.
>
> [...]
>
> § 3º Para o financiamento de **candidaturas femininas e de pessoas negras**, a representação do partido político na circunscrição do pleito deve destinar os seguintes percentuais relativos aos seus gastos contratados com recursos do Fundo Partidário: (Redação dada pela Res. n. 23.665/2021)
>
> I - para as **candidaturas femininas** o percentual corresponderá a proporção dessas candidaturas em relação a soma das candidaturas masculinas e femininas do partido, não podendo ser inferior a 30% (trinta por cento); (Incluído pela Res. n. 23.665/2021)
>
> II - para as **candidaturas de pessoas negras** o percentual corresponderá à proporção de: (Incluído pela Res. n. 23.665/2021)
>
> a) mulheres negras e não negras do gênero feminino do partido; e (Incluído pela Res. n. 23.665/2021)
>
> b) homens negros e não negros do gênero masculino do partido; e (Incluído pela Res. n. 23.665/2021)
>
> III - Os percentuais de candidaturas femininas e de pessoas negras será obtido pela razão dessas candidaturas em relação ao total de candidaturas da representação do partido político na circunscrição do pleito. (Incluído pela Res. n. 23.665/2021)
>
> § 4º (Revogado pela Res. n. 23.665/2021)
>
> § 4º-A A regularidade da aplicação mínima dos percentuais mencionados nos incisos I e II do § 3º deste artigo será apurada na prestação de contas da representação do partido político na circunscrição do pleito. (Incluído pela Res. n. 23.665/2021)
>
> § 5º A verba do Fundo Partidário destinada ao custeio das campanhas femininas e de pessoas negras deve ser aplicada exclusivamente nestas campanhas, sendo **ilícito o seu emprego no financiamento de outras campanhas** não contempladas nas cotas a que se destinam. (Redação dada pela Res. n. 23.665/2021)
>
> § 6º O disposto no § 5º deste artigo não impede: o pagamento de **despesas comuns** com candidatos do gênero masculino e de pessoas não negras; a transferência ao órgão partidário de verbas destinadas ao custeio da sua cota-parte em **despesas coletivas, desde que haja benefício para campanhas femininas e de pessoas negras**. (Redação dada pela Res. n. 23.665/2021)

4. Fundo Especial de Financiamento de Campanha

A reforma eleitoral de 2017 criou o **FUNDO ESPECIAL DE FINANCIAMENTO DE CAMPANHA - FEFC** (diferente, pois, do Fundo Partidário, que continua existindo), destinado a financiar especificamente as campanhas eleitorais com recursos públicos. Com receita prevista no art. 16-C, da Lei n. 9.504/97 (acrescido pela Lei n. 13.487/2017 e modificado pela Lei n. 13.877/2019), o Fundo de Campanha receberá, a cada ano de eleição, valores previstos nas dotações orçamentárias da União. Equivale dizer que a LOA (lei orçamentária anual) da União destinará valores a serem transferidos para o mencionado Fundo, nunca inferiores:

A) Ao definido pelo TSE, a cada eleição, com base nos parâmetros definidos em lei. Estes parâmetros já foram definidos na própria Lei 13.487/2017, cujo art. 3º se refere ao valor – devidamente corrigido – que a União suportou, em 2017 e 2016, a título de compensação fiscal em favor das emissoras de rádio e TV pela veiculação da propaganda partidária obrigatória. Tendo em vista que a mesma Lei n. 13.487/2017 revogou os arts. 45 a 49, da Lei n. 9.096/95, não mais houve[389], por falta de previsão legal, propaganda partidária gratuita, daí que esta parcela de recursos que alimentará o Fundo de Campanha será mero deslocamento do gasto.

B) A 30% dos recursos da reserva específica de que trata o art. 12, § 3º, inciso II, da Lei n. 13.473/2017. Esta lei, de diretrizes orçamentárias para 2018, prevê, no mencionado dispositivo, a execução obrigatória das emendas parlamentares de bancadas estaduais. Ou seja, quando a emenda ao orçamento geral da União for subscrita pela bancada estadual, elas passam a ser de execução obrigatória. Do seu valor total é que serão retirados os 30% aqui mencionados, deslocados da sua destinação originalmente pensada para as campanhas. Neste ponto, apesar de também haver mero deslocamento, que não configura aumento de gastos para a União, não há como negar que os valores deixarão de ser aplicados naquelas rubricas orçamentárias que levaram a bancada estadual a se unir para a sua aprovação, indo então ao caixa das campanhas. A Lei n. 13.877/2019 deu nova redação ao art. 16-C, II, da Lei n. 9.504/97, dispositivo que passou a destinar ao Fundo de Campanha "o percentual do **montante total** dos recursos da reserva específica a programações decorrentes de emendas de bancada estadual impositiva, que será encaminhado no projeto de lei orçamentária anual". Esta alteração, entretanto, foi vetada pela Presidência em 27.setembro.2019 e só sancionada em 13.dezembro.2019, depois de o Congresso Nacional derrubar o veto.

O mencionado Fundo de Campanha será de fato constituído, ou seja, os recursos estarão à disposição do TSE até o primeiro dia útil de junho do ano da eleição (art.

[389] A Lei n. 14.291/2022 recriou a propaganda partidária no rádio e na TV (arts. 50-A a 50-D, da Lei n. 9.096/95), tendo a presidência da República vetado a compensação fiscal para as emissoras. O Congresso Nacional, entretanto, rejeitou o veto, pelo que as emissoras terão a compensação fiscal.

16-C, § 2º). Com isso, o Tribunal pode divulgar o montante que será distribuído naquela eleição, devendo fazê-lo em até quinze (15) dias (art. 16-C, § 3º).

A forma de distribuição dos recursos entre os partidos que disputarão a eleição ficou a cargo do art. 16-D[390], acrescido à Lei das Eleições pela Lei n. 13.488/2017, modificado pela Lei n. 13.877/2019 e regulamentado pelo art. 5º, da Res. TSE n. 23.605/2019, com as alterações da Res. TSE n. 23.664/2021. Em síntese:

A. **2%** divididos igualitariamente entre todos os partidos registrados no TSE. O valor, correspondente a tal percentual, é dividido igualmente entre todos os partidos, incluindo aqueles que não atingiram votação suficiente, na última eleição para a Câmara dos Deputados, para conquistar pelo menos um mandato;

B. **35%** divididos entre os partidos que tenham pelo menos um representante na Câmara dos Deputados, na **proporção do percentual de votos** por eles obtidos na última eleição para a Câmara dos Deputados. Esta parcela do Fundo contemplará apenas os partidos que estejam representados na Câmara dos Deputados. Faz-se, de imediato, a exclusão daqueles partidos que não estejam representados na Câmara. E a distribuição deixa de ser igualitária (como o é na divisão dos 2%), para ser proporcional ao resultado da eleição, considerando, portanto, o percentual de votos de cada partido. A divisão, então, abandona a velha fórmula de proporcionalidade do número de mandatos de cada partido, adotando agora o número de votos obtidos por cada um deles, o que pode fazer diferença.

C. **48%** divididos entre os partidos, na **proporção do número de representantes** na Câmara dos Deputados, consideradas as legendas dos titulares. Mais uma vez, a divisão será feita apenas entre os partidos que tenham representação. E a proporcionalidade aqui é apurada a partir do número de deputados titulares, que é a fórmula desde sempre conhecida. Neste caso, como a proporção considera o número de mandatários titulares, é necessário definir em que momento a quantidade de deputados de cada legenda será tomada em conta. Na data da eleição? No momento em que o TSE for fazer a divisão proporcional? Tudo isso porque a legislação prevê situações em que a mudança de partido não implica na perda do mandato. Pode ser que o partido consiga eleger dez (10) deputados, mas só tenha oito (8) quando o TSE for distribuir os recursos, porque dois (2) deles trocaram de legenda. O art. 4º, da Lei n. 13.488/2017, dizia que:

> "Em 2018, para fins do disposto nos incisos III e IV do **caput** do art. 16-D da Lei nº 9.504, de 30 de setembro de 1997, a distribuição dos recursos entre os partidos terá por base o número de representantes titulares na Câmara dos Deputados e no Senado Federal, apurado em 28 de agosto de 2017 e, nas eleições subsequentes, apurado no último dia da sessão legislativa imediatamente anterior ao ano eleitoral."

---

[390] O art. 16-C, incluído pela Lei n. 13.487/2017, trazia no seu § 4º a forma de distribuição dos recursos, que foi vetada pela Presidência da República.

Percebe-se que este último dispositivo menciona, para efeito da divisão proporcional, também o número de senadores que cada partido tiver nas datas mencionadas, enquanto que o art. 16-D, III, só fala em representantes na Câmara. Não se trata de conflito de normas, pois o art. 4º, da Lei n. 13.488/2017, ao definir o momento em que a representação será tomada em conta, estabelece regra não só para o inciso III (número de deputados), como também para o inciso IV (número de senadores), que é a próxima regra de distribuição. Aplicada às eleições de 2018, a regra foi revogada pela Lei n. 13.877/2019, que ainda acrescentou ao art. 16-D, da Lei n. 9.504/97, o § 3º, segundo o qual "a distribuição dos recursos entre os partidos terá por base o número de **representantes eleitos** para a Câmara dos Deputados na última eleição geral, ressalvados os casos dos detentores de mandato que migraram em razão de o partido pelo qual foram eleitos não ter cumprido os requisitos previstos no § 3º do art. 17 da Constituição Federal". Ou seja, além dos Deputados que o partido elegeu, contam-se também os que para ele tenham migrado em razão do seu partido de origem não ter alcançado a cláusula de desempenho fixada no art. 17, da CF;

D. 15% divididos entre os partidos, na **proporção do número de senadores** titulares de cada um, consideradas as datas de 28-agosto-2017 (regra especialmente prevista para a eleição de 2018) e o último dia da sessão legislativa do ano anterior ao da eleição (regra de caráter permanente, que começaria a ser aplicada nas eleições de 2020). Como mencionado no item acima (letra C), essa fórmula foi aplicada às eleições de 2018 e revogada pela Lei n. 13.877/2019, que ainda acrescentou ao art. 16-D, da Lei n. 9.504/97, o § 4º, segundo o qual "a distribuição dos recursos entre os partidos terá por base o número de **representantes eleitos** para o Senado Federal na última eleição geral, bem como os Senadores filiados ao partido que, na data da última eleição geral, encontravam-se no 1º (primeiro) quadriênio de seus mandatos". Ou seja, além dos Senadores que o partido elegeu na última eleição, contam-se também os que – em meio de mandato – a ele estavam filiados naquela ocasião (eleição geral).

Conhecido, a partir da distribuição acima prevista, o montante de recursos que cada partido terá para a campanha eleitoral, os valores só serão transferidos para a conta bancária de cada um deles depois de definidos – pela maioria absoluta dos membros do órgão de direção nacional do partido – e publicados os critérios para a sua distribuição interna. Caberá ao partido, portanto, estabelecer a forma de distribuição dos recursos a ele reservados entre as eleições (majoritárias ou proporcionais) e as circunscrições (nacional, para presidente; estaduais, para governador, deputados e senadores, e municipal, para prefeitos e vereadores). É o que dispõe expressamente o § 7º, do art. 16-C, da Lei n. 9.504/97, incluído pela Lei n. 13.487/2017:

> § 7º Os recursos de que trata este artigo ficarão à disposição do partido político somente após a definição de critérios para a sua distribuição, os quais, aprovados pela maioria absoluta dos membros do órgão de direção executiva nacional do partido, serão divulgados publicamente. (Incluído pela Lei n. 13.487/2017)

Com o veto presidencial ao § 8º, desse art. 16-C, o partido tem maior liberdade para a definição desses critérios de distribuição, pois a redação vetada determinava assegurar "uma parcela mínima de 30% a ser distribuída, de modo igualitário, entre os candidatos do partido ao mesmo cargo, na mesma circunscrição". É de se lamentar o veto, pois, sem a reserva de um mínimo que contemple todos os candidatos, em tese o partido poderá destinar todo o montante de recursos para uma ou algumas candidaturas, abandonando, pelo menos quanto aos recursos deste Fundo de Campanha, as candidaturas que não tiverem a simpatia da direção ou que forem entendidas como de poucas chances na disputa. Também poderiam ser abandonadas à própria sorte as candidaturas femininas e de pessoas negras, não fosse a interpretação conforme dada pelo TSE (Consultas n. 0600252-18, DJe de 15.08.2018, e n. 0600306-47, DJe de 05.10.2020), e decisões do STF na ADI n. 5617 (DJe de 03.10.2018) e na ADPF-MC n. 738 (DJe de 29.10.2020), que garantiram a aplicação mínima e proporcional dos recursos do Fundo Partidário, percentual a ser observado também em relação aos recursos do Fundo de Campanha. Assim dispõe o art. 6º, § 1º, da Res. TSE n. 23.605/2019, com as alterações da Res. TSE n. 23.664/2021, que contém o regulamento do Fundo de Campanha:

> Art. 6º Os recursos do FEFC ficarão à disposição do partido político somente após a definição dos critérios para a sua distribuição, os quais devem ser aprovados pela maioria absoluta dos membros do órgão de direção executiva nacional do partido (Lei nº 9.504/1997, art. 16-C, § 7º). (Vide, para as Eleições de 2020, art. 6º, parágrafo único, da Resolução nº 23.624/2020)
>
> § 1º Os critérios a serem fixados pela direção executiva nacional do partido devem prever a obrigação de aplicação do total recebido do FEFC de acordo com os seguintes percentuais (STF: ADI nº 5.617/DF, DJE de 3.10.2018, e ADPF-MC nº 738/DF, DJE de 29.10.2020; e TSE: Consulta nº 0600252-18, DJE de 15.8.2018, e Consulta nº 0600306-47, DJE de 5.10.2020): (Redação dada pela Res. n. 23.664/2021)
>
> I - para as **candidaturas femininas** o percentual corresponderá a proporção dessas candidaturas em relação a soma das candidaturas masculinas e femininas do partido, não podendo ser inferior a 30% (trinta por cento); (Incluído pela Res. n. 23.664/2021)
>
> II - para as **candidaturas de pessoas negras** o percentual corresponderá à proporção de: (Incluído pela Res. n. 23.664/2021)
>
> a) mulheres negras e não negras do gênero feminino do partido; e (Incluído pela Res. n. 23.664/2021)
>
> b) homens negros e não negros do gênero masculino do partido; e (Incluído pela Res. n. 23.664/2021)
>
> III - os percentuais de candidaturas femininas e de pessoas negras será obtido pela razão dessas candidaturas em relação ao total de candidaturas do partido em âmbito nacional. (Incluído pela Res. n. 23.664/2021)

Também vetado, o § 9º, do art. 16-C, fixava critérios de distribuição dos recursos entre as diversas candidaturas, para o caso de o partido não fazê-lo até o último dia útil de junho do ano da eleição. Sem que haja solução na lei, se o partido não definir os critérios de distribuição, os recursos ficarão retidos no Fundo.

Como foram vetadas todas as referências que os projetos de lei que se converteram nas Leis n. 13.487 e 13.488, de 2017, fizeram aos recursos do Fundo de Campanha para o segundo turno das eleições (art. 16-C, §§ 3º, II, 12 e 13), caberá ao próprio partido fazer a reserva de valores, no montante que entender necessário, para o caso de seguir para o segundo turno das eleições. De qualquer forma, havendo reserva financeira para o segundo turno, se o candidato não estiver entre os dois mais votados os valores são sobras de campanha e, consequentemente, devem ser recolhidos ao Tesouro Nacional no momento da prestação de contas (art. 16-C, § 11).

5. Comercialização de bens e realização de eventos

Permitida, ainda, a **comercialização de bens ou serviços e a realização de eventos**, conforme § 4º, inciso V, do art. 23, da Lei n. 9.504/97, incluído pela Lei n. 13.488/2017. Os candidatos e os partidos políticos podem, v.gr., promover almoços, jantares, etc., com venda de convites a preços superiores ao que seria razoável e ao custo total da sua realização, para que o lucro seja depositado na conta da campanha. Esta forma de arrecadação já vinha sendo reconhecida como possível pela jurisprudência e o TSE inclusive a disciplinava nas resoluções sobre arrecadação e gastos de campanha. Então, a Lei n. 13.488/2017, ao acrescentar na Lei das Eleições o dito dispositivo, acabou por apenas positivar o que já vinha sendo praticado nas campanhas eleitorais. Na Res. TSE n. 23.607/2019, a matéria está prevista no art. 30. Nada impede as apresentações artísticas e shows musicais nestes eventos de arrecadação de recursos – em que os participantes fazem doações para a campanha –, pois tais atividades não se confundem com propaganda eleitoral – e nem com showmício, este vedado pelo art. 39, § 7º, da Lei n. 9.504/97 – e a animação do artista não é agrado ao eleitor, mas estímulo às doações para o candidato. O art. 17, parágrafo único, inciso II, da Res. TSE n. 23.610/2019, com redação dada pela Res. TSE n. 23.671/2021, que contém o regulamento da propaganda eleitoral para as eleições de 2020 e seguintes, já contempla a posição firmada pelo STF na ADI n. 5970, que na decisão Plenário de 07.outubro.2021 julgou parcialmente procedente a ação, para conferir interpretação conforme à Constituição ao art. 23, § 4º, inc. V, da Lei nº 9.504/1997, visando incluir no seu escopo a possibilidade de realização de apresentações artísticas ou shows musicais em eventos de arrecadação de recursos para campanhas eleitorais, sem que isso configure o vedado showmício, e concluiu pela não aplicação do princípio da anualidade em relação ao novel entendimento.

6. Limite de gastos previsto na lei

Apenas a título de registro histórico e para melhor compreender a sistemática atual, até as eleições de 2014, cabia ao partido indicar os **valores máximos que seriam gastos** pelos seus candidatos, em cada eleição. Em caso de coligação, esse valor era resultado da indicação de cada partido que a integrava e cabia à coligação comunicá-lo à Justiça Eleitoral juntamente com o pedido de registro (art. 18 da LE, redação anterior). Essa informação era útil quando da apuração de abuso de poder econômico durante a campanha, porque *gastar além dos valores* previstos constitui abuso do poder econômico e o candidato incorria na multa de cinco a dez vezes a quantia gasta em excesso (art. 18, § 2º, da LE, redação anterior).

Com a Lei n. 13.165/2015, a redação dada ao art. 18 dispôs que "os limites de gastos de campanha, em cada eleição, são os definidos pelo Tribunal Superior Eleitoral com base nos parâmetros definidos em lei". E os ditos parâmetros foram fixados nos arts. 5º a 8º, da Lei n. 13.165/2015. De seu turno, o TSE publicou, no seu portal na internet, tabela com os valores máximos a serem então observados, em cada um dos municípios brasileiros, na eleição de 2016. Via de consequência, não há mais aquela fixação de valores e a correspondente informação dos partidos/coligações à Justiça Eleitoral. Em síntese, a Lei n. 13.165/2015, nos arts. 5º a 8º, toma como referência os maiores valores gastos, por cargo, na última eleição imediatamente anterior à sua vigência (eleição municipal de 2012 como referência para as eleições municipais de 2016 e seguintes e eleição geral/presidencial de 2014, que seria referência para as eleições gerais/presidenciais de 2018 e seguintes, se a Lei n. 13.488/2017 não tivesse fixado outros valores para o pleito de 2018 em particular), determina a sua atualização monetária e impõe um redutor de aproximadamente 30%. Exceção é feita aos municípios com até dez mil (10.000) eleitores, onde o limite foi de R$ 100.000,00 (cem mil Reais) para os candidatos a Prefeito e de R$ 10.000,00 (dez mil Reais) para os candidatos a Vereador, se o limite percentual não for maior.

> Lei n. 13.165/2015:
>
> Art. 5º O limite de gastos nas campanhas eleitorais dos candidatos às eleições para Presidente da República, Governador e Prefeito será definido com base nos gastos declarados, na respectiva circunscrição, na eleição para os mesmos cargos imediatamente anterior à promulgação desta Lei, observado o seguinte:
>
> I - para o primeiro turno das eleições, o limite será de:
>
> a) 70% (setenta por cento) do maior gasto declarado para o cargo, na circunscrição eleitoral em que houve apenas um turno;
>
> b) 50% (cinquenta por cento) do maior gasto declarado para o cargo, na circunscrição eleitoral em que houve dois turnos;
>
> II - para o segundo turno das eleições, onde houver, o limite de gastos será de 30% (trinta por cento) do valor previsto no inciso I.
>
> Parágrafo único. Nos Municípios de até dez mil eleitores, o limite de gastos será de R$ 100.000,00 (cem mil reais) para Prefeito e de R$ 10.000,00 (dez mil reais) para Vereador, ou o estabelecido no **caput** se for maior.
>
> Art. 6º O limite de gastos nas campanhas eleitorais dos candidatos às eleições para Senador, Deputado Federal, Deputado Estadual, Deputado Distrital e Vereador será de 70% (setenta por cento) do maior gasto contratado na circunscrição para o respectivo cargo na eleição imediatamente anterior à publicação desta Lei.

Na reforma eleitoral de 2017, o tema voltou ao debate e o novo art. 18 diz que "os gastos de campanha serão **definidos em lei e divulgados pelo Tribunal Superior Eleitoral**". Em relação à legislação de 2015, uma só alteração, mesmo assim apenas na redação: agora, compete à lei definir o valor do limite de gastos, não mais ao TSE. De concreto mesmo, nenhuma alteração, já que a Lei n. 13.165/2015 (que dizia competir ao TSE definir os valores) já fixava critérios objetivos para essa definição, cumprindo ao Tribunal tão somente fazer os cálculos e divulgar os valores, como feito em 2016.

A mudança significativa mesmo ficou a cargo dos arts. 5º a 7º, da Lei n. 13.488/2017, que não impuseram alteração de redação ou inclusão de dispositivos na Lei n. 9.504/97, como em grande parte o fez, mas, sim, se prestaram, conforme anunciado na nova redação do mencionado art. 18, a definir os valores máximos a serem gastos nas campanhas de 2018. Assim dispõem os art. 5º a 7º:

> Lei n. 13.488/2017:
>
> Art. 5º Nas eleições para **Presidente da República em 2018**, o limite de gastos de campanha de cada candidato será de R$ 70.000.000,00 (setenta milhões de reais).
>
> Parágrafo único. Na campanha para o **segundo turno**, se houver, o limite de gastos de cada candidato será de 50% (cinquenta por cento) do valor estabelecido no **caput** deste artigo.
>
> Art. 6º O limite de gastos nas campanhas dos candidatos às eleições de **Governador e Senador em 2018** será definido de acordo com o número de eleitores de cada unidade da Federação apurado no dia 31 de maio de 2018, nos termos previstos neste artigo.
>
> § 1º Nas eleições para **Governador**, serão os seguintes os limites de gastos de campanha de cada candidato:
>
> I - nas unidades da Federação com até um milhão de eleitores: R$ 2.800.000,00 (dois milhões e oitocentos mil reais);
>
> II - nas unidades da Federação com mais de um milhão de eleitores e de até dois milhões de eleitores: R$ 4.900.000,00 (quatro milhões e novecentos mil reais);
>
> III - nas unidades da Federação com mais de dois milhões de eleitores e de até quatro milhões de eleitores: R$ 5.600.000,00 (cinco milhões e seiscentos mil reais);
>
> IV - nas unidades da Federação com mais de quatro milhões de eleitores e de até dez milhões de eleitores: R$ 9.100.000,00 (nove milhões e cem mil reais);
>
> V - nas unidades da Federação com mais de dez milhões de eleitores e de até vinte milhões de eleitores: R$ 14.000.000,00 (catorze milhões de reais);
>
> VI - nas unidades da Federação com mais de vinte milhões de eleitores: R$ 21.000.000,00 (vinte e um milhões de reais).
>
> § 2º Nas eleições para **Senador**, serão os seguintes os limites de gastos de campanha de cada candidato:
>
> I - nas unidades da Federação com até dois milhões de eleitores: R$ 2.500.000,00 (dois milhões e quinhentos mil reais);
>
> II - nas unidades da Federação com mais de dois milhões de eleitores e de até quatro milhões de eleitores: R$ 3.000.000,00 (três milhões de reais);
>
> III - nas unidades da Federação com mais de quatro milhões de eleitores e de até dez milhões de eleitores: R$ 3.500.000,00 (três milhões e quinhentos mil reais);
>
> IV - nas unidades da Federação com mais de dez milhões de eleitores e de até vinte milhões de eleitores: R$ 4.200.000,00 (quatro milhões e duzentos mil reais);
>
> V - nas unidades da Federação com mais de vinte milhões de eleitores: R$ 5.600.000,00 (cinco milhões e seiscentos mil reais).

> § 3º Nas campanhas para o **segundo turno de governador**, onde houver, o limite de gastos de cada candidato será de 50% (cinquenta por cento) dos limites fixados no § 1º deste artigo.
>
> Art. 7º **Em 2018**, o limite de gastos será de:
>
> I - R$ 2.500.000,00 (dois milhões e quinhentos mil reais) para as campanhas dos candidatos às eleições de **Deputado Federal**;
>
> II - R$ 1.000.000,00 (um milhão de reais) para as campanhas dos candidatos às eleições de **Deputado Estadual e Deputado Distrital**.

Então, a Lei n. 13.488/2017, neste ponto, fixou regra de caráter temporário, já que os valores por ela definidos como gastos máximos se aplicaram tão somente às eleições de 2018, como expressamente previsto nos dispositivos transcritos.

O TSE, na Res. 23.607/2019, com as alterações da Res. n. 23.665/2021, prevê:

> Art. 4º Os limites de gastos de campanha serão **definidos em lei e divulgados pelo Tribunal Superior Eleitoral** (Lei nº 9.504/1997, art. 18). (Redação dada pela Res. n. 23.665/2021)
>
> § 1º (Revogado pela Res. TSE n. 23.665/2021)
>
> § 2º A Presidência do Tribunal Superior Eleitoral publicará **portaria até 20 de julho** do ano das eleições para divulgação dos limites de gastos de campanha. (Redação dada pela Res. n. 23.665/2021)
>
> § 2º-A O limite de gastos fixado para o cargo da eleição majoritária é único e inclui os gastos realizados pelo candidato ao cargo de vice ou suplente. (Inserido pela Res. n. 23.665/2021) [...]

Numa conta rápida e superficial, percebe-se que o teto de gastos que seria permitido para 2018, se fosse aplicada a fórmula da Lei n. 13.165/2015, ultrapassaria em muito os valores mencionados nos arts. 5º a 7º, da Lei n. 13.488/2017 (transcritos acima). Para os candidatos a presidente da República, p.ex., considerados os 350 milhões de reais gastos pela chapa Dilma/Temer, atualizados de 2014 a 2018 e reduzidos em 30%, o teto em 2018 seria mais de 245 milhões. Muito além dos 70 milhões fixados pela Lei n. 13.488/2017. A redução do teto vai se verificar em quase todos os cargos em disputa.

A 9ª edição desta obra afirmou que "para as eleições de 2020, o Legislador terá que novamente definir os valores máximos a serem arrecadados e gastos, já que, repita-se, (i) os valores dos arts. 5º a 7º da Lei n. 13.488/2017, acima transcritos, só se aplicam a 2018 e (ii) a mesma Lei n. 13.488/2017, no art. 11 (promulgada depois da derrubada do veto presidencial), revogou os arts. 5º a 8º, da Lei n. 13.165/2015, que instituíram aquela fórmula utilizada em 2016, com a qual os valores da última eleição eram atualizados e reduzidos em aproximadamente 30%."

> Lei n. 13.488/2017:
>
> Art. 11. Ficam revogados o § 1º-A do art. 23 da Lei nº 9.504, de 30 de setembro de 1997, e os arts. 5º, 6º, 7º, 8º, 10 e 11 da Lei nº 13.165, de 29 de setembro de 2015."

E a definição do teto de gastos para os cargos de Prefeito e Vereador, aplicável às eleições de 2020 e seguintes, veio com a Lei n. 13.878/2019, que acrescentou à Lei n. 9.504/97 o art. 18-C:

> Art. 18-C. O limite de gastos nas campanhas dos candidatos às eleições para prefeito e vereador, na respectiva circunscrição, será equivalente ao limite para os respectivos cargos nas eleições de 2016, atualizado pelo Índice Nacional de Preços ao Consumidor Amplo (IPCA), aferido pela Fundação Instituto Brasileiro de Geografia e Estatística (IBGE), ou por índice que o substituir.
>
> Parágrafo único. Nas campanhas para segundo turno das eleições para prefeito, onde houver, o limite de gastos de cada candidato será de 40% (quarenta por cento) do limite previsto no caput deste artigo.

Como se percebe, a lei volta àquela fórmula adotada para as eleições de 2016, que consiste na atualização monetária do que permitido na eleição imediatamente anterior. Desta vez, entretanto, se refere às eleições municipais de 2016 como sendo a base da atualização monetária a ser feita a cada ano de eleição na mencionada circunscrição. E caberá ao TSE, nos termos do art. 18, fazer a atualização e divulgar o limite de gastos aplicável a cada município brasileiro.

7. Destinação lícita e ilícita dos recursos

A Lei n. 9.504/97 também cuida de disciplinar **como serão os gastos de campanha**, enumerando, no art. 26, as despesas que podem ser legitimamente cobertas pelos recursos arrecadados. Percebe-se que, desde a sua redação original, algumas alterações foram lançadas no mencionado dispositivo, especialmente para vedar o financiamento de meios de propaganda que restaram proibidos com a Lei n. 11.300/2006. Assim, partidos e candidatos não podem destinar recursos financeiros para aquisição, confecção e distribuição de brindes de campanha (camisas, bonés, canetas, etc.); para contratação de artistas para animar comícios (que com isso se transformariam em showmício); para remunerar o uso de bens particulares para veiculação de propaganda eleitoral, como adesivos colados em veículos e residências; para alimentação do pessoal que presta serviços às candidaturas ou aos comitês eleitorais em percentual superior a 10% (dez por cento) e para aluguel de veículos em montante superior a 20% do valor total movimentado na campanha (art. 26, § 1º, I e II); para confecção de adesivos em tamanho superior ao 0,5 m2 (meio metro quadrado), limite agora estabelecido pelo art. 37, § 2º, II, na redação dada pela Lei n. 13.488/2017, e, principalmente, para envelopamento ou plotagem de veículos. Alguns destes gastos vedados, além de levar à rejeição das contas e à caracterização de movimentação ilícita de recursos (art. 30-A), também podem revelar captação ilícita de sufrágio (art. 41-A), se, além da aquisição, houver efetiva doação de bens aos eleitores, como no caso de camisas, com a finalidade de obter-lhe o voto.

A contratação de pessoal – que se sujeita às contribuições previdenciárias, na forma da Instrução Normativa RFB n. 872, de 26-agosto-2008 – para os serviços da campanha ("cabos eleitorais" para panfletagem, corpo a corpo, etc.), que está autorizada pelo art. 26, VII e não conhecia limites numéricos, agora tem expressa previsão legal, pelo menos no que diz respeito aos "cabos eleitorais", já que o pessoal administrativo, os fiscais, delegados e advogados não são alcançados pela norma. O art. 100-A, acrescido pela Lei n. 12.891/2013, dispõe:

> Art. 100-A. A contratação direta ou terceirizada de pessoal para prestação de serviços referentes a atividades de militância e mobilização de rua nas campanhas eleitorais observará os seguintes limites, impostos a cada candidato:
>
> I - em Municípios com até 30.000 (trinta mil) eleitores, não excederá a 1% (um por cento) do eleitorado;
>
> II - nos demais Municípios e no Distrito Federal, corresponderá ao número máximo apurado no inciso I, acrescido de 1 (uma) contratação para cada 1.000 (mil) eleitores que exceder o número de 30.000 (trinta mil).
>
> § 1º As contratações observarão ainda os seguintes limites nas candidaturas aos cargos a:
>
> I - Presidente da República e Senador: em cada Estado, o número estabelecido para o Município com o maior número de eleitores;
>
> II - Governador de Estado e do Distrito Federal: no Estado, o dobro do limite estabelecido para o Município com o maior número de eleitores, e, no Distrito Federal, o dobro do número alcançado no inciso II do caput;
>
> III - Deputado Federal: na circunscrição, 70% (setenta por cento) do limite estabelecido para o Município com o maior número de eleitores, e, no Distrito Federal, esse mesmo percentual aplicado sobre o limite calculado na forma do inciso II do caput, considerado o eleitorado da maior região administrativa;
>
> IV - Deputado Estadual ou Distrital: na circunscrição, 50% (cinquenta por cento) do limite estabelecido para Deputados Federais;
>
> V - Prefeito: nos limites previstos nos incisos I e II do caput;
>
> VI - Vereador: 50% (cinquenta por cento) dos limites previstos nos incisos I e II do caput, até o máximo de 80% (oitenta por cento) do limite estabelecido para Deputados Estaduais.
>
> § 2º Nos cálculos previstos nos incisos I e II do caput e no § 1º, a fração será desprezada, se inferior a 0,5 (meio), e igualada a 1 (um), se igual ou superior.
>
> § 3º A contratação de pessoal por candidatos a Vice-Presidente, Vice-Governador, Suplente de Senador e Vice-Prefeito é, para todos os efeitos, contabilizada como contratação pelo titular, e a contratação por partidos fica vinculada aos limites impostos aos seus candidatos.
>
> § 4º ~~Na prestação de contas a que estão sujeitos na forma desta Lei, os candidatos são obrigados a discriminar nominalmente as pessoas contratadas, com indicação de seus respectivos números de inscrição no Cadastro de Pessoas Físicas (CPF)~~. Revogado pela Lei n. 13.165/2015.
>
> § 5º O descumprimento dos limites previstos nesta Lei sujeitará o candidato às penas previstas no art. 299 da Lei nº 4.737, de 15 de julho de 1965.
>
> § 6º São excluídos dos limites fixados por esta Lei a militância não remunerada, pessoal contratado para apoio administrativo e operacional, fiscais e delegados credenciados para trabalhar nas eleições e os advogados dos candidatos ou dos partidos e coligações.

A confusa fórmula da lei pode ser assim simplificada:

ELEIÇÕES EM MUNICÍPIOS COM ATÉ 30.000 ELEITORES

a) Para os candidatos a Prefeito, basta dividir o número efetivo de eleitores por 100, para então chegar-se ao número máximo de cabos eleitorais a serem contratados. No município mineiro de Almenara, p.ex., se mantidos os 29.002 eleitores ali alistados, os candidatos a Prefeito só poderão contratar **até 290 pessoas para a militância**.

b) Para os candidatos a Vereador, há dois limites: 50% do limite dos candidatos a Prefeito naquele município e 80% do que estabelecido para Deputados Estaduais. Como a lei fixou um máximo de contratação, o limite será sempre o menor número encontrado no caso concreto. No exemplo de Almenara, o primeiro limite (50% dos 290 do Prefeito: ver letra "a" acima) é de 145 contratações. O segundo limite (80% do que fixado para o candidato a Deputado Estadual, cujo limite é 35% do que estabelecido para o candidato a Prefeito no município de maior eleitorado no Estado, ou, por outro lado, 28% do que estabelecido para o município de maior eleitorado no Estado, conforme fórmula adiante) é de 596 contratações. Neste caso, por conseguinte, cada candidato a Vereador só poderá contratar **até 145 pessoas para a militância**.

ELEIÇÕES EM MUNICÍPIO COM MAIS DE 30.000 ELEITORES

c) Para os candidatos a Prefeito, o limite do inciso I (ou seja, 300 contratações), acrescido de uma contratação a cada 1.000 eleitores. Ou, simplificando, o número de eleitores (tomando o município de Belo Horizonte como referência: 1.860.172) divido por 1.000, mais 270, que será igual a 2.130. No município de Belo Horizonte, se mantido o eleitorado, cada candidato a Prefeito poderá contratar **até 2.130 pessoas para a militância**.

d) Para os candidatos a Vereador, conforme letra "b" acima, os limites, no exemplo de Belo Horizonte, serão 1.065 (50% do limite do Prefeito: letra "c") ou 596 (28% de 2.130, conforme letra "b" acima). Então, no município de Belo Horizonte, cada candidato a Vereador poderá contratar **até 596 pessoas para a militância**.

EM ELEIÇÕES PARA PRESIDENTE E SENADOR

e) Em cada Estado, o limite será igual ao dos candidatos a Prefeito no município de maior eleitorado. Em Minas Gerais, o maior eleitorado está em Belo Horizonte, cujo limite, para candidatos a Prefeito, é de 2.130 contratações, conforme visto na letra "c" acima. Então, cada candidato a Presidente da República e cada candidato a Senador poderá contratar, em Minas Gerais, **até 2.130 pessoas para a militância**.

EM ELEIÇÕES PARA GOVERNADOR

f) Para os candidatos a Governador, o dobro do que permitido aos candidatos a Prefeito no município de maior eleitorado. Em Minas Gerais (ver letra "e"), portanto, cada candidato a Governador poderá contratar **até 4.260 pessoas para a militância**.

EM ELEIÇÕES PARA DEPUTADO FEDERAL

g) Para os candidatos a Deputado Federal, o limite corresponde a 70% do que permitido aos candidatos a Prefeito no município de maior eleitorado no respectivo Estado. Tomando como referência Belo Horizonte (70% de 2.130), onde cada candidato a Prefeito pode contratar até 2.130 militantes, os candidatos a Deputado Federal poderão contratar **até 1.491 pessoas para a militância**.

EM ELEIÇÕES PARA DEPUTADO ESTADUAL

h) Para os candidatos a Deputado Estadual, o limite é 50% do que permitido aos candidatos a Deputado Federal (50% de 1.491, conforme letra "g", ainda adotando Belo Horizonte como referência). Como o limite dos Deputados Federais se baseia no limite dos Prefeitos, pode-se concluir que o limite para Deputados Estaduais corresponde a 50% de 70% dos candidatos a Prefeito. Simplificando, 35% do que estabelecido para os candidatos a Prefeito no município de maior eleitorado do respectivo Estado. Em Minas, portanto, cada candidato a Deputado Estadual poderá contratar **até 746 pessoas para a militância**.

Percebe-se que, mesmo em se tratando de eleições gerais (deputados, senadores e governadores) e presidenciais, necessário primeiro saber qual o número máximo de contratações no município de maior eleitorado (que no exemplo aqui adotado foi Belo Horizonte-MG), porque este passa a ser o **número de referência (2.130 em BH)** para o cálculo das contratações das demais candidaturas. A partir daí:

- Para Presidente = Número de Referência (2.130)
- Para Senador = Número de Referência (2.130)
- Para Governador = O dobro do Número de Referência (4.260)
- Para Deputado Federal = 70% do Número de Referência (1.491)
- Para Deputado Estadual = 35% do Número de Referência (746)

E quando as eleições forem municipais, o limite para as contratações dos candidatos a Prefeito levará em conta, sempre, o seu próprio número de eleitores (ver letras "a" e "c"). Já para as contratações dos candidatos a Vereador, necessário saber o limite de contratações dos candidatos a Prefeito no município de maior eleitorado (Número de Referência) e também o limite de contratações dos candidatos a Prefeito no próprio município. Calcula-se 28% do primeiro (Número de Referência) e 50% do segundo (limite do próprio município), para estabelecer-se o que for menor como máximo de contratações (ver letras "b" e "d").

Dois outros limites foram criados pela Lei n. 12.891/2013, ao acrescentar o parágrafo único – que com a Lei n. 13.488/2017 passou a ser § 1º – ao art. 26, da Lei n. 9.504/97: candidatos, partidos e coligações não podem gastar, em relação ao total movimentado na campanha, mais que 10% (dez por cento) com despesas com alimentação do pessoal que presta serviços à candidatura, nem mais que 20% (vinte por cento) com aluguel de veículos.

O TSE, já na Resolução n. 23.463/2015, que regulamentou a arrecadação e os gastos nas eleições de 2016, previu (art. 36, § 4º) que o número máximo que cada candidatura pode contratar no pleito daquele ano seria publicada após o fechamento do alistamento eleitoral. Para 2018, a Resolução TSE n. 23.553/2017, conteve, no art. 43, § 4º, igual disposição. E a Res. TSE n. 23.607/2019, mantém a previsão e acrescenta que serão consideradas as contratações diretas e indiretas/terceirizadas:

> Art. 41
>
> § 4º O Tribunal Superior Eleitoral, após o fechamento do cadastro eleitoral, divulgará, na sua página na internet, os limites quantitativos de que trata este artigo.
>
> § 5º Para a aferição dos limites, serão consideradas e somadas as contratações diretas e indiretas realizadas pelo candidato titular ao cargo eletivo e as que eventualmente tenham sido realizadas pelos respectivos candidatos a vice e a suplente (Lei nº 9.504/1997, art. 100-A, § 3º, primeira parte).

Não obstante a revogação do § 4º, do art. 100-A, o TSE mantém a obrigação de candidatos e partidos informarem, detalhadamente, a identificação de cada contratado, os locais em que cada um prestou os serviços, o horário de trabalho, as atividades executadas e a justificativa do preço ajustado. Tudo em nome da indispensável transparência dos gastos de campanha, a possibilitar a efetiva fiscalização da Justiça Eleitoral e o salutar acompanhamento social do destino dado aos recursos de campanha, parte dos quais de origem pública. A providência ainda visa a evitar – ou pelo menos ajudar na apuração – que os valores repassados aos "contratados" seja para a compra do voto, não pela remuneração de serviços prestados. Assim prevê o art. 35, da Res. TSE n. 23.607/2019:

§ 12. As despesas com pessoal devem ser detalhadas com a **identificação** integral dos prestadores de serviço, dos **locais de trabalho**, das **horas trabalhadas**, da especificação das **atividades executadas** e da **justificativa do preço** contratado.

Importante consignar que as despesas com consultoria, assessoria e pagamento de honorários, realizadas em decorrência da prestação de serviços advocatícios e de contabilidade no curso das campanhas eleitorais, serão consideradas gastos eleitorais, mas serão excluídas do limite de gastos de campanha. É como dispõe a Lei n. 9.504/1997, art. 26, § 4º, incluído pela Lei n. 13.877/2019.

8. Prestação de Contas: prazo

Até trinta dias depois do primeiro turno da eleição, os candidatos – mesmo os que renunciarem durante a campanha[391] – devem apresentar à Justiça Eleitoral as **contas de campanha**. Para os candidatos que seguirem para o segundo turno, as contas devem ser apresentadas em até vinte dias após a sua realização. Nas eleições municipais, as contas são prestadas ao Juiz Eleitoral; nas eleições gerais, ao TRE e, nas eleições presidenciais, ao TSE. Ou seja, a prestação de contas é feita ao órgão jurisdicional com competência para o registro da candidatura.

As contas dos candidatos às eleições majoritárias (prefeitos, governadores, senadores e presidente) e proporcionais (vereadores e deputados) são apresentadas diretamente por eles (art. 28, §§ 1º e 2º, da Lei n. 9.504/97, com redação dada pela Lei n. 13.165/2015) e não mais por intermédio do comitê financeiro do partido, órgão que deixou de existir com a reforma eleitoral de 2015, especialmente pela revogação do art. 19, da Lei n. 9.504/97, que disciplinava a sua constituição.

---

[391] Res. TSE n. 23.607/2019, art. 45, § 6º.

9. Responsabilidade do candidato e do administrador financeiro. Falsidade ideológica eleitoral

De qualquer forma, inclusive quando o candidato vale-se de profissional para administrar os recursos financeiros de sua campanha, a responsabilidade pela veracidade das informações contidas na prestação de contas é também dele, candidato (art. 21, da Lei n. 9.504/97, na redação dada pela Lei n. 11.300/2006, que destaca a **responsabilidade solidária do candidato e do eventual administrador** financeiro da campanha), inclusive a responsabilidade criminal, pois declarar falsamente doações ou gastos, ou mesmo omitir tais dados, caracteriza, em tese, o crime do art. 350, do Código Eleitoral: falsidade ideológica eleitoral, "caixa 2" de campanha. O recebimento de doações que não são depositadas na conta bancária (daí que não contabilizada e não informada na prestação de contas) e a utilização do respectivo recurso também caracterizam a dita manobra contábil, o chamado "caixa 2", pois tal movimentação financeira passará ao largo da apreciação da Justiça Eleitoral, ou seja, ficará na clandestinidade.

10. Contas de campanha do partido. Consequência da desaprovação

O partido que descumprir as normas de arrecadação e aplicação dos recursos de campanha fica impedido de receber as quotas do fundo partidário no ano seguinte (art. 25, da LE), o que pode comprometer as finanças dos diretórios nacional e estaduais do partido, que recebem valores significativos daquele fundo. Além disso, os candidatos beneficiados por essas irregularidades respondem por abuso de poder econômico, o que pode levar à desconstituição de mandato inclusive.[392] De outro lado, gastar mais do que o teto fixado em lei para cada uma das candidaturas acarreta a multa prevista no art. 18-B (incluído pela Lei n. 13.165/2015): 100% da quantia que ultrapassar o limite. Os órgãos de direção nacional, estadual ou distrital e municipal devem prestar contas dos recursos que tiverem movimentado nas campanhas eleitorais, independentemente da circunscrição da disputa. Assim, em eleições municipais, não só o diretório municipal deve prestar contas, mas também os diretórios estadual e nacional. De seu turno, o diretório municipal também deve prestar contas de campanha em eleições gerais e presidenciais. Assim dispõe o art. 46, da Res. TSE n. 23.607/2019:

> Art. 46. Sem prejuízo da prestação de contas anual prevista na Lei nº 9.096/1995, os órgãos partidários, em todas as suas esferas, devem prestar contas dos recursos arrecadados e aplicados exclusivamente em campanha, ou da sua ausência, da seguinte forma:
>
> I - o órgão partidário municipal deve encaminhar a prestação de contas à respectiva zona eleitoral;
>
> II - o órgão partidário estadual ou distrital deve encaminhar a prestação de contas ao respectivo tribunal regional eleitoral;
>
> III - o órgão partidário nacional deve encaminhar a prestação de contas ao Tribunal Superior Eleitoral.

---

[392] Ver nosso conceito de "abuso de poder simples" e "abuso de poder qualificado" na Seção VII do Capítulo III.

§ 1º A prestação de contas deve ser encaminhada por intermédio do Sistema de Prestação de Contas de Campanha Eleitoral (SPCE), que fará automaticamente a autuação e a integração no Processo Judicial Eletrônico (PJE).

§ 2º Para os efeitos do disposto no caput, consideram-se obrigados a prestar contas de campanha os órgãos partidários que, após a data prevista no Calendário Eleitoral para o início das convenções partidárias e até a data da eleição de segundo turno, se houver:

I - estiverem vigentes;

II - que recuperarem a vigência ou tiverem revertida a suspensão da anotação partidária durante o período eleitoral, estando obrigados, nesse caso, a prestar contas do período em que regularmente funcionaram;

III - tendo havido a perda da vigência ou a suspensão da anotação partidária durante o período eleitoral, no que se refere ao período de seu regular funcionamento.

§ 3º A extinção ou a dissolução de comissão provisória ou do diretório partidário não exclui a obrigação de apresentação das contas relativas ao período de vigência da comissão ou do diretório.

§ 4º Na hipótese do § 3º deste artigo, a prestação de contas deve ser apresentada pela esfera partidária imediatamente superior ou por quem suceder a comissão ou o diretório, com a identificação dos dirigentes partidários de acordo com o período de atuação.

11. Sobras e dívidas de campanha

Pode ser que, no final da campanha, haja **sobra ou insuficiência** de recursos financeiros, frente aos compromissos assumidos pelo candidato, partido ou coligação. Nada demais com as sobras – revelando que o candidato gastou menos do que arrecadou – que devem ser transferidas ao órgão partidário da circunscrição do pleito quando se tratar de recursos do Fundo Partidário ou de "outros recusos" (doações de terceiros e recursos próprios) ou recolhidas ao Tesouro Nacional quando se tratar de recursos recebidos do Fundo Especial de Financiamento de Campanha (FEFC) e declaradas na prestação de contas, juntando-se o respectivo comprovante de transferência. Bens permanentes que tiverem sido adquiridos com recursos do FEFC devem ser alienados e os valores transferidos ao Tesouro Nacional (art. 31, da LE, com as alterações da Lei n. 12.891/2013, e art. 50, da Res. TSE n. 23.607/2019). A verificação de insuficiência de recursos, para saldar todas as dívidas de campanha, entretanto, evidencia que o candidato gastou além do que arrecadou. Neste caso, o partido e o candidato podem, excepcionalmente, continuar arrecadando recursos após a eleição e até a data limite para a entrega da prestação de contas à Justiça Eleitoral. Essa arrecadação se limita ao montante necessário à quitação de despesas que tiverem sido contraídas até a data da eleição, com documento fiscal hábil e idôneo emitido na data da realização da despesa. Se a arrecadação não for suficiente para quitar todas as dívidas, o débito poderá ser assumido pelo partido político, em decisão do seu órgão de direção nacional (art. 29, § 3º) e anuência do credor, cronograma de pagamento e fonte dos recursos, hipótese em que se estabelece responsabilidade solidária entre o candidato e o partido. Se a dívida não for assumida pelo partido, a circunstância será considerada quando do julgamento das contas do candidato, como motivo para a rejeição. A Res. TSE n. 23.607/2019, trata do assunto nos arts. 33 e 34.

12. Rejeição das contas do candidato. Suspensão da quitação eleitoral

As contas do candidato, quando reveladoras de vícios que comprometem a sua regularidade, serão **rejeitadas** pela Justiça Eleitoral, decisão que acarretava a **suspensão da quitação eleitoral**, pelo período de duração do mandato a que ele concorreu. Essa consequência, que é decorrência natural do conceito de quitação eleitoral fixado pelo TSE nas Resoluções n. 21.823/2004 e 21.848/2004, foi prevista pela primeira vez na Resolução que disciplinou a arrecadação e gastos de campanha para as eleições de 2008. Como o art. 11, § 7º, da Lei n. 9.504/97, na redação dada pela Lei n. 12.034/2009, não alterou o conceito de quitação eleitoral, limitando-se a estabelecer o conteúdo da certidão, era razoável concluir que continuava sem quitação eleitoral aquele candidato que descumpria a legislação eleitoral relativa à movimentação de recursos de campanha e, por isso, tinha suas contas rejeitadas. Foi esse o entendimento que, num primeiro momento, prevaleceu no TSE, que nas discussões para a elaboração da resolução sobre arrecadação e gastos de campanha para as eleições de 2012 (Res. n. 23.376/2012, art. 52, § 2º) firmou-se no sentido da suspensão da quitação eleitoral, quando rejeitadas as contas do candidato.[393] Ainda em junho de 2012, entretanto, o TSE acolheu pedido de reconsideração e revogou esse dispositivo, retirando a previsão de suspensão da quitação eleitoral como consequência da rejeição das contas de campanha, ao entendimento de que o art. 11, § 7º, da Lei n. 9.504/97, só permite a suspensão da quitação para aqueles que não apresentarem a prestação de contas.

13. Contas não prestadas. Suspensão da quitação eleitoral

O candidato que **não presta contas da campanha**, além de não poder ser diplomado (art. 29, § 2º, da LE), fica sem quitação eleitoral pelo do tempo do mandato disputado e, vencido este, continua sem quitação até que venha apresentá-las à Justiça Eleitoral, posto que persiste na falta (art. 80, I, da Res. TSE n. 23.607/2019). O TSE, com as Resoluções n. 21.823 e 21.848, ambas de 2004, formulou assim o conceito de quitação eleitoral:

> RESOLUÇÃO n. 21.823, DE 15.6.2004 - TSE - Relator: Ministro Francisco Peçanha Martins.
>
> "O conceito de quitação eleitoral reúne a plenitude do gozo dos direitos políticos, o regular exercício do voto, salvo quando facultativo, o atendimento a convocações da Justiça Eleitoral para auxiliar os trabalhos relativos ao pleito, a inexistência de multas aplicadas, em caráter definitivo, pela Justiça Eleitoral e não remitidas, excetuadas as anistias legais, e a regular prestação de contas de campanha eleitoral, quando se tratar de candidatos. O controle da imposição de multas de natureza administrativa e da satisfação dos débitos correspondentes deve ser viabilizado em meio eletrônico, no próprio cadastro eleitoral, mediante registro vinculado ao histórico da inscrição do infrator. É admissível, por aplicação analógica do art. 11 do Código Eleitoral, o pagamento, perante qualquer juízo eleitoral, dos débitos decorrentes de sanções pecuniárias de natureza administrativa impostas com base no Código Eleitoral e na Lei n. 9.504/97, ao qual deve preceder consulta ao juízo de origem sobre o quantum a ser exigido do devedor."

---

[393] Ver o assunto, com mais detalhe, no Título II, Capítulo II - Registro de Candidatura, n. 7.

RESOLUÇÃO 21.848, de 24.6.2004 – TSE – Rel. Min. Francisco Peçanha Martins.

"A falta de prestação de contas de campanha pelo candidato impedirá a obtenção de certidão de quitação eleitoral, com relação às omissões verificadas a partir das eleições de 2004, aplicando-se a mesma regra aos débitos não satisfeitos dos quais não haja registro no cadastro eleitoral vigente para as eleições deste ano. Normas aprovadas pelo Ministro Corregedor-Geral da Justiça Eleitoral, referendadas pelo Plenário do Tribunal Superior Eleitoral."

Fácil perceber, então, que a apresentação das contas de campanha à Justiça Eleitoral, para levar o candidato à quitação eleitoral, deverá ser devidamente instruída com todas as informações e todos os documentos exigidos pelo TSE, capazes de demonstrar a real movimentação dos recursos da campanha e proporcionar à Justiça Eleitoral efetivas condições de exercer a fiscalização. Contas apresentadas apenas formalmente, sem o conteúdo mínimo necessário, não devem ser rejeitadas, mas, antes, julgadas não prestadas, pois sequer terão seu mérito avaliado, exatamente pela ausência de conteúdo satisfatório. É o que vem dispondo as resoluções do TSE a cada eleição. Para a eleição de 2020 e seguintes, a Res. TSE n. 23.607/2019 trata do tema no art. 74.

14. SPCE e prestação de contas simplificadas. Autuação no PJe

Partidos e candidatos devem elaborar suas prestações de contas em meio eletrônico, **através do SPCE** – Sistema de Prestação de Contas Eleitorais, disponibilizado pelo TSE, única forma de vê-la recebida e processada pela Justiça Eleitoral. Se a prestação de contas não estiver em conformidade com o mencionado SPCE, ela nem mesmo será recebida, porque o Sistema não gerará o respectivo recibo, ao contrário emitirá aviso de impossibilidade técnica de sua análise (art. 55, §§ 2º e 3º, da Res. TSE n. 23.607/2019).

As prestações de contas, parciais e finais, assim que enviadas pelo SPCE, serão autuadas automaticamente no PJe e nele tramitarão obrigatoriamente (arts. 48, 49, §§ 3º e 4º e 55, § 5º, da Res. TSE n. 23.607/2019).

Depois de conferidos todos os documentos que a acompanham, principalmente os canhotos dos recibos eleitorais e os extratos e conciliações bancárias, será aberto prazo de 03 (três) dias para que eventuais dúvidas sejam sanadas, inclusive com juntada de documentos faltantes.

Se o sistema encontra irregularidades e se for emitido parecer técnico pela rejeição ou aprovação com ressalvas[394], será dada vista ao candidato ou partido para manifestação em 03 (três) dias.

Após, os autos vão com vista para o Ministério Público Eleitoral, cujo parecer deve ser ofertado em 2 dias. Na análise de tal procedimento, o "parquet" deve atentar-se principalmente para as fontes de arrecadação utilizadas pelo candidato ou partido, confrontando-as com as vedações previstas no art. 24, da LE, e, também, para o limite de gastos previsto na lei. Importante, também, verificar se os gastos se fizeram em conformidade

[394] De acordo com a nova redação do art. 30, da Lei n. 9.504/97, as contas de campanha poderão ser julgadas aprovadas, aprovadas com ressalvas, desaprovadas ou não prestadas. E da decisão cabe recurso, em três dias, inclusive o especial para o TSE (art. 30, §§ 5º e 6º).

com a lei eleitoral. Tudo porque o descumprimento das regras referentes à arrecadação e aplicação de recursos de campanha acarreta (i) para o partido a perda do direito às quotas do fundo partidário no ano seguinte e (ii) para o candidato a caracterização de abuso do poder econômico, a ser arguido na AIME, ou de movimentação ilícita de recursos de campanha (art. 30-A, da LE), a ser apurada na Representação Especial.

Repita-se, com o art. 30-A, acrescentado à Lei n. 9.504/97 pela Lei n. 11.300/2006, modificado pela Lei n. 12.034/2009, a conduta em desacordo com as regras de arrecadação e gastos de campanha caracteriza infração cível eleitoral, sancionada com a negação do diploma ou com sua cassação, se já expedido. Veja-se, a respeito, o que foi dito no Título II, Capítulo III, Seção VIII - Abuso do Poder Econômico, Movimentação Ilícita de Recursos (Art. 30-A) e Captação Ilícita de Sufrágio (art. 41-A).

Quase nunca essas irregularidades saltam da própria prestação de contas, posto que candidatos e partidos a elaboram com auxílio de profissionais, que vão naturalmente omitir fontes ilícitas e, igualmente, gastos proibidos. A detecção de irregularidades torna-se possível a partir de diligências a serem implementadas nos autos a requerimento do Ministério Público ou de ofício pelo Juiz e também pelo controle concomitante dos gastos de campanha (Res. TSE n. 23.607/2019, art. 89 e ss.) e diligências extra autos.

Os §§ 9º, 10 e 11, do art. 28, da Lei n. 9.504/97, acrescidos pela Lei n. 13.165/2015, instituíram o "**Sistema Simplificado de Prestação de Contas**", previsto para candidatos que apresentarem movimentação financeira de até R$ 20.000,00 (vinte mil Reais), atualizados monetariamente a cada eleição, e também para Prefeito e Vereador em município com até 50.000 (cinquenta mil) eleitores. De qualquer forma, a prestação de contas é elaborada no SPCE e enviada por meio dele.

15. Ausência de movimentação financeira e controle concomitante

Tem sido comum, principalmente em eleições municipais, o candidato apresentar contas declarando **ausência de movimentação financeira**. Pouco crível que alguém faça uma campanha eleitoral sem qualquer gasto, ainda que seja com a confecção de "santinhos" ou com a elaboração de material para divulgação em redes sociais. Neste caso, se o Ministério Público reúne informação - melhor ainda documentada - de que o candidato distribuiu material impresso, afixou adesivos plásticos em propriedades particulares e veículos, p. ex., estará demonstrada a falsidade da informação constante da prestação de contas, porque terá ele arrecadado recursos para efetuar aquelas despesas ou terá recebido aqueles materiais em doação estimável. Para tanto, importantíssimo o controle concomitante dos gastos de campanha, aquele que vai registrando – por diligências aleatórias ou dirigidas e por requisição aos órgãos fazendários federal, estaduais e municipais do banco de dados de notas fiscais eletrônicas emitidas, em que sejam envolvidos os candidatos e partidos políticos – os atos de campanha dos candidatos e partidos que importam em gastos, como comícios, impressos, veículos de som, etc. (arts. 89 a 94, da Res. TSE n. 23.607/2019). Mesmo que as doações tenham sido em forma de materiais e serviços, deveriam elas ter sido objeto de recibo eleitoral e contabilizadas como estimáveis em dinheiro, para integrarem a prestação de contas. Essa omissão levará à rejeição das contas e à caracterização do crime previsto no art. 350, do Código Eleitoral.

16. Prestação de contas anuais dos partidos: caixa 2 e lavagem de dinheiro

Também a **prestação de contas anuais dos partidos políticos** – diferente da prestação de contas de campanha – que vem regulada pela Lei n. 9.096/95 (Lei Orgânica dos Partidos Políticos) merece um maior rigor da Justiça Eleitoral. As manchetes da imprensa em geral, ao longo do ano de 2005, escancararam um vício que parece ser a prática cotidiana das agremiações partidárias: a utilização do "caixa 2". E mais recentemente a "Operação Lava Jato", que investiga corrupção na Petrobrás, confirma o expediente e ainda revela que parte significativa dos recursos financeiros injetados nos partidos e candidatos e lançados na prestação de contas (movimentados, portanto, no "caixa 1"), têm origem ilícita, pois resultado de contratos superfaturados e propina. Se não pode ele ser evitado com a edição de leis e resoluções, porque o "caixa 2" dos partidos está intimamente ligado ao "caixa 2" de pessoas físicas e jurídicas que financiam aqueles, necessário pelo menos a aplicação de sanções severas àqueles que foram apanhados na prática odiosa. Parece insuficiente a desaprovação das contas do partido, e com isso a suspensão de novas quotas do fundo partidário, conforme art. 37, da LOPP. Insuficiente, também, que os dirigentes partidários incumbidos da movimentação ilegal dos recursos respondam pelo crime de falsidade ideológica eleitoral (art. 350, do Código Eleitoral), beneficiando-se inclusive da suspensão condicional do processo penal. É preciso reconhecer que o financiamento ilícito dos partidos e das campanhas revela falta de compromisso da agremiação com a legalidade, com a transparência e com a ética, valores imprescindíveis à construção do Estado Democrático. Não é possível admitir partidos políticos – sem os quais não há candidatura, pelo menos até que se admita a candidatura avulsa – com financiamento escuso e, principalmente, que não se revele transparentemente ao eleitor. Movimentando recursos clandestinamente, o partido não se mostra ao eleitor, porque este não tem condições de saber quem financia aquele grupo político e, portanto, quais são seus comprometimentos e seus vínculos. O voto que lhe é dado nas eleições, ou nos candidatos por ele lançados, está maculado pelo erro ou ignorância quanto à verdadeira face do partido. Esse "estelionato eleitoral" leva o eleitorado à frustração e ao desencanto com a própria democracia. Porque a Lei n. 9.096/95, em seu art. 28, inciso III, prevê que o TSE determinará o cancelamento do registro civil e do estatuto do partido contra o qual fique provado "não ter prestado, nos termos desta Lei, as devidas contas à Justiça Eleitoral", parece inevitável que a prática do "caixa 2" e a lavagem de dinheiro de corrupção que entra no "caixa 1" do partido como doação oficial levem a tal consequência. Ora, quem não incluiu na sua prestação de contas parcela dos recursos recebidos e movimentados, NÃO PRESTOU AS DEVIDAS CONTAS à Justiça Eleitoral. Pior ainda, quem recebe e utiliza recursos a título de propina, resultado do superfaturamento ou de direcionamento de contratos com órgão da administração pública, pratica o crime de lavagem de dinheiro e contamina toda a atividade partidária. As contas devidas são aquelas que envolvem toda a movimentação financeira. Ou será que a lei dá ao partido a faculdade de escolher os recursos que comporão sua prestação de contas? Se o partido omite, na prestação de contas, alguma doação que tenha recebido ou a verdadeira origem da doação, não prestou, pelo menos em relação a ela, as devidas contas. Diante de tal constatação, inevitável a aplicação da sanção de cancelamento do registro do partido, medida que contribuirá para a seriedade da atividade partidária e o fortalecimento dos partidos frente à opinião pública, a partir da constatação de que só se mantêm registrados aqueles que cumprem com rigor a lei. Foi exatamente esse o entendimento esposado pelo E. Min. Carlos Velloso, então presidente do TSE, no dia 29 de agosto de 2005, durante entrevista no programa "Roda Viva", da TV Cultura, quando ressaltou que

> "O que se pode entender por devidas contas? Fraude na prestação de contas. A leitura que eu faço da lei é neste sentido. A prova do caixa 2 pode levar à cassação do registro civil e do estatuto do partido infrator".

17. Prestação de contas parciais e publicação das doações financeiras em 72 horas

A Lei n. 11.300, de 11 de maio de 2006, que dispõe sobre propaganda, financiamento e prestação de contas das despesas com campanhas eleitorais, pode ser uma importante oportunidade para que as campanhas eleitorais se tornem mais transparentes, porque aquela lei, acrescentando o § 4º ao art. 28, da Lei 9.504/97, depois modificado pelas Leis n. 12.891/2013 e 13.165/2015, impôs aos candidatos, partidos políticos e coligações a obrigação de, durante a campanha eleitoral - mais exatamente no dia 15 de setembro[395] – divulgar relatório discriminando os recursos em dinheiro ou estimáveis em dinheiro que tenham recebido para financiamento da campanha e os gastos que realizarem. E a Lei n. 13.165/2015, alterando a data de início da campanha para 16 de agosto, mantém a exigência de uma prestação de contas parcial - em 15 de setembro, com receitas e despesas e identificando-se os doadores e fornecedores – e passa a prever a disponibilização, no sítio eletrônico do TSE, das doações recebidas em dinheiro, em 72 (setenta e duas) horas do seu recebimento, aí se incluindo – por expressa previsão do § 7º, que se refere às informações a serem disponibilizadas por força do § 4º – os nomes e CPF dos doadores pessoas físicas e o CNPJ dos doadores partidos políticos ou outros candidatos. O art. 47, § 3º, c/c art. 103, da Res. TSE n. 23.607/2019, alterados pela Res. TSE n. 23.665/2021, lembra da necessidade de se observarem os limites da Lei Geral de Proteção de Dados (Lei nº 13.709 /2018).

A partir dessa regra, é dado aos eleitores saber, antes da manifestação do voto, a movimentação de recursos de campanha dos candidatos, partidos e coligações, possibilitando uma escolha consciente do seu representante no governo ou no parlamento.

No Estado Democrático de Direito, em que o poder pertence ao povo, esse poder é exercido quase sempre por meio de representantes eleitos pelo voto direto. Daí que a informação clara e verdadeira ao eleitor se constitui em instrumento indispensável à *legitimação substancial* dessa representação. Se é verdade que a soma de votos em número

---

[395] Até a Lei n. 13.165/2015, as contas parciais eram prestadas em 08.agosto e 08.setembro, porque a campanha começava em 06.julho.

suficiente à eleição *legitima formalmente* o eleito para a posse e exercício do mandato, mais certo ainda que a *legitimação material* só se alcança se o processo eleitoral for capaz de colher dos outorgantes dos mandatos – os eleitores – sua decisão refletida e imaculada sobre as propostas de cada candidato e principalmente sobre os compromissos que ele assume no transcorrer da disputa. De fato, o voto depositado nas urnas, quando sem a indispensável informação e consciência, não é manifestação livre da vontade a compor os governos. Não é sem razão que o ordenamento jurídico eleitoral abomina, e até tipifica como crime, condutas que tendem a retirar do eleitor a sua liberdade de escolha.

Necessário salientar e repetir que a campanha eleitoral (momento de debate de ideias e confronto de opiniões) constitui direito do eleitor – antes mesmo de ser direito dos candidatos, partidos, federações e coligações – e deve orientar-se por princípios básicos, como o da *conformação com a verdade*, inequivocamente consagrado no Código Eleitoral, que chega a tipificar como crime a afirmação inverídica visando ao convencimento dos eleitores. Tudo porque, repita-se, é fundamental ao bom exercício do voto – do que depende a democracia – que o eleitor seja bem informado.

Então, essa obrigação agora criada – de divulgação de contas parciais em setembro no sítio eletrônico da Justiça Eleitoral e disponibilização das doações quase em tempo real – é mais um passo na direção da transparência das campanhas (leia-se informação), exatamente porque possibilita aos eleitores saber como estão o financiamento e os gastos de campanha de cada um dos candidatos. Não se trata de mais um mero expediente a ser exigido dos candidatos, uma quase formalidade, porque desta feita a informação é lançada diretamente aos olhos do eleitor, evidenciando-se a intenção do legislador de publicizar os bastidores da campanha até então guardados à intimidade. O passo atrás, que a Lei n. 13.165/2015 quis dar ao incluir no art. 28 o § 12 e nele prever que as transferências de recursos, feitas pelos partidos aos candidatos, seriam lançadas na prestação de contas destes (candidatos), sem informar a verdadeira origem (ou seja, quem de fato doou ao partido), foi percebida pelo STF, que na ADI-MC n. 5394 reconheceu a inconstitucionalidade da expressão "sem individualização dos doadores". Com isso, e em nome da transparência, o STF não permitiu a volta das "doações ocultas", expediente que era utilizado para esconder o verdadeiro doador, porque este doava ao partido e cumpria à agremiação repassar o recurso ao candidato, figurando a doação, na prestação de contas, como tendo sido do partido.

Parece-nos apressado e irrefletido dizer, como já se vê em alguns julgados, que a inobservância dessa regra é irregularidade sem consequências, pelo só fato de o dispositivo legal em comento (art. 28, § 4º, da Lei 9.504/97) estar desacompanhado de sanção específica. A Resolução TSE n. 23.406/2014, tratando da arrecadação e gastos e prestação de contas para as eleições de 2014, sinalizou para uma mudança de postura da Corte quanto à repercussão, no julgamento das contas finais, da não apresentação das parciais de agosto e setembro (à época eram duas parciais e agora é apenas uma, em setembro) e mesmo da insubsistência das informações, quando estabeleceu que "a ausência de prestação de contas parcial caracteriza grave omissão de informação, que poderá repercutir na regularidade das contas finais" (art. 36, § 1º) e que "a prestação de contas parcial que não corresponda à efetiva movimentação de recursos ocorrida até a data da sua entrega, caracteriza infração grave, a ser apurada no momento do julgamento da prestação de contas final" (art. 36, § 2º). Para as eleições de 2016, a Res. TSE n. 23.463/2015, art. 43, §§ 6º e 7º, manteve a disposição, o que foi repetido pela Res. TSE n. 23.553/2017, no art. 50, § 6º. E a Res. TSE n. 23.607/2019, que contém o regulamento da arrecadação e gastos de campanha para as eleições de 2020 e seguintes, tem igual previsão no art. 47, §§ 6º e 7º.

Na verdade, o que a lei instituiu foi a obrigação de prestar contas durante a campanha eleitoral e, mais importante, diretamente aos que delas devem se inteirar (os eleitores) para, como dito, decidir sobre o voto. Só isso já é o suficiente para se afastar qualquer tentativa de desqualificação destas contas parciais e das informações disponibilizadas diariamente, porque não se concebe que as contas finais apresentadas à Justiça Eleitoral, depois das eleições, sejam mais importantes que aquelas acessíveis aos eleitores durante a campanha, divulgadas na Internet. Enquanto as contas levadas à Justiça Eleitoral abrem oportunidade ao exame de sua adequação à legislação – o que é sem dúvida importante instrumento de detecção de ilícitos, inclusive para subsidiar eventuais ações eleitorais por abuso de poder ou movimentação ilícita de recursos de campanha –, as parciais de setembro e as informações diárias que se dirigem ao eleitor têm como objetivo tornar consciente o exercício do voto e legítimos substancialmente os resultados consagrados nas urnas, afirmando-se a democracia como governo do povo. Então, a parte final do art. 28, § 4º, na sua redação anterior à Lei n. 13.165/2015, que previa que das contas parciais não constariam os nomes dos doadores de campanha, não resistiria a uma interpretação conforme a Constituição, orientada por princípios republicanos estruturantes do regime democrático, dentre os quais a transparência. Ainda mais depois da Lei de Acesso à Informação, que garante ao cidadão o direito às informações de interesse público, dentre as quais se incluem – sem dúvida – as relativas às campanhas eleitorais. Em 2012, a presidência do TSE já havia determinado que o sistema gerenciador das contas de campanha disponibilizasse esse acesso no sítio do Tribunal. A Resolução TSE n. 23.406/2014, que tratou da arrecadação e gastos para as eleições daquele ano, reconhece a prevalência da transparência e do acesso à informação sobre a literalidade do dispositivo comentado, determinando, no art. 36, que:

> Art. 36. Os candidatos e os diretórios nacional e estaduais dos partidos políticos são obrigados a entregar à Justiça Eleitoral, no período de 28 de julho a 2 de agosto e de 28 de agosto a 2 de setembro, as prestações de contas parciais, com a discriminação dos recursos em dinheiro ou estimáveis em dinheiro para financiamento da campanha eleitoral e dos gastos que realizaram, detalhando doadores e fornecedores, as quais serão divulgadas pela Justiça Eleitoral na internet nos dias 6 de agosto e 6 de setembro, respectivamente (Lei nº 9.504/97, art. 28, § 4º, e Lei nº 12.527/2011).

Para as eleições de 2016 em diante, modificado o § 4º e acrescentado o § 7º, ambos do art. 28, a divulgação dos nomes dos doadores e fornecedores passou a ser expressa disposição legal.

Sem a apresentação oportuna destas contas parciais aos eleitores – tão ou mais importantes que as contas finais à Justiça Eleitoral, repita-se – não pode o eleito ser diplomado – porque há expressa vedação legal no art. 29, § 2º, da Lei n. 9.504/97 – e não pode obter quitação eleitoral nos próximos quatro anos e até que a omissão seja sanada (Res. TSE n. 23.607/2019, arts. 80, I, e 83), exatamente porque o TSE, debruçando-se sobre o conceito de "plenitude do gozo dos direitos políticos", concluiu que não está quite com a Justiça Eleitoral aquele candidato que não presta contas de campanha:

> "A falta de prestação de contas de campanha pelo candidato impedirá a obtenção de certidão de quitação eleitoral, com relação às omissões verificadas a partir das eleições de 2004, aplicando-se a mesma regra aos débitos não satisfeitos dos quais não haja registro no cadastro eleitoral vigente para as eleições deste ano." (TSE, Resolução n. 21.848/2004)

Esses impedimentos (de ser diplomado e de receber quitação eleitoral por no mínimo quatro anos), entretanto, vem sendo aplicados pela Justiça Eleitoral apenas quando o candidato não apresenta as contas finais da campanha, entendimento que merece evolução.

A nova sistemática, sem dúvida, é passo importante na direção do aperfeiçoamento da democracia brasileira.

18. Jurisprudência

Colhe-se na jurisprudência os seguintes entendimentos:

> "1. A atual jurisprudência deste Tribunal é no sentido de que as **doações acima de R$ 1.064,10 devem ser feitas mediante transferência eletrônica**, nos exatos termos do art. 18, § 1º, da Res.-TSE 23.463, e o descumprimento da norma regulamentar não é reputado como falha meramente formal. Nesse sentido, já se assentou que "a aceitação de doações eleitorais em forma diversa da prevista compromete a transparência das contas de campanha, dificultando o rastreamento da origem dos recursos" (AgR-REspe 313-76, rel. Min. Luís Roberto Barroso, DJE de 3.12.2018).
>
> 2. [...]
>
> 3. Em face da jurisprudência consolidada no tema, se não se admite a realização de depósito na "boca do caixa" para fins de prova da origem de doação, também a mera emissão do recibo eleitoral pelo candidato não possibilita, por si só, comprovar tal fato, o que ocorre justamente pela providência alusiva à transferência eletrônica entre contas bancárias, modalidade preconizada na resolução destinada a possibilitar a confirmação das informações prestadas." (TSE, AgR-REspe n. 25476 - SÃO BORJA – RS, Ac. de 06/06/2019, Rel. Min. Sergio Silveira Banhos)
>
> REspEl – AgR-REspEl n. 060146058 - SÃO LUÍS – MA, Ac. de 25/03/2021, Rel. Min. Sergio Silveira Banhos. ELEIÇÕES 2018. [...] PRESTAÇÃO DE CONTAS DE CAMPANHA. DEPUTADO FEDERAL. APROVAÇÃO COM RESSALVAS. AUSÊNCIA DE DETERMINAÇÃO DO RECOLHIMENTO DA QUANTIA IRREGULAR AO TESOURO NACIONAL. REEXAME NECESSÁRIO. [...] 4. Esta Corte Superior já entendeu que "a **determinação de devolução ao Erário** dos valores referentes às irregularidades apuradas é possível ainda que a análise da prestação de

contas culmine na aprovação com ressalvas das contas apresentadas" (PC 270–98, rel. Min. Luiz Fux, DJE de 2.3.2018).

"[...] 6. Por outro vértice, há vultuosas irregularidades quanto aos demais recursos. A ASEPA, em extensa planilha, assinalou 204 despesas, no expressivo montante de R$ 2.131.661,35, sem absolutamente **nenhum documento fiscal apto a comprovar sua destinação e seu vínculo com a atividade partidária**. Além desse valor, têm-se os seguintes: a) R$ 14.200,00, R$ 311.970,25 e R$ 8.769,38 de **notas fiscais genéricas** e sem contrato que descreva de forma precisa os serviços técnicos e jurídicos prestados; b) R$ 9.561,72 e R$ 935,28 para despesa relativa a veículo sem prova de propriedade do partido.

7. O partido descumpriu o percentual mínimo de 5% para programas de incentivo à participação feminina na política (art. 44, V, da Lei 9.096/95), aplicando apenas R$ 19.545,26 de R$ 154.713,68. (TSE, PC n. 28244 - BRASÍLIA – DF, Ac. de 25/04/2019, Rel. Min. Jorge Mussi)

"[...] Prestação de contas. Candidato a vereador. Contas desaprovadas. Manutenção da decisão agravada. 1. A irregularidade por ofensa ao art. 23, parágrafo único, da Res.-TSE nº 23.376/2012 impõe a desaprovação de contas, pois **impede a identificação da origem e da destinação dos recursos arrecadados, inviabilizando o efetivo controle e a fiscalização pela Justiça Eleitoral** [...]". (Ac. de 03.05.2016, no AgR-REspe n. 100067, Rel. Min. Gilmar Mendes)

"[...] 1. Os bens e/ou serviços estimáveis em dinheiro doados por pessoas físicas e jurídicas devem constituir **produto de seu próprio serviço ou de sua atividade econômica** e, no caso de bens permanentes, devem integrar o patrimônio do doador (art. 23, parágrafo único, da Res.-TSE 23.376/2012). 2. Impõe-se a desaprovação das contas quando as irregularidades verificadas impedirem o **efetivo controle pela Justiça Eleitoral da movimentação financeira da campanha**. 3. A insanabilidade do vício constatado pela instância ordinária afasta a incidência do princípio da proporcionalidade na espécie [...]" (Ac. de 11.11.2014, no AgR-REspe n. 22277, Rel. Min. João Otávio de Noronha)

"[...] Prestação de contas de candidato. Eleições 2010. Agravo regimental desprovido. 1. Deve ser mantido o acórdão Regional, que decidiu no sentido de que a **ausência de comprovação da propriedade dos bens doados**, assim como a não comprovação da legítima posse do doador, impede a identificação segura da origem dos recursos, resultando em afronta ao art. 1º, § 3º, da Resolução-TSE nº 23.217/2010 [...]". (Ac. de 08.04.2014, no AgR-REspe n. 230842, Rel. Min. Laurita Vaz)

"[...] 2. A **não identificação da origem de doações** recebidas pelo candidato constitui irregularidade grave a ensejar a desaprovação das contas. Precedentes. 3. Inaplicáveis os princípios da proporcionalidade e da razoabilidade quando as **irregularidades são graves a ponto de inviabilizar o efetivo controle das contas pela Justiça Eleitoral**, assim como quando não constarem do acórdão regional elementos que permitam aferir o quanto representam em relação ao total de recursos movimentados na campanha. Precedentes. 4. Nos termos do art. 29 da Res.-TSE nº 23.406/2014, **os recursos de origem não identificada devem ser recolhidos ao Tesouro Nacional**. [...]" (Ac. de 13.09.2016, no AgR-REspe n. 237869, Rel. Min. Rosa Weber)

"[...] Doação acima do limite legal. (...) 3. Basta o desrespeito aos **limites objetivamente expressos no dispositivo** legal para incorrer na penalidade prevista no art. 23 da Lei nº 9.504/97, **sendo irrelevante a configuração do abuso** do poder econômico ou potencialidade lesiva para influenciar no pleito. 4. Não é possível aplicar o art. 27 da Lei nº 9.504/97, uma vez que os valores doados são superiores a 1.000 Ufirs, devendo ser considerado o todo doado, e não apenas o valor extrapolado. 5. Impossibilidade de se atribuir sanção em valor inferior ao mínimo legal, estando os princípios da proporcionalidade e da razoabilidade adstritos aos limites mínimo e máximo estabelecidos em lei. 6. A multa prevista no art. 23, § 1º, da Lei nº 9.504/97 não tem natureza de tributo, o que afasta o argumento de violação ao art. 150, IV, da Constituição Federal.[...]." (Ac. de 19.12.2013, no AgR-AI n. 16246, Rel. Min. Dias Toffoli)

"[...] Doação de recursos acima do limite legal. Pessoa física. Art. 23 da Lei 9.504/97. Limite de doação. Aferição. Desprovimento. 1. O limite de doação de 10% estabelecido para as pessoas físicas no art. 23, § 1º, I, da Lei 9.504/97 deve ser verificado levando-se em conta o **montante global das doações realizadas**, ainda que os valores doados a cada campanha, quando individualmente considerados, tenham observado esse percentual. 2. Ao contrário do que sustenta o agravante, a regra prevista no referido dispositivo não restringe a possibilidade de contribuição a vários candidatos e partidos políticos, bastando que, **somadas todas as doações**, o limite legal seja respeitado [...]" (Ac. de 05.09.2013, no AgR-REspe n. 8639, Rel. Min. Castro Meira)

Capítulo VIII

DIPLOMAÇÃO DOS ELEITOS

Algum tempo depois do resultado final das eleições, em data a ser especialmente designada, a Justiça Eleitoral diploma os eleitos aos cargos disputados pelos sistemas majoritário e proporcional.

1. Conceito. Natureza declaratória

A diplomação, bem diferente da proclamação dos resultados, é ato solene da Justiça Eleitoral, que **atesta o resultado das eleições e declara a condição de eleitos e suplentes** dos diplomados, habilitando-os à posse. Segundo Joel José Cândido, a diplomação tem natureza *meramente declaratória*, porque o mandato é constituído nas urnas e não na diplomação, que se limita a reconhecer que os votos foram alcançados legitimamente. É essa a posição também do TSE.

A diplomação alcança todos os eleitos e alguns suplentes[396] e produz efeitos mesmo em relação àquele que não tenha comparecido à solenidade em que a Justiça Eleitoral entregar o diploma. Isto porque a solenidade é apenas de entrega e não de diplomação propriamente dita, ato que se dá no momento em que a Justiça Eleitoral o expede.

Não podem ser diplomados, entretanto, aqueles que tiverem disputado a eleição com registro indeferido, mas ainda pendente de recurso. É o que dispõe o art. 32, da Res. TSE n. 23.677/23021:

> Art. 32. Não poderá ser diplomado(a), nas eleições majoritárias ou proporcionais, a candidata ou o candidato que estiver com o registro indeferido, ainda que sub judice.
>
> Parágrafo único. Nas eleições majoritárias, na data da respectiva posse, se não houver candidata ou candidato diplomado(a), caberá ao(à) presidente do Poder Legislativo assumir e exercer o cargo até que sobrevenha decisão favorável no processo de registro ou haja nova eleição.

E não devem ser diplomados, embora tenham vencido as eleições, aqueles que se encontrarem, no momento da expedição dos diplomas, com suspensão ou perda de direitos políticos:

---

[396] A Resolução TSE n. 23.097, de 06-agosto-2009, recomenda a diplomação até o terceiro suplente, facultando-se aos demais o direito de solicitarem, a qualquer tempo, os respectivos diplomas.

Ac.-TSE de 30.11.2016, nos ED-REspe nº 13273 e Ac.-TSE de 5.8.2010, no AgR-REspe nº 35830: a **suspensão dos direitos políticos** decorrente de decisão transitada em julgado **é apta para impedir a diplomação** de candidato eleito.

Ac.-TSE de 30.11.2016, nos ED-REspe nº 13273: possibilidade de determinação do **cumprimento imediato da decisão** pelo órgão competente.

2. Competência

A competência para a diplomação é da *Junta Eleitoral* nas eleições municipais (presidida pelo Juiz Eleitoral), do *TRE* nas eleições gerais e do *TSE* nas eleições presidenciais. Portanto, sempre os órgãos colegiados da Justiça Eleitoral. A solenidade de entrega dos diplomas, a ser organizada pelo Órgão Jurisdicional Eleitoral competente, será conduzida pelo Presidente da Junta, ou pelo Presidente do TRE ou pelo Presidente do TSE. Como observado por Joel José Cândido, é um equívoco do Juiz Presidente da Junta Eleitoral passar a presidência dos trabalhos a autoridades estranhas à Junta, ainda que à guisa de gentileza, posto que estas não têm competência para o ato. É comum que, nas solenidades de diplomação dos eleitos a cargos municipais, compareçam desembargadores, deputados, governadores, etc., os quais podem, quando muito, ser convidados a ocupar lugar de destaque na mesa de honra, depois de composta esta pelos membros da Junta e pelo Representante do Ministério Público.

O ato de diplomação, ou, mais exatamente, a expedição do diploma, é marco importante no processo eleitoral, porquanto daí fluem os prazos para o RCED do art. 262 do Código Eleitoral (três dias), para a Representação Especial do art. 30-A (quinze dias) e para a AIME – Ação de Impugnação de Mandato Eletivo (quinze dias), prevista no art. 14, § 10, da Constituição Federal/88. A Representação Especial para apurar as infrações descritas nos dos arts. 23 e 81 (este último permitia, até a Lei n. 13.165/2015, a doação das pessoas jurídicas e fixava sanções para o excesso), da Lei n. 9.504/97, tinha prazo de 180 (cento e oitenta) dias, também contado da diplomação. Como a lei se silenciava a respeito, o TSE construiu o entendimento de que aplicável o dito prazo, que é previsto no art. 32, para a obrigação de o candidato preservar os documentos comprobatórios da movimentação dos recursos da campanha. Como visto, esse prazo não mais se aplica, porque a Lei n. 13.165/2015 incluiu na Lei das Eleições o art. 24-C, que estabelece o calendário da apuração dos excessos de doação, fixando como termo final para a Representação Especial o último dia do ano seguinte ao da eleição.

Compete ao órgão diplomador designar a data para a expedição e entrega dos diplomas na circunscrição. Até a Lei n. 13.877/2019, era livre a escolha dessa data. O § 3º, do art. 262, acrescido pela mencionada lei, diz que o RCED será oferecido no prazo de 3 dias "após o último dia limite fixado para a diplomação", sugerindo que haverá uma data limite para o ato. Assim entendendo, o TSE, na Res. n. 23.611/2019, fixou a data de 18 de dezembro de 2020 como sendo o último dia para a diplomação dos candidatos eleitos nas eleições municipais daquele ano (art. 218). Para as eleições de 2022, a Res. TSE n. 23.669/2021 fixa como termo final para a diplomação o dia 19 de dezembro (art. 238).

Seção Única

3. Recurso contra a Expedição do Diploma

Assim que expedido o diploma, pode ser que o diplomado esteja diante de alguma das hipóteses que autorizam a sua desconstituição, daí surgindo a oportunidade a que os legitimados manifestem seu inconformismo. Como todo e qualquer recurso, embora este com natureza de ação, dirige-se ao órgão jurisdicional superior àquele que diplomou o eleito. Assim, cabendo à Junta Eleitoral diplomar os eleitos a prefeito, vice-prefeito e vereadores, o recurso dirige-se ao TRE, cabendo ao Juiz Eleitoral apenas recebê-lo, colher as contrarrazões do recorrido e o parecer recursal do Ministério Público e remeter tudo àquele tribunal. Nas eleições gerais, o TRE diploma os eleitos a deputado estadual, deputado federal, senador e governador e, portanto, o recurso contra essa diplomação é dirigido ao TSE, cabendo ao regional apenas processá-lo.

> SÚMULA Nº 37/TSE
>
> Compete originariamente ao Tribunal Superior Eleitoral processar e julgar recurso contra expedição de diploma envolvendo eleições federais ou estaduais.

3.1. Hipóteses de cabimento

O Recurso contra a Expedição do Diploma, dizia o art. 262 do Código Eleitoral, antes da alteração trazida pela Lei n. 12.891/2013, *somente* era cabível nas hipóteses ali elencadas, o que equivale dizer que o dispositivo continha enumeração taxativa.

E eram elas:

a) inelegibilidade ou incompatibilidade de candidato;

b) errônea interpretação da lei quanto à aplicação do sistema de representação proporcional;

c) Erro de direito ou de fato na apuração final quanto à determinação do quociente eleitoral ou partidário, contagem de votos e classificação de candidato, ou a sua contemplação sob determinada legenda;

d) concessão ou denegação do diploma em manifesta contradição com a prova dos autos, nas hipóteses do art. 222 do CE, e do art. 41-A, da Lei n. 9.504/97 (Este dispositivo teve sua redação modificada pela Lei n. 9.840/99).

Com a Lei n. 12.891/2013, que deu nova redação ao caput do art. 262, do Código Eleitoral, e revogou seus quatro incisos, o cabimento do RCED limitou-se às hipóteses de inelegibilidades constitucional e superveniente e de ausência de condição de elegibilidade.

> Art. 262. O recurso contra expedição de diploma caberá somente nos casos de inelegibilidade superveniente ou de natureza constitucional e de falta de condição de elegibilidade.

Como o dispositivo agora inclui expressamente a falta de condição de elegibilidade dentre as hipóteses de cabimento do recurso, não mais se sustenta a discussão que havia em torno da abrangência da expressão inelegibilidade, se alcançando apenas as inelegibilidades propriamente ditas (causas de inelegibilidade) ou também as condições de elegibilidade.

3.2. Inelegibilidades supervenientes. Art. 262, § 2°, do CE.

De todas as hipóteses dantes previstas, sempre ganhou especial relevo aquela então prevista no inciso I, até porque de incidência corrente.

As inelegibilidades e incompatibilidades já foram tratadas no capítulo destinado ao estudo do registro das candidaturas, quando restou frisado que o momento adequado para o questionamento desta matéria é a AIRC – Ação de Impugnação ao Registro de Candidatura, sob pena de preclusão.

Salientado, também, que há hipóteses em que a inelegibilidade surge depois do registro, ou pelo menos depois do prazo para a Ação de Impugnação, quando ela é chamada de *inelegibilidade superveniente*. Se a inelegibilidade decorre, por exemplo, de condenação criminal transitada em julgado ou proferida por órgão colegiado durante a campanha eleitoral, nenhuma ação eleitoral há enquanto não for o candidato eleito e diplomado[397]. Com a diplomação, aí sim surge a oportunidade do recurso, porque o caso é de inelegibilidade superveniente. Não importa se a inelegibilidade é constitucional ou infraconstitucional, bastando seja superveniente ao registro. O candidato tinha, na ocasião do registro, todas as condições de elegibilidade e não incorria em nenhuma das causas de inelegibilidade. Por isso teve seu registro deferido. Entretanto, posteriormente ao fim do prazo para a Ação de Impugnação ao Registro da Candidatura (AIRC), tornou-se inelegível. Porque não poderia a inelegibilidade ser arguida quando do registro (simplesmente porque não existia àquela época), é evidente que poderá ser levantada no Recurso contra a Expedição do Diploma, seja ela de ordem constitucional ou infraconstitucional, pois que, repita-se, é superveniente.

> "[...] 2. A inelegibilidade superveniente, apta a fundamentar a interposição de RCED, é aquela que **surge após o registro** e que, portanto, não poderia ter sido naquele momento alegada, mas que deve ocorrer até a eleição. 3. Agravo regimental desprovido." (AgR-AI no 64-87/MG, Rel. Mm. Luciana Lóssio, Ac. de 14.8.2014);
>
> "1. O Tribunal de origem, ao sopesar os fatos e provas constantes dos autos, concluiu que as contas do candidato, relativas ao exercício de 2007, foram rejeitadas pelo TCE/SP em virtude da apuração de irregularidades insanáveis configuradoras de ato doloso de improbidade administrativa, bem como registrou que essa decisão da Corte de Contas transitou em julgado em 21.8.2012, configurando a inelegibilidade insculpida no art. 1°, I, g, da LC n. 64/90. Assim, para alterar essas conclusões, seria necessário proceder ao reexame do conteúdo fático-probatório dos autos, o que não se coaduna com a via estreita do recurso especial (Súmulas n° 279/STF e 7/STJ). 2. O acórdão

[397] Já salientamos ser possível, tão logo eleito o candidato que incorre em inelegibilidade superveniente, levá-la ao conhecimento da Justiça Eleitoral, para que se lhe negue a diplomação, porque as inelegibilidades são matérias de interesse público, devendo ser pronunciadas até mesmo de ofício.

regional encontra-se em consonância com jurisprudência deste Tribunal Superior firmada no sentido de que a **inelegibilidade surgida após o registro** de candidatura e **antes da realização das eleições** consiste em **inelegibilidade superveniente**, que pode ser objeto do RCED. Precedentes. AgR-Al no 41-52.2013.6.26.0333/SP. 3. Agravo regimental desprovido." (TSE, AgR-REspe no 903-40/SP, Rel. Min. Dias Toffoli, Ac. de 2.6.2014);

"Eleições 2008. Recurso especial eleitoral. Inelegibilidade superveniente. Prefeito e vice-prefeito. Rejeição de contas públicas **após o registro de candidatura e antes do pleito**. Recurso contra expedição de diploma. Possibilidade. Precedentes. Recurso provido." (REspe n o 13130-59/BA, Rel. Min. Carmém Lúcia, Ac. de 29.6.2012).

A reforma eleitoral de 2019, implementada pela Lei n. 13.877/2019, acrescentou ao art. 262 o § 2º, com o nítido propósito de suprimir o instituto da inelegibilidade superveniente, já que diz ser superveniente a inelegibilidade que "ocorrer até a data fixada para que os partidos políticos e as coligações apresentem os seus requerimentos de registro de candidatos". Ora, a inelegibilidade existente ao tempo do requerimento do registro, ou seja, até 15-agosto, não será superveniente, mas, sim, antecedente. Como se sabe, as inelegibilidades, quanto ao momento de sua ocorrência, são antecedentes ao registro ou a ele supervenientes. As antecedentes devem ser arguidas na AIRC (Ação de Impugnação ao Registro de Candidatura) e as supervenientes no RCED.

Art. 262

§ 2º. A inelegibilidade superveniente apta a viabilizar o recurso contra a expedição de diploma, decorrente de alterações fáticas ou jurídicas, deverá ocorrer até a data fixada para que os partidos políticos e as coligações apresentem os seus requerimentos de registros de candidatos (incluído pela Lei n. 13.877/2019)

Flagrante a inconstitucionalidade do dispositivo, por afronta ao princípio da **proibição do retrocesso**, na medida em que suprimida uma importante oportunidade processual de arguição de inelegibilidade e, via de consequência, de proteção da normalidade e da legitimidade do pleito e da probidade e moralidade para o exercício dos mandatos eletivos. Não é demais lembrar que o art. 14, § 9º, da CF, recomendou ao legislador infraconstitucional a edição normas de PROTEÇÃO – e nunca de abandono – desses valores eleitorais de elevado interesse público. De outro lado, a ausência de instrumento de arguição de inelegibilidade que ocorra após o registro implica em **proteção insuficiente**, ou deficiente, daqueles mesmos valores. Não obstante a questionada alteração legislativa, o TSE continua decidindo, conforme sua Súmula 47, que a inelegibilidade superveniente é aquela que surge após o registro e até a data do pleito:

RCED n. 060200947 - CURITIBA – PR, Ac. de 24/08/2021, Rel. Min. Luis Felipe Salomão. ELEIÇÕES 2018. [...] SÚMULA 47/TSE. ART. 262 DO CÓDIGO ELEITORAL. INELEGIBILIDADES SUPERVENIENTES. ART. 1º, I, *B*, DA LC 64/90. [...] ART. 1º, I, *E*, 1, DA LC 64/90. CONDENAÇÃO PENAL. DENUNCIAÇÃO CALUNIOSA (ART. 339 DO CP). CRIME CONTRA A ADMINISTRAÇÃO PÚBLICA. CONFIGURAÇÃO. CONTAGEM. VOTOS. DESCONSTITUIÇÃO. DIPLOMA. EXECUÇÃO IMEDIATA. [...] 3. O deslinde da controvérsia envolve três relevantes balizas acerca da Súmula 47/TSE, que, consolidando o art. 262 do Código

Eleitoral (na redação da Lei 12.891/2013) e a jurisprudência desta Corte, assim dispôs: "[a] **inelegibilidade superveniente** que autoriza a interposição de recurso contra expedição de diploma, fundado no **art. 262 do Código Eleitoral**, é aquela de índole constitucional ou, se infraconstitucional, superveniente ao registro de candidatura, e **que surge até a data do pleito**". 4. Para fins de Recurso Contra Expedição de Diploma, cabe aferir se a causa de inelegibilidade é constitucional ou infraconstitucional, e, nesta última hipótese, se é superveniente ao registro de candidatura. Precedentes. 5. A inelegibilidade **há de surgir até a data da eleição**, conforme a parte final da Súmula 47/TSE. A revisão desse entendimento – para estendê-lo até o dia da diplomação – requer procedimento específico com base nos arts. 926 e seguintes do CPC/2015, 354-A a 354-D do RI-STF e 94 do RI-TSE. Precedentes: REspe 550-80/MG, Rel. Min. Tarcisio Vieira de Carvalho Neto, DJE de 7/12/2017 e AgR-RCED 0604058-17/PR, Rel. Min. Luis Felipe Salomão, DJE de 15/6/2021. 6. A terceira premissa cinge-se também à parte final da Súmula 47/TSE, cabendo definir se a inelegibilidade superveniente "que surge até a data do pleito" tem como parâmetro o **dia em que proferida a decisão** que gera o impedimento ou o dia em que publicada. Relevância do tema sob o ponto de vista jurídico e do caso concreto, pois ao menos uma das decisões judiciais foi proferida antes das Eleições 2018, porém publicada após o pleito. 7. O ato de publicação, apesar de absolutamente imprescindível e representar corolário do princípio da publicidade (art. 93, IX e X, da CF/88) e das garantias fundamentais do devido processo legal, da ampla defesa e do contraditório (art. 5º, LIV e LV), não se confunde com a produção dos efeitos da decisão judicial, os quais podem perfeitamente ocorrer em momento anterior. 8. Em regra, sob o aspecto temporal, a publicação de ato judicial e a produção de seus efeitos - materiais e processuais - caminham de forma simultânea. Contudo, esta não é necessariamente condicionada àquela, como se observa de inúmeras exceções contidas no ordenamento pátrio e na jurisprudência. 9. Nos termos do art. 218, § 4º, do CPC/2015, "será considerado tempestivo o ato praticado antes do termo inicial do prazo". Como aduziu a Procuradoria-Geral Eleitoral, "caso se pudesse considerar que o acórdão somente passa a ter existência com a intimação das partes por meio da imprensa oficial, ainda hoje os tribunais estariam às voltas com a tese do recurso prematuro, algo há muito superado". Há vários outros casos em que os efeitos do ato judicial são imediatos: (a) tutela de urgência (art. 300, § 2º, do CPC/2015); (b) tutela de evidência (art. 311, parágrafo único, do CPC/2015); (c) reintegração ou manutenção de posse (art. 562 do CPC/2015); (d) medida cautelar em Ação Direta de Inconstitucionalidade (art. 11 da Lei 9.868/99). 10. O Supremo Tribunal Federal e o Superior Tribunal de Justiça já assentaram que **não dependem de publicação, para produzir efeitos imediatos**, acórdãos por meios dos quais se julgam: (a) recursos repetitivos ou de repercussão geral; (b) embargos de declaração manifestamente protelatórios. 11. Os arestos do Tribunal Superior Eleitoral que impliquem perda de diploma são executados de imediato, independentemente de publicação. **Seria ilógico, de um lado, admitir essa sistemática e, ao mesmo tempo, negar eficácia de plano a decisões que gerem inelegibilidade apenas porque pendentes de publicação.** 12. No caso propriamente dito, dispõe o art. 1º, I, *b*, da LC 64/90 que são inelegíveis "os membros do Congresso Nacional, das Assembleias Legislativas, da Câmara Legislativa e das Câmaras Municipais, que hajam perdido os respectivos mandatos por infringência do disposto nos incisos I e II do art. 55 da Constituição Federal, dos dispositivos equivalentes sobre perda de mandato das

Constituições Estaduais e Leis Orgânicas dos Municípios e do Distrito Federal, para as eleições que se realizarem durante o período remanescente do mandato para o qual foram eleitos e nos oito anos subsequentes ao término da legislatura". Por sua vez, prevê o art. 55, II, da CF/88 que perderá o mandato o Deputado Federal ou Senador "cujo procedimento for declarado incompatível com o decoro parlamentar". [...] 14. O registro do recorrido para o cargo de deputado federal nas Eleições 2018 foi deferido porque os efeitos do ato estavam suspensos por liminar do TJ/PR em agravo de instrumento em ação anulatória (AI 37.101-26). Porém, essa decisão foi superada por outras duas, também do TJ/PR, a configurar inelegibilidade superveniente: (a) a Câmara Municipal de Londrina/PR manejou reclamação e obteve tutela de urgência em 27/9/2018, publicada em 4/10/2018, para restabelecer o Decreto Legislativo 257/2017; (b) em 4/10/2018 a própria Relatora do AI 37.101-26 revogou a liminar favorável ao recorrido, com publicação em 9/10/2018. 15. Quanto à primeira decisão que restabeleceu o ato legislativo, tanto a data em que proferida (27/9/2018) como a que publicada (4/10/2018) são **anteriores às eleições de 7/10/2018**, ao passo que a segunda também foi **prolatada em momento anterior**, ainda que **publicada depois do pleito**. [...] 17. A segunda espécie de inelegibilidade imputada diz respeito ao art. 1º, I, *e*, da LC 64/90, segundo a qual são inelegíveis, para qualquer cargo, os que forem condenados, em decisão transitada em julgado ou proferida por órgão judicial colegiado, desde a condenação até o transcurso do prazo de 8 (oito) anos após o cumprimento da pena, pela prática de crimes, dentre os quais contra a Administração Pública (item 1 da alínea *e*). 18. Configurada a inelegibilidade superveniente quanto à **condenação por denunciação caluniosa** (art. 339 do Código Penal), com pena privativa de liberdade de dois anos e seis meses de reclusão e 12 dias-multa (convertida em duas restritivas de direitos), em **acórdão de 13/9/2018**, por meio do qual o TJ/PR manteve de modo unânime a sentença condenatória. 19. **Em se cuidando de condenação anterior à data do pleito, a circunstância de o aresto ter sido publicado em 15/10/2018, após as eleições, é incapaz de afastar a inelegibilidade**. 20. Nos termos da jurisprudência desta Corte, os crimes contra a administração da Justiça previstos no Código Penal – dentre os quais o de denunciação caluniosa (art. 339) – constituem espécie de crime contra a Administração Pública, enquadrando-se assim na causa de inelegibilidade do art. 1º, I, *e*, 1, da LC 64/90. [...] 23. **Proposta de tese**: para fins de Recurso Contra Expedição de Diploma (RCED), **considera-se como data de surgimento da inelegibilidade aquela em que proferida a decisão** geradora do óbice à candidatura pelo órgão competente. 24. Recursos Contra Expedição de Diploma a que se dá provimento para cassar o diploma de deputado federal, com imediata execução do acórdão, aproveitando-se os votos em favor da coligação pela qual se elegeu o recorrido.

A respeito do tema, é pertinente a transcrição do artigo publicado na plataforma JOTA por este autor, em coautoria com o festejado eleitoralista Rodrigo López Zílio:

**A SUPERVENIÊNCIA ÀS AVESSAS:
UMA NOVA MODALIDADE DE INELEGIBILIDADE?**

1. Introdução.

Nas democracias modernas é indispensável que cada um dos poderes constituídos seja intransigente no exercício de suas atividades constitucionais. O Poder Legislativo, no processo de criação das leis, é pautado por um discurso construído a partir de argumentos eminentemente políticos no que difere substancialmente do processo decisório que é exigido do Poder Judiciário. Essa distinção é bem destacada por Ronald Dworkin quando o jusfilósofo introduz os conceitos de "argumento de política" e "argumentos de princípio". Enquanto os argumentos de princípio destinam-se a estabelecer um direito individual e são invocáveis para conferir coerência e integridade para a decisão judicial, os argumentos de política "justificam uma decisão política, mostrando que a decisão fomenta ou protege algum direito coletivo da comunidade como um todo" (2007a, p. 129). Assim, é natural que o Poder Legislativo tenha liberdade de conformação legislativa para uma melhor execução de seu processo de criação do direito. Nada obstante a ideia comum de que o Poder Legislativo expressa a vontade da maioria (porque nas democracias os representantes políticos são eleitos pelo voto direto e secreto dos eleitores), são reconhecidos determinados fatores de tensão nessa relação entre soberania popular e parlamento. Nesse cenário, Rodrigo Brandão (2017, p. 248-252) anota que o Poder Legislativo comumente é refém da "conexão eleitoral", na medida em que os legisladores agem como "empreendedores políticos que teriam como norte o aumento de sua chance de reeleição e do seu prestígio pessoal" e, nessas circunstâncias, os argumentos de fidelidade à Constituição ou aos direitos fundamentais deixam de ter precedência sobre os objetivos políticos. Por isso, mais uma vez, é necessário destacar – acolhendo o pensamento jurídico de Dworkin – a fundamental relevância do valor e do conceito de integridade[398] nas sociedades contemporâneas. De acordo com o jusfilósofo americano, a sociedade política que acolhe a integridade como uma "virtude política" assume uma forma "especial" de comunidade, pois promove sua autoridade moral para assumir e mobilizar o monopólio de força coercitiva. É que, para Dworkin, a integridade "é uma virtude ao lado da justiça, da equidade e do devido processo legal" (2007, p. 261-262) e funciona como um legitimador para o poder de coerção estatal (2007, p. 228-232). Nesse contexto, o autor assinala a necessidade de o Poder Legislativo ser guiado pelo princípio legislativo da integridade, explicitando que a integridade na legislação "restringe aquilo que nossos legisladores e outros partícipes de criação do direito podem fazer corretamente ao expandir ou alterar nossas normas públicas" (2007, p. 261). Em conclusão, Dworkin (2007, p. 266) indica que "o princípio legislativo da integridade exige que o legislativo se empenhe em proteger, para todos, aquilo que vê como seus direitos morais e políticos, de tal modo que as normas públicas expressem um sistema coerente de justiça e equidade".

Chegamos, enfim, a um ponto fundamental: a integridade é uma virtude que também deve ser respeitada pelo legislador. Desse modo, é intuitiva a vedação de normas ideologicamente comprometidas, que contemplem exclusivamente o autointeresse do próprio legislador, que não representem nenhum acréscimo de utilidade ao direito da comunidade como um todo ou ainda que transgridam substancialmente o conteúdo dos direitos fundamentais[399]. Noutras palavras, o legislador tem um processo de

[398] Dworkin, ao longo de sua obra, assinala a dupla dimensão da integridade: integridade na legislação e integridade judicial. Nesse articulado, será feita breve referência à primeira delas.

[399] No ponto, cabe destacar que os direitos políticos – com nítido *status* jusfundamental – guardam uma dupla objetividade: a elegibilidade, nos direitos políticos passivos; a participação do corpo de eleitores em um certame regular, nos direitos políticos ativos. A disputa eleitoral, de outro lado, exige uma adequação ao estatuto jurídico das elegibilidades.

criação de lei pautado em uma liberdade de conformação que deve uma necessária observância à Constituição Federal.

A cada ano ímpar sucede-se uma nova reforma eleitoral e, na mesma medida, cada nova mudança no arcabouço normativo é permeada por um sentimento de profunda desilusão, sempre que o legislador se afasta da virtude da integridade. Em sua tramitação, o projeto de lei nº 5029/2019 da Câmara dos Deputados recebeu emendas substitutivas de plenário com modificações principalmente no art. 11 da Lei das Eleições e no art. 262 do Código Eleitoral. Com o aval da Comissão de Constituição e Justiça e de Cidadania - louvando a *"constitucionalidade, juridicidade e boa técnica legislativa"* - o texto foi aprovado pelo Congresso Nacional, transformando-se na Lei nº 13.877/2019. Não obstante o veto do Presidente da República sobre as partes mais críticas desse projeto de lei, o Congresso Nacional conjugou esforços pela rejeição dos vetos - obtendo parcial êxito, na medida em que alguns vetos acabaram mantidos. De qualquer sorte, nasceu assim o maior retrocesso já vivenciado na história do Direito Eleitoral brasileiro desde que o Brasil adotou o controle jurisdicional das eleições, sobremodo na parte que trata do direito de elegibilidade.

2. O ponto central do problema.

Especificamente na matéria sob análise (a inelegibilidade superveniente), o veto às mudanças do art. 11 da LE[400] foram mantidos e os vetos que modificaram o art. 262 do CE[401] foram rejeitados. O legislador pretendeu regulamentar o fato superveniente ao registro de candidatura, conferindo, assim, maior segurança jurídica para as regras do jogo eleitoral. Se os marcos temporais fixados no §15 do art.11 da LE não mais subsistem, tendo em vista a manutenção do veto presidencial, a questão

---

[400] "Art. 2º. A Lei nº 9.504, de 30 de setembro de 1997, passa a vigor com as seguintes alterações:
"Art. 11..
§10. As condições de elegibilidade e as causas de inelegibilidade devem ser aferidas no momento da formalização do pedido de registro da candidatura, tomada como referência a data da posse, ressalvadas as alterações fáticas ou jurídicas supervenientes ao registro que atraiam restrição ou afastem a inelegibilidade ou que preencham condição de elegibilidade.
§15. A fim de dar efetividade ao disposto no §10 deste artigo, são fixados os seguintes marcos temporais e condicionantes:
I. o fato superveniente que atraia a restrição à candidatura deverá ocorrer até o último dia fixado para que os partidos políticos e as coligações apresentem os seus requerimentos de registro de candidatura;
II. o fato superveniente que afaste a inelegibilidade ou que preencha condição de elegibilidade deverá ocorrer até o último dia estabelecido para a diplomação, incluído o simples encerramento de prazo de inelegibilidade pelo decurso de tempo, que ocorra até esta data.

[401] "Art. 4º. O art. 262 da Lei nº 4.737, de 15 de julho de 1965 (Código Eleitoral), passa a vigorar acrescido dos seguintes §§ 1º, 2º e 3º:
'Art. 262..
§ 1º A inelegibilidade superveniente que atrai restrição à candidatura, se formulada no âmbito do processo de registro, não poderá ser deduzida no recurso contra expedição de diploma.
§ 2º A inelegibilidade superveniente apta a viabilizar o recurso contra a expedição de diploma, decorrente de alterações fáticas ou jurídicas, deverá ocorrer até a data fixada para que os partidos políticos e as coligações apresentem os seus requerimentos de registros de candidatos.
§ 3º O recurso de que trata este artigo deverá ser interposto no prazo de 3 (três) dias após o último dia limite fixado para a diplomação e será suspenso no período compreendido entre os dias 20 de dezembro e 20 de janeiro, a partir do qual retomará seu cômputo.»» (NR)

passa por analisar os dispositivos que foram acrescentados ao art. 262 do CE, que regulamenta o Recurso Contra a Expedição do Diploma. Ainda que se apresente séria inconformidade com a restrição trazida pelo §1º[402] do art. 262 do CE, pois impõe uma indevida limitação ao princípio da inafastabilidade da jurisdição (art. 5º, XXXV, da CF), confundindo registro de candidatura e diploma, nossa preocupação é centrada na excrescência representada pelo §2º, do art. 262 do CE. Em forçado resumo, a inelegibilidade superveniente concebida nesse novo dispositivo é aquela decorrente de alterações, fáticas ou jurídicas, que ocorram até a data fixada para os partidos e coligações apresentarem os requerimentos de registros de seus candidatos, ou seja, considerando o teor do art. 11, *caput*, da LE[403], somente pode ser considerado como "causa superveniente" o fato que ocorra até o dia 15 de agosto do ano da eleição.

O mencionado §2º do art. 262 do CE, ressalta-se, apresenta graves patologias em sua juridicidade que comprometem em absoluto a sua aplicabilidade, tornando-a um dispositivo desprovido de conteúdo válido. Essa regra, a um só tempo, guarda **notória incompatibilidade** com o sistema jurídico de arguição das inelegibilidades e possui uma **inequívoca mácula de inconstitucionalidade**.

Perquirindo primeiramente a sua nítida inadequação ao sistema jurídico de arguição das elegibilidades, assinala-se que, dentre as classificações sobre o instituto da inelegibilidade, a dogmática (desde sempre) elencou – quanto ao momento de sua ocorrência – a inelegibilidade antecedente e a superveniente, adotando como critério distintivo entre ambas a data do registro da candidatura. Vale dizer, antecedente é a inelegibilidade que surge antes do requerimento de registro; superveniente é a que surge após o pedido de registro. Com base nessas premissas, aliás, foi estruturado todo o mecanismo de controle judicial das inelegibilidades: a inelegibilidade deve ser arguida na primeira oportunidade do processo eleitoral (através de AIRC, que deve ser proposta nos cinco dias posteriores à publicação do edital de candidaturas), sob pena de preclusão, ressalvando-se as causas de cunho constitucional e as supervenientes ao registro – que podem ser veiculadas mediante o RCED.

O momento de aferição do *status* jurídico do candidato – se elegível ou não – é quando do requerimento do seu registro de candidatura, pois é a partir daí que a intenção de participação no processo eleitoral se formaliza perante a Justiça Eleitoral. Contudo, porque a elegibilidade é a aptidão jurídica para receber votos válidos, a adequação a esse regime jurídico deve se manter íntegra (no mínimo) até a data das eleições. Essa regra, de certo modo, foi objeto de atenção do legislador, que com a Lei n.º 12.034/2009 introduziu o §10 ao art. 11 da Lei n.º 9.504/1997, com a seguinte redação: *"[a]s condições de elegibilidade e as causas de inelegibilidade devem ser aferidas no momento da formalização do pedido de registro da candidatura, ressalvadas as*

402 Não se pode deixar de consignar certa perplexidade em o legislador referir que a inelegibilidade "superveniente" que atrai restrição à candidatura não poder ser deduzida no RCED, se formulada no âmbito do processo de registro. Ora, se de inelegibilidade superveniente se trata (e a essa superveniência se dá em relação ao registro de candidatura, como é reconhecido pelo próprio §10 do art. 11 da LE), é inviável que essa arguição seja lançada na impugnação ao registro de candidatura! O legislador, ao que tudo indica, quis vedar que um mesmo fato já analisado na AIRC seja reanalisado no RCED; assim, deveria, por evidente, suprimir a referência ao termo "superveniente"....

403 Art. 11 da LE. Os partidos e coligações solicitarão à Justiça Eleitoral o registro de seus candidatos até as dezenove horas do dia 15 de agosto do ano em que se realizarem as eleições.

alterações, fáticas ou jurídicas, supervenientes ao registro que afastem a inelegibilidade". O sobredito §10 do art. 11 da Lei n.º 9.504/1997 representa o regramento angular do regime de elegibilidade no ordenamento jurídico brasileiro, especialmente por positivar a única solução possível para a espécie. Dizendo de outro modo, o regime jurídico de elegibilidade tem a sua métrica de aferição delineada pelos pressupostos estruturados nesse comando normativo, de modo que a regra é a análise da situação jurídica do candidato no momento da formalização do seu pedido de registro, resguardadas as causas supervenientes que interferem - positiva ou negativamente - no seu direito de elegibilidade também a serem consideradas. Se é no momento do registro da candidatura que são aferidas as condições de elegibilidade e as causas de inelegibilidade, é certo que somente pode ser entendida como causa superveniente apta a influenciar aludido julgamento aquelas que ocorram após o encaminhamento do registro, até pela impossibilidade de se extrair da lei outra conclusão. Falar em inelegibilidade superveniente como sendo aquela que surge até a data que os partidos apresentam o requerimento do registro de candidatura - como quer o novo § 2º, do art. 262, do CE - é, no máximo, um infeliz malabarismo legislativo (para dizer o menos) - semelhante a referir que os fatos supervenientes que ocorram depois da propositura da ação, no processo civil, são os que ocorrem até o momento em que a petição inicial é ajuizada! A circunstância de o legislador prever apenas as causas que beneficiem a candidatura na regra do §10 não impressiona e tampouco é suficiente para afastar a indesmentível conclusão de que causas supervenientes ao registro que atraem inelegibilidade também ocorrem. Por evidente, não pode o sistema jurídico simplesmente desprezar esse fato, pois a omissão do legislador eleitoral em regular um instituto jurídico não afasta a possibilidade de esse fato ser levado ao conhecimento do Poder Judiciário por força do princípio da inafastabilidade da jurisdição.

Não é por outra razão, aliás, que, embora nunca previsto em lei, a jurisprudência sempre admitiu a incidência de causa superveniente de inelegibilidade - tanto que editou um enunciado sumular regulamentando-a (Súmula 47 do TSE). De qualquer sorte, ainda que o legislador tenha permanecido omisso, no § 10, do art. 11, da LE, quanto às causas supervenientes que atraiam a inelegibilidade, a existência de fatos supervenientes que impactam a decisão é reconhecida inclusive no direito processual civil[404] - de aplicação subsidiária ao processo eleitoral nas hipóteses de compatibilidade sistêmica (art. 2º, parágrafo único, da Res.-TSE nº 23.478/2016).

A correta análise do novo dispositivo introduzido no Código Eleitoral deve ser feita a partir de uma adequada correlação entre o §10 do art. 11 da LE e o §2º do art. 262 do CE. Irretorquível apontar, *in casu*, a noção de dependência do §2º do art. 262 do CE em relação ao §10 do art. 11 da LE, porquanto este último, atendendo à lógica do processo eleitoral, estabelece as diretrizes de adequação do candidato ao estatuto jurídico das elegibilidades (assinalando que a regra é a análise no momento do registro e ressalvando a necessidade de avaliação das circunstâncias posteriores), ao passo que o primeiro quer delimitar temporalmente a causa superveniente que atrai a inelegibilidade. Dito de outro modo, o dispositivo que agora pretende conceituar a causa superveniente que atrai a restrição ao direito de candidatura não

---

[404] Art. 493 do CPC. Se, depois da propositura da ação, algum fato constitutivo, modificativo ou extintivo do direito influir no julgamento do mérito, caberá ao juiz tomá-lo em consideração, de ofício ou a requerimento da parte, no momento de proferir a decisão.

pode estabelecer regras que contrariem a essência do próprio conceito do instituto jurídico da inelegibilidade superveniente. Admitir essa hipótese equivaleria a tolerar que o acessório regulasse o principal. Não se pretende, aqui, impedir o legislador de regulamentar o instituto jurídico da inelegibilidade superveniente, mas apenas acenar que – se o regime de elegibilidade é desenhado a partir do registro da candidatura apresentado à Justiça Eleitoral, premissa que não foi alterada pelo legislador – somente podem ser enquadrados no conceito de fato superveniente aqueles que, efetivamente, ocorram após o encaminhamento desse requerimento. Assim, o espaço de conformação do legislador limita-se a definir se o termo final da inelegibilidade, contraída após o registro e que definirá a sorte do candidato numa tal eleição, prolonga-se até data da diplomação ou vai até a data da eleição. Nada mais.

Analisando a inovação agora sob a ótica da inconstitucionalidade, verifica-se que o § 2º do art. 262 do CE flerta com o princípio da proteção deficiente e, ainda, vulnera o princípio da proibição do retrocesso. Com efeito, a democracia representativa se perfaz a partir de eleições periódicas nas quais deve ser assegurada uma livre autodeterminação dos eleitores. Para tanto, torna-se indispensável a observância das regras do jogo democrático. Nesse sentido, a Constituição Federal prevê a possibilidade de serem criadas causas de inelegibilidade para proteção da probidade administrativa, da moralidade para o exercício do mandato e da normalidade e legitimidade das eleições contra a influência do abuso de poder (art. 14, §9º, da CF[405]). Ou seja, é permitido o estabelecimento de critérios de aptidão mínimos para que as pessoas possam exercer validamente o seu *ius honoris*. Vale dizer, o exercício dos direitos políticos passivos é efetivado a partir da adequação do candidato ao estatuto jurídico eleitoral. Aliás, a noção de elegibilidade como adequação ao regime jurídico de um dado processo eleitoral foi um dos pilares de argumentação do STF no reconhecimento da constitucionalidade da Lei da Ficha Limpa, oportunidade em que restou consignado que "o direito político passivo (ius honorum) é possível de ser restringido pela lei, nas hipóteses que, in casu, não podem ser consideradas arbitrárias, porquanto se adéquam à exigência constitucional da razoabilidade, revelando elevadíssima carga de reprovabilidade social, sob os enfoques da violação à moralidade ou denotativos de improbidade, de abuso de poder econômico ou de poder político" (ADI nº 4.578/DF, ADC nº 29/DF – ADC nº 30/DF – j. 16.02.2012).

Tendo em vista que a elegibilidade exige uma adequação ao estatuto jurídico eleitoral e a viabilidade de se limitar o *ius honorum* a partir das diretrizes estabelecidas no texto constitucional, é correta a assertiva de que – com a adoção do sistema de controle jurisdicional das eleições – a Justiça Eleitoral deve exercer incondicionalmente o seu papel de zelar pela regularidade do processo eleitoral. Nesse sentido, torna-se elementar a assertiva de que candidatos inelegíveis (seja pela ausência do preenchimento dos requisitos de elegibilidade, seja pela incidência de uma causa material de inelegibilidade) não podem ter o seu nome submetido ao escrutínio do eleitorado. Assim, é bastante singelo reconhecer que o sistema jurídico

[405] § 9º Lei complementar estabelecerá outros casos de inelegibilidade e os prazos de sua cessação, a fim de proteger a probidade administrativa, a moralidade para exercício de mandato considerada vida pregressa do candidato, e a normalidade e legitimidade das eleições contra a influência do poder econômico ou o abuso do exercício de função, cargo ou emprego na administração direta ou indireta. (Redação dada pela Emenda Constitucional de Revisão n. 4, de 1994).

deve adotar mecanismos efetivos para que os filtros estabelecidos pelo legislador constituinte sejam devidamente observados pelos atores do processo eleitoral, permitindo-se que a soberania popular seja regularmente exercida. Dito de modo mais claro, é absolutamente inconcebível que, no dia da eleição, um candidato sabidamente inelegível possa validamente postular acesso a mandato representativo simplesmente por força de uma legislação infraconstitucional que não admite o reconhecimento de fatos supervenientes ao registro de candidatura que causem óbice ao direito de elegibilidade. No ponto, ao imunizar os candidatos inelegíveis de todos os fatos supervenientes que atraiam restrição ao direito de candidatura – pois limita a sua incidência à data fixada para os partidos e coligações apresentarem seus requerimentos de registro de candidatura –, o legislador infraconstitucional age com manifesta violação à proibição da proteção deficiente, ou seja, o Estado legislador indevidamente (e de modo contrário ao texto da Constituição) deixa de proteger – é esta a expressão da Constituição – de modo adequado o estatuto jurídico das elegibilidades, tornando letra morta o § 9º do art. 14 da Constituição da República e, via de consequência, os valores eleitorais ali consagrados. É inequívoco, então, que o legislador se afasta da diretriz fixada expressamente na Constituição, deixando de **proteger** o regime jurídico da elegibilidade, para, ao contrário, vulnerá-lo.

Da mesma sorte, é intuitivo afirmar que a redação conferida ao §2º do art. 262 do CE – ao limitar como fato superveniente que cause óbice ao direito de candidatura os que ocorram até a data do encaminhamento do registro pelos partidos à Justiça Eleitoral, o que corresponde à "extinção" do instituto da inelegibilidade superveniente – configura inequívoca violação ao princípio da vedação do retrocesso. De fato, é inquestionável que (seja doutrinaria ou jurisprudencialmente) sempre se admitiu a existência de fatos supervenientes ao registro de candidatura como, em tese, passíveis de restringir o direito de elegibilidade. A discussão que sempre pautou os debates jurídicos é a data limite para que essas causas supervenientes ao registro sejam capazes de impedir a recepção válida de votos: a eleição ou a diplomação. Nada obstante os substanciosos argumentos que animavam as duas correntes, o fato é que o TSE consolidou que a inelegibilidade que autoriza a interposição do Recurso Contra a Expedição de Diploma é a de índole constitucional ou, se infraconstitucional, superveniente ao registro e que surge até a data do pleito (Súmula nº 47 do TSE). De qualquer sorte, malgrado a forte divergência sobre o prazo limite a ser considerado nas causas supervenientes infraconstitucionais, o fato é que jamais foi negada – seja pela doutrina, seja pela jurisprudência – a possibilidade de serem arguidos judicialmente fatos que surjam após o registro de candidatura como óbice ao direito de elegibilidade. Nesse sentido, ao trazer essa constrangedora e vexatória limitação, o §2º do art. 262 do CE impõe sejam ignorados os fatos posteriores ao registro e, por isso, consagra uma involução que configura um retrocesso histórico no arcabouço normativo brasileiro, desautorizando uma construção de décadas realizada pela ciência jurídica. Nesse ponto, presente uma das condições para a ocorrência do retrocesso que é, conforme Jorge Miranda (2000, p. 399), a ideia de "sentimento jurídico coletivo". De fato, considerando-se o conteúdo constitucional do estatuto jurídico das elegibilidades e a função essencial destinada à Justiça Eleitoral de controle de regularidade das eleições, o impedimento de apreciação judicial de fatos supervenientes ao registro que obstem o direito de candidatura apresenta inequívoca nota de retrocesso. É que, *in casu*, a inovação legislativa desconsidera a essencialidade do controle jurisdicional das eleições no aspecto concernente à adequação dos candidatos ao estatuto jurídico da elegibilidade. Mais ainda: é um manifesto retrocesso – político, social e jurídico – admitir a validade de candidatura de indivíduos sabidamente inelegíveis, apenas porque o legislador infraconstitucional criou (graciosamente) um mecanismo de blindagem para o exercício da atividade judicial. Vulnerado, por último, o princípio constitucional da inafastabilidade da jurisdição (art. 5º, XXXV, da CF), na medida em que o dispositivo questionado impede sejam levados à apreciação e julgamento da Justiça Eleitoral fatos relevantes à definição da elegibilidade do candidato, sempre que ocorridos após o registro de candidatura, ou seja, sempre que supervenientes.

3. Considerações finais.

Em arremate, repisa-se que a regra do jogo sempre destinou à Justiça Eleitoral o papel de analisar a viabilidade jurídica do candidato no momento do registro da sua candidatura, mas levando em consideração todos os fatos relevantes que afetam (de modo positivo ou negativo) a sua elegibilidade. Justamente nesse ponto é que o legislador possui uma liberdade de conformação para estabelecer até em que momento esses fatos posteriores ao registro podem afetar o direito de elegibilidade dos candidatos. O que não é dado ao legislador é, por capricho ou sentimento corporativo (o que se evidencia pela tentativa – vetada – de introdução do § 15, II, ao art. 11, do LE, que, ao contrário, garantiria a análise de fatos supervenientes ocorridos até a diplomação que devolvessem a elegibilidade[406]), negar a essência dos institutos jurídicos. O encaminhamento do pedido de registro de candidatura não é (e não deve ser) escudo de imunidade para inelegíveis postular mandato eletivo. Dizer – como pretende o legislador – que inelegibilidade superveniente é a que ocorre até a data limite para os partidos requerem o registro de seus candidatos equivale a afirmar que fatos supervenientes ao dia de hoje são os que ocorrem até o dia de hoje, ou seja, é, na melhor das hipóteses, um (infeliz) malabarismo jurídico, na pior, um violento golpe no controle jurisdicional das eleições e na própria democracia representativa. Se é no momento da formalização do registro que as condições de elegibilidade e causas de inelegibilidade devem ser aferidas (art. 11, §10, da LE), é intuitivo que somente pode ser reputado como superveniente o fato que suceda ao momento do registro; conclusão em contrário, significa criar uma superveniência às avessas, pois, em verdade, será uma superveniência que antecede ao próprio registro! Parece claro que o legislador pode muito, mas, a toda evidência, não pode tudo.

Lembrando mais uma vez Dworkin, se os argumentos de política – comumente empregados pelo parlamento – são destinados a "estabelecer um objetivo coletivo" (2007a, p. 141) e se a integridade na legislação exige que as normas criadas pela comunidade, na medida do possível, expressem "um sistema único e coerente de justiça e equidade" (2007, p. 264), são diversas as perguntas que, com a vigência do §2º do art. 262 do CE, ficam sem resposta. Por fim, esclareça-se que não buscamos, a qualquer custo, limitar ou restringir indevidamente o direito fundamental de candidatura, mas apenas destacar que os direitos políticos passivos – porque ostentam a pretensão de serem convolados em mandatos representativos – são exercidos em face de determinadas condições (dentre as quais, por evidente, a adequação ao

[406] Art. 11, § 15, II, da LE. O fato superveniente que afaste a inelegibilidade ou que preencha condição de elegibilidade deverá ocorrer até o último dia estabelecido para a diplomação, incluído o simples encerramento de prazo de inelegibilidade pelo decurso de tempo, que ocorra até esta data.

estatuto das elegibilidades). Da mesma forma, não pretendemos tutelar o direito de escolha do eleitor, mas, antes, assegurar que a Justiça Eleitoral possa exercer o seu papel constitucional e que seja garantida a eficácia dos mecanismos que concretizem a harmonização do estatuto das elegibilidades com a Constituição Federal. É que, nunca é demais lembrar, a possibilidade de exigir um pronunciamento da Justiça Eleitoral sobre a adequação dos candidatos ao estatuto jurídico eleitoral é um direito elementar em qualquer democracia: o conteúdo de mérito desse provimento jurisdicional é sempre limitado às circunstâncias do caso concreto e ao direito probatório posto em causa (e jamais pode servir de anteparo para justificar as mais pitorescas desventuras do Poder Legislativo).

[1] BRANDÃO, Rodrigo. **Supremacia judicial versus diálogos constitucionais:** a quem cabe a última palavra sobre o sentido da Constituição? Rio de Janeiro: Lumen Juris, 2017.

[2] DWORKIN, Ronald. **Levando os direitos a sério.** Tradução Nelson Boeira. 2. ed. São Paulo: Martins Fontes, 2007a.

______. **O império do direito.** 2. ed. São Paulo: Martins Fontes, 2007.

[3] MIRANDA, Jorge. **Manual de Direito Constitucional, tomo IV: Direitos Fundamentais.** 4ª edição, Coimbra: Coimbra Editora, 2000.

3.3. Negativa de diplomação

O Juiz Eleitoral poderá (e deverá) **conhecer de ofício das inelegibilidades** que forem detectadas quando da análise do pedido de registro de candidatura, indeferindo-o. O curioso é que o Juiz poderá ficar diante de uma situação em que o pedido de registro foi deferido, porque à época preenchidas as condições de elegibilidade e ausente qualquer causa de inelegibilidade, mas, posteriormente, o candidato incorre em uma inelegibilidade superveniente, como a tal condenação criminal que transitou em julgado ou foi proferida por órgão judicial colegiado depois do deferimento do registro. Na hipótese aqui construída, o Juiz terá de diplomar o candidato (se eleito, evidentemente) e esperar que os legitimados ofereçam Recurso contra a Diplomação, fundado exatamente na inelegibilidade superveniente? Ou *poderá o Magistrado deixar de diplomar o eleito, por reconhecer em seu desfavor a tal inelegibilidade superveniente*? Parece pouco razoável que o Juiz Eleitoral, sabendo da inelegibilidade e estando diante de matéria de ordem pública, tenha de diplomar o eleito, contrariando normas de caráter cogente, ou seja, de aplicação e observância obrigatórias. Até porque pode acontecer que o RCED não seja proposto por nenhum dos legitimados, hipótese em que a matéria não seria devolvida à apreciação do Tribunal e o eleito, mesmo inelegível, estaria apto ao exercício do mandato. A toda evidência, o absurdo. O mais correto, então, é que o Magistrado negue a diplomação ao eleito, forte no argumento de que ele incorre naquele momento de expedição do diploma em uma inelegibilidade superveniente, invertendo-se a possibilidade de recurso, já que dessa decisão negatória da diplomação poderá o eleito oferecer recurso (recurso eleitoral inominado), buscando junto ao Tribunal a diplomação.

Ac.-TSE de 30.11.2016, nos ED-REspe nº 13273 e Ac.-TSE de 5.8.2010, no AgR-REspe nº 35830: a **suspensão dos direitos políticos** decorrente de decisão transitada em julgado **é apta para impedir a diplomação** de candidato eleito

"verifica-se que, somente após o deferimento do pedido de registro da candidatura do recorrente, o MM. Juiz tomou conhecimento do trânsito em julgado da decisão do TJ. Ora, ao se deparar com o *decisum*, **incumbia ao Magistrado pronunciar-se a respeito e *decidir independentemente de qualquer provocação*, tendo em vista que depende da Justiça Eleitoral a diplomação dos eleitos** em conformidade com o resultado obtido nas urnas. Aquele que sofreu condenação criminal tem suspensos os seus direitos políticos enquanto durarem os efeitos da sentença. [...] Portanto, qualquer condenação criminal produzirá o efeito do art. 15 da Constituição. Assim, **não se justifica, uma vez reconhecida a ausência de elegibilidade ou de inelegibilidade,** *que pudesse S.Exa.* **diplomar o candidato** em face da decisão proferida pelo egrégio Tribunal de Justiça de Minas Gerais, que considerou o réu inabilitado, pelo prazo de cinco anos, para o exercício de cargo ou função pública, eletivo ou de nomeação. [...] Pelo exposto, nego provimento ao recurso, **mantendo a decisão que deixou de diplomar o candidato eleito.**" (TRE-MG, Rec. c/ a não Expedição do Diploma n. 382/00, Acórdão n. 421/2003, sessões de 11/12/2002 e 11/2/2003, Rel. Juiz Oscar Dias Corrêa Júnior - Grifei)

"Recurso Especial. Recebido como ordinário. Eleição 2002. Registro. **Inelegibilidade superveniente. Apreciação de ofício.** Cabimento. Suspensão de direitos políticos. Recurso a que se nega provimento." (TSE, Ac. n. 20175, REsp. SC, Rel. Min. Luiz Carlos Madeira, sessão de 20/9/2002 - Grifei)

"Registro de candidatura. **A falta de impugnação não obsta a que o juiz reconheça a inelegibilidade, já que pode fazê-lo de ofício.** Condenação criminal. Acarreta a suspensão dos direitos políticos pelo tempo em que durarem seus efeitos. Irrelevância de estar em curso pedido de revisão criminal." (TSE, Ac. n. 13.924, RESP, Rel. Min. Eduardo Ribeiro, em 1/10/1996)

"**Tendo notícia de uma condenação criminal transitada em julgado**, o que redunda na suspensão de direitos políticos do recorrente e na inelegibilidade prevista no art. 14, § 3º, II, da Constituição da República, **cabe ao Magistrado não diplomá-lo, de ofício.** Cogitar-se da necessidade de interposição de recurso contra diplomação para tal constatação, seria negar vigência a um preceito constitucional de aplicação imediata, que não requer maiores formalidades." (TRE-MG, Rec. n. 76/01, Resplendor, Des. Antônio Hélio Silva, *MG* de 10/9/2003 - Grifei)

3.4. Inelegibilidades constitucionais

De outro lado, pode ser que a inelegibilidade seja daquelas com assento constitucional. Neste caso, mesmo que já existisse no momento do registro da candidatura, mesmo que os legitimados à AIRC tenham perdido o prazo para a arguição e mesmo que o Juiz não a tenha percebido, poderá ela ser arguida por meio do recurso aqui tratado, à consideração de que as **inelegibilidades previstas na Constituição Federal** não têm na AIRC o seu único momento de arguição (art. 259 do CE).

RCED - Embargos de Declaração em RCED n. 060163344 - JOÃO PESSOA – PB, Ac. de 26/03/2020, Rel. Min. Og Fernandes. ELEIÇÕES 2018. [...] DECADÊNCIA DA ALEGAÇÃO DE INELEGIBILIDADE CONSTITUCIONAL PREEXISTENTE. NÃO OCORRÊNCIA. [...] 1. Na linha da jurisprudência desta Corte Superior, a "[...] **Inelegibilidade constitucional não é afetada por preclusão**, seja pela

densidade normativa agregada, seja pela impossibilidade de convalidação de vício de tal natureza. Segurança jurídica jurisprudencial referente ao pleito de 2016. Arts. 259 e 262 do Código Eleitoral" (REspe nº 142-42/MG, rel. Min. Admar Gonzaga, rel. designado Min. Tarcisio Vieira de Carvalho Neto, julgado em 7.5.2019, *DJe* de 12.8.2019). [...]

AI n. 3037 - AMÉLIA RODRIGUES - BA, Ac. de 02/06/2015, Rel. Min. Luiz Fux. [...] 7. Mérito: a) As inelegibilidades que lastreiam a interposição do Recurso Contra a Expedição de Diploma (RCED) são de duas ordens: em primeiro lugar, **as inelegibilidades de caráter constitucional, constituídas a qualquer momento, não sujeitas ao instituto da preclusão**; e, em segundo lugar, as inelegibilidades de natureza infraconstitucional que surgirem após a formalização do registro de candidatura. [...]

Ao contrário, se a inelegibilidade tem previsão apenas na Lei Complementar n. 64/90, portanto inelegibilidade infraconstitucional, se já existia quando do registro da candidatura e não foi levantada na oportunidade de impugnação (AIRC), a matéria tornou-se **preclusa** e não poderá ser arguida no recurso. A preclusão, entretanto, impede apenas a arguição dos legitimados à ação (MPE, candidatos, partidos, federações e coligações), não impedindo que o Juiz reconheça de ofício o impedimento e, em razão dele, deixe de expedir o diploma.

3.5. Prova pré-constituída. AIJE.

De qualquer forma, este recurso, que é verdadeira ação eleitoral, porque a Justiça Eleitoral é agora provocada ao exercício do controle judicial das eleições em matéria até então tratada apenas como administração e organização do pleito, era de difícil utilização, quando se exigia **prova pré-constituída** do fato que o embasava, como se via em muitos julgados, mormente do TRE mineiro. Nessa linha de raciocínio, fosse a inelegibilidade constitucional, fosse infraconstitucional, o recurso devia ser instruído com prova de sua afirmação, à consideração de que não havia dilação probatória na sua tramitação. Se a inelegibilidade que se arguia no recurso contra a expedição do diploma baseava-se em condenação criminal, a peça recursal devia ser acompanhada de cópia da decisão, com certidão de seu trânsito em julgado ou da publicação do acórdão ou da decisão do Tribunal do Júri (condenação por órgão colegiado). Até aí, nenhuma dificuldade.

Entretanto, se o diplomado cometia abuso de poder durante aquele processo eleitoral, o recorrente teria de fazer prova de que essa prática foi representada, apurada e declarada pela Justiça Eleitoral, tudo isso antes de vencido o exíguo prazo para interposição do recurso aqui tratado, que é de três dias. Essa apuração poderia dar-se pela AIJE (Investigação Judicial Eleitoral, do art. 22 da LC n. 64/90). A jurisprudência tinha posição majoritária no sentido da necessidade de trânsito em julgado da decisão que julgava procedente essa Investigação Judicial Eleitoral, para só então considerá-la como prova pré-constituída capaz de levar ao provimento do recurso contra a expedição do diploma.

Pouco razoável esse posicionamento, posto que, se o recurso contra a expedição do diploma subia ao conhecimento do Tribunal instruído com a Investigação Judicial, com todas as provas apresentadas pelas partes, mas sem a decisão de 1º grau, ou com ela sem trânsito em julgado, o certo é que o Tribunal tinha a disponibilidade das provas a respeito do alegado abuso de poder, que levaria à inelegibilidade, podendo e devendo valorar tal prova e aplicar o direito correspondente. O que realmente não se podia admitir no recurso do art. 262, I, do CE, era a produção de provas durante o seu processamento.

O TSE, entretanto, passou a decidir reiteradamente, antes mesmo da alteração do art. 262, do CE, pela desnecessidade do trânsito em julgado da decisão em sede de Investigação Judicial, posto que a Corte valoraria a prova nela produzida e, com isso, estava apta a decidir o recurso. A prova pré-constituída, então, era aquela que foi produzida na Investigação Judicial, sem necessidade de a decisão ter passado em julgado.

Toda esta discussão fazia muito sentido antes da Lei da Ficha Limpa (LC n. 135/2010), que alterou a LC n. 64/90 e especialmente o seu art. 22, XIV, prevendo que a decisão de procedência da AIJE não só cassa o registro, mas também o diploma, daí que sem qualquer sentido ou necessidade usar as provas nela produzidas ou mesmo a decisão para instruir o RCED. Aliás, nenhum sentido ou necessidade de propor este último, já que a decisão na AIJE, se procedente, surtirá o mesmo efeito, ou seja, cassará o eleito. Já proposta a AIJE, basta cuidar da sua instrução e dos argumentos jurídicos que possam levá-la à procedência. Já se havia dito[407] que, se a Investigação Judicial for julgada antes da eleição[408], a decisão de procedência declara a inelegibilidade e cassa o registro do candidato beneficiado pelo abuso do poder (art. 22, XIV, da LC n. 64/90). Nesse caso, o candidato cassado nem mesmo disputa a eleição. Ocorre que ele pode recorrer dessa decisão de cassação, hipótese em que concorrerá com o registro *sub judice*. Quando for este o caso, não haverá necessidade de interposição do recurso contra a expedição do diploma, posto que o improvimento do recurso da Investigação Judicial, pelo Tribunal, torna certa a cassação do registro e sem efeito a diplomação que se tenha realizado[409], exatamente porque a eleição e a diplomação somente foram possíveis em face da expressa autorização legal para continuidade da campanha e manutenção do nome e da fotografia na urna eletrônica, enquanto pendente de discussão o registro (art. 16-A, da Lei das Eleições).

Antes das alterações da "lei da ficha limpa", o interesse remanescia, por conseguinte, na hipótese de a decisão da Investigação Judicial ser proferida após a eleição (ou diplomação, como se inclinava o TSE)[410], quando ela já não mais cassava o registro, limitando-se a reconhecer a ocorrência do abuso de poder e a declarar a inelegibilidade dos agentes. Nesse caso, essa decisão é que poderia instruir o recurso contra a expedição do diploma.

---

[407] Mesmo antes das modificações trazidas pela LC n. 135/2010.

[408] Agora, com a nova redação do art. 22, XIV, da LC n. 64/90, a sentença de procedência da AIJE, proferida antes ou depois da eleição, sempre cassará o registro ou diploma do candidato.

[409] O TSE tem orientação no sentido de não diplomar os eleitos que, à época da diplomação, não tenham registro deferido.

[410] O TSE tem entendido que a decisão de procedência da AIJE pode cassar o registro de candidatura se proferida até a diplomação, posto que aí se encerra a eleição. A expressão "eleição", contida no art. 22, XIV, da LC 64/90, não se refere ao dia da votação e sim ao processo eleitoral.

Como a redação atual do art. 22, XIV, da LC n. 64/90, repita-se, prevê a cassação não só do registro, mas também do diploma, não há qualquer sentido ou necessidade do RCED, bastando aguardar a decisão da AIJE.

Situação que exige especial atenção dos legitimados ao recurso contra a expedição do diploma é aquela em que a inelegibilidade, que não foi arguida quando do registro da candidatura, por meio da AIRC, não se traduz em prova inequívoca. Ora, se a inelegibilidade decorre de condenação criminal ou de improbidade administrativa, por exemplo, basta instruir o recurso com cópia da sentença e certidão do seu trânsito em julgado ou da publicação da decisão de órgão colegiado. Se a inelegibilidade é em função de abuso de poder, a decisão colegiada ou transitada em julgado da Investigação Judicial Eleitoral é a prova pré-constituída suficiente. E se depois do registro da candidatura toma-se conhecimento de que determinado candidato é analfabeto? O analfabetismo, causa de inelegibilidade constitucional a ser levantado por meio do recurso contra a expedição do diploma, terá de traduzir-se em prova já constituída, sob pena de o recurso não ser conhecido pelo Tribunal. Será necessário, então, lançar mão o quanto antes (tão logo recebida a notícia) da Ação Cautelar de Produção Antecipada de Prova, nela requerendo, inclusive, a aplicação de teste de alfabetização ao candidato, diligenciando para que a sentença seja proferida antes da diplomação, para que possa ser utilizada como prova pré-constituída da inelegibilidade.

A solução poderá ser a mesma se o candidato, funcionário público licenciado para disputa das eleições, volta ao trabalho informalmente. Não havendo prova documental inequívoca, a prova do fato poderá ser produzida na cautelar. Também a situação do candidato que é parente do Vice-Prefeito, quando este, nos últimos seis meses anteriores à eleição, assume o cargo de prefeito, ainda que por apenas alguns dias.

3.6. Captação ilícita do sufrágio

Outro era o procedimento para o RCED quando se discutia a ocorrência de captação ilícita do sufrágio, porque então abria-se amplamente a fase probatória. De fato, diz o art. 266, parágrafo único, do Código Eleitoral (revogado tacitamente pela nova redação dada ao art. 262, que não mais admite essa arguição no RCED), que "se o recorrente se reportar a coação, fraude, uso de meios de que trata o art. 237 ou emprego de processo de propaganda ou captação de sufrágios vedada por lei, dependentes de prova a ser determinada pelo Tribunal, bastar-lhe-á indicar os meios a elas conducentes". Aplicava-se essa mesma regra quando o recurso estivesse nos tribunais regionais ou no TSE (arts. 270 e 280, do CE).

Como o RCED agora se dedica apenas à arguição de causas de inelegibilidade e condições de elegibilidade, ele será sempre instruído com a prova de sua ocorrência, inclusive a decisão judicial colegiada, admitida como suficiente em inúmeras das causas da LC n. 64/90.

3.7. Legitimação ativa

São **legitimados ativamente** ao recurso os partidos políticos, as federações, as coligações, os candidatos e o Ministério Público. Já foi observado que só se confere legitimidade ao partido quando ele disputa a eleição isoladamente, posto que, integrando federação ou coligação, a legitimidade para as ações eleitorais é desta: art. 6º, § 4º, da Lei n. 9.504/97. Como a coligação é uma junção de dois ou mais partidos para disputar aquela determinada eleição (diferentemente da federação, que perdura por pelo menos 4 anos), ela se desfaz automaticamente após o pleito, daí sendo razoável concluir que não remanesce possibilidade de ajuizamento das ações eleitorais, pela coligação, nesse período, ou seja, da eleição até os 3 dias após a diplomação. A legitimidade para o RCED, por conseguinte, seria apenas dos partidos, das federações, dos candidatos e do Ministério Público. A jurisprudência do TSE, entretanto, vem reconhecendo amplamente a possibilidade de a coligação, concorrentemente com os partidos que a integram, propor as ações eleitorais cabíveis no período pós-eleição (RCED, Representação Especial, AIJE e AIME). Isto porque, não obstante o fato de que as coligações são a junção de dois ou mais partidos com a finalidade de disputar a eleição, extinguindo-se naturalmente após o pleito, o certo é que os seus interesses não desaparecem com a eleição, bastando para isso lembrar que as chapas (nas eleições majoritárias) ou as listas (nas proporcionais) são compostas por candidatos de vários dos partidos que as integram. E, por outro lado, a ordem de suplência alterna candidatos das diversas agremiações, mantendo, portanto, vivos os interesses do grupo como um todo.

> [...] 2. Realizadas as eleições, a coligação partidária possui **legitimidade concorrente** para ajuizar ações e representações inclusive em relação à diplomação dos eleitos, sendo desnecessária a manifestação ou autorização dos partidos que a compõem. (TSE, AgR-REspe n. 27733 - BARUERI – SP, Ac. de 11/11/2014, Rel. Min. Henrique Neves da Silva)
>
> "A legitimidade ad causam do partido político não pode depender de sua participação no processo eleitoral com candidato próprio no pleito majoritário, pois a tese carece de fundamento legal e jurisprudencial, tratando-se de peculiaridade indiferente ao entendimento consolidado do TSE. Por tal razão, o tema não mereceu maiores considerações. O mesmo se aplica à questão da data em que o ilícito teria ocorrido, para fins de legitimidade ativa. Não há vícios no aresto embargado. O TSE assentou a **legitimidade do partido coligado para recorrer isoladamente após as eleições**, nos termos da sua jurisprudência, e **afastou a desistência pleiteada pelo fato de o tema de fundo ser de ordem pública**." (TSE, Emb. de Decl. no Respe n. 25.547, RJ, Ac. 25.547, de 10-5-2007, Rel. Min. José Delgado)

3.8. Legitimação passiva. Litisconsórcio passivo

Estão **legitimados passivamente** os candidatos eleitos e também os suplentes, desde que diplomados. Quando se recorre contra a diplomação dos candidatos eleitos aos cargos majoritários (Prefeito, Governador, Senador e Presidente), forma-se com o Vice ou Suplentes (de Senador) o **litisconsórcio passivo**, necessário ou facultativo, dependendo da posição que se queira adotar (veja-se estudo apresentado quando da legitimação passiva para a Investigação Judicial e para a AIME). Mas o litisconsórcio que mais se ajusta à hipótese, como estudado naquela ocasião, é o necessário. E o TSE já sumulou seu entendimento nos seguintes termos:

> SÚMULA Nº 38/TSE
>
> Nas ações que visem à cassação de registro, diploma ou mandato, há **litisconsórcio passivo necessário** entre o titular e o respectivo vice da chapa majoritária.

Já estudado, também, que não há litisconsórcio necessário em relação ao partido político ao qual o eleito é filiado. Também quanto a este tema o TSE editou a súmula n. 40:

> SÚMULA Nº 40/TSE
>
> O partido político não é litisconsorte passivo necessário em ações que visem à cassação de diploma.

O partido deve, entretanto, ser admitido como assistente simples, dada a evidência do seu interesse jurídico na preservação do mandato do seu filiado.

> [...] 1. É possível, na qualidade de assistente simples, o ingresso do partido político ao qual o detentor de cargo majoritário se encontra filiado. [...] (TSE, RO n. 060161619 - CUIABÁ – MT, Ac. de 10/12/2019, Rel. Min. Og Fernandes)

É possível recorrer da expedição de diploma aos suplentes aos cargos disputados pelo sistema proporcional (vereador e deputados), posto que, embora não propriamente eleitos, ficam na iminência de assumir uma cadeira no parlamento. De qualquer forma, como a ação aqui estudada se volta contra a expedição do diploma, será ela possível em relação a todos que tiverem sido diplomados.

3.9. Prazo para propositura e efeito sobre o diploma

O **prazo para interposição** desse recurso é de três dias e era, até a reforma eleitoral de 2019, contado da efetiva diplomação, considerada a data fixada pelo órgão diplomador em cada circunscrição. O § 3º do art. 262, acrescentado pela Lei n. 13.877/2019, passa a consignar que este recurso "deverá ser interposto no prazo de 3 (três) dias após o último dia limite fixado para a diplomação". Então, como já mencionado, não mais importa a data em que a Junta Eleitoral (na eleição municipal), o TRE (nas eleições gerais) ou o TSE (na eleição presidencial) expede e entrega o diploma aos eleitos nas respectivas circunscrições, pois o prazo será contado sempre da data que o TSE fixar, em cada eleição, como limite para a diplomação. Para 2020, como dito, a Res. TSE n. 23.611/2019, fixou a data de 18 de dezembro de 2020 como sendo o último dia para a diplomação dos candidatos eleitos nas eleições municipais daquele ano (art. 218). Para as eleições de 2022, a Res. TSE n. 23.669/2021 fixa como termo final para a diplomação o dia 19 de dezembro (art. 238). É desse dia, portanto, que correrá o prazo para interposição do RCED. E deve ele ser proposto junto ao órgão jurisdicional eleitoral que tenha expedido o diploma, a quem compete processá-lo e remetê-lo ao Tribunal para apreciação e julgamento. Até a 9ª edição desta obra, considerado o processo judicial físico, era consignada a observação de que a esse prazo não se aplicava a regra contida no art. 16[411] da Lei Complementar n. 64/90, posto que não se está diante de processo de registro de candidatura. E nem mesmo era possível protocolar o recurso perante o Cartório Eleitoral em sábados, domingos e feriados, posto que, por ocasião da diplomação, o regime de continuidade já não mais é observado (as Resoluções do TSE preveem o expediente ininterrupto de seus Cartórios e Secretarias até a proclamação dos eleitos, quando tudo volta ao normal). Via de consequência, se o tríduo se completava num sábado, o recurso só poderia ser apresentado na segunda-feira. Como a diplomação é quase sempre agendada para os últimos dias do ano judiciário e o prazo corria da efetiva diplomação, era comum que o termo final para o RCED recaísse em meio ao recesso forense. Neste caso, não obstante tratar-se de prazo decadencial para propositura da dita ação-recurso, o prazo se prorrogava para o primeiro dia útil posterior ao recesso.

De outro lado, não tem aplicação, aqui, a suspensão dos prazos processuais prevista no art. 220, do CPC/2015, já que os ditos 03 dias são para a propositura da ação (tendo natureza decadencial, portanto), não para a prática de ato processual. Eventuais ações (AIJE, AIME, Representação Especial) já propostas e em curso, estas sim estarão suspensas de 20.dezembro a 20.janeiro, quando não se praticam atos e nem se realizam audiências.

> "Recurso contra Expedição de Diploma. Prefeito. Art. 262, I e IV, do Código Eleitoral. Preliminares: 1ª) De intempestividade. Rejeição. Alegação de que os *prazos* não se suspendem aos sábados, domingos e feriados, portanto intempestivo o apelo. In casu, não se aplica esta regra. Recurso aviado tempestivamente..." (TRE/MG, Rec. n. 144/01, Ac. n. 1.213/02, Barão de Cocais, Rel. Juiz Badi Curi Neto, sessão de 16/7/2002)

O mencionado § 3º, acrescentado ao art. 262 pela Lei n. 13.877/2019, dispõe, entretanto, que o prazo de 3 (três) dias para oferecimento do RCED "será suspenso no período compreendido entre os dias 20 de dezembro e 20 de janeiro, a partir do qual retomará seu cômputo". Instituída, como se vê, especialmente para este recurso-ação, regra semelhante à do art. 220, do CPC/2015, mas que com ela não se confunde. Como a data limite para a diplomação, em 2022, foi fixada pelo TSE como sendo no dia 19.dezembro, o prazo só começa a correr no dia 20.janeiro, posto que suspenso a partir do dia 20.dezembro.

De outro lado, com a utilização obrigatória do Processo Judicial Eletrônico-PJe, não há óbice a que o recurso seja proposto durante este período de suspensão, já que o mencionado sistema está disponível permanentemente.

Esse recurso, como da regra do direito eleitoral, não tem efeito suspensivo, o que equivale dizer que o diplomado está apto a tomar posse no cargo. No entanto, se o Tribunal Regional lhe dá provimento e cassa o diploma, o recurso especial que vier a ser interposto pelo diplomado em face desta decisão acaba ganhando efeito suspensivo, por força da regra do art. 216 do CE, segundo a qual "enquanto o Tribunal Superior

[411] Art. 16. Os prazos a que se referem o art. 3º e seguintes desta lei complementar são peremptórios e contínuos e correm em secretaria ou Cartório e, a partir da data do encerramento do prazo para registro de candidatos, não se suspendem aos sábados, domingos e feriados.

não decidir o recurso interposto contra a expedição do diploma, poderá o diplomado exercer o mandato em toda a sua plenitude."

A síntese é que prevalece o diploma, quando questionado pelo RCED[412], até que o TSE se pronuncie, quando e se houver recurso especial ou, pelo menos, agravo contra a decisão regional que o não admitiu. Em decorrência disso, por exemplo, o diplomado ao cargo de prefeito, que teve condenação criminal transitada em julgado ou proferida por órgão colegiado depois do registro da candidatura, tem contra si o recurso contra a expedição do diploma, mas mesmo assim toma posse no cargo (porque o recurso não tem efeito suspensivo); o TRE dá provimento ao recurso, cassa-lhe o diploma e ainda assim permanece ele no cargo, bastando interpor recurso especial, porque agora se aplica a regra do art. 216 do Código Eleitoral; inadmitido o recurso ao TSE, o diplomado interpõe agravo ao Superior e enquanto isso vai permanecendo no cargo.[413]

Com o pronunciamento do TSE, ainda que no agravo[414], confirmando a decisão de inadmissão do recurso especial, aí, sim, é possível executar a decisão de desconstituição do diploma.

> "A permanência no cargo pelo candidato diplomado tem como termo final o julgamento pelo TSE do recurso interposto da sua diplomação, caso a decisão lhe seja desfavorável, a teor do art. 216 do CE. Não se prestam os declaratórios ao rejulgamento da causa." (TSE, ED-AgR-REspe n. 25910 - CURITIBA – PR, Ac. de 15/02/2007, Rel. Min. Gerardo Grossi)
>
> "Após ter se pronunciado acerca do recurso especial e/ou agravo de instrumento interposto da decisão regional, não há óbice à execução por força do art. 216 do Código Eleitoral, sendo certo que deve ser aplicado o art. 257 do Código Eleitoral, que dá aos recursos eleitorais somente efeito devolutivo." (TRE-MG, Medida Cautelar n. 353/03, Rel. Juíza Sônia Diniz Viana, em 30/6/2003)

3.10. Juízo de retratação

Finalmente, parece inaplicável ao recurso contra a expedição do diploma a regra do art. 267, § 6º, do Código Eleitoral, que impõe o **juízo de retratação** a todos os recursos oferecidos perante as Juntas e Juízos Eleitorais. É que esse "recurso" é, em verdade, uma AÇÃO eleitoral. Embora seja ajuizada perante o órgão jurisdicional da diplomação, é dirigida ao Tribunal competente para a reapreciação do ato. Sendo ação, e não tipicamente recurso, não cabe ao Juiz que a recebeu e processou modificar o ato atacado.

---

412 Esse efeito suspensivo do art. 216 não se aplica quando o diploma for questionado na Representação Especial arts. 30-A, 41-A ou 73 e ss), na AIJE (abuso de poder) ou na AIME (abuso de poder econômico, corrupção ou fraude), pois aquele dispositivo contém regra específica para o RCED. Nas demais ações, o afastamento do diplomado se dá com o esgotamento da via recursal ordinária (art. 257, § 2º, do CE).

413 Essa situação absurda – um inelegível exercendo o mandato por longo período de tempo, pois até que todos os recursos sejam apreciados pelo TSE boa parte do mandato, ou todo ele, já se passou – pode ser evitada se o Juiz ou Tribunal conhecer de ofício da inelegibilidade e negar a diplomação, como dantes explicamos.

414 Esse agravo segue nos próprios autos, junto com o recurso especial, segundo nova sistemática do CPC, adotada no processo eleitoral.

Capítulo IX

AÇÃO DE IMPUGNAÇÃO DE MANDATO ELETIVO

A data da diplomação também marca o início do prazo para o ajuizamento da AIME. Agora, os legitimados têm mais uma, e última, oportunidade de batalha contra o abuso de poder, a corrupção e a fraude nas eleições.

Já foi visto que é possível combater o abuso de poder econômico e também político[415], utilizando a Representação Especial, segundo o procedimento fixado no art. 22 da LC n. 64/90, sempre que a hipótese encontrar tipificação nos arts. 30-A, 41-A, 73, 75 e 77, da Lei n. 9.504/97. E visto, ainda, que esses abusos podem ser objeto da Investigação Judicial Eleitoral disciplinada nos arts. 19 e 22 da LC n. 64/90, quando qualificados pela gravidade lesiva à normalidade e legitimidade do pleito. Tanto com a Representação Especial quanto com a Investigação Judicial, pode-se chegar à cassação do registro ou do diploma do candidato beneficiado pelo abuso de poder.

Se não se utilizou da Representação Especial e nem da AIJE, o abuso de poder praticado durante a campanha ou mesmo na pré-campanha e também no dia da eleição pode ser objeto de questionamento através da Ação de Impugnação de Mandato Eletivo, que culminará, no caso de procedência, com a desconstituição do mandato assegurado no diploma.

1. Notícia histórica. Natureza

Esta ação surgiu primeiramente na Lei n. 7.493/86 (art. 23), que regulou as eleições daquele ano e falava em perda do mandato, a ser declarada pela Justiça Eleitoral, no caso de comprovação de abuso do poder econômico ou político.[416] Posteriormente, foi também prevista na Lei n. 7.664/88 (art. 24), que disciplinou as eleições de 1988, quando se falou em impugnação do mandato diante de provas conclusivas do abuso do poder econômico, corrupção ou fraude e transgressões eleitorais.

Nessa ocasião, o TSE reconheceu a viabilidade da impugnação ao mandato, consignando-a nas Resoluções n. 14.594 e 17.275.

---

[415] Ver nosso conceito de Abuso do Poder Simples e Abuso do Poder Qualificado.

[416] NIESS, Pedro Henrique Távora. *Ação de impugnação e mandato eletivo*. São Paulo: Edipro, 1996, p. 15, BARRETO, Lauro. *Investigação judicial eleitoral e ação de impugnação de mandato eletivo*, p. 61.

Antes disso, o candidato eleito que não tivesse o seu diploma questionado mediante o recurso do art. 262 do CE, ficava imune a qualquer possibilidade de perda do mandato, principalmente porque o procedimento previsto nos parágrafos do art. 222, na redação original do Código Eleitoral (que conduzia à apuração do vício, da fraude, da coação e dos abusos de poder econômico ou político, para concluir-se pela anulação da votação antes mesmo da diplomação), foi revogado pela Lei n. 4.961/66.

Com a Constituição Federal de 1988, ela se incorporou, definitivamente, ao ordenamento jurídico eleitoral pátrio (art. 14, §§ 10 e 11), ganhando status de **ação cível eleitoral**,[417] com carga constitutiva negativa.[418]

O *status* de ação popular eleitoral, a que se refere DAL POZZO, não quer dizer, entretanto, que o eleitor tenha legitimidade ativa para o pedido de impugnação ao mandato eletivo, como se intui. Na regulamentação do seu procedimento (coube à jurisprudência fazê-lo, já que até hoje não há lei disciplinando-o), o TSE firmou o entendimento de que os **legitimados ativos** são apenas aqueles previstos na Lei Complementar n. 64/90 para a IJE: o Ministério Público, os partidos e coligações e candidatos. Então, parece impróprio falar-se em natureza popular, pois que, sem a legitimidade ativa do eleitor, nada tem ela de popular, se não de ação em defesa do regime democrático e da legitimidade das eleições.

2. Competência

Quanto à sua índole civil-eleitoral, não se tem dúvida. E é importante essa observação, porquanto daí afastam-se todos os argumentos que objetivaram atrair para a ação de impugnação de mandato eletivo (AIME) o foro privilegiado de alguns impugnados, como os prefeitos, por exemplo. Ao argumento de que na Ação de Impugnação de Mandato Eletivo o diplomado/impugnado se vê processado e na possibilidade de sofrer condenação à desconstituição do mandato e imposição de inelegibilidade, vários foram os julgados que acolheram a tese de que o diploma de prefeito só poderia ser impugnado, pela via da AIME, perante o Tribunal Regional Eleitoral. Pouco a pouco, a jurisprudência foi-se firmando e hoje é pacífica, inclusive no TSE, reconhecendo como competente para a ação de impugnação ao mandato eletivo o Juízo da diplomação, que, aliás, é a regra também para as demais ações cíveis eleitorais, como a Representação, a Representação Especial e a AIJE. Então, quando se questiona o mandato de prefeitos e vereadores, a AIME deve ser proposta perante o Juiz Eleitoral; se se busca desconstituir o mandato de deputados estaduais ou federais, senadores e governadores, competente é o TRE do respectivo Estado; e se se impugna o mandato do Presidente da República, a ação tramitará perante o TSE.

E o efeito da sentença de procedência, como mais adiante será visto, é mesmo a desconstituição do mandato alcançado com a interferência do abuso do poder, da fraude e da corrupção.

---

[417] DAL POZZO, Antonio Araldo Ferraz. *Lei eleitoral*: Lei n. 9.504/97 – Estrutura, análise e jurisprudência, p. 166, fala em ação popular eleitoral.

[418] NIESS, Pedro Henrique Távora. *Ação de impugnação e mandato eletivo*, p. 16.

3. Prazo para propositura. Suspensão dos prazos processuais. Aplicação

Havendo notícia de abuso de poder, fraude ou corrupção, a AIME pode ser proposta dentro dos **15 dias após a diplomação**. Este prazo tem natureza decadencial, o que, em princípio, determinaria o seu encerramento inclusive em dia não útil, cabendo à parte propor a ação antes. Entretanto, considerando que a AIME é ação constitucional com vocação para garantir a prevalência da lisura das eleições, não é possível - ainda que por aplicação da disciplina da decadência - reduzir o prazo de seu manejo. Ao contrário, sua natureza de garantia constitucional fundamental exige que se admita a propositura no primeiro dia útil seguinte ao vencimento do prazo, quando o termo final ocorrer em sábados, domingos, feriados ou no recesso forense. E isto acontece com muita frequência, o que torna o tema especialmente importante, tendo em vista que a diplomação dos eleitos – marco inicial do prazo – é quase sempre realizada nos últimos dias de atividade do Poder Judiciário, antes do recesso de dezembro, pois antes dela é preciso apreciar e julgar as prestações de contas dos candidatos eleitos. Se a diplomação é feita no dia 15 de dezembro, p.ex., os 15 dias vão terminar no meio do recesso, que se estende até o dia 06 de janeiro. Até a 9ª edição desta obra, considerado o processo judicial físico, era consignada a observação de que não era possível propor a ação no dia 30 de dezembro, porque não há expediente forense (senão para as medidas de urgência, dentre as quais não se inclui a AIME), daí que seu protocolo deveria – e só poderia – ser feito no primeiro dia útil seguinte à retomada dos trabalhos do Judiciário.

> [...]4. Ainda no julgamento do REspe 2–24, este Tribunal concluiu pela decadência da AIME, "haja vista que seu ajuizamento se deu em 23.1.2017, após, portanto, ao prazo fatal de 9.1.2017 **primeiro dia útil seguinte ao recesso** forense, que terminou em 6.1.2017". 5. Assim, tendo em vista que, conforme consta do acórdão regional, a **diplomação do recorrido ocorreu em 17.12.2018**, a ação de impugnação de mandato eletivo deveria ter sido proposta **até o dia 7.1.2019**. Todavia, a AIME foi protocolada em 31.1.2019, quando já operada a decadência do direito de ação. (TSE, AgR-RO n. 060003937 - SALVADOR – BA, Ac. de 15/10/2019, Rel. Min. Sergio Silveira Banhos)
>
> Ac.-TSE de 25.11.2021, no AgR-RO-El nº 060000130: caso ocorra durante o recesso forense, o término do prazo decadencial para a propositura da AIME se prorroga para o **primeiro dia útil subsequente, ainda que se trate de processo eletrônico.**

Necessário consignar que a suspensão dos prazos processuais de 20.dezembro a 20.janeiro, a que se refere o art. 220, do CPC/2015, se aplica perfeitamente aos feitos eleitorais (conforme Resolução TSE n. 23.478/2016), mas não quanto ao prazo para propositura das ações eleitorais, já que este não é prazo processual, mas, sim, prazo decadencial.

> [...] 3. No julgamento do REspe 2–24, rel. Min. Napoleão Nunes Maia Filho, DJE de 24.9.2018, esta Corte decidiu que "a redação do art. 220 do Código Fux que instituiu as férias dos advogados, de forma expressa, faz referência a **suspensão de prazos de natureza processual**. Assim, não há como, ainda que por meio de uma interpretação extensiva, incluir os **prazos de natureza eminentemente material**, como o prazo

> decadencial de ajuizamento da AIME, na suspensão determinada pelo referido dispositivo".(TSE, AgR-RO n. 060003937 - SALVADOR – BA, Ac. de 15/10/2019, Rel. Min. Sergio Silveira Banhos)

E é importante registrar que a nova fórmula de contagem do prazo para o oferecimento do RCED, inaugurada com a inclusão do § 3º, do art. 262, do Código Eleitoral, pode perfeitamente ser aplicada à AIME, por analogia, especialmente considerada a sua natureza de remédio constitucional de preservação da lisura do pleito e a absoluta inexistência de disciplina própria, a recomendar que todos os esforços sejam feitos para a sua plena utilização. Assim, o termo inicial dos 15 dias deixa de ser a data da efetiva diplomação, agendada pelo órgão diplomador em cada circunscrição, e passa a ser "o último dia limite fixado para a diplomação" em cada eleição. Dito de outra forma, não mais importa a data em que a Junta Eleitoral (na eleição municipal), o TRE (nas eleições gerais) ou o TSE (na eleição presidencial) expede e entrega o diploma aos eleitos nas respectivas circunscrições, pois o prazo será contado sempre da data que o TSE fixar, em cada eleição, como limite para a diplomação, produzindo segurança jurídica. Para 2020, v.gr., a Res. TSE n. 23.611/2019, fixou a data de 18 de dezembro de 2020 como sendo o último dia para a diplomação dos candidatos eleitos nas eleições municipais daquele ano (art. 218). Para as eleições de 2022, a Res. TSE n. 23.669/2021 fixa como termo final para a diplomação o dia 19 de dezembro (art. 238). É desse dia, portanto, que correrá o prazo para oferecimento da AIME. O mesmo § 3º, do art. 262, acrescentado pela Lei n. 13.877/2019, dispõe, ainda, que o prazo de 3 (três) dias para oferecimento do RCED "será suspenso no período compreendido entre os dias 20 de dezembro e 20 de janeiro, a partir do qual retomará seu cômputo". Instituída, como se vê, regra semelhante à do art. 220, do CPC/2015, mas que com ela não se confunde, pois esta tem natureza processual e aquela, material. Sendo o prazo de ajuizamento da AIME de mesma natureza (decadencial), a solução pode ser aqui aplicada. Como a data limite para a diplomação, em 2022, repita-se, foi fixada pelo TSE como sendo no dia 19.dezembro, o prazo começa a correr no dia 20.janeiro, posto que suspenso a partir do dia 20.dezembro, para voltar a correr em 20.janeiro. O tema foi enfrentado pelo TRE-GO, que, entretanto, entendeu pela não aplicação à AIME da novel forma de contagem do prazo do RCED:

> REl n. 060000259 - MORRINHOS – GO, Ac. de 28/07/2021, Rel. Des. Alderico Rocha Santos.ELEIÇÕES 2020. RECURSO ELEITORAL. AÇÃO DE IMPUGNAÇÃO DE MANDATO ELETIVO (AIME). [...] PRAZO PRORROGADO PARA O PRIMEIRO DIA ÚTIL SUBSEQUENTE AO FINAL DO RECESSO FORENSE. FÉRIAS DOS ADVOGADOS INSTITUÍDA PELO ART. 220 DO CÓDIGO DE PROCESSO CIVIL. INAPLICABILIDADE. LEI Nº 13.877, DE 2019 QUE INCLUIU O § 3º AO ART. 262 DO CÓDIGO ELEITORAL. APLICAÇÃO POR ANALOGIA À AIME. IMPOSSIBILIDADE. [...] 1. Resta configurada a decadência do direito de ajuizar a ação de impugnação de mandato eletivo, quando se verifica que a **ação foi proposta em 15/01/2021, após o primeiro dia útil subsequente ao término do recesso** forense (20/12/2020 a 06/01/2021), considerando que o ato de diplomação dos eleitos ocorreu no dia 17/12/2020 e o término do prazo decadencial de 15 dias após a diplomação se deu em 01/01/2021. [...] 4. A alteração na contagem do prazo para a propositura do RCED prevista no **§ 3º do art. 262 do CE,** não se aplica às eleições de 2020, conforme

> pretende o recorrente, por meio de **incabível interpretação analógica extensiva à AIME**, uma vez que foi introduzida pelo art. 4º da Lei nº 13.877/2019, dispositivo legal que, após veto do Presidente da República, rejeitado pelo Congresso Nacional, teve a sua **promulgação apenas em 13/12/2019, há menos de um ano das eleições de 2020**, ocorridas em 15 e 29/11/2020, devendo, portanto, ser aplicado apenas a partir das eleições de 2022 e ao RCED, em observância ao princípio da anualidade previsto no art. 16 da CF/88, bem como aos princípios da tipicidade e da legalidade estrita. Precedente desta Corte Regional.

De outro lado, com a utilização obrigatória do Processo Judicial Eletrônico-PJe, não há óbice a que a AIME seja proposta durante este período de suspensão, já que o mencionado sistema está disponível permanentemente.

4. Hipóteses de cabimento. Fraude nas candidaturas femininas

Segundo o texto constitucional, a AIME comporta a veiculação de **abuso do poder econômico, corrupção ou fraude**.

> "O mandato eletivo poderá ser impugnado ante a Justiça Eleitoral no prazo de quinze dias contados da diplomação, instruída a ação com provas de *abuso do poder econômico, corrupção ou fraude*" (art. 14, § 10, da CF)

Não parece razoável que o abuso mencionado no texto seja limitado ao do poder econômico. Na verdade, é fácil compreender que o abuso do poder econômico, sob certo ângulo, abrange e envolve as demais formas de abuso de poder, pois todos, de alguma forma, dele derivam. O agente público, em boa medida, se vale do poder econômico da administração pública para a prática do abuso do poder político. Ainda mais, os meios de comunicação são detentores, uns mais, outros menos, de expressivo poder econômico. Daí ser possível afirmar que abuso do poder econômico é gênero, do qual são espécies os abusos do poder político, de autoridade e dos meios de comunicação social. A restrição de objeto, na AIME, não se justifica quando se percebe que o abuso do poder político está muito mais presente na preocupação do legislador constituinte do que o abuso do poder econômico. No mesmo art. 14, a CF acolhe o "princípio da desconfiança" e em razão dele impede – e impedia de forma absoluta, antes da emenda da reeleição – que os chefes do Poder Executivo disputem a eleição para outros cargos, mantendo-se nas funções, exatamente para evitar o abuso de poder político. Também impede, § 7º, a candidatura de cônjuge e parentes na jurisdição do titular, inspirado pela mesma preocupação. De outro lado, quando recomenda a edição de lei complementar para estabelecimento de causas de inelegibilidade, elege como bens jurídicos a serem protegidos, ao lado da normalidade e legitimidade das eleições, a moralidade e a probidade para o exercício das funções públicas.

Da interpretação sistemática de todo o art. 14 da CF/88, por conseguinte, retira-se a conclusão de que não só o abuso do poder econômico recebe a repugnância do ordenamento jurídico eleitoral, como também, e por redobradas razões, o abuso do poder político.

Para Lauro Barretto,

> "o abuso do poder econômico é, sem dúvida alguma, a hipótese mais abrangente entre as aqui elencadas como ensejadoras da ação impugnatória. Sua abrangência é das mais amplas, espalhando-se até mesmo sobre outras modalidades de abuso de poder previstas em nossa legislação: sobre o abuso de poder dos meios de comunicação, que pode ficar muito bem configurado como de ordem econômica quando, por exemplo, determinado candidato, partido ou coligação, valendo-se de seu poderio financeiro, veicular propaganda eleitoral paga na mídia impressa, em desacordo com a limitação de espaço que pode ser utilizado para este fim, em cada edição de jornal e revista; sobre o abuso de autoridade, que também pode ficar muito bem caracterizado como de ordem econômica quando, por exemplo, determinado candidato, partido ou coligação é beneficiado por órgão da administração pública, que lhe faça repassar, indiretamente, recursos financeiros ou material de publicidade, sujeitando os beneficiários a responder por abuso de poder econômico; sobre as transgressões pertinentes à origem de valores pecuniários aplicados nas campanhas eleitorais; e até mesmo na utilização indevida de veículos para fins eleitorais, quando, por exemplo, determinado candidato, partido ou coligação, em frontal desobediência ao disposto na Lei n. 6.091/74, fretar ônibus ou outros meios de transporte para colocar à disposição dos eleitores no dia das eleições."[419]

Na verdade, seria incompreensível que o abuso de poder político pudesse levar à inelegibilidade (como sinalizado pelo § 9º do art. 14 da CF, e fixado na LC n. 64/90) e também à cassação do registro da candidatura e do diploma (art. 22, XIV, da LC n. 64/90 e art. 73 da Lei n. 9.504/97) e não constituísse causa de pedir para a desconstituição do mandato, se todas estas providências têm como desiderato único a salvaguarda do princípio democrático. "Democracia que não garante a abolição dos privilégios e da submissão não é democracia."[420]

Mesmo o respeitado Procurador da República paulista, apesar de entender que a AIME só permite discussão em torno do abuso do poder econômico (não o político e não o uso indevido dos meios de comunicação social), ao argumento de que o legislador não quis repetir no § 10 a expressa referência que fez ao abuso no exercício de função pública no § 9º, acaba por admitir que este último sempre revela um abuso do poder econômico. E seus exemplos são realmente dignos de menção:

> "Um prefeito que cede automóvel da prefeitura para a campanha do candidato que apoia, por exemplo, não apenas abusa da autoridade de que se investe, mas também do poder econômico, eis que favorece a campanha do afilhado por meio repudiado pelo equilíbrio desejável nas eleições. [...] A publicidade, de qualquer espécie, feita em desconformidade com as normas pertinentes, que privilegia alguns candidatos em detrimento de outros, caracteriza abuso de poder da comunicação, e frutifica no abuso do poder econômico. É estimável em dinheiro, considerada gasto eleitoral. A manifestação de um comunicador profissional respeitado, pela imprensa, coibida a censura prévia, pode levar ao abuso do poder de comunicação se manipula a vontade

[419] BARRETO, Lauro. *Investigação judicial eleitoral e ação de impugnação de mandato eletivo*, p. 74.

[420] Des. Alves Braga, *apud* NIESS, Pedro Henrique Távora. *Ação de impugnação de mandato eletivo*, p. 24.

do povo a seu prazer, para tanto contratado, deformando a imagem de um postulante a cargo eletivo. E o uso desvirtuado desse poder não se exporia desvinculado do abuso do poder econômico, ainda que indiretamente, mesmo que refletisse a opinião sincera de quem somente desejasse favorecer o candidato que entendesse o melhor."[421]

O certo é que o abuso de poder político quase sempre é praticado a partir do poder econômico da administração. Os programas e atos do governo, utilizados pelos agentes públicos para influenciar os eleitores, são financiados com vultosos recursos públicos, daí que aquele que usa a máquina administrativa em prol de candidatos e partidos políticos acaba usando o poder econômico da administração para iludir o eleitor e convencê-lo ao voto. O administrador que desvirtua a publicidade institucional e com ela promove candidatos, pratica um ato administrativo com desvio de finalidade e, por conseguinte, abuso de poder político ou de autoridade, mas valendo-se necessariamente dos recursos financeiros da administração. Também quando o agente institui um programa social para que os eleitores de uma determinada região votem no candidato indicado ou ameaça extinguir benefícios se o seu candidato não obtiver o desempenho desejado, tem-se um ato administrativo que se vale do poder econômico do governo e da repercussão desse ato na economia das famílias atingidas. Sem dúvida que, nestes e em outros exemplos, tem-se o abuso do poder político, que só se manifesta em razão do poder econômico do ente público. Visto por outro ângulo, manifesta-se o abuso do poder econômico, praticado pela administração pública e com recursos públicos, o que só qualifica o ilícito.

Seria incompreensível que a Constituição Federal pretendesse combater o abuso do poder econômico praticado por particulares e não aparelhasse o direito processual eleitoral de meios de censura do mesmo abuso de poder econômico, quando levado a efeito com recursos públicos.

> [...] 5. O TSE já pacificou ser cabível o manejo da AIME que aponta como causa de pedir fatos configuradores de **abuso do poder político quando imbricados ao abuso do poder econômico**. Precedentes.
>
> 14. *In casu*, embora a AIME tenha sido julgada improcedente por maioria de 4 (quatro) votos, os membros do Tribunal Regional, de forma unânime, assentaram ter sido comprovado o abuso dos poderes econômico e político nas contratações maciças de servidores temporários e comissionados, entre os meses de junho e agosto, que implicaram **aumento de mais de 300% na folha de pagamento da Prefeitura** de Pilão Arcado/BA.
>
> 16. A partir da interpretação literal do art. 22, XIV, da LC nº 64/90, que estabelece as balizas sancionatórias empregáveis nos casos de procedência de representações por abuso, não se exige nenhuma prova do assentimento, da participação ou mesmo da ciência do candidato quanto à prática abusiva para o fim de fazer incidir a sanção de cassação de diploma, bastando que se demonstre ter sido o candidato diretamente beneficiado pela interferência do poder econômico.

[421] NIESS, Pedro Henrique Távora. *Ação de impugnação de mandato eletivo*, p. 27.

17. Essa hermenêutica foi acolhida, em sede de AIME, pela jurisprudência desta Corte Superior, segundo a qual "*a lei não exige, para a configuração do abuso de poder, a anuência do candidato quanto à prática abusiva, mas simplesmente a comprovação dos benefícios por ele hauridos. Precedente*" (REspe nº 1-62/RN, Rel. Min. Maria Thereza de Assis Moura, DJe de 2.12.2015 - grifei). No mesmo sentido, confira-se o julgado, também proferido no bojo da ação constitucional, relativo ao REspe nº 736-46/BA, Rel. Min. Herman Benjamin, *DJe* de 13.6.2016.

21. Consta do acórdão recorrido, com esteio em relatórios extraídos do sítio eletrônico do Tribunal de Contas dos Municípios do Estado da Bahia, que, em março de 2016, a Prefeitura de Pilão Arcado/BA contava com 228 (duzentos e vinte e oito) servidores temporários. Em junho do mesmo ano, esse número aumentou vertiginosamente para 728 (setecentos e vinte e oito) servidores e, em agosto, chegou a totalizar 731 (setecentos e trinta e um), entre temporários e comissionados.

22. O incremento nos recursos humanos da prefeitura implicou acréscimo financeiro de mais de 300% na folha de pagamento dos servidores, que saltou de R$ 275.515,13 (duzentos e setenta e cinco mil, quinhentos e quinze reais e treze centavos), em março, para R$ 841.718,19 (oitocentos e quarenta e um mil, setecentos e dezoito reais e dezenove centavos), no mês de agosto.

23. Em um município de eleitorado diminuto como o de Pilão Arcado/BA, é inegável que a **contratação temporária de mais de 500 (quinhentas pessoas)**, às vésperas do período eleitoral, representou conduta tendente a comprometer a normalidade e a legitimidade do pleito, especialmente porque medidas que tais costumam cooptar não apenas os votos dos servidores diretamente favorecidos, mas também, reflexamente, das respectivas famílias financeiramente beneficiadas.

(TSE, REspe n. 142 - PILÃO ARCADO – BA, Ac. de 19/11/2019, Rel. Min. Tarcisio Vieira De Carvalho Neto)

"[...] **Abuso de poder econômico entrelaçado com abuso de poder político**. AIME. Possibilidade. Corrupção. Potencialidade. Comprovação. [...] 3. O abuso de poder econômico entrelaçado com o abuso de poder político pode ser objeto de Ação de Impugnação de Mandato Eletivo (AIME), porquanto abusa do poder econômico o candidato que despende recursos patrimoniais, públicos ou privados, dos quais detém o controle ou a gestão em contexto revelador de desbordamento ou excesso no emprego desses recursos em seu favorecimento eleitoral. Precedentes: REspe nº 28.581/MG, de minha relatoria, DJe de 23.9.2008; REspe nº 28.040/BA, Rel. Min. Ayres Britto, DJ de 1º.7.2008. 4. No caso, os agravantes utilizaram-se do trabalho de servidores públicos municipais e de cabos eleitorais, que visitaram residências de famílias carentes, cadastrando-as e prometendo-lhes a doação de quarenta reais mensais, caso os agravantes sagrassem-se vencedores no pleito de 2008. 5. A reiteração do compromisso de doação de dinheiro, feita individualmente a diversos eleitores, não significa que a promessa seja genérica. Pelo contrário, torna a conduta ainda mais grave, na medida em que não implica apenas desrespeito à vontade do eleitor (captação ilícita de sufrágio), mas também tende a afetar a normalidade e a legitimidade das eleições (abuso de poder econômico). [...]" (Ac. de 18.3.2010 no AgR-AI nº 11.708, rel. Min. Felix Fischer.)

"Agravo regimental. Recurso especial eleitoral. Fundamento não infirmado. Manutenção da decisão agravada. É cabível "AIME quando o **abuso de poder político revelar dimensão econômica ou corrupção**." (Ac. de 13.4.2010 no AgR-REspe nº 35.725, rel. Min. Ricardo Lewandowski.)

A AIME também pode veicular o fato **fraude**, expressão que deve ser entendida como toda conduta capaz de desvirtuar ou alterar os elementos e as condições da disputa ou inserindo fator estranho ao processo eleitoral, tudo para beneficiar o candidato, em detrimento dos demais. Frauda o processo eleitoral, alterando um dos elementos essenciais da disputa, que é o corpo votante, o candidato que atrai eleitores de municípios diversos, transferindo-os para a circunscrição da disputa, com o compromisso do voto. Com o corpo eleitoral alterado fraudulentamente (apresenta-se endereço ou domicílio falso), as condições da disputa tornam-se desiguais, afetada a normalidade e legitimidade do pleito, do que resulta a gravidade da conduta. Também, como mencionado no Capítulo II (Registro de Candidatura) – Item 4 (Reserva de Gênero), os partidos devem compor suas listas de candidatos às eleições proporcionais (vereadores e deputados) com observância dos percentuais mínimo (30%) e máximo (70%) para cada um dos gêneros. Diante da dificuldade que alguns enfrentam para apresentar pelo menos 30% de mulheres, candidaturas fictas são levadas a registro, sem que a pessoa realmente queira se candidatar e se empenhar na campanha, daí decorrendo renúncias prematuras ou completa inexistência de campanha. A manobra, como se vê, acaba possibilitando a participação do partido na eleição, já que, sem se desincumbir dessa ação afirmativa de participação das mulheres, o partido não teria sequer seu DRAP deferido, ficando prejudicados os registros de todos os seus candidatos, porque devolvida a lista. Dito de outra forma, como a lei exige que a lista de candidatos às eleições proporcionais contenha pelo menos 30% de candidatas, se o partido não a compuser conforme a lei, terá o seu DRAP indeferido e, portanto, nem participará das eleições. Se, ao contrário, lança na lista – apenas para "cumprir" a lei – candidatas que não o são verdadeiramente, comete fraude, porque um elemento perturbador – a participação daquele partido nas eleições – da normalidade da disputa foi inserido no processo eleitoral, daí conseguindo disputar a eleição. Diante disso, perfeitamente possível a impugnação ao mandato eletivo, pela via da AIME, com invocação da fraude. Com essa fraude, o partido obtém votação capaz de eleger um ou mais candidatos. A fraude não se opera na votação ou na apuração dos votos, mas, ao contrário, no momento da largada da corrida eleitoral.

> REspEl n. 76455 - NOVA ESPERANA – PR, Ac. de 06/05/2021, Rel. Min. Alexandre de Moraes. ELEIÇÕES 2016. RECURSO ESPECIAL. AÇÃO DE IMPUGNAÇÃO DE MANDATO ELETIVO (AIME). AÇÃO DE INVESTIGAÇÃO JUDICIAL ELEITORAL (AIJE). FRAUDE NA COTA DE GÊNERO. PROVAS ROBUSTAS. COMPROVAÇÃO. PROVIMENTO. 1. A **fraude à cota de gênero** de candidaturas femininas representa afronta aos princípios da igualdade, da cidadania e do pluralismo político, na medida em que a *ratio* do art. 10, § 3º, da Lei 9.504/1997 é ampliar a participação das mulheres no processo político–eleitoral. 2. No caso, as pretensas candidatas manifestaram–se expressamente no sentido de que **suas candidaturas visavam apenas o preenchimento formal de cotas de gênero**. A chapa proporcional engendrou um esquema para simular a efetividade da candidatura, com a votação mínima das supostas candidatas e até a divulgação, de baixa repercussão, das respectivas campanhas. 3. Caracterizada a fraude e, por conseguinte, comprometida a disputa, a consequência jurídica é: (i) a **cassação dos candidatos vinculados ao DRAP, independentemente de prova da sua participação, ciência ou anuência**; (ii)

a **inelegibilidade àqueles que efetivamente praticaram ou anuíram com a conduta**; e (iii) a nulidade dos votos obtidos pela Coligação, com a **recontagem do cálculo dos quocientes eleitoral e partidários**, nos termos do art. 222 do Código Eleitoral. 4. Diante do término dos mandatos impugnados, remanesce apenas a imputação da inelegibilidade às candidatas partícipes do ilícito eleitoral. 5. Recurso Especial parcialmente provido.

REspEl - AgR no REspEl n. 060010374 - PIMENTEIRAS – PI, Ac. de 06/05/2021, Rel. Min. Tarcisio Vieira De Carvalho Neto. ELEIÇÕES 2020. [...] REGISTRO DE CANDIDATURA. VEREADOR. ART. 1º, I, D E J, DA LC Nº 64/90. [...] CONDENAÇÃO. AIME. ABUSO DE PODER. FRAUDE À COTA DE GÊNERO. PARTICIPAÇÃO. ANUÊNCIA. INELEGIBILIDADE CARACTERIZADA. SÚMULA Nº 30/TSE. DESPROVIMENTO. [...] 5. Como explanado na decisão atacada, a partir dos fragmentos da **decisão judicial prolatada na AIME**, citados no acórdão regional, verifica-se que o agravante, ao participar, em 11.8.2016, na condição de presidente do Partido Social Brasileiro, juntamente com os demais representantes das agremiações integrantes da coligação cassada, da reunião em que foram indicadas, para supostas vagas remanescentes, **candidaturas femininas, somente para, de forma ilícita, viabilizar as candidaturas masculinas** previamente escolhidas, praticou ou, no mínimo, anuiu à **fraude à cota de gênero**, o que, segundo a jurisprudência deste Tribunal, **desperta a inelegibilidade prevista no art. 1º, I, d, da LC nº 64/90**. Precedentes. [...]

[...] 2. O **conceito de fraude deve ser interpretado de forma ampla**, não se limitando às questões atinentes ao processo de votação. Nesse sentido, admite-se a alegação de **fraude em transferências de eleitores** alegadamente aptas a privilegiar candidaturas. Precedente. 3. As alegações de que as transferências eleitorais não foram associadas com o oferecimento de vantagem e de que a situação concreta difere da jurisprudência desta Corte não podem ser acolhidas. Tais argumentos apenas reforçam a necessidade de instrução probatória e o descabimento da extinção prematura do feito. (TSE, AgR-REspe n. 55749 - CARANAÍBA – MG, Ac. de 08/08/2019, Rel. Min. Edson Fachin)

Conceito de fraude e propositura de AIME. O Plenário do Tribunal Superior Eleitoral, por unanimidade, assentou que se enquadra no conceito de fraude, para fins de cabimento da ação de impugnação de mandato eletivo (art. 14, § 10, da Constituição Federal), a **violação do percentual de candidaturas exigido no § 3º, art. 10**, da Lei nº 9.504/1997, que dispõe: § 3º Do número de vagas resultante das regras previstas neste artigo, cada partido ou coligação preencherá o mínimo de 30% (trinta por cento) e o máximo de 70% (setenta por cento) para candidaturas de cada sexo. Na hipótese, o juízo da 24ª Zona Eleitoral/PI extinguiu, sem resolução do mérito, ação de impugnação de mandato eletivo ajuizada em desfavor de candidatos eleitos ao cargo de vereador, no pleito de 2012, sob a acusação de suposta fraude eleitoral caracterizada pela adulteração de documento e falsificação de assinaturas para o preenchimento do percentual mínimo de candidaturas previsto em lei. Em concordância, o Tribunal Regional Eleitoral manteve a decisão de piso ao argumento de que o conceito de fraude, para os fins de cabimento da ação de impugnação de mandato eletivo (AIME), é restritivo alcançando somente atos tendentes a afetar a vontade do eleitor. O Ministro Henrique Neves (relator) ressaltou inicialmente que o Tribunal de origem proferiu acórdão em consonância com o posicionamento até então adotado por esta

Corte, no sentido de que a fraude que enseja a AIME diz respeito ao processo de votação, nela não se inserindo questões alusivas à inelegibilidade ou a outros vícios passíveis de atingir, de forma fraudulenta, o processo eleitoral. Entretanto, o relator salientou a necessidade de superar esse entendimento, passando-se a interpretar o termo fraude, estampado no art. 14, § 10, da Constituição Federal, de forma ampla, a englobar todas as situações de fraude - inclusive a de fraude à lei - que possam afetar a normalidade das eleições e a legitimidade do mandato obtido. Ressaltou ainda que a AIME deve ser admitida como instrumento processual para preservar a legitimidade e a normalidade das eleições contra toda sorte de abuso, corrupção ou fraude, não cabendo impor limitações ao texto constitucional que não estejam previstas na própria Constituição Federal. Prosseguiu afirmando que a norma constitucional supracitada deve ser considerada com as demais regras e princípios contidos na Lei Maior, de forma a permitir a harmonização das hipóteses de cabimento da AIME com os fins legítimos das eleições que reflitam a vontade popular, livres de influências ilegítimas, tal como consta do § 9º do art. 14 da Constituição Federal. Dessa forma, concluiu que, na espécie, a extinção da ação de impugnação de mandato sem julgamento de mérito, ao fundamento de que a suposta violação do percentual mínimo de candidaturas não se enquadraria no conceito de fraude, deve ser reformada, possibilitando o devido prosseguimento da ação proposta. O Tribunal, por unanimidade, deu provimento ao recurso especial, determinando o retorno dos autos ao TRE do Piauí para, afastando o argumento de inviabilidade da via eleita, permitir que a ação de impugnação de mandato eletivo siga seu curso normal e legal, nos termos do voto do relator. (Recurso Especial Eleitoral n° 149, José Freitas/PI, rel. Min. Henrique Neves da Silva, em 4.8.2015)

Ação de impugnação de mandato eletivo. Art. 14, § 10, da Constituição da República. Candidato. Vereador. **Distribuição. Folhetos. Véspera. Eleição. Notícia. Desistência. Candidato adversário. Fraude eleitoral**. Configuração. Responsabilidade. Potencialidade. Comprovação. (...) Decisão. Tribunal Regional Eleitoral. Não cabimento. Erro grosseiro. Princípio da fungibilidade. Não-aplicação. (...). 2. A fraude eleitoral a ser apurada na ação de impugnação de mandato eletivo não se deve restringir àquela sucedida no exato momento da votação ou da apuração dos votos, podendo-se configurar, também, por **qualquer artifício ou ardil que induza o eleitor a erro**, com possibilidade de influenciar sua vontade no momento do voto, favorecendo candidato ou prejudicando seu adversário. Agravo de instrumento provido. Recurso especial conhecido parcialmente, mas improvido. (TSE, Agravo de Instrumento n.º 4.661, de 15.6.2004, Rel. Min. Fernando Neves)

Ac.-TSE de 11.11.2021, no AgR-TutCautAnt n. 060040024: hipótese de indeferimento do Drap e possibilidade de cassação da coligação quando verificada **fraude à quota de gênero**.

Ac.-TSE de 28.5.2020, no AgR-REspe n. 68565: "Ações que discutem **fraude à cota de gênero**, sejam AIJE ou AIME, não podem ser extintas com fundamento na ausência dos candidatos suplentes no polo passivo da demanda".

Ac.-TSE de 17.9.2019, no REspe n. 19392: caracterizada a **fraude na cota de gênero**, prescinde-se, para fim de perda de diploma, de prova inconteste da participação ou da anuência de todos os candidatos beneficiários que compuseram as coligações. Tal

> comprovação é imprescindível apenas para impor aos beneficiários sua **inelegibilidade para eleições futuras**.
>
> Res. TSE n. 23.609/2019, com redação dada pela Res. TSE n. 23.675/2021
>
> Art. 20. Os pedidos de registro serão compostos pelos seguintes formulários gerados pelo CANDex:
>
> I - Demonstrativo de Regularidade de Atos Partidários (DRAP);
>
> II - Requerimento de Registro de Candidatura (RRC);
>
> III - Requerimento de Registro de Candidatura Individual (RRCI).
>
> § 1º Os formulários assinados, de forma manual ou eletrônica, deverão ficar sob a guarda dos respectivos partidos políticos ou federações, ou, sendo o caso, da(o) representante da coligação, até o término do prazo decadencial para propositura das ações eleitorais, permanecendo a obrigação em caso de ajuizamento de ação que verse sobre a validade do DRAP, a veracidade das candidaturas ou outros fatos havidos na convenção partidária, até o respectivo trânsito em julgado. (Redação dada pela Resolução nº 23.675/2021)
>
> [...]
>
> § 5º A conclusão, nas ações referidas no § 1º deste artigo, pela utilização de **candidaturas femininas fictícias**, acarretará a **anulação de todo o DRAP e a cassação de diplomas ou mandatos de todas as candidatas e de todos os candidatos** a ele vinculados, independentemente de prova de sua **participação, ciência ou anuência**, com a consequente **retotalização dos resultados** e, **se a anulação atingir mais de 50% (cinquenta por cento) dos votos da eleição proporcional**, a convocação de novas eleições. (Incluído pela Resolução nº 23.675/2021)

E a **corrupção** se apresenta quase sempre – mas não necessariamente – identificada com a descrição típica do art. 41-A: dar, oferecer, prometer ou entregar vantagem pessoal de qualquer natureza ao eleitor, com o fim de obter-lhe o voto. Como a AIME é ação constitucional de garantia da lisura das eleições, necessário emprestar ao seu texto a máxima eficácia possível. Assim, a expressão "corrupção" – considerada a sua densidade normativa – não deve se limitar ao seu sentido legal, identificado apenas com os arts. 41-A, da Lei n. 9.504/97, e 299, do Código Eleitoral. Ao contrário, deve ser tomada no seu sentido coloquial, para alcançar toda ação que venha a alterar, decompor, deteriorar, desvirtuar ou devastar as condições naturais da disputa, introduzindo-lhe fatores estranhos e artificiais.

"Ação de impugnação de mandato eletivo. Corrupção. Caracteriza corrupção a **promessa de, caso os candidatos se elejam, assegurar a permanência de pessoas em cargos na Prefeitura Municipal**, certamente em troca de votos ou de apoio político-eleitoral. Reconhecidas a potencialidade e a gravidade da conduta, devem ser cassados os mandatos do Prefeito e do Vice-Prefeito, com a posse da chapa segunda colocada. [...]" *(Ac. de 18.12.2007 no REspe nº 28.396, rel. Min. Arnaldo Versiani.)*

5. Legitimação ativa. Desistência do legitimado: MPE assume a titularidade. Assistência litisconsorcial

Como já se havia antecipado, a jurisprudência eleitoral firmou-se no sentido de que são **ativamente legitimados** para a AIME o Ministério Público, os partidos políticos, as coligações e os candidatos. O TSE, ao consolidar o entendimento de que se aplica a esta ação de impugnação o procedimento do art. 3º e ss., da LC n. 64/90, acaba por admitir a legitimidade ali mencionada. Acresce-se àquele rol a federação partidária, instituída pela Lei n. 14.208/2021 (art. 11-A, da Lei n. 9.096/95). Embora alguns autores insistam em conferir legitimidade aos eleitores e até mesmo a associações, sindicatos, etc.,[422] o TSE não adotou tal entendimento.

> [...] 4. Esta Corte já decidiu que: a) *"o* **candidato** *é parte legítima para interpor recurso contra a expedição de diploma, ainda que não tenha benefício direto com o provimento do recurso, uma vez que, em última análise, nos feitos eleitorais há interesse público na lisura das eleições"* (RCED nº 642/SP, Rel. Min. Fernando Neves, *DJ* de 17.10.2003); e b) *"findo o processo eleitoral, o* **partido** *coligado tem legitimidade para propor ação de impugnação de mandato eletivo e recurso contra expedição de diploma* [...]" (AgR-REspe nº 20977/SP, Rel. Min. Luiz Carlos Madeira, *DJ* de 27.6.2003). Incide ao caso, portanto, a Súmula nº 30/TSE. (TSE, REspe n. 060052529 - TIANGUÁ – CE, Ac. de 24/09/2019, Rel. Min. Tarcisio Vieira De Carvalho Neto)

O Ministério Público, com seu perfil constitucional de defensor do regime democrático, tem papel de destaque na ação de impugnação do mandato eletivo. Se não for ele seu autor, terá que necessariamente funcionar como **fiscal da ordem jurídica**, acompanhando todo o procedimento, produzindo provas e requerendo diligências, enfim, contribuindo ativamente para o descobrimento da verdade real. Tudo porque, segundo o art. 72 da Lei Complementar n. 75/93, a Instituição atuará em todas as fases e instâncias do processo eleitoral. E mais, terá o *Parquet* que **assumir a titularidade da ação**, caso o seu autor venha dela desistir, exatamente para garantir que a composição de interesses nem sempre legítimos e republicanos entre impugnante (partido político, federação, coligação ou candidato) e impugnado venha desprestigiar o bem jurídico tutelado, que consiste na normalidade e na legitimidade das eleições.

> "O Ministério Público, por incumbir-lhe a defesa da ordem jurídica, do regime democrático e dos interesses sociais e individuais indisponíveis (art. 127 da CF), é parte legítima para, em face da desistência da AIME pelo autor, **assumir a sua titularidade** e requerer o prosseguimento do feito. (...)." (Rec. Ordinário n. 04/DF, Rel. Min. Maurício Corrêa, 17/3/1998 – Grifei)
>
> RESPE n. 154666 - BIRIGUI – SP, Ac. de 22/11/2016, Rel. Min. Luiz Fux. ELEIÇÕES 2012. AÇÃO DE IMPUGNAÇÃO DE MANDATO ELETIVO (AIME). [...] 1. O *Parquet* eleitoral possui **legitimidade para assumir a titularidade recursal**, nas hipóteses em que houver pedido de desistência por parte do Agravante, ante o **hibridismo ínsito ao processo eleitoral**, que tutela não apenas as **pretensões subjetivas**, mas também visa salvaguardar **interesses transindividuais**, *e.g.* a higidez, a normalidade e legitimidade do prélio. [...]

[422] COSTA, Tito. *Recursos em matéria eleitoral*. 6. ed., São Paulo: RT, p. 188.

Ainda sob o mesmo argumento de que o eleitor não tem legitimidade ativa para a AIME, o Tribunal Regional Eleitoral de Minas Gerais teve oportunidade de indeferir pedido de eleitor para ingressar na ação como *assistente litisconsorcial* (Pedido de Assistência na AIME n. 3.463/02).

6. Legitimação passiva. Litisconsórcio passivo

No **polo passivo** da AIME deve figurar o candidato eleito e diplomado, cujo mandato é então impugnado. Mais uma vez surge a questão relativa à formação do **litisconsórcio passivo** com o Vice do Prefeito, do Governador ou do Presidente, quando forem estes os impugnados; e também com os suplentes do Senador, posto que todos estes cargos são disputados pelo sistema majoritário. Tudo porque a disputa das eleições majoritárias se dá por chapa una e indivisível, como prenunciado pelo art. 91 do Código Eleitoral. Se "o voto dado ao candidato a Presidente da República entender-se-á dado também ao candidato a vice-presidente, assim como o dado aos candidatos a governador, senador, [...], prefeito e juiz de paz entender-se-á dado ao respectivo vice ou suplente" (art. 178 do CE), conclui-se que titular e vice/suplentes, sendo eleitos com o mesmo voto, terão de ser desconstituídos do mandato no caso de abuso do poder, fraude ou corrupção, já que esses vícios contaminam, a um só tempo, a eleição do titular e do vice/suplentes. Se esses vícios beneficiaram a chapa, que é una e indivisível, não é possível impugnar e, mais ainda, apear do cargo – em caso de procedência do pedido veiculado na AIME – apenas o titular, pois o vice/suplentes também foi beneficiado e conduzido ao mandato pela mesma conduta ilícita. Como esta ação constitucional visa a proteger a lisura do pleito e a legitimidade do mandato, titular e vice/suplentes, que acessaram o mandato pela via do ilícito, devem ter ambos os mandatos desconstituídos. Não há dúvida de que a decisão de procedência da AIME impõe a desconstituição dos mandatos do titular e do vice/suplentes, convocando-se nova eleição. Até 2015, o art. 224, do Código Eleitoral, previa a realização de nova eleição apenas quando os votos dos cassados atingissem mais de 50% dos votos da circunscrição da disputa. Do contrário, chamava-se à diplomação e à posse a chapa classificada em segundo lugar na votação. O § 3º, do mencionado art. 224, acrescentado pela Lei n. 13.165/2015, determina novas eleições majoritárias sempre, qualquer que tenha sido a votação dos cassados. A questão é saber se o litisconsórcio é **necessário ou facultativo**.

Sabe-se que o litisconsórcio será necessário quando houver entre os demandados "comunhão de direitos ou de obrigações relativamente à lide" (art. 113, CPC/2015), ou quando "por disposição de lei ou pela natureza da relação jurídica, o juiz tiver de decidir a lide de modo uniforme para todas as partes" (114, do CPC/2015). Sabendo-se que Prefeito e Vice, por exemplo, formam uma chapa una e indivisível e que o voto do eleitor é manifestado uma única vez, porque na chapa e não num ou noutro dos candidatos, parece indiscutível que a relação jurídica de direito material determina a formação do litisconsórcio passivo necessário, posto que há evidente comunhão de interesses entre eles e porque a decisão afetará ambos igualmente.

Nessa linha de ideias, o legitimado ativo deve tomar o especial cuidado de formular sua pretensão de desconstituição de mandato, tanto em relação ao titular como ao seu vice/suplentes. Dito de outra forma, a petição inicial deve qualificar expressamente todos quantos compõem a chapa impugnada (Prefeito e Vice; Governador e Vice; Presidente e Vice; Senador e suplentes) e terminar por requerer-lhes, também expressamente, a citação. Tudo isso porque "a eficácia da sentença dependerá da citação de todos os litisconsortes no processo." (art. 114, do CPC/2015).

Esse cuidado na formação do litisconsórcio necessário, que todo demandante deve ter, na AIME se acentua porque a sua inobservância pode conduzir o direito de impugnar o mandato eletivo à decadência. Já salientado que os legitimados ativos têm o prazo de quinze dias, contados da diplomação, para o ajuizamento da AIME. Esse prazo é decadencial, ficando o direito de impugnar fulminado ao seu final. Se a ação, não obstante proposta dentro da quinzena legal, não se dirigir também ao vice/suplentes, na condição de litisconsorte passivo, terá o autor que diligenciar o aditamento da inicial, ainda dentro daquele prazo. Se isso não for feito, a conclusão é que o mandato do vice/suplentes não terá sido impugnado no prazo decadencial previsto na norma constitucional. Como o litisconsórcio é necessário e como a sentença não poderá produzir efeitos em relação àquele em desfavor de quem não foi proposta a ação (vice ou suplentes), e, portanto, não foi citado e não compõe a relação jurídica processual, o processo terá de ser extinto, na forma do art. 332, § 1º, do CPC/2015 sem pronunciar-se o Juiz a respeito da desconstituição do mandato, exatamente porque não se admite essa solução apenas em relação ao titular, conservando-se o mandato do vice/suplentes. Ou seja, não será possível ao Juiz dar prosseguimento ao processo, apenas contra o titular, para ao final desconstituir o seu mandato tão somente, conservando o do vice/suplentes, porque, repita-se, a chapa é una e indivisível, daí que os vícios que levam à desconstituição do mandato de um também levam à desconstituição do outro.

A reiterada jurisprudência do TSE, no sentido do litisconsórcio passivo necessário, resultou na edição da Súmula n. 38:

> SÚMULA Nº 38/TSE
>
> Nas ações que visem à cassação de registro, diploma ou mandato, há litisconsórcio passivo necessário entre o titular e o respectivo vice da chapa majoritária.

Não foi sempre esse o pensamento da jurisprudência, entretanto. Houve um tempo em que os tribunais eleitorais entendiam que o litisconsórcio entre o titular e o vice/suplente era facultativo, hipótese em que ficava a critério do autor dirigir o pedido apenas em face do titular. E, sendo este o caso, o litisconsórcio passivo era também unitário, à consideração de que a sentença de procedência atingia também o vice/suplente, cujo mandato restava igualmente desconstituído. Muito mais, percebe-se, por força do direito material em discussão, do que por incidência das normas processuais pertinentes. É que, repita-se, a chapa é eleita com um só voto (o eleitor, votando no titular, está votando automaticamente no vice/suplentes), porque una e indivisível. Daí que, desconstituindo-se o mandato do titular, por reconhecimento do abuso de poder, fraude ou corrupção, desconstituído também o do vice/suplentes.

Como a sentença de procedência da AIME leva a esse resultado, parece não ser a melhor solução, sob o ponto de vista do direito processual, que o vice/suplentes suporte os efeitos da decisão de procedência, ou seja, a desconstituição do seu mandato sem que tenha sido demandado, que tenha sido citado e que tenha tido oportunidade de defender-se, ou seja, que não se tenha observado, em relação a ele, os princípios constitucionais do contraditório e da ampla defesa. O argumento que sustentava a tese de litisconsórcio passivo facultativo consistia na afirmação de que o vice/suplentes tem uma relação jurídica de subordinação para com o titular da chapa, já que não era ele votado, senão reflexamente. É verdade, e isso já foi salientado aqui, que os votos eram dados apenas ao titular, cujo nome era o único que aparecia na cédula eleitoral, ou na urna eletrônica, pegando o vice/suplentes uma espécie de "carona", determinada pela lei, nos votos dados àquele. Com a evolução do sistema de votação e da própria legislação, o vice/suplentes aparece na propaganda eleitoral e na tela da urna eletrônica, deixando claro ao eleitor que ele vota em ambos os candidatos de uma só vez. Se o vice/suplente assume o destino do titular para o efeito da eleição, assumiria também para a desconstituição do mandato.

> "A desnecessidade da citação do vice-prefeito, quando se discute a cassação do diploma do prefeito, é matéria já debatida e pacificada na jurisprudência da Corte." (TSE, Acórdão n. 3.395, de 13/8/2002, Rel. Min. Sálvio de Figueiredo Teixeira – Grifei)
>
> "Litisconsórcio passivo necessário: inexistência: candidato a vice-prefeito na representação contra candidato a prefeito por violação do art. 73, da Lei n. 9.504/97: precedentes." (TSE, Acórdão n. 3.228, de 21/10/2002, Rel. Min. Sepúlveda Pertence - Grifei)
>
> "Citação de vice-prefeito em investigação judicial. Não obrigatoriedade..." (TSE, Acórdão n. 19.792, de 27/2/2003, Rel. Min. Sálvio de Figueiredo Teixeira)

Como salientado, com a Lei n. 12.034/2009, que incluiu o § 4º ao art. 36, da Lei n. 9.504/97, passou a ser obrigatório incluir o vice/suplente na propaganda eleitoral, de forma clara e legível, com garantia de pelo menos 10% do espaço. Posteriormente, a Lei n. 13.165/2015 alterou a redação do dispositivo e elevou esse percentual para 30%.

De outro lado, a jurisprudência firmou-se no sentido de que só devem integrar o polo passivo da AIME os candidatos que venceram o pleito e foram diplomados. Isto pelo fato de a mencionada ação visar precipuamente a desconstituição do mandato eletivo.

> [...] 1. Na linha da jurisprudência consolidada desta Corte Superior, "na ação de impugnação do mandato eletivo, o polo passivo deve ser ocupado por **candidatos eleitos diplomados**, pois a sanção buscada é a perda do mandato" (AI nº 1002-22/MG, Rel. Min. Admar Gonzaga, DJe de 8.2.2019). No mesmo sentido: Recursos Especiais nº 106-65/SP, 102-28/SP e 101-43/SP, todos de relatoria do Ministro Jorge Mussi, DJe de 29.6.2017.
>
> 2. Tendo em vista que o objetivo precípuo da AIME é a desconstituição de mandato de quem eleito e devidamente diplomado, nenhum provimento judicial aproveitaria ao prefeito que antecedeu os recorrentes no Executivo municipal - apontado como o **responsável pela prática das condutas em apuração** -, que não mais ocupa mandato eletivo passível de anulação nesta via, não havendo, portanto, que se cogitar de sua necessária participação no polo passivo da demanda.

> 3. Por conseguinte, tendo em vista a regularidade da conformação, no prazo estipulado pelo art. 14, § 10, da Constituição Federal, do polo passivo da demanda ora em apreço, integrado apenas pelos candidatos diplomados, não há que se perquirir acerca da decadência do direito de propor a AIME. [...]
>
> RESPE n. 142 - PILÃO ARCADO – BA, Ac. de 19/11/2019, Rel. Min. Tarcisio Vieira De Carvalho Neto - DJE de 17/12/2019

O Tribunal, entretanto, precisa revisitar o tema, tendo em vista que a decisão de procedência da é apta – segundo o atual entendimento da Corte – à configuração da inelegibilidade prevista no art. 1º, I, alínea "d", da LC n. 64/90. E nem sempre o agente do abuso é o candidato ou apenas ele. Ao contrário, não raro terceiros participam dos atos abusivos e, por isso, devem também ser alcançados pela inelegibilidade, como recomenda o art. 22, XIV, da mesma Lei das Inelegibilidades. Então, sempre que a inicial da AIME veicular a prática do abuso de poder, corrupção ou fraude com autoria ou participação de terceiros, necessário admitir que estes formem com o candidato beneficiado o polo passivo, para que a decisão de procedência possa alcançá-los, pelo menos no que diz com a inelegibilidade.

Outra situação a merecer reflexão é a AIME que veicula, como causa de pedir, a fraude na cota de gênero. Como se sabe e já abordado acima, essa fraude à lei (art. 10, § 3º, da Lei n. 9.504/97) consiste em o partido lançar na sua lista de candidatos às eleições proporcionais candidaturas femininas fictícias, apenas para atingir os 30% exigidos e, com isso, ter o seu DRAP deferido (e, portanto, conseguir participar das eleições). A procedência da AIME implicará na desconstituição não só dos mandatos dos eleitos, como também de todos os suplentes daquele partido, já que se trata de vício de origem, ou seja, de fraude sem a qual o partido – e, portanto, nenhum de seus candidatos – teria sequer participado da disputa. Como a decisão alcançará toda a lista de candidatos às eleições proporcionais, há que ser admitida a formação do litisconsórcio passivo com todos eles, sob pena de a decisão atingir quem não participa da relação processual. Os TRE's de São Paulo, do Maranhão e do Mato Grosso já tiveram a oportunidade de se manifestar neste sentido.

> [...] I - A discussão a respeito de candidaturas fictícias, lançadas apenas para atender patamares exigidos pela legislação eleitoral (art. 10, § 3º, da Lei nº 9.504/97), exige a formação de litisconsórcio passivo necessário entre **todos os integrantes da coligação proporcional**, vez que eventual reconhecimento de fraude implicaria na cassação do registro ou do diploma de todos os candidatos que foram diretamente beneficiados pela suposta fraude no cumprimento da cota de gênero, na medida em que serviu de suporte para que o DRAP da coligação fosse deferido. (Recurso Eleitoral n 115, Ac. n. 26748, de 30/07/2018, Rel. Ricardo Gomes de Almeida, DEJE-MT - Tomo 2703, de 09/08/2018)
>
> [...] Suscitadas de ofício a ilegitimidade passiva da coligação PTB/PMDB, [...], bem como a não formação do litisconsórcio passivo necessário entre todos os candidatos eleitos e suplentes integrantes da chapa proporcional. Extinção do feito sem resolução de mérito em relação à coligação e aos partidos supramencionados e extinção do feito com resolução de mérito em razão da decadência do direito de ação.

(RECURSO n. 221, Ac. de 22/02/2018, Rel. Manuel Pacheco Dias Marcelino, DJESP do TRE-SP, de 01/03/2018)

[...] I - A discussão a respeito de candidaturas fictícias, lançadas apenas para atender patamares exigidos pela legislação eleitoral (art. 10, § 3º, da Lei nº 9.504/97), exige a formação de litisconsórcio passivo necessário entre **todos os integrantes da coligação proporcional**, vez que eventual reconhecimento de fraude implicaria na cassação do registro ou do diploma de todos os candidatos que foram diretamente beneficiados pela suposta fraude no cumprimento da cota de gênero, na medida em que serviu de suporte para que o DRAP da coligação fosse deferido. [...] (RECURSO ELEITORAL n. 1020, Ac. n. 20699 de 19/06/2018, Rel. Júlio César Lima Praseres, DJE-MA, Tomo 115, de 25/06/2018)

Em sentido diverso, decidiu o TREMG nos RE n. 108520 (Ac. de 26/03/2018, Rel. Antônio Augusto Mesquita Fonte Boa, DJEMG-TREMG, Tomo 061, de 10/04/2018), n. 108872 (Ac. de 26/03/2018, Rel. Antônio Augusto Mesquita Fonte Boa, DJEMG-TREMG, Tomo 061, de 10/04/2018) e n. 48437 (Ac. de 03/05/2018, Rel. Ricardo Matos de Oliveira, DJEMG-TREMG, Tomo 086, de 16/05/2018).

O TSE, por seu turno, tem entendido que o litisconsórcio passivo com os suplentes é apenas facultativo, tendo em vista que, não tendo conquistado vaga efetiva, têm apenas expectativa de assumir mandatos.

REspEl - AgrRREspEl n.133 - ITACARÉ – BA, Ac. de 22/04/2021, Rel. Min. Luís Roberto Barroso. ELEIÇÕES 2016. AÇÃO DE IMPUGNAÇÃO DE MANDATO ELETIVO. VEREADOR. FRAUDE. COTA DE GÊNERO. ANULAÇÃO DO DRAP. SUPLENTES. MERA EXPECTATIVA DE DIREITO. LITISCONSÓRCIO PASSIVO NECESSÁRIO. INEXISTÊNCIA. [...] 2. Hipótese em que o TRE/BA, de ofício, pronunciou decadência, por ausência de candidatos suplentes no polo passivo da demanda, julgando prejudicado o referido recurso e extinguindo o feito sem resolução do mérito. 3. Conforme assentado na decisão agravada, este Tribunal Superior, no julgamento conjunto dos AgR–REspe nº 685–65/MT e no REspe nº 684–80/MT, firmou entendimento no sentido de que: (i) as ações que discutem fraude à cota de gênero (AIJE ou AIME) não podem ser extintas com fundamento na ausência dos suplentes no polo passivo da demanda. Isso porque eles são detentores de **mera expectativa de direito**, de forma que os efeitos decorrentes da invalidação do DRAP os atingem apenas de modo indireto; e (ii) os suplentes são **litisconsortes meramente facultativos** e, embora possam participar do processo, sua inclusão no polo passivo não é pressuposto necessário para a viabilidade da ação. [...]

No REspe n. 193-92.2016.6.18.0018/PI, decidido em 17 de setembro de 2019, o TSE assim se posicionou:

RECURSOS ESPECIAIS. ELEIÇÕES 2016. VEREADORES. PREFEITO. VICE-PREFEITO. AÇÃO DE INVESTIGAÇÃO JUDICIAL ELEITORAL (AIJE). ART. 22 DA LC 64/90. FRAUDE. COTA DE GÊNERO. ART. 10, § 3º, DA LEI 9.504/97.

1. O TRE/PI, na linha da sentença, reconheceu fraude na quota de gênero de 30% quanto às candidaturas das coligações Compromisso com Valença I e II ao cargo de vereador nas Eleições *2016*, fixando as seguintes sanções: a) cassação dos registros das cinco candidatas que incorreram no ilícito, além de sua inelegibilidade por oito anos;

b) cassação dos demais candidatos registrados por ambas as chapas, na qualidade de beneficiários. [...]

PRELIMINAR. **LITISCONSÓRCIO PASSIVO NECESSÁRIO**. DIRIGENTES PARTIDÁRIOS. SÚMULA 24/TSE. REJEIÇÃO. O TRE/PI assentou inexistir prova de que os presidentes das agremiações tinham conhecimento da fraude, tampouco que anuíram ou atuaram de modo direto ou implícito para sua consecução, sendo incabível citá-los para integrar a lide como litisconsortes passivos necessários. Concluir de forma diversa esbarra no óbice da Súmula 24/TSE.

TEMA DE FUNDO. FRAUDE. COTA DE GÊNERO. ART. 10, § 3º, DA LEI 9.504/97. ROBUSTEZ. GRAVIDADE. AFRONTA. GARANTIA FUNDAMENTAL. ISONOMIA. HOMENS E MULHERES. ART. **5º**, 1, DA CF/88.

A fraude na cota de gênero de candidaturas representa afronta à isonomia entre homens e mulheres que o legislador pretendeu assegurar no art. 10, § 3º, da Lei 9.504/97 - a partir dos ditames constitucionais relativos à igualdade, ao pluralismo político, à cidadania e à dignidade da pessoa humana - e a prova de sua ocorrência deve ser robusta e levar em conta a soma das circunstâncias fáticas do caso, o que se demonstrou na espécie.

A extrema semelhança dos registros nas contas de campanha de cinco candidatas - tipos de despesa, valores, data de emissão das notas e até mesmo a sequência numérica destas - denota claros indícios de maquiagem contábil. A essa circunstância, de caráter indiciário, somam-se diversos elementos específicos. [...]

CASSAÇÃO. TOTALIDADE DAS CANDIDATURAS DAS DUAS COLIGAÇÕES. LEGISLAÇÃO. DOUTRINA. JURISPRUDÊNCIA.

Caracterizada a fraude e, por conseguinte, comprometida a disputa, **não se requer, para fim de perda de diploma de todos os candidatos beneficiários que compuseram as coligações, prova inconteste de sua participação ou anuência**, aspecto subjetivo que se revela imprescindível apenas para impor **a** eles inelegibilidade para eleições futuras. Precedentes.

Indeferir apenas as candidaturas fraudulentas e as menos votadas (feito o recálculo da cota), preservando-se as que obtiveram maior número de votos, ensejaria inadmissível brecha para o registro de "laranjas", com verdadeiro incentivo a se "correr o risco", por inexistir efeito prático desfavorável. O registro das candidaturas fraudulentas possibilitou maior número de homens na disputa, cuja soma de votos, por sua vez, contabilizou-se para as respectivas alianças, culminando em quociente partidário favorável a elas (art. 107 do Código Eleitoral), que puderam então registrar e eleger mais candidatos.

O círculo vicioso não se afasta com a glosa apenas parcial, pois a negativa dos registros após a data do pleito implica o aproveitamento dos votos em favor das legendas (art. 175, §§ 3º e 4º, do Código Eleitoral), evidenciando-se, mais uma vez, o inquestionável benefício auferido com a fraude. A adoção de critérios diversos ocasionaria casuísmo incompatível com o regime democrático. Embora o objetivo prático do art. 10 § 3º, da 9.504/97 seja incentivar a presença feminina na política, a cota de 30% é de gênero. Manter o registro das candidatas também afrontaria a norma, em sentido contrário ao que usualmente ocorre.

INELEGIBILIDADE. NATUREZA PERSONALISSIMA. PARCIAL PROVIMENTO.

> Inelegibilidade constitui sanção personalíssima que incide apenas perante quem cometeu, participou ou anuiu com a prática ilícita, e não ao mero beneficiário.
>
> Precedentes.
>
> Embora incabível aplicá-la indistintamente a todos os candidatos, constata-se a anuência de Leonardo Nogueira (filho de lvaltânia Nogueira) e de Antônio Gomes da Rocha (esposo de Maria Eugênia de Sousa), os quais, repita-se, disputaram o mesmo pleito pela mesma coligação, sem notícia de animosidade familiar ou política, e com ambas atuando na candidatura daqueles em detrimento das suas.
>
> CASSAÇÃO. DIPLOMAS. PREFEITA E VICE-PREFEITO. AUSÊNCIA. REPERCUSSÃO. SÚMULA 24/TSE.
>
> Não se vislumbra de que forma a fraude nas candidaturas proporcionais teria comprometido a higidez do pleito majoritário, direta ou indiretamente, ou mesmo de que seria de responsabilidade dos candidatos aos cargos de prefeito e vice-prefeito. Conclusão diversa esbarra na Súmula 24/TSE.
>
> CONCLUSÃO. MANUTENÇÃO. PERDA. REGISTROS. VEREADORES. EXTENSÃO. INELEGIBILIDADE. IMPROCEDÊNCIA. CHAPA MAJORITÁRIA.
>
> Recursos especiais dos candidatos ao cargo de vereador pelas coligações Compromisso com Valença I e II desprovidos, mantendo-se cassados os seus registros, e recurso da Coligação Nossa União é com o Povo parcialmente provido para impor inelegibilidade a Leonardo Nogueira e Antônio Gomes da Rocha, subsistindo a improcedência quanto aos vencedores do pleito majoritário, revogando-se a liminar e executando-se o aresto logo após a publicação (precedentes).

7. Assistência do partido do impugnado

Não há **litisconsórcio com o partido político/federação/coligação** a que pertença o candidato impugnado, podendo aquele exercer no máximo a assistência litisconsorcial. É a solução lembrada por Lauro Barreto,[423] que tem respaldo na jurisprudência dos Tribunais Eleitorais.

De tão reiterada a jurisprudência, o TSE editou a súmula n. 40:

> SÚMULA Nº 40/TSE
>
> O partido político não é litisconsorte passivo necessário em ações que visem à cassação de diploma.

8. Procedimento: art. 3º, da LC n. 64/90. Testemunhas. Escuta ambiental

Quanto ao **procedimento** a ser observado na AIME, a única regra legislativa a respeito é aquela contida no art. 14, § 11, da CF/88:

> "A ação de impugnação de mandato tramitará em segredo de justiça, respondendo o autor, na forma da lei, se temerária ou de manifesta má-fé."

[423] BARRETO, Lauro. *Investigação judicial eleitoral e ação de impugnação de mandato eletivo*, p. 70.

Como até hoje não há lei infraconstitucional regulamentando o procedimento a ser adotado para a AIME, a jurisprudência, num primeiro momento, entendeu ser aplicável o procedimento comum ordinário, por aplicação subsidiária do CPC. Pouco a pouco, foi perdendo fôlego a discussão que se travava, inicialmente, quanto à pertinência de adoção do procedimento da Investigação Judicial Eleitoral do art. 22 da Lei Complementar n. 64/90, já que a jurisprudência eleitoral tomou o rumo do procedimento comum ordinário do processo civil.

A tendência para o procedimento comum ordinário do CPC levou em conta que este possibilita ampla produção de provas a respeito dos fatos alegados pelas partes, na inicial e na contestação, daí que, sob este ângulo, realmente se mostrava mais adequado. Isso porque as provas do abuso de poder, da fraude e da corrupção, mencionados no art. 14, § 10, da CF/88, que conduzem à procedência do pedido, não devem, necessariamente, acompanhar a inicial. Ou seja, a AIME não exige prova pré-constituída dos vícios que terão contaminado as eleições. Esta questão foi amplamente discutida pelo TSE no notório caso da chapa "Dilma-Temer", em que o Tribunal, por maioria, admitiu o processamento do pedido e a produção das provas no curso da instrução. Então, àquelas provas que o legitimado ativo trouxer com sua inicial, somam-se as que serão produzidas na fase instrutória do procedimento ordinário, por meio de perícias, testemunhas, etc., devendo-se lembrar que o Juiz "formará sua convicção pela livre apreciação dos fatos públicos e notórios, dos indícios e presunções e prova produzida, atentando para circunstâncias ou fatos, ainda que não indicados ou alegados pelas partes, mas que preservem o interesse público de lisura eleitoral" (art. 23, da LC n. 64/90, na mesma linha do que dispunha o art. 9º da LC n. 05/70, porém mais contundente).

A leitura atenta desse dispositivo complementar revela um recado importante, que é dirigido ao Juiz Eleitoral. Em matéria eleitoral, como já se disse mais de uma vez, há um bem jurídico inalienável e impostergável que deve ser tutelado sempre, que é a lisura e normalidade das eleições, a ser protegido contra a influência do abuso de poder. As práticas abusivas são normalmente perpetradas às escondidas, clandestinamente, cuidando os seus agentes para que permaneçam elas à distância dos olhos da Justiça Especializada. Em razão dessa particularidade, o legislador complementar quer o Juiz, mais que nunca, de olhos e ouvidos abertos para perceber o abuso onde quer que ele se esconda. Então, além da prova direta produzida nos autos, os indícios e presunções também concorrem para a formação da convicção do julgador. Mas não é só: sabe-se que o processo eleitoral viciado pelo abuso de poder é muito mais sentido e percebido do que traduzido em provas, até porque um pacto de silencio é formado entre corruptor e corrupto que inviabiliza o seu reconhecimento se o julgador ficar preso às provas dos autos. Sensível a esta realidade do processo eleitoral, a Lei Complementar n. 64/90 autorizou o Juiz Eleitoral a formar sua convicção a partir de fatos públicos e notórios e de circunstâncias ou fatos que não tenham sido sequer indicados ou alegados pelas partes. Na verdade, e em síntese, o Juiz deve estar no "mundo das eleições", percebendo seus movimentos, não se admitindo que se isole no fundamento de que "o que não está nos autos não está no mundo para o Juiz".

O Min. Torquato Jardim, do TSE, assegurou:

> "O que faz a norma, ao tutelar valores fundamentais à eficácia social do regime democrático representativo, é exigir do Juiz sua imersão total no meio social e político no qual exerça seu mister; é impor-lhe vivência com a realidade sociológica e as nuances do processo político que, por intermédio do direito positivo com as peculiaridades inerentes à imparcialidade de decisão do Judiciário, deve ele, provocado na forma da lei, controlar, com o fim de assegurar a normalidade e a legitimidade das eleições e o interesse público de lisura eleitoral. *Não lhe permite a norma pretender ignorar o que dos autos não conste*; ao contrário, exige-lhe a lei, que instrumente a realidade legal e a eficácia social da Constituição, que acompanhe ele a vida social e política de sua comunidade. De distante e pretensiosamente diferente observador da cena à sua volta, torna-se o julgador, por imposição legal, um *spectateur engagé* – na feliz expressão com que se descreveu a vida intelectual de Raimond Aron." (Min. Torquato Jardim, do TSE, no Recurso n. 9.354, Porto Alegre/RS, Acórdão 13.428, *Revista de Jurisprudência do TSE*, v. 6, n. 1, p. 332 – Grifei)

Tudo porque, continua o Ministro,

> "no mesmo plano de eficácia legal que a prova produzida e os fatos alegados pelas partes, estão os fatos públicos e notórios, os indícios e presunções, e as circunstâncias ou fatos mesmo que sequer alegados pelas partes. Dir-se-á que essa interpretação confere ao juiz latitude por demais ampla no julgamento do feito, pois que muito de sutilezas não comensuráveis destilaria para a sentença. O argumento, todavia, não procede. Não procede porque o bem jurídico tutelado não é nem a vida, nem a liberdade, nem a propriedade. Fosse qualquer deles e certamente a lei não contemplaria a possibilidade do juiz decidir com base em indícios e presunções, em circunstâncias ou fatos ausentes dos autos. A presunção de inocência, o devido processo legal, o contraditório e a ampla defesa (Constituição, art. 5º, LIV, LV, LVII, LVIII), obviamente, a tanto se oporiam. Aqui, contudo, o bem jurídico tutelado é de natureza coletiva, indivisível, do interesse de todos, para o qual irrelevante a vontade ou o interesse individual, qual seja, o sufrágio universal mediante voto direto e secreto, imune às manipulações e à influência do poder econômico e ao abuso do exercício de função, cargo ou emprego na administração direta ou indireta, sem o que, na presunção da Constituição e da Lei Complementar, não se protegerá a normalidade e legitimidade das eleições, nem se preservará o interesse público de lisura eleitoral."

Não obstante seja o procedimento comum ordinário do CPC mais amplo, a jurisprudência já vinha reconhecendo não haver nulidade pela adoção do procedimento da investigação judicial da Lei Complementar n. 64/90 (art. 22), quando ao impugnado tivesse sido dada oportunidade de ampla defesa, porque então não teria havido prejuízo.

> "... Cerceamento de defesa. Alegação de que o MM. Juiz Eleitoral aplicou o rito previsto na Lei Complementar 64/90. Os impugnados foram devidamente intimados de todos os atos e tiveram oportunidade de defesa no processo. Rejeitada... Não há falar em nulidade decorrente de adoção de rito processual distinto do aplicável à ação de impugnação de mandato eletivo, uma vez que não houve demonstração de prejuízo pelos ora recorrentes..." (TRE-MG, Rec. em AIME n. 770/01, Coração de Jesus, Ac. 1.506/02)

Mas a verdade é que o procedimento comum ordinário do CPC, que de um lado garante maior oportunidade de defesa, feria o princípio basilar das lides eleitorais, que é a celeridade, sem a qual não há utilidade e nem eficácia das decisões judiciais, atreladas que estão, quase sempre, à temporariedade dos mandatos. Já se registrou, linhas atrás, que o princípio democrático e a exigência de normalidade e legitimidade das eleições devem nortear todo o pensamento em matéria eleitoral. Sem perder de vista o direito que tem todo demandado à amplitude de defesa e ao contraditório, necessário encontrar para as ações eleitorais um procedimento que também alcance a finalidade da norma, que é, como dito, a apuração da genuína vontade popular. E isto o quanto antes possível, porque a jurisdição, mormente a eleitoral, há que ser célere, sob pena de a nada servir, porque o objeto (o mandato do impugnado) tem duração certa. A experiência da AIME sob o procedimento comum ordinário do CPC foi, na maioria das vezes, frustrante, principalmente quando se impugnou mandato de prefeitos e vereadores, pois que o processo se arrasta facilmente por quatro anos, cumprindo o impugnado todo o seu mandato, não obstante a procedência da ação em primeira instância e até com confirmação pelo TRE.

Sensível à necessidade de dotar a AIME de efetividade, o TSE reformulou seu entendimento e, por meio da Resolução n. 21.634, de 19/2/2004, determina a observância do rito ordinário previsto na Lei Complementar n. 64/90 para o registro de candidaturas: não mais o do CPC.

> "RESOLUÇÃO N. 21.634, de 19/2/2004 - TSE
>
> Questão de Ordem. Ação de impugnação de mandato eletivo. Art. 14, § 10, da Constituição Federal. Procedimento. Rito ordinário. Código de Processo Civil. Não observância. Processo eleitoral. Celeridade. Rito ordinário da Lei Complementar n. 64/90. Registro de candidato. Adoção. Eleições 2004.
>
> 1. O rito ordinário que deve ser observado na tramitação da ação de impugnação de mandado eletivo, até a sentença, é o da Lei Complementar n. 64/90, não o do Código de Processo Civil, cujas disposições são aplicáveis apenas subsidiariamente.
>
> 2. As peculiaridades do processo eleitoral - em especial o prazo certo do mandato - exigem a adoção dos procedimentos céleres próprios do Direito Eleitoral, respeitadas, sempre, as garantias do contraditório e da ampla defesa." (Instrução n. 81 - Classe 12ª - Distrito Federal - Brasília - Relator: Ministro Fernando Neves)

A partir de então, por força da mencionada resolução, não mais pode ser observado o procedimento comum ordinário do CPC, mas sim o procedimento ordinário eleitoral de registro de candidaturas da Lei Complementar n. 64/90. Por conseguinte, proposta a ação com o rol de testemunhas, o impugnado será notificado para oferecer contestação em sete dias (art. 4º), podendo juntar documentos, indicar rol de testemunhas e requerer a produção de outras provas. Se o Juiz entender relevantes as provas especificadas pelas partes, designará data para a audiência de instrução, que deverá ser realizada nos quatro dias seguintes (art. 5º). Os cinco dias subsequentes são reservados às diligências que as partes requererem ou que o Juiz determinar *ex officio*. Apresentadas as alegações finais das partes (art. 6º) em cinco dias, os autos vão com vista ao Ministério Público Eleitoral para parecer final em dois dias (quando não for ele o autor da ação) e na sequência conclusos ao Juiz, para sentença em três dias (art. 8º).

Muito fácil perceber que o TSE, a partir da questão de ordem levantada pelo Em. Min. Fernando Neves (reafirmada na Res. TSE n. 23.677/2021[424]), terminou por encontrar um procedimento que harmoniza a observância do contraditório e da ampla defesa com a celeridade reclamada pela natureza das lides eleitorais. A duração razoável do processo (CF, art. 5º, LXXVIII), que o art. 97-A, da Lei n. 9.504/97, fixa em um ano para as ações em que se discute o mandato eletivo, abrangendo sua tramitação em todas as instâncias, pode perfeitamente ser alcançada se o procedimento ordinário eleitoral for observado com rigor.

Este procedimento ordinário deve ser compatibilizado com o CPC, tendo em vista sua aplicação supletiva e subsidiária ao processo eleitoral. A inicial da AIME deve atender aos requisitos de qualquer **petição inicial** (art. 319, do CPC/2015, no que aplicável), principalmente no que diz respeito à completa qualificação das partes, à narração dos fatos que configuram o alegado abuso de poder, corrupção ou fraude[425], à indicação das provas a serem produzidas (arrolando-se desde já as **testemunhas, no máximo de 6 para cada fato[426]**), aos indícios, presunções e circunstâncias a serem observados pelo Juiz e ao pedido, que deve envolver a desconstituição do mandato do impugnado. Esta petição inicial, entretanto, não precisa falar em valor da causa, já que a matéria veiculada na AIME é de interesse público e de valor inestimável e não há custas processuais e condenação a

---

[424] Art. 35. O mandato eletivo poderá ser impugnado na Justiça Eleitoral após a diplomação, no prazo de 15 (quinze) dias, instruída a ação com provas de abuso do poder econômico, corrupção ou fraude (Constituição Federal, art. 14, § 10).

§ 1º A ação de impugnação de mandato eletivo observará o **procedimento previsto na Lei Complementar nº 64/1990 para o registro de candidaturas**, com a **aplicação subsidiária**, conforme o caso, das disposições do **Código de Processo Civil** (CPC), e tramitará em segredo de justiça, respondendo a autora ou o autor, na forma da lei, se temerária ou de manifesta má-fé (Constituição Federal, art. 14, § 11).

§ 2º Não se aplica à decisão proferida na ação de impugnação de mandato eletivo a regra do art. 216 do Código Eleitoral.

[425] SÚMULA Nº 62/TSE: Os limites do pedido são demarcados pelos fatos imputados na inicial, dos quais a parte se defende, e não pela capitulação legal atribuída pelo autor.

[426] Na Res. TSE n. 23.398/2013, que dispõe sobre as Representações nas eleições de 2014, o art. 27, § 3º, admite até 6 testemunhas para cada fato, solução que pode ser adotada também na AIME, cujo procedimento (ordinário eleitoral) é ainda mais dilatado do que o sumário eleitoral do art. 22, da LC n. 64/90. As Res. TSE n. 23.462/2015 e n. 23.547/2017, repetem a mesma possibilidade no art. 27, § 3º. A Res. TSE n. 23.608/2019, que contém o regulamento da Representação para as eleições de 2020 e seguintes, silencia-se a respeito dessa possibilidade (arts. 44 a 50).

"Agravo. Pedido de efeito suspensivo. Deferimento de substituição da 9ª testemunha, em sede de AIJE. Admissibilidade da oitiva de testemunhas em número superior ao determinado, quando a representação se basear em **fatos distintos** a serem comprovados e a oitiva for indispensável na busca pela verdade real. Recurso a que se nega provimento." (TRE-MG, Agravo 4588/2004, Medina, Rel. Juiz Antônio Romanelli, Sessão de 24/2/2005). Neste mesmo sentido: TSE, Ac. de 4.5.2010, no REspe nº 3615

honorários advocatícios. Não estando a inicial conforme, deve o Juiz determinar a sua emenda, nos termos do art. 321, do CPC. Esta providência fica prejudicada, entretanto, quando já ultrapassado o prazo decadencial para propositura da ação, hipótese em que o Juiz deve, se o caso, extinguir o processo sem apreciação do mérito.

Os impugnados serão notificados/citados – por correspondência ou pelos meios indicados pelo CPC – e poderão oferecer **defesa em 7 (sete) dias** (art. 4º, da LC n. 64/90), juntando documentos e rol de testemunhas, até o máximo de 6[427] e indicando provas a serem produzidas.

Com ou sem a contestação, encerrada a fase postulatória, o Juiz ou Relator deve **decidir sobre as provas** requeridas pelas partes e pelo Ministério Público Eleitoral (quando atuando como fiscal da ordem jurídica), determinando **levantamento de sigilos** bancário, fiscal, telefônico ou telemático – este cada dia mais comum, face à intensa utilização de comunicação por e-mail e aplicativos de mensagem instantânea – e a realização de eventual perícia antes da audiência, inclusive para que nesta possam ser ouvidos os peritos e assistentes, se o caso.

> AIJE n. 060196965 - BRASÍLIA - DF, Ac. de 24/10/2019, Rel. Min. Jorge Mussi. AÇÃO DE INVESTIGAÇÃO JUDICIAL ELEITORAL. ELEIÇÕES 2018. PRESIDENTE E VICE-PRESIDENTE DA REPÚBLICA. [...] **QUEBRA DE SIGILOS CONSTITUCIONAIS. EXCEPCIONALIDADE.** [...] 2. Consoante a jurisprudência do Supremo Tribunal Federal, a ordem judicial para o **afastamento dos sigilos protegidos constitucionalmente deverá indicar, a pertinência temática e a efetiva necessidade da medida**, bem como "**que o resultado não possa advir de nenhum outro meio ou fonte lícita de prova**" e, ainda, a "existência de **limitação temporal** do objeto da medida, enquanto predeterminação formal do período" (MS 25812 MC, Relator Ministro Cezar Peluso, DJ de 23.2.2006). No mesmo sentido, a "decisão que determina a quebra de sigilo fiscal, motivo pelo qual somente deve ser proferida quando comprovado nos autos a absoluta imprescindibilidade da medida" – AI 856552 AgR/BA no AI, Rel. Min. Luís Roberto Barroso, julgado em 25.3.2014. 3. Não se considera como fundamento idôneo, para fins de justificar a requisição de documentos e/ou quebra de sigilos protegidos constitucionalmente, matérias jornalísticas publicadas em veículos de comunicação eventualmente vinculados ideologicamente com determinado partido e/ou candidato, além de estarem baseadas exclusivamente no anonimato dos interlocutores, dos declarantes e dos partícipes das referidas conversas, diálogos e denúncias. Não se pode invocar o sigilo da fonte para inviabilizar o direito de defesa, lembrando que a Constituição, ao albergar a livre manifestação do pensamento, veda o anonimato. [...]

---

[427] O impugnado poderá arrolar até 6 testemunhas para cada fato, tal como o autor.

Em **audiência única** (art. 5º, § 1º, da LC n. 64/90), as testemunhas serão levadas pelas partes, independentemente de intimação[428][429]. Na AIME iniciada por candidato, partido político, federação ou coligação a previsão legal de que as testemunhas comparecerão à audiência independentemente de intimação não impõe qualquer dificuldade, já que o representante dá ciência às testemunhas por ele arroladas quanto à data da audiência e, nesta, acaba levando-as consigo até o Fórum. A dificuldade se apresenta ao Ministério Público, quando for ele o autor da investigação, já que o Promotor ou Procurador não tem contato com testemunhas. Neste caso, se o Juiz indefere o requerimento de intimação, poderá ser utilizada a notificação, expedida pelo próprio Membro do "parquet", segundo prerrogativa que lhe é assegurada pela lei orgânica.

De duvidosa constitucionalidade é o art. 368-A, acrescentado ao Código Eleitoral pela Lei n. 13.165/2015, segundo o qual "a prova testemunhal singular, quando exclusiva, não será aceita nos processos que possam levar à perda do mandato." É que essa tarifação da prova, assim entendida a disposição legal que diz qual prova o juiz deve ou não aceitar, indicada em lei ordinária, vai de encontro, colide frontalmente com o princípio do livre convencimento motivado, consagrado nos arts. 7º e 23, ambos da Lei Complementar n. 64/90.

> Art. 7º Encerrado o prazo para alegações, os autos serão conclusos ao juiz, ou ao relator, no dia imediato, para sentença ou julgamento pelo Tribunal.
>
> Parágrafo único. O juiz, ou o Tribunal, formará sua convicção pela livre apreciação da prova, atendendo aos fatos e às circunstâncias constantes dos autos, **ainda que não alegados pelas partes**, mencionando, na decisão, os que motivaram seu convencimento. (OBS: O STF, na ADI n. 1082, Ac. de 22.5.2014, entendeu constitucional o trecho destacado)
>
> Art. 23. O Tribunal formará sua convicção pela livre apreciação dos fatos públicos e notórios, dos indícios e presunções e prova produzida, atentando para circunstâncias ou fatos, ainda que não indicados ou alegados pelas partes, mas que preservem o interesse público de lisura eleitoral.

---

[428] É inconveniente a condução das testemunhas pela própria parte, como recomendado pelo art. 5º, da LC n. 64/90, face à negativa influência que sobre elas pode ser produzida momentos antes da audiência, comprometendo a busca da verdade real. Além disso, se a lei possibilita a oitiva de testemunhas por iniciativa do Juiz (art. 5º, § 3º), nada impede que ele chame para si a responsabilidade pela notificação, assim impedindo inclusive a dispensa daquelas que não cederam ao assédio ou coação da parte para depor conforme os seus interesses. A jurisprudência tem sido sensível às situações em que a parte encontra dificuldade para levar as testemunhas, ordenando o Juiz a notificação. Neste sentido: RE na AIJE n. 802004, Porto Alegre, RS; Petição n. 343-11.2011.6.25.0000, Aracaju-SE; Agravo Regimental na Representação n. 8904-05.2010.6.09.0000, Goiânia-GO.

[429] RO-El - Recurso Ordinário Eleitoral n. 352379 - CURITIBA – PR, Ac. de 08/10/2020, Rel. Min. Herman Benjamin, Rel. desig. Min. Luís Roberto Barroso. [...] AIJE. ELEIÇÕES 2014. [...] 6. O art. 22, V, da LC nº 64/1990 dispõe que **as testemunhas do representante e do representado comparecerão à audiência independentemente de intimação**. Por esse motivo, a jurisprudência deste Tribunal entende pela desnecessidade de expedição de carta precatória. Precedente. [...].

A par dessa inconstitucionalidade, observa-se que o dispositivo não quer que a cassação ou desconstituição de mandato seja resultado de prova testemunhal singular – que se revela quando ouvida apenas uma testemunha – e exclusiva, ou seja, quando não houver nos autos outros meios de prova, o que é bastante razoável. Não será o caso quando, embora ouvida apenas uma testemunha, suas informações forem convergentes com outros elementos de prova constantes dos autos.

> [...] 5. Não incide a regra do art. 368-A do CE quando se verifica que a prova testemunhal não é exclusiva ou singular, tendo em vista a existência de outros elementos de prova nos autos. [...] (TSE, AgR-REspe n. 20855 - BARBALHA – CE, Ac. de 05/11/2019, Rel. Min. Edson Fachin)

O TSE tem posição consolidada no sentido de que "o representado não poderá ser compelido a prestar **depoimento pessoal**, mas tem o direito de ser ouvido em juízo caso assim requeira na contestação" (art. 44, § 3º, da Res. TSE n. 23.608/2019), entendimento que pode ser aplicado à AIME.

> AIJE n. 060196965 - BRASÍLIA – DF, Ac. de 24/10/2019, Rel. Min. Jorge Mussi. AÇÃO DE INVESTIGAÇÃO JUDICIAL ELEITORAL. ELEIÇÕES 2018. PRESIDENTE E VICE–PRESIDENTE DA REPÚBLICA. [...] QUEBRA DE SIGILOS CONSTITUCIONAIS. EXCEPCIONALIDADE. USO INDEVIDO DOS MEIOS DE COMUNICAÇÃO. PRINCÍPIO DA LIBERDADE DE IMPRENSA DE COMUNICAÇÃO E EXPRESSÃO. [...] 1. Ante a falta de previsão na Lei Complementar 64/1990 e o caráter indisponível dos interesses envolvidos, **não há depoimento pessoal dos investigados em sede de AIJE**. Todavia, eles não estão impedidos de fazê–lo, caso a isso se disponham, conforme assentado na jurisprudência desta Corte Superior (AI 28918/SC, Relator Ministro Og Fernandes, DJe de 25.2.2019; AIJE 0601754–89/DF, Relator Ministro Jorge Mussi, DJe de 13.12.2018; AIJE 0601575–58/DF, Relator Ministro Jorge Mussi, DJe de 12.12.2018; AgR–RMS 2641/RN, Relator Ministro Luís Roberto Barroso, DJe de 27.9.2018; RHC 131/MG, Relator Ministro Arnaldo Versiani, DJe de 5.8.2009; e HC 85.029, Relator Ministro Sepúlveda Pertence, Tribunal Pleno, DJ de 1º.4.2005). [...]

Tem se tornado cada dia mais comum a apresentação, com a inicial ou com a contestação ou durante a instrução, de **gravação de diálogo** com conteúdo capaz de influenciar na solução da lide, pois na atualidade qualquer pessoa tem em mãos, a todo momento, um celular com gravador de áudio ou vídeo. A jurisprudência do STF, que desde sempre entende ser lícita a gravação feita por um dos interlocutores, ainda que com o desconhecimento do outro[430], pacificou o tema na Questão de Ordem, com Repercussão Geral, no RE 583937, Rel. Min. Cezar Peluso, julgada em 19/11/2009. Nas lides eleitorais, entretanto, surgiram gravações em que um dos interlocutores induz o outro a descrever a conduta ilícita, como quando o eleitor pede ao candidato alguma

---

[430] RExt n. 583.937-RJ, com Repercussão Geral, decidido em 19.11.2009: "Ação Penal. Prova. **Gravação ambiental**. Realização por um dos interlocutores sem conhecimento do outro. Validade. Jurisprudência reafirmada. Repercussão geral reconhecida. Recurso extraordinário provido. Aplicação do art. 543-B, § 3º, do CPC. É lícita a prova consistente em gravação ambiental realizada por um dos interlocutores sem conhecimento do outro"

vantagem pessoal em troca do voto, obtendo resposta positiva deste último. Configurados em tese os tipos previstos nos art. 299, do CE (crime) e art. 41-A, da Lei n. 9.504/97 (infração cível), esta prova se aproxima da ilicitude, tendo em vista ser uma espécie de "flagrante preparado". Ou seja, o candidato não age espontaneamente, não oferece ou promete vantagem pessoal ao eleitor, com o objetivo de obter-lhe o voto, a partir de sua iniciativa própria. Ao contrário, é induzido a assim proceder. Diversa é a situação em que o conteúdo do diálogo gravado revela que a proposta parte do próprio agente e o interlocutor só faz registrar os fatos. O TSE, que num primeiro momento inclinou-se pela ilicitude das gravações ambientais, firmou-se no sentido da aceitação dessa prova, ressalvada a demonstração de circunstâncias, no caso concreto, que a desacreditem.

> [...] 1. A jurisprudência desta Corte, para os feitos referentes às eleições 2016 e seguintes, firmou-se no sentido de **admitir, em regra, a gravação ambiental** realizada por um dos interlocutores sem o consentimento dos demais e sem autorização judicial, em ambiente público ou privado, ficando as excepcionalidades, capazes de ensejar a invalidade do conteúdo gravado, submetidas à apreciação do julgador no caso concreto, de modo a ampliar os meios de apuração de ilícitos eleitorais que afetam a lisura e a legitimidade das eleições.
>
> 2. No caso, do contexto fático constante do acórdão regional, extrai-se que o encontro entre candidato e eleitor foi fruto de conversas e acordos prévios em que se expôs a necessidade deste em receber ajuda financeira para custeio de despesas médicas, de modo que o **benefício oferecido pelo candidato foi decorrência de induzimento do próprio beneficiário**, que obteve auxílio de adversários políticos dos agravados, os ora agravantes, no planejamento dos fatos e na obtenção e instalação dos equipamentos necessários para a realização da gravação.
>
> 3. Essas circunstâncias, portanto, maculam o conteúdo da gravação ambiental e a torna inócua para a comprovação da captação ilícita de sufrágio imputada aos agravados.
>
> (TSE, AgR-AI n. 28629 - AURORA – SC, Ac. de 12/11/2019, Rel. Min. Edson Fachin)
>
> TutCautAnt – AgR-Tutela Cautelar Antecedente n. 060040024 - MONTE AZUL PAULISTA – SP, Ac. de 11/11/2021, Rel. Min. Sergio Silveira Banhos. ELEIÇÕES 2020. [...] AÇÃO DE INVESTIGAÇÃO JUDICIAL ELEITORAL. GRAVAÇÃO AMBIENTAL. LICITUDE. CASSAÇÃO. REGISTRO DE CANDIDATURA. 4. Esta Corte Superior tem reafirmado, **a partir das Eleições de 2016**, que "*é **lícita, como regra, a gravação ambiental feita por um dos interlocutores sem o consentimento dos demais** e sem chancela judicial, seja em ambiente público ou particular. Alinhou-se, assim, à jurisprudência do Pretório Excelso, firmada sob o regime de repercussão geral – QO–RG–RE 583.937, Rel. Min. Cezar Peluso, DJE de 18/12/2009 (Tema 237) –, no sentido de serem lícitos, em ações penais, áudios ou vídeos confeccionados de forma clandestina por um dos participantes do diálogo*" (AgR–REspEl 0602087–72, rel. Min. Luis Felipe Salomão, DJE de 11.2.2021). [...]

Recentemente, o TSE voltou a considerar a ilicitude da gravação ambiental em ambiente privado sem conhecimento dos demais interlocutores.

> AI – AgR-AI n. 29364 - SANTA INÊS – PR, Ac. de 07/10/2021, Rel. Min. Alexandre de Moraes. ELEIÇÕES 2016. [...] CAPTAÇÃO ILÍCITA DE SUFRÁGIO. [...] GRAVAÇÃO AMBIENTAL EM AMBIENTE PRIVADO. ILICITUDE DA PROVA. [...] 3. Num

> ambiente caracterizado pela disputa, como é o político, notadamente acirrado pelo período eleitoral o desestímulo a subterfúgios espúrios voltados a tumultuar o enlace eleitoral resguardando assim a privacidade e intimidade constitucionalmente asseguradas, deve ser intensificado, de modo que reuniões políticas privadas travadas em ambientes residenciais ou inequivocamente reservados não se aprazem com gravações ambientais plantadas e clandestinas, pois vocacionadas tão só ao uso espúrio em jogo político ilegítimo, recrudescendo a possibilidade de manipulações. 4. **São clandestinas e, portanto, ilícitas as gravações ambientais feitas em ambiente privado**, ainda que por um dos interlocutores ou terceiros a seu rogo ou com seu consentimento, mas sem o consentimento ou ciência inequívoca dos demais, dada inequívoca afronta ao inciso X, do art 5°, da Constituição Federal Ilícitas, do mesmo modo, as provas delas derivadas, não se prestando a fundamentar condenação em representação eleitoral. 5. A compreensão aqui firmada não se afigura incompatível com a tese firmada pelo E. STF no RE n° 583.937 (QO-RG/RJ, Rel. Min. Cezar Peluso, j. em 19.11.2009 -Tema 237), que teve como perspectiva o prisma da instrução criminal sobremodo distinto do aqui tratado por força de expressa norma constitucional (art. 5°, XII, parte final) e legal. 6. E tanto há distinção de enfoques que o próprio STF, no RE 1040515 (Rel. Ministro Dias Toffoli - Tema 979), afetou a discussão da necessidade de autorização judicial para legitimar gravação ambiental realizada por um dos interlocutores ou por terceiro presente à conversa, para fins de instrução de ação de impugnação de mandato eletivo, à luz do art. 5°, incs. II e XII da Constituição da República

Abre-se, nos cinco dias subsequentes à audiência, a oportunidade para realização de **diligências**, determinadas *ex officio* ou a requerimento das partes e do MPE (art. 5º, § 2º), incluindo-se a oitiva de terceiros, testemunhas referidas e a requisição de documentos.

Com as **alegações finais** das partes – no prazo comum de cinco dias do art. 6º – e o **parecer final** do Ministério Público Eleitoral (quando atuar no feito na condição de fiscal da ordem jurídica), no prazo de dois dias (Art. 43, § 2º, da Res. TSE n. 23.609/2019), os autos são conclusos ao Juiz (nas eleições municipais) ou ao Relator (nas eleições estaduais/federais ou nacionais).

Oportuno lembrar que, como nas demais ações eleitorais, as **decisões interlocutórias** e aquelas sem caráter definitivo são irrecorríveis de pronto e não precluem, devendo a parte que com elas não concordar pedir, nas alegações finais, a sua apreciação como preliminar de mérito.[431] Então, não há falar em agravo de instrumento ou petição de agravo no curso do procedimento.

> [...] 1. A rigor, decisões interlocutórias proferidas em feitos eleitorais são **irrecorríveis de imediato** por não estarem sujeitas à preclusão, devendo a matéria ser impugnada em recurso contra *decisum* definitivo da Corte Regional. Precedentes. (AgR-REspe n. 46528 - PIANCÓ – PB, Ac. de 22/10/2019, Rel. Min. Jorge Mussi). No mesmo sentido: RESPE – AgR-REspe n. 60408 - SOBRÁLIA – MG, Ac. de 02/08/2018, Rel. Min. Jorge Mussi).

---

[431] A Res. TSE n. 23.608/2019, que regulamenta as Representações para as eleições de 2020 e seguintes, diz que “as decisões interlocutórias proferidas no curso da representação de que trata este capítulo não são recorríveis de imediato, não precluem e deverão ser novamente analisadas pelo juiz eleitoral ou juiz auxiliar por ocasião do julgamento, caso assim o requeiram as partes ou o Ministério Público Eleitoral em suas alegações finais” (art. 48).

> AIME – AgR-AIME n. 761 - BRASÍLIA – DF, Ac. de 05/05/2016, Rel. Min. Maria Thereza de Assis Moura. DECISÃO INTERLOCUTÓRIA. IRRECORRIBILIDADE. DEFERIMENTO DE PRODUÇÃO DE PROVAS. JUNTADA DE DOCUMENTOS. OITIVA DE TESTEMUNHAS. EXPEDIÇÃO DE OFÍCIOS. PERÍCIA CONTÁBIL. [...] É firme a jurisprudência do Tribunal Superior Eleitoral quanto à **irrecorribilidade das decisões interlocutórias** em sede de ação de investigação judicial eleitoral. Entendimento análogo **se aplica à AIME**. Na fase instrutória recomenda-se seja garantido o direito à produção da prova (cujo conteúdo ainda não é suficientemente conhecido para ser fundamentadamente desprezado) e não seu cerceamento. O procedimento aplicado à AIME admite diligências até mesmo de ofício, conforme se verifica pelo teor do art. 5º, § 2º da LC nº 64/90, a exigir a ampla garantia da produção da prova, tudo a verificar a ocorrência de circunstâncias ou fatos que preservem o interesse público de lisura eleitoral.

9. Prova emprestada, litispendência e conexão

Naquelas hipóteses em que os fatos narrados na inicial, tidos como de abuso de poder, fraude ou corrupção, já tiverem sido levantados em Investigação Judicial Eleitoral, em que a prova já tiver sido produzida, com observância do contraditório e da ampla defesa, parecia (quando, na vigência da redação original do art. 22, XIV, da LC n. 64/90, a AIJE não cassava diploma ou mandato e por isso o autor tinha que também propor a impugnação ao mandato) desnecessário repetir na AIME todos aqueles atos de coleta de prova. Se a Lei Complementar n. 64/90, no revogado inciso XV do art. 22, determinava fosse remetida cópia da AIJE ao Ministério Público, exatamente para a interposição do recurso do art. 262 do CE, ou para a propositura da AIME, inequívoco que aquela prova, já naquele regime, poderia ser valorada nesta ação, segundo o instituto da "prova emprestada", valendo lembrar que, no caso, a prova foi produzida na AIJE envolvendo as mesmas partes e o mesmo objeto.

Do contrário, não faria qualquer sentido a remessa de "cópias de todo o processo ao Ministério Público Eleitoral para os fins previstos no art. 14, §§ 10 e 11 da Constituição Federal, e art. 262, inciso IV, do Código Eleitoral" (art. 22, XV, da LC n. 64/90, na sua redação anterior à LC n. 135/10).

Agora, tendo em vista que o art. 22, XIV, da LC n. 64/90, com a redação dada pela LC n. 135/2010, prevê a cassação do registro ou do diploma do investigado, ainda que a decisão de procedência da AIJE seja proferida após a eleição ou após a diplomação, nem mesmo é necessário o ajuizamento da AIME se e quando os fatos já estiverem em discussão na Investigação Judicial, bastando instruí-la adequadamente.

De qualquer forma, plenamente aplicável às ações eleitorais cíveis o instituto da prova emprestada, previsto no art. 372, do CPC/2015, bastando garantir que a parte possa acessá-la e discuti-la nos autos, com isso preservado o contraditório.

> AI – AgR-AI n. 68233 - IJUÍ – RS, Ac. de 11/11/2021, Rel. Min. Mauro Campbell Marques. ELEIÇÕES 2016. REPRESENTAÇÃO CUMULADA COM AIJE. CAPTAÇÃO ILÍCITA DE SUFRÁGIO. ARRECADAÇÃO E GASTOS ILÍCITOS DE RECURSOS. ABUSO DO PODER ECONÔMICO. PROCEDÊNCIA PELAS INSTÂNCIAS ORDINÁRIAS. CASSAÇÃO DO MANDATO DE VEREADOR,

MULTA E INELEGIBILIDADE. NEGADO PROVIMENTO AOS AGRAVOS INTERNOS. [...] 2. Negativa de prestação jurisdicional. Ao contrário do que sustentado pelo agravante, o acórdão regional analisou e registrou, explícita e objetivamente, que foram preenchidos todos os requisitos necessários para a configuração das condutas ilícitas imputadas ao candidato (captação ilícita de sufrágio, arrecadação e gastos ilícitos de recursos e abuso do poder econômico), tendo mencionado, inclusive, diversas provas (**busca e apreensão**, em que foram recolhidos **vales-combustível e blocos de compras de mercados** locais; **computador**, do qual foram extraídos dados; prova testemunhal; **quebra de sigilo fiscal**; e **interceptação telefônica**) por meio das quais foi formada a convicção dos magistrados daquela Corte, tal como assentado na decisão impugnada. 3. Ilicitude da prova emprestada. Na linha da jurisprudência deste Tribunal, **é imprescindível o contraditório apenas no âmbito do processo ao qual a prova emprestada se destina.** No presente caso, as provas estavam ao alcance do investigado desde o início do processo, tendo ele tido a oportunidade de exercer, plenamente, o contraditório e a ampla defesa. Incidência do Enunciado nº 30 da Súmula do TSE, nos termos da fundamentação exarada pela decisão combatida. [...]

"é inegável que a grande valia da prova emprestada reside na economia processual que proporciona, tendo em vista que se evita a repetição desnecessária da produção de prova de idêntico conteúdo, a qual tende a ser demasiado lenta e dispendiosa, notadamente em se tratando de provas periciais na realidade do Poder Judiciário brasileiro" (STJ, EREsp n. 617428-SP-2011/0288293-9, Rel. Min. NANCY ANDRIGHI, DJ: 04/06/2014, CORTE ESPECIAL).

É fato que a jurisprudência se pronuncia, com frequência, pela inexistência de **litispendência e coisa julgada** entre as ações eleitorais cíveis (Representação Especial, AIJE e AIME), mesmo quando entre as mesmas partes e com fundamento fático idêntico, ao argumento de que a causa de pedir próxima (fundamento jurídico) e o pedido (cassação, inelegibilidade e desconstituição do mandato, respectivamente) são diversos. O tema, todavia, merece maior reflexão. Ao rigor técnico, o fundamento jurídico (art. 22, na AIJE; arts. 30-A, 41-A ou 73, na Representação Especial, e art. 14, § 10, na AIME) e o pedido (cassação e desconstituição) são realmente diversos nas três mencionadas ações. Entretanto, o fundamento jurídico só é diverso porque a legislação eleitoral, resultado de sucessivas reformas parciais ditadas pelas necessidades do momento, padece de efetiva sistematização. A corrupção eleitoral, v.gr., que já era tratada pelo Código Eleitoral como crime (art. 299) e como causa de anulação da eleição (art. 237 c/c 222), passou a ser objeto da AIME em 1988 (daí a possibilidade de desconstituição do mandato quando o candidato compra votos) e voltou a ser cogitada pelo legislador em 1999, com a Lei n. 9.840, que novamente tipificou a conduta, desta vez como infração cível eleitoral (art. 41-A, da Lei n. 9.504/97). Por isso, e só por isso, é que a causa de pedir próxima da Representação Especial (art. 41-A, no exemplo dado) é diversa da da AIME (art. 14, § 10, da CF). Mas o desvalor social manifestado pela legislação eleitoral, num e noutro diploma legal, é absolutamente o mesmo. E o resultado final, previsto em ambas as disposições, é também o mesmo, porque o candidato condenado será cassado na Representação do art. 41-A ou terá o seu mandato desconstituído na AIME do art. 14, § 10, o que determina seja ele impedido de assumir o mandato ou apeado do cargo eletivo conquistado à base do ilícito mencionado, a depender apenas do momento em que a decisão for proferida. Com o abuso de poder ocorreu semelhante movimento. O ilícito já era reconhecido pelo Código Eleitoral (art. 237 c/c 222) como causa de anulação da eleição, foi preocupação da Constituição Federal de 1988, que o incluiu como hipótese de cabimento da AIME, e finalmente estabelecido como causa de inelegibilidade na LC n. 64/90, ensejando a AIJE do seu art. 22. Mas a "mens legis" é uma só: não permitir que o abuso de poder seja o fator de desequilíbrio das eleições. Já no tocante ao pedido, a diferença é meramente semântica e nada estaria alterado se o legislador tivesse se utilizado, na AIME, da expressão "cassação do mandato ou do diploma". O que parece relevante é o fato de que a Justiça Eleitoral processará e julgará três ações, nas quais se veiculam os mesmos fatos, todos com o mesmo resultado prático. Se todas elas tiverem as mesmas partes, inevitável o reconhecimento da litispendência ou da coisa julgada, a depender apenas da fase em que se encontrar a que proposta primeiramente.

Quando propostas por legitimados diversos (relembre-se que estão legitimados ativamente para as ações eleitorais o MPE, os candidatos, os partidos, as federações e as coligações), a solução deve ser outra, em homenagem à legitimação concorrente consagrada na lei. De fato, a propositura de uma ação eleitoral, por partido, federação, coligação ou candidato, não impede a iniciativa do MPE, ainda que no mesmo sentido. Então, não é possível reconhecer a litispendência da segunda ação, não só porque não haverá a tríplice identidade (partes diferentes), como também porque necessário preservar a possibilidade de ação por qualquer dos legitimados. Neste caso, há de se observar se as ações não são **conexas ou continentes**, para reuni-las em instrução e julgamento único, o que atende aos princípios da economia processual e da segurança jurídica, evitando-se decisões conflitantes, que expõem o Judiciário à perda de credibilidade.

Mais recentemente, a Lei n. 13.165/2015 acrescentou o art. 96-B à Lei das Eleições, para estabelecer que serão reunidas para julgamento comum as ações eleitorais que veicularem um mesmo fato, ainda quando propostas por partes diversas, pois indiscutível a ocorrência de conexão. E quando proposta ação com fundamento fático já apreciado e decidido definitivamente, haverá coisa julgada.

> Art. 96-B. Serão reunidas para julgamento comum as ações eleitorais propostas por **partes diversas** sobre o mesmo fato, sendo competente para apreciá-las o juiz ou relator que tiver recebido a primeira.
>
> § 1ª O ajuizamento de ação eleitoral por candidato ou partido político não impede ação do Ministério Público no mesmo sentido.
>
> § 2ª Se proposta ação sobre o mesmo fato apreciado em outra cuja **decisão ainda não transitou em julgado**, será ela apensada ao processo anterior na instância em que ele se encontrar, figurando a parte como litisconsorte no feito principal.
>
> § 3ª Se proposta ação sobre o mesmo fato apreciado em outra cuja **decisão já tenha transitado em julgado**, não será ela conhecida pelo juiz, ressalvada a apresentação de outras ou novas provas.
>
> [...] CONEXÃO. REUNIÃO DE PROCESSOS. JULGAMENTO CONJUNTO. NULIDADE. AUSÊNCIA. REJEIÇÃO.

2. Nos termos do art. 96-B da Lei 9.504/97, havendo possibilidade de que demandas conexas tenham decisões conflitantes, é salutar que sejam **agrupadas para julgamento conjunto**, providência que pode ser implementada **em qualquer fase**, em consonância com a Súmula 235/STJ, *mutatis mutandis*.

3. A AIJE 1057-17 e a RP 1063-24 possuem causas de pedir convergentes. O magistrado singular, constatando que esta se encontrava com instrução probatória finda, determinou o seu sobrestamento para aguardar que o transcurso do *iter* processual daquela, julgando-as em conjunto. Esse proceder não acarretou prejuízo e nem violou o princípio da não surpresa, pois os agravantes manifestaram-se acerca da oitiva de um dos filhos da Prefeita na AIJE 1057-17 e a referida prova apenas não se efetuou na RP 1063-24 pela falta deste nas duas audiências designadas. (TSE, AgR-REspe n. 105717 - PUGMIL – TO, Ac. de 22/10/2019, Rel. Min. Jorge Mussi)

10. Sentença: novas eleições, diplomação do 2° colocado, inelegibilidade

A **decisão** de procedência da AIME, além de desconstituir o mandato do impugnado e dispor sobre a inelegibilidade[432] por oito anos a partir da eleição em que se verificou o abuso, podia, antes da alteração do art. 224, do Código Eleitoral, produzir dois *efeitos* distintos, no que diz respeito à forma como será preenchido o cargo eletivo vago em razão da desconstituição do mandato do impugnado, quando se tratava de mandato majoritário: convocava-se à posse o 2° colocado nas eleições ou realizava-se outro pleito?

A necessidade de novas eleições fundamenta-se no fato de que, reconhecido o abuso de poder, a corrupção ou a fraude, implicitamente reconhece-se que os votos do eleito são nulos, até porque o art. 175, § 3°, do Código Eleitoral, considera nulos, para todos os efeitos, os votos dados a candidatos inelegíveis, situação daquele que abusa do poder. E o art. 222, do Código Eleitoral, diz ser "anulável a votação, quando viciada de falsidade, fraude, coação, uso de meios de que trata o art. 237, ou emprego de processo de propaganda ou captação de sufrágios vedado por lei", exatamente o que se apura na AIME. Nulos os votos do vencedor numa eleição majoritária, esse vício de nulidade quase sempre atinge mais da metade dos votos da circunscrição, porque no sistema majoritário o candidato só se elege com a maioria dos votos válidos, pelo menos onde há exigência legal de dois turnos (para Presidente da República, Governador e Prefeito em município com mais de 200 mil eleitores). Então, se os votos do vencedor são nulos e se foi ele eleito com a maioria dos votos, o "caput" do art. 224, do Código Eleitoral, já determinava a realização de novas eleições.

> "Se a nulidade atingir a mais de metade dos votos do País nas eleições presidenciais, do Estado nas eleições federais e estaduais ou do município nas eleições municipais, julgar-se-ão prejudicadas as demais votações e o Tribunal marcará dia para nova eleição dentro do prazo de 20 (vinte) a 40 (quarenta) dias."

---

[432] Há controvérsia quanto à possibilidade de imposição de inelegibilidade na AIME, que teria como objeto apenas a desconstituição do mandato eletivo. Se a decisão não consigna a inelegibilidade, esta resultará da aplicação automática do art. 1°, I, "d", da LC n. 64/90.

Por conseguinte, as demais votações também estão atingidas pela nulidade. Percebe-se, com certa facilidade, que a regra está em perfeita harmonia com o sistema, porquanto não pode o segundo colocado nas eleições majoritárias ser considerado o vencedor, mesmo após a desconstituição do primeiro colocado, já que não terá aquele (2º colocado) atingido a maioria necessária à sua eleição. Neste caso, novas eleições já eram mesmo necessárias.

Em decorrência da condicionante expressamente consignada no "caput" do mencionado art. 224 do CE, ou seja, porque as demais votações (dentre as quais a do segundo colocado nas eleições) só se consideravam prejudicadas quando maculada mais da metade dos votos, numa eleição em município com até 200 mil eleitores, em que se elege o prefeito independentemente de segundo turno, mesmo que não alcançada a maioria absoluta dos votos válidos, a solução poderia ser outra. Bastava que o candidato vencedor das eleições, cujo mandato foi desconstituído pela AIME, não tivesse atingido mais da metade dos votos válidos, o que acontece sempre que houver muitos candidatos disputando o pleito. Neste caso, como a nulidade não alcança mais da metade dos votos da circunscrição eleitoral em que foi disputado o pleito, o candidato que apareceu em segundo lugar podia perfeitamente ser chamado à diplomação e posse, sem necessidade de outra eleição. Igual solução era possível na eleição de senador, porque também eleito pelo sistema majoritário.

Importante, neste assunto, frisar que há diferença entre os votos da circunscrição do pleito e votos válidos numa determinada eleição. Os primeiros representam o corpo eleitoral, a massa de eleitores regularmente inscrita, o total de votantes na circunscrição; os votos válidos são apenas aqueles que se manifestam concretamente no dia da eleição e com vontade definida. Então, os votos válidos são sempre em número menor que os votos da circunscrição, já que sempre há abstenções e votos nulos ou em branco. Como o art. 224 do CE, refere-se à nulidade de mais da metade dos "votos do País nas eleições presidenciais, do Estado nas eleições federais e estaduais ou do município nas eleições municipais", inevitável concluir que a necessidade de nova eleição só se apresentava quando os votos dados ao impugnado (viciados por abuso de poder, etc.), atingissem aquele número. Não é possível considerar nessa adição também as abstenções e os votos em branco, porque longe estão de serem considerados votos eivados de vício de vontade do eleitor. A abstenção revela o desinteresse do eleitor em comparecer às urnas, e o voto em branco especialmente sua descrença diante das opções que se lhe apresentam. Nulos mesmo, para o efeito do art. 224 do Código Eleitoral, são os votos atingidos por vício de origem, em que o eleitor é influenciado pelo abuso do poder, pela corrupção ou pela fraude na votação. Nem mesmo os votos anulados pelo próprio eleitor (que digita número inexistente, p. ex.) são considerados nessa conta.

> [...] Para fins de aplicação do dispositivo (art. 224, CE), não se somam aos votos anulados em decorrência da prática de conduta vedada, os votos nulos por manifestação apolítica de eleitores. Precedentes: RESPE 25.585/GO e MS 3.438/SC (TSE, Ag. Reg. no Ag. Inst. 6.505, Maranhão, Rel. Min. Gerardo Grossi, em 9/8/2007).

A sentença de procedência da AIME devia se atentar para isso e determinar a diplomação e posse do segundo colocado nas eleições ou convocar novo pleito, conforme fosse o caso.

Não era esse, entretanto, o entendimento do TSE. Aquela Corte, ao contrário, firmou - num primeiro momento - posição no sentido de que o art. 224 do Código Eleitoral aplicava-se tão somente às hipóteses de nulidade previstas nos arts. 220 e 221 do mesmo diploma, entre as quais não se alinham o abuso de poder, a corrupção e a fraude, que são o objeto de discussão da ação de impugnação de mandato eletivo. Levava-se em consideração que a procedência da AIME não conduzia necessariamente à conclusão de que nulos os votos dados ao impugnado.

> "É inaplicável o art. 224 quando se tratar de cassação de diploma em razão de ação de impugnação de mandato eletivo julgada procedente, como ocorreu com os primeiros colocados na eleição majoritária do Piauí de 2000..." (TSE, Acórdão n. 599, de 20.09.2002, Rel. Min. Ellen Gracie, *JTSE*, v. 13, n. 4, p. 110)

> "Em sede de ação de impugnação de mandato eletivo, na linha da jurisprudência do TSE, não se aplica o art. 224 do Código Eleitoral, devendo ser diplomado o segundo colocado, pois não se busca a anulação de votos, mas a desconstituição do mandato, razão pela qual a Corte Regional não determinou a anulação dos votos. Nesse entendimento, o Tribunal negou provimento ao agravo. Unânime." (TSE, Agravo de Instrumento n. 4.597/MG, Rel. Min. Francisco Peçanha Martins, em 1/6/2004).

Com esse raciocínio, o TSE vinha determinando, sistematicamente, a diplomação e posse do 2º colocado nas eleições em que se apurou o abuso de poder do impugnado.

O Tribunal desconsiderava, todavia, o fato de que também o abuso do poder econômico, o desvio ou abuso do poder de autoridade e a fraude são causas de anulabilidade da votação, consagradas nos arts. 222 e 237 do Código Eleitoral. Então, apurando-se, ainda que em sede de ação de impugnação de mandato eletivo, que o eleito se valeu de fraude ou corrupção (art. 222) ou abuso de poder (art. 237), inevitável a conclusão de que anulados os seus votos, até porque só a nulidade para explicar que o candidato obteve a maioria dos votos e foi apeado do mandato. E se esses votos somam mais da metade dos votos da circunscrição do pleito, parece que a melhor solução era mesmo a realização de novas eleições.

Mais adiante, o TSE refez seu posicionamento, decidindo que:

> "[...] 8. No julgamento do MS nº 3.649/GO, rel. Min. Cezar Peluso, sessão de 18.12.2007, o TSE concedeu a segurança, a fim de reconhecer a **aplicabilidade do art. 224** do Código Eleitoral, em caso de procedência de AIME, com a consequente **anulação dos votos** conferidos aos candidatos que tiveram seus mandatos cassados. [...]" *(Ac. de 4.3.2008 no REspe no 28.391, rel. Min. José Delgado.)*

> [...] Efeito da decisão pela procedência da AIME. **Anulação dos votos**. Concessão da segurança. Indeferimento da medida cautelar. Agravos regimentais prejudicados. Devido ao liame indissolúvel entre o mandato eletivo e o voto, constitui efeito da decisão pela procedência da AIME a anulação dos votos dados ao candidato cassado. Se a nulidade atingir mais da metade dos votos, **aplica-se o art. 224** do CE. [...] Dupla

> vacância dos cargos de prefeito e de vice por causa eleitoral. A renovação das eleições em razão de dupla vacância dos cargos do executivo será realizada de forma direta, nos termos do art. 224 do CE (TSE, Medida Cautelar n. 2.256, Goiás, Rel. Min. Cezar Peluso, em 18/12/2007).

Com o § 3º, do art. 224, do Código Eleitoral, incluído pela Lei n. 13.165/2015, haverá **novas eleições sempre** que a decisão for de indeferimento do registro (na AIRC), de cassação do diploma (na Representação Especial ou na AIJE) ou de perda do mandato (na AIME) de candidato eleito em pleito majoritário, envolvendo, portanto, prefeitos, governadores, senadores e presidente da República, não importando a votação do cassado, se além ou aquém de 50% dos votos da circunscrição.

Mas esta nova eleição, ainda por força do dispositivo acrescentado, só será – segundo a literalidade do dispositivo – realizada após o trânsito em julgado da decisão, ficando clara a intenção do legislador de evitar novas candidaturas, nova campanha eleitoral, nova votação e até a posse dos novos eleitos, quando ainda há possibilidade jurídica de reversão da cassação:

> Art. 224
>
> § 3º A decisão da Justiça Eleitoral que importe o indeferimento do registro, a cassação do diploma ou a perda do mandato de candidato eleito em pleito majoritário acarreta, após o trânsito em julgado, a realização de novas eleições, independentemente do número de votos anulados".

A exigência de trânsito em julgado está prevista no dispositivo apenas para a realização das novas eleições. Não há nele, como se percebe, sequer referência ao momento do afastamento do agente político cassado. Tal matéria, ao contrário, está prevista no art. 257, § 2º, do mesmo Código Eleitoral (estudada com pormenor no capítulo reservado à Representação Especial), que, ao disciplinar os efeitos devolutivo e suspensivo dos recursos eleitorais, confere efeito suspensivo automático apenas aos recursos ordinários oferecidos em face de decisão de indeferimento ou cassação do registro ou do diploma e de desconstituição de mandato.

Em síntese, se a decisão na AIME desconstituir o mandato do que eleito pelo sistema majoritário, o recurso, de natureza ordinária, terá efeito suspensivo automático, do que decorre que o cassado permanecerá no cargo eletivo. Se confirmada a decisão em segunda instância, eventual recurso especial ou extraordinário só terá efeito devolutivo e o mandatário já será apeado do cargo. Ou seja, da decisão do TRE, proferida em sede recursal – encerrando, portanto, a via recursal ordinária – cabíveis os **recursos especial e extraordinário**, também no prazo de três (3) dias, sem efeito suspensivo.

Por conseguinte, a chefia do Executivo ficaria – como consequência da literal aplicação do dispositivo – a cargo do seu substituto constitucional (Presidente da Câmara Municipal, da Assembleia Legislativa ou Câmara Distrital e Câmara dos Deputados) no período compreendido entre o afastamento do cassado – que se dá assim que esgotada a via recursal ordinária, conforme art. 257, § 2º – e a nova eleição – que seria possível apenas com o trânsito em julgado da cassação, nos termos do art. 224, § 3º. De pronto, percebe-se que a aplicação dessa solução – novas eleições apenas com o trânsito em julgado da cassação – acarretaria violação do princípio democrático e da soberania do voto popular, já que o Poder Executivo passaria boa parte do mandato, dada a quantidade de recursos possíveis, sob a chefia do Presidente da Câmara/Assembleia, que não foi eleito para tanto e, por razões óbvias, já que disputou eleição proporcional, nem obteve votação que numericamente o legitimasse. Inconstitucional o último dispositivo, no que prevê a necessidade de aguardar o trânsito em julgado da cassação, novas eleições devem ser marcadas pelo Tribunal assim que esgotadas as vias recursais ordinárias. O TSE já teve oportunidade de se manifestar sobre o tema e assim assentou.

EMBARGOS DE DECLARAÇÃO NO RECURSO ESPECIAL ELEITORAL Nº 139-25.2016.6.21.0154 – CLASSE 32 – SALTO DO JACUÍ – RIO GRANDE DO SUL (...)

> É **inconstitucional a expressão "após o trânsito em julgado"** contida no § 3º do art. 224 do Código Eleitoral, conforme redação dada pela Lei 13.165/2015, por violar a soberania popular, a garantia fundamental da prestação jurisdicional célere, a independência dos poderes e a legitimidade exigida para o exercício da representação popular. (...) Brasília, 16 de novembro de 2016

Na Res. TSE n. 23.554/2017, o art. 246 dizia que, indeferido o registro ou cassado o diploma ou mandato, novas eleições devem ser convocadas "imediatamente". E na Res. TSE n. 23.611/2019 o Tribunal também prevê, no art. 217, a realização de novas eleições "imediatamente". Já a Res. TSE n. 23.677/2021, que dispõe, dentre outros, sobre destinação dos votos, diplomação e reprocessamento de resultados para as eleições de 2022 e seguintes, prevê no art. 30 que "serão convocadas novas eleições imediatamente, se, no pleito majoritário, passarem à situação de anulados em caráter definitivo os votos dados: I - à chapa primeira colocada (Código Eleitoral, art. 224, § 3º); II - a chapas cujos votos alcancem mais de 50% (cinquenta por cento) da votação referida no art. 26 desta Resolução (Código Eleitoral, art. 224, caput)".

Também o STF foi questionado sobre o dispositivo e, na sessão de em 08-março-2018, o plenário, na **ADI n. 5525**, proclamou a **inconstitucionalidade da expressão "após o trânsito em julgado"**, contida no § 3º, do art. 224, do Código Eleitoral, acrescentado pela Lei n. 13.165/2015, valendo-se exatamente deste argumento: a chefia do Poder Executivo não pode ficar a cargo, por longo espaço de tempo, de quem não foi eleito para tanto, sob pena de violação da soberania popular. E, quanto ao § 4º, do mesmo art. 224, o Supremo impôs interpretação conforme a Constituição, para assentar que a nova eleição para presidente, se direta ou indireta (quando a vacância ocorrer nos dois primeiros anos do mandato ou nos dois últimos, respectivamente) obedecerá ao que estabelecido na Constituição Federal (art. 81) e não no dispositivo ordinário. E a eleição para senador, também por força da Constituição (art. 56), só será necessária se, por ocasião da vacância, restarem mais de 15 (quinze) meses para o fim do mandato. O dito § 4º, do art 224, do Código Eleitoral, no que prevê eleição "indireta, se a vacância do cargo ocorrer a menos de seis meses do final do mandato" e "direta nos demais casos", só se aplica aos cargos de prefeito e governador.

> Art. 224.

> § 4º A eleição a que se refere o § 3º correrá a expensas da Justiça Eleitoral e será: (Incluído pela Lei n. 13.165/2015)
>
> I - indireta, se a vacância do cargo ocorrer a menos de seis meses do final do mandato; (Incluído pela Lei n. 13.165/2015)
>
> II - direta, nos demais casos. (Incluído pela Lei n. 13.165/2015)

O Plenário do STF voltou ao tema em 17.agosto.2021, julgando a ADI n. 1.057-BAHIA, sendo Relator o Ministro Dias Toffoli, quando assentou que o Estado da Bahia, legislando sobre o processo de eleição indireta para os cargos de governador e vice-governador, na hipótese de dupla vacância, tendo optado pela reprodução do modelo federal previsto no art. 81, § 1º, da CF/88, exerceu a autonomia do estado-membro para definir legislativamente o modelo e o procedimento da eleição indireta:

> "1. **A regra insculpida no art. 81, § 1º, da Constituição Federal não é de observância obrigatória pelos entes periféricos** na parte em que define o modelo e o procedimento da eleição indireta. Há certa liberdade de conformação de que gozam os entes federados periféricos, na forma do art. 25 da parte permanente da Constituição Federal e do art. 11 do ADCT. No caso, optou o Estado da Bahia por implantar, no art. 102, § 2º, de sua Constituição, modelo equivalente ao paradigma federal.
>
> 2. O ente federado, dentro de sua autonomia e respeitadas as balizas constitucionais, definiu, de forma legítima, a ocorrência de eleição indireta por intermédio da Assembleia Legislativa. Pela peculiaridade da situação de dupla vacância e diante da omissão constitucional específica, **facultou-se aos estados-membros, ao Distrito Federal e aos municípios a definição legislativa do processo de escolha**, prerrogativa que não se confunde com a competência privativa da União para legislar sobre direito eleitoral, estampada no art. 22, I, da Constituição Federal. Precedentes.
>
> 3. **A cláusula do voto secreto tem a finalidade de garantir ao cidadão eleitor** o livre direito de escolha de seus representantes políticos, protegido dos influxos de origem econômica e social. Tal cláusula constitui o patamar mínimo, inafastável, erigido pelo poder constituinte originário a regra pétrea, ao qual se acrescem outras garantias que previnem a turbação da livre manifestação de vontade do eleitor.
>
> 4. **A presunção de garantia se inverte no caso de votações promovidas no âmbito dos órgãos legislativos**, já que o dever de transparência se sobrepõe à tentativa de sigilosidade do ato deliberativo, de viés excepcional. A **publicidade é a regra**, sendo colocada como **direito e ferramenta de controle social** do Poder Público.
>
> 5. As **condições de elegibilidade e inelegibilidade** previstas no art. 14 da Constituição Federal **são de observância cogente**, a fim de se resguardar a lisura do procedimento de escolha, evitando-se o ingresso de candidatos, à socapa, nos cargos eletivos, sem observância das condições de exercício do jus honorum, em nítida fraude ao sistema de proteção fixado na Lei Fundamental.
>
> 6. Ação julgada improcedente.
>
> ACÓRDÃO Vistos, relatados e discutidos estes autos, acordam os Ministros do Supremo Tribunal Federal, em sessão virtual do Plenário de 6/8 a 16/8/21, na conformidade da ata do julgamento e nos termos do voto do Relator, Ministro Dias Toffoli, por unanimidade de votos, com ressalvas dos Ministros Roberto Barroso,

> Cármen Lúcia e Gilmar Mendes, em julgar improcedente o pedido formulado na ação direta. Brasília, 17 de agosto de 2021. Ministro Dias Toffoli, Relator

Toda essa discussão não se aplica, por óbvio, às hipóteses de decisão de procedência de AIME que versa sobre cargos elegíveis pelo sistema proporcional (vereadores e deputados), pois que não se atingiria normalmente a metade dos votos da circunscrição ("caput" do art. 224) e esses cargos não foram incluídos na nova disposição (§ 3º). No caso de desconstituição de mandato de vereador ou deputado, basta convocar-se à posse o suplente.

> "Pedido de anulação da eleição proporcional de 2004. Alteração do número de candidato. Providências tomadas pelo MM. Juiz Eleitoral segundo orientação deste Tribunal. O disposto no art. 224, caput, do Código Eleitoral aplica-se às eleições majoritárias, não às proporcionais. Ausência de prova acerca do prejuízo sofrido pelo candidato requerente. Indeferimento do pedido." (TRE-MG, Feitos Diversos n. 4406/2004, Rel. Juiz Marcelo Guimarães Rodrigues, Sessão de 14/12/2004)

De outro lado, repita-se, a decisão que julga procedente a AIME e, portanto, reconhece a prática do abuso de poder econômico, da corrupção ou da fraude, deve impor ao impugnado (se agente do ilícito) a inelegibilidade prevista no art. 1º, inciso I, alínea *d*, c/c art. 22, inciso XIV, ambos da Lei Complementar n. 64/90, conforme já decidido pelo TSE.

> "Ação de impugnação de mandato eletivo. Abuso de poder. [...] Recurso ordinário provido para: (1) cassar os mandatos do governador e do vice-governador (art. 14, § 10, da CF); (2) **declarar a inelegibilidade** do governador para as eleições que se realizarem nos três anos seguintes ao pleito (LC nº 64/90, art. 1º, I, *d e h*)." *(Ac. nº 510, de 6.11.2001, rel. Min. Nelson Jobim.)*

Já foi dito que a declaração de inelegibilidade só se dá em relação àqueles dos investigados que tenham contribuído para a prática do abuso de poder, sejam eles candidatos ou não. Quanto à desconstituição do mandato, entretanto, a verificação é puramente objetiva, ou seja, o que realmente importa é a ocorrência do abuso de poder, da corrupção ou da fraude. Se estes restaram reconhecidos na decisão, o mandato dos candidatos por ele beneficiados será desconstituído, ainda que reste provado que eles **não participaram, não anuíram** ou mesmo **não souberam da prática**[433]. Isto se justifica pelo fato de que a AIME tem como principal objetivo garantir a normalidade e a legitimidade das eleições, em face do interesse público de lisura do pleito. Se o candidato participou ou não dos atos de abuso, o certo é que a vitória nas urnas sofreu a interferência ilegal, o que já é o suficiente para a desconstituição, que não tem conteúdo de sancionamento pessoal aos candidatos apeados do mandato.

Reconhecida a pertinência da imposição, na AIME, das duas consequências jurídicas, necessário consignar que são elas distintas e autônomas, a serem aplicadas aos agentes do abuso (inelegibilidade) e aos candidatos beneficiados (desconstituição

---

[433] Ac.-TSE, de 3.11.2016, no AgR-REspe nº 958 e, de 18.9.2014, no AgR-AI nº 31540: o abuso de poder prescinde da demonstração de responsabilidade, participação ou anuência do candidato, bastando a comprovação de que se tenha beneficiado.

do mandato). Dada esta autonomia, não há **perda do objeto** da AIME quando a ação só é julgada após encerrado o mandato, pois ainda restará – em caso de procedência – a aplicação da inelegibilidade por oito anos.

> [...] 2. A causa de inelegibilidade prevista na alínea d do inciso I do art. 1º da Lei Complementar nº 64/90 incide sobre os condenados por abuso do poder econômico tanto em ação de investigação judicial eleitoral quanto em ação de impugnação de mandato eletivo. Precedentes. (TSE, REspe n. 24213 - CAMAMU – BA, Ac. de 04/06/2019, Rel. Min. Admar Gonzaga)

11. Recurso. Efeito suspensivo. Art. 257, § 2º Recurso adesivo

O **recurso eleitoral**, de natureza ordinária, cabível no prazo de **três dias** – art. 8º, da LC n. 64/90 – contados da publicação no DJe, interposto em face de decisão do Juiz Eleitoral (nas eleições municipais) ou do TRE (em sede de competência originária, nas eleições gerais, portanto), suspende os efeitos da decisão de desconstituição do mandato, tendo em vista a exceção do § 2º, do art. 257, do Código Eleitoral, incluída pela Lei n. 13.165/2025. O **recurso especial** em face da decisão do TRE que confirma ou impõe a procedência, no exercício da sua competência recursal (eleições municipais), não tem efeito suspensivo. Por conseguinte, o Tribunal Regional, ao concluir pela confirmação da decisão de desconstituição do mandato eletivo, já deve determinar o imediato afastamento do eleito, medida que se impõe em defesa do regime democrático e da soberania do voto, considerada a inconveniente e desmoralizadora permanência do cassado no cargo eletivo e na representação popular, quando se sabe que ele alcançou a vitória eleitoral à custa do ilícito apurado, cujos contornos fáticos se tornam definitivos e não mais passíveis de revolvimento na instância extraordinária. Não é demais lembrar que o afastamento do eleito, imposto pela Justiça Eleitoral, não viola o princípio da soberania do voto. Ao contrário, se é verdade que a eleição atrai a presunção de legitimidade para o exercício do mandato, não menos certo é que essa presunção cede diante da decisão judicial que reconhece a ilegitimidade dos meios utilizados pelo candidato para vencer o pleito e alcançar o mandato eletivo.

> SÚMULA n. 36/TSE
>
> Cabe recurso ordinário de acórdão de Tribunal Regional Eleitoral que decida sobre inelegibilidade, expedição ou anulação de diploma ou perda de mandato eletivo nas eleições federais ou estaduais (art. 121, § 4º, incisos III e IV, da Constituição Federal).
>
> Res. TSE n. 23.608/2019:
>
> Art. 52. Contra o acórdão do tribunal regional eleitoral proferido no exercício de sua competência originária, caberá recurso ordinário, quando se pretenda a anulação, reforma, manutenção ou cassação da decisão que tenha ou possa ter reflexo sobre o registro ou o diploma.

Já as decisões proferidas pelo TSE desafiam o recurso extraordinário ao STF, também no prazo de 3 (três) dias.

A subsidiariedade das normas do processo civil sobre as do Direito Eleitoral ainda se manifesta na possibilidade do manejo do **recurso adesivo**, previsto no art. 997, do CPC/2015:

> [...] Impossibilidade de se conhecer da tese, suscitada em contrarrazões, de existência de valores capazes de justificar a capacidade econômica da recorrida para a doação eleitoral. A questão não foi debatida no acórdão regional, e a parte recorrida não interpôs **recurso adesivo**. No caso, era necessária a interposição do citado recurso com a finalidade de alargar o espectro de cognição do recurso especial e permitir a análise do argumento secundário reputado como prejudicado pelo TRE/SP. Precedente. (TSE, REspe n. 21964 - TABOÃO DA SERRA – SP, Ac. de 22/08/2019, Rel. Min. Luciana Lóssio)

> DIREITO ELEITORAL. RECURSOS ESPECIAIS ELEITORAIS. AGRAVO EM AÇÃO CAUTELAR. ELEIÇÕES 2016. USO INDEVIDO DOS MEIOS DE COMUNICAÇÃO E ABUSO DO PODER ECONÔMICO. MATÉRIA JORNALÍSTICA SENSACIONALISTA. EXTRAPOLAÇÃO DA LIBERDADE DE EXPRESSÃO. AUSÊNCIA DE GRAVIDADE. PROVIMENTO DOS RECURSOS. NÃO PROVIMENTO DO RECURSO ADESIVO. (TSE, REspe n. 97229 - SETE LAGOAS – MG, Ac. de 28/05/2019, Rel. Min. Luís Roberto Barroso)

> "Dúvidas não pairam quanto ao **cabimento de recurso especial adesivo** na Justiça Eleitoral, havendo precedentes do Tribunal Superior Eleitoral e de outros Tribunais Regionais, muito embora o Código Eleitoral nada disponha a respeito, por aplicação subsidiária do CPC, que assim estabelece: [...]." (TRE-MG, Rec. n. 561/01, Pratápolis, Rel. Juiz Marcelo Guimarães Rodrigues, *MG* de 10/12/2002 – Grifei)

12. Execução da sentença

Com a decisão de procedência da AIME, cabe ao órgão jurisdicional da diplomação **executar a sentença**. Cabe ao Juiz Eleitoral (em eleições municipais), ao Presidente do TRE (nas eleições gerais) e ao Presidente do TSE (na eleição presidencial), comunicar o fato ao Presidente da Câmara, da Assembleia ou da Câmara dos Deputados, para que assuma a chefia do Executivo ou convoque o suplente de vereador ou deputado, conforme o caso.

> "A competência para dar execução à decisão proferida em ação de impugnação de mandato eletivo referente a eleições municipais é do Juízo Eleitoral, conforme a jurisprudência desta Corte (acórdão 19.649). Assim, não há que se falar em usurpação da competência desta Corte. Aliás, o próprio reclamante reconhece que a ação de impugnação de mandato eletivo foi julgada procedente, mas nada se decidiu quanto à execução da sentença, que foi mantida pelo TRE e por esta Corte, posto que negado provimento ao agravo regimental interposto contra despacho que negou seguimento ao especial (Recurso Especial 20.312). Desse modo, se não houve por parte deste Tribunal decisão a respeito da maneira que deveria a referida decisão ser cumprida, não há que se cogitar, tampouco, de descumprimento de julgado do TSE." (TSE, Reclamação n. 227/2003, Rel. Min. Fernando Neves)

Capítulo X

CRIMES ELEITORAIS E PROCESSO PENAL ELEITORAL

Não era propósito inicial deste trabalho o enfrentamento das questões criminais eleitorais, principalmente em capítulo à parte. Entretanto, partindo do reconhecimento de que há uma incidência significativa de crimes eleitorais antes e durante as campanhas, a abordagem passou a ser quase que uma exigência. E isso porque a obra tem como pretensão constituir-se num "manual para as eleições", no qual o profissional do Direito poderá encontrar a abordagem de tudo quanto frequentemente acontece num processo eleitoral.

Algumas condutas tipificadas pela legislação eleitoral já foram aqui estudadas e seu enfoque está inserido nos capítulos relativos ao momento em que se verificam. Cabe agora repetir algumas considerações e acrescentar outras, sistematizando o estudo.

De qualquer forma, não há compromisso com o aprofundamento[434] do estudo dos fenômenos criminais eleitorais.

1. Pena mínima: art. 284 679

Já bem no início, salienta-se que o Código Eleitoral tem a particularidade de não prever, ao pé de cada tipo legal, a **pena mínima** cominada à conduta típica. Preferiu o Código fixar a regra geral do art. 284, segundo a qual será de 15 dias a pena mínima para a detenção e 1 ano para a reclusão, sempre que não houver indicação diversa. Então, será sempre necessário lembrar-se disso, quando da análise dos crimes eleitorais.

2. Declaração falsa de domicílio eleitoral: art. 289

Durante o alistamento eleitoral, acontece, com alguma frequência, **declaração falsa de domicílio eleitoral**. A conduta, segundo a jurisprudência, pode caracterizar o crime do art. 289 do Código Eleitoral, já que a falsidade teve como objetivo, como finalidade, a inscrição eleitoral. Se o crime é descoberto posteriormente ao deferimento da inscrição, terá ele se consumado. Do contrário, quando evidenciado durante o processo de inscrição, naquela fase em que o Juiz pode converter o julgamento em diligência e

---

[434] Para tanto, recomendável a obra de Alessandro Garcia, Tutela Penal Eleitoral, Aspectos Teóricos e Práticos, Editora Arraes, 2012, e a de Rodrigo López Zílio, Crimes Eleitorais, Editora Jus Podium, 4ª edição, 2020.

determinar a constatação *in loco*, a falsidade conduzirá o pedido ao indeferimento, daí que o alistando terá apenas tentado inscrever-se fraudulentamente. Neste caso, incide a regra do art. 14, II, do Código Penal. No entanto, a jurisprudência eleitoral já entendeu que essa declaração falsa de endereço, perante a Justiça Eleitoral, caracteriza sim o crime do art. 350 do Código Eleitoral, que é a falsidade ideológica eleitoral: "inserir ou fazer inserir em documento público ou particular declaração falsa ou diversa da que devia ser escrita, para fins eleitorais". O acompanhamento atento dos procedimentos de alistamento e transferência possibilita o descobrimento desse crime e sua punição se constitui em medida exemplar, para evitar sua reprodução.

Essa **falsidade ideológica eleitoral** (art. 350) poderá ocorrer sempre que o candidato emitir declaração falsa à Justiça Eleitoral, sobre fato relevante para o processo eleitoral. No pedido de registro, p. ex., o candidato presta diversas informações, sobre se é servidor público (porque daí há necessidade de desincompatibilização), sobre seu grau de instrução (porque o analfabetismo é causa de inelegibilidade) e sobre seus bens (porque protege-se a probidade administrativa desde a eleição e porque constitui informação importante à tomada de decisão do eleitor).

> [...] 13. A declaração de bens prevista no art. 11, § 1º, inciso IV, da Lei nº 9.504/1997 é autossuficiente para preencher a finalidade de instruir o pedido de registro, não havendo dever legal de que o juiz eleitoral confirme ou verifique a propriedade dos bens declarados pelo requerente.
>
> 14. **Os eleitores e a sociedade são os destinatários diretos da declaração de bens** apresentada pelo candidato, sendo que no caso concreto existem indícios que demonstram o potencial da declaração falsa para enganar os destinatários. Os fatos narrados no acórdão apresentam indícios de que a declaração de bens foi utilizada como prova do patrimônio do candidato perante o eleitorado, sendo supostamente apresentada para demonstrar a honestidade e a diminuição patrimonial do acusado.
>
> 15. Apresentam-se indícios de que o documento falso foi politicamente utilizado para forjar relação política entre o candidato e seus eleitores, o que indicaria, em momento processual inicial, a potencialidade lesiva da declaração omissa para ludibriar a fé pública.
>
> (TSE, REspe n. 4931 - MANAUS – AM, Ac. de 27/08/2019, Rel. Min. Edson Fachin)
>
> A **declaração de bens** é um documento essencial e obrigatório no momento do registro de candidatura, nos termos do art. 11, § 1º, inciso IV, da Lei n° 9.504/1 997, e tem como **função primordial informar o eleitor** acerca da situação patrimonial atual dos candidatos e, dessa forma, permitir análise e avaliação da situação financeira daquele que pretende assumir cargo público eletivo. Assim, **aperfeiçoa o processo de escolha do eleitor e prestigia a liberdade do voto**. Eventualmente pode possibilitar também a percepção da sua evolução patrimonial e financeira, caso já tenha exercido outro cargo eletivo ou obtenha êxito na eleição.
>
> Assim, não se pode dizer que o referido documento não tem fins eleitorais, tendo em vista que exerce a função de ampliar as informações do eleitor e ajudá-lo no processo de escolha.

Além disso, certo é que a declaração firmada pelo candidato não tem o condão, por si só, de fazer prova da existência de todos os bens de propriedade do candidato. Todavia, considerar irrelevante a falsidade da declaração seria o mesmo que admitir que é abusiva a exigência desse documento para o registro, visto que inútil.

Igualmente não se mostra válido para o caso o argumento de que posterior averiguação do conteúdo da declaração afastaria a possibilidade de ocorrer a falsidade ideológica, porquanto não há averiguação formal prevista no procedimento de registro e tal análise pela Justiça Eleitoral seria inviável.

(REspe n. 3882654, Rel. Min. Gilmar Mendes, DJE, Tomo 58, de 24/03/2017, Página 89/90)

3. Caixa 2: art. 350

Também tipifica este crime do art. 350 o **"caixa 2"** de campanha, que pode ser resumido como a movimentação de recursos à margem dos registros contábeis e sem trânsito pela conta corrente de campanha. Como consequência dessa "informalidade", a receita e/ou a despesa custeada com estes recursos não será informada naquele prazo de 72 horas previsto no art. 28, da Lei n. 9.504/97 e nem lançada na prestação de contas parcial ou final. A omissão da informação, de fundamental importância para o eleitor e para o exercício da fiscalização atribuída à Justiça Eleitoral, é um dos núcleos do tipo em comento.

> [...] 9. A fé pública é o bem jurídico transindividual que se refere à **confiança e à credibilidade depositada pelos indivíduos nos documentos utilizados para atestar ou provar relações jurídicas ou sociais**. Portanto, o crime de falsidade não lesiona apenas o destinatário imediato do documento, mas agride a convicção coletiva de que os documentos utilizados como essenciais à determinada finalidade são verídicos e confiáveis. Portanto, a absolvição sumária só é cabível quando demonstrado de forma precisa e certeira a absoluta inidoneidade do falso para iludir. (TSE, REspe n. 4931 - MANAUS - AM, Ac. de 27/08/2019, Rel. Min. Edson Fachin)
>
> HCCrim - AgR-HC n. 060010317 - BRASÍLIA - DF, Ac. de 29/04/2021, Rel. Min. Sergio Silveira Banhos. [...] SÍNTESE DO CASO [...] 2. Na ação penal imputa-se a prática dos crimes previstos nos **arts. 350 e 353 do Código Eleitoral**, pois os denunciados teriam inserido **declaração falsa no recibo eleitoral** 01310.06.00000.DF.000374 (delito de falsidade ideológica para fins eleitorais) e, em seguida, teriam **utilizado o referido recibo na prestação de contas** de campanha de candidato a deputado federal (uso de documento falso), atinente ao pleito eleitoral do ano de 2014, perante o TRE/DF. [...] 8. O entendimento desta Corte é sentido de que, *"no caso de crime praticado mediante concurso de agentes, afigura-se* **dispensável que a denúncia descreva de forma minuciosa e individualizada a conduta de cada acusado**, *bastando, para tanto, que a exordial narre o fato principal e as qualificadoras de forma a possibilitar o exercício da ampla defesa' (Acórdão/STJ nº 24.183/SP)* (AgR-HC 671, rel. Min. Marcelo Ribeiro, DJE de 24.3.2010). [...] 13. Segundo o assente entendimento desta Corte, o trancamento da ação penal na via estreita do *habeas corpus* somente é possível, em caráter excepcional, quando se comprovar, de plano, a inépcia da denúncia, a atipicidade da conduta, a incidência de causa de extinção da punibilidade ou a ausência de indícios de autoria ou de prova da materialidade do delito, hipóteses não verificadas no caso (RHC0600063-47, rel. Min.

> Luís Felipe Salomão, DJE de 11.2.2021; RHC 0600358–53, rel. Min. Mauro Campbell Marques, DJE de 20.11.2020; RCH 0600277–29, rel. Min. Tarcísio Vieira De Carvalho Neto, DJE de 28.10.2020).
>
> [...] 4. Quanto à falsidade ideológica, a prova dos autos afigura-se robusta e demonstra que coordenador de campanha contratado pela recorrente realizou em nome desta **gastos eleitorais de R$ 40.650,00** (mais de 7% do total de recursos), os quais foram **omitidos do ajuste contábil**, conduta que, por sua relevância jurídica na espécie, impõe manter o édito condenatório. (TSE, REspe n. 13727 - BRASÍLIA – DF, Ac. de 21/05/2019, Rel. Min. Luís Roberto Barroso)
>
> "Recurso Criminal. Denúncia fundada no **art. 350, do Código Eleitoral**. **Omissão em prestação de contas**. Possibilidade. Presença de dolo. Preliminar de nulidade da sentença. Alegadas insuficiência de fundamentação e ofensa ao contraditório e à ampla defesa. Fundamentação concisa não é causa de nulidade. Sentença com observância dos requisitos do art. 381, do CPP. Preliminar rejeitada. Mérito. Atipicidade da conduta. Autoria e materialidade devidamente comprovadas. **Conduta típica**. Pena de multa desproporcional à condição econômica da ré. Redução de 12 (doze) dias-multa para 06 (seis) dias-multa. Fixação do regime aberto para início do cumprimento da pena. Recurso a que se dá parcial provimento." (TREMG, Recurso Criminal n. 5835-46.2010.6.13.0034, 34ª ZE de Belo Horizonte, Rel. Juíza Mariza de Melo Porto

4. Impedir ou Inutilizar propaganda alheia: arts. 331 e 332

Na campanha eleitoral, vige a regra de que a propaganda é livre, salvo as exceções previstas na legislação, tema que foi objeto de estudo nesta obra. Então, constitui crime, art. 332 do Código Eleitoral, **impedir o exercício de propaganda**. Mas o que acaba acontecendo no dia a dia da campanha é o tipo do art. 331 do CE: **inutilizar, alterar ou perturbar meio de propaganda devidamente empregado**. No desejo de veicular sua propaganda em local já ocupado por outros candidatos, o agente retira, por exemplo, o adesivo plástico do adversário, colocando a sua propaganda no lugar. Ou mesmo sobrepondo uma propaganda à outra, impossibilitando a visualização daquela.

> "A retirada de propaganda de uma via pública em um determinado município, em se tratando de pleito estadual, não é ato suficiente para caracterizar a potencialidade que requer o art. 22 da LC n. 64/90. (...) a retirada das faixas contendo propaganda eleitoral do recorrente, nos moldes em que praticada, não demonstra o alegado abuso do poder político, embora possa constituir crime eleitoral, a ser apurado em procedimento próprio. (...)" (TSE, Ac. n. 723, de 28/8/2003, rel. Min. Peçanha Martins.)

5. Afirmações inverídicas ou ofensivas e humilhantes: arts. 323 e 326-B

Ainda na propaganda, não raro os candidatos fazem **afirmações inverídicas**, seja para se enaltecer, seja para prejudicar o concorrente. Basta, então, que se constate que a afirmação não condiz com a verdade dos fatos e que tem ela potencial para exercer influência perante o eleitorado, levando pessoas a votarem em determinado candidato, ou a nele não votarem, em razão do fato inverídico que se propagou. Essa conduta está tipificada no art. 323, do Código Eleitoral, ali bem próxima dos crimes contra a honra (injúria, calúnia e difamação), e teve alteração na sua redação, dada pela Lei n. 14.192/2021, para acrescentar a expressão "ou durante período de campanha eleitoral", e para esclarecer que o ilícito ocorrerá na propaganda "eleitoral". Tais modificações permitem concluir que a conduta típica estará configurada a qualquer tempo, desde que o fato inverídico seja divulgado em contexto de propaganda eleitoral, ainda que extemporânea, pois esta, tendo como objetivo promover ou desconstruir candidaturas, tem nítida natureza eleitoral. Com o § 1º, passa a ser alcançado pelo tipo não só o que **divulga**, mas também aquele que **produz**, **oferece** ou **vende** vídeo com conteúdo inverídico. E a causa especial de aumento de pena do § 2º, que era mera agravante e se limitava às hipóteses em que o falso era divulgado pela "imprensa, rádio ou televisão", agora alcança a divulgação na internet, nas redes sociais ou transmitido em tempo real (inciso I), além de envolver menosprezo ou discriminação à condição de mulher ou à sua cor, raça ou etnia.

> Art. 323. **Divulgar**, na propaganda eleitoral ou durante período de campanha eleitoral, fatos que sabe inverídicos em relação a partidos ou a candidatos e capazes de exercer influência perante o eleitorado: (Redação dada pela Lei nº 14.192, de 2021)
>
> Pena - detenção de dois meses a um ano, ou pagamento de 120 a 150 dias-multa.
>
> Parágrafo único. Revogado. (Redação dada pela Lei nº 14.192, de 2021)
>
> § 1º Nas mesmas penas incorre quem **produz**, **oferece** ou **vende** vídeo com conteúdo inverídico acerca de partidos ou candidatos. (Incluído pela Lei nº 14.192, de 2021)
>
> § 2º Aumenta-se a pena de 1/3 (um terço) até metade se o crime: (Incluído pela Lei nº 14.192, de 2021)
>
> I - é cometido por meio da imprensa, rádio ou televisão, ou por meio da internet ou de rede social, ou é transmitido em tempo real; (Incluído pela Lei nº 14.192, de 2021)
>
> II - envolve menosprezo ou discriminação à condição de mulher ou à sua cor, raça ou etnia. (Incluído pela Lei nº 14.192, de 2021)
>
> "O tipo penal indicado não exige que os *fatos* tenham potencial para definir a eleição, bastando que sejam "capazes de exercerem influência perante o eleitorado". (TSE, Ac. de 25.6.2015, no AgR-RMS nº 10404)
>
> RHC n. 761681 - PELOTAS – RS, Ac. de 17/05/2011, Rel. Min. Nancy Andrighi. RECURSO ORDINÁRIO EM HABEAS CORPUS. ARTS. 323 E 325 DO CÓDIGO ELEITORAL. DIFAMAÇÃO E DIVULGAÇÃO DE FATOS INVERÍDICOS NA PROPAGANDA ELEITORAL. TRANCAMENTO AÇÃO PENAL. IMPOSSIBILIDADE. 1. O deferimento do **direito de resposta e a interrupção da divulgação** da ofensa **não elidem a ocorrência dos crimes** de difamação e de divulgação de fatos inverídicos na propaganda eleitoral, tendo em vista a independência entre as instâncias eleitoral e penal. [...]
>
> "Ação penal. Denúncia. Art. 323 do Código Eleitoral. (...) Divulgação, por meio de **aparelhagem de som instalada em veículo** automotor, de mensagem musicada com número de candidatura diverso daquele com o qual concorria o desafeto, induzindo o eleitorado a erro. Configuração do tipo previsto no art. 323 do Código Eleitoral. Recurso a que se nega provimento." (TREMG, Rec. Criminal 402/2005, Ac. 1.795/2005, Rel. Juiz Antônio Romanelli, Sessão de 24/11/2005)

A mesma Lei n. 14.192/2021 incluiu no Código Eleitoral o art. 326-B, tipificando como crime eleitoral a "violência contra a mulher" candidata ou detentora de mandato eletivo. O assédio, o constrangimento, a humilhação e o menosprezo, tão comuns às campanhas eleitorais, são agora núcleos do mencionado tipo penal.

> Art. 326-B. Assediar, constranger, humilhar, perseguir ou ameaçar, por qualquer meio, candidata a cargo eletivo ou detentora de mandato eletivo, utilizando-se de menosprezo ou discriminação à condição de mulher ou à sua cor, raça ou etnia, com a finalidade de impedir ou de dificultar a sua campanha eleitoral ou o desempenho de seu mandato eletivo.
>
> Pena - reclusão, de 1 (um) a 4 (quatro) anos, e multa.
>
> Parágrafo único. Aumenta-se a pena em 1/3 (um terço), se o crime é cometido contra mulher:
>
> I - gestante;
>
> II - maior de 60 (sessenta) anos;
>
> III - com deficiência.

E os crimes de ofensa: injúria, difamação e calúnia, com finalidade eleitoral, descritos nos arts. 324, 325 e 326, do Código Eleitoral, passam a ter – por força da referida lei – suas penas aumentadas de 1/3 à metade sempre que cometidos com menosprezo ou discriminação à condição de mulher ou à sua cor, raça ou etnia, e quando veiculados na internet, em redes sociais ou em transmissões ao vivo.

> Art. 327. As penas cominadas nos arts. 324, 325 e 326 aumentam-se de 1/3 (um terço) até metade, se qualquer dos crimes é cometido:
>
> I - contra o Presidente da República ou chefe de governo estrangeiro;
>
> II - contra funcionário público, em razão de suas funções;
>
> III - na presença de várias pessoas, ou por meio que facilite a divulgação da ofensa.
>
> IV - com menosprezo ou discriminação à condição de mulher ou à sua cor, raça ou etnia;
>
> V - por meio da internet ou de rede social ou com transmissão em tempo real.

6. Compra de votos: art. 299

Ainda durante a campanha eleitoral, ocorre a tão abominada **corrupção eleitoral**, que é o crime descrito no art. 299 do CE: "Dar, oferecer, prometer, solicitar ou receber, para si ou para outrem, dinheiro, dádiva ou qualquer outra vantagem, para obter ou dar voto e para conseguir ou prometer abstenção, ainda que a oferta não seja aceita". Sabe-se que boa parte das candidaturas ainda é movida à compra de votos, que vai desaguar no abuso do poder econômico. Basta estar atento às campanhas que serão descobertas doações de cestas básicas, calçados, vestuários em geral, materiais de construção, consultas médicas, remédios, enfim uma enormidade de itens, além do dinheiro mesmo, tudo visando a que o eleitor se comprometa no seu voto. Embora seja de uma incidência expressiva, as condenações ainda são tímidas. Na verdade, tudo se dá porque a jurisprudência eleitoral fixou-se, num primeiro momento, no entendimento de que era necessário, além da doação, ou da oferta, ou da promessa, também o pedido explícito de voto ou de abstenção. Com esse posicionamento, os Tribunais Eleitorais praticamente tornaram o tipo penal em letra morta, porque é muito difícil a prova de que o agente fez o pedido direto de voto, até porque isso normalmente não acontece. E não acontece porque as partes deste "negócio" sabem perfeitamente qual é a condição para a doação, a oferta ou a promessa de doação, que é o comprometimento do voto. Isso não precisa ser dito, porque está implícito na conduta. Ou qual será a razão pela qual o candidato, em plena campanha eleitoral, faz doações, ofertas ou promessas de doação aos eleitores? O resultado da corrupção não combatida e punida é o exercício ilegítimo dos mandatos (quem se elege à base da compra de votos não tem legitimidade substancial para a representação) e o comprometimento da própria administração pública, à consideração de que o "eleito" já deu sinais de desrespeito à lei e aos administrados.

> [...] CRIMINAL. CORRUPÇÃO ELEITORAL ATIVA. PROMESSA DE VANTAGEM PARA OBTER VOTO. PRETENSO PROJETO SOCIAL. **DISPONIBILIZAÇÃO DE MENSALIDADES IRRISÓRIAS** DE ACADEMIA DE MUSCULAÇÃO PARA A COMUNIDADE. [...]. COMPROVAÇÃO DA MATERIALIDADE E DA AUTORIA DELITIVAS EVIDENCIADAS NO ACÓRDÃO. REVERSÃO DA CONDENAÇÃO. INADMISSIBILIDADE. REEXAME DE FATOS E PROVAS. VERBETE SUMULAR N. 24 DO TSE. [...] FUNDAMENTOS NÃO AFASTADOS. AGRAVO INTERNO NÃO PROVIDO.
>
> 1. Hipótese em que foi alegada a prática de corrupção eleitoral prevista no art. art. 299 do CE, visto que, a pretexto de desenvolverem projeto social, o recorrente e sua esposa teriam colocado à disposição da comunidade academia de musculação, com **mensalidades a preço irrisório**, como forma de oferecer **vantagem aos frequentadores** do estabelecimento e obter votos para a candidatura da segunda acusada, candidata ao cargo de vereador nas eleições de 2012. (TSE, AgR-REspe n. 8958 - NATAL – RN, Ac. de 17/09/2019, Rel. Min. Og Fernandes)

Alessandro Garcia Silva[435], depois de assentar que "trata-se de crime formal e de ação múltipla que independe do resultado, pois a consumação se dá a partir do momento em que a oferta ou solicitação é exteriorizada, mesmo que não acolhida", arremata lembrando que "laboram em grave equívoco os juízos ou pretórios eleitorais que identificam somente no pedido expresso de voto o referido elemento subjetivo do tipo [finalidade de obter ou dar voto], quando suficiente, pela análise das circunstâncias fáticas, a comprovação da finalidade de obter ou dar o voto ou prometer abstenção." E colaciona importante julgado do TSE:

> AÇÃO PENAL. CORRUPÇÃO ELEITORAL. (...) 3. O **pedido expresso de voto não é exigência para a configuração do delito previsto no art. 299 do Código Eleitoral**, mas sim a comprovação da finalidade de obter ou dar voto ou prometer abstenção. 4. A circunstância de a compra de voto ter sido confirmada por uma única testemunha não retira a credibilidade nem a validade da prova. (...) (TSE, ED-RESP 582-45.2010.6.00.0000; Rel. Min. Arnaldo Versiani. Julg. 02-03-2011; DJU 12-05-2011)

[435] Tutela Penal Eleitoral: Aspectos Teóricos e Práticos, Editora Arraes, 2012, pág. 51

O festejado eleitoralista Rodrigo López Zílio[436] afirma que "o que é indispensável à configuração da corrupção eleitoral é a existência de elementos que indiquem, satisfatoriamente, a negociação do voto ou da abstenção através do oferecimento, promessa ou doação de alguma vantagem ou benefício para o eleitor. (...) Daí que o crime de corrupção eleitoral se perfaz mediante a demonstração da finalidade de obter voto ou abstenção de voto, não exigindo seja comprovada a existência de um pedido direto ou explícito de voto."

A jurisprudência do TSE tem se manifestado neste sentido:

> "O pedido expresso de voto não é exigência para a configuração do delito previsto no art. 299 do Código Eleitoral, mas sim a comprovação da finalidade de obter ou dar voto ou prometer abstenção" (ED-REspe n. 582-45/MG, Rel. Min. Arnaldo Versiani, julgado em 02.03.2011). No mesmo sentido: AgR-AI n. 77-58/SE, Rel. Min. Nancy Andrighi, julgado em 06.03.2012, e AgR-AI n. 12507/SP, Rel. Min. Napoleão Nunes Maia Filho, julgado em 09.02.2017.
>
> AI - AgR-AI n. 9389 - TACURU - MS, Ac. de 13/05/2021, Rel. Min. Edson Fachin. [...] ART. 299 DO CÓDIGO ELEITORAL. [...] 2. Para a caracterização do crime previsto no art. 299 do Código Eleitoral é imprescindível a demonstração do dolo específico do agente, consistente na **finalidade de obter ou dar voto ou prometer abstenção** mediante a entrega ou promessa de uma benesse ou vantagem a um eleitor, o que não restou suficientemente demonstrado.[...]

Esse crime também exige que a oferta ou promessa de doação tenha destinatário determinado ou determinável.

> "O crime de corrupção eleitoral ativa é **crime instantâneo**, cuja consumação é imediata, ocorrendo com a simples prática de um dos núcleos do tipo (dar, oferecer, prometer, solicitar ou receber), bem como se qualifica como **crime formal**, pois a consumação independe do resultado, da efetiva entrega da benesse em troca do voto ou da abstenção, sendo **irrelevante se o eleitor corrompido efetivamente votou no candidato** indicado. Exige-se (i) que a promessa ou a oferta seja feita a um **eleitor determinado ou determinável**; (ii) que o **eleitor esteja regular ou que seja possível a regularização** no momento da consumação do crime; (iii) que o **eleitor vote no domicílio eleitoral do candidato** indicado pelo corruptor ativo." (TSE, AI n. 20903, Rel. Min. Gilmar Ferreira Mendes, DJE, Tomo 43, Data 05/03/2015, Página 44/45)
>
> AI - AgR-AI n. 749719 - TERESÓPOLIS - RJ, Ac. de 11/12/2014, Rel. Min. Maria Thereza de Assis Moura, Rel. designado Min. Dias Toffoli. [...] CORRUPÇÃO ELEITORAL. CÓDIGO ELEITORAL. ART. 299. PROVIMENTO. 1. Para a configuração do crime de corrupção eleitoral, além de ser necessária a ocorrência de **dolo específico**, qual seja, **obter ou dar voto, conseguir ou prometer abstenção**, é necessário que a conduta seja direcionada a **eleitores identificados ou identificáveis**, e que o corruptor eleitoral passivo seja **pessoa apta a votar**. Precedentes. [...]

[436] Crimes Eleitorais, Editora Jus Podium, 4ª edição, 2020, pág. 158

Não se alcança com o art. 299, portanto, a conduta de quem, em discursos dirigidos ao grande público, promete doações à população em geral, principalmente quando diz que cumprirá tal promessa se for eleito. Pode a conduta, entretanto, encontrar a vedação do art. 243, V, do CE, porque ali a lei não tolera a propaganda eleitoral "que implique em oferecimento, promessa ou solicitação de dinheiro, dádiva, rifa, sorteio ou vantagem de qualquer natureza", não se exigindo a expressa referência ao comprometimento do voto. Então, ainda que a conduta não caracterize o crime do art. 299, mas não sendo tolerada, o Juiz deve adotar as providências necessárias para impedi-la ou fazê-la cessar imediatamente, valendo-se do seu poder de polícia (art. 35, IV, V e XVII, do CE).

O art. 100-A, da Lei n. 9.504/97, acrescido pela Lei n. 12.891/2013, remete à caracterização deste crime a contratação de cabos eleitorais em desacordo com os limites ali fixados, reconhecendo a ocorrência de compra de votos disfarçada de contratação para a militância, cada vez mais frequente nas campanhas.

Importante observar que o art. 299, do Código Eleitoral, diferentemente do art. 41-A, da Lei n. 9.504/97, descreve conduta atemporal. Ou seja, o crime pode se configurar com a doação ou promessa a qualquer tempo, mesmo antes da escolha em convenção, pois o tipo não exige a condição de candidato:

> "Em se tratando de corrupção eleitoral, **irrelevante é o período em que se deu a conduta típica**, pois a condição de candidato não é fundamental para a consumação do crime, que pode ocorrer em qualquer tempo. Para a configuração deste tipo penal, **basta que a vantagem oferecida esteja vinculada à obtenção de votos**. Precedente." (AI n. 383, Rel. Min. Luís Roberto Barroso, DJE 26/05/2020).

O art. 299, como se vê, descreve a conduta do candidato, ou de alguém por ele, como também a conduta do eleitor que solicita ou recebe a vantagem pessoal com a finalidade de dar o voto. É possível, entretanto, dadas as particularidades do caso, especialmente o estado de necessidade do eleitor, que a denúncia alcance tão somente o corruptor.

> Ac.-TSE, de 18.8.2011, no *HC* nº 78048: possibilidade de o Ministério Público, titular da ação penal pública, **deixar de acionar certos envolvidos**, como ocorre no tipo corrupção do art. 299 do CE quanto ao eleitor, geralmente de baixa escolaridade e menos afortunado, que tenha recebido benefício para votar em determinado candidato.

> "Recurso criminal. Art. 299, do CE. Condenação. [...] Pode-se concluir, tão somente com base no depoimento prestado pelo réu e no termo de acareação, que era uma prática comum dele pedir votos com promessas de compra de material de construção. Desnecessidade de comprovação de que a oferta tenha sido aceita. Prática delituosa comprovada. Recurso a que se nega provimento." (TRE-MG, Rec. Criminal n. 292/03, Carandaí, Rel. Juiz Marcelo Guimarães Rodrigues, em 8/9/2003)

7. Coação ao voto: art. 301

Se o agente, ao invés de dar, oferecer ou prometer vantagem de qualquer natureza ao eleitor, usa violência ou grave ameaça para coagir alguém a votar ou abster-se do voto, sua conduta se subsume ao tipo previsto no art. 301 do Código Eleitoral.

> Ac.-TSE, de 17.2.2011, no AgR-REspe nº 5163598: não exigência de que o crime deste artigo tenha sido praticado necessariamente durante o período eleitoral
>
> Ação penal. Eleições 2002. Art. 301 do Código Eleitoral. Aliciamento de eleitores. Exigência de que servidoras públicas municipais votassem em candidatos indicados por Prefeito sob ameaça de exoneração. Preenchimento dos requisitos do art. 41 do Código de Processo Penal. Comportamento atribuído ao réu constitui crime, em tese. Existência de justa causa. Não vislumbrada, de plano, atipicidade da conduta, extinção da punibilidade ou ausência de indícios de autoria e prova da materialidade. Recebimento da denúncia (TREMG, Acórdão n. 2.913 /2006, Rel. Des. Joaquim Herculano Rodrigues, Sessão de 11/9/2006).

8. Desobediência eleitoral: art. 347

Sempre que o Juiz Eleitoral, no exercício do seu poder de polícia, notifica o candidato ou o dirigente partidário a retirar ou cessar uma propaganda eleitoral veiculada ilicitamente está, na verdade, emitindo ordem a ser cumprida prontamente. Se o destinatário dessa ordem - candidato, dirigente partidário, etc. - não a atende no prazo assinado, comete o crime de **desobediência eleitoral**, previsto no art. 347, do Código Eleitoral. Não caracteriza o tipo, segundo o entendimento predominante, a inobservância de prescrições contidas em resoluções, posto que essas são normas gerais e abstratas, não se podendo entendê-las como ordem dirigida diretamente ao agente.

> Ac.-TSE, de 1º.12.2015, no R*HC* nº 12861 e, de 3.9.2013, no R*HC* nº 154711: para a configuração do crime previsto neste artigo, é necessário o descumprimento de ordem judicial direta e individualizada.
>
> Ac.-TSE, de 18.10.2011, no *HC* nº 130882: o tipo penal deste artigo aperfeiçoa-se apenas na sua forma dolosa.
>
> Ac.-TSE, de 6.11.2007, no *HC* nº 579: impossibilidade de imputação do crime de desobediência a candidatos caso a determinação judicial de observância às regras de propaganda eleitoral tenha sido dirigida exclusivamente a partidos e a coligações.
>
> "Verificando-se, na propaganda eleitoral gratuita, que o partido político ou a coligação não observa o que prescreve o art. 242 do Código Eleitoral ou o que determina o § 2º do art. 6º da Lei n. 9.504/97, deve o julgador - à falta de norma sancionadora - advertir o autor da conduta ilícita, **pena de desobediência** (art. 347 do Código Eleitoral). (...)" (TSE, Ac. n. 439, de 19/9/2002, rel. Min. Caputo Bastos.)
>
> "O crime de desobediência à ordem judicial de remoção de propaganda eleitoral julgada irregular não tem por **objetividade jurídica** as regras que a disciplinam, mas, sim, a **autoridade das decisões judiciais**. Não se trata, pois, de crime permanente, mas de delito cuja consumação se exaure com a ação proibida ou com a omissão do ato determinado pelo mandado judicial, não a elidindo a sua observância extemporânea. Corre, em consequência, o prazo prescricional do momento de sua

consumação instantânea." NE: Determinação de retirada de slogan e sigla de governo da propaganda institucional. (TSE, Ac. n. 3.384, de 25/6/2002, rel. Min. Ellen Gracie, red. designado Min. Sepúlveda Pertence.)

"O descumprimento de **ordem judicial direta e individualizada** é suficiente para caracterizar o crime de desobediência previsto no art. 347 do Código Eleitoral. Hipótese em que, advertido, expressamente, mais de uma vez, a não veicular programa de candidato à eleição majoritária em horário exclusivo dos candidatos às eleições proporcionais, o partido político reiterou sua conduta. Censura prévia. Inocorrência. O que caracteriza a censura prévia é o exame do programa antes de sua veiculação. (...)" (TSE, Ac. n. 42, de 2/4/2002, rel. Min. Ellen Gracie.)

"Art. 347 do CE. Impossibilidade de exame do conjunto probatório. Agravo não provido." NE: "(...) Ao paciente, porém, se imputa ter deixado de atender **determinação de remover, em 48 horas, propaganda irregular** dos locais indicados pelo juiz (certidão de fls. 21 e 22 verso), o que pode realmente configurar a infração capitulada no art. 347 do Código Eleitoral. (...)" (TSE, Ac. n. 11, de 25/11/97, rel. Min. Eduardo Alckmin.)

9. Sorteios e brindes: art. 334

Tem sido prática igualmente comum a distribuição, durante comícios, carreatas e passeatas, de **brindes diversos aos eleitores** que se aglomeram em torno desse ato político-eleitoral. Os candidatos e "cabos eleitorais" fornecem ao povo churrasco, refrigerante, bebidas alcoólicas, dentre outros, assumindo o comício certo ar de festa, com isso facilitando a penetração da mensagem que está sendo divulgada. Também tem sido vista a instalação de parque de diversão no local do comício, horas antes do início dos discursos, atraindo os eleitores inclusive para levarem seus filhos. De qualquer forma, o candidato acaba proporcionando vantagens aos eleitores, porque estes têm acesso gratuitamente a bens e serviços pelos quais normalmente deveriam pagar. Se a conduta não assumir os contornos do já estudado crime do art. 299, do Código Eleitoral, pelo menos estará caracterizado o tipo previsto no art. 334, do mesmo diploma legal, que consiste em *"utilizar organização comercial de vendas, **distribuição de mercadorias, prêmios e sorteios para propaganda ou aliciamento de eleitores**"*. De qualquer forma, trata-se também de ilícito cível eleitoral, porque o art. 39, § 6º, da Lei n. 9.504/97, proíbe a confecção, distribuição e utilização de brindes em geral.

"Crime eleitoral. Propaganda ou aliciamento de eleitores – art. 334 do Código Eleitoral. Abrangência. O art. 334 do Código Eleitoral encerra **quatro tipos penais**, todos ligados à utilização de meios objetivando à propaganda ou o aliciamento de eleitores: a) valer-se de organização comercial de vendas; b) **distribuir mercadorias**; c) **distribuir prêmios** e d) **proceder a sorteios**. Os três últimos não pressupõem necessariamente o envolvimento de organização comercial de vendas, podendo resultar de atividade desenvolvida por qualquer outra pessoa jurídica ou natural, como ocorre quando a **distribuição de mercadorias seja feita por entidade assistencial, colocando-se nas cestas a fotografia de certo candidato**. (...)" (TSE, Ac. n. 13.509, de 29/6/93, rel. Min. Marco Aurélio.)

"A presença do paciente, candidato a prefeito, em reunião política, em que se pratica o delito previsto no art. 334, do Código Eleitoral, em seu favor, ainda que se argumente que não é suficiente como prova para a condenação, revela, ao menos, indício de autoria, o que é suficiente para o recebimento da denúncia. (...)" NE: **Sorteio de diversos brindes** aos assistentes quando da realização de festividades em função da inauguração de obras. (TSE, Ac. n. 404, de 1º/3/2001, rel. Min. Waldemar Zveiter.)

"Distribuição de prêmios em festival musical patrocinado por candidatos com intuito de propaganda eleitoral. Condenação por violação do art. 334 do Código Eleitoral." (TSE, Ac. n. 16.247, de 13/4/2000, rel. Min. Eduardo Alckmin.)

"Recurso em 'habeas corpus'. Pretendido trancamento de inquérito policial. Ocorrência de indícios veementes quanto à autoria e materialidade do delito envolvendo a recorrente. Recurso desprovido." NE: Proprietária de casa de bingo onde se realizou **sorteio de televisores para promover o lançamento da campanha eleitoral** de seu marido a vereador (CE, art. 334). (TSE, Ac. n. 10, de 25/3/97, rel. Min. Costa Leite.)

"Recurso especial. Condenação por crime eleitoral tipificado no art. 299 do Código Eleitoral. Enquadramento errôneo dos fatos imputados ao recorrente. (...) Recurso especial não conhecido concedendo-se, entretanto, o habeas corpus de oficio ao recorrente, para o fim de desclassificar o delito para o art. 334 do CE, impondo-lhe pena de seis meses de detenção, e, em consequência, declarando-se extinta a punibilidade, em razão da prescrição." NE: Entrega a eleitores de **cartelas que davam direito a concorrerem, pela extração da Loteria Federal, a diversos prêmios**. (TSE, Ac. n. 9.602, de 26/8/93, rel. Min. José Cândido.)

10. Transporte e alimentação de eleitores: art. 302, CE, e Lei n. 6.091/74

O **transporte e alimentação** de eleitores é matéria de grande preocupação. A Lei n. 6.091/74 proíbe o seu fornecimento aos eleitores residentes na zona urbana e prevê que, para os da zona rural, distante pelo menos 2 quilômetros do local de votação, poderá a Justiça Eleitoral organizar esses serviços. Em síntese, apenas a Justiça Eleitoral poderá fornecer transporte e alimentação aos eleitores desde a véspera até o dia seguinte ao das eleições. O descumprimento dessa proibição constitui crime eleitoral, conforme previsto no art. 11, III, da mencionada lei, que tem a mesma mens legis do art. 302 do Código Eleitoral.

Levando-se em consideração que o art. 302 do Código Eleitoral já tipificava a conduta daquele que promove, no dia da eleição, o fornecimento gratuito de alimento e transporte coletivo, exigindo o especial fim de agir (com o fim de impedir, embaraçar ou fraudar o exercício do voto), fica fácil concluir que a Lei n. 6.091/74 dispensou esse elemento subjetivo, ou seja, o dolo específico de impedir, embaraçar ou fraudar o exercício do voto, já que o seu art. 5º repete a proibição de fornecimento de transporte e alimentação aos eleitores, por quem quer que seja, e o seu art. 11, III, tipifica como crime o mero descumprimento desta regra. A mencionada lei, posterior ao Código Eleitoral, descreve como crime o simples fato de, no dia da eleição, à sua véspera e no dia seguinte, alguém fornecer transporte aos eleitores, quebrando o monopólio da Justiça Eleitoral nessa atividade. Não mais se fala na finalidade dessa assistência ao eleitor como elemento constitutivo do tipo penal, certamente porque o legislador teve presente que a intenção de influenciar na vontade do eleitor é óbvia. Com isso, a Lei n. 6.091/74 construiu um tipo penal de mera conduta, que independe de qualquer resultado material e até mesmo de intenção específica na sua obtenção.

Como assegurado por Tito Costa,[437] "a análise dos preceitos legais mencionados conduz à conclusão de que a parte final do art. 302 do Código Eleitoral está revogada (ou melhor, derrogada) pelo art. 11, III, da Lei n. 6.091, de 15 de agosto de 1974".

> "houve correção de rumo e a figura do transporte de eleitores e fornecimento gratuito de refeições no dia das eleições passou a ser definida autonomamente na Lei n. 6.091, de 15 de agosto de 1974, tornando privativa da Justiça Eleitoral essa assistência ao eleitor, quando necessário. A usurpação desse monopólio, independentemente do resultado, é punido severamente pelas suas nefastas e deletérias consequências." (TRE-SP, Acórdão n. 108.097, Rel. Alves Braga)

Neste sentido, o Ac.-TSE, de 13.4.2004, no REspe nº 21401, em que o Tribunal concluiu que a Lei nº 6.091/1974, art. 11, III, revogou a parte final do art. 302, do Código Eleitoral. A jurisprudência, entretanto, é divergente quanto ao tema.

> Ac.-TSE de 4.8.2015, no REspe n. 305: o tipo previsto no inciso III, do art. 11, exige o fornecimento do transporte com o fim explícito de aliciar eleitores.
>
> "O delito tipificado no art. 11, III, da Lei nº 6.091/74, de mera conduta, exige, para sua configuração, o dolo específico, que é, no caso, a intenção de obter vantagem eleitoral, pois o que pretende a lei impedir é o transporte de eleitores com fins de aliciamento" (AgR-REspe 285-17, rel. Min. Marcelo Ribeiro, *DJ* de 5.9.2008). No mesmo sentido: AgR-REspe 52-13, rel. Min. Henrique Neves da Silva, *DJe* de 14.3.2017; AgR-REspe 216-41, rel. Min. Luiz Carlos Madeira, *DJ* de 5.8.2005.(TSE, AgR-REspe n. 3395 - CAMPINA DAS MISSÕES - RS, Ac. de 30/11/2017, Rel. Min. Admar Gonzaga)
>
> "[...] 1. A conformação da conduta ao tipo penal do transporte irregular de eleitores exige não apenas a presença do elemento "fornecimento de transporte a eleitores", mas, também, da finalidade de aliciar eleitores, conspurcando o livre exercício do voto. Precedente do Supremo Tribunal Federal. (TSE, AgR-REspe n. 133 - NATIVIDADE - RJ, Ac. de 12/09/2017, Rel. Min. Admar Gonzaga)

11. Boca de urna: art. 39, § 5º, da Lei n. 9.504/97

No dia das eleições ocorre não raro a **"boca de urna"**, crime que se caracteriza pelo aliciamento dos eleitores, mediante qualquer tipo de propaganda. O tipo penal está descrito no art. 39, § 5º, da Lei das Eleições, e foi estudado no Capítulo III (Propaganda Eleitoral), Seção XII (Fim da Propaganda) e no Capítulo V (Dia das Eleições), quando chamada a atenção para uma prática comum: **derrame de santinhos** Como se sabe, a propaganda eleitoral mediante **distribuição de volantes, santinhos, folhetos e impressos em geral**; em **veículos e carros de som** e em **caminhadas, carreatas e passeatas** pode prolongar-se até as 22 horas do sábado véspera da eleição (art. 39, § 9º, da Lei n. 9.504/97, incluído pela Lei n. 12.034/2009). No domingo da eleição, entretanto, toda a propaganda

[437] COSTA, Tito. *Crimes eleitorais e processo penal eleitoral*. São Paulo: Juarez de Oliveira, 2002, p. 184.

eleitoral é vedada e a sua realização caracteriza o crime aqui estudado. O **derrame de impressos** nas ruas, especialmente nas proximidades das seções eleitorais, mesmo quando feito na véspera, mas visando a fazê-los chegar ao eleitor no dia da eleição, pode ser alcançado pelo tipo, pois a conduta alcançará o fim proibido pela lei, que é interferir na liberdade de escolha dos eleitores, especialmente protegida no dia da votação. A Res. TSE n. 23.610/2019 (como já o haviam feito as Res. TSE n. 23.457/2015 e n. 23.551/2017), prevê esta possibilidade no art. 19, § 7º, e no art. 87, § 2º.

> Art. 87. Constituem crimes, no dia da eleição, puníveis com detenção de 6 (seis) meses a 1 (um) ano, com a alternativa de prestação de serviços à comunidade pelo mesmo período, e multa no valor de R$ 5.320,50 (cinco mil, trezentos e vinte reais e cinquenta centavos) a R$ 15.961,50 (quinze mil, novecentos e sessenta e um reais e cinquenta centavos) (Lei nº 9.504/1997, art. 39, § 5º, I a IV):
>
> I - o uso de alto-falantes e amplificadores de som ou a promoção de comício ou carreata;
>
> II - a arregimentação de eleitor ou a propaganda de boca de urna;
>
> III - a divulgação de qualquer espécie de propaganda de partidos políticos ou de seus candidatos;
>
> IV - a publicação de **novos conteúdos ou o impulsionamento** de conteúdos nas aplicações de internet de que trata o art. 57-B da Lei nº 9.504/1997, podendo ser mantidos em funcionamento as aplicações e os conteúdos publicados anteriormente.
>
> § 1º O disposto no inciso III deste artigo não inclui a manutenção da propaganda que tenha sido divulgada na internet antes do dia da eleição.
>
> § 2º As circunstâncias relativas ao **derrame de material impresso** de propaganda no dia da eleição ou **na véspera**, previstas no § 7º do art. 19 desta Resolução, poderão ser apuradas para efeito do estabelecimento da culpabilidade dos envolvidos diante do crime de que trata o inciso III deste artigo.
>
> "Crime de 'boca de urna'. Conduta prevista no art. 39, § 5º, II, da Lei n. 9.504/97. 1. O crime de distribuição de material de propaganda política, inclusive volantes e outros impressos, é de mera conduta, consumando-se com a simples distribuição da propaganda." (TSE, Ac. n. 45, de 13/5/2003, rel. Min. Carlos Velloso)

Destaca-se a previsão da **boca de urna digital**, tipificada pela Lei n. 13.488/2017, que acrescentou o inciso IV ao § 5º, do art. 39, aquela que se caracteriza pela publicação de novos conteúdos no dia da eleição, como também pelo impulsionamento contratado e/ou operado no dia da votação, ainda que relacionado a conteúdos divulgados anteriormente.

> O envio de mensagens por SMS no dia das eleições é alcançado por este tipo penal. (TSE, Ac. de 4.12.2018, no REspe nº 1011)

Nunca é demais lembrar que o bem jurídico protegido pela norma é a liberdade de escolha do eleitor, a ser respeitada de forma absoluta no dia da eleição, daí que impossível falar em **insignificância** da conduta quando alcançado um único eleitor.

> Inaplicabilidade do princípio da insignificância ao crime tipificado neste inciso. (TSE, Ac. de 3.9.2014, no AgR-AI n. 498122, e Ac. de 3.5.2011, no REspe n. 1188716)
>
> "A liberdade de manifestação eleitoral é restringida pela lei em dados períodos, com o intuito de preservar a legitimidade do pleito, para que o voto seja exercido de forma

> consciente e informada, bem como no intuito de assegurar que o transcurso das eleições ocorra sem distúrbios de qualquer sorte. ... a criminalização da divulgação de qualquer espécie de propaganda de partidos políticos ou de seus candidatos no dia do pleito, na forma do art. 39, § 5º, III, da Lei 9.504/97, tutela a liberdade do voto, impedindo que o eleitor seja importunado, enganado ou coagido para votar neste ou naquele candidato, e protege, também, a regularidade dos trabalhos eleitorais" (STF, Pleno, Ação Penal n. 609-BA, Rel. Min. Luiz Fux, julgado em 03.10.2014, citado por Rodrigo López Zílio, em Crimes Eleitorais, Editora Jus Podium, 4ª edição, 2020)

Bom esclarecer que esse apelido – boca de urna – dado ao aliciamento de eleitores e à propaganda eleitoral em geral, qualquer que seja a sua forma, no dia das eleições, nada tem a ver com o **local em que a conduta é praticada**, se próximo ou não de onde ocorre votação, ou seja, da seção eleitoral. Porque o Código Eleitoral determina que a força pública deve manter-se a 100 metros da mesa receptora de votos e nela adentrar apenas quando solicitada pelo Presidente da Seção Eleitoral, criou-se a impressão – um mito mesmo – de que a "boca de urna" só é vedada dentro daquele limite espacial. Não é verdade. A proibição de veiculação de qualquer propaganda eleitoral no dia das eleições obedece a um critério de tempo, de proximidade temporal do ato com a eleição. Não quer o legislador que o eleitor seja alvo de processo de convencimento no dia da eleição, ou seja, desde a zero hora e durante todo o dia. Qualquer que seja o local, ainda que a quilômetros de distância do lugar de votação, a propaganda no dia das eleições está vedada e a expressão "boca de urna", como dito, refere-se à proximidade temporal – porque o dia da eleição é reservado ao eleitor, para livre manifestação do seu voto –, e não territorial.

Diz Pedro Roberto Decomain:

> "Por manifestação deve-se considerar a atitude positiva, pela qual o eleitor é exortado a votar neste ou naquele candidato ou partido. É a atividade de propaganda eleitoral de última hora conhecida como 'boca de urna', através da qual, especialmente nas cidades pequenas, os candidatos costumam abordar os eleitores, inclusive quando se encaminham para os locais de votação, para fazer-lhes um último pedido de voto. [...] A manifestação compreende inclusive a abordagem do eleitor, no próprio dia do pleito, para pedir-lhe, quem lho aborda, que vote neste ou naquele partido ou candidato. Esse tipo de abordagem, por importar manifestação tendente a influir na vontade do eleitor, ficou caracterizado como crime a partir desta lei (Lei n. 9.100/95, art. 67, X) e, consequentemente, restou vedado."[438]

Positivando reiterada jurisprudência do TSE, o art. 39-A, da Lei n. 9.504/97, incluído pela Lei n. 12.034/2009, permite, no dia das eleições, a **manifestação individual e silenciosa** da preferência do eleitor por partido, coligação ou candidato, revelada *exclusivamente* pelo uso de bandeiras, broches, dísticos e adesivos. Como o dispositivo, ao se valer da expressão "exclusivamente", enumera taxativamente os instrumentos que podem ser usados pelo eleitor no dia da eleição, fácil concluir que estão proibidos (e por isso caracterizam o crime do art. 39, § 5º) quaisquer outros meios de propaganda, como a

---

[438] DECOMAIN, Pedro Roberto. *Eleições* – Comentários à Lei n. 9.504/97, p. 150.

camisa, o boné, etc. Na Res. TSE n. 23.610/2019, art. 82, o Tribunal acrescenta a **camiseta** entre os instrumentos de propaganda permitidos no dia da eleição, o que revela nítido excesso de regulamentação, pois contrário a texto expresso de lei. A eleição de 2018 inaugurou uma prática até então não cogitada: a confecção e venda de camisas com foto, nome e número de candidatos como atividade comercial, conduta que não está alcançada pela proibição de distribuição de brindes, já que o responsável pela confecção não é candidato ou partido e a distribuição não é gratuita. Ao contrário, o cidadão interessado paga pela aquisição. Registre-se, por oportuno, que essa camisa confeccionada pelo eleitor ou por ele comprada, lícita, portanto, não poderia – não fosse a "autorização" do TSE – ser usada no dia da votação. Também não pode haver aglomeração de eleitores, ainda que portando os instrumentos permitidos ou usando vestuário sem propaganda, porém padronizado, porque a conduta caracteriza manifestação coletiva – e não individual – da preferência, entendida pela lei como capaz de influenciar outros eleitores. Então, no dia da eleição o eleitor poderá sair à rua e até dirigir-se à sua seção eleitoral para votar com um adesivo do candidato de sua preferência, sem que isso caracterize qualquer irregularidade. A aglomeração de vários eleitores com tais materiais de propaganda, entretanto, já não se encaixa na exceção, porque traz a potencialidade de convencimento e aliciamento do eleitorado. Na mencionada Res. TSE n. 23.610/2019, que disciplina a propaganda eleitoral para as eleições de 2020 e seguintes, o Tribunal lembra – art. 82, § 5º – que essa manifestação coletiva, no dia da eleição, tipifica o crime do Art. 39, § 5º, III, da Lei n. 9.504/97.

12. Crimes contra a honra. Imunidade parlamentar: art. 324, 325 e 326

Porque deputados e senadores normalmente buscam a reeleição ou se envolvem intensamente em campanhas eleitorais, é possível que diversas condutas sejam por eles praticadas, inclusive aquelas que se tipificam como crime em razão da emissão de opinião injuriosa, caluniosa ou difamadora (arts. 324, 325 e 326, do Código Eleitoral). Surge então a necessidade de cotejar a **imunidade parlamentar**, que protege o agente político por suas opiniões, no exercício do mandato. Tem decidido o TSE, reiteradamente, que a imunidade não alcança as condutas que se tenha praticado ao largo da atividade parlamentar, o que parece absolutamente acertado. Então, quando o deputado ou senador pratica atos de campanha eleitoral, discursando no comício ou no programa de rádio ou TV, não está no exercício das funções parlamentares, daí que não está acobertado pela mencionada imunidade.

> RO-El n. 060397598 - CURITIBA – PR, Ac. de 28/10/2021, Rel. Min. Luis Felipe Salomão. [...] 12. Inviável afastar o abuso invocando-se a imunidade parlamentar como escudo. No caso de manifestações exteriores à Casa Legislativa a que pertence o parlamentar, "há necessidade de verificar se as declarações foram dadas no exercício, ou em razão do exercício, do mandato parlamentar; ou seja, se o denunciado expressou suas opiniões, sobre questões relacionadas a políticas governamentais; e se essas opiniões se ativeram aos parâmetros constitucionalmente aceitos, ou se

teriam extrapolado eventuais parâmetros das imunidades materiais" (voto do Min. Alexandre de Moraes no Inquérito 4.694/DF, DJE de 1º/8/2019). [...]

REspEl - AgR-REspEl n. 968 - CUITÉ - PB, Ac. de 02/09/2021, Rel. Min. Luis Felipe Salomão. VEREADOR. AÇÃO PENAL. CRIME. CALÚNIA, DIFAMAÇÃO E INJÚRIA. ARTS. 324, 325 E 326 DO CÓDIGO ELEITORAL. DOLO ESPECÍFICO. PRESENÇA. OFENSA. HONRA. IMAGEM. IMPUTAÇÃO. FALSA. FATO DEFINIDO COMO CRIME. CONTEXTO. PROPAGANDA ELEITORAL. CONFIGURAÇÃO. NEGATIVA DE PROVIMENTO. [...] 2. A moldura fática do aresto de origem revela inequívoca prática dos ilícitos, pois, durante três comícios de campanha realizados nos dias 15, 17 e 19/9/2016, na presença de inúmeras pessoas, o agravante feriu a dignidade de adversário político que concorria ao cargo de prefeito, chamando-o de bandido, ladrão e estelionatário, bem como lhe imputou falsamente fatos definidos como crime ao se referir à participação em suposto roubo de carga de margarina, a uso de carro roubado, a ameaça e agressão a pessoas e à falsificação de procurações. [...] 4. De outra parte, descabe afastar a prática ilícita com base na alegada imunidade parlamentar do agravante, que, ao tempo dos fatos, ocupava o cargo de vereador, visto que essa garantia constitucional abarca apenas os fatos cometidos em razão do mandato, e não aqueles relacionados à campanha eleitoral. Art. 29, VIII, da CF/88 e precedentes do c. Superior Tribunal de Justiça sobre o tema. [...]

13. Denunciação caluniosa eleitoral

Acrescentado pela Lei n. 13.834/2019, o art. 326-A do Código Eleitoral tipifica a **denunciação caluniosa eleitoral**, que consiste em "dar causa à instauração de investigação policial, de processo judicial, de investigação administrativa, de inquérito civil ou ação de improbidade administrativa, atribuindo a alguém a prática de crime ou ato infracional de que o sabe inocente, com finalidade eleitoral", punida com reclusão de 2 (dois) a 8 (oito) anos e multa. E essa pena ainda é aumentada de sexta parte, se o agente se serve do anonimato ou de nome suposto (§ 1º), ou diminuída de metade, se a imputação é de prática de contravenção (§ 2º). Com idêntica conduta típica da denunciação caluniosa do Código Penal, o que fez o legislador foi atrair para a Justiça Eleitoral o processo e julgamento da espécie, quando identificada a finalidade eleitoral da imputação.

Novidade relevante ficou por conta do § 3º, do mesmo art. 326-A, segundo qual "incorrerá nas mesmas penas deste artigo quem, comprovadamente ciente da inocência do denunciado e com finalidade eleitoral, divulga ou propala, por qualquer meio ou forma, o ato ou fato que lhe foi falsamente atribuído." Esta conduta - divulgação do ato ou fato falsamente atribuído - já podia ser compreendida como ao alcance do crime de calúnia eleitoral.

O Plenário do STF, julgando a ADI n. 6.2250-DF, Rel. Min. Carmem Lúcia, assentou por unanimidade que o § 3º do art. 326-A, no que tipifica a divulgação de objeto de denunciação caluniosa eleitoral, comina pena abstrata proporcional, não havendo afronta aos princípios da individualização da pena e da liberdade de manifestação do pensamento (Sessão Virtual de 13.8.2021 a 20.8.2021).

14. Apropriação indébita eleitoral

A reforma eleitoral de 2017 ainda estabeleceu como crime eleitoral a **apropriação**, pelo candidato, pelo administrador financeiro da campanha ou por quem de fato exerça essa função, "de bens, recursos ou valores destinados ao financiamento eleitoral, em proveito próprio ou alheio" (art. 354-A, incluído no Código Eleitoral pela Lei n. 13.488/2017), conduta que é punível com reclusão de dois a seis anos e multa. A tipificação se torna quanto mais importante, na medida em que a mesma reforma eleitoral criou o Fundo Especial de Financiamento de Campanha, constituído com recursos do orçamento da União e entregue em espécie aos partidos e candidatos para o custeio da campanha. A análise criteriosa das prestações de contas torna-se uma exigência ainda maior, pois a apropriação/desvio pode ser viabilizada pela aquisição – quando não pela simulação da aquisição – superfaturada de material de campanha ou pela contratação de serviços por preços superiores aos de mercado, para que a diferença seja revertida ao candidato ou a terceiros.

> TRE-GO, PC_ - PRESTAÇÃO DE CONTAS n. 060273824 - GOIÂNIA – GO, Ac. nº 5226040 de 05/12/2019, Rel. Des. Átila Naves Amaral. AGRAVO INTERNO. DECISÃO MONOCRÁTICA. ELEIÇÕES 2018. RECOLHIMENTO AO TESOURO NACIONAL DE VERBA CUJA DESTINAÇÃO NÃO FOI CORROBORADA POR DOCUMENTAÇÃO IDÔNEA (ART. 82, § 1º, RES. TSE Nº 23.553/2017). DECISÃO REFORMADA EM PARTE. AGRAVO CONHECIDO E PROVIDO. 1. A prestação de contas deve ser composta por **documentos que comprovem a regularidade dos gastos** eleitorais realizados com recursos do Fundo Partidário e com recursos do Fundo Especial de Financiamento de Campanha FEFC), na forma do art. 63 da Resolução TSE n. 23.553/2017. 2. A ausência de comprovação dos gastos realizados com recursos provenientes do Fundo Partidário impõe a desaprovação das contas, com a determinação de **devolução dos valores ao Tesouro Nacional**, nos termos do art. 82, § 1º, da Resolução TSE n. 23.553/2017. 3. Agravo conhecido e provido. Decisão: Ante o exposto, julgo as contas não prestadas do candidato FREDERICO AURELIO BISPO, nos termos dos artigos 30, IV, da Lei das Eleições, e 77, IV, alínea "a", da Resolução TSE n. 23.553/2017. Determino ao candidato que recolha à conta do Tesouro Nacional, por meio de Guia de Recolhimento da União (GRU), a quantia de R$ 5.000,00 (cinco mil reais) no prazo de 5 (cinco) dias, contado do trânsito em julgado da presente decisão, com a posterior juntada do respectivo comprovante aos autos, nos termos do art. 82, § 1º, da aludida resolução eleitoral. Por derradeiro, determino a remessa de cópia dos autos a uma das Zonas Eleitorais de Goiânia (local do fato), com posterior **remessa à Promotoria Eleitoral** para as providências que entender cabíveis quanto à apuração de **possível prática de crime previsto no art. 354-A do Código Eleitoral**.

> TRE-RJ, PC - PRESTACAO DE CONTAS n. 060461265 - RIO DE JANEIRO – RJ, Ac. de 30/11/2019, Rel. Des. Paulo César Vieira De Carvalho Filho. [...]4. A **ausência de comprovação da regular utilização de recursos** públicos ou a sua **utilização indevida** implicam a sua devolução ao Tesouro Nacional, como determina o art. 82, § 1º, da Resolução TSE n.º 23.553/2017. 5. A ausência de comprovação da regular utilização dos recursos enseja o **encaminhamento de cópia dos autos ao Ministério Público Eleitoral** de primeira instância, para fins de apuração da eventual prática do crime previsto no **art. 354-A do Código Eleitoral**, em cumprimento ao disposto no art. 85 da resolução de regência. [...]

15. Ação penal pública incondicionada

Quanto ao processo penal eleitoral, importante lembrar que todos os tipos penais eleitorais são de **ação penal pública incondicionada** (art. 355 do CE), ainda que assemelhados àqueles que, na legislação penal comum, são de ação penal privada, como a *injúria, a calúnia e a difamação*, por exemplo. Isto se justifica porque o crime contra a honra de um candidato acaba atingindo muito mais que a sua intimidade ou o seu conceito. Fere, na verdade, o princípio democrático e o processo eleitoral como um todo, na medida em que influencia na vontade popular, desviando a atenção dos eleitores para fatos e circunstâncias que são falsos, ou que digam respeito à intimidade do ofendido. Por isso, a iniciativa é sempre do Ministério Público Eleitoral. O que, a toda evidência, não inibe a ação penal privada, subsidiária da pública (que é garantia constitucional prevista no art. 5º, LIX, da CF/88), se e quando o Ministério Público não oferecer a denúncia, não requerer diligências ou não promover o arquivamento do inquérito (Ac.-TSE nº 21.295/2003).

> "A denúncia, como também as demais peças que lhe seguem, demonstram de forma clara que o fato ocorreu durante o pronunciamento realizado num comício eleitoral – configuração do elemento que compõe o tipo penal. Tipo composto de elementos alternativos. O fato de a vítima não ter participado do pleito eleitoral não afasta a ocorrência, em tese, do delito narrado. **Recebimento da denúncia** relativamente ao **delito do art. 325**, c/c o art. 327, inciso III, do Código Eleitoral. Provimento parcial do recurso..." (TRE-MG, Rec. Criminal n. 456/2001, Conceição do Mato Dentro, Acórdão n. 829/2003, sessões de 16 e 22/9/2003, Rel. Des. Cláudio Costa)

> "O art. 325 incorporou o crime de difamação a se constituir como imputação de fato atentatório à reputação de outrem em ato de propaganda eleitoral ou para nesta ter repercussão. Para que ocorra o crime previsto no art. 325 basta que os fatos apontados possam contribuir para abalar o conceito que a pessoa espera desfrutar na coletividade a que pertence." (TRE-SP – RC n. 87.850 – Rel. Luiz Carlos Ribeiro dos Santos)

> "Enganar o povo – quem procura enganar – significa ser mentiroso, usa de mentiras. Quem faz política para enriquecer leva à ilação de que esse político é desonesto. E quem faz política para se defender de falcatruas – é porque as praticou e, portanto, é falcatrueiro. Esses fatos são **ofensivos à reputação** do ofendido, atingem sua **honra objetiva**. Essas ofensas foram objeto de ampla divulgação. Ocuparam uma folha do jornal de propriedade do réu. Está, também, como bem lembra o Promotor Público Eleitoral, presente o dolo, tipificando-se a conduta criminosa do apelante." (TRE-SP – RC n. 109.512 – Voto vencedor José de Castro Bigi)

> "Insinuando que a vítima estava ameaçada de pegar cadeia, ofendeu-lhe, obviamente, o seu decoro, atingindo-lhe os dotes morais, porquanto o mais humilde dos homens do povo sabe que cadeia é lugar de desonestos e criminosos." (TRE-SP – RC n. 74.550 – Rel. Vieira de Moraes)

16. Crimes Eleitorais conexos com Crimes Comuns

São de competência da Justiça Eleitoral não só os crimes eleitorais, como também os **crimes comuns com eles conexos**. O Código Eleitoral prevê a regra no art. 22, I, "d", e no art. 35, II, e o STF a confirmou em 14.março.2020, quando julgando questão de ordem no Inquérito n. 4435-DF. A partir daí, e considerada a necessidade de especialização da

Justiça Eleitoral para enfrentamento de crimes comuns normalmente complexos, o TSE editou a Res. n. 23.618, de 07.maio.2020, autorizando os Tribunais Regionais a criarem uma ou mais Zonas Eleitorais específicas, com competência estadual para os crimes eleitorais conexos com crimes de corrupção ativa e passiva, de evasão de divisas, de lavagem e ocultação de bens, direitos e valores, crimes contra a Administração Pública, bem como os delitos praticados por organizações criminosas, para elas devendo, inclusive, ser remetidos os processos em andamento, salvo aqueles cuja instrução já estivesse encerrada e os já julgados.

17. Foro privilegiado. Súmula 394, do STF. Lei 10.628/02. Inconstitucionalidade

Questão que merece ser pensada é o **foro especial por prerrogativa de função**, previsto no texto constitucional para os Prefeitos municipais. Muito embora o art. 29, X, da CF/88, tenha instituído o foro dos Prefeitos no Tribunal de Justiça do respectivo Estado, o certo é que não se pode retirar da Justiça Eleitoral o processo e o julgamento dos crimes eleitorais, porque é a Justiça Especializada para a matéria. Na jurisprudência, não há qualquer dissenso no sentido de que, tratando-se de crime eleitoral, o Prefeito deve ser denunciado junto ao Tribunal Regional Eleitoral e não junto ao Tribunal de Justiça.

Sabe-se que a Súmula 394, do STF, que determinava a continuidade do foro privilegiado mesmo depois de cessadas as funções públicas que o atraíram, foi cancelada, a partir de quando se voltou ao entendimento de que o Tribunal não mais tem competência originária para processar e julgar ex-prefeitos.

O STF julgou a ADI n. 2797-2 proposta pela CONAMP e declarou a inconstitucionalidade da Lei n. 10.628/02, que dava nova redação ao art. 84, § 1º, do CPP, firmando que a competência para o processo crime em face de ex-detentores de foro especial por prerrogativa de função é mesmo da primeira instância.

Revisitando o tema – foro especial por prerrogativa de função – na Ação Penal Originária n. 937, o Supremo Tribunal Federal passou a entender que só os atos praticados durante o mandato e em razão das funções do cargo atraem a competência originária do Tribunal. Por força desta nova compreensão, os crimes eleitorais, via de regra, não são mais processados e julgados diretamente pelo Tribunal, exatamente por não estar o agente, quando em campanha eleitoral, no exercício das funções do cargo, mas atuando, isto sim, como candidato ou apoiador. A menos que o agente político se utilize da estrutura da administração para beneficiar candidato ou partido político, descrevendo o crime previsto no art. 346, c/c art. 377, do Código Eleitoral. Ou que, valendo-se da sua autoridade, ameace de exoneração os servidores que não votarem em determinado candidato (art. 300, do CE). Ou que contrate ou prometa contratar pessoas, com o objetivo de obter seus votos (art. 299, do CE).

> RECLAMAÇÃO. INSTAURAÇÃO DE PROCEDIMENTO INVESTIGATIVO EM FACE DE PARLAMENTAR FEDERAL. ALEGADA USURPAÇÃO DA COMPETÊNCIA ORIGINÁRIA DO SUPREMO TRIBUNAL FEDERAL. **FALSIDADE IDEOLÓGICA ELEITORAL**. FATOS DESVINCULADOS DO EXERCÍCIO DO MANDATO. INTELIGÊNCIA DO ART. 102, I, "B", DA

CONSTITUIÇÃO FEDERAL, NA FORMA DELIMITADA PELO SUPREMO TRIBUNAL FEDERAL NA **AP 937-QO**. PRECEDENTES. RECLAMAÇÃO A QUE SE NEGA SEGUIMENTO.

1. A competência originária do Supremo Tribunal Federal para o processo e julgamento de parlamentares federais circunscreve-se aos atos **praticados no exercício do mandato e em razão do cargo** (Precedente: AP 937-QO, Tribunal Pleno, Rel. Min. Roberto Barroso, j. 03/05/2018).

2. Os **crimes exclusivamente eleitorais**, ainda que praticados durante o mandato parlamentar, para fins de reeleição, **não guardam relação direta com o exercício do mandato, mas sim com a condição de candidato**, cuidando-se de fatos estranhos às funções inerentes ao ofício parlamentar (Precedentes: Inq. 4399-AgR, Segunda Turma, Rel. Min. Ricardo Lewandowski; Inq. 3598, Rel. Min. Celso de Mello; Inq 4395, Rel. Min. Dias Toddoli; Inq. 4409, Rel. Min. Rosa Weber; Inq. 4453, Rel. Min. Marco Aurélio).

3. Reclamação a que se nega seguimento, prejudicado o pedido de liminar.

(STF, Rcl n. 33397/MG - MINAS GERAIS, Rel. Min. Luiz Fux, Julgamento: 26/02/2019)

REspEl n. 060005731 - JUAZEIRO DO NORTE – CE, Ac. de 24/09/2020, Rel. Min. Tarcisio Vieira De Carvalho Neto. ELEIÇÕES 2018. INQUÉRITO POLICIAL. COAÇÃO ELEITORAL. ART. 301 DO CÓDIGO ELEITORAL. OUTROS CRIMES COMUNS CONEXOS. FORO POR PRERROGATIVA DE FUNÇÃO. PREFEITO. COMPETÊNCIA DO TRIBUNAL REGIONAL ELEITORAL. TESE DE USURPAÇÃO DE COMPETÊNCIA. INVESTIGAÇÃO OCULTA. INDÍCIOS CONCRETOS DE PARTICIPAÇÃO NOS FATOS EM APURAÇÃO. INEXISTÊNCIA. COMPARTILHAMENTO DE PROVAS. PROCURADOR REGIONAL ELEITORAL. REQUISIÇÃO DE INSTAURAÇÃO DE INQUÉRITO AUTÔNOMO. INOCORRÊNCIA. CONSTATAÇÃO DE EVENTUAIS DELITOS DIVERSOS DOS APURADOS. SISTEMA PENAL ACUSATÓRIO. OBSERVÂNCIA. INDEPENDÊNCIA ENTRE AS ESFERAS CÍVEL–ELEITORAL, ADMINISTRATIVA E PENAL ELEITORAL. SUPERVISÃO DO INQUÉRITO POLICIAL PELO TRIBUNAL COMPETENTE. DESNECESSIDADE. ATO SUJEITO A RESERVA DE JURISDIÇÃO. AUSÊNCIA. NEGATIVA DE PROVIMENTO AO RECURSO. **I. A competência criminal por prerrogativa de função: 1**. A partir da decisão do STF na Questão de Ordem na Ação Penal nº 937/RJ, relator o Ministro Luís Roberto Barroso (*DJe* de 10.12.2018), adota–se, à guisa de premissas para o deslinde da presente causa, que: (i) o foro por prerrogativa de função aplica–se apenas aos **crimes cometidos durante o exercício do cargo** e **relacionados às funções desempenhadas**; e (ii) a **prerrogativa de foro relaciona–se às funções desempenhadas na atualidade**. [...] **3**. Tendo em vista que o recorrente exerce mandato de prefeito do Município de Juazeiro do Norte/CE e as condutas em apuração foram praticadas, em tese, em decorrência do exercício do cargo, ao menos em princípio, as premissas fixadas pelo STF para a determinação da competência por prerrogativa de foro estariam atendidas na espécie. **II. O quadro fático delineado no acórdão recorrido: 4**. Os fatos tratados no presente recurso estão em apuração no Inquérito Policial nº 267/2018 DPF/JNE/CE – instaurado mediante **requisição do promotor eleitoral** a partir dos elementos coletados no Procedimento Preparatório Eleitoral (PPE) n. 550145/2018 –, no qual se investiga notícia de que **o candidato a deputado federal** no pleito de 2018 e filho do recorrente, aliado a chefes, diretores e coordenadores da gestão municipal de Juazeiro do Norte/CE, **teriam pressionado servidores municipais** a participar de atos de sua campanha, **sob ameaça de perda do emprego** caso não votassem no referido candidato. **5**. Apura–se também

eventual utilização da máquina pública daquela municipalidade em benefício de campanhas eleitorais, mediante coação de empregados da empresa [...], contratada pelo Município de Juazeiro do Norte/CE para executar serviços de coleta e transporte de resíduos sólidos domiciliares e comerciais, varrição, capinação, entre outros. [...] **III. O precedente firmado pelo STF na Reclamação no Inquérito nº 4335: [...] 9**. A aplicação do emblemático e recente julgado da Suprema Corte neste feito reclama a verificação da presença de duas premissas elementares: a **previsibilidade da atuação, desde o início das investigações, do titular da prerrogativa de foro** nas condutas em apuração e a existência de **indícios relevantes de sua participação** efetiva nos fatos objeto do inquérito policial.[...] **14**. A jurisprudência do STF tem se firmado no sentido de que "*a simples menção ao nome de autoridades detentoras de prerrogativa de foro, seja em depoimentos prestados por testemunhas ou investigados, seja na captação de diálogos travados por alvos de censura telefônica judicialmente autorizada, assim como a existência de informações, até então, fluidas e dispersas a seu respeito, são* ***insuficientes para o deslocamento da competência*** *para o juízo hierarquicamente superior. Para que haja a atração da competência da causa para o foro competente é imprescindível a constatação da existência de indícios da participação ativa e concreta do titular da prerrogativa em ilícitos penais*" (AP nº 933 QO/PB, Rel. Min. Dias Toffoli, *DJe* de 3.2.2016). No mesmo sentido: AgR–AP nº 1029/SP, Rel. Min. Luís Roberto Barroso, Primeira Turma, *DJe* de 23.5.2019; R*HC* nº 135683/GO, Rel. Min. Dias Toffoli, *DJe* de 3.4.2017. **15**. Nesse contexto, se advierem da investigação novos elementos que indiquem a concreta participação do recorrente nos fatos apurados no inquérito policial, o que não se constata até o presente momento, aplicável à espécie a teoria do juízo aparente, segundo a qual, na linha da jurisprudência do STF, "*as provas colhidas ou autorizadas por juízo aparentemente competente à época da autorização ou produção podem ser ratificadas, mesmo que seja posteriormente reconhecida a sua incompetência*" (Inq nº 4506/DF, Rel. Min. Marco Aurélio, Rel. para acórdão Min. Luís Roberto Barroso, Primeira Turma, *DJe* de 4.9.2018[1]). [...] **V. Ausência de ato sujeito à reserva de jurisdição proferido em desfavor do recorrente: 18**. A partir do exame do AgR–REspe nº 133–88/RN, redatora para o acórdão a Ministra Rosa Weber, *DJe* de 17.5.2019, o TSE passou a adotar, com ressalva do meu ponto de vista, o entendimento de que "*a instauração do inquérito policial sem a supervisão do tribunal regional, em razão da prerrogativa de foro do investigado, não acarreta, por si só, nulidade*". **19**. No caso dos autos, o inquérito policial foi efetivamente instaurado por requisição do promotor eleitoral, sem que nenhum ato reservado especificamente ao órgão jurisdicional competente tenha sido diretamente dirigido contra o prefeito até o presente momento. Por conseguinte, não há falar em nulidade das provas coligidas aos autos, uma vez que os atos judiciais de primeira instância que autorizaram a sua produção não atingiram a esfera jurídica do titular de foro por prerrogativa de função. **20**. A jurisprudência do STF tem se solidificado no sentido de que a "*eventual nulidade decorrente da inobservância da prerrogativa de foro não se estende aos agentes que não se enquadrem nessa condição*" (Rcl–Inq nº 4335/DF, Rel. Min. Edson Fachin, acórdão pendente de publicação). [...] **22**. Por fim, a teor da jurisprudência do STF, o inquérito policial constitui peça meramente informativa, cuja irregularidade, em regra, revela-se inapta a contaminar de nulidade eventual ação penal (AgR–ARE nº 1102028/RJ, Rel. Min. Luiz Fux, Primeira Turma, *DJe* de 12.6.2018; R*HC* nº 131450/DF, Rel. Min. Cármen Lúcia, Segunda Turma, *DJe* de 17.5.2016). 23. Não se constatam, no caso dos autos, usurpação da competência do TRE/CE e violações ao foro por prerrogativa de função, ao devido processo legal e ao juiz natural.

18. Interrogatório e defesa. Procedimento do CPP

Na forma do art. 359 do CE, em sua redação original, recebida a denúncia, o juiz ordenava a citação do denunciado para **contestá-la**, querendo, no prazo de dez dias, juntando documentos que ilidissem a acusação e arrolando as testemunhas que tivesse. Então, não havia previsão para o **interrogatório** do denunciado. Entretanto, doutrina e jurisprudência já entendiam não haver irregularidade quando o Juiz interrogava o réu. Na verdade, a jurisprudência caminhou no sentido de que o interrogatório é meio de defesa e não de prova. Nesse contexto, passou ele a ser obrigatório no processo penal eleitoral, sob pena de nulidade, em face do princípio constitucional da amplitude de defesa.

> "Crime tipificado no art. 299 do Código Eleitoral. Aliciamento de eleitores. Preliminar de nulidade absoluta do processo, por *ausência do interrogatório do réu* – acolhida. Embora o ato de interrogatório não esteja previsto na lei eleitoral, é de se observar que a sua inadmissão ofende os princípios do contraditório e da ampla defesa, insculpidos na Constituição da República (art. 5º, inciso LV) e ignora pactos internacionais de proteção dos direitos humanos (Pacto de São José da Costa Rica – assegurado no Brasil pelo Dec. 678, de 1992). O interrogatório tem sido considerado pela doutrina moderna como meio de defesa e não meio de prova. *Processo anulado.* Sessão de 8/7/2002." (TRE-MG, Rec. Criminal n. 417.01, Monte Alegre de Minas, Rel. Juíza Maria das Graças Albergaria Costa). Neste mesmo sentido: TRE/MG, Rec. Criminal n. 741/2001 [Ac. 1.145/02, Sessão de 6/8/2002], Nova Resende, Rel. Juiz Badi Curi Neto; TRE/MG, Rec. Criminal n. 79/02 [Ac. 1.436/02, Sessão de 9/9/2002], Nova Era, Rel. Juiz Badi Curi Neto)

A Lei n. 10.732, de 5/9/2003, alterou a redação do art. 359, do CE, que ficou assim redigida:

> "Recebida a denúncia, o juiz designará dia e hora para o depoimento pessoal do acusado, ordenando a citação deste e a notificação do Ministério Público.
>
> Parágrafo único. O réu ou seu defensor terá o prazo de 10 (dez) dias para oferecer alegações escritas e arrolar testemunhas."

A partir da Lei n. 11.971/2008, que modificou o processo penal comum, prevendo o interrogatório do réu para depois de ouvidas as testemunhas, a jurisprudência do TSE passou a entender ser esta nova sistemática de observância obrigatória no processo penal eleitoral, por melhor atender à amplitude da defesa e ao contraditório. Nesta linha, a Res. TSE n. 23.396, de 17 de dezembro de 2013, dispondo sobre a apuração de crimes eleitorais, já estabelecia a aplicação obrigatória do procedimento do CPP. E a Res. TSE n. 23.640, de 24.junho.2021, atual regulamento da apuração de crimes eleitorais, mantém a previsão:

> Art. 14. A ação penal eleitoral observará os procedimentos previstos no Código Eleitoral, com a aplicação obrigatória dos artigos 395, 396, 396-A, 397 e 400 do Código de Processo Penal, com redação dada pela Lei nº 11.971, de 2008.
>
> RESPE n. 4931 - MANAUS - AM, Ac. de 27/08/2019, Rel. Min. Edson Fachin. PROCESSO PENAL. FALSIDADE IDEOLÓGICA ELEITORAL. ART. 350 DO CÓDIGO ELEITORAL. OMISSÃO DE BENS EM REGISTRO DE CANDIDATURA. VIOLAÇÃO AO PRINCÍPIO DA CONGRUÊNCIA. INEXISTÊNCIA. ABSOLVIÇÃO

SUMÁRIA. ART. 397 DO CPP. DESCABIMENTO. NECESSIDADE DE JUÍZO DE CERTEZA. [...] PRINCÍPIO *IN DUBIO PRO SOCIETATE*. [...] AUTOSSUFICIÊNCIA DA DECLARAÇÃO DE BENS. UTILIZAÇÃO DO *FALSUM* COMO INSTRUMENTO DE CAMPANHA. INDÍCIOS SUFICIENTES DE POTENCIALIDADE LESIVA. [...] 3. A **absolvição sumária, prevista no art. 397 do CPP**, tem cabimento quando é nítida e imediatamente perceptível que o julgamento final será pela absolvição, conforme hipóteses expressamente previstas no dispositivo. Por essa razão, a doutrina processualista aponta a necessidade de elementos de prova cabais capazes de suplantar os indícios de autoria e materialidade trazidos na denúncia e demonstrar, em juízo de certeza, que a ação penal não deve prosseguir. 4. Havendo dúvidas acerca da configuração das hipóteses do art. 397 do CPP, incumbe ao juiz negar o pedido de absolvição sumária e dar prosseguimento ao processo, pois predomina, nessa fase processual, o princípio ***in dubio pro societate***. [...]

A sistemática que a Lei nº 11.719/2008 introduziu no CPP deve ser aplicada a este código por ser mais benéfica ao réu, uma vez que fixa dois momentos para a análise do recebimento da denúncia – um antes e outro após a resposta preliminar à acusação – e torna o interrogatório do acusado o último ato da instrução processual. (TSE, Ac. de 16.5.2013, no *HC* nº 84946)

[...] 4. O **art. 400 do CPP**, com a redação dada pela Lei nº 11.719/2008, o qual estabelece que o interrogatório do acusado é a última etapa da instrução criminal, por ser **norma mais benéfica à defesa**, deve prevalecer sobre o disposto no art. 359 do CE, que previa tal ato após o recebimento da denúncia. Inexistência de nulidade processual, por ausência de prejuízo (art. 563 do CPP). Precedentes do STF e do TSE.

5. A Lei nº 11.719/2008 objetivou adequar o sistema acusatório democrático, tornando-o mais harmonioso com os princípios constitucionais do contraditório, da ampla defesa e da efetividade. Assim, o **art. 400 do CPP deve incidir nos feitos criminais eleitorais**, a fim de assegurar ao acusado o seu interrogatório como um dos últimos atos do processo, e não mais como um dos primeiros. Incidência do art. 13 da Res.-TSE nº 23.396/2013. (TSE, AgR-AI n. 13420 - BREJO SANTO – CE, Ac. de 27/06/2019, Rel. Min. Og Fernandes).

[...] 3. Segundo a jurisprudência consolidada no âmbito do TSE e do STF, em homenagem aos postulados da ampla defesa e do contraditório, o **interrogatório do réu deve ser o último ato** da instrução processual, aplicando-se, portanto, o disposto no **art. 400 do CPP**, rito mais benéfico em relação ao previsto no art. 359 do CE (Precedentes do STF: AP nº 528 AgR, Rel. Min. Ricardo Lewandowski, Tribunal Pleno, DJe de 8.6.2011; HC nº 127.900/AM, Rel. Min. Dias Toffoli, Tribunal Pleno, DJe de 3.8.2016 e AP nº 988/MA, Primeira Turma, Rel. Min. Marco Aurélio, DJe de 16.5.2017. Precedente do TSE: HC nº 69-09/MT, Rel. Min. Dias Toffoli, DJe de 12.2.2014). [...] (TSE, AgR-REspe n. 275 - ENGENHEIRO NAVARRO – MG, Ac. de 08/03/2018, Rel. Min. Tarcisio Vieira de Carvalho Neto)

REspEl – AgR-REspEl n. 2632 - MONTE MOR – SP, Ac. de 26/08/2021, Rel. Min. Luis Felipe Salomão. [...] **ART. 299** DO CÓDIGO ELEITORAL. **INVERSÃO DA ORDEM DE OITIVA DE TESTEMUNHAS**. INTERROGATÓRIO DO RÉU. FINAL DA FASE DE INSTRUÇÃO. ART. 400 DO CPP. CERCEAMENTO DE DEFESA. NÃO CONFIGURAÇÃO. MÉRITO. PROMESSA E ENTREGA DE BENESSES A ELEITORES EM TROCA DE VOTOS. ACERVO PROBATÓRIO COESO E ROBUSTO.

SÚMULA 24/TSE. NEGATIVA DE PROVIMENTO. [...] 3. A **inversão da ordem de oitiva prevista no art. 400 do CPP não configura nulidade quando as testemunhas de defesa são inquiridas por meio de carta precatória**, já que essa providência não suspende o curso do processo (art. 222, § 1º, do CPP) e os agravantes não demonstraram prejuízo. Precedentes desta Corte e do c. Superior Tribunal de Justiça. 4. O disposto no art. 400 do CPP, com texto da Lei 11.719/2008, que estabelece o **interrogatório do acusado como o último ato da instrução**, por ser norma mais benéfica à defesa, **prevalece sobre o art. 359 no Código Eleitoral**, que prevê esse ato após o recebimento da denúncia. Precedentes. 5. No mérito, quanto à promessa de vantagem a eleitor, a Corte *a quo* fez constar trechos significativos dos depoimentos prestados em juízo, inclusive do coordenador de campanha da candidata, concluindo que ela e seu marido se comprometeram a **manter o emprego do eleitor** no projeto social "Frente de Trabalho", apesar de terem ciência de que isso constituía uma ilegalidade. 6. Quanto à **entrega de cesta básica à eleitora**, o TRE/SP destacou excertos das declarações prestadas em juízo, dos quais se extrai que os agravantes enviaram a benesse por intermédio do coordenador de campanha e, em seguida, foram à sua residência pedir apoio nas urnas. 7. As declarações das pessoas corrompidas e do coordenador de campanha são coesas entre si e não deixam dúvida de que os agravantes ofertaram e prometeram vantagens aos eleitores identificados na denúncia com intuito de obter-lhes o voto, evidenciando a prática do crime descrito no art. 299 do Código Eleitoral. 8. Não prospera a alegação de **crime impossível**. Nas instâncias ordinárias, os agravantes não pleitearam que se produzissem provas de que os eleitores não votavam em Monte Mor/SP. Ademais, a dinâmica dos fatos evidencia que a candidata e seu marido tinham conhecimento de que os eleitores estavam aptos a votar naquele pleito, tanto que direcionaram a eles a vantagem indevida em troca de seus votos. [...]

A mencionada Res. TSE n. 23.640/2021 ainda corrige o equívoco da revogada Res. TSE n. 23.396/2013 no tocante à instauração do inquérito policial eleitoral, reconhecendo que a Autoridade Policial não mais depende de requisição do MP ou do Juiz, podendo e devendo fazê-lo ex officio assim que tomar conhecimento da prática de crimes eleitorais (art. 9º). E reafirma que a polícia judiciária eleitoral é a Federal, com atuação supletiva da Polícia Civil dos Estados, "quando no local da infração não existirem órgãos da Polícia Federal" (art. 2º).

19. Recurso. Razões recursais. Prazo

Da sentença cabe **recurso**, a ser interposto no prazo de *dez dias*, acompanhado desde já das *razões recursais*. Então, não se aplica o sistema do CPP, em que o prazo recursal é dividido em dois: o primeiro para a simples manifestação de inconformismo, e o segundo para as razões de recurso.

REspEl - AgRREspEl n. 12992 - TUNEIRAS DO OESTE – PR, Ac. de 25/03/2021, Rel. Min. Edson Fachin. [...] CRIME ELEITORAL. FALSIFICAÇÃO DE DOCUMENTO PARTICULAR PARA FINS ELEITORAIS. ART. 349 DO CÓDIGO ELEITORAL. CONDENAÇÃO. RECURSO CRIMINAL. PRINCÍPIO DA ESPECIALIDADE. ARTS. 266 E 268 DO CÓDIGO ELEITORAL. RECURSO INTERPOSTO EM PETIÇÃO ÚNICA. ART. 600, § 4º, DO CÓDIGO DE PROCESSO PENAL. INAPLICABILIDADE NA SEARA ELEITORAL. 1. O Tribunal Superior Eleitoral possui firme jurisprudência

> no sentido de que, **na seara eleitoral, as razões de recurso criminal eleitoral devem ser apresentadas em petição fundamentada** (arts. 266 e 268 do Código Eleitoral), **não sendo cabível, ante o princípio da especialidade, a aplicação subsidiária do disposto nos arts. 600, § 4º, e 601 do Código de Processo Penal**, que tratam da apresentação de razões recursais posteriormente à interposição do recurso (AgR–AI nº 726–52/RJ, Rel. Min. Luís Roberto Barroso, *DJe* de 13.12.2018).[...]
>
> [...] CRIME DE TRANSPORTE IRREGULAR DE ELEITORES. ART. 11, III, DA LEI Nº 6.091/74. SENTENÇA CONDENATÓRIA. RECURSO ELEITORAL CRIMINAL NÃO CONHECIDO. NÃO SE APLICA NO PROCESSO PENAL ELEITORAL O DISPOSTO NO ART. 600, § 4º, DO CÓDIGO DE PROCESSO PENAL. PRECEDENTES DO TSE E DO STF. [...] Da formalização e do prazo do recurso no processo penal eleitoral
>
> 2. O prazo para a interposição do recurso eleitoral criminal é de dez dias, conforme prescreve o art. 362 do Código Eleitoral, de modo que **as razões do apelo devem acompanhar a respectiva petição de interposição.** 3. A jurisprudência desta Corte Superior é no sentido de que a faculdade processual prevista no art. 600, §4º, do Código de Processo Penal - direcionada ao recorrente no âmbito do processo penal comum - não se aplica ao processo penal eleitoral (AgR-REspe nº 23-52/SP, Rel. Min. João Otávio Noronha, DJe de 25.11.2014). (TSE, AgR-AI n. 21249 - ITAMBACURI – MG, Ac. de 17/05/2018, Rel. Min. Rosa Weber)

20. Transação penal e Suspensão condicional do processo

Possível a aplicação dos benefícios previstos na Lei n. 9.099/95, ou seja, a **transação penal** e a **suspensão condicional do processo**, bastando que para isso a pena se comporte dentro dos limites fixados naquela lei, com a alteração quanto ao conceito de crime de menor potencial ofensivo, trazida pela Lei dos Juizados Especiais na Justiça Federal.

> RHC – AgR-RHC n. 060171365 - PIRAPOZINHO – SP, Ac. de 08/10/2020, Rel. Min. Mauro Campbell Marques. [...] TRANSAÇÃO PENAL E SURSIS PROCESSUAL. NÃO OFERECIMENTO. RECUSA MINISTERIAL DEVIDAMENTE MOTIVADA. LEGALIDADE. PRECEDENTES. [...] 1. No caso, o MPE deixou de oferecer a transação penal e a suspensão condicional do processo, em razão da **gravidade das circunstâncias em que foi praticado o delito previsto no art. 39, § 5º, III**, da Lei nº 9.504/1997, as quais se mostraram incompatíveis com tais institutos. 2. É **lícito ao órgão ministerial deixar de ofertar os benefícios da Lei nº 9.099/1995**, desde que a recusa esteja concretamente fundamentada. Precedentes. 3. "A suspensão condicional do processo é solução de consenso e **não direito subjetivo do acusado** [...]" (STJ: AgRg no RHC nº 91.265/RJ, rel. Min. Felix Fischer, Quinta Turma, julgado em 27.2.2018, *DJe* de 7.3.2018).
>
> [...] 1. Agravo interno interposto contra decisão que negou seguimento a habeas corpus em que se alega constrangimento ilegal por ausência de oferecimento de suspensão condicional do processo na Ação Penal nº 7–28.2017.6.26.0304, com trânsito em julgado em 02.05.2018. 2. O HC não pode ser utilizado contra **decisão condenatória transitada em julgado**, uma vez que o writ não é sucedâneo de revisão criminal. Precedentes. 3. A defesa não requereu a suspensão condicional do processo e, transitada em julgado a sentença penal condenatória, operou-se a preclusão. A matéria também não foi alegada em revisão criminal, não havendo irresignação da

parte interessada. 4. A ausência de oferecimento de suspensão condicional do processo é **nulidade relativa**, e a jurisprudência do TSE e do STF se orienta no sentido de que **a falta de seu oferecimento torna a matéria preclusa**, se não suscitada pela defesa no momento oportuno. Precedente.

(TSE, AgR-HC n. 060186828 - JANDIRA – SP, Ac. de 26/02/2019, Rel. Min. Luís Roberto Barroso)

"Suspensão condicional do processo. **Prerrogativa exclusiva do Ministério Público.** Aplicação analógica do art. 28 do CPP. Reunidos os pressupostos legais permissivos da suspensão condicional do processo, mas se recusando o promotor de justiça a propô-la, o juiz, dissentindo, remeterá a questão ao procurador-geral, aplicando-se por analogia o art. 28 do Código de Processo Penal (Enunciado-STF no 696). Prerrogativa exclusiva do Ministério Público. Ordem denegada." (TSE, HC 523/SP, Ac. 523, de 22/11/2005, Rel. Min. César Asfor Rocha, DJ de 16/12/2005).

ELEIÇÕES 2010. RECURSO EM HABEAS CORPUS. ART. 39, § 5º, DA LEI Nº 9.504/1997. CRIME DE MENOR POTENCIAL OFENSIVO. RECEBIMENTO DA DENÚNCIA. DESCUMPRIMENTO DO SURSIS PROCESSUAL. TRANSAÇÃO PENAL. PRECLUSÃO. AUSÊNCIA DE NULIDADE. 1. A **transação penal** possui natureza pré-processual e busca evitar a efetiva instauração da ação penal, sendo cabível em momento prévio ao recebimento da denúncia. 2. A transação penal fica preclusa com o oferecimento da resposta sem impugnação ou a aceitação da proposta de suspensão condicional do processo. (TSE, RHC n. 11573 - JOÃO PESSOA – PB, Ac. de 08/09/2016, Rel. Min. Gilmar Mendes)

"É possível, para as infrações penais eleitorais cuja pena não seja superior a dois anos, a adoção da **transação** e da suspensão condicional do processo, salvo para os crimes que contam com um sistema punitivo especial, entre eles aqueles a cuja pena **privativa de liberdade se cumula a cassação do registro** se o responsável for candidato, a exemplo do tipificado no art. 334 do Código Eleitoral." (TSE, Resolução n. 21.294, de 7/11/2002, Rel. Min. Sálvio de Figueiredo, Proc. Adm. 18.956, DF)

A advertência contida no acórdão acima colacionado é pertinente. Ora, se a prática do crime ali descrito ("utilizar organização comercial de vendas, distribuição de mercadoria, prêmios e sorteios para propaganda ou aliciamento de eleitores") leva à aplicação não só de pena privativa de liberdade, mas também de cassação do registro se o responsável for candidato, é óbvio que será necessário o pronunciamento de mérito da Justiça Eleitoral, à consideração de que a transação leva em conta a pena privativa de liberdade (que é "substituída" por restritiva de direitos), não havendo como transigir em relação à cassação do registro.

É bom lembrar que, nas hipóteses de concurso material ou formal ou crime continuado, as penas devem ser somadas (no concurso material) ou majoradas (no concurso formal e na continuidade), para efeito de verificar se o limite da pena se comporta dentro da previsão legal para o benefício. Neste sentido, a Súmula 243, do STJ:

[...] 4. Nos termos do verbete sumular 243 do STJ, o benefício da suspensão condicional do processo não é aplicável aos **crimes cometidos em concurso material, concurso formal ou continuidade delitiva** quando a pena mínima cominada, seja pelo somatório, seja pela incidência da majorante, ultrapassar o limite de um ano. (TSE, AgR-AI n. 9503 - SÃO JOÃO DE MERITI – RJ, Ac. de 26/09/2017, Rel. Min. Admar Gonzaga)

RC - RECURSO CRIMINAL n. 14213 - IBITIÚRA DE MINAS – MG, Ac. de 21/01/2015, Rel. Des. Wladimir Rodrigues Dias. Recurso Criminal. Indução à inscrição fraudulenta. Falsidade Ideológica. Uso de documento falso. Concurso material. Art. 290 e art. 353 c/c art. 350 da Lei 4.737, de 15/7/1965 (Código Eleitoral). Ação julgada procedente. PRELIMINAR. Nulidade do processo por não oferecimento de proposta de transação penal. O recorrente ratifica tal preliminar ao argumento de que somente o crime previsto no art. 290 do Código Eleitoral merece ser apurado. Alegação de existência dos requisitos legais. Aplicação dos benefícios previstos na Lei 9.099/95 somente aos crimes de menor potencial ofensivo. Imputação de mais de um crime. Concurso material. **Somatório das penas cominadas ultrapassa o permissivo legal** para fins de aplicação dos institutos previsto na Lei 9.099/95.

"O benefício da suspensão do processo não é aplicável em relação às infrações penais cometidas em concurso material, concurso formal ou continuidade delitiva, quando a pena mínima cominada, seja pelo somatório, seja pela incidência da majorante, ultrapassar o limite de um (1) ano." (Súmula 243, do STJ)

De qualquer forma, não é o caso de os autos serem remetidos ao Juizado Especial, porque a apuração dos crimes eleitorais é de competência da Justiça Especializada. Então, a transação ou a suspensão do processo devem ser oferecidas ao investigado ou ao denunciado que a tais benefícios fizer jus, perante a Justiça Eleitoral.

21. Juiz de Garantias

A Lei n. 13.964, de 24 de dezembro de 2019, conhecida como "Lei Anticrime", introduziu no processo penal brasileiro a figura do **Juiz das Garantias** (arts. 3º-A a 3º-F, do CPP), magistrado incumbido do controle judicial da investigação criminal e da "salvaguarda dos direitos individuais cuja franquia tenha sido reservada à autorização prévia do Poder Judiciário", como interceptações telefônicas, afastamento de sigilos, dentre outras. Na decisão cautelar proferida pelo Min. Luiz Fux, do STF, em 22.janeiro.2020, na ADI n. 6299, suspendendo a eficácia dos mencionados dispositivos, o E. Relator entendeu que, mais que simples modificação na legislação processual, o Juiz de Garantias altera materialmente a divisão e a organização dos serviços judiciários, sem que a iniciativa da lei tenha sido do próprio Poder Judiciário. Partindo desta oportuna e acertada constatação – de que o Juiz de Garantias exigiria completa reorganização dos serviços judiciários – inevitável concluir que a inovação é inaplicável ao processo penal eleitoral, por inconstitucionalidade formal. É que a Constituição Federal – art. 121 – reserva à legislação complementar o estabelecimento de regras de organização e competência da Justiça Eleitoral. Então, não é possível subtrair do Juiz Eleitoral natural parte de suas competências – as que relacionadas ao controle judicial da investigação criminal – e nem mesmo promover significativas alterações na organização judiciária eleitoral, sem observância do devido processo legislativo complementar.

22. Impedimento do Juiz. Prova Inadmissível

A mesma Lei Anticrime impede que o Juiz natural prossiga na presidência do feito, pelo simples fato de ter conhecido no processo **prova declarada inadmissível** (art. 157, § 5º, do CPP), disposição que igualmente foi suspensa pela mencionada cautelar.

23. Arquivamento do inquérito no MP

De igual sorte, restou suspensa também a nova sistemática de **arquivamento do inquérito** policial (art. 28, do CPP), que não mais se submeteria ao Poder Judiciário e sim a órgão interno do próprio Ministério Público, a exigir completa reorganização da Instituição. Suspenso, ainda, o art. 310, § 4º, do CPP, que torna a prisão ilegal pelo simples fato de a audiência de custódia não ser realizada nas 24 horas seguintes.

24. Acordo de não persecução penal

Já o **acordo de não persecução penal**, que a Lei Anticrime fez acrescentar ao CPP (art. 28-A, incisos III e IV, e §§ 5º, 7º e 8º), foi mantido pela referida decisão cautelar, inclusive quanto ao papel reservado ao juiz - de controlador da legalidade do acordo - por prestigiar salutar sistema de "freios e contra pesos" do processo penal.

> Art. 28-A. Não sendo caso de arquivamento e tendo o investigado confessado formal e circunstancialmente a prática de **infração penal sem violência ou grave ameaça** e com **pena mínima inferior a 4 (quatro) anos**, o Ministério Público poderá propor acordo de não persecução penal, desde que necessário e suficiente para reprovação e prevenção do crime, mediante as seguintes condições ajustadas cumulativa e alternativamente: (Incluído pela Lei nº 13.964, de 2019)
>
> I - reparar o dano ou restituir a coisa à vítima, exceto na impossibilidade de fazê-lo; (Incluído pela Lei nº 13.964, de 2019)
>
> II - renunciar voluntariamente a bens e direitos indicados pelo Ministério Público como instrumentos, produto ou proveito do crime; (Incluído pela Lei nº 13.964, de 2019)
>
> III - prestar **serviço à comunidade ou a entidades públicas** por período correspondente à pena mínima cominada ao delito diminuída de um a dois terços, em local a ser indicado pelo **juízo da execução**, na forma do art. 46 do Decreto-Lei nº 2.848, de 7 de dezembro de 1940 (Código Penal); (Incluído pela Lei nº 13.964, de 2019)
>
> IV - pagar **prestação pecuniária**, a ser estipulada nos termos do art. 45 do Decreto-Lei nº 2.848, de 7 de dezembro de 1940 (Código Penal), a entidade pública ou de interesse social, a ser indicada pelo **juízo da execução**, que tenha, preferencialmente, como função proteger bens jurídicos iguais ou semelhantes aos aparentemente lesados pelo delito; ou (Incluído pela Lei nº 13.964, de 2019)
>
> V - cumprir, por prazo determinado, outra condição indicada pelo Ministério Público, desde que proporcional e compatível com a infração penal imputada. (Incluído pela Lei nº 13.964, de 2019)
>
> § 1º Para aferição da pena mínima cominada ao delito a que se refere o caput deste artigo, serão **consideradas as causas de aumento e diminuição** aplicáveis ao caso concreto. (Incluído pela Lei nº 13.964, de 2019)

§ 2º O disposto no caput deste artigo **não se aplica** nas seguintes hipóteses: (Incluído pela Lei nº 13.964, de 2019)

I - se for cabível transação penal de competência dos Juizados Especiais Criminais, nos termos da lei; (Incluído pela Lei nº 13.964, de 2019)

II - se o investigado for **reincidente** ou se houver elementos probatórios que indiquem **conduta criminal habitual, reiterada ou profissional**, exceto se insignificantes as infrações penais pretéritas; (Incluído pela Lei nº 13.964, de 2019)

III - ter sido o agente beneficiado nos **5 (cinco) anos anteriores** ao cometimento da infração, em acordo de não persecução penal, transação penal ou suspensão condicional do processo; e (Incluído pela Lei nº 13.964, de 2019)

IV - nos crimes praticados no âmbito de violência doméstica ou familiar, ou praticados contra a mulher por razões da condição de sexo feminino, em favor do agressor. (Incluído pela Lei nº 13.964, de 2019)

§ 3º O acordo de não persecução penal será formalizado por escrito e será firmado pelo membro do Ministério Público, pelo investigado e por seu defensor. (Incluído pela Lei nº 13.964, de 2019)

§ 4º Para a homologação do acordo de não persecução penal, será realizada audiência na qual o juiz deverá verificar a sua voluntariedade, por meio da oitiva do investigado na presença do seu defensor, e sua legalidade. (Incluído pela Lei nº 13.964, de 2019)

§ 5º Se o juiz considerar **inadequadas, insuficientes ou abusivas** as condições dispostas no acordo de não persecução penal, devolverá os autos ao Ministério Público para que seja reformulada a proposta de acordo, com concordância do investigado e seu defensor. (Incluído pela Lei nº 13.964, de 2019)

§ 6º Homologado judicialmente o acordo de não persecução penal, o juiz devolverá os autos ao Ministério Público para que inicie sua execução perante o **juízo de execução penal**. (Incluído pela Lei nº 13.964, de 2019)

§ 7º O juiz poderá recusar homologação à proposta que não atender aos requisitos legais ou quando não for realizada a adequação a que se refere o § 5º deste artigo. (Incluído pela Lei nº 13.964, de 2019)

§ 8º Recusada a homologação, o juiz devolverá os autos ao Ministério Público para a análise da necessidade de complementação das investigações ou o oferecimento da denúncia. (Incluído pela Lei nº 13.964, de 2019)

§ 9º A vítima será intimada da homologação do acordo de não persecução penal e de seu descumprimento. (Incluído pela Lei nº 13.964, de 2019)

§ 10. Descumpridas quaisquer das condições estipuladas no acordo de não persecução penal, o Ministério Público deverá comunicar ao juízo, para fins de sua **rescisão e posterior oferecimento de denúncia**. (Incluído pela Lei nº 13.964, de 2019)

§ 11. O descumprimento do acordo de não persecução penal pelo investigado também poderá ser utilizado pelo Ministério Público como justificativa para o eventual não oferecimento de suspensão condicional do processo. (Incluído pela Lei nº 13.964, de 2019)

§ 12. A celebração e o cumprimento do acordo de não persecução penal não constarão de certidão de antecedentes criminais, exceto para os fins previstos no inciso III do § 2º deste artigo. (Incluído pela Lei nº 13.964, de 2019)

§ 13. Cumprido integralmente o acordo de não persecução penal, o juízo competente decretará a extinção de punibilidade. (Incluído pela Lei nº 13.964, de 2019)

§ 14. No caso de recusa, por parte do Ministério Público, em propor o acordo de não persecução penal, o investigado poderá requerer a remessa dos autos a órgão superior, na forma do **art. 28 deste Código**. (Incluído pela Lei nº 13.964, de 2019)

O acordo de não persecução penal já havia sido admitido pelo CNMP, que na Res. n. 181, de 07 de agosto de 2017, com a redação dada pela Res. n. 183, de 24 de janeiro de 2018, assim o disciplinou:

Art. 18. Não sendo o caso de arquivamento, o Ministério Público poderá propor ao investigado acordo de não persecução penal, quando, cominada pena mínima inferior a 4 (quatro) anos e o crime não for cometido com violência ou grave ameaça a pessoa, o investigado tiver confessado formal e circunstanciadamente a sua prática, mediante as seguintes condições, ajustadas cumulativa ou alternativamente:

I – reparar o dano ou restituir a coisa à vítima, salvo impossibilidade de fazê-lo;

II – renunciar voluntariamente a bens e direitos, indicados pelo Ministério Público como instrumentos, produto ou proveito do crime;

III – prestar serviço à comunidade ou a entidades públicas por período correspondente à pena mínima cominada ao delito, diminuída de um a dois terços, em local a ser indicado pelo Ministério Público;

IV – pagar prestação pecuniária, a ser estipulada nos termos do art. 45 do Código Penal, a entidade pública ou de interesse social a ser indicada pelo Ministério Público, devendo a prestação ser destinada preferencialmente àquelas entidades que tenham como função proteger bens jurídicos iguais ou semelhantes aos aparentemente lesados pelo delito;

V – cumprir outra condição estipulada pelo Ministério Público, desde que proporcional e compatível com a infração penal aparentemente praticada.

§ 1º Não se admitirá a proposta nos casos em que:

I – for cabível a transação penal, nos termos da lei;

II – o dano causado for superior a vinte salários mínimos ou a parâmetro econômico diverso definido pelo respectivo órgão de revisão, nos termos da regulamentação local;

III – o investigado incorra em alguma das hipóteses previstas no art. 76, § 2º, da Lei nº 9.099/95;

IV – o aguardo para o cumprimento do acordo possa acarretar a prescrição da pretensão punitiva estatal;

V – o delito for hediondo ou equiparado e nos casos de incidência da Lei nº 11.340, de 7 de agosto de 2006;

VI – a celebração do acordo não atender ao que seja necessário e suficiente para a reprovação e prevenção do crime.

§ 2º A confissão detalhada dos fatos e as tratativas do acordo serão registrados pelos meios ou recursos de gravação audiovisual, destinados a obter maior fidelidade das informações, e o investigado deve estar sempre acompanhado de seu defensor.

§ 3º O acordo será formalizado nos autos, com a qualificação completa do investigado e estipulará de modo claro as suas condições, eventuais valores a serem restituídos e as datas para cumprimento, e será firmado pelo membro do Ministério Público, pelo investigado e seu defensor.

§ 4º Realizado o acordo, a vítima será comunicada por qualquer meio idôneo, e os autos serão submetidos à apreciação judicial.

§ 5º Se o juiz considerar o acordo cabível e as condições adequadas e suficientes, devolverá os autos ao Ministério Público para sua implementação.

§ 6º Se o juiz considerar incabível o acordo, bem como inadequadas ou insuficientes as condições celebradas, fará remessa dos autos ao procurador-geral ou órgão superior interno responsável por sua apreciação, nos termos da legislação vigente, que poderá adotar as seguintes providências:

I – oferecer denúncia ou designar outro membro para oferecê-la;

II – complementar as investigações ou designar outro membro para complementá-la;

III – reformular a proposta de acordo de não persecução, para apreciação do investigado;

IV – manter o acordo de não persecução, que vinculará toda a Instituição.

§ 7º O acordo de não persecução poderá ser celebrado na mesma oportunidade da audiência de custódia.

§ 8º É dever do investigado comunicar ao Ministério Público eventual mudança de endereço, número de telefone ou e-mail, e comprovar mensalmente o cumprimento das condições, independentemente de notificação ou aviso prévio, devendo ele, quando for o caso, por iniciativa própria, apresentar imediatamente e de forma documentada eventual justificativa para o não cumprimento do acordo.

§ 9º Descumpridas quaisquer das condições estipuladas no acordo ou não observados os deveres do parágrafo anterior, no prazo e nas condições estabelecidas, o membro do Ministério Público deverá, se for o caso, imediatamente oferecer denúncia.

§ 10 O descumprimento do acordo de não persecução pelo investigado, também, poderá ser utilizado pelo membro do Ministério Público como justificativa para o eventual não oferecimento de suspensão condicional do processo.

§ 11 Cumprido integralmente o acordo, o Ministério Público promoverá o arquivamento da investigação, nos termos desta Resolução.

§ 12 As disposições deste Capítulo não se aplicam aos delitos cometidos por militares que afetem a hierarquia e a disciplina.

§ 13 Para aferição da pena mínima cominada ao delito, a que se refere o caput, serão consideradas as causas de aumento e diminuição aplicáveis ao caso concreto.

Como se percebe, a disciplina do acordo de não persecução penal construída pelo CNMP foi adotada quase que integralmente pela Lei Anticrime. De importante, as diferenças ficam à conta (i) do controle judicial do acordo, previsto agora na lei, que no art. 28-A, Incisos III e IV, diz caber ao juízo da execução penal a indicação da entidade destinatária da prestação de serviços e da prestação pecuniária, e, (ii) das vedações, contidas no art. 28-A, § 2º, Incisos II e IV, do acordo quando o investigado for reincidente ou quando houver elementos probatórios que indiquem conduta criminal habitual, reiterada ou profissional e quando se tratar de violência doméstica contra a mulher. Não mais se sustenta a inadmissão da proposta, prevista no art. 18, § 1º, II, da Res. CNMP, na hipótese de o dano causado for de valor superior a 20 salários mínimos. Também resta sem justificativa a cautela recomendada pelo Inciso IV, deste mesmo dispositivo, pois a Lei Anticrime (Lei n. 13.964/2019) incluiu no art. 116, do Código Penal, o inciso IV, prevendo que a prescrição não corre "enquanto não cumprido ou não rescindido o acordo de não persecução penal". Já a recomendação do art. 18, § 2º, da Res. CNMP, de gravação audiovisual da confissão dos fatos e das tratativas do acordo, parece sobreviver à disciplina agora legal do instituto, tendo em vista ser norma de caráter procedimental, salutar à transparência dos atos de construção do acordo.

Fácil constatar que não há, na Lei e na Resolução do CNMP, qualquer inconveniente ou impedimento à aplicação do acordo de não persecução penal no âmbito dos crimes eleitorais, ressalvada a hipótese de o tipo penal prever sanção que fulmine o registro ou o diploma como efeito primário da condenação, pois em situações tais é necessário o pronunciamento do Poder Judiciário.

BIBLIOGRAFIA

BARRETO, Lauro. *Investigação judicial eleitoral e ação de impugnação de mandato eletivo*. 2. ed., São Paulo: Edipro, 1999.

BARRETO, Lauro. *Manual de propaganda eleitoral*. São Paulo: Edipro, 2000.

CANDIDO, Joel José. *Direito eleitoral brasileiro*. 10. ed., São Paulo: Edipro, 2002.

CERQUEIRA, Thales Tácito Pontes Luz de Pádua. *Direito eleitoral brasileiro*. 2. ed., Belo Horizonte: Del Rey, 2002.

COSTA, Adriano Solares da. *Teoria da inelegibilidade e o direito processual eleitoral*. Belo Horizonte: Del Rey, 1998.

COSTA, Tito. *Recursos em matéria eleitoral*. 6. ed., São Paulo: Revista dos Tribunais, 1996.

COSTA, Tito. *Crimes eleitorais e processo penal eleitoral*. São Paulo: Juarez de Oliveira, 2002.

DAL POZZO, Antônio Araldo Ferraz. *Lei eleitoral*: Lei n. 9.504/97 – Estrutura, análise e jurisprudência. São Paulo: Saraiva, 2000.

DECOMAIN, Pedro Roberto. *Eleições* – Comentários à Lei n. 9.504/97. Florianópolis: Obra Jurídica, 1998.

DI PIETRO, Maria Sylvia Zanella. *Direito administrativo*. 13. ed., São Paulo: Atlas, 2001.

FERRAZ, Luciano de Araújo. *Controle da administração pública* – Elementos para a compreensão dos Tribunais de Contas. Belo Horizonte: Mandamentos, 1999.

FRANCISCO, Caramuru Afonso. *Dos abusos nas eleições*. São Paulo: Juarez de Oliveira, 2002.

MEIRELLES, Hely Lopes. *Direito administrativo brasileiro*. 18. ed., São Paulo: Malheiros, 1993.

MICHELS, Vera Maria Nunes. *Direito eleitoral* – Análise panorâmica de acordo com a Lei n. 9.504/97. Porto Alegre: Livraria do Advogado, 1998.

MORAES, Alexandre de. *Direito constitucional*. 10. ed., São Paulo: Atlas, 2001.

MOREIRA, Marcelo Silva. *Eleições e abuso de poder*. Rio de Janeiro: AIDE, 1998.

NIESS, Pedro Henrique Távora. *Ação de impugnação de mandato eletivo*. São Paulo: Edipro, 1996.

NIESS, Pedro Henrique Távora. *Condutas vedadas aos agentes públicos em campanhas eleitorais*. São Paulo: Edipro, 1998.

NIESS, Pedro Henrique Távora. *Direitos políticos* – Elegibilidade, inelegibilidade e ações eleitorais. 2. ed., São Paulo: Edipro, 2000.

PINTO, Djalma. *Direito eleitoral* – Improbidade administrativa e responsabilidade fiscal. São Paulo: Atlas, 2003.

PINTO, Djalma. *Direito eleitoral* – Anotações e temas polêmicos. 2. ed., Rio de Janeiro: Forense, 2000.

RIBEIRO, Fávila. *Direito eleitoral.* 5. ed., Rio de Janeiro: Forense, 1998.

ROLLO, Alberto. *Propaganda eleitoral* – Teoria e prática. São Paulo: Revista dos Tribunais, 2002.

ROSENO, Marcelo de Oliveira, Eleições 2016: marco regulatório e alterações introduzidas pela Lei n. 13.165/2015. Empório do Direito (http://emporiododireito.com.br/eleicoes-2016-marco-regulatorio-e-alteracoes-introduzidas-pela-lei-no-13-1652015-por-marcelo-roseno-de-oliveira/).

SILVA, José Afonso da. *Curso de direito constitucional positivo.* 6. ed., São Paulo: Revista dos Tribunais, 1990.

SILVEIRA, José Néri da. *Aspectos do processo eleitoral.* Porto Alegre: Livraria do Advogado, 1998.

ZÍLIO, Rodrigo Lopez. Direito Eleitoral. Porto Alegre: Editora Verbo Jurídico, 2010.

ZÍLIO, Rodrigo López. Crimes Eleitorais. Editora Jus Podium, 4ª edição, 2020.

Anexo A

MODELOS DE RECOMENDAÇÕES, AVISOS, REQUERIMENTOS, ETC.

RECOMENDAÇÃO-PROMOTORIA ELEITORAL Nº 007/2018

O Ministério Público do Estado de Minas Gerais, através do(a) Promotor(a) de Justiça com atribuições Eleitorais, no exercício de suas atribuições e na forma do Art. 6º, XX, da Lei Complementar 75/93;

Considerando que o Decreto-Lei 25/37 (Lei Geral do Tombamento) prescreve, em seu art. 17, que as coisas tombadas não poderão, em caso nenhum, ser destruídas, demolidas ou mutiladas, nem, sem prévia autorização especial do Serviço do Patrimônio Histórico e Artístico Nacional, ser reparadas, pintadas ou restauradas;

Considerando que o mesmo Decreto-Lei 25/37, no seu art. 18, impõe restrições à alteração visual também na vizinhança dos imóveis tombados;

Considerando que o art. 243, VIII, do Código Eleitoral, não tolera a propaganda eleitoral que prejudique a higiene e a estética urbana;

Considerando que a Lei 9.504/97, em seu art. 37, "caput", veda a veiculação de propaganda eleitoral em bens públicos, aos quais se equiparam, para efeito de proteção, os bens tombados, que ficam submetidos a um especial regime jurídico;

Considerando que o § 2º, do mesmo art. 37, na redação dada pela Lei n. 13.488/2017, proíbe a veiculação de propaganda eleitoral em bens particulares por meio de faixas, placas, cartazes, pinturas, etc., permitindo apenas a colocação de adesivos de até 0,50 m2 (meio metro quadrado);

Considerando que a Lei 9.605/98 (Lei de Crimes Ambientais) tipifica como crimes:

Art. 62. Destruir, inutilizar ou deteriorar:

I - bem especialmente protegido por lei, ato administrativo ou decisão judicial;

Pena - reclusão, de um a três anos, e multa.

Parágrafo único. Se o crime for culposo, a pena é de seis meses a um ano de detenção, sem prejuízo da multa.

Art. 63. Alterar o aspecto ou estrutura de edificação ou local especialmente protegido por lei, ato administrativo ou decisão judicial, em razão de seu valor paisagístico, ecológico, turístico, artístico, histórico, cultural, religioso, arqueológico, etnográfico ou monumental, sem autorização da autoridade competente ou em desacordo com a concedida:

Pena - reclusão, de um a três anos, e multa.

Considerando que Minas Gerais detém mais de 4.500 bens culturais tombados em seu território;

Considerando ainda ser entendimento doutrinário e jurisprudencial pacíficos sobre o tema:

"o bem tombado, ainda que continuando bem particular, transforma-se em bem posto sob regime público" (Roberto Amaral e Sérgio Sérvulo da Cunha. Manual das eleições. Saraiva. 2. Ed. 2002. p. 173)

"Propaganda eleitoral. Fixação de placa luminosa em imóvel particular. **Prejuízo ao patrimônio histórico** e artístico nacional. Violação ao art. 243, VIII, do CE. Recurso provido." (TSE, Ac. nº 15.609, de 29.6.99, rel. Min. Nelson Jobim.)

RECURSO - PROPAGANDA ELEITORAL IRREGULAR - Bem tombado pelo patrimônio histórico, artístico e cultural do município. Inscrição a tinta. Vedação. Art. 216 da Constituição c/c arts. 37 da Lei nº 9.504/97, 62 da Lei nº 9.605/98, 243, VIII, do Código Eleitoral, Lei Municipal nº 1.058 e Decreto-Lei nº 25/37. 1. O tombamento constitui procedimento administrativo vinculado, através do qual o poder público impõe restrições parciais ao direito de propriedade, em nome do interesse público e do bem estar social. É uma forma de preservação de bens de interesse da coletividade. 2. *Embora o bem onde foi feita a propaganda seja de propriedade particular, encontra-se, em razão do tombamento, sob tutela do poder público, não podendo nele ser veiculada propaganda eleitoral,* ***nos termos do disposto no art. 37 da Lei nº 9.504/97. Recurso a que se nega provimento. (TREMG - RE n. 33782000 - (302/2001) - Iguatama - Rel. p/o Ac. Des. Orlando Adão - DJMG 16.05.2001 - p. 47)***

RECURSO DE REPRESENTAÇÃO. PROPAGANDA ELEITORAL IRREGULAR. BEM TOMBADO PELO PATRIMÔNIO HISTÓRICO E ARTÍSTICO NACIONAL. IMPROVIMENTO. Embora o prédio onde a propaganda irregular foi veiculada seja bem particular, *tratando-se de cidade tombada como patrimônio histórico, utiliza-se da interpretação sistemática das Leis 9.504/97 e 9.605/98.* ***(TRE-SE, RECEL 1310; Ac. 1226/2000; São Cristóvão; Rel. Juiz José Jefferson Correia Machado; Julg. 24/10/2000)***

Considerando que o Ministério Público, na defesa do regime democrático, da lisura do pleito e do patrimônio cultural e turístico, prefere **atuar preventivamente**, contribuindo para que se evitem os atos viciosos das eleições e se produzam resultados eleitorais legítimos, ao mesmo tempo em que se mantêm incólumes os bens culturais;

Considerando que a recomendação do Ministério Público é **instrumento de orientação** que visa a evitar o cometimento do ilícito e a imposição de sanções,

RECOMENDA aos pré ou candidatos, partidos políticos e coligações que:

a) Se abstenham da utilização de bens tombados para a propaganda eleitoral de qualquer espécie;

b) Se abstenham da utilização da vizinhança (área de entorno) dos bens tombados para a colocação de propaganda eleitoral (*ainda que no período e nas formas admitidas pela lei eleitoral: adesivos com no máximo meio metro quadrado*) que impeçam ou reduzam a sua visibilidade, *sem prévia autorização do IPHAN, no caso de tombamento federal; IEPHA no caso de tombamento Estadual e dos órgãos municipais competentes, no caso de tombamento municipal.*

RECOMENDA ao Sr. Prefeito Municipal, ao Sr. Secretário Municipal de Patrimônio Cultural e ao Conselho Municipal do Patrimônio Cultural de .... que:

a) Se abstenham da emissão de autorização para colocação de propaganda de qualquer natureza nos bens culturais protegidos, especialmente nos tombados e no seu entorno;

b) Intensifiquem a fiscalização sobre os bens tombados e seu entorno, informando prontamente a esta Promotoria eventuais faixas, cartazes, placas, outdoors, pinturas, adesivos, etc., ali encontrados.

LEMBRA que a veiculação de propaganda eleitoral em bens tombados caracteriza infração à proibição contida no art. 37, da Lei n. 9.504/97, impondo-se ao infrator a reparação do bem lesado e a multa de R$ 2.000,00 a R$ 8.000,00, bem como os crimes previstos nos arts. 62 e 63, da Lei n. 9.605/98.

A relação dos bens tombados pode ser obtida através do sítio: http://www.iepha.mg.gov.br/images/Documentos/Programas/LISTA_BENS_PROTEGIDOS_AT%C3%89_EXERCICIO_2018_PUBLICA%C3%87%C3%83O.pdf

...................................., 18 de junho de 2018

....

Promotor(a) Eleitoral

RECOMENDAÇÃO-PROMOTORIA ELEITORAL Nº 003/2020

O DOUTOR ...., Promotor Eleitoral de ...., Estado de Minas Gerais, no exercício de suas atribuições e na forma do Art. 6º, XX, da Lei Complementar 75/93;

CONSIDERANDO que o art. 73, § 10, da Lei n. 9.504/97, proíbe que a administração pública faça, em ano de eleições, a distribuição gratuita bens, valores ou benefícios, excetuados os casos de calamidade pública, de estado de emergência ou de programas sociais autorizados em lei e já em execução orçamentária no exercício anterior;

> **Município. Dívida ativa. Ano das eleições. Benefício fiscal. Conduta vedada. Caracterização.**
>
> Decorre do § 10 do art. 73 da Lei nº 9.504/1997 que, no ano relativo ao pleito, fica proibida a distribuição gratuita de bens, valores ou benefícios por parte da administração pública. Ao administrador público somente é dado fazer o que é autorizado em lei, tendo em conta o princípio da legalidade estrita, enquanto o particular encontra obstáculo quando existente disciplina proibitiva.
>
> A interpretação teleológica do preceito revela a impossibilidade de a máquina administrativa ser manipulada com vistas a conquistar simpatizantes para determinada candidatura. De início, benefícios concernentes à dívida ativa

> do município não podem, ainda que previstos em lei, ser implementados no ano das eleições. O mesmo ocorre, no citado período, quanto à iniciativa de projeto de lei objetivando tal fim.
>
> Sendo assim, a norma do § 10 do art. 73 da Lei nº 9.504/1997 é obstáculo a ter-se, no ano das eleições, o implemento de benefício fiscal referente à dívida ativa do município, bem como o encaminhamento de projeto de lei à Câmara de Vereadores, no aludido período, objetivando a previsão normativa voltada a favorecer inadimplentes.
>
> Nesse entendimento, o Tribunal, por unanimidade, respondeu à consulta.
>
> (TSE, Consulta nº 1531-69/DF, Rel. Min. Marco Aurélio, em 20.9.2011)

CONSIDERANDO que os casos de calamidade pública e de estado de emergência, a autorizar a exceção permissiva da concessão do benefício, devem ser caracterizados por critérios objetivos e resultar de decisão expressa da autoridade competente;

CONSIDERANDO que neste ano de 2020 não podem ser criados programas sociais de auxílio à população, mas apenas mantidos os que já objeto de execução orçamentária desde pelo menos 2019;

CONSIDERANDO que a execução orçamentária em 2019 pressupõe previsão na respectiva LOA (lei do orçamento anual) votada e sancionada em 2018 ou em lei posterior de suplementação orçamentária e que esta última integra o orçamento anual desde que os novos recursos nela previstos resultem de anulação de rubricas ou excesso de arrecadação;

CONSIDERANDO que compete ao Ministério Público Eleitoral o acompanhamento da execução financeira e administrativa dos programas sociais mantidos em ano de eleição;

CONSIDERANDO, mais, que o art. 73, § 11, da Lei n. 9.504/97, veda, em ano de eleições, a execução de programas sociais governamentais por intermédio (mediante subvenção, termo de cooperação técnica, convênio, dentre outras formas) de entidades nominalmente vinculadas a candidatos ou por estes mantidas;

CONSIDERANDO, também, que o art. 73, IV, da mesma Lei n. 9.504/97, veda o uso promocional de programas sociais em favor de candidatos, partidos e coligações, alcançando neste caso também os programas criados em anos anteriores;

CONSIDERANDO que o Ministério Público, na defesa do regime democrático e da lisura do pleito, prefere atuar preventivamente, contribuindo para que se evitem os atos viciosos das eleições – como os aqui indicados – e se produzam resultados eleitorais legítimos;

CONSIDERANDO que a recomendação do Ministério Público é instrumento de orientação que visa a antecipar-se ao cometimento do ilícito e a evitar a imposição de sanções, muitas vezes graves e com repercussões importantes na candidatura,

Recomenda ao Sr. Prefeito Municipal e aos Srs. Secretários Municipais,

1) Que não distribuam e nem permitam a distribuição, a quem quer que seja, pessoas físicas ou jurídicas, de bens, valores ou benefícios durante todo o ano de 2020, como doação de gêneros alimentícios, materiais de construção,

passagens rodoviárias, quitação de contas de fornecimento de água e/ou energia elétrica, doação ou concessão de direito real de uso de imóveis para instalação de empresas, isenção total ou parcial de tributos, dentre outros, salvo se se encontrarem diante de alguma das hipóteses de exceção previstas no mencionado art. 73, § 10, da Lei das Eleições: calamidade, emergência e continuidade de programa social;

2) Que, havendo necessidade de socorrer a população em situações de calamidade e emergência, o façam com prévia fixação de critérios objetivos (quantidade de pessoas a serem beneficiadas, renda familiar de referência para a concessão do benefício, condições pessoais ou familiares para a concessão, dentre outros) e estrita observância da impessoalidade, neste caso enviando à Promotoria Eleitoral informação quanto ao fato ensejador da calamidade ou emergência, aos bens, valores ou benefícios que se pretende distribuir, o período da distribuição e as pessoas ou faixas sociais beneficiárias;

3) Que, havendo programas sociais em continuidade no ano de 2020, verifiquem se eles foram instituídos em lei (ou outro ato normativo), se estão em execução orçamentária desde pelo menos 2019, ou seja, se eles integraram a LOA aprovada em 2018 e executada em 2019, neste caso não permitindo alterações e incrementos substanciais que possam ser entendidos como um novo programa social ou como incremento eleitoreiro;

4) Que suspendam o repasse de recursos materiais, financeiros ou humanos a entidades nominalmente vinculadas a candidatos, ou pré-candidatos, ou por eles mantidas, que executem programas de distribuição gratuita de bens, valores ou benefícios.

5) Que não permitam a continuidade de programas sociais da administração municipal que proporcionem, mesmo que dissimuladamente, a **promoção de filiados, pré-candidatos e candidatos** às eleições de 2020, valendo-se, p.ex., da afirmação de que o programa social é sua iniciativa, ou que sua continuidade depende do resultado da eleição, ou da entrega, junto ao benefício distribuído, de material de campanha ou de partido.

6) Que não permitam o **uso dos programas sociais** mantidos pela administração municipal para a promoção de candidatos, partidos e coligações, cuidando de orientar os servidores públicos incumbidos da sua execução quanto à vedação de qualquer propaganda ou enaltecimento de candidato, pré-candidato ou partido.

Recomenda ao Sr. Presidente da Câmara Municipal que não dê prosseguimento e não coloque em votação no Plenário, no presente ano de 2020, projetos de lei que permitam a distribuição gratuita de bens, valores e benefícios a pessoas físicas ou jurídicas.

Lembra, por oportuno, que a inobservância das mencionadas vedações sujeita o infrator, agente público ou não, à pena pecuniária de 5.000 a 100.000 UFIR (R$ 5.320,50 [cinco mil, trezentos e vinte reais e cinquenta centavos] a R$ 106.410,00 [cento e seis mil, quatrocentos e dez reais]) e à cassação do registro ou do diploma do candidato beneficiado (art. 73, §§ 4º e 5º, da Lei n. 9.504/97), além da inelegibilidade decorrente do abuso de poder ou da conduta vedada (art. 1º, I, "d" e "j", da LC n. 64/90).

Solicita, para efeito do acompanhamento a que se refere o art. 73, § 10, da Lei n. 9.504/97, informarem à Promotoria Eleitoral, em cinco dias:

1) Os programas sociais mantidos em 2020, inclusive os que resultam de parceria financeira com os governos estadual e federal, neste caso informando:
   1.1. Nome do programa;
   1.2. Data da sua criação;
   1.3. Instrumento normativo de sua criação;
   1.4. Público alvo do programa;
   1.5. Espécie de bens, valores ou benefícios distribuídos;
   1.6. Por ano, quantas pessoas ou famílias vem sendo beneficiadas, desde a sua criação;
   17. Rubrica orçamentária que sustenta o programa nos anos de 2019 e 2020.
2) Os programas sociais que estão sendo executados por entidades não governamentais com recursos públicos, informando:
   2.1. Nome e endereço da entidade;
   2.2. Nome do programa;
   2.3. Data a partir da qual o Município passou a destinar recursos para a entidade;
   2.4. Rubrica orçamentária que sustenta a destinação de recursos à entidade nos anos de 2019 e 2020;
   2.5. Valor anualmente destinado à entidade, desde o início da parceria;
   2.6. Público alvo do programa;
   2.7. Número de pessoas/famílias beneficiadas pela entidade, anualmente, desde o início da parceria;
   2.8. Espécie de bens, valores ou benefícios distribuídos;
   2.9. Declaração de existência, ou não, de agente político ou pré-candidato vinculado nominalmente ou mantenedor da entidade.

Belo Horizonte, 26 de fevereiro de 2020

Edson de Resende Castro
Promotor Eleitoral

RECOMENDAÇÃO-PROMOTORIA ELEITORAL Nº 001 /2020

O DOUTOR ...., Promotor Eleitoral de ...., Estado de Minas Gerais, no exercício de suas atribuições e na forma do Art. 6º, XX, da Lei Complementar 75/93;

Considerando que a propaganda eleitoral somente é permitida a partir de 16 de agosto do ano da eleição (art. 36, da Lei n. 9504/97);

Considerando que a jurisprudência eleitoral entende como propaganda eleitoral o anúncio, ainda que disfarçado e subliminar, de candidatura a cargo eletivo, através de mensagens que afirmem a aptidão do beneficiado ao exercício da função, ainda que não haja pedido direto de voto, mas desde que seja possível constatar que a mensagem sugere ao eleitorado o nome do possível candidato como sendo pessoa apta ao exercício do mandato.

Considerando que as exceções previstas no art. 36-A, da mesma Lei, quando interpretadas sistemicamente (especialmente com o art. 22-A, § 2º, da dita Lei n. 9.504/97), autorizam **apenas** a utilização de meios gratuitos de veiculação do debate político, onde é possível (1) anunciar a pré-candidatura, as qualidades pessoais e profissionais do pré-candidato, as ações por ele empreendidas e os seus projetos e programas de governo, (2) realizar entrevistas, debates e encontros no rádio e TV, guardando-se isonomia de oportunidade entre os concorrentes, bem como (3) divulgar atos parlamentares que não se desvirtuem para a propaganda eleitoral.

Considerando que a lei eleitoral continua proibindo a arrecadação e o gasto de campanha antes do registro, da obtenção do CNPJ e da abertura da conta bancária (art. 22-A, § 2º), o que se dá em agosto do ano da eleição.

Considerando que os art. 37 e 39, da Lei n. 9.504/97, na sua redação atual, veda a propaganda eleitoral – mesmo após 15-agosto – mediante placas, faixas, cartazes, pinturas, outdoors, etc., como também em locais de uso comum, ainda que de propriedade particular, como centros comerciais, parques de exposição, teatros, estádios de futebol, igrejas, etc.

Considerando que a propaganda eleitoral veiculada antes de 16-agosto, se não estiver nos estritos limites do art. 36-A, caracteriza o ilícito eleitoral previsto no art. 36, § 3º, da mencionada lei, para o qual há previsão de multa de R$ 5.000,00 a R$ 25.000,00;

Considerando que a campanha eleitoral iniciada antes do período permitido pode, a depender da gravidade da conduta, caracterizar abuso de poder, punido com inelegibilidade e cassação do registro ou do diploma, conforme dispõem os arts. 1º, I, "d", e 22, XIV, ambos da LC n. 64/90;

Considerando que o desembolso de recursos financeiros ou estimáveis em dinheiro, ainda que próprios, para a confecção e veiculação da propaganda eleitoral antecipada implica em arrecadação e gasto em período vedado pela legislação;

Considerando que a movimentação ilícita de recursos de campanha é infração cível eleitoral prevista no art. 30-A, da Lei das Eleições, com previsão de cassação do diploma;

Considerando que o Ministério Público, na defesa do regime democrático e da lisura do pleito, **prefere atuar preventivamente**, contribuindo para que se evitem os atos viciosos das eleições – como os aqui indicados – e se produzam resultados eleitorais legítimos;

Considerando que a recomendação do Ministério Público é **instrumento de orientação** que visa a antecipar-se ao cometimento do ilícito e a evitar a imposição de sanções, muitas vezes graves e com repercussões importantes na candidatura,

Recomenda aos Senhores **Dirigentes Partidários Municipais** e **aos pré-candidatos** às eleições municipais de 2020, que se abstenham da veiculação, antes de 16 de agosto, de qualquer propaganda eleitoral que implique em ônus financeiro ou que se utilize dos meios ou formas vedados na lei, ainda que por meio de elogios, agradecimentos, divulgação de qualidades pessoais e profissionais e anúncio de projetos que impliquem em propaganda subliminar de quem quer que venha a ser candidato às próximas eleições, pois tal conduta promove a pessoa ao público, caracterizando:

1. Propaganda eleitoral extemporânea (art. 36, § 3º, da Lei 9.504/97), sujeitando-se o infrator e o pré-candidato beneficiário à multa eleitoral de R$ 5.000,00 a R$ 25.000,00, além da imediata remoção da propaganda;
2. Abuso do poder econômico ou uso indevido de meios de comunicação, levando o agente à inelegibilidade e o candidato à cassação do registro ou do diploma (art. 1º, inciso I, alínea "d", c/c 22, inciso XIV, da LC 64/90) e à desconstituição do mandato eletivo (art. 14, § 10, da CF/88);
3. Movimentação ilícita de recursos de campanha, com previsão de cassação do diploma (art. 30-A, da Lei n. 9.504/97).

Fixa-lhes o prazo de 05 (cinco) dias para devolverem à Promotoria Eleitoral cópia desta recomendação com o "ciente" de todos os seus pré-candidatos.

..........................., 11 de fevereiro de 2020

Edson de Resende Castro

Promotor Eleitoral

15

"O Doutor Edson de Resende Castro, Promotor Eleitoral de ..., no exercício de suas atribuições legais e na forma da Lei Complementar n. 75/93,

Avisa

que, na forma do art. 11, da Lei n. 6.091/74, c/c o art. 302, do Código Eleitoral, constitui crime eleitoral, punido com até seis anos de reclusão, o fornecimento de transporte e alimentação a eleitores, por candidatos, partidos políticos ou por quem quer que seja, desde as 24 horas antes até as 24 horas depois do dia das eleições, ou seja, nos dias ..., ... e ... de outubro próximo, submetendo-se o infrator à prisão em flagrante.

Edson de Resende Castro
Promotor Eleitoral."

16

"O Doutor Edson de Resende Castro, Promotor Eleitoral de ..., no exercício de suas atribuições legais e na forma da Lei Complementar n. 75/93,

Avisa

que, na forma do art. 39, § 5º, da Lei n. 9.504/97, constitui crime eleitoral, no dia das eleições, punido com até um ano de detenção, o uso de alto-falantes e amplificadores de som; a promoção de comício ou carreata; a distribuição de qualquer material de propaganda política, inclusive 'santinhos'; a prática de aliciamento de eleitores; qualquer manifestação coletiva ou não silenciosa tendente a influir na vontade do eleitor e novas postagens na internet e nas redes sociais, caracterizando-se assim a chamada "boca de urna", independentemente da distância que se esteja da seção eleitoral, sujeitando-se o infrator à prisão em flagrante.

Edson de Resende Castro
Promotor Eleitoral."

Anexo B
MODELO DE REQUERIMENTO DE EXCLUSÃO/CANCELAMENTO

"Exmo. Sr. Dr. Juiz da ... Zona Eleitoral de ...,

O *Ministério Público Eleitoral*, pelo Promotor ao final assinado, no regular exercício das atribuições previstas na Lei Complementar n. 75/93 (Lei Orgânica do Ministério Público da União), vem à presença de V. Exa., respeitosamente, expor e requerer o seguinte:

No exercício da função fiscalizadora do processo eleitoral, o MPE requereu (e V. Exa. deferiu) diligências de confirmação da veracidade dos endereços fornecidos em vários requerimentos de inscrição e transferência de eleitores, do que resultou a afirmação dos Oficiais de Justiça de que os eleitores .... não foram encontrados nos domicílios indicados.

Tal fato constituía motivo para o indeferimento do alistamento, à consideração de que não pode aqui inscrever-se (ou para aqui transferir-se) aquele que não tenha domicílio eleitoral na Zona, pressuposto indispensável para o exercício dos direitos políticos na circunscrição desejada (art. 42 do CE).

Entretanto, ao que afirma a promoção de fls. 14, referidos eleitores tiveram seus alistamentos deferidos, o que inviabiliza aquela providência, não restando outra alternativa senão a instauração do procedimento da *exclusão*, à consideração de que as diligências efetivadas pelo Juízo constataram infração ao art. 42, do CE, pois os mencionados eleitores não têm domicílio eleitoral em ... (art. 71, I, do mesmo *codex*).

Havendo, pois, irregularidade determinante de exclusão, como demonstrado, o Ministério Público Eleitoral requer a V. Exa. a adoção do procedimento pertinente, aquele dos arts. 77 e seguintes do Código Eleitoral, para, ao final, excluírem-se os "eleitores" nominados, cancelando-lhes os títulos eleitorais, com comunicação ao Eg. Tribunal Regional Eleitoral, para as providências de lei, mormente sua exclusão dos "cadernos de votação".

Termos em que pede deferimento.

..., 27 de outubro de 2000.

Edson de Resende Castro

Promotor Eleitoral."

Anexo C
MODELOS DE AÇÃO DE IMPUGNAÇÃO DE REGISTRO DE CANDIDATURA (AIRC): INICIAIS E PARECERES

1 – Abuso de poder – alínea D

Exmo. Sr. Dr. Juiz Eleitoral da ...ª Zona Eleitoral de ... (município Sede),

O **Ministério Público Eleitoral**, pelo Promotor ao final assinado, no regular exercício da delegação legal que lhe é conferida pelo art. 78, da LC 75/93, vem à presença de V.Exa., nos termos do art. 3º, da LC 64/90, propor a presente **AÇÃO DE IMPUGNAÇÃO AO REGISTRO DA CANDIDATURA** DE ...., devidamente qualificado nos autos do Pedido de Registro nº ..., em face das seguintes razões de fato e de direito:

O Partido .... (ou Coligação ....) protocolou pedido de registro de seus candidatos e junto com ele a documentação exigida em lei, autuada em anexos.

Em atendimento à exigência contida no art. 11, da Lei n. 9.504/97, o Cartório Eleitoral fez juntar aos autos as certidões da Justiça Eleitoral (id.........), onde consta que o Impugnado foi condenado pela prática do **abuso de poder a que se refere o art. 1º, I, "d", da LC n. 64/90, cometido nas eleições de 2014 (ou 2016 ou 2018)**.

Sabe-se que a condenação por abuso de poder, manifestado durante o processo eleitoral, desperta impedimento à candidatura, qual seja, **a inelegibilidade prevista no art. 1º, I, alínea "d", da LC n. 64/90, com redação dada pela LC n. 135/2010**, que **já se impõe desde a condenação por órgão colegiado da Justiça Eleitoral** (TRE ou TSE), portanto, **mesmo antes do trânsito em julgado da decisão.** E esse impedimento, como igualmente resulta da liberal disposição legal, **perdura até o transcurso de 8 anos, contados da eleição em que se verificou a prática abusiva**. Em resumo, aquele que praticou abuso de poder nas eleições de 2014 fica inelegível a partir da condenação proferida pelo Tribunal (ainda que de 1ª instância, pois órgão colegiado) e até 2022, equivalendo dizer que o impedimento já se lhe impõe durante a tramitação dos recursos que eventualmente oferecer (especial ou extraordinário). Confira-se a redação atual do citado art. 1º, I, "d", da LC n. 64/90:

> d) os que tenham contra sua pessoa representação julgada procedente pela Justiça Eleitoral, **em decisão** transitada em julgado **ou proferida por órgão colegiado**, em processo de apuração de abuso do poder econômico ou político, **para a eleição na qual concorrem ou tenham sido diplomados, bem como para as que se realizarem nos 8 (oito) anos seguintes**; (Redação dada pela Lei Complementar nº 135, de 2010) (Grifamos)

A doutrina especializada assim se posiciona sobre o tema:

"As modificações introduzidas pela Lei da Ficha Limpa, **elevando o prazo de inelegibilidade para oito anos e impondo-a ao agente do abuso já a partir de decisão colegiada (dispensando, portanto, o trânsito em julgado)**, dão novo fôlego no combate ao abuso do poder nas eleições, porque agora é possível sentir os seus efeitos. Cometido abuso de poder visando às eleições de 2012, p. ex., a inelegibilidade se impõe até outubro de 2020 e já impede a candidatura a partir da decisão colegiada da Justiça Eleitoral, mesmo que de 1ª instância, como é o caso da AIJE apreciada e julgada originariamente pelo TRE nas eleições gerais." (Curso de Direito Eleitoral, Edson de Resende Castro, Editora Del Rey, 10ª edição, 2020, pág. 278/279) (Grifamos)

No estudo das condições de elegibilidade e causas de inelegibilidades, percebe-se que são elas um conjunto de normas que – traçando o perfil do brasileiro apto ao exercício do *jus honorum* – visam *proteger* a probidade e a moralidade administrativas, como também a normalidade e legitimidade das eleições (art. 14, § 9º, da CF).[439] Já a partir daí, fácil perceber que as causas de inelegibilidade não representam uma *sanção*, uma *punição* ao brasileiro que se encontrar nas hipóteses discriminadas na lei, até porque, para ser uma sanção ou uma resposta punitiva do ordenamento jurídico eleitoral, seria necessário encontrar no inelegível uma conduta no mínimo culposa, pois difícil imaginar punição sem culpa. E o cotejo do rol de causas de inelegibilidades positivadas, a começar pelas constitucionais, desautoriza por completo a afirmação de que inelegibilidade é *pena*. Basta ver que a Constituição Federal faz inelegível o analfabeto (art. 14, § 4º) e o cônjuge e parentes do Presidente da República (art. 14, § 7º) para qualquer disputa no território nacional. Se as inelegibilidades representassem uma pena para o brasileiro, porque razão os analfabetos seriam punidos? Qual seria o seu comportamento culposo, a ensejar essa "pena"?

A verdade é que o regime jurídico das inelegibilidades, ao contrário, se funda em valores e princípios do próprio direito constitucional eleitoral, que naturalmente não coincidem com aqueles que orientam um sistema sancionador. O direito eleitoral, que se justifica pela opção que o constituinte fez pelo sistema representativo, orienta-se precipuamente pelos princípios maiores – ou super princípios – da preservação do regime democrático e da supremacia da soberania popular, aos quais se subordinam os da (i) normalidade e legitimidade das eleições e (ii) probidade e moralidade para o exercício das funções públicas eletivas. Não há regime democrático que se sustente sem que a representação – extraída das urnas – atenda ao interesse público de lisura, não só da disputa, como também do exercício do mandato, sob pena de desencantamento do seu soberano, o povo, e daí o seu enfraquecimento. E, para a efetivação destes princípios, impõem-se restrições e limites à capacidade eleitoral passiva daqueles que trazem na sua vida, atual ou pregressa, registros de fatos, circunstâncias, situações ou comportamentos – não necessariamente ilícitos – tidos como suficientes pelo ordenamento jurídico para despertar a necessidade de preservação daqueles valores. Percebe-se que há, no direito eleitoral mesmo, razões suficientes para a existência de limites às candidaturas, que de resto há em qualquer regime democrático, sendo absolutamente desnecessário e impróprio importar princípios do direito penal, p.ex. Esses limites ou restrições,

[439] O texto que se segue é encontrado no Curso de Direito Eleitoral, de Edson de Resende Castro, Editora Del Rey, 10ª edição, pág. 226 e seguintes.

somando-se às condições[440], longe, repita-se, de configurar sanção ou pena ao indivíduo que pretende a candidatura – o que se pretende alcançar aqui não é a punição do indivíduo e sim a proteção da coletividade –, vão desenhando o perfil de homem público fixado como minimamente necessário à representação dos interesses do soberano. E, a partir da "lei da ficha limpa", esse modelo de candidato é resultado, em grande parte, da opção manifestada diretamente em lei de iniciativa popular. Nada mais legítimo e natural que o perfil dos representantes seja fixado diretamente pelos representados.

Sendo mero impedimento ao exercício temporário da capacidade eleitoral passiva, a causa de inelegibilidade, ainda quando tome como referência uma conduta penalmente típica e em apuração num dado processo penal, permanece desprovida de qualquer caráter sancionador ou punitivo, inclusive porque essa repercussão eleitoral decorrente da prática do crime não está prevista no tipo penal e nem mesmo na legislação penal geral como pena secundária. A inelegibilidade é, isto sim, repercussão eleitoral que se impõe automaticamente ao indivíduo, a partir da decisão condenatória proferida por órgão colegiado. O Juiz Criminal, ao julgar procedente a denúncia e condenar o réu, não se pronuncia sobre a inelegibilidade do art. 1º, I, "e", da LC n. 64/90, e nem mesmo sobre a suspensão de direitos políticos do art. 15, III, da CF, porque tais consequências são estranhas ao conteúdo imediato da lide penal. O mesmo se dá quando o Juiz Eleitoral julga procedente a Representação e condena o representado pela prática de compra de votos, condutas vedadas, etc.

Necessário lembrar que o que constitui causa de inelegibilidade é o fato, a conduta ou o comportamento, estabelecido na lei como impedimento à candidatura, e não a decisão judicial que o afirma. Daí não haver qualquer vício de constitucionalidade na lei que fixe como suficiente à inelegibilidade o fato afirmado em decisão ainda não transitada.

E se as inelegibilidades não pressupõem a ideia de culpa – porque não são pena –, nenhum confronto há com a garantia constitucional da presunção de inocência, ou da não culpabilidade, inscrita no art. 5º, LVII, da CF. **No julgamento das ADC n. 029 e 030, o STF afirmou – por 7 a 4 – a constitucionalidade da expressão "proferida por órgão judicial colegiado"**, contida em diversas hipóteses de inelegibilidade da LC n. 135/2010, que alterou e acrescentou dispositivos à LC n. 64/90, ao entendimento de que a inelegibilidade contada antes do trânsito em julgado não representa conflito com o postulado da presunção de inocência.

Bom registrar que o brasileiro, quando se apresenta ao registro de candidatura perante a Justiça Eleitoral, em dado processo eleitoral, deve, naquele momento, preencher todas as condições de elegibilidade e não incorrer nas causas de inelegibilidade, sob pena de indeferimento da sua pretensão. Isto porque, diz o art. 11, § 10, da Lei n. 9.504/97, que os requisitos gerais para o registro são auferidos no momento da formalização do pedido.

---

[440] Condições de Elegibilidade do art. 14, § 3º, da CF.

De resto, todas as causas de inelegibilidade agora constantes da LC n. 64/90, acrescida e alterada pela LC n. 135/2010, inclusive o prazo uniforme de oito anos, guardam perfeita relação de subordinação e pertinência com os bens jurídicos fixados no art. 14, § 9º, da CF. Os fatos, situações e circunstâncias estabelecidos pelo legislador complementar como impedimentos ao exercício da capacidade eleitoral passiva, pelo prazo comum de oito anos, traduzem com razoabilidade e proporcionalidade a necessidade de proteção da (i) legitimidade e normalidade das eleições e da (ii) moralidade e probidade para o exercício das funções públicas eletivas. Com efeito, perfeitamente proporcional e razoável afastar das disputas eleitorais – daí das funções públicas eletivas –, por oito anos, p.ex., (i) aquele candidato que, durante a campanha eleitoral, substituiu a exposição de ideias e projetos pela doação, promessa ou oferta de vantagens pessoais aos eleitores, comprando-lhes a liberdade de escolha, ou (ii) aquele funcionário público que tiver sido demitido a bem do serviço público, porque já demonstrada em processo administrativo regular a prática de conduta incompatível com o interesse público. Ademais, esses novos padrões de comportamento, que agora traçam o perfil das candidaturas, estão em adequada harmonia com o sentimento de moralidade da sociedade brasileira, manifestada de forma clara e induvidosa inclusive pela subscrição do projeto de lei de iniciativa popular. **Nas ADC n. 029 e 030, o STF confirmou a constitucionalidade de todas as novas hipóteses de inelegibilidade**, sendo oportuno lembrar que a decisão do STF, em sede de declaratória de constitucionalidade, **tem efeito vinculante e não admite posição diversa de qualquer outro órgão do Poder Judiciário.**

Em face do exposto, requer o Ministério Público Eleitoral:

1) Seja recebida a presente e juntada aos autos do registro de candidatura do Impugnado;
2) Seja determinada a notificação do Impugnado para a defesa que tiver, no prazo de 07 (sete) dias
3) Estando a matéria fática provada por documentos, sem necessidade de dilação probatória, seja julgada procedente a impugnação para indeferir-se o pedido de registro de candidatura do Impugnado.
4) Para o caso de V.Exa. entender necessária a produção de provas, protesta o Ministério Público Eleitoral por todos os meios em direito admitidos, com o fim de fazer prevalecer a verdade real dos fatos.

(Local), ___ de setembro de 2020

Edson de Resende Castro

Promotor Eleitoral

2 – CAPTAÇÃO ILÍCITA DE SUGRÁGIO – ALÍNEA J

Exmo. Sr. Dr. Juiz Eleitoral da ...ª Zona Eleitoral de ... (município Sede),

O **Ministério Público Eleitoral**, pelo Promotor ao final assinado, no regular exercício da delegação legal que lhe é conferida pelo art. 78, da LC 75/93, vem à presença de V.Exa., nos termos do art. 3º, da LC 64/90, propor a presente **AÇÃO DE IMPUGNAÇÃO AO REGISTRO DA CANDIDATURA** DE ...., devidamente qualificado nos autos do Pedido de Registro nº ....., em face das seguintes razões de fato e de direito:

O Partido "..." (ou Coligação "...") protocolou pedido de registro de seus candidatos e junto com ele a documentação exigida em lei, autuada em anexos.

Em atendimento à exigência contida no art. 11, da Lei n. 9.504/97, o Cartório Eleitoral juntou aos autos a certidão de feitos eleitorais, onde consta ter sido o Impugnado condenado pela prática de **captação ilícita de sufrágio, tipificada no art. 41-A, da Lei n. 9.504/97 (ou de movimentação ilícita de recursos de campanha, tipificada no art. 30-A, da Lei n. 9504/97, ou de condutas vedadas aos agentes públicos, tipificada nos arts. 73, 75 e 77, da Lei n. 9.504/97, ou de corrupção, prevista no art. 14, § 10, da CF), cometida na campanha eleitoral de 2014 (ou 2016 ou 2018)**. A par disso, e em resposta à Recomendação que o Ministério Público Eleitoral encaminhou a todos os Partidos Políticos, o Impugnado preencheu e assinou o "questionário de inelegibilidades" anexo, onde também informa a mencionada condenação.

Sabe-se que a condenação da Justiça Eleitoral, pela prática de corrupção eleitoral (art. 14, § 10, da CF), de captação ilícita de sufrágio (art. 41-A), de doação, captação ou gastos ilícitos de recursos de campanha (art. 30-A) e de condutas vedadas aos agentes públicos em campanhas eleitorais (arts. 73, 75 e 77), estes da Lei n. 9.504/97, desperta impedimento à candidatura, ou seja, **a inelegibilidade prevista no art. 1º, I, alínea "j", da LC n. 64/90, com redação dada pela LC n. 135/2010**, que **já se impõe desde a condenação por órgão colegiado da Justiça Eleitoral** (TRE ou TSE), portanto, **antes mesmo do trânsito em julgado**. E esse impedimento, como igualmente resulta da liberal disposição legal, **perdura até o transcurso de 8 anos, contados da eleição em que se praticou uma das condutas mencionadas**. Em resumo, aquele que tem condenação por alguma das infrações especialmente referidas na alínea "j" fica inelegível pelo período de tempo que vai da condenação transitada em julgado ou proferida por órgão colegiado (Tribunal) até oito anos após a eleição, equivalendo dizer que o impedimento se lhe impõe durante a tramitação de recurso (especial ou extraordinário). Confira-se a redação do citado art. 1º, I, "j", da LC n. 64/90:

> j) os que forem condenados, em decisão transitada em julgado ou proferida por órgão colegiado da Justiça Eleitoral, por corrupção eleitoral, por captação ilícita de sufrágio, por doação, captação ou gastos ilícitos de recursos de campanha ou por conduta

> vedada aos agentes públicos em campanhas eleitorais que impliquem cassação do registro ou do diploma, pelo prazo de 8 (oito) anos a contar da eleição; (Incluído pela Lei Complementar nº 135, de 2010)
>
> A doutrina especializada assim se posiciona sobre o tema:
>
> As condutas previstas nesta alínea, tipificadas na Constituição Federal e na Lei n. 9.504/97 como infrações cíveis eleitorais, com sanções próprias de desconstituição do mandato, multa e cassação do registro ou diploma, agora também são causa de inelegibilidade. A introdução de fator de perturbação do processo eleitoral (art. 14, §10, da CF), o dar, oferecer, prometer ou entregar vantagens pessoais ao eleitor em troca do voto (art. 41-A), o uso da máquina administrativa em favor de candidato ou partido (art. 73, 75 e 77) e as receitas ou gastos ilícitos e a prática de 'caixa 2'(art. 30-A), apurados em regular AIME ou Representação Especial (com o procedimento do art. 22, da LC n. 64/90) e com decisão de procedência transitada em julgado ou proferida por órgão colegiado da Justiça Eleitoral, acarretam o impedimento por oito anos, contados da eleição em que se praticou a conduta. (Curso de Direito Eleitoral, Edson de Resende Castro, Editora Del Rey, 10ª edição, 2020, pág. 330)
>
> E a jurisprudência do TSE já teve oportunidade de assim se manifestar:
>
> ELEIÇÕES 2014. AGRAVO REGIMENTAL EM RECURSO ORDINÁRIO. REGISTRO DE CANDIDATURA. CAUSA DE INELEGIBILIDADE. ART. 1º, INCISO I, ALÍNEA J, DA LEI COMPLEMENTAR Nº 64/90. AGRAVO REGIMENTAL A QUE SE NEGA PROVIMENTO.
>
> 1. Não merece reparos a decisão agravada, incidindo a inelegibilidade para as eleições que ocorrerem nos oito anos subsequentes ao pleito de 2008, quando ocorreu a condenação por captação ilícita de sufrágio e abuso de poder (arts. 41-A e 73 da Lei nº 9.504/97 c.c. o art. 22, XIV, da LC nº 64/90).
>
> 2. Esta Corte fixou o entendimento de que as causas de inelegibilidade introduzidas pela LC nº 135/2010 incidem em relação a fatos anteriores à sua entrada em vigor e em condenações já transitadas em julgado, mesmo com eventual cumprimento da sanção imposta, não resultando tal situação em violação à Constituição Federal. Precedentes.
>
> 3. Agravo regimental desprovido.
>
> (Recurso Ordinário nº 37092, Acórdão, Relator(a) Min. Maria Thereza de Assis Moura, Publicação: PSESS - Publicado em Sessão, Data 02/10/2014)
>
> Inelegibilidade. Condenação por captação ilícita de sufrágio. Transitada em julgado condenação por captação ilícita de sufrágio, é de se reconhecer a inelegibilidade da alínea j do inciso I do art. 1º da Lei Complementar nº 64/90, acrescentada pela Lei Complementar nº 135/2010, ainda que a condenação somente tenha imposto a respectiva multa, em virtude de a candidata não haver sido eleita. [...] (Ac. De 2.9.2010 no RO n. 171530, Rel. Min. Arnaldo Versiani).

Como dito, o Impugnado foi condenado pela prática de captação ilícita de sufrágio, prevista no art. 41-A, da Lei n. 9.504/97 (ou ....), estando alcançado pelas disposições da Lei da Ficha Limpa, acima transcrita. E a certidão dá conta de que a decisão do Tribunal Regional Eleitoral de Minas Gerais, **órgão colegiado que proferiu a condenação em instância originária (ou confirmou condenação de primeira instância)**, foi publicada em ____________________, a partir de quando está ele inelegível.

Como a compra de votos (ou a movimentação ilícita de recursos de campanha ou a conduta vedada ou a corrupção), causa de pedir que levou o Impugnado à condenação, foi praticada nas eleições de 2014 (ou 2016 ou 2018), percebe-se que ainda não transcorreram os 08 (oito) anos de inelegibilidade, que são contados a partir da eleição em que se verificou. Daí que o Impugnado tem óbice intransponível à sua candidatura.

No estudo das condições de elegibilidade e causas de inelegibilidades, percebe-se que são elas um conjunto de normas que – traçando o perfil do brasileiro apto ao exercício do *jus honorum* – visam *proteger* a probidade e a moralidade administrativas, como também a normalidade e legitimidade das eleições (art. 14, § 9º, da CF).[441] Já a partir daí, fácil perceber que as causas de inelegibilidade não representam uma *sanção*, uma *punição* ao brasileiro que se encontrar nas hipóteses discriminadas na lei, até porque, para ser uma sanção ou uma resposta punitiva do ordenamento jurídico eleitoral, seria necessário encontrar no inelegível uma conduta no mínimo culposa, pois difícil imaginar punição sem culpa. E o cotejo do rol de causas de inelegibilidades positivadas, a começar pelas constitucionais, desautoriza por completo a afirmação de que inelegibilidade é *pena*. Basta ver que a Constituição Federal faz inelegível o analfabeto (art. 14, § 4º) e o cônjuge e parentes do Presidente da República (art. 14, § 7º) para qualquer disputa no território nacional. Se as inelegibilidades representassem uma pena para o brasileiro, porque razão os analfabetos seriam punidos? Qual seria o seu comportamento culposo, a ensejar essa "pena"?

A verdade é que o regime jurídico das inelegibilidades, ao contrário, se funda em valores e princípios do próprio direito constitucional eleitoral, que naturalmente não coincidem com aqueles que orientam um sistema sancionador. O direito eleitoral, que se justifica pela opção que o constituinte fez pelo sistema representativo, orienta-se precipuamente pelos princípios maiores – ou super princípios – da preservação do regime democrático e da supremacia da soberania popular, aos quais se subordinam os da (i) normalidade e legitimidade das eleições e (ii) probidade e moralidade para o exercício das funções públicas eletivas. Não há regime democrático que se sustente sem que a representação – extraída das urnas – atenda ao interesse público de lisura, não só da disputa, como também do exercício do mandato, sob pena de desencantamento do seu soberano, o povo, e daí o seu enfraquecimento. E, para a efetivação destes princípios, impõem-se restrições e limites à capacidade eleitoral passiva daqueles que trazem na sua vida, atual ou pregressa, registros de fatos, circunstâncias, situações ou comportamentos – não necessariamente ilícitos – tidos como suficientes pelo ordenamento jurídico para despertar a necessidade de preservação daqueles valores. Percebe-se que há, no direito eleitoral mesmo, razões suficientes para a existência de limites às candidaturas, que de resto há em qualquer regime democrático, sendo absolutamente desnecessário e impróprio importar princípios do direito penal, p.ex. Esses limites ou restrições,

[441] O texto que se segue é encontrado no Curso de Direito Eleitoral, de Edson de Resende Castro, Editora Del Rey, 10ª edição, pág. 226 e seguintes.

somando-se às condições[442], longe, repita-se, de configurar sanção ou pena ao indivíduo que pretende a candidatura – o que se pretende alcançar aqui não é a punição do indivíduo e sim a proteção da coletividade –, vão desenhando o perfil de homem público fixado como minimamente necessário à representação dos interesses do soberano. E, a partir da "lei da ficha limpa", esse modelo de candidato é resultado, em grande parte, da opção manifestada diretamente em lei de iniciativa popular. Nada mais legítimo e natural que o perfil dos representantes seja fixado diretamente pelos representados.

Sendo mero impedimento ao exercício temporário da capacidade eleitoral passiva, a causa de inelegibilidade, ainda quando tome como referência uma conduta penalmente típica e em apuração num dado processo penal, permanece desprovida de qualquer caráter sancionador ou punitivo, inclusive porque essa repercussão eleitoral decorrente da prática do crime não está prevista no tipo penal e nem mesmo na legislação penal geral como pena secundária. A inelegibilidade é, isto sim, repercussão eleitoral que se impõe automaticamente ao indivíduo, a partir da decisão condenatória proferida por órgão colegiado. O Juiz Criminal, ao julgar procedente a denúncia e condenar o réu, não se pronuncia sobre a inelegibilidade do art. 1º, I, "e", da LC n. 64/90, e nem mesmo sobre a suspensão de direitos políticos do art. 15, III, da CF, porque tais consequências são estranhas ao conteúdo imediato da lide penal. O mesmo se dá quando o Juiz Eleitoral julga procedente a Representação e condena o representado pela prática de compra de votos, condutas vedadas, etc.

Necessário lembrar que o que constitui causa de inelegibilidade é o fato, a conduta ou o comportamento, estabelecido na lei como impedimento à candidatura, e não a decisão judicial que o afirma. Daí não haver qualquer vício de constitucionalidade na lei que fixe como suficiente à inelegibilidade o fato afirmado em decisão ainda não transitada.

E se as inelegibilidades não pressupõem a ideia de culpa – porque não são pena –, nenhum confronto há com a garantia constitucional da presunção de inocência, ou da não culpabilidade, inscrita no art. 5º, LVII, da CF. **No julgamento das ADC n. 029 e 030, o STF afirmou – por 7 a 4 – a constitucionalidade da expressão "proferida por órgão judicial colegiado"**, contida em diversas hipóteses de inelegibilidade da LC n. 135/2010, que alterou e acrescentou dispositivos à LC n. 64/90, ao entendimento de que a inelegibilidade contada antes do trânsito em julgado não representa conflito com o postulado da presunção de inocência.

Bom registrar que o brasileiro, quando se apresenta ao registro de candidatura perante a Justiça Eleitoral, em dado processo eleitoral, deve, naquele momento, preencher todas as condições de elegibilidade e não incorrer nas causas de inelegibilidade, sob pena de indeferimento da sua pretensão. Isto porque, diz o art. 11, § 10, da Lei n. 9.504/97, que os requisitos gerais para o registro são auferidos no momento da formalização do pedido.

---

[442] Condições de Elegibilidade do art. 14, § 3º, da CF.

De resto, todas as causas de inelegibilidade agora constantes da LC n. 64/90, acrescida e alterada pela LC n. 135/2010, inclusive o prazo uniforme de oito anos, guardam perfeita relação de subordinação e pertinência com os bens jurídicos fixados no art. 14, § 9º, da CF. Os fatos, situações e circunstâncias estabelecidos pelo legislador complementar como impedimentos ao exercício da capacidade eleitoral passiva, pelo prazo comum de oito anos, traduzem com razoabilidade e proporcionalidade a necessidade de proteção da (i) legitimidade e normalidade das eleições e da (ii) moralidade e probidade para o exercício das funções públicas eletivas. Com efeito, perfeitamente proporcional e razoável afastar das disputas eleitorais – daí das funções públicas eletivas –, por oito anos, p.ex., (i) aquele candidato que, durante a campanha eleitoral, substituiu a exposição de ideias e projetos pela doação, promessa ou oferta de vantagens pessoais aos eleitores, comprando-lhes a liberdade de escolha, ou (ii) aquele funcionário público que tiver sido demitido a bem do serviço público, porque já demonstrada em processo administrativo regular a prática de conduta incompatível com o interesse público. Ademais, esses novos padrões de comportamento, que agora traçam o perfil das candidaturas, estão em adequada harmonia com o sentimento de moralidade da sociedade brasileira, manifestada de forma clara e induvidosa inclusive pela subscrição do projeto de lei de iniciativa popular. **Nas ADC n. 029 e 030, o STF confirmou a constitucionalidade de todas as novas hipóteses de inelegibilidade**, sendo oportuno lembrar que a decisão do STF, em sede de declaratória de constitucionalidade, **tem efeito vinculante e não admite posição diversa de qualquer outro órgão do Poder Judiciário**.

Em face do exposto, requer o Ministério Público Eleitoral:

Seja recebida a presente e juntada aos autos do registro de candidatura do Impugnado;

Seja determinada a notificação do Impugnado para a defesa que tiver, no prazo de 07 (sete) dias

Estando a matéria fática provada por documentos, sem necessidade de dilação probatória, seja julgada procedente a impugnação para indeferir-se o pedido de registro de candidatura do Impugnado.

Surgindo a necessidade de produção de provas, o MPE protesta por todos os meios em direito admitidos.

(Local), ___ de setembro de 2020

Edson de Resende Castro
Promotor Eleitoral

3 – Excesso de doação – alínea P

Exmo. Sr. Dr. Juiz Eleitoral da ...ª Zona Eleitoral de ... (município Sede),

O **Ministério Público Eleitoral**, pelo Promotor ao final assinado, no regular exercício da delegação legal que lhe é conferida pelo art. 78, da LC 75/93, vem à presença de V.Exa., nos termos do art. 3º, da LC 64/90, propor a presente **AÇÃO DE IMPUGNAÇÃO AO REGISTRO DA CANDIDATURA** DE ...., devidamente qualificado nos autos do Pedido de Registro nº ......, em face das seguintes razões de fato e de direito:

O Partido "..." (ou Coligação "...") protocolou pedido de registro de seus candidatos e junto com ele a documentação exigida em lei, autuada em anexos.

Em atendimento a Recomendação expedida pelo Ministério Público Eleitoral e encaminhada a todos os Partidos Políticos, o Impugnado preencheu e assinou o questionário de inelegibilidades anexo, onde informou ter sido **condenado pela Justiça Eleitoral pela prática da infração cível prevista no art. 23, da Lei n. 9.504/97, ou seja, por ter feito doações para a campanha eleitoral de 2012, em valores que, somados, ultrapassaram o limite de 10% dos seus rendimentos brutos do ano anterior**. De outro lado, percebe-se que esse fato – Representação julgada procedente pela Justiça Eleitoral por doação ilícita – está retratado na certidão juntada aos autos pelo Cartório Eleitoral, onde é possível verificar que o Impugnado realmente tem contra si a Representação nº ________________________________, cuja **decisão de procedência, proferida pelo TREMG, foi publicada em _____/_____/______**.

Sabe-se que a condenação da Justiça Eleitoral, por doações ilegais em campanhas eleitorais, desperta impedimento à candidatura, qual seja, **a inelegibilidade prevista no art. 1º, I, alínea "p", da LC n. 64/90, com redação dada pela LC n. 135/2010**, e que **se impõe desde a decisão, transitada em julgado ou proferida por órgão colegiado da Justiça Eleitoral (TRE ou TSE), e perdura até o transcurso de 8 (oito) anos**. Confira-se a redação atual do citado art. 1º, I, "p", da LC n. 64/90:

> "p) a pessoa física e os dirigentes de pessoas jurídicas responsáveis por doações eleitorais tidas por ilegais por decisão transitada em julgado ou proferida por órgão colegiado da Justiça Eleitoral, pelo prazo de 8 (oito) anos após a decisão, observando-se o procedimento previsto no art. 22; (Incluído pela Lei Complementar nº 135, de 2010)"
>
> A doutrina especializada assim se posiciona sobre o tema:
>
> "A prática dessa infração (excesso de doação) revela descaso do doador para com uma das regras mais elementares da disputa eleitoral, que é a pretendida isonomia de oportunidades nas campanhas, que tem como pressuposto o afastamento do abuso do poder econômico. **Razoável e proporcional, então, que o doador fique impedido de candidatar-se pelo prazo fixado nesta alínea: 8 (oito) anos, contados da decisão que reconhecer a prática do excesso, ainda que não transitada em julgado, mas proferida por Tribunal Eleitoral.**" (Curso de Direito Eleitoral, Edson de Resende Castro, Editora Del Rey, 10ª edição, 2020, pág. 350) (Grifamos)

No estudo das condições de elegibilidade e causas de inelegibilidades, percebe-se que são elas um conjunto de normas que – traçando o perfil do brasileiro apto ao exercício do *jus honorum* – visam *proteger* a probidade e a moralidade administrativas, como também a normalidade e legitimidade das eleições (art. 14, § 9º, da CF).[443] Já a partir daí, fácil perceber que as causas de inelegibilidade não representam uma *sanção*, uma *punição* ao brasileiro que se encontrar nas hipóteses discriminadas na lei, até porque, para ser uma sanção ou uma resposta punitiva do ordenamento jurídico eleitoral, seria necessário encontrar no inelegível uma conduta no mínimo culposa, pois difícil imaginar punição sem culpa. E o cotejo do rol de causas de inelegibilidades positivadas, a começar pelas constitucionais, desautoriza por completo a afirmação de que inelegibilidade é *pena*. Basta ver que a Constituição Federal faz inelegível o analfabeto (art. 14, § 4º) e o cônjuge e parentes do Presidente da República (art. 14, § 7º) para qualquer disputa no território nacional. Se as inelegibilidades representassem uma pena para o brasileiro, porque razão os analfabetos seriam punidos? Qual seria o seu comportamento culposo, a ensejar essa "pena"?

A verdade é que o regime jurídico das inelegibilidades, ao contrário, se funda em valores e princípios do próprio direito constitucional eleitoral, que naturalmente não coincidem com aqueles que orientam um sistema sancionador. O direito eleitoral, que se justifica pela opção que o constituinte fez pelo sistema representativo, orienta-se precipuamente pelos princípios maiores – ou super princípios – da preservação do regime democrático e da supremacia da soberania popular, aos quais se subordinam os da (i) normalidade e legitimidade das eleições e (ii) probidade e moralidade para o exercício das funções públicas eletivas. Não há regime democrático que se sustente sem que a representação – extraída das urnas – atenda ao interesse público de lisura, não só da disputa, como também do exercício do mandato, sob pena de desencantamento do seu soberano, o povo, e daí o seu enfraquecimento. E, para a efetivação destes princípios, impõem-se restrições e limites à capacidade eleitoral passiva daqueles que trazem na sua vida, atual ou pregressa, registros de fatos, circunstâncias, situações ou comportamentos – não necessariamente ilícitos – tidos como suficientes pelo ordenamento jurídico para despertar a necessidade de preservação daqueles valores. Percebe-se que há, no direito eleitoral mesmo, razões suficientes para a existência de limites às candidaturas, que de resto há em qualquer regime democrático, sendo absolutamente desnecessário e impróprio importar princípios do direito penal, p.ex. Esses limites ou restrições, somando-se às condições[444], longe, repita-se, de configurar sanção ou pena ao indivíduo que pretende a candidatura – o que se pretende alcançar aqui não é a punição do indivíduo e sim a proteção da coletividade –, vão desenhando o perfil de homem público fixado como minimamente necessário à representação dos interesses do soberano. E, a partir da "lei da ficha limpa", esse modelo de candidato é resultado, em grande parte, da opção manifestada diretamente em lei de iniciativa popular. Nada mais legítimo e natural que o perfil dos representantes seja fixado diretamente pelos representados.

---

[443] O texto que se segue é encontrado no Curso de Direito Eleitoral, de Edson de Resende Castro, Editora Del Rey, 10ª edição, pág. 226 e seguintes.

[444] Condições de Elegibilidade do art. 14, § 3º, da CF.

Sendo mero impedimento ao exercício temporário da capacidade eleitoral passiva, a causa de inelegibilidade, ainda quando tome como referência uma conduta penalmente típica e em apuração num dado processo penal, permanece desprovida de qualquer caráter sancionador ou punitivo, inclusive porque essa repercussão eleitoral decorrente da prática do crime não está prevista no tipo penal e nem mesmo na legislação penal geral como pena secundária. A inelegibilidade é, isto sim, repercussão eleitoral que se impõe automaticamente ao indivíduo, a partir da decisão condenatória proferida por órgão colegiado. O Juiz Criminal, ao julgar procedente a denúncia e condenar o réu, não se pronuncia sobre a inelegibilidade do art. 1º, I, "e", da LC n. 64/90, e nem mesmo sobre a suspensão de direitos políticos do art. 15, III, da CF, porque tais consequências são estranhas ao conteúdo imediato da lide penal. O mesmo se dá quando o Juiz Eleitoral julga procedente a Representação e condena o representado pela prática de compra de votos, condutas vedadas, etc.

Necessário lembrar que o que constitui causa de inelegibilidade é o fato, a conduta ou o comportamento, estabelecido na lei como impedimento à candidatura, e não a decisão judicial que o afirma. Daí não haver qualquer vício de constitucionalidade na lei que fixe como suficiente à inelegibilidade o fato afirmado em decisão ainda não transitada.

E se as inelegibilidades não pressupõem a ideia de culpa – porque não são pena –, nenhum confronto há com a garantia constitucional da presunção de inocência, ou da não culpabilidade, inscrita no art. 5º, LVII, da CF. **No julgamento das ADC n. 029 e 030, o STF afirmou – por 7 a 4 – a constitucionalidade da expressão "proferida por órgão judicial colegiado"**, contida em diversas hipóteses de inelegibilidade da LC n. 135/2010, que alterou e acrescentou dispositivos à LC n. 64/90, ao entendimento de que a inelegibilidade contada antes do trânsito em julgado não representa conflito com o postulado da presunção de inocência.

Bom registrar que o brasileiro, quando se apresenta ao registro de candidatura perante a Justiça Eleitoral, em dado processo eleitoral, deve, naquele momento, preencher todas as condições de elegibilidade e não incorrer nas causas de inelegibilidade, sob pena de indeferimento da sua pretensão. Isto porque, diz o art. 11, §10, da Lei n. 9.504/97, que os requisitos gerais para o registro são auferidos no momento da formalização do pedido

No julgamento das já mencionadas ADC's n. 029 e 030, o STF afirmou – com o efeito vinculante próprio das declaratórias de constitucionalidade – que todas as causas de inelegibilidade agora constantes da LC n. 64/90, acrescida e alterada pela LC n. 135/2010, inclusive o prazo uniforme de oito anos, guardam perfeita relação de subordinação e pertinência com os bens jurídicos fixados no art. 14, § 9º, da CF. Os fatos, situações e circunstâncias estabelecidos pelo legislador complementar como impedimentos ao exercício da capacidade eleitoral passiva, pelo prazo comum de oito anos, traduzem com razoabilidade e proporcionalidade a necessidade de proteção da (i) legitimidade e normalidade das eleições e da (ii) moralidade e probidade para o exercício das funções públicas eletivas. Com efeito, perfeitamente proporcional e razoável afastar das disputas eleitorais – daí das funções públicas eletivas –, por oito anos, p.ex., (i) aquele candidato que, durante a campanha eleitoral, substituiu a exposição de ideias e projetos pela doação, promessa ou oferta de vantagens pessoais aos eleitores, comprando-lhes a liberdade de escolha, ou (ii) aquele funcionário público que tiver sido demitido a bem do serviço público, porque já demonstrada em processo administrativo regular a prática de conduta incompatível com o interesse público. Ademais, esses novos padrões de comportamento, que agora traçam o perfil das candidaturas, estão em adequada harmonia com o sentimento de moralidade da sociedade brasileira, manifestada de forma clara e induvidosa inclusive pela subscrição do projeto de lei de iniciativa popular.

Em face do exposto, requer o Ministério Público Eleitoral:

1) Seja recebida a presente e juntada aos autos do registro de candidatura do Impugnado;
2) Seja determinada a notificação do Impugnado para a defesa que tiver, no prazo de 07 (sete) dias
3) Estando a matéria fática provada por documentos, sem necessidade de dilação probatória, seja julgada procedente a impugnação para indeferir-se o pedido de registro de candidatura do Impugnado.
4) Surgindo a necessidade de produção de provas, o MPE protesta por todos os meios em direito admitidos.

(Local), ___ de setembro de 2020.

Edson de Resende Castro
Promotor Eleitoral

---

4 – IMPROBIDADE ADMINISTRATIVA – ALÍNEA L

Exmo. Sr. Dr. Juiz Eleitoral da ...ª Zona Eleitoral de ... (município Sede),

O **Ministério Público Eleitoral**, pelo Promotor ao final assinado, no regular exercício da delegação legal que lhe é conferida pelo art. 78, da LC 75/93, vem à presença de V.Exa., nos termos do art. 3º, da LC 64/90, propor a presente **AÇÃO DE IMPUGNAÇÃO AO REGISTRO DA CANDIDATURA** DE ...., devidamente qualificado nos autos do Pedido de Registro nº ..., em face das seguintes razões de fato e de direito:

O Partido "..." (ou Coligação "...") protocolou pedido de registro de seus candidatos e junto com ele a documentação exigida em lei, autuada em anexos.

Em atendimento à Recomendação expedida pelo Ministério Público a todos os Partidos Políticos, o Impugnado respondeu e assinou, sob responsabilidade, o questionário de inelegibilidades anexo, onde informou ter sido condenado pela prática de ato doloso de improbidade administrativa. De outro lado, percebe-se que o nome do Impugnado realmente consta do SISCONTA, sistema desenvolvido pelo Ministério Público Eleitoral para reunir informações de todas as inelegibilidades previstas no ordenamento jurídico, dentre as quais a improbidade aqui tratada, encontrada no endereço eletrônico https://siscontaeleitoral.mpf.mp.br/, imprimida e anexada à presente impugnação.

Sabe-se que os atos de improbidade administrativa acarretam para o agente, dentre outras sanções, a **suspensão de seus direitos políticos**, restrição que se impõe apenas **após o trânsito em julgado da condenação**, assim permanecendo pelo tempo expressamente fixado na decisão. Nesta circunstância, ou seja, com direitos políticos suspensos, o condenado não reúne uma das condições de elegibilidade, exatamente a que está prevista no art. 14, § 3º, II, da Constituição Federal. Neste sentido, vale a pena lembrar o entendimento doutrinário e jurisprudencial aplicável à espécie:

> "Sabe-se que os atos de improbidade administrativa estão previstos especialmente na Lei n. 8.249/92 (sem prejuízo de outras disposições, como as do art. 73, §7º, da Lei n. 9.504/97), punidos com multa civil, perda do cargo, proibição de contratar com o poder público, ressarcimento ao erário e suspensão dos direitos políticos. Esta última sanção – a suspensão dos direitos políticos, que retira do condenado a condição de elegibilidade do art. 14, §3º, da CF: a plenitude dos direitos políticos – só se impõe após o trânsito em julgado da condenação." (Curso de Direito Eleitoral, Edson de Resende Castro, Editora Del Rey, 10ª edição, 2020, pág. 338 e 339)
>
> "[...] **A suspensão de direitos políticos somente se opera após o trânsito em julgado da sentença condenatória em ação por improbidade administrativa.** [...]" (Ac. de 21.3.2006 no AgRgAg no 6.445, rel. Min. Caputo Bastos.).

De outro lado, sabe-se também que a condenação à suspensão de direitos políticos, pelo cometimento de ato doloso de improbidade administrativa, desperta outro tipo de impedimento à candidatura, qual seja, **a inelegibilidade prevista no art. 1º, I, alínea "l", da LC n. 64/90, com redação dada pela LC n. 135/2010**, incidente sempre que a conduta importar (i) lesão ao patrimônio público e (ii) enriquecimento ilícito para o agente ou terceiros, situações presentes nas hipóteses dos art. 9º e 10, da Lei n. 8.429/92. E essa inelegibilidade – diferentemente da suspensão de direitos políticos – **já se impõe desde a condenação por órgão judicial colegiado** (Tribunal de Justiça, Tribunal Regional Federal, etc.), portanto, **antes do trânsito em julgado**. E esse impedimento, como igualmente resulta da liberal disposição legal, **perdura até o transcurso de 8 anos após o cumprimento da pena**. Em resumo, aquele que tem condenação por ato doloso de improbidade em uma das hipóteses mencionadas na alínea "l", fica inelegível pelo período de tempo que vai da condenação por órgão colegiado (Tribunal) até oito anos após o cumprimento das penas impostas na decisão condenatória, equivalendo dizer que o impedimento se lhe impõe durante a tramitação de recurso (especial ou extraordinário), durante o cumprimento das penas (suspensão de direitos políticos, multa, ressarcimento ao erário, etc) e pelos oito anos subsequentes ao fim destas. Confira-se a redação do citado art. 1º, I, "l", da LC n. 64/90:

"l) os que forem condenados à suspensão dos direitos políticos, em decisão transitada em julgado ou proferida por órgão judicial colegiado, por ato doloso de improbidade administrativa que importe lesão ao patrimônio público e enriquecimento ilícito, desde a condenação ou o trânsito em julgado até o transcurso do prazo de 8 (oito) anos após o cumprimento da pena; (Incluído pela Lei Complementar nº 135, de 2010)."

A doutrina especializada assim se posiciona sobre o tema[445]:

"De outro lado, **com a lei da ficha limpa (LC n. 135/2010), a improbidade administrativa foi elevada também a causa de inelegibilidade, que se impõe a partir da decisão condenatória colegiada, antes do trânsito em julgado, portanto, projetando-se para até oito anos após cumpridas as penas fixadas na decisão, v.gr., a suspensão dos direitos políticos, a multa e o ressarcimento ao erário.** Aqui, como nas condenações criminais, há dois períodos distintos: um de inelegibilidade (por força da lei da ficha limpa) e outro de suspensão de direitos políticos (por força da Constituição Federal e da Lei n. 8429/92)."

(...)

Sabe-se que os atos de improbidade administrativa estão previstos especialmente na Lei n. 8.429/92 (sem prejuízo de outras disposições, como as do art. 73, § 7º, da Lei n. 9.504/97), punidos com multa civil, perda do cargo, proibição de contratar com o poder público, ressarcimento ao erário e suspensão dos direitos políticos. Esta última sanção "a suspensão dos direitos políticos, que retira do condenado a condição de elegibilidade do art. 14, § 3º, da CF: a plenitude dos direitos políticos" só se impõe após o trânsito em julgado da condenação.

Com a LC n. 135/2010, estabeleceu-se – a par da suspensão de direitos políticos pelo tempo que o Juiz aplicar – também a inelegibilidade por mais oito anos, contados do término do cumprimento da pena. Então, o condenado por improbidade administrativa que se encontrar na hipótese desta alínea "l" primeiramente cumprirá o tempo de suspensão de direitos políticos (e nesse período estará com sua capacidade eleitoral totalmente afetada, ativa e passivamente, não podendo votar e nem ser votado), para só então dar início aos 8 anos de inelegibilidade (aqui afetada apenas a capacidade eleitoral passiva, ou seja, o direito de ser votado). Mas também há, a exemplo do que ficou fixado para as condenações criminais da alínea "e", o período de inelegibilidade que vai da condenação por órgão judicial colegiado até o trânsito em julgado. Então, aquele que tem contra si condenação por improbidade, confirmada por Tribunal, já está inelegível e assim permanece até oito anos após o cumprimento da pena. Tal como se da com a condenação criminal (alínea "e"), na improbidade o período de inelegibilidade pode ser muito superior aos 8 anos mencionados na lei, pois o legislador adotou aqui a mesma fórmula daquela alínea "e". Incidindo a inelegibilidade a partir da condenação por órgão colegiado, o condenado permanece inelegível durante a tramitação dos eventuais recursos, durante todo o período em que estiver cumprindo as penas impostas e, finalmente, durante os oito (8) anos seguintes ao fim destas.

---

[445] Curso de Direito Eleitoral, Edson de Resende Castro, Editora Del Rey, 10ª edição, 2020, pág.145 e 338 e seguintes.

Como a improbidade administrativa pode acarretar ao condenado não apenas a suspensão de direitos políticos, mas também multa, ressarcimento ao erário, proibição de contratar com o poder público e perda do cargo, necessário avaliar o alcance da expressão "após o cumprimento da pena", que é o termo inicial dos oito (08) anos de inelegibilidade. Pode acontecer de transcorrer o período de suspensão dos direitos políticos e o condenado ainda não ter pago a multa civil ou ressarcido o prejuízo causado ao erário. Neste caso, não se pode dizer cumpridas as penas impostas na condenação, pelo que não tem início a contagem dos 8 anos da inelegibilidade. Não obstante isso, frise-se, o "*jus honorum*" (a capacidade eleitoral passiva) do condenado está afetado desde a decisão colegiada.

'O Plenário do Tribunal Superior Eleitoral, por unanimidade, respondendo à consulta, asseverou que o reconhecimento ou não de determinada hipótese de inelegibilidade para uma eleição não configura coisa julgada para as próximas eleições. Afirmou também que, para efeito da aferição do término da inelegibilidade prevista na parte final da alínea l do inciso I do art. 1º da Lei Complementar nº 64/1990, o cumprimento da pena deve ser compreendido não apenas a partir do exaurimento da suspensão dos direitos políticos e do ressarcimento ao Erário, mas a **partir do instante em que todas as cominações impostas no título condenatório tenham sido completamente adimplidas**, inclusive no que tange à eventual perda de bens, à perda da função pública, ao pagamento da multa civil ou à suspensão do direito de contratar com o poder público ou de receber benefícios ou incentivos fiscais ou creditícios, direta ou indiretamente. Destacou que, por ser a inelegibilidade prevista na alínea e do inciso I do art. 1º da Lei Complementar nº 64/1990 uma consequência da condenação criminal, não haveria como incidir a causa de inelegibilidade ante o reconhecimento da prescrição da pretensão punitiva pela Justiça Comum. O Tribunal, por unanimidade, respondeu à consulta nos termos do voto reajustado da relatora. (Consulta nº 336-73, Brasília/DF, rel. Min. Luciana Lóssio, em 3.11.2015)'

Mas não é toda condenação por improbidade que foi elevada a causa de inelegibilidade. Conforme se percebe claramente do texto, o impedimento eleitoral resulta da condenação por ato doloso de improbidade, se e quando a decisão fixar a suspensão de direitos políticos e resultar do reconhecimento da prática de condutas ímprobas que tenham causado lesão ao patrimônio público e enriquecimento ilícito do agente. Se na condenação por improbidade o julgador optar por qualquer uma, ou mais de uma, das outras sanções do art. 12, da Lei n. 8.429/92, não impondo a suspensão dos direitos políticos, o condenado não incidirá nesta inelegibilidade, pela ausência do primeiro de seus requisitos. De outro lado, também não acarreta o impedimento a condenação por improbidade culposa ou que resulte tão somente da inobservância dos princípios norteadores da administração pública (art. 11, da LI), sem que tenha havido lesão ou enriquecimento.

(...)

Não obstante a tendência inicialmente manifestada pelo TSE, parece mais razoável reconhecer que a inelegibilidade estará caracterizada em duas situações distintas e independentes: (i) lesão ao patrimônio público e (ii) enriquecimento ilícito. Não é necessário que concorram, a um só tempo e no mesmo caso concreto, a lesão e o enriquecimento, porque a conjunção "e", posta no texto após a previsão da inelegibilidade decorrente da condenação por lesão ao erário, pretendeu apenas adicionar mais uma hipótese de prática ímproba que também atrai a inelegibilidade. Assim, incidirá no impedimento eleitoral aquele que for condenado por causar lesão ao patrimônio público, como também aquele que o for quando do enriquecimento ilícito.

> "Eleições 2014. [...]. Candidato a deputado estadual. Registro de candidatura deferido. Suposta incidência na causa de inelegibilidade prevista no art. 1º, inciso I, alíneas j e l da LC nº 64/1990. Ausência de requisitos. [...] 1. A causa de inelegibilidade referida no art. 1º, inciso I, alínea l, da LC nº 64/1990, exige a condenação cumulativa por dano ao erário (art. 10) e por enriquecimento ilícito (art. 9º), sendo insuficiente a censura isolada a princípios da administração pública (art. 11). 2. (...)". (Ac. de 27.11.2014, no AgR-RO n. 292112, Rel. Min. Gilmar Mendes)

> "Eleições 2014. [...]. Candidato a deputado federal. Registro de candidatura indeferido. Incidência na causa de inelegibilidade prevista no art. 1º, inciso I, alínea l, da LC nº 64/1990. [...] 1. A causa de inelegibilidade referida no art. 1º, inciso I, alínea l, da LC nº 64/1990 exige a condenação cumulativa por enriquecimento ilícito e dano ao erário (arts. 9º e 10 da Lei nº 8.429/1992), admitindo-se que este seja em proveito próprio ou de terceiros. Precedentes. 2. A condenação por improbidade administrativa mediante enriquecimento ilícito cumulada com a obrigação de ressarcimento do prejuízo causado aos cofres públicos comprova a existência de dano ao erário, nos termos do art. 12, inciso I, da Lei nº 8.429/1992 e, por conseguinte, faz incidir a causa de inelegibilidade do art. 1º, inciso I, alínea l, da LC nº 64/1990. [...]" (Ac. de 27.11.2014, no AgR-RO n. 29266, Rel. Min. Gilmar Mendes)

> "Registro. Inelegibilidade. Improbidade administrativa. Condenado o candidato à suspensão dos direitos políticos, em decisão colegiada de Tribunal de Justiça, por ato doloso de improbidade administrativa, com lesão ao patrimônio público e enriquecimento ilícito, apontando-se, ainda, a sua responsabilidade quanto aos fatos apurados, é de se reconhecer a inelegibilidade prevista na alínea l do inciso I do art. 1º da Lei Complementar n° 64/90, acrescentada pela Lei Complementar n° 135/2010. [...]" (Ac. de 1º.10.2010 no RO n. 892476, Rel. Min. Arnaldo Versiani)

E a jurisprudência do TSE já teve oportunidade de assim se pronunciar:

> "[...] 2. **A suspensão dos direitos políticos** em virtude de condenação por ato doloso de improbidade administrativa que importe enriquecimento ilícito e lesão ao erário **atrai a incidência da cláusula de inelegibilidade prevista no art. 1º, I, l, da LC n°64/90, incluído pela LC n° 135/2010**. Ressalva do ponto de vista do relator. [...]" (Ac. de 2.12.2010 no AgR-RO nº 128274, rel. Min. Marcelo Ribeiro)

No estudo das condições de elegibilidade e causas de inelegibilidades, percebe-se que são elas um conjunto de normas que – traçando o perfil do brasileiro apto ao exercício do *jus honorum* – visam *proteger* a probidade e a moralidade administrativas, como também a normalidade e legitimidade das eleições (art. 14, § 9º, da CF).[446] Já a partir daí, fácil perceber que as causas de inelegibilidade não representam uma *sanção*, uma *punição* ao brasileiro que se encontrar nas hipóteses discriminadas na lei, até porque, para ser uma

---

[446] O texto que se segue é encontrado no Curso de Direito Eleitoral, de Edson de Resende Castro, Editora Del Rey, 10ª edição, pág. 226 e seguintes.

sanção ou uma resposta punitiva do ordenamento jurídico eleitoral, seria necessário encontrar no inelegível uma conduta no mínimo culposa, pois difícil imaginar punição sem culpa. E o cotejo do rol de causas de inelegibilidades positivadas, a começar pelas constitucionais, desautoriza por completo a afirmação de que inelegibilidade é *pena*. Basta ver que a Constituição Federal faz inelegível o analfabeto (art. 14, § 4º) e o cônjuge e parentes do Presidente da República (art. 14, § 7º) para qualquer disputa no território nacional. Se as inelegibilidades representassem uma pena para o brasileiro, porque razão os analfabetos seriam punidos? Qual seria o seu comportamento culposo, a ensejar essa "pena"?

A verdade é que o regime jurídico das inelegibilidades, ao contrário, se funda em valores e princípios do próprio direito constitucional eleitoral, que naturalmente não coincidem com aqueles que orientam um sistema sancionador. O direito eleitoral, que se justifica pela opção que o constituinte fez pelo sistema representativo, orienta-se precipuamente pelos princípios maiores – ou super princípios – da preservação do regime democrático e da supremacia da soberania popular, aos quais se subordinam os da (i) normalidade e legitimidade das eleições e (ii) probidade e moralidade para o exercício das funções públicas eletivas. Não há regime democrático que se sustente sem que a representação – extraída das urnas – atenda ao interesse público de lisura, não só da disputa, como também do exercício do mandato, sob pena de desencantamento do seu soberano, o povo, e daí o seu enfraquecimento. E, para a efetivação destes princípios, impõem-se restrições e limites à capacidade eleitoral passiva daqueles que trazem na sua vida, atual ou pregressa, registros de fatos, circunstâncias, situações ou comportamentos – não necessariamente ilícitos – tidos como suficientes pelo ordenamento jurídico para despertar a necessidade de preservação daqueles valores. Percebe-se que há, no direito eleitoral mesmo, razões suficientes para a existência de limites às candidaturas, que de resto há em qualquer regime democrático, sendo absolutamente desnecessário e impróprio importar princípios do direito penal, p.ex. Esses limites ou restrições, somando-se às condições[447], longe, repita-se, de configurar sanção ou pena ao indivíduo que pretende a candidatura – o que se pretende alcançar aqui não é a punição do indivíduo e sim a proteção da coletividade –, vão desenhando o perfil de homem público fixado como minimamente necessário à representação dos interesses do soberano. E, a partir da "lei da ficha limpa", esse modelo de candidato é resultado, em grande parte, da opção manifestada diretamente em lei de iniciativa popular. Nada mais legítimo e natural que o perfil dos representantes seja fixado diretamente pelos representados.

Sendo mero impedimento ao exercício temporário da capacidade eleitoral passiva, a causa de inelegibilidade, ainda quando tome como referência uma conduta penalmente típica e em apuração num dado processo penal, permanece desprovida de qualquer caráter sancionador ou punitivo, inclusive porque essa repercussão eleitoral decorrente da prática do crime não está prevista no tipo penal e nem mesmo na legislação penal geral como pena secundária. A inelegibilidade é, isto sim, repercussão eleitoral que se impõe automaticamente ao indivíduo, a partir da decisão condenatória proferida por órgão colegiado. O Juiz Criminal, ao julgar procedente a denúncia e condenar o réu, não

[447] Condições de Elegibilidade do art. 14, § 3º, da CF.

se pronuncia sobre a inelegibilidade do art. 1º, I, "e", da LC n. 64/90, e nem mesmo sobre a suspensão de direitos políticos do art. 15, III, da CF, porque tais consequências são estranhas ao conteúdo imediato da lide penal. O mesmo se dá quando o Juiz Eleitoral julga procedente a Representação e condena o representado pela prática de compra de votos, condutas vedadas, etc.

Necessário lembrar que o que constitui causa de inelegibilidade é o fato, a conduta ou o comportamento, estabelecido na lei como impedimento à candidatura, e não a decisão judicial que o afirma. Daí não haver qualquer vício de constitucionalidade na lei que fixe como suficiente à inelegibilidade o fato afirmado em decisão ainda não transitada.

E se as inelegibilidades não pressupõem a ideia de culpa – porque não são pena –, nenhum confronto há com a garantia constitucional da presunção de inocência, ou da não culpabilidade, inscrita no art. 5º, LVII, da CF. **No julgamento das ADC n. 029 e 030, o STF afirmou – por 7 a 4 – a constitucionalidade da expressão "proferida por órgão judicial colegiado"**, contida em diversas hipóteses de inelegibilidade da LC n. 135/2010, que alterou e acrescentou dispositivos à LC n. 64/90, ao entendimento de que a inelegibilidade contada antes do trânsito em julgado não representa conflito com o postulado da presunção de inocência.

Bom registrar que o brasileiro, quando se apresenta ao registro de candidatura perante a Justiça Eleitoral, em dado processo eleitoral, deve, naquele momento, preencher todas as condições de elegibilidade e não incorrer nas causas de inelegibilidade, sob pena de indeferimento da sua pretensão. Isto porque, diz o art. 11, §10, da Lei n. 9.504/97, que os requisitos gerais para o registro são auferidos no momento da formalização do pedido. Tanto que vigente e aplicável, a nova hipótese de inelegibilidade apanha fatos, situações ou circunstâncias da vida pregressa[448] do brasileiro, não importando se anteriores à entrada em vigor da lei que a estabeleceu, o que não representa conflito com o princípio da *irretroatividade das leis*. Tratando-se – o conjunto das normas definidoras de inelegibilidades – do denominado "regime jurídico das candidaturas", o que está sob a regência da lei nova não é o fato em si mesmo, mas tão somente os efeitos jurídicos que esse fato produz no tempo. A lei, ao estabelecer uma causa de inelegibilidade nova, tomando como referência um fato ou uma conduta até então irrelevante para o direito eleitoral, não pretende protrair-se para regular esse fato ao tempo da sua ocorrência, tornando-o ilícito. Ao contrário, esse fato ou conduta, em si mesmo, continua a sofrer a incidência apenas das leis do seu tempo. Para as candidaturas que se apresentarem após a vigência e aplicabilidade da lei nova, isto sim, eles são considerados nos seus efeitos futuros, se ainda não ultrapassado o prazo de cessação do impedimento consignado na lei. Equivale dizer que o fato, ainda que não afetasse a elegibilidade ao tempo da sua ocorrência – portanto, sem esse efeito jurídico –, é marca inapagável na vida pregressa da pessoa, produzindo sim efeitos pessoais, morais e sociais. Lei posterior pode considerá-los, quando do estabelecimento de novas hipóteses de inelegibilidade, conferindo-lhe

---

[448] O art. 14, § 9º, da CF, diz expressamente que lei complementar estabelecerá novas hipóteses de inelegibilidade, considerada a ***vida pregressa*** do candidato.

efeitos jurídicos eleitorais na seara da capacidade eleitoral passiva. Percebe-se que a isso não se pode dar o nome de retroatividade da lei nova, porque esta não vai ao fato, regulando tão somente os seus efeitos ao tempo do pedido de registro de candidatura, este – registro de candidatura – sim necessariamente posterior à nova lei. Sancionada em 2010, a LC n. 135 está apta a regular as eleições de 2020, como regulou as eleições de 2012, 2014, 2016 e 2018.

Na ADC n. 030, que buscou a declaração de constitucionalidade de todas as novas inelegibilidades estabelecidas pela Lei da Ficha Limpa (LC n. 135/2010), o Min. Luiz Fux fez pertinente distinção entre *retroatividade* – aplicação da lei nova a fato passado, para regulá-lo – e *retrospectividade* – retroatividade inautêntica: aplicação da lei nova para regular tão simplesmente os efeitos futuros do fato passado –, concluindo não haver qualquer incompatibilidade da aplicação da LC n. 135/2010 – novos prazos e novas causas de inelegibilidade – com o sistema constitucional vigente. E esse seu entendimento foi acompanhado pela maioria da Corte (Min. Joaquim Barbosa, Dias Toffoli, Rosa Weber, Cármen Lúcia, Ayres Brito e Ricardo Lewandowisk). O TSE, por sua vez, assim entendeu:

> "Registro. Inelegibilidade. Condenação criminal. 1. A Lei Complementar nº 135/2010 aplica-se às eleições de 2010, porque não altera o processo eleitoral, de acordo com o entendimento deste Tribunal na Consulta nº 1120-26. 2010.6.00.0000 (rel. Min. Hamilton Carvalhido). 2. As inelegibilidades da Lei Complementar nº 135/2010 incidem de imediato sobre todas as hipóteses nela contempladas, ainda que o respectivo fato seja anterior à sua entrada em vigor, pois as causas de inelegibilidade devem ser aferidas no momento da formalização do pedido de registro de candidatura, não havendo, portanto, falar em retroatividade da lei. 3. Tendo sido o candidato condenado, por órgão judicial colegiado, pela prática do crime capitulado no art. 1º, IV, do Decreto-Lei nº 201/67, incide, na espécie, a causa de inelegibilidade a que se refere o art. 1º, inciso I, alínea e, da Lei Complementar nº 64/90, acrescentada pela Lei Complementar nº 135/2010. [...]" (Ac. De 28.10.2010 no AgR-RO n. 417432, Rel. Min. Arnaldo Versiani)

> "Consulta. Inelegibilidades. Lei Complementar nº 135/2010. 1. No julgamento da Consulta nº 1120-26.2010.6.00.0000, o Tribunal assentou que a LC nº 135/2010 tem aplicação às eleições gerais de 2010. 2. A LC nº 135/2010, que alterou as causas de inelegibilidade, se aplica aos processos em tramitação iniciados, ou mesmo já encerrados, antes de sua entrada em vigor, nos quais tenha sido imposta qualquer condenação a que se refere a nova lei. 3. A incidência da nova lei a casos pretéritos não diz respeito à retroatividade de norma eleitoral, mas, sim, à sua aplicação aos pedidos de registro de candidatura futuros, posteriores à entrada em vigor, não havendo que se perquirir de nenhum agravamento, pois a causa de inelegibilidade incide sobre a situação do candidato no momento de registro da candidatura. 4. Exsurge da nova lei que a incidência de causas de inelegibilidade em face de condenações por órgão colegiado, sem exigência de trânsito em julgado, resulta da necessidade de exigir dos candidatos vida pregressa compatível para o exercício de mandato. [...]" (Ac. de 17.6.2010 na Cta nº 114709, rel. Min. Arnaldo Versiani.)

De resto, todas as causas de inelegibilidade agora constantes da LC n. 64/90, acrescida e alterada pela LC n. 135/2010, inclusive o prazo uniforme de oito anos, guardam perfeita relação de subordinação e pertinência com os bens jurídicos fixados no art. 14, § 9º, da CF. Os fatos, situações e circunstâncias estabelecidos pelo legislador complementar como impedimentos ao exercício da capacidade eleitoral passiva, pelo prazo comum de oito anos, traduzem com razoabilidade e proporcionalidade a necessidade de proteção da (i) legitimidade e normalidade das eleições e da (ii) moralidade e probidade para o exercício das funções públicas eletivas. Com efeito, perfeitamente proporcional e razoável afastar das disputas eleitorais – daí das funções públicas eletivas –, por oito anos, p.ex., (i) aquele candidato que, durante a campanha eleitoral, substituiu a exposição de ideias e projetos pela doação, promessa ou oferta de vantagens pessoais aos eleitores, comprando-lhes a liberdade de escolha, ou (ii) aquele funcionário público que tiver sido demitido a bem do serviço público, porque já demonstrada em processo administrativo regular a prática de conduta incompatível com o interesse público. Ademais, esses novos padrões de comportamento, que agora traçam o perfil das candidaturas, estão em adequada harmonia com o sentimento de moralidade da sociedade brasileira, manifestada de forma clara e induvidosa inclusive pela subscrição do projeto de lei de iniciativa popular. **Nas ADC n. 029 e 030, o STF confirmou a constitucionalidade de todas as novas hipóteses de inelegibilidade**, sendo oportuno lembrar que a decisão do STF, em sede de declaratória de constitucionalidade, **tem efeito vinculante e não admite posição diversa de qualquer outro órgão do Poder Judiciário**.

(Hipótese fática 1)

Como dito, o Impugnado foi condenado pela prática de ato doloso de improbidade administrativa, previsto no art. 9º, da Lei n. 8.429/92, estando alcançado pelas disposições da Lei da Ficha Limpa, acima transcrita, tendo em vista que reconhecida a ocorrência de enriquecimento ilícito para o beneficiado. E a certidão dá conta de que a decisão do Tribunal de Justiça de Minas Gerais, **órgão colegiado que confirmou condenação de primeira instância**, foi publicada em ____________________, a partir de quando está ele inelegível. Como ainda não transcorreram os 08 (oito) anos de inelegibilidade, que são contados apenas a partir do integral cumprimento da pena (a certidão noticia que ele ainda não iniciou a pena, OU está cumprindo a pena, OU terminou a pena em .... p.ex.: fevereiro/2013), percebe-se que o Impugnado tem óbice intransponível à sua candidatura.

(Hipótese fática 2)

Como dito, o Impugnado foi condenado pela prática de ato de improbidade administrativa, previsto no art. 11, da Lei n. 8.429/92, em sentença que lhe impôs a suspensão de direitos políticos por 03 (três) anos e **transitou em julgado** em ____________________, a partir de quando ficou ele, por força do dispositivo constitucional comentado (art. 14, § 3º, II), sem uma das condições de elegibilidade, exatamente o pleno gozo dos direitos políticos.

Em face do exposto, requer o Ministério Público Eleitoral:

5) Seja recebida a presente e juntada aos autos do registro de candidatura do Impugnado;
6) Seja determinada a notificação do Impugnado para a defesa que tiver, no prazo de 07 (sete) dias;
7) Estando a matéria fática provada por documentos, sem necessidade de dilação probatória, seja julgada procedente a impugnação para indeferir-se o pedido de registro de candidatura do Impugnado.
8) Para o caso de V.Exa. entender necessária a produção de provas, protesta o Ministério Público Eleitoral por todos os meios em direito admitidos, com o fim de fazer prevalecer a verdade real dos fatos.

(Local), ___ de setembro de 2020.

....

Promotor Eleitoral

5 – SERVIDOR PÚBLICO

Exmo. Sr. Dr. Juiz Eleitoral da ... Zona Eleitoral de ...

O **Ministério Público Eleitoral**, pelo Promotor ao final assinado, no regular exercício da delegação legal que lhe é conferida pelo art. 78, da LC 75/93, vem à presença de V.Exa., nos termos do Art. 3º, da LC 64/90, propor a presente **Ação de Impugnação ao Registro da Candidatura** de ..., devidamente qualificado nos autos do Pedido de Registro nº ..., em face das seguintes razões de fato e de direito:

O Partido "..." (ou Coligação "...") protocolou pedido de registro de seus candidatos e junto com ele a documentação exigida em lei, autuada em anexos.

Na autorização que o Impugnado deu ao Partido para o pedido de registro, qualificou-se como FUNCIONÁRIO PÚBLICO.

É da LC 64/90, em seu Art. 1º, Inc. II a VII, que os servidores públicos, estatutários ou não, SÃO INELEGÍVEIS SE NÃO SE AFASTAREM, **de fato e de direito**, de suas funções nos prazos ali mencionados.

A necessidade do efetivo afastamento do funcionário público que busca a candidatura está firmada, inclusive, pela jurisprudência, conforme se depreende dos julgados infra colacionados:

> (...) Desincompatibilização. Declaração. Provimento. Declaração passada por autoridade do Estado é documento hábil para comprovar o afastamento do servidor para fins de registro de candidatura (art. 19, II, CF)." NE: (...) **"Nos termos**

> **da jurisprudência do Tribunal Superior Eleitoral 'a concessão do registro de candidatura (...) dar-se-á somente com o afastamento de fato' (...)"**. (TSE, Ac. nº 23.200, de 23.9.2004, rel. Min. Humberto Gomes de Barros.) (Grifamos)
>
> ELEIÇÕES 2016. AGRAVO REGIMENTAL NO RECURSO ESPECIAL. REGISTRO DE CANDIDATURA INDEFERIDO. CARGO. VEREADOR. DESINCOMPATIBILIZAÇÃO. CARGO DE SECRETÁRIO MUNICIPAL DE SAÚDE. NECESSIDADE DE AFASTAMENTO PELO PRAZO DE 6 (SEIS) MESES ANTES DO PLEITO. ART. 1º, III, B, ITEM '4', DA LC Nº 64/90. AFASTAMENTO DE FATO. NÃO OCORRÊNCIA. NECESSIDADE DE REEXAME DO ACERVO FÁTICO-PROBATÓRIO. IMPOSSIBILIDADE. SÚMULA Nº 24 DO TSE. INDEFERIMENTO DE PRODUÇÃO DE PROVA. CERCEAMENTO DO DIREITO DE DEFESA. NÃO CONFIGURADO. REITERAÇÃO DE ARGUMENTOS JÁ ANALISADOS NA DECISÃO AGRAVADA. INCIDÊNCIA DA SÚMULA Nº 26 DO TSE. DESPROVIMENTO.
>
> 1. A ratio essendi da desincompatibilização reside na tentativa de coibir - ou, ao menos, amainar - que os pretensos candidatos valham-se da máquina administrativa em benefício próprio, circunstância que, simultaneamente, macularia os princípios da Administração Pública e vulneraria a igualdade de chances entre os players da competição eleitoral, bem como a higidez das eleições.
>
> **2. A desincompatibilização prevista no art. 1º, III, b, item '4', da Lei Complementar nº 64/90 exige do candidato, além do afastamento formal, o afastamento de fato das funções** de Secretários da Administração Municipal ou membros de órgãos congêneres.
>
> 3. *In casu*, o Tribunal de origem assentou que, embora o Agravante tenha requerido formalmente a desincompatibilização no prazo determinado em lei, na prática, continuou atuando na função de Secretário Municipal de Saúde, com a participação em congresso de Secretarias de Saúde.
>
> (...)
>
> (Recurso Especial Eleitoral nº 5946, Acórdão, Relator(a) Min. Luiz Fux, Publicação: DJE - Diário de justiça eletrônico, Tomo 153, Data 08/08/2017, Página 14/15) (Grifamos)

Essa incompatibilidade entre o exercício de função pública e a candidatura justifica-se pela necessidade de se salvaguardar a igualdade de forças na disputa eleitoral. Com efeito, milita em favor dos funcionários públicos a superioridade de oportunidades relativamente aos demais adversários, podendo advir daí desequilíbrios no processo eleitoral.

Constituindo-se o "status" de servidor público em causa de inelegibilidade, cabe ao candidato, para nela não incorrer, desincompatibilizar-se de suas funções, no prazo que a lei estabelece. E mais, cabe-lhe, junto ao pedido de seu registro, provar documentalmente sua efetiva desincompatibilização.

Nessa linha de raciocínio, leciona Edson de Resende Castro:

> Percebe-se que o que atrai a inelegibilidade é exatamente o exercício das funções do cargo ocupado pelo candidato. Para livrar-se da inelegibilidade, basta que o candidato se desincompatibilize das funções, observado o prazo recomendado pelo texto constitucional. Assim, a **desincompatibilização é forma de afastamento da inelegibilidade** resultante do exercício de certas funções. Esse afastamento, que em alguns casos se dará por simples licença (para os funcionários públicos efetivos), em

> outros por exoneração (para os servidores ocupantes de cargo em comissão) e em outros por renúncia (para os titulares de mandato eletivo), resolve a inelegibilidade, se observados os prazos fixados na lei. (Curso de Direito Eleitoral. 10ª ed. rev. e atual. Belo Horizonte: Del Rey, 2020, p. 241). (Grifo no original).

A propósito do tema, a jurisprudência vem se posicionando no sentido de que o deferimento do registro de candidatura não prescinde da prova do afastamento do exercício da função pública incompatível com a candidatura:

> "Recurso ordinário. Registro de candidatura. (...) Lei Complementar nº 64/90. Servidor público. Não-comprovação de afastamento de cargo público. Inelegibilidade configurada. (...) 2. Corretas as razões expendidas no parecer ofertado pelo Ministério Público Eleitoral: *in casu*, ao recorrente foi dada a oportunidade para regularizar os vícios presentes em seu requerimento de registro. Assim, após o julgamento de seu registro, precluiu para o recorrente a chance de regularizar as falhas encontradas no requerimento, sendo intempestiva a juntada da cópia do Diário Oficial de fls. 37 (fl. 48). 3. Em requerimento de registro de candidatura, esta Corte admite a juntada posterior de documentos quando esta não foi oportunizada na instância ordinária e quando o documento faltante acarretou o indeferimento do pedido de registro. Não é o caso presente nos autos, pois, na instância ordinária, o ora recorrente foi notificado para comprovar seu afastamento, no prazo legal, do cargo público que ocupa. Inaplicável, no caso, a Súmula no 3 desta Corte. 4. Recurso ordinário não provido." (Ac. de 20.9.2006 no RO no 1.090, rel. Min. José Delgado.)
>
> REGISTRODECANDIDATURA.ELEIÇÕES2014.IMPUGNAÇÃOPREJUDICADA. NÃO ATENDIMENTO DOS REQUISITOS LEGAIS: AUSÊNCIA DE IDÔNEO COMPROVANTE DE DESINCOMPATIBILIZAÇÃO. INDEFERIMENTO. (TRE-SP - Registro de Candidatura nº 364868, Acórdão, Relator(a) Min. Silmar Fernandes, Publicação: PSESS - Publicado em Sessão, Data 25/08/2014)

"In casu", não se vê nos autos, particularmente no anexo que cuida do candidato em referência, a prova do seu afastamento, mediante licença, exoneração ou renúncia.

Em face do exposto, requer e espera o MPE:

9) Seja recebida a presente e juntada aos autos do registro de candidatura do Impugnado;

10) Seja determinada a notificação do Impugnado para a defesa que tiver, no prazo de 7 (sete) dias, podendo juntar documentos e arrolar testemunhas;

11) Se a matéria fática, com os documentos desta inicial e da contestação, estiver suficientemente provada, sem necessidade de dilação probatória, seja julgada procedente a impugnação para indeferir-se o pedido de registro de candidatura do Impugnado;

12) Para o caso de V.Exa. entender necessária a produção de provas, protesta o Ministério Público Eleitoral por todos os meios em direito admitidos, com o fim de fazer prevalecer a verdade real dos fatos, para tanto arrolando as testemunhas a seguir, que dão conta de que o Impugnado permaneceu no exercício das funções públicas após o prazo final de desincompatibilização:

4.1.
4.2.
4.3.
4.4.
4.5.
4.6
Local , ... de setembro de 2020.

Edson de Resende Castro
Promotor Eleitoral

6 - ANALFABETO

"Exmo. Sr. Dr. Juiz Eleitoral da ... ZE de ... (município sede),

O **Ministério Público Eleitoral**, pelo Promotor ao final assinado, no regular exercício da delegação legal que lhe é conferida pelo Art. 78, da LC 75/93, vem à presença de V.Exa., nos termos do Art. 3º, da LC 64/90, oferecer a presente **Ação de Impugnação ao Registro de Candidatura** de ...., devidamente qualificado nos autos do Pedido de Registro nº ...., em face das seguintes razões de fato e de direito:

O Partido "..." (ou a Coligação "...") protocolou pedido de registro de seus candidatos e junto com ele a documentação exigida em lei, autuada em anexos.

Na autorização que o Impugnado deu ao Partido para o pedido de registro (fls. ...), afirmou ele seu grau de instrução, não trazendo aos autos, entretanto, o documento comprobatório da sua escolaridade, com o exige o art. 27, inciso IV, da Resolução TSE n. 23.609/2019.

É da LC 64/90, em seu art. 1º, inciso I, alínea "a", c/c art. 14, § 4º, da CF/88, que **são inelegíveis os analfabetos.**

A exigência de que o candidato seja minimamente alfabetizado, ainda que não formalmente, erige-se em garantia para o exercício independente do mandato.

A doutrina especializada[449] assim se posiciona sobre o tema:

> "Aqueles que não sabem ler e escrever, embora tenham capacidade eleitoral ativa (direito de voto), não podem candidatar-se. Fixou-se, no texto constitucional, a exigência de um mínimo de conhecimento da linguagem escrita como forma de garantir o exercício independente do mandato. Embora a Constituição Federal e a Lei Complementar não exijam escolaridade formal dos candidatos, a Justiça Eleitoral exige a apresentação de certificado de conclusão de curso, ainda que seja o primário, a partir de quando se pode concluir pela ausência da inelegibilidade".

---

[449] Edson de Resende Castro, "Curso de Direito Eleitoral", Editora Del Rey, 10ª edição, 2020, página 231 e 232.

A respeito do tema, e reiterada a jurisprudência do TSE, como no Acórdão nº 13.069, de 16.09.96:

> Agravo regimental. Recurso especial. Decisões. Instâncias ordinárias. Registro. Indeferimento. Candidatura. Vereador. Analfabetismo. Aferição. Teste. Aplicação. Juiz eleitoral. Art. 28, VII e § 4º, da Res.-TSE nº 21.608/2004. Condição. Semi-alfabetizado. Não-comprovação. Reexame de matéria fática. Dissenso jurisprudencial. Não-configuração. Exercício de cargo eletivo. Súmula TSE nº 15. Incidência.
>
> 1. Revelando o acórdão regional que o candidato nem sequer detém a condição de semi-alfabetizado, não há como deferir o seu registro nesta instância, por ser exigido o reexame de provas, vedado em sede de recurso especial.
>
> 2. Conforme disposição expressa da Súmula TSE nº 15, "o exercício de cargo eletivo não é circunstância suficiente para, em recurso especial, determinar-se a reforma de decisão mediante a qual o candidato foi considerado analfabeto".
>
> Agravo não provido.
>
> (Recurso Especial Eleitoral nº 21839, Acórdão de , Relator(a) Min. Caputo Bastos, Publicação: PSESS - Publicado em Sessão, Data 18/09/2004)
>
> "Inelegibilidade. Analfabetismo. Não se admite o registro de candidato que, embora já tenha ocupado a vereança, declarou-se analfabeto, não tendo sucesso na prova a que se submeteu, na presença do Juiz. É inelegível para qualquer cargo o analfabeto (CF, art. 14, § 4º, e LC 64/90, art. 1º, I, "a"). Recurso Especial não conhecido."

Constituindo-se, portanto, o analfabetismo uma das causas de inelegibilidade, cabe ao candidato, para nela não incorrer, oferecer ao Juízo Eleitoral, junto ao pedido de seu registro, prova de que não é analfabeto, sob pena de não ser admitido ao pleito, frente à inelegibilidade consagrada pelos textos citados.

In casu, não se vê nos autos, particularmente no anexo que cuida do candidato da referência, a prova da alfabetização, muito embora, a Resolução-TSE n.º 23.609/2019 , em seu art. 27, inciso IV, exija sua apresentação juntamente com os demais documentos que devam instruir o pedido de registro.

Nem mesmo há em favor do candidato circunstâncias que autorizariam concluir pela sua alfabetização, como a habilitação para condução de veículos automotores (CNH)[450], o exercício de profissão que pressupõe formação acadêmica, etc.

De outro lado, o simples fato de o candidato já ter disputado eleição anterior e até de já ter exercido o mandato não é suficiente para dispensar a comprovação nesta eleição, tendo em vista que a elegibilidade é verificada a cada eleição. Neste sentido, a **Súmula n. 15, do TSE:**

> "O exercício de mandato eletivo não é circunstância capaz, por si só, de comprovar a condição de alfabetizado do candidato."

Por fim, considerando que a alfabetização nem sempre é obtida pelos meios convencionais, ou seja, na rede oficial de ensino, daí a impossibilidade, nestes casos, de o

---

[450] SÚMULA Nº 55/TSE
A Carteira Nacional de Habilitação gera a presunção da escolaridade necessária ao deferimento do registro de candidatura.

candidato oferecer prova documental, sugere o M.P.E. – para a hipótese de o Impugnado dizer-se alfabetizado – seja aplicada a ele uma **avaliação**, que consista na simples leitura e transcrição de um texto com palavras e números. Tal providência encontra respaldo da mais autorizada jurisprudência do TSE, "verbis":

> "Alfabetização. Não há ilegalidade em procurar o Juiz averiguar se quem pretende registro como candidato atende a esse requisito de elegibilidade, mediante a realização de teste, dispensado se trazida prova suficiente" (Ac. 13.000, de 12.09.96, Rel. Min. Eduardo Ribeiro, "in" Ementário de Decisões do TSE 96/83)
>
> "Recurso Especial. Teste de verificação. Inexiste ilegalidade no fato de Juiz Eleitoral que, diante de dúvida acerca da condição de alfabetizado do alistado, aplica, pessoalmente, teste de escolaridade" (Resp. Eleitoral, Rel. Min. Ilmar Galvão, Ementário de Decisões do TSE 96/87)

A já mencionada Resolução TSE n. 23.609/2020, que contém o regulamento do registro de candidatura para as eleições de 2020, no art. 27, §§ 5º e 6º, possibilita a realização da prova de alfabetização, nos seguintes termos:

> § 5º A prova de alfabetização de que trata o inciso IV pode ser suprida por declaração de próprio punho preenchida pelo interessado, em ambiente individual e reservado, na presença de servidor de qualquer Cartório Eleitoral do território da circunscrição em que o candidato disputa o cargo, ainda que se trate de eleições gerais.
>
> § 6º O Cartório Eleitoral digitalizará a declaração de que trata o § 5º, acompanhada de certidão do servidor de que foi firmada na sua presença, e fará a juntada do documento ao processo do registro no PJe ou, se for o caso, o remeterá ao juízo competente para que promova a juntada.

Em face do exposto, requer o MPE:

1) Seja recebida a presente e juntada aos autos do registro de candidatura do Impugnado;
2) Seja determinada a notificação do Impugnado para a defesa que tiver, no prazo de 07 (sete) dias;
3) Seja oportunizada ao Impugnado a realização de teste de alfabetização, para o caso de não ter documento de escolaridade para juntar aos autos;
4) Restando não demonstrada a alfabetização, seja **julgada procedente** a impugnação para indeferir-se o pedido de registro de candidatura do Impugnado. Se, ao contrário, demonstrado no teste ou por documentos que o Impugnado sabe ler e escrever, o MPE se pronunciará, em alegações finais, pela inocorrência da causa de inelegibilidade e, consequentemente, pela improcedência da impugnação.

(Local), _______ de setembro de 2020

Edson de Resende Castro
Promotor Eleitoral

7 – CONDENAÇÃO CRIMINAL

Exmo. Sr. Dr. Juiz Eleitoral da ...ª Zona Eleitoral de ... (município Sede),

O **Ministério Público Eleitoral**, pelo Promotor ao final assinado, no regular exercício da delegação legal que lhe é conferida pelo art. 78, da LC 75/93, vem à presença de V.Exa., nos termos do art. 3º, da LC 64/90, propor a presente **AÇÃO DE IMPUGNAÇÃO AO REGISTRO DA CANDIDATURA** DE **.................................** **........**, devidamente qualificado nos autos do Pedido de Registro nº ......, em face das seguintes razões de fato e de direito:

O Partido "..." (ou Coligação "...") protocolou pedido de registro de seus candidatos e junto com ele a documentação exigida em lei, autuada em anexos.

Em atendimento à exigência contida no art. 11, da Lei n. 9.504/97, o Impugnado juntou suas certidões criminais, onde consta ter sido condenado pela prática do **crime do art. _____, do Código Penal, espécie do gênero crime contra a administração pública.**

Sabe-se que a condenação criminal, qualquer que seja o crime ou contravenção penal, **quando transitada em julgado, suspende – automática e imediatamente – os direitos políticos do condenado**, assim permanecendo enquanto durarem os efeitos desta condenação, ou seja, enquanto não cumprir integralmente sua pena privativa de liberdade, restritiva de direitos ou pecuniária ou não satisfizer as condições fixadas para o livramento condicional ou suspensão condicional da pena, ou mesmo não for ela extinta pela prescrição. Nesta circunstância, ou seja, com direitos políticos suspensos, o condenado não reúne uma das condições de elegibilidade, exatamente a que esta prevista no art. 14, § 3º, II, da Constituição Federal. Neste sentido, vale a pena lembrar o entendimento doutrinário e jurisprudencial aplicável à espécie:

> "Também pacificado o entendimento de que, **qualquer que seja a pena aplicada pelo Juiz Criminal, os direitos políticos estão automaticamente suspensos até que a pena seja cumprida ou que seja extinta a punibilidade por quaisquer das razões previstas na legislação penal.** (...). Em resumo, basta que se tenha uma condenação criminal transitada em julgado, e o condenado ainda não tenha cumprido integralmente a pena, para que seus direitos políticos permaneçam suspensos." (Curso de Direito Eleitoral, Edson de Resende Castro, Editora Del Rey, 10ª edição, 2020, pág. 135/136) (Grifamos)
>
> "Deve-se ponderar que **qualquer espécie de condenação criminal – seja praticada de forma dolosa, culposa ou preterdolosa, seja oriunda de crime ou de contravenção penal – atrai a incidência da causa de suspensão dos direitos políticos** (...)." (Direito Eleitoral, Rodrigo López Zilio, Editora Verbo Jurídico, 3ª edição, 2012, pág. 116) (Grifamos).
>
> Agravo regimental em petição. Restabelecimento dos direitos políticos. **A suspensão dos direitos políticos constitui efeito automático da condenação criminal irrecorrível e prescinde de notificação prévia do condenado.** Ausência de comprovação idônea acerca da extinção da punibilidade. Agravo improvido. (TREMG – Ag.Reg. em Pet. Nº 117-39.2011.613.0000, Belo Horizonte, Acórdão de 12/05/2011, Rel. Des. José Altivo Brandão Teixeira,Publicado no DJEMG do TREMG de 19/5/2011) (Grifamos)

> Mandado de Segurança. Negativa de diploma a Vereador eleito. Condenação penal transitada em julgado. A concessão de sursis não afasta a suspensão dos direitos políticos. Art. 15, III, da Constituição da República. Súmula 9/TSE. **A suspensão de direitos políticos é efeito automático do trânsito em julgado da sentença criminal e subsiste até o advento da extinção da punibilidade**. Segurança denegada. (TREMG – MS Nº 228, Capela Nova, Acórdão n.º 509 de 19/02/2009, Rel. Juiz Benjamin Alves Rabello Filho,Publicado no DJEMG do TREMG de 25/03/2009) (Grifamos)

> "Mandado de Segurança. Condenação criminal. Decisão que determinou a suspensão dos direitos políticos e a notificação do Presidente da Câmara Municipal para o registro da privação dos direitos políticos. Liminar indeferida. Vereador. Eleições 2004. **Suspensão condicional da pena consiste em condenação. Suspensão dos direitos políticos. Efeito automático da condenação criminal transitada em julgado**. Art. 15, inciso III, da CR. Não-aplicação do disposto no art. 55, § 2º, da CR aos vereadores. Analogia não permitida. Segurança denegada" (TREMG, MS n. 445/2007, Rel. Juiz Tiago Pinto, Ac. n. 198/2008, Sessão de 30.1.2008) (Grifamos)

> "... **A substituição da pena – forma de execução penal – não desnatura a qualidade de condenado do infrator, devendo ser suspensos seus direitos políticos, efeito auto-aplicável da sentença condenatória transitada em julgado**" (TJMG, Ap. Criminal 1.0456.04.024071-9/001, Oliveira, Rel. Dês. Eli Lucas de Mendonça, em 21-03-2007).(Destacamos)

> MEDIDA DE SEGURANÇA – SUSPENSÃO DE DIREITOS POLÍTICOS – NATUREZA CONDENATÓRIA – POSSIBILIDADE – **Não obstante tratar-se de sentença absolutória imprópria, a decisão que impõe medida de segurança ostenta natureza condenatória, atribuindo sanção penal, razão por que enseja suspensão de direitos políticos nos termos do art. 15, III, da Constituição Federal** (TSE, Res. 22.193, proc. Adm. 19.297, Paraná, Rel. Min. Francisco Peçanha Martins, em 11-abril-2006).(Destacamos)

O STF, revisitando o tema no Recurso Extraordinário n. 601182, originado de Minas Gerais, em sede de repercussão geral (Tema 370), assentou que:

> EMENTA: PENAL E PROCESSO PENAL. SUSPENSÃO DOS
>
> DIREITOS POLÍTICOS. AUTOAPLICAÇÃO. CONSEQUÊNCIA IMEDIATA DA SENTENÇA PENAL CONDENATÓRIA TRANSITADA EM JULGADO. NATUREZA DA PENA IMPOSTA QUE NÃO INTERFERE NA APLICAÇÃO DA SUSPENSÃO. OPÇÃO DO LEGISLADOR CONSTITUINTE. RECURSO CONHECIDO E PROVIDO.
>
> 1. A regra de suspensão dos direitos políticos prevista no art. 15, III, é **autoaplicável**, pois trata-se de consequência imediata da sentença penal condenatória transitada em julgado.
>
> 2. A autoaplicação **independe da natureza da pena imposta**.
>
> 3. A opção do legislador constituinte foi no sentido de que os condenados criminalmente, com trânsito em julgado, enquanto durar os efeitos da sentença condenatória, não exerçam os seus direitos políticos.
>
> 4. No caso concreto, recurso extraordinário conhecido e provido.
>
> (Rel. Min. Marco Aurélio. Redator do Ac.: Min. Alexandre de Moraes, Plenário, 08.05.2019)

De outro lado, sabe-se também que a condenação criminal desperta outro tipo de impedimento à candidatura, qual seja, **a inelegibilidade prevista no art. 1º, I, alínea "e", da LC n. 64/90, com redação dada pela LC n. 135/2010**, incidente no caso de cometimento apenas de um dos crimes ali enumerados e que **já se impõe desde a condenação por órgão judicial colegiado** (Tribunal do Júri, Tribunal de Justiça, Tribunais Eleitorais, etc.), portanto, **antes do trânsito em julgado**. E esse impedimento, como igualmente resulta da liberal disposição legal, **perdura até o transcurso de 8 anos após o cumprimento da pena**. Em resumo, aquele que tem condenação por algum dos crimes especialmente mencionados na alínea "e" fica inelegível pelo período de tempo que vai da condenação por órgão colegiado (Tribunal) até oito anos após o cumprimento da pena, equivalendo dizer que o impedimento se lhe impõe durante a tramitação de recurso (apelação no caso de Júri, especial ou extraordinário), durante o cumprimento da pena e pelos oito anos subsequentes ao fim desta. Confira-se a redação atual do citado art. 1º, I, "e", da LC n. 64/90 e alguns entendimentos pertinentes:

> "e) os que forem condenados, **em decisão transitada em julgado ou proferida por órgão judicial colegiado, desde a condenação até o transcurso do prazo de 8 (oito) anos após o cumprimento da pena, pelos crimes:** (Redação dada pela Lei Complementar nº 135, de 2010)
>
> 1. contra a economia popular, a fé pública, a administração pública e o patrimônio público; (Incluído pela Lei Complementar nº 135, de 2010)
>
> 2. contra o patrimônio privado, o sistema financeiro, o mercado de capitais e os previstos na lei que regula a falência; (Incluído pela Lei Complementar nº 135, de 2010)
>
> 3. contra o meio ambiente e a saúde pública; (Incluído pela Lei Complementar nº 135, de 2010)
>
> 4. eleitorais, para os quais a lei comine pena privativa de liberdade; (Incluído pela Lei Complementar nº 135, de 2010)
>
> 5. de abuso de autoridade, nos casos em que houver condenação à perda do cargo ou à inabilitação para o exercício de função pública; (Incluído pela Lei Complementar nº 135, de 2010)
>
> 6. de lavagem ou ocultação de bens, direitos e valores; (Incluído pela Lei Complementar nº 135, de 2010)
>
> 7. de tráfico de entorpecentes e drogas afins, racismo, tortura, terrorismo e hediondos; (Incluído pela Lei Complementar nº 135, de 2010)
>
> 8. de redução à condição análoga à de escravo; (Incluído pela Lei Complementar nº 135, de 2010)
>
> 9. contra a vida e a dignidade sexual; e (Incluído pela Lei Complementar nº 135, de 2010)
>
> 10. praticados por organização criminosa, quadrilha ou bando; (Incluído pela Lei Complementar nº 135, de 2010)"

Em sede doutrinária, tem-se afirmado que:

> "A Lei Complementar n.º 64/90, com a mencionada alínea "e", entendeu de projetar, por mais 8 anos após o cumprimento da pena, o impedimento à candidatura daqueles

> que tiverem contra si condenação criminal transitada em julgado, ou proferida por órgão judicial colegiado, pela prática de algum dos crimes ali especialmente considerados. (Curso de Direito Eleitoral, Edson de Resende Castro, Editora Del Rey, 10ª edição, 2020, pág. 286) (Destaque nosso)
>
> "A inelegibilidade decorrente de condenação criminal, na forma prevista pela alínea 'e', sofreu sensível modificação a partir da LC nº 135/10. Neste sentido, reconhece-se a inelegibilidade quando houver condenação criminal transitada em julgado ou proferida por órgão colegiado relativamente aos crimes especificamente elencados no dispositivo sob comento. Assim, **deverá ser reconhecida a inelegibilidade sempre que o Tribunal (v.g., TJ, TRE, TRF, STJ, STF), qualquer que seja a fração (Câmara, Turma, Seção, etc.) ou, mesmo, o Pleno (quando for o caso), proferir – em grau originário ou recursal – provimento condenatório em um dos crimes especificamente arrolados na alínea 'e'."** (Direito Eleitoral, Rodrigo López Zilio, Editora Verbo Jurídico, 3ª edição, 2012, pág. 182) (Grifamos)

No estudo das condições de elegibilidade e causas de inelegibilidades, percebe-se que são elas um conjunto de normas que – traçando o perfil do brasileiro apto ao exercício do *jus honorum* – visam *proteger* a probidade e a moralidade administrativas, como também a normalidade e legitimidade das eleições (art. 14, § 9º, da CF).[451] Já a partir daí, fácil perceber que as causas de inelegibilidade não representam uma *sanção*, uma *punição* ao brasileiro que se encontrar nas hipóteses discriminadas na lei, até porque, para ser uma sanção ou uma resposta punitiva do ordenamento jurídico eleitoral, seria necessário encontrar no inelegível uma conduta no mínimo culposa, pois difícil imaginar punição sem culpa. E o cotejo do rol de causas de inelegibilidades positivadas, a começar pelas constitucionais, desautoriza por completo a afirmação de que inelegibilidade é *pena*. Basta ver que a Constituição Federal faz inelegível o analfabeto (art. 14, § 4º) e o cônjuge e parentes do Presidente da República (art. 14, § 7º) para qualquer disputa no território nacional. Se as inelegibilidades representassem uma pena para o brasileiro, porque razão os analfabetos seriam punidos? Qual seria o seu comportamento culposo, a ensejar essa "pena"?

A verdade é que o regime jurídico das inelegibilidades, ao contrário, se funda em valores e princípios do próprio direito constitucional eleitoral, que naturalmente não coincidem com aqueles que orientam um sistema sancionador. O direito eleitoral, que se justifica pela opção que o constituinte fez pelo sistema representativo, orienta-se precipuamente pelos princípios maiores – ou super princípios – da preservação do regime democrático e da supremacia da soberania popular, aos quais se subordinam os da (i) normalidade e legitimidade das eleições e (ii) probidade e moralidade para o exercício das funções públicas eletivas. Não há regime democrático que se sustente sem que a representação – extraída das urnas – atenda ao interesse público de lisura, não só da disputa, como também do exercício do mandato, sob pena de desencantamento do seu soberano, o povo, e daí o seu enfraquecimento. E, para a efetivação destes princípios, impõem-se restrições e limites à capacidade eleitoral passiva daqueles que trazem na sua

[451] O texto que se segue é encontrado no Curso de Direito Eleitoral, de Edson de Resende Castro, Editora Del Rey, 10ª edição, pág. 226 e seguintes.

vida, atual ou pregressa, registros de fatos, circunstâncias, situações ou comportamentos – não necessariamente ilícitos – tidos como suficientes pelo ordenamento jurídico para despertar a necessidade de preservação daqueles valores. Percebe-se que há, no direito eleitoral mesmo, razões suficientes para a existência de limites às candidaturas, que de resto há em qualquer regime democrático, sendo absolutamente desnecessário e impróprio importar princípios do direito penal, p.ex. Esses limites ou restrições, somando-se às condições[452], longe, repita-se, de configurar sanção ou pena ao indivíduo que pretende a candidatura – o que se pretende alcançar aqui não é a punição do indivíduo e sim a proteção da coletividade –, vão desenhando o perfil de homem público fixado como minimamente necessário à representação dos interesses do soberano. E, a partir da "lei da ficha limpa", esse modelo de candidato é resultado, em grande parte, da opção manifestada diretamente em lei de iniciativa popular. Nada mais legítimo e natural que o perfil dos representantes seja fixado diretamente pelos representados.

Sendo mero impedimento ao exercício temporário da capacidade eleitoral passiva, a causa de inelegibilidade, ainda quando tome como referência uma conduta penalmente típica e em apuração num dado processo penal, permanece desprovida de qualquer caráter sancionador ou punitivo, inclusive porque essa repercussão eleitoral decorrente da prática do crime não está prevista no tipo penal e nem mesmo na legislação penal geral como pena secundária. A inelegibilidade é, isto sim, repercussão eleitoral que se impõe automaticamente ao indivíduo, a partir da decisão condenatória proferida por órgão colegiado. O Juiz Criminal, ao julgar procedente a denúncia e condenar o réu, não se pronuncia sobre a inelegibilidade do art. 1º, I, "e", da LC n. 64/90, e nem mesmo sobre a suspensão de direitos políticos do art. 15, III, da CF, porque tais consequências são estranhas ao conteúdo imediato da lide penal. O mesmo se dá quando o Juiz Eleitoral julga procedente a Representação e condena o representado pela prática de compra de votos, condutas vedadas, etc.

Necessário lembrar que o que constitui causa de inelegibilidade é o fato, a conduta ou o comportamento, estabelecido na lei como impedimento à candidatura, e não a decisão judicial que o afirma. Daí não haver qualquer vício de constitucionalidade na lei que fixe como suficiente à inelegibilidade o fato afirmado em decisão ainda não transitada.

E se as inelegibilidades não pressupõem a ideia de culpa – porque não são pena –, nenhum confronto há com a garantia constitucional da presunção de inocência, ou da não culpabilidade, inscrita no art. 5º, LVII, da CF. **No julgamento das ADC n. 029 e 030, o STF afirmou – por 7 a 4 – a constitucionalidade da expressão "proferida por órgão judicial colegiado"**, contida em diversas hipóteses de inelegibilidade da LC n. 135/2010, que alterou e acrescentou dispositivos à LC n. 64/90, ao entendimento de que a inelegibilidade contada antes do trânsito em julgado não representa conflito com o postulado da presunção de inocência.

Bom registrar que o brasileiro, quando se apresenta ao registro de candidatura perante a Justiça Eleitoral, em dado processo eleitoral, deve, naquele momento, preencher

[452] Condições de Elegibilidade do art. 14, § 3º, da CF.

todas as condições de elegibilidade e não incorrer nas causas de inelegibilidade, sob pena de indeferimento da sua pretensão. Isto porque, diz o art. 11, §10, da Lei n. 9.504/97, que os requisitos gerais para o registro são auferidos no momento da formalização do pedido. Tanto que vigente e aplicável, a nova hipótese de inelegibilidade apanha fatos, situações ou circunstâncias da vida pregressa[453] do brasileiro, não importando se anteriores à entrada em vigor da lei que a estabeleceu, o que não representa conflito com o princípio da *irretroatividade das leis*. Tratando-se – o conjunto das normas definidoras de inelegibilidades – do denominado "regime jurídico das candidaturas", o que está sob a regência da lei nova não é o fato em si mesmo, mas tão somente os efeitos jurídicos que esse fato produz no tempo. A lei, ao estabelecer uma causa de inelegibilidade nova, tomando como referência um fato ou uma conduta até então irrelevante para o direito eleitoral, não pretende protrair-se para regular esse fato ao tempo da sua ocorrência, tornando-o ilícito. Ao contrário, esse fato ou conduta, em si mesmo, continua a sofrer a incidência apenas das leis do seu tempo. Para as candidaturas que se apresentarem após a vigência e aplicabilidade da lei nova, isto sim, eles são considerados nos seus efeitos futuros, se ainda não ultrapassado o prazo de cessação do impedimento consignado na lei. Equivale dizer que o fato, ainda que não afetasse a elegibilidade ao tempo da sua ocorrência – portanto, sem esse efeito jurídico –, é marca inapagável na vida pregressa da pessoa, produzindo sim efeitos pessoais, morais e sociais. Lei posterior pode considerá-los, quando do estabelecimento de novas hipóteses de inelegibilidade, conferindo-lhe efeitos jurídicos eleitorais na seara da capacidade eleitoral passiva. Percebe-se que a isso não se pode dar o nome de retroatividade da lei nova, porque esta não vai ao fato, regulando tão somente os seus efeitos ao tempo do pedido de registro de candidatura, este – registro de candidatura – sim necessariamente posterior à nova lei. Sancionada em 2010, a LC n. 135 está apta a regular as eleições de 2020, como regulou as eleições de 2012, 2014, 2016 e 2018.

Na ADC n. 030, que buscou a declaração de constitucionalidade de todas as novas inelegibilidades estabelecidas pela Lei da Ficha Limpa (LC n. 135/2010), o Min. Luiz Fux fez pertinente distinção entre *retroatividade* – aplicação da lei nova a fato passado, para regulá-lo – e *retrospectividade* – retroatividade inautêntica: aplicação da lei nova para regular tão simplesmente os efeitos futuros do fato passado –, concluindo não haver qualquer incompatibilidade da aplicação da LC n. 135/2010 – novos prazos e novas causas de inelegibilidade – com o sistema constitucional vigente. E esse seu entendimento foi acompanhado pela maioria da Corte (Min. Joaquim Barbosa, Dias Toffoli, Rosa Weber, Cármen Lúcia, Ayres Brito e Ricardo Lewandowisk). O TSE, por sua vez, assim entendeu:

> "Registro. Inelegibilidade. Condenação criminal. 1. A Lei Complementar nº 135/2010 aplica-se às eleições de 2010, porque não altera o processo eleitoral, de acordo com o entendimento deste Tribunal na Consulta nº 1120-26. 2010.6.00.0000 (rel. Min. Hamilton Carvalhido). 2. As inelegibilidades da Lei Complementar nº 135/2010

[453] O art. 14, § 9º, da CF, diz expressamente que lei complementar estabelecerá novas hipóteses de inelegibilidade, considerada a ***vida pregressa*** do candidato.

incidem de imediato sobre todas as hipóteses nela contempladas, ainda que o respectivo fato seja anterior à sua entrada em vigor, pois as causas de inelegibilidade devem ser aferidas no momento da formalização do pedido de registro de candidatura, não havendo, portanto, falar em retroatividade da lei. 3. Tendo sido o candidato condenado, por órgão judicial colegiado, pela prática do crime capitulado no art. 1º, IV, do Decreto-Lei nº 201/67, incide, na espécie, a causa de inelegibilidade a que se refere o art. 1º, inciso I, alínea e, da Lei Complementar nº 64/90, acrescentada pela Lei Complementar nº 135/2010. [...]" (Ac. De 28.10.2010 no AgR-RO n. 417432, Rel. Min. Arnaldo Versiani)

"Consulta. Inelegibilidades. Lei Complementar nº 135/2010. 1. No julgamento da Consulta nº 1120-26.2010.6.00.0000, o Tribunal assentou que a LC nº 135/2010 tem aplicação às eleições gerais de 2010. 2. A LC nº 135/2010, que alterou as causas de inelegibilidade, se aplica aos processos em tramitação iniciados, ou mesmo já encerrados, antes de sua entrada em vigor, nos quais tenha sido imposta qualquer condenação a que se refere a nova lei. 3. A incidência da nova lei a casos pretéritos não diz respeito à retroatividade de norma eleitoral, mas, sim, à sua aplicação aos pedidos de registro de candidatura futuros, posteriores à entrada em vigor, não havendo que se perquirir de nenhum agravamento, pois a causa de inelegibilidade incide sobre a situação do candidato no momento de registro da candidatura. 4. Exsurge da nova lei que a incidência de causas de inelegibilidade em face de condenações por órgão colegiado, sem exigência de trânsito em julgado, resulta da necessidade de exigir dos candidatos vida pregressa compatível para o exercício de mandato. [...]" (Ac. de 17.6.2010 na Cta nº 114709, rel. Min. Arnaldo Versiani.)

De resto, todas as causas de inelegibilidade agora constantes da LC n. 64/90, acrescida e alterada pela LC n. 135/2010, inclusive o prazo uniforme de oito anos, guardam perfeita relação de subordinação e pertinência com os bens jurídicos fixados no art. 14, § 9º, da CF. Os fatos, situações e circunstâncias estabelecidos pelo legislador complementar como impedimentos ao exercício da capacidade eleitoral passiva, pelo prazo comum de oito anos, traduzem com razoabilidade e proporcionalidade a necessidade de proteção da (i) legitimidade e normalidade das eleições e da (ii) moralidade e probidade para o exercício das funções públicas eletivas. Com efeito, perfeitamente proporcional e razoável afastar das disputas eleitorais – daí das funções públicas eletivas –, por oito anos, p.ex., (i) aquele candidato que, durante a campanha eleitoral, substituiu a exposição de ideias e projetos pela doação, promessa ou oferta de vantagens pessoais aos eleitores, comprando-lhes a liberdade de escolha, ou (ii) aquele funcionário público que tiver sido demitido a bem do serviço público, porque já demonstrada em processo administrativo regular a prática de conduta incompatível com o interesse público. Ademais, esses novos padrões de comportamento, que agora traçam o perfil das candidaturas, estão em adequada harmonia com o sentimento de moralidade da sociedade brasileira, manifestada de forma clara e induvidosa inclusive pela subscrição do projeto de lei de iniciativa popular. **Nas ADC n. 029 e 030, o STF confirmou a constitucionalidade de todas as novas hipóteses de inelegibilidade**, sendo oportuno lembrar que a decisão do STF, em sede de declaratória de constitucionalidade, **tem efeito vinculante e não admite posição diversa de qualquer outro órgão do Poder Judiciário.**

(Hipótese fática 1)

Como dito, o Impugnado foi condenado pela prática de crime contra a administração pública, previsto no art. _______, do Código Penal, estando alcançado pelas disposições da Lei da Ficha Limpa, acima transcrita. E a certidão dá conta de que a decisão do Tribunal de Justiça de Minas Gerais, **órgão colegiado que confirmou condenação de primeira instância**, foi publicada em __________________, a partir de quando está ele inelegível. Como ainda não transcorreram os 08 (oito) anos de inelegibilidade, que são contados apenas a partir do integral cumprimento da pena (a certidão noticia que ele ainda não iniciou a pena, OU está cumprindo a pena, OU terminou a pena em .... p.ex.: fevereiro/2013), percebe-se que o Impugnado tem óbice intransponível à sua candidatura. E é bom registrar que o crime praticado pelo Impugnado não se insere nas exceções previstas no art. 1º, § 4º, da LC n. 64/90, ou seja, não é de menor potencial ofensivo, não foi praticado na forma culposa e nem é de ação penal privada.

(Hipótese fática 2)

Como dito, o Impugnado foi condenado pela prática da contravenção penal prevista no art. __________, da Lei de Contravenções Penais, em **sentença que transitou em julgado** em ________________, a partir de quando ficou ele, por força do dispositivo constitucional comentado (art. 15, III), com seus direitos políticos suspensos. E a certidão dá conta de que a pena fixada na sentença ainda não foi integralmente cumprida, pelo que o Impugnado ainda está sob os efeitos da condenação e, portanto, com direitos políticos suspensos.

Em face do exposto, requer o Ministério Público Eleitoral:

1) Seja recebida a presente e juntada aos autos do registro de candidatura do Impugnado;
2) Seja determinada a notificação do Impugnado para a defesa que tiver, no prazo de 07 (sete) dias
3) Estando a matéria fática provada por documentos, sem necessidade de dilação probatória, seja julgada procedente a impugnação para indeferir-se o pedido de registro de candidatura do Impugnado.

(Local), ___ de setembro de 2020.

Edson de Resende Castro

Promotor Eleitoral

8 – FILIAÇÃO PARTIDÁRIA

Exmo. Sr. Dr. Juiz Eleitoral da ... Zona Eleitoral de ...

O **Ministério Público Eleitoral**, pelo Promotor ao final assinado, no regular exercício da delegação legal que lhe é conferida pelo art. 78, da LC 75/93, vem à presença de V.Exa., nos termos do art. 3º, da LC 64/90, propor a presente **AÇÃO DE IMPUGNAÇÃO AO REGISTRO DA CANDIDATURA** de ...., devidamente qualificado nos autos do Pedido de Registro nº ...., em face das seguintes razões de fato e de direito:

O Partido "..." (ou Coligação "...") protocolou pedido de registro de seus candidatos e junto com ele a documentação exigida em lei, autuada em anexos.

No que pertine ao Impugnado, o relatório analítico elaborado pelo Cartório Eleitoral assegura que ele **está sem filiação partidária** no partido político pelo qual pretende disputar as eleições de 2020, pois .... (p.ex.: filiou posteriormente a 04.abril.2020, ou é filiado a outro partido, ou não tem filiação alguma)

Falta-lhe, via de consequência, a condição de elegibilidade expressamente exigida pelo Art. 14, § 3º, V, da Constituição Federal, e repetida pelo Art. 9º, da Lei 9.504/97.

É da Lei das Eleições (Lei n. 9.504/97), em seu Art. 9º que **"p**ara concorrer às eleições, o candidato deverá possuir domicílio eleitoral na respectiva circunscrição pelo prazo de seis meses e estar com a **filiação deferida pelo partido no mesmo prazo**".

O Tribunal Superior Eleitoral, pronunciando-se sobre o tema, assim entende:

> *"Ac.-TSE, de 29.9.2010, no AgR-REspe n° 224358: ausência de previsão de candidaturas avulsas, desvinculadas de partido, no sistema eleitoral vigente, sendo possível concorrer aos cargos eletivos somente os filiados que tiverem sido escolhidos em convenção partidária".*
>
> *"Ac.-TSE, de 4.3.2008, no MS n° 3.709: observância do prazo mínimo de um ano de filiação partidária ainda que na renovação da eleição de que trata o art. 224 do CE/65".*
>
> *"Eleições 2006. Recurso especial, registro de candidatura. Filiação partidária. Falta de comprovação. Decisão monocrática. Negativa de seguimento. Agravo regimental. Fundamentos não infirmados. Reexame de fatos e provas. Impossibilidade. Súmulas nº 7 do Superior Tribunal de Justiça e nº 279 do Supremo Tribunal Federal. 1. A ausência de comprovação da tempestiva filiação partidária impede o deferimento do registro de candidatura a cargo eletivo. 2. Não é possível, em sede de recurso especial, o reexame de fatos e provas (Súmula nº 279 do STF). Nega-se provimento a agravo regimental que não afasta os fundamentos da decisão agravada" (TSE, ARESPE n.º 26337, Rel. Marcelo Henriques Ribeiro de Oliveira, publicado em 14.09.2006).*
>
> *"Agravo regimental. Eleições 2006. Registro de candidato. Deputado estadual. Filiação tempestiva. Ausência. Decisão regional. Indeferimento. Recurso especial. Reexame. Fatos e provas. Impossibilidade. 1. A filiação partidária tempestiva é requisito irrevogável para o deferimento do pedido de registro de candidatura. 2. O recurso especial não*

é idôneo para o reexame de provas (Súmula nº 279 do Supremo Tribunal Federal). Agravo regimental a que se nega provimento. (TSE, ARESPE n.º 26.642/GO, Rel. Carlos Eduardo Caputo Bastos, publicado em 10.10.2006).

Constituindo-se o estabelecimento de filiação partidária pelo prazo de, no mínimo, seis (6) meses antes das eleições, uma das condições de elegibilidade, e não preenchida essa condição pelo Impugnado, forçoso concluir, portanto, que o indeferimento de seu registro é medida que se impõe.

Em face do exposto, requer e espera o Ministério Público Eleitoral:

1) Seja recebida a presente e juntada aos autos do registro de candidatura do Impugnado;
2) Seja determinada a notificação do Impugnado para a defesa que tiver, no prazo de 07 (sete) dias;
3) Estando a matéria fática provada por documentos, sem necessidade de dilação probatória, seja julgada procedente a impugnação para indeferir-se o pedido de registro de candidatura do Impugnado.
4) Para o caso de V.Exa. entender necessária a produção de provas, protesta o Ministério Público Eleitoral por todos os meios em direito admitidos, com o fim de fazer prevalecer a verdade real dos fatos.

(Local), ___ de setembro de 2020

Edson de Resende Castro

Promotor Eleitoral

9 – DOMICÍLIO ELEITORAL

Exmo. Sr. Dr. Juiz Eleitoral da ...ª Zona Eleitoral de ... (município sede),

O **Ministério Público Eleitoral**, pelo Promotor ao final assinado, no regular exercício da delegação legal que lhe é conferida pelo art. 78, da LC 75/93, vem à presença de V.Exa., nos termos do art. 3º, da LC 64/90, propor a presente **Ação de Impugnação do Registro de Candidatura** de ...., devidamente qualificado nos autos do Pedido de Registro nº ......, em face das seguintes razões de fato e de direito:

O Partido "......" (ou a Coligação "......") protocolou pedido de registro de seus candidatos e junto com ele a documentação exigida em lei, autuada em anexos.

No que pertine ao Impugnado, consta do banco de dados da Justiça Eleitoral que ele alistou-se eleitor neste município em ..... (data do alistamento eleitoral), por ter transferido sua residência para esta cidade, vindo da vizinha cidade de .... (cidade de origem).

Destarte, tem o Impugnado domicílio eleitoral na circunscrição em que pretende disputar o cargo de ...... (prefeito/vice/vereador) há apenas ...... meses, faltando-lhe, via de conseqüência, uma das condições de elegibilidade expressamente exigida pelo art. 14, § 3º, III, da Constituição Federal, c/c o art. 9º, da Lei 9.504/97, que preconiza, "*in verbis*":

> "Art. 9º Para concorrer às eleições, o candidato deverá possuir domicílio eleitoral na respectiva circunscrição pelo prazo de seis meses..."

Em hipóteses tais, tem a jurisprudência se orientado pelo indeferimento do pedido de registro de candidatura, conforme se colhe dos julgados infra colacionados:

> "Registro. Impugnação. Candidato a vereador. Prazo. Domicílio eleitoral. Não atendimento ao disposto no art. 9° da Lei n° 9.504/97. Não conhecido." (TSE, Respe n.º 16423/PI, Rel. Walter Ramos da Costa Porto, Publicado em Sessão 22.08.2000)
>
> "Registro de candidatura. Deputado estadual. Eleições 2010. Preenchimento de vaga remanescente. Impugnação. Filiação partidária e domicílio eleitoral. Não comprovação. Ausência de tempestivo domicílio eleitoral na circunscrição do Estado. O domicílio civil não se confunde com o domicílio eleitoral. Filiação partidária não comprovada. Certidão negativa emitida pelo sítio eletrônico do c. Tribunal Superior Eleitoral. Procedência da impugnação por ausência de condição de elegibilidade. Indeferimento do registro." (TRE-MG, Rcand n.º 620008/MG, Rel. Luciana Diniz Nepomuceno, Publicado em Sessão 16.08.2010)
>
> AGRAVO INTERNO. RECURSO ELEITORAL. REGISTRO DE CANDIDATURA. ELEIÇÕES 2016. TEMPO MÍNIMO DE DOMICÍLIO NA CIRCUNSCRIÇÃO. REGISTRO INDEFERIDO. RECURSO NÃO PROVIDO EM DECISÃO MONOCRÁTICA. O prazo legalmente estabelecido de um ano[454] de domicílio eleitoral na circunscrição deve ser aferido com base na data da inscrição como eleitor no município. Art. 27, § 1º, da Resolução 23.455/2015/TSE. O conceito amplo de domicílio eleitoral é aplicável a fim de que, possuindo o interessado mais de um domicílio, possa optar em qual deles deseja inscrever-se eleitor. Recurso a que se nega provimento. Manutenção do indeferimento do registro de candidatura. (RECURSO ELEITORAL n 33181, Ac. de 06/10/2016, Relator VIRGÍLIO DE ALMEIDA BARRETO - CAND, Publicação: PSESS - Publicado em Sessão, Data 06/10/2016)

Constituindo-se o estabelecimento de domicílio eleitoral na circunscrição do pleito pelo prazo de seis meses antes das eleições uma das condições de elegibilidade, e não preenchida essa condição pelo Impugnado, forçoso concluir, portanto, que o indeferimento de seu registro é medida que se impõe.

Em face do exposto, requer e espera o Ministério Público Eleitoral:

1) Seja recebida a presente e juntada aos autos do registro de candidatura do Impugnado;
2) Seja determinada a notificação do Impugnado para a defesa que tiver, no prazo de 07 (sete) dias;

[454] O tempo de domicílio eleitoral na circunscrição da disputa é de 6 meses, conforme redação atual do art. 9º, da Lei n. 9.504/97

3) Estando a matéria fática provada por documentos, sem necessidade de dilação probatória, seja julgada procedente a impugnação para indeferir-se o pedido de registro de candidatura do Impugnado.
4) Para o caso de V.Exa. entender necessária a produção de provas, protesta o Ministério Público Eleitoral por todos os meios em direito admitidos, com o fim de fazer prevalecer a verdade real dos fatos.

(Local), ___ de setembro de 2020

Edson de Resende Castro
Promotor Eleitoral

10 – CONTAS REJEITADAS – ALÍNEA G

Exmo. Sr. Dr. Juiz Eleitoral da ....ª Zona Eleitoral de ...... (município sede),

O **Ministério Público Eleitoral**, pelo Promotor ao final assinado, no regular exercício da delegação legal que lhe é conferida pelo Art. 78, da LC 75/93, vem à presença de V.Exa., nos termos do Art. 3º, da LC 64/90, propor a presente **Ação de Impugnação do Registro da Candidatura** de ...., devidamente qualificado nos autos do Pedido de Registro nº ...., em face das seguintes razões de fato e de direito:

O Partido "................" (ou a Coligação "...............") protocolou pedido de registro de seus candidatos e junto com ele a documentação exigida em lei, autuada em anexos.

Em atendimento à Recomendação expedida pelo Ministério Público a todos os Partidos Políticos, o Impugnado respondeu e assinou, sob responsabilidade, o questionário de inelegibilidades anexo, onde informou ter exercido o cargo eletivo de Prefeito no Município de ________________________, no período de 2009 a 2012. Informou, também, que teve contas com parecer prévio para rejeição pelo Eg. Tribunal de Contas de Minas Gerais, relativas ao exercício de 2011, finalmente rejeitadas pela Câmara Municipal em decisão definitiva datada de 25-fevereiro-2013.

De outro lado, percebe-se que essa rejeição de contas aparece no SISCONTA, sistema esse disponível no endereço eletrônico https://siscontaeleitoral.mpf.mp.br/ e desenvolvido pelo Ministério Público Eleitoral para reunir informações de todas as inelegibilidades previstas no ordenamento jurídico, dentre as quais aparece na relação de contas rejeitadas que o Eg. Tribunal de Contas do Estado de Minas Gerais enviou ao Ministério Público, confirmando tratar-se de apreciação e julgamento das contas ordinárias anuais do Chefe do Executivo/Impugnado, quando se detectou aplicação de apenas 20% na manutenção e desenvolvimento da educação, com inegável repercussão no direito constitucional de crianças e adolescentes à educação pública de qualidade, pois prejudicados os programas e ações pertinentes, que deixaram de ser devidamente implementados, acarretando déficit de aprendizagem para centenas ou milhares de alunos da rede pública. Além disso, o TC ainda detectou abertura de créditos especial sem autorização legislativa e execução de despesas sem previsão na respectiva lei orçamentária.

Em vista disso, a Corte de Contas deliberou pela rejeição das contas do Impugnado, conforme se constata da decisão coligida às fls.........., finalmente confirmada pela Câmara Municipal, conforme Resolução (ou Decreto Legislativo) nº........, em cópia às fls................

Sabe-se que a rejeição de contas dos gestores e administradores públicos acarreta a inelegibilidade prevista no Art. 1º, I, alínea "g", da LC n. 64/90, com a redação dada pela LC n. 135/2010 (lei da ficha limpa), que se inicia com a decisão definitiva de rejeição e perdura até o transcurso de 08 (oito) anos. Segue-se a transcrição da mencionada alínea:

> Art. 1º, I, g: os que tiverem suas contas relativas ao exercício de cargos ou funções públicas rejeitadas por **irregularidade insanável** que configure **ato doloso de improbidade** administrativa, e por **decisão irrecorrível** do órgão competente, salvo se esta houver sido **suspensa ou anulada pelo Poder Judiciário**, para as eleições que se realizarem nos **8 (oito) anos** seguintes, contados a partir da data da decisão, aplicando-se o disposto no inciso **II do art. 71 da Constituição Federal, a todos os ordenadores de despesa**, sem exclusão de mandatários que houverem agido nessa condição; (grifei)[455]

Ainda pensando na vida pregressa do candidato e na necessidade de preservação da moralidade e probidade administrativas, valores inscritos no art. 14, § 9º, da CF/88, a LC n. 64/90, já na sua redação original, impôs a inelegibilidade daqueles "que tiverem suas contas relativas ao exercício de cargos ou funções públicas rejeitadas por irregularidade insanável e por decisão irrecorrível do órgão competente, ...".

Sabe-se que todos os ordenadores de orçamento e de despesas públicas são obrigados a prestar contas de sua gestão ao respectivo Tribunal de Contas, que exerce o controle externo das contas públicas, ora julgando-as, ora oferecendo parecer prévio que auxilia a decisão da Casa Legislativa. Então, os Prefeitos, Governadores, Presidente da República, Presidentes do Senado, da Câmara dos Deputados, das Assembleias Legislativas e das Câmaras Municipais, os Presidentes de Tribunais, os Procuradores Gerais de Justiça, como também os dirigentes de Autarquias e Fundações Públicas, dentre outros, porque têm a gestão do orçamento ou a administração de bens ou valores públicos, estão obrigados a prestar contas da execução orçamentária e da realização das despesas ao Tribunal de Contas. Ordinariamente, as contas são apreciadas às inteiras, ou seja, envolvendo **todo o exercício financeiro** (contas anuais). Mas também há **contas parciais ou específicas**, como as relativas a convênios ou as resultantes de inspeções (às vezes motivadas por denúncias) ou tomadas especiais de contas. Se essas contas forem rejeitadas por irregularidade insanável e por decisão irrecorrível, aquele gestor e/ou administrador fica inelegível.

---

[455] O texto que se segue é extraído do Curso de Direito Eleitoral, Edson de Resende Castro, Ed. Del Rey, 10ª edição, 2020, pág. 297 e seguintes.

Órgão Competente para a decisão

Como a inelegibilidade pressupõe **decisão irrecorrível do órgão competente**, necessário primeiramente verificar de quem é a competência para a apreciação e *julgamento* das contas dos mencionados gestores. Não há dúvida de que será sempre o Poder Legislativo o órgão julgador dos atos de **gestão do orçamento**. Assim, o Congresso Nacional julga as contas do Presidente da República, as Assembleias Legislativas julgam as contas do Governador e as Câmaras Municipais julgam as contas do Prefeito, sempre a partir do parecer prévio elaborado pelo Tribunal de Contas.

Quando o Administrador Público – exceção feita ao Chefe do Executivo – contrata a construção de uma ponte, ordena o pagamento da folha de pessoal, autoriza o reembolso de despesas de viagem de servidores, etc., está ordenando despesas. Essa atividade é da alçada daquele a quem a lei da contabilidade pública[456] chama de *ordenador da despesa*, que é o agente público que vai efetivamente assinar a nota de empenho (após a fase de liquidação, ou seja, a fase em que se assegura que o serviço foi prestado ou a mercadoria foi entregue), autorizando o pagamento e possibilitando materialmente a concretização do gasto.

O certo é que o Tribunal de Contas, quando examinando a **execução da despesa pública**, ou seja, esse ato de ordenação de despesa, profere **julgamento das contas**, aprovando-as ou rejeitando-as. O TC não vai, neste particular (ordenação de despesas, repita-se), emitir parecer prévio para apreciação da Casa Legislativa. Vai, isto sim, proferir um julgamento, porque é dele a competência para o juízo definitivo, nesta instância, a respeito das contas de tal natureza. Via de consequência, a decisão que vai tornar inelegível o ordenador das despesas públicas – exceção feita, repita-se, ao Chefe do Executivo, cujas contas são sempre julgadas pelo Legislativo – é aquela pronunciada pelo Tribunal de Contas, se as tiver rejeitado.

Em conclusão, o órgão competente, de cuja decisão irrecorrível de rejeição das contas resulta a inelegibilidade aqui examinada, é a Casa Legislativa correspondente (quando se trata de contas ordinárias anuais do Chefe do Poder Executivo) e o Tribunal de Contas (quanto às contas dos demais administradores públicos: Presidentes de Câmaras, de autarquias, fundações públicas, etc.). E é bom lembrar que a **execução de convênios** é atividade de realização de despesas, suportadas com recursos especialmente aportados no órgão convenente, daí que o Tribunal julga as contas, e essa decisão não se submete ao Congresso Nacional, ou à Assembleia Legislativa, ou à Câmara Municipal, porque, insista-se, não se trata de parecer prévio.

> "Recurso Especial. Registro de candidato. Inelegibilidade. Rejeição de contas pelo Tribunal de Contas. Ausência de prestação de contas de **recursos provenientes de convênio**. O posterior reembolso do débito não tem o condão de afastar a causa de inelegibilidade prevista no art. 1º, inciso I, alínea g, da LC n. 64/90..." (TSE, RESPE. n. 12.976-SE, Rel. Min. Ilmar Galvão, DJU 12/11/1996)

[456] Lei n. 4.320/64

> "Rejeição de contas. Aplicação de verbas obtidas mediante **convênio** com o Estado. Hipótese em que o Tribunal de Contas profere julgamento e não apenas parecer prévio." (TSE, RESPE. n. 13.299-ES, Rel. Min. Eduardo Ribeiro, DJU 27/11/1996).
>
> "Alegação de incompetência do TCU para rejeitar contas municipais: improcedência, por se tratar de **convênio firmado entre o município e o Ministério da Ação Social.**" (TSE, Rec. Ord. n. 595, em 19/9/2002, Rel. Min. Sepúlveda Pertence)
>
> "Inelegibilidade – Rejeição de **contas do Presidente da Câmara** Municipal – Parecer prévio do Tribunal de Contas do Estado – Caráter definitivo. I – Em relação às contas de Câmara Municipal, basta o parecer prévio do Tribunal de Contas do Estado (art. 71, II, da Constituição Federal), sendo despicienda a decisão da Câmara Municipal sobre a matéria." (TSE, RESPE n. 12.875-CE, Rel. Min. Eduardo Alckmin, DJU 5/11/1996).
>
> "Contas da Câmara Municipal – Julgamento – Tribunal de Contas – Competência – ... **O Tribunal de Contas é competente para julgar as contas da Mesa da Câmara Municipal**, bem como para fixar responsabilidades, cabendo-lhe julgar tecnicamente as contas dos administradores municipais e dos demais responsáveis por dinheiro, bens e valores da Administração Municipal e as contas daqueles que deram causa a perda, extravio ou outra irregularidade que resulte prejuízo ao erário, a teor do art. 71, II, c/c o art. 75 da CF/88 e do art. 76, II e III, c/c o art. 180, § 4º, da Constituição do Estado de Minas Gerais. ... (TJMG, Ap. Cível n. 252.500-4/00, Belo Horizonte, Rel. Des. Brandão Teixeira, em 18/3/2003 – Destaquei)

É esclarecedora a manifestação de Frederico Pardini, na sua tese de doutorado na UFMG:

> "Se, por um lado, como declara a Constituição em seu art. 71, caput, o controle externo está a cargo do Congresso Nacional, e será exercido com o auxílio do Tribunal de Contas, por outro lado, no mesmo caput, está claramente preceituado que todas as competências enumeradas nos incisos I a XI, do mesmo art. 71, são outorgadas diretamente ao Tribunal de Contas. É ao Tribunal de Contas que compete o exercício e a prática da maioria absoluta das atividades de controle externo, ou seja, o exercício da fiscalização contábil, financeira, orçamentária, operacional e patrimonial dos atos e desempenho dos órgãos e entidades da administração direta e indireta, quanto à sua legalidade, legitimidade e economicidade, fiscalização esta que, como dispõe o art. 70, será exercida mediante controle externo, e pelo controle interno de cada poder."[457]

O Professor Luciano Ferraz afirma:

> "O Tribunal de Contas desempenha sua função de exame mediante parecer prévio e julgamento de contas. O primeiro consiste na avaliação das contas globais e anuais dos chefes do Poder Executivo; o segundo consiste na análise dos atos de captação de receitas e ordenamentos de despesas, ou seja, atos com repercussão imediata para o erário respectivo. Noutras palavras, a Administração Pública presta contas por intermédio do Chefe do Poder Executivo, agregando as contas dos demais Poderes e entidades da Administração Indireta, que se submete a julgamento perante os

[457] PARDINI, Frederico. *Tribunal de Contas* – Órgão de destaque constitucional. *Apud* FERRAZ, Luciano de Araújo. *Controle da administração pública* – Elementos para a compreensão dos tribunais de contas. Belo Horizonte: Mandamentos, 1999, p. 107.

representantes do povo que compõem o Parlamento. Não obstante, cada unidade da Administração Direta ou entidade da Administração Indireta presta contas da sua restrita gestão diretamente ao Tribunal de Contas, que se incumbirá de julgá-las, independentemente do pronunciamento do Legislativo. A dualidade entre o que sejam contas globais anuais, sujeitas ao sistema do parecer prévio, e contas de cada unidade administrativa, submetidas ao sistema de julgamento perante as Cortes de Contas, é tênue. Todavia, apartar o conteúdo de ambas é imprescindível, e sua repercussão prática é relevante, eis que os fatos em apuração obedecem a procedimentos diferentes e juízos diversos."

Prossegue o professor mineiro, lembrando a decisão do Supremo Tribunal Federal, na ADIN 849/MT, publicada em 23/4/1999:

> "Tribunal de Contas dos Estados: competência: observância compulsória do modelo federal: inconstitucionalidade de subtração ao Tribunal de Contas da competência do julgamento das contas da Mesa da Assembleia Legislativa – compreendidas na previsão do art. 71, II, da Constituição Federal, para submetê-las ao regime do art. 71, c/c art. 49, IX, que é exclusivo da prestação de contas do chefe do Executivo.
>
> I – O art. 75 da Constituição Federal, ao incluir as normas federais relativas à fiscalização nas que se aplicariam aos Tribunais de Contas dos Estados, entre essas compreendeu as atinentes às competências institucionais do TCU, nas quais é clara a distinção entre a do art. 71, I – de apreciar e emitir parecer prévio sobre as contas do Chefe do Poder Executivo, para serem julgadas pelo Legislativo – e a do art. 71, II – de julgar as contas dos demais administradores e responsáveis entre eles, dos órgãos do Poder Legislativo e do Poder Judiciário.
>
> II – A diversidade entre as duas competências, além de manifesta, é tradicional, sempre restrita a competência do Poder Legislativo para o julgamento às contas gerais da responsabilidade do Chefe do Poder Executivo, precedidas de parecer prévio do Tribunal de Contas: cuida-se de sistema especial adstrito às contas dos Poderes, mas como responsável geral pela execução orçamentária: tanto assim que a aprovação política das contas presidenciais não libera do julgamento de suas contas específicas os responsáveis pela gestão financeira das inúmeras unidades orçamentárias do próprio Poder Executivo, entregue à decisão definitiva do Tribunal de Contas."

A doutrina e a jurisprudência do STF não divergem quanto a essa dualidade de funções reservadas ao TCU e, por similitude, imposta pela própria Constituição Federal aos Tribunais de Contas Estaduais: há um parecer prévio sobre a execução orçamentária para que o chefe do Executivo seja julgado politicamente pelo Legislativo; e há um julgamento técnico das despesas ordenadas nas unidades administrativas de todos os órgãos da Administração.

Não obstante a nova redação do art. 1º, I, alínea G, da LC n. 64/90, ter sido entendida como constitucional pelo STF nas ADC's 29 e 30, o tema voltou a ser discutido no Recurso Extraordinário n. 848826, com repercussão geral – e, portanto, efeito vinculante – quando o Pleno do STF reafirmou que só a Câmara Municipal pode julgar as contas – de governo e de gestão – do Prefeito, assentando que esta decisão – a da Câmara – é que pode impor a inelegibilidade desta alínea "g".

Este entendimento, entretanto, **não se aplica às contas de convênios**. Quando o Município recebe recursos do Estado ou da União, para empreendimentos específicos (construção de uma escola, v.gr), deve prestar – sempre ao Tribunal de Contas, do Estado ou da União, conforme for órgão repassador – as contas respectivas no prazo e na forma previstos no instrumento. Se estas contas forem rejeitadas pelo Tribunal de Contas, já é possível incidir a inelegibilidade desta alínea "g", se presentes os demais requisitos. Neste sentido: Ac.-TSE, de 29.9.2016, no Respe nº 4682.

> Eleições 2012. Registro de candidatura. Prefeito. [...]. Contas de convênio. Competência para julgamento: Tribunal de Contas. Rejeição de contas. (...) 2. A competência para o julgamento das contas de prefeito atinentes a convênios é do Tribunal de Contas, hipótese em que lhe compete decidir e não somente opinar. [...]" (Ac. de 17.12.2012, no AgR-Respe n. 48280, Rel. Min. Laurita Vaz. No mesmo sentido, o Ac. de 03.11.2010, no AgR-RO n. 323019, Rel. Min. Aldir Passarinho)

Insanabilidade das irregularidades

De outro lado, diz a referida alínea "*g*" que a irregularidade que levou à rejeição das contas, para gerar a inelegibilidade, deve ser *insanável, configurando ato doloso de improbidade administrativa.*

No exame das contas dos mencionados gestores públicos, encontram-se irregularidades meramente contábeis e outras das quais resultam prejuízos ao patrimônio público ou a bens jurídicos especialmente tutelados pela lei. Assim, na análise técnica a que procede o Tribunal de Contas, percebe-se, *v.g.*, que houve classificação equivocada de determinadas contas; ou que não se aplicou no desenvolvimento do ensino o percentual previsto na Constituição Federal; ou que há despesas públicas que não se fizeram acompanhar de notas fiscais e recibos; ou que não se observou o procedimento da licitação para a aquisição de bens e contratação de serviços.

Todas as irregularidades encontradas nas contas do administrador público levam à sua inelegibilidade? A toda evidência que não. Ao contrário, quis o legislador complementar que apenas aquelas tidas como irregularidades insanáveis. Mas o que é uma irregularidade insanável?

Mesmo com a redação original da LC n. 64/90, construiu-se o entendimento de que irregularidade insanável, capaz de gerar a inelegibilidade desta alínea, é aquela que traz em si a **nota da improbidade administrativa**, por causar prejuízo ao patrimônio público, possibilitar o enriquecimento sem causa ou atentar contra os princípios norteadores da Administração. Evidentemente que aquelas situações conceituadas pelo próprio TC como "meras irregularidades contábeis", não podem gerar a consequência de que aqui se fala, até porque seria desproporcional à conduta. De outro lado, quando o agente ordenador do orçamento deixa de dotar o setor de educação com o percentual mínimo previsto na Constituição Federal para o seu desenvolvimento, está ele causando um prejuízo irreparável a um bem jurídico especialmente protegido pela norma maior: a educação de seu povo, o que não é passível de reparação nem mesmo com destinação de percentual de compensação no ano seguinte. Da mesma ordem são as hipóteses de liquidação de despesas sem notas fiscais ou recibos, com o que não se sabe se ao gasto público correspondeu alguma vantagem para a Administração; também a falta de licitação, nos casos em que a lei a exige, porque feridos os princípios da legalidade e da impessoalidade e frustrada a oportunidade de todos participarem do certame. Em todos esses casos, percebe-se que o gestor do orçamento ou o ordenador da despesa terá cometido improbidade administrativa, por não observar princípios básicos da Administração Pública, ou causar prejuízo ao patrimônio público, ou proporcionar enriquecimento ilícito.

> "A discussão principal, então, é saber se o vicio [...] verificado, qual seja, a **incorreta aplicação de verba do FUNDEB** é de natureza grave, ou não, a configurar ato doloso de improbidade administrativa. [...] filio-me a corrente que entende que a realização de **despesas com educação abaixo do limite** previsto pela Constituição Federal constitui irregularidade grave e insanável. [. ..] Não socorre os recorridos a alegação de que os valores teriam sido utilizados em exercício subsequente, pois não é esse o mandamento que se extrai dos dispositivos legais que regem a matéria, tanto que a prática ilegal levou in casu a rejeição das contas pelo TCE e pela Câmara Municipal local. [...] Por fim, o requisito do dolo resta demonstrado quando observamos que, no caso em tela, os recorridos foram expressamente alertados da situação, na conclusão da sindicância realizada pela Prefeitura local, datada de 11.05.12. (TSE, AgR-Al no 41-52.2013.6.26.03331SP)
>
> AGRAVO REGIMENTAL. RECURSO ESPECIAL ELEITOR.AL. ELEIÇÕES 2012. REGISTRO DE CANDIDATURA. PREFEITO. INELEGIBILIDADE. ART. 1º, I, G, DA LEI COMPLEMENTAR 64/90. NAO APLICAÇÃO. PERCENTUAL MINIMO. RECURSOS. EDUCAÇÃO. IRREGULARIDADE INSANAVEL. ATO DOLOSO DE IMPROBIDADE ADMINISTRATIVA. ART. 11, II, DA LEI 8.429/92. DESPROVIMENTO. 1. A desaprovação de contas de prefeito, por meio de decreto legislativo, em virtude da **não aplicação do percentual mínimo de 60%** da receita do FUNDEB em favor da remuneração do magistério de educação básica, conforme preceitua o art. 60, XII, do ADCT, configura irregularidade insanável e ato doloso de improbidade administrativa, incidindo a inelegibilidade prevista no art. 10, I, g, da LC 64/90. 2. Com relação ao elemento subjetivo, não se exige o dolo especifico de causar prejuízo ao erário ou atentar contra os princípios administrativos. O dolo, aqui, é o genérico, a vontade de praticar a conduta em si que ensejou a improbidade. 4. Agravo regimental não provido. (AgR-REspe n° 438-98/SP, Rel. Mm. Nancy Andrighi, We de 19.4.2013).
>
> Caracterização de irregularidade insanável, apta a autorizar a rejeição das contas:
>
> Ac.-TSE, de 19.11.2008, no REspe nº 31.012 (não observância dos limites de gastos previstos nos incisos do **art. 29-A da CF/88**);
>
> Ac.-TSE, de 17.12.2008, no REspe nº 29.314 (despesa de Câmara Municipal com **folha de pagamento em percentual superior a 70%** de sua receita, conforme art. 29-A, § 1º, da CF/88);
>
> Ac.-TSE, de 11.9.2008, no REspe nº 29.563 (**não pagamento de precatórios**, mesmo diante da comprovada existência de recursos);

Ac.-TSE, de 12.11.2008, no REspe nº 32.510 (**não recolhimento de contribuições previdenciárias**).

"Recurso Especial. Registro de candidato. Inelegibilidade. Rejeição de contas pelo Tribunal de Contas. **Ausência de prestação de contas de recursos provenientes de convênio**. O posterior reembolso do débito não tem o condão de afastar a causa de inelegibilidade prevista no art. 1º, inciso I, alínea g, da LC n. 64/90..." (TSE, RESPE n. 12.976-SE, Rel. Min. Ilmar Galvão, DJU 12/11/1996)

"(...) Verificada a ocorrência de irregularidade insanável, esta não se afasta pelo recolhimento ao Erário dos valores indevidamente utilizados. (...)" (Ac. n. 19.140, de 7/12/2000, rel. Min. Waldemar Zveiter; no mesmo sentido os acórdãos n. 161, de 4/9/1998, rel. Min. Néri da Silveira e 128, de 2/9/1998, rel. Min. Eduardo Alckmin.)

"A insanabilidade das irregularidades que causaram a rejeição das contas pode ser aferida pela Justiça Eleitoral nos processos de registro de candidatura." (TSE, Rec. Ord. n. 577, de 3/9/2002, Rel. Min. Fernando Neves)

"Rejeitadas as contas com nota de improbidade administrativa, hão de ser elas consideradas de natureza insanável. " (TSE, Rec. Ord. n. 626, de 1º/10/2002, Rel. Min. Barros Monteiro)

"(...) O **descumprimento da Lei de Licitação** importa irregularidade insanável (art. 1º, I, g, da LC n. 64/90). (...)" (Ac. n. 661, de 14/9/2000, rel. Min. Nelson Jobim; no mesmo sentido os acórdãos n. 16.549, de 19/9/2000, rel. Min. Jacy Garcia Vieira e 124, de 22/9/98, rel. Min. Eduardo Alckmin.)

E é esse, também, o pensamento autorizado de Pedro Henrique Távora Niess.[458]

O acréscimo da expressão "*ato doloso de improbidade administrativa*" (LC n. 135/2010) acabou por consolidar o dito entendimento jurisprudencial. Não é mesmo possível concluir pela causa de inelegibilidade nas hipóteses em que as irregularidades detectadas pelo TC não contem com a efetiva participação do agente, mas, ao contrário, sejam praticadas, p.ex., por delegatário. A rejeição das contas da saúde não pode levar o prefeito à inelegibilidade, quando este tiver delegado ao respectivo secretário a ordenação daquelas despesas, porque, então, a hipótese será de dolo do secretário e culpa "in eligendo" do prefeito. E a lei não quis alcançar os mandatários nestas hipóteses. Mas, ao contrário, será de responsabilidade do prefeito, sempre dolosa e geradora do impedimento, a conduta ordenadora de despesas não precedidas de licitação, ou não acompanhadas dos documentos fiscais que asseguram a prestação do serviço ou o recebimento da mercadoria, etc. O agente que assume a administração de dinheiros, bens e valores públicos (como nos convênios) ou a ordenação da despesa age dolosamente quando causa o prejuízo ao erário, proporciona desvio ou enriquecimento ilícito ou dá de ombros para os princípios de observância cogente na administração.

"[...]. Deputado estadual. **Omissão no dever de prestar contas**. Ato doloso de improbidade administrativa. Prejuízo ao município. Configuração. Não provimento. 1. Segundo a jurisprudência do TSE, a omissão no dever de prestar contas, devido à característica de ato de improbidade administrativa (art. 11, VI, da Lei nº 8.429/92) e

[458] NIESS, Pedro Henrique Távora. *Direitos políticos*, p. 155.

> ao fato de ser gerador de prejuízo ao município (art. 25, § 1º, IV, a, da LC nº 101/2000), configura vício de natureza insanável [...]. 2. Na espécie, ficou configurada, em tese, a prática de ato doloso de improbidade administrativa, uma vez que o agravante, mesmo depois de pessoalmente cientificado quanto ao descumprimento de suas responsabilidades, apresentou documentação inservível ao controle de gestão do patrimônio público. 3. No caso, o prejuízo aos cofres municipais se evidencia porque, nos termos do art. 25, § 1º, IV, a, da LC nº 101/2000, o município administrado pelo agravante ficou impedido de receber novos recursos oriundos de convênios. 4. Nos termos da jurisprudência desta c. Corte, o pagamento de multa não afasta a inelegibilidade de que trata o art. 1º, I, g, da LC nº 64/90 [...]." (Ac. De 15.12.2010 no AgR-RO n. 261497, Re. Min. Aldir Passarinho Júnior)

Ainda que as contas apreciadas e julgadas sejam parciais – não as ordinárias anuais – há incidência na inelegibilidade. Tal acontece quanto o Tribunal de Contas instaura procedimento de Tomada Especial de Contas, para verificar aspectos determinados. Tudo porque a alínea "g", quando diz inelegíveis os que tiverem contas julgadas irregulares, não fez distinção e nem ofereceu qualquer indicativo de que o impedimento só decorreria de rejeição das contas ordinárias anuais. Ao contrário, a jurisprudência é firme neste sentido, quando apreciando hipótese de convênio (em que as contas são parciais, relativas apenas à administração e aplicação daqueles recursos) e também outras hipóteses de contas parciais. Neste sentido, Acórdão-TSE, de 17.12.2015, no RO nº 100003 e Acórdão-TSE, de 14.6.2011, no RO nº 252356.

O juízo de insanabilidade

Mas essa definição – sobre ser insanável a irregularidade e caracterizadora de ato doloso de improbidade – não será encontrada na decisão de rejeição de contas, ou seja, o Tribunal de Contas, quando julga as contas dos responsáveis pela ordenação de despesas, ou quando oferece parecer prévio sobre as contas gerais anuais dos chefes do Executivo, não vai pronunciar-se sobre a natureza das irregularidades encontradas, se sanáveis ou insanáveis, se caracterizam ou não improbidade administrativa. O Tribunal de Contas rejeita contas sob o argumento de ter faltado prova da realização da despesa, ou por inobservância do procedimento de licitação, ou por aplicação de verba na educação em percentual inferior ao previsto na Constituição, etc.

Cabe à Justiça Eleitoral, quando da apreciação da candidatura, com ou sem impugnação (vale a pena relembrar que a inelegibilidade é matéria de ordem pública, que deve ser conhecida até mesmo de ofício pelo Juiz: SÚMULA TSE n. 45[459], avaliar se a irregularidade constatada quando da rejeição das contas é insanável ou não. Sendo insanável, indefere a candidatura, porque inelegível o candidato, desde que, evidentemente, ainda dentro dos 8 (oito) anos desde a decisão irrecorrível de rejeição.

[459] "Nos processos de registro de candidatura, o Juiz Eleitoral pode conhecer de ofício da existência de causas de inelegibilidade ou da ausência de condições de elegibilidade, desde que resguardados o contraditório e a ampla defesa."

"Eleições 2012. Registro de candidatura. Prefeito. [...]. Contas de convênio. Competência para julgamento: Tribunal de Contas. Rejeição de contas. Enquadramento jurídico das irregularidades pela Justiça Eleitoral. Possibilidade. Causa de inelegibilidade. Art. 1º, inciso I, alínea g, da Lei Complementar nº 64/90. Irregularidade insanável e ato doloso de improbidade administrativa. [...] 2. A **competência para o julgamento das contas de prefeito atinentes a convênios é do Tribunal de Contas**, hipótese em que lhe compete decidir e não somente opinar. 3. Uma vez rejeitadas as contas, a **Justiça Eleitoral não só pode como deve proceder ao enquadramento jurídico das irregularidades como sanáveis ou insanáveis**, para fins de incidência da inelegibilidade do art. 1º, inciso I, alínea g, da Lei Complementar nº 64/90. Entretanto, não lhe compete aferir o acerto ou desacerto da decisão emanada pela Corte de Contas. 4. A disciplina normativa constante da alínea g exige, para configuração da inelegibilidade, que concorram três requisitos indispensáveis, quais sejam: a) diga respeito a contas públicas rejeitadas por irregularidade insanável que configure ato doloso de improbidade administrativa; b) seja irrecorrível a decisão proferida por órgão competente; e c) não tenha essa decisão sido suspensa pelo Poder Judiciário. 5. O julgado regional, analisando os fatos e provas constantes dos autos, constatou a presença dos elementos caracterizadores da hipótese constante do art. 1º, inciso I, alínea g, da Lei Complementar nº 64/90 - inclusive a existência de dolo. [...]" (Ac. de 17.12.2012, no AgR-Respe n. 48280, Rel. Min. Laurita Vaz. No mesmo sentido, o Ac. de 03.11.2010, no AgR-RO n. 323019, Rel. Min. Aldir Passarinho)

"**À Justiça Eleitoral compete formular juízo de valor a respeito das irregularidades apontadas pelo Tribunal de Contas**, vale dizer, se as irregularidades configuram ou não inelegibilidade..." (STF, MS n. 22.087-2/DF, Rel. Min. Carlos Velloso, DJU 10/5/1996) (Grifamos)

"Registro de candidatura. Rejeição de contas. Decisões do Tribunal de Contas da União. Convênios com verbas repassadas (...) pelo FNDE. (...) Acórdão que teve como fundamento a necessidade de ter sido ajuizada ação por improbidade, nos termos da Lei n. 8.429/92, calcada nos fatos objeto da decisão da Corte de Contas e, ainda, a natureza sanável das irregularidades apontadas em uma das decisões do TCU. Afastamento do primeiro fundamento. (...) Irregularidades de natureza insanável, com viso de improbidade administrativa. Inelegibilidade caracterizada. 1. A inelegibilidade da alínea g do inciso I do art. 1º da LC n. 64/90 decorre de decisão irrecorrível do órgão competente por irregularidade insanável, não estando condicionada à existência de ação por improbidade. (...)" (Ac. n. 19.027, de 26/10/2000, rel. Min. Fernando Neves.)

Ac-TSE, de 22.10.2014, no REspe nº 25725: invade a competência da Justiça Eleitoral a decisão da Justiça Federal que mantém válido o acórdão do TCU que rejeita as contas e afasta potencial inelegibilidade da conduta.

Suspensão ou anulação judicial da decisão de rejeição

Essa inelegibilidade, decorrente da decisão que rejeitou as contas do gestor de dinheiro público por irregularidade insanável, pode ser *suspensa ou anulada pelo Poder Judiciário*. A nova redação desta alínea "g", ao valer-se da expressão: *"salvo se esta* (decisão irrecorrível) *houver sido suspensa ou anulada pelo Poder Judiciário"*, revoga em definitivo o enunciado da Súmula 01 do TSE, que, com a exigência da legislação anterior de mera submissão da questão à apreciação do Judiciário, chegou a contentar-se apenas com o protocolo da petição inicial de uma ação declaratória desconstitutiva da rejeição de contas, na Justiça Comum, para entender suspensa a inelegibilidade, que quase nunca era cumprida. Era bastante simples: o candidato com contas rejeitadas – portanto inelegível – ajuizava a ação, questionando todos os pontos considerados pelo Tribunal de Contas, e, com isso, suspendia a inelegibilidade e podia concorrer livremente às eleições. Era exatamente isso que dizia a leitura fria da Súmula n. 1 do TSE:

> "Proposta a ação para desconstituir a decisão que rejeitou as contas, anteriormente à impugnação, fica suspensa a inelegibilidade" (Súmula n. 1 do TSE).

A nova redação da alínea "g", ao que se vê, veio ao encontro do novo entendimento que se firmou nos tribunais eleitorais desde o pleito de 2006[460], não mais bastando o ajuizamento da ação desconstitutiva, ou seja, o protocolo de uma inicial. Necessário, agora também por força da LC n. 135, que haja o pronunciamento do Judiciário, na mencionada ação desconstitutiva, anulando ou suspendendo a decisão de rejeição das contas, ainda que por força de antecipação de tutela ou liminar, do que resultará a suspensão da inelegibilidade.

Em boa hora a alteração legislativa, pois que a suspensão da inelegibilidade com o tão só protocolo da inicial da ação desconstitutiva consagrou o uso meramente oportunista do Poder Judiciário, com a finalidade apenas de possibilitar a candidatura, já que a discussão em torno das contas rejeitadas quase nunca importava verdadeiramente. Rejeitadas as contas, o candidato contra isso não se insurgia de imediato, deixava correr a inelegibilidade e só ajuizava a ação às vésperas do registro da candidatura, revelando, com isso, sua única pretensão: suspender a inelegibilidade.

---

[460] "Eleições 2006. Registro de Candidato. Deputado Estadual. Pedido indeferido. *Rejeição de contas. Ação sem eficácia suspensiva.* (...) 1. Para se aplicar a súmula 1 do TSE, é senhor que tenha sido concedida eficácia à ação proposta contra a decisão que rejeitou as contas, ainda que por meio de tutela antecipada (RO n. 912). (...)" (TSE, Age. Reg. em RO n. 1.067, Rel. Min. Antônio Cezar Pelos, *DJ* de 4/12/2006).

"Registro de candidatura. Candidato a Deputado Estadual. *Contas rejeitadas* pelo Poder Legislativo Municipal. Ex-Prefeito. Recurso provido para se indeferir o registro. *1. O dilatado tempo entre as decisões que rejeitaram as contas e a propositura das ações anulatórias evidencia o menosprezo da autoridade julgada para com os seus julgadores.* 2. O ajuizamento da ação anulatória na undécimo hora patenteia o propósito único de buscar o manto do enunciado sumular n. 1 deste Superior Eleitoral. Artificialização da incidência do verbete. 3. A ressalva contida na parte final da letra 'g' do inciso I do art. 1º da Lei Complementar n. 64/90 há de ser entendida como a *possibilidade, sim, de suspensão de inelegibilidade mediante ingresso em juízo, porém debaixo das seguintes coordenadas* mentais: a) que esse bater às portas do Judiciário traduza a continuidade de uma 'questão' (no sentido de controvérsia ou lide) já iniciada na instância constitucional própria para o controle externo, que é, sabidamente, a instância formada pelo Poder Legislativo e pelo Tribunal de Contas (art. 71 da Constituição); b) que a petição judicial se limite a esgrimir tema ou temas de índole puramente processual, sabido que os órgãos do Poder Judiciário não podem se substituir, quanto ao mérito desse tipo de demanda, a qualquer das duas instâncias de Contas; c) que tal petição de ingresso venha ao menos a obter provimento cautelar de explícita suspensão dos efeitos da decisão contra a qual se irresigne o autor. Provimento cautelar tanto mais necessário quanto se sabe que, em matéria de contas, 'as decisões do tribunal de que resulte imputação de débito ou multa terão eficácia de título executivo' (§ 3º do art. 71 da Lei Constitucional) 4. Recurso ordinário provido" (TSE, RO n. 963, SP, Rel. Min. Carlos Ayres Britto).

Há importante dissenso na jurisprudência a respeito da possibilidade de, nessa ação declaratória desconstitutiva, discutir-se o *mérito da rejeição* das contas. O TJMG[461] tem precedentes em que a apreciação judicial limita-se ao aspecto formal da decisão do Legislativo, porque a apreciação do mérito seria indevida intromissão do Judiciário em atribuição exclusiva daquele. Nesse sentido:

> "Não compete ao Judiciário julgar as contas do Prefeito Municipal, pois, em sendo função exclusiva do Poder Legislativo Municipal o controle externo do Poder Executivo Municipal, circunscreve-se às Câmaras Municipais o exercício do controle sobre as contas do alcaide, observado o parecer do TC. Admitir-se o contrário importaria em violação ao princípio da independência dos Poderes, insculpido no art. 2º da Constituição Federal. Ao Judiciário cabe tão somente examinar o aspecto formal da sessão convocada para a apreciação das contas do Prefeito Municipal." (TJMG, Ap. Cível n. 96.808-1/00, Pará de Minas, Rel. Des. Isalino Lisboa, 26/10/2000)

> "Contas da Câmara Municipal - Julgamento - Tribunal de Contas - Competência - Ação de nulidade ou retificação do ato de julgamento proposta por Vereador - (...) - Decisão técnica do Tribunal de Contas - Revisão - Poder Judiciário - Incompetência - Análise restrita aos aspectos formais do ato - Intimação do Presidente da Câmara - Notificação dos outros Vereadores - Desnecessidade - (...) - O Poder Judiciário é incompetente para rever as decisões técnicas do Tribunal de Contas, mormente no que diz respeito à metodologia do exame de contas. O Judiciário deve-se ater à análise da legalidade dos aspectos formais do ato administrativo, não podendo pronunciar-se sobre o mérito, em respeito ao princípio da independência dos Poderes." (TJMG, Ap. Cível n. 252.500-4/00, Belo Horizonte, Rel. Des. Brandão Teixeira, em 18/3/2003 - Destaquei)

No STJ, todavia, o pensamento verte no sentido da possibilidade de questionamento do mérito da rejeição:

> "Prestação de contas. Prefeito. Rejeição pela Câmara de Vereadores por falta de quorum. Ação anulatória, prevista no art. 1º, inciso I, letra g, da Lei Complementar n. 64/90. Cabimento. Âmbito. A ação anulatória referida no citado preceito legal complementar é cabível contra a decisão da Câmara de Vereadores, incluindo-se, no seu âmbito, as questões relativas à regularidade do processo e à existência dos motivos atinentes ao ato de rejeição das contas." (STJ, RESPE n. 80.419-MG, Rel. Min. Antônio de Pádua Ribeiro, DJU 13/5/1996)

Essa decisão judicial de suspensão ou anulação da rejeição de contas não produzirá o efeito de suspensão da inelegibilidade se não for juntada ao pedido de registro ou se não chegar à Justiça Eleitoral pelo menos até o julgamento deste, quando são analisadas as condições de elegibilidade e causas de inelegibilidade, inclusive as alterações fáticas e jurídicas posteriores à formalização do pedido de registro, como autorizado pelo novo § 10, do art. 11, da Lei n. 9.504/97, a chamada elegibilidade superveniente[462].

Durante toda a tramitação da mencionada ação desconstitutiva, a inelegibilidade permanece suspensa (se obtido provimento neste sentido) e o prestador das contas pode candidatar-se livremente. Se o pedido for julgado improcedente (hipótese em que

---

[461] Também o entendimento recente do TSE, no RO n. 963, SP, Rel. Min. Carlos Ayres Britto, conforme nota 8, supra.

[462] O tema está mais detalhadamente desenvolvido neste Capítulo II – Pedido de Registro de Candidatura

terá subsistido a irregularidade questionada), a inelegibilidade decorrente da rejeição das contas volta a produzir seus efeitos, ou seja, o prestador das contas está novamente inelegível, agora pelo período de tempo que faltava quando da suspensão. Explica-se: o administrador público tem suas contas rejeitadas pelo TC em decisão irrecorrível em 30 de abril de 2006. Por aplicação da regra contida no art. 1º, I, *g*, da Lei Complementar n. 64/90, na redação que lhe deu a LC n. 135/2010, está inelegível até 30 de abril de 2014 (8anos). Já nas eleições de 2006, apresenta sua candidatura e, para não tê-la indeferida, propõe a ação anulatória. Suspensa a inelegibilidade por força de antecipação de tutela na Justiça Comum, em 30 de junho de 2006, percebe-se que faltavam ainda 7 anos e dez meses de inelegibilidade a serem cumpridos. Durante a tramitação daquela ação desconstitutiva, o prestador das contas rejeitadas pode-se candidatar livremente. Quando o seu pedido for julgado improcedente, a inelegibilidade volta a produzir seus efeitos pelo referido tempo restante, ficando ele impedido de concorrer a qualquer cargo eletivo por mais 7 anos e 10 meses, a partir do trânsito em julgado da sentença de improcedência na mencionada ação. Eventual revogação da liminar ou tutela antecipada também fará incidir a inelegibilidade.

> "Inelegibilidade. Rejeição de contas. Ação anulatória. A propositura de ação, tendente a desconstituir a decisão de rejeição de contas, suspende a inelegibilidade e, em consequência, não flui o prazo de cinco anos. Transitada em julgado a sentença, não acolhendo o pedido, volta a correr aquele prazo[463], persistindo a inelegibilidade pelo tempo que faltar. Impossibilidade de admitir-se seja o interessado elegível e, ao mesmo tempo, tenha curso o prazo durante o qual será inelegível." (Ac. n. 237, de 8/9/98, rel. Min. Néri da Silveira; no mesmo sendio os acórdãos n. 459, de 10/10/2000, rel. Fernando Neves, e 16.433, de 5/9/2000, rel. Min. Fernando Neves.)

Mas é bom lembrar que a inelegibilidade que decorre da decisão irrecorrível de rejeição das contas públicas só se suspende ou se anula por decisão judicial, porque essa foi a única hipótese prevista no texto. Fixada a inelegibilidade a partir da decisão de rejeição, a sua suspensão ou anulação pelo Poder Judiciário constitui exceção ao impedimento dos que cometeram irregularidades insanáveis na administração, como tal devendo ser interpretada restritivamente, não se admitindo a suspensão ou anulação provinda, p.ex., do próprio órgão julgador das contas, em procedimento de revisão muitas vezes instaurado ex officio.

> "[...] 2. O entendimento desta Corte é firme no sentido de que "rejeitadas as contas de Chefe do Poder executivo, por meio de decretos legislativos, antecedidos de pareceres da Corte de Contas, a Câmara Municipal não pode editar novo decreto, revogando os anteriores, sem ofensa ao art. 31, § 2º, in fine, da Constituição Federal" [...] Isto porque, ao contrário da coisa julgada judicial, que é absoluta, a coisa julgada administrativa é relativa, significando apenas que um determinado assunto, decidido administrativamente, não poderá ser rediscutido naquela via, mas apenas pelo Judiciário, em razão do princípio da inafastabilidade da função jurisdicional. Há mera preclusão de efeito interno, pois uma decisão jurisdicional administrativa continua a ser um ato administrativo, definitivo para a Administração, mas não para o Judiciário. [...]" (Ac. de 13.11.2008 no AgR-REspe nº 32.534, rel. Min. Joaquim Barbosa.)

[463] Esse prazo de cinco anos foi alterado para oito, na LC n. 135.

Há situações, entretanto, que merecem especial cuidado. Se o órgão julgador, após rejeitar as contas, instaura regular procedimento para apurar hipótese de vício naquele julgamento – como ofensa ao contraditório e à ampla defesa, p.ex. – e conclui pela anulação[464] de seu ato, reiniciando a apreciação das contas, forçoso admitir que o fato constitutivo da inelegibilidade – contas irregulares – deixa de existir no mundo jurídico, pelo menos até que sobrevenha nova rejeição, desta vez com observância do devido processo legal. Tudo porque, em sede de decisão administrativa, ou política, impõe-se à administração rever seus próprios atos, para sanar-lhes as irregularidades. Nesta mesma linha, o "recurso de revisão", que no âmbito dos tribunais de contas assume natureza de "ação rescisória", também desconstitui, em caso de provimento/procedência, a decisão de rejeição das contas, não mais subsistindo o fato descrito na lei como causa de inelegibilidade. Mas, neste caso, apenas a decisão final – que então desconstitui a rejeição – é que traz de volta a elegibilidade, pois não há previsão legal de suspensão da inelegibilidade por decisão administrativa ou do órgão com jurisdição especial sobre as contas.

> "Inelegibilidade. Rejeição de contas. 1. A anulação pela própria Câmara Municipal do decreto legislativo que havia rejeitado as contas do candidato afasta a incidência da inelegibilidade da alínea g do inciso I do art. 1º da Lei Complementar nº 64/90. 2. (...). Agravo regimental não provido. NE : Trecho do voto do relator: "A jurisprudência deste Tribunal tem feito distinção entre as hipóteses de revogação e anulação de decisões por parte das próprias Câmaras Municipais. Enquanto não se admite a revogação pura e simples do decreto legislativo por meio do qual a Câmara Municipal rejeita as contas do Chefe do Poder Executivo, a anulação é tida como válida, ainda que por motivos de ordem processual." (Ac. de 30.10.2012, no AgR-Respe n. 46450, Rel. Min. Arnaldo Versiani)

> "Eleições 2012. [...]. Registro de candidatura. Vereador. Inelegibilidade por rejeição de contas. Art. 1º, inciso I, alínea g, da Lei Complementar nº 64/90. Recurso de revisão. [...]. 1. Nos termos do art. 1º, inciso I, alínea g, da Lei Complementar nº 64/90, o indeferimento do registro de candidatura requer a rejeição das contas, por decisão irrecorrível do órgão competente, ante irregularidade insanável que configure ato doloso de improbidade administrativa. 2. É assente o entendimento desta Corte de que 'O recurso de revisão interposto perante o Tribunal de Contas da União e os embargos de declaração a ele relativos não[465] afastam o caráter definitivo da decisão que rejeita as contas' [...]." (Ac. de 06.02.2014, no Respe n. 20417, Rel. Min. Marco Aurélio, Redator designado Min. Laurita Vaz. No mesmo sentido, o Ac. de 20.10.2011, no Respe n. 1108395, Rel. Min. Arnaldo Versiani)

---

[464] O que pressupõe motivação apresentada em procedimento regular e afasta a possibilidade de a autoridade apenas revogar o ato.

[465] O TSE tem precedente em sentido contrário: "Recurso ordinário. Eleição 2010. Deputada federal. Registro de candidatura deferido. Rejeição de contas. LC nº 64/90, Art. 1º, I, g. Ação de revisão. Concessão de efeito suspensivo pelo TCE. Inelegibilidade suspensa. [...] 1. Na espécie, a ação de revisão proposta no Tribunal de Contas do Estado, recebida com efeito suspensivo, afasta a inelegibilidade prevista no art. 1º, I, g, da Lei Complementar nº 64/90. [...]" (Ac. de 03.04.2014, no RO n. 53181, Rel. Min. Dias Toffoli)

"[...] Agravo Regimental. Recurso Ordinário. Registro de Candidatura. Artigo 1º, I, g, da LC nº 64/1990, com a redação dada pela LC nº 135/2010. Parecer do Tribunal de Contas do Estado desaprovando as Contas. Ratificação pela Câmara Municipal. Novo decreto legislativo aprovando as contas desprovido de fundamentação. Impossibilidade. [...] 1. É ineficaz no campo eleitoral o decreto legislativo de revogação de decreto legislativo anterior de desaprovação de contas de Prefeito, quando desacompanhado de qualquer motivação. [...]" (Ac. de 16.12.2010, no AgR-RO n. 173170, Rel. Min. Hamilton Carvalhido)

No TSE, há precedente que suspendeu a inelegibilidade a partir do "recurso de revisão" no TC, a que a Corte de Contas deu efeito suspensivo (Ac.-TSE, de 16.11.2016, no REspe nº 5081). E há, também, acolhimento da decisão judicial da Justiça Comum, posterior à interposição do REspe, mas anterior ao pleito (AC.-TSE, de 6.5.2014, no REspe nº 15705), declarando a nulidade do decreto legislativo de rejeição de contas. E, ainda, admissão da decisão do Tribunal de Contas que deu provimento ao recurso de revisão e, consequentemente, aprovou as contas do candidato (Ac.-TSE, de 17.9.2013, no REspe nº 31003).

O novo prazo da inelegibilidade

A reforma da lei das inelegibilidades ainda alterou, para todas as hipóteses ali tratadas, o prazo de duração do impedimento, agora unificado em 8 (oito) anos, que no caso da rejeição de contas públicas conta-se a partir da decisão irrecorrível do órgão competente. Então, relembre-se que (1) se as contas forem rejeitadas por irregularidades na gestão do orçamento, a inelegibilidade conta-se a partir da decisão da Casa Legislativa que confirmar o parecer prévio do TC; e (2) se a rejeição basear-se em irregularidades de administradores e responsáveis pela ordenação de despesas ou nas que forem detectadas em contas de convênios, a decisão irrecorrível do TC é termo inicial para a contagem dos oito anos de impedimento, e por último, (3) se a rejeição for de contas ordinárias anuais de Prefeitos, ainda que como ordenadores de despesas, a inelegibilidade só se impõe a partir da rejeição da Câmara Municipal (STF, Recurso Extraordinário n. 838826, com repercussão geral).

Bom registrar que o brasileiro, quando se apresenta ao registro de candidatura perante a Justiça Eleitoral, em dado processo eleitoral, deve, naquele momento, preencher todas as condições de elegibilidade e não incorrer nas causas de inelegibilidade, sob pena de indeferimento da sua pretensão. Isto porque, diz o art. 11, § 10, da Lei n. 9.504/97, que os requisitos gerais para o registro são auferidos no momento da formalização do pedido. Tanto que vigente e aplicável, a nova hipótese de inelegibilidade apanha fatos, situações ou circunstâncias da vida pregressa[466] do brasileiro, não importando se anteriores à entrada em vigor da lei que a estabeleceu, o que não representa conflito com o princípio da *irretroatividade das leis*. Tratando-se – o conjunto das normas definidoras de inelegibilidades – do denominado "regime jurídico das candidaturas", o que está sob a regência da lei nova não

[466] O art. 14, § 9º, da CF, diz expressamente que lei complementar estabelecerá novas hipóteses de inelegibilidade, considerada a ***vida pregressa*** do candidato.

é o fato em si mesmo, mas tão somente os efeitos jurídicos que esse fato produz no tempo. A lei, ao estabelecer uma causa de inelegibilidade nova, tomando como referência um fato ou uma conduta até então irrelevante para o direito eleitoral, não pretende protrair-se para regular esse fato ao tempo da sua ocorrência, tornando-o ilícito. Ao contrário, esse fato ou conduta, em si mesmo, continua a sofrer a incidência apenas das leis do seu tempo. Para as candidaturas que se apresentarem após a vigência e aplicabilidade da lei nova, isto sim, eles são considerados nos seus efeitos futuros, se ainda não ultrapassado o prazo de cessação do impedimento consignado na lei. Equivale dizer que o fato, ainda que não afetasse a elegibilidade ao tempo da sua ocorrência – portanto, sem esse efeito jurídico –, é marca inapagável na vida pregressa da pessoa, produzindo sim efeitos pessoais, morais e sociais. Lei posterior pode considerá-los, quando do estabelecimento de novas hipóteses de inelegibilidade, conferindo-lhe efeitos jurídicos eleitorais na seara da capacidade eleitoral passiva. Percebe-se que a isso não se pode dar o nome de retroatividade da lei nova, porque esta não vai ao fato, regulando tão somente os seus efeitos ao tempo do pedido de registro de candidatura, este – registro de candidatura – sim necessariamente posterior à nova lei. Sancionada em 2010, a LC n. 135 está apta a regular as eleições de 2020, como regulou as eleições de 2012, 2014, 2016 e 2018.

Na ADC n. 030, que buscou a declaração de constitucionalidade de todas as novas inelegibilidades estabelecidas pela Lei da Ficha Limpa (LC n. 135/2010), o Min. Luiz Fux fez pertinente distinção entre *retroatividade* – aplicação da lei nova a fato passado, para regulá-lo – e *retrospectividade* – retroatividade inautêntica: aplicação da lei nova para regular tão simplesmente os efeitos futuros do fato passado –, concluindo não haver qualquer incompatibilidade da aplicação da LC n. 135/2010 – novos prazos e novas causas de inelegibilidade – com o sistema constitucional vigente. E esse seu entendimento foi acompanhado pela maioria da Corte (Min. Joaquim Barbosa, Dias Toffoli, Rosa Weber, Cármen Lúcia, Ayres Brito e Ricardo Lewandowisk). O TSE, por sua vez, assim entendeu:

> "Registro. Inelegibilidade. Condenação criminal. 1. A Lei Complementar nº 135/2010 aplica-se às eleições de 2010, porque não altera o processo eleitoral, de acordo com o entendimento deste Tribunal na Consulta nº 1120-26. 2010.6.00.0000 (rel. Min. Hamilton Carvalhido). 2. As inelegibilidades da Lei Complementar nº 135/2010 incidem de imediato sobre todas as hipóteses nela contempladas, ainda que o respectivo fato seja anterior à sua entrada em vigor, pois as causas de inelegibilidade devem ser aferidas no momento da formalização do pedido de registro de candidatura, não havendo, portanto, falar em retroatividade da lei. 3. Tendo sido o candidato condenado, por órgão judicial colegiado, pela prática do crime capitulado no art. 1º, IV, do Decreto-Lei nº 201/67, incide, na espécie, a causa de inelegibilidade a que se refere o art. 1º, inciso I, alínea e, da Lei Complementar nº 64/90, acrescentada pela Lei Complementar nº 135/2010. [...]" (Ac. De 28.10.2010 no AgR-RO n. 417432, Rel. Min. Arnaldo Versiani)

> "Consulta. Inelegibilidades. Lei Complementar nº 135/2010. 1. No julgamento da Consulta nº 1120-26.2010.6.00.0000, o Tribunal assentou que a LC nº 135/2010 tem aplicação às eleições gerais de 2010. 2. A LC nº 135/2010, que alterou as causas de inelegibilidade, se aplica aos processos em tramitação iniciados, ou mesmo já encerrados, antes de sua entrada em vigor, nos quais tenha sido imposta qualquer

condenação a que se refere a nova lei. 3. A incidência da nova lei a casos pretéritos não diz respeito à retroatividade de norma eleitoral, mas, sim, à sua aplicação aos pedidos de registro de candidatura futuros, posteriores à entrada em vigor, não havendo que se perquirir de nenhum agravamento, pois a causa de inelegibilidade incide sobre a situação do candidato no momento de registro da candidatura. 4. Exsurge da nova lei que a incidência de causas de inelegibilidade em face de condenações por órgão colegiado, sem exigência de trânsito em julgado, resulta da necessidade de exigir dos candidatos vida pregressa compatível para o exercício de mandato. [...]" (Ac. de 17.6.2010 na Cta nº 114709, rel. Min. Arnaldo Versiani.)

De resto, todas as causas de inelegibilidade agora constantes da LC n. 64/90, acrescida e alterada pela LC n. 135/2010, inclusive o prazo uniforme de oito anos, guardam perfeita relação de subordinação e pertinência com os bens jurídicos fixados no art. 14, § 9º, da CF. Os fatos, situações e circunstâncias estabelecidos pelo legislador complementar como impedimentos ao exercício da capacidade eleitoral passiva, pelo prazo comum de oito anos, traduzem com razoabilidade e proporcionalidade a necessidade de proteção da (i) legitimidade e normalidade das eleições e da (ii) moralidade e probidade para o exercício das funções públicas eletivas. Com efeito, perfeitamente proporcional e razoável afastar das disputas eleitorais – daí das funções públicas eletivas –, por oito anos, p.ex., (i) aquele candidato que, durante a campanha eleitoral, substituiu a exposição de ideias e projetos pela doação, promessa ou oferta de vantagens pessoais aos eleitores, comprando-lhes a liberdade de escolha, ou (ii) aquele funcionário público que tiver sido demitido a bem do serviço público, porque já demonstrada em processo administrativo regular a prática de conduta incompatível com o interesse público. Ademais, esses novos padrões de comportamento, que agora traçam o perfil das candidaturas, estão em adequada harmonia com o sentimento de moralidade da sociedade brasileira, manifestada de forma clara e induvidosa inclusive pela subscrição do projeto de lei de iniciativa popular. **Nas ADC n. 029 e 030, o STF confirmou a constitucionalidade de todas as novas hipóteses de inelegibilidade**, sendo oportuno lembrar que a decisão do STF, em sede de declaratória de constitucionalidade, **tem efeito vinculante e não admite posição diversa de qualquer outro órgão do Poder Judiciário**.

In casu, ao que se vê, a decisão irrecorrível do órgão julgador competente (Câmara Municipal) deu-se em 2013, portanto, a menos de oito anos, daí que o Impugnado ainda incorre na mencionada causa de inelegibilidade, disso decorrendo que se encontra com impedimento ao exercício da capacidade eleitoral passiva.

Alie-se a isso o fato de não encerrarem os autos notícia de que haja sido proferida decisão concessiva da suspensão da causa de inelegibilidade.

Em face do exposto, requer e espera o MPE:

13) Seja recebida a presente, com certidão expedida pelo Eg. TCMG, e juntada aos autos do registro de candidatura do Impugnado;

14) Seja determinada a notificação do Impugnado para a defesa que tiver, no prazo de 07 (sete) dias;

15) Estando a matéria fática provada por documentos, sem necessidade de dilação probatória, seja julgada procedente a impugnação para indeferir-se o pedido de registro de candidatura do Impugnado.
16) Surgindo a necessidade de produção de provas, o MPE protesta por todos os meios em direito admitidos.

Local, ... de setembro de 2020.

Edson de Resende Castro
Promotor Eleitoral

---

11 – (IN)DEFERIMENTO DO REGISTRO

DEFERIMENTO:

Proc. nº ________/___ - Pedido de Registro de Candidatura

MM. Juiz Eleitoral,

O Partido "..." (ou A Coligação "...", pelo representante indicado pelos partidos coligados), representado pelo presidente do seu Órgão Municipal, requer o Registro de seus Candidatos, relacionando-os, juntando documentos e informando os dados dos candidatos, com as respectivas autorizações. Neste anexo, as peças relativas às condições pessoais do candidato.

Da análise do pedido inicial, e com referência à candidatura deste anexo, conclui o Ministério Público Eleitoral que está ele a merecer acolhida, pois foram demonstradas as condições de elegibilidade ditadas pelo art. 14, § 3º, da CF (domicílio eleitoral no município e filiação partidária desde 04/04/2020, pleno exercício dos direitos políticos, revelado pela inexistência de condenação criminal e pela quitação eleitoral). Os documentos também não evidenciam a incidência das inelegibilidades dos §§ 4º, 5º, 6º e 7º, do citado art. 14 da CF, e nem das hipóteses estabelecidas na LC n. 64/90, com redação dada pela LC n. 135/10.

Em face do exposto, põe-se o Ministério Público Eleitoral pelo **deferimento** da candidatura deste anexo.

(Local), ... de setembro de 2020.

Edson de Resende Castro
Promotor Eleitoral

INDEFERIMENTO - FALTA DE DOCUMENTOS

Proc. nº ________/___ - Pedido de Registro de Candidatura

MM. Juiz Eleitoral,

O Partido "..." (ou A Coligação "...", pelo representante indicado pelos partidos coligados), representado pelo presidente do seu Órgão Municipal, requer o Registro de seus Candidatos, relacionando-os, juntando documentos e informando os dados dos candidatos, com as respectivas autorizações. Neste anexo, as peças relativas às condições pessoais do candidato ________________________.

Da análise do pedido inicial, e com referência à candidatura deste anexo, conclui o Ministério Público Eleitoral que está ele a merecer **indeferimento**, pois **não foram juntados documentos** essenciais à análise da presença, ou não, das condições de elegibilidade e das causas de inelegibilidade fixadas na legislação eleitoral.

Não obstante a expressa determinação do art. 11, § 1º, da Lei n. 9.504/97, e do art. 27, da Res. TSE n. 23.609/2019, o candidato não instruiu o seu pedido com a certidão criminal da Justiça Estadual, pelo que é impossível saber se ele está no pleno exercício dos direitos políticos, conforme exigência do art. 14, § 3º, da Constituição Federal.

Sem a juntada de todos os documentos exigidos em lei, o candidato não preenche as "condições de registrabilidade", não permitindo que a Justiça Eleitoral exerça o efetivo controle de legalidade das candidaturas.

Diante do exposto, põe-se o Ministério Público Eleitoral pelo **indeferimento** da candidatura deste anexo.

(Local), ... de setembro de 2020.

Edson de Resende Castro

Promotor Eleitoral

---

12 – DIREITOS POLÍTICOS SUSPENSOS: SURSIS

"Processo n. ... – Registro de Candidatura

Reqte: ...

1. Relatório

A Coligação ... requereu o Registro (dentre outras) da Candidatura de ..., juntando os documentos de fls. 4/13.

Às fls. 14/16, o Ministério Público Eleitoral ofereceu impugnação à referida candidatura, argumentando que o Candidato, condenado por sentença passada em julgado (pela prática de crime eleitoral) e em gozo de *sursis*, encontra-se com seus direitos políticos suspensos, por força do art. 15, III, da CF/88, incorrendo ainda na inelegibilidade do art. 1º, inciso I, alínea *e*, da LC n. 64/90.

Limitando-se a contestação de fls. 22/25 a sustentar que inaplicável a inelegibilidade em face de o fato que deu origem à condenação ser anterior à CF/88 e à própria LC n. 64/90, e que a lei penal não pode retroagir, a sentença de fls. 28/31 acolheu a impugnação e indeferiu o registro.

Tempestivamente, recorreu o candidato ... (fls. 36/41), assegurando que a inelegibilidade é 'pena', daí ser necessário observar-se o princípio da reserva legal; acrescentando que não teve seus direitos políticos suspensos, finaliza dizendo que o *sursis* substitui o cumprimento da pena por certas condições, razão do que não estariam suspensos os direitos políticos no seu período.

Com vista dos autos, o MPE oferece contrarrazões.

2. Fundamentação

Trata-se de recurso oferecido em face da sentença que indeferiu o pedido de registro da candidatura do Recorrente, por entender suspensos os seus direitos políticos.

As três linhas de argumentação do recurso podem ser reagrupadas em duas, já que a terceira tem a mesma base doutrinária da primeira e se sustenta nos conceitos de pena, seu cumprimento e efeitos da condenação.

2.1. Cuidando da alegação de que a inelegibilidade não pode ser aplicada ao Recorrente porque a lei penal não retroage, cumpre trazer à baila, em princípio, os ensinamentos de José Frederico Marques, citado por Damásio E. de Jesus (*Direito penal*, v. I, p. 55), quando o mestre assegura que a limitação 'imposta às normas que preveem a pena como resultado de um comportamento ilícito, não se estende às normas não incriminadoras, onde a pesquisa do intérprete busca uma regra que se situa na esfera da licitude. Por haver restrições que vedem a ampliação do ilícito punível, não se pode inferir que o *licere* fique comprimido também no literalismo legal'.

Então, se é certo que a inelegibilidade é instituto que impõe restrições ao direito de ser votado (pena em sentido amplo), não menos certo é que não se pode conceituá-lo como pena (em sentido estrito), para efeito de observância do princípio da reserva legal, posto que nesta seara apenas se coloca a pena como resultado de imposição da norma incriminadora, de ilícito criminal.

Além disso, a CF/88, em seu art. 15, III, não instituiu qualquer norma incriminadora. Limitou-se a estabelecer como efeito da condenação trânsita a suspensão dos direitos políticos do sentenciado. E a LC n. 64/90 só veio a estabelecer a projeção, por mais oito anos, da inelegibilidade, nos casos que menciona.

E não se há de confundir a pena (que incorpora o tipo) aplicada pelo Juiz em face de previsão legal e porque o agente descreveu uma conduta típica, com os efeitos decorrentes da condenação, estes uma espécie de *plus* e que nem sempre tem natureza penal, como, aliás, o caso destes autos, em que a restrição atinge os direitos políticos do cidadão e não o seu *status libertatis*.

Se a impossibilidade de o Recorrente submeter seu nome à apreciação do eleitorado se dá em razão de ter condenação transitada em julgado, por crime eleitoral, e por isso com seus direitos políticos suspensos e incorrendo em causa de inelegibilidade, o fato de estar em gozo de *sursis* não muda o rumo de seu destino, *data venia*, até porque não é a impossibilidade material (ou física) de locomoção decorrente da pena privativa de liberdade que inspira a suspensão dos direitos políticos, mas sim e principalmente o sentimento de reprovabilidade expresso numa condenação criminal, que está a impedir o acesso do condenado ao cargo eletivo, por questões de fundo eminentemente ético.

Nessa linha de raciocínio, pois, havendo condenação criminal, principalmente por crime eleitoral, a eventual concessão da suspensão condicional da pena não tem o condão de afastar a suspensão dos direitos políticos.

No período de prova do *sursis*, como de regular sabença, perduram todos os efeitos da condenação, até porque, como muito bem salientado pela MMª Juíza Sentenciante, somente após seu transcurso é que se julga extinta a pena, em não havendo razões para a revogação do benefício. Caso contrário, o sentenciado terá toda a pena a cumprir.

Bom lembrar que o Colendo Tribunal Superior Eleitoral também segue a mesma linha de entendimento, como se observa de parte do voto do Min. Eduardo Alckmin, no Recurso n. 10.532-CE, *verbis*: 'Estando o postulante no cumprimento da suspensão condicional da pena, é ele inelegível a teor do art. 15, III, da CF/88.'

Com essas considerações, reportando-se ao que se assentou na Impugnação (principalmente ao entendimento externado pelo STF) e aos argumentos da decisão recorrida, pensa o MPE que a manutenção do indeferimento se impõe.

2.2. Quanto à alegada ausência de previsão do crime do art. 129, § 1º, do CP, no elenco da LC n. 64/90, tem-se que o arrazoado é equivocado, já que a Impugnação não se alicerçou naquela lei complementar, e sim e tão somente no texto Constitucional (art. 15, III), por razões óbvias.

3. Conclusão

Em face de tudo quanto precedentemente se considerou, põe-se o Ministério Público Eleitoral pela integral confirmação do *decisum*.

(Local), ... data......

Edson de Resende Castro
Promotor Eleitoral

13 – ANALFABETISMO - CONTRARRAZÕES

"Processo n. ... – Registro de Candidatura

Reqte: ...

1. Relatório

A Coligação ... requereu o Registro (dentre outras) da Candidatura de ..., juntando os documentos de fls. 05/14.

Às fls. 15/16, o M. Público Eleitoral ofereceu impugnação à referida candidatura, argumentando que o Candidato declarou saber ler e escrever, mas não juntou prova da alfabetização exigida pela CF/88 (art. 14, § 4º) e pela LC n. 64/90 (art. 1º, inciso I, alínea *a*), apesar de terem sido todos os Partidos Políticos avisados da necessidade da prova, já que inelegíveis os analfabetos. Sugere a realização de teste, caso o Impugnado não tenha prova documental da alfabetização.

Decorrido o prazo sem contestação (fls. 20), designou-se data para a realização do teste, a que compareceu o Impugnado, quando terminou por declarar-se analfabeto, isto depois de não conseguir preencher um singelo formulário (fls. 23/24).

Com isso, a sentença de fls. 25/26 acolheu a impugnação e indeferiu o registro.

Tempestivamente, recorreu o Impugnado (fls. 30/34), assegurando que o conceito de analfabeto é 'juridicamente variável', que o teste aplicado não encontra amparo na Lei n. 9.100/95[467] e que o Recorrente é pessoa dada aos atos corriqueiros da vida civil, demonstrando desenvoltura. Além disso, colaciona entendimentos do TRE/MG, segundo os quais presume-se alfabetizado o portador de título eleitoral e reforçando sua tese de que o teste não se encontra regulamentado. Junta os documentos de fls. 35/52.

Com vista dos autos, o MPE oferece contrarrazões.

2. Fundamentação

Trata-se de recurso oferecido em face da sentença que indeferiu o pedido de registro da candidatura do Recorrente, por confessadamente analfabeto.

Ab initio, há que buscar-se o entendimento do que seja analfabetismo como causa de inelegibilidade.

Sabendo-se que as inelegibilidades impõem restrições à capacidade eleitoral passiva (direito de ser votado), a interpretação orientar-se-á pelo critério restritivo. Assim, há que exigir-se daquele que pretende alcançar cargo eletivo o mínimo possível para que alguém possa dizer-se alfabetizado, ou seja, que saiba ler e escrever. Aqui, cabe trazer o auxílio de Aurélio, segundo o qual analfabeto é 'aquele que não sabe nem o alfa nem o beta [...], que não conhece o alfabeto [...] que não sabe ler e escrever'.

Com efeito, saber ler e escrever é realmente o mínimo de conhecimento do homem alfabetizado. É a iniciação do aprendizado e, sem isso, não se tem acesso ao mundo das letras.

---

[467] Lei de vigência temporária, que disciplinou as eleições de 1996. A lei das eleições agora é a 9.504/97.

Sem embargo do que o homem pode aprender e apreender na "escola da vida" (no que se resume uma das linhas de argumentação do recurso), com cujos conhecimentos adquire aptidão para os negócios em geral (aquisição e administração de imóveis, movimentação de contas bancárias, etc.), o certo é que não são esses conhecimentos, essa desenvoltura e até mesmo eventual habilidade em atos negociais que dão ao cidadão a capacidade eleitoral passiva. Isto porque não são tais fatores que conferem à pessoa a condição de alfabetizado.

Na linha de raciocínio antes defendida, a alfabetização pressupõe o domínio, por menor que seja, das letras do alfabeto, tendo a pessoa condições de saber juntá-las umas às outras, formando sílabas, palavras, orações e textos, a partir de quando poderá entender a linguagem escrita.

É essa a exigência do texto constitucional vigente, estabelecendo o Legislador Constituinte sistema que garante o exercício da soberania popular, por representação, apenas àqueles que têm acesso à escrita e à leitura.

Quando o Legislador Constituinte estendeu aos analfabetos a capacidade eleitoral ativa (direito de votar) e não o fez com relação à capacidade eleitoral passiva (direito de ser votado), bem expressou o seu desejo: que o sufrágio não elevasse à representação popular aqueles que não soubessem, por si, entender e expressar a linguagem escrita. Em resumo, aqueles que não soubessem ler e escrever, no mínimo.

E andou bem o Legislador, pois o exercício da legislatura ou da Administração Pública encerram atividades, senão sempre intelectuais, invariavelmente dependentes da escrita e da leitura.

Com tal objetivo, ou seja, aferir o domínio da escrita e da leitura do Recorrente, é que o MPE lhe opôs impugnação, salientando que a alfabetização poderia vir provada documentalmente. Só na inexistência de documentos é que o teste de avaliação se fazia necessário, já que se admite a hipótese de o cidadão alcançar a alfabetização por vias outras que não a rede oficial de ensino.

Então, o teste, antes de ser constrangimento imposto ao candidato, constitui mais uma oportunidade para demonstrar não incorrer na causa de inelegibilidade ditada pelos textos da CF/88 e da LC n. 64/90.

Se é certo que a legislação não cuidou de regulamentar o referido teste/avaliação, não menos certo é também que a LC n. 64/90, cuidando do procedimento da Impugnação do Registro de Candidaturas, reservou a possibilidade de produção de provas relevantes, conferindo ao Juiz, ainda, a liberdade de determinar diligências, tudo para que possa formar 'sua convicção pela livre apreciação da prova, atendendo aos fatos e às circunstâncias constantes dos autos, ainda que não alegados pelas partes, mencionando, na decisão, os que motivaram seu convencimento' (art. 7º, parágrafo único).

Ora, aí está, sem sombra de dúvidas, a autorização legal (a regulamentação, como queiram) para a submissão à avaliação dos candidatos que não possuem comprovação documental da alfabetização. Não se pode fechar os olhos para o leque aberto ao Juiz Eleitoral pelo Legislador Complementar, que esteve atento a que se oferecesse à

Justiça Eleitoral condições efetivas de fiel observância das prescrições constitucionais e infraconstitucionais pertinentes às inelegibilidades. Mais uma vez, registre-se, andou bem o Legislador.

Na particularidade da avaliação aplicada pelo Juízo Eleitoral da 296ª Zona/de ..., atento àquele conceito mínimo de alfabetização, nota-se que o teste a que foi submetido o Recorrente é de singular singeleza. Mais que primário, é elementar.

Se o Recorrente não soube preencher um formulário que lhe indagava o nome, a data de nascimento, a filiação, a profissão, o endereço e mandava que escrevesse por extenso alguns números, só lhe restava mesmo *declarar-se analfabeto (ou que não sabe nem ler e nem escrever), como acabou fazendo diante da MMª Juíza sentenciante.*

No caso destes autos, nem foi preciso fazer a avaliação do Recorrente, pois ele mesmo confessou não saber ler e nem escrever, a despeito de evidente o fato. Então, mesmo que se entenda ser incabível o teste (apenas por amor ao debate), a espécie está ainda assim a desafiar a solução adotada pela sentença recorrida, pois o analfabetismo veio confessado pelo candidato.

Quanto aos respeitáveis acórdãos trazidos à baila pelo Recorrente, o MPE sugere uma maior reflexão sobre o assunto, principalmente quando se pretende presumir alfabetizado aquele que tem título eleitoral.

Data venia, sendo o alistamento uma faculdade também dos analfabetos, o fato de a pessoa ter título eleitoral nada prova e nem mesmo presunção alguma atrai, no que diz respeito à alfabetização. Se o analfabeto pode alistar-se, a declaração eventualmente feita por ocasião do preenchimento do RAE, dizendo-se alfabetizado (ou saber ler e escrever), é dado meramente informativo, pois que sem qualquer influência no resultado do requerimento de alistamento. Por força de lei, tal declaração, ainda que divorciada da realidade (como *in casu*), não terá o condão de levar o pedido ao indeferimento.

Se assim é, renovada a *venia*, como conferir a presunção pretendida?

De resto, há que registrar-se que o Colendo Tribunal Superior Eleitoral, quando oportunizado a decidir espécie semelhante, não teve dúvida em confirmar a exigência constitucional de alfabetização para concorrência a cargo eletivo, como se colhe do Acórdão n. 12.786, relatado pelo Min. José Cândido, *verbis*:

> '*Recurso Especial – Inelegibilidade – Candidato Analfabeto – Art. 14, § 4º, da Constituição Federal.* Constatado ser o candidato analfabeto, até por expressa confissão sua, de que não sabe ler e nem escrever, é impossível deferir-lhe o registro, mesmo na condição de atual vereador.'

E mais, no Recurso Eleitoral n. 411/92, da 226ª Zona Eleitoral/ ..., o Juiz Almeida Melo, do TRE mineiro, assim entendeu, com sobriedade e acerto:

> '... havendo essa exigência constitucional da alfabetização, para min não basta desenhar o nome. Se o Juiz os mandou fazer o teste, acompanho o voto do Juiz Carvalho Pereira para modificar, cassar, ou seja, reformo a decisão e baixo em diligência o processo.'

3. Conclusão

Em face de tudo quanto precedentemente se considerou, põe-se o Ministério Público eleitoral pela integral confirmação do *decisum*.

..., 1 de agosto de 1996.

Edson de Resende Castro

Promotor Eleitoral."

Anexo D
MODELO DE PARECER EM PEDIDO DE RESPOSTA

Processo Eleitoral n. ... – Pedido de Resposta

Reqte: ...

MM. Juiz Eleitoral,

1. ..., qualificado, dizendo ter sido escolhido na convenção do P... para disputar o cargo de Prefeito nas próximas eleições, noticia ter sido vítima de "divulgação da falsa mensagem" de ser o responsável pelo cancelamento do *show* que estava previsto para o último dia 30, o que lhe "causou grande prejuízo à imagem". Afirma que foi a 'equipe de apoio ao Sr. Prefeito Municipal' a divulgadora da versão, reconhece que não foi ela difundida em veículo de comunicação social, mas afirma ser 'justo conceder ao Requerente o Direito de esclarecer à população de ... que, se tal *show* foi interrompido pelas Autoridades Eleitorais, é porque estas, como sempre têm feito em todas as Eleições, ou seja, com dinamismo, competência e imparcialidade, encontraram alguma irregularidade". Com o pedido, a procuração de fls. 04.

A requerimento do Ministério Público Eleitoral (fls. 06), foi o apontado ofensor notificado (fls. 08), vindo as considerações de fls. 09/11, onde argumenta o Candidato ... não poder ser responsabilizado por "boatos de campanha eleitoral", inda mais porque "os fatos restaram esclarecidos, sendo que o Ministério Público, em reuniões, explicitou o ocorrido, não havendo as consequências reclamadas pelo requerente". Acresce que o direito de resposta só existe para calúnia, injúria ou difamação, quando difundidas por meio de "veículo de massa".

No que de interesse é o relatório.

2. Ao que se vê do pedido inicial, não se trata de exercício do direito de resposta.

O próprio Requerente reconhece que o direito de resposta regulado em lei se reserva às hipóteses em que a ofensa à honra objetiva ou subjetiva do Candidato, Partido

Político ou Coligação for difundida em veículo de comunicação social, aqueles previstos no art. 58 da Lei Eleitoral (rádio, TV e imprensa escrita).

Não teria mesmo como exercitar tal direito em hipóteses como a narrada na inicial, bastando para isso considerar o fato de que o pedido de resposta tem prazo decadencial, contado da data da veiculação da ofensa. Além disso, a resposta é divulgada no mesmo veículo, espaço, tamanho, local, horário, etc.

O que quer o Requerente é autorização para esclarecer a população candeense que não teve qualquer participação na proibição, pela Justiça Eleitoral, da realização do *show* do dia 30 de junho.

Para isso, *data venia*, não precisa da autorização pretendida. É que, durante a campanha eleitoral, os candidatos se dirigem ao eleitorado levando informações de toda ordem, desenhando o seu perfil, mostrando-se apto às funções para as quais concorre e, não raro, cuidando de afastar falsas impressões surgidas a seu respeito.

Poderá, como já o fez o MPE em reunião com todos os candidatos, esclarecer que a representação foi iniciativa do Promotor Eleitoral, para a qual não concorreu provocação de quem quer que seja. O Requerente só terá que, nos esclarecimentos que fizer ao eleitor, tomar o cuidado de não produzir ofensas e nem mesmo divulgar fatos inverídicos ou de que não tenha certeza, sob pena de cometimento de crime eleitoral.

Não é demais lembrar que o direito de informar o eleitor, que se traduz no conceito de propaganda eleitoral, é amplo e exercitável diretamente pelo candidato, nos limites da lei eleitoral, só dependendo do procedimento previsto na lei quando a ofensa é difundida pelos mencionados veículos de comunicação social.

Se o Requerente pode dirigir-se livremente ao eleitorado para esclarecer o "boato de campanha eleitoral", fácil concluir pela ausência do interesse de agir, traduzido como necessidade da tutela jurisdicional.

3. Em face de tudo quanto precedentemente se considerou, põe-se o Ministério Público Eleitoral pelo indeferimento da inicial, por falta de interesse processual, na forma do art. 295, III, do CPC, aplicado subsidiariamente ao processo eleitoral.

..., 25 de julho de 2000.

Edson de Resende Castro

Promotor Eleitoral."

Anexo E
MODELOS DE REPRESENTAÇÃO

1

Propaganda Extemporânea

Exmo. Sr. Dr. Juiz Eleitoral da ...... ZE de ....,

O Ministério Público Eleitoral, por meio do Promotor Eleitoral ao final assinado, no regular exercício das atribuições que lhe confere o art. 72, da Lei Complementar n. 75/93, vem à presença de V.Exa., fundado nas peças de informação anexas, oferecer **Representação por Propaganda Eleitoral Extemporânea** em face de:

____, brasileiro, ..., residente à Rua ...., nesta cidade,

Face às seguintes razões de fato e de direito:

Chegou ao conhecimento do Ministério Público Eleitoral, por meio de manifestação formalizada na Ouvidoria do Ministério Público, que o Representado, na data de 27 de maio do corrente ano, ...descrever a conduta do caso concreto, por exemplo, ...

HIPÓTESE 1 (às 07h:40min, postou no site de relacionamentos Facebook, mais precisamente na sua linha do tempo, a seguinte mensagem: *"Agora Que a Eleição Tá Chegando Eles Estão Fazendo Tudo. E Os Outros 3 Anos Não Fizeram Nada. Ta Na Hora De Mudar E Tirar o Pt Da Prefeitura. Ta Na Hora de Mudar. Vamos Ver o Novo Acontecer. Eu sou pré-candidato a prefeito de ...., adquiri experiência administrativa quando exerci as funções de .... e tenho projetos consistentes para a saúde, a educação, ... Podemos fazer muito melhor"*)

OU

HIPÓTESE 2 (instalou à Rua ......, à altura do nº....., um outdoor com sua foto e seu nome)

OU

HIPÓTESE 3 (confeccionou e distribuiu adesivos, já vistos em veículos e residências, com o seu nome e a seguinte afirmação: ......)

A partir da referida notícia, foi instaurado o Procedimento Preparatório Eleitoral nº MPMG ...., cuja primeira diligência foi .... HIPÓTESE 1: o acesso ao perfil do Representado (encontrado no: www.facebook ....), quando constatada a postagem, conforme documento anexo (impressão da tela no momento do acesso). Referido acesso ainda constatou, conforme destacado na impressão anexa, que **o perfil do Representado é "patrocinado"**, ou seja, o Representado paga ao administrador do Facebook para que seu perfil e suas postagens ganhem maior visibilidade e maior exibição. Então, o Representado empenha recurso financeiro para alcançar um maior número de pessoas atingidas pela sua postagem.; HIPÓTESE 2: determinar a constatação da existência do referido painel de propaganda e dos seus dizeres, além da apuração da autoria da sua veiculação. Estando no local indicado, o Oficial do Ministério Público, lotado nesta Promotoria, não só certificou o conteúdo do outdoor, como também fotografou mencionado artifício de publicidade. O resultado desta primeira diligência de constatação está às fls. ...... do procedimento anexado. Percebendo que o outdoor trazia no seu canto inferior direito o nome da empresa que o confeccionou, foi requisitada dela cópia da nota fiscal dos serviços e o fornecimento do nome e endereço de quem o contratou e pagou. O documento, juntado às fls. ...... dos autos, revela que foi o Representado que encomendou e pagou. Então, o Representado empenhou recurso financeiro para lançar ao público em geral as informações contidas no mencionado outdoor. HIPÓTESE 3: determinar a constatação da existência do referido adesivo afixado em veículos e imóveis e dos seus dizeres, além da apuração da autoria da sua confecção e veiculação. O Oficial do Ministério Público, lotado nesta Promotoria, certificou ter encontrado o adesivo (com o seguinte conteúdo: ....) afixado em pelo menos .... veículos (com modelos e placas discriminados na certidão), como também fotografou mencionado instrumento de propaganda. O resultado desta primeira diligência de constatação está às fls. ...... do procedimento anexado. Percebendo que o adesivo trazia no seu canto inferior direito o nome da gráfica que o confeccionou, foi requisitada dela cópia da nota fiscal dos serviços e o fornecimento do nome e endereço de quem o contratou e pagou. O documento, juntado às fls. ...... dos autos, revela que foi o Representado que encomendou e pagou. Então, o Representado empenhou recurso financeiro para lançar ao público em geral as informações contidas no mencionado adesivo.

Sabe-se, **porque fato público e notório nesta cidade**, que a pessoa referenciada (naquela postagem, no outdoor, no adesivo) é pré-candidato a Prefeito de ________________ nas próximas eleições, já se apresentando publicamente como tal e sendo mencionado em matérias jornalísticas.

A mensagem contida (na postagem, no outdoor, no adesivo) contém o nome do Representado, faz referências ao seu passado realizador e sinaliza para uma administração eficiente, caso o Município venha a ser por ele governado. Embora o texto não seja expresso e não contenha pedido explícito de voto, o apelo eleitoral é franco e deliberado, principalmente por se tratar de pré-candidatura já declarada, e é evidente a intenção de influenciar na formação da vontade dos eleitores, visando às eleições de 2020. Como se sabe, mesmo quando não explicitada a intenção de concorrer e nem revelados os projetos a implementar, ou seja, o pretenso programa de governo ou plataforma de atuação parlamentar, o certo é que a divulgação maciça do nome e da imagem, associada ao enaltecimento das qualidades pessoais e profissionais do futuro candidato, como de resto faz (a postagem, o outdoor, o addesivo) do Representado, prepara os caminhos da campanha eleitoral direta, a ser deflagrada posteriormente, quando então não será ele desconhecido do eleitorado. Ao contrário, já terá dado a partida na sua campanha, saindo na frente dos demais concorrentes e, portanto, tornando o processo desequilibrado e injusto.

Além disso, como se percebe, a inserção, (na postagem, no outdoor, no adesivo) de referências elogiosas ao Representado, constrói em seu favor a imagem de homem público realizador, eficiente e competente, portanto apto a dirigir os destinos desta comuna. Este elemento é decisivo para a decisão do voto, pois mesmo inconscientemente os eleitores querem, para os cargos eletivos, os homens públicos mais preparados e comprometidos, como sinaliza a propaganda aqui combatida.

Tudo isso somado: existência de uma cogitação pública da candidatura, divulgação do nome e da imagem e referências elogiosas a seu respeito, compõe o conceito de **propaganda eleitoral subliminar**, aquela que disfarçadamente atua no inconsciente do eleitor, nele criando a necessidade ou, no mínimo, a conveniência do voto em seu favor. No caso presente, o Representado ainda explicitou a sua condição de pré-candidato e revelou seu programa de governo, dirigindo-se de forma direta ao eleitorado.

Então, trata-se mesmo de propaganda de cunho nitidamente eleitoral.

Como se sabe, a propaganda eleitoral, a teor do **art. 36, da Lei das Eleições (Lei n. 9.504/97)**, só é permitida a partir de 16 de agosto do ano da eleição. Antes disso, qualquer mensagem levada ao conhecimento do eleitor, sugerindo direta ou indiretamente, expressa ou dissimuladamente a candidatura, caracteriza a infração cível eleitoral tipificada no seu § 3º, sancionada com multa.

A doutrina eleitoral não discrepa quanto à possibilidade de caracterizar-se a infração a partir de mensagens subliminares, desde que possível extrair, do seu conjunto, a mensagem eleitoral disfarçada, que sugere a candidatura e busca convencer os eleitores ao voto.

Para o eleitoralista Fávila Ribeiro, "a propaganda é um conjunto de técnicas empregadas para sugestionar pessoas na tomada de decisão".[468]

Já segundo Vera Maria Nunes Michels, "propaganda eleitoral é toda a ação destinada ao convencimento do eleitor para angariar votos".[469]

Edson de Resende Castro sustenta que "se propaganda é um conjunto de técnicas empregadas para sugestionar pessoas na tomada de decisão, é certo afirmar que, toda vez que um político, ou pretenso candidato, se dirige ao eleitor com suas ideias a respeito de como administrar bem o interesse público, está ele sugestionando esse eleitor na tomada de sua decisão a respeito de em quem votar quando das eleições. Está, na verdade, formulando pedido dissimulado de voto, posto que estará formando, no inconsciente do eleitor, a sensação de que é pessoa com aptidão para ocupar cargos públicos. As técnicas de marketing, antes utilizadas apenas para sugestionamento de produtos aos consumidores, são cada vez mais empregadas na propaganda eleitoral, exatamente para "vender" a imagem do homem público ideal para ocupar os cargos eletivos."[470]

Os Tribunais Eleitorais, de seu turno, têm afirmado reiteradamente que:

> *"Não se concebe nenhuma propaganda que não tenha um retorno. E divulgar obras públicas pelo simples fato de torná-las públicas afigura-se-me incompreensível, se nenhum retorno realmente terá essa propaganda, a não ser que tenha uma finalidade oculta.*
>
> *Infelizmente, no Brasil, principalmente nos casos da leis eleitorais, a primeira coisa que preocupa o legislador, quando elabora uma lei eleitoral, é o político, o particular, o verificador de propaganda, que procura sempre a forma, o meio pelo qual ele irá*

---

[468] RIBEIRO, Fávila. *Direito eleitoral*, p. 379.

[469] MICHELS, Vera Maria Nunes. *Direito eleitoral* – Análise panorâmica de acordo com a Lei n. 9.504/97, p. 127.

[470] CASTRO, Edson de Resende. *Curso de Direito Eleitoral*, Editora Del Rey, 10ª edição, 2020.

burlar essa lei. Para quem sabe ler um pingo é letra, é um adágio popular que serve perfeitamente para o caso sob exame.

Em pleno fragor da disputa eleitoral, o Governo e o Município, que apoiam candidatos e os lançam por si mesmos, divulgam uma plêiade de propagandas que sugerem atos de boa administração, a título de informação, não importando que sejam verdadeiros ou não.

E com que fim?

Basta que o homem comum, do povo, alie à pessoa do administrador aquilo que se está projetando para verificar o teor da mensagem.

É uma maneira reflexa, ousada e atrevida de se fazer propaganda eleitoral. (...)

Propaganda de obras públicas sem ressalvas ou prestação de contas, sem nenhum caráter exclusivo e informativo, como muito bem disse S Exa. o Procurador, é uma forma de dizer que o Governador está mostrando as suas obras para mostrar também qual candidato deve ser votado nas eleições. Quem assim não entender o fato é porque não quer vê-lo, mas ele é, em realidade, uma propaganda reflexa e quase direta, vamos assim afirmar, porque outra não é a sua finalidade." (TREMG, RE n. 60/94, 26ª ZE, Belo Horizonte, Ac. N. 1.109/94, Juiz Ernane Fidélis)

"A alegação de que não se iniciou o processo eleitoral e de que o recorrido não é candidato não se sustentam, visto que a lei não veda apenas propaganda realizada por quem já é candidato escolhido em convenção, conforme se depreende dos seguintes julgados: 'Propaganda antecipada. ... Configuração de propaganda eleitoral, mesmo quando realizada em período anterior ao registro dos candidatos. Recurso não conhecido.' (Ac. 19.376/TSE, Rel. Min. Fernando Neves, DJ 10.10.2001)." (TRE-MG, Rec. Eleitoral 591/2003, ZE Betim, Ac. 030/2004).

"Recurso Especial – Representação por propaganda eleitoral antecipada em programa partidário – Possibilidade – Competência do juiz auxiliar para o julgamento da representação com base no art. 36, § 3º, da Lei 9.504/97. 1 – O desvirtuamento da finalidade da propaganda partidária com fins eleitorais permite a aplicação de multa prevista no art. 36, § 3º, da Lei 9.504/;97. 2 – ... 3 – Recurso não conhecido." (TSE, Acórdão 19.890, Rel. Min. Fernando Neves, DJ de 04/10/2002)

"1. Constitui ato de propaganda eleitoral aquele que leva ao conhecimento geral, ainda que de forma dissimulada, a candidatura, a ação política ou as razões que induzam a concluir que o beneficiário seja o mais apto para a função pública. Precedentes. [...]." (Ac. de 24.6.2010 no AgR-AI nº 9.936, rel. Min. Marcelo Ribeiro).

"[...]. 1. A fim de verificar a existência de propaganda subliminar, com propósito eleitoral, não deve ser observado tão somente o texto dessa propaganda, mas também outras circunstâncias, tais como imagens, fotografias, meios, número e alcance da divulgação. [...]." *(Ac. nº 19.905, de 25.2.2003, rel. Min. Fernando Neves.)*

"[...]. Entende-se como ato de propaganda eleitoral aquele que leva ao conhecimento geral, ainda que de forma dissimulada, a candidatura, mesmo que apenas postulada, a ação política que se pretende desenvolver ou razões que induzam a concluir que o beneficiário é o mais apto ao exercício de função pública. [...]." *(Ac. nº 16.183, de 17.2.2000, rel. Min. Eduardo Alckmin; no mesmo sentido Ac. de 27.2.2007 no ARESPE nº 26.202, rel. Min. Gerardo Grossi; o Ac. de 28.11.2006 no ARESPE nº 26.196, rel. Min. Gerardo Grossi; o Ac. nº 15.732, de 15.4.99, rel. Min. Eduardo Alckmin; e o Ac. nº 16.426, de 28.11.2000, rel. Min. Fernando Neves.)*

De outro lado, bom lembrar que a propaganda lançada pelo Representado não se alinha a nenhuma das **exceções previstas no art. 36-A**, da dita Lei das Eleições, posto que não se trata de entrevista, encontro ou programa no rádio, TV ou internet (inciso I); nem de encontros, seminários ou congressos em ambiente fechado do partido político (inciso II), tão pouco de prévias partidárias e sua divulgação interna (inciso III). Também, não é divulgação de atos parlamentares e debates legislativos (inciso IV), nem divulgação de posicionamento pessoal sobre questões políticas em redes sociais (inciso V) e, finalmente, de reuniões para divulgação de ideias, objetivos e propostas partidárias (inciso VI). Neste passo, tendo em vista que o **art. 36-A enumera hipóteses de não configuração da propaganda extemporânea dantes tipificada no art. 36, figurando-se como EXCEÇÕES**, sua interpretação deve ser estrita, não comportando alcançar situações não expressamente lembradas pelo legislador.

Percebe-se, sim, que (a postagem, o outdoor, o adesivo) do Representado visa divulgar sua pré-candidatura, suas qualidades pessoais e profissionais e as ações que pretende desenvolver, o que até coincide com o que permitido pelo "caput" e pelo § 2º, do art. 36-A. Todavia, **o Representado se vale de recursos financeiros para tal divulgação (perfil "patrocinado", outdoor, adesivo),** o que distancia a conduta do permissivo legal e a lança no terreno da ilicitude. Na verdade, a Lei n. 13.165/2015, ao dar nova redação ao art. 36-A, da Lei n. 9.504/97, e permitir o diálogo do pré-candidato com os eleitores (para anunciar a pré-candidatura e falar de suas qualidades e projetos), condiciona – a contrário sensu – essa divulgação à utilização de **ambientes gratuitos e meios permitidos**, já que continua proibindo o uso de recursos financeiros (arrecadação e gastos) antes do registro de candidatura, da obtenção de CNPJ de campanha e da abertura da conta bancária específica.

Edson de Resende Castro[471] lembra que:

> "Como se vê, o dispositivo enumera alguns meios de propaganda eleitoral que poderão ser utilizados pelos pré-candidatos antes da data do início formal da campanha (16-agosto), sem que incorram na infração prevista no art. 36, § 3º, ou seja, em propaganda antecipada. A nova redação, conferida pelas Leis n. 12.891/2013 e 13.165/2015, principalmente por possibilitar a discussão de políticas públicas que se pretende desenvolver, a exaltação de qualidades pessoais, a menção à pré-candidatura e a manifestação sobre questões políticas nas redes sociais, tem o mérito de possibilitar o debate de ideias não só no ambiente fechado das agremiações partidárias, mas também chamando o eleitor a tomar parte no processo de construção das soluções coletivas. Essa democratização do debate, mormente pela utilização de ambiente gratuito (é bom lembrar que os gastos de campanha só são possíveis após a abertura de conta bancária, o que pressupõe o registro da candidatura) e acessível a todos, afasta a preocupação com a desigualdade de oportunidades que resultava da redação anterior, que permitia o debate em meios de comunicação controlados pelo poder econômico e não incluía as mídias gratuitas e a participação do cidadão com a expressão do seu posicionamento pessoal sobre o perfil e as propostas dos que se apresentam como alternativas de candidatura. De fato, os tempos atuais são de efetiva

[471] Obra citada.

participação popular na condução dos interesses da coletividade. Do cidadão não se espera apenas o exercício do direito de votar, escolhendo entre as propostas que lhe são apresentadas prontas, mas também – e talvez mais importante – a efetiva participação na formulação das políticas públicas, para melhor acompanhar sua posterior implementação. Para tanto, nada melhor que franquear o debate de ideias e estimular o engajamento popular, mesmo que na fase da pré-campanha, sob a única condição do não envolvimento do poder econômico, este sim capaz de ferir a igualdade de oportunidades. Como se sabe, a principal justificativa para a existência de delimitação temporal para a campanha eleitoral – o que em alguma medida inibe a liberdade de expressão do pensamento político – é a necessidade de preservação da normalidade e legitimidade das eleições, valor, igualmente constitucional, que é ameaçado por campanhas eleitorais longas, se e quando sustentadas pelo poder econômico. Mas o acesso às redes sociais proporciona, a um só tempo, um meio gratuito de exposição de ideias e a salutar popularização do debate, chamando o eleitor a assumir sua condição de sujeito do processo eleitoral."

E arremata, advertindo que:

> As alterações introduzidas pela Lei n. 13.165/2015 no art. 36-A[472], permitindo que a pré-campanha veicule a pretensa candidatura e exalte as qualidades pessoais do pré-candidato (caput) e anuncie as ações políticas desenvolvidas e a desenvolver (§ 2º), tudo desde que não haja "pedido explícito de voto" (caput), ao contrário do que sugere uma leitura mais apressada, não autoriza a conclusão de que a propaganda eleitoral extemporânea deixou de ser censurada, ou deixou de existir, ou que só existirá a infração se a mensagem contiver o tal pedido explícito de voto. Na verdade, percebe-se que o legislador, ainda com a Lei n. 13.165/2015, reafirma a necessidade de a campanha eleitoral comportar-se dentro de um período certo (que até então era de 06 de julho à véspera da eleição e, agora, passa a ser a partir de 16 de agosto, conforme nova redação dada ao "caput" do art. 36), o que, por si só, já imporia – ainda que não houvesse a expressa tipificação da conduta, no § 3º, como infração cível eleitoral – a proibição implícita de qualquer ato de propaganda antes daquela data. Como tudo isso (data inicial da propaganda e sanção à sua antecipação), repita-se, foi mantido com a reforma eleitoral de 2015, não há como, numa visão sistêmica do conjunto normativo que regula a propaganda eleitoral, interpretar a nova redação do art. 36-A como autorizativa de qualquer propaganda eleitoral antes de 16 de agosto. Ao revés, percebe-se com clareza que o dito **art. 36-A enumera os ambientes** em que o projeto eleitoral do filiado, ou pré-candidato, pode ser tornado público (em entrevistas, programas e encontros: inciso I; em seminários, congressos e prévias partidárias: incisos II e III; e nas redes sociais: inciso V) e **aponta o conteúdo** da divulgação (menção à pretensa candidatura, exaltação de qualidades pessoais: "caput" e ações políticas desenvolvidas e a desenvolver: § 2º), para sinalizar que nestes casos "não configuram propaganda eleitoral extemporânea" ("caput" do art. 36-A), porque, em verdade, devem ser manifestações espontâneas, naturais ao momento de preparação para a corrida eleitoral e da intensa especulação nos meios de comunicação.

[472] A 8ª edição desta obra, publicada em abril/2016, já defendia tal entendimento, que a jurisprudência mais adiante colacionada veio a consagrar.

A realidade mostra que é impossível o pré-candidato não dizer, em meio a uma entrevista, v.gr., que disputará a eleição e que tem estes e aqueles projetos para o caso de assumir o mandato eletivo. E a exposição dessas ideias, como já dito, nada tem de inconveniente ao processo eleitoral, até porque já vai possibilitando ao eleitor conhecer as potencialidades de cada concorrente.

Mas o limite posto a essa comunicação anterior a 16 de agosto - que na letra da lei não constitui propaganda eleitoral - não é apenas o pedido explícito de voto. Além de **ater-se aos ambientes enumerados e ao conteúdo indicado**, a divulgação da pretendida candidatura não pode adotar as **formas vedadas** expressa ou implicitamente pela lei (quando regula a propaganda eleitoral em período permitido: arts. 37 e seguintes), sob pena de a pré-campanha poder mais que a própria campanha, expondo o sistema à inconsistência e à incoerência. Assim, a pré-candidatura não pode valer-se de qualquer veiculação em bens públicos ou de uso comum (art. 37, "caput" e § 4º), ou de faixas, placas, cartazes e pinturas em bens particulares (art. 37, § 2º), nem de brindes e outdoors (art. 39, §§ 6º e 8º), dentre outros.

Esta interpretação, que a 8ª edição desta obra construiu logo após a sanção da Lei n. 13.165/2015 e que condiciona a legalidade da mensagem na pré-campanha à observância das **três condicionantes** (ambiente, conteúdo e forma), foi adotada pela jurisprudência que se formou nas eleições 2016:

(...)

Outro, e talvez **o mais importante, limite imposto à divulgação antecipada da candidatura é a vedação de utilização de recursos financeiros ou estimáveis**. É que o mencionado art. 36-A, ao enumerar as hipóteses de divulgação que não caracterizam propaganda antecipada, não revogou, nem alterou, o regramento da arrecadação e gastos de campanha. Ao contrário, a lei continua exigindo conta bancária específica para a registrar todo o movimento financeiro da campanha (art. 22, "caput") e condicionando sua abertura ao pedido de registro da candidatura (que se dá entre 05 e 15 de agosto) e à obtenção do correspondente CNPJ (art. 22-A, "caput"). Só a partir de então - conta bancária e CNPJ - partidos e candidatos podem arrecadar e gastar (art. 22-A, § 2º), sob pena de desaprovação das contas e abuso de poder. **Então, como veicular as mensagens da pré-campanha por meio de anúncios em jornais, faixas, placas, cartazes, impressos em geral, adesivos, pinturas, etc., se estes instrumentos de comunicação têm um custo financeiro?** Na verdade, os ambientes e conteúdos que compõem o rol de exceções do art. 36-A já sinalizam para a possibilidade de divulgação da candidatura e dos correspondentes projetos políticos **apenas de forma espontânea**, pois nenhum deles pressupõe custos, senão para o Partido na organização de suas prévias e reuniões para preparação da campanha. Nunca é demais lembrar que os limites impostos à propaganda eleitoral, especialmente o que diz com o período de sua realização, se justificam pela necessidade de assegurar a observância do valor constitucional de igualdade de oportunidades no processo eleitoral, visando a garantir a normalidade e legitimidade do pleito. Esse valor constitucional impõe, como **única interpretação sistêmica, teleológica e conforme a Constituição, a permissão do discurso antecipado de campanha que se atenha aos ambientes, aos conteúdos e às formas mencionadas no art. 36-A e à não utilização de recursos financeiros ou estimáveis** (art. 22-A, § 2º)."

Não bastasse o fato de a divulgação da pré-candidatura, da forma como fez o Representado, não se encontrar no rol de exceções do art. 36-A, portanto já proibida, mais grave ainda é que ele lança propaganda eleitoral de **forma expressamente vedada** pela Lei n. 9.504/97, cujo (HIPÓTESE 1: art. 57-C veda o impulsionamento de conteúdos nas redes sociais e nas aplicações de busca que não seja custeado por candidatos, partidos e coligações e ainda assim a partir de 15-agosto; HIPÓTESE 2: art. 39, § 8º, tipifica como infração cível eleitoral a utilização de outdoor na propaganda eleitoral; HIPÓTESE 3: art. 22-A, § 2º, condiciona a realização de despesas, inclusive com a propaganda, ao registro da candidatura, à obtenção do CNPJ e à abertura da conta bancária).

A jurisprudência dos nossos Tribunais Eleitorais já visitou o tema, fixando o entendimento de que (HIPÓTESE 1: o **Facebook patrocinado** é inequívoca forma de aplicação de recursos financeiros na propaganda da internet, expediente expressamente vedado na lei, se antes do registro, do CNPJ de campanha e da conta bancária; HIPÓTESE 2: não é possível lançar mão, na pré-campanha, de **formas/meios de comunicação vedados** até mesmo no período oficial de campanha. Se o outdoor é expressamente proibido durante a campanha eleitoral, ou seja, após 15-agosto, como admiti-lo na pré-campanha? HIPÓTESE 3: não é possível lançar mão de meios de propaganda que exigem a **aplicação de recursos financeiros**, como a confecção de adesivos, expediente expressamente vedado na lei, pois a arrecadação e o gasto só são permitidos após o registro da candidatura, o CNPJ e a conta bancária).

> RECURSO ELEITORAL. REPRESENTAÇÃO. PROPAGANDA ELEITORAL EXTENIPORÂNEA. FOLHETO. AÇÃO JULGADA PROCEDENTE. CONDENAÇÃO EM MULTA.
>
> A propaganda eleitoral somente é permitida a partir do dia 15 de agosto do ano em que se realizarem eleições (art. 36, da Lei no 9.504197).
>
> Na atual dicção do caput do art. 36-A, da Lei no 9.504197, dada pela Lei no 13.165/2015, não configuram propaganda eleitoral antecipada, desde que não envolvam pedido explícito de voto, a menção a pretensa candidatura e a exaltação das qualidades pessoais dos pré-candidatos.
>
> Contudo, as propagandas **têm que se coadunar com a sistemática da Lei 9.504197** que **veda propaganda paga antes do dia 15 de agosto**, além de exigir requisitos para a sua realização.
>
> **Ausência de lógica** quanto a imposição de restrições no período permitido da propaganda eleitoral e **maior liberalidade no período vedado**.
>
> O informativo distribuído, apesar de possuir conteúdo permitido, não possui amparo legal em razão da forma como foi veiculado. Propaganda eleitoral extemporânea caracterizada.
>
> Recurso a que se nega provimento. Mantença da sentença in totum. (**TRE-MG**, RE n. 247-05.2016.6.13.0016, Araguari-MG, Rel. Juiz Ricardo Torres Oliveira, Ac. de 25.agosto.2016)
>
> ELEIÇÕES 2018. (...)
>
> 1. A realização de propaganda, quando desacompanhada de pedido explícito e direto de votos, não enseja irregularidade per se.

> 2. A interpretação do sistema de propaganda eleitoral aponta ser incompatível a realização de atos de **pré-campanha que extrapolem os limites de forma e meio** impostos aos atos de campanha eleitoral, sob pena de se permitir desequilíbrio entre os competidores em razão do início precoce da campanha ou em virtude de majorada exposição em razão do uso desmedido de meios de comunicação vedados no período crítico.
>
> 3. A despeito da licitude da exaltação de qualidades próprias para o exercício de mandato ou a divulgação de plataformas de campanha ou planos de governo, resta caracterizado o ilícito eleitoral quando o veículo de manifestação se dá pela **utilização de formas proscritas durante o período oficial de propaganda**.
>
> 4. As circunstâncias fáticas, do caso ora examinado, de maciço **uso de outdoors** em diversos Municípios e de expressa menção ao nome do candidato permitem concluir a sua ciência dos atos de pré-campanha, conforme exigência do art. 36, § 3º da Lei das Eleições.
>
> 5. A realização de atos de pré-campanha por meio de outdoors importa em ofensa ao art. 39, § 8º da Lei nº 9.504/97 e desafia a imposição da multa, independentemente da existência de pedido explícito de voto.
>
> 6. Recurso especial eleitoral provido.
>
> (**TSE,** REspe n. 0600227-31.2018.6.17.0000 - RECIFE - PERNAMBUCO, Rel. Min. Edson Fachin, Sessão de 9.4.2019)
>
> No mesmo sentido foi a decisão proferida no AgR no REspe n. 0600337-30.2018.6.17.0000, Recipe-PE, em que o nome do pré-candidato foi estampado em outdoor eletrônico.

O **TSE**, apreciando hipótese de suposta propaganda antecipada no AgR AI 9-24, originado de Várzea Paulista/SP (versando sobre propaganda por meio de **placas/cartazes**), decidiu fixar diretrizes e parâmetros para a definição do que seja propaganda antecipada, oportunidade em que assentou que as mensagens com conteúdo eleitoral veiculadas na pré-campanha não podem se utilizar de "**formas proscritas durante o período oficial (outdoor, brindes)**", como também não podem possuir "**expressão econômica minimamente relevante**", consideradas as "possibilidades do pré-candidato médio". Tais balizas foram reafirmadas pelo Tribunal no AgR no REspe n. 0600337-30.2018.6.17.0000, Recife-PE, Rel. Min. Admar Gonzaga, quando em questão a divulgação do nome do pré-candidato em **outdoor eletrônico**, no qual lançado apenas o nome e a foto do pré-candidato.

Igual solução foi adotada pelo TRE-MT, na Representação n. 0600249-57.2018.6.11.0000, em que veiculada propaganda eleitoral antecipada por meio de **adesivos e carreata**. Já na Ação Cautelar n. 0600245-20.2018.6.11.0000, o mesmo Regional assentou que:

> "A rigor, sem adentrar ao mérito da caracterização de propaganda antecipada porquanto inviável definir se houve pedido explícito de votos ou abuso de poder neste juízo preliminar, entendo **vedado o impulsionamento através de link patrocinados em mídias sociais em período anterior à campanha** eleitoral. A utilização de propaganda eleitoral paga na internet, a meu modo de ver, somente seria permitida durante o período de campanha eleitoral (a partir de 16 de agosto do ano da eleição) e, ainda, assim condicionada à observância dos demais requisitos legais (identificação, contratação pelas pessoas legalmente autorizadas, teto de gastos, dentre outros)".

Face ao exposto, o Ministério Público Eleitoral requer:

1) Seja a presente recebida;
2) Seja determinada diligência de confirmação da eventual permanência (HIPÓTESE 1: da postagem no perfil do Representado; HIPÓTESE 2: do outdoor no local indicado; HIPÓTESE 3: dos adesivos nos veículos e imóveis indicados), lavrando-se certidão pormenorizada;
3) Seja o Representado notificado a, no prazo de 2 (dois) dias (art. 18, da Res. TSE n. 23.608/2019), remover a propaganda irregular, sob pena de desobediência;
4) Para o caso de descumprimento da ordem, sem prejuízo da responsabilidade penal, seja adotada providência que assegure o resultado prático equivalente, ou seja, a remoção da propaganda, visando com isso afastar prontamente a irregularidade (art. 35, IV, V e XVII, do Código Eleitoral).
5) Seja o Representado notificado a apresentar defesa, no prazo de 2 (dois) dias, na forma do mencionado art. 18, da Res. TSE n. 23.608/2019;
6) Ao final, seja julgada procedente a Representação, reafirmando-se a determinação de remoção da propaganda e condenando-se o Representado ao pagamento da multa prevista nos arts. 36, § 3º, da Lei n. 9.504/97.

Pede e espera deferimento.

.........................., ... de .... de 2020

Edson de Resende Castro

Promotor Eleitoral

2

Exmo. Sr. Dr. Juiz da ... Zona Eleitoral de ....

O **Ministério Público Eleitoral**, pelo Promotor ao final assinado, no regular exercício das atribuições previstas na Lei Complementar nº 75/93 (Lei Orgânica do Ministério Público da União) e Lei Ordinária nº 8.625/93 (Lei Orgânica Nacional do Ministério Público), vem à presença de V.Exa., respeitosamente, com fundamento no art. 35, Inc. IV, V e XVII, do Código Eleitoral, e nos arts. 41 e 96, da Lei n. 9.504/97, oferecer a presente **REPRESENTAÇÃO** em face de:

...., brasileiro, casado, ..., residente à rua.................
............................,

em vista os seguintes fatos:

O Partido ..../Coligação .... e o candidato a Vereador .... têm o seu comitê de campanha, para divulgação da candidatura nesta cidade, instalado na Praça ...., n. ...., centro desta cidade.

Ocorre que, lamentavelmente, o Representado, valendo-se de potente equipamento sonoro instalado no veículo ...., placa ...., vem efetivando propaganda eleitoral com a divulgação de jingles de campanha (HIPÓTESE 1) a menos de 200 metros do Fórum desta Comarca e da Prefeitura Municipal, (HIPÓTESE 2) até as 22:30 horas, (HIPÓTESE 3) sem que estivesse acompanhando carreata, passeata, etc., ou sonorizando comício, (HIPÓTESE 4) em aglomerações nas vias públicas, especialmente em frente a bares, onde são servidas bebidas alcoólicas aos participantes e executadas músicas de diversos gêneros para entreter o público, transformando o evento em verdadeiro carnaval de rua, como constatado no incluso Auto de Constatação de Propaganda, lavrado pelo Cartório Eleitoral, e vídeo igualmente anexado. Acrescenta-se que o nível de pressão sonora, medido pela PMMA a 7 (sete) metros de distância do veículo, conforme formulário anexo, ultrapassou 80 (oitenta) decibéis (ou, quando não houver equipamento para a medição: Nem é necessário fazer a medição do ruído, pois o excesso é flagrante, inclusive tornando impossível conversar ou falar ao telefone).

Ante o barulho ensurdecedor do aludido equipamento, violado está o sossego público, dificultando-se o normal andamento dos trabalhos nas aludidas repartições públicas, conforme descortina documentação em anexo.

É imperioso destacar, por oportuno, que a legislação eleitoral repudia a propaganda que perturba o sossego público, com algazarra ou abuso de instrumentos sonoros ou sinais acústicos (art. 243, do Código Eleitoral), vedando, expressamente, o funcionamento de alto-falantes ou amplificadores de som em distância inferior a duzentos metros das sedes dos Poderes Executivo e Legislativo da União, dos Estados, do Distrito Federal e dos Municípios, das sedes dos Tribunais Judiciais, dos quartéis policiais, das casas de saúde, escolas e igrejas, dentre outros estabelecimentos (art. 39, § 3º, da Lei n. 9.504/97). Percebe-se que a lei eleitoral, ao vedar a instalação e funcionamento de aparelhagem de som fixa ou móvel nas proximidades dos estabelecimentos especialmente protegidos, acabou por atrair a presunção legal de perturbação do sossego dos que trabalham ou se abrigam naqueles locais, independentemente de a propaganda estar sendo executada em volume exagerado, porque o mencionado dispositivo legal nem mesmo fala em nível do ruído produzido.

E mais, com as alterações promovidas pela Lei 12.891/2013, que acrescentou o § 11 ao artigo 39 da Lei 9.504/97, o legislador fixou limite de nível de pressão sonora em 80 (oitenta) decibéis para a divulgação de propaganda por meio de carros de som e minitrios e manteve a distância mínima de duzentos metros daqueles estabelecimentos especialmente protegidos, previstos no § 3º, do referido artigo, evidenciando, assim, a preocupação com a proteção do sossego público. Conclui-se, portanto, que há duas vedações distintas: a) a utilização de alto falantes, qualquer que seja o volume, quando em distância inferior a 200 metros dos locais especialmente protegidos pela lei eleitoral: art. 39, § 3º: e, b) a utilização de alto falantes, fora daquele perímetro, em volume exagerado, causando perturbação do sossego: art. 39, § 11.

O mesmo art. 39, § 11, com redação dada pela Lei n. 13.488/2017, agora consigna que os carros de som só podem circular quando acompanhando carreatas, caminhadas e passeatas ou sonorizando comícios e reuniões:

> § 11. É permitida a circulação de carros de som e minitrios como meio de propaganda eleitoral, desde que observado o limite de oitenta decibéis de nível de pressão sonora, medido a sete metros de distância do veículo, e respeitadas as vedações previstas no § 3º deste artigo, apenas em carreatas, caminhadas e passeatas ou durante reuniões e comícios. (Redação dada pela Lei nº 13.488, de 2017)

De outro lado, o art. 39, § 7º, da mesma Lei n. 9.504/97, proíbe a realização de showmícios e de eventos assemelhados, entendendo-se como tal os atos de campanha em que é proporcionada diversão e entretenimento aos presentes, com a apresentação de artistas ou execução de músicas para criar ambiente de animação e festa, com isso associando-se o candidato à sensação de bem estar em ato que deveria ser tão só de discussão política e de exposição de ideias e programas governamentais ou plataformas de atuação parlamentar. Agregando ao evento esses elementos de diversão, o candidato ainda consegue **artificialmente** atrair mais público e construir a impressão de que a sua candidatura tem mais densidade e apoiamento popular, circunstâncias que atuam positivamente no inconsciente principalmente dos eleitores indecisos.

> § 7º É proibida a realização de *showmício* e de evento assemelhado para promoção de candidatos, bem como a apresentação, remunerada ou não, de artistas com a finalidade de animar comício e reunião eleitoral. (Incluído pela Lei nº 11.300, de 2006)

Por conta de tudo isso, a notícia está a exigir providência de V.Exa., no sentido de determinar a **imediata suspensão da propaganda, com a apreensão do veículo e/ou do equipamento de som que possibilita a prática do ilícito**, medida que se mostra adequada e necessária a que a irregularidade seja cessada, afastando-se incontinente o ato vicioso das eleições.

De fato, diz o Código Eleitoral, no art. 35, que o Juiz Eleitoral deve adotar a providência que se mostrar necessária, no caso concreto, para impedir ou fazer cessar imediatamente os atos ilícitos da campanha eleitoral. No mesmo sentido, dispõe o art. 41, § 2º, da Lei n. 9.504/97. No caso aqui tratado, a apreensão do equipamento/veículo é medida que se mostra necessária a que o candidato não prossiga com a prática do ilícito.

Ao discorrer sobre propaganda não tolerada e representações, a doutrina especializada assim se posiciona sobre o tema:

> "Para essas hipóteses, resta o exercício do poder de polícia do Juiz Eleitoral, para determinar a imediata paralisação da conduta, a busca e a apreensão do que se pretendia doar – ou que chegou a ser doado – aos eleitores, ou medidas para impedir sua realização, quando for possível agir preventivamente.
>
> (...)
>
> Tão logo tome conhecimento da propaganda que não se amolda à lei, o Juiz Eleitoral deve adotar as providências que forem necessárias à boa ordem do processo eleitoral,

fazendo suspender imediatamente a prática. Isso, independentemente de qualquer provocação, já que o Juiz detém o poder de polícia.

A par da possibilidade dessa iniciativa ex officio do Juiz, que visa, como dito, apenas a evitar ou a fazer cessar a prática do ilícito, é possível provocar a jurisdição eleitoral para pleitear a imposição das sanções eventualmente previstas no tipo infracional realizado pelo agente. Para tanto, o direito processual eleitoral, conhece, dentre outras, a Ação de Representação, ou simplesmente Representação. (...) Assim, se a conduta for daquelas que a lei não tolera, mas para as quais não haja cominação de qualquer sanção, tudo se resolve com o poder de polícia, que pode ser adotado *ex officio* pelo Juiz ou mediante provocação do interessado, que pode se valer de simples peticionamento ou da Representação aqui tratada. " (Curso de Direito Eleitoral, Edson de Resende Castro, Editora Del Rey, 10ª edição, 2020, pág. 464 e 572/573).

Bom lembrar que o **poder de polícia conserva-se no âmbito de atribuição da Autoridade Judiciária Eleitoral do local do fato, ou seja, do Juiz Eleitoral da respectiva Zona**. A questão, pacificada na jurisprudência do C. TSE, é hoje disciplinada pelo art. 41, § 1º, da mencionada Lei n. 9.504/97, e repetida pela Resolução TSE n. 23.608/2019 (que disciplina as Representações para as eleições de 2020).

De outro lado, sabe-se que, não obstante a expressa proibição legal, o certo é que a lei eleitoral não prevê sanção pecuniária para o caso de descumprimento da típica obrigação de não fazer ali contida, que impõe aos agentes da propaganda eleitoral a abstenção da prática (i) fora do horário (o uso de alto falantes é permitido de 08:00 às 22:00 horas), (ii) além do limite de pressão sonora (80 decibéis, medidos a 7 metros de distância do veículo) ou, independentemente da medição, causando perturbação do sossego, (iii) nas proximidades dos locais especialmente protegidos, (iv) transitando isoladamente pelas ruas da cidade, sem que esteja acompanhando passeatas, carreatas, etc.., e (v) agregando-se elementos de diversão e entretenimento, transformando o ato de discussão política em ambiente de animação e festa, ou seja, em showmício.

Porém, tratando-se, como dito, de obrigação de não fazer, pode e deve o Juiz Eleitoral, a quem cabe adotar providências para evitar ou fazer cessar imediatamente os ilícitos eleitorais, fixar multa civil, denominada "astreintes", para o caso de novas infrações, ou seja, de descumprimento da mencionada obrigação de não fazer (art. 537, do NCPC), exatamente para conferir efetividade ao comando legal do art. 39, §§ 3º e 11, da Lei n. 9.504/97.

Neste diapasão, têm se manifestado os Tribunais:

"**RECURSO. PROPAGANDA ELEITORAL COM AMPLIFICADOR DE SOM A MENOS DE DUZENTOS METROS DE FÓRUM.** Decisão que julgou representação parcialmente procedente, tornando definitiva a liminar de retirada da publicidade irregular e fixando multa diária de cinco salários mínimos para cada um dos representados, pelo descumprimento do *decisum*. Valor da multa adequadamente fixado. Provimento negado."[473].

[473] TRE/RS, Rec. Representação nº 4402004, Rel. Luís Carlos Echeverria Piva, j. 30.09.2004.

> [...] Cumprimento de sentença. *Astreintes*. [...]. 2. As *astreintes* destinam-se ao cumprimento da determinação judicial e não ao ressarcimento do dano de direito material, circunstância que também reforça a ilegitimidade ativa *ad causam* daqueles eventualmente ofendidos pela prática da propaganda eleitoral irregular. [...][474]
>
> AGRAVO REGIMENTAL. RECURSO EM MANDADO DE SEGURANÇA. IMPETRAÇÃO CONTRA ATO JUDICIAL. EXCEPCIONALIDADE. TERATOLOGIA NÃO DEMONSTRADA.
>
> 1. Não cabe mandado de segurança contra decisão judicial recorrível, salvo em situações de teratologia ou manifestamente ilegais. Precedentes.
>
> 2. Não há teratologia quando as astreintes, fixadas de forma proporcional, por dia, e de acordo com o porte econômico da empresa, atingem alto valor em razão da recusa em cumprir a determinação judicial por 10 dias.
>
> Agravo regimental a que se nega provimento.[475]
>
> Recurso Eleitoral. Representação. Propaganda Eleitoral. Adesivos sem CNPJ. Multa. Ausência de previsão legal. Impossibilidade de aplicação por analogia. Provimento do recurso.
>
> I. Inexiste previsão de multa para a distribuição de adesivos de campanha sem o CNPJ ou CPF do responsável pela confecção, bem como do contratante e a respectiva tiragem, como previsto no art. 38 §1º da Lei nº 9.504/97 e art. 12, parágrafo único, da Resolução TSE nº 23.370/12.
>
> II. Correta a decisão recorrida ao fixar prazo para saneamento da irregularidade constatada, sob pena de imposição de astreintes.
>
> III. Todavia, não há que se falar em aplicação analógica do art. 36, §3º da Lei nº 9.504/97 para que seja fixada sanção pecuniária, uma vez que não se pode aplicar multa a não ser que exista previsão legal específica que a estabeleça, conforme preceitua o princípio da legalidade, insculpido no art. 5º, XXXIX da Constituição Federal.
>
> IV. Provimento parcial do recurso para afastar a penalidade de multa.[476]

Bom lembrar que, mesmo não havendo real participação do candidato em dado evento, o certo é que este é responsável pela sua realização, tendo em vista a grandiosidade da festa realizada em logradouro público, previamente agendada e divulgada nas redes sociais e em aplicações de mensagens instantâneas (WhatsApp), pelo que é impossível o candidato sustentar não ter tido prévio conhecimento, nos estritos termos do art. 40-B, parágrafo único, da Lei n. 9.504/97.

Face ao exposto, o Ministério Público Eleitoral requer:

1) Seja a presente recebida e autuada;

---

[474] Ac. de 10.11.2015 no AgR-AI nº 615769, rel. Min. Herman Benjamin.

[475] Recurso em Mandado de Segurança nº 87160, Acórdão, Relator(a) Min. Henrique Neves Da Silva, Publicação: DJE - Diário de justiça eletrônico, Data 03/03/2016, Página 101-10.

[476] RECURSO ELEITORAL n 29445, ACÓRDÃO de 03/06/2013, Relator(aqwe) MARCUS HENRIQUE NIEBUS STEELE, Publicação: DJERJ - Diário da Justiça Eletrônico do TRE-RJ, Tomo 111, Data 06/06/2013, Página 09/14.

2) Seja determinada a imediata cessação da conduta, com a apreensão dos instrumentos sonoros instalados (ou que tenham sido colocados em funcionamento por meio de veículos) a menos de 200m dos locais protegidos pela lei eleitoral, que estejam desrespeitando o limite máximo de pressão sonora (80 decibéis) ou, independentemente de medição, estejam, perturbando o sossego, que estejam funcionando fora do horário permitido ou mesmo desacompanhado de carreatas, passeatas, etc., ou, ainda, servindo de diversão e festa para aglomerações típicas de showmícios;

3) Seja fixada multa de R$ 10.000,00 (dez mil reais) para o caso de o Representado descumprir a ordem de cessação do ilícito, ou seja, para o caso de voltar a funcionar alto falantes naquelas condições irregulares.

4) Concluídas tais providências e certificado nos autos que o ilícito cessou em razão da apreensão, seja o Representado citado para a defesa que tiver, em 2 (dois) dias;

5) Com ou sem contestação seja julgado procedente o pedido, para tornar definitiva a multa fixada para o caso de novas infrações da espécie.

Pede e espera deferimento.

(Local), ... de outubro de 2020.

....

Promotor Eleitoral

3

Exmo. Sr. Dr. Juiz da ... Zona Eleitoral de ....

O **Ministério Público Eleitoral**, pelo Promotor ao final assinado, no regular exercício das atribuições previstas na Lei Complementar nº 75/93 (Lei Orgânica do Ministério Público Federal) e Lei Ordinária nº 8.625/93 (Lei Orgânica Nacional do Ministério Público), vem à presença de V.Exa., respeitosamente, com fundamento nos arts. 96 e 57-C, da Lei n. 9.504/97, e art. 35, do Código Eleitoral, oferecer a presente

REPRESENTAÇÃO

em face de:

...., pessoa jurídica inscrita no CNPJ sob o nº ...., com sede à Rua ....brasileiro, casado, ..., residente à rua..., e, ..., brasileiro, solteiro, ..., residente à rua ....

em vista os seguintes fatos:

Conforme se vê dos documentos anexos (certidão do Oficial do MP, acompanhada da impressão da página de acesso à Internet, URL...... https://pt-br.facebook.com/..... e pequeno vídeo registrando o momento do acesso), a **primeira Representada**, pessoa jurídica do ramo de venda de eletrodomésticos a varejo, possui um perfil na rede social denominada FACEBOOK, onde posta notícias de sua atividade econômica e expõe produtos e serviços aos consumidores, inclusive com promoções e ofertas. Pela sua própria natureza, mencionado perfil é aberto ao acesso público. No endereço eletrônico aqui informado, o **segundo Representado**, na condição de sócio e administrador da pessoa jurídica, postou ou autorizou a postagem, no dia ...., de propaganda eleitoral em favor do **terceiro Representado**, candidato a Prefeito da cidade de .... no presente pleito.

Como se sabe, a legislação brasileira não admite que a propaganda eleitoral seja veiculada em **ambientes de uso comum**, como o são os estabelecimentos comerciais, os templos religiosos, os estádios, os teatros, etc. (art. 37, § 4º, da Lei n. 9.504/97). Transportada a propaganda eleitoral para o ambiente virtual, a Lei repete a vedação, desta vez consignando ser **vedada a sua veiculação em site de pessoas jurídicas em geral**, atendendo à premissa de que os consumidores que acessam aquele espaço o fazem à busca dos produtos e serviços de seu interesse, não podendo ser surpreendidos com a propaganda eleitoral do candidato ou partido escolhido unilateralmente pelos titulares ou administradores do site. Ademais, a legislação leva em conta, para a proibição, o potencial de desequilíbrio que a propaganda eleitoral teria nesses espaços, pois quanto maior é a atividade comercial, industrial ou de benemerência daquela pessoa jurídica mais acessos ela atrai e, portanto, mais exposição daria ao candidato ou partido de sua simpatia individual. Nas mãos de uma única pessoa – ou de um grupo reduzido – ficaria a possibilidade de influenciar decisivamente no processo de formação da vontade dos eleitores. Em razão de tudo isso, dispõe o art. 57-C, da Lei n. 9.504/97:

> **Art. 57-C.** É vedada a veiculação de qualquer tipo de propaganda eleitoral paga na Internet, excetuado o impulsionamento de conteúdos, desde que identificado de forma inequívoca como tal e contratado exclusivamente por partidos, coligações e candidatos e seus representantes.
>
> **§ 1º É vedada, ainda que gratuitamente, a veiculação de propaganda eleitoral na Internet, em sítios:**
>
> **I – de pessoas jurídicas, com ou sem fins lucrativos**;
>
> **II** – oficiais ou hospedados por órgãos ou entidades da administração pública direta ou indireta da União, dos estados, do Distrito Federal e dos municípios.
>
> **§ 2º** A violação do disposto neste artigo sujeita o responsável pela divulgação da propaganda ou pelo impulsionamento de conteúdos e, quando comprovado seu prévio conhecimento, o beneficiário, à multa no valor de R$5.000,00 (cinco mil reais) a R$30.000,00 (trinta mil reais) ou em valor equivalente ao dobro da quantia despendida, se esse cálculo superar o limite máximo da multa.
>
> **§ 3º** O impulsionamento de que trata o *caput* deste artigo deverá ser contratado diretamente com provedor da aplicação de Internet com sede e foro no país, ou de sua filial, sucursal, escritório, estabelecimento ou representante legalmente estabelecido no país e apenas com o fim de promover ou beneficiar candidatos ou suas agremiações.

O TSE já foi chamado a se posicionar sobre situação semelhante e entendeu que a "divulgação de propaganda eleitoral em site de domínio da empresa de propaganda e marketing enquadra-se na proibição deste dispositivo" (Ac. TSE de 23.04.2015, na Representação n. 128704).

Não é demais relembrar que a legislação eleitoral, especialmente o art. 57-B, da Lei n. 9.504/97, permite a propaganda eleitoral na Internet "*por meio de blogs, redes sociais, sítios de mensagens instantâneas e aplicações de internet assemelhadas cujo conteúdo seja gerado ou editado por: a) candidatos, partidos ou coligações; ou b) qualquer pessoa natural, desde que não contrate impulsionamento de conteúdos*" (inciso IV). De outro lado, o art. 57-D assegura a livre manifestação do pensamento e o correspondente direito de resposta àqueles que se julgarem prejudicados, do que se conclui – em reforço – que toda manifestação encontra na verdade do seu conteúdo o limite para a sua expressão. Então, o candidato tinha, como tem, várias outras opções – no ambiente virtual mesmo – para a divulgação das suas ideias e propostas, não sendo necessário recorrer ao site da pessoa jurídica, a menos que pretenda **impulsionar indiretamente a sua propaganda**, fazendo-a chegar a um público que não corresponde aos contatos por ele conquistados ao longo da vida, expediente sabidamente ilícito.

Embora não haja prova de que o terceiro Representado (candidato) tenha participado diretamente da postagem, as circunstâncias do caso permitem concluir pela impossibilidade do seu desconhecimento. É que, sendo público e notório que o segundo Representado, sócio-proprietário da empresa primeira Representada, é seu cunhado e empenhado diretamente na sua campanha, impossível o candidato não saber de cada ato de campanha por ele manifestado.

Assim dispõe o art. 40-B, da Lei n. 9.504/97:

> **Art. 40-B.** A representação relativa à propaganda irregular deve ser instruída com prova da autoria ou do prévio conhecimento do beneficiário, caso este não seja por ela responsável.
>
> **Parágrafo único.** A responsabilidade do candidato estará demonstrada se este, intimado da existência da propaganda irregular, não providenciar, no prazo de quarenta e oito horas, sua retirada ou regularização e, ainda, se as **circunstâncias e as peculiaridades do caso específico revelarem a impossibilidade de o beneficiário não ter tido conhecimento da propaganda**.

Fácil concluir, portanto, que os Representados fizeram veicular na Internet conteúdo de natureza eleitoral (com potencial para influenciar os eleitores na tomada de decisões sobre em quem votar nas eleições de novembro/2020) em desacordo com o disposto na Lei das Eleições, com o que mostra-se necessário resgatar a regularidade da ordem eleitoral.

Edson de Resende Castro[477] lembra que:

> "A lei veda também a veiculação de propaganda eleitoral, ainda que gratuitamente, em **sítios de pessoas jurídicas** (art. 57-C, inciso I) e oficiais ou hospedados por

[477] CASTRO, Edson de Resende. *Curso de Direito Eleitoral*, Editora Del Rey, 10ª edição, 2020, pág. 452.

órgãos ou entidades da administração pública (inciso II). Plenamente justificadas estas vedações, tendo em vista que os sítios das pessoas jurídicas de direito privado devem ser o destino dos que procuram pelos seus produtos ou serviços, não devendo ser surpreendidos com a propaganda eleitoral. Além do que a legislação já proíbe a propaganda eleitoral em bens particulares de uso comum (art. 37), sendo o sítio eletrônico apenas a extensão de sua sede física. Por outro lado, o STF, na ADI 4650, declarou a inconstitucionalidade do financiamento eleitoral e partidário por parte das pessoas jurídicas, daí que, com mais razão, não podem elas ceder ou utilizar seu sítio eletrônico em favor das candidaturas. E os **sítios dos órgãos públicos**, porque a administração pública deve manter distância da competição eleitoral, com mais razão, devem veicular apenas informações de interesse público e não a propaganda eleitoral, que é interesse do candidato ou partido."

A jurisprudência, quando chamada a se pronunciar sobre o tema, assim se manifesta:

RE 40-97.2016-6.22.0034

Acórdão de 26.07.2016 – TRE-RO

Relator(a): Juacy dos Santos Loura Júnior

(...) ATOS DE PRÉ-CAMPANHA PERMITIDOS. (...) **POSTAGEM PATROCINADA NO FACEBOOK** (...).

I – Ainda que o artigo 36-A da Lei das Eleições, alterado pela minirreforma Lei 13.165/2015, tenha concebido novas formas de se colocar como pré-candidato a cargos eletivos, a veiculação e a publicidade de textos ou vídeos de pretendentes a esses cargos, devem **respeitar os mesmos parâmetros que os proíbem no período de campanha** eleitoral permitida.

II - O art. 57-C da Lei das Eleições veda a veiculação de qualquer tipo de propaganda eleitoral paga na *internet*11, se no caso houve publicidade paga (link patrocinado) a malferir o caput do artigo 57-C, por esta transgressão deve responder o beneficiário;

III – É proibido divulgar em **site de pessoa jurídica** mesmo que gratuitamente, qualquer tipo de propaganda eleitoral, ainda que seja a propaganda permitida e atos de pré-campanha, tal qual como proscreve o § 1º, inciso I, do artigo 57-C da Lei 9.504/97;

[...]

IV - Tanto quem divulga quanto quem se beneficia deverá ser enquadrado ao pagamento da multa no valor de R$ 5.000,00 (cinco mil reais) a R$ 30.000,00 (trinta mil reais).

Deve-se ter em mente, ainda, que toda propaganda irregular ocasiona prejuízos irreparáveis para o processo eleitoral, independentemente dos danos materiais que possa, eventualmente, impingir nos bens em que veiculada.

Por conta de tudo isso, a notícia está a exigir providência de V.Exa., no sentido de determinar a notificação dos Representados para a **imediata retirada do conteúdo ilícito postado no perfil mencionado e para que não reiterem tal conduta, sob pena de desobediência e multa pelo descumprimento da obrigação de não fazer**, medidas que se mostram adequadas e necessárias à cessação do ilícito, afastando-se incontinente o ato vicioso das eleições, principalmente quando se percebe que a postagem já recebeu .... "curtidas", sem contar as visualizações e compartilhamentos.

De fato, diz o Código Eleitoral, no art. 35, que o Juiz Eleitoral deve adotar a providência que se mostrar necessária, no caso concreto, para impedir ou fazer cessar imediatamente os atos ilícitos da campanha eleitoral. No mesmo sentido, dispõe o art. 41, § 2º, da Lei n. 9.504/97. No caso aqui tratado, a supressão das afirmações inverídicas/ofensivas é medida de poder de polícia que se mostra necessária a que os Representados não prossigam com a prática do ilícito.

Ao discorrer sobre propaganda não tolerada e representações, a doutrina especializada assim se posiciona sobre o tema:

> "Para essas hipóteses, resta o exercício do poder de polícia do Juiz Eleitoral, para determinar a imediata paralisação da conduta, a busca e a apreensão do que se pretendia doar – ou que chegou a ser doado – aos eleitores, ou medidas para impedir sua realização, quando for possível agir preventivamente.
>
> (...)
>
> Tão logo tome conhecimento da propaganda que não se amolda à lei, o Juiz Eleitoral deve adotar as providências que forem necessárias à boa ordem do processo eleitoral, fazendo suspender imediatamente a prática. Isso, independentemente de qualquer provocação, já que o Juiz detém o poder de polícia.
>
> A par da possibilidade dessa iniciativa ex officio do Juiz, que visa, como dito, apenas a evitar ou a fazer cessar a prática do ilícito, é possível provocar a juridição eleitoral para pleitear a imposição das sanções eventualmente previstas no tipo infracional realizado pelo agente. Para tanto, o direito processual eleitoral, conhece, dentre outras, a Ação de Representação, ou simplesmente Representação. (...) Assim, se a conduta for daquelas que a lei não tolera, mas para as quais não haja cominação de qualquer sanção, tudo se resolve com o poder de polícia, que pode ser adotado exx officio pelo Juiz ou mediante provocação do interessado, que pode se valer de simples peticionamento ou da Representação aqui tratada."[478].

Bom lembrar que o **poder de polícia conserva-se no âmbito de atribuição da Autoridade Judiciária Eleitoral do local do fato, ou seja, do Juiz Eleitoral da respectiva Zona**. A questão, pacificada na jurisprudência do C. TSE, é hoje disciplinada pelo art. 41, § 1º, da mencionada Lei n. 9.504/97, e repetida pela Resolução TSE n. 23.608/2019 (que disciplina as Representações para as eleições de 2020).

Face ao exposto, o Ministério Público Eleitoral requer:

1) Seja a presente recebida e autuada;
2) Seja determinada imediata diligência de confirmação da eventual permanência da postagem no perfil do Representado (URL: ....), lavrando-se certidão pormenorizada;
3) Seja determinada a imediata remoção da propaganda eleitoral, providência que pode caber aos Representados, sob pena de multa diária, ou alcançada por

[478] CASTRO, Edson de Resende. *Curso de Direito Eleitoral*, Editora Del Rey, 10ª edição, 2020, pág. 464 e 572/573.

ordem encaminhada ao provedor (Facebook – Instagram e Messenger) pelo e-mail especialmente destinado a receber ordens judiciais: eleicoes_facebook@tozzinifreire.com.br.

4) Sejam os Representados notificados a apresentarem defesa em 2 (dois) dias;
5) Seja, transcorrido o prazo concedido para a remoção, certificado pelo Cartório Eleitoral o cumprimento ou não da determinação, com a juntada da página no momento do acesso;
6) Seja julgada procedente a Representação, para impor a cada um dos Representados a multa do art. 57-C, § 2º, da Lei n. 9.504/97.

Pede e espera deferimento.

Belo Horizonte, ... de outubro de 2020

....

Promotor Eleitoral

Anexo F

MODELO DE REPRESENTAÇÃO PARA INVESTIGAÇÃO JUDICIAL

"Exmo. Sr. Dr. Juiz da ...ª Zona Eleitoral de ...,

O *Ministério Público Eleitoral*, pelo Promotor ao final assinado, no regular exercício das atribuições previstas na Lei Complementar n. 75/93 (Lei Orgânica do Ministério Público da União) e Lei Ordinária n. 8.625/93 (Lei Orgânica Nacional do Ministério Público), vem à presença de V.Exa., respeitosamente, com fundamento nos arts. 19 e 22 da Lei Complementar n. 64/90, propor a presente *Ação de Investigação Judicial Eleitoral* em face de ... e ..., residentes nesta cidade, diante do seguinte:

Os Representados, conforme se sabe (processo de registro de candidatura n. ...), são candidatos a Prefeito e vice desta cidade, estando em plena campanha eleitoral.

1. Conforme apurado pelo Ministério Público (peças de informação anexas), os Representados vêm distribuindo ao eleitorado vários bens, como cestas básicas, materiais de construção, medicamentos, vestuários, dentre outros, sempre acompanhados de pedido de voto, às vezes explícita e outras vezes implicitamente. Alguns estabelecimentos comerciais desta cidade (*e.g.*, '... Materiais de Construção Ltda.', 'Supermercado ... Ltda.', 'Droga ...', 'Ótica ... Ltda.') receberam expressa autorização dos Representados para entregar mercadorias aos eleitores, bastando que eles lá se apresentem com o 'vale compra' fornecido pelos mencionados candidatos ou mesmo por pessoas ligadas à sua campanha eleitoral.

Diligência do Ministério Público logrou apreender vários desses 'vale compra' em poder dos mencionados estabelecimentos comerciais, cujos gerentes informaram em depoimento que os Representados efetuam o pagamento semanalmente e que o expediente vem acontecendo desde o início da campanha, acentuando-se nas últimas semanas.

2. De outro lado, os documentos que acompanham a presente representação dão conta de que os Representados vêm abusando da propaganda eleitoral na imprensa, já que ocupam, semanalmente, mais da metade do 'Jornal ...', que é editado nesta cidade e tem mais de 3 mil assinantes.

No último dia 5, o Representado ... foi entrevistado pela 'Rádio ...', desta cidade, permanecendo por mais de 40 minutos no ar, ao vivo, chegando a responder perguntas dos eleitores, feitas via telefone. Durante todo o tempo, falou de sua campanha eleitoral, de seus projetos para o Município e das obras que irá realizar, se eleito, pedindo por várias vezes o apoio da população para uma vitória esmagadora e frisando o número com que concorre.

3. Como se isso não bastasse, os Representados promoveram uma carreata pelas ruas desta cidade, no dia 1 do corrente mês, para a qual levaram vários veículos pertencentes ao Município, guiados pelos motoristas da Prefeitura, dando carona para quem a pedisse. Esse evento, a par de ter sido presenciado por todos e registrado em BO pela Polícia Militar, foi filmado por cinegrafista amador (fita de vídeo anexa).

Percebe-se, com certa facilidade, que os Representados *abusam do poder econômico* (ao distribuir bens e vantagens aos eleitores), *usam indevidamente os meios de comunicação social* (jornal e rádio) e *abusam do poder político* (beneficiando-se de bens e servidores públicos), com isso infringindo o disposto no art. 19 da LC n. 64/90.

A conduta dos Representados desequilibra o jogo de forças no processo eleitoral, fere de morte o princípio da isonomia de oportunidades entre os candidatos e é grave o suficiente para afetar a normalidade e legitimidade das eleições, o que é mais que suficiente para cassar-lhes o registro da candidatura e impor-lhe a inelegibilidade do art. 1º, I, "d", da mesma LC n. 64/90.

É nesse sentido a jurisprudência pacificada:

> [...] 7. A produção de farto material de pré–campanha e de campanha, no período imediatamente anterior ao eleitoral e com o investimento de grande quantia de dinheiro, caracteriza o abuso do poder econômico descrito no art. 22, XIV, da LC nº 64/1190 e, por consequência, implica a cassação de todos os beneficiários bem como a decretação da inelegibilidade dos diretamente envolvidos, porquanto possui gravidade capaz de comprometer a lisura do pleito. (TSE, RO n. 060161619 - CUIABÁ - MT, Ac. de 10/12/2019, Rel. Min. Og Fernandes)

Necessário, por conseguinte, desencadear a investigação judicial eleitoral prevista no art. 22 da mencionada lei complementar, visando apurar cabalmente os referidos fatos e aplicar aos envolvidos as sanções correspondentes, ou seja, a inelegibilidade para as eleições a se realizarem nos próximos 8 anos[479] e a cassação do registro das candidaturas dos beneficiados.

[479] Agora, com a LC n. 135/2010, a inelegibilidade é de 08 anos.

Em face do que se vem de expor e fundamentar, requer o Ministério Público Eleitoral:

1) Seja a presente registrada e autuada.
2) Seja oficiado à 'Rádio ...' e ao 'Jornal ...', determinando sejam observadas fielmente as restrições impostas pela lei eleitoral à propaganda (1/8 de folha de jornal e propaganda no rádio exclusivamente no horário gratuito), cientes de que o M. Público promoverá sua responsabilidade em procedimento próprio.
3) Sejam os Representados notificados para apresentarem defesa, querendo, no prazo de cinco dias, acompanhada de rol de testemunhas e documentos.
4) Seja julgada procedente a representação, para declarar a inelegibilidade dos Representados e *cassar-lhes o registro de candidatura.*
5) Provará o alegado com os documentos anexos e com a oitiva das testemunhas constantes do rol que acompanha a presente.

Pede deferimento.

..., ... de agosto de 2020.

Edson de Resende Castro

Promotor Eleitoral.

Anexo G

MODELOS DE AÇÃO CAUTELAR

1

Exmo. Sr. Dr. Juiz Eleitoral da 296ª Zona Eleitoral de Candeias,

O Ministério Público Eleitoral, pelo Promotor ao final assinado, no regular exercício da delegação legal que lhe é conferida pelo Art. 78, da LC 75/93, vem à presença de V.Exa., nos termos dos arts. 846 e ss., do CPC (aplicado subsidiariamente ao processo eleitoral), propor a presente AÇÃO CAUTELAR DE PRODUÇÃO ANTECIPADA DE PROVA em face de ..., brasileiro, ... residente ... nesta cidade, em face das seguintes razões de fato e de direito:

Conforme dão conta os autos de Registro de Candidatura n. ...., o Reqdo teve seu registro de candidatura deferido pela Justiça Eleitoral, tendo concorrido ao cargo de ... (prefeito, vice prefeito ou vereador) no município de ....

Agora, chegou ao conhecimento do M.Público Eleitoral que o Reqdo, não obstante ter-se afastado de direito das funções públicas que exercia junto ao Município (Secretário Municipal de Saúde), na verdade não se afastou de fato, pois que durante a campanha eleitoral compareceu várias vezes na repartição pública, participou de reuniões com outras autoridades e praticou atos próprios de seu cargo, inclusive autorizando internações de pacientes.

Essa conduta, ao que se sabe, atrai a inelegibilidade prevista na LC 64, de 1990, porque ali prevista a incompatibilidade da candidatura com o exercício de qualquer função pública. Como a dita inelegibilidade é superveniente ao registro (porque a incompatibilidade verificou-se após o registro da candidatura), pode ela ser levantada por ocasião da expedição do diploma, por meio do Recurso contra a Diplomação, previsto no art. 262, do Código Eleitoral.

Necessário, entretanto, que mencionado recurso, a ser oferecido no prazo de 03 dias após a diplomação, seja instruído com prova pré-constituída da inelegibilidade, pois a reiterada jurisprudência do TSE é no sentido de que não se admite dilação probatória naquela fase.

Daí, por conseguinte, a utilidade e propriedade da tutela jurisdicional cautelar aqui buscada, que tem como fim, repita-se, produzir prova a sustentar o RCD do art. 262, do CE.

Em face do exposto, requer o MPE, como medida preparatória para o RCD:

1) Seja recebida, registrada e autuada a presente;
2) Seja determinada, antes mesmo da citação do Reqdo, a expedição de ofício à Secretaria Municipal de Saúde e à Diretoria Regional de Saúde, requisitando cópia das atas de reuniões que contaram com a presença do Reqdo e as AIH (autorizações de internações hospitalares) assinadas ou expedidas por determinação do Reqdo, tudo no período de 03 de julho a 03 de outubro do corrente ano;
3) Seja determinada a citação do Reqdo para oferecer defesa, querendo, advertido dos efeitos da revelia;
4) Sejam ouvidas as testemunhas ao final arroladas.
5) Seja observada a necessária celeridade processual, própria dos feitos de natureza eleitoral, pois que a prova a ser produzida de nada valerá se não for colhida antes da diplomação do Reqdo.
6) Seja, ao final, homologada a prova colhida, disponibilizando-a ao Reqte para os fins já mencionados.

………………, …. agosto de 2020

Edson de Resende Castro
Promotor Eleitoral

Rol de testemunhas:

2

Exmo. Sr. Dr. Juiz Eleitoral da ...ª Zona Eleitoral de ...,

O Ministério Público Eleitoral, pelo Promotor ao final assinado, no regular exercício da delegação legal que lhe é conferida pelo Art. 78, da LC 75/93, vem à presença de V.Exa., nos termos dos arts. 846 e ss., do CPC (aplicado subsidiariamente ao processo eleitoral), propor a presente AÇÃO CAUTELAR DE PRODUÇÃO ANTECIPADA DE PROVA em face de ..., brasileiro, ... residente ... nesta cidade, em face das seguintes razões de fato e de direito:

Conforme dão conta os autos de Registro de Candidatura n. ...., o Reqdo teve seu registro de candidatura deferido pela Justiça Eleitoral, concorrendo ao cargo de ... (prefeito, vice prefeito ou vereador) no município de ....

Agora, chegou ao conhecimento do M.Público Eleitoral que o Reqdo, não obstante ter-se declarado possuidor de ensino fundamental incompleto, na verdade não sabe sequer ler e escrever, sabendo apenas "desenhar" o próprio nome. A sua assinatura, lançada no documento de autorização ao registro, lança fundadas suspeitas do analfabetismo que ora se denuncia.

Essa circunstância, o analfabetismo, ao que se sabe, atrai a inelegibilidade prevista na Constituição Federal e na LC 64, de 1990, porque ali previsto como impedimento à disputa de qualquer cargo público eletivo. Como a dita inelegibilidade é de assento constitucional, pode ela ser arguida não só na Ação de Impugnação ao Registro de Candidatura (AIRC) como também por ocasião da expedição do diploma, por meio do Recurso contra a Diplomação, previsto no art. 262, do Código Eleitoral. Isto porque, quanto à inelegibilidades constitucionais, não há falar-se em preclusão.

Necessário, entretanto, que mencionado recurso, a ser oferecido no prazo de 03 dias após a diplomação, seja instruído com prova pré-constituída da inelegibilidade, pois a reiterada jurisprudência do TSE é no sentido de que não se admite dilação probatória naquela fase.

Daí, por conseguinte, a utilidade e propriedade da tutela jurisdicional cautelar aqui buscada, que tem como fim, repita-se, produzir prova a sustentar o RCD do art. 262, do CE.

Em face do exposto, requer o MPE, como medida preparatória para o RCD:

1) Seja recebida, registrada e autuada a presente;

2) Seja determinada a citação do Reqdo para oferecer defesa, querendo, advertido dos efeitos da revelia;

3) Seja o Reqdo submetido a teste de alfabetização elaborado por V.Exa. (ou mesmo por banca de professores a ser nomeada pelo Juízo) e ouvidas as testemunhas oportunamente arroladas.

4) Seja observada a necessária celeridade processual, própria dos feitos de natureza eleitoral, pois que a prova a ser produzida de nada valerá se não for colhida antes da diplomação do Reqdo.

5) Seja, ao final, homologada a prova colhida, disponibilizando-a ao Reqte para os fins já mencionados.

Local e data

Edson de Resende Castro
Promotor Eleitoral

Rol de testemunhas:

Anexo H
Representação para Retirada de Propaganda Eleitoral

Exmo. Sr. Dr. Juiz Eleitoral da ª. Zona Eleitoral-Belo Horizonte,

O Ministério Público Eleitoral, por meio do Promotor ao final assinado, no regular exercício das atribuições que lhe confere a Lei Complementar 75/93, vem à presença de V.Exa. propor a presente REPRESENTAÇÃO em face de .... (qualificação completa),

pelas seguintes razões de fato e de direito:

Como se sabe, o último pleito municipal em Belo Horizonte realizou-se no último dia 03 de outubro, elegendo-se Vereadores, Prefeito e Vice, não sendo necessária a realização de 2º Turno, pois os vencedores da eleição majoritária alcançaram a maioria prevista em lei.

Até 03 de novembro de 2004, então, a propaganda eleitoral que se espalhou por toda a cidade deveria ter sido removida pelos candidatos, partidos e coligações que a promoveram.

Dispõe a Resolução 21.610/04, do TSE, em seu art. 85, "verbis":

> "No prazo de até trinta dias após o pleito, os candidatos, os partidos políticos e as coligações deverão remover a propaganda eleitoral, com a restauração do bem em que fixada, se for o caso.
>
> Parágrafo único. O descumprimento do que determinado no caput sujeitará os responsáveis às consequências previstas na legislação comum aplicável."

A respeito do assunto, a doutrina eleitoral assim se pronuncia:

> "Realizada a eleição, não há mais razão para que a propaganda eleitoral continue a compor o panorama visual das ruas, praças, avenidas e rodovias, ou seja, dos locais de circulação pública, porque é poluição visual, que altera a estética pública e muitas das vezes se contrapõe às posturas municipais.

> *A medida* [de retirada de propagandas e restauração do bem] *é extremamente pertinente e útil, inclusive porque evita a perpetuidade de certas propagandas, notadamente as que se valem de inscrição a tinta, que passam de um processo eleitoral a outro, confundindo os eleitores quando o beneficiário da propaganda não mais é candidato, ou o é com outro número e por outro Partido."* (Edson de Resende Castro, Teoria e Prática do Direito Eleitoral. Mandamentos, 2004, p. 278).

Mas o fato é que o Ministério Público Eleitoral tomou conhecimento, até mesmo por matéria publicada na imprensa, que há diversos muros ainda pintados com a propaganda eleitoral do Sr. ......, aqui representado, nos Bairros Bandeirantes e Castelo, principalmente nas Ruas Expedicionário Nilo Morais Pinheiro e Trevizo, além da Av. Cecília, situação que está a reclamar providências da Justiça Eleitoral, visando garantir o fiel cumprimento da legislação eleitoral pertinente.

Face ao exposto, o Ministério Público Eleitoral requer:

1) Seja a presente representação recebida e autuada;

2) Seja notificado o Representado, como também o representante do Partido ..... em Belo Horizonte (partido pelo qual disputou ele a eleição), para que adotem as providências necessárias à remoção da propaganda eleitoral ainda existente, bem como a restauração dos bens alterados por ela, recompondo-se a estética e a higiene públicas, tudo isto em 48 horas.

3) Sejam os notificados advertidos de que incorrerão em crime de desobediência eleitoral (art. 347, do Código Eleitoral), caso não atendam a determinação.

4) Por aplicação subsidiária do CPC, seja fixada multa diária de 1.000 UFIR para o caso de descumprimento da obrigação de fazer objeto da determinação de V.Exa., a ser exigida a partir das 48 horas da notificação.

5) Se ainda assim for verificado o descumprimento da ordem, que V.Exa. determine providências que assegurem o resultado prático equivalente ao fazer que se espera do Representado e do Dirigente Partidário, nomeando terceiros para a remoção da propaganda e restauração dos bens afetados, tudo à custa dos obrigados.

Pede e espera deferimento.

Belo Horizonte, ... de dezembro de 2020

Promotor Eleitoral

Anexo I

AIME – AÇÃO DE IMPUGNAÇÃO DE MANDATO ELETIVO

Exmo. Sr. Dr. Juiz Eleitoral da ____________________ ZE

O Ministério Público Eleitoral, pelo Promotor de Justiça ao final assinado, no exercício das funções que lhe são conferidas pela Lei Complementar 75/93, vem à presença de V.Exa. propor a presente Ação de Impugnação de Mandato Eletivo - AIME, com fundamento no art. 14, §§ 10 e 11, da CF/88, em face de ___________ (qualificação completa), diplomado prefeito desta cidade, e de __________ (qualificação completa), diplomado vice-prefeito desta cidade, face às seguintes razões de fato e de direito:

Como se sabe, e o comprovam os documentos anexos (certidão de diplomação fornecida pelo Cartório Eleitoral), os Reqdos disputaram o pleito de 04 de outubro último, logrando ser eleitos Prefeito e Vice desta cidade, respectivamente, tendo sido diplomados no último dia ____/____/____, em solenidade realizada pela Junta Eleitoral desta Zona.

Durante sua campanha eleitoral, entretanto, os Reqdos praticaram condutas desconformes com a legislação eleitoral, a saber:

DO ABUSO DO PODER ECONÔMICO

Obs: deve-se atentar para o fato de que só caracteriza abuso de poder (seja o econômico, seja o político ou seja o uso indevido dos meios de comunicação) a conduta que, por sua expressão e alcance, seja grave o suficiente para ferir a normalidade da disputa, impondo desequilíbrio de forças entre os candidatos e, com isso, atingindo o princípio isonômico. Pequenas ações, como a compra de uns poucos votos, poderão caracterizar corrupção dos eleitores comprados (aí incidindo o art. 41-A, da Lei 9.504/97 – que também pode ser arguido na AIME, mas por outro argumento), não abuso do poder econômico, que exige a gravidade lesiva.

Ao final da narração do fato entendido como de abuso de poder, é importante concluir que a conduta atingiu um número expressivo de eleitores, fazendo-se sempre que possível a comparação com o eleitorado do município, para frisar que restou atingida a normalidade e legitimidade das eleições, face ao potencial de influência do abuso na lisura do pleito. E é importante também chamar a atenção para o fato de que não se exige que o abuso tenha sido capaz de afetar o resultado das eleições, conforme art. 22, XVI, da LC n. 64/90, na redação dada pela LC n. 135/2010. Basta que seja grave, a afetar a igualdade de oportunidades entre os candidatos, não havendo necessidade de prova de que o abuso levou à alteração do resultado.

Descrever os fatos caracterizadores do abuso do poder econômico:

– arrecadação de recursos para a campanha eleitoral advindos de fontes ilícitas

– realização de gastos exagerados na campanha, em comparação com o volume de campanha dos outros candidatos

DO ABUSO DO PODER POLÍTICO

Descrever fatos caracterizadores do abuso do poder político ou de autoridade, o uso da máquina administrativa em prol dos candidatos:

- programas de governo instituídos ou alterados durante o processo eleitoral para beneficiar candidatos (instituição de programa de distribuição, pela Sec. Mun. de Assistência Social, de cestas básicas à população; aumento significativo de beneficiários de programas sociais, etc.)

DO USO INDEVIDO DE MEIOS DE COMUNICAÇÃO

- utilização de jornais e/ou revistas, de forma abusiva, para beneficiar o candidato (os jornais podem emitir, nos editoriais, opinião favorável ou contrária a candidatos, mas não podem abusar disso, ao ponto de transformar-se o veículo de comunicação social em instrumento de propaganda)

- propaganda eleitoral veiculada durante eventos públicos não eleitorais, como um show artístico em parque de exposição, ou durante uma missa ou culto religioso, etc.

DA CORRUPÇÃO – CAPTAÇÃO ILÍCITA DO SUFRÁGIO

OBS: agora sim pode-se argumentar com a compra de votos, a doação, a promessa, a oferta ou a entrega de bens ou vantagens aos eleitores, com o fim de obter-lhes o voto, como descrito no art. 41-A, da Lei 9.504/97. Essas condutas caracterizam a chamada captação ilícita do sufrágio, que é a CORRUPÇÃO a que se refere o texto constitucional.

Descrever os fatos ....

DO DIREITO APLICÁVEL AOS FATOS DESCRITOS

A Constituição Federal de 1988, já no § 9º do art. 14, dando sinal inequívoco de que o abuso do poder deve ser a todo custo combatido, remete à lei complementar a fixação de inelegibilidade exatamente pela prática do abuso do poder econômico ou do exercício de função, cargo ou emprego na administração direta ou indireta, visando com isso preservar a normalidade e a legitimidade das eleições. Na mesma linha de preocupação, a LC 64/90, em seu art. 1º, I, "d", com redação dada pela LC n. 135/2010, diz que *são inelegíveis*, para qualquer cargo:

> "os que tenham contra sua pessoa representação julgada procedente pela Justiça Eleitoral, em decisão transitada em julgado ou proferida por órgão colegiado, em processo de apuração de abuso do poder econômico ou político, para a eleição na qual concorrem ou tenham sido diplomados, bem como para as que se realizarem nos 8 (oito) anos seguintes"

Então, aqueles que praticam o abuso do poder durante a campanha, com gravidade de afetação da normalidade e legitimidade do pleito, chegam à eleição já inelegíveis, posto que a sentença de procedência dessa representação, ainda que proferida após a eleição ou diplomação, produzirá seus efeitos para aquela eleição, exatamente porque o texto complementar estabelece a inelegibilidade "*para a eleição na qual concorrem ou tenham sido diplomados*".

Não bastasse a possibilidade de tal conduta abusiva ser questionada pelo instrumento da Investigação Judicial Eleitoral (art. 22, da LC 64/90), ainda prevê a Constituição Federal, no mencionado art. 14, agora pelo seu § 10, que:

> "O mandato eletivo poderá ser impugnado ante a Justiça Eleitoral no prazo de quinze dias contados da diplomação, instruída a ação com provas de abuso do poder econômico, corrupção ou fraude."

Mais uma vez, oferece o ordenamento jurídico um instrumental de combate ao abuso do poder, desta vez voltado à desconstituição do mandato eletivo conquistado ilicitamente, partindo-se do pressuposto de que o eleito já foi diplomado, estando formalmente apto à posse e exercício no cargo eletivo.

Em resumo, percebe-se que a prática do "abuso de poder qualificado" (aquele com gravidade para afetar a normalidade e legitimidade do pleito), uma vez veiculado por meio de AIJE, dá ensejo à incidência de inelegibilidade e à cassação do registro ou do diploma (na forma do art. 22, XIV, da LC 64/90) ou à desconstituição do mandato eletivo e consequente inelegibilidade (por meio da AIME).

De outro lado, nota-se que o mesmo § 10, do art. 14, da CF/88, preocupa-se também com a corrupção eleitoral, elevando-a a fundamento para a desconstituição do mandato eletivo. Atento a isso, o legislador infraconstitucional, através da Lei 9.840/99 (aquela cujo projeto foi subscrito por mais de 1.000.000 de brasileiros), acrescentou à Lei das Eleições o art. 41-A, com a seguinte redação:

> "Ressalvado o disposto no art. 26 e seus incisos, constitui captação de sufrágio, vedada por esta Lei, o candidato doar, oferecer, prometer, ou entregar, ao eleitor, com o fim de obter-lhe o voto, bem ou vantagem pessoal de qualquer natureza, inclusive emprego ou função pública, desde o registro da candidatura até o dia da eleição, inclusive, sob pena de multa de mil a cinquenta mil UFIR e cassação do registro ou do diploma, observado o procedimento previsto no art. 22 da Lei Complementar n. 64, de 18 de maio de 1990."

A partir de então, o dar, oferecer, prometer ou entregar bens ou valores de qualquer natureza ao eleitor, para obter-lhe o voto, tipifica a tal corrupção do eleitor, que, além de incorporar-se ao ordenamento jurídico eleitoral como infração cível eleitoral ensejadora de cassação do registro ou do diploma, embasa também a ação de impugnação do mandato eletivo, exatamente porque contemplada no texto constitucional.

No ordenamento jurídico eleitoral, assim, chega-se à desconstituição do mandato eletivo quando da ocorrência do abuso do poder (com aplicação também da inelegibilidade do art. 1º, I, "d", da LC 64/90, quando demonstrada a gravidade de afetação da normalidade e legitimidade das eleições), quando da prática de corrupção (de que é exemplo a captação ilícita do sufrágio) e quando do cometimento de fraude, inclusive à lei.

DO PROCEDIMENTO A SER OBSERVADO

Como se sabe, a AIME, consagrada no texto constitucional de 1988, não tem regulamentação infraconstitucional. Coube à doutrina e à jurisprudência, portanto, a tarefa de encontrar-lhe o procedimento adequado. Sob a inspiração do princípio da celeridade e visando a atender às peculiaridades do processo eleitoral como um todo, a Res. TSE n. 21.634, de 19-02-2004, prevê:

> "AIME. Art. 14, § 10, da Constituição Federal. Procedimento. Rito ordinário. CPC. Não-observância. Processo eleitora. Celeridade. Rito ordinário da Lei Complementar n. 64/90. Registro de candidato. Adoção. Eleições 2004. 1. O rito ordinário que deve ser observado na tramitação da ação de impugnação de mandato eletivo, até a sentença, é o da Lei Complementar n. 64/90, não o do CPC, cujas disposições são aplicáveis apenas subsidiariamente. 2. As peculiaridades do processo eleitoral - em especial o prazo certo do mandato - exigem a adoção dos procedimentos céleres próprios do Direito Eleitoral, respeitadas, sempre, as garantias do contraditório e da ampla defesa." (Instrução n. 81 - Classe 12ª. - Distrito Federal - Brasília - Rel. Min. Fernando Neves - grifei)

Nesta mesma linha, o art. 223, da Res. TSE n. 23.611/2019:

> Art. 223. O mandato eletivo poderá ser impugnado na Justiça Eleitoral após a diplomação, no prazo de 15 (quinze) dias, instruída a ação com provas de abuso do poder econômico, corrupção ou fraude (Constituição Federal, art. 14, § 10).
>
> § 1º A ação de impugnação de mandato eletivo observará o **procedimento previsto na Lei Complementar nº 64/1990 para o registro de candidaturas**, com a aplicação subsidiária, conforme o caso, das disposições do Código de Processo Civil, e tramitará em segredo de justiça, respondendo o autor na forma da lei se temerária ou de manifesta má-fé (Constituição Federal, art. 14, § 11).
>
> § 2º Não se aplica à decisão proferida na ação de impugnação de mandato eletivo a regra do art. 216 do Código Eleitoral.

Em síntese, o procedimento consistirá:

1) Propositura da ação dentro dos 15 dias seguintes à diplomação, sob pena de decadência (art. 14, § 10, da CF), por qualquer um dos legitimados ativos (MP, candidato, Partido Político ou Coligação);

2) Inicial com observância dos requisitos ditados pelo CPC (de aplicação subsidiária), especificando desde logo os meios de prova com que pretende o autor demonstrar a veracidade do alegado e arrolando testemunhas até o máximo de 06 (seis) - (art. 3º, § 3º, LC 64/90);

3) Notificação do requerido para, no prazo de *07 (sete) dias, contestar* o pedido, querendo, juntando documentos, indicando rol de testemunhas e requerendo a produção de outras provas (art. 4º);

4) Designação de *audiência* para oitiva das testemunhas arroladas, dentro dos *4 (quatro) dias* seguintes;

5) Realização das *diligências* determinadas de ofício ou a requerimento das partes e oitiva de testemunhas referidas, *em 5 (cinco) dias* (art. 5º, §§ 2º e 3º);

6) *Alegações finais* no prazo comum de *5 (cinco) dias* (art. 6º);

7) Apresentação da *sentença em 3 (três) dias* (art. 8º, primeira parte);

8) *Recurso* das partes *em 3 (três) dias*, após intimação (art. 8º, última parte, c/c Resolução n. 21.634/04);

9) *Contrarrazões* do recorrido em 3 (três) dias, após intimação (art. 8º, § 1º, c/c Resolução n. 21.634/90).

DO PEDIDO

Em face de tudo quanto se expôs, requer o Ministério Público:

- Seja a presente recebida, autuada e registrada;
- Sejam os Reqdos notificados para, querendo, oferecerem contestação em 07 dias;
- Sejam colhidas as provas ao final especificadas, procedendo-se às diligências necessárias ao descobrimento da verdade dos fatos;
- Seja julgado procedente o pedido, reconhecendo-se a prática do abuso do poder e da corrupção eleitoral, para desconstituir-se o mandato dos Reqdos e aplicar-se-lhes a inelegibilidade por oito anos, convocando-se novas eleições, na forma do art. 224, § 3º, do Código Eleitoral.

O Ministério Público Eleitoral provará o alegado através dos documentos que acompanham a presente inicial, desde já requer seja oficiado a __________, requisitando informar __________ , e oferece o rol de testemunhas a serem inquiridas, mediante prévia intimação:

Pede Deferimento.

Belo Horizonte , ... 2020.

Edson de Resende Castro

Promotor Eleitoral

Observações:

1) Aconselhável que as peças eleitorais (inicial, alegações finais e recursos) observem sempre que possível a síntese da exposição, sem evidentemente deixar de enfocar as questões importantes, porque os Juízes e Tribunais Eleitorais estão sempre com expressivo volume de processos eleitorais a serem julgados, quase nunca com tempo para os grandes arrazoados;

2) A inicial, especialmente, deve narrar diretamente os fatos, fazendo referência ao direito que lhes é aplicável, deixando as citações doutrinárias e jurisprudenciais para as alegações finais;

3) No modelo ora ofertado, observa-se que o polo passivo foi formado pelos dois integrantes da chapa (prefeito e vice), pois em pleito majoritário o litisconsórcio é necessário;

4) A sentença de procedência da AIME, que desconstitui o mandato dos Reqdos, quando disser respeito a prefeito, deverá determinar novas eleições sempre, face ao que dispõe o § 3º, do art. 224, do Código Eleitoral, incluído pela Lei n. 13.165/2015.

Anexo J
CANDIDATURA FICTÍCIA

Exmo. Sr. Dr. Juiz Eleitoral da ...ª Zona Eleitoral de ... (município Sede),

O **Ministério Público Eleitoral**, pelo Promotor ao final assinado, no regular exercício da delegação legal que lhe é conferida pelo art. 78, da LC 75/93, vem à presença de V.Exa., nos termos do art. 14, §§ 10 e 11, da CF, propor a presente **AÇÃO DE IMPUGNAÇÃO DE MANDATO ELETIVO** em face de:

1) Candidatos eleitos

2) Candidatas fictícias, se tiverem participado da fraude, sabendo que não fariam campanha. Se sequer sabiam, devem ser arroladas como testemunhas

3) Demais candidatos, suplentes

4) Partido ou Coligação

5) Agente do ilícito, ainda que seja o dirigente do partido ou coligação

pelas seguintes razões de fato e de direito:

DOS FATOS

Os Candidatos Impugnados tiveram suas candidaturas registradas pelo Partido ...., que disputou as eleições municipais de 2016 em comunhão de esforços com os Partidos ...., formando a Coligação ....

Mencionada Coligação apresentou à Justiça Eleitoral, em agosto, a lista de seus candidatos à eleição proporcional, formada por xxx homens e xxx mulheres, com o que teria preenchido o percentual mínimo de 30% de candidaturas do sexo feminino, conforme expressamente exigido pelo art. 10, § 3º, da Lei n. 9.504/97. Em razão disso, o respectivo DRAP foi deferido e admitida a participação da Coligação, com todos os partidos que a integraram, na eleição proporcional do corrente ano.

Durante a campanha eleitoral, entretanto, o MPE recebeu informações de que as "candidatas" .... não o eram de fato, pois não faziam campanha e não buscavam os votos dos eleitores. Cogitando a hipótese de candidatura fictícia, apresentada apenas para preencher a cota de gênero e, com isso, possibilitar a participação da Coligação – e dos partidos que a integraram - nas eleições proporcionais, o MPE instaurou o PPE – Procedimento Preparatório Eleitoral – n. .... (cuja anexação fica desde já requerida) e empreendeu as seguintes diligências para o esclarecimento dos fatos:

a) Consultado o Cartório Eleitoral sobre a detecção, por ocasião do **controle concomitante dos gastos de campanha**, de propaganda eleitoral das "candidatas", constatou-se que não foram encontrados impressos e santinhos para panfletagem, papeis e adesivos para bens particulares, adesivos para veículos, anúncios em jornais, etc.

b) Consultada a rede social denominada Facebook, foi encontrado o perfil pessoal das "candidatas", nos quais não há sequer uma postagem fazendo referência às candidaturas ou pedindo votos. Ao contrário, no perfil da "candidata" .... ainda se vê (documento de fls. ...) a propaganda eleitoral do candidato ....., em tese seu adversário na disputa eleitoral.

c) Requisitadas as claquetes das mídias da propaganda eleitoral da Coligação, em nenhuma delas se vê referência ao anúncio da propaganda eleitoral das ditas "candidatas".

d) Requisitada informação ao Jornal... sobre se houve contratação de anúncios para as "candidatas", a resposta foi negativa.

e) Nas contas parciais e nas finais, as "candidatas" nada arrecadaram e nada gastaram.

f) Ouvidas, elas disseram que sequer sabiam que haviam sido registradas como "candidatas", lembrando-se apenas que assinaram alguns documentos a pedido do presidente do partido, Sr. ??...................

g) Consultado do resultado final da apuração, viu-se que elas tiveram ZERO voto.

Não restou dúvida ao MPE, portanto, que a Coligação Impugnada levou as ditas candidatas a registro apenas para cumprir FORMALMENTE a condição indispensável à sua participação nas eleições proporcionais, qual seja, a formação da sua lista de candidatos ao Legislativo com pelo menos 30% de mulheres.

Então, de fato, a Coligação concorreu com apenas xxxx candidatas, o que representa xxx% em relação ao número total de candidatos da lista, muito aquém do mínimo exigido em lei.

DO DIREITO APLICÁVEL À ESPÉCIE

A Lei n. 9.504/97, em seu artigo. 10, § 3º, a partir da redação dada pela Lei n. 12.034/2009, instituiu política afirmativa da participação das mulheres nos pleitos eleitorais e exigiu providências dos partidos políticos para a formação de quadros femininos aptos a disputar as eleições com reais possibilidades de sucesso ou pelo menos com efetiva busca dos votos dos eleitores. Valendo-se da expressão "preencherá" o mínimo de 30%, o legislador deixou clara a condição de admissibilidade da lista a registro na Justiça Eleitoral e, mais, de sua apresentação ao eleitorado, na expectativa de preenchimento mais equilibrado das cadeiras do parlamento.

Art. 10, § 3º, da Lei n. 9.504/97: "Do número de vagas resultante das regras previstas neste artigo, cada partidos ou coligação **preencherá o mínimo de 30%** (trinta por cento) e o máximo de 70% (setenta por cento) para candidaturas de cada sexo". (grifei)

Sendo o percentual mínimo uma condição para o registro da lista, o próprio sistema de registro de candidatura desenvolvido pelo TSE foi construído para fazer o cálculo e alertar o Juiz na hipótese de não observância, para que o partido ou coligação pudesse sanar o vício, apresentando novas candidaturas femininas ou excluindo algumas masculinas. Tudo isso, como se sabe, durante o processamento do DRAP – demonstrativo de **regularidade** dos atos partidários –, para admissão, ou não, da participação do partido/coligação nas eleições proporcionais. De fato, dentre os atos preparatórios da participação do partido/coligação nas eleições proporcionais, que haverão de ser regulares, está a formação da lista de candidatos com observância dos percentuais mínimo e máximo fixados no dito art. 10, § 3º, da Lei n. 9.504/97.

Se os referidos atos preparatórios forem praticados com alguma **irregularidade**, dentre as quais se destaca a não observância do percentual mínimo de mulheres, o partido/coligação não terá, a rigor, um DRAP. Daí que outra não é a solução senão o indeferimento do pedido de registro de candidatura por ele apresentado, o que equivale a dizer que toda a lista de candidatos não será admitida a registro. Dito com outras palavras, o partido/coligação não será admitido na disputa proporcional e as condições pessoais (condições de elegibilidade e causas de inelegibilidade) de cada um dos candidatos da lista sequer serão avaliadas e julgadas.

Tudo porque, repita-se, o preenchimento da lista com o mínimo de 30% de mulheres é condição indispensável para a participação do partido/coligação nas eleições proporcionais.

Neste sentido, a doutrina especializada:

> "Com a Lei n. 12.034/2009, a exigência de percentual mínimo de candidaturas de ambos os sexos (reserva de gênero) passou a ser ainda mais incisiva. De fato, o § 3º, do art. 10, da Lei n. 9.504/97, que dantes impunha aos partidos e coligações a reserva das vagas, agora diz que estes preencherão o mínimo de 30% com candidaturas do sexo minoritário. Daí que o partido terá que incluir na sua lista o mínimo de 30% de mulheres, p.ex., não bastando que não ultrapasse os 70% de candidaturas masculinas. A substituição da expressão "deverá reservar" pelo vocábulo "preencherá", aliada à imposição de aplicação financeira mínima e reserva de tempo no rádio e TV (Lei n. 9.096/95, alterada pela dita Lei n. 12.034/2009), revela nitidamente a vontade do legislador de incluir as mulheres na disputa eleitoral. Esse percentual mínimo (30%) será calculado sempre sobre o número de candidaturas que o partido/coligação efetivamente lançar e não sobre o total que a lei indica como possível (150% ou 200% do número de vagas a preencher). Para uma Câmara Municipal com 15 Vereadores, p.ex., em que a coligação pode lançar até 30 candidatos, se a sua lista, levada a registro, contiver apenas 20 nomes, pelo menos seis devem ser de candidaturas de um sexo e no máximo quatorze do outro. Chegando a lista à Justiça Eleitoral sem observância desse mínimo, ela deve ser devolvida ao partido/coligação, para adequação, o que imporá o acréscimo de candidaturas do sexo minoritário ou a exclusão de candidatos do sexo majoritário, assim alcançando-se os limites mínimo e máximo. (Curso de Direito Eleitoral, Edson de Resende Castro, Editora Del Rey, 10ª Edição, 2020)

Na jurisprudência, o tema tem recebido igual tratamento:

> RECURSO ELEITORAL. REGISTRO DE COLIGAÇÃO. ELEIÇÕES 2012. DEMONSTRATIVO DE REGULARIDADE DE ATOS PARTIDÁRIOS (DRAP). APRESENTAÇÃO DO **NÚMERO DE CANDIDATOS PROPORCIONAIS SUPERIORES AO PERMITIDO PELA LEI**. INOBSERVÂNCIA DOS

PERCENTUAIS DE CANDIDATURA POR SEXO. **VIOLAÇÃO DO ART. 10, §§ 1°. E 3°. DA LEI N. 9.504/97.** A ATA DE CONVENÇÃO DO PARTIDO INTEGRANTE DA COLIGAÇÃO NÃO FOI ASSINADA PELO REPRESENTANTE LEGAL. IMPOSSIBILIDADE DA CONVERSÃO DO JULGAMENTO EM DILIGÊNCIAS. INAPLICABILIDADE DA SÚMULA N. 03 DO EG. TSE. INTIMAÇÃO DO REPRESENTANTE DA COLIGAÇÃO NA PRIMEIRA INSTÂNCIA. MANUTENÇÃO DA SENTENÇA. IMPROVIMENTO DO RECURSO.

1. A coligação apresentou número de candidatos proporcionais superior ao permitido pela lei e a informação do Cartório da 34ª Zona Eleitoral também demonstrou que não foram observados os percentuais de candidatura por sexo.

2. O § 3°, do art. 10, da Lei n. 9.504/97, na redação dada pela Lei n. 12.034/2009, passou a dispor que, "do número de vagas resultante das regras previstas neste artigo, cada partido ou coligação preencherá o mínimo de 30% (trinta por cento) e o máximo de 70% (setenta por cento) para candidaturas de cada sexo", substituindo-se, portanto, a locução anterior "deverá reservar" por 'preencherá", a demonstrar o atual caráter imperativo do preceito quanto à observância obrigatória dos percentuais mínimo e máximo de cada sexo. Precedentes do Eg. TSE e desta Corte.

3. O representante da coligação, inobstante tenha sido regularmente intimado, não sanou a irregularidade concernente aos percentuais de candidatura por sexo e também não providenciou a assinatura da presidente e da secretaria na ata da convenção do Partido Trabalhista Cristão - PTC.

4. A jurisprudência do TSE somente admite a abertura de prazo na sede recursal, no caso de não ter sido dada oportunidade para a regularização da falha na primeira instância, hipótese que não diz respeito ao presentes autos.

5. Improvimento do recurso, com a manutenção da sentença que indeferiu o registro da coligação.

(Recurso Eleitoral nº 15209, Acórdão nº 465 de 17/08/2012, Relator(a) MARCO ANTONIO PINTO DA COSTA, Publicação: PSESS - Publicado em Sessão, Data 17/08/2012)

Se o mínimo de 30% é condição para a participação do partido nas eleições e se a Coligação Impugnada não apresentou candidaturas reais, ao contrário, apresentou candidaturas fictícias, ela (Coligação Impugnada) sequer poderia ter sido admitida ao registro. O Juiz, tivesse percebido a fraude contida na lista, a teria indeferido (porque outra solução não havia) e os candidatos apresentados por ela não teriam sequer buscado e recebido os votos que os elegeram. Equivale dizer que o status de eleitos, agora atribuído aos Candidatos Impugnados, só foi possível alcançar em razão da **fraude lançada na lista**, resultado das odiáveis "candidaturas fictícias". Os diplomas que lhes foram conferidos pela Junta Eleitoral decorreram, então, da **fraude praticada no início da corrida eleitoral**.

Queimada a largada, impossível validar a chegada de todos os que integraram a lista fraudada!

No caso presente, a Coligação Impugnada nem pode alegar desconhecimento da exigência legal de percentual mínimo para as mulheres e do consequente comprometimento de toda a lista em caso de descumprimento, pois o MPE - que marca a sua atuação no processo eleitoral pela orientação aos atores nele envolvidos, exatamente para evitar atos viciosos desta natureza, que tanto trauma provoca - expediu a **Recomendação n. ..., anexada**, onde **todos os partidos/coligações foram instados a observarem o percentual mínimo de mulheres e alertados das consequências vislumbradas pela jurisprudência do TSE.**

Neste cenário, a postura da Coligação Impugnada revela total desapego às normas legais e absoluta confiança na omissão do MPE e da Justiça Eleitoral.

Caracterizada a **fraude que "possibilitou" o registro**, a disputa e a recepção dos votos que deram à Coligação Impugnada o quociente partidário capaz de eleger os Candidatos Impugnados, necessário desconstruir os mandatos obtidos a partir do censurável expediente.

E a AIME, prevista no art. 14, §§ 10 e 11, da CF, se presta exatamente a esta finalidade:

"O mandato eletivo poderá ser impugnado ante a Justiça Eleitoral no prazo de quinze dias contados da diplomação, instruída a ação com provas de abuso do poder econômico, corrupção ou **fraude**."

Como se sabe, a fraude cogitada no mencionado dispositivo constitucional é compreendida como qualquer manobra que objetive enganar a Justiça Eleitoral ou o próprio eleitorado e proporcionar resultados diversos daqueles que seriam possíveis, fosse regular e imaculado o ambiente da disputa.

A doutrina assim se expressa sobre o alcance este objeto da AIME:

> "A AIME também pode veicular o fato *fraude*, expressão que deve ser entendida como toda conduta capaz de desvirtuar ou alterar os elementos e as condições da disputa ou inserindo fator estranho ao processo eleitoral, tudo para beneficiar o candidato, em detrimento dos demais. Frauda o processo eleitoral, alterando um dos elementos essenciais da disputa, que é o corpo votante, o candidato que atrai eleitores de municípios diversos, transferindo-os para a circunscrição da disputa, com o compromisso do voto. Com o corpo eleitoral alterado fraudulentamente (apresenta-se endereço ou domicílio falso), as condições da disputa tornam-se desiguais, afetada a normalidade e legitimidade do pleito. Como mencionado no Capítulo II (Registro de Candidatura) – Item 4 (Reserva de Gênero), os partidos devem compor suas listas de candidatos às eleições proporcionais (vereadores e deputados) com observância dos percentuais mínimo (30%) e máximo (70%) para cada um dos sexos. Diante da dificuldade que alguns enfrentam para apresentar pelo menos 30% de mulheres, candidaturas fictas são levadas a registro, daí decorrendo renúncias ou completa inexistência de campanha. A manobra, como se vê, acaba possibilitando a participação do partido na eleição, já que, sem se desincumbir dessa ação afirmativa de participação das mulheres, o partido não teria sequer seu DRAP deferido, ficando prejudicados os registros de todos os seus candidatos, porque devolvida a lista. Com essa fraude, o partido obtém votação capaz de eleger um ou mais candidatos. A fraude não se opera na votação ou na apuração dos votos, mas, ao contrário, no momento da largada da corrida eleitoral." (Edson de Resende Castro, Curso de Direito Eleitoral, Editora Del Rey, 10ª edição, 2020)

E o mencionado autor ainda lembra a posição atual do TSE sobre o tema, manifestada absolutamente igual ao aqui tratado:

"Conceito de fraude e propositura de AIME. O Plenário do Tribunal Superior Eleitoral, por unanimidade, assentou que se enquadra no conceito de fraude, para fins de cabimento da ação de impugnação de mandato eletivo (art. 14, § 10, da Constituição Federal), a violação do percentual de candidaturas exigido no § 3º, art. 10, da Lei nº 9.504/1997, que dispõe: § 3º Do número de vagas resultante das regras previstas neste artigo, cada partido ou coligação preencherá o mínimo de 30% (trinta por cento) e o máximo de 70% (setenta por cento) para candidaturas de cada sexo. Na hipótese, o juízo da 24ª Zona Eleitoral/PI extinguiu, sem resolução do mérito, ação de impugnação de mandato eletivo ajuizada em desfavor de candidatos eleitos ao cargo de vereador, no pleito de 2012, sob a acusação de suposta fraude eleitoral caracterizada pela adulteração de documento e falsificação de assinaturas para o preenchimento do percentual mínimo de candidaturas previsto em lei. Em concordância, o Tribunal Regional Eleitoral manteve a decisão de piso ao argumento de que o conceito de fraude, para os fins de cabimento da ação de impugnação de mandato eletivo (AIME), é restritivo alcançando somente atos tendentes a afetar a vontade do eleitor. O Ministro Henrique Neves (relator) ressaltou inicialmente que o Tribunal de origem proferiu acórdão em consonância com o posicionamento até então adotado por esta Corte, no sentido de que a fraude que enseja a AIME diz respeito ao processo de votação, nela não se inserindo questões alusivas à inelegibilidade ou a outros vícios passíveis de atingir, de forma fraudulenta, o processo eleitoral. Entretanto, o relator salientou a necessidade de superar esse entendimento, passando-se a interpretar o termo fraude, estampado no art. 14, § 10, da Constituição Federal, de forma ampla, a englobar todas as situações de fraude - inclusive a de fraude à lei - que possam afetar a normalidade das eleições e a legitimidade do mandato obtido. Ressaltou ainda que a AIME deve ser admitida como instrumento processual para preservar a legitimidade e a normalidade das eleições contra toda sorte de abuso, corrupção ou fraude, não cabendo impor limitações ao texto constitucional que não estejam previstas na própria Constituição Federal. Prosseguiu afirmando que a norma constitucional supracitada deve ser considerada com as demais regras e princípios contidos na Lei Maior, de forma a permitir a harmonização das hipóteses de cabimento da AIME com os fins legítimos das eleições que reflitam a vontade popular, livres de influências ilegítimas, tal como consta do § 9º do art. 14 da Constituição Federal. Dessa forma, concluiu que, na espécie, a extinção da ação de impugnação de mandato sem julgamento de mérito, ao fundamento de que a suposta violação do percentual mínimo de candidaturas não se enquadraria no conceito de fraude, deve ser reformada, possibilitando o devido prosseguimento da ação proposta. O Tribunal, por unanimidade, deu provimento ao recurso especial, determinando o retorno dos autos ao TRE do Piauí para, afastando o argumento de inviabilidade da via eleita, permitir que a ação de impugnação de mandato eletivo siga seu curso normal e legal, nos termos do voto do relator." (Recurso Especial Eleitoral n° 149, José Freitas/PI, rel. Min. Henrique Neves da Silva, em 4.8.2015)

Na compreensão mais recente do TSE:

> AGRAVO REGIMENTAL NO RECURSO ESPECIAL ELEITORAL Nº 1-37. 2013.6.10.0003 CLASSE 32 SÃO LUÍS MARANHÃO
>
> Relator originário: Ministro Gilmar Mendes
>
> Redator para o acórdão: Ministro Dias Toffoli
>
> Ementa:
>
> ELEIÇÕES 2012. AGRAVO REGIMENTAL. RECURSO ESPECIAL. AÇÃO DE IMPUGNAÇÃO DE MANDATO ELETIVO. VEREADOR. DUPLA IDENTIDADE. OCULTAÇÃO DE HISTÓRICO CRIMINAL. FINALIDADE CLARA DE LUDIBRIAR O ELEITOR E BURLAR A LEGISLAÇÃO ELEITORAL. FRAUDE. CONFIGURAÇÃO. AGRAVO PROVIDO.
>
> 1. O TSE, no julgamento do REspe nº 1-49/PI, rel. Min. Henrique Neves, assentou que "**o conceito da fraude**, para fins de cabimento da ação de impugnação de mandato eletivo (art. 14, § 10, da Constituição Federal), **é aberto e pode englobar todas as situações em que a normalidade das eleições e a legitimidade do mandato eletivo são afetadas por ações fraudulentas, inclusive nos casos de fraude à lei**". (grifei)
>
> 2. (...)
>
> 3. O candidato, em que pese tenha utilizado na campanha eleitoral o apelido pelo qual era conhecido e apresentado todos os documentos exigidos por lei no momento do registro de candidatura referentes ao seu nome verdadeiro, **ao ocultar seu histórico criminal, agiu de forma fraudulenta, com a finalidade clara de ludibriar o eleitor e burlar a legislação eleitoral**. (grifei)
>
> 4. A conduta analisada nos autos, e reconhecida pelo Tribunal a quo como caracterizadora da fraude apregoada pelo art. 14, § 10, da Constituição Federal, afetou a normalidade das eleições e a legitimidade do mandato eletivo outorgado ao agravado.
>
> 5. Agravo regimental provido para, provendo-se o recurso especial interposto, julgar procedente a ação de impugnação de mandato eletivo, restabelecendo a sentença de piso.
>
> (....)
>
> Brasília, 3 de maio de 2016.

No caso, a Coligação Impugnada, que não tinha candidaturas femininas suficientes e, por isso, **nem participaria da eleição proporcional**, logrou registrar candidatos, disputar o pleito e receber votos, em tudo enganando a Justiça Eleitoral com as aparentes candidaturas, as candidaturas fictícias. Para ficar com as palavras do TSE, a Coligação Impugnada "**ocultou**" o real conteúdo da sua lista, **simulou** candidaturas que não o eram de verdade, com a **finalidade clara de burlar a legislação** eleitoral e de **ludibriar a Justiça Eleitoral**, no que, como se vê, logrou sucesso.

O TSE, chamado a apreciar caso semelhante ao aqui tratado, ou seja, de inclusão de candidatas fictícias para aparente preenchimento do percentual mínimo, assim se posicionou:

RECURSO ESPECIAL. AÇÃO DE IMPUGNAÇÃO DE MANDATO ELETIVO. CORRUPÇÃO. FRAUDE. COEFICIENTE DE GÊNERO.

(...)

O conceito da fraude, para fins de cabimento da ação de impugnação de mandato eletivo (art. 14, § 10, da Constituição Federal), é aberto e pode englobar todas as situações em que a normalidade das eleições e a legitimidade do mandato eletivo são afetadas por ações fraudulentas, inclusive nos casos de fraude à lei.

A inadmissão da AIME, na espécie, acarretaria violação ao direito de ação e à inafastabilidade da jurisdição.

Recurso especial provido

Acordam os ministros do Tribunal Superior Eleitoral, **por unanimidade**, em dar provimento ao recurso especial, determinando o retorno dos autos ao TRE do Piauí para, afastando o argumento de inviabilidade da via eleita, permitir que a ação de impugnação de mandato eletivo siga seu curso normal e legal, nos termos do voto do relator. (grifei)

Brasília, 4 de agosto de 2015.

REspe nº 1-49.2013.6.18.0024/PI - Relator: Min. Henrique Neves

De outro lado, a fraude na composição da lista de candidatos a vereador também caracteriza **abuso de poder**, praticado pelo partido/coligação, que tem a exclusiva prerrogativa constitucional de conduzir as candidaturas à Justiça Eleitoral e tem a responsabilidade de, em prévia convenção partidária, formar o grupo de candidatos que vai buscar os votos do eleitorado, para tanto obedecendo fielmente os parâmetros legais, mais marcadamente aquele ditado pelo art. 10, § 3º, da Lei n. 9.504/97, ou seja, o percentual mínimo de candidaturas femininas. Mas a Coligação aqui impugnada agiu de forma contrária à lei, tangenciando a disposição legal mencionada e desviando-se do rumo traçado pelo ordenamento jurídico de regência.

E, mais, **conduziu o Juiz ao erro quando do registro**, oferecendo um **DRAP ideologicamente falso**, afirmando candidaturas que não o eram de verdade, daí que **abusou do poder** que a lei lhe conferiu.

Nas palavras do experiente (atuou como magistrado em todos os graus de jurisdição, até chegar ao STF) e festejado **Ministro Luiz Fux**, a **fraude é sempre uma forma de abuso de poder**. Entendido de forma mais ampla, para conferir densidade normativa ao dispositivo constitucional que, instituindo a AIME, visa disponibilizar instrumento eficaz de proteção da normalidade e legitimidade das eleições, **o abuso de poder deve ser visto como gênero**, a comportar diversas espécies de ilícitos que são praticados para alcançar resultado diverso daquele que previsto e permitido pela lei. Vale dizer, **o abuso de poder é ilícito gênero e a fraude uma de suas manifestações, ou espécies.**

REspe n. 631-84.2012.6.24.0053, SÃO JOÃO BATISTA, SANTA CATARINA, Rel. Min. Luiz Fux

Ementa:

ELEIÇÕES 2012. RECURSO ESPECIAL ELEITORAL INTERPOSTO POR DANIEL NETTO CÂNDIDO E ÉLIO PEIXER. PREFEITO E VICEPREFEITO. **AÇÃO**

DE INVESTIGAÇÃO JUDICIAL ELEITORAL. (...) REENQUADRAMENTO JURÍDICO DOS FATOS. VERIFICAÇÃO DE FRAUDE NA SUBSTITUIÇÃO DE CANDIDAT EM PLEITO MAJORITÁRIO. AUSÊNCIA DA OBSERVÂNCIA DO DEVER DE AMPLA PUBLICIDADE. SUBSTITUIÇÃO OCORRIDA ÀS VÉSPERAS DA ELEIÇÃO. CONDUTA QUE ULTRAJA O PRINCÍPIO DA VEDAÇÃO AO EFEITO SURPRESA DO ELEITOR E DA LIBERDADE DE ESCOLHA DOS VOTOS. POSSIBILIDADE DE APURAÇÃO DE FRAUDES DURANTE O PROCESSO ELEITORAL EM AÇÃO DE INVESTIGAÇÃO JUDICIAL ELEITORAL (AIJE). **FRAUDE COMO ESPÉCIE DO GÊNERO ABUSO DE PODER**. NECESSIDADE DE SE REPRIMIR, O QUANTO ANTES, PRÁTICAS QUE POSSAM AMESQUINHAR OS PRINCÍPIOS REITORES DA COMPETIÇÃO ELEITORAL. TRANSMISSIBILIDADE DE EVENTUAIS ILÍCITOS PRATICADOS POR INTEGRANTES DA CHAPA ORIGINÁRIA À NOVEL COMPOSIÇÃO. MEDIDA QUE SE IMPÕE COMO FORMA DE COIBIR A PRÁTICA DE ABUSOS ELEITORAIS E A CAPTAÇÃO ILÍCITA DE SUFRÁGIO, CAPAZES DE VULNERAR A HIGIDEZ E A NORMALIDADE DO PRÉLIO ELEITORAL. RECURSO ESPECIAL DESPROVIDO.

1. (...).

2. *In casu*, duas são as teses jurídicas postas ao exame da Corte Superior Eleitoral neste recurso especial. A primeira cinge-se em saber se a substituição da chapa Laudir/Daniel (titular e vice, respectivamente) por Daniel/Élio (titular e vice, respectivamente), às vésperas da data do pleito, qualifica-se juridicamente como **fraude eleitoral**, de ordem a inquinar a validade do ato. Já a segunda consiste em perquirir se é **possível imputar a suposta prática de ilícito eleitoral** (no caso, captação ilícita de sufrágio, *ex vi* do art. 41-A da Lei das Eleições), **levada a efeito pelo candidato renunciante** Laudir, à novel chapa composta pelo anterior candidato a vice, Daniel Netto Cândido, alçado à condição de titular, e Élio Peixer, escolhido pela Coligação como novo candidato a Vice-Prefeito.

3. A substituição às vésperas de pleito majoritário lastreia-se em juízo objetivo, *i.e.*, o ato de substituição em si considerado, e material, *i.e.*, o exame das circunstâncias fáticas que ensejaram a modificação da chapa originariamente registrada na Justiça Eleitoral.

4. A *ratio essendi* ínsita a este regramento consiste em evitar, ou, ao menos, amainar os impactos deletérios da substituição dos candidatos em momentos próximos ao pleito (e, regra, às suas vésperas), que surpreendem negativamente os eleitores. Cuida-se, então, de garantia normativa de não surpresa do eleitor.

5. O postulado da liberdade de escolha dos cidadãos sobressai como vetor metanormativo para a exigência de ampla publicidade da substituição em pleitos majoritários.

6. Toda fraude é uma conduta abusiva aos olhos do Direito.

7. No caso *sub examine*,

a) Laudir Kammer renunciou à sua candidatura ao cargo de Prefeito no dia 6.10.2012, véspera do pleito, às 17 horas. Às 19 horas do mesmo dia, foi definida nova chapa, desta vez composta por Daniel Netto Cândido (na qualidade de titular) e Élio Peixer (na qualidade de vice), circunstância de fato que evidencia a ausência do requisito da ampla publicidade, tal como exigido pela legislação de regência.

b) A substituição às vésperas do pleito criou uma espécie de véu da ignorância nos cidadãos, que desconheciam por completo a alteração da chapa majoritária e, por via de consequência, nem sequer tiveram tempo suficiente para formar uma convicção (ainda que para manter o voto na nova chapa formada) sobre em quem votariam.

c) Ademais, milita em favor da tese esposada o fato de o requerimento do registro de candidatura de Laudir Kammer vir sendo indeferido pelas instâncias ordinárias eleitorais (processo nº 191-88.2012.624.0053). O indeferimento estribou-se na condenação judicial transitada em julgado de Laudir, em sede de ação de investigação judicial eleitoral, que reconhecera a prática de uso indevido dos meios de comunicação e declarara sua inelegibilidade por 8 (oito) anos.

d) a renúncia do titular, com a consequente substituição da chapa, vulnerou o princípio da vedação ao efeito surpresa dos eleitores, cujo conteúdo jurídico preconiza, em dimensão autoevidente, ser direito do cidadão-eleitor que os candidatos constantes das urnas eletrônicas sejam, na máxima extensão possível, os mesmos que efetivamente estejam concorrendo a cargos político-eletivos.

e) Do ponto de vista jurídico-processual, é perfeitamente possível e recomendável apurar a ocorrência, ou não, de fraude em ação de investigação judicial eleitoral, uma vez que as ações eleitorais, embora veiculem pretensões subjetivas, assumem a feição de tutela coletiva, seja por tutelarem interesses supraindividuais, seja por resguardarem a própria noção de democracia.

f) A teleologia subjacente à investigação judicial eleitoral consiste em proteger a legitimidade, a normalidade e a higidez das eleições, de sorte que **o abuso de poder** a que se referem os arts. 19 a 22 da LC 64/90 **deve ser compreendido de forma ampla, albergando condutas fraudulentas e contrárias ao ordenamento jurídico-eleitoral. A rigor, a fraude nada mais é do que espécie do gênero abuso de poder.**

g) O abuso de poder, num elastério hermenêutico, resta caracterizado com a renúncia de candidato, sabidamente inelegível (possuía uma condenação em AIJE transitada em julgado com o reconhecimento de inelegibilidade, a teor do art. 22, XIV, da LC 64/90), oportunizando a substituição da chapa em pleito majoritário, às vésperas do pleito, sem a contrapartida exigida de ampla publicidade, por ultrajar a *ratio essendi* que justifica a existência jurídica da ação de investigação judicial eleitoral.

8. A transmissibilidade de eventuais ilícitos praticados por integrantes da chapa originária à novel composição é medida que se impõe como forma de coibir a prática de abusos eleitorais e a captação ilícita de sufrágio, capazes de amesquinhar a higidez e a normalidade do prélio eleitoral.

(...)

Acordam os ministros do Tribunal Superior Eleitoral, **por unanimidade**, em negar provimento ao recurso especial eleitoral, para determinar a cassação dos cargos de prefeito e vice-prefeito do Município de São João Batista/SC, eleitos no pleito de 2012, e exercício dos mandatos, prejudicada a Ação Cautelar nº 792-57/SC vinculada a este processo, nos termos do voto do relator.

Brasília, 2 de agosto de 2016.

DA CONCLUSÃO

Então, o comportamento da Coligação Impugnada, inscrevendo candidaturas fictícias que possibilitaram o deferimento do seu DRAP, a recepção de votos e a consequente formação de quociente partidário, conceituado como **FRAUDE ou como ABUSO DE PODER**, exige pronta atuação da Justiça Eleitoral, para desconstituir os mandatos dos titulares e dos suplentes, daí decorrentes.

DAS CONSEQUÊNCIAS DA DESCONSTITUIÇÃO DOS MANDATOS

Desconstituídos tais mandatos, a nulidade dos votos atribuídos à Coligação Impugnada é consequência ínsita ao reconhecimento da sua participação fraudulenta no processo eleitoral, do que decorre a necessidade de distribuir aos demais partidos/coligações, que alcançaram o quociente eleitoral, as cadeiras "conquistadas" ilicitamente, segundo as regras do cálculo de sobras eleitorais, conforme disciplinado no art. 109, do Código Eleitoral. Não é o caso, segundo parece ao MP, de refazer o cálculo do quociente eleitoral (que é a divisão dos votos válidos pelo número de cadeiras a preencher), para, a partir dele, determinar novo quociente partidário, já que, ao tempo da votação, a Coligação Impugnada tinha registro deferido, daqui que, naquele momento, o eleitor votava validamente. Então, o número de votos válidos, considerado o dia da eleição, continua o mesmo e, por conseguinte, também o mesmo quociente eleitoral e os quocientes partidários de cada um dos demais partidos/coligações concorrentes. As vagas "conquistadas" pela Coligação Impugnada, assim que desconstituídas, devem ser somadas às não preenchidas naquela primeira rodada de distribuição (art. 107, do CE), para então serem distribuídas pelas regras das sobras eleitorais, conforme disciplina do dito art. 109, do CE.

DOS PEDIDOS

Em face do exposto, requer o Ministério Público Eleitoral:

1) Seja recebida a presente e os documentos que a instruem, especialmente o PPE n....................................;

2) Seja determinada a notificação dos Impugnados para a defesa que tiverem, no prazo de 07 (sete) dias

3) Sejam, em audiência, ouvidas as Requeridas .... (candidatas fictícias) e as testemunhas arroladas abaixo.

4) Seja, ao final, julgado procedente o pedido:

a) para reconhecer a prática da fraude e do abuso de poder na composição da lista de candidatos às eleições proporcionais, atribuída ao Reqdo ....;

b) para desconstituir todos os mandatos obtidos pela Coligação, dos titulares e dos suplentes impugnados; e

c) via de consequência, considerar nulos todos os votos atribuídos à Coligação Impugnada, para determinar sejam os ...... mandatos por ela "conquistados" distribuídos, segundo a regra do art. 109, do Código Eleitoral, aos demais partidos que alcançaram o quociente partidário (cálculo das sobras eleitorais).

(Local), ___ de outubro de 2020

Edson de Resende Castro

Promotor Eleitoral

Anexo K
RCED – RECURSO CONTRA A EXPEDIÇÃO DO DIPLOMA

Exmo. Sr. Dr. Juiz Presidente da __________ Junta Eleitoral de __________ .

O Ministério Público Eleitoral, pelo Promotor Eleitoral ao final assinado, no regular exercício das funções que lhe são conferidas pela Lei Complementar 75/93, vem à presença de V.Exa. oferecer RECURSO CONTRA A EXPEDIÇÃO DE DIPLOMA em face de – __________ (qualificação completa), pelas seguintes razões de fato e de direito:

O Recorrido concorreu ao pleito municipal deste ano ao cargo de Prefeito Municipal desta cidade, tendo obtido regularmente o registro de sua candidatura, porque à época presentes as condições de elegibilidade e ausente qualquer causa de inelegibilidade.

Em 04 de outubro, logrou ele ser eleito Prefeito e, no último dia __________ , recebeu da Junta Eleitoral presidida por V.Exa. o respectivo diploma.

Entretanto, o M.Público tomou conhecimento de que o Recorrido teve contra si uma sentença penal condenatória, por infração ao art. __________ , do CP, tendo o Juízo Criminal aplicado a ele a pena de __________ . Tal condenação, como se percebe da certidão acostada, transitou em julgado no dia ____/____/____ , daí que está ela ainda produzindo efeitos em seu desfavor, porque não cumprida integralmente a pena imposta no *decisum.*

Como se sabe, os direitos políticos do brasileiro são suspensos, dentre outras razões, pela sentença penal condenatória, transitada em julgado, permanecendo assim suspensos enquanto durarem os efeitos da condenação. É a exata dicção do art. 15, III, da CF/88.

Na jurisprudência de nossos Tribunais, inclusive do TSE e STF, firmou-se o entendimento de que a sentença criminal condenatória suspende automaticamente os direitos políticos do condenado, independentemente, portanto, de ter o Juiz Criminal fixado isso na decisão. De outro lado, também pacífico o entendimento de que a suspensão opera-se mesmo quando a condenação decorre da prática de contravenção penal e também quando se concede ao condenado a substituição da pena privativa de liberdade por restritiva de direitos ou mesmo quando se defere a suspensão condicional da pena (sursis) ou o livramento condicional *(na obra Curso de Direito Eleitoral, Ed. Del Rey, 10ª edição, 2020, de autoria do subscritor, encontram-se os subsídios doutrinários e jurisprudenciais a respeito da "suspensão dos direitos políticos").*

Então, o Recorrido está com seus direitos políticos suspensos, tendo incorrido em *inelegibilidade (lato sensu) superveniente ao registro.* Por conseguinte, não pode subsistir seu diploma de eleito e nem pode ser empossado no cargo de Prefeito no próximo dia 01-janeiro, exatamente porque dispõe o art. 262, do Código Eleitoral, que caberá recurso contra a expedição do diploma quando houver contra o diplomado prova de inelegibilidade.

Face ao exposto, requer o Ministério Público Eleitoral:

1) Seja o presente recurso recebido, autuado com os documentos anexos e registrado, juntando-se a ele cópia da ata da solenidade de expedição e entrega dos diplomas nesta Zona Eleitoral;

2) Seja o Recorrido notificado a oferecer contrarrazões, querendo, no prazo de 03 dias;

3) Sejam os autos remetidos ao Eg. Tribunal Regional Eleitoral deste Estado;

4) Seja, na instância revisora, conhecido e provido o presente recurso, desconstituindo-se o diploma do Recorrido, face à noticiada inelegibilidade.

Termos em que pede deferimento.

.........................., ... de dezembro de 2020.

Edson de Resende Castro

Promotor Eleitoral

OUTRAS HIPÓTESES FÁTICAS

1) Analfabetismo

Entretanto, durante a disputa eleitoral o M.Público tomou conhecimento de que o Recorrido é *pessoa analfabeta* e que o documento comprobatório de sua escolaridade, apresentado à Justiça Eleitoral junto com o pedido de registro de candidatura, era falso. Face a isso, foi proposta uma ação cautelar de produção antecipada de prova (autos de n. ____, que seguem anexados), no curso da qual foram ouvidas testemunhas, juntados documentos, oficiado à Escola perante a qual o Recorrido teria estudado e obtido a escolaridade constante do documento suspeito e realizado o "teste de alfabetização". De tudo isso, restou evidenciado o mencionado analfabetismo, pois que a escola informou não haver nos seus arquivos qualquer registro de matrícula do Recorrido, nem mesmo notícia de ter ele frequentado aquele educandário. De outro lado, no referido teste de alfabetização o Recorrido não conseguiu ler e escrever.

Como se sabe, são inelegíveis os analfabetos, assim entendidos aqueles que não sabem sequer ler e escrever. É a exata dicção do art. 14, § 4º, da CF/88, e do art. 1º, I, "a", da LC 64/90.

Sabe-se, igualmente, que as inelegibilidade devem ser arguidas quando do registro das candidaturas. Entretanto, podem ser questionadas na fase seguinte do processo eleitoral, ou seja, por ocasião da diplomação, as inelegibilidades supervenientes e as de assento constitucional, como é o caso aqui tratado *(na obra Curso de Direito Eleitoral, Ed. Del Rey, 10ª edição, 2020, de autoria do subscritor, encontram-se os subsídios doutrinários e jurisprudenciais a respeito das "inelegibilidades constitucionais e infraconstitucionais").*

Anexo L

SENTENÇA DE PROCEDÊNCIA DE REPRESENTAÇÃO (ART. 41-A)

SENTENÇA

O Ministério Público Eleitoral em atuação nesta comarca ofereceu representação contra .... e ..., candidatos, respectivamente, a Prefeito e Vereador no último pleito, acusando-os da prática de ato ilegal para obtenção de votos constante de promessa de doação de imóvel, conduta tipificada no artigo 41-A da Lei 9.504/97.

Os representados foram notificados e apresentaram defesa.

Procedeu-se à instrução do feito com a oitiva das testemunhas arroladas pelas partes.

Em alegações finais o M.P. pugnou pela condenação apenas de ..., pretendendo que lhe seja aplicada a multa prevista, bem como declarada a sua inelegibilidade, ainda que não tenha sito eleito. Já a defesa protesta pela absolvição de ambos os representados.

É o Relatório. Passo a fundamentar e a decidir.

Trata-se de Representação Eleitoral de autoria do Ministério Público em face de ... e .... Segundo se depreende dos autos, durante a campanha eleitoral passada, o então candidato a Prefeito ..., conhecido como "...", acompanhado do candidato a vereador ..., teria comparecido na residência de D. ... e prometido, em troca de votos, doar-lhe um lote para construção de sua casa.

A notícia chegou ao conhecimento do Ministério Público durante a campanha eleitoral, quando ao gabinete do Sr. Promotor compareceu a Sra. ... e forneceu o depoimento de folhas 06.

Durante a instrução realizada, ... depôs detalhadamente sobre a oferta recebida (folhas 25), bem como teceu comentários da oferta do lote pratica por ... e das pessoas que saberiam de tal proposta. Seu depoimento foi forte e convincente. Não vi dúvidas nas palavras desta mulher. Apenas observei tratar-se de pessoa extremamente simples que, como tantos outros brasileiros, parecem cansados de promessas políticas.

Já a mãe de ..., D. ..., analfabeta, depôs às folhas 26 e confirmou que ... foi em sua casa e prometeu doar um lote em troca de voto, ressaltando que o segundo representado nada prometeu.

... (folhas 27), marido de ..., confirma todas as palavras da mulher, ou seja, que realmente ... prometeu um lote para sua esposa em troca de voto.

O artigo 41-a da Lei 9.504/97 diz:

Ressalvado o disposto no artigo 26 e seus incisos, constitui captação de sufrágio, vedado por esta lei, o candidato doar, oferecer, prometer, ou entregar, ao eleitor, com o fim de obter-lhe o voto, bem ou vantagem pessoal de qualquer natureza, inclusive emprego ou função pública, desde o registro da candidatura até o dia da eleição, inclusive, sob pena de multa de mil a cinquenta mil UFIRs e cassação do registro ou diploma.... omissis.

Pelo que ficou provado nos autos, o então candidato ... prometeu a ... doar-lhe um lote em troca de votos. Esta promessa se amolda perfeitamente ao tipo acima descrito, pelo que a conduta do representado é vedada e merece condenação.

As provas apresentadas pelo MP são irrefutáveis. Os três depoimentos principais, de D. ..., da mãe e do marido dela, tomados quando da instrução do feito foram fortes e convincentes. Não vi nestes depoimentos contradições ou maldades. Muito menos intenção de prejudicar quem quer que seja.

O que visa a lei é evitar que a vontade livre do eleitor se manifeste. E este impedimento pode ser feito pelas formas vedadas legalmente e citadas pelo artigo 41-A. Assim, ao fazer a promessa de doação de lote, o representado ... interferiu, ou tentou interferir, na vontade do eleitor. Não importa se seu intento foi alcançado, ou seja, se recebeu os votos das pessoas a quem prometeu doar o lote. A conduta vedada resume-se, meramente, em prometer, o que, com certeza, ele fez.

Por outro lado, em relação ao representado ... nada foi apurado. Apesar de ele estar presente em um dos momentos quando foi efetuada a promessa, não consta que ele também tenha praticado o ato vedado de prometer doação de bem em troca de voto. Deverá ser absolvido totalmente.

A defesa pugna pela absolvição de ambos os representados. Mas certo é que só poderá ser atendida no que tange a .... Isto porque, como disse, em relação a ..., me convenci de que as provas contra ele carreadas são suficientes para sustentar uma condenação como a que pretendo impor.

Não posso dar azo à afirmação da Defesa, de todo elogiosa e elaborada em alta técnica, de que tudo não passou de uma armação por parte de correligionários do Partido ... . Ainda que possa ter havido a confluência de informação ou até mesmo de interesse deste partido na elucidação dos fatos narrados na inicial, não vislumbrei, por mais que estudasse os autos, nada que passasse disto. Porém, ressalto que em um disputa política os interesses de partidos contrários são, claro, antagônicos. E se assim o são é compreensível que não se desmanchem em mesuras um pelo outro. Mas não foi verificado nada por parte do P ..., ou de seus membros, que pudesse fazer desmerecer a veracidade dos fatos narrados e que servirão de sustentação para a condenação que pretendo impor.

Ressalto que a questão colocada pela defesa, relativa à disposição de três pessoas quererem derrubar um Presidente da República ou um governador de Estado é preocupante e me fez pensar muito. A situação é grave e exige extremada cautela. Porém, como disse, presidi a instrução e presenciei uma firmeza nos três principais depoimentos que não me deixaram dúvida sobre a verdade ali levantada. E ao final da reflexão sobre este tema posso concluir que, se em nome da democracia e da lisura de um pleito, houver necessidade de se impugnar a candidatura de um Presidente ou de um governador, que assim seja. O que não se pode mais tolerar é a perpetuação do processo viciado, do voto comprado e da influência econômica sobre o voto do eleitor indefeso.

Em relevante cautela, o MP pauta também pelo reconhecimento da inelegibilidade do candidato ..., ainda que ele realmente não tenha sido eleito. Isto porque, na inteligente visão do MP, caso a chapa vencedora seja impugnada, e ainda se está em período em que isto é tecnicamente possível, o representado poderia ser eleito, se atendidas as demais condições legais. Assim sendo, *ad cautelam*, deverei ampliar a condenação para este ponto.

Em face do exposto, com base no artigo 41-A da Lei 9.504/97, julgo PARCIALMENTE PROCEDENTE a Representação de folhas 02/05 e por conseguinte CONDENO ... ao pagamento de multa no valor de 1.000 (um mil) UFIRs, bem como casso-lhe eventual direito a diplomação, estendendo esta cassação a chapa completa que formou com o então candidato a vice-prefeito. Julgo IMPROCEDENTE a Representação em relação a ..., absolvendo-o completamente dos fatos que lhe foram imputados na inicial.

Publique-se. Registre-se. Intime-se.

Bom Sucesso, 23 de dezembro de 2004.

Ronaldo Ribas da Cruz
Juiz Eleitoral da 46ª Z.E.

Anexo M
SENTENÇA DE PROCEDÊNCIA DE AIME

Vistos, etc.

(relatório "omissis")

Cuida-se de Ação de Impugnação de Mandato Eletivo ajuizada por ..., em desfavor de ..., candidatos eleitos a ... em outubro de 2004, atribuindo aos mesmos a prática de atos de abuso de poder, corrupção e fraude que teriam influído diretamente no resultado do pleito municipal.

Reiteradas em alegações finais as mesmas preliminares suscitadas em suas contestações, mais uma vez devem ser afastadas conforme decidido às f.525/527.

Assim, sem razão a tese de inépcia da inicial. Extrai-se claramente da exordial que o pedido de Impugnação de Mandato Eletivo se consubstancia em abuso de poder econômico, fraude e corrupção mediante emprego de bens e serviço público municipal em favor da candidatura dos requeridos, pela manipulação de pesquisa eleitoral às vésperas do pleito, além de propaganda extemporânea dirigida aos eleitores.

Presentes e conexas as causas de pedir próxima e remota – respectivamente fatos e fundamentos jurídicos do pedido, reportando-se os autores ao dispositivo Constitucional pertinente. Neste aspecto, a assertiva dos requeridos de que a propaganda extemporânea, divulgação de pesquisa eleitoral e utilização de maquinário da Prefeitura por particulares e de veículos públicos em passeata não encerrariam abuso de poder, corrupção ou fraude que autorizariam o ajuizamento de ação de impugnação nos termos do artigo 14, §10 da Lei Maior.

Embora a prefacial encerre matéria de mérito, nesta fase inicial vale repisar que as hipóteses ventiladas podem, sim, se amoldar perfeitamente na concepção de abuso de poder, corrupção ou fraude para fins de impugnação de mandato eletivo, desde que tenham repercutido no resultado do pleito em detrimento da liberdade do voto e do equilíbrio na disputa eleitoral entre os concorrentes, como adiante se verá.

Outrossim, não há que se falar em decadência do direito de ação no que diz respeito à alegada propaganda extemporânea. Evidente que se cuida de fato ocorrido em maio de 2004, em época pretérita ao registro de candidatura e que poderia ter sido atacada naquela oportunidade. Entretanto, nada obsta que agora seja feito.

Se o fato configurou fraude ou abuso de poder, pressupostos para o ajuizamento da AIME, ainda que antecedentes ao registro de candidatura, não há impedimento que seja arguido após a diplomação dos eleitos, conquanto *"E o abuso de poder econômico, a corrupção e a fraude, praticados antes do pedido de registro do candidato a quem beneficiarem, podem, se aí não discutidos, sustentar a ação de impugnação de mandato, porque são especificamente condenados no corpo da própria Constituição. A diplomação não impede esse debate, antes constitui o marco inicial para propositura da medida."*[480]

Analisadas as preliminares, passo a análise do mérito.

O contexto probatório dos autos demonstra à saciedade que os requeridos se viram apoiados em suas candidaturas ao Executivo Municipal por aquele que o ocupava na ocasião, Sr. .... .

Cediço que os fatos relativos ao evento de 08 e 09 de maio de 2004, em que se atribui aos requeridos a realização de propaganda extemporânea, foram objeto de Representação nos termos da Lei 9.504/97 – Processo n. 1843/2004 (f.199/207).

Entretanto, tal aspecto não afasta a possibilidade de constituírem objeto de impugnação na presente ação; pois, evidente que um mesmo fato possa repercutir em mais de uma esfera jurídica.

O flagrante apoio do Executivo local já se delineava naquele evento festivo, quando os requeridos e outros candidatos a vereadores, acompanhados do Prefeito ..., se

[480] Obra citada, p. 257.

reuniram na arena central daquele Parque de Exposições em Carmópolis de Minas e, mesmo sem se pronunciarem, assentiram quando o locutor ... lançou suas candidaturas ao pleito de outubro de 2004.

Outrossim, os referidos fatos já vieram à tona em Ação de Investigação Judicial Eleitoral intentada pelo Representante do Ministério Público em desfavor dos requeridos (f.213/220) e recentemente julgada procedente por este juízo.

As cópias das fotografias de f.221/223 retratam a presença dos requeridos naquele evento, acompanhados do Prefeito ... e a cópia da transcrição f.191/197 também denota que naquele evento, que supostamente seria dedicado ao Dia das Mães, houve prematura propaganda eleitoral em favor da candidatura dos requeridos. Tal questão é irrefutável diante de trecho do discurso do locutor que ora se transcreve : "*o Dr. ... e o ... são nossos candidatos á disputa da Prefeitura Municipal, e eles sendo eleito, eu tenho compromisso com vocês de trazer aqui pra vocês, em 2005, um grande show (...) uma salva de palmas á chapa que irá disputar as eleições, e a eleição deles, Dr. ..., meu grande amigo, uma salva de palmas pro Dr. ... e ao grande ..., e além do mais o seguinte, para que eles terem uma boa administração, é preciso que vocês coloquem de volta os vereadores que trouxeram novamente a moralidade pra Carmópolis. (..) E eu quero com vocês o Dr. ... de volta junto com essa nossa turma honesta e séria. O apoio que eu peço aos jovens de Carmópolis e muito obrigado. Mais uma vez, uma salva de palmas ao meu amigo de sempre, Dr. ..., palma gente.*" (f.195).

Mister ressaltar que impertinente a impugnação desta transcrição por parte dos requeridos, exigindo perícia na fita VHS da qual se original, porquanto a referida gravação não instrui os autos. Aqui se trata de cópia do documento apresentado pelo Ministério Público na Representação Eleitoral (f.191/197), prova considerada válida naquele feito, submetida ao contraditório e, mesmo assim, não impugnada, como bem realçado na sentença prolatada (f.199/207).

Trata-se de legítima prova emprestada, admitida pela lei processual civil (artigo 332 CPC) – aqui aplicada subsidiariamente:

"Prova colhida em outro feito pode servir de elemento de convicção, pois a chamada prova emprestada inclui-se entre os meios moralmente legítimos que o CPC 332 declara hábeis para provar a verdade dos fatos (ATARS 26/255)."[481]

"Desde que regularmente produzida em contraditório de que participou a parte contra a qual se pretende usá-la, é admissível a prova trasladada de outro processo, se o fato é o mesmo (JTARS 26/255)."[482]

Somem-se ainda os depoimentos testemunhais neste feito colhidos e que confirmaram o suporte que o Executivo Municipal conferiu às candidaturas dos requeridos. Neste sentido depuseram:

---

[481] Nelson Nery Júnior e Rosa Maria de Andrade Nery. *In: Código de processo civil comentado.* 6. ed., São Paulo: RT, 2002, p. 695.

[482] Obra citada, p. 695.

...: *"que o Prefeito de Carmópolis à época dos fatos era ...; que apoiava o candidato a prefeito Dr. ...; que em Carmópolis, comumente, as campanhas para prefeito têm duas correntes; que ficou sabendo de pessoa a quem foram cedidos maquinários da Prefeitura durante a campanha se chama ...; que ... não especificou se pagou pelo uso da máquina"* (f.560/561).

...: *"Que à época o depoente era desempregado e recebia seguro-desemprego; que atualmente trabalha na Prefeitura como coordenador de limpeza pública; que no ano passado dirigiu a assistência social da Prefeitura; que fica a cargo desta assistência fazer o cadastramento de pessoas para receber cestas básicas e auxílio moradia e qualquer outra necessidade; que o cadastramento é constante durante todo o ano; que foi convidado pelo ... para trabalhar na Prefeitura atendendo a um pedido de emprego do depoente; que ... tem o apelido de ...; que o ... apoiou a candidatura do Dr. ... em 2004; que se recorda de ...; que a ... chegou à Prefeitura, no gabinete do Prefeito, onde chorando, solicitou auxílio dizendo que havia sido expulsa de casa; que o Prefeito chamou o depoente e perguntou a este se poderia ajudá-la na assistência social; que o depoente informou da cesta básica, entregando-a a ..., cadastrando-a neste sentido; que o Prefeito ainda arrumou um cômodo para ela morar na creche da Prefeitura"* (f.564).

...: *"que o prefeito daquela época , o "...", prometeu para a depoente construir uma casa; que tirou xerox documentos da depoente e tomou a sua assinatura; que esses benefícios não foram efetivamente conseguidos (...); que ... apoiou o Dr. ... na candidatura inteira; que foi o ... que trabalha a Prefeitura, que pegou os documentos da depoente para cadastrá-la para receber cestas básicas e casa; que fez isso mandado pelo ...; que ... apoiava a campanha do Dr. ...; que o ... pediu à depoente para que votasse e incentivasse o voto para o Dr. ...; que a depoente recebeu meia cesta básica entregue pelo ...; que assinou os papéis que ... levou para ela"* (f.552/553).

Ademais, os Boletins de Ocorrência de f.171/183 descrevem situações diversas em que o maquinário da Prefeitura indevidamente trabalhou para particulares, no período da campanha eleitoral dos requeridos, corroborando o alegado vínculo eleitoral que unia o Executivo e os requeridos em prol das respectivas candidaturas.

Tais registros demonstram o uso de maquinário público em favor de particulares, desvirtuando sua finalidade e em detrimento do interesse público com evidente intenção de angariar votos para os candidatos apoiados pelo Chefe do Executivo de Carmópolis de Minas.

Frise-se que os fatos vêm relatados em ocorrências policiais constatando que efetivamente as máquinas da Prefeitura estavam naqueles determinados locais, até mesmo em dias de finais de semana, trabalhando para particulares. Portanto, não se cuidam de meras alegações infundadas por parte dos autores ou baseadas em isolados depoimentos testemunhais de adversários políticos, mas sim, provas e indícios idôneos.

Especificamente, os registros policiais nº1006/04 e 974/04, de f.171/174, descrevem que em 23 e 30 de julho de 2004, caminhões e uma pá-carregadeira da Prefeitura trabalharam em terreno particular pertencente a ..., apelidado de "..." ou "...". Tal ocorrência foi registrada a requerimento do Ministério Público Eleitoral.

O BO n. 1011/04 (f.175/176) narra que no dia 31 de julho, um sábado, uma máquina patrol da Prefeitura trabalhou em propriedade particular de ..., na fazenda denominada "...", no povoado rural do Cedro.

Outro Boletim de Ocorrência n. 1180/04 (f.177/178) relata que no dia 03 de setembro daquele ano, na rua Maria Cirilo, centro de Carmópolis de Minas, uma pá-carregadeira da Prefeitura prestava serviços para ... .

Também espelha a utilização de mão de obra de funcionários da Prefeitura em favor de particulares, o teor do BO nº1237/04 (f. 179/180), ao relatar que em 15 de setembro de 2004, os servidores municipais contratados ... e ..., trabalhavam em uma obra da Rua Flor Diniz, em Carmópolis de Minas.

Por fim, em relação ao BO nº1233/04 (f.181/184), narrando que no dia das Eleições foram apreendidos 204 panfletos de propaganda e 68 ticketes de refeição, há evidências de que provieram da coligação dos requeridos, como esclarece o testemunho isento de ...: "*que o depoente fez apreensão na Escola Lígia Beatriz de panfletos e de tiketes de alimentação; que não se lembra quem estava distribuindo; que solicitou a presença da PMMG; que não sabe identificar de quem se tratavam os panfletos, pois já os recolheu fechados na bolsa daquela pessoa; que esta pessoa trajava camisa vermelha e presenciou que lá em Carmópolis naquele dia da eleição os partidários do Dr. ... trajavam camisa vermelha; que a Escola era local de votação; que o depoente estava no local a serviço da Justiça Eleitoral; que não ficou sabendo de que se tratavam os panfletos; que encaminhou todo o material apreendido para a polícia (...); que acha que no dia da eleição nenhuma outra pessoa que estivesse de camisa vermelha, deixaria de estar apoiando o Dr. ... (...); que os partidários do ... vestiam camiseta branca com azul*" (f.562).

Como se extrai dos depoimentos e documentos constantes dos autos, restou comprovado que em várias oportunidades ao longo do período eleitoral, o maquinário e mão de obra do Executivo foi utilizado por particulares, exatamente para favorecer os representados candidatos e contando com a participação destes.

Certo que a Lei Orgânica Municipal, especificamente em seu artigo 104 (f.274), autoriza a cessão desses bens a particulares desde que haja prévia remuneração. Ocorre que o recolhimento destes valores não consta dos autos quanto aos serviços comprovadamente realizados e relatados na inicial, evidenciando que o foram desvirtuando a finalidade de atender a população e, sim, para incrementar as candidaturas políticas.

Restou demonstrado que o requerido ..., que comandava o Executivo daquele Município, fez uso do maquinário público para favorecer os candidatos que apoiava e, estes, por sua vez, anuíram e se beneficiaram de tal prática.

Ficou provado que os requeridos, com o apoio do Executivo, empregaram veículos e serviços da Prefeitura em favor de particulares, colhendo-lhes a simpatia com intenção de captar votos nas Eleições Municipais vindouras. Houve perniciosa influência do emprego indevido de recursos da Administração Pública, maculando o pleito em detrimento da liberdade do sufrágio.

Foi descortinado o conluio engendrado entre os impugnados visando ascensão ao Executivo Municipal, usufruindo bens públicos para angariar votos, de forma simulada, escorando-se neste artifício na certeza de que não seriam alcançados pela lei. Entretanto, não se tolera mais tais comportamentos que viciam a liberdade de escolha do eleitor e comprometem a lisura do pleito, pondo em franca desvantagem aqueles candidatos que buscam a verdadeira manifestação de vontade do eleitor que emana das urnas.

Tal procedimento redunda em abuso de poder econômico e corrupção, nos estritos termos do artigo 14, §10 da Constituição da República, na medida em que tais práticas comprovadas repercutiram negativamente na legitimidade da disputa eleitoral.

Logo, infundada a argumentação de que as condutas imputadas aos requeridos, de se beneficiarem da máquina administrativa mediante cessão de maquinário e mão de obra da Prefeitura a particulares, não se encontram elencadas dentre as hipóteses previstas no citado dispositivo constitucional. Ora, é de se ponderar que este uso indevido de bens públicos retrata abuso de poder econômico ou corrupção, conquanto jamais deve se perder de vista que a lei visa resguardar primordialmente a liberdade do voto, aliados à moralidade e probidade administrativa para o exercício do mandato.

Como ensina Pedro Henrique Távora Niess: *"Um prefeito que cede automóvel da prefeitura para a campanha do candidato que apóia, por exemplo, não apenas abusa da autoridade de que se investe, mas também do poder econômico, eis que favorece a campanha do afilhado por meio repudiado pelo equilíbrio desejável nas eleições. Tanto que a Lei n. 9.504, de 30.9.97, que estabelece normas para as eleições, considera gastos eleitorais as despesas com transporte de pessoal a serviço das candidaturas e condena a doação em dinheiro ou estimável em dinheiro procedente de órgão da administração pública direta, dentre outras."*[483]

A jurisprudência deságua na esteira deste entendimento:

"Recurso especial. Ação de Impugnação de mandato eletivo. (...) Abuso do poder econômico. Comprometimento da lisura e do resultado do pleito. Comprovação. (...)2. Não há óbice que sejam utilizadas provas oriundas de outro processo a fim de instruir ação de impugnação de mandato eletivo, se estas foram produzidas sob o crivo do contraditório e da ampla defesa. 3. Se a Corte Regional examina detalhadamente a prova dos autos e conclui haver prova incontroversa sobre a corrupção e o abuso do poder econômico, essa conclusão não pode ser infirmada sem o reexame do conjunto fático e probatório, o que não é possível nesta instância. 4. A prática de corrupção eleitoral, pela sua significativa monta, pode configurar abuso de poder econômico, desde que os atos praticados sejam hábeis a desequilibrar a eleição. Decisão regional que não diverge da jurisprudência deste Tribunal. (...) NE: "(...) a potencialidade é elemento intrínseco a qualquer forma de abuso, econômico ou político, isto é, práticas abusivas são aquelas que excedem o normal na utilização do poder econômico ou do poder de autoridade. Na verdade, não é ilícita a utilização do poder econômico nas campanhas eleitorais, tanto que o valor a ser gasto pelos candidatos é informado no pedido de registro e as contas são prestadas à Justiça Eleitoral. O que é vedado é a utilização do poder econômico com intenção de desequilibrar a disputa

[483] Obra citada, p. 266.

eleitoral, o que ocorre de modo irregular, oculto ou dissimulado(...)." (Acórdão TSE n. 4.410, de 16/9/2003, Rel. Min. Fernando Naves).

Pela mesma forma demonstrada a fraude engendrada pelos requeridos ao lançarem mão de pesquisa de opinião falsificada, não registrada perante a Justiça Eleitoral (cópia certidão f.105) e, ainda mais, às vésperas do dia de votação.

Esta fraude vem materializada nos panfletos encartados nos autos às f.153/159, apreendidos na ocasião de sua divulgação no município, ensejando instauração de procedimento criminal (f.100/151).

Tal divulgação invertia o resultado de pesquisa anteriormente encomendada pelos autores, regularizada no Cartório Eleitoral desta 197ª Zé (f.28/92), e que concluiu pela preferência dos mesmos na intenção de votos do eleitorado carmopolitano (49,2% - f.90).

Os requeridos inconformados com o resultado da pesquisa oficial efetivada pelos autores e divulgada naquela mesma véspera das eleições municipais, manipularam outra pesquisa falsa, com resultado diverso, divulgando-a amplamente. A responsabilidade dos requeridos pela produção e divulgação de tal pesquisa, vem comprovada pelos depoimentos orais colhidos, não havendo razão no inconformismo de que deveriam ser submetidos à perícia técnica.

Merecem destaque as declarações de ... - testemunha não contraditada - e que mesmo admitindo trabalhar na campanha eleitoral dos requeridos, relatou: "*que na eleição de 2004 trabalhou para Dr. ...; que estava na casa do ..., que trabalhavam na campanha do Dr. ... quando ouviram pela rádio o resultado da pesquisa que dava vitória para o ...; que o ... ficou desesperado e foi para Cláudio, dizendo que ia resolver aquilo; que nesse mesmo dia houve a passeata do Dr. ..., quando apareceu a pesquisa deste; que ouviu a pesquisa no rádio por volta das 13 horas e a passeata foi às 18 horas; que a pesquisa do Dr. ... só foi distribuída na passeata para quem dela participava; que a depoente participava; que para o resto da população foi distribuída pela madrugada; que foi a pesquisa retratada às f.153; que não deixou de trabalhar para o Dr. ... no decorrer da campanha*" (f.552).

Outras testemunhas comprovaram essa divulgação.

... declarou que: "*no sábado, às vésperas da eleição, estava na Praça dos Passos, em Carmópolis, por volta das 17 horas, quando ali presenciou um grupo de pessoas de camisa vermelha se aproximando e distribuindo papéis, pesquisas; que pegou uma pela mão de um candidato a vereador de nome ... e este lhe disse 'que aquela era a verdadeira, que já estava ganho'; que mais tarde foram ao Povoado do Bom Jardim onde constataram que as pesquisas também estavam sendo distribuídas ali; que confirma que a pesquisa distribuída seria a mesma retratada ás f.152 (...); que não sabe informar se havia pessoas indecisas quanto às eleições; que no entanto ouviu naquela praça pessoas dizerem que votariam em quem a pesquisa estava indicando como vencedor (...); que as pessoas de camisa vermelha eram identificadas como da oposição, da campanha contrária dos requerentes; que os de camisa vermelha faziam campanha para o Dr. ...*" (f.549/551).

... depôs: "*que no sábado, um dia antes da eleição, estava sentado em frente à sua casa quando viu um veículo passando jogando uma pesquisa; que isto foi por volta das 18:30 horas; que a pesquisa apresentava quantidade de votos favoráveis ao Dr. ...; que o veículo era dirigido pelo ... e havia mais uma pessoa atrás, não podendo identificar; que à noite jogaram uma pesquisa na porta do depoente; que o depoente só teve conhecimento desta pesquisa em Carmópolis"* (f.554).

Demais depoentes, embora não compromissados, como ... (f.556/558) e ... (f.559/651), também confirmaram que naquela data de 02 de outubro, presenciaram a distribuição dos panfletos com pesquisa eleitoral favorável aos requeridos.

Por sua vez, inconsistente a tese dos requeridos de que seria impossível manipular tal pesquisa em poucas horas. Evidente que, entre as 13 horas e 17 horas do dia 02 de outubro de 2004, houve tempo suficiente para a confecção dos panfletos retratados às f.153/159, mesmo que para tanto seus partidários tivessem de recorrer aos serviços na vizinha cidade de Cláudio. Outrossim, por demais inverossímil a alegação de que este procedimento representou manobra de adversários políticos no intuito de prejudicar os requeridos.

Certo é que o expediente utilizado repercutiu na vontade do eleitor, especialmente em uma cidade pequena e de disputa eleitoral tradicionalmente acirrada como é em Carmópolis de Minas. Daí repousa a fraude capaz de influenciar no resultado do pleito.

Segundo doutrina de Adriano Soares da Costa: "*Fraude, no art 14, §10, da CF/88, não está aí como termo técnico, devidamente concebido pela dogmática. Quem reduzir o signo fraude ao conceito de fraude à lei, desenvolvido pela doutrina, deixará de lado mecanismos não menos nocivos, aparentados seus: os atos simulados. Devemos, por conseguinte, subsumir ao conceito de fraude, para efeito de ajuizamento da ação de impugnação de mandato eletivo, a fraude à lei e a simulação de atos jurídicos.*

(...).

Logo, se vê, portanto, que o conceito de fraude para efeito do art. 14,§ 10, da CF/88, deve ser adotado em sua acepção ampla, no sentido de ato que descumpre, simula ou frauda o cumprimento da lei."[484]

Portanto, o conceito de fraude preconizado no dispositivo constitucional deve ser o mais amplo possível, abrangendo tanto a simulação de atos jurídicos quanto a fraude à lei, aos quais perfeitamente se amolda a conduta dos requeridos, ao simularem pesquisa eleitoral, sem o registro exigido, em desrespeito à lei eleitoral e ainda, divulgando-a amplamente no município às vésperas do pleito.

Em que pese a conduta dos requeridos ser passível de representação por propaganda irregular, à luz do disposto no artigo 33, §3º, da Lei 9.504, de 1997, nada obsta que lastreie ação de impugnação de mandato eletivo, desde que comprovado nexo de causalidade e potencialidade para influir no resultado do pleito.

Neste sentido:

"Recurso em ação de impugnação de mandato eletivo. Art. 46, 'caput', incisos I, III, e §1º, art. 73, inciso VI, alínea 'c', e §5º da Lei 9.504, de 1997 e art. 22 da Lei Complementar n. 64, de 1990. Procedência no juízo 'a quo'. Preliminar de ausência de interesse processual

---

[484] *In: Instituições de direito eleitoral.* 3. ed. Belo Horizonte: Del Rey, 2000, p. 356/357.

– rejeitada. Ficou demonstrado que o candidato, ao divulgar pesquisa e realizar propaganda eleitoral fora das prescrições legais, comprometeu a lisura e legitimidade do resultado do pleito. Mérito: Abuso de poder econômico e uso indevido do meio de comunicação. Configuração. Utilização de rádio, sob a responsabilidade e ingerência de candidato, para promoção irregular, pois fora do horário previsto na legislação eleitoral, infringindo o princípio democrático de igualdade de concorrência dos candidatos. Cabimento da via eleita. Influência da conduta do candidato no resultado do pleito – demonstrada. Prefeito – inelegibilidade. Art. 15 da Lei Complementar n. 64, de 1990. Não comprovação da participação do Vice-Prefeito nos atos ilícitos – inelegibilidade afastada. Art. 18 da Lei Complementar n. 64, de 1990. Mandatos cassados. Unicidade de chapa. Inaplicabilidade do art. 224, do Código Eleitoral. Recurso parcialmente provido." (Acórdão n. 0746/2003 – TRE/MG – Relator: Juiz Carlos Augusto Barros Lavenhagem – DJMG de 04.09.2003, p.86).

No que se refere ao uso de veículos públicos em passeata da campanha dos requeridos, efetivamente, não há prova nos autos. Em nenhum dos depoimentos colhidos há confirmação de tal procedimento, embora só isto não baste para isentá-los das responsabilidades almejadas pela presente impugnação, haja vista as demais condutas ilegais sobejamente comprovadas no curso da demanda.

A final, inconsistente e inoportuna a argumentação dos requeridos quanto à inelegibilidade da requerente ..., em função de seu parentesco com a anterior Prefeita de Carmópolis de Minas, ..., haja vista que já consolidado o registro de candidatura da autora porque não alcançada pelo impedimento do §3º, do artigo 1º, da Lei Complementar 64/90.

De todo o explanado, conclui-se pela pertinência da impugnação aos mandatos dos requeridos, na medida em que foram estes alcançados mediante emprego de abuso de poder econômico e político, fraude e corrupção eleitoral, em infringência à lei, à moralidade administrativa, aos princípios que norteiam a liberdade do voto e ao equilíbrio na disputa eleitoral.

Por tais considerações, e com fulcro nos artigos 14, §10, da Constituição da República, c/c artigos 15, *caput*, e 22, inciso XIV da Lei Complementar n. 64/90, julgo procedente a Ação de Impugnação de Mandato Eletivo para desconstituir os diplomas dos requeridos eleitos ... e ..., tornando insubsistentes seus mandatos e, ainda, declarando-os inelegíveis pelo prazo de três anos a contar desta última eleição. Por conseguinte, proclamo eleitos os segundos colocados no pleito eleitoral de 2004, os requerentes, ... e ..., respectivamente, como Prefeito e Vice-Prefeita do Município de Carmópolis de Minas.

Publique-se. Registre-se. Intime-se.

Oliveira, 25 de agosto de 2005.

Maria Beatriz de Aquino Gariglio

Juíza Eleitoral 197ª ZE

Anexo N

RECOMENDAÇÃO – NÚMERO DE VEREADORES

Recomendação-Promotoria Eleitoral nº 002/2011

O DOUTOR EDSON DE RESENDE CASTRO, Promotor Eleitoral de Bom Sucesso, Estado de Minas Gerais, no exercício de suas atribuições e na forma do Art. 6º, XX, da Lei Complementar 75/93;

Considerando o que dispõe o art. 29, da Constituição Federal, com a redação da Emenda Constitucional n. 58/2009:

> *"Art. 29. O Município reger-se-á por **lei orgânica**, votada em dois turnos, com o interstício mínimo de dez dias, e aprovada por dois terços dos membros da Câmara Municipal, que a promulgará, atendidos os princípios estabelecidos nesta Constituição, na Constituição do respectivo Estado e os seguintes preceitos:*
>
> *(...)*
>
> *IV - para a composição das Câmaras Municipais, será observado o **limite máximo** de:*
>
> (...) (grifei)

Considerando que referida norma prevê, expressamente, limites máximos para a composição das Câmaras Municipais, mas remete a efetiva fixação do número de Vereadores à Lei Orgânica do Município;

Considerando que, por isso, não há incidência imediata e automática da dita norma constitucional sobre as Câmaras Municipais, que permanecem com a composição prevista na sua Lei Orgânica, desde que dentro daquele limite;

Considerando que a alteração do número de Vereadores só é possível por meio de emenda à lei orgânica regularmente votada e aprovada pela respectiva Câmara, conforme entendimento consagrado no TSE:

> *AGRAVO REGIMENTAL NO AGRAVO DE INSTRUMENTO Nº 11.248 (38286-29.2009.6.00.0000) - CLASSE 6 - BETIM - MINAS GERAIS*
>
> *Número de vereadores. Fixação. Lei Orgânica.*
>
> *-O TSE já decidiu que a fixação do número de vereadores é da competência da **Lei Orgânica de cada Município**, devendo essa providência ocorrer **até o termo final do período das convenções partidárias**. Precedentes: Agravo Regimental no Recurso Especial nº 30.521 e Res.-TSE nº 22.82312008.*
>
> *Agravo regimental a que se nega provimento. Acordam os ministros do Tribunal Superior Eleitoral, por unanimidade, em desprover o agravo regimental, nos termos das notas de julgamento. (Relator: Ministro Arnaldo Versiani, Brasília, 17 de maio de 2011).*

Considerando que a fixação do número de Vereadores, por lei ordinária, a par de contrariar a literalidade do mencionado art. 29, da CF, atrairá discussões e tumultos desnecessários ao processo eleitoral;

Considerando que o Município pode manter ou fixar número de Vereadores inferior ao previsto para a sua faixa populacional, pois a Constituição Federal apenas estabelece a composição máxima;

Considerando ser fundamental que o número de Vereadores esteja definido na Lei Orgânica do Município até o início do prazo para as convenções partidárias (10-junho), tendo em vista que a partir dele é calculado o número de candidatos que cada partido ou coligação pode levar a registro na Justiça Eleitoral;

Considerando que o Ministério Público, na defesa do regime democrático e da lisura do pleito, prefere atuar preventivamente, contribuindo para que se evitem os atos viciosos das eleições e o tumulto desnecessário ao processo eleitoral – como se antevê na hipótese de discussão quanto à composição das Câmaras Municipais;

Considerando que a recomendação do Ministério Público é instrumento de orientação que visa antecipar-se à ocorrência do dano, muitas vezes irreversível,

Recomenda ao Sr. Presidente da Câmara Municipal,

1) Que verifique se o número de Vereadores está fixado na Lei Orgânica do Município;

2) Que, havendo interesse de alteração numérica na sua composição, submeta a matéria à apreciação da Casa por meio de emenda à lei orgânica.

3) Que, estando a sua composição definida em lei ordinária, proponha ao Plenário a adequação, adotando-se o instrumento normativo próprio: emenda à lei orgânica.

4) Que tudo isso seja providenciado antes de 20 de julho, quando se inicia o prazo para as convenções partidárias.

Solicita informar à Promotoria Eleitoral, oportunamente, a deliberação do Legislativo quanto à questão.

......................., ... de .... de 20..

Edson de Resende Castro

Promotor Eleitoral

Anexo O

EXCESSO DE DOAÇÃO
REPRESENTAÇÃO ESPECIAL – PESSOA FÍSICA NÃO DECLARANTE DE IR

Exmo. Sr. Dr. Juiz Eleitoral da ___ª Zona Eleitoral de ______________________,

O **Ministério Público Eleitoral**, pelo Promotor ao final assinado, no regular exercício das funções que lhe são conferidas pelo art. 78, da LC 75/93, vem à presença de V.Exa., nos termos do art. 23, da Lei n. 9.504/97, c/c art. 22, da LC n. 64/90, propor a presente **Representação Especial**, em face de ...., inscrito no CPF sob o n. ...., residente à Rua ...., na cidade de ...., desta Zona Eleitoral, pelas seguintes razões de fato e de direito:

I – DOS FATOS

Como se sabe, o art. 24-C, da Lei n. 9.504/97, acrescido pela Lei n. 13.165/2015, estabeleceu (como já o fazia a Portaria Conjunta SRF/TSE n. 074, de 10-janeiro-2006) a atuação conjunta do TSE e da Receita Federal na verificação do cumprimento, pelos doadores de campanhas eleitorais, dos limites – percentual e nominal – fixados no art. 23, da Lei n. 9.504/97, que prevê o máximo de 10% para as doações financeiras, considerado o seu rendimento bruto no ano anterior ao da eleição, e o limite de R$ 40.000,00 para a cessão de bens móveis e imóveis e para a prestação de serviços.

A partir do envio, pela **Justiça Eleitoral**, da relação das pessoas físicas (a partir da eleição de 2016, por força de decisão do STF, as pessoas jurídicas não mais puderam fazer doações para candidatos e partidos) que fizeram doações a candidatos e partidos nas eleições de 2016, a **Receita Federal do Brasil** procedeu ao seu cruzamento com as informações constantes do seu banco de dados de declarações de imposto de renda, **concluindo que os titulares dos CPF constantes do arquivo eletrônico enviado à Procuradoria-Geral da República doaram a candidatos e/ou partidos bens, valores ou serviços que excederam os limites legalmente permitidos pelo citado art. 23, da Lei n. 9.504/97**.

Com isso, a PGR lançou tais informações no SISCONTA, sistema desenvolvido para gerenciar e cruzar dados de interesse da atuação do Ministério Público Eleitoral, e para cada doador em excesso foi gerado um **Relatório de Conhecimento (RCon)**, documento que consigna (i) o nome, CPF e endereço do doador, (ii) as doações feitas por ele e registradas na Justiça Eleitoral e (iii) a conclusão de ter excedido o limite ou de não ser o doador declarante do imposto de renda.

O MPE arquivou todos os RCons que davam notícia de doação estimável (a cujo gênero pertencem as espécies bens móveis, imóveis e serviços) e que não ultrapassaram o limite nominal já mencionado (40 mil). Mas não é esse o caso do Representado.

Portanto, por força de informação prestada pela Receita Federal do Brasil, sabe-se que o Representado, cujo RCon segue anexado, incorreu em excesso de doação nas eleições de 2018, já que a Receita Federal não encontrou declaração de ajuste anual do imposto de renda feita por ele e a doação financeira excedeu aos 10% do teto da isenção.

Não sendo declarante do imposto de renda (como consignado no RCon), forçoso concluir que o Representado teve rendimento, no ano de 2017, de **até R$ 28.559,70** (vinte e oito mil, quinhentos e cinquenta e nove Reais e setenta centavos), já que não se pode presumir a prática da sonegação fiscal, ilícito fiscal e penal. Nesse contexto, fácil concluir que o Representado estava livre para fazer doações, **desde que não ultrapassasse o valor de R$ 2.855,97** (dois mil, oitocentos e cinquenta e cinco Reais e noventa e sete centavos). E, como se vê do RCon, o Representado doou mais que isso.

Neste sentido, a jurisprudência do TSE

> [...]
>
> 3. Representado isento de declarar imposto de renda deve ter o percentual de doação calculado com base no limite de rendimentos estipulados para a isenção.
>
> 4. Representação julgada improcedente.
>
> (REspe - Recurso Especial Eleitoral nº 129415 - Maceió/AL, Decisão Monocrática de 25/02/2011, Relator(a) Min. ARNALDO VERSIANI LEITE SOARES)

Tal entendimento, de tão consolidado na Corte Eleitoral, foi positivado na Res. TSE n. 23.607/2019, que disciplinou a arrecadação e os gastos de campanha para a eleição de 2020:

> Art. 27
>
> § 8º A aferição do limite de doação do contribuinte dispensado da apresentação de Declaração de Ajuste Anual do Imposto de Renda deve ser realizada com base no limite de isenção previsto para o exercício financeiro do ano da eleição.

Assim agindo, o Representado desrespeitou o limite imposto às pessoas físicas pelo já mencionado art. 23, da Lei nº 9.504/97, segundo o documento fornecido pela Receita Federal.

II - DO DIREITO

Estabelece o art. 23, da Lei das Eleições:

> *Art. 23. Pessoas físicas poderão fazer doações em dinheiro ou estimáveis em dinheiro para campanhas eleitorais, obedecido o disposto nesta lei.*
>
> ***§ 1º** As doações e contribuições de que trata este artigo ficam limitadas a **10%** (dez por cento) dos **rendimentos brutos** auferidos pelo doador no ano anterior à eleição.*
>
> ***§ 1º-A** O candidato poderá usar recursos próprios em sua campanha até o limite de gastos estabelecido nesta lei para o cargo ao qual concorre.* (Revogado pela Lei nº 13.488, em 13.dezembro.2017, aplicando-se, portanto, às eleições de 2018)
>
> ***§ 2º** As doações estimáveis em dinheiro a candidato específico, comitê ou partido deverão ser feitas mediante recibo, assinado pelo doador, exceto na hipótese prevista no § 6º do art. 28.*
>
> § 2º-A. O candidato poderá usar recursos próprios em sua campanha até o total de 10% (dez por cento) dos limites previstos para gastos de campanha no cargo em que concorrer. (Incluído pela Lei nº 13.878, de 2019)

> § 3º A doação de quantia acima dos limites fixados neste artigo sujeita o infrator ao pagamento de multa no valor de até 100% (cem por cento) da quantia em excesso. (Redação dada pela Lei nº 13.488, de 2017)
>
> (...)
>
> § 7º O limite previsto no § 1º deste artigo não se aplica a doações estimáveis em dinheiro relativas à utilização de bens móveis ou imóveis de propriedade do doador ou à prestação de serviços próprios, desde que o valor estimado não ultrapasse R$ 40.000,00 (quarenta mil reais) por doador. (Redação dada pela Lei nº 13.488, de 2017)

Dos elementos de informação que chegaram ao MPE, vê-se que o Representado desrespeitou o dispositivo supra, haja vista, conforme Relatório de Conhecimento (RCon) gerado pelo sistema a partir do que informado pela Receita Federal, que o valor de suas doações para as campanhas eleitorais, no pleito de 2018, representou mais de 10% (dez por cento) – ou mais de R$ 2.855,97 – do rendimento bruto presumivelmente recebido por ele no ano anterior ao certame eleitoral, isto é, no ano de 2017.

Necessário lembrar, de antemão, que o rendimento bruto da pessoa física, tomado pela Receita Federal como base de cálculo para o limite percentual (10%) da doação, levou em conta os rendimentos de todo o núcleo familiar, ainda que a doação tenha sido feita por dependente do titular dos rendimentos. Ou seja, o cruzamento foi realizado da forma mais conservadora possível, em benefício dos doadores.

Desse modo, ante a violação da norma eleitoral supratranscrita, deverá ser o Representado responsabilizado pelo ilícito cometido, aplicando-se as sanções previstas no art. 23, § 3º, da Lei nº 9.504/97, o qual dispõe:

> Art. 23.
>
> § 3º A doação de quantia acima dos limites fixados neste artigo sujeita o infrator ao pagamento de multa no valor de até 100% (cem por cento) da quantia em excesso. (Redação dada pela Lei nº 13.488, de 2017)
>
> Ademais, dispõe o art. 1º, Inc. I, alínea "p", da LC n. 64/90, na redação dada pela LC n. 135/2010, que:
>
> *Art. 1º. São inelegíveis:*
>
> *I – para qualquer cargo:*
>
> *p) a **pessoa física** e os dirigentes de pessoas jurídicas responsáveis por **doações eleitorais tidas por ilegais** por decisão transitada em julgado ou proferida por órgão colegiado da Justiça Eleitoral, pelo prazo de 8 (oito) anos após a decisão, observando-se o procedimento previsto no art. 22;*

III – DA INAPLICABILIDADE DA MEDIDA CAUTELAR

Diante da informação passada pela Receita Federal, de que o Representado não entregou sua declaração anual de ajuste do imposto de renda, desnecessário e inócuo levantar o sigilo fiscal do Representado ou mesmo oficiar à Receita Federal, já que ele não está na base de dados da Receita. Neste caso, o excesso tem como base de cálculo para a multa prevista no citado art. 23, § 3º, da Lei nº 9.504/97, o valor limite da isenção, que para o ano-calendário de 2017 era de R$ 28.559,70.

IV - DO PEDIDO

Ante o exposto, requer e espera o Ministério Público Eleitoral:

1. Seja a presente Representação recebida e autuada, adotando-se o procedimento do art. 22, da LC n. 64/90, como recomendado pelo seu art. 1º, Inciso I, alínea "p".

2. Se V.Exa. ou o Representado entender necessário à confirmação, seja determinado ao Cartório Eleitoral certificar - mediante consulta ao SPCE - o valor das doações efetuadas pelo Representado no pleito de 2018, com expressa referência ao nome e CNPJ do(s) candidato(s) e/ou partido(s) beneficiado(s).

3. Seja, após juntadas as informações acima, ordenada a notificação do Representado para a defesa que tiver, quando poderá juntar documentos e indicar os meios de prova que entender pertinentes.

4. Ao final, seja julgado procedente o pedido, condenando-se o Representado ao pagamento da multa, no valor que se mostrar compatível com a gravidade da sua conduta, dentro dos parâmetros fixados na lei (até 100% do valor do excesso).

5. Seja a condenação anotada (*mera anotação, o que não inclui a pretensão de pronunciamento judicial da incidência da inelegibilidade, já que os requisitos de elegibilidade são verificados se e quando o Representado se candidatar a cargo eletivo*) no cadastro geral de eleitores, à margem do alistamento do Representado, para efeito de oportuna observância da inelegibilidade do art. 1º, I, "p", da LC n. 64/90.

Face à sua natureza, a presente causa possui valor inestimável.

Requer, ainda, a produção de provas por todos os meios em Direito admitidos. Desde já, requer a juntada da prova documental anexa à presente: (RCon, Documento RFB e Documento TSE).

Termos em que,

Pede deferimento.

Belo Horizonte, ... de outubro de 2019.

Edson de Resende Castro
Promotor Eleitoral

REPRESENTAÇÃO ESPECIAL
PESSOA FÍSICA DECLARANTE DO IR

Exmo. Sr. Dr. Juiz Eleitoral da ___ª Zona Eleitoral de ______________________,

O **Ministério Público Eleitoral**, pelo Promotor ao final assinado, no regular exercício das funções que lhe são conferidas pelo art. 78, da LC 75/93, vem à presença de V.Exa., nos termos do art. 23, da Lei n. 9.504/97, c/c art. 22, da LC n. 64/90, propor a presente **Representação Especial, com pedido cautelar**, em face de ...., inscrito no CPF sob o n. ...., residente à Rua ...., na cidade de ...., desta Zona Eleitoral, pelas seguintes razões de fato e de direito:

I - DOS FATOS

Como se sabe, o art. 24-C, da Lei n. 9.504/97, acrescido pela Lei n. 13.165/2015, estabeleceu (como já o fazia a Portaria Conjunta SRF/TSE n. 074, de 10-janeiro-2006) a atuação conjunta do TSE e da Receita Federal na verificação do cumprimento, pelos doadores de campanhas eleitorais, dos limites – percentual e nominal – fixados no art. 23, da Lei n. 9.504/97, que prevê o máximo de 10% para as doações financeiras, considerado o seu rendimento bruto no ano anterior ao da eleição, e o limite de R$ 40.000,00 para a cessão de bens móveis e imóveis e de serviços.

A partir do envio, pela **Justiça Eleitoral**, da relação das pessoas físicas (a partir da eleição de 2016, por força de decisão do STF, as pessoas jurídicas não mais puderam fazer doações para candidatos e partidos) que fizeram doações a candidatos e partidos nas eleições de 2018, a **Receita Federal do Brasil** procedeu ao seu cruzamento com as informações constantes do seu banco de dados de declarações de imposto de renda, **concluindo que os titulares dos CPF constantes do arquivo eletrônico enviado à Procuradoria-Geral da República doaram a candidatos e/ou partidos bens, valores ou serviços que excederam os limites legalmente permitidos pelo citado art. 23, da Lei n. 9.504/97**.

Com isso, a PGR lançou tais informações no SISCONTA, sistema desenvolvido para gerenciar e cruzar dados de interesse da atuação do Ministério Público Eleitoral, e para cada doador em excesso foi gerado um **Relatório de Conhecimento (RCon)**, documento que consigna (i) o nome, CPF e endereço do doador, (ii) as doações feitas por ele e registradas na Justiça Eleitoral e (iii) a conclusão de ter excedido o limite ou de não ser o doador declarante do imposto de renda.

Portanto, por força de informação prestada pela Receita Federal do Brasil, sabe-se que o Representado, cujo RCon segue anexado, incorreu em excesso de doação nas eleições de 2018. Não se sabe, entretanto, **o "quantum" desse excesso**, pois, para tanto, necessário será acessar o valor dos rendimentos brutos percebidos por ele no ano anterior ao da eleição (ou seja, em 2017), informação que é protegida pelo sigilo fiscal e, por razões naturais, não se insere na parceria institucional determinada pelo art. 24-C, da Lei n. 9.504/97 – como desde sempre não se inseriu na Portaria Conjunta SRF/TSE, dantes mencionada – já que **dependente de ordem judicial**.

Assim agindo, o Representado desrespeitou o limite imposto às pessoas físicas pelo já mencionado art. 23, da Lei nº 9.504/97, segundo o documento fornecido pela Receita Federal.

II - DO DIREITO

Estabelece o art. 23, da Lei das Eleições:

> *Art. 23. Pessoas físicas poderão fazer doações em dinheiro ou estimáveis em dinheiro para campanhas eleitorais, obedecido o disposto nesta lei.*
>
> *§ **1º** As doações e contribuições de que trata este artigo ficam limitadas a **10%** (dez por cento) dos **rendimentos brutos** auferidos pelo doador no ano anterior à eleição.*
>
> *§ **1º-A** O candidato poderá usar recursos próprios em sua campanha até o limite de gastos estabelecido nesta lei para o cargo ao qual concorre.* (Revogado pela Lei nº 13.488, em 13.dezembro.2017, aplicando-se, portanto, às eleições de 2018)
>
> *§ **2º** As doações estimáveis em dinheiro a candidato específico, comitê ou partido deverão ser feitas mediante recibo, assinado pelo doador, exceto na hipótese prevista no § 6º do art. 28.*
>
> § 2º-A. O candidato poderá usar recursos próprios em sua campanha até o total de 10% (dez por cento) dos limites previstos para gastos de campanha no cargo em que concorrer. (Incluído pela Lei nº 13.878, de 2019, aplicável a partir da eleição de 2020)
>
> § 3º A doação de quantia acima dos limites fixados neste artigo sujeita o infrator ao pagamento de multa no valor de até 100% (cem por cento) da quantia em excesso. (Redação dada pela Lei nº 13.488, de 2017)
>
> (...)
>
> § 7º O limite previsto no § 1º deste artigo não se aplica a doações estimáveis em dinheiro relativas à utilização de bens móveis ou imóveis de propriedade do doador ou à prestação de serviços próprios, desde que o valor estimado não ultrapasse R$ 40.000,00 (quarenta mil reais) por doador. (Redação dada pela Lei nº 13.488, de 2017)

Dos elementos de informação que chegaram ao MPE, vê-se que o Representado desrespeitou o dispositivo supra, haja vista, conforme Relatório de Conhecimento (RCon) gerado pelo sistema a partir do que informado pela Receita Federal, que o valor de suas doações para as campanhas eleitorais, no pleito de 2018, representou mais de 10% (dez por cento) de seu rendimento bruto declarado àquele órgão no ano anterior ao certame eleitoral, isto é, no ano de 2017.

Necessário lembrar, de antemão, que o rendimento bruto da pessoa física, tomado pela Receita Federal como base de cálculo para o limite percentual (10%) da doação, levou em conta os rendimentos de todo o núcleo familiar, ainda que a doação tenha sido feita por dependente do titular dos rendimentos. Ou seja, o cruzamento foi realizado da forma mais conservadora possível, em benefício dos doadores.

Desse modo, ante a violação da norma eleitoral supratranscrita, deverá ser o Representado responsabilizado pelo ilícito cometido, aplicando-se as sanções previstas no art. 23, § 3º, da Lei nº 9.504/97, o qual dispõe:

> Art. 23. Pessoas físicas poderão fazer doações em dinheiro ou estimáveis em dinheiro para campanhas eleitorais, obedecido o disposto nesta lei.
>
> § 3º A doação de quantia acima dos limites fixados neste artigo sujeita o infrator ao pagamento de multa no valor de até 100% (cem por cento) da quantia em excesso. (Redação dada pela Lei nº 13.488, de 2017)
>
> Ademais, dispõe o art. 1º, Inc. I, alínea "p", da LC n. 64/90, na redação dada pela LC n. 135/2010, que:
>
> *Art. 1º. São inelegíveis:*
>
> *I - para qualquer cargo:*
>
> *p) a **pessoa física** e os dirigentes de pessoas jurídicas responsáveis por **doações eleitorais tidas por ilegais** por decisão transitada em julgado ou proferida por órgão colegiado da Justiça Eleitoral, pelo prazo de 8 (oito) anos após a decisão, observando-se o procedimento previsto no art. 22;*

III - DA MEDIDA CAUTELAR

Diante das informações passadas pela Receita Federal, induvidoso que o Representado praticou o ilícito mencionado, efetuando doação em excesso, o que torna imperioso o acesso ao exato valor do seu rendimento bruto no ano de 2017, vez que essa informação é imprescindível para se determinar o *quantum* exato do valor doado em excesso, pois é esta a base de cálculo para a multa prevista no citado art. 23, § 3º, da Lei nº 9.504/97. Fácil perceber que, "in casu", sobram razões para o levantamento do sigilo fiscal do Representado: de um lado, há justa causa para a medida, pois já há a afirmação da Receita Federal de prática do ilícito; de outro lado, só se obtém o valor do rendimento com a intervenção do Judiciário, face ao sigilo garantido em lei, proteção que é relativizada diante do interesse público da apuração e punição do ilícito.

Assim, visando a garantir a eficácia da tutela principal e invocando o poder geral de cautela do Juiz, requer o MPE, desde já, para conhecimento do rendimento bruto declarado no exercício do ano de 2017, **o levantamento de sigilo fiscal do Representado**, para que se possa determinar a base de cálculo sobre a qual incidirá a multa cominada na disposição supra.

IV - DO PEDIDO

Ante o exposto, requer e espera o Ministério Público Eleitoral:

1. Seja a presente Representação recebida e autuada, adotando-se o procedimento do art. 22, da LC n. 64/90, como recomendado pelo seu art. 1º, I, "p".

2. Seja deferido o pedido de medida cautelar *inaudita altera pars,* para determinar o levantamento do sigilo fiscal do Representado, oficiando-se à Receita Federal do Brasil, para informar a V.Exa. o valor do seu rendimento bruto no ano de 2017, incluindo os rendimentos não tributáveis e os de tributação exclusiva na fonte. Sugere o MPE que V.Exa. consigne no ofício à Receita Federal que o Juízo só quer o valor total dos rendimentos do Representado, que devem vir informados no corpo do ofício-resposta, não interessando cópia da declaração de imposto de renda do contribuinte.

3. Se V.Exa. ou o Representado entender necessário à confirmação, seja determinado ao Cartório Eleitoral certificar – mediante consulta ao SPCE – o valor das doações efetuadas pelo Representado no pleito de 2018, com expressa referência ao nome e CNPJ do(s) candidato(s) e/ou partido(s) beneficiado(s).

4. Seja, após juntadas as informações acima, ordenada a notificação do Representado para a defesa que tiver, quando poderá juntar documentos e indicar os meios de prova que entender pertinentes.

5. Ao final, seja julgado procedente o pedido, condenando-se o Representado ao pagamento da multa, no valor que se mostrar compatível com a gravidade da sua conduta, dentro dos parâmetros fixados na lei (até 100% do valor do excesso).

6. Seja a condenação anotada (*mera anotação, o que não inclui a pretensão de pronunciamento judicial da incidência da inelegibilidade, já que os requisitos de elegibilidade são verificados se e quando o Representado se candidatar a cargo eletivo*) no cadastro geral de eleitores, à margem do alistamento do Representado, para efeito de oportuna observância da inelegibilidade do art. 1º, I, "p", da LC n. 64/90.

Face à sua natureza, a presente causa possui valor inestimável.

Requer, ainda, a produção de provas por todos os meios em Direito admitidos. Desde já, requer a juntada da prova documental anexa à presente: (RCon, Documento RFB e Documento TSE).

Termos em que,

Pede deferimento.

Belo Horizonte, ... de novembro de 2019.

Edson de Resende Castro

Promotor Eleitoral

Anexo P
EXCESSO DE DOAÇÃO – ALEGAÇÕES FINAIS

EXCELENTÍSSIMO SENHOR DOUTOR JUIZ ELEITORAL DA ....ª ZONA ELEITORAL

REPRESENTAÇÃO N. ....

ALEGAÇÕES FINAIS DO MPE

1 - Relatório

O Ministério Público Eleitoral propôs a presente Representação Especial em face de ...., sustentando ter sido informado pela Receita Federal do Brasil que o Representado fez doações às campanhas eleitorais, em 2014, em montante que excedeu o limite fixado na lei. Com a inicial, os documentos enviados pela RFB, a informação do SPCE com o total da doação e a consulta ao site da Receita.

Notificado, o Representado ofereceu a contestação de fls. ....., argumentando que houve equívoco da Receita ao considerar os seus rendimentos brutos, que alcançaram - conforme DIRPF que junta - valor suficiente a suportar a doação efetuada. Com a contestação, os documentos de fls. ......

Às fls. ....., o MPE insiste no pedido de quebra do sigilo, tendo em vista que a declaração trazida pelo Representado, além de ser cópia não autenticada, é documento unilateral, a todo tempo sujeita a retificações que modifiquem inclusive o valor dos rendimentos.

A decisão de fls. ...., consignando que a quebra de sigilo é medida excepcional e que nos autos já há documentos que permitem conhecer a "receita bruta" do Representado, indeferiu o pedido de ofício à Receita e abriu oportunidade às partes para apresentação de **alegações finais**.

É, no que interessa, o relatório.

2 - Fundamentação

Trata-se de Representação por excesso de doação nas eleições de 2014.

2.1 – Do cerceamento do direito à prova

Antes de enfrentar o mérito, necessário reconhecer que os autos não estão suficientemente instruídos e, por isso, não podem receber a decisão final, a menos que o julgador não se importe com o desfecho injusto que dela poderá advir.

Com efeito, a Representação foi proposta a partir de informação oficialmente fornecida pela Receita Federal, em cumprimento, inclusive, à parceria institucional firmada com o TSE. E essa informação assegura que o Representado fez doação em excesso na campanha eleitoral de 2014, ou seja, que ele não teve rendimentos brutos, no ano referência de 2013, suficientes para tornar legítima a doação de R$ 28.000,00 que aparece no SPCE, do que se conclui que a Receita partiu de rendimentos brutos inferiores a R$ 280.000,00. Em contraposição, o Representado junta cópia da sua declaração de imposto de renda, nela consignando rendimento de R$ 1.390.657,58, o que permitiria - porque a lei eleitoral autoriza doação de até 10% para a pessoa física - a contribuição de campanha de R$ 139.065,75.

Ora, esta divergência de informações, **por si só**, já seria motivo suficiente para o levantamento do sigilo, porque, sem conhecer o motivo pelo qual a Receita afirmou o excesso praticado pelo Representado, não é possível proferir decisão segura. A menos que se opte por acreditar na declaração unilateral do Representado, em detrimento da que oficialmente fornecida pela Receita. O desencontro de informações sugere duas situações: (1) ou a Receita não considera como rendimento alguma das rubricas enumeradas pelo Representado - e percebe-se que pelo menos duas delas são no mínimo questionáveis: os créditos recebidos pela venda de lotes e os decorrentes de atividade rural, (2) ou a declaração por ele juntada aos autos não corresponde ao que de resto foi processado pela Receita, já que o contribuinte pode apresentar retificadoras que alterem inclusive e principalmente o valor do rendimento inicialmente informado.

De qualquer modo, não têm, Justiça Eleitoral e Ministério Público, elementos nos autos para afirmar qual situação está presente na hipótese. A decisão vai optar pela afirmação da Receita de que houve excesso e condenar o Representado? Em que valor, se não se sabe o valor do rendimento tomado como referência? Ou a decisão tomaria como certa a informação unilateral do Representado e julgaria improcedente o pedido? Neste caso, com que fundamento, se não se conhece as razões pelas quais a Receita incluiu o Representado no rol dos doadores em excesso?

Como se percebe, com muita facilidade, **o processo ainda não está maduro para o julgamento** e o despacho de fls. ..... impõe incontornável cerceamento ao direito de produção da prova e, pior, conduz o Judiciário à solução injusta da lide, abdicando do seu dever constitucional de produzir decisões seguras e mais próximas o possível da realidade.

A respeito da inviabilidade de formação do convencimento a partir das declarações trazidas unilateralmente pelo representado, sem a confirmação da Receita, ou seja, **sem o caráter de oficialidade**, a jurisprudência dos Tribunais Eleitorais tem entendimento já firmado.

> "(..) 4. É lícita a quebra de sigilo fiscal determinada em procedimento cautelar especifico, por autoridade competente, após requisição do Parquet, com possibilidade de contraditório diferido nos autos da representação à qual serve de prova.
>
> 5. Não há cerceamento de defesa na negativa de produção de prova oral que em nada acrescentaria ao deslinde da causa.
>
> (...)
>
> 7. **Documentos produzidos unilateralmente pela representada não são hábeis a afastar a presunção juris tantum que vigora em favor do documento público emitido pela Receita Federal dando conta do excesso de doação.**
>
> (...)

10. Preliminares rejeitadas e desprovimento do recurso"

MANDADO DE SEGURANÇA Nº 781-68.2015.6.26.0000

(TRE-SP, Recurso nº 25961, Acórdão de 22.04.2014, Relator Luiz Guilherme da Costa Wagner Junior, Publicação no DJESP de 02.05.2014, g.n.).

Representação. Suposta doação acima do limite legal. Pessoa física. Eleições 2006. Art. 23, § 1º, inciso I e § 3º da Lei nº 9.504/1997.

1 - Preliminar de decadência. Inexistência de prazo decadencial na Lei nº. 9.504/1997 para o ajuizamento de representação fundada em doação de recursos além do limite legal. Rejeitada.

2 - Preliminar de prova ilícita. Sigilo a ser observado em relação ao âmbito dos respectivos dados em poder da Secretaria da Receita Federal. Fiscalização do processo eleitoral, no particular, de doações às campanhas eleitorais, prevê sanção de multa àqueles que doem acima do limite financeiro que só é apurado mediante cotejo ao faturamento bruto do ano anterior ao pleito cuja doação tenha ocorrido. Interesse público, tônica máxima da Justiça Eleitoral, justifica o acesso a dados fiscais em processo cível eleitoral. **Quebra de sigilo fiscal é medida indispensável para a apuração dos fatos em julgamento. Rejeitada.**

(...)

Pedido julgado parcialmente procedente.

(REPRESENTAÇÃO nº 152, Acórdão de 13/04/2010, Relator(a) MARIZA DE MELO PORTO, Publicação: DJEMG - Diário de Justiça Eletrônico-TREMG, Data 22/4/2010)

RECURSO ELEITORAL. DOAÇÃO DE VALOR ACIMA DO LIMITE LEGAL. PESSOA FÍSICA. LEGITIMAÇÃO DO MPE. DECADÊNCIA. IDONEIDADE DA PROVA. MULTA. INELEGIBILIDADE. INAPLICABILIDADE DA LEI COMPLEMENTAR 135. APLICAÇÃO DA LEGISLAÇÃO ANTERIOR (LEI COMPLEMENTAR 64).

(...)

Os relatórios gerados pelo Sistema de Prestação de Contas Eleitorais – SPCE – a partir de informações fornecidas pelos candidatos, constituem meio probante legítimo, cabendo ao interessado desconstituir sua higidez, o que não ocorreu na hipótese dos autos, onde restou comprovada a doação acima do limite em face do cotejo com os elementos da declaração de rendimentos do representado, coligida ao processo em decorrência da quebra de sigilo fiscal determinada pela Justiça Eleitoral.

(...)

(RECURSO ELEITORAL nº 90383, Acórdão de 08/03/2012, Relator(a) CARLOS ALBERTO SIMÕES DE TOMAZ, Publicação: DJEMG - Diário de Justiça Eletrônico-TREMG, Data 19/03/2012)

Então, necessário reabrir a fase probatória, para trazer aos autos as informações oficiais da Receita, que deverá ser oficiada para responder:

a) Qual o valor total dos rendimentos brutos do Representado no ano de 2013;
b) Para formação desse valor total, quais rubricas de rendimentos foram consideradas;

c) Há rubricas de rendimentos lançados na declaração de rendas do Representado que não foram consideradas na formação desse valor total? Quais os motivos, em cada uma delas, para que não integrem o valor total? Alguma delas representa típico faturamento bruto – no qual incluídas as despesas de custeio para a venda de produtos ou serviços – e não rendimento propriamente dito?

Com estas informações, aí sim, será possível saber, seguramente, se o Representado doou dentro ou além do limite posto na lei eleitoral.

2.2 – Do Mérito

Embora seja impossível superar o fato de que os autos carecem de informações seguras e oficiais para elaboração de alegações finais, ainda assim o Ministério Público percebe que o pedido inicial procede.

Com efeito, do total de R$ 1.390.657,58, que o Representado assegura constituir seus rendimentos brutos no ano de 2013, pelo menos duas rubricas devem ser deduzidas:

a) Os "créditos recebidos pela venda de lotes", no valor de R$ 416.846,83, que não podem ser considerados como RENDIMENTOS, posto que representam apenas uma mudança de status do seu ativo. Ou seja, o Representado, que antes era proprietário dos lotes e os tinha lançados como ativo imobilizado, ou seja, como patrimônio, agora, com a sua venda, tem o mesmo valor lançado como ativo circulante, em dinheiro ou em banco. De qualquer forma, este valor não deixa de ser patrimônio (o patrimônio se apresenta em forma de bens móveis, imóveis, dinheiro, ações, créditos, etc.) e muito menos se transforma em rendimento (que deve ser compreendido como resultado positivo, ou fruto, da atividade laboral ou da exploração de outros bens ou aplicações financeiras, dentre outros);

b) Os "rendimentos brutos de atividade rural", no valor total de R$ 776.673,36, que trazem em si um questionamento: esse valor representa o rendimento da atividade rural, já deduzidas as despesas de custeio com a produção, ou seja, os gastos com a agricultura (adubação, sementes, manutenção, colheita, armazenagem, empregados, etc.), ou com a pecuária (empregados, ração, vacinação, ordenha, etc.)? Ou é a receita total da venda do que produzido na propriedade rural? Absolutamente fundamental que se saiba se esse valor é a receita total (ainda não deduzidas as despesas de custeio), ou se apenas os rendimentos propriamente ditos, inclusive porque - como se sabe – o produtor rural não paga impostos sobre a receita bruta (o que seria absolutamente injusto) e sim sobre o lucro/rendimento obtido, como resultado positivo da atividade rural.

Bom acrescentar que o limite estabelecido pela legislação eleitoral para doação às campanhas é calculado sobre os RENDIMENTOS que a pessoa física teve no ano de referência (ano anterior ao da eleição), exatamente para daí concluir-se pela sua real possibilidade de efetuar a doação. Então, necessário fazer a distinção entre RECEITA bruta e RENDIMENTO. De fato, na atividade rural o empreendedor alcança, como RECEITA bruta, o valor total da venda dos produtos dela extraídos, que no caso sob exame terá sido de R$ 776.673,36. Entretanto, para alcançar esta RECEITA, o produtor, como dito, faz investimentos e realiza despesas com aração, sementes, adubação, manutenção, colheita e transporte da produção, que devem ser deduzidos – os investimentos e os gastos – da receita bruta, para só então chegar-se ao valor do efetivo RENDIMENTO (e a declaração do Representado não informa isso), aí sim chegando-se ao **resultado positivo da atividade rural**. Não poderia ser de outra forma o tratamento da legislação do imposto de renda, porque, do contrário, o produtor rural pagaria imposto de renda sobre a receita bruta e, portanto, sobre as despesas que teve para alcançá-la. E, de fato, **receita bruta não se confunde com rendimento**, este sim, repita-se, o resultado positivo da atividade a ser apropriado pelo produtor, como lucro da atividade. O art. 3º, da Lei n. 7713/88, assim dispõe:

> Art. 3º O imposto incidirá sobre o **rendimento** bruto, sem qualquer dedução, ressalvado o disposto nos arts. 9º a 14 desta Lei. (Vide Lei 8.023, de 12.4.90)
>
> § 1º Constituem rendimento bruto todo o produto do capital, do trabalho ou da combinação de ambos, os alimentos e pensões percebidos em dinheiro, e ainda os proventos de qualquer natureza, assim também entendidos os acréscimos patrimoniais não correspondentes aos rendimentos declarados.
>
> § 2º **Integrará o rendimento bruto**, como ganho de capital, o resultado da soma dos ganhos auferidos no mês, decorrentes de alienação de bens ou direitos de qualquer natureza, **considerando-se como ganho a diferença positiva** entre o valor de transmissão do bem ou direito e o respectivo custo de aquisição corrigido monetariamente, observado o disposto nos arts. 15 a 22 desta Lei.

Nesta mesma linha, a Receita Federal cuida de esclarecer, no seu sítio eletrônico (http://www.receita.fazenda.gov.br/PessoaFisica/IRPF/2014/perguntao/assuntos/atividade-rural-conceitos-gerais.html), que:

> **"Atividade Rural - Conceitos Gerais**
>
> **449 - Como é tributado o resultado da atividade rural?**
>
> **O resultado da atividade rural, quando positivo, integrará a base de cálculo do imposto** na Declaração de Ajuste Anual. Para sua apuração, as receitas, as despesas e os investimentos são computados mensalmente pelo regime de caixa.
>
> (Lei nº 8.023, de 12 de abril de 1990, art. 7º; Lei nº 9.250, de 26 de dezembro de 1995, art. 9º; Decreto nº 3.000, de 26 de março de 1999 – Regulamento do Imposto sobre a Renda – RIR/1999, arts. 57, 67 e 68; Instrução Normativa SRF nº 83, de 11 de outubro de 2001, arts. 1º e 11)
>
> 450 - Qual é a forma de apuração do resultado da atividade rural da pessoa física?
>
> **O resultado da exploração da atividade rural exercida pela pessoa física é apurado mediante a escrituração do livro-caixa, abrangendo as receitas, as despesas, os investimentos e demais valores que integram a atividade.**
>
> A escrituração e a apuração devem ser feitas separadamente, por contribuinte e por país, em relação a todas as unidades rurais exploradas individualmente, em conjunto ou em comunhão em decorrência do regime de casamento.

> Quando a receita bruta total auferida no ano-calendário não exceder a R$ 56.000,00 é facultada a apuração mediante prova documental, dispensada a escrituração do livro-caixa, encontrando-se o resultado pela diferença entre o total das receitas e o das despesas/investimentos.
>
> Também é permitido à pessoa física apurar o resultado pela forma contábil. Nesse caso, deve efetuar os lançamentos em livros próprios de contabilidade, necessários para cada tipo de atividade (Diário, Caixa, Razão etc.), de acordo com as normas contábeis, comerciais e fiscais pertinentes a cada um dos livros utilizados.
>
> Ressalte-se que, no caso de exploração de uma unidade rural por mais de uma pessoa física, cada produtor rural deve escriturar as parcelas da receita, da despesa de custeio, dos investimentos e dos demais valores que integram a atividade rural que lhe caibam.
>
> A Secretaria da Receita Federal do Brasil (RFB) disponibiliza o programa aplicativo Livro-Caixa da Atividade Rural para pessoa física que exerça a atividade rural no Brasil ou no exterior, o qual permite a escrituração pelo sistema de processamento eletrônico, no sítio .
>
> (Lei nº 9.250, de 26 de dezembro de 1995, art. 18; Decreto nº 3.000, de 26 de março de 1999 - Regulamento do Imposto sobre a Renda - RIR/1999, art. 60; Instrução Normativa SRF nº 83, de 11 de outubro de 2001, arts. 22 a 25)

Se a legislação confere o benefício de não tributar a RECEITA bruta rural em razão do gasto rural apurado, por óbvio esse raciocínio não pode ser utilizado de forma contrária para permitir que seja justificada uma doação além da capacidade declarada pelo contribuinte. Então a doação do produtor rural só pode sair, por razões obvias, do rendimento bruto tributável que o Representado teve como resultado positivo de sua atividade.

Também invocando a legislação do imposto de renda, assim se pronunciou o TRE-MS:

> REPRESENTAÇÃO. MINISTÉRIO PÚBLICO. PESSOA FÍSICA. CAMPANHA POLÍTICA. DOAÇÃO. VALOR SUPERIOR AO PERMITIDO. ART. 23, § 1.º, INCISO I, DA LEI N.º 9.504/97. **DISPONIBILIDADE FINANCEIRA**. NÃO CONSIDERADO PARA INTEGRAR O RENDIMENTO BRUTO. **RENDIMENTO BRUTO POSITIVO**. CORREÇÃO DO EXCESSO DE DOAÇÃO. PARCIALMENTE PROCEDENTE. MULTA NO MÍNIMO LEGAL. O conceito de rendimento bruto é dado pelo art. 3.º, §§ 1.º e 2.º da Lei n.º 7.713/98, que alterou a legislação do imposto de renda. Nesse sentido, inclusive, este Tribunal já firmou posicionamento para incluir, no conceito de rendimento bruto para os fins do disposto no art. 23, § 1.º, I, da lei, além do rendimento tributável, **o resultado tributável da atividade rural**. Ou seja, o rendimento bruto compreende todos os ganhos auferidos pela pessoa, seja com os rendimentos do seu trabalho, seja com a venda de quaisquer dos seus bens, não se confundindo, desse modo, com o patrimônio da pessoa (bens e direitos). Portanto, não é de se considerar o percentual para doação em campanha em relação à disponibilidade financeira declarada no Imposto de Renda.

No entanto, contrastando-se a cópia da declaração de rendimentos que embasa a inicial e aquela juntada aos autos, verifica-se que o rendimento bruto do representado foi em determinado valor específico e não zerado. Assim, o excesso na doação foi de R$ 3.315,00 e não R$ 5.000,00, como inicialmente informado.

Não havendo nos autos qualquer prova que afaste a imputação contida na exordial, comprovado está que o réu efetuou doação em contrariedade ao que determinado legalmente. De forma que se impõe a sanção prescrita no § 3.º do art. 25 da Lei n.º 9.504/97, no mínimo legal, observando-se o princípio da proporcionalidade.

(REPRESENTAÇÃO nº 801, Acórdão nº 6506 de 20/04/2010, Relator(a) RÊMOLO LETTERIELLO, Publicação: DJE-MS - Diário da Justiça Eleitoral, Tomo 114, Data 29/4/2010, Página 19/20)

Não computadas estas duas rubricas (como se imagina tenha feito a Receita), os rendimentos já caem para R$ 197.137,37, suficientes para suportar a doação de apenas R$ 19.713,73. Como o Representado doou R$ 28.000,00, o excesso está evidenciado.

3 – Conclusão

Em face de todo o exposto, pugna o Ministério Público Eleitoral, preliminarmente, pela reabertura da fase instrutória, oficiando-se à Receita Federal do Brasil e submetendo-se a ela as indagações acima sugeridas. No mérito, se a ele se chegar, pela procedência do pedido inicial, apurando-se o excesso como apontado e fixando-se a multa do art. 23, da Lei n. 9.504/97.

Belo Horizonte, 24 de agosto de 2015.

Promotor de Justiça

Anexo Q
AÇÃO DE SUSPENSÃO DE DIRETÓRIO

Exmo. Sr. Dr. Juiz Eleitoral da ...... ZE de ....,

O **MINISTÉRIO PÚBLICO ELEITORAL**, por intermédio do Promotor de Justiça *in fine* assinado, no uso das atribuições eleitorais que lhe são legalmente conferidas pela LC n. 75/93, vem, respeitosamente, à presença de Vossa Excelência, propor a presente **Ação de Suspensão de Órgão Partidário** (SOP), pelas seguintes razões de fato e de direito:

Conforme consta nos autos da Prestação de Contas de Campanha nº......, o diretório municipal (ou comissão provisória) do partido .... não se desincumbiu da obrigação a todos imposta, consistente em prestar as **contas relativas aos recursos movimentados**

na última campanha eleitoral, conforme dispõe o art. 45, II, da Res. TSE n. 23.607/2019. Dito dispositivo, no seu § 8º, deixa claro que até mesmo "a ausência de movimentação de recursos de campanha, financeiros ou estimáveis em dinheiro, não isenta o partido político e o candidato do dever de prestar contas".

Impende ressaltar, nesse ponto, que a não prestação das contas de campanha, pelo partido político, impõe à unidade partidária daquela circunscrição a perda do direito ao recebimento da quota do Fundo Partidário e do Fundo Especial de Financiamento de Campanha, como consequência imediata da decisão, **bem como a suspensão do registro ou anotação do órgão partidário municipal, após decisão com trânsito em julgado, desde que precedida de processo regular que assegure ampla defesa** (art. 80, II, da Res. TSE nº 23.607/2019).

No caso, em apreço, a decisão que julgou não prestadas as referidas contas de campanha **transitou em julgado no dia......, conforme certificado pelo Cartório Eleitoral às fls.....dos autos da prestação de contas**, sendo o Ministério Público Eleitoral intimado da decisão definitiva nos termos do artigo 54-B da Resolução TSE nº 23.571/2018.

Ante todo o exposto, o MINISTÉRIO PÚBLICO ELEITORAL, nos termos do artigo 54-N, *caput* e parágrafo segundo, da Resolução TSE nº 23.571/2018, requer:

1) Seja recebida a presente, com os documentos que a instruem;
2) Seja certificada nos autos a atual composição do Diretório Municipal (ou da Comissão Provisória) do Partido ....
3) Seja determinada a citação do referido (ou da Comissão Provisória) para, querendo, oferecer defesa no prazo de 15 (quinze) dias e juntar os documentos que tiver;
4) A produção de provas por todos os meios lícitos admitidos;
5) Seja julgada procedente a presente para determinar que, após o trânsito em julgado da decisão, seja suspensa a anotação do Diretório Municipal (ou comissão provisória) do Partido......., comunicando-se ao TRE-MG para fins de registro no SGIP e demais providências, conforme dispõe o *caput* e §1º do artigo 54-R da Resolução TSE nº 23.571/2018, na redação dada pela Res. TSE n. 23.662/21.

Termos em que,

Pede e espera deferimento.

................................., ... de dezembro de 2021

Edson de Resende Castro

Promotor Eleitoral

Exmo. Sr. Dr. Juiz Eleitoral da ...... ZE de ....,

O **MINISTÉRIO PÚBLICO ELEITORAL**, por intermédio do Promotor de Justiça *in fine* assinado, no uso das atribuições eleitorais que lhe são legalmente conferidas pela LC n. 75/93, vem, respeitosamente, à presença de Vossa Excelência, propor a presente **Ação de Suspensão de Órgão Partidário** (SOP), pelas seguintes razões de fato e de direito:

Conforme consta nos autos da Prestação de Contas nº ...., o diretório municipal (ou comissão provisória) do partido .... não se desincumbiu da obrigação a todos imposta, consistente em prestar as **contas ordinárias anuais** relativas ao exercício financeiro de ...., o que deveria ter sido feito até 30 de junho de........, conforme previsto no artigo 28 da Resolução TSE nº 23.604/2019, que assim dispõe:

> *Art. 28. O partido político, em todas as esferas de direção, deve apresentar a sua prestação de contas à Justiça Eleitoral anualmente* ***até 30 de junho do ano subsequente*** *[...]*

Impende ressaltar, nesse ponto, que a não prestação das contas do exercício financeiro, impõe à unidade partidária omissa: (i) a perda do direito ao recebimento da quota do Fundo Partidário e do Fundo Especial de Financiamento de Campanha e a devolução integral desses recursos que porventura tenha recebido no exercício financeiro analisado, como consequência imediata da decisão, (ii) **bem como a suspensão do registro ou anotação do órgão partidário municipal, após decisão com trânsito em julgado, desde que precedida de processo regular que assegure ampla defesa** (art. 47 da Res. TSE nº 23.604/2019).

No caso em apreço, a decisão que julgou não prestadas as referidas contas, **transitou em julgado no dia......, conforme certificado pelo Cartório Eleitoral às fls.....dos autos da prestação de contas**, sendo o Ministério Público Eleitoral intimado da decisão definitiva nos termos do artigo 54-B da Resolução TSE nº 23.571/2018.

Ante todo o exposto, o MINISTÉRIO PÚBLICO ELEITORAL, nos termos do artigo 54-N, *caput* e parágrafo segundo, da Resolução TSE nº 23.571/2018, com redação dada pela Res. TSE n. 23.662, de 03.dezembro.2021, requer:

6) Seja recebida a presente, com os documentos que a instruem;
7) Seja certificada nos autos a atual composição do Diretório Municipal (ou da Comissão Provisória) do Partido ....
8) Seja determinada a citação do referido Diretório (ou da Comissão Provisória) para, querendo, oferecer defesa no prazo de 15 (quinze) dias e juntar os documentos que tiver;
9) A produção de provas por todos os meios lícitos admitidos;
10) Seja julgada procedente a presente para determinar que, após o trânsito em julgado da decisão, seja suspensa a anotação do Diretório Municipal (ou

comissão provisória) do Partido......., comunicando-se ao TRE-MG para fins de registro no SGIP e demais providências, conforme dispõe o *caput* e §1° do artigo 54-R da Resolução TSE n° 23.571/2018, na redação dada pela Res. TSE n. 23.662/21.

Termos em que,

Pede e espera deferimento.

................................., ... de dezembro de 2021

Edson de Resende Castro

Promotor Eleitoral